Pleticha / Schönberger
Die Römer

Pleticha / Schönberger

Die Römer

Ein enzyklopädisches Sachbuch
zur frühen Geschichte Europas

SPQR
SENATUS POPULUSQUE ROMANUS

BERTELSMANN
LEXIKON-VERLAG

Dieses Buch wurde durch ein Team von Historikern und
Altphilologen erarbeitet

Herausgeber: Dr. Heinrich Pleticha (H. P.) und Dr. Otto Schönberger (O. S.). Die Autoren: Gerd
Biegel M. A. (G. B.); Werner Dettelbacher (W. D.); Prof. Dr. Otto Doppelfeld (O. D.); Manfred
Firnkes (M. F.); Renate Freyeisen (R. F.); Johannes Glanz (J. G.); Dr. Josef Göhler (J. Gö.); Sieg-
fried Grißhammer (S. G.); Hermann Hofmann (H. H.); Ernst Knoll (E. K.); Dr. Günther Merwald
(G. M.); Walter Meyer (W. M.); Elisabeth Passing (E. P.); Dr. Heinrich Pleticha (H. P.); Franz
Radecker (F. R.); Dietger Reinhold (D. R.); Dr. Otto Schönberger (O. S.); Dr. Georg Schreiber (G. S.);
Gernot Stengel (G. St.); Dr. Roland Vocke (R. V.)

Redaktion: Erhard Bethke
Zeichnungen: Hermann Schäfer
Layout: Hans Roßdeutscher

Herzlichen Dank

sagen wir Herrn Prof. Dr. H. Sichtermann und seinen Mitarbeitern
vom DEUTSCHEN ARCHÄOLOGISCHEN INSTITUT
in Rom für die so liebenswürdige Hilfe bei
der Illustrierung dieses Buches.

INHALT

Abkürzungen:
MdCR = Museo della Civiltà Romana, Rom
RGZM = Römisch–Germanisches Zentralmuseum, Mainz

Hinweise für die Benutzung des Buches

Das vorliegende Werk versucht, wesentliche Entwicklungen und Charakteristika römischer Geschichte und Kultur so darzustellen, daß der Leser einen lebendigen Eindruck der unterschiedlichsten Bereiche dieser Kulturepoche erhält. (Selbstverständlich kann das Buch nicht die Gesamheit aller geschichtlichen, kulturellen, künstlerischen und sozialen Vorgänge erfassen, sondern nur eine von den Herausgebern und Autoren als wesentlich erachtete Auswahl bieten.) Besonderes Gewicht wird darauf gelegt, die Umstände, unter denen über tausend Jahre Menschen lebten und wirkten, zu analysieren und das Phänomen des Römischen Reiches als Summe der vielfältigsten Lebensäußerungen darzustellen. Nicht ein abstraktes Geschichtsverständnis, sondern der Konnex zu einer für uns bedeutsamen Kultur sind angestrebt.
Der einleitende Teil des Buches gibt einen Überblick über wichtige Ereignisse, Höhepunkte und Umbrüche in der römischen Geschichte.
Der Stichwortteil erschließt in rund 150 Großstichwörtern – aufschlagbar und zugleich zum Lesen einladend – gewichtige Vorgänge, Lebensäußerungen, Lebensläufe, Gewohnheiten, Institutionen und historische Ereignisse. Durch Pfeil gekennzeichnete Verweise geben Parallelstichwörter an, kursive Hervorhebungen betonen die Vielzahl der in den Texten behandelten weiteren Begriffe.
Gänzlich erschlossen wird der Text erst durch das bewußt umfangreiche Register, das erlaubt, auch Gesichtspunkte geringerer Bedeutung aufzuschlagen.
Personennamen, Ortsnamen, Begriffe und Bezeichnungen von Institutionen wurden nach Möglichkeit in original römischer Schreibung gebracht, also unter anderem: i statt j, c statt k und z. Soweit griechische Ursprünge in römischer Zeit noch erkennbar blieben, ist die griechische Schreibung (besonders bei den Endungen und k statt c) beibehalten. Heute noch gängige Begriffe werden, soweit sie sich nicht mit römischer Benennung verbinden, in deutscher Schreibung gebracht, also Zirkus, aber Circus Maximus; Konstantinopel, aber Constantinopolis; Diktator (allgemein), aber das Amt des römischen Dictators.
Dieses Werk verbindet die Vorzüge eines Lexikons mit denen eines Lesebuches, ohne Fachlexika oder Details behandelnde Spezialwerke ersetzen zu wollen. Es ist der Versuch, Fachliteratur und Sachbücher durch eine zugleich praktische und das Interesse auf den Menschen lenkende Darstellungsart zu ergänzen. *Die Redaktion*

DAS PHÄNOMEN ROM

Wirksam bis heute

Es bleibt ein bis zum heutigen Tage staunenswertes Phänomen, daß ein kleines Volk es fertiggebracht hat, durch seine Tatkraft und seine organisatorischen Fähigkeiten, durch seine Kriegstüchtigkeit auf der einen und durch seine Klugheit und Anpassungsfähigkeit auf der anderen Seite sich aus unbedeutenden Anfängen zu einer Weltmacht emporzuarbeiten. Seit der Antike haben Historiker über dieses Phänomen gerätselt, sind gleichermaßen zu positiven wie kritischen Analysen gelangt, nur zu keiner Übereinstimmung in ihren Werturteilen.

Immerhin bleibt vieles bewundernswert. Allein schon die Tatsache, daß es den Römern gelang, ihre Selbständigkeit rund zwölfhundert Jahre lang, von 753 v. Chr. bis 476 n. Chr. zu bewahren. Reiche von solcher Dauer hat es in der Weltgeschichte nur selten gegeben. Erstaunlich ist auch die Ausdehnung römischer Macht, die im Lauf der Zeit den gesamten Mittelmeerraum, West- und einen Teil Mitteleuropas, den Balkan und den Vorderen Orient, Ägypten und den nordafrikanischen Küstensaum umfaßte. Wir sind es gewohnt, römischen Spuren auf den britischen Inseln ebenso zu begegnen wie in Süddeutschland, in Österreich oder Jugoslawien, in Kleinasien oder am Rande der Sahara. Das Mittelmeer war in der Blütezeit des Imperiums ein römisches Meer, und das Schlagwort vom »mare nostro« war nicht von ungefähr in den dreißiger Jahren für das damalige faschistische Italien ein aus stolzer, selbstherrlicher Tradition geborenes politisches Kurzprogramm.

Tatsächlich hätte aber ein so riesiges Reich niemals auf längere Zeit gehalten werden können, wäre es den Römern nicht gelungen, Räume und Völker auch friedlich zu durchdringen und die gewaltsam unterworfenen Gegner von ehedem zu Bundesgenossen zu machen, die bereitwillig römische Zivilisation übernahmen.

Gewiß bestechen zuerst einmal die augenfälligen Leistungen: die ausgezeichneten → *Straßen*, die riesige Räume erschlossen, die für friedlichen Handel ebenso wichtig waren wie für rasche militärische Aktionen, die → *Aquädukte*, die Brunnen, → *Bäder*, → *Tempel*, Kaufhäuser, die es in jeder Stadt, ja fast schon in jedem Dorf gab, in dem Römer oder romanisierte Menschen lebten, alles Zeugnisse der Einheitskultur der Kaiserzeit. Dann die Sportanlagen und → *Thermen*,

Rom in der Kaiserzeit:
Blick auf das Forum
Romanum (Mitte),
die Kaiserfora (vorn
links) und das
Colosseum. MdCR Rom.

die Büros der Zünfte und Handelsgesellschaften, die → *Theater*, deren
Spuren wir heute in den Städten des keltisch-germanischen Raumes
ebenso begegnen wie in der libyschen Wüste. Kein Wunder, daß
Menschen bereitwillig eine solche Zivilisation übernahmen und dafür
oft ihre eigene Kultur aufgaben oder zumindest mit römischen Elementen
vermischten.

Das alles aber kann noch nicht Dauer und Umfang römischer Herrschaft
begründen. Viel wichtiger war ein ausgeprägtes, geradezu
übersteigertes Machtbewußtsein, mit dem die Römer eifersüchtig
darüber wachten, daß nur sie herrschten und sonst niemand. Mit
diesem Machtbewußtsein hat Rom nicht nur Völker geringerer Widerstandskraft
unterworfen, sondern auch seine geistig und kulturell
überlegenen Lehrmeister bezwungen. Dabei ließen sich genug unsympathische
Züge entdecken, die vor der Geschichte ein negatives Urteil
über solches Vorgehen rechtfertigten, wäre nicht römische Herrschaft
doch vielfach verbunden gewesen mit einem wachen Sinn für Gerechtigkeit
und Billigkeit auch den Unterworfenen gegenüber. Nicht von
ungefähr hebt ein großer römischer Dichter hervor, daß es Roms
Aufgabe sei, »die Übermütigen niederzukämpfen, die Besiegten aber
zu schonen«. Zu dieser Haltung gegenüber besiegten Gegnern gehörte
es auch, daß man mit ihnen einen Vertrag abschloß, und daß der
Feldherr, dem sich eine Stadt ergab, zugleich auch deren Patronus, ihr
Schutzherr, wurde.

Der Dichter Ennius stellte einmal fest, daß »der römische Mensch in
seinem Herzen zittert, auch wenn er Erfolge hat«, also stets in Furcht
vor der Macht der Götter lebe. Diese religiöse Einstellung mag manche
Entscheidungen beeinflußt haben. Zu solchen bemerkenswerten
Eigenschaften kam, zumindest in republikanischer Zeit, noch die
Kunst des Maßhaltens.

Freilich gab es auch genug negative Züge im römischen Wesen: Nicht
nur das Machtbewußtsein, das oft in Machtgier ausartete. Häufig
genug stehen wir fassungslos vor Akten brutaler Grausamkeit, die
sich im Frieden in der Begeisterung für die blutigen → *Gladiatoren*spiele
ebenso äußerte, wie in den tausenden Kreuzen am Ende des → *Spartacus*-Aufstandes
oder in den Proskriptionen des Bürgerkrieges. Unverständlich
bleibt manchmal die Starrheit, wie sie schon in den
→ *Sagen* über republikanische Helden gepriesen wird, abstoßend
wirken Überheblichkeit und selbstgefälliger Stolz.

Aber römische Herrschaft basierte eben nicht auf Angst und Schrecken
der Unterworfenen wie etwa im assyrischen Großreich. Die positiven
Züge dominierten, und Historiker haben schon früh darauf hingewiesen,
daß es Bauerntugenden sind. Tatsächlich waren ja die Römer
in der Zeit ihres Aufstiegs viel mehr Bauern als Krieger. Überall
dort, wo der Soldat ein Gebiet erobert hatte, kam der Bauer und
nahm es unter den Pflug. Das zähe Festhalten des Bauern am Besitz,

Links:
Frührepublikanische Münze.
Sogenanntes Aes grave mit Vieh.
Capitolinisches Museum Rom.

Unten: Pflügender etruskischer
Bauer mit Ochsengespann.
Kleine Terrakottagruppe aus Arezzo.
Villa Giulia Rom.

die arbeitsame Pflege des Landes und die nüchterne, realistische Lebensanschauung wirkten entscheidend am Aufbau des römischen Weltreiches mit.

Dieses Imperium mit seiner Welt-Hauptstadt Rom wurde im Laufe mehrerer Jahrhunderte zur Heimat vieler Völker und Kulturen. Da die Römer bereitwillig auch fremde Art gelten ließen, konnten sich diese Völker fast reibungslos integrieren, sie konnten zugleich aber in der entscheidenden Phase der späten Kaiserzeit das Kernland Italien überflügeln und von den Randbezirken des Reiches aus neue politische Impulse geben.

Es bleibt schließlich auch ein Phänomen, daß dieses Reich über seinen Untergang hinaus fortlebte (→ *Fortleben*), nachwirkte und über ein weiteres Jahrtausend hinweg die Geschicke Mittel- und Westeuropas beeinflußte.

Ebenso beachtenswert ist der Zauber, den Rom, die Hauptstadt des Imperiums, entfaltete. Mit seinen Schätzen, dem Luxus und der Pracht wurde es seit der Kaiserzeit von den Menschen bewundert. Diese Bewunderung überdauerte die Epoche des Niedergangs. Immer wieder zog es Menschen in seinen Bann, gab Impulse für Kunst und Kultur des Abendlandes und besitzt noch heute eine Anziehungskraft wie wohl kaum eine andere Stadt der Erde.

ANFÄNGE EINER HERRSCHAFT
(753–295 v. Chr.)

Die Etrusker in Rom

Etwa seit dem Jahr 1200 v. Chr. wanderten, vermutlich aus dem Raum Lausitz – Böhmen, indogermanische Stämme in Italien ein, unterwarfen die dortige mittelmeerische Bevölkerung und wurden seßhaft. Im westlichen Teil Italiens siedelten die *Latiner* und *Samniten*, im benachbarten Apennin die *Oscer* und *Umbrer* (→ *Italien*).

Dort nun, wo eine uralte Handelsstraße ins Landesinnere – hauptsächlich zum Transport von Salz – den Tiber an einer Furt überquerte, siedelten etwa um 1000 v. Chr. latinische Bauern. Die Hügel am Fluß boten sichere und gesunde Wohnmöglichkeit, und so wurde zuerst der *Palatinische Hügel* besetzt (→ *Rom*). Später kamen auf einem anderen Hügel, dem *Quirinalis*, samnitische Siedler hinzu. Die beiden Gruppen lebten zuerst getrennt, vereinigten sich aber dann zu einer größeren Gemeinschaft. Für uns ist dieser Vorgang noch in der Sage vom »Raub der Sabinerinnen« kenntlich.

Daß die neue Siedlung sehr rasch einen großen Aufschwung nahm, wird man aus der Lage am Fluß erklären dürfen, auch schon aus der Nähe des Meeres. → *Cicero* versuchte später die weltpolitische Machtstellung Roms unter anderem aus der glücklichen Wahl des Standortes für die Stadt zu erklären.

Schon in der römischen Frühgeschichte beweist sich die Kraft dieses Stammes zum Festsetzen am richtigen Platz und seine Fähigkeit, fremde Art zu integrieren: Die Sabiner werden aus Fremden und Feinden zu Verwandten und Freunden. Die Sage versetzt die Gründung der Stadt Rom ins Jahr 753, und schon mancher Schüler hat gelernt: »Sieben fünf drei kroch Rom aus dem Ei«. *Romulus und Remus*, die Söhne des Kriegsgottes Mars und der Rhea Silvia, sollen damals die Stadt gegründet haben. Bis zum heutigen Tag sieht man auf dem Capitol das eherne Bild der → *Wölfin*, die damals die ausgesetzten Zwillinge gesäugt haben soll. Nun stammt der Name Rom zwar nicht von Romulus, wohl aber von dem etruskischen Geschlecht der Ruma. Damit fällt das Stichwort zum nächsten Akt: das kleine Dorf am Tiber stand seit dem 8. Jahrhundert unter der Herrschaft der → *Etrusker*.

Dieses Volk, dessen Herkunft im Dunkel liegt, drang aus der nach ihm benannten Toscana (Tusci=Etrusker) nach Süden vor und brachte Rom unter seine Herrschaft. Keineswegs zum Nachteil seiner Bewohner; denn mit den Etruskern kam griechisch-vorderasiatische Stadtkultur nach Rom, und das bedeutete einen beachtlichen kulturellen Fortschritt. Zum ersten Mal gelangten die Römer mit griechischer und östlicher Kultur in Berührung, und sie scheinen sie geschickt und energisch aufgenommen zu haben.

Hinzu trat der lebhafte Handelsverkehr, den die Etrusker über Rom mit den Griechen in Süditalien trieben, und auch auf diesem Wege werden die Römer mit griechischem Geistesgut in Berührung gekommen sein. Es ist dies sozusagen die erste Welle fremden Geistes, die Rom erreicht und in Rom verarbeitet wird. Die Stadt erfuhr einen

Bronzestatuette eines etruskischen Kriegers mit Schild. Villa Giulia Rom.

bedeutenden Aufschwung, das alte Wehrdorf fand seinen ersten Anschluß an die damalige Weltpolitik.

Die Etrusker brachten auch einen beträchtlichen zivilisatorischen Zuwachs nach Rom. Vieles, was für uns › echt römisch ‹ ist, verdan-

Rekonstruktionsversuch einer Ovalhütte im ältesten römischen Siedlungsbereich auf dem Palatin. MdCR Rom.

ken die Römer den Etruskern. Dazu gehören die → *Gladiatoren*-spiele, die → *Zirkus*-spiele, die Abzeichen der Magistrate (→ *Ämterlaufbahn*), die Liktoren, der → *Triumphzug*, der Bau von Kanälen zur Entwässerung, der Bau von → *Wasserleitungen*, die Bauart des → *Hauses;* auch die → *Kunst* der Plastik und die Herstellung kunstvoller Bronzegeräte haben die Römer von den Etruskern übernommen. Hinzu kam ein beträchtlicher Machtzuwachs. Rom begann unter den Etruskern bereits zu expandieren. Die Konkurrenzstadt *Alba Longa* wurde zerstört, und um 550 ist Rom bereits die herrschende Stadt in der Landschaft Latium. Schon um 600 v. Chr. war die Hafenstadt *Ostia* gegründet worden, auch dies ein Zeichen dafür, daß Rom seine Aufmerksamkeit der Welt zuwandte.

Den Etruskern verdankt Rom auch den ersten römischen Staat. Nun herrschte ein König, beraten und vielleicht auch kontrolliert von den Ältesten (Senatoren) der ansässigen alten Bauerngeschlechter. Diese Großbauern, die reich an Land und Herden waren, nannten sich stolz *Patrizier*, d. h. »Söhne der adeligen Väter (patres)«. Unter dieser Oberschicht stand die breite Schicht der *Plebeier*–»Masse«, also der Kleinbauern, Handwerker und Händler, die sich vielfach an Patrizier als deren ›Hörige‹ (Klienten) anschlossen. Man darf aber diese Plebs keinesfalls mit dem späteren entwurzelten römischen Großstadtproletariat verwechseln; ursprünglich sind die Plebeier nur etwa der ›Dritte Stand‹ (→ *Soziale Verhältnisse*).

Man sieht, wie einfach aber klar geordnet dieser erste Staat war. Schon hier beweist sich die staatsbildende Kraft der Römer, die wahrscheinlich auch griechisches politisches Gut übernommen haben werden. Römisch bleibt aber sicher die ordnende Kraft und die Neigung, in der Tradition der Adelsfamilien eine staatliche und politische Tradition mit hohem Stabilisierungswert zu entwickeln.

Einer der letzten etruskischen Könige, *Servius Tullius*, umgab das nun schon zur Stadt gewordene Rom um 550 v. Chr. mit einer Mauer. Wehrhaftigkeit und Bedeutung Roms waren so dokumentiert (→ auch *Königszeit*).

Die Könige müssen gehen – der Adel bleibt

Das Jahr 510 brachte einen gewaltigen Umschwung. Die Fremdherrschaft der Etrusker wurde durch die Stämme Latiums gebrochen, in Rom wurde der etruskische König vertrieben. Rom wurde zur Republik. Bisher war der Staat »Sache des Königs« gewesen, nun war er die »Sache des Volkes« (res populi). Auch mit dieser Tat schufen die Römer etwas Bedeutendes, das bis zum heutigen Tag fortwirkt: Sie führten – nahezu gleichzeitig mit den Griechen – die republikanisch-demokratische Idee in die europäische Geschichte ein. Und da im Mittelalter und bis in die Neuzeit die griechische politische Wissenschaft und Theorie in der breiten Öffentlichkeit nur wenig bekannt waren, wurden es die Römer, die dem Abendland den demokratischen Gedanken vermittelten. Noch die Heroen der französischen Revolution verstanden sich als Nachfolger der Römer, wenn sie manche Einrichtung mit dem Satz »So machten es die Römer« (Ainsi faisaient les Romains) begründeten oder ihre Staatslenker als Konsuln bezeichneten.

Für uns sind die Heldentaten jener Freiheitskämpfe in den Sagen der frühen Republik aufbewahrt, in den Geschichten von *Horatius Cocles*, von *Mucius Scaevola*, von *Cloelia*, die auch so manchen Barockmaler inspirierten (→ *Sagen*).

Die folgende Periode nach 510 zeigt ein doppeltes Wachstum Roms: eine innerliche Konsolidierung der jungen Republik und einen bedeutenden äußeren Machtzuwachs.

Die neue Republik muß paradoxerweise vorerst einmal als eine ›Adelsrepublik‹ bezeichnet werden, denn aus dem Patriziat wurden die Beamten gewählt. An der Spitze des Staates standen zwei *Consuln*. Die Römer teilten die höchste Macht, um eine allzugroße Machtfülle in einer Hand zu vermeiden, durch das Prinzip der Kollegialität, eine Einrichtung, die es heute wohl kaum mehr gibt. Sie beschränkten die Macht noch weiter durch das Prinzip der Annuität, d. h. des jährlichen Wechsels der Consuln, nach denen übrigens die einzelnen Jahre kalendarisch benannt wurden. Dieser Gedanke der zeitlichen Begrenzung der Macht ist bis heute lebendig geblieben. Natürlich mußten sich die Beamten nach ihrem Amtsjahr auch gelegentlich für ihre Taten rechtfertigen.

Eine ›Adelsrepublik‹ liegt auch in der weitergeführten ständischen Gliederung vor, denn die Patrizier, eine nicht sehr zahlreiche Oberschicht, beherrschten vorerst den Staat. Die Adeligen waren streng vom Volk getrennt: Es gab keine ehelichen Verbindungen zwischen Patriziern und Plebeiern, die Plebeier erhielten kaum Landzuteilungen aus erobertem Gebiet, ja sie besaßen nicht einmal die volle Rechtsfähigkeit.

Über 200 Jahre hinweg ziehen sich nun parallel zu den außenpolitischen Ereignissen und Erfolgen die Ständekämpfe hin, deren Beginn durch die sogenannte »Secessio plebis«, eine Auswanderung der Plebs aus der Stadt, bezeichnet ist. Hier begegnen wir einem der ersten überlieferten Streiks, und es wäre interessant zu wissen, ob er auch als Modell für spätere Zeiten gewirkt hat.

Das Erstaunliche an den Ständekämpfen ist die Tatsache, daß man sich bei aller Härte der Gegensätze fast immer in dem Bestreben einig blieb, den Staat als solchen zu erhalten, ja zu mehren. Man ging sogar so weit, daß man den Plebeiern eine eigene Institution zuerkannte, die Volkstribunen, deren *Veto* – auch dies ein bis heute fortlebender Begriff – später Amtshandlungen jeder Art, ja sogar Senatsbeschlüsse einhalten konnte. Man hat hier schon von einer »permanenten, institutionalisierten Revolution« gesprochen, und in der Tat kann ein Staat mit diesem Instrument nur dann leben, wenn das allgemeine Interesse immer wieder als das höhere Prinzip ins Auge gefaßt wird.

Geschriebenes Recht – Neue Impulse – Expansion

Das Jahr 450 brachte die berühmten *Zwölf-Tafel-Gesetze*, eine Kodifikation des geltenden Rechtes – wohl nach griechischem Muster –, und nun war die Rechtsunsicherheit, die bisher herrschte, behoben. Die zwölf Tafeln blieben lange die Grundlage des römischen Rechtslebens (→ *Recht*), die Kinder lernten sie oft auswendig. Eine neue Heeres- und Versammlungsordnung folgte, und etwa im Jahre 360 besaß die Plebs die volle politische Gleichberechtigung.

Der ganze Vorgang brachte einen doppelten Vorteil: Die Patrizier-Familien mit ihrer langen politischen Erfahrung und Tradition lenkten den Staat geschickt, vergleichbar etwa den englischen Politikern aus der Oberschicht im 19. Jahrhundert. Zugleich aber verschloß man sich dem Aufstieg tüchtiger Plebeier nicht und schloß auch sonst mit der Plebs immer wieder Kompromisse. Bei aller Starrheit der Patrizier in den Ständekämpfen setzten sich so vielfach politische Innovationen

Verfassungsschema der Römischen Republik

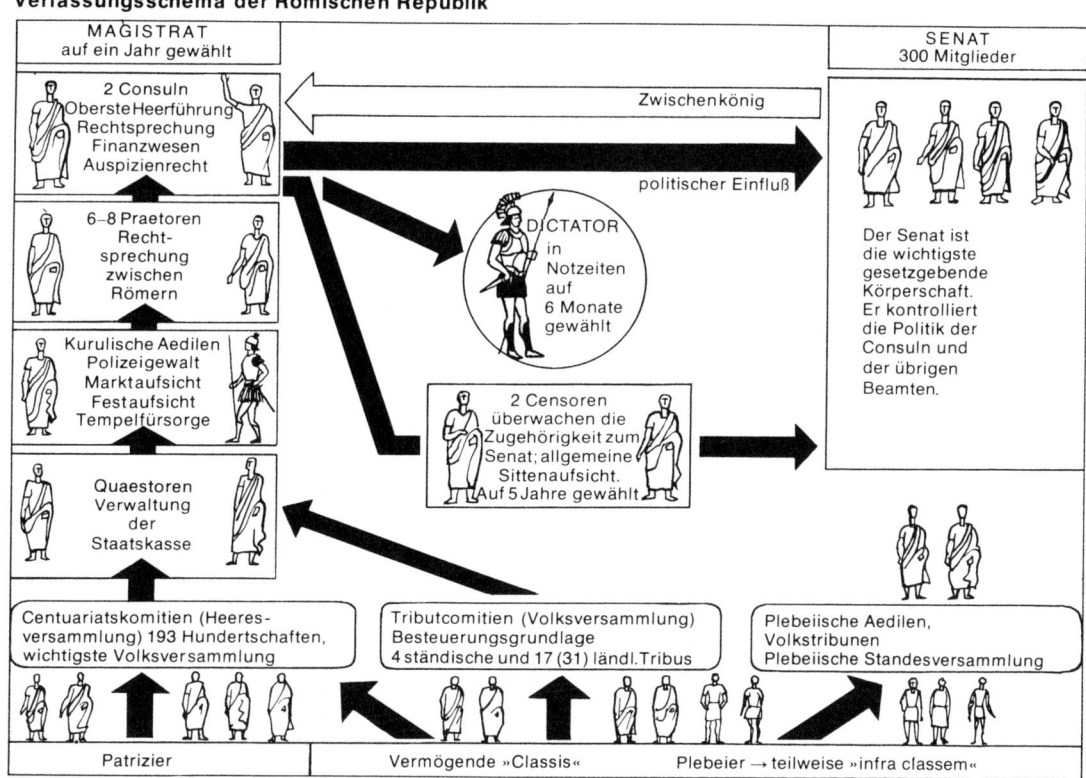

| MAGISTRAT auf ein Jahr gewählt | | SENAT 300 Mitglieder |

2 Consuln
Oberste Heerführung
Rechtsprechung
Finanzwesen
Auspizienrecht

Zwischenkönig

politischer Einfluß

DICTATOR in Notzeiten auf 6 Monate gewählt

6–8 Praetoren
Rechtsprechung zwischen Römern

Kurulische Aedilen
Polizeigewalt
Marktaufsicht
Festaufsicht
Tempelfürsorge

2 Censoren überwachen die Zugehörigkeit zum Senat; allgemeine Sittenaufsicht. Auf 5 Jahre gewählt

Quaestoren Verwaltung der Staatskasse

Der Senat ist die wichtigste gesetzgebende Körperschaft. Er kontrolliert die Politik der Consuln und der übrigen Beamten.

Centuariatskomitien (Heeresversammlung) 193 Hundertschaften, wichtigste Volksversammlung

Tributcomitien (Volksversammlung) Besteuerungsgrundlage 4 ständische und 17 (31) ländl. Tribus

Plebeiische Aedilen, Volkstribunen Plebeiische Standesversammlung

Patrizier

Vermögende »Classis«

Plebeier → teilweise »infra classem«

durch und bewahrten den Staat vor einer Verkrustung und Verhärtung in den Strukturen.

Der inneren Konsolidierung des Staates entsprach eine bedeutende Expansion im Äußeren. Schon das Jahr 509, das den ersten Handelsvertrag zwischen Rom und → *Karthago* brachte, bewies, daß auch die Republik entschlossen war, in die Weite des Raumes hineinzuwirken. Im Jahre 396 fand der Freiheitskampf gegen die Etrusker vorläufig ein Ende. Die Stadt *Veii* wurde erobert und für die stetig wachsende römische Bevölkerung neuer Siedlungsraum im Norden der Stadt gewonnen. Im Zuge des Vorgehens nach Norden mußte sich Rom dann gegen die → *Kelten* zur Wehr setzen, die sich in ganz Oberitalien festgesetzt hatten und auch in Etrurien einfielen. Nach der schweren römischen Niederlage an der Allia im Jahre 390, die als »schwarzer Tag« (dies ater) in die römische Geschichte einging, eroberte der keltische König *Brennus* Rom (→ auch *Sage*).

Die zunehmende Landnot führte auch zu schweren Kämpfen um die fruchtbaren Ebenen von Latium und Campanien. Hier suchten die Römer immer wieder, einen »gerechten Krieg« (bellum iustum) zu führen, d. h. sie legten den allerhöchsten Wert darauf, niemals Urheber eines Krieges und Angreifer zu sein. Cicero sagte einmal, die Römer hätten ihr Reich dadurch gewonnen, daß sie sich verteidigten.

Die Völkerschaften Italiens

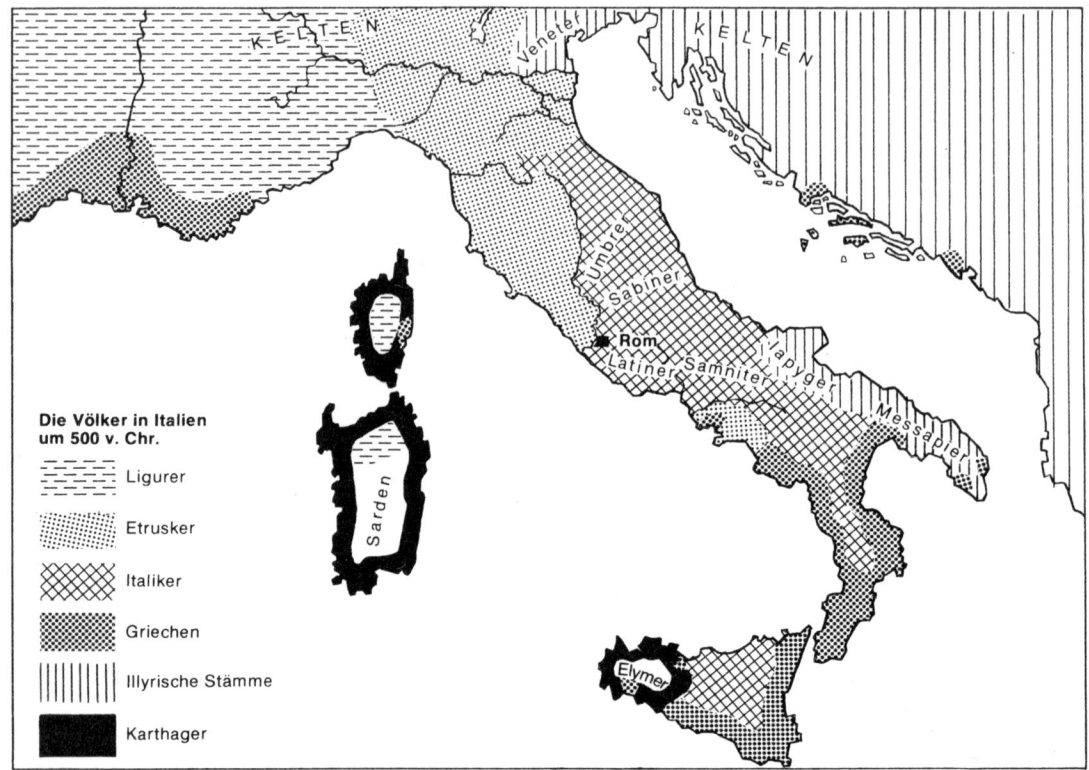

Die Völker in Italien
um 500 v. Chr.

- - - - - Ligurer

:::::::: Etrusker

XXXXX Italiker

Griechen

|||||||| Illyrische Stämme

■ Karthager

Die offiziellen Kriegserklärungen Roms waren durchweg mit religiösen symbolischen Handlungen verbunden, bei denen man die Götter als Zeugen des erlittenen Unrechts anrief. Hier begegnet man dem starken, religiös fundierten römischen Rechtsgefühl, und es ist unbestreitbar, daß neben der unerbittlichen römischen Heeresdisziplin das Gefühl der Soldaten, gerechte Kriege zu führen, eine Basis römischer Siege war. Wieviele Kriegshandlungen in Wirklichkeit aber nacktem Imperialismus entsprangen, wieviele Kämpfe zur Verteidigung nötig waren, wird sich nur schwer entscheiden lassen.

Nach langen Kämpfen wurden im Jahre 338 die *Latiner* in den römischen Staat integriert, und Roms politischer Kunst gelang es, in kurzer Zeit aus den Besiegten loyale Staatsangehörige zu machen. Die Latiner leisteten Kriegsdienst im römischen Heer, behielten ihre Selbstverwaltung und ihr Ackerland und strebten danach, bald das volle Bürgerrecht Roms zu erhalten.

Ein weiterer Kampf stand bevor. Die *Samniten*, ein sehr volkreicher italischer Bergstamm im südlichen Apennin, führten mit den Römern in den Jahren 343 bis 295 einen erbitterten Krieg, in dem Rom schwere Niederlagen erlitt, unter anderen die berühmte bei *Caudium*, wo das eingeschlossene römische Heer »unter das Joch« gehen mußte. Erst 295 fiel bei *Sentinum* die Entscheidung für Rom.

Nun war Rom unbestrittener Herr von Mittelitalien, zwar noch keine wirkliche Großmacht, doch besaß es bedeutenden Einfluß in Italien und war besonders durch die Geschlossenheit des Staates gefährlich. Als Summe der Zeit von 753 bis 295 ist festzuhalten: Aus winzigen Anfängen entwickelt sich ein Staatsgebilde, das eine ungeheure Kraft der Expansion entfaltet, innerhalb dieser Expansion aber die ebenso bemerkenswerte Fähigkeit besitzt, auf die Zeit der Eroberung und Veränderung der Zustände eine Phase der Integration und Konsolidierung folgen zu lassen. Auch innenpolitisch scheint eine geglückte Verbindung von Konservativismus und Innovationsfähigkeit vorzuliegen.

ROMS AUFSTIEG ZUR VORMACHT AM MITTELMEER (295—146 v. Chr.)

Kriege von Karthago bis Kleinasien

Fast zwangsläufig stößt eine Macht, die sich auszudehnen beginnt, auf andere Mächte. So traf Rom auf → *Karthago*, das bis dahin die unbestrittene Vormacht im Westen besessen hatte. Karthago war kein eigentlich aggressiver Staat, doch wich es auch dem sich abzeichnenden Konflikt nicht aus.

Wie so oft, begann der erste der sogenannten *Punischen Kriege* (264 bis 241 v. Chr.) auf einem Nebenschauplatz. Zwei sizilische Städte, *Messana* und *Syrakus* (lat.: Syracusae), waren verfeindet; Rom unterstützte Messana, Karthago die Syrakusaner, und so fand sich bald der Anlaß zu einem Krieg, dessen Ursache darin lag, daß zwei Großmächte sich ihrer politischen und wirtschaftlichen Interessen wegen nicht gegenseitig dulden wollten.

Der Krieg verlief wechselvoll, und erst nach der Niederlage in der Seeschlacht bei den Ägatischen Inseln gab sich Karthago 241 v. Chr. besiegt. Es mußte *Sizilien* räumen und eine hohe Kriegsentschädigung zahlen.

Mit Sizilien bekam Rom seine erste → *Provinz*. Die Bewohner mußten ein Zehntel ihrer Einkünfte als Tribut abführen; Recht wurde von einem römischen Statthalter gesprochen. Damit war eine neue Form der Machtausübung eingeführt, die den Abhängigen den Nutzen der Ruhe und des Friedens brachte, sie aber auch Ausbeutern auslieferte. Weitere Provinzen Roms wurden im Laufe der nächsten Jahre: Sardinien, Korsika, Dalmatien, Oberitalien.

Punische Kriege

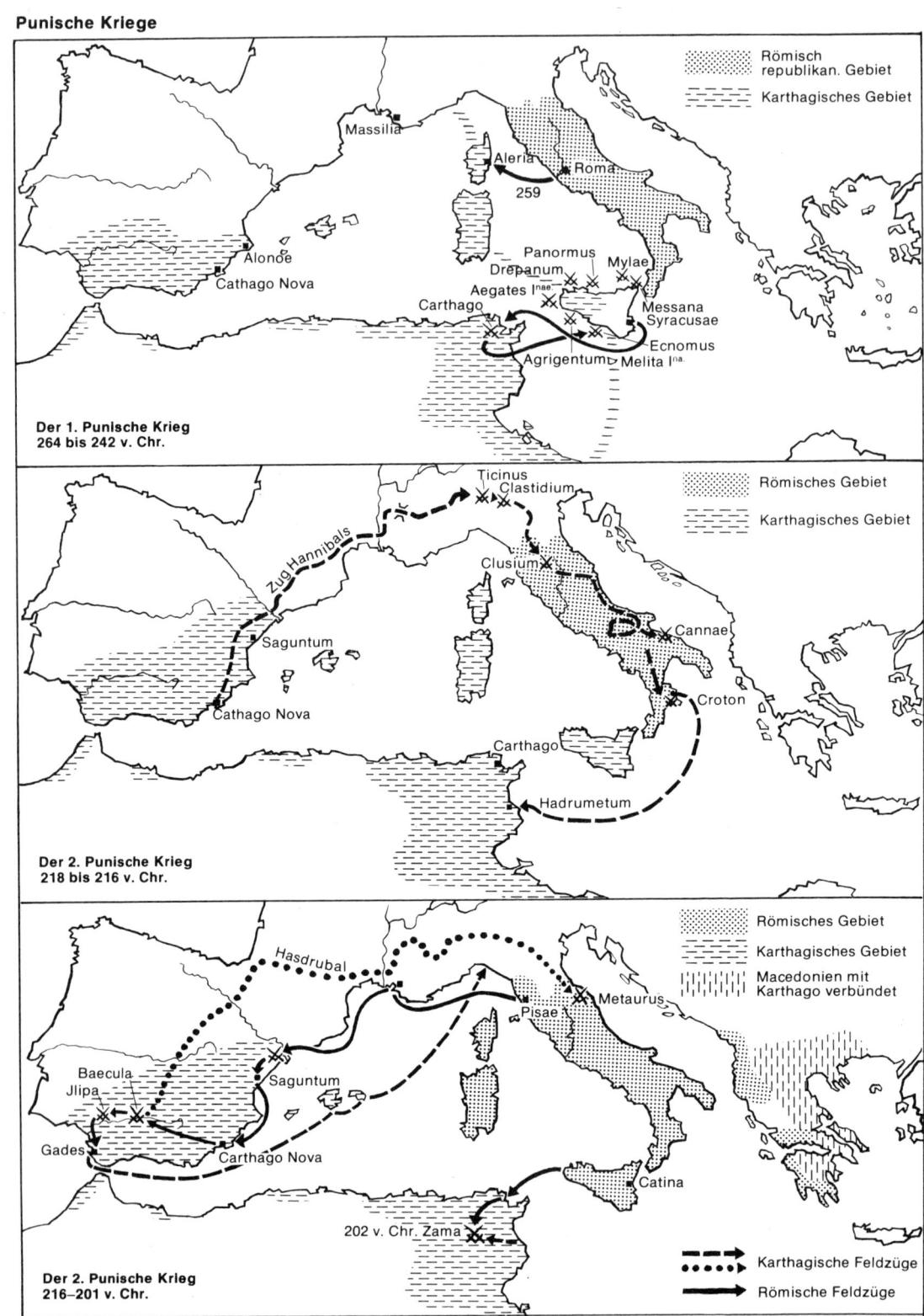

Der 1. Punische Krieg
264 bis 242 v. Chr.

Der 2. Punische Krieg
218 bis 216 v. Chr.

Der 2. Punische Krieg
216–201 v. Chr.

Der eigentliche Entscheidungskampf zwischen Rom und Karthago fand im Zweiten Punischen Krieg statt (218–201 v. Chr.). Drei große Feldherren und Politiker fochten auf karthagischer Seite: *Hamilkar*, sein Schwiegersohn *Hasdrubal* und → *Hannibal*, der Sohn des Hamilkar. Diese drei Männer wußten genau, daß es in diesem Krieg um Sein oder Nichtsein ging, und rissen Karthago immer wieder in den Kampf gegen Rom. Besonders Hannibal war an Energie, Erfindungsreichtum und politischem Instinkt seinen römischen Gegenspielern gewachsen, ließ es freilich auch an Grausamkeit und Härte nicht fehlen. Im Jahre 218 v. Chr. begann er den Krieg mit der Zerstörung der spanischen Stadt *Sagunt*, die mit den Römern verbündet war, und überstieg dann in seinem berühmten Zug mit seinem Heer und den Kampfelefanten die Alpen, um Italien von Norden her aufzurollen. Er schlug die Römer mehrfach (am Ticinus, an der Trebia, am Trasimenischen See) und vernichtete allein bei → *Cannae* 70 000 römische Soldaten in der berühmt gewordenen Umfassungsschlacht.

Als man ihn nach dem Kampfe aufforderte, sogleich gegen das wehrlose Rom zu ziehen, schlug er es aus, worauf ihm sein Unterfeldherr sagte: »Zu siegen verstehst du zwar, Hannibal, den Sieg aber auszunützen, verstehst du nicht!« Und in der Tat konnte Hannibal dieses Versäumnis nie mehr ausgleichen. Rom konnte den Krieg defensiv weiterführen, und der berühmte »Zauderer« *Fabius Maximus Cunctator* entwickelte eine sehr wirkungsvolle Ermattungsstrategie.

Langsam eroberten die Römer die abgefallenen Städte zurück, unter anderem Syrakus, das durch den genialen Mathematiker und Physiker *Archimedes* verteidigt wurde. Archimedes fiel bei der Einnahme der Stadt, als er, in ein geometrisches Problem vertieft, »seine Kreise nicht stören« lassen wollte (noli turbare circulos meos!).

Hannibals Heer hatte im Winterquartier in Capua merklich an Disziplin und Leistungsfähigkeit verloren, Hasdrubal wurde in Oberitalien mit einem Hilfsheer vernichtet. Der große Gegenspieler Hannibals, *Publius Cornelius* → *Scipio*, bedrohte in → *Afrika* die Stadt Karthago, und so mußte Hannibal Italien wieder verlassen. Die Schlacht bei *Zama* (202) brachte den Römern den Sieg und führte das Ende der Großmacht Karthago herbei. Rom war nach einem Kampf auf Leben und Tod die Herrin des westlichen Mittelmeers (201 v. Chr.). Trotz der Erschöpfung durch den Zweiten Punischen Krieg wandte sich Rom sogleich gegen König *Philipp von Makedonien*, der sich auf die Seite Karthagos gestellt hatte. 197 wurde er besiegt und Griechenland 196 v. Chr. für »frei« erklärt – unter fester römischer »Schutzherrschaft«.

Als dann noch König *Antiochos von Syrien*, der Roms Todfeind Hannibal Asyl gewährt hatte, bei *Magnesia* (in der Nähe des heutigen Smyrna) geschlagen war, und als schließlich der Sohn Philipps, König *Perseus von Makedonien*, bei *Pydna* 168 v. Chr. vernichtend besiegt wurde (→ *Balkan*), beherrschte Rom auch das östliche Mittelmeer. Nach Aufständen wurde in einer blutigen Strafexpedition auch die griechische Stadt *Korinth* zerstört (146 v. Chr.) und all ihrer Kunstschätze beraubt: sie wurden nach Rom verschleppt.

Auch Oberitalien und Spanien kamen endgültig unter Roms Herrschaft. Nur Karthago, der alte Feind, mit seinem riesigen Reichtum und seinen Handelsverbindungen, wäre vielleicht noch fähig gewesen, den neuen Herren des Mittelmeers entgegenzutreten. Das erkannte der ältere → *Cato*, und er versuchte den Senat davon zu überzeugen, daß dieser Gegner vernichtet werden müsse, ehe er noch einmal richtig erstarkte. Mit einer Mischung aus politischem Weitblick und Starrsinn hetzte er offen zum Krieg und schloß jede seiner Reden vor dem Senat mit den Worten: »Übrigens stelle ich den Antrag, Karthago zu zerstören« (ceterum censeo Carthaginem esse delendam). Er erreichte sein Ziel. 149 v. Chr. nutzten die Römer Streitigkeiten zwischen dem mit ihnen verbündeten Numidierkönig *Masinissa* und Karthago und schlugen los. Zu spät merkten die Karthager, daß es um ihre Existenz ging, zu spät entschlossen sie sich zu einem letzten verzweifelten Widerstand: die Stadt wurde erobert und zerstört. Die Bewohner verkaufte man in die Sklaverei. Karthagos Besitz wurde zur *Provinz Africa* erklärt.

Das Staatsgefüge ist erschüttert

Es ist kein Wunder, daß dieser stürmische Aufstieg Roms zur Weltmacht auch im Inneren schwerwiegende Folgen hatte und Opfer forderte.

Die kleinen italischen Bauern wurden durch die hundertjährige Kriegsperiode ruiniert, denn sie mußten ja nicht nur die Legionen materiell unterstützen, sondern auch die Soldaten stellen. Sie vor allem also mußten die Last des Krieges tragen, konnten ihre Höfe nicht mehr richtig bestellen, waren vielfach gezwungen, ihr Land an die *Großgrundbesitzer* zu verkaufen, die dadurch noch reicher wurden und ausgedehnte Öl- und Weinplantagen mit Hilfe vieler → *Sklaven* betreiben konnten. Immer mehr der verarmten Bauern zogen nach Rom und wurden dort zu einem wurzellosen ›Proletariat‹, das man – nun mit geringschätziger Bedeutung – »Plebs« oder »Plebeier« nannte und das etwa mit den heutigen Bewohnern von Großstadtslums in Südamerika verglichen werden kann. Mit der Gewährung von »Brot und Spielen« (panem et circenses) versuchte man später die Forderungen dieser Menschen zu befriedigen, eine freilich etwas vereinfachte Formel für eine Lösung dieser neuen sozialen Frage. Mit dieser Frage wurde Rom lange Zeit nicht fertig, und schließlich behielt der alte → *Plinius* mit einem Satz recht, der bis heute an Aktualität

und Gültigkeit nichts verloren hat: Latifundia Italiam perdidere – die Großgüter haben Italien zugrunde gerichtet.

Ein neuer Stand gewann neue Bedeutung: die *Ritter*. Diese ›Kapitalisten‹ und Bankiers hatten am Krieg verdient und bildeten von nun an das organisatorische und finanzielle Rückgrat des Weltreiches. Sie erhielten Staatsaufträge zur Ausbeutung von Bodenschätzen, pachteten die Steuern der Provinzen und verliehen Geld an Städte und Provinzen, die in Not geraten waren, zu horrenden Sätzen (bis zu 40 Prozent im Jahr), und zwar taten das auch durchaus angesehene Leute wie der spätere Mörder Caesars, Marcus Brutus.

Der *Senatsadel* stand an Einnahmefreudigkeit nicht zurück; seine Angehörigen beuteten die Provinzen als Statthalter schamlos aus, und es dauerte nicht lange, bis aus dem Segen, den Roms Herrschaft einst oft bedeutet hatte, ein Fluch wurde. Die Senatsoligarchie entartete zur korrupten Cliquenwirtschaft.

Neben der Wende zur Krise Roms ist aber noch ein positives Ereignis zu nennen: Die Römer begannen sich dem Einfluß des griechischen Geistes zu öffnen. Wie sie die ›Welt‹ erobert hatten, so ließen sie sich nun von griechischer Baukunst, Plastik, Dichtung, Philosophie und griechischer Kunstrede faszinieren. Freilich gelang es ihnen anfangs nicht ohne weiteres die ganze Breite griechischer Kultur zu erfassen, und es gelang auch nur einer kleinen Schicht. Aber es ist nicht zu leugnen: Römer waren die ersten ›Humanisten‹, Men-

Modell des Ostmarktes in Thamugadi (Timgad/Algerien), einer überdachten großen Markthalle. MdCR Rom.

schen, die im Umgang mit Griechenland zum geistigen Selbstverständnis fanden, sich ›bildeten‹, anfangs noch unbeholfen, doch später mit steigendem Können und Verständnis und jedenfalls fast immer mit einer persönlichen und nationalen Eigenart.»Das eroberte Griechenland,« sagte *Horaz* »eroberte den wilden Sieger und brachte seine Künste ins bäuerliche Latium«. (→ *Griechen und Römer*)

DIE RÖMISCHE REVOLUTION (133–30 v. Chr.)

Soziale Unruhen und Machtkämpfe zerreißen das Land

Auch in den Jahren nach der Zerstörung Karthagos breitete sich das römische Imperium weiter aus und gewann in Asien, Afrika, Gallien und Germanien neue, riesige Räume. In Rom strömten Geld, Natur- und Kunstschätze, Sklaven und Freie zusammen. Die Hauptstadt wurde allmählich mit großen öffentlichen Bauten geschmückt und dehnte sich weithin aus.

Die glänzenden Verhältnisse und die außenpolitischen Erfolge konnten aber Tieferblickende nicht darüber hinwegtäuschen, daß im Inneren des Reiches die Krise eingesetzt hatte. Die Struktur der Verwaltung durch Senat und Volksversammlung und die Verfilzung der Interessen und Beziehungen innerhalb der Senatorenschicht waren nicht geeignet zur Erhaltung eines Riesenreiches. Hinzu kam, daß die Volksversammlung weitgehend aus besitzlosen, gelegentlich auch arbeitslosen ›Proletariern‹ bestand und aus sich keine wirkliche Kontrolle oder Führungsfunktion entfalten konnte. »Körper ohne Seele« nannte Caesar später den Staat der ausgehenden Republik.

Die manchmal anarchieähnlichen Zustände brachten – wie üblich – bald den ›starken Mann‹ hervor, der dann den Staat als seine private Domäne betrachtete; insofern ist die römische Geschichte auch für uns Heutige lehrreich, und kein Geringerer als Thomas Mann hat gesagt, wer das erste Jahrhundert v. Chr. studiert habe, brauche in der Geschichte nicht mehr viel hinzuzulernen.

Ackergesetze, Optimaten, Popularen

Als brennendstes Problem ergab sich zuerst die soziale Frage. Die Brüder *Gaius* und *Tiberius Sempronius* → *Gracchus* suchten als erste die Lage des kleinen Mannes zu verbessern. Tiberius Gracchus wurde

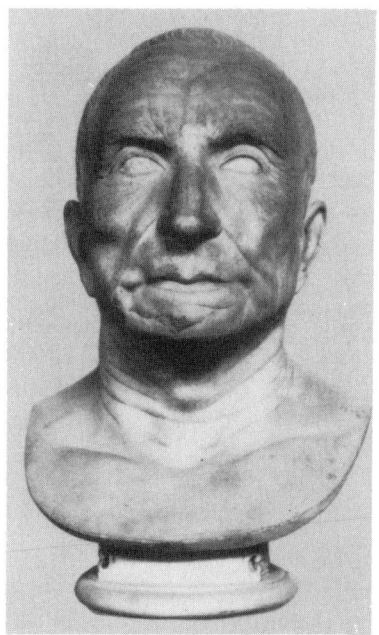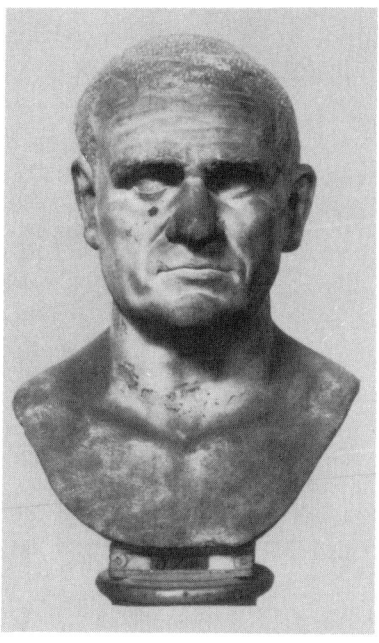

*Römische Bürger.
Die Porträtköpfe
spiegeln Stolz und
Härte dieser Männer.
Vatikanisches Museum
Rom.*

133 Volkstribun und brachte ein *Ackergesetz* ein, nach dem neue
Bauernhöfe aus dem Gemeinbesitz (ager publicus) zu schaffen waren.
»Die Tiere Italiens haben Höhlen, Lager oder Unterschlupf«, klagte
er, »die Männer aber, die für Italien kämpfen oder sterben, haben
nichts. Ohne Haus und Hof irren sie mit Weib und Kind umher. Die
Feldherren lügen, wenn sie die Soldaten mahnen, für die Gräber der
Ahnen und ihre Heiligtümer zu kämpfen, denn keiner hat einen Hausaltar oder ein Ahnengrab. Sie heißen Herren der Erde, und dennoch
gehört ihnen nicht eine Scholle Landes.«
Die Durchsetzung des Ackergesetzes stieß auf starke Schwierigkeiten,
und Tiberius ließ sich zu mehr oder weniger revolutionären Schritten
verleiten, die schließlich ganz Rom in Gegner und Anhänger dieses
Politikers spalteten. Schließlich wurde Tiberius bei einem Tumult in
einer Wahlversammlung erschlagen; sein Ackergesetz freilich wurde
allmählich durchgeführt.
Gaius Gracchus, der jüngere der beiden Brüder, setzte 123 v. Chr. die
Reformpläne fort. Er sicherte die Getreidezuteilung an die ›Proletarier‹ und gewann auch den Ritterstand für sich. Als er aber allen
Italikern durch ein »Bundesgenossengesetz« das römische Bürgerrecht verleihen wollte, stieß er auf allgemeinen Widerstand. Bei einer
gewaltsamen Auseinandersetzung fand auch Gaius den Tod.
Der ganze Staat war nun polarisiert. Die Agrarreformen wurden
gebremst, die Reformgegner schlossen sich als *Optimaten* (die »Besten«) zusammen. Die Anhänger des Volkes nannten sich *Popularen*.
Man darf indes diese Interessengruppierungen nicht mit unseren
Parteien vergleichen.

Marius und Sulla – politische Heerführer

Zunächst brachte die Besetzung von Südgallien neues Siedlungsland und damit eine gewisse Erleichterung. Der Krieg gegen den nordafrikanischen König *Jugurtha* offenbarte aber schon die allgemeine Mißwirtschaft. Die Ritter setzten zur Lösung der Probleme einen starken »Mann ohne Ahnen« (homo novus), *Marius*, als Consul durch. Marius triumphierte über Jugurtha und schützte dann Rom gegen die einbrechenden *Kimbern und Teutonen* (→ auch *Germanen*). Marius führte auch eine neue Heeresorganisation ein, die zugleich der Lösung der sozialen Frage diente: Er zog › Proletarier ‹ zum längeren Kriegsdienst ein, für den sie später eine Bauernstelle erhielten, und zwar in den Provinzen. Damit war eine Entwicklung eingeleitet, die später zur Romanisierung vieler Teile des Imperiums führte. Marius schied nach seinem 6. Konsulat und vorausgegangenen Spannungen mit den Optimaten 100 v. Chr. aus der Politik aus; er war der erste in einer Reihe von *Heerführern*, die immer mehr den Verlauf der folgenden politischen Ereignisse bestimmten.

Der Tribun *M. Livius Drusus*, der den Bundesgenossen das römische Bürgerrecht für eine Abgabe von Bündnerland zu Landverteilungen an Veteranen geben wollte, wurde ermordet, und die enttäuschten Italiker erhoben sich im sogenannten *Bundesgenossenkrieg*, der für Rom schwere Niederlagen brachte. So verliehen die Römer im Jahre 88 v. Chr. den Aufständischen das römische Bürgerrecht, das freilich zu seiner politischen Ausübung eine wenigstens vorübergehende Anwesenheit in Rom voraussetzte.

Im Osten erhob sich als furchtbarer Gegner König *Mithridates von Pontos* (am Schwarzen Meer), der an einem Tag in Kleinasien 80 000 Römer töten ließ. Gegen ihn wurde von den Optimaten *Sulla* ins Feld gestellt, während die Popularen Marius beriefen. Wegen dieser Streitigkeit um den Oberbefehl entbrannte in Rom ein blutiger Bürgerkrieg zwischen Optimaten und Popularen (Sullaner und Marianer), mit wechselnden Herrschaften und Verfolgungen in Rom. Schließlich siegte Marius in Abwesenheit Sullas und übte schreckliche Rache an allen Gegnern in Rom (→ *Marius und Sulla*). Hier wurden zum ersten Mal die politischen Gegner in Massen gnadenlos verfolgt und getötet, eine gewissermaßen › logische ‹ Folge der bisherigen Polarisierung. Sulla einigte sich mit Mithridates, kehrte nach Italien zurück, besiegte die Marianer, und erklärte seinerseits Tausende der Popularen für vogelfrei und ließ sie töten *(Proskriptionen)*, zog ihr Vermögen ein und siedelte auf ihren Gütern seine Veteranen als Kleinbauern an.

Im Jahre 82 ordnete Sulla den Staat neu und sicherte die Senatsherrschaft gesetzlich. Dann zog er sich zurück; er starb 79 v. Chr. Die Verhältnisse waren jedoch nicht beruhigt. In Spanien tobte ein Aufstand, und die Sklaven, die sich seit der Gracchenzeit immer wieder

erhoben hatten, gewannen in → *Spartacus* einen Führer, der sie kriegs-
mäßig gegen die Römer führte. Sein Name ist bis heute Symbol für
Aufstände Entrechteter geblieben. *Pompeius* und *Crassus* schlugen
beide Aufstände nieder (80 – 72 v. Chr; 73 – 71 v. Chr.).

Pompeius und Caesar – Kampf um Macht und Ideale

Pompeius war nun der neue große Mann der Optimaten. Er vernichtete
im Jahre 67 v. Chr. die *Seeräuber*, die sich zu einer schweren Plage entwickelt hatten, besiegte Mithridates gänzlich und ordnete Kleinasien
endgültig. Bald hieß er »der Große«. Freilich fehlte es ihm zur
Machtübernahme an Gewissenlosigkeit. Dafür schloß er sich 60 v.
Chr. mit → *Caesar* und *Crassus* zum sogenannten *Triumvirat* zusammen,
einer »Verbindung von Macht (Pompeius), Intelligenz (Caesar) und
Geld (Crassus)«. Diese drei Männer beherrschten nun eigentlich das
Reich und zeigten deutlich, daß die Macht nicht bei installierten,
gesetzmäßigen Gewalten lag, sondern bei Interessengruppen und in
der Hand weniger Führer – auch dies ein typischer Vorgang in krisen-
haften politischen Verhältnissen. Im Jahe 60 brachte Caesar als Consul
Ackergesetze durch, die etwa 30 000 Bauernstellen schufen, und ging
gegen räuberische Statthalter vor. Von 58 bis 51 eroberte er als Proconsul ganz Gallien (das heutige Frankreich, Belgien und Teile der Nieder-
lande) und schlug die Germanen zurück. Das waren beides Großtaten: Gallien wurde romanisiert und die drohende germanische Völkerwanderung für Jahrhunderte aufgehalten.
Inzwischen war Crassus im Krieg gefallen, und zwischen Pompeius
und Caesar entbrannte der endgültige Kampf um die Macht. Im Jahre
49 v. Chr. war »der Würfel gefallen« (alea iacta est) und Caesar
überschritt bei Rimini den Rubico(n), einen kleinen Grenzfluß seiner
Provinz. Der Bürgerkrieg begann.
Pompeius wich nach Griechenland aus; Caesar folgte ihm zu Schiff.
Im Jahre 48 v. Chr. fiel bei *Pharsalus* in Thessalien die Entscheidung
(Caesar rief seinen kriegsgeübten Soldaten zu: »Stoßt die jungen
Reiter ins Gesicht!«). Pompeius wurde besiegt, das Ende der römi-
schen Republik zeichnete sich ab. Noch Goethe beschwört in der
»Klassischen Walpurgisnacht« das thessalische Schlachtfeld.
Pompeius wurde in Ägypten ermordet; Caesar schlug seine letzten
Anhänger bei *Thapsus* in Nordafrika (46 v. Chr.) und bei *Munda* in
Spanien (45 v. Chr.). In Ägypten fesselte ihn eine Romanze an → *Kleo-
patra*, unterbrochen von einem › Blitzsieg ‹ gegen einen bosporani-
schen König, einem Sieg, den er mit den Worten »Ich kam, sah und
siegte!« (Veni, vidi, vici) nach Rom meldete.
Als Alleinherrscher (»Diktator auf Lebenszeit«) ordnete Caesar Rom
neu. Er gründete Veteranenkolonien und sorgte in Rom für Arbeit,

wodurch die Getreideempfänger von 320 000 auf 150 000 absanken. Kleine Teile der Provinzen erhielten das römische Bürgerrecht, Italiker und Provinzialen wurden zum Teil in den Senat aufgenommen. Der Tiber wurde reguliert, das Straßennetz ausgebaut, der Kalender reformiert (»Julianischer Kalender«).

Man überhäufte Caesar mit Ehren, ja der Monat Quintilis wurde ihm zu Ehren in *Iulius* (Juli) umgetauft.

Von Caesars Tod zur Alleinherrschaft des Octavius–Augustus

Die Anhänger der alten Republik wollten Caesars Alleinherrschaft nicht hinnehmen, und so kam es zu den »Iden des März« im Jahre 44 v. Chr. Trotz der Warnungen seiner Frau und eines Sehers betrat Caesar den Senat, wo er an der Bildsäule des Pompeius von 23 Stichen der Verschwörer unter Führung des *Brutus* und *Cassius* fiel.

Die Verschwörer hatten die Tat so leidenschaftlich wie unbesonnen vollbracht und besaßen in Wahrheit überhaupt kein Konzept. So trat *Marcus Antonius* als Nachfolger Caesars auf und nahm das Volk durch die Bekanntgabe von Caesars volksfreundlichem Testament gegen die Mörder ein. Die folgende Zeit brachte das zweite Triumvirat, das Bündnis des Marcus Antonius mit *Gaius Octavius*, einem Großneffen Caesars und späteren → *Augustus*, und mit *Lepidus*, einem alten Obersten Caesars.

Natürlich hielt dieses Triumvirat so wenig wie das erste zusammen. Lepidus wurde entmachtet. Antonius heiratete Kleopatra und entwickelte sich zum orientalischen Potentaten. Octavian legte sich auf nationale Würde fest; er wollte Roms Sitten erneuern. So steuerte der Gegensatz zwischen der östlichen (Antonius) und der westlichen Reichshälfte (Octavian) zum Konflikt. Im Jahre 31 v. Chr. besiegte Octavian mit Hilfe seines Feldherrn → *Agrippa* den Antonius bei *Actium* an der griechischen Westküste. Antonius und Kleopatra flohen und starben von eigener Hand in Alexandria.

Der Tempel des Ianus wurde geschlossen, und Octavian begann seine langjährige Friedensherrschaft.

In seiner Zeit wurde in Palästina Jesus Christus geboren, der eine völlig andere, neue Ordnung bringen sollte.

Politische Krisen – Kulturelle Höhepunkte

Überblickt man den behandelten Zeitraum, fällt die bestürzende Ähnlichkeit mit modernen Entwicklungen auf. Freilich ist hier keine volle Parallele zu ziehen, doch ergeben sich durch die – vorerst – gleiche

Art der Reaktion aller Menschen auf bestimmte Lagen und Herausforderungen weitgehend ähnliche Entwicklungen.

So zeigt sich, daß ein Staat, der außenpolitisch stark und fest dasteht, im Inneren von schweren Krisen geschüttelt werden kann. Die Schlüsselfrage im innenpolitischen Geschehen ist – wie fast immer – die soziale Frage. Wenn nicht einigermaßen ausgeglichene soziale Verhältnisse herrschen, kann die Innenpolitik eines Staates kaum die nötige Stetigkeit besitzen. Von besonderer Bedeutung sind ›Großkapital‹ und ›Besitz der Produktionsmittel‹. In Rom – und wiederholt in anderen Epochen bis heute – war es vor allem auch der Großgrundbesitz, der es verhinderte, daß Menschen den zur Existenzsicherung und zur Geborgenheit nötigen eigenen Grund und Boden besaßen. Das Gefühl und Wissen, daß die Interessen aller nicht gleichmäßig berücksichtigt werden, führt schnell zur Reserve gegenüber dem Staat, ja sogar zum Widerstand. Der Mangel an staatlichem Ansehen kann sich zum öffentlichen Machtvakuum ausweiten, in das nur zu leicht und rasch der ›starke Mann‹ vorstößt, wie wir es erlebten. Leider haben wir aus der Antike auch deren Kult des ›starken oder großen Mannes‹ und die entsprechende Ruhmideologie, wenigstens teilweise, übernommen. Natürlich wirken viele andere Motive mit, doch ist kein Zweifel, daß die Gloria-Idee des Altertums durch manche Zwischenglieder bis heute fortwirkt.

Die kulturelle Entwicklung dieses Zeitraumes um Christi Geburt ist weiterhin gekennzeichnet durch das Einströmen griechischen Geistes und griechischer Kunst. Die Römer übernehmen damit eine welthistorische Rolle bedeutenden Ausmaßes: sie assimilieren die Anregungen aus dem Osten und werden sie später an Mittelalter, Renaissance und Neuzeit weitergeben.

Eine der bedeutenden Persönlichkeiten, die als Mittler zwischen Kulturkreisen Brücken schlagen und es einem Volk erleichtern, fremdes Wesen zu verstehen und aufzunehmen, war *Marcus Tullius → Cicero*, das wohl größte Genie der lateinischen Sprache. Cicero hat es verstanden, aus dem wuchtigen römischen Idiom eine kraftvolle, nuancenreiche und biegsame Sprache zu schaffen, die es an mancher Stelle sogar mit dem Griechischen aufnehmen kann. Seine Beredsamkeit war es auch, die ihn zum bedeutenden Juristen und Politiker machte und ihm Eingang in die große Politik verschaffte. So hat er nicht zuletzt durch die Kraft seiner Rede als Consul des Jahres 63 v. Chr. die Verschwörung des → *Catilina* niedergeschlagen. Ebenso bedeutend war Cicero als rhetorischer Theoretiker; wir verdanken ihm eine Redelehre, die noch heute als Kurs der Rhetorik verwendet werden kann. Als Briefschreiber gewährt er Einblick in die innersten Regungen seines Herzens; Cicero ist der erste antike Mensch, von dem man eine ›innere Biographie‹ schreiben kann. Als Philosoph brachte er den Römern die bisher verachtete griechische Philosophie nahe und schuf zu diesem

Zwecke eine ganz neue philosophische lateinische Sprache. Viele Teile der griechischen Philosphie haben uns nur über das Medium Cicero erreicht. Neben Cicero ist → *Caesar* der zweite große Sprachkünstler dieser Epoche, dessen Werk uns erhalten ist. Die Schilderung seiner Kriege in Gallien und die Beschreibung des Bürgerkrieges besticht durch die großartig sparsame und zurückhaltende Sprache. Vielen von uns klingt noch die Wortfolge: »Gallia est omnis divisa in partes tres...« in den Ohren.

Sallust ist der Historiker der Krise Roms. Er hat den Niedergang der römischen Sitte, wie er ihn sah, erkannt und in der Beschreibung der Revolution des Catilina wie in einem Brennpunkt zusammengefaßt, auch er selbst freilich schon vom Geiste der Zeit erfaßt und verbrannt. Das neue Rom des Luxus und der Emanzipation des Individuums bereitete sich bereits in den kunstvollen Gedichten des *Catull* vor, die einem breiten Publikum durch Orffs »Catulli Carmina« bekannt geworden sind. Der große Dichter der ersten Hälfte des vorchristlichen Jahrhunderts aber ist *C. Lucretius Carus*, der mit dichterischer Kraft die Lehre des Epikur in Rom verkündete und seine Landsleute von den Banden der Religion befreien und emanzipieren wollte.

Die Zeit selbst bot den Menschen wenig Trost. Sie konnten sich im Wirbel der kriegerischen Ereignisse heraussuchen, ob sie ihr Leben lieber in stoischer Zucht und Selbstbeherrschung mit der Aussicht auf Lohn im Jenseits hinbringen wollten, oder ob sie es vorzogen, als Epikureer eine Erfüllung im Genuß des Diesseits zu finden. Kein Wunder, daß die Erlösungsreligionen des Orients in der unsicher gewordenen Gesellschaft Eingang fanden. Wir kennen heute ganz ähnliche Vorgänge.

AUGUSTUS UND DER PRINZIPAT
(31 v. Chr.—96 n. Chr.)

Beamte und Legionäre: Stützen der Herrschaft

Die Schlacht bei Actium schloß einen Zeitraum der Bürgerkriege, der Ausbeutung der Provinzen, der Korruption und Mißwirtschaft ab. Die Völker im Raum des Imperium Romanum sehnten sich nach Frieden, Ordnung und Gerechtigkeit, und wirklich war Octavian-Augustus der lang ersehnte Friedensfürst.

Freilich war es nun vorbei mit der großen republikanischen Freiheit und ihrer Ausartung zur Zügellosigkeit. Augustus schuf sich eine

Verfassungsschema des Prinzipats

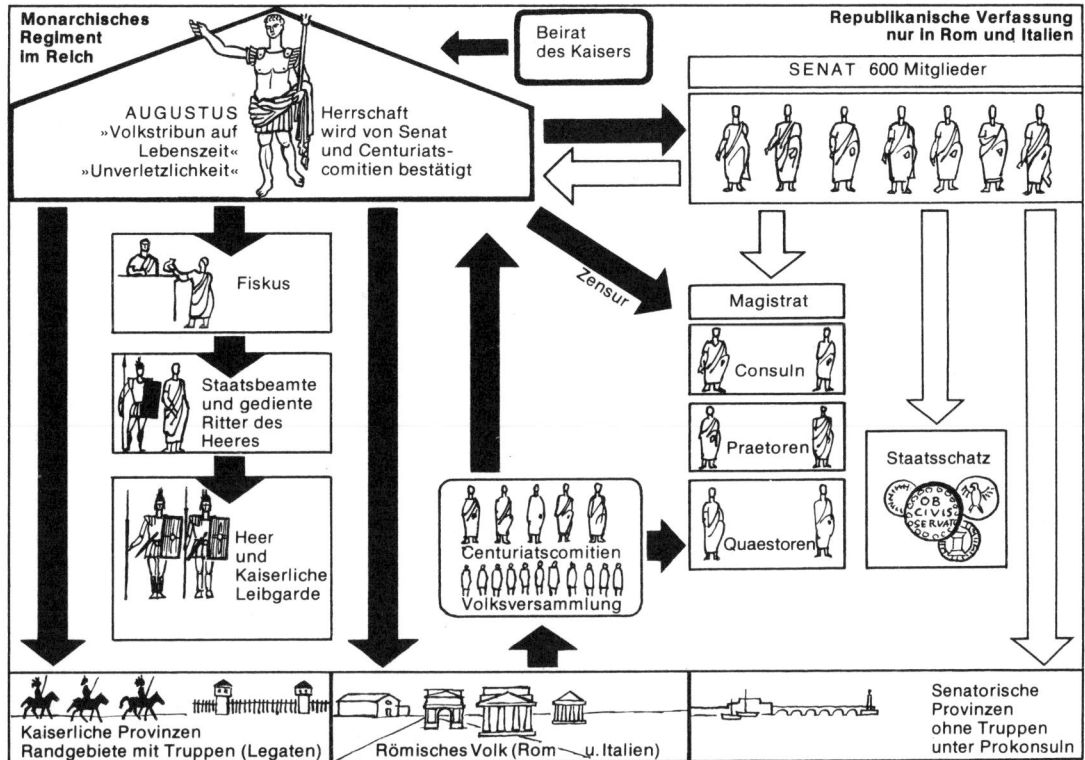

Monarchisches Regiment im Reich

AUGUSTUS
»Volkstribun auf Lebenszeit«
»Unverletzlichkeit«

Herrschaft wird von Senat und Centuriats-comitien bestätigt

Beirat des Kaisers

Republikanische Verfassung nur in Rom und Italien

SENAT 600 Mitglieder

Fiskus

Staatsbeamte und gediente Ritter des Heeres

Heer und Kaiserliche Leibgarde

Zensur

Magistrat

Consuln

Praetoren

Quaestoren

Staatsschatz

Centuriatscomitien
Volksversammlung

Kaiserliche Provinzen Randgebiete mit Truppen (Legaten)

Römisches Volk (Rom u. Italien)

Senatorische Provinzen ohne Truppen unter Prokonsuln

Stellung, die es ihm ermöglichte, ohne großes Aufsehen alle Schlüsselpositionen entweder selbst einzunehmen oder sie nach seinem Wunsch zu besetzen. So übernahm er im Jahr 30 v. Chr. das Konsulat unter Bestellung eines Mitkonsuls, blieb auf die Dauer Volkstribun und ließ sich im Jahre 20 v. Chr. den Titel *Imperator* bestätigen. Im Jahre 27 v. Chr. erhielt er zusätzlich den Titel *Augustus* (der Erhabene). Augustus selbst bezeichnete sich als »Princeps«, als ersten Bürger, Vertrauensmann des Volkes. In Wirklichkeit aber war die Regierung *durch* das Volk der Regierung *für* das Volk gewichen.

Senat und Volksversammlung blieben bestehen und behielten ihre Funktion, wählten Beamte und beschlossen Gesetze, doch wurden die Kandidaten zuvor von Augustus bestimmt und der Inhalt der Gesetze vorher festgelegt. Rom war also eine Scheinrepublik und zugleich eine Fast-Monarchie (→ *Kaiser*).

Die Verwaltung des Reiches übernahm ein neu entstehender *Beamtenstand*, den Augustus hauptsächlich aus den Rittern und Offizieren, aber auch aus Freigelassenen bildete. Die Laufbahnen wurden in ein festes Schema, die Beamten in ein unbedingtes Treueverhältnis zum Princeps gebracht (→ *Ämterlaufbahn*).

Eine solche Herrschaft muß sich auf ein Heer stützen, und so schuf Augustus sich ein zuverlässiges Berufsheer, das übrigens nur etwa

25 → *Legionen* stark war, insgesamt 300 000 Mann. Das riesige Imperium wurde also von einer Truppe verteidigt, deren Mannschaftsstärke etwa der heutigen deutschen Bundeswehr entspricht! Alle Legionen standen in den Grenzprovinzen. In Italien selbst war nur die Leibwache des Kaisers, die *Praetorianergarde*, stationiert. Dienstzeit (20 Jahre) und spätere Versorgung der Soldaten waren genau geregelt. Die Mittel für die Besoldung stammten aus den Provinzen. Die Bewohner Italiens mußten als einzige Steuer eine fünfprozentige Erbschaftssteuer zahlen.

Augustus hatte sich damit ein Instrument geschaffen, das es ihm ermöglichte, den zerrütteten Staat aus den Stürmen der Zeit zu retten und ihm wieder ein festes Gefüge zu geben. Und damit setzt seine große Wandlung ein. Der eiskalte Machtpolitiker wird zum Schöpfer eines neuen römischen Staates, der auf so festem Fundament gebaut ist, daß er noch fast ein halbes Jahrtausend überdauert.

Die Pax Romana des Augustus

Zuerst sollte das Volk, das dem Staat durch die Mißwirtschaft in der untergehenden Republik entfremdet war, sich wieder mit dem römischen Staat identifizieren lernen. Zu diesem Zweck suchte Augustus die alte Religion wieder zu beleben. Die Tempel wurden wiederhergestellt und alte Kulte neu erweckt. Augustus selbst wurde »Pontifex Maximus« (oberster Priester) und leitete so eine Entwicklung ein, die etwa durch die Formel »Thron und Altar« zu bezeichnen ist und die Verwendung der Religion zu politischen Zwecken andeutet.

Weiterhin sollten alte Sitten wiederhergestellt werden. Familie und Ehe wurden gesetzlich besonders geschützt.

Rom wurde großzügig mit Bauten ausgestattet, das › Proletariat ‹ ausreichend versorgt, ein ausgedehntes Sport- und Spielwesen geschaffen. Die Erfolge dieser Politik waren wechselnd, doch ist unbestreitbar der »Römische Friede«, die Pax Romana, die nun in fast der ganzen bekannten Welt herrschte, eine der erfreulichsten Perioden der römischen Geschichte. Man darf trotz des Lobes natürlich nicht die Schattenseiten übersehen. So wird man an die Sklaverei, die Herrschaft in den Provinzen, vor allem an die rigorose Eintreibungspraxis bei Steuern und Schulden denken. Gleichzeitig aber gilt es auch, das Bemühen des Kaisers um neue religiöse, sittliche und soziale Reformen vor Augen zu haben, die in eine »sozial ausgerichtete, durchaus reformerisch eingestellte Bürgermonarchie mit einem ausgesprochenen Wohlfahrtsregime für das Volk« (Kornemann) einmündeten.

Die meisten großen Künstler der augusteischen Zeit arbeiten – nach anfänglicher Reserve – in der Gefolgschaft oder wenigstens im Geiste des Princeps am neuen Aufbau Roms mit. *Horaz* schrieb seine »Rö-

Cerveteri: Eines der imposanten etruskischen Tumulusgräber, die das Gesicht der Nekropolen von Cerveteri und anderen etruskischen Totenstädten prägen. Meist sind die reich ausgeschmückten Grabkammern und Trommeln aus dem anstehenden Tuffgestein herausgeschnitten und dann mit Erde aufgeschüttet worden. Reliefs, Ausmalungen und Grabbeigaben geben vielfältige Auskunft über das Leben der Etrusker.

Sinnenfreude und Jenseitsbezogenheit vereinen sich in den farbenprächtigen Wandmalereien etruskischer Grabanlagen auf wohl einmalige Weise. Szenen aus dem täglichen Leben finden sich neben Opferdarstellungen und kultischen Feiern. Der Flötenspieler und der eine Schale haltende Jüngling gehören zum Bild eines festlichen Gelages (Ausschnitt). Tomba dei Leopardi, Tarquinia.

meroden«, *Vergil* das Epos von der Gründung des Reiches durch Aeneas, den ›Ahnherren‹ des Augustus. *Titus Livius* entfaltete in 142 Büchern das Panorama der römischen Geschichte und der alten Größe. Architektur und bildende Kunst strebten nach edlen, ruhigen und schönen Formen (z. B. in der Ara Pacis). Voltaire, der sicher kein übertriebener Optimist war, sagte einmal – vielleicht sogar mit Recht – das Zeitalter des Augustus habe zu den glücklichsten Perioden der Menschheit gezählt.

Auch nach außen hin befolgte Augustus insofern eine Friedenspolitik, als er eine Abrundung und damit Sicherung der römischen Grenzen anstrebte. Unter anderem versuchte er, Germanien in das römische Herrschaftsgebiet einzubeziehen und Elbe und Donau als endgültige Reichsgrenzen festzulegen.

Seine Stiefsöhne *Drusus* und *Tiberius* eroberten Rätien, Noricum und Pannonien (→ *Deutschland*, → *Österreich*, → *Schweiz*) und machten so die Donau zur Grenze. Der Versuch einer Romanisierung germanischen Gebietes bis zur Elbe stieß dagegen auf Widerstand, der in der Vernichtung dreier römischer Legionen 9 n. Chr. durch den Cheruskerfürsten *Arminius* im saltus teutoburgiensis (nicht unbedingt identisch mit dem heutigen Teutoburger Wald) gipfelte. Daraufhin wurde die Grenze hier zuerst einmal bis zum Rhein zurückgenommen. Eine Folge dieser Ereignisse war die spätere Scheidung West- und Mitteleuropas in eine romanische und eine germanische Welt. Auch im

Gesamtansicht der »Ara Pacis« (Friedensaltar des Kaisers Augustus), zusammengesetzt aus Originalfragmenten und Kopien.

Osten dachte Augustus nicht mehr daran, die alte Eroberungspolitik neu aufzunehmen. Mit den *Parthern*, dem gefährlichen Gegner der vorangegangenen Jahrzehnte, gelangte er sogar zu einer Übereinkunft. Äußeres Symbol dieses neuen Zustandes war die Rückgabe der von den Parthern eroberten römischen Feldzeichen. Sie wurde mit Recht in Rom gefeiert; denn auch die Völker des Ostens sahen in diesem Akt den Ansatz einer friedlichen Neuordnung mit eindeutig römischem Übergewicht.

Kaiser aus der Familie des Augustus

Das Schlüsselproblem jeder Einzelherrschaft ist die Frage der Nachfolge. Das Wort Princeps ›versprach‹ zwar, der »erste« Bürger solle herrschen; aber Augustus dachte zugleich in Familientraditionen. So sorgte er dafür, daß sein Nachfolger *Tiberius* wurde, der seiner Familie angehörte. Damit war eine Erbmonarchie, eine Dynastie, das sogenannte *iulisch-claudische Haus*, begründet.

Das erste Jahrhundert brachte ganz verschiedene Persönlichkeiten an die Herrschaft, zuerst den Pflichtmenschen Tiberius, der freilich gegen Ende seines Lebens verbittert und einsam wurde. Sein Nachfolger *Caligula* verfiel bereits dem Caesarenwahn und wurde von der Praetorianergarde ermordet, die hier zum ersten Mal als bedeutungsvoller Machtfaktor auftrat.

Von nun an lag der Schlüssel zu mancher Karriere in der Kaserne der Leibwache.

Der folgende Kaiser, *Claudius*, war ein hervorragender Verwaltungsfachmann, auch geistig aufgeschlossen und Verfasser einer heute verschollenen Geschichte der Etrusker. Im persönlichen und familiären Bereich hatte er freilich wenig Glück: die Eskapaden seiner nymphomanischen Gattin machten ihn zum Gespött der Zeitgenossen und Nachwelt. Hatte sich schon mit Caligula der Caesarenwahn angekündigt, so bewies die Regierungszeit Kaiser → *Neros*, welche Extravaganzen und Ausschweifungen das Amt des Princeps seinem Träger ermöglichte.

Es ist erstaunlich, daß trotz aller augenfälligen innenpolitischen Schwächen unter der iulisch-claudischen Dynastie die Außenpolitik Roms noch Erfolge zeigte. Das Verdienst daran kam allerdings weniger den Kaisern selbst als ihren Vertrauten, Günstlingen und Feldherren zu. So konnte in Nordafrika die römische Herrschaft gefestigt und die Verwaltung neu organisiert werden, in → *Britannien* wurden unter Claudius die Eroberungspläne Caesars wieder aufgenommen, und die Legionäre besetzten den Südteil der Insel. Unter Nero verlagerte sich das Schwergewicht wieder nach Osten, wo *Armenien* dem Imperium eingegliedert wurde.

Das Heer macht Politik

Nach dem Selbstmord Neros und der ersten kurzen Krise des Kaisertums im sogenannten *Vierkaiserjahr* (→ *Kaiserliste*) waren es auch die im Orient stationierten Legionen, die den aus einer plebeiischen Familie stammenden *Vespasian* zum Herrscher erhoben und dem Prinzipat neuen Halt gaben. Mit ihm und seinem Sohn *Titus* erlebte Rom zwölf Jahre neuer Blüte, gekennzeichnet durch eine energische Eroberungspolitik (→ *Juden und Römer*) und rege Bautätigkeit in der Hauptstadt. War unter Augustus das römische Bürgerrecht noch ein Privileg gewesen, so förderte Vespasian bereits die Romanisierung der Provinzen, ein Prozeß, der sich unter den späteren Kaisern noch verstärkte und hinter dem als Prinzip der Gedanke der Angleichung der Besiegten an die Römer stand, eines »der großartigsten Phänomene der Menschheitsgeschichte« (Alföldi).

Die Bevölkerung Roms und des Imperiums hatte jetzt zwar Bedingungen für ein verhältnismäßig gutes Leben, nahm aber an Herrschaft und Politik nur noch sehr wenig oder gar keinen Anteil. Mehr und mehr begann das Heer eine ausschlaggebende Rolle im Staat zu spielen.

ADOPTIVKAISER UND SEVERER (96—235)

Grenzkämpfe, Dezentralisierung, Inflation

Wenn die nun beginnende Periode auch den vermutlich glücklichsten Zeitraum der römischen Kaisergeschichte umfaßte, so zeichnete sich doch zugleich auch der Beginn einer neuen kritischen Situation ab. Zwar bildeten die Legionen an den Grenzen einen hinreichend sicheren Schutz des Imperiums, aber im Zentrum des Reiches machten sich in Italien wirtschaftliche Krisenzeichen vor allem in der Landwirtschaft bemerkbar; auch das Gewerbe hatte einen Teil seiner Absatzgebiete in den Provinzen verloren. In Rom selbst war das soziale Gefüge immer brüchiger geworden: Den breiten Massen, deren Probleme sich mit der Formel »Brot und Zirkusspiele« nur noch mühsam überdecken ließen, stand eine schmale Oberschicht gegenüber. Alle aber waren gemeinsam betroffen von der langsam aufkeimenden Währungszersetzung, die schließlich im 3. Jahrhundert einen Höhepunkt erreichen sollte.

Es war ein Glück, daß sich gerade zu diesem Zeitpunkt ein neues System der Nachfolge im Prinzipat entwickelte: der jeweils regierende

Das Werden des Römischen Imperiums

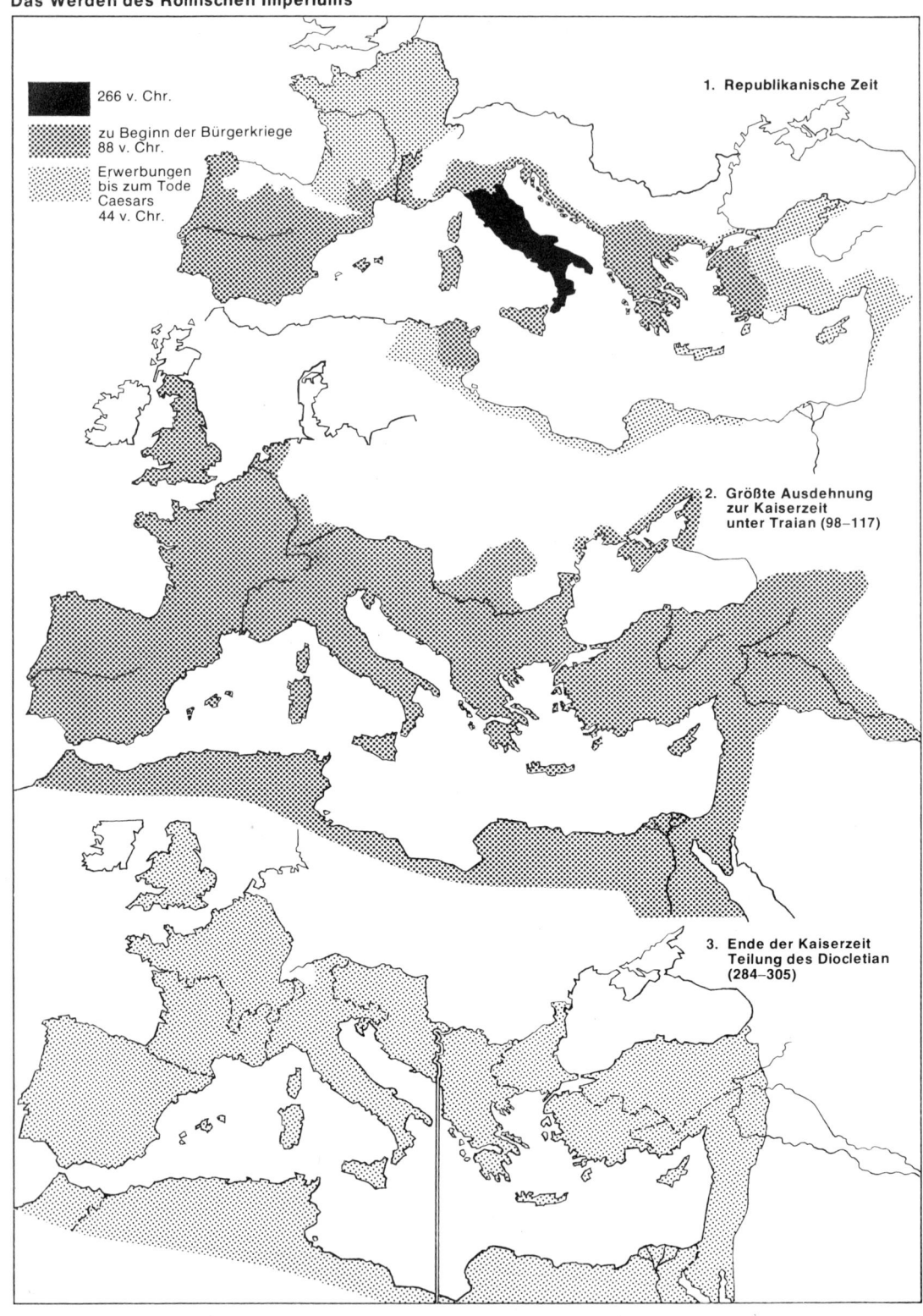

Kaiser adoptierte den möglichst besten Mann als seinen Nachfolger (→ *Kaiser*). Das damit geschaffene System der Machttradition war auf jeden Fall besser als das einer Erbmonarchie, hatten sich doch bisher schon in der iulisch-claudischen wie in der flavischen Dynastie mit Caracalla, Nero und Domitian erbliche Belastungen verhängnisvoll bemerkbar gemacht.

Kaiser *Nerva*, der erste Herrscher dieser neuen Epoche, zugleich der letzte Vertreter altrömischen Adels, der diese Würde erlangte, vertrat die Auffassung, daß der Kaiser der »erste Diener« des Volkes sein müsse. Zu schwach, um sich gegenüber den auseinanderstrebenden politischen Kräften entscheidend durchsetzen zu können, war er doch wenigstens stark genug, die Nachfolge einem Offizier zu übertragen, der sich als der fähigste Kaiser seit Augustus erwies. Es war der Spanier *Traian*, der sich schon als Befehlshaber an der Rheingrenze bewährt hatte und der nun gleich nach seinem Regierungsantritt noch einmal mit aller Energie eine Eroberungspolitik aufnahm, wie sie Rom seit Caesar nicht mehr erlebt hatte. Er kämpfte erfolgreich auf dem → *Balkan* gegen die *Daker*, gewann das *Nabatäerreich* als *Provinz Arabia* und führte – wieder einmal – Krieg gegen die *Parther*. Unter seiner Herrschaft erreichte das Imperium auch seine größte Ausdehnung. Allerdings beschleunigte die dadurch notwendige Verlagerung des politischen und militärischen Schwergewichts auch den wirtschaftlichen Niedergang Italiens, von dem schon oben die Rede war. Im Gegensatz zu ihm betrieb sein Neffe und Nachfolger *Hadrian* wieder eine defensivere Politik mit deutlichem Schwergewicht auf der Grenzsicherung (→ *Limes*, → *Britannien*). War Traian seinem Wesen nach Römer, so Hadrian ein Kosmopolit, der bei allen seinen Maßnahmen stets das Imperium als Ganzes sah, unverkennbar allerdings mit einem gewissen Schwergewicht auf dem Osten und einer besonderen Vorliebe für die griechische Kultur. Daraus erwuchs auch seine Bevorzugung der *stoischen* → *Philosophie*. Gerade aus der Übertragung griechischen Denkens auf römische Wesensart entstand, wie Kornemann betont, eine neue Staatsethik, die für Hadrian und einige seiner Nachfolger zur Richtschnur ihres Handelns wurde. Bei Hadrian äußerte sie sich in seiner Vorliebe für den Staat als Ganzes, in seinem Streben nach Recht und Ordnung, in persönlichem Einsatz und in unermüdlichen Inspektionsreisen, bei denen er Pflichtbewußtsein und persönliche Neigung verband.

Seiner ebenfalls starken Hinneigung zur Stoa verdankt Kaiser *Marc Aurel* den Beinamen »Philosoph auf dem Kaiserthron«. Nach Jahren des Friedens bekam er die Folgen sowohl der Aggressions- wie der Defensivpolitik seiner Vorgänger zu spüren, als mit gleichzeitigen Angriffen der *Germanen* (Markomannen) an der Donaugrenze und der wiedererstarkten *Parther* im Osten ein Zweifrontenkrieg das Imperium bedrohte. Gemeinsam mit seinem Adoptivbruder und

Mitregenten *Lucius Verus* gelang es ihm aber, in vierzehnjährigen Kämpfen die Gefahren noch einmal zu bannen. Seine unglückliche Nachfolgepolitik, mit der er das System der Adoption durchbrach und seinem unfähigen größenwahnsinnigen Sohn *Commodus* den Weg zum Thron ebnete, beschwor erneut eine kurzfristige innenpolitische Krise herauf, die noch verstärkt wurde durch Schwächen in der Grenzverteidigung.

Mit der nordafrikanischen Dynastie der *Severer* erfolgte ein neuer Aufschwung, zugleich aber auch ein weiterer Abbau der zentralen Stellung Roms und Italiens. Schon die Neuordnung und Neurekrutierung der römischen Praetorianergarde überwiegend mit Soldaten aus Illyrien (→ *Balkan*) bewies, daß die Kaiser nicht mehr gewillt waren, sich allein auf Italien zu stützen. Als Kaiser *Caracalla* im Jahre 212 allen Freien im ganzen Imperium das Bürgerrecht verlieh, war der Integrationsprozeß der Provinzen abgeschlossen; denn nun konnte sich jedermann als Römer verstehen und bezeichnen. Freilich war damit auch eine Verteilung der Lasten verbunden, denn nun mußten alle unterschiedslos Steuern zahlen. Nicht zuletzt, um die ungeheueren Summen aufzubringen, die Caracalla für seine Bauleidenschaft in Rom benötigte, von der noch heute die Ruinen seiner Thermen zeugen (→ *Rom*).

Aber auch die inflationären Tendenzen verstärkten sich, zu denen im 3. Jahrhundert eine krisenhafte Münzverschlechterung hinzukam. Die Steuerlasten wuchsen, die Großbürger in Stadt und Land mußten oft für das Steueraufkommen haften und verloren dadurch nicht selten ihre Güter. Die Kleinbauern wurden gezwungen, auf ihren Höfen zu bleiben, auch wenn diese kaum mehr Erträge abwarfen.

Neue Religionen breiteten sich aus, insbesondere die → *Isis-Mysterien* und der Kult des persischen Lichtgottes → *Mithras*, der lange Zeit eine ernste Konkurrenz für das aufstrebende Christentum bildete.

Auch das → *Christentum* fand rasche Verbreitung, wobei das römische Heer mit seinen Truppenverschiebungen und Versetzungen eine wesentliche Rolle spielte. Neu am Christentum war für die römische Welt die Religion der Liebe. Hier wurden Wärme, Gnade, Erlösung geboten, alles Begriffe, die das Heidentum nicht betonte.

Dafür erlebte aber die heidnische Philosophie noch einmal einen Höhepunkt durch *Plotin*, den Neuplatoniker, der das Einswerden der Seele mit Gott in der Schau des Göttlichen und die Heimkehr der Seele zu Gott lehrte, in mancher Hinsicht ein Vorläufer des deutschen Mystikers Eckehard.

DIE KRISE DES DRITTEN JAHRHUNDERTS (235—305)

Die geteilte Reichsverwaltung

Wie immer, wenn der Zustand eines Staates einer Krise zusteuert, wurde das Heer nun der entscheidende Machtfaktor. Als nach Caracalla das System der Adoption nicht mehr aufrecht erhalten werden konnte, ergriffen die Soldaten die Gelegenheit und setzten, wie in den zwei vorangegangenen Jahrhunderten schon so manches Mal, Kaiser ganz nach ihrem Wunsche ein. Die 50 Jahre von 235 bis 285 brachten es auf die stattliche Zahl von drei Dutzend »Soldatenkaisern«, und von all diesen starb nur einer eines natürlichen Todes. Die innenpolitische Krise war vollkommen.

Hinzu trat eine doppelte Bedrohung von außen: Etwa seit 200 nahm die *Germanengefahr* bedrohliche Formen an, und im Osten erstarkte das neupersische Reich der *Sassaniden*. Vor allem aber: in den Thronstreitigkeiten brach das Reich um 260 in einen West- und Ostteil auseinander, und diese erste *Teilung* brachte logischerweise eine erhebliche Schwächung römischer Macht.

Diocletian – ein ›Gott‹ auf dem Thron

Den Riß schloß noch einmal Kaiser *Aurelian* im Jahre 270, der als Restitutor orbis (»Erneuerer der Welt«) mit eiserner Energie das ganze Reich zusammenschloß. Doch auf seinen Tod folgte erneut Chaos.

Aber nochmals fand Rom einen eisernen Herrscher, der den Staat zu einer neuen Kraftanstrengung emporriß: → *Diocletian*. Nach seiner Einsetzung im Jahre 284 begründete er eine absolute Monarchie mit einem rigorosen Zentralismus der Verwaltung.

Der Kaiser war nun Herrscher und Gott zugleich, neben ihm gab es nur Untergebene. Diese Auffassung, die auch ins römische Recht Eingang fand, bewirkte im ausgehenden Mittelalter, als sie von Juristen ins Deutsche Recht übertragen wurde, heftige Erbitterung unter den Bauern. Auch in das Wirtschaftsleben griff der Kaiser mit einer Reihe einschneidender Maßnahmen ein. Die Zünfte wurden noch mehr als bisher zu staatlichen Zwangsinstitutionen; die Steuern wurden mit aller Härte eingetrieben.

Der galoppierenden Inflation suchte Diocletian durch eine Höchstpreisverordnung entgegenzuwirken. Wer diese Preise überschritt, wurde mit dem Tode bestraft. Dieses rigorose Vorgehen hatte allerdings zur Folge, daß viele Waren einfach vom Markt verschwanden und

*Zwei Tetrarchen.
Die spätantike
Porphyrplastik am
Markusdom in Venedig
zeigt wahrscheinlich
Diocletian mit einem
Mitkaiser.*

nur über einen blühenden Schwarzhandel bezogen werden konnten. Das Edikt Diocletians gibt einen guten Einblick in das römische Wirtschaftsleben des 3. nachchristlichen Jahrhunderts. Wir erfahren zahlreiche Einzelheiten über das Warenangebot, indirekt auch über die Eßgewohnheiten, können Preisvergleiche anstellen, uns über Handwerker und andere Berufe und deren Löhne informieren; denn es gibt kaum einen Lebensbereich, der hier nicht sorgfältig erfaßt ist.

Die wichtigste innenpolitische Entscheidung Diocletians aber war die gut organisierte Teilung seines Reiches. Während er selbst sich den Osten vorbehielt, übertrug er den Westen an seinen Mitregenten *Maximianus*. Beide Reichshälften wurden zusätzlich noch einmal unter zwei Caesaren aufgeteilt. Diese sogenannte *Tetrarchie* ermöglichte eine straffere Verwaltung. Die Stadt Rom allerdings verlor dabei noch weiter an Bedeutung; denn die Zentren der Macht verlagerten sich in die Randprovinzen.

In seiner Bauwut stand Diocletian früheren Kaisern keineswegs nach. In Rom ließ er gewaltige Thermen errichten, deren Ruinen noch heute erhalten sind, und in Spalato (Split) baute er sich einen machtvollen Palast als Alterssitz.

Im Jahre 303 begann Diocletian völlig unvermutet eine grausame *Christenverfolgung*. Dieser letzte Versuch, die Christen auszuschalten, war trotz aller Konsequenz nicht erfolgreich. Das alte Wort erwies sich als richtig: »Das Blut der Märtyrer ist die Aussaat der Christen« (sanguis martyrum semen Christianorum).

DAS CHRISTLICHE RÖMISCHE REICH (312—395)

Constantins ›Mission‹ und die Theodosianische Teilung

Jakob Burckhardt hat in seinen »Weltgeschichtlichen Betrachtungen« festgestellt, daß die Fortdauer einer Religion nicht so sehr vom Glauben der Menschen abhängig sei wie von der Förderung oder Gegnerschaft des Staates. Für das emporstrebende Christentum mit seinen Verfolgungen usw. scheint dieser Satz nicht zu stimmen, wohl aber für die Folgezeit.

In den auf die Abdankung Diocletians und Maximians folgenden Nachfolgestreitigkeiten sicherte sich → *Constantin*, der Sohn eines der beiden neuen Augusti (Constantius), im Kampf gegen seinen Rivalen *Maxentius* die Unterstützung der Christen. Eine von zeitgenössischen Schriftstellern geschilderte Traumszene, wonach Constantin das Kreuzzeichen erschienen sei mit dem Hinweis »In diesem Zeichen wirst du siegen« (In hoc signo vinces), entzieht sich rationaler Deutung. Tatsächlich ließ der Kaiser das Kreuz auf den Feldzeichen anbringen, und er gab den Christen nach seinem Sieg an der Milvischen Brücke im Jahre 313, der ihm die Herrschaft im Westen sicherte, volle religiöse Gleichberechtigung.

Sie bildeten von nun an für Constantin eine hervorragende politische Stütze. Freilich ergab sich für die Kirche durch diese »constantinische Wende« ein ganz neues Problem: Bisher hatte sie bestenfalls neben dem Staat gelebt, nun aber, als etablierte Institution, mußte sie die eigene Stellung zum Staat definieren. Man kann sagen, daß von dieser Zeit an das Problem des Verhältnisses von Staat und christlicher Kirche datiert. Für die Kirche bildete die Anerkennung auch aus einem anderen Grunde ein Problem: Bisher hatte sie fast nur dem Heil der Seele gelebt; nun mußte sie sich auch im Irdischen einrichten.

Verfassungsschema des Dominats (Diocletian – Constantin)

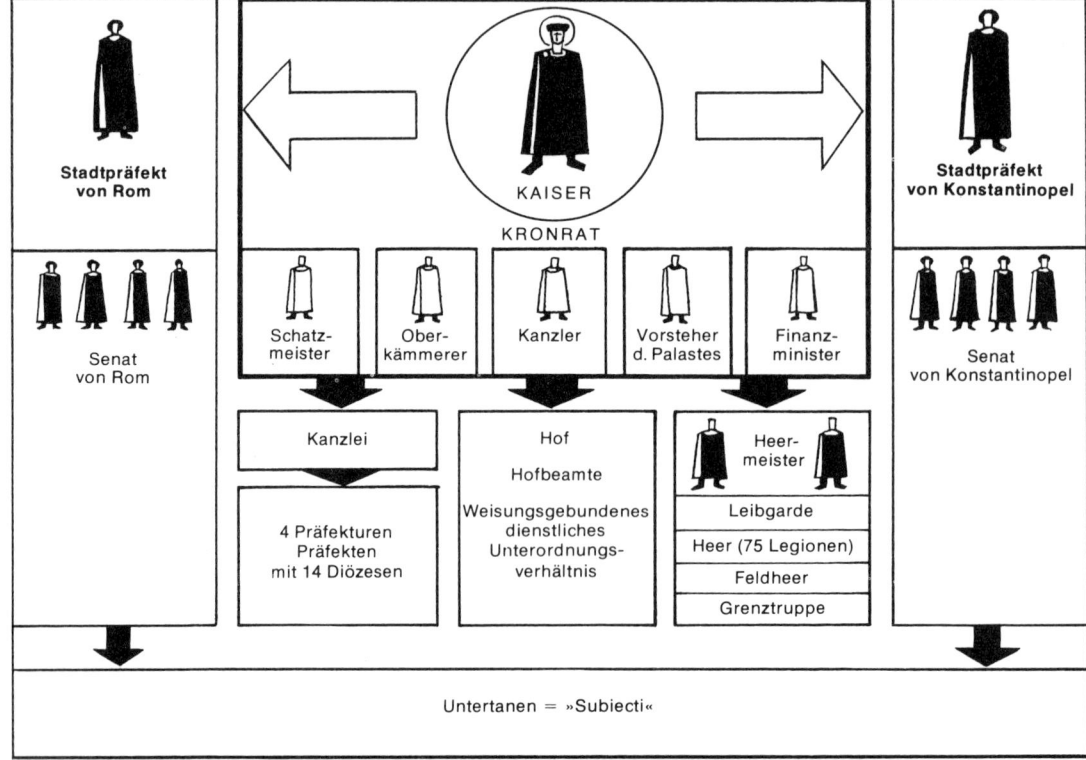

Daß damit vielfach eine Veränderung der Haltung der Gläubigen und der Kirche gegenüber dem Irdischen verbunden war, ist einzusehen.

Vom Jahre 324 an regierte Constantin als absoluter Herrscher. Sogar seine Beamten galten als sakrosankt und ein Angriff auf sie wurde als Hochverrat angesehen.

Eine seiner bedeutungsvollsten Entscheidungen war die Gründung einer zweiten Reichshauptstadt an der Stelle des antiken Byzantium. Mochte sich die »Constantinsstadt« *(Constantinopolis)* in ihrer Anlage und Verfassung geradezu sklavisch nach dem Vorbild Alt-Roms richten, so war hier doch mit dem neuen, christlichen Rom die endgültige Wendung zum Osten vollzogen. Und doch sollte sich in der Rivalität der beiden Städte deutlich das Phänomen des »ewigen Rom« zeigen; denn mochte die Tibermetropole auch für lange Zeit an Bedeutung einbüßen, so triumphierte sie letztlich doch über die Rivalin am Bosporus.

Als Constantin der Große 337 starb, hinterließ er seinen Nachfolgern ein völlig umstrukturiertes Reich. Die Kaiserwürde hatte neue, sakral geprägte Bedeutung erlangt (→ *Kaiser*), in der Reichsverwaltung war das alte römische Prinzip der Verwaltungseinheit aufgegeben worden und Zivil- und Militärverwaltung waren streng getrennt. Den viel zu

Ausbreitung des Christentums

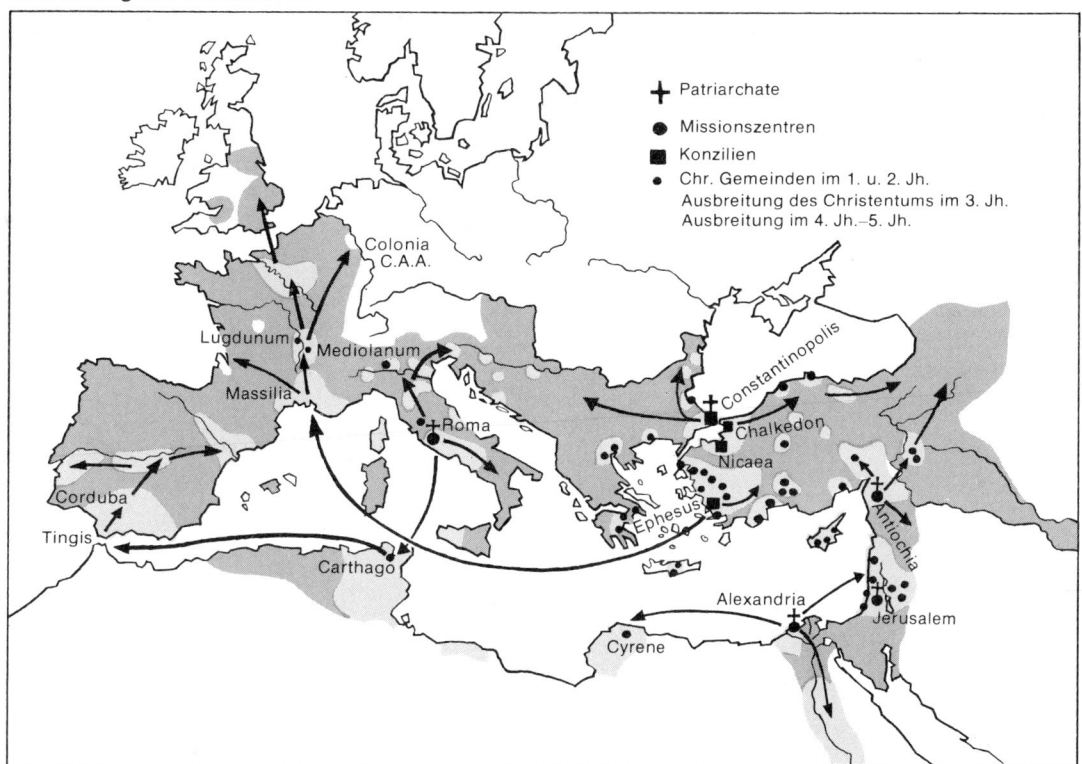

jungen Söhnen Constantins blieben nur unbedeutende Aufgaben. Erst der Neffe *Iulian* trat noch einmal entscheidend hervor. Er versuchte eine Wiederherstellung der alten heidnischen Kulte, aber das Christentum war schon zu gefestigt, als daß ihm diese Bestrebungen hätten ernstlich schaden können. Als einzige Auswirkung blieb dem Kaiser der Beiname *Apostata* – der Abtrünnige. Im Kampf gegen die Perser, die damals wohl gefährlichsten Gegner des Imperiums, erlag Iulian einer Verwundung, und die Historie gab seinem Tod die gehörige Pointe, indem sie ihm als letzte Worte den Ausruf »Du hast doch gesiegt, Galiläer« in den Mund legte.

Eine letzte Blüte erlebte das Römische Reich noch einmal unter Kaiser *Theodosius dem Großen* (379 – 395). Dieser setzte die Politik Constantins fort und erklärte das Christentum zur Staatsreligion, verbot heidnische Kulte und untersagte sogar die Olympischen Spiele.

Vor seinem Tode teilte Theodosius 395 das Reich unter seine beiden Söhne; *Honorius* herrschte im Westen, *Arcadius* im Osten. Von nun an blieben die beiden Hälften für immer getrennt. Im Westen ging das Reich in die germanischen Reiche des Mittelalters über, im Osten in das Byzantinische Reich (→ *Ostrom*), das bis 1453 dauerte, also noch einmal einen Zeitraum von mehr als 1000 Jahren überbrückte. Nur der christliche Glaube einte – wenigstens noch lange Zeit – die beiden Räume.

Die Zeit des christlichen Römischen Reiches ist geprägt von mächtigen Persönlichkeiten. Constantin und Theodosius sind schon genannt; hinzu treten Christen wie der Bischof *Ambrosius von Mailand* (†397), ein hervorragender Redner und Politiker, oder *Augustinus,* der in seinem »Gottesstaat« das christliche Geschichtsbild für die nächsten Jahrhunderte entscheidend prägte. Die Eroberung Roms durch die Goten im Jahre 410 war Anlaß zu diesem Werk, in dem er den Lauf der Geschichte als einen Kampf zwischen dem Reiche Gottes und dem Reiche des Teufels darstellte.

Obgleich aus dem bisher Gesagten manches auf den bevorstehenden Untergang Roms deuten könnte, muß doch festgestellt werden, daß dieser Untergang nicht etwa › vorprogrammiert ‹ war; immerhin wäre eine neue Zusammenfassung der Kräfte vielleicht möglich gewesen. Es ist sehr schwer, den Zustand der › Dekadenz ‹ korrekt festzustellen. Jedenfalls wäre es denkbar gewesen, daß man gegen die nicht allzu zahlreichen Germanen, die nun an die Grenzen brandeten und sie durchbrachen, doch noch Kräfte hätte mobilisieren können. Die Gründe des Niederganges Roms, der »Verlust der Besten« durch die Morde der Kaiser, der Rückgang der Geburten, die wirtschaftlichen Schwierigkeiten usw. sind häufig genug schon analysiert worden; trotzdem bleibt die Frage, ob sie zur Erklärung des nun folgenden letzten Aktes ausreichen.

DER ZUSAMMENBRUCH (395—476)

Ende und Anfang

Nach über 1000 Jahren näherte sich der römische Staat nun seinem Zusammenbruch. Die Frage nach den Gründen dieses Zusammenbruches ist immer wieder erörtert worden, im Grunde schon von den Heiden und Christen des ausgehenden Altertums selbst. Später haben sich immer wieder Geschichtsschreiber damit beschäftigt.

In der Tat wäre es ein aufregendes Ergebnis der geschichtlichen Betrachtung, wenn es gelänge, die tatsächlich entscheidenden Gründe für Roms Niedergang zu erkennen und zu benennen, hätte man doch damit sozusagen eine Diagnose erstellt, aus der eine politische und soziale Therapie bei ähnlichen historischen »Niedergängen« erwachsen könnte. Mit Recht nennt ein moderner Historiker die Frage nach den Gründen für Roms Untergang das »Problem der Probleme«.

Grenzwälle

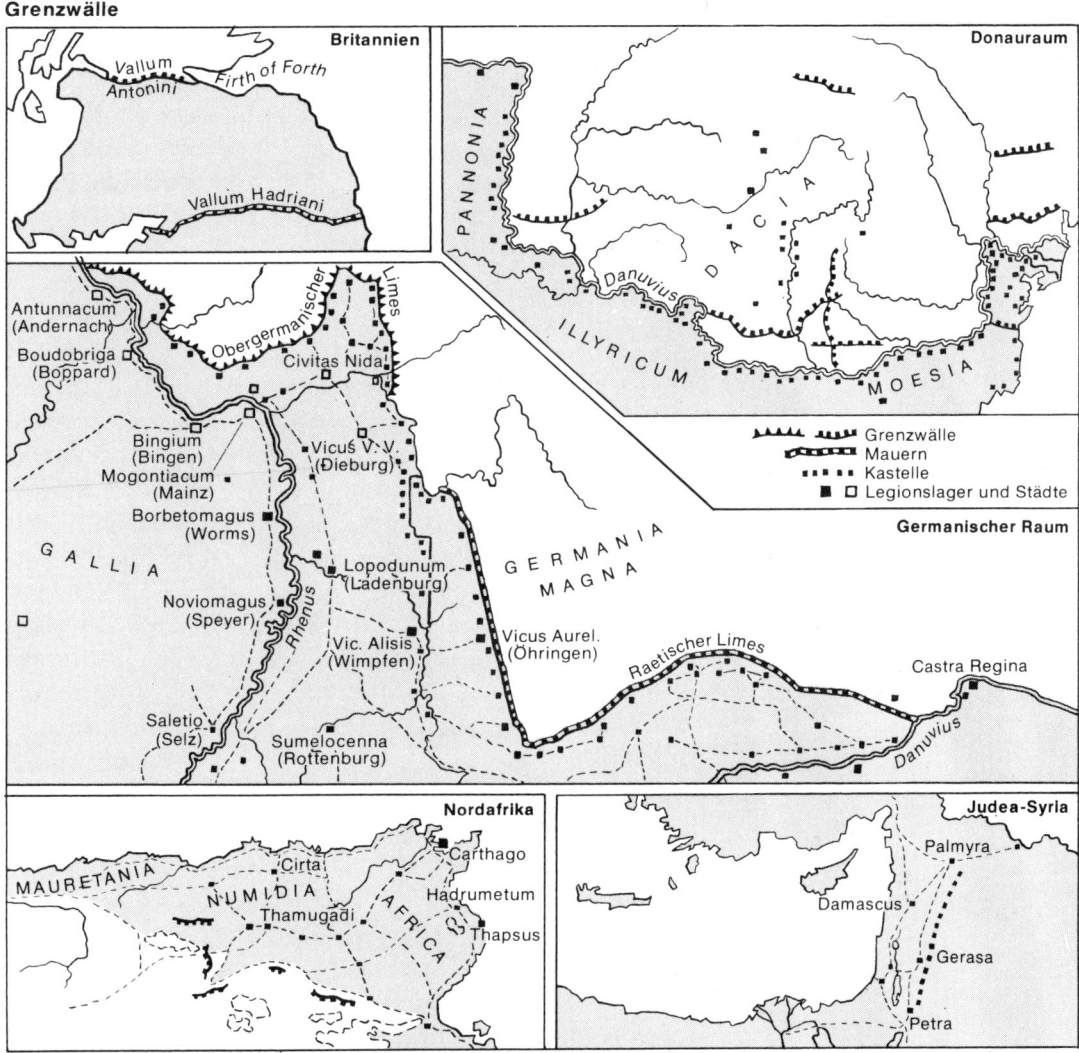

Die schweren Kriege des 3. Jahrhunderts hatten die Leistungsfähigkeit der Wirtschaft überspannt. Der Steuerdruck im Reich war unerträglich, die landwirtschaftliche und sonstige Produktion war geschwächt, ja gehemmt. Hinzu kam, daß das Sozialprodukt ständig weiter belastet wurde durch das stark vermehrte Heer, die anwachsende Bürokratie, die fortdauernden Kriege. So brach die wirtschaftliche Basis ganzer Bevölkerungsschichten zusammen, und diese nicht gelöste › soziale Frage ‹ mag es vorwiegend gewesen sein, die den Staat scheitern ließ. Die Menschen glaubten nicht mehr an die staatliche Ordnung, konnten sich mit ihr nicht mehr identifizieren. Das Reich wurde nicht als hilfespendende soziale Institution empfunden, sondern als drückende Last. Auch andere Gründe werden schon im Altertum angeführt, so die oft genannte »Degeneration« des antiken Menschen und das »Altern«

der antiken Kultur. Unstreitig ist ein gewisses Erlahmen auf vielen Gebieten des geistigen Lebens, eine gewisse › Vermassung ‹ und Nivellierung im späten Altertum festzustellen, doch darf man neben solchen Erscheinungen positive Ansätze nicht übersehen. Allein die machtvolle Entwicklung des Christentums spricht gegen solche › Greisenhaftigkeit ‹. Und wer kann bestreiten, daß auch die Spätantike bedeutende Politiker, Feldherrn, Kaiser, Schriftsteller hervorbrachte? So scheint es sehr gewagt, von einem allgemeinen Niedergang des Willens oder der Intelligenz zu reden.

Hinzu tritt, daß nur der Westen › außer Kontrolle ‹ geriet, während der Osten des Reiches trotz ähnlich schwerer äußerer und innerer Bedrohungen noch ein ganzes weiteres Jahrtausend gedauert hat. Insgesamt kann man nicht von einem Untergang der antiken Kultur sprechen, sondern nur von der Zertrümmerung eines Teiles der alten Staatsorganisation. Hier allerdings zeigt sich wahrscheinlich mit hinreichender Deutlichkeit, daß ohne den festen staatlichen Rahmen eine Kultur und eine Bevölkerung nicht gültig zu existieren und sich darzustellen vermögen. Wäre der staatliche Rahmen in Ordnung gewesen bei gleichzeitiger Bereitschaft der Bevölkerung den Staat zu stützen, hätten die relativ wenigen Germanen nicht ein Reich von 50 Millionen Einwohnern besiegen können.

Daß der staatliche Rahmen geschwächt war, lag sicher auch am militärischen Machtverlust. Die Römer rekrutierten ihr Heer aus Söldnern und fremdländischen Hilfstruppen, denen an Rom nichts lag. Alle Grenzen nur mit Römern verteidigen zu wollen, wäre zudem kaum möglich gewesen. Viele Teile der Bevölkerung waren durch die stoische Lehre vom ewigen Frieden beeinflußt und standen dem Staat und seinen Forderungen reserviert gegenüber. Ständig steigende Belastungen und soziale Spannungen verstärkten diese Grundhaltung. Schließlich mag auch der schon seit langem andauernde Verfall der Familie und der Familienpolitik im Reiche ein übriges dazu getan haben, die innere Festigkeit von Staat und Gesellschaft zu beeinträchtigen.

Eine vollkommen sichere Erklärung für den Untergang des Römischen Reiches wird sich aber nicht finden lassen, wie es überhaupt schwierig ist, für historische Entwicklungen die Gründe einzeln aufzuführen. Das gilt auch für die Theorie von Oswald Spengler, die er in »Der Untergang des Abendlandes« entwickelt hat. Spengler sieht die einzelnen Kulturen als Organismen mit einer begrenzten Lebensdauer von etwa 1000 Jahren an. Aus dem Vergleich der abendländischen Kultur mit der abgeschlossenen antiken will er die Zukunft der ersteren berechnen: Sie sei bereits in das Stadium der »Zivilisation« eingetreten, das schicksalhaft ihren Untergang einleite (Zyklische Geschichtstheorie). Solcher Fatalismus entspricht jedoch keineswegs der menschlichen Freiheit in der Geschichte. Arnold Toynbee hat gegenüber Spengler klar gezeigt, daß die Kulturgeschichte unschematisch verläuft und daß »jederzeit alles möglich« ist. Andererseits wird man nicht, ohne recht nachdenklich zu werden, Züge der Spätantike mit Erscheinungen unserer Zeit vergleichen.

Kaum ernst zu nehmen ist die im Dritten Reich verfochtene Theorie, die ausgehende Antike habe durch die Bevölkerungsbewegungen und -vermischungen ein »Rassenchaos« gebracht, das wiederum zu einem allgemeinen Zusammenburch geführt habe. Man wird im Gegenteil behaupten dürfen, daß Rassenmischungen und Kontakte zwischen verschiedenen Kulturen eher Vorteile bringen können, doch eine eindeutige Antwort ist auch hier nicht zu geben.

Ein wenig besser begründet erscheint die Auffassung, Rom habe unter den früheren Kaisern alle ›seine Tüchtigen‹ verloren, weil man gegen jeden, der aufzubegehren wagte, sofort vorging. Diese sogenannte »Ausmordung der Besten« habe eine wirksame Elitebildung in der Spätantike verhindert, so daß es auf die Dauer an tüchtigen Führungskräften mangelte. Aber auch hier bleibt fast alles Spekulation, besonders wenn man bedenkt, wie schwer es ist, eine Elite zu definieren und wie rasch sich im geschichtlichen Verlauf neue Führungsschichten bilden, wenn alte abgelöst oder gar vernichtet worden sind.

Wie dem auch sei, die nun vorrückenden Germanen hatten keine allzu schwere Aufgabe.

Germanen in römischer Nachfolge

Schon seit der Zeitenwende und in erhöhtem Maße seit dem Ende des zweiten Jahrhunderts war der Druck der germanischen Stämme auf die Grenzen Roms zu spüren. Seit 375 setzt man den Beginn der eigentlichen Völkerwanderung an, als die Germanen – im Osten vermutlich selbst durch andere Völker bedrängt – in größeren Massen in Bewegung gerieten.

Im Jahre 410 gelang es den *Westgoten* unter ihrem König *Alarich*, die Hauptstadt Rom zu erobern. Dieses Ereignis erschütterte die damalige Welt von Grund auf. Nun war die »Königin der Völker« gefallen, war nicht mehr unbesiegbar, hatte seit fast tausend Jahren zum ersten Mal den Feind in ihren Mauern gesehen. Alarich selbst starb kurz darauf in Unteritalien. Die Westgoten gründeten ein Reich in Spanien, wurden jedoch im Laufe der Zeit romanisiert.

Ein weiterer Schrecken kam zur germanischen Invasion hinzu: Die nomadisierenden *Hunnen* stießen aus dem Osten in das Reich vor und verbreiteten unter ihrem König *Attila* Angst und Schrecken. Gegen die Hunnen rafften die Völker des Imperiums jedoch noch einmal ihre Kraft zusammen, selbst die Germanen schlossen sich den Römern an, und so wurde Attila auf den *Katalaunischen Feldern* (zwischen Châlonssur-Marne und Troyes) von den vereinigten Römern, Westgoten (unter Theoderich), Alanen, Burgundern und Franken geschlagen. Zum ersten Male standen die Völker des künftigen Europa zusammen gegen die Bedrohung durch asiatische Nomaden.

452 brach Attila nochmals in Oberitalien ein und brachte es ganz in seine Gewalt. Flüchtende Veneter gründeten damals in der Lagune die Stadt Venedig. Als Attila gegen Rom heranrückte, soll ihn Papst Leo I. durch seine machtvolle Persönlichkeit zum Rückzug bewegt haben. 453 starb Attila. Aber schon das Jahr 455 brachte neue Schrecken für Rom: Die Stadt wurde ein zweites Mal erobert und geplündert, diesmal durch die Wandalen, die danach nach Südspanien und Nordafrika weiterzogen und dort blieben. Noch heute liegt eine Spur von ihnen in dem Landschaftsnamen (W)Andalusien vor.

Etwa zur gleichen Zeit drangen die Alamannen endgültig in das Elsaß vor, und die Bajuwaren rückten in Bayern ein.

Das Reich war nicht mehr zu verwalten und begann zu zerfallen. Im Jahre 476 erfolgte der unwiderruflich letzte Akt: Der letzte römische Kaiser *Romulus Augustulus* wurde von seinen eigenen Soldaten abgesetzt und dafür der Germane *Odoakar* zum König gemacht. Damit war das Ende des weströmischen Kaiserreiches gekommen.

Man muß sich in die Seele der damaligen Menschen versetzen, um das volle Ausmaß des Vorganges zu begreifen: Der Organismus, der über viele Generationen hin den Menschen Heimat und Sicherheit, Kultur und Lebenschancen bot, hatte sein Ende gefunden. Es ist keine Übertreibung, wenn man sagt, daß damals die Welt ärmer geworden ist.

Andererseits war dieses Ende aber auch ein Anfang. Die Germanen treten nun mit dem Ostgoten Theoderich dem Großen (Italien), mit den Langobardenkönigen (Ober- und Mittelitalien) und den fränkischen Merowingern (Gallien) voll in die Geschichte ein und übernehmen zum Teil Aufgaben und Formen des Römischen Reiches. Das Mittelalter beginnt (476 – 1472). Die Stadt Rom aber lebte weiter, bewahrte durch alle Jahrhunderte bis heute ihre Faszination, die sich in dem lateinischen Wort Roma aeterna (»Ewiges Rom«) ausdrückt. Die Idee des Großreiches, die Rom aufgezeigt hatte, wurde von Germanen und Slawen übernommen. Ostrom selbst, das heißt also die eine Hälfte des alten Römischen Reiches, setzte sich politisch fort bis ins Jahr 1453, als Konstantinopel von den Türken erobert wurde.

Auch das Weströmische Reich fand seine Fortsetzung im Reich Karls des Großen, das 962 von Otto I. dem Namen nach erneuert wurde und als »Heiliges Römisches Reich Deutscher Nation« bis 1806 fortlebte (→*Fortleben*). Daß sich Rußland als »Drittes Rom« verstand und daß die USA nicht nur römische Attitüde in Baustil und Institutionen neu belebten, sondern z. T. auch römische Denkweise in der Politik pflegen, belegt die langanhaltende Stärke des ersten Weltreiches auf europäischem Boden. (O.S.)

Neben scheinarchitektonischen, ornamentalen und kultischen Wandmalereien, die »tapetengleich« die Wände der Villen überziehen, beeindruckt die pompeianische Garten- und Landschaftsmalerei (ca. 69–79 n. Chr.). Casa di Venere Pompeii.

Die nach dem Erdbeben des Jahres 62 kurz vor dem verheerenden Vesuvausbruch (79) entstandene Wandmalerei des Vettierhauses löst die Wandfläche durch ihre illusionistischen Architekturen, Rahmen und Fenster fast ganz auf. In die Flächen sind Kopien berühmter griechischer Gemälde ›eingesetzt‹. Diese Gestaltung entsprach der Mode der Zeit. Vettierhaus Pompeii.

A

Afrika

»Quid novi ex Africa? – was gibt es Neues aus Afrika?« wurde während des Zweiten und Dritten Punischen Krieges (→ *Einleitung*) zu einer Standardfrage der neugierigen Müßiggänger auf dem → *Forum*. Im Zuge der Offensive gegen → *Karthago* waren 206 v. Chr. römische Truppen unter dem Befehl des *P. Cornelius Scipio* nach Nordafrika übergesetzt. Dieser knüpfte auf der Suche nach Bundesgenossen Kontakte mit dem jungen Berberfürsten *Massinissa* an, der nach Ende des Zweiten Punischen Krieges den Titel eines Königs von Numidien erhielt. Seine Regierungszeit, während der er sich stets als treuer Verbündeter Roms in Nordafrika erwies, fiel genau zusammen mit dem Dritten Punischen Krieg. Nach der Zerstörung Karthagos 146 v. Chr. faßten die Römer das unterworfene Land vom Fluß Tusca im Westen bis zum Golf von Gabes im Osten in der *Provinz Africa* zusammen. Sie wurde in der republikanischen Zeit von einem Praetor (→ *Ämterlaufbahn*), später von einem Proconsul verwaltet und gehörte zu den senatorischen → *Provinzen*.

Septimius Severus. Der aus Nordafrika stammende Ritter wurde 193 n. Chr. zum Kaiser ausgerufen. Thermenmuseum Rom.

Das Engagement Roms in Nordafrika blieb in den folgenden Jahrhunderten bestehen. Als *Jugurtha*, der Großneffe Massinissas, sich gegen die Römer empörte, wurde er 105 v. Chr. besiegt und sein Königreich aufgeteilt. Das westliche Drittel erhielt sein Schwiegervater, König *Muluja* von Mauretanien, der ihn an die Römer verraten hatte. Im Mittelteil wurden zwei einheimische Vasallenfürsten eingesetzt, der Rest kam zur Provinz Africa.

Nach den Wirren der Bürgerkriege, in deren Verlauf auch Nordafrika Kriegsschauplatz wurde, bildete Augustus 25 v. Chr. noch einmal ein großes von Nordmarokko bis zur heutigen Grenze von Tunesien reichendes Königreich *Mauretania Caesarensis*. Seinen letzten König *Juba II.*, einen treuen Vasallen Roms, ließ Caligula 40 n. Chr. ermorden. Nach einem Aufstand der ihrem Herrscher treu ergebenen mauretanischen Bevölkerung »befriedete« Kaiser Claudius das Land und wandelte es in die *Provinz Mauretania* um. Westlich des Rif beschränkte sich die römische Herrschaft in *Mauretania Tingitana* auf die Küstengebiete. Östlich der Großen Syrte kam 94 v. Chr. das kleine Königreich *Kyrene* durch Erbschaft an Rom.

Die nordafrikanischen Provinzen übernahmen seit der Kaiserzeit eine wichtige Rolle als Getreidelieferanten Roms, gleichzeitig versorgten sie, ganz im Sinne des Schlagwortes von »Brot und Zirkusspiele« auch die → *Amphitheater* mit wilden Tieren (→ *Tierhetzen*). Die ersten zwei nachchristlichen Jahrhunderte gelten für ganz Nordafrika als das goldene Zeitalter, in dem die römische Zivilisation weite Verbreitung fand. Karthago (Carthago) wurde wieder aufgebaut. Römische Siedler gründeten zahlreiche Städte wie etwa *Cuicul* (heute Dschemila in Algerien), *Thamugadi* (Timgad in Algerien), *Thuburbo Maius* (in Tunesien) oder *Leptis Magna* und *Sabratha* im heutigen Libyen. Diese Orte

Teilansicht des Forums von Thamugadi
(Timgad/Algerien) – einst eine
der bedeutenden Städte Nordafrikas
mit den Ruinen von Stadthalle,
Versammlungshaus und Triumphbogen.

erreichten zwar durchschnittlich kaum mehr als fünf- bis sechstausend Einwohner, besaßen aber oft erstaunlichen Reichtum, der sich in den heute noch erhaltenen Bauten spiegelt, und wurden zu ›Schmelztiegeln der Romanisierung‹. Die einheimische berberische Bevölkerung suchte sich sehr rasch anzupassen, da sich dadurch für viele die Möglichkeit eines sozialen Aufstiegs bot. Der Gipfelpunkt war 193 n. Chr. erreicht, als *Septimius Severus*, Sproß einer angesehenen Berberfamilie aus Leptis Magna, die Kaiserwürde erlangte.

Seit *Traian* allerdings wurden auch viele einhei-
mische Bauern von ihrem fruchtbaren Land verdrängt, das Großgrundbesitzern oder Generalpächtern zufiel. Die Bauern gesellten sich dann zu den Nomaden, die mehrfach große Aufstände gegen die römische Herrschaft unternahmen. Auffallenderweise faßte hier in Nordafrika das → *Christentum* sehr rasch Fuß. Einige der bedeutendsten → *Kirchenväter* der frühchristlichen Zeit wie *Tertullian* oder *Augustinus* stammten aus Nordafrika.

Ägypten. Schon seit → *Sulla* hatten die Römer verschiedentlich in die Geschicke Ägyptens eingegriffen. Nach dem Selbstmord der letzten Königin → *Kleopatra* wurde das Land kaiserliche Provinz (→ *Provinzen*) und als Privatbesitz des Kaisers entsprechend ausgebeutet. Die Bewohner erhielten kein römisches Bürgerrecht. Als Nachfolger der Pharaonen traten an die Spitze des Landes kaiserliche Präfekten, die aber meist

Das Augustus-Theater in Leptis Magna (heute Libyen) mit den steil ansteigenden Sitzreihen, der Orchestra und den (teilweise sichtbaren) Resten der eingestürzten Bühne.

nach zwei bis vier Jahren wieder abberufen wurden, um sie nicht zu sicher und seßhaft werden zu lassen. Sie stützten sich auf das altbewährte ptolemäische Verwaltungssystem und die wohlausgebaute Bürokratie des Landes. Griechisch und Ägyptisch blieben Verwaltungssprachen, während nur die höheren Beamten und die Soldaten lateinisch redeten. Augustus suchte das verrottete Bewässerungssystem zu verbessern und die Landwirtschaft zu fördern; denn mehr noch als die Provinz Africa wurde Ägypten zu einer wichtigen Kornkammer Roms. Die den Ägyptern abverlangten Naturalsteuern in Getreide sicherten jährlich für vier Monate die Getreidespenden in Rom! Die ägyptischen Bauern nahmen die systematische Ausbeutung ohne Widerstand hin, da sie die Unterdrückung seit der Zeit der Pharaonen gewohnt waren. Deshalb stärkte die römische Verwaltung auch den Großgrundbesitz, der ihr das Ablieferungssoll garantierte und die Kleinbauern immer mehr in die Stellung von Taglöhnern herabdrückte. Zu Revolten gegen die römische Herrschaft kam es nur in Alexandria, wo sich die *Juden* unter Claudius, Nero, Titus und Traian empörten. Allein beim ersten Aufstand wurden 50 000 von ihnen niedergemetzelt. Nach der letzten großen Empörung zu Beginn des 2. nachchristlichen Jahrhunderts und ihrer blutigen Unterdrückung flohen viele ägyptische Juden in den Fezzan (nördliches Saharagebiet), 61 n. Chr. führte der Evangelist *Marcus* in Alexandria das → *Christentum* ein, das hier und in

Nordafrika (Mauretanien, Numidien, Africa) in römischer Zeit

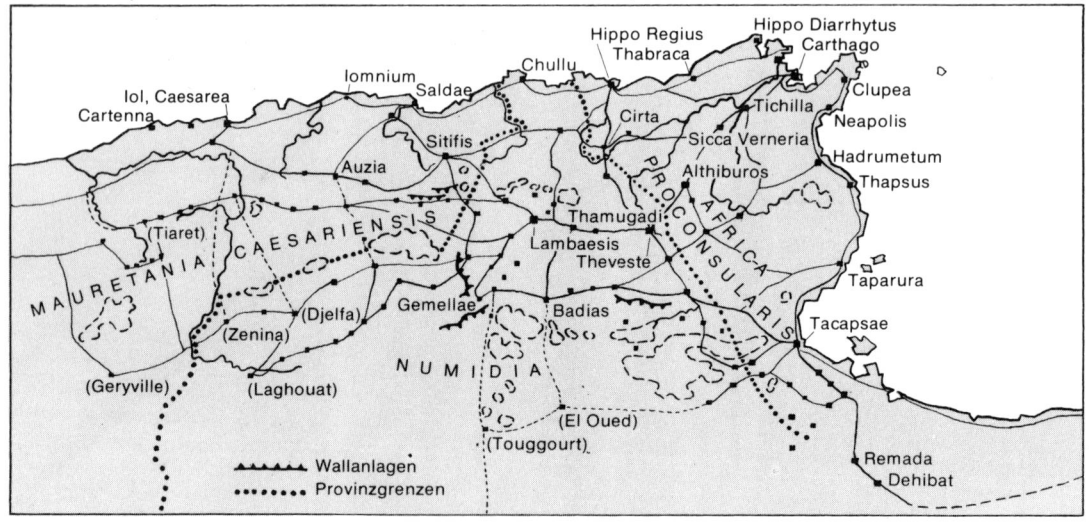

den griechischen Städten unter den Bürgern ebenso rasch Fuß faßte wie im übrigen Nordafrika. Im 3. Jahrhundert bröckelte die Macht Roms in Ägypten auseinander. Besonders in Alexandria kam es immer wieder zu Unruhen, und es ist bezeichnend, daß dort 274 n. Chr. sogar ein römischer Papierfabrikant den Titel »Augustus« für sich in Anspruch nahm! Nach dem Zwischenspiel eines usurpierten Generals gliederte erst Kaiser Diocletian mit blutiger Härte das Niltal wieder fest dem Imperium ein.

Entdeckungsgeschichte. Die Entdeckungsgeschichte des schwarzen Erdteils erhielt in römischer Zeit erste Impulse. Von den Griechen wurden geographische Grundkenntnisse übernommen und vor allem von *Strabo* und → *Plinius* in ihre Werke eingearbeitet. Militärische Operationen lieferten Kenntnisse über die Sahara. Wirtschaftsverbindungen brachten erste Nachrichten über den Zentralsudan. 20 v. Chr. war der Proconsul *C. Balbus* bis in das »Land der Garamanten«, also das heutige Fezzan, vorgedrungen. Die Römer schätzten seine Leistung so hoch ein, daß sie ihm 19 v. Chr. die Ehre eines → *Triumphzuges* zubilligten. Es war der letzte, der einem Privatmann gestattet wurde.

Im Auftrag des Kaisers Augustus unternahm *Petronius* 22 v. Chr. einen Feldzug in das Obernilgebiet, um die Äthiopen zu züchtigen, die in Oberägypten eingefallen waren. Dabei stießen die römischen Truppen bis zu der Stadt *Napata* am vierten Katarakt in der heutigen Provinz Dongola vor. 42 n. Chr. operierte eine Heeresabteilung unter *Paullinus* zum ersten Mal in den schwer zugänglichen Berggebieten des Atlas und überquerte das Gebirge. Es blieb allerdings bei dieser einzigen militärischen Expedition in diesem Raum.

Die erste echte Forschungsreise nach Innerafrika unternahmen zwei Centurionen im Auftrag Kaiser Neros. Vielleicht hatten sie einen militärischen Kundschafterauftrag, vielleicht reizte es aber den Kaiser nur, das geflügelte Wort »Caput Nili quaerere« (die Quelle des Nils suchen) zu widerlegen, das soviel bedeutet wie »etwas Unmögliches unternehmen«. Die beiden Offiziere entdeckten zwar die Nilquelle nicht, drangen aber mit ihren Leuten bis in das Gebiet der Papyrossümpfe jenseits des 5. Grads nördl. Breite vor. Erst fast genau 1800 Jahre später sollten wieder Europäer in diese Gegend gelangen.

Die Summe römischer Kenntnis über Afrika faßte der aus Ägypten stammende Geograph *Claudius Ptolemaeus* um 150 n. Chr. in seiner »Anleitung zum Kartenzeichnen« zusammen. Immerhin besaß er bereits erstaunlich gute Kenntnisse über das Zentralafrikanische Seengebiet, die er wahrscheinlich von afrikanischen Händlern bezogen hatte. Die von ihm erwähnten »Mondberge«, von deren Schneemassen die Quelläufe des Nil gespeist werden, konnten erst durch die Forschungen des 19. Jahrhunderts als existent bestätigt werden. (H. P.)

Agrippa

Marcus Vipsanius Agrippa wurde im Jahre 63 v. Chr. geboren und starb im März des Jahres 12 v. Chr. Sein Geburtsort ist unbekannt. Agrippa entstammte wahrscheinlich einer Ritterfamilie des ländlichen Italien und war, wie andere Generäle der letzten Revolutionsepoche auch, ein Jugend- und Studienfreund des → *Augustus*. Zum ersten Mal trat Agrippa an verantwortlicher Stelle hervor, als er im Jahre 41 ein größeres Truppenkontingent gegen *Antonius* kommandierte. Von da ab bis zu seinem Lebensende blieb er zunächst mit *Maecenas*, dann allein der unumstrittene zweite Mann nach Augustus, dessen ›alter ego‹ in Militär und Verwaltung! Er gewann entscheidende Seeschlachten: bei *Mylae* auf Sizilien und 31 v. Chr. das Treffen von *Actium*, das zwischen Octavian-Augustus und Antonius über die ›Weltherrschaft‹ entschied. Seit 23 v. Chr. regierte er als unmittelbarer Stellvertreter des Princeps die gesamte Osthälfte des Reiches und besaß seit 18 v. Chr. die Befugnisse und Privilegien eines Volkstribunen, was ihn fast zum Mitherrscher machte. Schwiegersohn

Agrippa, Freund und Feldherr des Augustus. Der harte Gesichtsausdruck entspricht nicht seinem wahren Wesen. Louvre Paris.

des Kaisers war er schon seit 21 v. Chr.: »Du hast den Agrippa zu einer solchen Stellung erhoben, daß er entweder dein Schwiegersohn werden oder aber beseitigt werden muß« soll Maecenas zu Augustus gesagt haben.

Die Kinder aus der Ehe des Agrippa mit der Tochter des Augustus, *Iulia*, waren als Erben und Nachfolger des Augustus vorgesehen. Nicht zu trennen vom Verwaltungs- und Militärexperten Agrippa ist der Bauherr: Allein die Stadt Rom verdankt ihm eine Fülle öffentlicher Bauten wie Kanalisationen, Wasserleitungen,

Foren und Theater (→ *unten*). In den Provinzen war Agrippa einer der größten Straßenbauer aller Zeiten, besonders in Gallien.

Mit Fug und Recht kann man behaupten, daß ohne die Loyalität dieses respektierten Militärs und Organisators das große Reformwerk des Augustus nicht gelungen wäre. (D. R.)

Amphitheater

Der Name bezeichnet eine Anlage, deren Sitzreihen anders als im → *Theater* oder → *Zirkus* elliptisch die ganze Arena umgeben, wie es das griechische »amphi« = »um-herum« zum Ausdruck bringt. Die Anfänge reichen in die etruskische Zeit (→ *Etrusker*) zurück. Damals wurden in der Campania bei Leichenfeiern Fechtkämpfe (→ *Gladiatoren*), die an Menschenopfer zu Ehren der Unterweltgötter erinnern, vor dem Scheiterhaufen, später auf dem Markt (→ *Forum*) ausgetragen. Für die Zuschauer errichtete man Schausitze auf hölzernen Gerüsten. An den Platzecken wurden die Sitzreihen abgerundet, um die Sichtverhältnisse zu verbessern. Da die italischen Märkte ein längliches Rechteck bildeten, war die elliptische Grundform vorgegeben. In → *Rom* soll die erste kultische Veranstaltung dieser Art 264 v. Chr. auf dem Rindermarkt stattgefunden haben.

Gegen Ende der Republik änderte sich der Charakter dieser Kämpfe. → *Plinius der Ältere* berichtet, daß der Volkstribun *Curio* 53 v. Chr. zwei hölzerne Theater errichtet und diese so aufgestellt habe, daß die beiden Bühnenseiten die Außenfront bildeten, während die Zuschauergerüste Rücken an Rücken aufeinander stießen. Vormittags seien in jedem Gebäude Schauspiele aufgeführt worden; danach habe man die Holzbauten auf Grund entsprechender technischer Einrichtungen so schwenken können, daß sie einen einzigen Raum gebildet hätten, in dem nachmittags 100 000 (!) Zuschauer mit Schaukämpfen unterhalten worden seien. Man meint, daß Plinius mit diesem Hinweis nur die irrige Wortherkunft habe belegen wollen, wonach Amphitheater ursprünglich »Doppeltheater« bedeute. Fest steht, daß sich nun der Schauplatz der Kämpfe von öffentlichen Plätzen in eigens dafür aus Holz errichtete Anlagen verlagerte, die man jetzt Amphitheater nannte. Seit → *Caesar*, der ebenfalls eine solche Unterhaltungsstätte erbauen ließ, wohl um sich die Gunst des Volkes zu erhalten, wurden dort auch → *Tierhetzen* veranstaltet, die später in

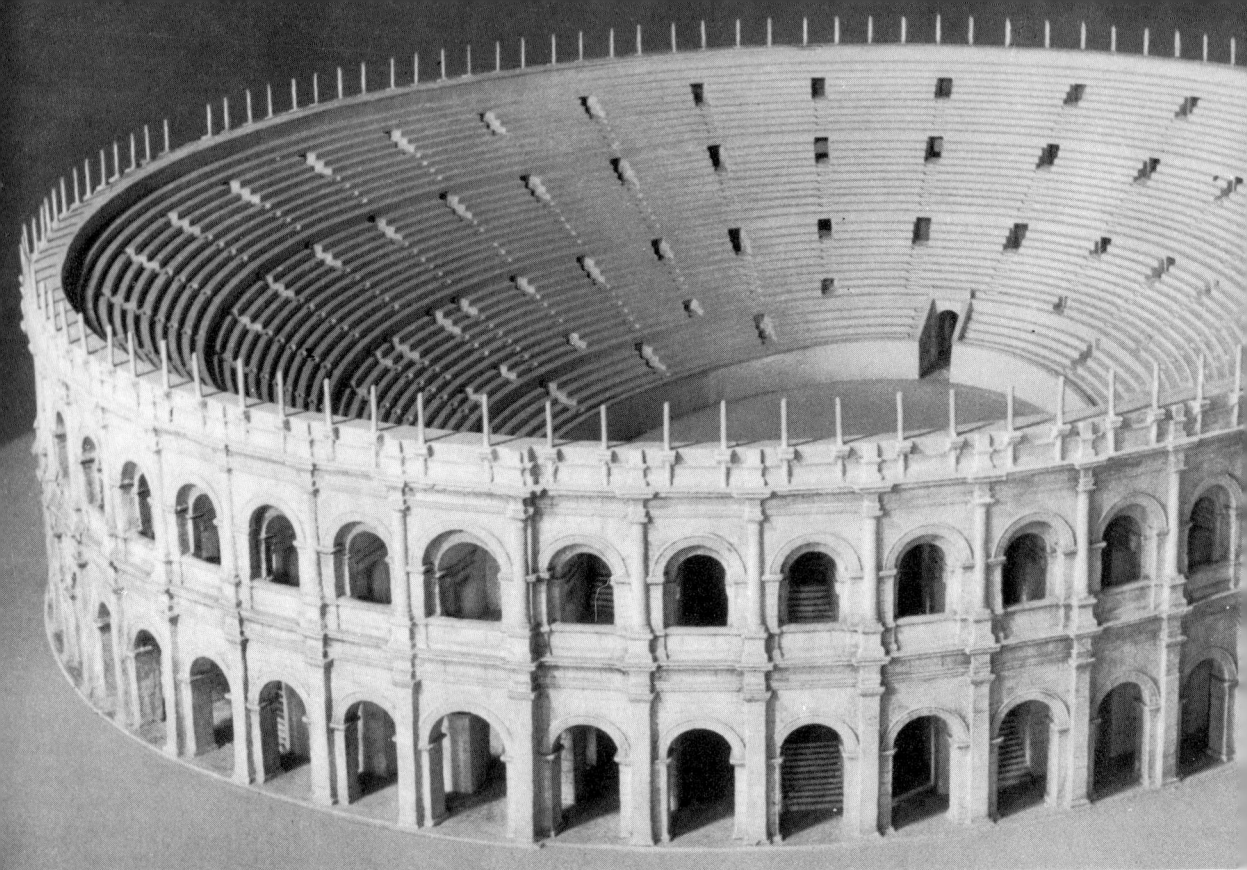

der Kaiserzeit regelmäßig mit Schaukämpfen verbunden wurden. Seit → *Augustus* verwendete man als Baumaterial Stein; die nun entstehenden festen Gebäude waren ganz auf Zweckmäßigkeit ausgerichtet. Die schmucklose Außenfront war durch Pfeiler, Bogen und Treppen gegliedert. Die Besucher für die unteren und mittleren Sitzreihen begaben sich durch die Eingänge in das tiefer angelegte Innere und stießen dort auf einen Rundgang, von dem aus sie über kleine Treppen zu den Sitzreihen fanden. Dagegen waren die obersten Plätze nur von außen über Freitreppen erreichbar. So war eine schnelle Verteilung der Zuschauermassen gewährleistet, deren Zahl sich bei diesem Bautyp je nach Größe der Anlage meist wohl zwischen 5000 und 20 000 bewegte. Als Muster einer solchen streng funktionalistischen Bauweise gilt das Amphitheater von Pompeii, von wo am 24. August 79 n. Chr. die Besucher die drohenden Anzeichen des Vesuvausbruchs beobachten konnten.

Bald gönnte sich jede größere Stadt im Römischen Reich ein eigenes Amphitheater; die gut erhaltene »Arena« von Verona wurde in unserer Zeit zum Schauplatz von Opernfestspielen umfunktioniert.

Das Colosseum. In einer zweiten Periode wurden diese Bauwerke ins Monumentale erhoben. Das großartigste Amphitheater – heute noch als Ruine eindrucksvoll – bleibt wohl das *Flavium Amphitheatrum* in Rom, von *Vespasian* erbaut, von *Titus* 80 n. Chr. mit hunderttägigen Spielen eingeweiht. Im Mittelalter erhielt es den Namen *Colosseum* entweder wegen seiner gewaltigen Ausmaße oder wegen der Kolossalstatue → *Neros*, die in der Nähe aufgestellt war. Es soll 87 000 Sitz- und 15 000 Stehplätze gefaßt haben. Der Umfang betrug 524 m, die äußeren Achsen waren 187,75 × 155,60 m, die entsprechenden Achsen der Arena 79,35 × 49 m lang. Die 57 m hohe Fassade war in vier Stockwerke aufgegliedert, deren erste drei wiederum von 80 Bogen und je nach Geschoß von jeweils dorischen, ionischen und korinthischen Säulen aufgelockert wurden, während das Mauerwerk des vierten Stockwerks 40 Fenster durchbrachen. Im Innenraum wurde ein System von Gängen und Treppen von einem Gewölbe überdeckt, das die Sitzreihen trug. Für den Kaiser war am Rande des Spielfeldes ein eigens abgesichertes Podium errichtet, auf dem auch die → *Senatoren*, die hohen Beamten und die → *Vestalinnen* Platz nahmen.

Marmorstufen führten bis zur Höhe des dritten Stockwerkes; von ihnen aus erreichten → *Ritter*

gen, z. B. von Christen, statt. Das Rund konnte auch unter Wasser gesetzt werden: Man ließ Robben, Nilpferde und Krokodile miteinander kämpfen oder inszenierte Aufführungen historischer Seeschlachten, an denen manchmal bis zu 30 und mehr Schiffe beteiligt waren. Auch andernorts wurden diese sogenannten *Naumachien* veranstaltet.

In den Pausen unterhielten Zauberkünstler, Seiltänzer und Jongleure das Publikum, dessen Schaulust auch das Christentum nicht eindämmen konnte. 523 soll Rom das letzte große Spektakel erlebt haben. (J. G.)

Ämterlaufbahn

»Beamte braucht man; ohne ihr Wissen und ihre sorgfältige Umsicht kann eine Gemeinschaft von Bürgern nicht existieren, und auf ihrer Organisation beruht die ganze Ordnung eines Staates.« Dieser Satz stammt keineswegs aus der Feder eines Beamtenfunktionärs unserer Tage, sondern von → *Cicero* und ist über 2000 Jahre alt. Damals wie heute waren und sind die Beamten ein Teil der Staatsgewalt, allerdings mit erheblichen, zeitbedingten Unterschieden. »Einstellungen, Anstellungen und Beförderungen sind nach Eignung und Leistung ohne Rücksicht auf Geschlecht, Abstammung, Rasse, Glauben, religiöse oder politische Anschauungen, Herkunft oder Beziehungen vorzunehmen.« – »Laufbahnen gehören zu den Laufbahngruppen des einfachen, mittleren, des gehobenen oder höheren Dienstes.« Dieses strenge Reglement von Paragraphen, die eine Beamtenlaufbahn heute bis in jede Einzelheit regeln, kannten die Römer angesichts einer

und Bürger ihre Plätze auf den Rängen. Weiter oben saßen die Frauen und, getrennt von ihnen, Leute aus dem niederen Volk. Stehplätze schlossen den Zuschauerraum ab.

Am obersten Mauerrand waren Halterungen für Holzmasten angebracht, an denen kaiserliche Matrosen Segel befestigten, die den Zuschauerraum vor der Sonne schützten.

In der Arena fanden → *Tierhetzen*, Gladiatorenkämpfe, aber auch Folterungen und → *Hinrichtun*-

Schnitt durch das Colosseum mit Innenansicht

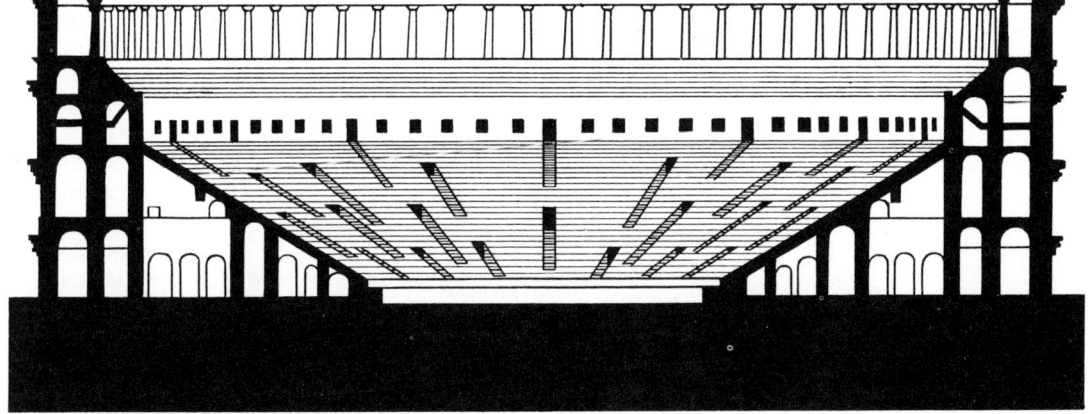

Römische Ämterlaufbahn

In Centuriatscomitien wurden die Consul und Praetoren gewählt. Die Tribunatscomitien wählten die anderen Beamten. Alle Bürger, auch die Plebeier, waren zur Stimmabgabe berechtigt.

Zwei Censoren wachten über die Senatszugehörigkeit und führten als Standesbeamte das Bürgerregister; sie waren für die Verwaltung der öffentlichen Bauten und für die Besteuerung der Bürger zuständig. Sie wurden alle 5 Jahre gewählt.

Zwei Consuln hatten die eigentliche Regierungsmacht inne. Sie waren Oberbefehlshaber der Armee, brachten die Gesetze ein und erforschten den Willen der Götter. Sie wurden jeweils auf ein Jahr gewählt.

Der Proconsul regierte in einer römischen Provinz als höchster Militär- und Zivilbeamter. Er wurde vom Senat auf ein bis zwei Jahre bestimmt.

Der Senat mit 300-600 Mitgliedern war die wichtigste Macht im republikanischen Rom und kontrollierte die Politik der hohen Beamten. Seine Beschlüsse waren praktisch Gesetz, außer bei einem Veto der Volkstribunen. Senatoren waren die Patrizier sowie alle, welche ein hohes Staatsamt bekleidet hatten. Der Senatssitz war erblich. In den Ständekämpfen hatten sich auch die vornehmsten Plebeierfamilien den Zutritt zum Senat erstritten.

Bis zu acht Praetoren führten den Vorsitz in den Gerichten, auch vertraten sie die Consuln während einer Abwesenheit, und sie hatten in Kriegszeiten hohe Ämter inne. Die Praetoren wurden jährlich gewählt.

20 Quaestoren wurden jährlich gewählt. Zwei waren für die Schatzkammer in Rom verantwortlich. Die anderen halfen den Consuln, Praetoren und Provinzstatthaltern in Finanzfragen.

10 Tribunen wurden jährlich vom Volk, der Plebs, gewählt. Sie vertraten die Plebeier und beschützten diese gegen Maßnahmen des Senats. Tribunen beriefen die Volksversammlungen und konnten Gesetze einbringen. Sie waren unverletzlich und besaßen im Senat ein Vetorecht.

Vier Aedilen wurden auf ein Jahr gewählt. Sie waren für die öffentliche Ordnung, die Märkte, die Maße und Gewichte, die öffentlichen Spiele, die Feuerwehr und für die Volksgesundheit verantwortlich.

wesentlich einfacher organisierten Staatsform natürlich nicht, ja, die Ämterlaufbahn ihrer Beamten war ebensowenig wie die Verfassung kodifiziert, weil die jahrhundertelange Tradition normativen Charakter besaß.

Charakteristische Merkmale der römischen Beamten. Die Sitte der Vorfahren (mos maiorum) hatte festgelegt, daß die römischen *Oberbeamten*, die *Magistrate*, – nur sie galten in Rom als Beamte – im Gegensatz zu unseren Beamten, die vom Staat auf Lebenszeit ernannt werden, vom Volk für nur ein Jahr gewählt wurden; nicht nach Eignung und Befähigung, sondern auf Grund ihrer adeligen, patrizischen Herkunft. Wer nicht zur adeligen Schicht in Rom gehörte, dem blieb der Zutritt zu den höchsten Ämtern, die etwa mit unseren Regierungsämtern vergleichbar waren, versagt. Nur wenigen Römern wie dem oben genannten Cicero glückte es, aus einer sozial niedrigeren Schicht als »homo novus«, als ›Aufsteiger‹, nach oben bis in die höchsten Ämter zu gelangen. Nicht zuletzt lag das auch daran, daß die Ämter nur Ehrenstellen, »honores« waren, die Amtsinhaber also keinen Anspruch auf Besoldung hatten, sondern im Gegenteil Geld aus eigener Tasche zuschießen mußten.

Da sich die römischen Beamten als Inhaber der staatlichen Gewalt, nie als deren Diener betrachteten, waren sie innerhalb ihres Amtsbereiches und ihrer Amtszeit in den Entscheidungen völlig frei, modern gesprochen »nur ihrem Gewissen verantwortlich«, brauchten nicht Verordnungen ihrer Vorgänger zu übernehmen, sondern durften eigene Verfügungen in ihrem Amtsbereich erlassen, durften selbständig die *Auspizien* einholen und das Volk zu Versammlungen einberufen, ohne daß die Wähler die Möglichkeit hatten, sie wirksam zu kontrollieren oder abzusetzen.

Diese umfassenden Amtsgewalten hätten bei anfälligen Amtsträgern leicht zu einem Mißbrauch der staatlichen Macht führen können. Doch die Römer begegneten dieser Gefahr von Anfang an auf eine Weise, die von hoher Staatsklugheit zeugte: Da die Ämter bis auf Ausnahmen auf ein Jahr befristet waren (›Annuität‹ von annus = Jahr), kam Ämterverfilzung kaum auf; sie wurde zudem noch durch das *Prinzip der Kollegialität* fast ausgeschlossen. Jeder Oberbeamte hatte mindestens einen zweiten, gleichrangigen Beamten zur Seite, der wie er selbst das *Recht der »Intercessio«* hatte, durch *Veto* also Maßnahmen des anderen Kollegen blockieren konnte. Individuelle Amtshandlungen und einsame Entschlüsse waren damit weithin unmöglich, weil jede Entscheidung nur mit Zustimmung des Kollegen rechtskräftig wurde.

Zusätzlich mußte jeder Beamte nach Ablauf der einjährigen Amtszeit Rechenschaft ablegen, konnte aber wegen eklatanter Fehler nur dann verurteilt werden, wenn er sich dabei eines Verstoßes gegen die Gesetze schuldig gemacht hatte. Als letzte Instanz überwachte der → *Senat* die Amtsführung der Oberbeamten. Obwohl er juristisch gesehen keinerlei Möglichkeit hatte, den Beamten direkte Weisungen zu geben, gründeten sich seine abgegebenen Empfehlungen doch auf eine so große Autorität, daß kein Beamter dagegen zu widersprechen pflegte.

Die ›Unterbeamten‹. Die Oberbeamten Roms kamen wegen ständig erweiterter Aufgabenbereiche nicht ohne einen Apparat von Hilfsbeamten aus, die etwa mit unseren Beamten gleichzusetzen wären, ohne daß sie in Rom als Beamte im eigentlichen Sinn galten. Schon damals schätzten weniger versierte Beamte die Sachkenntnis und Erfahrung der *Amtsdiener*, »apparitores«, die in ihren zuständigen Ressorts angesichts der jährlich

Fasces. Durch rote Riemen zusammengehaltene Rutenbündel (im Krieg mit Schwert) als Amtszeichen der Lictoren. S. Paolo Rom.

wechselnden Amtsführung das Weiterfunktionieren der Staatsverwaltung garantierten. Wer zur Gilde der »scribae«, der *Schreiber*, gehörte und Protokolle abfassen, die Rechnungsbücher führen und Akten aufarbeiten durfte, konnte fast schon verächtlich auf die anderen Unterbeamten, die *Amtsboten, Herolde*, niederen *Polizisten* und *Lictoren* herabsehen, obwohl diese letzte Gruppe sehr wichtig war. Ihre Mitglieder trugen nämlich den Oberbeamten, denen dies zustand, die »fasces«, die *Rutenbündel* mit den eingeschlossenen Beilen voran, Symbole der Beamtenmacht über Leben und Tod jedes römischen Bürgers. Noch 2500 Jahre später haben die »fasces« dem Faschismus ihren Namen geliehen.

Die Ämterlaufbahn der ›Oberbeamten‹. In der klassischen Ämterlaufbahn, dem »cursus honorum«, war schon recht früh die verbindliche Reihenfolge festgelegt worden. Sie begann mit der *Quaestur* und führte über *Aedilität* oder *Volkstribunat* und *Praetur* zum *Konsulat*. Zu diesen ›ordentlichen‹ Ämtern zählte noch die *Censur*, während *Dictatur* und *Interregnum* die zwei ›außerordentlichen‹ Ämter in der republikanischen Verfassung bildeten. Ein vorgeschriebenes Mindestalter für die ordentlichen Ämter gab es erst seit 180 v. Chr., als die »Lex Villia annalis« für die Quaestur das 30. Lebensjahr, für die Aedilität das 37., für die Praetur das 40., für das Consulat das 43. Lebensjahr festsetzte.

Den untersten Rang in der Hierarchie der Oberbeamten nahmen die *Quaestoren* ein, die, ihrem Namen nach zu schließen, ursprünglich wohl vom Consul ernannte ›Untersuchungsrichter‹ waren. Sie wurden seit angeblich 447 v. Chr. vom Volk gewählt, doch verdoppelte man schon 421 die Zahl der Amtsträger. Zwei Quaestoren verwalteten in Rom das »Aerarium«, das Staatsvermögen, Münzvorräte, Urkunden und Feldzeichen, die im *Saturnustempel* auf dem Forum hinterlegt waren, die zwei anderen begleiteten die beiden höchsten Beamten, die Consuln, auf den Feldzügen und waren für die Heeresausgaben zuständig. Die Ausdehnung des Römischen Reiches und der Gewinn neuer Provinzen bedingte im Laufe der Zeit ein weiteres Anwachsen der Zahl dieser Beamten, bis unter Caesar 40 Quaestoren ihren Dienst verrichteten.

Nach der Quaestur konnte ein Römer *Aedil* oder *Volkstribun* werden. Beide Ämter waren ursprünglich nicht vom Adel erreichbar, sondern konnten nur von Plebeiern, den nichtadeligen Bürgern Roms, innegehabt werden. Als Gehilfen der Volkstribunen 493 v. Chr. erstmals gewählt, verwalte-

ten die zwei Aedilen die plebeische Gemeindekasse, übten polizeiliche Funktionen aus und überwachten den Marktverkehr. Im Jahre 366 v. Chr. wurde die Zahl der Aedilen auf vier erhöht, weil der Adel zwei adelige Aedilenstellen für die Ausrichtung der großen Spiele in Rom zu Ehren Iupiters und für die Betreuung der patrizischen Tempel schuf. Neben der Getreideversorgung und -verteilung entwickelte sich die ständige Durchführung öffentlicher Spiele in Rom immer mehr zum eigentlichen Amtsinhalt der vier Aedilen, allerdings auch zu einem recht kostspieligen. Das Volk erwartete mit größter Selbstverständlichkeit »Panem et Circenses«, Brot und Spiele, und den Aedilen blieb nichts anderes übrig, als tief in die eigene Tasche zu greifen, wenn sie in der Ämterlaufbahn weitergewählt werden wollten.

»Das Volkstribunat ist fraglos eines der seltsamsten Stücke, das es in irgendeiner Verfassung je gegeben hat« (Meyer), nicht nur, weil der Adel von der Führung dieses Amtes ausgeschlossen war, sondern weil an dieses plebeische Amt, das als Kompromiß im Kampf zwischen Adel und Volk entstand, ein weitreichendes Recht geknüpft war. Das Vetorecht, das die zuletzt zehn unverletzlichen Volkstribunen ausübten, konnte nämlich, wenn es gezielt angewendet wurde, den ganzen Staatsapparat Roms blockieren. Jeder Oberbeamte konnte mit Hilfe dieses Rechtes an der legitimen Ausübung seines Amtes gehindert werden, und Beschlüsse des Senates und der Volksversammlung wurden nicht rechtskräftig, wenn die Volkstribunen die Interessen des Volkes nicht gewahrt sahen und Einspruch erhoben, – ein Einspruch, der entsprechend dem Prinzip der »Kollegialität« allerdings einstimmig erfolgen mußte. Dieses ›Widerstandsrecht‹, das Mommsen als »legalisierte Revolution in Permanenz« bezeichnete, ist eines der vielen Zeugnisse für die praktische Seite der Römer, »denn hierdurch war der Widerstand gegen die Staatsgewalt aus dem Bereich unkontrollierter Auflehnung in gesetzliche Bahnen gelenkt« (Kiechle). So ist es verständlich, daß gegen Ende des 3. Jahrhunderts v. Chr. die Volkstribunen das Recht erhielten, Senatssitzungen einzuberufen, zu leiten, Anträge zu stellen und nach Ablauf ihrer Amtszeit (erstmals 149 v. Chr). in den Senat einzuziehen. Selbst in der Kaiserzeit litt die Bedeutung des Amtes wenig. Augustus und seine Nachfolger zählten nämlich ihre Regierungsjahre ab dem Zeitpunkt, an dem ihnen die Amtsgewalt eines Volkstribuns – nicht das Amt – übertragen worden war.

In der Stufung waren gegenüber den rangniederen Ämtern des Quaestors und Aedilen die höheren Ämter eines Praetors, Consuls, Censors oder auch Dictators deutlich abgesetzt, denn es standen ihnen ein elfenbeinerner Klappstuhl, die »sella curulis« zu, auf dem sie bei den Amtshandlungen saßen, die weiße Toga mit dem breiten Saum von Purpur und die Lictoren, dem Consul 12, dem Praetor 6.

Der *Praetor* war, abgesehen davon, daß auch er Volk und Senat einberufen und dort Anträge stellen durfte, für die Rechtsprechung in Rom zuständig. Die schnell wachsende Zahl der Prozesse machte im Jahre 241 v. Chr. neben dem bisherigen Stadtpraetor, dem »Praetor urbanus«, einen zweiten Praetor nötig, der als »Praetor peregrinus« die Rechtshändel zwischen Fremden und römischen Bürgern oder zwischen den Fremden selbst schlichten mußte. Zu diesem Zweck gab er bei Amtsantritt ein »Edictum« heraus, in dem er bekanntgab, nach welchen Grundsätzen er Recht sprechen zu lassen gedachte (→ *Recht)*. Wenn die Zahl der Praetoren sich im Laufe der Zeit von 2 auf 16 erhöhte, lag das nicht an der Prozessierlust der Römer, sondern an der wachsenden Zahl der Provinzen, in denen zunächst Praetoren als Statthalter fungierten.

Die höchsten Magistrate Roms, gleichsam die Regierungsspitze, waren die von der Volksversammlung für ein Jahr gewählten beiden *Consuln*, nach denen die Römer bis ins 6. Jahrhundert n. Chr. das Jahr benannten (z.B. *Cn. Pompeio M. L. Crasso Coss* = unter dem Konsulat des Pompeius und Crassus = 55 v. Chr.). Entsprechend der römischen Vorstellung von der ungeteilten Amtsgewalt vereinigten sie in ihrer Hand zivile und militärische Macht, waren also zugleich höchste Beamte und höchste Generäle, die im Kriegsfall selbständig die Truppen aushoben, *Centurionen* (→ *Legion)* und Unteroffiziere ernannten, in eigener Verantwortung die Kampfhandlungen eröffnen konnten und bei gemeinsamem Kommando täglich in der Befehlsführung wechselten, in Friedenszeiten jedoch monatlich. Dann gingen dem nichtamtierenden Consul die zwölf Lictoren ohne die Rutenbündel voran, er durfte aber trotzdem seine volle Amtsgewalt im zivilen Bereich ausüben, Einspruch erheben gegen Maßnahmen seines Kollegen, Verordnungen erlassen, Volksversammlungen und Senatssitzungen einberufen, dort den Vorsitz führen und die Beschlüsse vollstrecken.

Die beiden *Censoren* waren zwar »ordentliche« Beamte, besaßen aber keine volle Amtsgewalt (imperium) wie die Consuln und Praetoren, folglich auch keine Lictoren. In der Ämterfolge kamen sie nach den Praetoren, doch die besondere Verantwortung, die mit der Censur verbunden war, verlieh so große Autorität, daß nur gewesene Consuln in dieses einzige nichtständige Amt gewählt wurden. Censoren wurden in Rom der Überlieferung nach seit 443 v. Chr. alle fünf Jahre für eine Amtszeit von eineinhalb Jahren gewählt, um die Bürgerlisten zu kontrollieren und neu zu erstellen. Gleichzeitig wurde bei diesem Vorgang auch das Vermögen der Bürger geschätzt, um daraus die staatlichen Abgaben zu berechnen und um Wehrpflicht und Stimmberechtigung in der Volksversammlung zu überprüfen. Die Kontrolltätigkeit weitete sich bald auf andere Bereiche aus. Streng überwachten die Censoren die geheiligte Tradition mit dem Mittel der »Censorischen Rüge« (nota censoria) oder, wenn sie nicht ausreichte, mit Ausschluß aus der Ritterschaft oder sogar dem Senat. Entsprechend hatten sie auch das Recht der Senatsergänzung und konnten neue Senatoren anstelle der ausgeschiedenen bestellen. Als letzte Instanz überwachten sie die Staatsfinanzen, Verkauf und Verpachtung von Staatseigentum und die Vergabe der staatlichen Bauaufträge.

Außerordentliche Ämter. Diese ›ordentlichen‹ Ämter wurden in Ausnahmefällen durch die beiden ›außerordentlichen‹, Dictatur und Interregnum, ersetzt. Als Relikte aus der Königszeit hatten sich beide eine umfassende Amtsgewalt bewahrt, die nicht an Annuität und nicht an Kollegialität gebunden war, nicht dem Provokationsrecht und Intercessionsrecht der Volkstribunen unterlag, auch nicht durch Wahl des Volkes verliehen war.

Der *Dictator* wurde in Krisenzeiten bis zur Erledigung des Auftrags, höchstens für sechs Monate, auf Senatsbeschluß von einem Consul ernannt und mit der Gesamtleitung des Staates beauftragt. Als Inhaber höchster, unteilbarer Macht, wie sie in Rom früher nur die Könige gehabt hatten, übte er auch in der Stadt, im Gegensatz zu den Consuln, das militärische Kommando aus und ernannte selbständig den »Magister equitum«, den *Reiteroberst*. Auch der *Zwischenkönig*, der »Interrex«, wurde durch das Los vom Senat für fünf Tage bestellt, um am Ende dieser Frist einem Nachfolger Platz zu machen. Seine Aufgabe war es, bei nicht erfolgter Consulwahl oder bei Ausfall der beiden Consuln vor Ablauf ihrer Amtszeit für die ordnungsgemäße Wahldurchführung und Übergabe des höchsten Staatsamtes unter Beachtung vor allem der religiösen Formen zu sorgen. Mit Respekt und Ehrfurcht begegnete der Bürger in Rom allen diesen Oberbeamten als der Verkörperung der Staatsgewalt: Traf er sie auf der Straße, machte er bereitwillig Platz oder stieg vom Pferd, grüßte ehrerbietig und stand auf, wenn er saß. Selbst in der Volksversammlung versagte man den Oberbeamten nicht die Achtung: Sie allein durften sitzen, während die Bürger standen. (M. F.)

Aquädukte

Der Begriff Aquädukt läßt zunächst an die Zuführung von Frischwasser denken, insbesondere über kühne Bogenkonstruktionen. Ursprünglich bezeichnet »aquae ductus« (Wasserleitung) je-

Reste der Cloaca Maxima in Rom,
der großen Stadtentwässerung
(unten Mitte), bei der Einmündung in den Tiber.

doch nur einfache Vorrichtungen zur Ableitung von Wasser. Rom lag in sumpfigem Gelände. Siedlungsgebiet und landwirtschaftliche Nutzflächen mußten entwässert, das von den Hügeln kommende Wasser mußte abgeleitet werden. Bevor es größere Anlagen gab, sorgte jeder Grundstückseigentümer selbst dafür, daß sein Stück Land trocken blieb. Das Zwölf-Tafel-Gesetz schützte den Nachbarn vor Schäden, die sich als

Folge willkürlicher Ableitung des Wassers aus anliegenden Grundstücken ergaben. Andrerseits gab es vertragliche Regelungen, auf Grund deren Wasser durch das Grundstück eines anderen geleitet werden konnte. Das war eine der privaten Grunddienstbarkeiten neben Gehrecht, Fahrrecht und Viehtriebsrecht. Nach und nach wurde durch Gräben und Kanäle das natürliche Wassernetz vertieft und reguliert. Von den öffentlichen Kanälen ist die sogenannte »cloaca maxima« der älteste. Zwar stammt ihre unterirdische Wölbung nicht, wie die Historiker ursprünglich meinten, aus der Zeit der Tarquinier, sondern aus der des Augustus. Aber ein offener Kanal zur Entwässerung des Forums und zur Ableitung der vom Quirinal und Viminal strömenden Bäche existierte sicher schon in frührepublikanischer Zeit. Später, vermutlich im Zusammenhang mit dem Bau der Basilica Aemilia, wurde er abgedeckt. Sein Wasser nahm auch Schmutz von der Straße mit und führte ihn in den Tiber. In der Folgezeit kamen zwei weitere Hauptkanäle hinzu, einer im Bereich des Marsfeldes, einer zwischen Palatin und Aventin.

Anfänge der Wasserversorgung. Mit der wachsenden Bevölkerung der Stadt wurde das Frischwasser knapp. Nun galt es nicht nur, Wasser abzuleiten, sondern herbeizuschaffen. Das Problem erwies sich als schwierig, da in der Nähe keine geeigneten Reserven vorhanden waren. Die Aufgabe der Wasserversorgung wurde den Censoren übertragen. In dieser Eigenschaft baute *Appius Claudius Caecus* 312 v. Chr. den ersten Aquädukt, die *Aqua Appia*, ein Werk, das ebenso epochemachend war wie seine *Via Appia (→ Straßen)*. Wie bei allen Wasserbauten ist das Problem zunächst vermessungstechnischer (→ *Technik*) und bautechnischer Art. Der Unterbau mußte wasserdicht gemauert, die Leitung zur Reinhaltung des Wassers mit Gewölben überspannt werden. Das Prinzip selbst ist einfach: Der Kanal wird so durch das Gelände geführt, daß sein Niveau zwischen Anfangs- und Endpunkt kontinuierlich fällt. Um das Wasser aus den 11 km entfernten Albanerbergen nach Rom zu leiten, bedurfte es eines Kanals von 16,5 km Länge. Der Umweg wurde in Kauf genommen, damit der Kanal möglichst unmittelbar im natürlichen Gelände angelegt werden konnte. Nur bei kleinen Unebenheiten brauchte man tiefere Rinnen, Unterstützungsmauern oder – so auf den letzten 88 m – Bogenstellungen. Dieses System entsprach dem orientalischer und griechischer Bewässerungsanlagen; von den letzteren dürfte Appius in Süditalien

Beispiele gesehen haben. Das System erlaubte aber nur die Füllung eines fast ebenerdigen Reservoirs, aus dem man bei Bedarf schöpfte, nicht eine Verteilung unter Druck. War das Reservoir voll, lief das Wasser in die Abwässerkanäle oder wurde an die Besitzer gewerblicher Betriebe verkauft.

In republikanischer Zeit wurden noch drei Aquädukte gebaut: der *Anio vetus* (272 v. Chr.), die *Aqua Marcia* (144 v. Chr.) und die *Tepula* (125 v. Chr.). Gutes, frisches Wasser, wie es die Römer liebten, lieferte nur die Aqua Marcia, nämlich aus den Sabinerbergen. Sie bedeutete auch technisch einen Fortschritt: Mit Hilfe kommunizierender Röhren konnte die Leitung in eine Bodensenke hinab- und auf der anderen Seite wieder hinaufgeführt werden. So vermied man Umwege und sparte so viel Gefälle, daß das Wasser

reits das Konsulat bekleidet hatte, damit betraut wurde, zeigt, wie wichtig man die Sache nahm. Agrippa ließ die bestehenden Leitungen renovieren – die Arkadenform wird nun zur Regel – und durch Einbeziehung weiterer Quellgebiete verstärken. Neu errichtete er 33 v. Chr. die *Aqua Iulia* und 19 v. Chr. die *Virgo*, die vor allem die neuen Bäder auf dem Marsfeld versorgte. Nun gab es genügend Wasser, um auch weitere Brunnen zu speisen. Als → *Augustus* um eine Weinverteilung gebeten wurde, sagte er: »Mein Schwiegersohn Agrippa hat euch genügend Wasser zum Trinken gegeben«.

Insgesamt ließ Augustus während seiner Regierungszeit 700 Brunnen und 150 Springbrunnen anlegen. Nach Agrippas Tod baute er noch für die rechte Tiberseite (Trastevere) die *Alsietina*, die siebente Leitung. Aber ihr Wasser war nicht

Römische Aquädukte

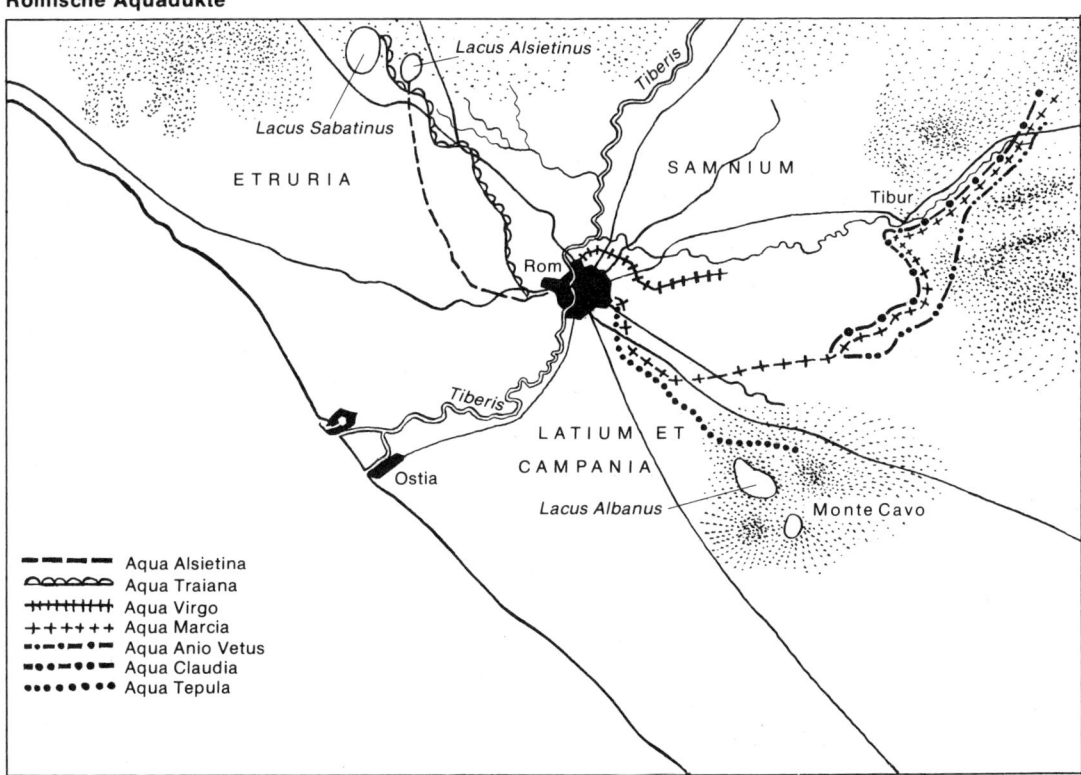

Die Aqua Alsietina
Aqua Traiana
Aqua Virgo
Aqua Marcia
Aqua Anio Vetus
Aqua Claudia
Aqua Tepula

bis auf die Höhe einiger Hügel der Stadt gelangte. Nun konnte man an den Ausbau eines Systems von Druckleitungen gehen. Palatin und Capitol erhielten ihre ersten Springbrunnen.

Die großen Aquädukte. Das gesamte System der Wasserversorgung und Entwässerung wurde von *Vipsanius Agrippa* neu organisiert. Daß der engste Mitarbeiter des Princeps, ein Mann, der be-

trinkbar. Immerhin konnte das Amphitheater für Wasserschlachten (heute Piazza Navona) versorgt werden.

Die großartigsten Aquädukte Roms entstanden unter *Claudius* und *Nero*: die *Aqua Claudia* (47) und der *Anio novus* (52). Ihre schlanken Arkaden, noch heute Wahrzeichen der Campagna, führten gutes Wasser aus den Albanerbergen in so großer

Modell des Aquädukts »Ponte Lupo«
der Aqua Marcia, die das Wasser
aus den Sabinerbergen nach Rom bringt.
MdCR Rom.

Höhe in die Stadt, daß die Leitungen auch auf den Kuppen der Hügel, insbesondere in den kaiserlichen Palästen, noch unter Druck standen. Gegen Ende des 1. Jahrhunderts n. Chr. flossen täglich nach verschiedenen Schätzungen 700 000 bis 1 Million cbm Wasser durch das öffentliche Leitungssystem der Hauptstadt, die zwar nun schon etwa 1 Million Einwohner, aber fast keine Industrie hatte. Die Wassermenge entspricht einem Prokopfverbrauch von 250 bis 350 cbm im Jahr. Zum Vergleich: 1971 wurden in der Bundesrepublik Deutschland 18 Milliarden cbm Wasser verbraucht, also pro Einwohner etwa 300 cbm; von den 18 Milliarden cbm entfielen aber etwa 80 Prozent auf die Industrie.

Aquädukte außerhalb Italiens. Auch in den Provinzen wurden Aquädukte errichtet. Sie standen bautechnisch denen Roms nicht nach. Für *Nîmes* (Nemausus) in Südfrankreich wurde bereits 19 v. Chr. eine großzügige Wasserleitung angelegt, von der sich ein imposantes Teilstück erhalten hat: die Brücke über das Tal des Gardon (*Pont du Gard*). Zwei übereinanderstehende Reihen weit ausladender Bögen tragen eine kleine Arkadenreihe, über der die eigentliche Wasserrinne verläuft. Durch *Segovia* führt ein gut erhaltener Aquädukt (*el Puente* = die Brücke) mit 119 schlanken Doppelarkaden, die bis zu 28,5 m Höhe erreichen. Die Leitung wurde vermutlich in augusteischer Zeit für eine kleine Stadt errichtet. Unter Hadrian erhielt *Carthago*, das seit der Zeit der Iulier als *Colonia Iulia Carthago* erneut Bedeutung gewann, einen Aquädukt, der mit 132 km alle anderen an Länge übertraf. Damit ›seine‹ Stadt mit Rom konkurrieren konnte, begann Constantin mit dem Bau einer Wasserleitung für *Constantinopolis* (Byzanz, Istanbul), die 378 unter Valens vollendet wurde.

Genaue Kenntnis haben wir über die Wasserversorgungsanlagen von *Köln* (Colonia Agrippina). Eine ältere, insgesamt etwa 10 km lange, meist unterirdisch verlaufende Leitung brachte Wasser aus dem Vorgebirge zunächst in eine Sammelstelle und dann in einem Hauptkanal zur Stadt. Vor dem Einführen in das Verteilungssystem floß das Wasser durch eine sinnvoll konstruierte Entschlammungsanlage, deren Reste noch besichtigt werden können. Als die Leitung den Bedarf nicht mehr decken konnte, erschloß man nach und nach die Eifeler Wasserreserven. Zunächst waren zwei Hindernisse zu überwinden: der Höhenrücken des Vorgebirges und das Tal des Swistbaches. So führte man den Kanal von der alten Sammelstelle etwa 30 km nach Süden bis in die Nähe von Meckenheim und dann erst nach Westen, über Swist und Erft hinweg ins Quellgebiet von Vey und Urft. Damit überwand die Leitung sogar die Wasserscheide und drang in den Einzugsbereich der Maas vor. Von den Brunnen- und Kanalanlagen haben sich Reste bis heute erhalten. Die *Kallmuther Brunnenstube* ist restauriert und zur Besichtigung freigegeben. Die von antiken Ingenieuren erbaute »Teufelsader« im Urfttal versorgt noch heute das moderne Rohrnetz. Auf einer Gesamtlänge von 88 km – zusammen mit den Zubringerstrecken und der älteren Vorgebirgsleitung sind es über 100 km – hatte die Kölner Wasserleitung eine Höhendifferenz von 400 m, die in einem gleichbleibenden Gefälle von 50 cm pro 100 m ausgenutzt wurde. Die Tagesleistung betrug 30 000 cbm. Der Aquädukt war vermutlich bis in die Karolingerzeit in Gebrauch. In den Jahrhunderten lagerte sich rotbrauner, marmorartig schimmernder Sinter ab, der in manchem Kölner Bauwerk Verwendung für Schmuckteile fand (nach Pörtner).

Verwaltung, Verteilung. Unter Augustus war die Aufsicht über die Wasserversorgung von den Censoren auf die *familia principis*, die Angehörigen des kaiserlichen Hofstaats, übergegangen. In der Regel wurden hohe Beamte aus dem Senatorenstand zu *Curatoren* ernannt. In der iulisch-claudischen Dynastie begnügte man sich mit einem *Procurator*, einem einfachen Verwalter aus dem Ritterstand. Das war, wie sich herausstellen sollte, eine Nachlässigkeit. Während es in republikanischer Zeit überhaupt keine Konzessionen an Privatleute gab, von den Aquädukten Hausleitungen abzuzweigen, begann man im 1. Jahrhundert v. Chr. verdiente Politiker und Feldherrn mit diesem Privileg auszuzeichnen. Was die Kaiser ihren Freunden schenkten, verschafften kaiserliche Verwalter und Techniker gegen Bestechungsgeld. Unter den *aquarii*, dem Personal des Wasserversorgungsamtes, gab es inoffiziell einen regelrechten Sonderdienst, »dessen Leiter den bezeichnenden Namen *a punctis* führte, das heißt ›der mit der Anzapfung der öffentlichen Leitung Beauftragte‹« (Grimal).

Sextus Iulius Frontinus sollte diesem und anderen Mißständen abhelfen. Nerva und dann Traian bestellten mit ihm wieder einen Mann aus dem Senat als Curator für die mittlerweile 10 Wasser-

leitungen Roms, die eine Gesamtlänge von 404 km umfaßten, davon 47 km auf Arkaden. Frontinus stand bei den Zeitgenossen in hohem Ansehen durch seine militärischen und politischen Leistungen sowie durch literarische Veröffentlichungen über strategische und technische Fragen (→ *Technik*, → *Weltbild*). Auch über die Wasserleitungen Roms verfaßte er ein kleines Werk, in dem er u. a. die Wasserverteilung behandelt: Das Wasser wurde in hochgestellten Becken gesammelt, in sogenannten *Wasserkastellen*. Diese hatten Abzweigstellen in drei verschiedenen Höhen: die untersten, die auch bei Wasserknappheit noch unter dem Wasserspiegel lagen, versorgten die öffentlichen Brunnen, die nächsten die öffentlichen Bäder und Wasserspiele, die obersten die privaten Hausleitungen, die folglich nur bei ausreichendem Wasserstand beliefert wurden. Für das Rohrsystem standen Bleiröhren mit 17 verschiedenen Durchmessern zur Verfügung. (Zeitweilig wurde vermutet, das ›verbleite‹ Wasser habe die Römer chronisch vergiftet.)

Der Nutzen der Aquädukte. Die öffentlichen Wasserleitungen waren ein Geschenk des Kaisers an die Stadt. Ihr Gebrauch war kostenlos. Die Brunnen, deren es fast an jeder Straßenecke einen gab, waren kein reiner Luxus. Die *Mietshäuser* (→ *Haus und Einrichtung)* hatten keine Anschlüsse an die Wasserleitungen und an die Abwasserkanäle. Die Masse des Volkes holte sich also das Wasser für den täglichen Bedarf an den öffentlichen Brunnen. Abfall, Unrat und natürlich das Schmutzwasser schüttete man in die Gosse an der Straße, und das überlaufende Wasser aus den Brunnen schwemmte ein Gutteil von dem weg, was Gestank und Krankheiten verursachen konnte. Bei alledem darf man sich jedoch keine übertriebenen Vorstellungen von den hygienischen Verhältnissen in dichtbesiedelten Stadtteilen machen. Wichtig waren die Brunnen auch für die Brandbekämpfung. Die Eimer wurden von Hand zu Hand vom Brunnenbecken zur Brandstelle gereicht. (Größere Brände ließen sich freilich so nicht bekämpfen. Die Feuerwachen zogen es vor, das brennende Haus dadurch zu isolieren, daß sie angrenzende Häuser einfach abrissen.)

Trugen die Brunnen zur täglichen Körperpflege nur wenig bei, so boten die Thermen dafür Ersatz. Am späten Nachmittag strömte das einfache Volk in die → *Bäder*, wo man sich waschen, erfrischen und Sport treiben konnte. Bei Spiel und Gespräch fanden die Menschen hier Gelegenheit zu sozialen Kontakten in einer Atmosphäre, die wesentlich angenehmer war als die in den

Mietshäusern. Das Klima der Stadt wurde durch das viele fließende Wasser, insbesondere auch durch die Springbrunnen, frischer. So war die Wasserversorgung eine Voraussetzung für das soziale Klima und den Freizeitwert der Hauptstadt. Hinzu kam die gewerbliche Nutzung der Leitungen. Die Färber und Wäscher z. B. konnten gegen Gebühr Wasser aus den Sammelbecken entnehmen und von ihren Sklaven auf dem Rücken in ihre Betriebe transportieren lassen. Über die Gesamtleistung und den vielfältigen Nutzen der römischen Aquädukte schreibt Frontinus voll Nationalstolz:»Kann man damit die doch offensichtlich nutzlosen Pyramiden oder die praktisch unbrauchbaren, wenngleich hochberühmten Werke der Griechen vergleichen?«(F. R.)

Archäologie – Zerstörung und Wiederentdeckung

(Siehe auch → *Deutschlands ›Römerstädte‹,* → *Italienische Museen und Einzelstichwörter* wie → *Pompeii* und → *Winckelmann.*)
Die Stadt Rom. So wie es eine Entwicklungsgeschichte der Stadt Rom gibt (→ *Rom),* die mit Kaiser Constantin schließt, gibt es auch eine Zerstörungsgeschichte. Ihre Chronologie setzt ein mit den beiden germanischen Eroberungen 410 durch die Westgoten *Alarichs* und 455 durch die Wandalen unter *Geiserich.*
Damals erstreckten sich die Plünderungen fast noch ausschließlich auf Kunstwerke. Der erste große entscheidende Schlag, von dem sich das antike Rom nie mehr erholte, war die Einnahme und Zerstörung durch die Ostgoten unter *Totila* 546. Von da an dachte niemand mehr an Wiederaufbau oder Erhaltung des Zerstörten; nur gelegentlich blieben öffentliche Gebäude vom Verfall verschont, weil sie in christliche Kirchen umgewandelt wurden. Marmor, Säulen, Götterbilder und Statuen wanderten während des ganzen Mittelalters in die Kalköfen, die möglichst bequem an den zentralen antiken Plätzen wie auf dem Forum Romanum oder dem Marsfeld errichtet wurden. *Raffael* schrieb in einem Brief an Papst Leo X.: »Wieviel Kalk ist nicht aus Statuen und anderen antiken Zieraten gebrannt worden! Denn ich darf kühn sagen, daß dieses ganze neue Rom in seiner Größe und Schönheit, in seinem Schmuck mit Palästen, Kirchen und anderen Gebäuden, wie es vor uns liegt, überwiegend mit Kalk von antikem Marmor gebaut worden ist!«
In einigen großen Bauten wie dem Colosseum, den Theatern oder den Constantinsthermen nisteten sich römische Adelsfamilien ein und wandelten sie in Festungen um, die sie dann wieder wechselseitig zerstörten. Als *Robert Guiscard* mit seinem Normannenheer 1084 die Stadt eroberte, wurde das gesamte Marsfeld und die Gegend zwischen Lateran und Colosseum völlig verwüstet. Mehrere schwere Erdbeben – besonders das von 1349 – beschleunigten noch den Niedergang. Als in der Renaissance die Stadt wieder aufzuleben begann, wurde das Vernichtungswerk auf andere Weise fortgesetzt. So vernichtete die Neugestaltung des Capitols durch *Michelangelo* seine alte Gestalt vollständig. Der bauwütige Papst *Sixtus V.* ließ seine Neubauten ohne Rücksicht auf noch vorhandene Reste der Antike ausführen. Im kleinen dauerte dann die Zerstörung bis ins 18. Jahrhundert fort, und der berühmte Stich *Piranesis* zeigt das Forum, das damals den Namen *Campo Vaccino* – Rinderfeld – hatte, bis gut zur halben Höhe des Septimius Severus-Bogens in Schutt und Schmutz versunken. Was für Rom gilt, trifft meist im gleichen oder noch stärkerem Maß für die Bauten und Kunstschätze der Provinzstädte zu.
Die Wiederentdeckung antiker Kunstschätze und Bauten setzte außerordentlich zögernd ein. Zu den ältesten Funden gehörten der → *Obelisk,* der heute vor dem Pantheon steht und 1373 gleich in der Nähe im Garten des Dominikanerklosters gefunden wurde. Die älteste wiederentdeckte Plastik ist der reizende *Dornauszieher,* der schon in der zweiten Hälfte des 15. Jahrhunderts auf dem Capitol aufgestellt worden war.
In der Renaissance erwachte auch das Interesse für antike Funde, wenn auch die Suche weitgehend dem Zufall überlassen blieb oder in ebenso primitive wie gründliche Plünderung ausartete. Zu den ältesten Funden gehörte dabei die *Laokoon-Gruppe,* deren Wiederentdeckung in einem Weinberg auf dem Esquilin (→ *Rom)* zufälligerweise Michelangelo miterlebte, und die sofort von Papst *Julius II.* aufgekauft und in den Vatikan gebracht wurde, wo bis 1870 die meisten bedeutenden römischen Funde Aufstellung fanden. Die noch erhaltenen Ruinen Roms reizten ja zu Schatzgräbereien großen Stils. 1540 begann man systematisch die *Caracalla-Thermen* zu durchwühlen, ein Jahrzehnt später die *Constantins-Thermen.* Die Suche lohnte sich, denn es kamen herrliche Plastiken wie etwa der *Hercules Farnese* (heute im Nationalmuseum Neapel) oder die *Dioscuren-Gruppe* ans Tageslicht, die heute den Platz vor dem Quirinalspalast schmückt. So liefen in

Das »Campo Vaccino« (Rinderfeld),
wie das Forum Romanum
im 18. Jh. genannt wurde.
Stich von G. Piranesi.

den folgenden zwei Jahrhunderten Zerstörung und Suche parallel.

Italien. Auch außerhalb Roms erschöpften sich die Ausgrabungen in dilettantischen Suchereien und barbarischen Vernichtungen. Als nach eineinhalb Jahrtausenden gegen Ende des 16. Jahrhunderts die ersten Spuren der verschütteten Städte → *Pompeii* und *Herculaneum* wiederentdeckt wurden, fanden sich bald Amateure, die willkürlich in die Tiefe vorstießen, wie etwa 1719 der österreichische General *D'Elboeuf.* Ihm folgte der neapolitanische Ingenieuroffizier *Alcupierre,* dessen Arbeiten → *Winckelmanns* Zorn erregten, der sich in seinem »Sendschreiben von den herculanischen Entdeckungen« gegen die Ausgrabungen wandte. Aber gerade diese Streitigkeiten steigerten das Interesse an den verschütteten Städten, deren Besuch bald zum obligaten Programm einer Bildungsreise nach Italien gehörte. Auch *Goethe* beschrieb seine Eindrücke in der »Italienischen Reise«. Immerhin wirkte das neuerwachte Interesse auch zurück auf Rom,

wo 1788 durch den schwedischen Gesandten *von Freudenheim* die ersten sorgfältigen und einigermaßen wissenschaftlich fundierten Ausgrabungen begonnen wurden. Sie konzentrierten sich bis zur Mitte des 19. Jahrhunderts auf das Forum und den Palatin. Das neue Königreich Italien förderte zwischen 1861 und 1876 vor allem die Arbeiten in Pompeii, wo nun unter *Fiorelli* Schicht um Schicht freigelegt wurde.

Auch andere Grabungsstätten wie das antike → *Ostia* und die *Villa* → *Hadrians* bei Tivoli wurden in Angriff genommen. Bei der Umwandlung Roms in eine moderne Großstadt kamen immer wieder neue Überraschungen zu Tage. So wurden nach dem Ersten Weltkrieg die Reste republikanischer Tempel mitten im Herzen der Stadt an der *Piazza Argentina* freigelegt und beim *Marcellus-Theater* wurden bei dem Durchbruch neuer Straßen Tempelreste entdeckt, die bis in die Königszeit zurückreichten. *Mussolini* (→ *Faschismus)* entschied damals, daß diese Funde nicht mehr überbaut werden durften. Der Diktator versuchte, das Zentrum der Stadt archäologisch zu erschließen und sich damit ein bleibendes Denkmal zu setzen. So wurde auf seinen Befehl der Bereich der *Kaiserforen* (→ *Rom)* ausgegraben und dort eine moderne Prachtstraße, die Via dei Fori Imperiali angelegt, die dann wieder einen Teil der Ausgrabungen verschlang. Zur 2000-Jahrfeier der Geburt des Kaisers Augustus ließ Mussolini eine großartige Ausstellung veranstalten, die glücklicherweise mit ihren zahlreichen Rekonstruktionen und Abgüssen bestehen blieb und heute das *Museo della Civilta Romana* im EUR-Zentrum in Rom bildet. Bei den Vorbereitungen dieser Ausstellung wurden auch Ausgrabungen in *Piazza Armerina* in Sizilien durchgeführt. Dort gelang den Archäologen ein großartiger Fund; denn sie legten die Reste einer Villa frei, die sich wohl ein reicher Senator um die Mitte des 4. nachchristlichen Jahrhunderts errichtet hatte. Ihre Mosaiken, darunter die bekannten Mädchen im Bikini, sind heute eine Touristenattraktion.

Zu den aufsehenerregendsten Ausgrabungen der letzten Jahrzehnte in Rom gehören die Arbeiten unter der *Confessio von St. Peter*, die 1938 unter der Leitung des deutschen Prälaten *Kaas* begonnen wurden. Während der Krieg die Welt erschütterte, legte man hier die wohl am besten erhaltene römische Nekropole frei, deren Anlage vermuten läßt, daß man tatsächlich auf das Grab des *Apostels Petrus* gestoßen war. Ob die dabei gefundenen Gebeine von Petrus stammen, wird sich allerdings nie klären lassen.

Auch der Zweite Weltkrieg brachte noch vereinzelt ungewollte Entdeckungen. Als beispielsweise Luftangriffe 1944 weite Teile der Stadt *Palestrina*, des antiken *Praeneste*, in der Nähe Roms zerstörten, kam dabei ein seit Jahrhunderten unter Häusern verborgenes großes Heiligtum der Göttin Fortuna zu Tage.

Provinzen. Auf dem Boden ehemaliger römischer Provinzen begann man in Deutschland schon 1892 mit der systematischen und sorgfältigen Erforschung des *Limes*. Die Ergebnisse der sogenannten *Reichslimeskommission* (später *Römischgermanische Kommission*) wurden in vierzehn Quartbänden veröffentlicht. Nach dem Zweiten Weltkrieg förderten die Landesämter für Bodendenkmalpflege in der Bundesrepublik die archäologische Feldarbeit, die trotz mancher Schwierigkeiten in den letzten drei Jahrzehnten zu hervorragenden Ergebnissen führte (→ *Museen*). In England, Spanien und Frankreich setzte nach zögernden Anfängen im 19. Jahrhundert die Erforschung römischer Spuren erst nach dem Ersten Weltkrieg ein und wird heute intensiv weitergeführt. (Siehe auch Einzelstichwörter wie → *Britannien*, → *Carnuntum*, → *Deutschlands ›Römerstädte‹*, → *Limes*, → *Österreich* u. a., vor allem auch Registerbegriffe.)

Intensive Grabungsarbeiten in der Römerstadt von Wroxeter (Viroconium), Großbritannien. Hier konnten bisher ein Bad und das Forum ausgegraben werden.

Das wiederentdeckte Volk. Eine Sonderstellung in der Archäologie der Apennin-Halbinsel nahmen die → *Etrusker* ein. Von der Spätantike bis zum Ausgang des Mittelalters kannte man von dem geheimnisvollen Volk kaum mehr als den Namen. Zwar wurden schon im 16. Jahrhundert etruskische Gräber vor allem nach Goldschmuck durchsucht und ausgeplündert, wurden auch einige heute berühmte Kunstwerke wie die *Chimaere* und die *Minerva von Arezzo* entdeckt, aber eine intensivere Beschäftigung mit den Spuren der Etrusker begann erst zu Beginn des 18. Jahrhunderts. 1723 wurde in Florenz ein Manuskript des schottischen Barons *Thomas Demster* erstmals veröffentlicht, das dieser schon hundert Jahre zuvor über die Etrusker geschrieben hatte. Es enthielt unter anderem die erste Reproduktion einer Grabmalerei und löste ein überraschendes Interesse für etruskische Funde aus, führte zugleich aber auch zu einer Überschätzung und Fehleinschätzung etruskischer Kunst, da man glaubte, in ihr den von griechischen Einflüssen freien Ursprung römischer Kunst gefunden zu haben. Schon → *Winckelmann* wies an einigen typischen Beispielen die begeisterten Etruskologen auf ihre Irrtümer hin, indem er an einigen Vasen den starken griechischen Einfluß aufzeigte.

Ebenso begeistert wie dilettantisch erforschte auch der angesehene italienische Zeichner und Kupferstecher *Piranesi* die etruskische Architektur. *Justi* fällt in seiner Winckelmann-Biographie über diese und ähnliche Versuche ein kritisches Urteil: »Diese armen Teufel betrachteten es als ihre Lebensaufgabe, die Geschichte eines Volkes zu ergründen, das für sie ein Buch mit sieben Siegeln bleiben mußte ... und Systeme italienischer Urkunst und Urphilosophie auf Kunstwerke zu bauen, die eigentlich das erborgte Wesen jener Kunst ... bewiesen.«

Und doch haben die Arbeiten dieser »armen Teufel« überhaupt erst die Anstöße für die wissenschaftlichen Ausgrabungen gegeben, die schon in der ersten Hälfte des 19. Jahrhunderts zu so sensationellen Ergebnissen führten wie etwa 1836 die Entdeckung des *Regolini-Galassi-Grabes* (benannt nach den beiden Entdeckern) in *Cerveteri*, dessen Schätze durchaus mit den Goldfunden von Troja und Mykene konkurrieren können und die zugleich auch die engen Kontakte der Etrusker mit dem Orient beweisen.

Über Erfolge und nicht wieder gutzumachende Verluste durch oberflächliche und leichtsinnige Schatzgräberei berichtete 1848 der Engländer *George Dennis* in seinem heute noch lesenswerten Werk »The cities and cemeteries of Etruria«. 1853 stieß ein Graf *Gozzadini* in *Villanova* bei Bologna auf die Spuren ältester etruskischer Kulturen aus der Eisenzeit im 9. vorchristlichen Jahrhundert.

Nach 1870 begannen sich die Grabungsmethoden zu verfeinern. Bei *Bologna* wurden von *Zannoni* und bei *Vulci* von dem Franzosen *Gsell* die ersten sorgfältigen wissenschaftlichen Grabungen durchgeführt. Eine offizielle Zeitschrift informierte seit 1876 die Fachwelt über die jeweiligen Forschungsergebnisse. Nur die Suche nach *Veii*, der Rivalin Roms, blieb lange ohne Erfolg. Erst nach 1890 stießen die Archäologen bei *Isola Farnese* auf die Spuren der Nekropole. Die eigentliche Siedlung wurde dann kurz vor dem Ersten Weltkrieg entdeckt, und im Kriegsjahr 1916 fand *Giglioli*, der Grabungsleiter, während eines Fronturlaubs endlich die Stelle des großen Tempels und die vollständig erhaltene Terrakotta-Statue des Gottes *Apoll*, die heute zu den schönsten Ausstellungsstücken des etruskischen Museums in der *Villa Giulia* in Rom gehört. 1922 deckte man bei Trockenlegungsarbeiten im Gebiet der Po-Mündung die ersten Spuren der etruskischen Stadt *Spina* auf, aber erst 1956 konnte mit Hilfe eines Luftbilds das Hafenviertel der Stadt geortet werden, und noch warten große Teile auf ihre Ausgrabung.

Der Mailänder Ingenieur *Lerici* entwickelte eine andere neuartige Methode für die Suche nach etruskischen Gräbern. Er leitet Strom durch ein bestimmtes Terrain und kann mit Hilfe elektrischer Lotung Gräber im Boden aufspüren, die dann angebohrt und mit einem an einer Sonde angebrachten Periskop untersucht werden, ohne daß sie geöffnet werden müssen. Diese Methode sichert den Archäologen einen dringend benötigten Vorsprung vor den Raubgräbern, die auch heute noch wie seit Jahrhunderten zahlreiche Gräber plündern und wertvolle Schätze heimlich verkaufen. Auch der Luftbildaufklärung hat die moderne Etruskologie viel zu danken. So entdeckte der Engländer *Bradford* nach dem Zweiten Weltkrieg bei Erkundungsflügen mehr als zweitausend etruskische Gräber. (H. P.)

Arminius

Das trutzige Hermannsdenkmal, das seit 1875 im Teutoburger Wald an den Sieg der → *Germanen*, insbesondere der Cherusker, im Jahre 9 n. Chr. über die Legionen des Varus erinnert, täuscht darüber hinweg, daß die Nachrichten über den jungen Adeligen aus dem Stamm der Cherusker kein klares Bild ergeben. Unsicher ist schon der Name des Helden, denn die lateinische Form »Arminius« kann unmöglich die latinisierte Form von »Hermann« sein, sie besitzt aber auch keine erkennbare germanische Wurzel.

Unklarheit besteht auch über die Entwicklung dieses Mannes; folgendes ist denkbar: Er kam in jungen Jahren nach Rom, wo er die lateinische Sprache und römische Lebensformen kennenlernte und das römische Bürgerrecht erhielt. In römischen Diensten könnte er im Osten des Reiches gekämpft haben, ehe er, immer noch in römischen Diensten, germanische Hilfstruppen bei den Kämpfen in Pannonien führte. Die Bindung germanischer Adeliger an Rom war nichts Ungewöhnliches; *Flavus*, der Bruder des Arminius, und *Segestes*, der Schwiegervater, blieben den Römern auch nach der großen Schlacht treu ergeben.

Gewißheit besteht darüber, daß es dem Offizier Arminius nach dem Feldzug in Pannonien gelang, das Vertrauen des römischen Statthalters von Germanien, *Varus*, zu gewinnen, obwohl der Römer vor der ›Tücke‹ des Germanen eindringlich gewarnt wurde. Diese Arglosigkeit ermöglichte es Arminius, seinen Plan zu verwirklichen. Er lockte Varus und seine drei Legionen in unwegsamem Gelände irgendwo zwischen Weser und Rhein, nicht weit entfernt von Lippe und Ems, in einen Hinterhalt und vernichtete sie in einer wahrscheinlich dreitägigen Schlacht im Teutoburger Wald (Teutoburgiensis saltus). Über den Ort der Schlacht besteht nach wie vor Un-

Der Caelius-Gedenkstein für einen in der Varusschlacht gefallenen Offizier, einzig greifbares Monument der Schlacht. Detmold, Landesmuseum.

Rechts: Zeichnung aus der Comic-Serie »Asterix«. Die beiden Hauptfiguren Asterix und Obelix bei der Begegnung mit Legionären. Aus: Asterix und Obelix (C) Dargaud Editeur Paris 1970 – Von Goscinny und Uderzo.

klarheit, denn der Mittelgebirgszug, den man heute Teutoburger Wald nennt, der Osning, trägt diesen relativ willkürlich übertragenen Namen erst seit dem 17. Jahrhundert. Dennoch läßt sich eine Identität zwischen historischem Teutoburger Wald-Gebiet und Osning-Region nicht ausschließen, obwohl ebenso Hinweise auf das Sauerland, die mittlere Lippe und den Wiehengebirgsraum gesehen werden können.

War nun die Schlacht die Tat eines germanischen Freiheitshelden, in dem man gelegentlich das Urbild der Siegfriedsgestalt der Sage sehen wollte (wie z. B. lehrende Indogermanisten annehmen), oder war sie die Tat eines ehrgeizigen und herrschsüchtigen Barbaren, der an den Römern zum Verräter wurde? Die Meinungen gehen auseinander.

Wie tief der Verlust von drei Legionen (mit etwa 20 000–30 000 Toten und Gefangenen) die Römer erschütterte, geht vor allem aus den kurzen, aber intensiven Berichten des → *Tacitus, Cassius Dio* und *Velleius Paterculus* hervor. Nicht nur die Rheinfront sah man bedroht, selbst die Stadt Rom bereitete sich auf den Einzug der Germanen vor.

(Faszinierend auch der historische Nachhall: Noch immer wird jenes in der Schlacht wichtige Römerlager *Aliso* an der Lippe gesucht, die kürzliche Auffindung eines Römerlagers bei *Anreppen* nahe Lippstadt an der Lippe brachte neue Ansätze für die Diskussion, und Heimatforscher wie Archäologen verfolgen gespannt jede neue, noch so' kleine Spur.)

Als die Römer unter Germanicus nach Jahren erneut über den Rhein vorstießen, trat ihnen Arminius abermals entgegen, ohne daß es zu einem entscheidenden Einzelerfolg der einen oder der anderen Seite kam. Aber: die Römer stellten ihre militärischen Expansionen jenseits des Unterrheins ein. Sich selbst überlassen, schadeten sich die germanischen Stämme untereinander mehr.

Das Ende des Arminius war düster. Im Jahre 19 oder 21 wurde er – nach Siegen über den Markomannenkönig *Marbod* – von Verwandten erschlagen, weil er anscheinend die Königswürde anstrebte. »Noch jetzt«, schrieb Tacitus nach knapp drei Menschenaltern, »wird er bei den barbarischen Völkern in Liedern gefeiert.« (R. V.)

Asterix

Der Name dieses gallischsten aller gallischen Gegner Roms bedeutet »Sternchen«, mit Endung – ix wie bei *Vercingetorix*, der bei *Alesia* von Caesar besiegt wurde. *René Goscinny* (Text) und *Albert Uderzo* (Zeichnungen) begannen 1959 diese Serie im Comic-Stil für Kinder. Im Gegensatz zu amerikanischen Rächerfiguren wie Tarzan, Superman, Batman, die 1953 per Gesetz aus den französischen Massenmedien verbannt wurden, erledigen Asterix und Kumpane ihre Gegner dank eines Zaubertrankes durch gewaltige Fausthiebe und Fußtritte, falls die Feinde sich nicht selbst verletzen und umbringen.

Asterix, Verkörperung gallischer Omnipotenz, kam auf den Markt, als Frankreich in blutigen Kriegen Indochina und Algerien verlor. Um dem Odium der Unterdrücker und zugleich der Verlierer zu entkommen, flüchteten sich viele Franzosen in die willkommenen Geschichten aus gallo-römischer Vergangenheit, die Erinnerungen an keltisch-gallische Helden mit Reminiszensen aus der Resistancezeit zu verbinden verstehen.

Asterix und seine Freunde leben in einem Dörfchen der Bretagne zur Zeit Caesars. Die Dorfhelden leihen ihre Kräfte allen von Römern bedrängten keltischen Brüdern, nicht aber den Goten, deren Pickelhauben, deren Fraktur in Sprachblasen und deren vehemente Machtgelüste sie als Ahnen der Deutschen ausweisen. Mitleid gilt den Sklaven, selten geschundenen Legionären, nie den römischen Offizieren, die herrisch, hinterlistig, korrupt und geldgierig sind. Als brüllende Feiglinge oder Dummköpfe darge-

stellt, steht ihr Sinn nach Gastmählern, Druck-
posten und Pensionsleben in Rom. Asterix und
seine unbestechlichen Genossen, stets friedlie-
bende Angegriffene, schlagen die Römer kohor-
tenweise mit Intelligenz, Pfiffigkeit und Kenntnis
römischer Taktiken.

Daß die Hefte in Frankreich wie Deutschland bis
heute Millionenauflagen erlebten, liegt an der
Symbiose von suggestiven Bildern und raffinierter
Gesprächsführung. Intellektuelle sind davon so
fasziniert wie Schüler, denen pro Heft acht bis
zwölf Zitate geboten werden, zumeist in der Bedeutung verdreht, da die syrischen, ägyptischen,
germanischen Legionäre Latein nur unvollkom-
men verstehen. (So wird aus »Veni, vidi, vici«
»Wer nicht kommt und sieht, bleibt unbesiegt«.)
Das Witzeln beginnt bei römisch klingenden Namen wie Tartopum (=tarte-aux-pommes = Ap-
feltorte), Chouingum (=: chewinggum = Kau-
gummi), oder Assurancetourix (= assurance tous
risques = Vollkaskoversicherer), im Deutschen
mit Troubadix unzulänglich wiedergegeben. Deutschen Lesern ohne Kenntnis französicher Geschichte entgehen zahllose Anspielungen auf die
Bürokratie in Paris, den Zentralismus und den
Kult mit der französischen Sprache, unter dem
z. B. Bretonen besonders leiden. Sie ergötzen
sich an der Phantasie und Ironie, mit der herrschende Schichten oder allgemeine menschliche
Schwächen (Freßlust, Eitelkeit, Nepotismus u. a.)
persifliert werden.

Interessant für uns bleibt aber vor allem, in
welchem Umfang im 20. Jahrhundert römische
Kultur und römisches Militär zum – freilich im
Zerrspiegel gesehenen – Medium einer Comic-
Reihe werden kann. Viele römische Attribute
sind mit Genauigkeit gesehen und wiedergegeben und bei aller Verballhornung steckt eine ordentliche Portion von brüderlicher Haßliebe zur
römischen Linie französischer Erbfolge in den
bunten Bildern. Rom ist noch gegenwärtig.
Selbst hier. Vielleicht auch in dieser sehr spezifischen Form des Augenzwinkerns. (W. D.)

Augustus

*(Für die großen historischen Zusammenhänge
→ Einleitung.)*

Zum Namen. *Gaius Octavius* erhielt nach dem
Tode des Vaters und der Adoption durch den
Stiefvater den Namen *Gaius Octavianus* – im
folgenden kurz Octavian. Nach der testamentarischen Adoption durch → *Caesar* nannte er sich

selbst unter Weglassung von Gaius Iulius nur
Caesar. 27 v. Chr. wurde ihm der Ehrenname
Augustus – der Erhabene – verliehen, den ihm
dann die Öffentlichkeit und die Geschichtsschreibung allgemein beilegten.

Das Erbe Caesars. Octavian wurde am 23.9.63
v. Chr. geboren. Seine Mutter war eine Nichte
Caesars. Diese Verwandtschaft mit dem Diktator sicherte ihm eine gewisse Karriere. So hatte er
schon Caesar nach Spanien begleitet und weilte
gerade in Appolonia an der albanischen Adriaküste, um an dem geplanten Krieg gegen die
Parther teilzunehmen, als er die Nachricht von
der Ermordung seines Großonkels erhielt und
zugleich erfuhr, daß er testamentarisch adoptiert
und zum Haupterben eingesetzt worden sei.

Obgleich ihm seine Mutter und sein Stiefvater
dringend rieten, das Erbe auszuschlagen, reiste
er doch sogleich nach Rom. Für den neunzehn-
jährigen, unbekannten jungen Mann war es ein
großer Vorteil, daß ihn seine Gegner nicht ernst
nahmen; aber mit erstaunlicher Begabung
mischte er sich sogleich in das politische Spiel und
nutzte instinktiv alle sich ihm bietenden Chancen.
Schon sein neuer angenommener Name weckte
die Erinnerung an den Ermordeten, dessen testamentarisch festgelegten Schenkungen an die
römischen Bürger er mit den größten persönlichen Opfern erfüllte, um die Gunst der hauptstädtischen Massen und der Veteranen zu gewinnen.

Dabei fand er einen Rivalen in *Marcus Antonius*,
dem ehemaligen Parteigänger und Truppenführer Caesars, der sich aus eigener Machtvollkommenheit zu dessen Testamentsvollstrecker auf-
geworfen hatte und in Italien die Macht an sich
reißen wollte. Die daraus erwachsenden Spannungen mit dem *Senat* nützte Octavian geschickt
aus. Auf Vorschlag → *Ciceros* wurde er selbst in
dieses Gremium berufen, rüstete ein Heer aus
und begann zusammen mit den beiden Consuln
den Kampf gegen Antonius. Aber schon nach
einem knappen Jahr löste er seine Verbindungen
zu den Republikanern und näherte sich dem
bisherigen Gegner. Überraschend traf er mit
Antonius und *Lepidus*, einem anderen alten
Truppenführer Caesars, 43 v. Chr. bei Bononia
(Bologna) zusammen, und die drei Männer
schlossen das *Zweite Triumvirat* (Erstes Triumvirat → *Caesar*). Sie teilten die Herrschaft über
die westlichen Provinzen untereinander auf und
vereinbarten gleichzeitig, daß Lepidus mit drei
Legionen Italien in Schach halten solle, während
Octavian und Antonius die nach dem Osten

geflüchteten Caesarenmörder *Brutus* und *Cassius* sowie ihre Anhänger bekämpfen wollten.

In rücksichtsloser Art schalteten sie zuerst einmal durch → *Proskriptionen* ihre politischen Gegner aus. Angeblich wurden dabei durch Mordkommandos dreihundert Senatoren und zweitausend Ritter umgebracht. Dann setzten sie nach Griechenland über, wo ihnen 42 v. Chr. die Caesarenmörder Cassius und Brutus bei *Philippi* in Thrakien entgegentraten, zwei Schlachten verloren und sich selbst töteten. Das Triumvirat ließ sich in der Folgezeit nur mühsam zusammenhalten. 40 v. Chr. einigte man sich in Brundisium auf eine Teilung des Reiches. Octavian erhielt den Westen, Antonius den Osten, während dem bereits zur Bedeutungslosigkeit herabgedrückten Lepidus nur noch Nordafrika verblieb.

36 v. Chr. trennte sich Octavian von seiner ersten Frau, die ihm eben die Tochter *Iulia* geboren hatte, und heiratete *Livia*, eine Dame altadeliger vornehmer Herkunft aus dem Geschlecht der Claudier. Er nahm sie einfach ihrem Gatten weg, obgleich sie im 6. Monat schwanger war. Der Knabe, den sie gebar, war *Tiberius*, der ihm als zweiter Kaiser der iulisch-claudischen Dynastie in der Herrschaft folgte.

Der Kampf gegen Antonius. Octavian verdrängte Lepidus aus seiner Position und festigte seine Machtstellung im Westen. Angeblich ließ er alle Akten aus dem Bürgerkrieg vernichten und die Steuerguthaben des Staates streichen, um damit symbolisch den Bürgerkrieg zu beenden, aber von seinem 120 000 Mann starken Heer entließ er nur 20 000 Veteranen, so wenig glaubte er

Kaiser Augustus. Zeitgenössisches Marmorbildnis. Nationalmuseum Syrakus.

selbst an ein Ende der Auseinandersetzungen. Als Antonius sich in Ägypten mit Königin → *Kleopatra* vermählte, mehr und mehr als orientalischer Potentat auftrat und sogar römischen Besitz an Kleopatra verschenkte, nutzte Octavian die Gelegenheit und propagierte den Kampf gegen den »trunksüchtigen Liebessklaven einer ägyptischen Römerfeindin«. Doch fand er dabei keineswegs die volle Unterstützung des Senats, und mehr als dreihundert Senatoren, die seiner Politik tief mißtrauten, flohen zu Antonius. Octavian startete eine groß angelegte Hetzkampagne gegen Antonius und vor allem gegen Kleopatra und ließ sich ›freiwillig‹ von ganz Italien einen Treueid zur Unterstützung gegen den Osten leisten. Der Senat erklärte an Kleo-

Stammbaum der iulisch-claudischen Dynastie

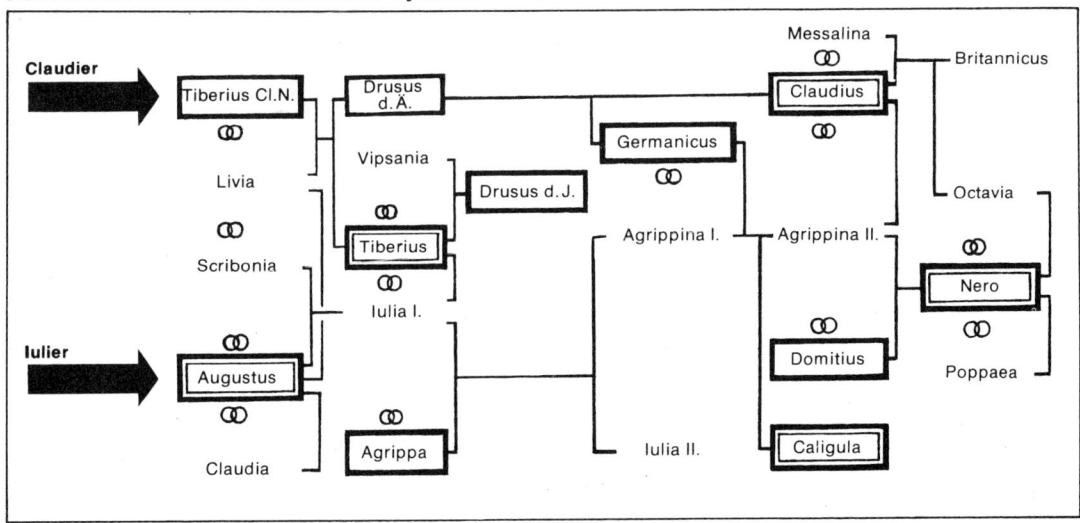

Mausoleum des Augustus,
27 v. Chr. auf sein Geheiß errichtet
und als Grabanlage für seine
Familie gedacht.

patra den Krieg und begleitete Octavian »geschlossen« im Frühjahr 31 v. Chr. nach Griechenland. Die Entscheidung fiel am 2. September in der Seeschlacht bei *Actium* an der Küste Westgriechenlands. Kleopatra brach den Kampf vorzeitig ab und flüchtete mit ihrer Flotte nach Ägypten. Antonius ließ sein Heer im Stich und folgte ihr. Beim Herannahen Octavians, der im Frühjahr 30 v. Chr. über Syrien gegen Ägypten vorrückte, verübten beide Selbstmord. Damit war Octavian alleiniger Herr des Imperiums. – *Über seine Regierung von 31 v. Chr. bis 14 n. Chr. siehe ausführliche Darstellung der Einleitung (→ Seite 28).*
Tiberius, der Nachfolger. Da Augustus seit seiner Jugend kränkelte und mit keiner langen Regierungszeit rechnete, belastete ihn das Problem der Nachfolge. Sein einziger Neffe, den er mit seiner Tochter Iulia verheiratete, starb schon 23. v. Chr. Daraufhin vermählte er Iulia mit seinem Feldherrn und engsten Mitarbeiter *Marcus → Agrippa.* Die beiden Söhne dieser Ehe adoptierte er und erzog sie als Thronfolger. Im Falle

seines frühzeitigen Todes sollte Agrippa die Regentschaft übernehmen. Aber Agrippa starb 12 v. Chr. und die beiden Enkel 2 und 4 n. Chr. So blieb nur noch Tiberius, der Sohn Livias aus erster Ehe. Dieser mußte Iulia heiraten, aber wegen ihres zügellosen Lebenswandels wurde die Ehe wieder getrennt und Iulia in die Verbannung geschickt. Obgleich Augustus seinen designierten Nachfolger Tiberius nicht besonders schätzte, war dessen Stellung im letzten Lebensjahrzehnt des Princeps doch unangefochten, und bei seinem Tode konnte sich der Übergang in der Herrschaft reibungslos vollziehen (→ *Kaiser*).
Das Vermächtnis. 13 n. Chr. hinterlegte Augustus sein privates und sein politisches Testament im Tempel der Vesta. Das politische Testament gab einen stolzen Rechenschaftsbericht über seine Herrschaft und Leistung; es ist fast vollständig erhalten geblieben.
Am 19. August 14 n. Chr. starb der stets Kränkelnde in dem für damalige Verhältnisse sehr hohen Alter von siebenundsiebzig Jahren nach fünfundvierzig Jahren alleiniger, unangefochtener Herrschaft! Er hatte die Grundformen einer Monarchie entwickelt, die Jahrhunderte überdauern sollte. Seine Erfolge verdankte er nicht zuletzt seiner Fähigkeit, Menschen zu gewinnen

und sie dank seiner geistigen Überlegenheit geschickt zu führen. Er hatte rücksichtslos nach der persönlichen Macht gestrebt, aber er war ihr auch gewachsen. Sein Leben stellte er dabei bis an die Grenzen der Selbstaufopferung in die Dienste seiner politischen Idee. Zu den vielen Ehrungen, die er zu seinen Lebzeiten erfahren hatte und die in der Verleihung der Titel »Augustus« und »Vater des Vaterlandes« gipfelten, kam vier Wochen nach seinem Tod der Beschluß des Senats, ihn als Gott zu verehren. (H. P.)

Auszeichnungen

Das System der Orden und Ehrenzeichen (dona militaria) hatten die Römer bei weitem nicht so perfektioniert wie unsere Zeit, aber sie haben doch erstmalig das heute noch geläufige Prinzip der rangmäßigen Ordnung der Auszeichnungen eingeführt. Offiziere und erst recht Generäle wurden anders dekoriert als die Unteroffiziere und Mannschaften. Diesen letzteren standen drei Dekorationen zu; zunächst *Torques* und *Armillae*, Halsreifen und Armbänder, d. h. größere und kleinere gedrehte, nicht ganz geschlossene Reifen mit kugeligen Enden, die auf der Brust hängend getragen wurden. Diese Reifen sind *altkeltisches Erbgut* und auch sonst verbreitet; noch in iustinianischer Zeit werden sie beim römischen Heer erwähnt. Die *Phalerae* schließlich, die auch den Mannschaften zustanden, sind meist runde Metallscheiben, die auf einem gitterartigen Riemengeflecht mittels Ösen befestigt (Lauersfort) oder durch zwischengesetzte Riemenstücke zu einem entsprechenden Gitterwerk vereinigt wurden, das vorne, die ganze Brust bedeckend, getragen und auf dem Rücken kreuzweise festgeschnallt wurde. Auf dem berühmten *Caeliusstein* (Grabstein eines im Teutoburger Wald im Jahre 9 Gefallenen) ist der Centurio so dekoriert dargestellt. Auf anderen Steinen sind nur die Auszeichnungen selbst zu sehen und wohl auch genannt: Armillae Torques und Phalerae. Bei höheren Chargen treten hinzu *Corona*, *Hasta* und *Vexillum*.

Auch der Centurio Caelius trägt außer den genannten Dona der Mannschaften und Unteroffiziere auf dem Haupt den Eichenkranz. Er wird gemeinhin als *corona civica* für die Errettung eines Bürgers aus Lebensgefahr angesprochen und ist es auch von Haus aus. Es ist aber zu beachten, daß dieser Kranz ursprünglich jedem Bürger und also auch dem einfachen Legionär zustand, in der Kaiserzeit aber zu einem

donum speziell für die Rangklasse der Centurionen geworden ist. Dagegen spricht nicht eine Ausnahme, wie Tacitus sie erwähnt; sondern dieser Bericht, daß nämlich Tiberius persönlich und nachträglich einem gregalis (Gemeinen) als »servati civis decus« die corona civilis verliehen hat, die ihm der Proconsul, dem Brauch oder gar der Vorschrift folgend nicht gegeben hatte, spricht doch dafür, daß diese *corona aurea*, wie sie jetzt meist nur noch heißt, normalerweise nicht mehr an Mannschaften vergeben wurde.

Eine weitere Auszeichnung, die *Hasta* (Lanze) scheint im Laufe der Zeit zu einer Dekoration für noch höhere Rangstufen geworden zu sein. Ein Centurio kann sie gelegentlich bekommen, aber nur eine einzige. Höhere Chargen erhalten zwei oder mehr. Die Lanze wird *hasta pura* genannt, und über diese »reine Lanze« hat man früher sehr viel diskutiert und sie für eine große Lanze ohne Spitze gehalten. Heute wissen wir, daß es ein Abzeichen aus reinem Silber oder Gold war, und man vermutet mit Recht, daß es daneben auch hölzerne Abzeichen mit Metallspitze gegeben hat, also »nichtreine Lanzen«, die für die unteren Dienstgrade bestimmt waren.

Ein noch höheres donum militare war das *Vexillum* (Fähnchen), das einzeln den Primipilen verliehen wurde. Höhere Offiziere wurden entsprechend ihrem Rang mit mehr, bis zu vier Vexilla und auch vier Hastae und Coronae ausgezeichnet. (O. D.)

B

Bäder

Zu den bedeutendsten zivilisatorischen Leistungen der Römer gehört zweifellos ihre Badekultur, von der noch heute in allen Teilen des ehemaligen Imperiums die Reste kleinerer Badeanlagen in Villen und Kastellen ebenso zeugen wie die gewaltigen Ruinen der palastartigen Thermen (von griech. thermos = warm) in den großen Städten. Nach einer antiken Beschreibung standen in der Zeit → *Constantins des Großen* der stadtrömischen Bevölkerung nicht weniger als elf staatliche Thermen und über 850 private Badeanstalten zur Verfügung. Aber auch für die Bewohner der unbedeutendsten Provinznester und die Garnisonen der entlegensten Außenposten des Reiches gehörte die Einrichtung der Thermen zu den selbstverständlichen Annehmlichkeiten des Lebens.

Von der Badewanne zum Badepalast. Ursprünglich diente die Körperpflege auch bei den Römern freilich nur den notwendigsten hygienischen Erfordernissen. Man wusch wohl täglich Füße, Arme und Gesicht, nahm aber ein Vollbad höchstens an Markttagen, d. h. alle neun Tage. Zu diesem Zweck genügte meist eine einfache Wanne, die in einem engen, muffigen und durch Fensterschlitze notdürftig erhellten Raum neben der Küche in den gestampften Boden eingelassen war (*lavatrina* = Waschraum). Erst als unter griechischem Einfluß das Bedürfnis nach dem täglichen Warmbad allgemein wurde, ging man dazu über, geräumigere Badezimmer einzurichten, die zunächst durch Kohlebecken oder erhitzte Steine erwärmt wurden. Die zunehmende Verbesserung der Wasserversorgung durch die → *Aquädukte* und die Erfindung der Unterboden- und Wandheizung (→ *Haus*) zu Beginn des 1. Jahrhunderts v. Chr. stellten den Badebetrieb auf eine neue Grundlage.

Mit den gestiegenen technischen Möglichkeiten wuchs auch das Verlangen nach Komfort und Luxus. »Wo gibt es jetzt einen Menschen, der ein so bescheidenes Bad hinnähme?« räsoniert *Seneca* (→ *Philosophie*) nach der Besichtigung der ländlichen Villa des älteren → *Scipio*. »Arm und kümmerlich kommt man sich vor, wenn die Wände nicht im Schmuck großer, kostbarer Rundscheiben erstrahlen, wenn nicht alexandrinischer Marmor mit numidischen Mosaikplatten wechselt und alles umsäumt ist von gemäldeartig reichen Ornamenten, wenn nicht das Gewölbe hinter Kristall sich verbirgt, weißer Marmor aus Thasos die Badebassins umkleidet [...] und wenn nicht das Wasser aus silbernen Hähnen strömt [...]. Welcher Haufen von Statuen, welche Mengen von Säulen, die gar nichts tragen, sondern nur dastehen zur Zierde – des Prunkes wegen! Welche Fluten von Wasser, die über Stufen tosend herabströmen! So weit sind wir gekommen in unserer Prunksucht, daß wir nur auf Edelgestein treten wollen!« (Übers.: Glaser-Gerhard). Solchen Luxus konnte sich freilich nur die begrenzte Schicht der Wohlhabenden leisten. Doch entstanden seit dem 2. Jahrhundert v. Chr. auch öffentliche Badeanstalten, die gegen eine geringe

---

Recht genau beschreibt der römische Architekt *Vitruv* die technischen Voraussetzungen eines funktionsgerechten Bades: »Zunächst muß ein möglichst warmer Platz ausgewählt werden, d. h. [...] die warmen und lauen Bäder sollen ihr Licht von Südwesten her erhalten, [...] weil die Badezeit vornehmlich von Mittag bis Abend festgesetzt ist. Ebenso muß man darauf bedacht sein, daß die warmen Bäder für Frauen und Männer miteinander verbunden und in der gleichen Fluchtlinie liegen. So nämlich wird man erreichen, daß für beide Badeanlagen die Heizkessel und ihre Unterfeuerung gemeinsam sind. Über der Unterfeuerung sind drei Bronzekessel anzubringen, einer für warmes, einer für lauwarmes, einer für kaltes Wasser, und diese müssen so aufgestellt werden, daß soviel, wie an lauem Wasser aus dem Lauwarmwasserkessel in den Warmwasserkessel ausgeflossen ist, aus dem Kaltwasserkessel in gleichem Maße in den Lauwarmwasserkessel einfließt, und daß auch die flachgewölbten Räume, die die Wannen enthalten, von der gemeinschaftlichen Unterfeuerung erwärmt werden« (Übers.: C. Fensterbusch).

Die wesentlichen Bestandteile römischer Bäder:

Alveus	Wanne
Apodyterium	Auskleideraum
Caldarium	Warmwasserbad; Dampfbad mit feucht-heißer Luft
Destrictarium	Raum zum Abreiben des Körpers
Frigidarium	Kaltwasserbad
Hypocaustum	Heizungsanlage (Unterboden- und Wandheizung)
Labrum	flaches Becken für kalte Abwaschungen
Laconicum =Sudatorium	eine Art Sauna: Schwitzbad mit trocken-heißer Luft
Natatio =Piscina	Schwimmbecken
Palaestra	Sportplatz
Peristyl	Säulenhalle, Wandelgang
Praefurnium	Feuerungsraum
Tepidarium	lauwarmer Raum als Wärmeschleuse
Unctorium	Raum zum Einölen und Salben des Körpers

Grundriß der Caracallathermen

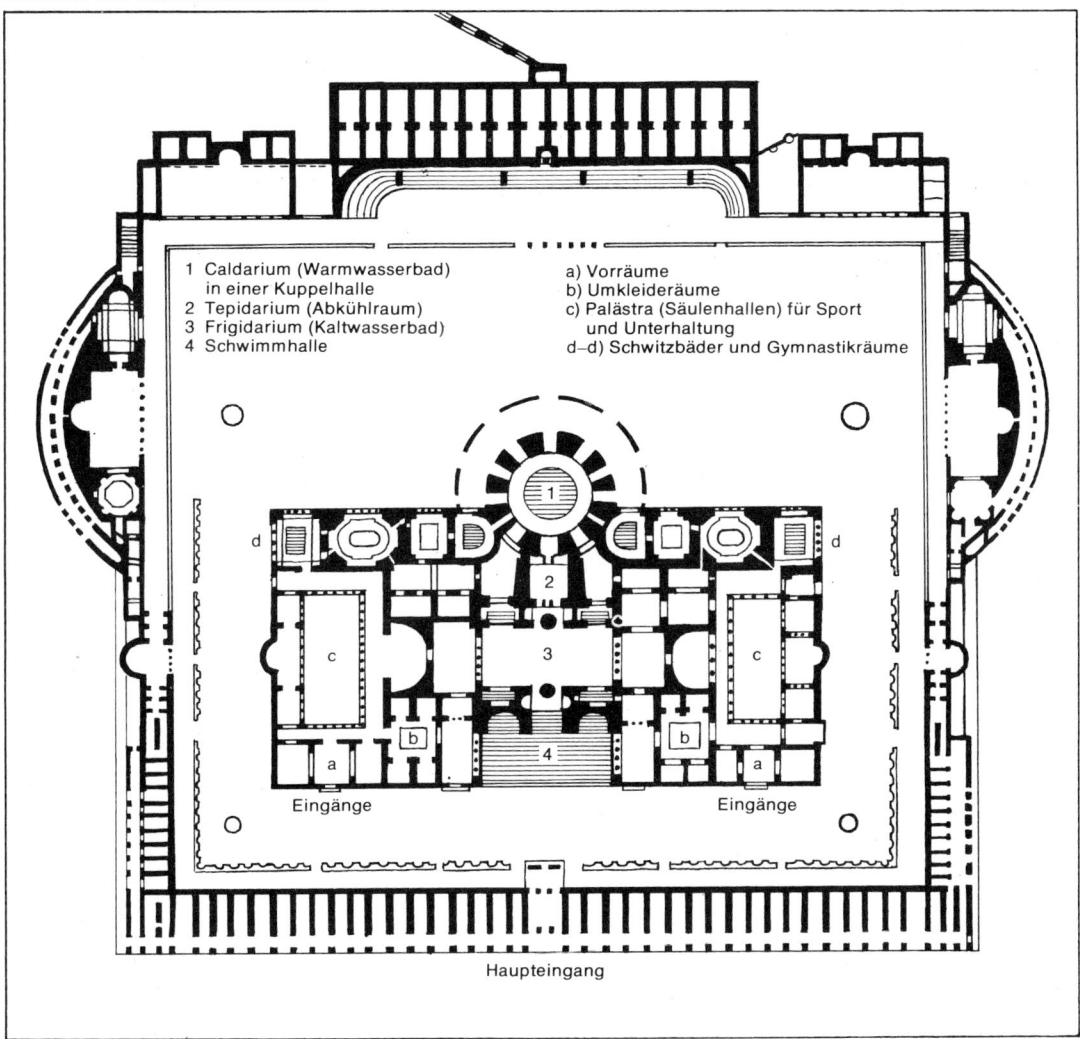

1 Caldarium (Warmwasserbad)
  in einer Kuppelhalle
2 Tepidarium (Abkühlraum)
3 Frigidarium (Kaltwasserbad)
4 Schwimmhalle

a) Vorräume
b) Umkleideräume
c) Palästra (Säulenhallen) für Sport
  und Unterhaltung
d–d) Schwitzbäder und Gymnastikräume

Eingänge

Eingänge

Haupteingang

Eintrittsgebühr – meist 1 Quadrans (1/4 As, die kleinste Scheidemünze) – jedermann zugänglich waren. Nicht selten übernahmen auch Beamte oder reiche Privatleute auf der Jagd nach der Volksgunst die anfallenden Unkosten. Obwohl diese Bäder nach Anlage und Aufwand stark voneinander abwichen, wiesen sie doch alle die gleiche Grundausstattung auf: Auskleideraum, Kaltbad, Wärmeschleuse, Warmbad, Schwimmbecken und Sportplatz, meist auch Sauna. Charakteristisch war die Trennung der eigentlichen Baderäume in eine Männer- und eine Frauenabteilung mit gemeinsamer Heizungsanlage. Wo eine solche Doppelung nicht möglich war, wurden die Bäder für Männer und Frauen zu verschiedenen Zeiten geöffnet. Gegen das gemischte Baden, das allmählich in Mode kam, schritten die Behörden immer wieder ein, freilich ohne nachhaltigen Erfolg. Immerhin war es dem Ruf einer Dame nicht eben förderlich, wenn sie sich im Männerbad zeigte; hatten es doch noch zur Zeit des älteren → Cato selbst nahe männliche Verwandte vermieden, gemeinsam zu baden, da man es für unanständig hielt, sich voreinander zu entblößen. Nach griechischem Vorbild schwanden jedoch solche Vorbehalte immer mehr.

Die Kaiserthermen. Die Kaiser erkannten sehr bald, daß sie ihre Popularität durch die Errichtung von Thermen nicht weniger steigern konnten als durch »Brot und Spiele«. Den Anfang machte → *Agrippa*, der als Mitregent des → *Augustus* die von ihm erbauten Thermen dem Volk

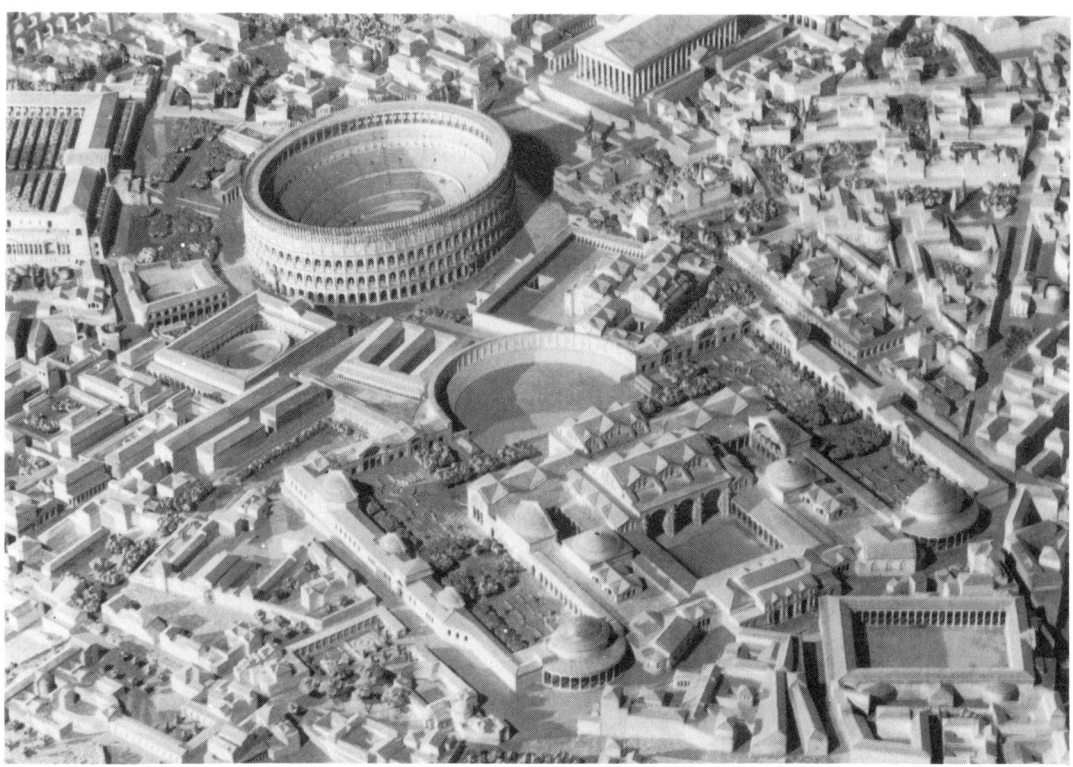

Das kaiserliche Rom:
Traians- und Titusthermen
(über dem Goldenen Haus Neros)
und Colosseum. MdCR Rom.

zur unentgeltlichen Benutzung öffnete. Seinem Beispiel folgten u. a. → *Nero, Titus, Traian, Caracalla,* → *Diocletian* und → *Constantin,* wobei jeder Herrscher bestrebt war, die Stiftungen seiner Vorgänger in jeder Hinsicht zu übertrumpfen. Nero ließ als erster die eigentlichen Bäder um Räume für Leibesübungen und musische Betätigung nach Art der griechischen Gymnasien erweitern. Traians Architekt *Apollodor* schuf durch die Einführung einer zweiten Palästra den für alle späteren Kaiserthermen verbindlich gewordenen Typus des axialsymmetrisch ausgerichteten Thermenkomplexes bestehend aus Badehaus und Umfassungsbauten. In den *Caracalla-Thermen,* deren Ruinen heute die stimmungsvolle Kulisse für Sommeraufführungen der Römischen Oper abgeben, erreichte die Gestaltungskraft römischer Architekten mit einer komplizierten Raumfolge über vielfältig differenziertem Grundriß, einer phantasievollen Wand- und Raumgestaltung sowie kühnen Gewölbekonstruktionen ihre künstlerische und technische Vollendung. Seinen monu-

mentalsten Ausdruck aber fand das kaiserliche Repräsentationsbedürfnis in den *Thermen des Diocletian,* die mit 376 × 361 m Seitenlänge mehr als 13 ha Grundfläche bedeckten; allein das Schwimmbecken nahm 2500 m² ein. In dieser riesigen Anlage konnten nicht weniger als 3000 Personen gleichzeitig baden. Der Hauptsaal der Thermen, ein gedecktes *Frigidarium* (Kaltbad), das Michelangelo nach 1561 in die Kirche S. Maria degli Angeli umwandelte, mißt 90,80 m in der Länge, 28 m in der Höhe und 27 m in der Breite; acht Säulen aus orientalischem Granit von 13,80 m Höhe und über 5 m Umfang tragen die mächtigen Kreuzgratgewölbe. Auch die *constantinischen Kaiserthermen in Trier* zeigen diesen Zug ins Gigantische: Ein einziges Fenster des *Caldariums* (Warmbad) war groß genug, um nach der Einbeziehung der Anlage in die mittelalterliche Stadtbefestigung jahrhundertelang als Stadttor zu dienen. In den Kolossalbauten der Renaissance, des Barock und noch des 19. Jahrhunderts wirken wesentliche Baugedanken der Thermenarchitektur spürbar nach.

Das Bad im Alltag der Römer. Wenn um die Mittagszeit die Öfen schon voll brannten, zeigte ein Gongschlag an, daß die Thermen geöffnet wurden. Der Besucher löste an der Kasse eine

Eintrittsmarke *(tessera)*, die er dem Bademeister vorweisen mußte. Im *Apodyterium*, das auch als Warteraum diente, zog er seine Kleider aus und deponierte sie in offenen Nischen oder auf Brettergestellen. Wer ganz sicher gehen wollte, konnte seine Garderobe gegen ein mäßiges Entgelt beim Badepersonal abgeben oder einen Sklaven als Wache zurücklassen. Handtücher, Öl und Parfüm sowie ein aus Lupinenfrucht gewonnenes Reinigungsmittel *(lomentum)*, später auch Soda und Seife brachte man mit, ebenso einen *Striegel*, um nach sportlichen Übungen die Kruste aus Staub, Schweiß und Salbe abzuschaben.

Wollte der Badegast den Empfehlungen der Ärzte folgen, so durchschritt er eine Reihe von Räumen mit ansteigender Temperatur, um sich aufzuwärmen, bevor er durch eine schmale Tür (wegen des Wärmeverlustes!) das *Caldarium* betrat. Hier nahm er in einer Wanne oder einem Bassin ein heißes Bad, unterbrochen durch gelegentliche kalte Waschungen am *Labrum*, einem flachen Becken in einer Wandnische. Waren die Poren genügend geöffnet, so erholte sich der Besucher ein wenig auf den Marmorbänken des als Wärmeschleuse dienenden *Tepidariums*, ehe er sich im *Frigidarium* durch ein kaltes Bad erfrischte. Wenn er wollte, konnte er noch ein Schwitzbad im *Laconicum* anschließen, dessen Wirkung wohl der einer modernen Sauna entsprach. Wer die Schwitzkur überstanden hatte, ließ sich von einem Masseur abreiben und kräftig durchkneten. Zur vollkommenen Körperpflege gehörte es auch, sich mehrfach mit wohlriechenden Ölen salben und parfümieren zu lassen. Den Abschluß des Bades bildete gewöhnlich ein Sprung in das große Schwimmbecken unter freiem Himmel. Je nach Belieben konnte man die Prozedur der Wechselbäder auch wiederholen, ja es war – wie → *Plinius* erzählt – durchaus nicht ungewöhnlich, bis zu siebenmal am Tage zu baden.

Viele Römer verbrachten jede freie Stunde in den Thermen, wo ihnen ein umfassender Freizeit-Service geboten wurde. Man verabredete sich mit Freunden und Geschäftspartnern, besprach die Tagesereignisse, knüpfte Beziehungen an oder spann Intrigen. In den *Palaestren* und *Gymnastikräumen* gab es zahlreiche Möglichkeiten sportlicher Betätigung; Boxen und Ringen waren ebenso beliebt wie Fechten und Laufen oder die verschiedensten Ballspiele. Man konnte aber auch nur das Nichtstun genießen. Um die Langeweile zu vertreiben, schaute man den Sportlern zu oder ging in den gepflegten *Wandelhallen* und *Gartenanlagen* spazieren. Wer lautere Geselligkeit bevorzugte, suchte eine *Taverne* auf oder zog sich zum Spiel in einen der *Clubräume* zurück. *Boutiquen* und ambulante Händler vervollständigten das Unterhaltungsangebot. Den geistigen Bedürfnissen des Publikums wurde durch *Vortragssäle* und *Bibliotheken* Rechnung getragen; prächtige Kunstwerke, mit denen die Thermen in verschwenderischer Fülle ausgestattet waren, sollten dem Schönheitssinn der Badegäste schmeicheln. Im Keller der Caracalla-Thermen war sogar eine Kapelle für die Verehrer des Gottes → *Mithras* eingerichtet. So waren die Thermen tatsächlich Hochburgen einer urbanen Geselligkeit wie sie in dieser Form seither nicht mehr erreicht wurde. **Heilbäder und Kurorte.** Eine einzigartige Verbin-

---

Eine anschauliche Schilderung des Betriebs in den Thermen gibt *Seneca* in einem Brief aus Baiae (ep. 56,1f.):

»Hier umdröhnt mich von allen Seiten Lärm jeder Art; denn meine Wohnung liegt gerade über dem Bade. Nun stelle dir das wilde Gekreisch aus allerlei Tönen vor! Es könnte einen dazu bringen, die eigenen Ohren zu verfluchen. Kraftmenschen üben hier, schwingen ihre bleibeschwerten Hände, bringen sich dabei in Schweiß oder tun wenigstens so; jetzt hört man sie stöhnen; wenn sie den angehaltenen Atem wieder ausstoßen, klingt es wie Zischen und wildes, hartes Aufatmen. Dann vernimmt das Ohr einen simplen Salber der gewöhnlichsten Art; ich höre seine Hand auf die Schultern klatschen; je nachdem sie hohl oder flach auftrifft, sind die Töne verschieden. Kommt noch ein Ballspieler dazu, der seine Ballschläge zählt, dann ist das Maß voll. Denke dir dazu die immer wieder aufkommenden Zänkereien, den Lärm, mit dem man einen Dieb faßt, und das Geplärr von Leuten, die sich im Bade gern singen hören! Ferner das tosende Aufspritzen des Wassers, wenn einer mit gewaltigem Schwung ins Bassin springt. Das alles sind wenigstens naturgemäße Töne – dazu aber die dünne, schrille Stimme eines Haarausrupfers, der immerfort schreien muß, um sich bemerkbar zu machen, und erst dann schweigt, wenn er einem die Achselhaare ausrupft, wofür dann der Gerupfte losschreit! Und endlich all die Lärmerei, wenn Wurst- wie Kuchenhändler und alle Garkücheninhaber ihre Waren, jeder in der ihm eigenen Tonart, anpreisen« (Übers.: Glaser-Gerhard).

dung von landschaftlicher Schönheit, gesundheitsfördernden Heilquellen und besonders begünstigten klimatischen Bedingungen ließ *Baiae* am Golf von Pozzuoli zum bevorzugten Luft- und Badekurort der Römer und zum größten Thermalbad der Antike überhaupt werden. Hier traten aus dem vulkanischen Boden der Phlegräischen Felder heiße Mineralwässer und Dämpfe (Fumarolen), deren wunderbare Heilkraft vor allem bei arthritischen und rheumatischen Erkrankungen die antiken Ärzte nicht genug preisen konnten. Die unvergleichliche Hanglage des Ortes begünstigte die Entstehung eines ausgedehnten Kurzentrums: Parallele Treppenläufe erschlossen fünf Terrassen, auf denen ein rechteckiges Thermalschwimmbad, ein rundes Schwimmbecken, das halbkreisförmig von Badezellen umrahmt war, und eine dreifach gestaffelte Säulenhalle übereinander lagen. Am Fuße des mit weiteren Kuranlagen überzogenen Hanges erhoben sich drei monumentale Thermensäle, die noch als Ruinen zu den interessantesten römischen Kuppelbauten zu rechnen sind. In Baiae fanden die verwöhnten Angehörigen der römischen Führungsschicht Heilung oder wenigstens Linderung ihrer Leiden, aber auch einen mondänen gesellschaftlichen Rahmen und alle raffinierten Genüsse, auf die sie Anspruch zu haben glaubten. Die Gästeliste umfaßt praktisch die gesamte römische Prominenz; neben vielen anderen besaßen → *Marius*, → *Cicero*, *Crassus*, → *Pompeius*, → *Caesar* und *Antonius* luxuriöse Villen im Gebiet von Baiae, das in der frühen Kaiserzeit fast ganz in kaiserlichen Besitz überging. Von hier aus inszenierte → *Nero* den Mord an seiner Mutter *Agrippina*; in der alten Kaiservilla verschied → *Hadrian*; *Alexander Severus* schuf neue Thermenanlagen. Bis in die Neuzeit blieben Baiaes Heilquellen in Gebrauch, lange nachdem vulkanische Senkungserscheinungen den Verfall der meisten antiken Bauten herbeigeführt hatten.

Dieselbe Kontinuität der Benutzung zeigt sich auch an anderen Kurorten des römischen Reiches wie z. B. in *Wiesbaden*, *Baden-Baden* und *Badenweiler*, deren heilkräftige Thermal- und Mineralquellen noch heute eine ähnliche Anziehungskraft ausüben wie zur Römerzeit. (H. H.)

Balkan

Schon gegen Ende des Zweiten Punischen Krieges (→ *Einleitung*) griff Rom über die Adria hinüber nach dem Balkan. Lästige Angriffe illyrischer → *Seeräuber* führten im letzten Drittel des 3. vorchristlichen Jahrhunderts zu bewaffneten Konflikten. Da aber die Gebirge ein Vordringen in das Landesinnere verhinderten, begnügten sich die Römer anfangs mit einer Art Protektorat über die Küstengebiete des heutigen Dalmatien. Etwa zur gleichen Zeit begann auch der Krieg mit dem *makedonischen König Philipp V.*, der sich mit den Karthagern verbündet hatte. Immerhin dauerte es fast fünfzig Jahre, bis die Makedonen endgültig unterlagen. Nach der Schlacht von *Pydna* geriet 168 v. Chr. der letzte makedonische König *Perseus* in römische Gefangenschaft und wurde im → *Triumph* durch Rom geschleppt. Sein Königreich aber wurde in vier streng geschiedene Republiken aufgeteilt, zwischen denen nicht einmal Ehegemeinschaften bestehen durften. Als es unter dem harten römischen Druck zu einem Aufstand kam, schlugen ihn die Römer blutig nieder und vereinigten die vier Teile wieder in der *Provinz Macedonia*. Sie bildete von nun an die Ausgangsbasis für Angriffe auf die verschiedenen Völker des Balkans.

Eine zweite Angriffsbasis im Nordwesten ergab sich durch die Feldzüge des jungen *Octavian* (→ *Augustus*), der 34 und 33 v. Chr. von der Save aus nach Illyrien vordrang. Das Land wurde in den folgenden drei Jahrzehnten fest unterworfen und in die *Provinzen Pannonia* und *Dalmatia* aufgeteilt. Zur Abrundung der römischen Herrschaft eroberte *Crassus* auch das Gebiet von *Mösien*.

Die neuen Provinzen wurden rasch und systematisch romanisiert und zu diesem Zweck Stützpunkte angelegt und Straßen ausgebaut. Besondere Bedeutung als strategische Verbindungslinie quer durch den Balkan erlangte dabei die *Via Egnatia*.

Wo es zu Unruhen kam, griffen die römischen Kommandeure rücksichtslos durch. So wurden auf Befehl des Kaisers Augustus angeblich 50 000 *Geten* aus ihren bisherigen Wohnsitzen an das linke untere Donauufer umgesiedelt. Eine ähnliche Zwangsumsiedlung von etwa 100 000 Mösiern fand auf Befehl Neros statt. 44 n. Chr. wurde die *Provinz Moesia* eingerichtet, zwei Jahre später die *Provinz Thracia*.

Ernste Schwierigkeiten bereiteten den Römern nur die *Dacer*, ein thrakischer Volksstamm, der nördlich und östlich der Donau bis zu den Karpaten siedelte. Schon um 60 v. Chr. hatten sie unter ihrem König *Burebista* erstmals die römischen Grenzen bedroht; neue schwere Angriffe setzten gegen Ende des 1. nachchristlichen Jahr-

Balkan, Griechenland und Türkei in römischer Zeit

Donaukastelle
Grenzwälle

hunderts unter König *Decebalus* ein. Mehrfach überfielen sie die neuen Provinzen, vernichteten Truppeneinheiten, töteten Statthalter. Ihrer raschen und beweglichen Kriegführung verdankten sie es, daß sie in den schwer zugänglichen Gebieten des nördlichen Balkan nicht zu fassen waren. Erst Kaiser *Traian* bereitete nach mehreren Niederlagen römischer Heere systematisch den Kampf gegen sie vor. Er ließ die nötigen Straßen anlegen und zwei Pontonbrücken über die Donau schlagen. Dann griff er 101/102 Decebalus an und zwang ihn zu formeller Unterwerfung, doch schon 105 flammte der Krieg erneut auf. Diesmal eroberte Traian die dakische Hauptstadt *Sarmizegtusa* (Gradiste). Decebalus gab sich selbst den Tod. Die 124 Reliefs der Traiansäule in Rom vermitteln heute noch einen ungemein dramatischen Anschauungsbericht von diesen beiden Feldzügen des Kaisers. Das eroberte Königreich wurde die neue *Provinz Dacia* des römischen Imperiums.

Ähnlich wie in anderen Grenzgebieten fügten sich auch die Balkanvölker rasch in den römischen Reichsverband und erlebten einen beachtlichen wirtschaftlichen und kulturellen Aufschwung. Als sich das politische Schwergewicht stärker in die östliche Reichshälfte verlagerte, kamen seit dem 3. nachchristlichen Jahrhundert mehrere Kaiser aus diesem Raum. So stammte *Aurelian* aus Mösien, *Diocletian* aus Dalmatien, *Justin* aus Makedonien, und *Iustinian* wurde in der Nähe des heutigen Skoplje geboren. (H. P.)

Belagerung

Konnte man eine befestigte Stadt nicht im Handstreich nehmen, mußte man zu einer regelrechten Belagerung schreiten. Der Angreifer mußte dabei zunächst einmal dafür sorgen, daß die zu belagernde Stadt zuverlässig von allen Zufuhrmöglichkeiten abgeschnitten wurde; dazu gehörte selbstverständlich auch die Unterbrechung einer etwa von Außen kommenden Wasserversorgung. Für diese Zernierung bauten Roms Legionen oft kilometerlange *Konterbefestigungsanlagen*, welche den Angreifer vor Entsatzversuchen schützen und die Belagerten am Ausbruch hindern sollten. Für den weiteren Gang der Operation gab es mehrere Möglichkeiten: Hatte der Angreifer Zeit sowie gute Verpflegungs- und Unterbringungsmöglichkeiten für seine Soldaten, oder war die feindliche Stadt durch die Natur und die Kunst ihrer Ingenieure zu gut befestigt, entschloß man sich vielleicht zu einem mehr ›passiven‹ Vorgehen, d. h. man versuchte, die Stadt einfach *auszuhungern*. Andernfalls mußte der Angreifer die Schwachstellen der Verteidigung herausbekommen, um dann unter Einsatz verschiedener Belagerungstechniken einen Einbruch zu erzwingen und so die Stadt zu erobern. Nicht selten kombinierte man auch diese beiden Grundmethoden.

Verteidigung gegen die Belagerung. Falls nun Zeit und Mittel hinreichten, konnten die Belagerten Gegenmaßnahmen treffen: man füllte Lebensmittel- und Waffenmagazine auf, überholte Befestigungsanlagen und Artilleriepark und präparierte das Vorfeld so, daß für den Angreifer eine Annäherung an den eigentlichen Graben- und Mauerring möglichst erschwert wurde. Dies geschah, indem man *Wolfsgruben* anlegte (Löcher mit leichter, unauffälliger Abdeckung, durch die vorgehende Infanteristen einbrachen; sie stürzten auf Pfähle am Grubenboden und spießten sich auf), *Fußangeln* und andere Tritthindernisse verlegte und vor besonders gefährdeten Mauerpartien große *Tongefäße* eingrub und diese mit einer Schicht Mutterboden bedeckte. Ein Soldat konnte darauf jederzeit stehen, schwere Belagerungsmaschinen brachen jedoch ein, wurden unbrauchbar und blockierten dem Angreifer das Vorfeld. Dies alles kann man der Funktion nach mit modernen Minenfeldern vergleichen. Die Rolle der Stacheldrahthindernisse übernahmen in der Antike *Verhaue aus Dornbüschen*, Baumkronen, Astgabeln und Wurzelstöcken, deren Enden zugespitzt waren.

Belagerungsgerät. Hatte nun der Angreifer seinen Aufmarsch beendet und seinen Belagerungspark zusammengesetzt, mußte er zunächst dieses Vorfeld überwinden. Um dem Beschuß durch die Verteidiger zu entgehen, zimmerte man sich fahrbare *Schutzdächer* (vineae) und *Schutzschilde* (plutei), die über das Vorfeld an die Stadtmauer herangeschoben werden konnten und die Soldaten deckten. Oft bildeten die Angehörigen einer Infanterieeinheit mit ihren eigenen Schilden auch eine *Schildkröte* (testudo), indem sie diese dachziegelförmig über ihre Köpfe hielten. Man hob auch *gedeckte Laufgräben* aus und trieb diese bis an den Fuß der Stadtmauer vor. Von dort aus, meist noch durch vineae oder plutei gedeckt, grub man eventuell *Minenstollen* unter die Stadtmauer und zündete die Stollenverbauung an: Stollen und Stadtmauer brachen zusammen und es entstand eine Bresche. Gestatteten Gelände- und Bodenbeschaffenheit dieses Verfahren nicht, bauten die Heerespioniere vielleicht *Rampen aus Holz und Flechtwerk* auf die feindliche Befestigung zu. Ziel dieser oft sehr aufwendigen Maßnahme war es, Sturmtruppen durch die gedeckten Laufgänge der Rampe bis auf unmittelbare Höhe der Mauerkrone heranzubringen, um so direkt in die Stadt einbrechen zu können. Dem selben Zweck dienten fahrbare, mehrstöckige *Belagerungstürme* (turris). Ein solcher Turm überragte die Mauern und verfügte über Fallbrücken. Seine obersten Stockwerke waren meist mit Schützen und Belagerungsartillerie besetzt, die durch ihre Salven die Verteidiger von der Mauerkrone vertreiben und sie in Deckung zwingen sollten, während der *Rammbock* (aries) sein Werk begann. Dieser aries war entweder in das unterste Stockwerk des Turmes eingebaut oder wurde gleichzeitig mit dem Turm an die Mauer herangerollt. Er bestand aus einem schweren, an der Stirnseite mit einem ehernen Widderkopf armierten Baumstamm, der freischwebend an einem festen Balkengestell hing, das selbstverständlich eine solide, beschußfeste Abdeckung für die oft mehr als hundert Mann starke Bedienungsmannschaft besaß. Man zog diesen Baumstamm so weit wie möglich zurück und ließ ihn an die Mauer donnern. In oft wochenlanger Arbeit wurde so eine Bresche geschlagen.

Türme, Rampen, Schutzdächer und -schilde bestanden aus Holz und waren feuergefährlich. Nicht selten gelang es den Verteidigern bei einem geglückten Ausfall oder durch Verschießen von Brandsätzen, das ganze Belagerungsgerät in Flammen aufgehen zu lassen. Wochenlange Be-

Noch stärker als auf dem Foto Seite 52 kommt in diesem Raumausschnitt aus der Casa dei Vettii die scheinarchitektonische Malerei zur Wirkung. So täuschend sind Fenster und Durchblicke gestaltet, daß Realität und Illusion untrennbar ineinander übergehen. In der Farbe wechseln plakative Farbtöne mit zartesten Abstufungen. Vettierhaus Pompeii.

Szene aus dem großen Wandfries in der Villa dei Misteri, Pompeii. Der durch seine Farben, straffe Gliederung und 29 eindringliche, lebensgroße Personendarstellungen faszinierende Zyklus verbindet Motive der Einweihung einer Frau in die Mysterien des Dionysos und reale Darstellungen der Vorbereitungen zur Hochzeit, Bilder von Naturdämonen mit Darstellungen des Dionysos und Schilderungen von Opferszenen.

Relief der Traianssäule. Die eine dakische Festung angreifenden Legionäre schützten sich mit ihren Schilden.

mühungen konnten so sehr schnell zunichte werden. Man bedeckte deshalb vorsorglich die Belagerungsmaschinen mit Fellen, die ständig feucht gehalten werden mußten.

Artillerie. Bei einer größeren Belagerung setzten Angreifer und Verteidiger in großem Umfang auch ihre Artillerie ein, die sich aus *Katapultgeschützen* verschiedenen Kalibers und verschiedener Konstruktion zusammensetzte. Die Abschußenergie lieferten gedrillte Stränge tierischer Sehnen bzw. Darmseiten; auch Menschenhaare wurden manchmal verwendet (→ *Technik*). Die kleinen und mittleren Katapulte waren nichts anderes als große *Armbrüste* – allerdings mit einem Unterschied: Ihr Bogen war zweiteilig, jeder Teil steckte in einem senkrecht verankerten und gedrillten Sehnenstrang. Diese oft auch als *Skorpione* bezeichneten Geschütze verschossen

recht massive Pfeile, aber auch Blei- und Steinkugeln. Ihre Geschoßbahn war ziemlich gestreckt, die Punktgenauigkeit gut und die Durchschlagskraft beachtlich. Besonders fortschrittliche Typen waren für Schnellfeuer eingerichtet und funktionierten ähnlich wie eine moderne Automatikwaffe: Jedesmal, wenn der Kanonier mit einem Kurbelmechanismus das Geschütz wieder gespannt hatte, fiel auch ein neuer Pfeil aus dem Magazin in die Abschußrinne. Die maximale Schußweite dieser Pfeilgeschütze betrug zwischen 300 und 400 m.

Die schwere Artillerie bildeten Steilfeuergeschütze vom Typ *Onager* (= Wildesel). Das waren einarmige Katapulte von beachtlichem Ausmaß und großem Gewicht, die meist Steinkugeln zwischen 13 und 40 kg Gewicht verfeuerten (die stärksten brachten es auf bis zu 70 kg Geschoß-

Einsatz und Wirkungsweise eines *Skorpions* im Belagerungskrieg:
»Vor dem heißumkämpften Stadttor Gergovias stand ein Gallier und warf Klumpen von Talg und Pech, die ihm seine Kameraden zureichten, in das Feuer, welches die Verteidiger beim römischen Belagerungsturm entfacht hatten. Diesen Mann traf von rechts das Geschoß eines Katapults vom Typ Skorpion und tötete ihn. Ein anderer Gallier übernahm seine Aufgabe; auch diesen erledigte das Katapult, welches auf diese neuralgische Stelle fest eingeschossen war. Nachdem es zwei weiteren Galliern ebenso ergangen war, konnten die Römer ihre brennende Belagerungsrampe löschen und den Ausfall der Gallier abriegeln...« *(Caesar, De Bello Gallico, 25)*

gewicht); die Schußweite betrug maximal bis zu 350 m. Mit solchen Maschinen konnte man eine Stadtmauer nicht zerstören, aber Mauerzinnen samt Verteidigern abräumen, die gegnerische Technik zertrümmern, Brandsätze in Städte oder auf Schiffe schießen und überhaupt die Verteidiger zwingen, Deckung zu nehmen. (Für die Verteidiger waren die Anwendungsmöglichkeiten für Katapulte zumindest ebenso günstig und vielseitig!) In den Legionen der Kaiserzeit gehörten Katapulte zur Standardausrüstung; sie wurden, zerlegt in Einzelteile oder komplett auf einem Wagen, selbst auf langen Märschen mitgeführt. Wie andere Bereiche stagniert auch die Belagerungstechnik spätestens seit 150 n. Chr. in ihrer Entwicklung. (D. R.)

Bestattung

In Rom gab es von Anfang an sowohl die Sitte der Bestattung wie die der Verbrennung von Toten. Die Zwölf-Tafel-Gesetze aus dem 5. Jahrhundert berücksichtigten beide Formen und erließen genaue Vorschriften. In der klassischen Zeit dominierte die Verbrennung, im Verlauf der Kaiserzeit setzte sich das Bestatten durch. Mit dem Sieg des Christentums hörte die Sitte der Verbrennung (etwa um 400) ganz auf.
Bei einem Todesfall wurden in Rom ähnlich wie noch bei uns dem Verstorbenen die Augen geschlossen; er wurde gewaschen, gesalbt, mit seiner Toga bekleidet, geschminkt und im Atrium auf einem mit Blumen geschmückten *Totenbett*

ausgestellt. Zusammen mit bestellten *Klageweibern*, bei wohlhabenden Familien auch mit *Musikanten*, bejammerten die Angehörigen nun den Verlust. Hatte man von dem Toten eine *Wachsmaske* abgenommen, die man im Atrium zusammen mit den übrigen *Ahnenbildnissen* (imagines) aufstellte, begann meist nach drei Tagen der *Leichenzug* (die pompa) vom Haus zur Begräbnisstätte bzw. zum Scheiterhaufen. Im Gegensatz zu armen Familien, die ihre Toten ohne Aufwand und Aufhebens aus dem Hause brachten, schritten bei vornehmen Familien dem Leichenzug Musikanten voraus, gefolgt von Fackelträgern, Klageweibern und *Schauspielern*, von denen einer den Toten selbst darstellte, während andere über ihn Possen rissen und Spottlieder sangen. Hinter ihnen kamen Männer in der *Amtstracht* und angetan mit den Wachsmasken der *Ahnen* des Verstorbenen, deren Zahl sehr groß sein konnte. An diese imagines schlossen sich die Verwandten an; die engsten Angehörigen trugen die offene Totenbahre. Ihnen folgten die übrigen Trauergäste, darunter auch die Frauen mit aufgelöstem Haar und allen Zeichen der Trauer. Alle waren schmucklos in schwarzen oder grauen Trauerkleidern. Bei prominenten Verstorbenen zog die pompa zunächst zum Forum, wo eine *Leichenrede* (laudatio funebris) von einem nahen Verwandten, oft vom Sohn, gehalten wurde. Dann ging der Zug weiter zum Begräbnisplatz oder zum Scheiterhaufen.
Bei der *Verbrennung*, die ebenso wie die Bestattung außerhalb der Stadt erfolgen mußte, wurde die aufgebahrte Leiche vor der versammelten Trauergemeinde auf einen geschmückten Scheiterhaufen gelegt; die Angehörigen entzündeten darauf mit abgewandtem Gesicht den Scheiterhaufen. Wenn er unter den ständigen Klagen der Anwesenden niedergebrannt war, sammelte die Familie die Knochen, reinigte sie und legte sie in eine *Urne* aus Ton oder Marmor, in der Spätantike auch in eine Urne aus Glas. Die Urnen, die häufig die Form von Häusern hatten – Wohnung des Toten –, wurden im Grabmal so beigesetzt, daß sie für Opferspenden zugänglich blieben.
Bei der *Erdbestattung* legte man den Leichnam am Begräbnisplatz in einen *Holz-* oder *Tonsarg* oder, wenn man es sich leisten konnte, in einen *Sarkophag*, einen rechteckigen Steinsarg mit ebenfalls steinernem Deckel. Die Sarkophage wurden nicht vergraben, sondern im Grabmal aufgestellt; sie waren oft reich geschmückt mit Porträts und Reliefs voller symbolischer Darstellungen wie insbesondere Hochzeitsszenen.

Totenmahl.
Das Relief auf einem Sarkophag
läßt besonders gut das
verzierte Ruhebett erkennen.
Nekropole Isola Sacra.

In den Sarg – wie auch auf den Scheiterhaufen – gab man reiche *Spenden:* Speisen und Getränke, Lieblingsgegenstände des Toten; so wurden in Kindergräbern Püppchen und Spielsachen aller Art gefunden, auch Kleider, die der Verstorbene an den Höhepunkten seines Lebens getragen hatte, weiter Waffen und Schmuck und schließlich wohlriechende Essenzen. Auch die *Münze*, die man dem Toten schon im Haus in den Mund gelegt hatte, damit er die Überfahrt zur Unterwelt bezahlen konnte, wurde in Urnen und Sarkophagen zusammen mit den übrigen Grabbeigaben gefunden.

An die Beisetzung schloß sich sodann ein *Leichenmahl*, ein *Opfer* und eine *kultische Reinigung* an. Neun Tage danach wurde das Opfer zur Beruhigung der Seele des Toten wiederholt und oft ein weiterer Leichenschmaus gehalten; bei reichen Familien gab es auch *Leichenspiele*. Dann war die Trauerzeit zuende.

Die Begräbnisplätze der Römer lagen oft längs der Ausfallstraßen; dort errichteten die Wohlhabenden *Totenhäuser*, also Grabmäler nach dem Vorbild ihrer eigenen Häuser. Die berühmteste Gräberstraße ist wohl die *Via Appia* südlich von Rom, eines ihrer bedeutendsten Grabmäler das der *Cäcilia Metella*. Diese Monumente waren teilweise von solcher Größe, daß man sie im Mittelalter als Kastelle benutzte. Das bekannteste Beispiel dafür ist das Grabmal des Kaisers Ha-

drian, die heutige *Engelsburg* in Rom. Reiche Familien legten um ihre Denkmäler große Gartenanlagen an; sogar eigene Verbrennungsstätten gab es. Die Armen hatten andererseits die Möglichkeit, sich mit Hilfe von kultischen *Sterbevereinen* wenigstens eine Nische in einem Sammelgrab (columbarium, wörtl.: »Taubenschlag«) zu sichern, wo sie ihren Sarg oder ihre Urne aufstellen lassen konnten. Im übrigen waren auch die › Friedhöfe ‹ der Römer Abbilder der Städte der Lebenden; man nennt sie *Nekropolen, Totenstädte*.

Alljährlich Ende Februar wurde ein *Totengedenkfest* ähnlich unserem Allerseelen gefeiert, an

Totenklage.
Marmorrelief
Thermenmuseum
Rom.

*Das Grabmal des
Eurysaces vor der Porta
Maggiore in Rom
(Porta Praenestina).*

*Das Grab des Bäckers Eurysaces
im Modell.
Der heute noch gut erhaltene
Bau zeigt im Fries Szenen
aus der Bäckerei.*

dem man den Toten Opferspenden brachte, ihre Grabstätten schmückte und sie durch Gebete versöhnte. Auch die euphemistische Bezeichnung »manes«, »die Guten«, sollte die Seelen der Gestorbenen, die aus irgendeinem Grund keine Ruhe fanden, versöhnlich stimmen. Dem gleichen Zweck diente der Brauch, daß der Hausvater in bestimmten Nächten den »Manen« gekochte Bohnen hinwarf, die er im Haus verstreute, um so sich und die Seinen zu reinigen. Alle diese Übungen zeigen, genauso wie die Grabbeigaben, daß die Römer ein Weiterleben nach dem Tod annahmen, eine Auffassung, die erst in der Kaiserzeit von den gebildeten Schichten aufgegeben wurde. Diesem Glauben verdanken wir sehr viel von unserem Wissen über antike Lebensweise, Kunst und Kultur, sei es durch die Architektur der Grabmäler, die Darstellungen auf den Sarkophag-Reliefs, die zahllosen Grabbeigaben oder durch die Grabinschriften, die uns über die Entwicklung der Schrift

und der Volkssprache informieren, aber auch Kenntnis geben von der Haltung der Römer gegenüber dem Phänomen Tod. (G. M.)

Bier

Da die Römer genügend Wein hatten, spielten Bier und Biergenuß bei ihnen nur eine untergeordnete Rolle, wenn auch die Herstellung von »Gerstenwein« schon in Ägypten bekannt gewesen war und von da aus in den Mittelmeerländern heimisch wurde. Die Römer übernahmen die Biersorten von den Germanen, Galliern und Spaniern. Die Gallier nannten ihr Gebräu *cerevisia*, die Spanier *ceria*. *Tacitus* erwähnt bei den Germanen ein Bier, das »aus Gerste oder Weizen bereitet und ähnlich wie Wein vergoren ist«. → *Plinius*, dem wir so viele Hinweise auf den Weinbau verdanken, äußert sich abfällig zur Bierbrauerei und den Folgen des Biergenusses: »Auch die Völker des Westens haben ihre Trunkenheit und sie erzielen sie durch gewässertes Getreide. Es gibt in Gallien und Spanien verschiedene Arten, und Namen davon; die Bereitungsart bleibt dieselbe. Die Spanier haben diese Getränke bereits gelehrt das Alter zu vertragen. In keinem Teil der Welt fehlt also die Trunkenheit. Sie schlürfen nämlich solche Getränke rein, ohne sie wie den Wein mit Wasser zu mischen.« Dann weist er noch darauf hin, daß Bierschaum zur Erhaltung eines schönen Teints verwendet werden könne. Wir wissen aber weder Einzelheiten über die Brautechnik, noch über die erwähnte Kunst, dem Bier Haltbarkeit zu verleihen. Sicher ist nur, daß Hopfen noch nicht verwendet wurde. Welche untergeordnete Rolle dieses Bier im übrigen spielte, beweist das *Preisedikt* → *Diocletians*, das den Preis eines *Sextarius* (→ *Maße*) Bier zu 4 Denaren ansetzt, während die gleiche Menge Landwein bereits 8 und die feineren Sorten Wein 24 bis 30 Denare kosten. (H. P.)

Britannien

Als → *Caesar* in den Jahren 55 und 54 v. Chr. mit einem Heer nach Britannien übersetzte, wollte er wohl zunächst die Unterstützung der Gallier durch die stammverwandten → *Kelten* jenseits des Kanals unterbinden; darüber hinaus machte er aber die Römer erstmals mit der fernen Insel am Rande der alten Welt bekannt, zu der bis dahin nur vereinzelte wagemutige Kaufleute vorge-

Britannien in römischer Zeit

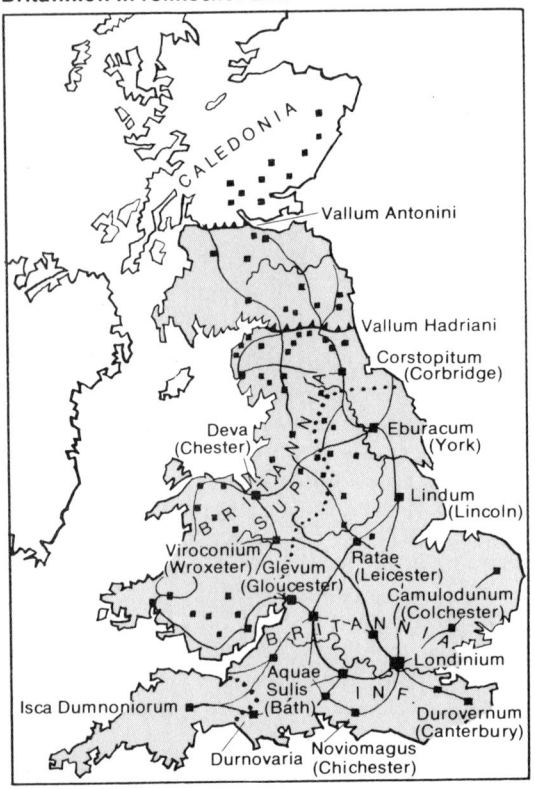

Vallum Antonini

Vallum Hadriani

Corstopitum
(Corbridge)

Deva
(Chester)

Eburacum
(York)

Lindum
(Lincoln)

Viroconium
(Wroxeter)

Glevum
(Gloucester)

Ratae
(Leicester)

Camulodunum
(Colchester)

Londinium

Aquae
Sulis
(Bath)

Isca Dumnoniorum

Durovernum
(Canterbury)

Durnovaria

Noviomagus
(Chichester)

drungen waren. Das Ergebnis der ersten römischen Machtdemonstration war bescheiden: Bei der ersten Landung geriet Caesar durch die überlegene Reiterei der Kelten in Bedrängnis, die zweite brachte die Stämme im Südosten in eine nur lose Abhängigkeit von Rom – mit der Folge, daß der Handel mit Gallien lebhafter wurde.

Erst unter *Claudius* richtete Rom seine Aufmerksamkeit wieder auf Britannien. Im Jahre 43 n. Chr. begann die Unterwerfung des Südostens, die mit der Eroberung von *Camulodunum* (Colchester) im Beisein des Kaisers und der Einrichtung der *Provinz Britannia* endete. Einen schweren Rückschlag erlitten die Römer, als sich die Stämme des Südostens unter der Stammeskönigin *Budicca* erhoben und eine Reihe von römischen Stützpunkten, darunter auch *Londinium* (London) mit der wichtigen Themsebrücke, verwüsteten (61). Erst nach einem blutigen Rachefeldzug konnte die Grenze der römischen Eroberungen bis etwa auf die Linie *Deva – Lindum* (Chester – Lincoln) vorgeschoben werden. Im Bergland von Wales hielten sich die Kelten weiterhin unabhängig.

Der entscheidende Durchbruch gelang dem Feldherrn *Agricola*, dem Schwiegervater des *Tacitus* (→ *Geschichtsschreibung*); er unterwarf endgültig die Bergvölker in Wales und krönte seine Erfolge schließlich mit dem Sieg am *Mons Graupius* (84), der die Eroberung von Englands Norden abschloß. Ausgedehnte Straßen- und Befestigungsbauten, die vielfach noch heute offen zutage liegen oder denen heutige Fernstraßen folgen, sicherten das Gewonnene vor den Einfällen der schottischen Stämme; Irland blieb außerhalb des römischen Machtbereichs.

Agricola ging auch daran, »die rohen und darum leicht zum Krieg geneigten Menschen an Ruhe und Muße zu gewöhnen« und sie zu ermuntern, »Tempel, Märkte, Häuser zu errichten« (Tacitus); d. h., er versuchte, sie an römische Lebensformen zu gewöhnen. Gewiß entwickelte sich im folgenden auch in Britannien städtische Kultur – von der viele mustergültige Grabungsbefunde und große Ruinen einen Eindruck vermitteln, etwa neuerdings in *Viroconium* (Wroxeter), aber auch in *Lindum* (Lincoln) oder in dem vielbesuchten Badeort *Aquae Sulis* (Bath) oder in der lebhaften Handelsstadt *Londinium;* gewiß gab es im Umkreis der Städte zahlreiche üppig ausgestattete Landgüter und Villen; und sicher übernahm auch die keltische Oberschicht viele Errungenschaften der überlegenen römischen Kultur. Aber dieser römische Einfluß blieb vornehmlich auf den Süden und die Mitte Britanniens beschränkt, während der rauhere Norden von Rom nur sehr oberflächlich geprägt wurde. Hier dominierte das Militär; Zentrum war der große Waffenplatz *Eburacum* (York). Ganz im Gegensatz zu Gallien blieb also Britannien ein kostspieliger »Außenposten des Reiches und der römischen Kultur« (Kornemann), denn Rom lag zu fern, und die Insel im Norden lockte keine Siedler aus dem Mittelmeerraum an. So konnte sich auch die lateinische Sprache nicht durchsetzen, obwohl die Römer über 350 Jahre im Lande waren. Zu den wenigen sprachlichen Überresten aus römischer Zeit gehören Ausdrücke aus dem militärischen Bereich, wie wir sie noch vielerorts in Städtenamen antreffen. So verweist *-chester* auf *castra* (Lager), z. B. in Winchester, *-port* auf *portus* (Hafen), z. B. in Devonport. Der spätere romanische Einfluß auf die englische Sprache, der auf die normannische Invasion des 11. Jahrhunderts zurückzuführen ist, muß hier außer Betracht bleiben.

Der »Außenposten« des Reiches blieb stets gefährdet, denn es gelang den Römern nie, die kriegerischen Stämme Schottlands unter ihre

Botmäßigkeit zu bringen. Kaiser → *Hadrian* suchte seit 122 n. Chr. die Nordgrenze zwischen dem Solway Firth und der Tynemündung durch eine Befestigung (Hadrianswall) zu sichern, die in manchem dem germanischen → *Limes* glich; später schob sich die Grenze vorübergehend unter *Antoninus Pius* (143 Antoninuswall zwischen Firth of Clyde und Firth of Forth) weiter nach

Oben: Eindrucksvolle Überreste des Eingangs zum Kaltbad der Badeanlagen in Wroxeter (Viroconium), Großbritannien.
Vorne Hypokaustenanlage.

Unten: Partie der Hadrianswall-Mauer.

Norden vor, dóch mußte sie *Septimius Severus* wieder zurücknehmen. Insbesondere der Hadrianswall mit seinem System aus massiver Mauer, parallelen Wallgrabenanlagen, Militärstraßen und kleinen und großen Lagern ist in seinem teilweise hervorragenden Erhaltungs- und Ausgrabungszustand ein faszinierendes Anschauungsmaterial römischer Grenzsicherung.

Die Krise der Provinz Britannia kündigte sich an, als gegen Ende des 3. Jahrhunderts *sächsische Seeräuber* die Küsten unsicher machten. Die Schwäche des Reiches zwang sogar dazu, die Erhebung des Usurpators *Carausius* und die Gründung eines selbständigen Britannien vorübergehend zu dulden (286–291), da nur Carausius in der Lage war, die Insel vor den andringenden Germanen zu schützen. Im 4. Jahrhundert erlebte namentlich der Südosten (Kent) noch einmal eine Blütezeit unter römischer Herrschaft und römischem Schutz, ehe dann in der zweiten Hälfte des Jahrhunderts die Barbaren allenthalben die Grenzen überschritten: *Kelten* aus Wales, *Picten* aus Schottland und *Sachsen* von der See her.

Im Jahre 410 wurden schließlich auch die letzten römischen Truppen abgezogen; vom Ende geben Ruinen und Brandspuren Zeugnis – aber auch so großartige Lagerreste wie das noch in großen Teilen erhaltene Castell *Rutpiae* (Richborough) nahe dem Fährhafen Ramsgate. Hier waren die Legionen einst gelandet, hier auch nahmen sie Abschied von Britannien.

In der Folge erwiesen sich die germanischen Sachsen als die eigentlichen Sieger und Erben Roms. Ihr Einfluß war stärker; die dünne römische Kulturschicht verschwand nahezu spurlos, wenn wir von den Ruinen absehen, die noch heute in vielen Orten den Besucher beeindrukken. (R. V.)

Buch und Schrift

Schrift. Die Übernahme des Alphabets von den Griechen – sei es unmittelbar über die griechische *Kolonie Kyme* (→ *Griechen und Römer*) in Unteritalien, sei es durch Vermittlung der → *Etrusker* – zeigt deutlich, in welch lebendigem Kontakt das frühe Rom zu seiner Umwelt stand. Bereits das älteste Zeugnis lateinischer Schrift überhaupt, die Inschrift auf der *goldenen Spange von Praeneste* aus dem 7. Jahrhundert v. Chr., bestätigt dies.

Die Römer übernahmen das Alphabet in seiner westgriechischen Form; Veränderungen wurden zur Anpassung an die Lautung der lateinischen Sprache in geringem Umfange vorgenommen. So wurde etwa das griechische Zeichen: *Γ* Gamma im Lateinischen als C zunächst zur Wiedergabe sowohl des stimmhaften g als auch des stimmlosen k Gutturallautes verwendet. Erst später schuf man durch Hinzufügung eines Querstriches den neuen Buchstaben G. Diese Entwicklung läßt sich nachweisen an der noch in klassischer

---

MANIOS MED FHEFHAKED NUMASIOI

klass. lat.: Manius me fecit Numerio

deutsch: Manius hat mich hergestellt für Numerius.

Zeit üblichen Abkürzung C. für den Namen Gaius.

In Anlehnung an die Inschriften entwickelte sich als Buchstabenschrift zunächst die sogenannte *Capitale*, unseren Großbuchstaben entsprechend, aus lauter Buchstaben von gleicher Höhe bestehend *(Maiuskel)*. Eine *Kursivschrift (Maiuskelkursive)*, vorwiegend für den Privatgebrauch bestimmt, ist aus den pompeianischen Inschriften bekannt. Daraus entwickelte sich um 300 n. Chr. eine Kursivschrift mit *Kleinbuchstaben (Minuskel)*. Die zu Beginn des Mittelalters benützte Maiuskelschrift mit Buchstaben verschiedener Höhe und Kursivformen nennt man *Unziale* oder *Bibelstil*, eine Schriftform, deren Gebrauch freilich mit Entwicklung der *karolingischen Minuskel* im 9. Jahrhundert auf liturgische Texte reduziert wurde.

Beschreibstoffe und Buchformen: Papyrus und Pergament. Die Produktion des wichtigsten Beschreibstoffes der Antike, des Papyrus, lag in den Händen der Ägypter, und fast nur aus den Wüstengebieten des Vorderen Orients sind uns Papyri erhalten: der Wüstensand hatte konservierende Wirkung, ähnlich wie bei den Mumien. Seit der Ptolemäerzeit kam in Ägypten die Papyrusfabrikation in größerem Maße in Gang. Die Herstellung des Papyrus schildert → *Plinius der Ältere* in seiner »Naturalis historia« (13, 74–82) recht ausführlich: Aus dem weichen, porösen Mark der schilfartigen Papyruspflanze – sie kam vor allem in stehenden Gewässern und versumpfenden Flußarmen des Nildeltas vor – wurden schmale, dünne Steifen geschnitten und dicht aneinander gelegt, eine zweite entsprechende Schicht legte man im rechten Winkel darüber.

und seiner Gemahlin (Augusta und Livia) benannt wurde. Immerhin weiß der Dichter *Martial* den materiellen Wert des Papyrus zu schätzen:

> »Brauchst die Gabe nicht für gering zu halten, wenn der Dichter dir leere Blätter sendet.«
> *(Martial 14, 10; Übers.: R. Helm)*

Eine bereits fertig zusammengeklebte Rolle brachte wegen ihrer Unhandlichkeit freilich nicht geringe Schwierigkeiten für den Schreiber mit sich: oft kaufte man daher lose Blätter und ließ sie nach der Beschriftung erst durch einen geschickten *Leimer* (glutinator) zusammenkleben. Zwei gleichmäßige *Spalten* (Columnen) mit möglichst gleicher Zeilenzahl – diese wiederum im einzelnen aus ca. 35 Buchstaben = Länge eines *Hexameters* bestehend – prägten den Schriftspiegel, vergleichbar etwa dem Erscheinungsbild unserer Zeitungen. Der Abstand der Columnen zum Rand und zueinander wechselte, doch steigerte ein möglichst breiter Rand ohne Zweifel die Eleganz und den Wert der Rolle, ließ auch die Möglichkeit offen, kommentierende *Bemerkungen* (Scholien) zum Text einzufügen. Wegen der Brüchigkeit des Materials mußte darüber hinaus zu Beginn und zum Ende der Rolle ein breites Feld freibleiben. Das Ende der Rolle klebte man auf einen dünnen *Stab* (umbilicus) aus Holz oder Elfenbein, um den man die Rolle aufwickelte. Schließlich achtete man auf einen sauberen *Schnitt* der unteren und oberen Ränder und glättete diese noch mit Bimsstein. Ein *Etikett* aus Pergament mit dem Titel des Buches (titulus, index), am oberen Ende der Rolle befestigt, informierte über den Inhalt.

Der Sieg des Pergamentcodex aus Tierhaut über die Papyrusrolle ist ein langwieriger, sich über Jahrhunderte hin erstreckender Prozeß, der in Einzelheiten nicht völlig geklärt ist. Schon die Anfänge sind nicht mit Sicherheit auszumachen. Zwar berichtet wieder der ältere Plinius, die Ptolemäer hätten aus Konkurrenzneid auf die wachsende Bedeutung der Bibliothek von Pergamon die Ausfuhr von Papyrus verboten und die Pergamener hätten notgedrungen das Pergament »erfunden« (Plinius, nat. 13,70); doch dürfte eher die Unfähigkeit der Ägypter, den steigenden Bedarf an Beschreibstoffen zu befriedigen, dazu geführt haben, daß man sich nun der im übrigen längst bekannten, jetzt nur verfeinert bearbeiteten *Tierhaut* (membrana = Haut) wieder bediente.

Lesender Römer. Das Relief zeigt einen Mann mit Buchrolle vor dem geöffneten Rollenschrank. Metropolitan Museum New York.

Beide Lagen bearbeitete man solange mit einem Stein oder einem Hammer, bis ein zusammenhängendes elastisches Blatt entstand. Dabei diente der Saft der Pflanze als Klebemittel. Nachdem man das *Blatt* (pagina) an der Sonne getrocknet und erneut geglättet hatte, klebte man es mit mehreren anderen zu einer *Rolle* (volumen) zusammen, und zwar unter genauer Beachtung des Faserverlaufs: auf der Innenseite der Rolle mußten die Fasern horizontal, d. h. parallel zur künftigen Beschriftung verlaufen, auf der Außenseite hingegen vertikal. Daraus ergab sich ein bedeutsamer Nachteil der *Papyrusrolle* gegenüber dem später aufkommenden *Pergamentcodex:* sie war nur einseitig zu beschreiben. Die Länge der Rolle betrug durchschnittlich 6 – 10 m, ihre Durchschnittsbreite 25 – 30 cm. Aber auch wesentlich umfangreichere Rollen, auf denen das Gesamtwerk des *Homer* oder des *Thukydides* Platz fand (ca. 81 m), wurden hergestellt. Gründe der Handhabung sprachen jedoch dafür, Buchrollen mäßigen Umfanges zu produzieren, eine Maßnahme, die auf das literarische Schaffen der Dichter nicht ohne Auswirkung blieb: diese mußten sich hinsichtlich der Länge ihres Werkes nach dem zur Verfügung stehenden Raum richten. Papyrus wurde in verschiedenen Qualitäten angeboten: neben sehr grobem Material, welches man nach Gewicht verkaufte und als Packpapier verwendete, stand sehr feines, das nach dem Kaiser

Das Tierfell wurde enthaart, gereinigt, gespannt, getrocknet und geglättet und war dann – ein entscheidender Vorteil gegenüber dem Papyrus – auf beiden Seiten zum Beschreiben geeignet. Man faltete dieses Pergament, so daß Lagen mehrerer ineinandergelegter Blätter entstanden, nähte sie zusammen und umgab einige dieser Lagen dann zu ihrem Schutz mit einem *Holzdeckel* (codex = eigentlich: Holzscheit), wie man ihn schon von den *Wachstafeln* (tabulae ceratae/cerae) her kannte. Die Vorteile dieser neuen Buchform liegen auf der Hand. *Martial* äußert sich dazu in einem seiner Epigramme:

> »Wenn du meine Gedichte begehrst stets bei dir zu haben
> und für längeren Weg sie als Begleiter du suchst,
> dann kauf diese! Sie zwängt Pergament auf winzige Plättchen;
> große, die berge der Schrein, mich jedoch faßt schon die Hand.«
> *(Martial, 1, 2; Übers.: R. Helm)*

Der Dichter hatte also – sicher seine eigenen finanziellen Interessen wohl bedenkend – die absatzfördernde Wirkung des neuen handlichen Formats des Pergamentcodex – vom Format her der Bedeutung unseres Taschenbuches vergleichbar – erkannt.

Die Vorläufer des Pergamentcodex, die aus zwei oder mehreren, innen *mit Wachs bestrichenen Holztafeln* bestehenden *codicilli* oder *pugillares* (zu lat. pugnus – Faust), hatten sich denn auch schon lange als Notizbücher bewährt. Geschäftsnotizen, Stilübungen der Studenten, Konzepte eines Dichters, juristische Urkunden, Liebesbriefe, Heiratsurkunden und Testamente fanden hier ihren Platz.

Oft freilich ist nicht mit allerletzter Sicherheit zu sagen, ob das Material des Codex noch wachsbestrichenes Holz oder schon Pergament ist. Auf einem solchen codicillus etwa erhielt der ältere Plinius den Hilferuf der vom Vesuvausbruch bedrohten Bevölkerung (Plinius, epist. 6,16; → *Pompeii*).

Die *Schreibtafeln* wurden zum unentbehrlichen Handwerkszeug jedes literarisch Tätigen. Man trug sie ständig bei sich, wie z. B. der *jüngere Plinius*, der Neffe jenes älteren, sich auch bei einem Jagdausflug nicht von seinem Notizbuch trennen will:

> »Ich saß an den Netzen, hatte weder Jagdspieß noch Lanze zur Hand, sondern nur Griffel und Schreibtafel, sann über irgendetwas nach und machte mir Notizen, um, wenn schon mit leeren Händen, jedenfalls mit vollen Tafeln nach Hause zu kommen.«
> *(Plinius, epist. 1, 6, 1; Übers: H. Kasten)*

Die dunkle Färbung des Wachses bewirkte, daß die durch den Griffel geritzten Buchstaben vor dem helleren Untergrund deutlich hervortraten. Mehrere Täfelchen wurden nun mit einer Schnur zusammengebunden, die man durch Ösen am Rande des Brettchens zog.

Die Codexform konnte allerdings erst in Kombination mit dem Pergament wirklich zu einem Buch in unserem Sinne werden; Papyrus schied als Material aus, da er nicht beidseitig beschreibbar und für die Buchbindung zu brüchig war. Die Möglichkeit, viel leichter als bei der Rolle eine bestimmte Stelle nachschlagen und zitieren zu können, empfahl die Codexform vor allem für Schriften religiösen und juristischen Inhalts. Daher erklärt sich wohl die Tatsache, daß der Durchbruch des Codex zeitlich parallel zum Sieg des Christentums im 3. und 4. Jahrhundert verläuft, während man Schriften heidnischen Inhalts zunächst weiterhin auf Rollen publizierte. Kaiser Constantin ließ fünfzig Codices für die Feier der Liturgie in den Kirchen seiner neuen Hauptstadt herstellen, und die Mönche des Heiligen Benedikt beschrieben bereits ausschließlich Pergamentcodices. Auch die Juristen, die kaiserliche Verordnungen stets rasch nachschlagen mußten, bedienten sich gerne der handlichen Nachschlagewerke (vgl. *Codex Theodosianus* und *Codex Iustinianus;* → *Recht*). Hieraus entwickelte sich geradezu ein neuer Gattungsbegriff: so versteht man heute in den romanischen Ländern unter codex jede Sammlung grundlegender Gesetze (vgl. *Code Civil*), und auch wir sprechen vom kodifizierten Recht im Gegensatz zum mündlich tradierten. Schließlich übertrug man in der Spätantike auch andere, schon bekannte Texte von Papyrusrollen auf das neue Material, vor allem unter Anleitung des ehemaligen Senators und kaiserlichen Ministers *Cassiodor* (ca. 485–580), der nach seinem Rückzug aus der Politik und seinem Eintritt ins Kloster seinen Mönchen die Aufgabe stellte, möglichst gute Abschriften herzustellen. Bedeutet dieses Verfahren sicher auch schon eine gewisse Auswahl und Auslese der in Frage kom-

*Relief von einem
Kindersarkophag.
Links Muse mit
Schrifttäfelchen und
Griffel, der Knabe mit
Buchrolle. Vatikanisches
Museum.*

menden Texte, so verdanken wir doch jener mönchischen Schreibtätigkeit die Erhaltung zahlreicher antiker Schriften.

Schreibgeräte. Die Schreibgeräte waren bei Papyrus und Pergament im wesentlichen die gleichen. Das zugespitzte *Schreibrohr* (calamus = Rohr), dessen Spitze wie bei einer modernen Metallfeder geteilt war, wurde während der ganzen Antike bis hoch ins Mittelalter hinein verwendet. Die nach längerem Gebrauch stumpf gewordene Spitze wurde vom Schreiber mit einem Messerchen wieder funktionsfähig gemacht. In einem zylinderförmigen, mit einem Deckel verschließbaren Napf fand er *Tinte* (atramentum, zu ater = schwarz), ein schwarzes Gemisch aus Klebstoff und Ruß, das für den Gebrauch erst noch mit Wasser verdünnt werden mußte. War die Schrift also im allgemeinen schwarz, so pflegten die Römer – einem Brauch der Ägypter und Griechen folgend – Überschriften rot hervorzuheben (rubrica = rote Erde, Farbe; vgl. *Rubrik*). Die hohe Qualität dieser Tinte, die hervorragende Haltbarkeit und ihre Unempfindlichkeit gegenüber Feuchtigkeit tritt uns aus den erhaltenen, mehr als zweitausendjährigen Papyri entgegen: müssen diese auch zu Reinigungszwecken einem regelrechten Bad unterzogen werden, so verliert doch die Schrift durch diese Maßnahme nichts an Deutlichkeit und Lesbarkeit. Die im Jahre 79 n. Chr. durch den feuchten Aschenregen des ausbrechenden Vesuvs begrabenen Papyri von Herculaneum waren zwar bei ihrer Wiederentdeckung in der Neuzeit steinhart geworden und ließen sich infolgedessen nicht mehr aufrollen, doch war die Schrift auf den erhalten gebliebenen Seiten noch voll lesbar. Daneben muß es aber auch Tinte gegeben haben, die man mit einem nassen Schwamm abwaschen konnte. Darauf bezieht sich folgende etwas makabre Nachricht des *Sueton* über Kaiser Caligula:

> »Dort veranstaltete er auch einen Wettkampf in griechischer und lateinischer Beredsamkeit. ... Denjenigen, die am wenigsten gefallen hätten, sei befohlen worden, mit einem Schwamm oder der Zunge ihre Schriften auszulöschen, wenn sie es nicht vorzogen, mit Ruten geschlagen oder im nächsten Fluß untergetaucht zu werden.«
>
> *(Sueton, Cal. 20, Übers.: A. Lambert)*

Zum Handwerkszeug des Schreibers gehörten ferner ein *Lineal* zum Vorzeichnen der Linien, ein *Zirkel* zum Abmessen der Columnen und ein *Bimsstein* zum Glätten des Pergaments. Alle Schreibgeräte wurden aufbewahrt in einer *theca calamaria.* Zum Beschriften der Wachstafeln bediente man sich eines spitz zulaufenden *Griffels* (stilus) aus Eisen, Blei oder Elfenbein (daher [ex]arare = eine Furche ziehen, schreiben), mit dessen anderem abgeflachten Ende man durch Verstreichen des Wachses die Schrift tilgen konnte (stilum vertere = den Griffel wenden, korrigieren). Da auf Wachstafeln schließlich vorwiegend Schreibübungen angefertigt wurden, entwickelte sich im Spätlateinischen die Bedeutung stilus = Schreibübung, Vorstufe zu unserem Wort »Stil«.

Buchschmuck und Illustration. Während die Buchillustration bei der Rolle im wesentlichen

Lateinische Schriftformen

a Archaisch-lateinische Inschrift, Ursprung des Lateinischen, linksläufig. Weih-
inschrift auf einem Bronzeplättchen für Castor und Pollux.

b Capitalis Quadrata, sie fand in der Steinbeschriftung an Denkmalen Verwendung.

c Römische Kursive, Gebrauchsschrift für Dokumente und Papiere des Alltags.
Sie entstand aus der Capitalis.

d Flüssig geschriebene Inschrift aus Pompeii.

beschränkt blieb auf Werke naturwissenschaftlichen Inhalts mit Pflanzen- und Tierbildern oder Darstellungen medizinischer Operationen, erlebte die Buchmalerei mit dem Sieg des Pergamentcodex ihre erste Blüte: Bilder, die eine volle Seite beanspruchen, stehen neben Miniaturen, die durch deutliche Rahmung vom Schriftspiegel abgegrenzt sind. Die jetzt geschaffenen Bilderzyklen der frühchristlichen Buchmalerei behielten für Jahrhunderte ihren Verbindlichkeitscharakter. Die rotfarbige Hervorhebung einzelner Buchstaben oder ganzer Zeilen, wie sie schon früher üblich gewesen war, wurde weiterentwickelt zu einer farbigen, oft schnörkelhaften Verzierung der Buchstaben. Im 5. und 6. Jahrhundert sind die Schutzdeckel besonders kostbarer Bücher bereits reich mit Edelsteinen besetzt.

Produktion und Verbreitung des Buches. Der Weg eines Buches vom Autor zum Leser läßt sich an Hand zahlreicher Nachrichten und Hinweise recht gut verfolgen. → *Plinius der Jüngere* erzählt, wie er nach dem Aufwachen zunächst seine literarische Arbeit überdachte und einige Gedanken vorformulierte, die er dann seinem Sekretär (notarius = Stenograph) diktierte: »Dann rufe ich meinen Sekretär, lasse das Tageslicht ein und

diktiere ihm, was ich entworfen habe; er geht ab, wird noch einmal gerufen und wieder weggeschickt« (Plinius, epist. 9,36,2; Übers.: H. Kasten). Diese Tätigkeit setzte er auch später beim Spazierengehen und bei der Fahrt durch den Park im Wagen fort. Ebenso verfuhr → *Plinius der Ältere*, wenn er bei der Überfahrt über das von der Vesuvkatastrophe aufgewühlte Meer »alle Phasen . . . des Unheils, wie er sie mit den Augen wahrnahm, seinem Sekretär in die Feder diktierte« (Plinius, epist. 6, 9, 10; → *Pompeii*). Selbst → *Caesar* hatte, wenn er zu den Kastellen, Städten und Lagern fuhr, einen Bediensteten zur Seite, der nach seinem Diktat schrieb. Eine Kurzschrift hatte schon Ciceros Privatsekretär *Tiro* entwickelt.

Bevor der Autor sein Werk der breiten Öffentlichkeit vorstellte, rezitierte er sein Opus vor einem sachkundigen Freundeskreis oder schickte ein Exemplar einem befreundeten Schriftsteller mit der Bitte um Kritik und, wenn nötig, Korrektur. Die Rezitationen – oft auf die Dauer eines ganzen Tages sich erstreckend – waren allerdings vor allem in den heißesten Monaten Juli und August für den Zuhörer eine rechte Strapaze, zumal wenn sie mehr der übertriebenen Selbstdarstellung des Autors als der Qualität des

*Rekonstruktion einer römischen
Privatbibliothek nach der Bibliothek
in der Hadriansvilla bei Tivoli.
MdCR Rom.*

Exemplare absetzen zu können, war ohnehin
groß genug. Aussehen und Betrieb eines Buchladens schildert uns wieder *Martial:*

> »Bei dem Forum des Caesar ist ein Laden,
> dran die Pfosten bedeckt mit lauter Schriften.
> Kannst dort rasch, was es gibt an Dichtern,
> lesen.
> Hol mich dort nur! Und bitt nicht erst
> Atrectus –
> denn so heißt der Besitzer des Ladens –,
> er reicht gleich von dem ersten oder zweiten
> Fach, geglättet den Rand und purpur farbig,
> für fünf Mark einen Martial.«
> (*Martial, 1, 117; Übers.: R. Helm*)

Die Leistungsfähigkeit des Buchhandels war beträchtlich: Fünfzig Schreiber konnten in zwei
Monaten ohne Schwierigkeiten das Gesamtwerk
Martials in einer Auflage von 1000 Stück herstellen.
Lektüre und Aufbewahrung des Buches. Die Lektüre einer Rolle war eine strapaziöse Angelegenheit. Während die rechte Hand mit Aufrollen
(evolvere) beschäftigt war, mußte die linke das
Gelesene wieder zusammenrollen (volvere = wälzen; daher volumen = Band; vgl. »Wälzer«).
Dabei las man laut, wohl weniger, um die Klangschönheit der Sprache zur Wirkung kommen zu
lassen, als vielmehr um die Schrift, der Worttrennung und Interpunktion meist fehlten, leichter
vom Sinn her erfassen zu können; diese Aufgabe
war umso schwieriger zu meistern, je mehr der
Text – bei handschriftlicher Vervielfältigung
leicht verständlich – von Abschreibefehlern
durchsetzt war. Das Lesen nahm folglich viel
Zeit in Anspruch, zwang aber auch zur Gründlichkeit. Für die Lektüre der zwölf Bücher der
Äneis → *Vergils* veranschlagte man einen Zeitraum
von zwölf Tagen, das bedeutet ein durchschnittliches Tagespensum von 825 Hexametern. Nach
Beendigung der Lektüre mußte die Rolle wieder
vollständig zurückgewickelt werden. Anschlie
ßend wurde sie erneut *verschnürt* und gegebenenfalls *versiegelt* (vgl. »Buch mit sieben Siegeln«!)
und zusammen mit anderen Rollen aus dem
Werk desselben Autors in einer *Schachtel* (capsa)
deponiert, in der man sie in den Regalen der
Bibliotheken und Buchläden aufbewahren oder
auch auf Reisen mitnehmen konnte. Bereits unter
Kaiser → *Augustus* zählte man in Rom drei
öffentliche Bibliotheken, und im 4. Jahrhundert
war deren Zahl auf 28 angestiegen. (W. M.)

Gebotenen galten. Immer wieder werden rezitierende Dichter Zielscheibe des Spottes, so etwa,
wenn in *Petrons* Roman ein verseschmiedender
und rezitierender Poet sich selbst durch den Untergang des Schiffes, auf dem er fährt, nicht unterbrechen läßt. *Persius* schildert in einer seiner Satiren das affektierte Gehabe der Vorleser, die,
gekleidet in eine weiße Toga, mit einem großen
Ring am Finger auf einem erhöhten Sitz Platz
nahmen und mit schmachtenden Blicken und
schmelzenden Tönen ihren Vortrag begannen.
Die weitere Verbreitung des Werkes übernahm
der Buchhandel. Buchhändler und Verleger waren oft ein und dieselbe Person, wie z. B. Ciceros Freund *Atticus*. Eine große Anzahl von
Schreibern vervielfältigte nun nach Diktat das
entsprechende Werk. Freilich gab es weder Autoren- noch Verlagsrechte: jederzeit konnte von
nicht autorisierter Seite eine beliebige Anzahl
neuer Abschriften hergestellt werden; auch ein
Honorar für den Autor wird nur selten vom Verleger gezahlt worden sein; das Risiko, nicht alle

C

Caesar

Gaius Iulius Caesar wurde am 13. Juli des Jahres 100 v. Chr. geboren. Er entstammte, der »gens Iulia«, einer der ältesten und angesehensten Familien Roms, die ihre Herkunft auf *Ascanius* oder *Iulus*, den Sohn des *Aeneas*, und damit auch auf die Göttin *Venus* selbst zurückführte. Die Schwester seines Vaters war mit → *Marius* verheiratet. Er genoß die übliche Erziehung vornehmer römischer Knaben. Als Neffe des Marius heiratete er die Tochter eines seiner engsten Parteigänger. Verwandtschaft und Heirat brachten ihn nach dem Sieg → *Sullas* in ernste Gefahr, doch begnadigte ihn dieser auf Fürsprache seiner Freunde angeblich mit den Worten: »So behaltet euren Caesar, aber in dem jungen Mann steckt mehr als ein Marius!«. Trotzdem fühlte sich der Neunzehnjährige in Rom nicht sicher und übernahm 81 v. Chr. eine Offiziersstelle bei einem römischen Heer in Kleinasien. Hier bewährte er sich in den Kämpfen so, daß er die Bürgerkrone, eine Tapferkeitsauszeichnung für Rettung eines römischen Bürgers, erhielt.

Nach dem Tode Sullas kehrte er 78 v. Chr. nach Rom zurück, wo er sich bald in einigen politischen Prozessen als Redner auszeichnete. Um seine rhetorischen Kenntnisse zu vervollkommnen, reiste er vier Jahre später erneut nach dem Osten. Unterwegs wurde er von Seeräubern gefangengenommen, meisterte aber die bedrohliche Situation, wie Anekdoten berichten, mit ebenso großer Bravour wie Frechheit. Als er erfuhr, daß er während seiner Abwesenheit in Rom in das *Collegium der pontifices* (→ *Religion*) gewählt worden war, kehrte er nach Hause zurück und wurde hier bald darauf zum *Militärtribunen* (siehe auch → *Ämterlaufbahn*).

Damit begann 73 v. Chr. seine politische Karriere. Ihr erster, überwiegend innenpolitisch geprägter Abschnitt dauerte bis zur Erlangung des Consulats im Jahre 59 v. Chr. Anfangs fand er dabei nur wenig Gelegenheit zum Profilieren; denn zu stark war die Politik Roms geprägt von *Pompeius* und *Crassus* (→ *Einleitung*), die trotz aller Rivalität gemeinsam die Macht in den Händen hielten. Vorsichtig näherte sich Caesar dem Crassus, der ihn auch großzügig bei der Bewerbung um das Amt des *Aedilen* unterstützte und

ihm ausreichende Mittel für → *Gladiatoren*- und → *Zirkusspiele* zur Verfügung stellte. Bewußt suchte Caesar dabei die Gunst des Volkes. Je offener er aber auf die Seite der *Popularen* (→ *Einleitung*) trat, umso mehr wuchs das Mißtrauen der *Patrizier*, aus deren Reihen er stammte. Aus der *Verschwörung des* → *Catilina* hielt er sich allerdings geschickt heraus.

Im Jahr 63 v. Chr. gelang ihm ein entscheidender Schritt vorwärts, als er gegen die Konkurrenz zweier älterer angesehener Männer zum *Pontifex Maximus* (→ *Religion*) gewählt wurde. Schon im Jahr darauf erhielt er die *Praetur*, das höchste Amt unmittelbar vor dem Consulat. Die verschiedenen Bewerbungen und Wahlen hatten ihn finanziell weit überfordert. Als er daher 61 v. Chr. als Statthalter nach Spanien geschickt wurde, nutzte er die Gelegenheit, um sich dort durch Steuereinnahmen zu sanieren, bewies aber zugleich auch, daß er ein tüchtiger Verwaltungsbeamter und Truppenführer sein konnte.

Das Erste Triumvirat. Nach Rom zurückgekehrt, suchte Caesar nunmehr unmittelbar in die Führungsspitze neben Pompeius und Crassus zu gelangen. Dabei wurde er zur Klammer zwischen den beiden Rivalen, und die drei Männer schlossen Ende 60 v. Chr. das sogenannte *Erste Triumvirat* (Dreimännerbündnis), eine rein private Machtabsprache, mit der sie sich zu engster politischer Zusammenarbeit verpflichteten. Caesar vermählte seine Tochter *Iulia* mit Pompeius, er selbst heiratete (nachdem seine erste Frau inzwischen verstorben war und er sich von der zweiten hatte scheiden lassen) die Tochter eines engen Parteifreundes. Engere Kontakte zu Crassus scheinen auch über das Schlafgemach von dessen Frau *Tertullia* bestanden zu haben.

Das Consulatsjahr 59 v. Chr. ließ sich anfangs gut an, als aber Caesar ein neues *Ackergesetz* einbrachte, das den Veteranen des Pompeius Land geben sollte, suchte der Mitconsul *Bibulus*, ein starrer Optimat, die Maßnahmen seines Kollegen zu durchkreuzen. Die beiden höchsten Beamten der Republik bekämpften sich mit allen nur erdenklichen legalen und illegalen Winkelzügen, aber von Pompeius und Crassus unterstützt, konnte sich Caesar durchsetzen. Das neue Ackergesetz wurde sogar erweitert und gab auch kinderreichen Familien Roms eine neue Existenzgrundlage. Darüberhinaus erleichterte Caesar durch zwei Gesetze die Belastung der Provinzen und suchte sie vor übertriebenen Ausbeutungen für die Zukunft zu schützen. Vor allem aber sorgte er für sich selbst. Mit Hilfe der bei-

Reisen und Feldzüge Caesars

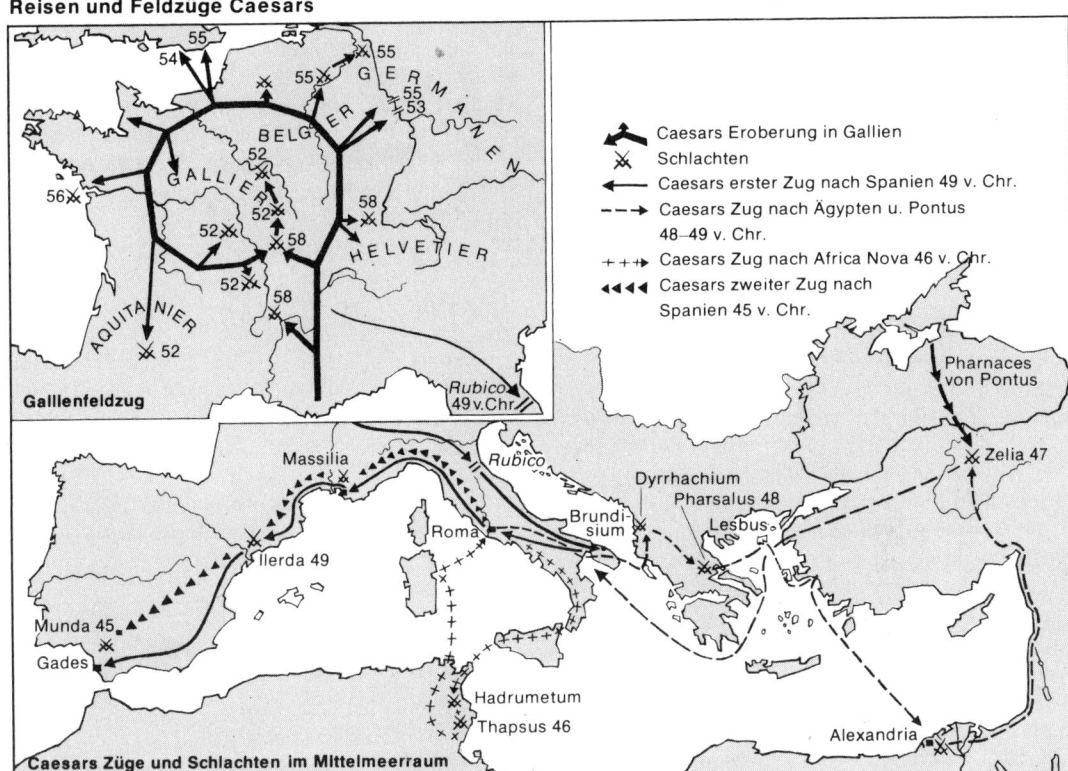

Caesars Eroberung in Gallien

✕ Schlachten

← Caesars erster Zug nach Spanien 49 v. Chr.

--→ Caesars Zug nach Ägypten u. Pontus 48–49 v. Chr.

+ + + Caesars Zug nach Africa Nova 46 v. Chr.

◄◄◄ Caesars zweiter Zug nach Spanien 45 v. Chr.

Gallienfeldzug

Caesars Züge und Schlachten im Mittelmeerraum

den andern Triumvirn wandelte er seine vom Senat nach dem Consularjahr beabsichtigte Kaltstellung in das Gegenteil um und erreichte, daß ihm die *Provinz Gallia Cisalpina* (Poebene) und *Illyrien* (nördliche Adriaküste) zusammen mit dem Kommando über drei Legionen für gleich fünf Jahre übertragen wurden. Auf Antrag des Pompeius fügte der Senat noch die überraschend frei gewordene *Provinz Gallia Transalpina* (Provence und Languedoc) mit einer weiteren Legion hinzu. Bevor Caesar nach Ablauf seines Amtsjahres Rom verließ, sorgte er noch zusammen mit Pompeius dafür, daß → *Cicero*, einer ihrer entscheidenden politischen Gegner, durch eine Intrige aus der Hauptstadt verbannt wurde und nach Saloniki ins Exil gehen mußte.

Von Gallien nach Rom. Neun Jahre blieb Caesar in seinen Provinzen und gewann in dieser Zeit dem Staat ein neues gewichtiges Gebiet (→ *Gallischer Krieg*), aber trotz aller Belastung hatte er stets versucht, auf die politischen Verhältnisse in Rom Einfluß zu behalten. Als zwischen Pompeius und Crassus Spannungen aufkamen, brachte er im Frühjahr 56 v. Chr. eine Erneuerung des Triumvirats zustande. Als aber 53 v. Chr. Crassus im Kampf gegen die Parther fiel, war das

politische Gleichgewicht zwischen den drei Rivalen zerstört. Caesars Tochter Iulia, die bisher zwischen dem Vater und dem Gatten vermittelt hatte, starb überraschend. Pompeius näherte sich nun der senatorischen Partei, ohne allerdings einen offenen Frontwechsel zu vollziehen. Im Triumvirat war ausgehandelt worden, daß Caesar nach Ablauf der Mindestwartezeit 48 v. Chr. zum zweiten Mal Consul werden, bis dahin aber im Besitz der Provinzen und damit auch der Legionen bleiben sollte. Sein politisches und persönliches Schicksal hing davon ab, ob er bis zum Antritt des Consulats das gallische Kommando, das ihm die nötige Macht verlieh, würde behalten dürfen; denn wenn er als Privatmann vor der Wahl nach Rom zurückkehren mußte, hatten seine politischen Gegner noch einmal eine Chance ihn auszuschalten. Pompeius trat jetzt offen auf die Seite des Senats, und dieser forderte Caesar auf, sein Heer zu entlassen, wenn er nicht als »Feind Roms« (hostis) gelten wolle. Daraufhin überschritt er am 10. Januar 49 v. Chr. mit seinen Legionen den Grenzfluß *Rubico(n)* und besetzte *Rimini*.

Der Bürgerkrieg. Während seine Truppen rasch gegen Rom vorrückten, verließ Pompeius die

Hauptstadt und setzte nach Griechenland über. Zwei Jahre benötigte Caesar, um die Westhälfte des Reiches mit ganz Italien, dem schon befriedeten Gallien und Spanien fest in seine Hand zu bekommen. Ohne politischen Widerstand wurde er 48 v. Chr. zum Consul gewählt und nahm noch zu Beginn dieses Jahres den Entscheidungskampf auf. Er setzte nach Makedonien über und konnte nach wechselvollen Kämpfen am 9. August bei *Pharsalus* in Griechenland den entscheidenden Sieg über die Truppen seines Gegners erringen. Pompeius floh nach Ägypen und wurde, während Caesar ihm nachsetzte und sich mit ihm aussöhnen wollte, dort ermordet.

Caesar landete in Ägypten, und trotz der bedrohlichen Situation (Caesar wurde während eines Aufstandes in Alexandria eingeschlossen – in diesen Kämpfen brannte die berühmte Bibliothek nieder), fand er Zeit zu einer engen Liaison mit der achtzehnjährigen ägyptischen Königin → *Kleopatra*. Erst Hilfe der Verbündeten aus Vorderasien befreite ihn vom Druck der aufständischen Ägypter.

Sein Feldherr *Marcus Antonius* war mit einem Teil der Truppen nach Italien zurückgekehrt. Caesar selbst befriedete den Orient (Sieg bei *Zela* über *Pharnaces von Pontus: veni, vidi, vici* = ich kam, sah und siegte) und ging dann nach Nordafrika, um dort die Anhänger der Senatspartei niederzuwerfen (Sieg bei *Thapsus* 46 v. Chr.). Im Sommer 46 v. Chr. kehrte auch er nach Rom zurück, mußte dann aber noch einmal 45 v. Chr. in Spanien einen Aufstand der Pompeius-Söhne unterdrücken (Sieg bei *Munda*). Danach war seine Alleinherrschaft gesichert.

Neuordnungen und Tod. Caesar nutzte nun alle Kräfte zur Neuordnung der Verhältnisse in Rom und den Provinzen. Die Gemeinden erhielten Selbstverwaltung, eine großzügige, von eigenen Legaten geleitete Ansiedlungtätigkeit setzte die Ackergesetze des Jahres 59 fort, Getreidespenden, die annonae, wurden neu geregelt. Eine Reform ordnete den → *Kalender* so, daß er als »julianischer« bis zur Einführung des »gregorianischen« für mehr als eineinhalb Jahrtausende Bestand hatte. Durch → *Triumphzüge* und Spiele suchte er die Menge für sich zu gewinnen; den Adel und die politischen Gegner durch großzügiges Entgegenkommen. Zu deutlich wurde aber sein Streben nach dauernder Alleinherrschaft. Er ließ sich auf Lebenszeit zum Dictator ernennen, erhielt die ständigen Rechte eines Volkstribunen und zugleich höchste Ehrenauszeichnungen. So sollte sein Standbild mit den Götterbildern bei der pompa (→ *Zirkus*) mitgeführt werden und auf dem Capitol neben den Bildern der Könige stehen.

Solcherart Maßnahmen und die Furcht, daß er die Königswürde annehmen könnte, trieben seine Gegner zum Äußersten. An den Iden des März (15. 3.) 44 v. Chr. wurde er von einer Gruppe Verschwörer um *C. Cassius* und *M. Iunius Brutus* während einer Senatssitzung erdolcht.

Sein gewaltsamer Tod ließ bei den Zeitgenossen und vor der Geschichte die Frage nach seinen politischen Plänen und Zielen offen. Wollte er wirklich, wie moderne Historiker vermuten, im Geiste Alexanders des Großen uneingeschränkt über die Welt herrschen und alle Unterschiede zwischen den westlichen und östlichen Teilen des Reiches aufheben? Fest steht, daß er als Staatsmann und Feldherr seine Zeitgenossen weit überragte, daß er ein bedeutender Schriftsteller war (→ *Literatur*) und daß er durch seine Politik den Weg aus der Republik in eine neue Monarchie ebnete. So wurde sein Name mit Recht zu einem politischen Begriff und Herrschertitel, der sich über die römische Welt hinaus noch in den Worten Kaiser und Zar spiegelt. (H. P.)

Cannae

Als »Zauberer« verspotteten die Römer den Mann, den sie nach den ersten Niederlagen gegen → *Hannibal* zum Dictator gewählt hatten, denn er, *Quintus Fabius*, versuchte, nicht ohne Erfolg, den furchtbaren und überlegenen Gegner durch eine hinhaltende Ermattungsstrategie in die Knie zu zwingen, ohne ihm noch einmal die Gelegenheit zur Schlacht zu bieten. Doch im Sommer des Jahres 216 v. Chr., als Hannibals Heer in Apulien lagerte, waren Senat und Volk von Rom der glanzlosen Kriegführung müde und beauftragten die beiden Consuln, die Entscheidung zu suchen. Zwei unerfahrene Beamte der Republik, *L. Aemilius Paullus* und *C. Terentius Varro*, forderten, in täglich wechselndem Oberbefehl, das bedeutendste militärische Genie der Epoche in die Schranken. Allerdings konnten die Römer 70 000 Mann zu Fuß und 6000 Reiter aufbieten, während Hannibal über 40 000 Mann zu Fuß, aber über 10 000 Reiter gebot. Als sich die Heere im August 216 in der *Ebene des Aufidus bei Cannae* in Apulien gegenübertraten, ließ Varro, an diesem Tage Oberbefehlshaber, seine überlegene Infanterie nicht in langer

Ornamental aufgefaßte Malerei, die in ihrer rein dekorativen Ausrichtung architektonische Elemente mit mythologischen Themen und Darstellungen aus Komödien verbindet. 62 – 68 n. Chr. Festsaal in der Casa dei Vettii, Pompeii.

*Deckengemälde mit einer Szene aus der Ilias aus dem Goldenen Haus des Kaisers Nero auf dem Palatin.
Zarte Farbabstufungen und feingegliederte ornamentale Einfassungen der einzelnen Szenen verraten künstlerischen
Geschmack und kultivierten Lebensstil der Zeit.*

Linie aufmarschieren, um die schwächeren Karthager etwa zu überflügeln; vielmehr stellte er sie in einer bisher nie dagewesenen Tiefe auf, um die Front des Gegners durch einen ungeheuren Stoß zu zerreißen.

Hannibal strebte nicht einen »einfachen« Sieg an, sondern die totale Vernichtung des römischen Heeres. 20 000 Iberer und Gallier, zum Teil Hilfsvölker, die er erst jüngst angeworben hatte, standen im Zentrum. Sie hielten den Anprall der Legionen auf und zogen sich kämpfend langsam zurück, ohne daß die Schlachtordnung zerbrach. Die überlegene Reiterei der Karthager verjagte indessen die römischen Reiter, um dann den Legionen in den Rücken zu fallen. Gleichzeitig schwenkten die afrikanischen Veteranen, die Hannibal zunächst im zweiten Treffen zurückgehalten hatte, gegen die Flanken der Römer ein und schlossen den »eisernen Ring«, in dem dann 48 000 Römer starben. »Stundenlang muß das entsetzliche Morden gewütet haben« (Delbrück).

Unter den wenigen, die entkamen, war auch C. Terentius, »ein Mann, der sein Amt zum Verderben des Vaterlandes geführt hatte und nun schimpflich geflohen war« (Polybios); sein Amtskollege war in der Schlacht gefallen.

Bis ins 20. Jahrhundert, bis in die Pläne des deutschen Generalstabs vor dem Ersten Weltkrieg, blieb Hannibals Vernichtungsschlacht als Muster einer Umfassungsschlacht vorbildlich. Eine Entscheidung führte der Sieg nicht herbei. (R. V.)

Capitolinische Wölfin

In Sage und Kult (→ *Erotik*) ist die Wölfin mit der Gründungsgeschichte Roms eng verbunden und wurde deshalb auch zum Wappentier der Stadt. Zweimal werden Bronzestandbilder einer Wölfin erwähnt; nach *Livius* stand eines am *Lupercal*, einer Höhle am *Palatin*, wo *Romulus und Remus* von der Wölfin gesäugt wurden, eine andere Wölfin erwähnt → *Cicero* auf dem *Capitol*. Letztere ist es möglicherweise, die heute noch – oder wieder – die zahlreichen Besucher Roms im Conservatorenpalast auf dem Capitol bewundern. Wahrscheinlich stammt sie schon aus dem 5. vorchristlichen Jahrhundert und ist angeb-

Capitolinische Wölfin.
Bronzeplastik aus dem 5. Jh. v. Chr.
Die Knaben wurden im 16. Jh. ergänzt.
Konservatorenpalast Rom.

lich das Meisterwerk eines etruskischen Künstlers aus *Veii*. Unklar bleibt, ob dieser die Wölfin in Rom schuf, oder ob sie zu der Beute gehörte, die von den Römern um 360 v. Chr. nach den Etruskerkriegen (→ *Etrusker*) aus *Bolsena* geraubt wurde. Sicher stand sie seit dem Beginn ihrer römischen Zeit auf dem Capitol, vielleicht auf einem Postament gegenüber dem Iupitertempel, wo sie kurz vor 63 v. Chr. ein Blitz traf, dessen Spuren man noch heute an ihrem Hinterlauf zu erkennen glaubt (eine etwas unsichere Theorie, die durch neue sorgfältige Untersuchungen geklärt werden müßte). In seiner dritten Rede gegen → *Catilina* erwähnt Cicero einen solchen Einschlag und spricht von einem *vergoldeten Romulus*, der als Säugling nach den Brüsten der Wölfin hasche. So vermutet man, daß schon ursprünglich Zwillinge zu der Figur gehörten, wenn auch die heutigen erst aus der Renaissance stammen. Da Iupiter selbst durch seinen Blitzschlag das Kunstwerk geheiligt hatte, wurde es wohl von nun an den profanen Blicken entzogen, in den Gewölben des *Iupiter-Tempels* untergebracht und verschiedentlich, wie man deutlich erkennen kann, schlecht restauriert. Seit dem 10. nachchristlichen Jahrhundert stand die Wölfin dann als »Mutter Roms« und Gerichtszeichen vor dem *Lateranspalast*, wo sie auch Dante sah. 1471 kehrte sie auf das Capitol zurück, wo sie zuerst über dem Eingang des *Conservatorenpalastes* und später im Innern aufgestellt wurde und als Zutat des 16. Jahrhunderts durch *G. della Porta* die Zwillinge in ihrer heutigen Gestalt erhielt. (H. P.)

Carnuntum

Die erste Ansiedlung auf dem *Braunsberg nahe Hainburg*, nicht weit von der Dreiländerecke Österreich–Ungarn–Slowakei, sowie ihr Name reichen weit in urgeschichtliche Zeit zurück. Als in der zweiten Hälfte des 1. Jahrtausends v. Chr. die Kelten sich zu Herren des Gebietes machten, benützten sie die Siedlung auf dem Braunsberg als Fluchtburg. Im Jahre 8 n. Chr. gründeten dort (und weiter donauabwärts) die Römer eine Provinz, die wenig später den Namen *Pannonia* erhielt. Am strategisch wichtigen Punkt des Donauüberganges nahe der Einmündung der March wurde ein Militärlager errichtet; von jener alten Siedlung auf dem Braunsberg übernahm es den Namen *Carnuntum*.
Das Lager – Hauptfestung am pannonischen Do-

naulimes – enthielt alles, was das römische Militärreglement erforderte, Kasernen für die Mannschaft, Wohnhäuser für die Offiziere, Stabsgebäude, Heiligtümer, Werkstätten und Speicher, Stallungen, ein Spital, ein Bad; die Hauptstraße war von Laubengängen gesäumt. Hier residierte der Legionskommandant, gleichzeitig Statthalter der Provinz. Einer dieser Statthalter von Pannonien, *Septimius Severus*, wurde im Jahre 193 in Carnuntum von seinen Soldaten zum Kaiser ausgerufen, und → *Diocletian* hielt hier 307 eine Kaiserkonferenz ab. Vom Legionslager ist heute noch ein Torturm zu sehen, ferner das Amphitheater mit der Loge des Statthalters. Die Zivilstadt von Carnuntum besaß ihr eigenes Amphitheater; auch dieses ist ausgegraben. Diese Stadt am Schnittpunkt der *Donauuferstraße* mit der *Bernsteinstraße* war ein bedeutender Handelsplatz, der in seiner Blütezeit 40 bis 50 000 Einwohner gezählt haben soll. Einige Straßen und die Reste von Häusern sind freigelegt. Forum und Capitol wurden noch nicht gefunden, doch kennt man eine Thermenanlage mit dem beachtlichen Umfang von 143 × 104 m, die um 300 n. Chr. möglicherweise zu einem Palast umgebaut wurde.
Eindrucksvoll spiegelt sich in den zahllosen Einzelfunden das tägliche Leben der Offiziere und Soldaten, Bürger und Sklaven. Zwei Museen fassen kaum die Fülle der Funde: Kunstgegenstände und Schmuck, Werkzeuge, Waffen, Haushaltsgeräte aller Art und Mosaiken. Götterstatuen und Altäre künden darüber hinaus vom religiösen Leben und verraten, daß neben dem offiziellen Staatskult auch → *Mithras* eine große Rolle spielte. Sogar das frühe Christentum hat seine Spuren hinterlassen.
In den Stürmen der Völkerwanderung wurde Carnuntum zerstört und bald vergessen. Nur die Reste eines Torbaues, wahrscheinlich eines Triumphbogens, blieben sichtbar auf freiem Feld durch die Jahrhunderte als »Heidentor« erhalten. Der Spaten der Archäologen brachte die vielfältigen Zeugnisse provinzial-römischer Alltagswelt ans Licht. (G. S.)

Carthago → *Karthago*

Catilina

Das Leben des um 108 v. Chr. geborenen *Lucius Sergius Catilina* war symptomatisch für die ›heißen‹ Jahrzehnte zwischen *Sullas* Restaurationsversuchen einerseits und der ›Militärdiktatur‹ *Caesars* andererseits.

Innenpolitisch geprägt von Umsturzversuchen, Straßenkämpfen und Tumulten extremer demokratischer Gruppen, barg die Zeit zudem noch einen erschreckenden Abgrund sittlichen und ökonomischen Zerfalls (Mommsen) aller Klassen.

An die Spitze der unzufriedenen Menge besitzloser sullanischer Veteranen, der verarmten Bauern, verschuldeten Adeligen und hauptstädtischen ›Proletarier‹, die auf Schuldenerlaß drängten und deren Ziel die Übernahme der Regierung mit den ›bewährten‹ Methoden der Ächtung, Tötung und Vermögenskonfiskation politischer Gegner war, setzte sich jener ›erfahrene‹ Catilina, der sich selbst schon am eingezogenen Eigentum der von Sulla Geächteten bereichert und zudem als *Propraetor* die *Provinz Africa* im Jahre 67 schamlos ausgebeutet hatte.

Als Catilina im Jahre 66 v. Chr. durch eine Anklage wegen Erpressung verhindert war, sich für das Jahr 65 v. Chr. um das Consulat zu bewerben, faßte er mit etwa 400 Verschwörern aus dem Senatoren-, dem Ritterstand und dem Volk den Plan eines Umsturzes. Obwohl Catilinas Pläne bekannt wurden, ging man nicht gegen ihn vor, ja man ließ sogar seine erneute Kandidatur für die Consulwahl 64 v. Ch. (→ *Ämterlaufbahn*) zu, die insgeheim von → *Caesar* und *Crassus* unterstützt wurde. Aber erneut fiel Catilina gegen *Antonius* und → *Cicero* durch. »Doch seine Tollheit wurde nicht geringer, sondern von Tag zu Tag entwickelte er eine lebhaftere Tätigkeit« (Sallust). Er traf im Hochsommer 63 v. Chr. in *Faesulae* (Fiesole) energische Vorbereitungen zum Bürgerkrieg, sammelte Waffen und Truppen. Als der Umsturzplan am 28. 10. 63 v. Chr., dem Tag der Consulwahl für 62 v. Chr., erneut gescheitert und Catilinas dritte Bewerbung abgewiesen worden war, »beschloß er offen Krieg zu führen, da seine heimlichen Versuche ein klägliches Ende gefunden hatten« (Sallust). Am 8. 11. 63 v. Chr. offenbarte Cicero im Beisein Catilinas den Senatoren in seiner ersten, sogenannten »Catilinarischen Rede« die Verschwörung. Catilina zog sich nun nach Etrurien zurück, rief sich selbst zum Consul aus und wartete auf das Losschlagen seiner Mitverschwörer in Rom. Als dort Cicero Briefe der Verschworenen an die gallischen *Allobroger* in die Hände fielen, verhaftete er die Anführer des Komplotts und ließ sie nach der Abstimmung im Senat erdrosseln. Ein Senatsheer rückte gegen Catilina vor und stellte ihn im Januar 62 v. Chr. bei *Pistoria* (Pistoia). Nach tapferer Gegenwehr fiel Catilina; »man fand seinen Leichnam fern von den Seinen unter den Leichen der Feinde« (Sallust). (M. F.)

Cato der Ältere

Marcus Porcius Cato Censorius (234–149 v. Chr.) entstammte einer ritterlichen Familie aus Tusculum. Dem homo novus, dem Neuling in der → *Ämterlaufbahn* ohne die Referenz einer langen Ahnenreihe, gelang eine eindrucksvolle Karriere: 214 v. Chr. *Militärtribun*, 204 v. Chr. *Quaestor* des P. Cornelius Scipio Africanus bei dessen Überfahrt nach Karthago, 199 v. Chr. *Aedil*, 198 v. Chr. *Praetor*, 195 v. Chr. *Consul*, schließlich 187 v. Chr. *Censor*. Vor allem die strenge Ausübung dieser Tätigkeit – er entfernte sieben Senatoren aus dem Senat und entzog zahlreichen Rittern das Staatspferd – ließ ihn als Prototyp des echten ›Altrömers‹ erscheinen. Seine erbitterte Gegnerschaft zu den politisch-militärisch erfolgreichen Scipionen, sein unermüdlicher Kampf gegen das Eindringen griechischen Gedankengutes (155 v. Chr. wurde eine Gesandtschaft griechischer Philosophen auf sein Drängen hin aus Rom ausgewiesen), sein unbeirrbares Eintreten für eine harte Politik gegenüber Karthago verstärkten diesen Eindruck. Er machte sich durch diese Haltung viele Feinde: 44 mal mußte er sich vor Gericht verantworten, wurde freilich jedesmal freigesprochen.

Erstaunlich vielseitig ist auch sein literarisches Schaffen. Zu nennen sind neben seinen Reden, die er als erster Römer selbst veröffentlichte, seine Schrift »De agricultura«, ein Fachbuch mit einer Vielfalt von Hinweisen für die wirtschaftliche Nutzung eines Landguts, sowie die sieben Bücher »Origines« (eigtl. »Ursprungsgeschichten«), in denen er – das Thema »Gründungsgeschichten« großzügig erweiternd – die Geschichte Italiens bis zu seinem Todesjahr nicht nur vom stadtrömischen Standpunkt, sondern unter gesamtitalischem Aspekt behandelt. In diesem Werk nennt er, im Sinne einer Förderung der altrömischen Virtus jedem Persönlichkeitskult abhold, nicht einmal die Namen seiner Helden.

Man wird wohl Catos Wesen eher gerecht, wenn man in ihm nicht so sehr den borniert–engstirnigen, unbelehrbaren Konservativen sieht als vielmehr einen Menschen, der in einer Zeit des

Umbruchs von Zweifeln geplagt seine innere Unsicherheit durch besonders forsches Auftreten gegenüber allem Neuen und Fremden zu kompensieren suchte. (W. M.)

Cato der Jüngere

Der jüngere Cato war der Urenkel des Censors und wurde im Jahre 95 v. Chr. geboren. Er kämpfte zuerst gegen → *Spartacus*, wurde 65 v. Chr. *Quaestor* und verwaltete das Amt in ausgezeichneter Weise. Dann schloß er sich der stoischen Philosophenschule an, und es verging kaum eine Senatssitzung, in der man ihn nicht mit einem Buch dieser Sekte sah. Cato der Jüngere war ein überzeugter Anhänger der republikanischen Staatsform und der Herrschaft des Senates, dem er durchaus die Kraft zutraute, das Imperium zu regieren. Hierin mag er sich getäuscht haben, doch verdient sein aufrechter, alle Konsequenzen seiner Überzeugung tragender Charakter hohen Respekt.

Cato der Jüngere war es, der im Jahre 63 v. Chr. mitwirkte an der Durchsetzung des Todesurteils über die *Catilinarier;* er bekämpfte die aufstrebenden Alleinherrscher von der Art des → *Pompeius* oder des → *Caesar*, verlangte sogar die Auslieferung Caesars an die Germanen, als dieser die germanischen *Usipeter* getäuscht und vernichtet hatte. Beim Ausbruch des Bürgerkrieges stellte er sich unbeugsam gegen Caesar und verteidigte Sizilien gegen diesen. Dann wurde er der Senatspartei durch seine schonungslose Offenheit lästig, und sie ließ ihn nicht mit ins Heerlager bei *Pharsalus*. Nach der Niederlage von Pharsalus ging Cato nach Afrika, um dort gegen Caesar weiterzukämpfen, und übernahm die Verteidigung der Stadt *Utica*. Nach der Niederlage auch von *Thapsus* beschloß Cato, weil die Lage aussichtslos geworden war, den Selbstmord. Er las Platons Buch »Phaidon« über die Unsterblichkeit der Seele und stieß sich dann den Dolch in den Leib. Seine Freunde verbanden ihn, doch riß er sich den Verband wieder ab und verblutete (8. April 46 v. Chr.).

Cato der Jüngere galt als die Verkörperung altrömischer Sitte und Unbeugsamkeit und als Symbol republikanischer Freiheit. Nach seinem Tode schrieb → *Cicero* eine Lobschrift auf ihn, gegen die Caesar selbst – wegen ihrer propagandistischen Gefährlichkeit – eine Gegenschrift (Anticato) verfaßte. Der kaiserzeitliche Epiker *Lucan* stellte Cato als den großen Menschen dar,

der gegen Caesar noch kämpft, als zu diesem bereits die Götter übergelaufen sind (victrix causa diis placuit, sed victa Catoni). (O. S.)

Christentum

In der Einleitung zu einer »Deutschen Geschichte im Zeitalter der Reformation« (1839) schreibt der Historiker *Leopold von Ranke*, daß »es überhaupt keine menschliche Tätigkeit von wahrhafter, geistiger Bedeutung gibt, die nicht in einer mehr oder minder bewußten Beziehung zu Gott und göttlichen Dingen ihren Ursprung hätte«. Ganz gewiß gilt dieses Wort auch für das griechisch-römische Altertum.

Das (griechische) Christusmonogramm XR (CHRistos) auf römischen Medaillons. Campo Santo Teutonico Rom.

Religiöse Situation in Palästina. Sonderstellung des Landes. Die Situation des Römischen Weltreiches (→ *Religion*) war religiös dadurch gekennzeichnet, daß Rom in der hellenistischen Welt des Ostens mit einer Vielzahl von fremden Kulten in Berührung kam. Eine relativ starke Fluktuation einzelner Bevölkerungsteile (Kaufleute, Beamte, Soldaten, Seeleute, Sklaven) ließ diese Kulte, z. B. den persischen → *Mithraskult* oder die ägyptische → *Isisverehrung* sogar in die entlegensten Teile des Reiches vordringen.

Eine Sonderstellung nahm dabei schon immer Palästina ein. Die dort ansässigen Juden (→ *Juden und Römer*) unterschieden sich von den Völkern in ihrer Nachbarschaft durch einen strengen Monotheismus. Ihre Religion verbot ihnen die bildliche Darstellung des Gottes Jahwe. Die Beschneidung, vollzogen am achten Tag nach der Geburt, galt als Zeichen des von Gott mit den Vorvätern geschlossenen Bundes (1. Mos. 17, 10 ff.) und verstärkte die Absonderung von Nachbarvölkern und Römern.

Seit der Neuordnung Asiens durch *Pompeius* (63 v. Chr.) wurde das Land entweder durch Vasallenkönige oder durch römische Statthalter (Prokuratoren) regiert. Einer dieser Könige war *Herodes der Große*, der sich geschickt mit dem jeweils mächtigsten römischen Politiker – und das waren nacheinander Pompeius, Caesar, M. Antonius und C. Octavius! – arrangierte. In einem der letzten Jahre der herodischen Regierungszeit (37 bis 4 v. Chr.), in der Herodes die offizielle Anerkennung der jüdischen Religion durch die Römer erreichte, wurde Jesus Christus geboren.

Jesus. Jesus fand ein in verschiedene religiöse Richtungen zersplittertes Judentum vor. Neben der einflußreichen Partei der *Pharisäer* standen die *Sadduzäer*. Während erstere, denen die meisten Schriftgelehrten angehörten, strengste Absonderung von den Heiden propagierten und auf peinlichste Beobachtung des Gesetzes (5 Bücher Mose und ihre mündliche Weiterbildung) drangen, lehnten letztere jeden Glauben an ein messianisches Reich ab und zeigten sich gegenüber fremden Sitten aufgeschlossener. Die kleine Gruppe der *Essener*, die sich in klösterliche Abgeschiedenheit zurückgezogen hatte, lebte eine Art asketischen Kommunismus, der Ehelosigkeit, Gütergemeinschaft und gemeinsame heilige Mahlzeiten einschloß.

Jesus, der zunächst in Galiläa wirkte, mochte auch nur als einer jener Wanderlehrer gelten, die der Vielzahl religiöser Strömungen eine neue hinzufügten. Doch die Lehre, die der wandernde, von Jüngern begleitete *Rabbi* (Meister) verkündete, ließ durch den radikalen Ernst ihres Anspruchs aufhorchen. Ihren Kern, wie ihn die gelehrte Arbeit von vielen Theologengenerationen aus Evangelien und Apostelbriefen freilegte, (aufgezeichnet seit etwa 50 n. Chr.) machen folgende Gedanken aus: 1. Das *Reich Gottes*, das Jesus mit seinem Auftreten angebrochen sah, wird sich in naher Zukunft vollenden. 2. Nicht der Mensch hat Ansprüche an Gott zu stellen, sondern Gott fordert die *völlige Hingabe* des Menschen an ihn. 3. Gott selber aber bietet sich in seiner unendlichen Gnade dem Menschen an und *erlöst* ihn durch das *Opfer seines Sohnes*. 4. Die Menschen können auf dieses Gnadenan-

gebot nur angemessen antworten, wenn sie ihr Leben radikal *ändern* (Umkehr, Buße) und täglich das *Liebesgebot* gegenüber dem Nächsten verwirklichen. 5. Das Gebot der Nächstenliebe schließt in seiner äußersten Konsequenz die *Feindesliebe* (Bergpredigt!) mit ein. 6. Der befreienden Macht der Liebe Gottes wird der Mensch inne durch seinen *Glauben*, der, mit Ernst vollzogen, auch noch den schlimmsten Verbrecher retten kann (Schächer am Kreuz!).

Die Botschaft Jesu, die sich vor allem auch an die Außenseiter der Gesellschaft, an die Armen und Erniedrigten wandte, mußte ihren Verkünder in einen scharfen Gegensatz zu den gesetzestreuen Juden, vor allem zu den Pharisäern, bringen. Jesus sah das genau und begab sich am Ende seines wahrscheinlich nur einjährigen öffentlichen Wirkens in die ›Höhle des Löwen‹, nach Jerusalem. Dort starb er – wohl am 7. 4. des Jahres 30 nach der Zeitwende – nach Verurteilung wegen messianischer Umtriebe den Kreuzestod.

Das wichtigste außerchristliche Zeugnis für den Tod Jesu finden wir bei dem römischen Historiker *Tacitus* (»Annales« 15, 44), der bei der Darstellung der Christenverfolgung des Kaisers Nero folgendes berichtet: »Es waren jene Leute, die das Volk wegen ihrer (angeblichen) Schandtaten haßte und mit dem Namen ›Christen‹ belegte. Dieser Name stammt von Christus, der unter Tiberius vom Procurator Pontius Pilatus hingerichtet worden war.«
(Übers.: Carl Hofmann)

Das Urchristentum. Paulus. Das jüdische Synedrion (höchste Staatsbehörde) hatte Jesus angeklagt, das Todesurteil aber sprach nach dem geltenden Recht der römische Procurator. Römische Soldaten vollzogen die Kreuzigung. Doch hatte Jesus nie zur Rebellion gegen die römische Fremdherrschaft aufgerufen. Diese galt ihm als eine von Gott zugelassene staatliche Ordnung, die Anerkennung verdiente, soweit sie keinen unerträglichen Gewissenszwang ausübte. Jesus hatte auf die hinterhältige Frage der Pharisäer, ob die Juden nach dem Gesetz Gottes dem römischen Kaiser Steuern zahlen dürften, auf das Kaiserbildnis eines römischen Denars (→ *Geld – Münzen – Maße*) gedeutet und geantwortet: »Dann gebt dem Kaiser, was dem Kaiser gehört, aber gebt Gott, was Gott gehört« (Matthäus 22, 21). Umgekehrt war es für die christliche Botschaft von unschätzbarer Bedeutung, daß Palästina Teil eines wohlorganisierten Weltreiches war, in dem Provinzgrenzen keine nennenswerten Hindernisse bildeten. Ein schon unter den Persern bestehendes Straßennetz, das von den hellenistischen Herrschern weiter ausgebaut worden war, verband die Staaten des Ostens miteinander. Das Mittelmeer befuhren unzählige Schiffe. Die großen Hafenstädte des Ostens, allen voran *Alexandria* in Ägypten und *Antiochia* in Syrien, waren Umschlageplätze für materielle Güter, aber auch für Ideen. Die griechische *Koine* (Gemeinsprache) war für die Völker des Ostens zu einem alle verbindenden Verständigungsmittel geworden. Sie wurde in Syrien und Palästina sogar zu einer »ernsthaften Konkurrentin des Aramäischen« (Carl Schneider) und drang selbst in rein ländliche Bezirke vor. In allen großen Städten sprachen viele Menschen neben dem einheimischen Idiom das Griechische. Auch im westlichen, lateinischen Teil des Weltreiches verstanden die Angehörigen vornehmer Familien das Griechische und ließen ihre Kinder darin unterweisen. Es war deshalb ein für die Ausbreitung der christlichen Lehre geradezu lebenswichtiger Vorgang, daß die Berichte (Evangelien) und Briefe, die im zweiten Jahrhundert zum neutestamentlichen Kanon zusammenwuchsen, in griechischer Sprache verfaßt waren. Das *Aramäische*, das Jesus und seine ersten Jünger gesprochen hatten, hätte die Heidenmission stark behindert, wenn nicht sogar unmöglich gemacht.

Daß aber das Christentum keine auf Palästina beschränkte Sekte blieb, hat es neben den erwähnten Tatsachen vor allem seinen Missionaren zu verdanken, die zunächst im Diasporajudentum des Ostens und dann zunehmend in allen Bevölkerungsschichten des Reiches der neuen Lehre Anhänger gewannen. An leidenschaftlichem Eifer alle übertreffend, trug der in einem streng jüdischen Elternhaus aufgewachsene *Apostel Paulus* aus dem hellenistischen *Tarsos* (Kilikien) die christliche Lehre in die griechisch-römische Welt hinaus. Paulus befreite das Christentum in der Auseinandersetzung mit der Jerusalemer *Urgemeinde* und ihren Häuptern (Petrus, Jakobus) von den Einengungen durch das jüdische Gesetz, indem er auf dem *Apostelkonvent in Jerusalem* (um 43/44) die Anerkennung der *Heidenmission* durch die Urgemeinde erreichte. Die Heidenchristen wurden vom Gebot der Beschneidung ausgenommen und erlangten Freiheit von den engen jüdischen Speisevorschriften (koscheres Fleisch).

Eine befreiende Wende führte Paulus auch durch seine Deutung der *Eschatologie*, der Naherwartung der *Wiederkunft Christi* (Parusie) herbei. Die Urgemeinde stand ja nach dem Tode Jesu ganz unter dem Eindruck, daß Weltende und letztes Gericht unmittelbar bevorstünden. Paulus betonte nun, daß der neue »Äon« bereits angebrochen sei und daß die Christen »im Geist« bereits Anteil an ihm hätten. Damit verlor die Frage, wann denn der Herr endlich seiner dem Weltende entgegenharrenden Gemeinde erscheine, viel von ihrer – durch die Gegner des Christentum hämisch ausgenützten – ›Aktualität‹. Paulus selbst reiste unermüdlich durch Kleinasien und Griechenland und blieb den von ihm gegründeten oder besuchten Gemeinden durch seine Briefe seelsorgerlich verbunden. Schließlich wurde er, der das römische Bürgerrecht besaß, im Jahre 56 bei einem Aufenthalt in Jerusalem verhaftet. »Diasporajuden, die ihn kannten, begegneten ihm dort im Tempel und bezichtigten ihn fälschlich, er habe einen Nichtjuden aus seiner Begleitung mit in den Tempel gebracht. Sie erregten wegen dieses angeblichen, sogar von den Römern respektierten Sakrilegs, auf dem die Todesstrafe stand, einen solchen Tumult gegen ihn, daß die römische Wache eingriff und ihn in Schutzhaft nahm, um ihn der Lynchjustiz des jüdischen Pöbels zu entziehen. Seitdem ist Paulus Gefangener der Römer, und zwar sehr bald nicht mehr nur Schutzhäftling, sondern Untersuchungsgefangener« (Bornkamm). Nach langer, verhältnismäßig leichter Haft in Rom und einem viele Monate sich hinschleppenden Prozeß starb Paulus zu Beginn der sechziger Jahre den Märtyrertod.

Das 1. und 2. Jahrhundert: Ausbreitung, Verfolgung, ›Irrlehren‹. Die ersten Zentren des Christentums lagen in Palästina, Syrien (Antiochia), Kleinasien (Ephesus, Milet, Pergamon, Ankyra, Sinope) und Griechenland (Athen, Korinth, Thessalonike, Philippi). In den nächsten beiden Jahrhunderten entstand eine Vielzahl von Gemeinden in Italien (Rom, Capua, Perusia, Ravenna, Mailand), in Frankreich (Lugdunum = Lyon, Vienna = Vienne), Nordafrika (Alexandria, Kyrene, Carthago) und auf Cypern und Kreta.

Im dritten Jahrhundert stieg die Zahl der Christen gewaltig an, so vor allem in der Privinz Africa (Hinterland von Carthago), in Spanien (zwischen Corduba und Malaca und am Ebro), in

Ägypten (zwischen Memphis und Ptolemais) und schließlich in Frankreich (um Arles und Reims) und Norditalien (um Aquileia).

Selbstverständlich blieb den Gemeinden die Auseinandersetzung mit dem römischen Staat nicht erspart. Hatte schon Kaiser *Nero* nach dem Brand von Rom im Jahre 64 die Christen zu Sündenböcken gestempelt und aufs grausamste verfolgt, so war es besonders der *Kaiserkult* (→ *Religion*), der die Christen in schwere Gewissenskonflikte stürzte. Weigerten sie sich, beim Standbild des Kaisers mit Weihrauch und Wein zu opfern, so bedeutete das für sie das Todesurteil. Doch brachte das zweite Jahrhundert mit den toleranten Adoptivkaisern *Traian*, → *Hadrian*, *Antoninus Pius* und → *Marc Aurel* eine Zeit relativer Ruhe, die zur Festigung der Gemeinden stark beitrug.

Berühmtestes Zeugnis für diese Haltung ist der Briefwechsel → *Plinius des Jüngeren* mit Kaiser *Traian*, der seinem in Bithynien (Kleinasien) residierenden Statthalter auf die Frage, wie er mit den Christen verfahren solle, folgendes antwortet: »Aufgespürt sollen sie nicht werden; wenn sie angezeigt und überwiesen werden, so sind sie strafbar, jedoch mit der Ausnahme, daß jeder, der seine Zugehörigkeit zu den Christen leugnet und es auch durch die Tat, d. h. durch Anbetung unserer Götter, beweist, ohne Rücksicht auf seine frühere Verdächtigkeit wegen seiner Reue Verzeihung erlangen soll. Anonyme Anklagen aber dürfen bei keiner Beschuldigung beachtet werden; das wäre ein sehr schlechtes Beispiel und des Geistes unserer Zeit nicht würdig.« *(Nach: Schuster, Ringshausen, Tebbe: Quellenbuch zur Kirchengeschichte)*

Das Christentum mußte inmitten einer von mannigfachen religiösen und philosophischen Strömungen erfüllten Welt seinen Weg nehmen und konnte von den Vorstellungen seiner Umwelt nicht unberührt bleiben. Ja, es mußte sogar an diese Vorstellungen anknüpfen, wenn es sich verständlich machen wollte. Kein Wunder, daß der Streit um die rechte Lehre nie aufhörte und die Gemeinden zu leidenschaftlicher Parteinahme veranlaßte. Im zweiten Jahrhundert machte die auf »pneumatische« Offenbarungen sich berufende Erlösungslehre der *Gnosis* (→ *Philosophie*) dem Christentum schwer zu schaffen. Auch der

Marcionismus und die *montanistische Lehre* stürzten viele Christen in Zweifel. Schließlich forderte auch die *hellenistische* → *Philosophie*, vor allem die von einem Großteil der Gebildeten hoch geschätzte Lehre der Stoa, durch ihren religiösen Charakter zur Auseinandersetzung heraus. Die immer stärker vordringenden *Mysterienreligionen* des Ostens (→ *Religion*) bildeten ein weiteres Element der Unruhe. Die mit leidenschaftlichem Ernst geführte Diskussion schlug sich beeindruckend in den Werken der griechischen und lateinischen → *Kirchenväter* nieder.

Das 3. Jahrhundert: Auf dem Weg zur Anerkennung durch den Staat. Das 3. Jahrhundert veränderte die Zusammensetzung der das Christentum tragenden Schichten. Ein bedeutender Teil der Christen entstammte ja zunächst den ärmeren Kreisen der Bevölkerung. Viele Sklaven schlossen sich der neuen Lehre an, da sie auch und gerade den Ärmsten Trost zusprach. Nun aber bekannten sich auch Angehörige der bemittelten Klassen, Beamte und Soldaten eingeschlossen, in größerer Zahl zum Christentum. Eines war klar: ausrotten ließ sich die neue Lehre kaum mehr! Trotzdem unternahmen römische Kaiser des 3. Jahrhunderts mehrmals diesen Versuch. So verpflichtete Kaiser *Decius* (249–53) alle Bewohner des Reiches zu Bittopfern, ging rücksichtslos gegen den christlichen Klerus vor und veranlaßte durch die Grausamkeit seiner Maßnahmen viele Christen zum Abfall. Und noch zu Beginn des 4. Jahrhunderts brach unter dem energischen Kaiser → *Diocletian* in den Jahren 303 bis 305 eine fast das ganze Reich erfassende Welle schlimmster Verfolgungen über die Christen herein. Edikte befahlen die Zerstörung von Gemeinderäumen, die Vernichtung christlicher Schriften und die Einkerkerung von Klerikern. Ungezählte Christen, die ihrem Glauben die Treue hielten, starben den Märtyrertod und bewiesen eben dadurch überzeugend die innere Kraft des Christentums. Die entscheidende Wende führte dann Kaiser → *Constantin der Große* im Jahre 313 durch das *Toleranzedikt von Mailand* herbei, das den Christen freie Religionsausübung zusicherte.

Das spätantike Christentum: Staat und Kirche. Constantin begnügte sich nicht mit der Duldung der christlichen Kirche, sondern griff auch selbstherrlich in die inneren Angelegenheiten der Kirche ein. Auf dem berühmten *Konzil von Nicäa* ließ er die Lehre des Alexandriners *Arius* von den versammelten Bischöfen verdammen. Immer mehr verwischten sich die Grenzen von

*Frühchristlicher Marmorsarkophag
mit Osterlamm im Mittelfeld
des Reliefs.
San Antonio Padua.*

Kirche und Staat. 391 erhob dann Kaiser *Theodosius* das Christentum zur alleinigen Staatsreligion und verbot alle heidnischen Kulte.
Die Gemeinden selbst hatten sich im Zusammenhang mit den Krisen des zweiten Jahrhunderts eine festere Verfassung gegeben. Ihre Leistung lag in den Händen von *Bischöfen*, die von *Presbytern* und *Diakonen* unterstützt wurden. Die Bischöfe der Provinzialhauptstadt gewannen besonderes Ansehen, das sich zu einer Jurisdiktionsgewalt gegenüber den ihnen unterstellten Diözesen entwickelte. Den weitaus größten Einfluß aber sicherten sich die Bischöfe der großen Weltstädte Rom, Alexandria, Antiochia und Konstantinopel, die sich stolz *Patriarchen* nannten. (S. G.)

Christenverfolgungen

Die Beziehung der Kirche zur staatlichen Gewalt war zunächst ohne Spannungen und Probleme. Ansätze zu Auseinandersetzungen lagen freilich in den geistigen Ideen des Christentums.
Gründe für die Verfolgung des Christentums: In den antiken Staaten war die Religion sehr eng mit dem Staatswesen verbunden. Der *Kult* ge-

hörte als öffentliche Angelegenheit in den Aufgabenbereich der Beamten. Der Leiter des Staates (Consul/Kaiser) war zugleich der *oberste Priester*. Die römische Einstellung zur Religion war keineswegs eng: Sie tolerierte fremde Religionen, wenn sie neben der eigenen Gottheit auch die römischen Staatsgottheiten verehrten. Und gerade das verbot den Christen ihr Glaube an den *einen* Gott und den *einen* Kyrios (Herr-Gott). Dieser für die Heiden unverständliche Ausschließlichkeitsanspruch war die eigentliche Ursache für die zunehmenden Feindseligkeiten der einzelnen Bürger und der staatlichen Behörden. Sicher gab es in der Kaiserzeit viele Römer, die nicht wirklich an die Götter glaubten; an den äußeren Formen ihrer Religion jedoch hielten sie fest. Die Verehrung der Götter war ja so etwas wie eine Loyalitätsbezeugung der Bürger gegenüber ihrem Staat. Der Unwille der römischen Bürger entzündete sich deshalb auch umso mehr daran, daß die Christen sich von allen Gelegenheiten zurückzogen, bei denen offiziell geopfert werden mußte (Theaterspiele, Hausfeste bei heidnischen Nachbarn, Gerichtssitzungen). Diese Absonderung vom ›Kulturleben‹ erzeugte Mißtrauen, und der Verdacht der Gottlosigkeit entstand. Und das hieß: Christen sind politisch unzuverlässig. Sie sind Sonderlinge. Der Weg zu dummen und böswilligen Verdächtigungen (Kindermord, Inzest) war nicht weit. Die feindselige Atmosphäre wurde zudem von den Juden geschürt, die den Christen den »Verrat am Judentum« nicht verzeihen konnten. So lassen sich als Motive der Verfolgungen zwei Ansätze erkennen: Die Sorge der römischen Kaiser um die Zukunft des Staates und die Unkenntnis und Fehleinschätzung des Christentums durch das Volk.

Örtlich begrenzte Verfolgungen (60–250): Möglicherweise haben wir in der *Vertreibung der Juden* aus Rom unter *Claudius* eine Maßnahme gegen die Christen zu sehen. Die erste Christenverfolgung aber brach unter → *Nero* (R 54–68) im Jahre 64 los, im Anschluß an den Brand Roms. Der Kaiser, auf dem der Verdacht der Brandstiftung lag, schob die Schuld den Christen zu und ließ sie unter Martern hinrichten. Wegen Ablehnung des Kaiserkultes ging *Domitian* (R 81–96) in Rom gegen die Christen vor, aber auch in Kleinasien. Die Verfolgungen waren räumlich beschränkt; die Christen wurden aber durch sie in der Öffentlichkeit als nicht loyal hingestellt. Während des ganzen 2. Jahrhunderts war die Auffassung bestimmend, Christsein sei strafwürdig. Diese Einstellung des Staates zur Strafwürdigkeit der Christen gibt der schon zitierte Briefwechsel des jüngeren → *Plinius* mit Kaiser *Traian* (R 98–117) wieder (→ *Seite 111*). Eine juristische Grundlage für die Verfolgungen gab es nicht; die Pogrome entzündeten sich (wie später die gegen die Juden) an volkstümlichen Gerüchten, wonach die Christen den Zorn der Götter über den Staat herausforderten. Das zeigte sich am deutlichsten in den Pogromen zur Zeit → *Marc Aurels* (R 161–181), als das Reich durch Hunger und Pest heimgesucht und von außen durch die Markomannen und Parther bedrängt wurde.

Systematische Verfolgungen der Christenkirche (250–312): Seit Beginn des 3. Jahrhunderts wurde regelmäßig die Kirche im ganzen Reichsgebiet gezielt verfolgt. 202 erließ *Septimius Severus* ein Edikt, das den Übertritt zum Christentum mit schweren Strafen bedrohte. In der folgenden Ruhezeit – einer Begleiterscheinung des Reichsverfalls unter den Soldatenkaisern – konnte sich die Kirche stark ausbreiten. 247/8 hatte man in Rom mit großem Aufwand die Jahrtausendfeier zur Gründung der Stadt begangen. Die Erinnerung an die große Vergangenheit weckte in Kaiser *Decius* den Entschluß, das Reich zu restaurieren. Die Voraussetzung sah er in der Erneuerung der alten römischen Religion, die er mit militärischer Härte erzwingen wollte. Die systematische Verfolgung begann mit dem Angriff auf die Bischöfe der großen Gemeinden. Es folgten Erlasse, die von allen Bewohnern als

Zeichen der Ergebenheit ein Opfer vor einer eigenen Opferkommission verlangten. Wurde dies verweigert, bedrohten Verhaftung, Gütereinzug und Hinrichtung den Delinquenten. Die Zahl der Abgefallenen war groß; eine Minderheit bekannte sich zum Glauben; besonders hoch waren die Opfer im Klerus. Der Tod des Decius verkürzte diese Verfolgung, aber schon acht Jahre später traf eine zweite Welle von Repressalien die Kirche unter → *Valerian* (R 258/9).

Nach einer Friedenszeit von 40 Jahren begann unter → *Diocletian* (R 284–305) die letzte große Verfolgung. Der Kaiser wollte das Reich noch einmal durch Reformen am Leben erhalten. Er begann (um 300) mit der Säuberung des Heeres; alle Soldaten mußten opfern oder aus dem Heer ausscheiden. Das erste Edikt verfügte die Zerstörung der Kirchen, Auslieferung und Verbrennung der heiligen Bücher und den Verlust der Bürgerrechte für alle Christen. Zwei weitere Edikte ordneten die Einkerkerung aller Kleriker und den Opferzwang an. Betroffen waren von diesen Maßnahmen unter den 50 Millionen Bürgern ca. fünf bis sechs Millionen Christen. Es war die härteste Verfolgung; besonders im Orient und in Ägypten floß das Blut in Strömen. Im Westteil des Reiches hörten die Verfolgungen nach dem Rücktritt des Kaisers auf; im Osten endeten sie nach dem *Toleranzedikt des Galerius* 311.

Eine Gesamtzahl der Todeszeugen ist wegen der unsicheren Quellenlage nicht zu ermitteln. Aus diesen Verfolgungen, die ohne Beispiel in der Antike sind, ging die Kirche innerlich gefestigt und geläutert hervor. *Tertullian* (†220) beschreibt diesen Vorgang: »Das ist das Eigentümliche an der Kirche: Sie blüht, während sie verfolgt wird. Sie lebt, wenn man ihr Wunden schlägt. Sie steht fest, wenn sie zu erliegen scheint.« Der römische Staat hatte sich durch sein Vorgehen wertvoller Menschen beraubt, die ihm in der Zeit des Verfalls fehlten.

Die Katakomben. Im Zusammenhang mit den Christenverfolgungen stehen – nach einer weit verbreiteten Meinung – auch die Katakomben: als Zufluchtstätten der verfolgten Opfer. Mag es auch eindrucksvoll sein, in den unterirdischen Ruhestätten der Opfer der verfolgten Kirche zu gedenken, der Brauch der unterirdischen Bestattung steht in keinerlei Verbindung mit den Verfolgungen. Bereits bei den Etruskern versuchte man, den Raum der Städte bis aufs äußerste zu nutzen; die Toten wurden in viereckigen, in den Fels gehauenen Nischen (loculi) übereinander

Arcosolgrab in der Domitilla-Katakombe, der ältesten christlich-römischen Nekropole aus dem 2. Jahrhundert.

beigesetzt. Dazu grub man Gänge (etwa 1 m breit, 2 bis 3 m hoch); waren die Wände ganz mit Gräbern ausgefüllt, trieb man die Höhle weiter oder schachtete den Boden tiefer aus. Schließlich baute man weitere Stockwerke von Gängen über oder unter dem ersten Gang. So hat z. B. die *Calixtuskatakombe* fünf, die *Domitillakatakombe* vier Stockwerke. Die loculi wurden nach den Maßen der Toten ausgehöhlt. Die Toten setzte man bei mit Spezereien, mit Kalk bestreut und eingehüllt in Leinentuch. Den Verschluß bildeten flache Ziegel oder eine Marmorplatte. Dort wurden die Namen aufgemalt oder eingemeißelt, oft mit Angaben über Alter, Todestag, Segensformeln, Symbolen oder persönlichen Erkennungszeichen versehen. Auch bei den Juden kannte man diese Form des Begräbnisses, ebenso bei den Heiden.

Der bei der Basilika *San Sebastiano* liegende Ort mit dem antiken Namen »ad catacumbas« (bei der Schlucht) und ein dort angelegtes *Coemeterium* (Gräberareal) prägten den Begriff »Katakombe« als unterirdische Ruhestätte der Christen. Im 3. Jahrhundert gingen fast alle Katakomben in das Eigentum der Kirche über. Die ursprünglich privaten Grüfte wurden nun miteinander verbunden: Ein Netz von Gängen und Treppen durchzog in Gitterform die Gräberstadt. Zu dieser Umgestaltung trug vor allem die Verehrung der Märtyrer bei. Über den Gräbern errichtete man Gedenkstätten, später Basiliken. In der Blütezeit des Märtyrerkultes unter Papst *Damasus* (R 366–384) wurden die Gräber mit metrischen Aufschriften verziert.

Um die Mitte des 5. Jahrhunderts endete die Bestattung in den unterirdischen Ruhestätten. Die Katakomben entwickelten sich zu Heiligtümern, die von den Wallfahrern und Pilgern, besonders aus Mittel- und Nordeuropa besucht wurden. Die Plünderungen durch die Goten, Wandalen und Langobarden machten viele Katakomben zu Ruinen, und seit dem 8. Jahrhundert wurden die Reliquien in die römischen Stadtkirchen überführt. Danach waren die Katakomben in Vergessenheit geraten; wieder entdeckt wurden sie gegen Ende des 16. Jahrhunderts. (E. K.)

Cicero

Aus unbekanntem ritterlichen Geschlecht stammend, 106 v. Chr. in *Arpinum* geboren, schafft Cicero dank rednerischer Begabung und umfassender Bildung (Redekunst, Rechtswissenschaft, Philosophie), verbunden mit viel Ehrgeiz, als homo novus (Neuling) den Aufstieg in die senatorische Laufbahn. Als Anwalt verteidigt er im Jahre 80 *Sextus Roscius*, der durch die Schuld des *Chrysogonus*, eines Sullagünstlings (→ *Sulla*), ins Unglück und unter Mordanklage geraten ist. Die Verteidigung wird zur indirekten Anklage gegen die Greuel der → *Proskriptionen*. Ciceros Ansehen wächst. Während eines Studienaufenthaltes in Griechenland lernt er *Atticus* kennen, einen reichen und hochgebildeten Mann, der sein bester Freund und später auch sein Verleger wird. In Rhodos studiert er – ebenso wie ein paar Jahre später → *Caesar* – bei dem berühmten Redelehrer *Molon*.

Schon 75 v. Chr. ist Cicero *Quaestor* in Sizilien. Er verwaltet sein Amt so korrekt, daß ihn die sizilischen Gemeinden einige Jahre später bitten, die Anklage gegen den berüchtigten Statthalter *Verres* zu übernehmen, der sich mit grausamen Methoden große Reichtümer und wertvolle Kunstschätze erpreßt hat. Für Cicero ist der Prozeß eine Gelegenheit, nicht nur erneut seinen Mut als Beschützer der Schwachen zu erweisen, sondern auch gegen *Hortensius* aufzutreten, den Ersten unter den römischen Anwälten, der die Verteidigung des Verres übernommen hat. Mit den erfolgreichen »Verresreden« erringt Cicero den Ruf des besten Anwalts. 69 v. Chr. wird er *Aedil*, 66 v. Chr. *Praetor* (in dieser Zeit des Krieges gegen Mithridates tritt er für die Übertragung des Oberbefehls an Pompeius ein). Im Jahre 63 v. Chr. wird Cicero gegen den Widerstand der Nobilität *Consul*. Während seiner Amtszeit schlägt er den Putschversuch → *Catilinas* nieder und geht hart gegen die Schuldigen vor. Er fühlt sich als Retter des Vaterlandes und besingt seine Leistung in einem (verlorenen) Epos auf sein Consulat.

Das Scheitern des Politikers. Was er für sein größtes Verdienst hält, bringt ihm im Jahre 58 v. Chr. die Verbannung ein. Ein gewissenloser politischer Abenteurer, *P. Clodius*, hat es erreicht, den angesehenen, integren Consular mißliebig zu machen. Die Gewalt herrscht statt des Rechtes; Cicero will es nicht wahrhaben. Daß er in manchem die politischen Realitäten, insbesondere den Einfluß Caesars verkennt, zeigt z. B. ein Vergleich seiner Reden gegen Catilina mit der Darstellung der Vorgänge bei *Sallust* (→ *Literatur*). 57 v. Chr. kann Cicero aus der Verbannung zurückkehren, doch muß er sich die Rückerstattung seines Hauses in einem Prozeß erkämp-

fen. Mit seiner politischen Einstellung als Republikaner glaubt er zunächst noch die breite Front der Gutgesinnten hinter sich zu haben, gerät aber bald wieder in Verstrickung mit den Kräften der neuen Zeit. Er muß sich aus der großen Politik zurückziehen. Das *Proconsulat in Kilikien* (51 v. Chr.) bringt ihm zwar den Imperatortitel für einen erfolgreichen Feldzug und Anerkennung für uneigennützige Verwaltung.

Marcus Tullius Cicero. Marmorbildnis nach einem verschollenen Original. Uffizien Florenz.

Aber eine Teilnahme an der politischen Entwicklung in Rom ist aus der Ferne unmöglich, und die Hoffnung auf einen *Triumph* zerschlägt sich in den Wirren des Bürgerkrieges. Nicht ohne Bedenken schließt Cicero sich dem *Pompeius* an. »Ich weiß, vor wem ich zu fliehen, aber nicht, wem ich zu folgen habe.« In seinem Verhältnis zu Caesar, der ihn schätzt und für sich gewinnen will, schwankt er zwischen grundsätzlicher Ablehnung und gelegentlicher Parteinahme, zwischen Versuchen vermittelnder Beeinflussung und Resignation. Nach dem Sieg Caesars über Pompeius bei *Pharsalus* ist er auf die Großmut des Siegers angewiesen. Doch wie schon in den fünfziger Jahren findet Cicero in dieser Zeit der Niedergeschlagenheit die Kraft zu schriftstellerischer Produktion, zur theoretischen, philosophischen Reflexion über Menschentum (humanitas) und Gemeinschaftsleben. Die letzten Jahre sind überschattet von der Trauer über den Tod der geliebten Tochter *Tullia* und von der Verbitterung über Caesars diktatorisches Regiment. Nach Caesars Tod hofft er zunächst noch einmal auf ein Wiedererstehen der Republik, dann aber sieht er sich veranlaßt, in den vierzehn »Philippischen Reden« (der Titel soll an den Kampf des athenischen Staatsmannes und Redners Demosthenes gegen König Philipp erinnern) gegen *Antonius* anzugehen, so daß dessen Leute ihn am 7. 12. 43 v. Chr. in der Nähe seines Landgutes bei Formiae als eines der ersten Opfer der Proskriptionen ermorden.

Das literarische Werk. Cicero ist nach dem Urteil der Antike *(Tacitus, Quintilian* u. a.) der Meister der klassischen *Prosa.* Man bewundert vor allem die Sorgfalt der Wortwahl, die Ausgewogenheit der Satzglieder und die Fähigkeit, für jeden Gegenstand das passende Register zu ziehen. Im Stil seiner *Reden* (58 sind erhalten) werden die Gegensätze zwischen Asianismus (Artistik der Figuren und Klänge) und Attizismus (Einfachheit und Strenge) glücklich aufgehoben. Als Muster schwebt Cicero der Athener Demosthenes vor, der nach Bedarf schlichte, mittlere oder leidenschaftlich-erhabene Töne anzuschlagen verstand. Neben formaler Perfektion haben die Reden Ciceros inhaltliches Gewicht wegen der sachlichen Genauigkeit, wegen der juristisch und psychologisch geschickten Beweisführung und nicht zuletzt wegen des ehrlichen Engagements für Anständigkeit, Gerechtigkeit und Freiheit, wobei volkstümliche römische Wertvorstellungen mit den Ideen der hellenistischen Philosophie verschmolzen werden. Noch deutlicher wird dies im umfangreichen *theoretischen Werk.*

Aus den rhetorischen Schriften ragt der Dialog »Über den Redner« heraus; im Typ des allseitig gebildeten Redners stellt Cicero zugleich das Idealbild des Politikers vor. Das Buch »Brutus« enthält eine Geschichte der römischen Beredsamkeit, gipfelnd in Ciceros eigenem Stil. Das philosophische Werk bringt den Römern in undogmatischer Weise (nach Art der Neuen Akademie) das Gedankengut der griechischen → *Philosophie* seit Platon nahe und entwickelt dafür ein wohldifferenziertes und doch allgemein verständliches Vokabular. In den politischen Dialogen »Über den Staat« und »Über die Gesetze« werden Elemente griechischer Staatslehre eingearbeitet in die Darstellung der traditionellen Staatsauffassung der römischen Optimatenrepublik, als deren hervorragendste Vertreter immer wieder die Männer des *Scipionen*kreises zu Wort kommen. Die fünf Bücher »Über das größte Gut und das größte Übel« behandeln die Fundamentalfragen der Ethik aus epikureischer, stoischer und peripatetischer (aristotelischer) Sicht. Die »Gespräche in Tusculum« – Ort des Gespräches ist Ciceros bevorzugter Landsitz – gelten den Problemen Tod, Schmerz und wahre Glückseligkeit. Starke persönliche Anteilnahme schwingt mit in den kleinen Schriften »Cato oder Über das Alter« und »Laelius oder Über die Freundschaft«. Das letzte Werk Ciceros sind die drei Bücher »Über die Pflichten«.

Daß wir über den Menschen Cicero und über seine Lebensumstände besser Bescheid wissen als über jede andere Persönlichkeit des Altertums, kommt daher, daß aus seiner umfangreichen Korrespondenz große Teile erhalten geblieben sind, insgesamt etwa 900 *Briefe.* Sie sind geordnet in Briefe an *Atticus* (sechzehn Bücher), an verschiedene Bekannte (sechzehn Bücher), an den Bruder *Quintus* (drei Bücher) und an *Brutus* (zwei Bücher). Die Sammlungen enthalten auch an die 100 Briefe an Cicero, u. a. von → *Caesar,* → *Pompeius, Brutus, Cassius, Antonius* und *Lepidus,* geschichtliche Dokumente von höchstem Wert.

Die Wirkung. Ciceros Werk wird durch Atticus laufend veröffentlicht und findet weite Verbreitung. Den Nachlaß ordnet sein Sekretär *Tiro.* Sein Prosastil, insbesondere der seiner Reden wird im Grammatikunterricht der folgenden Jahrhunderte eifrig studiert und vielfach nachgeahmt. Zeitweise gewinnt er geradezu absolute kanonische Geltung (»Ciceronianismus«). Die politischen Schriften werden vom Kirchenvater *Augustinus* scharf kritisiert: Die christliche Idee vom Gottesstaat verdrängt die heidnische Staatslehre. Als Symbol für diesen Vorgang mag man es ansehen, daß ein Pergament mit Ciceros Werk »Über den Staat« abgerieben (Palimpsest) und wieder beschrieben wird – mit einem Augustinustext. Erst im 19. Jahrhundert wird Ciceros Schrift neu entdeckt.

Der Charakter Ciceros hat, obwohl oder gerade weil er aus den offenherzigen Zeugnissen so gut bekannt ist, teils leidenschaftliche Bewunderung, teils heftige Kritik erfahren. Nach der verzerrenden Sicht des vergangenen Jahrhunderts (besonders bei Th. Mommsen) hat sich mittlerweile eine objektivere Beurteilung durchgesetzt, u. a. bei O. Seel. (F. R.)

Circus →*Zirkus*

Constantin der Große

Constantin war im Jahre 274 als Sohn des neben *Galerius* zweiten Augustus *Constantius Chlorus* und der Kaiserin *Helena* geboren worden. Seine Jugend verbrachte er schon früh in Kriegen. Kein Wunder, daß ihn das Heer im Jahre 306, nach dem Tode des Constantius, als Imperator und Augustus begrüßte. Allerdings erhob auch *Maxentius*, der Cäsar Roms, Anspruch auf den Thron. Nachdem Constantin einen Einfall der Franken in Gallien zurückgeschlagen und die Gefangenen in der Arena zu Trier den wilden Tieren hatte vorwerfen lassen, zog er nach Rom und schlug im Jahre 312 in der Schlacht an der *Milvischen Brücke* Maxentius, der im Tiber ertrank. Am Vorabend der Schlacht soll Constantin im Traume einen Engel gesehen haben, der ihm das Kreuz mit den Worten wies »In

denen besonders die Kopf- und Gewerbesteuer als drückend angesehen wurden.

Von großer Bedeutung war die Erhebung des Christentums zur Staatsreligion (324) und die Anerkennung der christlichen Hierarchie, wodurch Constantin in den Bischöfen eine kräftige Stütze für seine Monarchie gewann. Obwohl der Kaiser die Taufe erst auf dem Totenbett an sich vollziehen ließ und bis dahin von den Heiden göttliche Verehrung genoß, hatte er doch schon 313 durch das *Mailänder Edikt* den Christen Duldung zugesichert und sie bei der Besetzung

diesem Zeichen wirst du siegen« (in hoc signo vinces).

Im Jahre 314 schlug Constantin einen anderen Mitbewerber um die Macht und war 324 nach weiteren Kämpfen (Sieg über Licinius) Alleinherrscher des gesamten Römischen Reiches. Er führte nun die Umgestaltung des Reiches in eine *absolute Monarchie* mit straffer *Beamtenorganisation* durch. Die Residenz verlegte er in den Osten und gründete die neue Stadt *Constantinopolis* an der Stelle des alten Byzantium. Die neue Stadt wurde bereits 330 eingeweiht.

An der Spitze des Beamtentums standen sieben oberste Reichs- und Hofbeamte, die das oberste Ministerium bildeten. Die Rangstufen der Beamten waren streng abgegrenzt; Nichtachtung wurde bestraft, und die Beamten wurden sogar als unverletzlich (sacri) angesehen. Diese bürokratische Ordnung machte viele neue *Steuern* nötig, von

Ponte Molle. Die Milvische Brücke, an der Constantin der Große im Jahre 312 seinen entscheidenden Sieg über Maxentius errang, im heutigen Zustand. Die Schlacht, während der Maxentius im Tiber ertrank, war für das Christentum im Römischen Reich die entscheidende Schicksalswende.

von Ämtern bevorzugt. Man spricht von der *Constantinischen Wende*, die das Christentum durch seine neue Verflechtung mit Welt und Macht unter ihm erfuhr. Constantin präsidierte sogar selbst dem ersten ökumenischen Konzil in *Nicaea*.

In Vorbereitungen zu einem Feldzug gegen die Perser starb Constantin 337 in Nikomedien. Sein Charakter war argwöhnisch, machtgierig und grausam, doch kann man ihm Größe und Weitblick nicht absprechen. (O. S.)

D

Deutschlands ›Römerstädte‹ – Fundorte und Museen (Auswahl)

Unser Wissen um das römische Leben auf deutschem Boden ist in erster Linie durch die fast unüberschaubar große Zahl archäologischer Funde bestimmt, die Tag für Tag bei Grabungen, Bauarbeiten und per Zufall an das Tageslicht kommen. Soweit diese Funde den jeweils zuständigen Denkmalämtern oder Museen bekannt werden, können sie geborgen, restauriert und im Museum der Öffentlichkeit zugänglich gemacht werden. Damit bleibt dieses wichtige Kulturgut dem Bürger erhalten, und es wird ihm ermöglicht, durch den Besuch der Museen nicht nur seine Freizeit sinnvoll zu gestalten, sondern er lernt auch den Umgang mit einer längst vergangenen Kultur, die große Auswirkungen auf die Entwicklung unseres Landes hatte. Der Leser dieses lexikalischen Sachbuches, der in den anderen Beiträgen die Entwicklung des römischen Lebens und der römischen Kultur genauer kennenlernt, soll durch die nachfolgende Übersicht über wichtige Museen in Deutschland, die Römerfunde ausgestellt haben, angeregt werden, diese Orte aufzusuchen und in den jeweiligen Museen römische Originalstücke und Modelle kennenzulernen.

Aachen. Eine erste planmäßige Besiedlung der vor allem als Kaiserpfalz *Karls des Großen* berühmt gewordenen Stadt Aachen erfolgte bereits durch die Römer und war auch Ausgangspunkt der späteren Stadtentwicklung. Grundlage dieser Besiedlung waren sicherlich die öffentlichen Bäder, deren warmes Quellwasser (65°) zu Heilzwecken nützlich war. Bei Ausgrabungen konnten zwei große *Thermenanlagen* untersucht werden und zwar im Bereich des Domes, sowie im Bereich des heutigen »*Kaiserbades*«. Zwischen beiden Badeanlagen hatte sich offensichtlich ein *Tempelbezirk* größeren Ausmaßes befunden, der an seiner Nordwestseite von einer 9 m tiefen *Wandelhalle* begrenzt wurde. Diese war zum Inneren des Platzes hin mit einer fortlaufenden Säulenreihe begrenzt, die auf einem zweistufigen Unterbau beruhte.

Ein Teil dieser wohl in das 2. Jahrhundert n. Chr. zu datierenden Fassade, die nördlich der Alpen das einzige Zeugnis einer fortlaufenden

Säulenordnung mit überdeckender Bogenarchitektur darstellt, ist heute wieder am Originalfundplatz als Rekonstruktion errichtet. Fundstücke von diesem Thermenareal (»Bücheltermen«), wie etwa ein spätrömisches korinthisches Kapitell, römische Keramik und eine große Anzahl von Bronzeteilen gehören zum römischen Ausstellungsteil im *Museum Burg Frankenberg* in Aachen. Eine Auswahl an Objekten römischer Kunstindustrie findet sich darüberhinaus noch im *Städtischen Suermondt-Museum*.

Aalen. Im Zuge der Befestigung des Römischen Reiches wurde um die Mitte des 2. Jahrhunderts der letzte Abschnitt des rätischen → *Limes* von Schwäbisch Gemünd nach Aalen angelegt. In Aalen befand sich das größte Reiterkastell am obergermanisch-rätischen Limes, dessen Besatzung eine 1000 Reiter starke Einheit war (»Ala II Flavia milliara«). Dieses Kastell, dessen Fundamente des Lagertores sich konserviert vor dem Limesmuseum befinden, hatte eine Größe von 288,2 m × 214,8 m mit abgerundeten Ecken, Eck-, Zwischentürmen und vier Toren, die jeweils von zwei Tortürmen flankiert wurden. Es war wohl bis zur Aufgabe des Limes Garnison dieser 1000 Reiter starken Truppe.

Es ist allgemein klar, daß die Geschichte dieser Grenzprovinzen, wie etwa Rätien, in erster Linie Militärgeschichte ist. Jedoch muß man im Auge behalten, wie groß der Anteil der Soldaten an der Besiedlung und Erschließung dieses Landes ist, denn sie bauten nicht nur Brücken, Straßen und unterhielten eine eigene Industrie, sondern im Schutze der Grenzbefestigungen, im Umfeld der Lager entstanden neue Zivilsiedlungen, die auch dann meist weiterexistierten, wenn die Lager aufgegeben worden waren.

Einen eindrucksvollen Überblick über die römische Militärgeschichte bietet das 1963/64 als Zweigmuseum des Württembergischen Landesmuseums Stuttgart errichtete *Limesmuseum Aalen*. Hier wird ein ausführlicher Überblick über das römische Verteidigungssystem in Südwestdeutschland gegeben, wobei Modelle des obergermanisch-rätischen Limes mit seinen Wachttürmen die für den Besucher notwendige Anschaulichkeit schaffen. Durch graphische Darstellungen gelangt man dann zu einer Übersicht über die taktische Entwicklung des römischen Heeres, deren Einzelprobleme nicht nur durch Originalfunde, sondern auch durch Fotos und Nachbildungen wichtiger Fundstücke aus anderen Orten ergänzt werden, wie etwa dem Grabstein des Legionärs Caius Valerius Crispus aus dem Museum Wiesbaden, der die typische Legionärsbekleidung trägt. Darüberhinaus geben Pläne, Fotos und Funde aus dem Limeskastell Aalen eine Zusammenschau der Geschichte dieses Kastells. Ergänzt wird die Ausstellung im Limesmuseum Aalen schließlich durch die Bereiche des Zivillebens in einer römischen Provinz, so etwa durch Darstellungen des Familienalltags, des Handels und Handwerks, des Reisens und letztlich auch der Vergnügungen (wie etwa den Gladiatorenspielen), durch eine Münzausstellung und ständige Wechselausstellungen aus dem römischen Kulturleben.

Alzey. Am 22. November 223 weihten die Bewohner von *Altiaium*, die vicani Altiaiensis, den heimischen Nymphen einen Altar. Durch diesen Altar ist uns heute die Siedlung noch bekannt, eine Siedlung, die abseits von den großen Verkehrsstraßen der Provinz ein geruhsames Leben führte und deren Handel und Gewerbe den Bewohnern bescheidenen Wohlstand bescherte. Nach der Zerstörung des vicus in den Unruhejahren des 4. Jahrhunderts erfolgte wohl unter *Iulianus*, der sich in den Kämpfen gegen die Alamannen um eine Sicherung der Grenzen bemühte, die Errichtung eines spätrömischen Kastells. Dieses Kastell diente dann Kaiser *Valentinian I.* (R 364 – 375) mindestens zweimal als Aufenthaltsort, denn von hier aus erließ er 370 und 373 Verordnungen, die den Ortsnamen tragen. Dieses spätrömische Kastell mit einer Ausdehnung von 163,5 m $\times$ 159 m und seinen außergewöhnlichen Wehranlagen zählte zu den stärksten Militärbauten seiner Zeit. Anfang des 5. Jahrhunderts ist es wohl bei einem Germaneneinfall zerstört worden.
Bei den Ausgrabungen des Kastells konnten auch Funde geborgen werden, die eindeutig dem frühen vicus (›Dorf‹) zuzuordnen sind, und ferner ließ sich feststellen, daß in der Zivilsiedlung ein Tempelbezirk existiert hatte. Auskunft darüber geben zahlreiche Götteraltäre.
Teile dieser Funde, insbesondere der oben erwähnte Altar der vicani Altiaiensis sind in der römischen Abteilung des *Museums für Stadt und Landkreis Alzey* ausgestellt.

Andernach. Das *Stadtmuseum* besitzt eine kleine Sammlung römischer Funde des Kastells *Antunnacium*, dessen Hafen der Rheinflotte als Stützpunkt gedient hatte.

Aschaffenburg. Das *Museum der Stadt* enthält eine wichtige Sammlung von Steindenkmälern, sowie Funde aus Obernburg, Stockstadt und Niedernberg.

Augsburg. Nach der Eroberung des Zentralalpengebietes und eines Teils des Voralpenlandes durch die Adoptivsöhne des Kaisers → *Augustus, Drusus* und *Tiberius*, entstand um das Gebiet des heutigen Augsburg ein römisches Legionslager, das jedoch schon um 16/17 aufgegeben wurde. Stattdessen entwickelte sich auf dem Gebiet des heutigen Augsburg eine zivile Siedlung *(Augusta Vindelicum* oder *Augusta Vindelicorum)*, die als Hauptstadt der Provinz Rätien diente. 122 erfolgte die Stadterhebung durch Kaiser → *Hadrian* und die neue Bezeichnung lautete nun *Aelia Augusta*. Mit der Eroberung des Gebietes westlich der Iller und nördlich der Donau durch die Alamannen im 3. Jahrhundert und der allmählichen Besiedlung durch sie, war die römische Epoche dieser Stadt ebenfalls beendet. Diese römische Epoche, sowohl des Legionslagers, als auch der Zivilsiedlung ist durch reiche archäologische Funde belegt, die heute im *Römischen Museum in der Dominikanerkirche* ausgestellt sind.

Bad Homburg v. d. H. Noch aus der Zeit des Chattenkrieges des Kaisers *Domitian* (83 – 85 n. Chr.) stammen die Anfänge eines Kastells am obergermanischen Limes, das um 135 durch die »Cohors II Raetorum Civium Romanorum« in einem 3,2 ha großen Lager eingebaut worden war. Dieses Kastell, die *Saalburg*, ist das einzige wieder vollständig aufgebaute Limeskastell und die dort ausgestellten reichen Funde geben einen wichtigen Einblick in die Geschichte des römischen Limes und der Limesforschung.

Bad Kreuznach. Im *Karl-Geib-Museum, Heimatmuseum für Stadt und Kreis Bad Kreuznach* sind wichtige Funde, u. a. ein Gladiatorenmosaik, zur Geschichte des *vicus Cruciniacum* ausgestellt, der als strategisch wichtiger Straßenposten von den Römern an der Stelle einer einheimisch-keltischen Siedlung begründet wurde.

Baden-Baden. Die *Stadtgeschichtlichen Sammlungen* zeigen Funde der frühen römischen Epoche Baden-Badens, wie Steindenkmäler, Urnen, Keramik und Münzen.

Blankenheim. Das *Kreismuseum Blankenheim* des Kreises Euskirchen zeigt u. a. eine Reihe römischer Funde aus dem Eifelgebiet. In der Nähe von Blankenheim war 1894 eine große römische Villa gefunden worden.

Bonn. Um Christi Geburt errichteten die Römer an der Stelle des heutigen Bonn ein Kastell, dessen Reste nach dem Zweiten Weltkrieg ergraben wurden. Dieses Kastell wurde etwa Ende des 1. Jahrhunderts von einem Hilfstruppenlager überbaut. Die militärische Ansiedlung war, wie in den mei-

*Mosaik-Darstellung einer Tierhetze
durch Bestiarier auf
deutschem Boden,
Bad Kreuznach.*

sten Fällen, von einer Zivilsiedlung begleitet, die
sich wohl südlich des Lagerdorfes befunden hatte.
Aus dieser Ansiedlung stammen eine Reihe wichtiger Mosaikböden, die sich heute im *Rheinischen
Landesmuseum* befinden. Ziegelöfen und andere
Zeugnisse weisen auf ein leistungsstarkes Handwerkerzentrum hin. Um 30 wurde das Siedlungsgebiet des Bonner Lagers erweitert durch den Bau
einer Lagerfestung, die ca. 528 × 524 Meter groß
war und bis ins 4. Jahrhundert hinein bestehen
blieb. – Die Geschichte dieser Siedlung *Bonna*
oder *Castra Bonnensis* und des ganzen römischen
Rheinlandes spiegelt sich sehr eindrucksvoll in
den bedeutenden Sammlungen des *Rheinischen
Landesmuseums Bonn*, das zu den bedeutendsten
seiner Art zählt. Da es für die archäologische
Bodendenkmalpflege im Rheinland (mit Ausnahme von Köln) zuständig ist, vereinigt es alle
in langer Zeit zusammengetragenen Funde der
römischen Epoche. Die Ausstellung umfaßt u. a.
die Bereiche Militär, Besiedlung, Bauwesen und
Verkehr, Handel und Gewerbe, Hausgerät, Klei-

dung und Schmuck, Wohnen, Spiel und Sport,
Staatsgötter, Kunst und Kunsthandwerk, Münzen.

Dieburg. Das *Kreis- und Stadtmuseum* besitzt eine
römische Sammlung mit Funden aus der römischen Zivilsiedlung *Vicus Vetus Ulpius*, die wohl
unter der Regierung des Kaisers *Traian* (R 98 bis
117) begründet wurde.
Wichtigstes Steindenkmal des Museums ist ein
Altar des *Mithras*, aus einem Mithrasheiligtum im
römischen Dieburg.

Frankfurt. Das *Museum für Vor- und Frühgeschichte* bewahrt u. a. bedeutende Funde der römischen Siedlung *Nida* auf, die als die größte
archäologische Fundstätte im Land Hessen gelten
kann. Etwa seit 75 waren hier verschiedene Kastelle, sowie eine Zivilsiedlung entstanden, und
diese Zivilsiedlung Nida war seit dem 2. Jahrhundert der Hauptort des *Wetteraugebietes*.
Als solcher war er Zentrum für Handel, Verwaltung und Religion mit deutlich städtischen Strukturen. Seit 200 besaß diese etwa 600 × 900 m
große Siedlung eine Stadtmauer. Die Funde dieser Siedlung erstrecken sich von Waffen, Inschriftensteinen, Keramik bis hin zu Wandmalereien. Römische Stücke zeigt auch das *Liebighaus* am Schaumain-Kai.

Friedberg. Schon unter Kaiser → *Augustus* (R. 27 v. – 14 n. Chr.) befanden sich hier römische Truppenlager. Nach einer vorübergehenden Aufgabe wurde das Lager unter *Vespasian* neu besetzt und zwar bis 260. Als Besatzung ist seit etwa 90 die »Cohors I Flavia Damascenorum milliaria equitata sagitta riorum«, also eine Spezialtruppe, bezeugt. Bedeutende Funde, so ein Porträtkopf des 2. Jahrhunderts, zur Geschichte dieses Kastells befinden sich im *Wetterau-Museum.*

Günzburg. Fundstücke im *Heimatmuseum Günzburg.*

Gunzenhausen. Örtliche Fundstücke im *Heimatmuseum Gunzenhausen.*

Haltern. Das *Römisch-Germanische Museum* besitzt wichtige Funde aus den römischen Lageranlagen augusteischer Zeit (11 v. – 9 n. Chr.), u. a. Werkzeuge, Geräte, Ausrüstungsteile und Münzen.

Jülich. Fundstücke im *Römisch-Germanischen Museum.*

Kempten. Seit etwa 15/20, unter der Regierung des Kaisers *Tiberius* (R 14 – 37 n. Chr.) existierte die römische Siedlung *Cambodunum*, die zu den besterforschten römischen Stadtsiedlungen gehört, die wir kennen. Die aus Stein gebaute Stadt dürfte seit etwa 70 eine Größe von 22,7 ha gehabt haben, mit einem erstaunlich großen Anteil öffentlicher Gebäude, wie Forum, Thermen, Tempelbezirk. Diese Siedlung, die bis in die erste Hälfte des 3. Jahrhunderts bestanden hatte, erfüllte wichtige Zentralfunktionen im Voralpenland, ähnlich wie Augsburg. Die Funde dieser Grabungen befinden sich zum größten Teil im Museum in Kempten, wo zu folgenden Themen die Objekte zusammengefaßt sind: Das römische Cambodunum (Meilenstein des Septimius Severus, Modelle) – Leben in einer römischen Stadt (Eponarelief, Merkurkopf) – Militärwesen (Waffen, Eisengeräte). Daneben werden noch Schmuckfunde, Keramik und Münzen gezeigt.

Köln. Als im Jahre 53 v. Chr. Caesar den im Rhein-Maas-Gebiet siedelnden Stamm der *Eburonen* vernichtete, geschah dies im Hinblick auf eine bevölkerungspolitische Umorganisation in diesem Raum. Es kam nämlich in den folgenden Jahren hier zur Ansiedlung der *Ubier*, die bis dahin im Gebiet des Neuwieder Beckens beheimatet waren. Die zunächst planlos begonnene Übersiedlung auf das linksrheinische Gebiet wurde dann vor allem in den Jahren 38 und 19 v. Chr. durch → *Agrippa*, den Feldherrn des Kaisers → *Augustus* systematisch durchgeführt. Als Zentralort für dieses neue Stammesgebiet der Ubier

wurde das *oppidum Ubiorum* an der Stelle des heutigen Köln begründet. Neben seiner Funktion als Oberzentrum war das oppidum Ubiorum insbesondere wichtig für die Versorgung zweier Legionen, die hier stationiert waren. Diese Entwicklung des frühen oppidum Ubiorum muß man in Zusammenhang sehen mit dem Plan des Kaisers Augustus, das Römische Reich bis zur Elbe zu erweitern, ein Plan, der jedoch letztlich zum Scheitern verurteilt war.

Die Funde aus dieser Epoche der Kölner Geschichte sind recht zahlreich, Mosaike etwa oder Inschriftensteine, ebenso wie Schmuck und Hausrat.

Die Aufdeckung von Töpferöfen und Glasscherben zeigen einen dichten Gürtel von Industrie- und Handwerksbetrieben am Rande der Siedlung, die zugleich Grundlage für die Blüte des Wirtschaftslebens und des Handels in der Frühzeit waren.

Entscheidend für die Geschichte des römischen Köln war dann das Jahr 50, als unter der Regierung des Kaisers *Claudius* und seiner Gattin *Agrippina* das oppidum Ubiorum die Rechte einer römischen Kolonie erhielt. Der neue Name lautete nun *Colonia Claudia Ara Agrippinensium =* CCAA. Dieser Name hat sich bis heute im Mitteltorbogen des größten Stadtmauertors, dem Nordtor, erhalten. Diese *Stadtmauer* entstand in den Jahren nach der Kolonieerhebung und war wohl verbunden mit einer Erweiterung des Siedlungsgebietes des alten oppidum Ubiorum. Insgesamt 3,9 km lang besaß diese Mauer 9 Tore und 21 Türme, von denen ein Turm an der Komödienstraße noch heute erhalten ist.

Die CCAA war für das Rheinland das politische und wirtschaftliche Zentrum in römischer Zeit, das mit seinem blühenden Handel und seiner Industrie einen entsprechenden Wohlstand für die Bevölkerung garantierte. An der Spitze der Produktionszweige stand die *Glasindustrie*, die wohl eine der bedeutendsten Produktionsstätten im Römischen Reich darstellte. Kölner Glas wurde im ganzen Römischen Reich gehandelt.

Eine Sonderstellung nahm die Stadt in der Mitte des 3. Jahrhunderts ein, als sie unter dem Usurpator *Postumus* Kaiserresidenz des sogenannten »Gallischen Sonderreiches« wurde, das sich über die Provinzen Spanien, Gallien und Britannien erstreckte. Sicher ist, daß diese Epoche von 259 – 274 einen geschichtlichen Höhepunkt für Köln darstellt, jedoch zu kurz andauerte, um entscheidende Wirkung auf das äußere Bild der Stadt zu nehmen. Wichtig in diesem Zusammen-

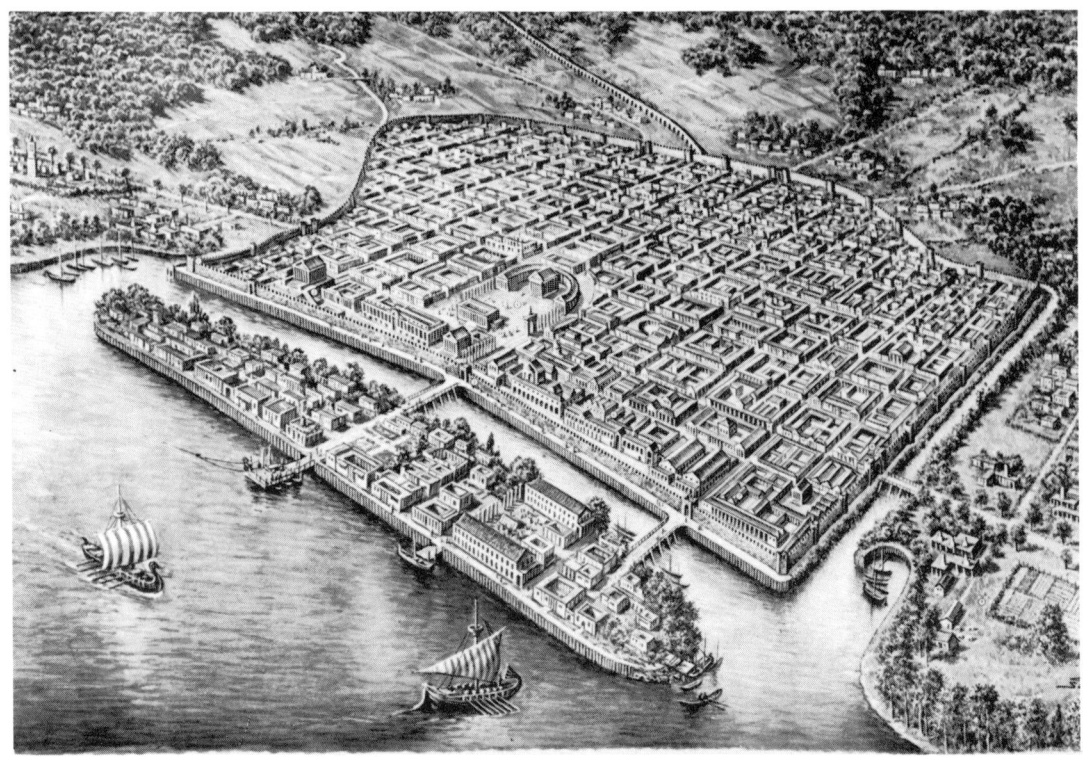

Colonia Agrippinensis,
das römische Köln.
Die ummauerte Stadt war etwa 1 km² groß
und Sitz des Statthalters.

hang ist jedoch, daß in der Epoche des »Gallischen Sonderreiches« Köln auch römische *Münzstätte* war, deren Prägungen außergewöhnliche Qualität in Stil und Feingehalt haben.
Die in dieser Zeit in großem Umfang einsetzenden *Frankeneinfälle* führten jedoch zu einer allmählichen Verlagerung wichtiger öffentlicher Institutionen ins Hinterland, nach *Trier*. 457/458 endete die Römerherrschaft in Köln, nachdem der Feldherr *Aegidius* vergeblich versucht hatte, die Stadt gegen die Franken zu verteidigen.
Die Funde, die diese Epoche der Stadtgeschichte dokumentieren sind im *Römisch-Germanischen-Museum*, unmittelbar neben dem Dom gelegen, ausgestellt. Dieses Museum, das 1974 eröffnet wurde, ist das derzeit meistbesuchte deutsche Museum überhaupt.
Es wurde über dem *Dionysosmosaik*, dem bekanntesten römischen Denkmal, errichtet. Dieses Mosaik, das noch an der Originalfundstelle liegt, ist vollständig erhalten und zeigt in prächtigen Farben Szenen aus der Welt des Gottes Dionysos.

Darüber erhebt sich das größte Denkmal des Museums, das Pfeilergrabmal des Veteranen *Lucius Poblicius*, mit einer Höhe von fast 15 m. In zwei großen Ausstellungsetagen sind dann die Denkmäler vorgestellt, wobei keine chronologische Ordnung, sondern eine Ordnung nach Sachgebieten durchgeführt wurde. Die Themen dieser Aufstellung, wie »Handel und Gewerbe« – »Die Stadt und ihre Verwaltung« – »Militär erschließt das Land« – »Das Christentum« – »Alltag der Römer« u. a. m. geben die Vielfalt römischen Lebens wieder. Hervorzuheben ist am Schluß noch die wohl bedeutendste Sammlung *antiker Gläser,* sowie die »Schatzkammer«, die eine großartige *Schmucksammlung,* unter anderem Schmuck weißrussischer Nomadenvölker des 5. Jahrhunderts, enthält.
Krefeld. In der 2. Hälfte des 1. Jahrhunderts n. Chr. entstand in der Provinz *Niedergermanien* (Germania Inferior) eine starke Verteidigungslinie, der sogenannte *Niedergermanische Limes* mit mehreren großen Befestigungsanlagen (Bonn, Xanten) und kleineren Kastellen, wie etwa *Gelduba,* das heutige Krefeld-Gellep.
Das Lager, die dazugehörende Zivilsiedlung, sowie die Gräberfelder werden in systematischen Grabungen erforscht.

*Reliefgeschmückte
Pfeiler mit Rundbogen
aus dem Kastell von Köln-Deutz.
MdCR Rom.*

Die meisten römischen Objekte im *Landschafts-museum des Niederrheins, Burg Linn,* stammen aus diesen Gräbern, es sind vor allem Keramik, Metallgefäße und Kleinfunde, Münzen und Gläser, darunter als kostbarstes Stück eine halbkugelige Schale aus dünnem fast völlig entfärbtem Glas mit dem Trinkspruch »BIBE ET P ROPINA TVIS«-»Trinke und trinke auch auf das Wohl der Deinen«.
Ladenburg. Fundstücke im *Lobdengau-Museum.*
Landshut. Fundstücke im *Städtischen Museum Landshut.*
Mainz. Auf einer Terrasse über dem linken Rheinufer, gegenüber der Mündung des Mains, wurde in augusteischer Zeit nahe bei einer keltischen Siedlung das Lager *Mogontiacum* errichtet, dessen Gründung in engem Zusammenhang mit den Germanenfeldzügen (→ *Germanen*) des Drusus stand. Mit einer Besatzung von zwei, zeitweilig vier Legionen und als Sitz des Befehlshabers der römischen Truppen in Obergermanien wurde Mogontiacum einer der wichtigsten Waffenplätze

des Reiches an der Germanengrenze und, dank der Brücke zum rechtsrheinischen Stützpunkt Kastel, Ausgangspunkt für eine Reihe von Unternehmungen gegen die Germanen. Vor den Toren des Lagers entstand eine ausgedehnte zivile Ansiedlung, der auch die Vorteile des Hafens zugute kamen. Die Funde aus der römischen Zeit, darunter die Bruchstücke einer Iupitersäule aus der Zeit Neros, bewahrt das *Mittelrheinische Landesmuseum* auf. Der Charakter einer friedlichen und florierenden Etappen- und Garnisonsstadt verstärkte sich, als seit Domitian der → *Limes* die Germanengrenze am Taunus und Spessart stabilisierte. Erst im 3. Jahrhundert n. Chr., als die Germanen stärker auf die Grenze drückten, wurde die ganze Stadt ummauert und zur Festung ausgebaut. Dennoch wurde sie zwischen 355 und 406 n. Chr. dreimal von den Alamannen eingenommen und geplündert, ehe sie für Jahrhunderte in Bedeutungslosigkeit versank.
Heute verfügt Mainz mit dem *Römisch-Germanischen Zentralmuseum* über das bedeutendste Forschungsinstitut zur Geschichte der römischen Zeit. In der Ausstellung werden mit Originalen und Kopien wichtiger Funde aus anderen Museen vier Jahrhunderte römischer Geschichte dokumentiert.

München. Die in der *Prähistorischen Staatssammlung* zusammengefaßten Denkmäler geben in erster Linie einen lückenlosen Überblick über die römische Zeit Bayerns.

Neuss. Fundstücke im *Clemens-Sels-Museum.*

Regensburg. Als unter Kaiser Vespasian die Donaugrenze zwischen Lech- und Innmündung planmäßig durch eine Reihe von Kastellen gesichert wurde, entstand nahe der älteren keltischen Siedlung *Radasbona* ein Kohortenlager, dessen Besatzung die Kontrolle des nahen Donauübergangs übernahm. Eine zivile Siedlung schloß sich an. Rund hundert Jahre bestand dieser vergleichsweise bescheidene Stützpunkt, bis er während der Markomannenkriege zur Zeit → *Marc Aurels* von Germanen erstürmt und zerstört wurde (um 170 n. Chr.). Doch wenig später – bis 179 n. Chr. – ließ der Kaiser an der Stelle des zerstörten Kastells ein bedeutend größeres Lager errichten, das den Namen *Castra Regina* erhielt und als Standort einer Legion zum wichtigsten Waffenplatz der Römer an der Donaugrenze in Rätien wurde. Reiche Bodenfunde, die sich im *Stadtmuseum* in Regensburg befinden, beweisen, daß sich im Schutz des Lagers ausgedehnte nichtmilitärische Siedlungen entwickelten. Während der Krisenzeit des 3. Jahrhunderts n. Chr. verteidigte die Legion von Castra Regina tapfer ihren Grenzabschnitt. Durch die Heeresreform → *Diocletians* wurde die Garnison wesentlich verkleinert, doch dürften in dieser Zeit die mächtigen Befestigungen entstanden sein, von denen Reste, vor allem an der Porta Praetoria, noch erhalten sind. Die Festung widerstand der Belagerung durch die Juthungen (357 n. Chr.) und hielt sich noch, als das weströmische Reich bereits zerfiel.

Rheydt. Fundstücke im *Städtischen Museum Schloß Rheydt*, insbesondere Gläser und Keramik, Iupitersäule aus Mülfort und Matronenweihesteine aus Hochstein.

Rottweil. Aus der Regierungszeit des Kaisers *Vespasian* (R 69 – 79) ist die römische Siedlung *arae Flaviae* (die flavischen Altäre) bekannt, die sich etwa 2 km östlich des mittelalterlichen Stadtkerns von Rottweil befunden hatte. Aus dieser Zeit stammt eine römische Badeanlage, die heute konserviert und restauriert zur Besichtigung zugänglich ist. Diese Anlage befindet sich in Rottweil an der Königsstraße, direkt östlich des städtischen Friedhofs bei der Ruhe-Christi-Kirche. Die Funde sind im *Stadtmuseum Rottweil* untergebracht.

Saarbrücken. Fundstücke im *Landesmuseum für Vor- und Frühgeschichte.*

Speyer. Fundstücke im *Historischen Museum der Pfalz.*

Straubing. Wichtigster Ausstellungsteil des *Gäubodenmuseums* ist der berühmte »Schatzfund von Straubing«, der 1950 geborgen worden war. Er besteht aus einer großen Zahl von Bronzeobjekten, wie Rüstungsteile und Götterstatuen. Es handelt sich dabei um Teile von Paraderüstungen für Reiterspiele, die in dieser Anzahl und Erhaltung bisher einmalig aus römischer Zeit sind.

Trier. Diese älteste Stadt auf deutschem Boden, bestand schon in vorrömischer Zeit als Zentrum des keltisch-germanischen Stammes der *Treverer* im Mittelpunkt des Moselgebietes. Unter → *Augustus* entwickelte sich die Siedlung zu einem geschlossenen Gemeinwesen und trug den Namen *Augusta Treverorum.*

Diese zivile Siedlung war eines der entscheidenden Versorgungszentren der Rheinarmeen und wichtiges Handelszentrum für das gesamte Umland bis zu den Zentren am Rhein, wie etwa Köln. Die politische und wirtschaftliche Entwicklung brachte einen ungeahnten Aufschwung für diese Stadt. Viele Bodenfunde, Reste von kostbar ausgestatteten Häusern und Palästen, das *Amphitheater* und die *Barbarathermen*, die *Mosaiken* und *Wandmalereien* geben davon ebenso Zeugnis, wie die *Porta Nigra* einen Eindruck von der Monumentalität römischer Bauwerke vermittelt. Die Blüte dieses Wirtschaftszentrums strahlte natürlich auch auf das Umland aus, und viele Funde von ehemaligen *Luxusvillen* und *Gutshöfen in der Eifel* und im *Hunsrück*, die sich heute im Museum in Trier befinden, belegen dies. Die überwältigenden *Grabdenkmäler aus Igel* und *Neumagen* zeigen darüberhinaus die künstlerischen Grundlagen der treverischen Schaffenskraft und geben einen eindrucksvollen Einblick in das Alltagsleben der Stadt und ihres Umlandes. Nach der gefahrvollen Epoche in der Mitte des 3. Jahrhunderts mit der Zerstörung der Stadt im *Franken- und Alamannensturm* 275/6 erlebt Trier eine neue Blütezeit unter → *Diocletian*, als die Stadt Kaiserresidenz wird. Es ist *Constantius Chlorus*, unter dessen Leitung der Ausbau der Stadt beginnt (Amphitheater, Barbarathermen), der dann vor allem unter → *Constantin dem Großen* fortgesetzt wird. Es entsteht nun der kaiserliche Palastbezirk, zu dem der spätrömische Kernbau des *Ionas*, die *Palastaula* ebenso gehören, wie etwa die *Kaiserthermen*. Die umfangreichen Funde römischer Zeit befinden sich im *Rheinischen Landesmuseum in Trier*, wobei besonders die Aufstellung der Grabdenkmäler aus Neumagen von Interesse sind, deren Restaurierung bis in die Rekonstruktion der Farbgestaltung ging.

Weißenburg. Fundstücke in den *Städtischen Sammlungen.*

Wiesbaden. Fundstücke im *Museum Wiesbaden.*

Worms. Fundstücke im *Museum der Stadt Worms.*

Xanten. Der Ort liegt in dem bedeutendsten römischen militärischen Zentrum am Niederrhein. Aus dieser Region heraus wurde der westfälische Raum mit der Lippeniederung unter Kontrolle gehalten, von hier aus erfolgten Vorstöße auf die Ems- und Weserregion und in das nördliche Sauerland. Ebenso war der Raum von Xanten das zentrale Hinterland für den Bereich der Friesen und Bataver. Das Legionslager *Castra vetera* südlich von Xanten wurde in mehreren Grabungen gründlich erforscht, nördlich von Xanten ersteht aus Grabungen und in Rekonstruktionen ein Teil der *Colonia Ulpia Traiana* neu aus den Ruinen – ein kultureller »Freizeitpark« der einen Eindruck von dieser Römerstadt mit Stadtmauer, Amphitheater, Händler- und Gewerbeviertel, Straßen- und Hafenanlagen geben wird. Das *Regionalmuseum Xanten*, ein Zweigmuseum des *Rheinischen Landesmuseums Bonn* beherbergt schon heute eine Sammlung von römerzeitlichen Funden zur Geschichte des Militärlagers Castra Vetera und der Zivilsiedlung Colonia Ulpia Traiana.

Zülpich. Das *Heimatmuseum der Stadt Zülpich* zeigt Bodenfunde zur römischen Geschichte des Zülpicher Raumes, sowie das restaurierte römische Bad aus der Zeit um 100 n. Chr., das 1931 ausgegraben worden war.

Überregionale Museen. Neben den großen Zentralmuseen in Mainz und Köln und in Trier sowie neben den kleineren örtlichen Ausstellungen zeigen auch die großen kunst- und kulturhistorischen Museen vieler Großstädte römische Funde. Die wesentlichen seien hier stichwortartig mit Namen genannt:

Berlin-West, Staatliche Museen – Preußischer Kulturbesitz, Antikenabteilung (insbesondere Keramik, Glas, Bronzen). – *Bochum*, Ruhr-Universität (insbesondere Vasen, Terrakotten, Bronzen, Gläser, Marmorplastik). – *Braunschweig*, B. Landesmuseum für Geschichte und Volkstum. – *Bremen*, Focke Museum. – *Darmstadt*, Hessisches Landesmuseum (insbesondere ein Mosaik, Steindenkmäler, Gläser, Bronzen). – *Dortmund*, Museum für Kunst- und Kulturgeschichte, Abtlg. Vor- und Frühgeschichte (insbesondere Funde aus Oberaden, Münzen, Gläser und Bronzen). –

Düren, Leopold-Hoesch-Museum. – *Duisburg*, Niederrheinisches Museum. – *Hannover*, Kestner Museum; Niedersächsisches Landesmuseum. – *Heidelberg*, Kurpfälzisches Museum. – *Heilbronn*, Historisches Museum der Stadt Heilbronn. – *Karlsruhe*, Badisches Landesmuseum (insbesondere Mithrasaltar aus Heidelberg-Neuenheim und Funde aus Baden). – *Kassel*, Staatliche Kunstsammlungen; Hessisches Landesmuseum. – *München*, Staatliche Antikensammlung und Glyptothek. – *Münster*, Landesmuseum für Vor- und Frühgeschichte (insbesondere Funde aus den Lippe-Lagern). – *Nürnberg*, Germanisches Nationalmuseum. – *Stuttgart*, Württembergisches Landesmuseum. – *Würzburg*, Mainfränkisches Museum. (G. B.)

Diocletian

Der im Jahre 239 oder 243 in Dalmatien geborene *Gaius Valerius Diocles* ging trotz seiner Herkunft aus sozial schlichten Verhältnissen als einer der bedeutenden römischen Kaiser in die Geschichte ein. Im Krieg durch Tapferkeit hervorgetreten, wurde er nach 284 von seinen Soldaten in *Chalcedon* zum Kaiser ausgerufen. Schon ein Jahr später hatte er die Macht im ganzen Römischen Reich für sich gesichert, und er konnte daran gehen, die Herrschaft neu zu organisieren. Er schuf das System der Viererherrschaft (Tetrarchie) mit zwei Augusti, denen er je einen Cäsar zuordnete. Zum Mitregenten als Augustus im Westen ernannte er seinen Freund *Maximianus*.

Reichsteilung unter Diocletian (284–305)

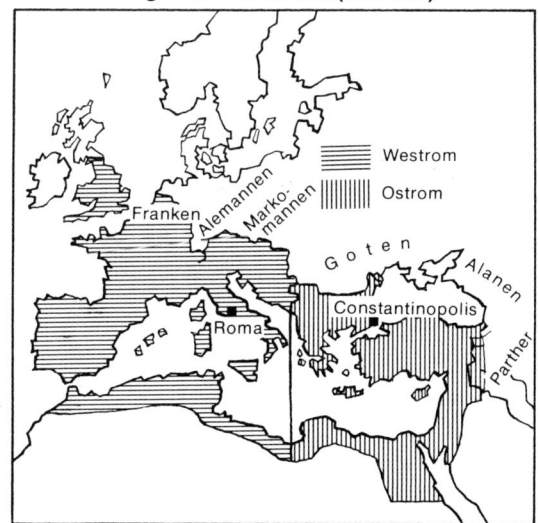

*Modell des 295 – 305 von Diocletian
erbauten Palastes in Split.
Er bildet heute den Kern der Altstadt.
MdCR Rom.*

Um sich aber deutlich als höherrangig zu kennzeichnen, fügte er seinem Kaisernamen *Aurelius Valerius Diocletianus* noch den Beinamen *Iovius* zu, während sich Maximianus mit dem Beinamen *Herculius* zufriedengeben mußte. Cäsar im Osten wurde *Galerius*, Cäsar im Westen *Constantius Chlorus*. Siege über die *Bagauden* in Gallien, über die *Germanen* und *Perser* festigten den Ruf der neuen Herrschaft, zumal Diocletian selbst das abgefallene Ägypten (297), Constantius Chlorus Britannien und Galerius Mesopotamien zurückerobern konnte. Diocletian errichtete seine neue Residenz in *Nicomedia* (jenseits des Bosporus),

seine Mitregenten herrschten in *Mailand, Sirmium, York* bzw. *Trier*.
Durch eine straffe Einteilung des Reiches in zwölf *Diözesen* und 101 *Provinzen* sowie durch eine *Vielzahl von Erlassen* und wirtschaftliche *Zwangssysteme* suchte er das Reich weiter zu konsolidieren, die Landflucht zu stoppen, der allgemeinen Teuerung entgegenzuwirken sowie die Produktion zu rationalisieren und das Heer beweglicher zu machen. Bevorzugung der Heiden und blutige Christenverfolgungen (305) dienten ebenfalls der Machtabsicherung.
Prunkvolles, streng ritualisiertes orientalisches Hofzeremoniell, das Tragen des königlichen Diadems sowie die Anrede »Dominus« und die Forderung nach Verehrung betonten die Kaiserwürde Diocletians weit über das bisher Übliche hinaus und gaben ihr die Züge des »Gottkönigtums«.

305 legte Diocletian die Herrschaft nieder, wozu er auch Maximianus zwang. Nachfolger wurde Galerius. Die Tetrarchieidee zerbrach nach kurzer Zeit und führte zu erbitterten Nachfolgekämpfen, aus denen der Sohn des Constantius Chlorus, des zweiten neuen Augustus, schließlich als Sieger hervorging. Diocletian hatte sich in seinen riesigen, neuerbauten Palast bei *Salonae* in Dalmatien zurückgezogen, wo er 313 starb. Die heutige Stadt *Spalato* (Split) ist zum Teil in die Ruinen dieses Palastes hineingebaut.

Diocletian war eine der machtvollsten Persönlichkeiten der späten Antike. Seine Art der Staatsverwaltung war für die germanischen Könige der Völkerwanderungszeit ein Muster. Er ist der Begründer der absoluten Monarchie, wie sie uns in der Moderne wiederbegegnet. (O. S.)

E

Elagabal (Heliogabalus)

Nach der Ermordung des Kaisers *Caracalla* 217 n. Chr. (→ *Kaiserliste*) sicherte dessen Tante *Iulia Maesa* der severischen Dynastie den Thron gegen den Usurpator *Macrinus*, indem sie das Gerücht ausstreute, ihr vierzehnjähriger Enkel *Varius Avitus Bassianus* sei ein unehelicher Sohn des Ermordeten. Die Legionen, die den Verlust ihres Idols nur schwer verwinden konnten, ließen sich täuschen und riefen den frühreifen Jüngling unter dem Namen *M. Aurelius Antoninus* zum Kaiser aus. Man nannte ihn aber bald nur noch *Elagabal* nach dem syrischen Sonnengott *El-Gabal*, dessen Hoherpriester und fanatischer Prophet er war. Diesen Gott, der in der Stadt *Emesa* (heute Homs) in Gestalt eines phallischen Meteorsteins verehrt wurde, wollte der neue Herrscher dem ganzen Reich als obersten Gott aufzwingen. Im Frühjahr 219 hielt Elagabal feierlichen Einzug in Rom. In farbenprächtige Gewänder gehüllt, mit Juwelen und Perlen behängt und geschminkt wie ein junges Mädchen, geleitete Elagabal den schwarzen Kultstein seines Gottes in einem Triumphwagen auf den Palatin, wo ihm ein großer Tempel geweiht wurde. Fassungslos mußten die Römer zusehen, wie ihr Kaiser zum aufreizenden Klang orientalischer Zimbeln, Pauken und Chöre bei öffentlichen Feiern um den Altar tanzte, wie er die ehrwürdigsten Reliquien ihrer Staatsreligion, darunter das *Palladium* (Kultbild der Pallas Athene), die *Schilde des Mars* und das *Feuer der Vesta*, in den Tempel seines Gottes übertrug. Aus Carthago ließ er das Kultbild der punischen Fruchtbarkeitsgöttin *Tanit* nach Rom schaffen, um sie in heiliger Hochzeit mit seinem Sonnengott zu verbinden. Er selbst heiratete eine → *Vestalin*, ohne auf deren Jungfräulichkeitsgelübde zu achten, mit der Begründung, aus der Ehe eines Hohenpriesters mit einer Priesterin müßten göttergleiche Kinder entstehen.

In den vier Jahren seiner Herrschaft war Elagabal viermal verheiratet. Seine krankhaft ausschweifende Sexualität führte ihn sogar dazu, sich in aller Form mit einem hünenhaften Athleten trauen zu lassen. Die Regierungsgeschäfte überließ er seiner Großmutter Maesa und seiner Mutter *Soaemias*, deren Teilnahme an den Sitzungen des Senats als ein empörender Bruch mit der

Sogenannter Elagabal. Porträtkopf eines Jünglings zum Einsetzen in eine Togastatue gearbeitet. Capitolinisches Museum Rom.

altrömischen Tradition empfunden wurde. Die perversen Exzesse und die kostspielige Günstlingswirtschaft des Kaisers erregten immer stärkeren Abscheu; seine seltsam-unverständlichen Kultriten beschäftigten die Phantasie. Man munkelte sogar, er bringe seinem Gott scharenweise Kinder als Schlachtopfer dar. Um nicht in die unvermeidliche Katastrophe mit hineingerissen zu werden, überredete Maesa ihren Enkel, seinen vierzehnjährigen Vetter zu adoptieren und zum Thronfolger zu erheben. Die allgemeine Beliebtheit dieses in römischem Geist erzogenen *Severus Alexander* ließ Elagabal freilich bald um seinen Thron zittern. Als er aber dem verhaßten Rivalen nach dem Leben trachtete, kehrte sich die Wut der Praetorianer (→ *Heerwesen*) gegen ihn. Sie erschlugen das achtzehnjährige Scheusal samt seiner Mutter und warfen die Leichen in den Tiber. Der Fetisch wurde nach Emesa zurückgeschickt und die Erinnerung an den wahnwitzigen Spuk nach Kräften unterdrückt. (H. H.)

schrieb seinen Namen auf ein Trinkglas, verewigte den Namen seines politischen Favoriten auf einer Ziegelwand, verfluchte seinen Nebenbuhler durch Inschrift auf einem Bleitäfelchen oder rühmte die Künste einer Kurtisane am Eckstein eines Hauses. Durch diese Inschriften erfahren wir von Seiten des antiken Lebens, die uns sonst völlig fremd oder unbekannt wären. Hier können wir auch einmal »den Leuten aufs Maul schauen«.

Besonders von den Wänden der wieder ausgegrabenen Stadt *Pompeii* besitzen wir viele interessante dieser Kritzeleien mit oft recht lustigem Inhalt. So bittet eine Inschrift den Maultiertreiber, nicht so lange im Wirtshaus sitzenzubleiben: »Wenn du das Feuer der Liebe spürtest, so würdest du mehr eilen, um Venus zu sehen. Ich liebe einen schönen Knaben. Bitte, treibe dein Gespann an! Bring mich nach Pompeii, wo meine süße Liebe ist!«

Aber auch von Triumphen über fremde Völker künden die römischen Inschriften, die oft wahre Kunstwerke in Buchstabenform und Buchstabenanordnung darstellen. Inschriften preisen die Großtaten der Feldherrn oder den Aufwand reicher Bürger für die Stadtgemeinde. In *Ostia* sieht man heute noch die Inschriften der antiken Handwerkerzünfte im Boden des Forums. Die bedeutendste römische Inschrift, zum größeren Teil noch erhalten, ist der sogenannte »Tatenbericht des Augustus«, eine Rechenschaft des Kaisers über seine Regierungstätigkeit, sozusagen ein in Stein gehauener Rechenschaftsbericht oder politisches Testament. Die Inschrift wurde in mehreren Städten des Imperiums in griechischem und lateinischem Text zugleich aufgestellt. Das am besten erhaltene Exemplar wurde in *Ankara* gefunden (sogenanntes *Monumentum Ancyranum*).

Die römischen Inschriften sind in einer riesigen Sammlung zusammengefaßt, im sogenannten CIL = »Corpus Inscriptionum Latinarum«. (O. S.)

Epigraphik

Einer der interessantesten Zweige der Altertumswissenschaft ist die Epigraphik; der Name kommt von griech. epi-graphein, d. h. etwas »anschreiben«.

Inschriften – offizielle und private – wurden im Altertum an allen möglichen und unmöglichen Stellen angebracht, genau wie bei uns. Man

Ernährung

Mehlbrei, Zwiebeln und Hülsenfrüchte auf der einen, raffiniertester Gaumenkitzel und Tafelluxus auf der anderen Seite – das sind die Grenzwerte, zwischen denen sich die Ernährung der Römer bewegte. Einfach bäuerlich, ja geradezu primitiv war das Essen noch bis zum 2. vorchristlichen Jahrhundert. Ein *dicker Brei aus gerö-*

stetem Spelt bildete das Hauptgericht für die Armen wie für die Reichen und ersetzte weitgehend das Brot. Kohl und Lauch aus dem Gemüsegarten, grüne und weiße Bohnen, Kichererbsen und Linsen ergänzten das Mahl und konnten auch, je nach Geschmack, mit dem Brei zusammengekocht werden. *Fleisch* kam nur selten auf den Tisch, nicht einmal bei den Wohlhabenderen. Häufiger noch *in Salzlake eingelegte Fische*, die auch für die Armen erschwinglich waren, soweit sie sich an der Küste nicht gleich selbst mit frischem Fang versorgen konnten. Als der Dichter *Iuvenal* um 100 n. Chr. einem Freund ein bescheidenes Menü aufzählt, bestehend aus einem fetten Böcklein, dazu Spargel und Eier, als Nachtisch getrocknete Trauben, sowie Birnen und Äpfel, betont er, gleichsam entschuldigend, daß so ein Schmaus früher einmal sogar bei Senatoren als üppig galt. Und er setzt hinzu, daß es Sitte war, Schweinsrücken zu dörren und für die Festtage zur Bewirtung der Freunde aufzuheben. *Cato* führt in seinem Buch über die Landwirtschaft einige für die Zeit um 200 v. Chr. typische bäuerliche Rezepte an. So sollen *Käsekugeln* aus einem Brei von Speltgraupen und frischem Schafskäse geformt und in einem Kessel mit Fett gesotten werden. Danach werden sie mit Honig bestrichen und mit Mohn bestreut.

Für Jahrhunderte bestimmte die Eintönigkeit den römischen Küchenzettel. Als sich dann seit dem 2. vorchristlichen Jahrhundert unter orientalischem Einfluß Geschmack und Essen verfeinerten und in der vornehmen Gesellschaft der Tafelluxus aufkam, machten Schriftsteller aus der alten Not eine vaterländische Tugend: »Die größten Männer trugen kein Bedenken, vor aller Augen zu Mittag und zu Abend zu speisen ... Sie waren so auf Enthaltsamkeit bedacht, daß bei ihnen der Brei häufiger verzehrt wurde als das Brot«, vermerkt der Schriftsteller *Valerius Maximus* rückblickend zu Beginn des 1. nachchristlichen Jahrhunderts.

Brot und Bäcker. Erst allmählich trat an die Stelle des Breies das Brot. Es wurde anfangs – und später weiterhin auf dem Lande – in den bäuerlichen Haushalten selbst gebacken. Als aber im 2. vorchristlichen Jahrhundert das *gesäuerte* Brot aufkam, übernahmen in den Städten die Müller auch die Aufgaben des Bäckers. Nach den Jahrhunderten des ›Breizeitalters‹ kamen die Römer sehr rasch auf den Brotgeschmack und entwickelten dementsprechend ihre Wünsche. Den Armen blieb natürlich nur das sehr grobe

Schwarzbrot. Die Reichen bevorzugten neben dem feinen *Weißbrot* noch verschiedene Delikatessen wie den *panis artopticus*, ein am Grillspieß gedrehtes Brot, den *panis testaticus*, in einer irdenen Vase gebackenes Brot. Ebenfalls in Formen gebacken wurde das *Rosinenbrot* aus Gries. Es gab *Käsebrot*, ein kantiges *Brot mit Anis, Käse und Öl* zubereitet, das lockere *gesalzene kappadokische Brot*, grobe *kilikische Laibe* oder *Partherbrot*, dessen Teig erst im Wasser quellen mußte, bis er verbacken wurde, und das so leicht sein mußte, daß es auf Wasser schwamm.

Um die Kundschaft zufriedenzustellen, gaben die Bäcker ihren Broten die verschiedensten originellen Formen. Sogar mit Handschuhen und Gazemasken ließen sie ihre Gesellen arbeiten, um den Teig nicht zu verderben!

Neben dem Brot wurden noch verschiedene andere Backwaren gefertigt, ähnlich etwa den *Brötchen* und *Semmeln*. Die Süßbäcker stellten *Pasteten, Kuchen* und knusprige *Waffeln* her. Kein Wunder, daß bei so viel Eifer und Kunstfertigkeit Müller und Bäcker zu den angesehensten Handwerkern zählten, in der Kaiserzeit besondere Privilegien erhielten und gelegentlich sogar in staatliche Dienste traten. Obgleich die Getreide- und Brotpreise von den Aedilen streng überwacht wurden und Wucher damit weitgehend ausgeschlossen war, konnten es manche großen Bäcker schon zu beachtlichen Reichtümern bringen. Das beweist heute noch das Grab des Bäckers *Eurysaces* vor der *Porta Maggiore* in Rom. Diese mächtige Anlage zeigt die Form eines antiken Backofens, in dessen kreisrunde Röhren das Brot eingeschoben wurde. Die Reliefs des Frieses zeigen die verschiedenen Arbeitsvorgänge bei der Brotherstellung.

Eßgewohnheiten und Mahlzeiten. Die Kücheneinrichtungen waren bei den ärmeren Familien höchst einfach. In den großen Mietshäusern Roms, wo das Brennmaterial knapp und die Feuergefahr groß waren, kochten die Bewohner nur wenig, sondern begnügten sich meistens mit Brei oder Brot, zu dem sie Käse, Bohnen, Feigen, Oliven, Zwiebeln oder Knoblauch aßen. Über die *Knoblauchesser* schimpfte schon Horaz: »Wenn einer einmal mit ruchloser Hand seinem greisen Vater den Hals bricht, so mag er Knoblauch essen, schädlicher als Schierling!« Gelegentlich wurden diese dürftigen Mahlzeiten noch ergänzt durch einen *gesalzenen Fisch* oder ein Stück *gebratenes Schweinefleisch*, wie man es in der *Garküche* kaufen konnte. Wer einmal warm essen wollte, mußte eine solche Garküche aufsuchen, wo die Speisen schon auf den Straßen zur Schau gestellt wurden. Schenken und Gasthäuser waren – im Gegensatz zu heute – vorwiegend für den Weinausschank eingerichtet und weniger für den Verkauf von Speisen. Wohlhabendere Bürger kochten daheim. Soweit nicht auf dem Lande der eigene Hof die Nahrungsmittel bot, mußten sie auf dem Markt besorgt werden. Da viele Häuser keine geeigneten Vorratsräume hatten, wurde täglich eingekauft, was oft der Hausherr selbst erledigte. In Rom gab es für diesen Zweck mehrere große *Markthallen*, wo Metzger, Fischer, Gemüse- und Obstverkäufer ihre festen Plätze hatten und mit viel Geschrei die Waren feilboten. Hier warteten auch jene *Lohnköche*, die man zur Herrichtung einzelner Mahlzeiten oder Festessen mieten konnte.

Die Römer kannten drei Mahlzeiten am Tag, von denen sie aber die ersten beiden nicht immer regelmäßig einhielten. Unserem Frühstück entsprach das *ientaculum*, das zwischen 7 und 9 Uhr morgens eingenommen wurde. Für viele bestand es nur aus einem Schluck Wasser oder Wein und einem Stück Brot, bestreut mit Knoblauch, manchmal einem Stück Käse, etwas Honig oder ein paar Datteln. Zum *prandium* gegen 12 Uhr gab es ein paar kalte Speisen, Gemüse, Fisch, Obst oder Reste der Hauptmahlzeit vom Vortag. Die Hauptmahlzeit die *cena*, wurde auch von den Ärmeren eingehalten. Sie fand zwischen 2 und 3 Uhr am Nachmittag statt und konnte, je nach Art des Haushalts, schon üppiger sein und mehrere Gänge umfassen. Von einer guten Mahlzeit in einem bürgerlichen Haushalt hörten wir schon bei Iuvenal. Sein Kollege, der Dichter *Martial*, überliefert in einer Einladung an einen Freund ein anderes Menü. Danach gab es zuerst Salat und Lauch, dann Thunfisch mit gehackten Eiern, heißen Grünkohl, »ein Würstchen, das auf dem weißen Brei liegt«, sowie »die blassen Bohnen mit rötlichem Speck« und zum Nachtisch getrocknete Trauben, syrische Birnen und geröstete Kastanien aus Neapel.

Besonders beliebt waren *Blutwürste* und *Kaldaunenwürstchen*, die in den Straßen von *Wurstköchen* heiß angeboten wurden. Wer es sich leisten konnte, kaufte auch importierte Waren. So kamen aus Gallien sehr beliebte geräucherte Würste und die besten Schinken. An *heimischen Fleischsorten* verwendete man Rindfleisch, Kalbfleisch, Schweine- und vor allem sehr gern Wildschweinfleisch; Schafe und Esel wurden geschlachtet, Haselmäuse gemästet, zu dem üblichen

Geflügel wie Hühnern, Enten und Gänsen kamen noch Pfauen, Störche und sogar Papageien. *See- und Süßwasserfische* waren sehr begehrt und man kannte über hundert Arten von Speisefischen. Als Beilagen dienten die üblichen *Gemüsearten*, und Obstsorten, die auch heute noch die Gärten der Mittelmeerländer bieten. Neben Kohl, den verschieden Hülsenfrüchten, Rüben, Zwiebeln, Spargel aß man auch Artischocken und vor allem die sehr beliebten Oliven. Zu den heimischen Obstsorten lieferte Armenien Aprikosen, und aus Nordafrika kamen große Mengen Datteln.

Rezeptsammlungen. Über Küchenrezepte wissen wir nur sehr wenig. Ein einziges Kochbuch ist vollständig überliefert. Es stammt angeblich von *Marcus Gavius Apicius*, einem Zeitgenossen des

---

»Man nehme Fische, die von Natur fett sind, wie Salme, Neunaugen, Alsen und Sardinen oder Heringe. In ein wohlverpichtes Gefäß von drei oder vier Modius (26/35 Liter) Fassungsvermögen werden abwechselnd trockene, wohlriechende Feld- und Gartenkräuter – nämlich Dill, Koriander, Fenchel, Sellerie, Bohnenkraut, Liebstöckel, Flohkraut, Thymian, Majoran, Betonie –, Fische (kleinere ganz, größere zerstückelt) und Salz je zwei Finger dick geschichtet, bis das Gefäß gefüllt ist. Dieses wird mit einem Deckel verschlossen und sieben Tage stehen gelassen. Alsdann wird der Inhalt des Gefäßes zwanzig Tage lang zwei- bis dreimal täglich mit einem großen Holzlöffel bis auf den Grund umgerührt. Man sammelt nun die abfließende Flüssigkeit. Von ihr mischt man je zwei Sextarien (ein S. = 1/2 Liter) mit einem halben Sextar gutem Wein. Dazu fügt man je eine Handvoll getrockneter Kräuter – Dill, Koriander, Saturei und Scharlei-, eine Handvoll Bocksleesamen, dreißig oder vierzig Pfefferkörner sowie je drei Drachmen (etwa 12 Gramm) Costus, Zimt und Gewürznelken. Die Mischung wird in einem eisernen oder bronzenen Gefäß bis auf einen Sextarius eingekocht, nachdem ihr zuvor ein halbes Pfund geläuterter Honig (163 Gramm) hinzugefügt worden ist. Die gare Flüssigkeit wird noch kochend durch den Filtersack gegossen. Geklärt und erkaltet, wird sie in einem gut gepichtem Gefäß verwahrt«.

(Nach: V. Rose: Aringus der Hering. In: Zeitschr. f. klassische Philologie VIII (1874))

Kaisers Tiberius und berühmten Feinschmecker, der sich vergiftete, als er feststellte, daß sein Vermögen auf zehn Millionen Sesterzen zusammengeschmolzen war und er befürchtete, diese Summe reiche nicht mehr für das gewohnte aufwendige Leben! Unsere Ausgaben gehen auf einen unbekannten Bearbeiter aus dem 4. nachchristlichen Jahrhundert zurück und enthalten neben den Rezepten des Apicius vor allem noch eine ganze Anzahl anderer aus späteren Diätkochbüchern. Das Werk bringt Hinweise für prunkvolle Mahlzeiten ebenso wie bescheidenere Gerichte für den Normalhaushalt, aber auch Krankenkostrezepte und Hausmittel gegen Magenbeschwerden, sowie Ratschläge fürs Einmachen u. ä.

Es scheint, daß die Römer recht *fett* kochten und häufig den Geschmack der Speisen durch *Gewürze* und *Spezialsoßen* zu verfremden suchten. Die bekannteste Würzsoße war das *garum* oder *liquamen*. Man konnte sie im Haushalt selbst herstellen oder von Großlieferanten vor allem aus Pompeii, Leptis Magna oder Antipolis (Antibes) beziehen.

Die im Rezept angeführte Zubereitungsart zeigt nur eine Möglichkeit auf. Häufig ließ man die Flüssigkeit gären, die dann einen stark salzigen, leicht fischigen und zugleich etwas käsigen Geschmack aufwies.

Zu den kostspieligsten der vielen verwendeten Gewürze gehörte das *Silphium-Kraut*, das aus der Cyrenaica eingeführt wurde und so teuer war, daß Apicius in seinem Kochbuch ein Rezept aufführt, wie man es mit Hilfe von Pinien-Kernen strecken konnte. Als es seit dem ersten nachchristlichen Jahrhundert immer seltener wurde, diente unter anderem die aus Persien stammende *Asa foetida* als Ersatz, ein aus den Ferlua-Wurzeln gewonnener Saft, der getrocknet wurde und unangenehm knoblauchartig roch, so daß er später die Bezeichnung »Teufelsdreck« erhielt. Trotzdem schonten die Römer weder die eigenen noch fremde Geruchsnerven, und bei dem griechischen Schriftsteller *Athenaios* heißt es: »Wenn du eine Zwiebel willst, so bedenke, was es kostet, sie gut zuzubereiten. Du brauchst Käse, Sesam, Öl, Lauch, Essig und Asa foetida, um sie anzurichten.«

Aus Asien wurden an die fünfzig Gewürzsorten eingeführt, vor allem *Pfeffer* und *Zimt*. Letzterer kam entweder auf dem Schiffswege über das Rote Meer und wurde an der Landenge von Suez umgeladen, teils aber auch auf dem Landweg über die berühmte Seidenstraße. Daß bei starker Würze auch entsprechend getrunken wurde, ist verständlich. Nur blieb den Römern keine große Auswahl. Neben dem Wasser, das über die großen Leitungen in die Hauptstadt kam und aus manchen dieser Aquädukte vom Kenner sogar heute noch geschätzt wird, trank man Milch, die Ärmeren vor allem Ziegenmilch, und Wein.

Gastmähler. Schon im Jahr 187 v. Chr. schrieb *Livius:*

»Auch die Gastmähler begann man mit größter Sorgfalt und Verschwendung anzurichten. Von da an stand der Koch, der bei den Alten der niedrigste Sklave war, hoch im Wert. Was früher ein Bedientenamt war, galt als eine Kunst. Dennoch war das, was man damals erblickte, kaum erst der Keim des folgenden Luxus.« Wenige Jahre später wurde bereits ein Gesetz erlassen, das die Teilnehmer an einem Gastmahl beschränken sollte, doch hielten sich die Römer wenig daran. Sie aßen gern und viel und bevorzugten Gesellschaft.

Zu einer idealen Tafelgesellschaft gehörten neun Personen, die auf drei Sofas lagerten, die in Hufeisenform um einen runden Tisch gruppiert waren. Mit dem linken Arm stützten sie sich auf, während sie mit der rechten Hand Speisen und Getränke ergriffen. Bestecke gab es nicht, lediglich Löffel für flüssige Speisen. Dafür standen in den vornehmeren Haushalten *Waschschälchen* zum Reinigen bereit, und es gab auch *Servietten*, wenn es auch vorkam, daß vereinzelt Gäste letztere benutzten, um Speisen einzupacken und mit nach Hause zu nehmen.

In der Personenzahl nicht beschränkt waren die großen öffentlichen und privaten *Bankette*. Wie es dort zugehen konnte, faßt Cicero in dem Satz zusammen: »Die einen werden wie tot davongetragen, die andern bleiben besinnungslos auf dem Fußboden liegen; man könnte eher meinen, das Schlachtfeld von Cannae als das Gastmahl eines Praetors zu erleben.«

Die berühmt-berüchtigte *Pfauenfeder*, mit der sich Gäste den Rachen kitzelten, apostrophiert ein Ausspruch *Senecas:* »Man ißt nur, um zu vomieren (erbrechen); man vomiert nur, um zu essen.« Es gab auch *öffentliche Gastmähler*, die an hohen Festen und Triumphzügen stattfanden, von besonderen Priestern ausgerichtet wurden und an denen das ganze Volk teilnehmen durfte. Dort allerdings war gutes Benehmen und Bescheidenheit Vorschrift. (Siehe auch die Stichwörter → *Luxus*, → *Wein*, → *Bier*, → *Gasthäuser* u. a.) (H. P.)

Erotik

Roms Geschichte beginnt mit einer Verführung; denn die Sage erzählt, daß die Vestalin *Rhea Silvia* mit Mars ein Verhältnis hatte (nach anderer Version von ihm vergewaltigt wurde) und den Zwillingen *Romulus und Remus* das Leben schenkte. Als ein Hirte die auf Befehl des Großvaters ausgesetzten Knaben fand, wurde dessen Weib *Acca Larentia* zu ihrer Ziehmutter. Die Sage machte diese Frau zugleich zur Dirne und Geliebten des Hercules, und die Gleichbedeutung des Wortes *lupa* = Wölfin, Dirne erhöht das mythologisch-erotische Durcheinander der Sagenzeit.

Die Verbindung von Wölfen und Fruchtbarkeit spiegelt sich auch deutlich in den *Lupercalien*, dem Fest des *Wolfsgottes Faunus* (→ *Mythologie*), das in Rom alljährlich am 15. Februar gefeiert wurde (→ *Kalender*). Faunus, der oft in der Form einer Vielzahl von Faunen erscheint, galt als besonders lüstern und wurde so zum beliebten Motiv erotischer Kunst (*Seite 135*). Seine Priester (luperci = Wölfe) liefen bei dem Fest, nur mit einem Bocksfell bekleidet, um den Palatin und schlugen mit Riemen auf die Vorübergehenden. Kinderlose Frauen erhofften sich durch solche Schläge Fruchtbarkeit. Mehr noch als diese Lupercalien boten die *Floralien* die Möglichkeit öffentlicher Ausschweifungen unter dem Deckmantel eines Kultes. Bei diesen alljährlich Anfang Mai zu Ehren der Göttin Flora abgehaltenen Feiern fanden ausgelassene Zirkusspiele mit Aufführungen von »Mimen« (siehe unten: erotische Literatur) statt, bei denen die Dirnen nackt auftraten und das begeisterte Publikum durch obszöne Tänze anregten. Als bei einem dieser Feste → *Cato* als Zensor anwesend war, wagten die Dirnen keinen Auftritt. Cato beugte sich der Tradition, hob den Arm mit der Toga vor die Augen und verließ den Zirkus.

Mit ein paar Sagen und solchen mythisch verwurzelten Kulten war aber die Erotik der Frühzeit weitgehend erschöpft. Die römische Republik war sittenstreng und prüde zugleich. Noch 184 v. Chr. wurde ein gewisser *Manlius* aus dem Senat ausgeschlossen, weil er seine Frau vor den Augen der Tochter geküßt hatte. Ehebruch wurde streng bestraft – besonders an den Frauen. Eine in flagranti ertappte Frau konnte noch bis ins 5. Jahrhundert sogleich vom Pöbel in ein kleines Häuschen am Stadtrand geschleppt und dort von den Anwesenden der Reihe nach mißbraucht werden. Aber erstens dürfte sich ein

ehebrecherisches Paar selten so unmittelbar ertappen lassen haben, und zum anderen gab es trotz der vielgerühmten altrömischen Moral noch genügend Ausweichmöglichkeiten. *Ehescheidungen* waren häufig und nahmen seit dem Ende der Republik immer mehr zu. Caesar und Antonius waren vier-, Sulla und Pompeius fünfmal verheiratet. Sechs bis sieben Ehen bei Männern wie bei Frauen scheinen durchaus möglich gewesen zu sein, sonst hätten Schriftsteller nicht darauf Bezug genommen. Schließlich gab es noch die *Sklavinnen* für den Herren, die Sklaven für die Frau des Hauses. *Martial* zählt die sieben Kinder einer gewissen *Marulla* auf, deren jedes dem jeweiligen Vater ähnle: dem maurischen Koch, dem plattnasigen Athleten, dem triefäugigen Bäcker, dem zarten Liebling des Herrn, dem spitzohrigen Kretin, dem schwarzen Flötenbläser und dem rothaarigen Hofverwalter.

Prostitution. Den Ärmeren blieben allerdings nur die *Bordelle*, die *Lupanare*, die schon in der Republik in den Städten zugelassen und wohl aus einer Art *Tempelprostitution* hervorgegangen waren. In Rom gab es 46 offiziell bekannte Lupanare mit angeblich 35 000 Dirnen, doch scheint diese Zahl etwas hoch gegriffen; denn bei maximal 800 000 Einwohnern hätte jeder 23. Mensch in Rom eine Dirne sein müssen! Zu den offiziellen Bordellen kamen noch die privaten, die billigen *Absteigen* und *Kneipen* – auf dem Lande vor allem an den großen Straßen fast jede Wirtschaft, wo die *Copae* warteten, Mädchen, die oft schon mit einem Glas Wein zu gewinnen waren. In den Städten existierten *Massage-* und *Kosmetiksalons* mit einschlägigen Aufgaben, selbst die → *Bäder* boten gelegentlich entsprechende Möglichkeiten, ganz abgesehen davon, daß allein in der Hauptstadt ein Heer von Kupplern in den engen Gassen auf ihre Kunden lauerte und, wie uns etwa *Petronius* berichtet, mit allen nur erdenklichen Kniffen anlockte.

Die Prostituierten wurden sorgfältig registriert und fielen nicht unter die strengen Sittengesetze, mit denen *Augustus* dem Verfall der allgemeinen Moral steuern wollte. Es gab gerade aus den ärmeren Schichten genügend Frauen, die sich freiwillig registrieren ließen, damit sie straflos Umgang mit Männern haben konnten. Umgekehrt schied eine Dirne, die heiratete, aus dem Register und war damit dem Gesetz unterworfen. Die echten Dirnen wurden von den Kennern in verschiedene Gruppen eingeteilt: in die vornehmste gehörten die *Famosae*, die »Berüchtigten«, Frauen aus besseren Kreisen, die in den Bordellen persönliches Vergnügen und Nebenverdienst suchten; dann die *Delicatae*, die schönsten jungen Dirnen, die entsprechend teuer waren. Dieser Gruppe gehörte ursprünglich auch die Mutter der Kaiser Titus und Domitian an. Die *Doriden* übten ihr Gewerbe grundsätzlich nackt aus und stellten sich in dieser Arbeitskleidung auch zur Schau. Die *Meretrices* lebten tagsüber wie anständige Frauen und arbeiteten korrekt erst ab der Vesperstunde (merenda). Die Aufzählung ließe sich noch bis zu den merkwürdigsten Abarten fortsetzen, wie etwa den *Bustuariae*, die ihr Gewerbe – wohl in erster Linie mit den Totengräbern – auf den Friedhöfen ausübten. Ein öffentlicher Skandal vor einigen Jahren in Rom beweist übrigens, daß selbst diese Variante römischer Zivilisation noch bis heute fortgelebt und ihre Liebhaber gefunden hat!

Selbstverständlich kam es häufig genug zu Ansteckungen. Vielleicht ist das mit ein Grund dafür, daß die von den Griechen übernommene *Knabenliebe* regen Zuspruch fand und nicht nur in den vornehmen Kreisen so verbreitet war, daß verschiedene Schriftsteller Eltern mahnten, auf ihre Söhne aufzupassen, sondern auch in den verschiedenartigsten *Knaben-* und *Transvestitenbordellen* existierte. Während der Kaiserzeit gab es in Rom sogar Bordelle für *Sodomie*, in denen die verschiedensten Tiere zur Verfügung standen; bei den Damen sollen Esel besonders beliebt gewesen sein.

Das Sexualleben hatte sich während der ersten Jahrhunderte der Republik durchaus in Grenzen gehalten. Die Eroberung der Mittelmeerländer führte mit dem Eindringen fremder Bräuche auch zu einem Wandel in der Sexualauffassung. Noch einmal suchte Augustus mit seiner strengen Sittengesetzgebung den Auswüchsen zu steuern, aber schon seit dem 1. Jahrhundert der Kaiserzeit wurde Rom »zu einem einzigen Schauplatz zügelloser Wollust«. Die zunehmende Freizügigkeit spiegelte sich in der Literatur ebenso wie in der Malerei und der bildenden Kunst.

Erotische Literatur. Vielfältige Möglichkeiten auf das Sexualleben einzugehen, boten die *Komödien eines Plautus* (→ *Literatur*); während sich die Dichter aber mit Andeutungen begnügten, waren die *Atellanae*, derbe Volkspossen (→ *Theater*), schon wesentlich offener, und diese Offenheit steigerte sich noch in den *Mimen*, die mit Vorliebe komische Ehebruchsgeschichten behandelten. Da hier die Schauspieler ohne Masken auftraten und die Frauenrollen von Frauen, verschiedentlich sogar von Dirnen gespielt wurden,

eskalierten besonders bei den oben erwähnten Floralien die Darstellungen bis zur sexuellen Zügellosigkeit. Noch laszivere Möglichkeiten boten schließlich die *Pantomimen*, bei denen Tanz und überwiegend Gestik die Sinne der Zuschauer reizen sollten. Die Schauspieler waren hier durchwegs Prostituierte, »verführerische Anmut war in solchen Aufführungen mit einer Üppigkeit und Schamlosigkeit gepaart, daß auch für die verwöhntesten Lebemänner nichts mehr zu wünschen übrig blieb« (Englisch). Später wurden solchen Pantomimen noch Chorlieder obszönen Inhalts angefügt.

Die große Zeit der erotischen Literatur begann aber erst unter Augustus (siehe für die literarische Einordnung der folgenden Namen auch den Artikel → *Literatur*). *Catull* und *Properz* verfaßten beide glühende Liebesgedichte, letzterer auf die berühmte, begehrte und von ihren Verehrern hochbezahlte Dirne *Cynthia*, deren Schicksal römischen Freudenmädchen als Warnung dienen konnte: sie wies eine hochgestellte Persönlichkeit ab und wurde vergiftet. Einen ersten Höhepunkt erreichte die erotische Dichtung mit → *Ovids* »Ars amandi«. Diese »Liebeskunst« bietet einen ebenso eleganten wie reizvollen Leitfaden zum Genuß der Liebe, nicht der ehelichen, vielmehr der mit Freundinnen oder Hetären. Was uns heute mehr als ein harmloses Spiel erscheint, das nur am Ende des zweiten und vor allem dritten Buches deutlicher wird, wo Ovid die Liebespraktiken und -stellungen eindeutig ausmalt, brachte dem Dichter erhebliche Schwierigkeiten. Man muß die »Liebeskunst« vor dem Hintergrund der neuen strengen augusteischen Maßnahmen zum Schutz der Sittlichkeit sehen, über die Ovid hier mit eleganten Sticheleien spöttelte. So wurde das in Rom höchstbeliebte Werk mit eine der Ursachen für die Verbannung des Dichters durch den Kaiser. Der seelisch völlig gebrochene Ovid starb fern von Rom.

Seine Verse wurden schon wenige Jahrzehnte später zwar nicht an Qualität, zumindest aber an Deutlichkeit übertroffen von den Epigrammen *Martials*. »Kaleidoskopartig zieht in seinen Gedichten die damalige römische Welt vorüber. Ausschweifungen in allen erdenklichen Erscheinungen grinsen uns entgegen. Zwischen Männern und Frauen besteht in dieser Beziehung kein Unterschied, ja die Frauen übertrumpfen noch die Männer an Schamlosigkeit und sind die größten Liebhaber obszöner Lektüre und obszöner Lieder« (Englisch). Ob wir dabei seiner

Messalinas Liebesleben

»Sobald Messalina im Schlaf ihren Ehgemahl
wußte,

hat mit dem Lager im Kaiserpalast sie die
Matte vertauschet.

Und sie griff frech, die Kaiserin-Hure, des
Nachts zur Kapuze,

heimlich schlich sie sich fort, nur von einer
der Mägde begleitet.

Da verbarg sie das kohlschwarze Haar in der
blonden Perücke,

und sie betrat das schwüle Bordell, das mit
Lumpen verhängte,

und ihre Kammer, für sie nur gewahrt. Da
bot sie sich nackend

preis mit vergoldeten Brüsten, Lyciscas Namen
mißbrauchend,

und sie zeigte den Leib, der dich, edler Britan-
nicus, austrug.

Zärtlich empfing sie die Gäste und ließ sich
billig bezahlen.

Dann, als der Kuppler bereits seine Weiber
entließ, ging sie traurig

fort und schloß ihre Kammer, wenn irgend sie
konnte, als letzte.

Aber sie brannte noch dann von der Nessel der
brünstigen Scheide,

und, von Männern erschöpft, doch nimmer
befriedigt, verschwand sie.

Bös von Schatten im Antlitz entstellt, nach
dem qualmenden Lämpchen

stinkend, trug sie den Duft des Bordells zum
Polster des Kaisers«.

(Iuvenal, 6. Satire, 116 ff. Übers.: Ulrich Knoche)

*Erotische Wandmalerei aus Pompeii,
wie sie vor allem in Bordellen,
aber auch in Schlafzimmern von Privathäusern
üblich war.*

ausgleichenden Humor. Doch bietet gerade seine sechste Satire ein ungemein farbiges Bild römischen Sexuallebens von den einfachsten Leuten bis zur Kaiserin *Messalina*, einer Sexualneurotikerin, deren Skandale beliebtestes Tagesgespräch im Rom des Kaisers *Claudius* waren.

Die beiden Hauptwerke erotischer Novellistik sind das »Satyricon« des *Petronius* und der »Goldene Esel« des *Apuleius*. Petronius, von dessen Werk leider nur zwei der etwa zwanzig Bücher erhalten sind, und selbst diese verstümmelt, erzählt, wie *Encolpius* vom Zorn des lüsternen Gottes *Priapus* verfolgt, die merkwürdigsten, vorwiegend erotischen Abenteuer erlebt. Im »Goldenen Esel« wird der Held des Romans durch eine Zaubersalbe in einen Esel verwandelt. Trotz – oder vielleicht gerade wegen – dieser merkwürdigen Gestalt wird er in verschiedene Liebeserlebnisse verwickelt, was dem Autor Gelegenheit gibt, eine sodomitische Szene breit auszumalen. Eine Sonderstellung nehmen die *Carmina Priapea* ein, kleine Verse, die sich mit unseren »Frau Wirtin«-Versen vergleichen lassen und dem Gott Priapus in den Mund gelegt wurden, der als Beschützer der Gärten galt. Entsprechend werden in diesen Texten den Gartendieben obszöne Stra-

Beteuerung: »Lasciva est nobis pagina, vita proba est – schlüpfrig ist, was ich schreibe, doch mein Leben ist sauber«, Glauben schenken dürfen, bleibt bei der höchst intimen Detailkenntnis römischen Lasterlebens doch zweifelhaft. Zumindest dürfte er die Knaben und jüngeren Dirnen den reiferen vorgezogen haben, über die er raffiniert und grausam seinen bissigen Spott entleert. Er hütete sich klug, hochgestellte Persönlichkeiten anzugreifen, war nie in Skandale verwickelt, bewies dafür aber eine außerordentliche Sach- und Personenkenntnis, die er in seinen Epigrammen verarbeitete.

Eine ähnliche Intimkenntnis zeigt auch *Iuvenal* in seinen Satiren. Wo der Spötter Martial unterhalten wollte, geißelte er, so daß die Kritik ihm mit Recht vorwirft, er eifere und beweise zuwenig

Polyphallus. Glückverheißendes Tintinnabulum mit Glöckchen, wie es in Kaufläden aufgehängt wurde, Rhein.
Landesmuseum Trier.

Phallisch betonte Darstellung aus einer Wandmalerei (Paris als Priapus).
Pompeii,
Haus der Vettier.

fen angedroht oder Bosheiten auf die Weiber ausgegossen. Die uns erhaltenen Verse, mit denen sich auch Goethe eingehend beschäftigte, sind wahrscheinlich Überarbeitungen anonymer Gedichtchen durch einen unbekannten Autor, vergleichbar ähnlichen modernen Sammlungen.

Erotische Kunst. Unsere Kenntnisse römischer erotischer Kunst – bis hin zur Pornographie – beruhen überwiegend auf den Beständen des »Geheimen Kabinetts« im Nationalmuseum Neapel, die ihrerseits wieder zum größten Teil aus den Funden in *Pompeii* stammen. Wenn schon eine Provinzstadt, mochte sie auch der Venus geweiht sein, über so viel Material verfügte, so läßt das den Schluß zu, daß die Verhältnisse in anderen Städten kaum besser – oder schlechter – gewesen sein dürften. Nur waren Kunstgegenstände dieser Art natürlich leichter der Vernichtung prüde denkender Nachkommen ausgesetzt und blieben daher dementsprechend seltener erhalten.

Erotische Szenen als *Wandmalereien* waren in den vornehmen Häusern beliebt, die Motive wurden dabei häufig aus der griechischen Mythologie gewählt, die ja genügend Anregungen bot. Dazu gehörten *dionysische Szenen*, etwa *Dionysos und Hermaphroditos* bei zärtlicher Begegnung, oder *Hermaphroditos und Pan, Satyrn* und *Mänaden* bei intimem Verkehr, *Leda mit dem Schwan* oder die Begegnung zwischen der *Nymphe Galatea* und dem einäugigen *Riesen Polyphem*. Vereinzelt finden sich erotische Szenen ohne solche mythologische Bezüge. Sie sind meist künstlerisch weniger anspruchsvoll; das pornographische Moment steht stärker im Vordergrund, und sie tauchen vorwiegend in den Bordellen auf, gelegentlich aber auch in Schlafgemächern als eine Art Anregung. Letzteres dürfte gar nicht selten gewesen sein, wie ein Vers Ovids verrät:

»Wenn es dir Spaß macht, auf tausend Manieren verstehen sie zu lieben: mehr Methoden ersann nie eines Malers Genie. Sie empfinden die Lust, auch wenn sie dazu nicht gereizt sind.«

In der *Plastik* begegnen wir verschiedentlich großen *Phalli*. Solchen Skulpturen haftete nichts Obszönes an; der Phallus galt als Amulett (fascinum = auch Bezeichnung für männliches Glied), das vor dem Bösen Blick beschützte, so daß solche überdimensionale Phalli, vor Häusern aufgestellt, Beschützerfunktionen übernahmen.

Unerschöpflich geradezu erscheint der Formenreichtum der *Kleinplastiken* in Marmor, Terrakotta und Bronze. Dabei dominieren Einzelfiguren mit meist karrikierenden ithyphallischen Kennzeichen, die durchaus als Gebrauchsgegenstände dienen konnten, wie etwa die in der *Casa dell' Efebo* gefundenen meisterhaften Bronzefigürchen zweier spindeldürrer Straßenhändler mit riesigen Phalli, die als Salzfaßträger auf der Tafel verwendet wurden. Aber auch ithyphallische *Moriones* (→ *Sklaven*) oder *Zwerge* mit erigiertem Glied waren sehr beliebt, manchmal in Verbindung mit sogenannten *Tintinnabula*. Das waren meist bronzene Phalli, an denen kleine Glöckchen hingen. Man begegnete ihnen häufig in Kaufläden, wo sie als Vorzeichen für glückhafte Handelsgeschäfte dienten. Öllämpchen mit graziösen Motiven des Liebesaktes mögen vorwiegend zur diskreten Aufhellung verschwiegener Schlafgemächer verwendet worden sein.

Merkwürdig muten uns heute manche derben erotischen Szenen auf Sarkophagen an, aber noch bis ins 3. nachchristliche Jahrhundert hinein wurden zahlreiche Marmorsarkophage mit Reliefs verziert, die Szenen aus dionysischen Riten zeigen. (H. P.)

Erziehung

»Ehedem wurde jedem der Sohn, von einer keuschen Mutter geboren, nicht in der Kammer einer gekauften Amme, sondern im Schoß und am Busen der Mutter aufgezogen, deren vorzüglichstes Lob es war, das Haus zu hüten und den Kindern zur Verfügung zu stehen. Ausgewählt wurde aber eine ältere Verwandte, deren erprobten und bewährten Sitten der ganze Nachwuchs derselben Familie anvertraut wurde . . . Jetzt dagegen wird der eben geborene Säugling irgendeiner griechischen Magd übergeben, der einer oder der andere aus der Masse der Sklaven beigefügt wird.« (Tacitus, Dialogus 28/29; Übers.: K. Büchner). Diese gegen Ende des ersten nachchristlichen Jahrhunderts niedergeschriebenen Worte des Tacitus zeigen nicht nur den Kontrast zweier Entwicklungsstadien erzieherischer Praxis, sondern auch die große Bedeutung, die man der *Mutter* und der *Amme*, ja der *Familie* überhaupt für die frühkindliche Erziehung beimaß. Vor allem durch das Vorbild dieser Bezugspersonen wurden die Kinder frühzeitig mit Haltungen konfrontiert, die man ihnen später in der Welt der Erwachsenen abverlangte. Durch Imitation dieser Verhaltensmuster sollte der kindliche Charakter auf dem Wege der Gewöhnung geformt werden. Unter der Obhut der griechischen Amme oder eines Sklaven wuchsen die Kinder zumindest der vornehmen Familien von Anfang an zweisprachig auf, und ihre Lehrer konnten Kenntnisse in Latein und Griechisch voraussetzen. Ursprünglich hatte wohl der Vater als Familienoberhaupt kraft seiner »patria potestas«, seiner väterlichen Vollzugsgewalt, die weitere Erziehung der Kinder selbst übernommen, wie uns *Plutarch* dies von → *Cato dem Älteren* berichtet, der nicht dulden wollte, daß sein Sohn von Sklaven gescholten werde: »Daher machte er selbst den Sprachmeister, den Hofmeister und den Fechtmeister, indem er seinen Sohn nicht nur den Wurfspieß brauchen, fechten und reiten lehrte, sondern ihn auch übte, mit geballter Faust zu kämpfen, Hitze und Kälte zu ertragen und über Strudel oder reißende Stellen im Tiber zu schwimmen. Er schrieb [. . .] mit eigener Hand und mit großen Buchstaben allerhand Geschichten zusammen, damit sein Sohn von Kindheit auf Gelegenheit hätte, sich mit den Taten und Sitten der Vorfahren bekannt zu machen« (Plutarch, Cat. Mai. 20; Übers.: Kaltwasser-Floerke).

Erziehung in Schulen. Vom 2. Jahrhundert v. Chr. an übernahmen immer mehr Schulen unter privater Leitung die Übermittlung dieser Bildungsgüter, unter griechischem Einfluß vermehrt durch musische Fächer. Staatliche Bemühungen um eine Bereitstellung der Schulgebäude, um eine Anstellung der Lehrer und geregelte Abwicklung des Schulbetriebs, ja eine Schulpflicht überhaupt waren unbekannt. All dies blieb privater Initiative überlassen. Im besten Falle trat die Gemeinde als Schulträger auf, oder man bemühte sich im Kreise interessierter Eltern um qualifizierte Lehrkräfte (vgl. Plinius, epist. 4, 13).

Grundschule. Der Unterricht beim *Grundschullehrer* (magister ludi oder litterator) fand in einem halboffenen, der Straße zugewandten Raum eines Hauses (pergula, taberna) an verkehrsgünstig gelegener Stelle statt. Auf Holzschemeln sitzend, Schreibtafel und Griffel auf den Oberschenkeln haltend (Schulbänke waren somit überflüssig) lernten die Zöglinge des von einem erhöhten *Katheder* (cathedra) herab dozierenden Lehrers in mühevoller Weise schreiben und lesen. Buchstabe für Buchstabe wurde dem Schüler zunächst vertraut gemacht. Auf dem Untergrund der wachsbestrichenen Schreibtafel vorgezeichnete Buchstabenformen waren dem Schüler sicher willkommene Hilfen. Nach erfolgreicher Schreibarbeit nahm er die eben erlernten Buchstaben in Gebäckform als Belohnung gewiß mit Freuden in Empfang. Erst wenn der Schüler das gesamte Alphabet beherrschte, beschäftigte er sich mit Silben, ganzen Wörtern und schließlich mit zusammenhängenden Texten meist moralischen Inhalts, die er nach dem Diktat des Lehrers zunächst niederschrieb, sodann – wegen des Fehlens von Worttrennung und Satzzeichen unbedingt erforderlich – durch Hinzufügen entsprechender Markierungen zum Lesen aufbereitete (→ *Buch und Schrift*).

> »Du Schulmeister, verwünschter, was haben wir miteinander,
> du Person, die zugleich Knaben und Mädchen verhaßt?
> Noch hat der Hahn, mit dem Kamme geschmückt, nicht die Stille zerrissen,
> und mit wildem Geschrei, Schlägen auch donnerst du schon...
> Wir als Nachbarn, wir bitten um Schlaf – einen Teil von der Nacht nur;
> Wachsein ist wohl nicht arg, dauernd zu wachen ist schlimm.
> Laß deine Schüler nach Haus! Du Schwätzer, willst du die Summe,
> die du bekommst für dein Schrein, haben, damit du nur schweigst?«
>
> (Martial, 9, 68; Übers: R. Helm)

Der Lehrer als Zielscheibe des Spotts, als Gegenstand der Karikatur? Mag sich auch der Eindruck übertriebener Antipathie des Dichters aufdrängen – die Handhabung der schulischen Disziplin durch den Lehrer spricht eine deutliche Sprache; die Wendung »die Hand für die Peitsche hinhalten« war in Rom gleichbedeutend mit »zur

Oft hatten die Schüler aber auch die neu erarbeiteten Texte auswendig zu lernen. Für Rechnen war zusätzlich der Besuch bei einem Rechen-*Fachlehrer* (calculator) notwendig.
Da der Unterricht frühmorgens oft noch vor Sonnenaufgang begann und nach einer Unterbrechung zur Mittagszeit bis zum späten Nachmittag andauerte, gab man wegen der Gefahren der Straße dem Kind einen *Aufsichts-Sklaven* (paedagogus) zur Begleitung mit auf den Schulweg. Welchen Ruf die Schulen in der Öffentlichkeit hatten, schildert uns Martial, der einen über den Lärm des Schulbetriebs aufgebrachten Nachbarn sagen läßt:

Schulszene vom Neumagener Schulreliefpfeiler: Unterrichtsstunde im Haus eines Reichen. Landesmuseum Tier.

Schule gehen«. Noch der 62jährige Bischof *Augustinus* meinte im Rückblick auf seine Schulzeit: »Wer würde denn nicht mit Entsetzen zurückweichen und lieber den Tod wählen, wenn man ihm die Wahl ließe zwischen Sterben und wieder Kind werden!« (Augustinus, Civ. Dei 21, 14).
Literaturschule. In der Schule des *grammaticus* (unserer Höheren Schule entsprechend) beschäftigte man sich mit der Lektüre der Schriftsteller, vor allem mit *Livius Andronicus, Ennius, Terenz,*

später auch mit → *Vergil* und → *Horaz, Sallust* und → *Cicero.* Mit der Lektüre waren Erklärungen zum Text verbunden, die von grammatikalischen Fragen ausgehend über die Stilistik bis hin zu inhaltlichen Problemen führten. Notwendigerweise wurden dabei auch andere Wissensgebiete berührt, wie etwa Poetik, Literaturgeschichte, Philosophie, Mythologie, Geschichte, ja sogar Naturwissenschaften. Teils durch Auswendiglernen, teils durch kleine Aufsätze im Anschluß an die behandelte Thematik sicherte man den Lernerfolg.

Redeschule. Der Unterricht beim *Rhetor,* dem Lehrer der Beredsamkeit, war unmittelbare Voraussetzung für den Beruf eines Politikers oder Juristen und bildete den Höhepunkt der Erziehung. In den Deklamationsübungen wurden vor allem zwei Redegattungen eintrainiert: die *suasoria* behandelte in monologischer Form das Pro oder Contra eines Sachverhalts, während die *controversia,* aus einem Dialog zweier Schüler erwachsend, gegensätzliche Standpunkte gegenüberstellte, ohne freilich einen wirklichen Schlagabtausch der Argumente zu beabsichtigen. Die ausgefallene Thematik dieser Deklamationen, die schließlich keinerlei Bezug mehr zur Wirklichkeit hatten, trug der Rhetorik jenen schlechten Ruf ein, der ihr heute gelegentlich noch anhaftet (→ *Rhetorik*).

Pädagogische Leitgedanken. Charakteristisch für die römische Erziehung ist die Anschauung, daß die Kindheit keine eigenständige Epoche sei, die ein speziell auf das Kind ausgerichtetes Bemühen erfordere. Das Kind wird lediglich als ›kleiner Erwachsener‹ betrachtet; jede pädagogische Maßnahme dient daher nur der Überwindung dieser Phase und der reibungslosen Anpassung des Zöglings an die Welt der Erwachsenen. (W. M.)

Etrusker

Der griechische Name der Etrusker ist *Tyrrhenoi* (entstanden aus *Tyrsenoi*); die Römer nannten sie *Etrusci* (E-trus-ci) oder *Tusci* (daher die Namen Tyrrhenisches Meer und Toscana). Die Eigenbezeichnung ist *Rasna.* Unser Wissen über die Etrusker stammt von antiken Schriftstellern (allerdings keinen etruskischen) und von Ausgrabungen. Als kulturell hochstehendes Volk übten sie großen Einfluß auf Rom aus, und ihr politisches Schicksal war eng mit Rom verbunden. Außerdem öffneten sie sich früher und stärker dem griechischen Einfluß, und ihre Bedeutung als Vermittler griechischer Kultur kann man gar nicht hoch genug einschätzen. Um ein Beispiel

zu nennen: Das römische Alphabet, also auch unseres, kam von den Griechen über die Etrusker nach Rom.

Herkunft und Sprache. Nach antiker Überlieferung stammen die Etrusker von den kleinasiatischen *Lydern* ab, von denen ein Teil wegen einer Hungersnot nach Mittelitalien zog. Folgt man dieser Überlieferung, so finden viele Ähnlichkeiten mit orientalischen Völkern eine Erklärung, besonders im religiösen Leben. Gegen eine Einwanderung aus dem Osten sprechen aber die Zeugnisse der Archäologie: Die etruskische Kultur ist die unmittelbare Fortsetzung alter Kulturen in Italien, die Einwanderung eines fremden Volkes müßte aber einen Bruch bewirkt haben. Auch die sprachlichen Beziehungen zu Kleinasien darf man nicht überbewerten, denn Lydisch ist selbst nur sehr mangelhaft bekannt, und auch bei Etruskisch gibt es noch viele Fragen. Man kann die Sprache zwar lesen, aber nicht in vollem Umfang, höchstens in Bruchstücken verstehen, denn sie ist mit keiner anderen bekannten Sprache verwandt, und größere zweisprachige Texte gibt es nicht. Man ist also bei der Erschließung auf Kombinationen angewiesen. Dazu kommt eine weitere Schwierigkeit: Etruskisch gibt es fast nur in kurzen Grabinschriften, die man inzwischen zwar übersetzen kann, die aber bei der Erschließung neuer Wörter nicht weiterhelfen, da sie sich inhaltlich alle sehr ähnlich sind. Immerhin kennt man inzwischen mehrere hundert Wörter und einen großen Teil der Grammatik. Hier ist ein Beispiel einer solchen Grabinschrift:

Velthur Larisal clan Cuclnial Thanchvilus lupu avils XXV
Velthur, des Larisa Sohn der Thanchvil Cuclni, starb jährig 25.
Velthur, Sohn des Laris und der Thanchvil Cuclni, starb mit 25 Jahren.

Die Geschichte der Etrusker. Wenn auch die Frage der Herkunft nicht geklärt ist, so kennen wir doch die etruskische Geschichte in Italien verhältnismäßig gut. Durch die Ausbeutung von Eisen- und Kupferminen (vor allem auf *Elba*) reich und mächtig geworden, schließen sich die Städte Etruriens im 7. Jahrhundert zum *Zwölfstädtebund* zusammen (Veii, Caere, Tarquinia, Vulci, Rusellae, Vetulonia, Volsinii, Clusium, Perusia, Cortona, Arretium, Volaterra). Ihre Abgesandten treffen sich in bestimmten Abständen im *Heiligtum des Veltune* bei Volsinii und wählen den »zilath mechl rasnal« (»Führer des etruskischen Volkes«). Die genaue Stellung des »zilath«, seine Befugnisse und seine Amtsdauer kennt man nicht, es zeigt sich aber, daß die Städte zu einer gewissen Zusammenarbeit bereit waren. Von Etrurien aus werden im 6. Jahrhundert die Po-Ebene und Campanien besetzt; dabei kommt auch Rom unter etruskischen Einfluß. Zum Schutz des Eisenhandels verbünden sich Etrusker und *Karthager*, die beiden größten Seemächte des westlichen Mittelmeeres, und besiegen um das Jahr 535 v. Chr. eine große griechische Flotte. Nach diesem Höhepunkt zerfällt die etruskische Macht rasch: Um 500 schüttelt Rom die etruskische Herrschaft ab – *Tarquinius Superbus*, der letzte König Roms, war Etrusker –, 479 v. Chr. vernichten die *Syrakusaner* die etruskische Flotte. Als am gefährlichsten erweist sich die Bedrohung

durch *gallisch-keltische* Stämme, die um 390 v. Chr. die Po-Ebene und Etrurien verwüsten. Gleichzeitig fällt Campanien in die Hand der *Samniten*. Nach der Galliergefahr greift *Rom* in Etrurien ein, das in knapp 150 Jahren – teils durch Gewalt, teils durch Verträge – römischer Besitz wird. Die Etrusker sind danach jedoch treue Bundesgenossen Roms, allerdings kommt es zu einem wirtschaftlichen Niedergang. Nach der Verleihung des Bürgerrechtes an die Bundesgenossen im Jahre 89 v. Chr. kommen mehrere Etrusker in den Senat, z. B. *Aulus Caecina*, der Freund Ciceros. Bekannte Etrusker der späteren Zeit sind → *Maecenas*, aus dem Königsgeschlecht der Kilnier, und *Urgulanilla*, die Gattin des späteren Kaisers *Claudius*, der ein leider verlorenes

Etrusker – Expansion und Konfrontation

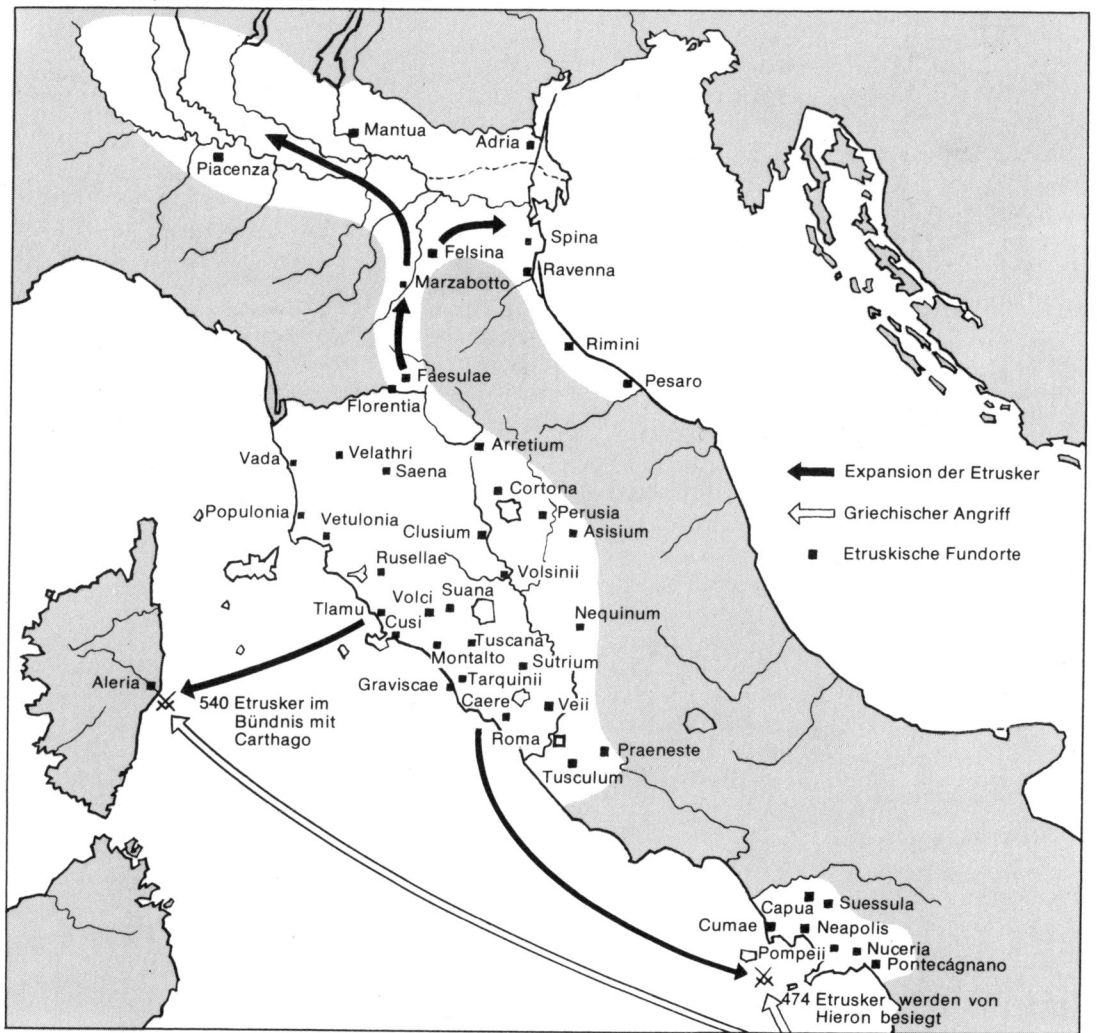

Buch über die Etrusker schrieb. In den folgenden Jahrhunderten erlischt das Etruskertum: Rom hat endgültig gesiegt.

Familie, soziale und wirtschaftliche Verhältnisse. Oberhaupt der Familie ist der Hausvater, als bemerkenswert muß aber vor allem die große Freiheit der *Frau* gelten, die sie auch in der Öffentlichkeit genießt. (Dennoch besteht kein Matriarchat!) Für Griechen und Römer ist diese Freiheit der Frau schockierend und Anlaß zu großer Entrüstung über die angeblich so lockeren Sitten der Etrusker. Einen wirklich hohen Rang nimmt natürlich nur die Frau aus den führenden Schichten ein, die über die Mehrheit des Volkes – ursprünglich Freie – schließlich wie über Hörige herrschen. Die Macht der *Führungsschicht* beruht auf der adligen Abstammung und dem wirtschaftlichen Einfluß ihrer Mitglieder: Ihnen gehört das Ackerland, das von Pächtern bearbeitet wird und reichen Ertrag bringt, denn Getreide und Wein aus Etrurien sind berühmt; sie sind Kaufleute und lassen Sklaven als Handwerker oder Minenarbeiter für sich arbeiten. Eine wichtige Rolle scheinen aber auch die *Freigelassenen* zu spielen, von denen mehrfach soziale Unruhen ausgehen. Die ungelöste soziale Frage ist einer der Gründe für die innere Schwäche der etruskischen Städte.

Technisch und zivilisatorisch ist das Land hoch entwickelt: Von den Etruskern kommen die *Toga* und der Plan des *Atriumhauses* (atr = Haus), die Kenntnisse der *Landvermessung*, der *Be- und Entwässerung*, sogar der *Dränagetechnik* nach Rom, wo Etrusker die *Cloaca Maxima* bauen; und schließlich gibt es etruskische Bücher über die *Landwirtschaft*, nach denen man sich auch in Rom richtet. Auch große *Befestigungsanlagen* sehen die Römer zuerst in etruskischen Städten, von den Einflüssen im *Tempelbau* (→ *Tempel*) ganz zu schweigen.

Feste und Musik. Durch Bilder und Bemerkungen griechischer und römischer Autoren wissen wir von der Freude der Etrusker am guten Leben: Üppige Gastmähler, Feste mit Tanz und Gesang sowie sportliche und künstlerische Wettbewerbe sind sehr beliebt. Auch hier gelten die Etrusker als Meister, und mit der Sache übernehmen die Römer auch den Namen: Lateinisch *histrio* (Schauspieler) kommt von etruskisch *ister;* etruskisch *p(h)ersu* bedeutet Maske, dann Theaterrolle und schließlich lateinisch *persona* = Person. Die dramatischen Spiele behandeln, soweit wir das erschließen können, oft Stoffe der griechischen Mythologie, und die etruskischen Schauspieler,

Apollo. Lebensgroße etruskische Statue aus dem 6. Jh. v. Chr. vom First des Apollo-Tempels in Veii. Villa Giulia Rom.

die in Rom auftreten, bringen natürlich ihre Stücke mit, so daß die Römer auf diese Weise schon früh griechische Mythologie und griechische Götter kennenlernen. Eine etruskische Eigenheit sind die *Phersu-(Masken-)Spiele:* Bewacht von einem Maskierten kämpft ein Mann gegen einen anderen oder ein wildes Tier um sein Leben – der Ursprung der römischen *Gladiatorenspiele* (→ *Amphitheater,* → *Gladiatoren*).

In der ganzen Antike galt, wie auch die Sage von Orpheus zeigt, die *Musik* als etwas Heiliges. Bei den Etruskern aber ist sie, wenn wir den antiken Zeugnissen glauben dürfen, nicht nur eine heilige Kunst, sondern ohne sie ist fast nichts denkbar.

*Gravierte Rückseite eines
etruskischen Bronzespiegels aus dem 5. Jh. v. Chr.
mit mythologischer Szene.
Villa Giulia Rom.*

Sie begleitet die Zubereitung eines Mahles und das Mahl selbst, die Faustkämpfe und die Opfer, die Auspeitschung eines Sklaven und sogar die Jagd: Mit der *Flöte*, dem Lieblingsinstrument der Etrusker, versucht man die Tiere zu beruhigen, so daß sie sich fangen lassen. Diese Liebe zur Musik läßt die Etrusker zu Virtuosen werden, die bei Bedarf nach Rom geholt werden – die sakrale, profane und militärische Musik der Römer stammt, einschließlich der Instrumente, (→ *Musik*) aus Etrurien.

Staatliche Organisation. An der Spitze des etruskischen Stadtstaates stand ursprünglich ein König, etruskisch *lauch(u)me*. Dieses Wort wird lateinisch zu *lucumo*, das dann, aus Unkenntnis, als Eigenname verstanden wird. Parallel zur Entwicklung in Rom werden in einigen etruskischen Städten in den Jahren zwischen 510 und 490 v. Chr. die Könige vertrieben, und der Adel, dessen Angehörige z. T. auch schon vorher als Berater des Königs an der Regierung beteiligt waren, übernimmt die Macht. In den Städten ohne König werden nun, jeweils für ein Jahr, ein oder mehrere *zilath* (Führer, Herrscher) gewählt – die Ähnlichkeit mit den römischen Consuln (→ *Ämterlaufbahn*) ist offensichtlich. Könige und zilath haben auch priesterliche Auf-

gaben, in dieser Funktion heißen sie *maru* (Vergil, der aus der Etruskerstadt Mantua stammt, trägt den Beinamen *Maro* = maru). Neben den Königen und den zilath gibt es noch eine Reihe von *Beamten*, deren Bezeichnung und Aufgabenbereich aber nur mangelhaft oder gar nicht bekannt sind. Immer wieder versuchen mächtige Adlige, sich zum König aufzuschwingen, entweder in ihrer Heimat oder in einer anderen Stadt, so z. B. *Tarquinius Priscus*, der fünfte römische König, der eigentlich aus *Tarquinia* stammte. Was ihm gelang, versuchte um das Jahr 500 v. Chr. auch *Porsenna aus Clusium*, allerdings erfolglos.

Die äußeren Zeichen der Macht eines etruskischen Königs sind die *sella curulis* (→ *Ämterlaufbahn*) und ein Gefolge aus Musikern und *Lictoren*, die ein Rutenbündel mit einer Doppelaxt tragen. Sella curulis und Lictoren finden wir auch bei den römischen Beamten wieder.

Die zahlreichen Übereinstimmungen mit etruskischen Verhältnissen waren den Römern natürlich bewußt, und sie erkannten sie als ihre Lehrmeister an. So war es in adligen Familien zur Zeit der frühen Republik üblich, die Söhne auf eine Art Bildungsreise nach Etrurien zu schicken. Man darf auch nicht vergessen, daß in einigen Städten, die wir als etruskisch bezeichnen, die Bevölkerung in ihrer Mehrheit italischer Herkunft war, vor allem in Grenzstädten. So war z. B. eine Stadt wie *Falerii* für einen solchen jungen Römer zwar fremd, weil etruskisch geprägt, gleichzeitig aber auch vertraut, weil überwiegend von den verwandten *Faliskern* bewohnt. Es ging ja in den zahlreichen Kriegen auch nicht um nationale, sondern um machtpolitische Fragen. So blieben z. B. auch nach der Vertreibung der etruskischen Könige zahlreiche Etrusker in Rom und wohnten in einem eigenen Viertel, dem *Vicus Tuscus* (→ *Rom*). Bei aller Gemeinsamkeit muß man aber festhalten: Die Römer übernahmen technische Kenntnisse, politische Einrichtungen, auch einige Götter und einzelne Praktiken im religiösen Bereich, der geistige Hintergrund der Etrusker blieb ihnen aber fremd.

Kunst, Grabbauten. Während in der Frühzeit (um 700 v. Chr.) in der etruskischen Kunst orientalischer Einfluß vorherrscht, dominieren später die Griechen, allerdings in verschiedenen Bereichen verschieden stark. So entwickelt sich eine eigenständige etruskische *Vasenmalerei* nur in Ansätzen – hier importiert man gleich die ganze Ware. Bei der *Plastik* ist auch griechischer Einfluß spürbar; etruskische Eigenart erkennt man aber im Streben nach *Realismus* (→ *Capitolinische*

*Etruskische Krieger tragen einen
Gefallenen.
Figuren von einer Bronzeziste
aus dem 4. Jh. v. Chr. Louvre Paris.*

Wölfin, Arringatore). Dazu kommt eine besondere *Freude am Detail*, die wir an Statuetten und an bildlichen Darstellungen auf Sarkophagen sehen. Hervorragendes leisteten etruskische Künstler als *Goldschmiede* (Granulation, Filigran) und bei der Verzierung von Bronzegegenständen, besonders den berühmten *Bronzespiegeln*. Während die etruskische Architektur weitgehend der römischen entspricht (→ *Haus*, → *Tempel*), sind die etruskischen *Grabbauten* einzigartig und finden in Rom keinen Eingang. Entwickelt haben sie sich aus Urnen, die, als Haus gestaltet, zur Zeit der Villanova-Kultur die Gebeine der Toten auf-

nehmen. (Daneben gab es auch Urnen in der Form von Kriegern, die für die Entwicklung der etruskischen Porträtkunst wichtig wurden). Etwa um das Jahr 600 v. Chr. gehen die Etrusker zur Bestattung des Leichnams über, für den nun auch ein »Haus« gebaut werden soll, zunächst ein aufgewölbtes Grab, z. T. mit Sockel, später eine *Grabkammer*, die in den Felsen getrieben wird. Diese Kammern nehmen immer mehr an Größe zu und dienen dann der ganzen Familie als Grablege. Als nächste Stufe werden die zunächst unterirdischen Grabsysteme oberirdisch nachgebaut, meist mit falschem Gewölbe, und mit Erde bedeckt. Sie heißen *Tumuli* und werden mit ›Zimmern‹ ausgebaut wie ein Haus (Atrium, Nebenräume); zusätzlich richtet man sie auch ein wie Häuser, und ihre Wände werden bedeckt mit Gemälden aus dem Leben der Verstorbenen. Sie sind – sicher auch griechisch beeinflußt – dabei so reich an Details, daß ein großer Teil unserer Kenntnisse von den Etruskern (Kleidung, Alltag) aus ihnen stammt. Ihre leuchtenden Farben und die Bewegtheit der dargestellten Szenen bilden einen wirkungsvollen Kontrast zur Düsterkeit des Ortes. Die Toten werden in reichgeschmückten *Sarkophagen* beigesetzt – eine weitere wichtige Wissensquelle.

tergehen muß. Dem etruskischen Volk sind zehn Zeitabschnitte zugeteilt, deren Beginn jeweils durch ein Zeichen angekündigt wird. Der letzte Zeitabschnitt sollte nach Aussage der Priester im Jahre 88 v. Chr. enden.

Durch genaue Erfüllung des Götterwillens kann man nach dem Glauben der Etrusker das Ende hinausschieben, aber nicht abwenden. Deshalb entwickeln die Etrusker eine Lehre der voraus-

Das Antlitz der Etrusker.
Köpfe eines Ehepaares von einem bemalten
Tonsarkophag um 520 v. Chr.
Villa Giulia Rom.

Die z. T. riesigen Tumuli liegen außerhalb der Stadt und wirken mit den Straßen, die zwischen ihnen durchführen, wie eigene Totenstädte. Nach der Sorgfalt der Bestattung und der Reichhaltigkeit der Beigaben zu schließen war das Leben nach dem Tod für die Etrusker so wichtig wie das Leben auf der Erde.

Religion. Nach antiken Zeugnissen waren die Etrusker mehr als andere Völker ihrer Religion ergeben, d. h. niemand suchte genauer als sie den Willen der Götter zu erforschen. Nach etruskischer Vorstellung hat alles auf Erden eine bestimmte Zeit zu leben, nach deren Ablauf es un-

schauenden *Zeichendeutung*, die als »Etrusca disciplina« auch in Rom Eingang findet und dort in Notfällen von eigens dazu herbeigeholten etruskischen Priestern ausgeübt wird: Die Römer sorgen sogar durch einen Senatsbeschluß für die Pflege dieser Kunst in Etrurien, die Vorstellung von einem unabwendbaren Schicksal bleibt ihnen aber fremd. Neben *Vogelflug* und merkwürdigen Naturerscheinungen geben vor allem die *Farbe der Blitze* und die Stelle, an der sie am Himmel gesehen werden, Auskunft über die Zukunft: denn der ganze Himmel ist in mehrere günstige oder ungünstige Abschnitte eingeteilt, die bestimmten Blitzgöttern zugeordnet werden, deren oberster *Tinia* heißt. Ein genaues Abbild dieses eingeteilten Himmels sehen die *Haruspices*, die Deuter, in der *Leber der Opfertiere*. So finden wir auf der berühmten *Bronzeleber von Piacenza*, einer Art Übungsmodell, vierzig verschiedene Abschnitte und Götternamen. Die etruskischen Götter sind, wie die Namen zeigen, teils rein etruskisch, teils italisch, teils griechisch: *Vertumnus* (auch Voltumnus, Veltune, der oberste Gott), *Satres* (Saturn), *Uni* (Iuno), *Menrva* (Minerva), *Turan* (Venus), *Sethlans* (Volcanus), *Afluns* (Apollo), *Mantu* (der Totengott, nach dem Mantua seinen Namen hat). – Das Wissen über die Götter stammt nach etruskischem Glauben von *Tages*, der als Kind mit Greisenzügen aus einer frisch gepflügten Furche sprang und den Menschen die Lehre vom Schicksal, den Göttern und den Zeichen verkündete. (G. St.)

F

Faschismus

»Es gibt kein Rückwärts [...] Beziehungen und [historische] Vergleiche sind unmöglich. Hier kann auf nichts Bezug genommen werden, und es können keine Vergleiche angestellt werden ...« Diese Worte *Benito Mussolinis*, des faschistischen Diktators von Italien 1926 bis 1943, zeigen, daß dem italienischen Faschismus wie anderen faschistischen Varianten auch ein gut Teil bewußte Geschichtslosigkeit innewohnte; man nahm sich aus der Historie nur das, was ›gesund‹ und ›wertvoll‹ schien – zutreffender: man schnitt und kleisterte sich das historische Material in Paßform zurecht!

Die Faschisten in Italien traten unter der Parole an: Weg von der bürgerlichen Dekadenz, wie sie das Jahr 1789 und das 19. Jahrhundert gebracht hatten, Beseitigung der nationalen Schmach jahrtausendealter Machtlosigkeit, hin zu nationaler Größe. Als historischer Steinbruch und Kulisse bot sich hier natürlich die römische Geschichte an; manches aus ihr paßte, manches aber auch nicht.

Beil und Rutenbündel (lat. fasces; ital. fascio = faschistische Grundeinheit, Ortsgruppe) der machtvollen republikanischen Beamten Altroms wurden zu Emblem und Bezeichnung der ganzen Bewegung. Amtsbezeichnung und Machtfülle hoher faschistischer Würdenträger entsprachen

manchmal durchaus der Stellung altrömischer Magistrate; das allerdings ebenso urrömische Prinzip der *Annuität* (= zeitliche Begrenzung des Amtes) und *Kollegialität* wurde verständlicherweise weniger betont, wie überhaupt das faschistische *Führerprinzip* in die vordergründig so verherrlichte römische Republik kaum hineinpaßt. Altrömische Tugenden wie Sparsamkeit, Treue, Ehrfurcht, Fleiß, Ordnung, Disziplin, Gehorsam und Verzicht auf bourgeoisen Individualismus ließen sich sehr gut in die Propaganda einer nationalen Erneuerungsbewegung, als welche sich der Faschismus gerierte, einbauen und den Leuten plausibel machen. Anderes wiederum, welches den Italienern als »altrömisch« angeboten und verkauft wurde, war eine bewußt und total mißverstandene Deutung altrömischer Verhältnisse wie z. B. die zumindest versuchte völlige *Militarisierung* der italienischen Gesellschaft; in den guten Zeiten Roms pflegte man nämlich zwischen zivilem und militärischem Bereich recht säuberlich zu trennen, während der Faschismus gerade das Gegenteil tat. Militarismus hat es, wenn überhaupt, erst in spätrömischer Zeit gegeben – als Verfallssymptom! Ähnliches gilt für die *Monumentalkunst* des »Foro Mussolini« – hier ist eher ein Hinweis auf mäßige hellenistische oder

Der Eingang
des Museo della Civiltá in Rom
ist ein Musterbeispiel für die faschistische
Monumentalarchitektur.

*Mussolini,
der »Duce« des faschistischen
Italien, bei der Einweihung
der Via dell'Impero in Rom 1932.*

orientalische, denn auf römische Vorbilder angebracht! Auch die schrankenlose Verherrlichung
und bedingungslose Bejahung des Krieges durch
die faschistische Doktrin läßt keine Rechtfertigung mit altrömischen Vorbildern zu – Scipio,
Caesar oder Traian und auch die meisten ihrer
Lobredner dachten hier erheblich differenzierter!
Auch ein »imperium« als Lebensrecht des römischen Volkes wird man in altrömischen Traditionen vergeblich suchen; Reich und Macht werden
dort ganz anders und positiver begründet und
gerechtfertigt. Die von den Faschisten bewußt
gezogene historische Parallele eines neuen italienischen »impero« in den Ländern des »mare
nostro« (= Mittelmeer) war zumindest sehr schief!
Eine ganze Reihe mehr äußerlicher Dinge sollte
die historische Kontinuität und Legitimität des
Duce, des Führers Mussolini, als Nachfolger
Caesars oder Augustus nachweisen: Die faschistische Parteiarmee, die *Miliz*, umfaßte *Legionen*,
Consuln, *Tribunen*, *Centurionen* und *Legionäre*;
sie trug den *Adler* als Zeichen und versammelte

sich auf einem *Marsfeld*. Kriegsschiffe wurden
auf die Namen römischer Feldherrn getauft.
Massenaufmärsche und -versammlungen sowie
der in caesaristischer Pose mit erhobener Hand
entbotene *Faschistengruß* des Duce von der Loggia des Palazzo Venezia herab waren ›römisch‹
gemeint und inspiriert. Durch die Trockenlegung
der *pontinischen Sümpfe* und die Gründung von
Siedlerkolonien in Libyen trat Mussolini in die
Fußstapfen Caesars. Damit wurde aber der Staat
der Faschisten nicht römischer – ebensowenig,
wie der französische Staat der Jakobiner oder
Napoléon Bonapartes römisch war, auch wenn
er sich römischen Beiwerkes in reichem Maße
bediente. (D. R.)

Fortleben Roms

Eine seltsame Situation im 20. Jahrhundert:
wie gebannt schaut die fortschrittsgläubige
Menschheit in die Vergangenheit zurück, um die
Leistungen früherer Kulturen zu bewundern.
Die Arbeit der Archäologen wird mit Aufmerksamkeit verfolgt, Museen ziehen überraschend
viele Besucher an, der Andrang in Ausstellungen
übersteigt alle Erwartungen, teure Kataloge und

Das Grabmal der Cecilia Metella an der Via Appia. Ein Rundbau, der im Mittelalter zu einer Festung umgebaut wurde.

Kunstbände werden abgesetzt, man bucht Studienreisen, um versäumte oder verschlafene Schulstunden im Fluge nachzuholen. Spürten in den Jahrhunderten nach dem Untergang des Römischen Weltreichs meist nur einzelne Enthusiasten der antiken Vergangenheit nach und ließen sich dabei vom Zauber → *Roms* betören, so strömen heute Scharen von Touristen in die »Ewige Stadt«, um neben anderem die wichtigsten Baudenkmäler der Antike zu besichtigen, in der Meinung, es gehöre zur Bildung, z. B. Forum, Colosseum, Constantinsbogen, Traians- und Marcussäule, Pantheon und Hadriansgrabmal (= Engelsburg) gesehen zu haben. Musikliebhaber gönnen sich darüberhinaus eine Opernaufführung in den Caracallathermen. Vielleicht läßt sich der eine oder andere auch verführen, die Spuren der Antike weiter zu verfolgen und erlebt – bewußt oder unbewußt – Geschichte in einer Stadt, die – wie kaum eine andere – nahtlos Vergangenheit und Gegenwart verbindet.

Doch nicht nur in Rom lebt Roms Größe weiter, überall im einstigen Imperium, ob in Italien, in den Mittelmeerländern, auf dem Balkan oder in Mittel- und Westeuropa, stößt der Reisende unserer Tage auf Zeugnisse einer stolzen Entwicklung, deren Einheitlichkeit beeindruckt.

Nördlich der Alpen hat die zeitweilige römische Kaiserresidenz *Trier* die Antike in unsere Zeit hinübergerettet, der Reiz der provencalischen Städte beruht auf ihrer römischen Vergangenheit, neben *Xanten* ersteht die *Colonia Ulpia Traiana*, die größte niederrheinische Ruinenstadt der Römer, als Rekonstruktion erneut aus den römischen Fundamenten – für einen archäologischen Freizeitpark! Das spanische *Segovia* präsentiert seinen großartigen → *Aquädukt*, das jugoslawische *Split* den Diocletianspalast, Vorderer Orient und Nordafrika bewahren Reste römischer Baukunst, die auf eine hochentwickelte Kultur und Zivilisation schließen lassen. Doch dieses Rom lebt nur in Ruinen fort, bleibt Denkmal und somit Besichtigungsobjekt, auch wenn es der Kenner mit Leben zu erfüllen versteht.

Fachterminologie und Rhetorik. Das eigentliche Fortleben Roms in der europäischen Kultur und Zivilisation, die ihrerseits im Laufe der Jahrhunderte auf weite Teile der Welt weiterwirkten, bleibt meist unbemerkt. So eng sind wir vielfach der Antike verbunden, daß wir uns dessen gar nicht mehr bewußt sind. Bei näherer Überprüfung wird man auf vielen Gebieten – vor allem in Technik und Wissenschaft – das ununterbrochene Weiterleben der Antike feststellen. Diese Kontinuität äußert sich allein schon in der *Termino-logie*. Ohne das Festhalten am lateinischen bzw. griechischen *Fachausdruck* wäre eine weltweite Verständigung in der Medizin, Pharmazie oder Grammatik nicht möglich. Doch auch in die *Alltagssprache* fließen, von uns nicht wahrgenommen, lateinische Bezeichnungen und Begriffe ein, die ihre ursprüngliche Gestalt als Fremdwörter bewahrt oder als → *Lehnwörter* verborgen haben. Sie gehören jenen Bereichen an, in denen uns Rom Vorbild war; offensichtlich vermittelten sie den Sachverhalt so genau, daß eine Umsetzung in die eigene Sprache die Verständigung nur erschwert hätte. Römische Pionierleistung ist somit dokumentarisch in den verschiedenen Sprachen festgehalten.

Eine nicht minder bedeutsame Rolle spielen die Römer als Vermittler. Rom, das sich Hauptstadt der Welt nannte, integrierte das jeweils unterworfene Gebiet, indem es sich dessen kulturellen und technischen Fortschritt zu Nutze machte und alle Völker seines Hoheitsgebietes daran teilnehmen ließ (pax Romana). So übernahmen die Römer von den Griechen die Einrichtung *Schule* (→ Erziehung), die zum Grundmuster für alle Kulturvölker wurde. Die von den Griechen geübte → *Rhetorik* wurde bei den Römern weiter ausgebildet. Die nach römischem Vorbild organisierte *Christenkirche* führte die Gesetze römischer Rhetorik in die Verkündigung ein. Die noch heute übliche klassische *Predigt* (praedicare = = rühmend in der Öffentlichkeit bekanntmachen) ist in Aufbau, Wortschmuck, kunstvollem Satzbau, geschickter Einfügung von Beispielen und nicht zuletzt im Gestus ein Abbild römischer Redekunst. Freilich strahlt sie erst Wirkung aus, wenn sie von innerer Leidenschaft (= Pathos) getragen wird; falsches Pathos und salbungsvoller Vortrag haben die antike Kunst oft in Mißkredit gebracht. Große Prediger wußten ihre Zuhörer zu fesseln, indem sie im Stil philosophischer Wanderprediger des Altertums in volkstümlicher Redeweise derb und zupackend, scharf und witzig, dann wieder geistvoll und unterhaltend, den Gegner oft imitierend, Mißstände bloßstellten und menschliche Schwächen entlarvten. Wer erinnerte sich dabei nicht der historischen Persönlichkeit eines *Abraham a Santa Clara* und der Nachbildung seines Stils in der »Kapuzinerpredigt« aus *Schillers* »Wallenstein«? Bis heute beeinflussen → *Cicero*, *Quintilian* und die *Moralisten*, je nach Gegebenheit, unseren Redestil. Denn nicht nur in der Kirche lebt die antike Rhetorik weiter, auch viele Politiker richten sich

bei ihrem großen Auftritt im Plenum nach ihrem aus der Schule wohlbekannten Cicero aus. Attacken und Plädoyers in den Gerichtssälen verraten die humanistische Bildung der Juristen. Ansprachen bei festlichen Anlässen öffentlichen oder privaten Charakters beginnen meist mit einer Wendung zum Publikum, um dessen Gunst zu gewinnen (captatio benevolentiae), ermangeln bei Würdigung von Persönlichkeiten nicht des entsprechenden Redeschmucks und gipfeln in einem schwungvollen Finale. In gemäßer Abwandlung enthalten auch Grabreden diese Elemente.

So dient überlieferte Form bis in unsere Zeit als Korsett, manchmal auch als Panzer, wenn der einzelne vor einer Gruppe, der Amtsträger vor der Öffentlichkeit auftritt. Letzteren distanzieren außerdem *Robe* oder *Talar* als Autorität vom Publikum. Die Wiedereinführung der Rhetorik als Schulfach unterstreicht die Wichtigkeit dieser Disziplin als Kommunikationsmittel in der modernen Gesellschaft.

Historische Kontinuität – politisches Muster. Aber nicht nur in der Form der Äußerungen, auch in der Durchformung des politischen und gesellschaftlichen Lebens blieb die römische Antike unverkennbar Vorbild. Die Herrscher des europäischen Mittelalters betrachteten sich als *Nachfolger der römischen Kaiser;* gleichwie die kirchlichen Würdenträger folgten sie insbesonders im → *Kult* antiken Traditionen. Die *Reichsinsignien* gingen auf die römischen Amtsabzeichen zurück: das *Zepter* blieb Zeichen der Macht, aus *Diadem* und *Kranz* wurde die Krone, aus dem *Globus*, dem Abbild der Weltkugel, der *Reichsapfel*, dessen Streifen die antike Zoneneinteilung der Erde andeuteten. Aus dem römischen *Beamtenstuhl* wurde der *Herrscherthron*. Auch die Monarchien unserer Tage führen diese Traditionen weiter. Bis 1806 war die Betonung der Kontinuität aus der Bezeichnung »Heiliges Römisches Reich Deutscher Nation« herauszulesen. 1789 war für die Franzosen die alte römische Republik, die schon im 14. Jahrhundert *Cola die Rienzo* erneuern wollte, Muster für ihre neue Staatsform; das geflügelte Wort »so taten die alten Römer« bestätigte, daß man sich auf Rom als Autorität berief. Zuvor hatten schon *Montesquieu, Voltaire* und *Rousseau* die Aufmerksamkeit auf das antike Rom gelenkt. Die Revolutionäre gefielen sich im kurzen römischen Haarschnitt und verhöhnten den »alten Zopf« der früheren Herren. Kleidung und Möbel waren modisch antik. *Napoléon* wurde erst zum »Consul«, dann zum »Empereur«

erhoben; auf die Republik folgte der »Empire«. Diese Bezeichnung gaben auch die Briten ihrem Weltreich. Mit der Aufnahme revolutionärer Ideen aus Frankreich wurden auch die USA auf Organisation und Einrichtungen der römischen Republik aufmerksam. Der moderne »Imperialismus« entsprach römischem Machtdenken: man richtete sich an der Maxime römischer Außenpolitik aus, erst Völker zu entzweien und dann über sie zu herrschen. Der »Diktator« *Mussolini* (→ *Faschismus*) scheiterte allerdings, als er ›altrömische‹ Macht zu neuer Größe erwecken wollte. Die Bezeichnung → *Senat* – der einstmals entscheidenden Instanz im römischen Staatsapparat – führen im modernen öffentlichen Leben Gremien, die in ihrer beratenden Funktion repräsentieren, so daß hier die ursprüngliche Bedeutung »Ältestenrat« weiterlebt. In einigen Staaten, vor allem in den USA, ist der politische Charakter dieser Institution, wenn auch nicht von gleicher Substanz wie in der römischen Republik, erhalten geblieben. Auch die Einrichtung *Magistrat* erinnert an das römische Vorbild. Während man allerdings in Rom jedes durch Volkswahl übertragene Amt und seinen Inhaber damit bezeichnete, wird heute dieser Begriff nur auf kommunaler Ebene für den Gemeindevorstand bzw. Stadtrat verwendet.

Latein – unentbehrlich auch heute. Ein Verzeichnis der Fachausdrücke auf dem politischen Sektor unseres öffentlichen Lebens enthält auffallend viele Begriffe lateinischer Herkunft (Fremdwörter). Sie können zwar nicht als Beleg für das unmittelbare Fortleben Roms bis in unsere Zeit herangezogen werden, wohl aber für die Klarheit und Treffsicherheit der lateinischen Sprache, die deutliche Abgrenzungen ermöglicht und Mißverständnisse ausschließt. Dieser ständige Rückgriff auf das Lateinische scheint unverzichtbar und ist insofern ein Indiz für eine immer wieder nötige Rückbesinnung. Einige dieser Begriffe, die man in Rom so nicht kannte, drücken unmißverständlich politische Grundhaltungen aus und gehören somit zum unentbehrlichen Vokabular, wie z. B. radikal, konservativ, liberal, sozial, andere deuten auf Zielsetzungen hin, wie z. B. Kommunismus oder Kapitalismus. ›Parteien‹ und ›Proletariat‹ hat es in Rom gegeben, unbekannt war unser Begriff ›Propaganda‹, eine andere Bedeutung hatte ›Provokation‹ (= Berufung an das Volk, → *Recht*). Auch wirtschaftliche Situationen werden heute unter Zuhilfenahme des Lateinischen knapp gekennzeichnet, wie z. B. Konjunktur, Rezession, Inflation, Konkurs, Kon-

kurrenz. Der Ausdruck ›Moneten‹ (engl. money, frz. monnaie – davon unser »Portemonnaie« –, it. moneta, dt. Münze) geht übrigens zurück auf die Göttin *Iuno Moneta*, neben deren Tempel auf dem Capitol die römische Münzprägestätte lag. Das *Capitol* wiederum wird wohl in seiner heutigen Gestalt, die ihm Michelangelo gegeben hat, vielen weniger bekannt sein als die nach ihm benannten, höchst repräsentativen Amtsgebäude in allen Staaten der USA, die mit dieser Bezeichnung an den Tempel des *Iupiter* auf dem höchsten Punkt des alten Rom erinnern.

Handel – Handwerk – Geld. In Anlehnung an antike Praktiken hat im späten Mittelalter Italien die Rolle des Lehrmeisters im *Geldwesen* und im *Handel* (→ *Geld – Münzen – Maße*) übernommen. Dies entsprach einem neuen, großräumigen Denken, wie es Rom eigen war, das einst mit Indien und China Handel getrieben hatte. Das alte *Rechenbrett*, der *Abacus*, wurde im Mittelalter umbenannt in Computatorium (= Tafel zum Zusammenzählen); der moderne Erbe ist der *Computer*. In Frankreich nannte man den Raum, in dem gerechnet wurde, *Comptoir;* die Deutschen leiteten davon ab: Kontor, Kontorist; Konto und Kontokorrent fließen über das Italienische ein.

Im Stadtnamen *Kopenhagen* wird heute kaum jemand noch das lateinische Wort caupo (= Weinhändler, Schankwirt) entdecken. Im Deutschen lebt dieses Wort im *Kaufmann* fort. Offensichtlich ist die Bedeutung erweitert worden, da Gastwirtschaften hohen Gewinn einbrachten und man an der Theke mit Gästen aus aller Welt Geschäfte machen konnte.

Handwerk und Gewerbe wurden in der Kaiserzeit auch in den Provinzen sehr gefördert, z. B. waren Gläser aus *Köln* hoch geschätzt. *Venedig*, von den Stürmen der Völkerwanderung verschont, gibt die antike Glasherstellung weiter: weltberühmt sind heute die in *Murano* hergestellten Gläser. Venezianer entdeckten auch geeigneten Sand in *Böhmen* und der *Oberpfalz*, wo sie eine noch heute bedeutende Glasindustrie begründeten. Auch die *Goldschmiedekunst* geht auf die Antike zurück; sie war damals so hoch entwickelt, daß bis in die Moderne ein entscheidender Fortschritt nicht festzustellen ist. Besonders im sakralen Bereich wurde die Tradition bis in die Gegenwart bewahrt. Manche Arbeitsweisen, wie z. B. die etruskisch-römische *Granulations-Technik*, wurden erst in jüngster Zeit wieder angewandt, nachdem sie seit der Antike vergessen waren. *Goldmünzen* (→ *Geld – Mün-*

zen – *Maße*) mit kaiserlichem Bildnis nahmen die Germanen in Italien zum Vorbild bei ersten Versuchen, selbst Geld zu prägen. Diese antike Tradition wird erst im 13. Jahrhundert wieder aufgenommen. Der wirtschaftliche Aufschwung gestattete Florenz seine *Florini* zu prägen. Sie erhielten diesen Namen, weil das Goldstück eine Blume (= flos) – hier eine Lilie – im Wappen trug. Die Schreibweise »fl« wurde danach allgemein für Goldstücke übernommen und hat sich bis heute in den Niederlanden erhalten. Außerhalb des mediterranen Kulturkreises kannte man die Goldprägung nicht.

Maße – Zeiten – Kalender. Mit den Münzen lernten die Germanen auch die verschiedenen *Maße* (→ *Geld – Münzen – Maße*) und deren zugrundeliegende Systeme von den Römern kennen. Diese hatten das *Zwölfersystem* zur Norm erhoben, und zwar sowohl für Münzen wie Gewichte und andere Maße. Auch *Würfel-* und *Kartenspiel* erinnern noch an diese alte Rechnungseinheit. Das mit einem lateinischen Wort benannte *Dezimalsystem* kam erst über die Araber von Indien nach Europa; es gilt seit der Französischen Revolution in Frankreich als Norm und wird heute international anerkannt. Die wiederum lateinisch benannten Unterteilungen *Dezi-, Zenti-, Milli-*, z. B. von Meter oder Gramm, *dividieren* die jeweilige Maßeinheit.

Für die → *Zeitmessung* schufen die Alten wahre Wunderwerke. Die Entwicklung ging von der *Sonnenuhr* über die *Wasseruhr*, die auch als Wecker eingerichtet werden konnte, bis zur *Figurenuhr* und zu *astronomischen Uhren*, von denen eine als ›Normaluhr‹ über dem Stadttor von *Iuvavum* (= Salzburg) angebracht war. Der römische Architekt und Ingenieur *Vitruv* hatte sich in die Weiterentwicklung eingeschaltet und ein Viertelstundenzifferblatt erstellt. Während später die Araber diese Anregungen aufnahmen, ließen die Europäer kein Interesse erkennen. *Karl der Große* staunte, als ihm in Paderborn eine Figurenuhr als Geschenk von *Harun-al-Raschid* aus Bagdad überbracht wurde. Er kannte nur Sonnenuhren nach römischem Vorbild. Erst *Peter Henlein* unterbrach im 16. Jahrhundert den Stillstand: er erfand die Federuhr, das »Nürnberger Ei« genannt. Die Zeitmeßeinheiten haben sich ebenfalls erst langsam entwickelt. ›Stunde‹ bezeichnete ursprünglich den Stand der Sonne. Die Einheiten ›Minute‹ und ›Sekunde‹ tragen wohl lateinische Namen, tauchen aber erst gegen Ende des Mittelalters in Europa auf, während die Araber

sie schon seit 1000 kannten. Zunächst wurde die Minute eingeführt; als ›verkleinerter‹ Teil der Stunde erlaubte sie eine genauere Zeiteinteilung als bisher. Als diese nicht ausreichte, wurde eine weitere Unterteilung in 60 Teile vorgenommen. Diese ›zweite‹ (= secunda) Verkleinerung nannte man ›Sekunde‹.

Jahreszählungen waren in der Antike nicht einheitlich, bis unter Gaius *Iulius* Caesar sich der *Julianische* → *Kalender* durchsetzte, der bis heute gilt. Nur einmal wurde ein geringfügiger Fehler ausgeglichen, als 1582 Papst *Gregor XIII.* eine Korrektur vornahm und 10 Tage überspringen ließ *(gregorianischer Kalender)*. Seit sich 1929 auch die Chinesen dieser Zeitmessung angeschlossen haben, richtet sich die ganze Welt nach dem römischen Vorbild. Mit dem Kalender übernahm man auch die Monatsnamen. Die Bezeichnungen September, Oktober, November, Dezember (= 7., 8., 9., 10. Monat) erinnern daran, daß das römische Jahr ursprünglich mit dem Monat März begann.

Stadtanlagen – Straßen – Brücken – Leuchttürme. Aber auch auf einem anderen Gebiet wird klar, was die Römer für die Zivilisation geleistet haben. Den Germanen waren Stadtanlagen (→ *Stadt*) unbekannt. Sie richteten sich nach dem Rückzug der Römer in oder neben deren verlassenen Siedlungen ein, wo sie auch genügend Baumaterial zur Hand hatten. Neue Städte erbauten sie erst, als sie sich mit dem römischen Steinbau vertraut gemacht hatten. Er wurde nördlich der Alpen unter Karl dem Großen aus dem Süden übernommen, ebenso gebrauchte man die schon den Römern bekannten Bindemittel. Ziegel verwendete man zunächst als Dach-, später auch als Mauerziegel. Auch lernte man jetzt Fenster einzubauen.

Die Städte wiesen zunächst meist eine unregelmäßige Anlage auf. Vorwiegend erst bei der Neugründung von Städten im europäischen Osten achtete man wieder auf ein *Straßensystem*, das sich *rechtwinklig* schnitt, so wie es Rom vom Orient übernommen hatte und nun an Europa weitergab. Dieses ›römische‹ System half, die Städte zu durchlüften; in den römischen Militärlagern vermittelte es bei feindlichem Angriff eine gute Übersicht. Rechtwinklig oder oval angelegte Städte ließen die Bildung von Stadt-*Vierteln* zu. Nach römischem Muster wurde in den europäischen Städten auch ein *Marktplatz* als Handelsmittelpunkt und Treffpunkt der Bürger angelegt; auch wurde nach gleichem Vorbild die Stadt zur

*In reizvollem Gegensatz
fügen sich die Überreste der servianischen
Stadtmauer an den modernen Bau
des römischen Hauptbahnhofs.*

Abwehr von Angriffen mit Mauern befestigt.
Einen Zutritt gestatteten nur die *Stadttore,* was
ebenfalls römischem Modell entsprach. Die Lau-
bengänge auf den Marktplätzen gingen auf sogenannte *Säulenstraßen* zurück: Zur Abwehr der
Sonnenglut hatte man in den Mittelmeerländern
die Fußwege beiderseits des Fahrwegs mit Säulen-
hallen überdeckt, so in Rom und in Split; diese
Anlagen sind heute noch in *Bologna* und in den
»Lauben« von *Bozen* zu erkennen.
Auch das Schema der römischen *Luxusvilla* der
Kaiserzeit hatten mit all dem dazugehörigen
Komfort die keltischen und germanischen Grund-
besitzer übernommen. Zwei vorspringende, zwei-
stöckige Seitenflügel (= Risaliten), aus denen
sich oft Ecktürme entwickelten, rahmten den
Eingang mit der Säulenveranda ein, zu dem dann
Treppen hinaufführten. Frühmittelalterliche Pa-
läste und romanische Kirchenfronten verraten
dieses Muster. Die Veranden finden sich als
Bogengänge in den Burgen wieder.
Auf römische Anregung gehen auch *militärische*

Zweckbauten, außerdem *Kanäle* und *Schleusen*
zurück. Anders als in Italien ließ man die römischen → *Straßen* verfallen, bis die nach römischem Muster wieder eingerichtete *Post* neue
Straßenanlagen erforderte. Doch erst Napoléon
wußte den militärischen Wert der *Römerstraßen*
richtig einzuschätzen und ließ in den von ihm
besetzten Ländern nach römischem Vorbild neue
feste Straßen anlegen. Näher war die Antike in
Italien: Die italienischen Straßenbauer orientierten sich nicht allein an der römischen Trassen-
führung, sondern nutzten darüberhinaus auf
tausenden Kilometern auch den antiken Unterbau. Ähnliches geschah in Britannien. Auf die
Italiener vererbte sich offensichtlich auch die
Freude am *Brücken-* und *Tunnelbau,* wie jeder
autofahrende Italienreisende gern bestätigen wird.
Gelegentlich führt aber auch eine moderne Auto-
straße durch einen alten römischen Tunnel, z. B.
bei *Rimini* durch den »Passo del Furlo« (von
lat. forus, forulus = der Gang) aus dem Jahre
76/77, wo sogar eine Inschrift an den kaiserlichen
Bauherrn Vespasian erinnert, oder in *Neapel*
durch die 708 m lange »Grotta Vecchia« aus
dem 3. Jahrhundert oder ebendort durch die
900 m lange *Grotta des Seian* oder bei *Cumae* durch
die »Grotta della Pace«. In allen diesen techni-

schen Bauwerken lebt die Antike unmittelbar weiter über das Mittelalter hinweg, das offensichtlich keinen Bedarf hatte, diese Projekte fortzusetzen. Auch steinerne Römerbrücken haben den Stürmen der Zeit standgehalten, wie der »Ponte di Quattro Capi« in *Rom*, der auf stolze 2000 Jahre zurückblickt. Der »Ponte Molle«, die alte *Milvische Brücke*, ist dem modernen Verkehr erstaunlich gewachsen; über ihn wälzten sich im Zweiten Weltkrieg die schweren Panzer. Nicht vergessen darf man in diesem Zusammenhang die Moselbrücke in *Trier*. Viele Brücken über Rhein und Donau gehen auf alte Römerbrücken zurück, die schon früh die Ufersiedlungen verbanden und durch Belebung des Handels zu großer Blüte führten, wie z. B. in Köln und Koblenz. Die Römer führten auch *Wasserleitungen* über Brücken ans andere Flußufer wie in *Nîmes*. Drei antike Wasserleitungen tragen heute noch zur Versorgung Roms bei: so speist die »Aqua virgo« die *Fontana di Trevi* und den *Barkenbrunnen* an der Spanischen Treppe.

Leuchttürme waren wohl keine römische Erfindung, aber römische Leuchttürme taten noch lange ihren Dienst, so der von *Caligula* im heutigen *Boulogne-sur-Mer* errichtete, 60 m hohe Turm, der noch im 17. Jahrhundert stand. Der römische Leuchtturm in *La Coruña*, dem einstigen keltischen *Brigantium* in Nordwestspanien, schützt seit 100 n. Chr. die Seefahrer vor Seenot. Wie nahe rückt uns diese ferne Zeit, wenn wir feststellen, daß bis heute nicht mehr als 50 Leuchtturmwärter dort ihre Pflicht erfüllten, wenn man eine Dienstzeit von 40 Jahren der Rechnung zu Grunde legt! Wer denkt auch daran, daß die achteckige *Glockenstube* auf dem viereckigen Kirchturm vieler unserer Kirchen sich zurückführen läßt auf die Laterne der Leuchttürme?

Wissenschaft – Klöster – Gartenbau. Enger noch wird die Verbindung zur römischen Antike, wenn wir in den Bereich der Wissenschaft hinüberwechseln. Griechen, Römer und Araber waren es, die uns viele Grundlagen in die Neuzeit herüberzuretten halfen. So hat die europäische → *Medizin* nie die Verbindung mit der Antike verloren; was übrigens vor nicht langer Zeit als rückständig galt, weil man die Alten nicht ernst nahm, das wird heute wieder als beachtenswert angesehen. Rom fungierte in diesem Fall wieder einmal als Bindeglied. Obwohl die griechische Heilkunde längst großartige Fortschritte gemacht hatte, verschloß man sich ursprünglich in Rom den wissenschaftlichen Erkenntnissen, begnügte sich mit Heilpraktiken und Hausmitteln, zu deren Anwendung das allgemein anerkannte landwirtschaftliche Lehrbuch des alten → *Cato* riet. Erst in der Kaiserzeit wurde das griechische Wissen aufgearbeitet und lexikalisch sortiert. Die hochangesehene *Ärzteschule in Salerno* hat das Mittelalter hindurch die antiken Forschungsergebnisse gehütet und weitergegeben.

Wie wenige wissen, wieviel die europäische → *Landwirtschaft* den Römern verdankt! In *Klöstern* wurden hinübergerettete Handbücher durch zahlreiche Abschriften vervielfältigt, so daß nun die Erfahrungen der Alten bei der Bestellung der Klostergüter verwendet, aber auch an die Bauern im Lande weitergegeben werden konnten. Die Germanen kannten keine *Gärten;* jetzt wurden in Klostergärten Heilkräuter und Gemüse, aber auch Rosen und Lilien gepflanzt. Noch im 17. Jahrhundert gab unter Berufung auf den alten → *Cato* der Leibarzt des Pfalzgrafen bei Rhein Anweisungen zur Anlage einer *Spargelzucht;* seitdem ist der *Schwetzinger Spargel* weithin bekannt und geschätzt. Von den römischen Besatzern lernten die Bewohner des Moseltals den *Weinbau;* (→ *Wein*) die offizielle Genehmigung dazu erteilte allerdings erst Kaiser *Probus* um 280 den Provinzen des Reiches. Im Mittelalter legten Klosterbrüder auf der Insel *Reichenau* Weinfelder nach italischer Art an, auch stellte man Obst- und Beerenweine nach römischen Rezepten her; Fachausdrücke, wie z. B. ›Winzer‹ oder ›Keller‹, gehen auf das Lateinische zurück. Als die Summe dieser Überlieferungen zu Beginn der Neuzeit in den »Scriptores rei rusticae« zusammengestellt wurde und in Druck ging, war die Nachfrage so groß, daß bald 63 Ausgaben dieses Werkes erschienen. Wiederum gaben lateinkundige Mönche und Pfarrer ihr Wissen an die Landbevölkerung weiter und sorgten so auch für das leibliche Wohl der ihnen anvertrauten Seelen.

Liturgie – Literatur – Philosophie. In den Klöstern wurde die vom römischen Geist geprägte christliche *Liturgie* in lateinischer Sprache gepflegt. In Anlehnung an die Organisation des Römischen Reiches der späten Kaiserzeit hatte die Kirche eine straffe Führung erhalten, so daß sich der christliche Glaube bis in die fernsten Provinzen verbreitete. Hier wurden nun später Klöster Zentren der Missionierung und zugleich Vermittler von Kultur und Zivilisation. In ihren *Bibliotheken* wurden antike Handschriften geborgen, in ihren Schreibstuben die Werke antiker Autoren durch Abschriften lebendig erhalten. Sicher verfuhr man zunächst streng, und sonderte allzu Heidnisches aus, doch blieben auch diese Autoren hinter den Regalen erhalten und kamen allmählich wieder ans Licht. Ohne viel Aufhebens rehabilitierte man diejenigen, die nach Meinung der Kirchenväter ganz im christlichen Geist geschrieben hatten. *Lactanz* ließ z. B. → *Cicero* und *Seneca* als Repräsentanten lateinischer Kultur gelten, → *Vergil* wurde im Mittelalter und in der Renaissance als der größte aller Dichter verehrt, die »Aeneis« – Schullektüre seit ihrer Veröffentlichung bis heute – blieb neben den Homerischen Epen Vorbild und Muster abendländischer Dichtung. Anfängliches Mißtrauen (»unter dem Anschein des Falschen ... ist sehr viel Wahres verborgen«, so *Theodulf* aus dem Kreis der Hofakademie Karls des Großen) schwand bald, denn »man brauchte diese Antike einfach, wenn man sich in ein höheres und verfeinertes Dasein erheben wollte« (Seidlmayer). *Dante* bezeugte seine Hochachtung für Vergil in seiner »Divina Commedia«, *Heinrich von Veldeke* lieferte mit seiner »Eneit« die erste deutsche Bearbeitung eines antiken Stoffes nach französischer Vorlage; im 18. Jahrhundert kam es in Deutschland, im 19. in Frankreich und England zu einer Rückbesinnung auf Vergil (Engländer verfaßten den bedeutendsten Vergil-Kommentar), ganz Europa feierte den 2000sten Geburtstag des großen Epikers. Mit der Zeit fanden auch freiere Geister und sinnlichere Darstellungen Zugang durch die Hintertür, wie z. B. die des → *Ovid*. Seine »Metamorphosen« (= Verwandlungen) gehören zu den meistgelesenen Werken der Antike; Goethe bewunderte sie, da sie seine Gedanken von der »ewigen Dauer im Wechsel« bestätigten. *Catull* wirkte auf Lessing, Mörike, Pound; Orffs Vertonung der »Catulli carmina« fängt das Erotische in der Musik ein, deren Glut durch den Rhythmus noch gesteigert wird. → *Horaz* hat seit der Antike einen Ehrenplatz in der Weltliteratur behauptet, er beeinflußte Klopstock und Hölderlin; Goethe stellte fest: »Die Präcision des Horaz nötigte die Deutschen, doch nur langsam, sich ihm gleichzustellen ....«. Vorbild war Rom auch in der geschliffenen Epigrammatik des *Martial*, der Goethe und Schiller bei der Abfassung ihrer »Xenien« (= Gastgeschenke) anregte. Der Abenteuer- und Schelmenroman »Satyricon« des *Gaius Petronius Arbiter* spielte im Rom der Neronischen Zeit. Die darin enthaltene Lebensphilosophie beeindruckte Balzac und Nietzsche. Fellinis berühmter Verfilmung folgte eine musikalische Gestaltung Bruno Madernas in einer Oper. Der komische Roman »Der goldene Esel« des *Lucius Apuleius* war Muster für Schelmenro-

mane und Schwänke und inspirierte Cervantes, Grimmelshausen, Lesage und Boccaccio. Die Reihe ließe sich fortsetzen.

Weltgeltung besitzen auch die Werke der römischen → *Geschichtsschreibung* (Sallust, → *Caesar*, Livius, Tacitus u.a.). Ihre Namen evozieren verschiedene Auffassungen und Darstellungsformen. Seit Beginn der Neuzeit, als das historische Interesse erwachte, blieben sie bis in unsere Tage unersetzliche Schullektüre.

Vorbild durch alle Zeiten blieb auch → *Cicero*. Seine Briefe, wie auch die des *jüngeren Seneca* und des *jüngeren* → *Plinius* sind Muster der Briefliteratur. Bei aller Kritik am Formalen werden auch seine Reden als Muster rhetorischer Kunst anerkannt. Cicero war aber vor allem durch seine philosophischen Schriften der große Vermittler griechischen Geistes in einer Zeit, da man die Griechen selbst aus dem Blickfeld verloren hatte. Seine Wertvorstellungen, die er von der *Stoa* übernahm, beeinflußten die Tugendlehre in der Dichtung des Hohen Mittelalters. Seine Auffassung von Humanität, sein erzieherisches Bemühen um deren Verwirklichung verfehlten trotz mancher ehemals mißtrauischer Gegnerschaft bis heute nicht den Eindruck auf eine weitgestreute Lesergemeinde. Cicero gab angeblich auch das philosophische Lehrgedicht des *Lucrez* »Über das Wesen des Weltalls« posthum heraus.

Die auf *Demokrits* Atomlehre aufbauende mechanische Welterklärung *Epikurs* wurde z. B. von Montaigne und Goethe bewundert. Der *Neuplatonismus*, in dem sich religiös-mystische Gedanken mit philosophischem Denken vermischten, hat die philosophische Entwicklung bis spät ins Mittelalter beherrscht. »Vom Trost der Philosophie« des *Boethius* war eines der meistgelesenen Bücher des Mittelalters; es wurde ins Altenglische, Althochdeutsche und später sogar ins Griechische übersetzt. Boethius übte auch einen starken Einfluß auf die Scholastik aus; seine theoretischen Schriften auf dem Gebiet der Musik und Mathematik schufen die Grundlagen für die weitere Entwicklung.

Römisches Recht. Rom wurde, wie *Herder* sagt, zur »stolzen Gesetzgeberin aller Nationen«. In der Tat haben die Römer die Grundlagen für eine kontinuierliche Überlieferung des → *Rechts* geschaffen. Der oströmische Kaiser *Iustinian* hat nämlich um 534 von juristischen Experten in einem dreiteiligen Werk, »corpus iuris« genannt, das römische Recht zusammengefaßt darstellen lassen. Den Kommentaren römischer Juristen sowie den Verfügungen und Entscheiden der Kai-

Die Curia Iulia – Roms Senatsgebäude – wurde unter Caesar auf älteren Fundamenten errichtet. Die letzte Form geht in wesentlichen Teilen auf die Zeit Diocletians zurück.

Ruinen des Traian-Forums in Rom. Dieses Forum vereinte in einem sechsgeschossigen Komplex Markthallen und Läden, Tabernen, Ämter und Verwaltungszentren. Die Ruinen des bautechnisch und architektonisch bedeutenden Bauwerkes wurden in späteren Jahrhunderten teilweise wieder benutzt und neu überbaut.

ser wurde zur Erläuterung eine lehrbuchhafte Einführung vorangestellt. Deutsche Juristen haben seit dem 12., vor allem aber im 15. und 16. Jahrhundert dieses römische Privat- und Prozeßrecht wieder aufgenommen. Mit dieser »Rezeption« wollte man die »laienhafte« Rechtspflege ablösen und durch das seit alters gültige römische Recht ersetzen, das nach wissenschaftlichen Methoden verfuhr. Das Vorgehen war dadurch legitimiert, da man das »Römische Reich Deutscher Nation« als Nachfolger des »Imperium Romanum« betrachtete. Auch Frankreich und England richteten sich nach dem römischen Recht aus, doch nicht in dem Maße wie die Deutschen, die erlebten, daß durch die historische Rechtsschule *Savignys* eine Nachrezeption im 19. Jahrhundert eingeleitet wurde. Selbst das 1900 in Kraft getretene BGB kennt noch römische Rechtssätze. Die Auseinandersetzung unter den Wissenschaftlern über den Stellenwert römischen Rechtsdenkens dauert bis in unsere Zeit an (Koschaker: »Europa und das römische Recht« 1947; Wenger: »Die Quellen des römischen Rechts« 1953).

Antike Renaissance. Kulturelle Auseinandersetzungen mit der Antike fanden seit der Konstituierung der abendländischen Völkergemeinschaft in regelmäßigen Abständen immer wieder statt und förderten die Rückbesinnung auf das gemeinsame Erbe. Nicht immer aber haben die Erben wirklich antikes Kulturgut richtig erkannt und rezipiert – das gilt nicht nur für das 19. Jahrhundert. Jedoch immer wirkte die Auseinandersetzung befruchtend. Man sprach wiederholt von einer Wiedergeburt (Renaissance) der Antike und meinte damit die römische. Über die Berechtigung des Begriffs bei der *Karolingischen* und *Ottonischen Renaissance* streiten sich die Gelehrten. Letztere ist von der Baubewegung der »Romanik« geprägt. Diese übernahm deutlicher als zuvor römische Bauelemente wie Rundbogen, Pfeiler, Säule, Gewölbe und vermittelte etwas von der ›steinernen Wucht‹ der römischen Architektur. Der Begriff »Romanik« wurde im 19. Jahrhundert für diesen Stil in Anlehnung an die Bezeichnung »Romanische« Sprachen verwendet, worunter man all jene verstand, die in den ehemaligen römischen Provinzen als Erben des Lateinischen entstanden sind. Der Begriff führt aber in die Irre, da die »Romanik« ihren Ausgang vornehmlich von deutschem Gebiet nahm.

Die *italienische Renaissance* des 14./16. Jhs. nimmt über Rom nach langer Karenzzeit das griechische Erbe wieder in Empfang. Auch in den folgenden Jahrhunderten erfassen oder erfühlen die Italienreisenden den griechischen Hintergrund des römischen Kulturerbes. Rom mit seinen Ruinen blieb aber das entscheidende Erlebnis für alle, die auf der Suche nach der Welt der Antike waren: für den Adel des 17. Jahrhunderts, für die Bildungsbürger, Wissenschaftler, Künstler und Diplomaten bis in unsere Tage. Rom wurde insbesondere zum Asyl für deutsche Gelehrte, deutsche Dichter und deutsche Maler. Das unverwechselbar »Römische« Roms scheint von magischer Anziehungskraft, die auch in Jahrhunderten nicht verlorenging. (J. G.)

Forum Romanum

Das sumpfige Tal zwischen *Palatin* und *Quirinal* in → *Rom* wurde schon während der Königsherrschaft allmählich entwässert und mit Hilfe der *Cloaca Maxima*, eines großen Kanals, trockengelegt. Es bildete den Mittelpunkt der ältesten römischen Gemeinden, auf dem die Bewohner den Wochenmarkt abhielten. Ein am Rand des Tals, nahe beim *Capitolinischen Hügel* (→ auch *Rom*) gelegener kleiner Platz wurde als *Comitium* zum Versammlungsort bestimmt, auf dem die Gemeindemitglieder zu Versammlungen und zur Rechtsprechung zusammentraten. Hier errichtete angeblich schon der sagenhafte dritte König Roms, *Tullus Hostilius*, das erste Rathaus, die *Curia Hostilia*. Dieses einfache Gebäude, das nicht einmal geheizt werden konnte, diente später dem Senat als Versammlungsort und blieb etwa sechshundert Jahre bestehen, bis es 52 v. Chr. niederbrannte. Ein Neubau wurde von → *Caesar* bald wieder abgerissen, der südlich des alten Standplatzes 45 v. Chr. die *Curia Iulia* errichten ließ, die zwei Jahrtausende überdauerte, im Mittelalter in eine Kirche umgewandelt wurde und heute im Zuge der Ausgrabung des Forums wieder ihren ursprünglichen Zustand erhalten hat. Vor der Curia lag an der Grenze des Comitiums die *Rostra*, die große Rednertribüne, seit der frühen Kaiserzeit eine 24 Meter breite und fast ebenso tiefe Plattform, die mit vergoldeten Schnäbeln (rostra) erbeuteter Schiffe geschmückt war. Ihre auffallende Größe erklärt sich einerseits aus der Tatsache, daß die Redner Platz zum Auf- und Abschreiten (→ *Rhetorik*) benötigten und andererseits die Kaiser hier gern mit dem ganzen Gefolge auftraten.

Das einzige neben der Curie auf dem Comitium erhaltene Gebäude ist der *Carcer*, der heute,

*Forum Romanum.
Links Saturntempel,
vorn Mitte Rostra,
rechts Septimius-
Severus-Bogen, ganz
hinten Tabularium.*

durch eine Straße abgetrennt, nicht mehr zum eigentlichen Ausgrabungsbezirk des Forums gehört. Er war das einzige Gefängnis Roms, wo Übeltäter und Staatsgefangene auf ihre Aburteilung und oft auf die Hinrichtung warteten; denn die Gefängnisstrafe kennt die römische Justiz nicht. In dem unter dem Carcer gelegenen *Verließ* (Tullianum) wurden Staatsgefangene wie *Jugurtha* (→ *Afrika*), *Vercingetorix* (→ *Gallischer Krieg*) und die Genossen → *Catilinas* hingerichtet. Nachdem der Markt allmählich vom Forum verdrängt worden war, entstanden hier eine Reihe bedeutsamer öffentlicher Bauten, beginnend mit der *Basilica Porcia*, die der Griechenfeind *M. Portius Cato* nach griechischem Vorbild 185 v. Chr. als Wandelhalle errichten ließ, wo sich die Bürger zum Gespräch, zu Verhandlungen und zum Abschluß von Geschäften trafen. Sie wurde zum Vorbild einer zweiten, die nach ihren Erbauern den Namen *Basilica Fulvia et Aemilia* erhielt und bald einen wichtigen Mittelpunkt des Forums bildete. In der Kaiserzeit erhielt sie ihre endgültige prächtige Gestalt. Eine dritte große, von *T. Sempronius* → *Grachus* errichtete Halle wurde nach einem Brand von Augustus als *Basilica Iulia* neu aufgebaut. Sie bildete ein Mittelding zwischen Markthalle und Kanzleigebäude, beherbergte Läden und die Geschäftsräume der Wechselbanken.
Zu diesen Geschäftsbauten kamen schon in republikanischer Zeit mehrere Tempel. Der bedeutendste war der *Tempel des Saturn* (→ *Mythologie*), in dem die heiligen Waffen Roms und der größere Teil des Staatsschatzes aufbewahrt wurden, der z. Zt. Caesars 15 000 Goldbarren, 30 000 Silber-

barren und 30 Millionen Sesterzen in geprägten Münzen betrug. Hier wurden auch die Gesandten der befreundeten Staaten empfangen, während die Botschafter feindlicher Länder im *Minervatempel* auf dem *Aventin* vorgelassen wurden.
Nur zwei Jahre jünger als dieser Saturntempel war der 496 v. Chr. angeblich zur Erinnerung an den Sieg über das Königtum errichtete *Tempel des Castor*, in dem ebenfalls gelegentlich Senatssitzungen abgehalten wurden. Hier war das staatliche »Eichamt« untergebracht, das Gewichte und Maße kontrollierte. Östlich dieses Tempels erinnerte noch der *Lacus Iuturnae*, der Brunnen der *Iuturna*, an das alte Sumpfland Roms. Daneben erstreckte sich der große Gebäudekomplex des *Vesta-Tempels* (→ *Mythologie*). Der eigentliche Tempel, ein kleiner Rundbau, enthielt keine Götterbilder, doch hüteten hier die → *Vestalinnen* auf dem »Staatsherd« das »Heilige Feuer«, das alljährlich am 1. März gelöscht und dann vom Pontifex (oberster Priester) neu entfacht wurde. Neben dem Feuerherd gab es im Innern noch eine Art Allerheiligstes, in dem die Staatsheiligtümer aufbewahrt wurden, darunter das sogenannte *Palladium*, ein »vom Himmel gefallenes« Holzbild der Göttin *Pallas Athene*, das *Aeneas* aus dem brennenden *Troja* gerettet und mit nach Italien gebracht haben soll. Mit Ausnahme des Pontifex Maximus durften Männer diesen Tempel nie betreten. Die sechs Priesterinnen wohnten unmittelbar daneben in einem geräumigen, aber klösterlich abgeschlossenen Komplex, dem *Atrium Vestae*, wo sie höchst komfortabel mit zentraler Fußbodenheizung und geheizten Badezimmern untergebracht waren.

In unmittelbarer Nachbarschaft stand das kleine
Gebäude der *Regia*, der Tradition nach das Wohnhaus des zweiten Königs von Rom *Numa Pompilius*, dann Dienstwohnung und später Amtslokal
des Oberpriesters (Pontifex Maximus), in dem
sich auch das priesterliche Archiv befand. Wie
viele andere Gebäude des Forums wurde auch
diese Regia mehrfach durch Brand zerstört bzw.
schwer beschädigt, doch immer wieder aufgebaut.
An der Stelle, an der Caesars Leichnam verbrannt worden war, ließ Augustus den *Tempel
des Divus Iulius* errichten und an der Außenfront
mit einer weiteren Rostra schmücken, wo später
vor allem bei Leichenfeiern für die Mitglieder des
Kaiserhauses die Gedenkreden gehalten wurden.
Als Heiligtum für seinen unter die Götter ver-

setzten Vater gründete Tiberius den *Tempel des
Divus Augustus*, in dem zugleich das Archiv der
Kriegskanzlei und eine dazu gehörige große
Bibliothek untergebracht waren.
Zwischen und vor den Tempeln, Nebentempeln
und öffentlichen Gebäuden standen zahlreiche
Einzelaltäre und Statuen. Quer über das ganze
Forum verlief die *Sacra Via*, die »Heilige
Straße«, auf der die → Triumphzüge zum Capitol
zogen. Im Lauf der Kaiserzeit wurde sie mit
mehreren Triumphbögen geschmückt, von denen
heute noch der *Bogen des Septimius Severus*
(→ *Kaiser*) gut erhalten ist.
Während der Republik und der Kaiserzeit war
das Forum ein Mittelpunkt politischen und wirt-

**Plan (Ausschnitt) des Forum Romanum und der
Kaiserforen**

1 Rostra
  (Rednerbühne)
2 Tempel des
  Ianus
3 Curia,
  Sitzungssaal
  des Senats
4 Tempel der Venus
5 Gefängnis
6 Tempel der
  Concordia
7 Tabularium
8 Tempel des Vespasian
9 Porticus der 12 Götter
10 Tempel des Saturn
11 Tempel des Castor
12 Tempel der Vesta
13 Basilika des
   Paulus Aemilius
14 Friedenstempel
15 Tempel der Minerva
16 Tempel des Mars

schaftlichen Lebens in Rom, bis mit dem Niedergang der Stadt auch sein Verfall einsetzte. Bei einem schrecklichen Erdbeben stürzten 442 verschiedene Tempel und Hallen ein; die Plünderung durch die *Wandalen* beschleunigte den Verfall. Was in den folgenden Jahrhunderten von den alten Denkmälern nicht unterging, verdankte seine Rettung der Umwandlung in christliche Kirchen. Im 18. Jahrhundert bedeckten Erdmassen schon bis zur halben Höhe des Septimius-Severus-Bogens den Platz, dann erst setzten allmählich die Ausgrabungen ein, die dem Forum sein heutiges Gesicht gaben. (H. P.)

Frankreich/Gallien

Die Niederwerfung des letzten verzweifelten Aufstandes der Gallier unter Vercingetorix gegen die römische Herrschaft durch → *Caesar* bei *Alesia* 52 v. Chr. war so gründlich und wirkte so nachhaltig, daß für Jahrhunderte Friede in den neugewonnenen Gebieten einkehrte. Die Gallier paßten sich fortan wie kaum ein anderes ›Barbarenvolk‹ im römischen Herrschaftsbereich der überlegenen Kultur der Sieger an, die ihrerseits den Unterworfenen allerdings auch höchst schätzenswerte Vorteile zu bieten hatten: Schutz gegen die unruhigen germanischen Nachbarn; Frieden im Inneren statt der unablässigen Stammeskämpfe früherer Zeiten; eine geordnete Verwaltung und Steuergesetzgebung, die zunächst offenbar die wirtschaftliche Leistungsfähigkeit des Landes nicht beeinträchtigte. Das von Caesar eroberte Gebiet nördlich der alten *Provinz Nar-*

bonensis (Provence) wurde in drei neue Provinzen eingeteilt: *Aquitania* im Südwesten, *Lugdunensis* etwa zwischen Loire und Seine unter Einschluß der heutigen Bretagne in der Mitte und im Norden *Belgica;* gemeinsamer Mittelpunkt war *Lugdunum* (Lyon). Ein ausgedehntes Straßennetz erleichterte die Organisation und Durchdringung des Landes.

Städte, Bauten, Wirtschaft. Zentren der römischen Verwaltung und Kultur wurden die Städte, die nach römischem Muster neu errichtet oder – im Süden – weiter ausgebaut wurden. Maßgeblich wurde das römischen Vorbild mit den rechtwinklig angelegten Straßen und dem zentralen Platz, den die öffentlichen Gebäude umschlossen. Die schönsten Zeugnisse römischer Baukunst auf französischem Boden befinden sich in der alten Provinz Narbonensis, so vor allem die Theaterbauten in *Nîmes* und *Arles,* die Tore in *Orange* und *Carpentras,* die Wasserleitung über das Tal des Gard *(Pont du Gard)* oder die Ausgrabungsstätten in *St. Remy* und *Vaison la Romaine;* doch auch außerhalb der Provence gibt es beachtliche Reste aus der Römerzeit, so etwa in *Bordeaux, Autun* und *Paris.*

Dank der langen ungestörten Friedenszeit entwickelte sich in den Städten und im Umland ein reiches wirtschaftliches Leben. Die Produkte der florierenden *Textil-* und *Keramikmanufakturen* machten als Exportgüter nicht nur den älteren

Der Pont du Gard, einer der besterhaltenen Aquädukte aus der Zeit des Augustus in Südfrankreich (269 m lang).

Manufakturen in Italien ernsthaft Konkurrenz, sondern sie eroberten auch den Markt bei den Germanen. Exportiert wurden auch die Produkte der Landwirtschaft, die in der römischen Zeit weiter ausgebaut wurde und neue Wege ging; vor allem gedieh der *Weinanbau;* daneben gewannen *Mastgänse, Schinken* und *Käse* aus Gallien Freunde auch unter den Römern.

Adel, Religion, Sprache. Die beherrschende Stellung des Adels auf dem Lande war von den Römern nicht angetastet worden, denn in den Reihen des Adels hatten die Eroberer von Anfang an ihre treuesten Anhänger, die sich auch der Romanisierung am bereitwilligsten fügten.

Die Impulse für diese Entwicklung gingen von den Städten aus, wo die Söhne des Adels die Lateinschulen besuchten und Zugang zur Kultur des Mittelmeerraums fanden, die allmählich die geistigen Traditionen der → *Kelten* verdrängte. Trotz ihrer sonst geübten religiösen Toleranz suchten die Römer den *Druidenkult* zu unterdrücken, da sie hier ein Element des Widerstandes witterten. Stattdessen begünstigten sie, besonders in den Städten, neben der Verehrung römischer Gottheiten schon seit → *Augustus* den *Kaiserkult,* dem sich aus Opportunismus zuerst ebenfalls die führenden Schichten anschlossen.

Gewiß hielten sich auf dem Lande noch lange nach der Unterwerfung die keltischen Sprachen, aber mit der Zeit verdrängte, von den Städten ausgehend, das Lateinische die einheimischen Idiome. Als Vermittler mag man die römischen Soldaten und Beamten oder die Händler aus dem Süden annehmen oder auch, da ja die Bauern zu den Römern nur wenig direkte Kontakte hatten, die lateinisch gebildeten Grundherrn selbst.

Gallo-romanische Kultur. So erwuchs aus dem langen friedlichen Zusammenleben von Römern und Galliern eine reiche gallo-romanische Mischkultur, in der wohl die römischen Elemente überwogen, ohne daß, etwa in der Kunst der romfernen Gebiete des Westens und Nordens, die keltischen Traditionen gänzlich erloschen wären. Diese Durchdringung des gallischen Raumes durch die Römer brachte den Galliern den Anschluß an die überlegene Kultur des Mittelmeergebietes und damit eine Basis für die Zukunft, die den → *Germanen* nach der »Schlacht im Teutoburger Wald« (→ *Arminius*) versagt blieb. Die Krise des Römischen Reiches seit dem 3. Jahrhundert n. Chr. wirkte sich auch auf Gallien aus. Einsickernde Germanen gewannen Anteil am Ackerboden, während die Not unter den eingesessenen Bauern wuchs, so daß sich viele in den

Schutz und in die Abhängigkeit der großen Grundbesitzer begaben. Die Städte verkümmerten. Und dennoch hielt sich in Gallien ein letzter Rest des Weströmischen Reiches noch bis ins ausgehende 5. Jahrhundert, als auf gallischem Boden längst Germanenreiche bestanden und Rom selbst längst von den Germanen erobert worden war. (R. V.)

Frau

Die Beziehungen der Römer zu den Frauen begannen, wenn man der sagenhaften Überlieferung folgt, nicht mit zarter Werbung, wie sie später der Dichter → *Ovid* (→ *Literatur*) den Römern empfehlen sollte, sondern mit grobem Zugriff: mit dem *Raub der Sabinerinnen.* Nachdem *Romulus* so seine Gefolgsleute mit Frauen versorgt hatte, nahm die Geschichte einen zivileren Verlauf: Da sich nach dem Überfall die jungen Männer liebevoll und die jungen Frauen klug verhielten, entwickelten sich vernünftige Familienverhältnisse, die schließlich auch die Billigung der unfreiwilligen Schwiegerväter der ersten Römer fanden. Soweit die Sage.

Eheschließung. Vernunftgründe und Vorherrschaft des Mannes bestimmten zunächst auch in historischer Zeit das Leben der Römerin. Grundlage der älteren republikanischen Gesellschaft war die *Familie, die vom Vater beherrscht wurde.* Er suchte auch, mit dem Blick auf Vermögensverhältnisse und Mitgift, für seine Söhne die Frauen und für seine Töchter die Männer aus; in aristokratischen Familien spielten darüber hinaus politische Verbindungen eine Rolle. Die gegenseitige Neigung der Kinder war weniger wichtig, die konnte sich später noch einstellen. Zeit genug hatten die Neuvermählten jedenfalls, denn man heiratete früh, die Mädchen gelegentlich schon mit zwölf Jahren.

Bei den älteren Formen der Eheschließung kam die junge Frau aus der Familiengewalt des Vaters (patria potestas) in die des Mannes, unter dessen rechtlicher Vormundschaft sie zeitlebens verblieb. Drei Formen sind zu unterscheiden: die *Heirat durch einen symbolischen Kaufakt,* bei der die Frau sozusagen in das Eigentum des Mannes überging; die *Heirat durch Zusammenleben,* eine Art wilder Ehe für ein Jahr, die dann rechtskräftig wurde, wenn die Frau in diesem Zeitraum nicht drei Tage und drei Nächte hintereinander dem Haus des Mannes ferngeblieben war. Die dritte, feierlichste Form der Eheschließung war nur in Patrizierfamilien üblich. Das *junge Paar opferte* und verzehrte in Anwesenheit eines Priesters gemeinsam einen Opferkuchen und wurde so durch einen religiösen Akt zusammengegeben. Später allerdings, besonders seit den Kriegen des 3. und 2. Jahrhunderts v. Chr., als die Römerin unter dem Druck der Verhältnisse selbständiger wurde, verloren sich diese strengen Formen. Die Frauen wurden freier und konnten auch über ihr Vermögen frei verfügen.

Hochzeitsfeier. Schon am Vorabend des Hochzeitstages begannen die feierlichen Vorbereitungen. Das Haar der Braut wurde in besonderer Weise geflochten und gekämmt; dann ließ sie sich mit einer saumlosen *Tunika* (→ *Kleidung*) bekleiden, die ein *Wollgürtel* umschloß. Schließlich nahm die Braut von ihrer Kindheit Abschied, indem sie ihre Spielsachen den Hausgöttern auf dem Altar *opferte*. Am Hochzeitstag selbst trug sie ein *feuerfarbenes Gewand* und einen *orangefarbenen Schleier*. Nach dem Opfer und der Unterzeichnung des Ehevertrags tauschten die Brautleute die *Ringe* und reichten sich zum Zeichen der Treue die Hand, wobei die Braut die altehrwürdige Formel sprach: »Wo du bist, Gaius, da bin auch ich, deine Gaia.« Dann brachten die Gäste ihre Glückwünsche dar, ehe sich alle zum Hochzeitsschmaus niederließen.

Am Abend geleitete eine ausgelassene Gesellschaft das junge Paar zum Haus des Bräutigams, der auf dem Weg Nüsse, Zeichen der Fruchtbarkeit, unter das Volk streute, während die Begleiter allerlei anzügliche Lieder sangen. Die Braut wurde über die *Schwelle des Hauses getragen*, damit sie nicht falle, denn das hätte als übles Vorzeichen gegolten. Wenn aber der Bräutigam den Gürtel der Braut zu lösen begann, dann zogen sich die Begleiter diskret zurück, um fröhlich weiterzufeiern.

Die Stellung der Frau im Hause. Gewiß war in älterer republikanischer Zeit die Frau der Gewalt des Mannes unterstellt. Das bedeutete aber nicht ein Dasein in völliger Abhängigkeit oder Abgeschiedenheit. Vielmehr lebte die Römerin bei weitem nicht so zurückgezogen wie die Griechin in der klassischen Zeit, »denn«, so rühmt *Cornelius Nepos*, »manches gilt nach unserer Sitte als anständig, was bei den Griechen als ungehörig betrachtet wird. Denn welcher Römer scheut sich, seine Gattin mitzunehmen, wenn er zu Tisch geladen ist? Oder in welchem Haus bewegt sich nicht die Mutter frei in den vorderen Räumen oder säße dort nicht in gesellige Runde?« Allerdings verbot es die Sitte den Frauen, bei geselligen

Anlässen Wein zu trinken oder beim Essen zwischen den Männer bei Tisch zu liegen (→ *Ernährung*); das war den Kurtisanen vorbehalten. Erst in der Kaiserzeit trat hier ein Wandel ein, und auch dann nur in den gehobenen Kreisen. Anders als die Griechin konnte sich die Römerin auch außer Haus bewegen, die Tempel und, mit Erlaubnis des Mannes, auch das Theater besuchen und vor Gericht auftreten. Politische Rechte hatte die Römerin indessen nicht.

Ihre Hauptaufgabe war die Leitung des Hauswesens, vor allem seit alters die Überwachung der Wollarbeit, und die Sorge für die Erziehung der Kinder. Die Achtung des Mannes wurde der Leistung der Frau gerecht; an Zärtlichkeit mag es hingegen nicht selten gefehlt haben (→ auch *Haus*).

Ein Zeugnis ehelicher Liebe. Ein rührendes Zeugnis römischer Gattenliebe hat sich in der Grabrede eines Römers auf seine zu früh verstorbene Frau *Turia* erhalten, die sich besonders in der Zeit der politischen Verfolgungen des Jahres 43 v. Chr. bewährt hatte: »Ehen von so langer Dauer, die durch den Tod beendet, nicht durch Scheidung getrennt werden, sind selten. Ward es uns doch beschieden, daß unsere Ehe ohne eine Trübung bis zum 41. Jahr fortdauerte« (was zu dieser Zeit keineswegs mehr selbstverständlich war). Zu den Tugenden dieser offenbar vorbild-

*Links: Hochzeits-
zeremonie. Die
Brautleute reichen sich
im Beisein von Zeugen
die Hände. Relief,
Britisches Museum
London.*

*Rechts: Hochzeitszug.
Rechts die Brautleute.
In der Mitte Priester
mit Opfergaben.
S. Lorenzo Rom.*

lichen Römerin zählt der trauernde Witwer ihre Keuschheit, ihre Folgsamkeit und ihr freundliches Wesen. Unermüdlich hatte sie sich den häuslichen Arbeiten gewidmet und voll Pietät ihre alten Eltern und ihre Schwiegermutter umsorgt, und altrömische Tugenden, wie persönliche Anspruchslosigkeit und Frömmigkeit waren bei ihr noch selbstverständlich gewesen. Das einzige, was auf diese glückliche Verbindung einen Schatten warf, war die Kinderlosigkeit, unter der beide Gatten gleichermaßen litten. Doch ging die Frau in ihrer Selbstlosigkeit so weit, die Scheidung anzubieten, um dem Mann eine neue, möglicherweise fruchtbare Verbindung zu ermöglichen, ein Angebot, auf das der Mann jedoch nicht einging.

Erziehung und Beruf. Wären diesem Paar Töchter beschieden gewesen, dann hätten sie wohl eine ähnliche Ausbildung erhalten, wie die meisten anderen jungen Römerinnen. Die Mädchen sollten auf ihre künftigen Aufgaben im häuslichen Kreis vorbereitet werden, wo sie, wie die oben genannte Turia, bescheiden und anspruchslos und dem Gatten gehorsam zu walten hatten. Später genossen dann aber auch die Mädchen wie ihre Brüder eine einfache Schulbildung, die ihnen Kenntnisse im Lesen und Schreiben vermittelte. Nur die Töchter aus reichen Häusern hatten Gelegenheit, sich mit Hilfe von Privatlehrern, meistens Griechen, eine höhere literarische, musische und, in selteneren Fällen, auch philosophische Bildung anzueignen. Manche dieser jungen Damen waren sich dann allerdings zu gut, um später die Pflichten einer römischen Hausfrau zu übernehmen; sie zogen den Umgang mit jungen Männern vor.

Da die junge Römerin durch ihre Erziehung im allgemeinen recht einseitig auf ihre spätere Rolle vorbereitet wurde, gab es in Rom verhältnismäßig wenige berufstätige Frauen. Die typisch weiblichen Berufe, wie Näherin oder Hebamme, überwogen, während Geschäftsfrauen oder auch Händlerinnen im Vergleich zu den Männern in diesen Berufen selten waren. Auch Ärztinnen oder Sekretärinnen gab es kaum.

Ehekrisen und Scheidung. Die unbedingte eheliche *Treue*, die man der Römerin in alten Zeiten nachrühmte, galt schon im 3. Jahrhundert v. Chr. als nicht mehr ganz zuverlässig. Zwar forderte der strenge Censor *Cato* noch im 2. Jahrhundert: »Wenn du deine Frau beim Ehebruch erwischst, kannst du sie ohne weiteres töten. Die Frau jedoch hat nicht das Recht, dich, wenn du Ehebruch begangen hast, auch nur mit einem Finger zu berühren.«

Da aber in spätrepublikanischer Zeit die Frauen selbständiger und materiell unabhängiger wurden, begannen sie auch in der Öffentlichkeit eine größere Rolle zu spielen. Die Folge war eine Lockerung der Sitten, nun auch bei den Frauen. Freilich muß man hinzufügen, daß diese Feststellung zunächst nur für die führenden Schichten gilt, deren Skandalfälle aufgezeichnet wurden, während die Masse der Namenlosen kaum die Beachtung der Chronisten fand (→ auch *Erotik*).

Mit der Lockerung der Sitten hing auch die Zunahme der Scheidungen zusammen. Die Möglichkeit dazu hatte schon immer bestanden, nur war es ursprünglich allein das Recht des Mannes gewesen, durch eine einfache Formel die Scheidung auszusprechen und die Frau nach Hause zu schicken, und wenn der Familienrat die Frau für schuldig befand, dann behielt der Mann auch noch die Mitgift. Die Ehen der Patrizier, die im Beisein des Priesters in religiöser Form geschlossen waren, galten im allgemeinen als unauflöslich; doch scheint es auch hier Ausnahmen gegeben zu haben. So trennte sich der Censor *P. Sempronius Sophus* allein deshalb von seiner Frau, »weil sie es gewagt hatte, ohne sein Wissen den Spielen zuzuschauen« (Valerius Maximus).

Im übrigen waren Scheidungen leicht durchzusetzen, und in den führenden Schichten der ausgehenden Republik und in der Kaiserzeit machte man reichlich Gebrauch von dieser Möglichkeit. Dabei geschah es immer häufiger, daß der Anstoß von den Frauen ausging. Da sie nach den neueren Formen der Eheschließung finanziell unabhängig waren, trennten sich viele leichten Herzens von einem Mann, der vielleicht weniger Geld besaß als sie, und nahmen sich einen Gefährten oder heirateten einen politisch einflußreichen Mann. In einem Fall soll ein reicher Römer seiner schönen Gemahlin nur unter der Bedingung Geld geliehen haben, daß sie ihn hinterher nicht verstoße. Im übrigen wurden Scheidungen in den führenden Familien auch durch die zunehmende Kinderlosigkeit erleichtert.

Die Gesetzgebung des Augustus. Der große Reformer → *Augustus* unternahm den Versuch, durch seine Gesetzgebung auch eine Erneuerung der Gesellschaft im Sinne des alten Römertums durchzusetzen. Seine Ehegesetze machten es den Männern der führenden Schichten zwischen 25 und 60 Jahren und den Frauen zwischen 20 und 50 Jahren zur Pflicht, eine Ehe einzugehen; Kindersegen wurde in allen Ehen erwartet und durch gewisse Vorrechte belohnt. Zum Vergnügen der Römer wurden die entsprechenden Gesetze durch zwei Consuln eingebracht, die selbst als unverbesserliche Junggesellen galten. Allerdings besserten die Gesetze nichts an den Zuständen; die Zahl der Eheschließungen und der Kinder ließ sich nicht auf diesem Weg erzwingen. Augustus selbst hatte aus drei Ehen nur eine Tochter, *Iulia*, die von seiner ersten Gattin stammte. Und diese Iulia widerlegte durch ihr Handeln alle Bemühungen ihres Vaters um eine Hebung der Moral in den führenden Kreisen Roms. Ihr Lebenswandel war so anstößig, daß der Vater sie schließlich verbannte, »da sie ihren Ruf durch alle möglichen Laster befleckt hatte« (Sueton). Verbannt wur-

*Römische Dame aus der severischen Zeit,
die mit der Palla,
einem Überkleidtuch, drappiert ist.
Capitolinisches Museum Rom.*

de auch der elegante Dichter → *Ovid*, der zu der frivolen Gesellschaft um die Tochter des Kaisers gehört hatte.

Kleidung und Mode. Wie die Gesetzgebung des Augustus zur Hebung der Moral vergebens war, so wurden auch die Gesetze gegen den steigenden Luxus der Reichen immer unwirksamer (→ *Luxus*). Ursprünglich war wohl auch die Kleidung der Römerin recht einfach gewesen; sie glich in mancher Hinsicht der Kleidung der Männer (→ *Kleidung*). Später, gegen Ende der Republik, als die Luxuswaren des Orients in die siegreiche Weltstadt zu strömen begannen, wurde auch die Mode immer anspruchsvoller. *Indische Wollstoffe* oder gar *chinesische Seide* betonten die Körperformen, und frische Farben stachen von der kargen Kleidung der Männer ab.

Selbstverständlich schätzten es auch die Römerinnen, ob arm oder reich, sich mit *Schmuckstücken* zu behängen. Die ärmeren mußten sich freilich im allgemeinen mit der einfachen Spange begnügen, die das Gewand zusammenhielt; Knöpfe gab es nämlich im alten Rom noch nicht.

Bei den vermögenden Damen, die sich reicheren Schmuck leisten konnten, kam es vielfach nicht so sehr auf die feine Verarbeitung als auf den Wert des Schmuckstücks an. Elegantere Ware konnte man aus Griechenland oder aus dem Orient beziehen, während die römischen Goldschmiede sich im allgemeinen nach dem gröberen Geschmack ihrer Kundinnen richteten, die es liebten, ihren Reichtum protzig zur Schau zu stellen. Von einzelnen Damen wird berichtet, sie hätten mehrere Paare Ohrringe gleichzeitig angelegt, und die spätere Gemahlin des Kaisers *Caligula* soll gelegentlich Juwelen im Wert von 40 Millionen Sesterzen (→ *Geld – Münzen – Maße;* → *Luxus*) mit sich herumgetragen haben.

Die *Frisuren* behielten ihre ursprüngliche Schlichtheit bis in die Kaiserzeit. Die Haare wurden in der Mitte gescheitelt, zu Zöpfen geflochten und zum Knoten geschlungen. Neue Impulse gingen immer wieder vom Kaiserhof aus, wo es extravagante Damen liebten, ihr Haar zierlich zu kräuseln oder zu gewaltigen Hochfrisuren aufzutürmen, die von den Haarkünstlerinnen mit fremden Haaren unterfüttert werden mußten, damit die hielten. Angeblich waren auch blonde Perücken aus dem Haar von Germaninnen hoch geschätzt. Graue Haare und Augenbrauen wurden ausgezupft, für die Kosmetikerin kein ungefährliches Geschäft, denn wenn es schmerzte, dann setzte es Hiebe mit der Peitsche oder Stiche mit der Nadel. Großen Wert legten die Römer auf die *Körper-*

Marmorbildnis einer römischen Frau aus der iulisch-claudischen Epoche. Museum Mantua.

pflege, zu der vor allem das Bad (→ *Bäder*) gehörte. Die großen *Thermen der Kaiserzeit* standen auch den Frauen offen, nur waren sie meist auf die Vormittagsstunden verwiesen, da es die Männer, die erst am Nachmittag erschienen, liebten, nackt zu baden, während die Frauen eine Badekleidung in der Art eines Bikini trugen. Die vornehmen Damen vervollständigten ihre Toilette mit wohlriechenden und teuren *Salben* und *Essenzen*, die, allen Ermahnungen der Sittenwächter zum Trotz, aus dem Orient nach Rom gelangten, teilweise auch dort hergestellt wurden, wie etwa das *Rosenöl*. Die Glas- und Alabasterbehälter, die man in Gräbern fand, beweisen, wie sehr die Lebenden an diesen Dingen hingen.

Das Urteil der Moralisten. Schon lange vor dem Ende der Republik waren immer wieder Stimmen laut geworden, die den Verlust der alten Zucht, besonders der Frauen, beklagten und zur Umkehr mahnten. In der Kaiserzeit verstärkte sich der Chor der Kritiker. Nicht nur griesgrämige Censoren waren es, die den Wandel der Zeiten beklagten, sondern auch Dichter, wie etwa → *Horaz*. Ein besonders eindringliches und wohl auch besonders düsteres Sittenbild vom Leben am Hof gibt der Moralist *Seneca*, der Lehrer des Kaisers Nero: »Nicht weniger (als die Männer) bringen sie ganze Nächte wachend zu, nicht weniger saufen sie [. . .] Wie diese geben sie die Speisen, die den Verdauungsorganen gegen ihren Willen eingeflößt sind, wieder durch den Mund von sich. An Liebesgier vollends stehen sie den Männern nicht nach.«

Vergessen wir aber nicht, daß es sich bei den Frauen, die der Tadel der Satiriker oder der Bannstrahl der Moralisten traf, um eine winzige

Minderheit handelte, die am Hof oder in den Häusern der Reichen ein schmarotzerhaftes Dasein führte, an dem die Männer nicht unschuldig waren und an dem die große Masse der Römerinnen aus dem einfachen Volk keinen Anteil hatte. (R. V.)

Freigelassene

Bereits in der Zeit der ausgehenden Republik wuchs die Zahl der Freilassungen von Sklaven so an, daß man ohne Übertreibung von einem »Stand« der Freigelassenen sprechen kann. Natürlich gab es die verschiedensten Gründe, die eine Freilassung bewirken konnten. Hatte ein Sklave mehrere Jahre zur Zufriedenheit seiner Herrschaft gearbeitet, so durfte er häufig mit seiner Freilassung rechnen. Nicht selten kauften sich Sklaven (→ *Sklaverei*) auch mit zurückgelegten Ersparnissen frei.

Der Stand der Freigelassenen, der *libertini*, hatte Anteil am *römischen Bürgerrecht* (→ *Recht*). Der Freigelassene besaß z. B. das uneingeschränkte Recht, Eigentum zu erwerben und zu übertragen. Doch bestanden auch wesentliche *Beschränkungen*. Freigelassene waren von der → *Ämterlaufbahn* ausgeschlossen, auch die Senatorenwürde blieb ihnen verwehrt. Im Rom der Republik konnten Freigelassene keine rechtlich gültige Ehe mit Freigeborenen eingehen. Erst in der zweiten, spätestens in der dritten Generation entfielen diese Beschränkungen, so daß die Nachkommen endlich das volle Bürgerrecht ausüben durften.

Freigelassene fanden sich in fast allen Berufen, Advokaten, Ärzte und Schriftsteller eingeschlossen. Bedeutenden Einfluß gewannen sie auch im persönlichen Dienst römischer Kaiser, insbesondere als Inhaber von Hofämtern. Auch die Verwaltung der kaiserlichen Provinzen lag häufig in den Händen Freigelassener.

Besonders stark waren die Freigelassenen innerhalb des römischen Handwerks vertreten; sie erst garantierten den Lebensstandard der vornehmen Römer der Kaiserzeit.

Der Freigelassene blieb seinem Herrn verpflichtet, was sich schon in der Übernahme des *Gentilnamens* (→ *Namen*) des Freilassers zeigt. Starb ein Freigelassener ohne eigene Erben, so fiel sein Vermögen an den früheren Herrn. Als Handwerker arbeiteten Freigelassene, wenn auch auf eigene Rechnung, häufig weiterhin im Auftrag ihres Patrons. (S. G.)

G

Gallien → *Frankreich/Gallien*

Gallischer Krieg

Die Bezeichnung »Gallischer Krieg« ist eigentlich etwas irreführend, korrekter müßte es »Eroberung Galliens durch Rom« heißen. Die Errichtung von Provinzen in den gallisch besiedelten Gebieten der Poebene und der heutigen Provence bildete die Vorstufe dieser Eroberungen. Als → *Caesar* im März/April 58 v. Chr. seine Statthalterschaft über diese Provinzen antrat, stellte sich die Lage im »Freien Gallien« so dar: Die *Helvetier*, ein gallischer Stamm, wollten aus der heutigen Schweiz nach Südwestgallien übersiedeln und begehrten deswegen Durchzug durch die römische Provinz. Hinter diesem Verlangen stand ein Komplott ehrgeiziger gallischer Adeliger aus den Stämmen der *Helvetier*, *Sequaner* und *Haeduer*, die bei dieser Gelegenheit die Herrschaft über das ganze »Freie Gallien« unter sich aufteilen wollten. Wie zu erwarten, gab es gegen diesen Plan Widerstand durch eine Gegenpartei, deren Führer der Haeduer *Divitiacus* war; hinter ihm stand Rom und dessen Statthalter Caesar – und das nicht erst seit Caesars Erscheinen in Gallien!

Schon vor dem Jahre 58 v. Chr. hatte sich die Adelsgruppierung um die Helvetier mit dem Swebenkönig *Ariovist* eingelassen, der 58 bereits mit zahlreichen Truppen in Ostgallien stand und drauf und dran war, seine gallischen Freunde zu überspielen und an die Wand zu drücken. Für den erfahrenen Politiker Caesar bot sich hier eine ganz große Gelegenheit, sich mit Gewinn in diese gallischen Händel einzumischen; und Caesar war nicht der Mann, so etwas auszulassen: Zunächst verweigerte er den Helvetiern die Durchzugsgenehmigung. Diese waren nun gezwungen, durch nicht-römisches Sequanergebiet zu ziehen. Hierbei kam es zu Übergriffen und Plünderungen am Eigentum von Römerfreunden bzw. römischen Bundesgenossen. Diese riefen den römischen Statthalter Caesar zur Hilfe. »Darauf glaubte Caesar nicht mehr warten zu dürfen, bis die Helvetier das Hab und Gut der Bundesgenossen völlig vernichtet hätten und an ihr Wanderungsziel gelangt wären« (Caesar »De Bello Gallico« 1,11,6). Caesar marschierte also ins »Freie

*Die Rheinbrücke Caesars war
etwa 4 Meter breit und 400 Meter lang.
Rekonstruktionsversuch
nach den Angaben Caesars. MdCR.*

Gallien« ein und besiegte die Helvetier entscheidend bei *Bibracte* (58 v. Chr.). Der geschlagene Stamm mußte wieder in sein altes Wohngebiet zurück, damit dort kein Vakuum für germanische Zuzüge entstünde.

Auf einem gesamtgallischen Landtag stand nun der römische Statthalter mit seinem frischen Feldherrnruhm im Mittelpunkt von Verhandlungen, die letztlich über das Schicksal Gesamtgalliens entscheiden sollten. Nach der Helvetieraffäre hatte Caesar bereits den Fuß in der Tür, jetzt wurde er durch ein Hilfegesuch der *Diviciacus-Partei* gegen die Germanen in Gallien wieder offiziell zur Intervention eingeladen. Caesar ließ sich gern und nicht lange bitten: Im Elsaß stellte er den Ariovist, auch ein »Freund« des römischen Volkes, besiegte ihn und warf ihn ebenfalls im Jahr 58 v. Chr. aus Gallien hinaus.

Als Caesar dann 58/57 v. Chr. sein Heer wie selbstverständlich im »Freien Gallien« Winterquartier nehmen ließ, begannen die *Belgier*, die kriegstüchtigsten der Gallier, aufzuwachen und gegen Rom zu rüsten. Ihre Nachbarn, die mit Rom verbündeten *Remer*, fühlten sich durch diese Rüstungen bedroht und gingen Caesar um Hilfe an; wiederum war ein »gerechter« Grund für eine weitere Intervention gegeben. In einem schweren Feldzug mit einer erbitterten Entscheidungsschlacht 57 v. Chr. gegen die belgischen *Nervier*, in der Caesar nur knapp die Oberhand behielt,

setzte sich Rom jetzt auch in Nordostgallien fest, nachdem durch die Versklavung von 50 000 wortbrüchigen *Atuatukern* noch ein warnendes Exempel statuiert worden war.

Die Jahre 56 v. Chr. und 55 v. Chr. sehen Gallien in relativer Ruhe, wobei die römische Unterwerfungspolitik weitere Fortschritte im Westen (*Atlantikküste*, *Bretagne*) und im Südwesten (*Aquitanien*) machte. Die herausragenden Ereignisse waren jedoch der erste *Brückenschlag über den Rhein* nördlich von Koblenz und eine militärische Expedition nach *Britannien* im Sommer 55. v. Chr. Am Rhein sollten die Germanen wahrscheinlich durch diese militärische Demonstration der Stärke von einer Invasion Galliens abgeschreckt werden, während in Britannien wohl die Chancen für eine Okkupation erkundet wurden. Sicher spekulierte Caesar auch darauf, daß ein Einfall in jene nahezu unbekannte und geheimnisumwitterte Insel auch sein Renomee beim römischen Publikum mehren würde.

Im Jahre 54 v. Chr. und 53 v. Chr. flackern allenthalben Aufstände auf. Eine römische Legion wird dabei von den *Eburonen* im Norden Galliens völlig vernichtet. Außer den Haeduern und Remern hatte Rom unter den gallischen Stämmen keine Freunde mehr. Der gallischen Führungsschicht war endgültig klar geworden, daß sie jetzt kämpfen mußte, wollte sie nicht in der Abhängigkeit von Rom enden. Eine zweite Fahrt nach Britannien (54 v. Chr.) und ein weiterer Brückenschlag über den Rhein (53 v. Chr.) dienten ähnlichen Zielen wie die Expeditionen des Jahres 55 v. Chr.

Der große Aufstand. Das Jahr 52 v. Chr. brachte

dann die Krise; Signal zum gesamtgallischen Aufstand gegen Rom war ein Massaker an römischen Troßeinheiten und Kaufleuten in der Stadt *Cenabum*. Im *Avernerkönig Vercingetorix* fand Gallien endlich einen Führer von Format, der allseits angesehen war und sich auch durchzusetzen vermochte. Nachdem Caesar bei *Gergovia* gegen ihn eine Niederlage erlitten hatte, brachte die Belagerung *Alesias* (→ *Belagerung*) die Entscheidung: Die römischen Zernierungslinien hielten den Ausfällen des in Alesia eingeschlossenen Vercingetorix stand, der gleichzeitige Entsatzversuch eines gesamtgallischen Aufgebots scheiterte ebenfalls an den römischen Feldbefestigungen. Vercingetorix kapitulierte, wurde gefangen, acht Jahre später in Caesars Triumphzug mitgeführt und hingerichtet.

Was dann folgte, waren nur noch blutige Aufräumungsarbeiten durch Caesars Legionen. Alesias Fall hatte ein für alle Mal den gesamtgallischen Widerstand gebrochen und Caesar zum vergötterten Meister und Herrn über die besten Truppenteile des römischen Heeres gemacht. Aus Gallien, dem goldreichsten Land des Mittelmeerraumes, flossen gewaltige Summen in die Kassen Caesars und die Taschen seiner Offiziere und Legionäre; der Verkauf Hunderttausender von Kriegsgefangenen auf dem Sklavenmarkt brachte ebenfalls riesige Summen. In acht Jahren büßte Gallien einen großen Teil seiner Bevölkerung ein, erholte sich jedoch überraschend schnell. Caesar ließ das gallische Gold politisch für sich arbeiten, d. h. im innerpolitischen Wahl- und Bestechungskarussell Roms konnte er jede Gangart mitgehen: Für die guten Dienste eines Volkstribunen oder Consuls bezahlte er ohne Zaudern zwischen 12 und 60 Millionen Sesterzen (→ *Geld – Münzen – Maße*) Bestechungsgeld. Die wohl schon länger geplante Eroberung Galliens wurde so für ihn zur entscheidenden Etappe auf dem Weg zur Alleinherrschaft. (D. R.)

Gartenkunst

Als Rom zur steinernen Stadt mit fünf- bis siebenstöckigen Häusern geworden war, konnten nur noch Multimillionäre sich den → *Luxus* leisten, den teuer gewordenen Baugrund in einen Garten zu verwandeln oder Straßenzüge abreißen zu lassen, um dort grüne Inseln im Häusermeer anzulegen. Der Besitz eines marmornen Stadthauses mit Garten war ein Zeichen großen Reichtums. Der *Esquilin* war von den Gärten des

→ *Maecenas, Pallas, Epaphroditus, Torquatus* und anderen wie von einem riesigen Park besetzt. Die Gärten der *Acilier*, des → *Lucullus*, des *Sallust* bedeckten die Fläche des *Monte Pincio* und der angrenzenden Täler, so daß sich von der heutigen Porta del Popolo bis Santa Croce in Gerusalemme ein einziger, nur von den Thermen Diocletians unterbrochener Park hinzog. Die Paläste schlossen zudem Gärten ein, deren alter Baumbestand geschätzt wurde.

Wegen ihres breiten Schattendaches wurden gerne *Zürgelbäume* (Celtis australis), von den Römern *Lotosbäume* genannt, gepflanzt; die berühmten sechs Lotosbäume des Rhetors *Crassus* auf dem Palatin gingen nach 150 Jahren im Neronischen Brand zugrunde.

Den reichen Blumenschmuck des Hauses und Gastmahls bezog man nicht aus dem eigenen Garten, sondern aus Handelsgärtnereien oder Gewächshäusern auf dem Landgut.

Mehrere der *kaiserlichen Gärten* auf dem rechten Tiberufer und den umgebenden Hügeln waren öffentlich zugänglich, ihre *Lorbeer- und Platanengänge* boten den Spaziergängern Schatten, in der *Colonnade der Livia* gab ein einziger riesiger *Rebstock* den begehrten Schatten.

Selbst in den Mietsquartieren zogen die gartenlosen Römer wenigstens Blumen und Sträucher auf Dächern und Balkonen.

Die ungesunde Luft Roms und die steigenden Bodenpreise trieben vermögende Römer zum Bau von Villen (Landhäusern) aufs Land. Da für geringeres Geld als in der Stadt, vor allem nach der Schlacht von Actium, große Areale gekauft werden konnten, deren Bestellung nicht lohnte (→ *Landwirtschaft*), wurden riesige *Landschaftsgärten* angelegt. Dabei wurden Berge versetzt und Buchten aufgeschüttet, um die Pläne eines ebenen Gartens zu verwirklichen. Ein Vermögen verschwendete dabei der aus Puteoli stammende *Pollius Felix*, dessen Bauten und Parks die ganze Küste vom heutigen Marina di Puolo bis zur Ostseite des Kaps von Sorrent bedeckten. *Manlius Vopiscus* hatte bei Tibur am Ufer des Anio zwei Paläste einander gegenübergestellt, so daß von jedem Zimmer die Aussicht wechselte: bald in einen uralten Hain, bald auf den Fluß oder in den Obstgarten, der laut *Statius* den der Circe übertraf.

Bei der Anpflanzung von Obst- und Zierbäumen sowie von Blumen kam es nicht auf die Menge an, sondern auf ihre Kombination in kleinen Gruppen. → *Plinius* hält für seine zwei Gärten als vorbildlich fest: Violen, Buchs, Rosmarin, Rosen,

Lorbeer, Weinstöcke, Maulbeer- und Feigen-bäume, Akanthus, Platanen (am liebsten efeu-berankt) und Zypressen, soweit Boden und Klima es zulassen. Den Endpunkt der römischen Gartenkunst bildete der in geometrischen Figuren angelegte Garten mit gestutzten Bäumen und Blumenbeeten wie rund 1500 Jahre später der französische Gartenstil. (W. D.)

Gaukler

Gaukler aller Art, Seiltänzer, Gewichtheber, Feuerschlucker, Jongleure erfreuten sich bei den Römern großer Beliebtheit, und es konnte durchaus vorkommen, daß die Zuschauer eine langweilige Theatervorstellung verließen, um sich lieber bei ihnen zu belustigen. In der Kaiserzeit wurden sie häufig in den Zwischenakten bei den *Gladiatorenkämpfen* (→ *Gladiatoren*) und → *Tierhetzen* eingesetzt, um das blutige Geschäft etwas aufzulockern. Auch bei Gastmählern traten sie häufig auf, wie wir bei *Petronius* im »Satyricon« hören. Und selbst an Feldzügen nahmen Gauklertruppen teil und betrieben eine Art ›Truppenbetreuung‹, wie wir heute sagen würden.

Viele von ihnen stammten aus den ehemaligen Städten Großgriechenlands, wo sie schon seit der hellenistischen Zeit eigene Ausbildungsstätten errichtet hatten, oder sie wanderten aus Griechenland ein.

Ihre vielfältigen Kunststücke halfen ihnen häufig zu großer Beliebtheit und Popularität. So erzählt *Claudian* in einem Gedicht von Gauklern, »die sich wie Vögel in die Lüfte schwingen und mit ihren in schneller Verschlingung emporwachsenden Leibern eine Burg erbauen, auf deren Spitze zuletzt ein Knabe sich hebt und auf einem Fuß frei in der Luft schwebt oder geschnellten Sprungs wieder auf dem Kopf oder den Füßen zu stehen kommt.« Und *Chrysostomos* schreibt: »Wie soll man von jenen sprechen, die auf der Stirn eine Stange so unbeweglich wie einen festgewurzelten Baum halten? Und dies ist noch nicht das Wunderbarste. Sie lassen noch zwei Kinder auf der Spitze der Stange miteinander ringen.«

Besonders beliebt waren die sogenannten *Petauristae*, die paarweise auf einem Gerüst mit einem hohen Schwungrad arbeiteten und sich dabei gegenseitig herunterzuwerfen trachteten. Der Unterlegene wurde durch die Luft geschleudert und vollführte dabei kunstreiche Sprünge. Die *Funambuli* waren Seiltänzer, die oft ihr Seil von den höchsten Bögen des Theaters steil in die Orchestra hinunterführten. Die *Neurobatae* oder Saitentänzer bedienten sich dabei eines besonders dünnen Seils und suchten so den Anschein zu erwecken als schwebten sie in der Luft. Die *Tichobatae* oder Mauerläufer führten ihre Kunststücke auf schmalen Mauern vor oder kletterten steile Wände hinauf. Die *Ventilatores* lassen sich mit unseren Jongleuren vergleichen, »die alles, was sie von sich warfen, wieder in ihre Hände zurückkehren oder dort niederfallen ließen, wo sie es wollten«, wie *Quintilian* sagt. Das konnte gefährlich werden, wenn sie mit Schwertern arbeiteten, die sie in die Luft warfen und bei den Griffen wieder auffingen. Natürlich gab es auch Feuerschlucker bzw. Feuerspeier. Der syrische Sklave *Eunus*, der um die Mitte des 2. vorchristlichen Jahrhunderts in Sizilien einen Sklavenaufstand initiierte, bediente sich eines solchen Kunststücks, um seine angeblich göttliche Sendung zu beweisen.

Viele Gaukler begnügten sich mit Taschenspielertricks, mit deren Hilfe sie oft die leichtgläubige Menge betrogen. Man nannte sie schon ganz eindeutig *Praestigiatores* (Praestigia = Blendwerk) und zählte sie, wie überhaupt alle Gaukler, zur großen Gruppe der *Circulatores*, der Fahrenden, die zu den unehrlichen Leuten gerechnet wurden und es noch das ganze Mittelalter hindurch blieben. Zu ihrer großen Schar gehörten auch die primitiven *Possenreißer*, heruntergekommene Schauspieler manchmal, die sich mühsam auf den Märkten durchschlugen, Zwerge und Mißgeburten, die aus ihren körperlichen Gebrechen dürftigen Verdienst schlagen mußten, aber unter verschiedenen Kaisern oft zu Ansehen und Reichtum gelangten. (H. P.)

Geld – Münzen – Maße

Rom als Agrarstaat kam verhältnismäßig spät zu Geldwirtschaft und Münzprägung, wie sie in Griechenland und vor allem im Orient längst üblich war. Zur Zeit des *Pyrrhuskrieges* um 275 v. Chr. prägte die Republik wohl ihre ersten Münzen – große Stücke in Gold, Silber und Kupfer. Vor diesem Zeitpunkt verwendete Rom wie andere italische Stämme Barren aus Kupfer oder Bronze als Zahlungsmittel; diese Art von Geld war freilich viel zu schwer, als daß es den Naturaltauschhandel in Mittel- und Oberitalien hätte verdrängen können, ganz zu schweigen von einer Konvertierbarkeit im Ausland.

Vorbild für die erste römische Münzprägung waren die *Griechenstädte Unteritaliens:* dies gilt sowohl für den technischen Vorgang des Prägens selbst und die Herstellung der Prägestempel als auch für die Münzbilder. Seit dem Zweiten Punischen Krieg besitzt Rom eine geordnete Einheitswährung, die auf dem *Silberdenar* als Gegenstück zur griechischen *Drachme* basiert. Die anderen römischen Scheidemünzen, von denen die wichtigsten der silberne *Sesterz* und das kupferne *As* waren, sind in ihrem Wert auf den Denar bezogen. Richtige Goldmünzen gibt es erst unter → *Caesar* und → *Augustus*.

Banken und Handelsgesellschaften. Nachdem Rom als stärkste Militärmacht der Zeit ein führendes Mitglied des Geld- und Wirtschaftskreislaufes im Mittelmeerraum geworden war, erfolgte eine explosionsartige Ausdehnung des römischen Handels-, Banken- und Kreditverkehrs, da ein zweiter Konkurrent vom Schlage Karthagos nicht existierte. Geldverleih und auch Wucher hatte es auch schon in der frühen Republik gegeben, und von Anfang an bewiesen die Römer ein bemerkenswertes Geschick in Geld- und Handelsgeschäften, obwohl bei ihnen längere Zeit eine solche Betätigung ein wenig als anrüchig galt. Seit ca. 200 v. Chr. aber finden wir römische Großhändler, Bankiers und Spekulanten überall.

Bereits während des Zweiten Punischen Krieges gab es *Aktiengesellschaften*, hinter denen meist römische Ritter als Bankiers standen; gegen eine hinterlegte Pachtsumme übernahmen sie den Einzug der Provinztribute, der Einnahmen aus Staatsdomänen, staatlichen Bergwerken und Salinen, von sonstigen Zöllen und Abgaben aller Art sowie die Lieferung von Ausrüstung und Verpflegung für das römische Heer. Hierzu waren Barsummen durchaus ›modernen‹ Zuschnitts vonnöten. Die Einnahmen wurden oft wieder an Provinzialen ausgeliehen, damit diese Steuern und Kontributionen aufbringen und Kriegsschäden beseitigen konnten. Bei Zahlungsunfähigkeit geschah es nicht selten, daß ganze Länder und Städte Pfandobjekt römischer *Kapitalgesellschaften* wurden, die als dritter Arm des Staates nicht selten eine ähnliche Rolle spielten wie Ölgesellschaften in der 2. Hälfte des 20. Jahrhunderts. Der *Zinsfuß* betrug lange 8 Prozent, stieg am Ende der Republik auf 12 Prozent und hielt sich während der Kaiserzeit zwischen 4 und 8 Prozent; Zinseszins wurde berechnet, bis Kaiser Iustinian um 535 ein diesbezügliches Verbot aussprach.

Münzbilder und Edelmetallgehalt. Die Münzen der republikanischen Zeit trugen zunächst meist den Kopf der *Göttin Roma* und das Bild der mythologischen *Dioskuren Castor und Pollux* bzw. einen *Schiffsschnabel*. Da jedoch die für die Münzprägung Verantwortlichen große Freiheiten für die Bildgestaltung besaßen, begannen sie nach dem Vorbild der hellenistischen Herrscher bald damit, die Münzen als Mittel der ›public relations‹, wie wir heute sagen würden, zu nutzen: Münzembleme bekommen nun persönlichen Anstrich!

Mit → *Caesar* beginnt dann die große Reihe der Herrscher- und Kaiserbildnisse, in denen das römische Münzbild den Gipfel seiner künstlerischen Vollendung erreicht. Am Ende der Republik jedenfalls dominiert die römische Währung eindeutig über alle anderen noch vorhandenen Lokalwährungen – zumindest, was die in Edelmetall-Ausgaben betrifft.

Unter Caesar erscheint eine echte *goldene Kurantmünze*, der *Aureus*, mit einem Gewicht von anfänglich ca. 8 g, später eher 7 g. Er hat den Wert von 25 *Silberdenaren*, deren Normgewicht zwischen 3,9 g und 3,4 g betrug. Auf 1 Denar gehen jetzt 4 *Sesterzen*, die nun aber nicht mehr aus Silber, sondern aus Messing bestehen.

Modernste Untersuchungen haben gezeigt, daß im 1. Jahrhundert metallurgisch gesehen Messing als Legierung von Kupfer und Zink in großer Reinheit verwendet wurde. Ab der Mitte des 2. Jahrhunderts nimmt dann der Zinkgehalt rapide ab, während Blei und Zinn als Legierungsbestandteile stark zunehmen. Etwa nach 180 bestehen die Sesterzen, die nach wie vor die geläufigste Rechnungseinheit darstellen, nicht mehr aus Messing, sondern aus verschiedenartigen Bronzen.

Für den Gehalt der Silbermünzen ist Ähnliches zu berichten: Betrug hier doch der Silbergehalt unter Augustus noch zwischen 90 und 95 Prozent, nach dem Jahr 180 sinkt er auf weit unter 50 Prozent, und nach 250 wird diese Silbermünze praktisch durch eine ›Silberimitation‹ ersetzt.

Das *kupferne As* bleibt auch in der Kaiserzeit die kleinste Münze; ein neuer *Sesterz* ist 4 Kupferas wert.

Prägezentren. Seit Augustus besitzt der Kaiser allein das Recht zur Gold- und Silberprägung, der Senat münzt nur noch unedles Metall. Die Münzprägung hat zunächst ihren Schwerpunkt in lokalen Prägezentren der Provinzen. *Lugdunum* (Lyon) im Westen und *Antiochia* im Osten waren die wichtigsten. Spätere Jahrhunderte sehen eine Konzentration auf die gewaltige staat-

liche Münzanstalt in *Rom*. Lokale Ausgaben bestehen jedoch auch in der Kaiserzeit weiter – meist in Kupfer, hie und da auch in Silber; ihr Wert orientiert sich am Denar.

Kaufkraft. In der frühen Kaiserzeit war die Kaufkraft der Währung verhältnismäßig hoch und stabil, wenn man davon ausgeht, daß der Taglohn eines Arbeiters in Italien ca. 1 Denar und in weniger zivilisierten ›Hinterwäldlerprovinzen‹ erheblich weniger betrug; für die Deckung der unmittelbaren Lebensbedürfnisse reichte ein halber Denar = 2 Sesterzen pro Person und Tag. Zu Beginn der Kaiserzeit erhalten Offiziere je nach Rang zwischen 2500 und 10000 Denaren Jahresgehalt. 100 Jahre später liegen die entsprechenden Sätze zwischen 3800 Denaren für Truppen- und 30000 für hohe Stabsoffiziere. Die Spitzengehälter in der kaiserlichen Verwaltung betragen in dieser Zeit gut 75000 Denare pro Jahr. Etwa zur Zeit des Kaisers Augustus ist der Preis für ein Rind ca. 200 Denare, während man für Sklaven je nach Vorzügen und Fähigkeiten zwischen 200 und 1000 Denaren aufwenden muß. Die Durchschnittsvermögen der senatorischen Oberschicht, die materiell auch in der Kaiserzeit den ersten Rang einnahm, lagen zwischen 1 bis 4 Millionen Denaren.

Bankiers, Verfall der Währung, Inflation. Das Bankwesen ist voll ausgebildet; große Bankhäuser wie z. B. das des *Herodes Atticus* haben Filialen in allen wichtigen Städten des Reiches. Diese Institute finanzieren private und öffentliche Projekte im großen Stil. Das Publikum benützt die Banken als Sparinstitute und bedient sich des bargeldlosen Zahlungsverkehrs durch Scheck und Überweisung. Seriöse Großbankiers waren gesellschaftlich hoch angesehen; freilich wissen die Quellen auch von Kredithaien und Schwindlern zu berichten, die ihr Gewerbe im Halbdunkel ausübten. Schon in republikanischer Zeit schreibt der Komödiendichter *Plautus:* »Dahinten beim Castortempel betreiben Leute ihr Geschäft, bei denen man schwer hereinfallen kann, legt man sein Geld bei ihnen an. Sobald sie es nämlich eingesteckt haben, melden sie auch schon Konkurs an, und die Einlage ist dahin«! Bereits unter → *Nero* setzt schleichende Münzverschlechterung und damit der Trend zur Inflation ein; sie beginnt mit einer Gewichtserleichterung der Gold- und Silbermünzen, wobei der Feingehalt aber noch nicht betroffen wird. Doch im 2. Jahrhundert geht es auch mit dem Feingehalt schnell bergab: bereits um 160/170 beginnen die wertvollen alten Goldmünzen aus dem Verkehr zu verschwinden und in die Sparstrümpfe zu wandern. Auch der Feingehalt der Silbermünzen verringert sich empfindlich. Gleichzeitig mehren sich die Zeugnisse, daß Verkäufer sich weigern, die neuen und immer schlechteren Münzen in Zahlung zu nehmen. Etwa seit dem Jahr 220 nimmt die Währungskrise dramatische Ausmaße an und der Staat betätigt sich als Münzfälscher großen Stils; er reduziert den Feinsilbergehalt gegen Null und dreht seinen Untertanen Münzen aus Weißkupfer als Silber an. Als die Menschen dieser Zeit, die ja in der Mehrzahl Goldmünzen nur mehr vom Hörensagen kennen, den Schwindel nicht mehr mitmachen, verbietet die Regierung einfach die Prüfung der staatlichen Münzen auf ihren Feingehalt, verlangt aber die Entrichtung der staatlichen Abgaben in Gold! Kein Wunder, daß um 260 auch die Silbermünzen aus dem Verkehr verschwunden sind und der Staat zahlungsunfähig ist.

Aus diesem Währungszusammenbruch führten die Kaiser *Aurelian* und → *Diocletian* das Reich wieder heraus, indem sie eine neue Edelmetallwährung schufen. Freilich schlug diese Währungsreform nicht mehr bis zur großen Masse der Bevölkerung durch. Diese bekam nur noch Kupfergeld zu sehen und in manchen ländlichen Gebieten, wo die Naturwirtschaft wieder Einzug hielt, nicht einmal mehr das. Gemünztes Edelmetall war die Währung der Oberschicht, des Staatsapparates und des Militärs. Auch die Barbarenstämme an den Grenzen wußten diese Währung als Sold- oder Tributzahlung durchaus zu schätzen. (Die Gold- und Silbermünzen der spätrömischen Zeit wurden schließlich zu Vorbildern der ersten germanischen Münzprägungen.) Unter → *Constantin* erschien der *Goldsolidus*, der den Untergang Westroms überdauerte und bis ins Hochmittelalter hinein das Rückgrad der teilweise auf Überreste reduzierten europäischen Geldwirtschaft bildete.

Maße und Gewichte: Eine Reihe von Indizien wie z. B. das *Duodezimalsystem* (Zwölfersystem) spricht dafür, daß in Rom manch babylonische und ägyptische Einflüsse wirksam wurden; Vermittler waren *phönikische Kaufleute* und *griechische Kolonisten* in Unteritalien. Damit gehören die römischen Maße und Gewichte zu einem System, das mit vielen lokalen und regionalen Abweichungen und Besonderheiten das ganze Mittelmeergebiet umfaßte. Noch heute zeigt das konservative angelsächsische Maß- und Münzsystem, dessen Umstellung auf Dezimalen erst jüngst begonnen hat, Anklänge an Rom.

Freilich muß man sich sich hüten, für die orientalische und griechisch-römische Antike die Exaktheit und Gleichförmigkeit in den Maßnormen anzunehmen, wie sie uns heute selbstverständlich ist. (Übrigens ist ja die Exaktheit moderner Meßnormen historisch auch erst recht jungen Datums.)

Man muß sich also notgedrungen damit abfinden, daß z. B. ein *antikes Pfund* oder ein *Fuß* von Fall zu Fall deutlich in Gewicht und Länge differieren konnten. Aus diesem Grunde ist die Umrechnung antiker Maße in moderne Maßeinheiten immer etwas problematisch und kann zu keinen völlig eindeutigen Ergebnissen führen. Die genauesten Werte liefern Gewichtsbestimmungen nach römischen Goldmünzen, da hier wohl die antiken Handwerker mit verhältnismäßig hoher Genauigkeit gearbeitet haben. Dabei zeigt sich sofort, daß ein enger Zusammenhang zwischen Gewichts-, Münz-, Längen-, Flächen- und Hohlmaßen besteht.

Man kann im römischen *Meßsystem* von einer Einheit als Grundlage ausgehen, der *Unze* (uncia = Zwölftel) und ihrem Zwölffachen, dem *Pfund* (libra = die Waage, das Gewogene; vgl. das englische Zeichen für Pfund Sterling =£!). Das römische Pfund, oft auch als *As* (vgl. Geld, Münzen) bezeichnet, wog ca. 327 g, eine *Unze* also ca. 27 g. Die kleinste gebräuchliche Gewichtseinheit war 1/144 Unze = 0,19 g.

Das römische *Grundlängenmaß* war der *Fuß* (pes) mit 0,296 m Länge im Durchschnitt. Seine Stellung unter den Längenmaßen entsprach dem Pfund oder As bei den Gewichten; er war eingeteilt in 12 *Unzen* (uncia) oder 16 *Fingerbreiten* (digiti bzw. digitus). Auf vielen uns überkommenen römischen Fußmaßen finden sich beide Einteilungen.

Auf dem Fuß-Maß bauen all die übrigen Längenmaße auf. Das kleinste war das *Scripulum* (wörtlich »kleinster Teil«; vgl. hierzu unsere »Skrupel«!) als 24. Teil der Unze; es entsprach ca. 1,5 mm, während die Unze als Längenmaß etwa 2,5 cm lang war. 5 Fuß ergeben dann einen *Doppelschritt* (passus) von ca. 1,5 m. 125 Doppelschritte waren ein *Stadium* oder ca. 185 m; der griechische Einfluß wird hier in der Bezeichnung deutlich sichtbar. 1000 Doppelschritte ergaben schließlich eine römische *Meile* und entsprachen ca. 1,48 km.

Das häufigste römische *Flächenmaß* war das *Iugerum* oder *As* (= Morgen) mit ca. 1/4 Hektar = 2500 m². Das Iugerum umfaßte 12 *Unzen* zu je 2400 *Quadratfuß*. Eine Unze als Flächenein-

Der Constantinsbogen nahe dem Colosseum in Rom wurde 313 – 315 n. Chr. nach der Schlacht an der Milvischen Brücke errichtet. Großenteils auf Schmuckelemente älterer Bauwerke zurückgreifend, gehört er bereits der Endphase der großen Tradition römischer Triumphbögen an. Bautempo, Niedergang der Kreativität und Rückbezug auf den Reliefschmuck bedeutender Kaiser (Traian, Hadrian und Marc Aurel) bestimmen sein im ganzen dennoch eindrucksvolles Bild. Friese aus der Zeit Constantins schildern die Schlacht an der Milvischen Brücke.

Die Bauwerke vor allem der westlichen Provinzen wurden von der von Rom ausgehenden Bauidee maßgeblich
beeinflußt, besonders deutlich sichtbar z.B. in der Form des rückhallenlosen Podiumtempels der
augusteiischen Zeit, wie sie die Tempel von Vienne und Nîmes (»Maison carée«, oben) zeigen.

Münzwerte der römischen Kaiserzeit

Gold	Silber	Messing	Kupfer/Bronze
1 Aureus mit ca. 8 bzw. 7,4 g →	25 Denare zu je 4 bzw. 3,3 g 1 Denar →	4 Sesterzen 1 Sesterz	→ 4 As

Wertverhältnisse der Münzmetalle

Um 10 n. Chr.:

Gold : Silber = 12,5 : 1
Silber : Kupfer = 60 : 1 oder
Gold : Silber : Kupfer = 1 : 12,5 : 750

Um 310 n. Chr.:

Gold : Silber = 18 : 1
Silber : Kupfer = 125 : 1 oder
Gold : Silber : Kupfer = 1 : 18 : 2250

In der großen Inflation des 3./4. Jahrhunderts verschwand die alte, durch den Denar repräsentierte römische Silberwährung in riesigen Inflationsraten:

300 n. Chr.: 1 Denar alt = 4400 Denare neu
306 n. Chr.: 1 Denar alt = 8800 Denare neu
313 n. Chr.: 1 Denar alt = 44000 Denare neu
324 n. Chr.: 1 Denar alt = 88000 Denare neu
(Nach: Heichelheim)

heit entsprach also etwa 210 m² oder etwas über 2 Ar.

Bei den *Hohl- und Raummaßen* haben wir davon auszugehen, daß Flüssigkeiten ursprünglich nach Gewicht gemessen wurden. Auch bei diesen Maßen finden wir wieder die duodezimale Einteilung. 12 Unzen als Raummaß sind eine *Hemina* (Becher) und entsprechen etwa 273 cm³. 12 Heminae ergeben dann einen *Congius* (Muschel, Schüssel) mit ca. 3,27 l. Das größte lateinische Hohlmaß war der *Culleus* (Ledersack, Schlauch), der 160 Congii oder etwa 524 l faßte. Das kleinste, besonders in der Medizin verwendete Hohlmaß war das *Cochlear* (Eßlöffel) mit ca. 11,4 cm³. (D. R.)

Germanen

Kimbern (Cimbern) und Teutonen. Schreckliche Nachrichten kamen im Jahre 113 v. Chr. nach Rom: Die germanischen Kimbern und die Teutonen, letztere vielleicht ein keltischer Stamm, hatten bei *Noreia* im heutigen Kärnten ein römisches Heer zusammengehauen. »300 000 streitbare Männer waren auf der Wanderung – die Massen von Weibern und Kindern, die mit ihnen zogen, sollen noch viel größer gewesen sein.«

Die Zahlen, die *Plutarch* überliefert, mögen wohl übertrieben sein; der Beweggrund, den er nennt, trifft sicher zu: die Suche nach Land. Verheerende Springfluten in Jütland, der mutmaßlichen Heimat der Kimbern, sollen die alten Siedlungsgebiete verwüstet und die Bewohner vertrieben haben. Ihrem Zug schlossen sich unterwegs weitere Völker an, so die *Ambronen*, streckenweise *Helvetier* und *Tiguriner*.

Landnot war wohl auch nach dem Sieg von Noreia der Grund für die planlos anmutenden Züge der wandernden Stämme. Mehrere römische Heere, die sich ihnen entgegenstellten, wurden geschlagen, und als schließlich das letzte römische Aufgebot, das Südgallien schützen sollte, im Jahre 105 v. Chr. bei *Arausio* (Orange in der heutigen Provence) vernichtet wurde, verbreitete sich in Rom lähmendes Entsetzen wie einst nach dem ersten Keltensturm 387 v. Chr. (Brennus erobert Rom) und 111 Jahre vorher nach der Niederlage bei → *Cannae* gegen → *Hannibal*.

Unheimlich genug waren die fremden Barbaren aus einem unbekannten Land im Norden. Großgewachsen, blauäugig und wild, »unwiderstehlich an Mut und Kühnheit und gleich der ungestümen Gewalt des Feuers zogen sie heran.« Nicht weniger fremd und unheimlich waren den Römern gewisse kultische Bräuche, von denen *Strabo* zu berichten weiß: Priesterinnen mit grauen Haaren und weißen Gewändern, die ein eherner Gürtel zusammenhielt, folgten ihnen ins Feld und opferten Gefangene, aus deren Blut sie die Zukunft und aus deren Eingeweiden sie den Sieg voraussagten.

Merkwürdigerweise zogen die Sieger von Arausio nicht sogleich gegen Rom, sondern suchten zunächst auf getrennten Wegen zwischen Nordgallien und der iberischen Halbinsel Siedlungs-

Seite 174: Zirkel, Meßgeräte, Lote,
Gewichte und verschiedene Arten von Waagen
aus Pompeii.
Nationalmuseum Neapel.

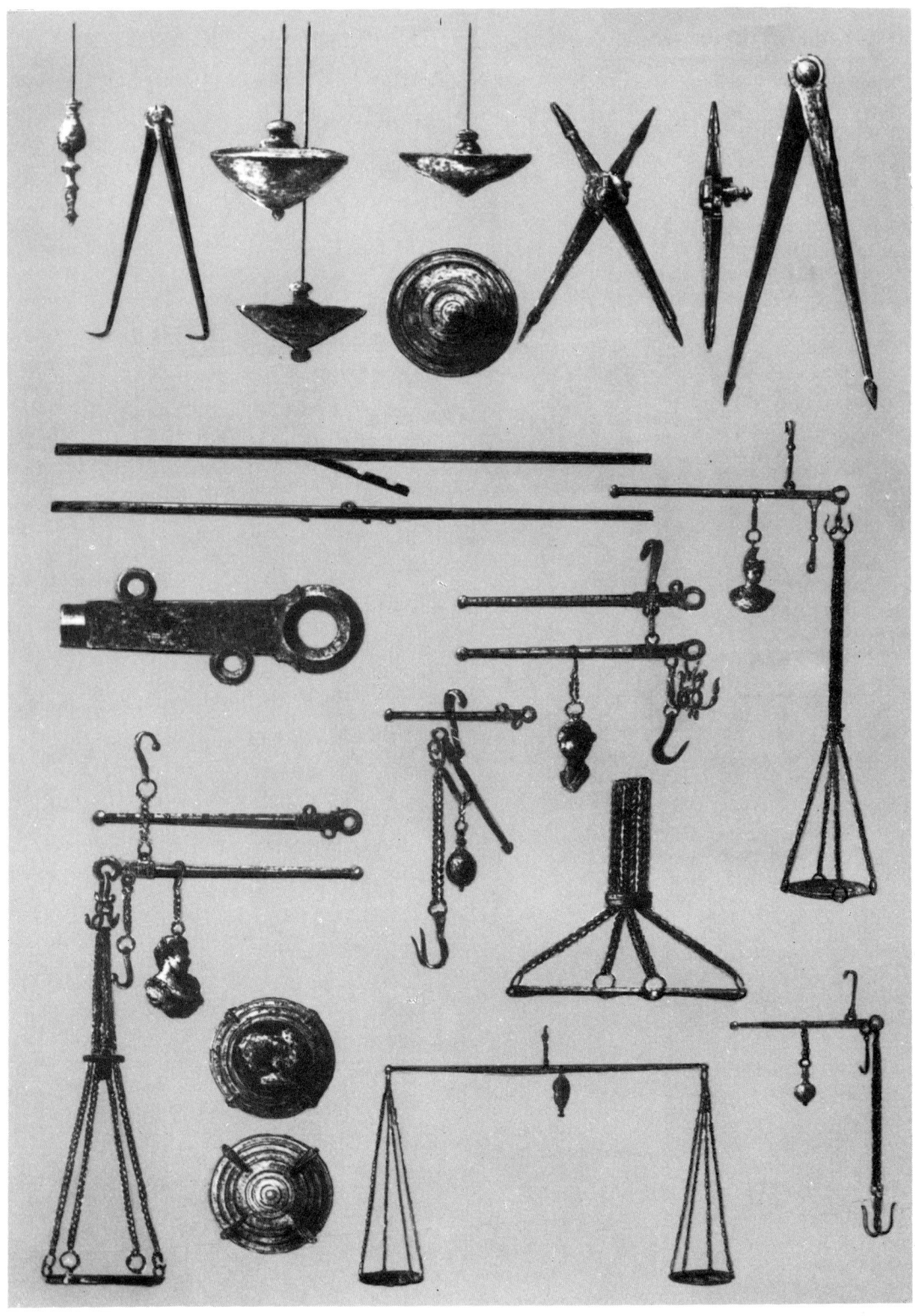

Deutschland in römischer Zeit

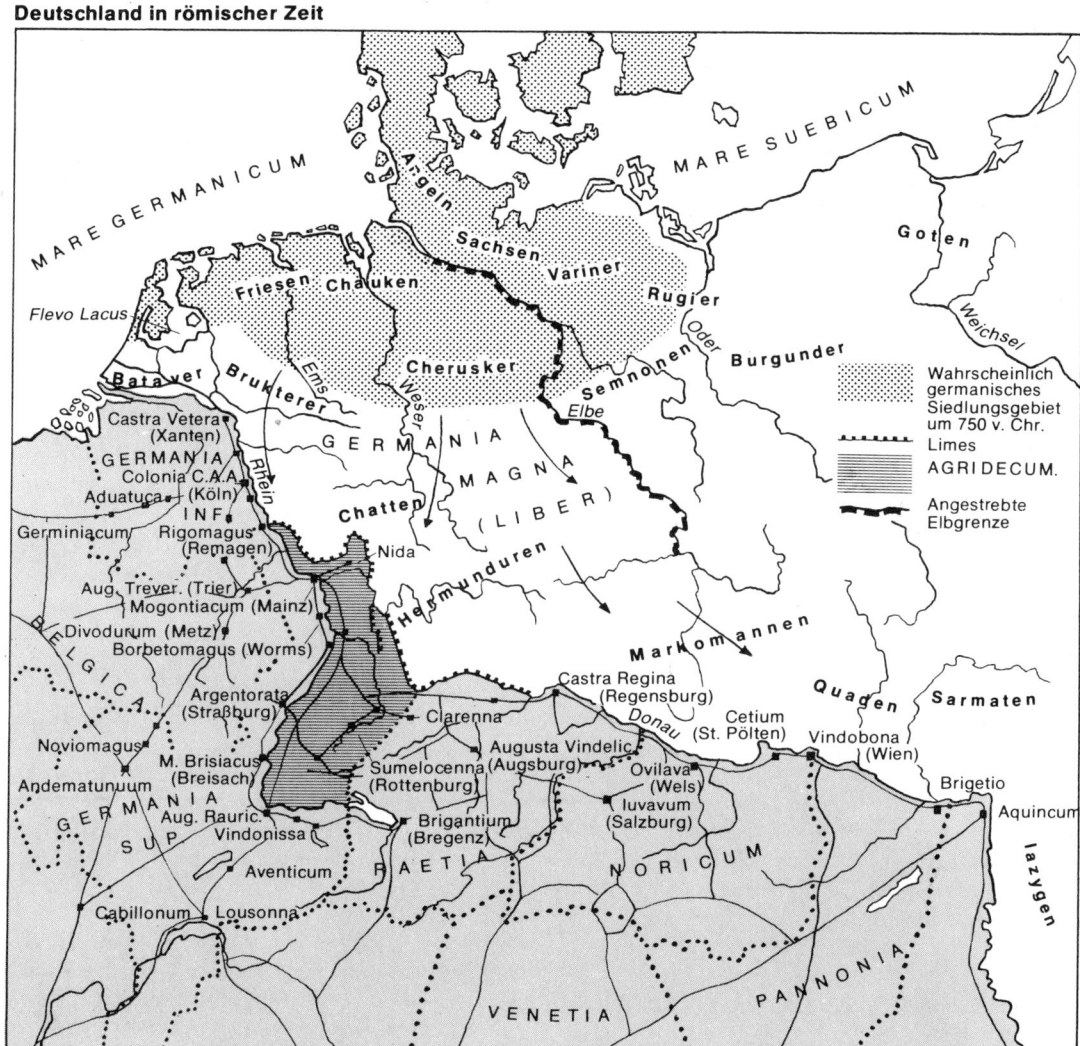

MARE GERMANICUM

MARE SUEBICUM

Angeln

Sachsen

Variner

Goten

Friesen Chauken

Rugier

Flevo Lacus

Cherusker

Semnonen

Burgunder

Bataver Brukterer

Oder

Weichsel

Castra Vetera (Xanten)

G E R M A N I A

Elbe

GERMANIA
Colonia C.A.A. (Köln)
Aduatuca
I N F
Germiniacum Rigomagus (Remagen)

M A G N A

Chatten

Nida

(L I B E R)

Aug. Trever. (Trier)
Mogontiacum (Mainz)

Hermunduren

Divodurum (Metz)
Borbetomagus (Worms)

B E L G I C A

Argentorata (Straßburg)

Clarenna

Castra Regina (Regensburg)

Markomannen

Quaden

Sarmaten

Noviomagus

M. Brisiacus (Breisach)

Sumelocenna (Rottenburg)

Augusta Vindelic. (Augsburg)

Donau

Cetium (St. Pölten)

Vindobona (Wien)

Andematunum

G E R M A N I A

Aug. Rauric.

Vindonissa

Brigantium (Bregenz)

Ovilava (Wels)

Iuvavum (Salzburg)

Brigetio

Aquincum

S U P

Aventicum

R A E T I A

N O R I C U M

Iazygen

Cabillonum Lousonna

V E N E T I A

P A N N O N I A

> Wahrscheinlich germanisches Siedlungsgebiet um 750 v. Chr.
>
> ——— Limes
> A G R I D E C U M.
>
> Angestrebte Elbgrenze

land zu gewinnen. Doch als sie 103 v. Chr. endlich den Zug nach Italien beschlossen, hatten sich dort die Verhältnisse durch die Heeresreform des *Marius* (→ *Heerwesen*) gründlich geändert. Der Plan der Barbaren, auf verschiedenen Wegen in Italien einzufallen, erlaubte es Marius, den Feind in zwei getrennten Schlachten zu stellen und die Stämme einzeln zu besiegen.

Im Jahre 102 v. Chr. ereilte die Teutonen das Schicksal in einer Zermürbungsschlacht ohnegleichen bei *Aquae Sextiae* (Aix in der heutigen Provence), wo sie sich bei sengender Hitze in unablässigen Angriffen gegen die überlegene, tief gestaffelt aufgestellte Schlachtordnung der Römer aufrieben. Die Männer fielen im Kampf; die Frauen in den Wagenburgen nahmen die Kinder mit in den Freitod, den sie der Gefangenschaft vorzogen.

Indessen waren die Kimbern durch das Tal der Etsch in Oberitalien eingefallen, hatten die römischen Verteidiger verjagt und verbreiteten in der Poebene Furcht und Schrecken. Doch als Marius im folgenden Jahr in Italien erschien und den Kimbern bei *Vercellae* (Vercelli) die Schlacht anbot, da war auch ihr Schicksal besiegelt. Furchtbares hat *Plutarch* über den Untergang dieses Volkes zu berichten, das auf der Suche nach Siedlungsland und nach glänzenden Triumphen schließlich an den disziplinierten, hart gedrillten Legionen und der Organisation eines modernen Staates scheiterte. Mit der Niederlage verschwindet es nahezu spurlos aus der Geschichte, nur

Hinweise auf Jütland und dortige Spuren erinnern noch an diesen Germanenstamm.

Caesars Begegnung mit den Germanen. Der Kimbern- und Teutonenschreck, der Rom erschüttert hatte, wirkte noch nach, als rund ein halbes Jahrhundert später → *Caesar* mit seinen Legionen wieder auf ein Germanenvolk traf. Unter dem Druck der *Sweben* (Sueben), die sich unter ihrem Heerkönig *Ariovist* zu beiden Seiten des Oberrheins eine Machtposition geschaffen hatten, waren die keltischen Stämme (→ *Kelten*) in Gallien in Bewegung geraten und drückten auf die römische *Provinz Gallia Narbonensis* (Südfrankreich). Caesar, seit kurzem Statthalter dieser Provinz, trat zunächst den keltischen *Helvetiern* (→ *Gallischer Krieg*) entgegen und besiegte sie; dann traf er auf Ariovist und seine Germanen.

Nur mit Mühe und großer Überredungskunst konnte er die Furcht seiner Legionäre zerstreuen, die bei der Nachricht, die neuen Gegner seien Verwandte der furchtbaren Kimbern, in Panik gerieten. Es ist denkbar, daß Caesar die Germanengefahr und die Eroberungslust Ariovists dramatisierte, um seine eigenen Unternehmungen in Gallien zu rechtfertigen und seine Leistung ins rechte Licht zu rücken. Darüber hinaus hatte er aber auch den Auftrag, die römische Provinz Narbonensis vor den Einfällen barbarischer Stämme zu schützen. Jedenfalls gelang es ihm, seinen Soldaten Mut einzuflößen und Ariovist nach einer blutigen Schlacht bei Mühlhausen im Elsaß über den Rhein zurückzutreiben (58 v. Chr.), der fortan für die Römer die natürliche Grenze zwischen germanischen und gallischen Völkern bildete. Feinere Unterscheidungsmerkmale, z. B. im sprachlichen Bereich, beachteten die Römer offenbar nicht.

Um die Macht Roms auch jenseits des Rheins zu demonstrieren, überschritt Caesar zweimal mit seinen Truppen auf Pionierbrücken den Strom im Neuwieder Becken (55 und 53 v. Chr.), ohne sich allerdings zu einem weiteren Vordringen in die Wildnis verlocken zu lassen. Er begnügte sich mit dieser militärischen Geste und mit dem Sieg über die zwei Germanenstämme der *Usipeter* und *Tenkterer* (Tencterer), die in den Bereich der römischen Einflußsphäre geraten waren und von Caesar nahezu ausgelöscht wurden.

Reicher, wenn auch nicht immer zuverlässig, ist die literarische Ausbeute dieser Kontakte mit den Germanen, wie sie Caesar in seinem Bericht »De Bello Gallico« (→ *Literatur*) niederlegte. Von ihm stammen die bekannten Vorstellungen, die bis heute vielfach das Bild der Germanen prägen:

sie hätten ihr Leben hauptsächlich mit Jagden und Kriegsübungen verbracht; sie seien in Fellen herumgelaufen und hätten sich vorwiegend von Milch, Käse und Fleisch ernährt. Manche Mitteilungen Caesars waren geeignet, in Rom den Eindruck zu verstärken, daß es sich bei den Germanen um ein ausgesprochen kriegerisches Volk handle, das eine ständige Bedrohung darstelle.

Die Kämpfe der Römer jenseits des Rheins. Nach den Machtdemonstrationen der Jahre 55/53 v. Chr. spielten die Germanen zunächst kaum noch eine Rolle, zumindest nicht in Caesars Kalkül, und auch → *Augustus* hätte seine auf Defensive bedachte Außenpolitik am Rhein kaum aufgegeben, wenn die Nordgrenze des Reiches endgültig gesichert gewesen wäre. Ein Überfall auf die Römer in der Gegend von Aachen veranlaßte den Kaiser, selbst an die Germanengrenze zu eilen, während seine Stiefsöhne *Drusus* und *Tiberius* das Alpenvorland unterwarfen und zwischen dem Gebirge und der Donau die *Provinzen Rätien und Noricum* (→ *Österreich*) errichteten (16–15 v. Chr.). Damit schienen Voraussetzungen auch zur Unterwerfung des Germanengebietes bis zur Elbe als einer günstigen Verteidigungslinie geschaffen.

Einzelne Expeditionen durch das unbekannte Land zwischen den Strömen, wie der Zug des *Drusus* zur Elbe (9 v. Chr.) oder der Marsch des *Ahenobarbus* von der Donau zur Elbe, bereiteten die Umorganisation Germaniens nach römischen Vorstellungen vor, insbesondere die Möglichkeit, auch hier römisches Recht und römische Steuern einzuführen.

Gefährlich konnte den Römern allerdings die Reichsbildung germanischer und keltischer Stämme (*Markomannen*, Reste der *Bojer* u. a.) unter dem König *Marbod* im heutigen Böhmen werden. Ein Angriff gegen diese bedrohliche Machtkonzentration unterblieb nur deshalb, weil im entscheidenden Augenblick (6 n. Chr.) ein Aufstand in *Pannonien* (Ungarn) die ganze Kraft der Römer unter Tiberius in Anspruch nahm. Unter den Offizieren, die bei diesem Feldzug germanische Hilfstruppen in römischem Sold befehligten, war auch ein junger *Cherusker* namens → *Arminius*, der wenig später in der Umgebung des römischen Statthalters von Germanien, *Quinctilius Varus*, wieder erscheint.

Dieser Varus hatte, wie sein Zeitgenosse *Velleius Paterculus* berichtet, die Vorstellung, »daß die Bewohner (Germaniens) Menschen seien, die außer der Stimme und den Gliedern nichts von Menschen an sich hätten«, und nach dieser Auffassung scheint er auch sein Amt geführt zu

Germanen und Römer

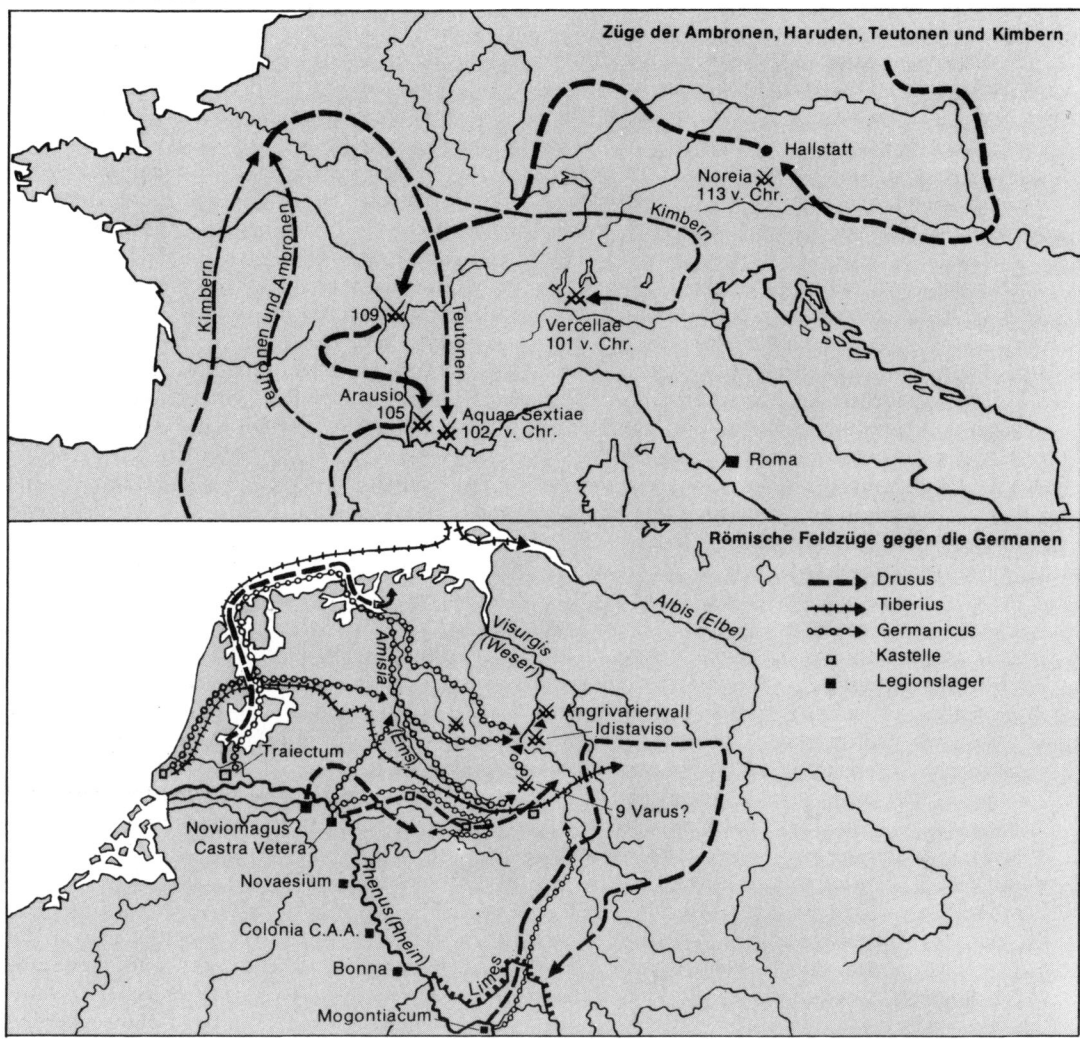

Züge der Ambronen, Haruden, Teutonen und Kimbern

Römische Feldzüge gegen die Germanen

- ▬ ▬ ▬ Drusus
- +++++ Tiberius
- ○○○○ Germanicus
- ▫ Kastelle
- ▪ Legionslager

haben. »Da benutzte«, schreibt Vellius Paterculus weiter, »ein junger Mann von vornehmer Abkunft, persönlicher Tapferkeit und einer genialen Klugheit die Stumpfheit des Feldherrn zur Ausführung seines Frevels.« Der junge Mann war Arminius.

Ihm war es gelungen, das Vertrauen des Varus zu gewinnen und die drei Legionen des römischen Feldherrn in ein Waldgebirge zwischen Rhein und Weser, in der Nähe von Ems und Lippe zu locken, um sie dort in einer mehrtägigen Schlacht zu vernichten. Die Schlacht im »Teutoburger Wald« (Teutoburgiensis Saltus) nennt man im Anschluß an römische Quellen dieses Ereignis des Jahres 9 n. Chr., ohne daß man heute weiß, ob der Teutoburger Wald, der erst in neuerer Zeit diesen

Namen anstelle seiner alten Bezeichnung *Osning* erhält, das Sauerland, das Wiehengebirge, die Beckumer Berge oder andere Regionen in diesem Raum Ort der Schlacht waren. Die Quellen, vor allem die *Tacitus-Texte* zu den *Germanicus*-Feldzügen sowie manche Funde lassen den Raum um die Lippeniederung als wichtigste Region erscheinen.

»Durch diese Niederlage ist es dahin gekommen, daß das Reich, das am Gestade des Ozeans nicht halt gemacht hatte, nunmehr am Ufer des Rheins zum Stehen kommt«, bemerkte der Geschichtsschreiber *Florus* im 2. Jahrhundert und sagte damit mehr über die Zukunft der Germanen als er ahnen konnte; denn der Sieg des Arminius über die drei Legionen des Varus und der folgende Zusammenbruch der römischen Herrschaft östlich des Rheins verhinderten die Romanisierung der Germanen mit der Folge, daß die Stämme östlich des Rheins für lange Zeit von der überlegenen Kultur der Römer ferngehalten wurden, während das linksrheinische Gallien bald nach der Eroberung eine der blühendsten römischen Provinzen mit hohem Kulturstand wurde.

Weder Augustus noch sein Nachfolger Tiberius fanden sich mit der Niederlage Roms in den Wäldern und Sümpfen Germaniens ab. Es hätte auch römischer Tradition widersprochen, auf ein einmal erobertes Gebiet unter dem Druck eines siegreichen Gegners zu verzichten. So unternahm, um die Niederlage des Varus zu rächen und die Germanen einzuschüchtern, *Drusus Germanicus*, Neffe und Adoptivsohn des Kaisers Tiberius, in den Jahren 15 und 16 Vorstöße in die ›Wildnis‹ rechts des Rheins (wie in den »Annalen« des *Tacitus* kurz, aber eindringlich geschildert). Zwar erreichte er das Schlachtfeld im »Teutoburger Wald«, wo er die Gebeine der Gefallenen sammeln und bestatten ließ; zwar stellte er Arminius zum Kampf und besiegte ihn in einer zweiten, offenen Feldschlacht bei *Idistaviso* und am *Angrivarierwall*, aber die Entscheidung vermochte er nicht zu erzwingen. So wurde Germanicus schließlich im Jahre 16 abberufen und in den Osten des Reiches versetzt, während die Germanen sich selbst und ihren eigenen Stammesquerelen überlassen blieben, denen auch Arminius zum Opfer fiel.

Der Bau des Limes. Nachdem sich die Römer hinter den Rhein zurückgezogen hatten, blieben die Germanen an der Rhein- und Donaugrenze offenbar auf Jahrzehnte hinaus ruhig. Erst *Domitian* richtete sein Augenmerk wieder auf die rechtsrheinischen Germanen, besonders auf die *Chatten*, die das Taunusgebiet bedrohten. Um sie von weiteren Einfällen abzuhalten und um gleichzeitig das von keinen natürlichen Grenzen gesicherte Land zwischen Rhein und Donau (agri decumates, Dekumatland = vor allem Württemberg und Baden) zu schützen, begann der Kaiser mit dem Bau einer Grenzbefestigung, des → *Limes*. Damit machte Rom deutlich, daß es auf weitere Eroberungen in Germanien endgültig verzichten wollte.

Römisch–germanische Grenznachbarschaft. Bis zum großen *Alamannensturm* des 3. Jahrhunderts war der Limes weniger eine heiß umkämpfte Front als vielmehr eine durchlässige Verwaltungsgrenze, an der sich bald ein reger und friedlicher Austausch von Waren entwickelte. Schon zur

Zeit des Augustus hatte es Germanen gegeben, die, wie *Segestes*, der Schwiegervater des Arminius, bereit waren, die Überlegenheit der Römer anzuerkennen und mit ihnen zusammenzuarbeiten. Germanen taten ferner Dienst im römischen Heer.

Nach der Stabilisierung der Germanengrenze hatte die keltisch–germanische Mischbevölkerung links des Rheins und im Dekumatland die Möglichkeit, aus der Begegnung mit der überlegenen römischer Kultur Gewinn zu ziehen. Sie übernahm die römischen Errungenschaften z. B. im Bauwesen – das Wort Mauer ist ebenso lateinischen Ursprungs wie Fenster, Ziegel, Pforte, Keller und viele andere. Auch Garten- und Obstkultur wurden befruchtet – und auch hier klingen Wörter lateinischer Herkunft nach: Wein und Kufe, Pfirsich, Pflaume sind Lehnwörter aus dem Lateinischen, und selbst der schlichte Kohl kam erst mit den Römern zu den Germanen.

Die Bevölkerung im freien Germanien dagegen dürfte trotz mancherlei Berührung mit der römischen Kultur von deren Einfluß im wesentlichen unberührt geblieben sein. Allerdings wurden auch Stämme, die weiter entfernt von der Grenze des römischen Reiches lebten, vom Fernhandel erreicht, denn auch sie schätzten Produkte der römischen Provinz, wie etwa Wein, kostbare Geschirre, Glas und andere Geräte, die sich auch in germanischen Gräbern wiederfanden. Die Germanen hatten ihrerseits Bernstein, Pelzwerk und auch Sklaven zu bieten, für die Rom einen nahezu unstillbaren Bedarf hatte. Bei reichen Römerinnen waren offenbar auch Perücken aus den langen blonden Haaren der Germaninnen begehrt.

Die Kostbarkeiten aus römischen Werkstätten und die Nachrichten von dem für Germanen kaum vorstellbaren Reichtum der römischen Provinzen reizten die Begehrlichkeit der Germanen so sehr, daß es bereits im 2. Jahrhundert vereinzelt zu Plünderungszügen im Grenzgebiet kam.

Die Germania des Tacitus. Rund eineinhalb Jahrhunderte, nachdem Caesar in seinem Bericht über den Gallischen Krieg den Germanen einige Kapitel gewidmet hatte, erschien (um 98) in Rom die Studie des Historikers *Tacitus* (→ *Geschichtsschreibung*) »Über die Herkunft und die Lage der Germanen«, kurz die »Germania«, eine der wesentlichsten schriftlichen Quellen über die Nachbarn und zeitweiligen Feinde Roms. Zwar war Tacitus selbst vermutlich nie in Germanien gewesen, doch hat er die Berichte zuverlässiger Gewährsleute getreulich gesammelt. Vieles von dem, was er minutiös überliefert, sei es Lebens-

Dakische Krieger. Diese gefährlichen Gegner der
Römer wurden insbesondere in die
Markomannenkriege und Auseinandersetzungen
mit Gepiden und Goten verwickelt.

weise, Kleidung, Religion oder Stammeszugehörigkeit, wurde durch Ausgrabungen bestätigt und ergänzt. Auch Tacitus sieht in den Germanen eine gefährliche Bedrohung, aber er stellt sie nicht einseitig als Draufgänger dar, sondern er idealisiert sie in gewisser Weise, so daß das Bild eines jungen, starken, tapferen und dank seiner ›Natürlichkeit‹ noch moralisch überlegenen Volkes entsteht. Sicher wollte er damit auch der verrotteten römischen Gesellschaft am Ende des 1. Jahrhunderts einen Sittenspiegel vorhalten. Das wird besonders deutlich, wenn er auf die germanische Ehe- und Geschlechtsmoral (→ auch *Frau*) zu sprechen kommt. Hier liegen die Wurzeln für die Vorstellung von den blonden, blauäugigen Germanen, die nicht nur unbezähmbar tapfer, sondern auch treu und keusch waren.

Die Sorge des Tacitus um die Zukunft des Reiches angesichts dieser Nachbarn spricht deutlich aus dem berühmten Satz: »Möchte doch – das ist mein Gebet – diesen Barbaren, wenn sie schon keine Liebe zu uns haben, wenigstens der Haß gegeneinander bleiben und andauern, da uns bei dem drohenden Verhängnis des Reiches das Schicksal nichts Köstlicheres schenken kann als die Zwietracht unter den Feinden.«

Die Kämpfe des zweiten und dritten Jahrhunderts. Die Zwietracht unter den Germanen, die nie ein politisches oder militärisches Zusammengehörig-

keitsgefühl kannten, war schon zur Zeit des Augustus eine feste Größe im Kalkül der Römer. Der Kampf zwischen Arminius und Marbod ist das berühmteste Beispiel. Und: ohne germanische Hilfstruppen in römischem Sold wären die Grenzen des Reiches früher zerbrochen. So konnte sich auch Kaiser → *Marc Aurel* bei seinem verzweifelten Abwehrkampf gegen *Markomannen* und *Quaden* (167–180) auf germanische Hilfstruppen und Söldner stützen, mit deren Hilfe schließlich die landhungrigen Stämme aus Italien und Pannonien zurückgeworfen und weit über die Donau hinaus verdrängt werden konnten.

Das Ende des relativ friedlichen Nebeneinanders von Römern und Germanen am Limes kündigte sich schon 213 unter Kaiser *Caracalla* an, ehe dann 260 der große *Alamannensturm* über das Land hinter dem Grenzwall hinwegging und die Römer hinter den Rhein zurückweichen ließ. Allerdings gelang es, gelegentliche Vorstöße nach Gallien zu stoppen und die Eindringlinge zurückzuwerfen, ein letztes entscheidendes Mal kurz vor dem Beginn der großen Germanenwanderung (Völkerwanderung), als *Iulian*, der spätere Kaiser *Iulian der Abtrünnige*, ein fränkisches Heer bei Straßburg besiegte (357) und die Rheingrenze noch einmal stabilisierte. Schon bald aber brachen die *Goten* und *Wandalen*, *Langobarden* und *Franken* endgültig in römisches Territorium ein. (R. V.)

Geschichtsschreibung

Die beispielhaften Leistungen der *Griechen* auf literarischem wie politischem Gebiet setzten schon so früh ein, daß ein unbefangener Betrachter leicht dem Schluß erliegen könnte, jedes Volk »habe eine Literatur wie es eine Geschichte habe, und daß diese Literatur eine naturgegebene und notwendige Manifestation seiner Existenz sei« (Marouzeau). Die → *Kelten* etwa sind der Gegenbeweis, daß große Geschichte nicht gleichzeitig auch Literatur bedingt. Erstaunlicherweise trifft dieser Sachverhalt auch auf Rom zu. Im Vergleich mit den Griechen, die, ehe sie schreiben konnten, in Homer schon einen Höhepunkt und die Vollendung der Epik vorweisen konnten, kamen die Römer, wenigstens in den ersten 500 Jahren ihrer Geschichte, ohne jede Literatur aus. Erst um die Mitte des 3. Jahrhunderts v. Chr. machten sie im Zuge ihrer Ausdehnung in das griechische Unteritalien Bekanntschaft mit Literatur und übernahmen sofort und ausgiebig die vorgefundenen griechischen Formen. Von diesem Zeitpunkt an blieben die Römer auf dem Gebiet der Literatur den Griechen für immer verpflichtet, selbst wenn späterer Nationalstolz das nicht mehr wahrhaben wollte: »Ich bin immer der Meinung gewesen«, sagt → *Cicero*, »daß unsere Römer seit jeher teils selbständig Besseres leisteten als die Griechen, teils das von ihnen Übernommene verbessert haben«. Für die Literatur gilt Ciceros Aussage sicher nicht so absolut, denn Rom blieb angesichts der Vollkommenheit der griechischen Formen zunächst nur eine fast sklavische Übernahme übrig, die erst nach und nach typisch römische Züge gewann. Poesie und Prosa entstanden in Rom gleichzeitig, aber mit einem höchst merkwürdigen Unterschied: Während die verachteten ›Dichterlinge‹ sich der lateinischen Sprache bedienten, schrieben die ersten Historiker Roms Griechisch (→ auch *Literatur*)!

Bedeutende römische Geschichtsschreiber und ihre Werke. Ob und in welcher Form die Römer vor der Übernahme der literarischen Gattung »Geschichtsschreibung« von den Griechen eigene Ansätze entwickelt hatten, ist nicht mehr nachweisbar. Cicero war jedenfalls der Ansicht, daß Geschichte, so wie Rom sie zunächst verstand, nichts anderes war als eine »Abfassung von *Jahrbüchern*« (= annales, von annus, das Jahr). Denn um »das Andenken an die öffentlichen Begebenheiten zu erhalten, war es vom Beginn des römischen Staates bis auf den Oberpriester *Publius Scaevola* (Consul 133 v. Chr.) üblich, daß der Oberpriester die Begebenheiten jedes Jahres schriftlich verzeichnete und auf eine weiße Tafel eintrug, die er alsdann in seiner Wohnung aufstellte, damit jeder Bürger Gelegenheit habe, sie einzusehen« (Cicero, de legibus 2, 52). Ob nun diese Aufzeichnungen des Oberpriesters Geschichtsschreibung waren, wie Cicero annimmt, oder nur Vorstufe dazu: die äußere Form der jahrweise geführten Berichterstattung in den Annalen haben die römischen Historiker beibehalten und als Gliederungsschema ihren annalistischen Werken zugrunde gelegt.

Der erste römische Geschichtsschreiber war *Quintus Fabius Pictor*, der über eine bloße Faktenzusammenstellung hinausging und die Geschichte erklärend zu deuten und verständlich zu machen suchte als »Zeugin der Zeiten, Licht der Wahrheit, Leben der Erinnerung, Lehrmeisterin des Lebens, Verkünderin alter Zeiten« (Cicero). Von der Gründung Roms führte Pictor die Geschichtsbetrachtung bis in die eigene Zeit des ersten und zweiten Krieges gegen die Karthager. Im Jahr 216 v. Chr., nach der römischen Niederlage gegen

→ *Hannibal* bei *Cannae*, hatte Pictor nämlich an der Spitze einer Bittgesandtschaft *Delphi*, das religiöse Zentrum der Antike, aufgesucht. Die antirömische Stimmung der griechischsprechenden Welt, deren Sprachrohr Delphi war, scheint ihm, einem Angehörigen des Senatorenstandes, die Notwendigkeit einer römischen Antwort bewußt gemacht zu haben. So war sein Geschichtswerk eine Fortsetzung der Politik mit literarischen Mitteln, gedacht als Richtigstellung und Rechtfertigung römischer Politik gegenüber den Griechen in ihrer Sprache. Rund 50 Jahre hielten Pictors Nachfolger nicht nur an der annalistischen Anlage, sondern auch an der griechischen Sprache fest, selbst dann noch, als die politische Entwicklung sie längst überholt hatte: Nach dem Sieg über Makedonien 168 v. Chr. und der Unterwerfung Griechenlands 146 v. Chr. hatte Rom es nicht mehr nötig, bei den Griechen für seine Sache zu werben.

Besinnung auf römisches Wesen. Wer sich dennoch griechisch gab, setzte sich dem beißenden Spott des *M. Porcius* → *Cato* aus, der aus seiner Abneigung gegen alles Griechische kein Hehl machte. »Denn er prophezeite, die Römer würden um all ihre Macht kommen, wenn sie sich von der bei den Griechen üblichen Liebe zu den Wissenschaften anstecken ließen. Seine Ehre sah er darin, alle griechische Kunst und Gelehrsamkeit zu schmälern. Den bedeutenden Philosophen *Sokrates* nannte er einen Schwätzer und Aufrührer, der seine Mitbürger zu tyrannisieren suchte, indem er die alten Sitten zu zerstören und seine Mitbürger zu Meinungen zu verleiten suchte, die den Gesetzen zuwider waren« (Plutarch, Cato 22 f.). In solchen recht engstirnigen Äußerungen kam Catos ganze Besorgnis zum Ausdruck, das eingedrungene Griechentum und das Beispiel eines Sokrates könnten die heile Welt Roms zerstören, die auf den alten Sitten und dem ungebrochenen Selbstbewußtsein einer bäuerlich gebliebenen Mentalität beruhte. Die Angst um Roms Zukunft ließ Cato daher noch in den letzten Jahren seines Lebens zur Feder greifen, und so schuf er das erste lateinische Geschichtswerk von Rang, »Ursprünge«, »Origines« betitelt. Im bewußten Gegensatz zu den griechischschreibenden Vorgängern forderte Cato eine Besinnung auf römisches Wesen, auf die großen Vorbilder der Vergangenheit und auf die gesunden Sitten, denen Griechenland nichts Gleichwertiges entgegenzusetzen habe. So starr Catos Haltung gegenüber den Griechen war, ihrem Einfluß konnte auch er sich nicht in seinem Werk entziehen, das die

Urgeschichte Roms, die Ursprünge (Origines) der italischen Stämme und Städte – ein Rückgriff auf eine griechische Gattung –, die Punischen Kriege und die Zeitgeschichte erzählte. Catos eigenwillige und eindringliche Form der Darstellung blieb lange unerreicht.

Von den Annalisten zur ersten Monographie. Die sogenannten »Älteren Annalisten«, die im Zeitraum von etwa 150 bis 90 v. Chr. lebten, wandten sich teils verstärkt der älteren republikanischen Geschichte zu, teils verlegten sie das Schwergewicht der Darstellung in die eigene Zeit, die sie, soweit man *Sallust* glauben darf, wahrheitsgetreu darstellten. Auch sie gingen über die bloße Aneinanderreihung von Tatsachen hinaus und spürten den Gründen und Absichten nach, die bestimmte historische Prozesse bedingen.

Coelius Antipater sprengte als erster Römer das bisherige inhaltliche Schema: »Von der Ursprungsgeschichte bis in die eigene Zeit« und verfaßte eine *Monographie*, eine Einzeldarstellung des Zweiten Punischen Krieges, die sich durch einen kritischen Vergleich karthagischer und römischer Quellen um Objektivität bemühte. Die Objektivität des Antipater hätte man zur Zeit Sullas den »Jüngeren Annalisten« *Claudius Quadrigarius* und *Valerius Antias* gewünscht. Sie glaubten es der Größe Roms und der Verherrlichung der Familien, für die sie schrieben, schuldig zu sein, der spärlichen Überlieferung der römischen Frühzeit abzuhelfen, und füllten nach eigenem Geschmack ergänzend, übertreibend, fabulierend und verfälschend die Lücken aus, die von einer wahrheitsliebenderen Überlieferung nicht geschlossen worden waren.

Caesar und Sallust. Tendenziös, wenngleich wahrheitsgetreu, lieferte → *Caesar*, in der Sprache genauso Meister wie in der Politik, die Rechtfertigung seines politischen Tuns in den »Commentarii« selber. In den vollständig erhaltenen sieben Büchern »Über den Gallischen Krieg« (De Bello Gallico) und den drei Büchern »Über den Bürgerkrieg« gab der große Staatsmann in einer raffiniert schlichten Sprache, die, da Caesar von sich in der 3. Person redete, dem Leser Distanz und Scheinobjektivität suggerieren sollte, seine Version der Geschehnisse, ohne allerdings nach Art eines Geschichtswerkes den tieferen Zusammenhängen nachzuspüren. Das tat sein Zeitgenosse *C. Sallustius Crispus*, mit dem die republikanische Geschichtsschreibung in Rom ihren Höhepunkt erreichte.

Sallust deutete in den beiden Monographien »Die Verschwörung des → *Catilina*« und »Der

Iugurthinische Krieg« und in dem fünf Bücher umfassenden Geschichtswerk »Historiae« (sie behandeln die Jahre 78 bis 67 v. Chr.) die politischen Geschehnisse aus einer vertieften, neuen Sichtweise. Als erster römischer Historiker faßte er die römische Geschichte als einen einheitlichen, mit innerer Konsequenz abrollenden Vorgang auf, weil politische Geschichte nach seiner Meinung nur Spiegelbild moralischen Verhaltens war, und somit die Kette von Ursachen und Folgen »im Bereich der sittlich kranken oder gesunden Zustände des Volkes verlief« (Klingner). Roms Größe, anfänglich garantiert durch alle die positiven Werte, die der Römer unter »virtus« (Manneswürde, Tugend, Sittsamkeit) zusammenfaßte, trieb rasch dem Untergang zu, seit mit der Zerstörung Karthagos 146 v. Chr. für lange jede ernsthafte Bedrohung von Außen weggefallen war und im Innern immer mehr Ehrgeiz, Machtgier, Reichtum und Üppigkeit die Römer demoralisierten und die »virtus« völlig verdrängten. Pessimistische Deutung der römischen Geschichte und künstlerische Höhe in der Gestaltung des Stoffes kennzeichneten so das Ende der republikanischen Geschichtsschreibung.

Von Livius zu Tacitus. Das Werk des *Livius* am Beginn der Kaiserzeit atmete einen anderen Geist als die Bücher Sallusts und später des Tacitus. In seinen 142 Büchern »Ab urbe condita« (»Von der Gründung Roms an«), bändigte er die annalistisch dargestellten Ereignisse mit einer imponierenden Kompositionskunst, ohne den Ursachen und dem Verfall so tiefdeutend nachzugehen wie Sallust. Um Wahrheit bemüht, wenngleich nicht immer kritisch genug im Abwägen der verschiedenen Quellen, erzählte Livius im Sinne der Erneuerung unter Augustus die Geschichte Roms von den Anfängen an mit der ehrfürchtigen Liebe und dem Patriotismus eines Römers, der wußte, daß Rom seine Größe der »virtus« und göttlicher Fügung zu verdanken hatte. Nur in der Rückbesinnung auf die traditionellen Werte der Vorfahren und in gottesfürchtigem Handeln konnte Roms Rettung liegen. Livius war es noch gelungen, bedingt durch die Person des → *Augustus*, aus ehrlicher Überzeugung republikanisches Denken mit dem Prinzipat in Einklang zu bringen. Die folgenden Geschichtsschreiber der Kaiserzeit schafften das unter unfähigeren Kaisern nicht mehr und gingen in den ›Untergrund‹, soweit sie republikanisch dachten und fühlten. So ist es kein Wunder, daß wir von den oppositionellen Schriftstellern des 1. Jahrhunderts nicht mehr besitzen als Namen.

Tacitus führte die römische Geschichtsschreibung in der Kaiserzeit zu einem nie mehr erreichten Höhepunkt. Nach dem Sturz des Kaisers *Domitian* und nach einer Zeit, die keine schriftstellerische Betätigung erlaubt hatte, wandte er sich der Geschichtsschreibung zu. »Taten und Art hervorragender Männer nach dem Brauch der früheren Zeit der Nachwelt zu überliefern«, diese Zielsetzung aus dem Vorwort seiner ersten Schrift »Agricola« behielt er auch in seinem letzten Werk, den »Annalen« bei: »Das halte ich für die vorzügliche Aufgabe der Geschichtsschreibung, daß hervorragende Eigenschaften und Taten nicht vergessen werden und daß schlechtes Reden und Tun bedroht sei durch die Furcht vor der Nachwelt« (3,65). Nicht nur in der Zielsetzung, sondern auch in der Geschichtsauffassung betrachtete Tacitus, in bester römischer Tradition stehend, die Geschichte als »Lehrmeisterin des Lebens«, deren gute Beispiele anspornen, deren schlechte den Bürger abstoßen und zu einer Neubesinnung auf Werte führen sollten, die Tacitus längst verloren glaubte. Ganz geistiger Erbe des Sallust, zog auch er die Verfallslinie des römischen Staates bis in seine Zeit, die für ihn gekennzeichnet war durch despotische Kaiser, Günstlingswirtschaft, Machtverfilzung am Hofe, Sittenverfall und Versagen einer opportunistischen Senatsaristokratie. Diese negative Sicht der eigenen Zeit war nicht Tacitus' festgefügte Meinung von Anfang an. Wollte er anfänglich neben der Knechtschaft unter Domitian auch die guten Seiten des Kaisertums unter *Nerva* und *Traian* beschreiben, so hatte sich dieser Plan bald verloren. Die pessimistische Beurteilung der Zeiten, wie sie künstlerisch beeindruckend aus den Hauptwerken, den »Historien« (über die flavischen Kaiser) und »Annalen« (über die iulisch-claudischen Kaiser) ablesbar ist, unterstreicht die tiefe Resignation.

Tacitus' dramatische Darstellungsform und die Eindringlichkeit seiner psychologisierenden Betrachtungsweise, überlagert durch einen kurzen, pointierten Stil, blieben in der Folgezeit unerreicht. Mit *Ammianus Marcellinus* hat er im 4. Jahrhundert n. Chr. zwar einen späten Fortsetzer, aber keinen gleichwertigen Nachfolger gefunden.

Gleichbleibende Faktoren römischer Geschichtsschreibung. Die Geschichtsdarstellung orientierte sich, typisch römisch, an der Praxis. Da mit wenigen Ausnahmen – Livius war eine – alle Historiker aus dem führenden, politisch verantwortlichen Senatorenstand kamen, dienten ihre Werke primär der Politik und waren als Rechenschafts-ablage, Instrument der Propaganda oder Volksbeeinflussung und nicht zuletzt als Erziehungsmittel gedacht. An Stoff fehlte es nicht, doch erst die Nachfolger des Livius haben endgültig mit dem Brauch gebrochen, die gesamte Geschichte Roms von den Anfängen bis in die eigene Zeit darzustellen. Dagegen hielt sich das annalistische Schema durchgehend bis zu Ammianus Marcellinus, ohne daß es im alten Sinne nur jahrweise Aneinanderreihung von Faktenwissen geblieben wäre. Sallust und Tacitus kann man ein Bemühen um die Darstellung der Kausalzusammenhänge und die Einheitlichkeit ihrer Geschichtsdeutung nicht absprechen, obwohl sich auch bei ihnen keine den Griechen vergleichbare geschichtsmetaphysischen Überlegungen finden. Es sind sehr diesseitige, moralische Kategorien, nach denen die römischen Historiker Geschichte messen. In einer solchen Geschichtsauffassung mußte das Ideal einer reinen Vergangenheit mit der entarteten Gegenwart kontrastieren. Kein Hoffnungsschimmer zeichnet sich in dieser Verfallslinie ab, die für Roms Zukunft das Schlimmste befürchten ließ, und kein griechischer Historiker war von solchem Pessimismus erfüllt wie die Römer. (M. F.)

(Siehe auch das Stichwort → *Literatur Seite 293*)

Gespensterglaube und Zauberei

»Verlache du Träume, magische Schrecken, Wunder, Hexen, nächtliche Gespenster und thessalischen Zauber«, erwartet → *Horaz* vom Jünger der wahren Weisheit, und *Iuvenal* spottet: »Daß die Manen und unterirdischen Reiche keine Märchen sind, glaubt nur der Knabe, der noch nicht im Bad seinen Groschen bezahlt.« Auch → *Cicero* und *Seneca* sprachen gegen den Geisterglauben, aber das Volk glaubte fest an Geister und Spuk, an die Toten, die keine Ruhe finden konnten. Kaiser *Caracalla* wurde Tag und Nacht von den Geistern des von ihm ermordeten Bruders geplagt, und Kaiser → *Nero* schreckte der Schatten seiner Mutter *Agrippina*. Er selbst fand angeblich nach dem Tod ebensowenig Ruhe wie *Caligula*, der erst zu spuken aufhörte, als seine Schwestern seinen Leichnam verbrannten. Man stellte sich am besten gut mit den Geistern der Verstorbenen. Während der sogenannten *Lemuralien* (lemures = die Gierigen; Totengeister) am 9., 11. und 13. Mai (→ *Kalender*) erhob sich der Hausvater um Mitternacht, ging barfuß ins Freie und schnippte mit den Fingern, um die

Geister zu verscheuchen. Dann wusch er die Hände mit reinem Quellwasser, nahm schwarze Bohnen in den Mund, warf sie hinter sich und sprach: »Dies sende ich euch, mit diesen Bohnen kaufe ich mich und die Meinen los!« Erst wenn er das neunmal getan hatte, durfte er sich umschauen, und der Bann war dauerhaft.

Am häufigsten erschienen die Geister nachts an den Grabstätten, wo ihre irdischen Überreste ruhten. Bei → *Plinius, Plutarch* und *Sueton* finden sich Hinweise auf solchen Spuk.

Aber die Römer hatten nicht nur Angst vor den Geistern der Verstorbenen, sondern sie suchten aus dem Kontakt mit ihnen auch Nutzen zu ziehen, sei es, daß sie als *Schutz- und Schadendämonen* für einzelne Berufe oder Handwerkergruppen dienten, sei es daß man von ihnen Offenbarungen über unbekannte Dinge oder die Geheimnisse der Zukunft zu erhalten hoffte. Daraus entwickelte sich eine besondere Art der *Weissagung*, die *Nekromantie* (griech. Totenbeschwörung). Da die Beschwörer aber für ihre Voraussagen Leichen und Leichenteile benötigten, wurden diese gelegentlich durch Mord gewaltsam beschafft.

Eng verbunden mit Geister- und Gespensterglauben war die *Zauberei* mit all ihren Praktiken, mit der erwähnten Nekromantie, aber auch mit *Astrologie* und *Chiromantie* (griech. Handlesekunst). Das *Zwölftafelgesetz* (→ *Recht*) hatte die Zauberei ausdrücklich verurteilt. Die Römer unterschieden zwar sehr sorgfältig zwischen offiziell erlaubten → *Kulten* mit magischen Einschlägen und *Orakelhandlungen* auf der einen und *Magie* auf der anderen Seite, für den Laien verschwimmen aber heute vielfach die strengen Grenzen, und so erscheinen manche strengen kultischen Handlungen heute als finsterer Aberglaube (→ auch *Religion*). → *Plinius der Ältere* verurteilte die Zauberei als eitel und unsinnig und glaubte, daß sie in Verbindung mit der Wahrsagerei sogar dem Staat gefährlich werden könne. Trotzdem ist auch seine »Naturgeschichte« voll von magischen Elementen und Hinweisen, war die Zauberei in allen Schichten der römischen Bevölkerung von der Straße bis zum Kaiserpalast gleichermaßen beliebt.

Die Macht der *Zauberer* galt für unbegrenzt, selbst auf Götter und Dämonen konnten sie ihren Einfluß ausüben. Aber auch für die Zauberei gab es günstige und ungünstige Zeiten; am besten war natürlich die *Nacht* geeignet, auch dem *Neumond* kam besondere Bedeutung zu. So ließ sich Kaiser *Tiberius* nur bei Neumond die Haare scheren. Günstig waren der *Neujahrstag*

(→ *Kalender*), das *Parentalienfest* (jährliches Totenfest am 13. 2.) und die oben schon erwähnten *Lemuralien* im Mai, der seinerseits wieder für Eheschließungen als ungünstig angesehen wurde und noch nicht als ›Wonnemonat‹ galt. Zaubergünstige Tage waren die neunten Tage des Monats, die zugleich auch Markttage waren und an denen sich die Bauersfrauen ihre Nägel schnitten. Nicht überall ließen sich magische Handlungen ausführen; im Haus war der *Herd* der geeignetste Platz, weil hier die Geister der Ahnen (penates) ihren Sitz hatten, draußen waren es merkwürdigerweise die *Straße* und die allgemeinen *Begräbnisplätze*. Während die einfachen Leute ihre magischen Beschwörungen oft selbst ausübten oder sich der dürftigen Unterstützung berufsmäßiger Scharlatane bedienten, hielten sich die Kaiser und ihre Familien eigene *Magier*, die ihnen vor allem die Zukunft voraussagen sollten, weil sie wohl den offiziellen *Staatsorakeln* (→ *Religion*) doch nicht so sehr trauten. Durch die *Astrologie* erfuhr die Magie sogar eine starke Aufwertung, da sich in diesem Bereich die Grenzen zur damaligen Wissenschaft ebenfalls nicht klar abgrenzen ließen. Fast alle Kaiser bedienten sich solcher Astrologen. Wenn *Nero*, wie Plinius behauptet, die Magie für gefährlich erklärte, so ließ er sich doch von dem Zauberer und Astrologen *Babilus* aus den Sternen die Namen seiner Feinde ablesen und brachte sie dann um. Selbst ein so aufgeklärter Kaiser wie → *Marc Aurel* suchte gelegentlich Hilfe bei Zauberern. Als sich angeblich seine Gattin *Faustina* in einen Gladiator verliebte und das ihrem Mann bekannte, erbat er sich einen Anti-Liebeszauber und erhielt von dem Magier den Rat, den Gladiator töten zu lassen. Seine Frau solle sich dann, so hieß es weiter, mit dem Blut des Getöteten »unten waschen« und danach mit ihrem Mann verkehren!

Auch *Hexen* übten Zauberei aus. Sie werden ausdrücklich schon in den Zwölftafel-Gesetzen erwähnt. Sie verdarben Feldfrüchte, machten *Wetterzauber* und spezialisierten sich vor allem auf *Liebestränke* (philtrum oder poculum amatorium). Diese wurden in Rom anscheinend sehr häufig verwendet. *Apuleius* beschreibt ein solches philtrum aus Spargel, Krebsen, Fischlaich, Taubenblut und Vogelzungen. Als häufiger Bestandteil wird »Hippomanes« genannt, wohl entweder die Pferdenachgeburt, die Fruchthäute des neugeborenen Füllens oder das Genitalsekret der Stuten. Bei derartigen Ingredienzien ist es nicht zu verwundern, daß → *Lucullus* an einem Liebestrank gestorben und *Lucretius* sich in einem

Wahnzustand nach dem Genuß eines solchen Trankes das Leben genommen haben soll.

Vom Liebestrank zur *Giftmischerei* war oft nur ein kleiner Schritt. Da die römischen Gesetze das Verabreichen von Zaubertränken aller Art und Giften nur bestraften, wenn nachweislich ein Körperschaden oder der Tod eintrat, stand den zahlreichen erfahrenen Giftmischerinnen, die sich wiederum aus der großen Schar der gealterten *Dirnen* (→ *Erotik*) rekrutierten und in den engen Gassen der *Suburra* (→ *Rom*) ihre Geschäfte betrieben, viele Möglichkeiten offen, solange sie nur raffiniert genug vorgingen. (H. P.)

Gladiatoren

Die Gladiatorenspiele, für das römische Volk nicht mehr als abwechslungsreiche Unterhaltung und billiger Zeitvertreib, für die Kämpfenden aber nicht selten ein Ringen auf Leben und Tod, bleiben ein dunkler Fleck in der Geschichte Roms. Er kann auch nicht dadurch aufgehellt werden, daß die Römer nicht selbst die Erfinder dieser menschenverachtenden Sportart waren. Die → *Etrusker*, die seit ihrer Fremdherrschaft in Rom so viele Elemente ihres politischen und kulturellen Lebens an die Römer weitervermittelt haben, schlugen sie auch mit diesem Brauch ihrer Religion, die Seelen der Gefallenen mit dem Blut gefangener Feinde zu versöhnen, in ihren Bann. Denn an der ›verfeinerten‹ Methode der Etrusker, diese Menschenopfer nicht selbst zu vollziehen, sondern als Leichenspiele in Form eines Zweikampfes mit dem *gladius*, dem Schwert, von kriegsgefangenen *Gladiatoren* austragen zu lassen, haben die Römer nach dem Ende der etruskischen Herrschaft fast bis zum Untergang ihres eigenen Reiches festgehalten (→ *auch Amphitheater*).

Entwicklung der Spiele in Rom. In Rom waren erstmals im Jahre 264 v. Chr. anläßlich eines privaten Leichenbegängnisses Kämpfe von sechs paarweise fechtenden Gladiatoren als Leichenspiele auf dem Viehmarkt ausgerichtet worden. Diese ›Neuerung‹ bürgerte sich rasch ein und war um die Mitte des 2. Jahrhunderts v. Chr. bereits so beliebt, daß allein das Gerücht einer Gladiatorenveranstaltung die Besucher aus einer Theatervorstellung trieb. Im Jahre 105 v. Chr. richteten zum ersten Male staatlicherseits Consul (→ *Ämterlaufbahn*) öffentliche Gladiatorenspiele aus, ohne daß die Kämpfe noch an eine Beerdigung gebunden gewesen wären. Gegen Ende der

Republik waren dann die Spiele schon weitgehend ›säkularisiert‹ und dienten den veranstaltenden Beamten aller Ränge nur noch dazu, die Gunst des Volkes zu erringen, während das Volk mit Begeisterung dem Aufruf zu kostenloser Unterhaltung folgte. Daß der religiöse Hintergrund trotzdem nicht völlig verlorengegangen war, zeigt uns das Beispiel → *Caesars*, der als Aedil (→ *Ämterlaufbahn*) im Jahre 65 v. Chr. zu Ehren seines toten Vaters und im Jahre 45 v. Chr. erstmals zu Ehren einer Frau, seiner verstorbenen Tochter *Iulia*, Kämpfe von Gladiatoren aufführen ließ. Als aber die Ausrichtung der Spiele den verantwortlichen Consuln, Praetoren, Aedilen und Quaestoren beim Volk sehr viel Popularität einbrachte, wurden in der Kaiserzeit die Herrscher recht argwöhnisch und vorsichtig, schränkten die Zahl der Spiele erheblich ein und nahmen seit *Augustus* fast überwiegend selbst die Veranstaltungen in die Hand, zumindest übernahmen sie die Schirmherrschaft. Versuche, die grausame Barbarei der Kämpfe abzuschaffen, unternahmen erst die spätantiken Kaiser unter dem Einfluß des Christentums, doch blieben sowohl ein Verbot der Spiele durch *Constantin den Großen* als auch die Schließung der Gladiatorenkasernen durch Kaiser *Honorius* im Jahre 399 ohne Wirkung, bis im Jahre 404 durch ein Edikt (→ *Recht*) des gleichen Kaisers die Gladiatorenspiele endgültig abgeschafft wurden.

Herkunft der Gladiatoren. Die Gladiatoren rekrutierten sich seit den Anfängen der Spiele aus *Kriegsgefangenen*, zu denen später *Verbrecher*, verurteilt wegen Mordes, Raub und Staatsverrat oder auch wegen der *Religionszugehörigkeit*, wie die Christen, gesteckt wurden. Nach den erfolgreichen Kriegen Roms im Osten des Mittelmeeres bildeten die *Sklaven* die Hauptmasse, es gab aber auch freie Bürger, meist *Freigelassene*, die eine Gladiatorentätigkeit als Beruf ausübten. Daß sich selbst Angehörige der exklusiven Schichten Roms dem Gladiatorenkampf verschrieben, kam oft vor, erregte aber jedesmal von neuem einen Skandal, den z. B. der Kaiser *Vitellius* im Jahre 69 dadurch zu verhüten suchte, daß er die Teilnahme römischer Ritter an den Fechterspielen in der Arena und damit eine Herabwürdigung dieses hohen Standes nicht mehr gestattete (Tacitus, Historien 2, 62, 2). Für welche Sensation in Rom gar Frauen sorgten, die als Gladiatorinnen auftraten, kann man sich lebhaft ausmalen. Das Volk strömte sicher in hellen Scharen zu dieser Attraktion, es gab aber auch Bürger wie den Dichter *Iuvenal*, der kopfschüttelnd nur noch fragen konn-

Fechtende Gladiatoren.
Links ein Retiarius
mit Dreizack, rechts
ein Oplomachus
(schwerbewaffneter Gladiator)
mit Visierhelm. Mosaik.

te: »Wieviel Schamgefühl kann ein Weib zeigen, das den Helm trägt, seine Weiblichkeit ablegt und Muskelkraft vorzieht?« (Sat. 6, 252 f.).

Ausbildung und Gattungen der Gladiatoren. Abgeschlossen von der Außenwelt wurden die Gladiatoren bei reichlicher Kost und unter ständiger gesundheitlicher Überwachung in besonderen Schulen, die es in *Capua, Rom, Ravenna, Pompeii* und in vielen Teilen des Reiches gab, ausgebildet. Um einen offenen, fast quadratischen Platz von etwa 50 × 50 m lagen in Pompeii die etwa 3 × 4 m kleinen, fensterlosen Unterkünfte im Untergeschoß und im ersten Stock des Gebäudes, wo die Fechter nach ihrem harten, drillmäßigen Training unter der Leitung erprobter Fechtmeister hausten. Es herrschte strenge Zucht, und wer – selbst in Kleinigkeiten – über die Stränge schlug, wurde in einen Raum gesteckt, in dem er nur liegen oder sitzen, jedoch nicht stehen konnte. Mit schwereren Waffen als im Ernstfall wurde von den verschiedenen Gattungen der Gladiatoren geübt. Die älteste unter ihnen bildeten die »Samniten«, so genannt, weil sie wie die einstigen samnitischen Kriegsgefangenen ausgerüstet waren: mit einem langen Schild, den man auf der linken Seite schützend vorhielt, mit einer Beinschiene am linken Bein,

einem gepolsterten Ärmel am rechten Arm, der das Schwert führte. Den Unterleib schützte man durch einen Schurz, den ein Leibgürtel hielt, den Kopf durch einen Visierhelm mit prächtigem Helmbusch. Diese »Samniten« kämpften gegen »Thraker«, benannt nach der Landschaft Thrakien im Nordosten Griechenlands, oder gegen die »Gallier«. Während die »Thraker« an ihrem kleinen Rundschild, ledernen Beinschienen an beiden Beinen und dem Säbel kenntlich waren, kämpften die »Gallier« schwer bewaffnet, mit großem Schild, Schwert und Helm. Als diesen später ein kleiner Fisch (mormylos) zierte, nannte man diese Gattung »Murmillonen« und stellte ihnen die flinken »Netzfechter« gegenüber, die als Hauptwaffen wie Fischer eine Harpune oder einen Dreizack und ein Netz verwendeten, mit dem sie durch Überwerfen den Gegner bewegungsunfähig machen konnten (Retiarius).

Der Kampf in der Arena des Amphitheaters. Wie heutzutage vor entscheidenden Fußballspielen schlug auch in Rom die Begeisterung schon Tage vor den Gladiatorenkämpfen hohe Wellen. Die Ankündigung der Spiele erfolgte durch »Fahnenträger« oder durch Schreiber, die alle wissenswerten Daten wie Ort, Beginn und Athleten kurzerhand auf die Wände der Häuser aufpinselten. Einen Tag vor Beginn der Kämpfe erwartete die Fechter ein lukullisches Mahl, die ›Henkersmahlzeit‹, bei der die Öffentlichkeit zugelassen war und sich vom psychischen Zustand der Kämpfer ein erstes Bild machen konnte. Am entscheidenden Tage selbst marschierten die Gladiatoren zur Vorstellung gemessenen Schrittes durch die Arena, den »Sandplatz« im Amphitheater (→ *auch Amphitheater;* das bekannteste in Rom war das Colosseum, vom Kaiser Titus im Jahr 80 eingeweiht), um mit erhobener Rechter vor der kaiserlichen Loge dem Herrscher zuzurufen: »Sei gegrüßt, Caesar, die

brutalen Zurufe. Sie wurden teils an die Sklaven gerichtet, die für ›Bewegung‹ im Kampf zu sorgen hatten: »Peitsche ihn!«, »Brenne ihn!«; teils galten sie anfeuernd oder kritisierend den Fechtern selbst: »Schlachte ihn ab!«, »Warum läuft er so ängstlich ins Schwert?«, »Warum tötet er nicht wagemutig genug?«, »Warum stirbt er ohne Begeisterung?« Hatte einer der beiden Kämpfer den andern am Boden, brüllten die Zuschauer: »Er hat ihn! Er hat sein Ziel erreicht!« Dem Unterlegenen blieb nur noch übrig, zum Zeichen der Aufgabe einen Finger der linken Hand zu heben und die weitere Ent-

Gladiatorenmosaik.
Ganz links ein Retiarius,
daneben verfolgt ein Laquedrius einen
Flüchtenden. Rechts oben Aufseher.

Todgeweihten entbieten dir ihren Gruß (Ave Caesar, morituri te salutant)!«
Nach einem Vorspiel in Form von *Scheingefechten* mit stumpfen Waffen wurden die Gegner paarweise oder in Gruppen *ausgelost,* ihre Waffen untersucht, bis die Kriegstrompete das Signal zum Beginn blies. Um für den ständigen Nervenkitzel der Zuschauer zu sorgen, stachelten Sklaven die allzu laschen Fechter mit *glühenden Eisen* an oder »treiben die Kämpfer mit *Peitschenhieben* ins Blutbad. Dem Hieb mit dem ganzen Körper ausgesetzt, schlagen die Gladiatoren niemals vergeblich zu. Kein Helm, kein Schild kann das Schwert abweisen. Mit Feuer und Schwert wird der Kampf geführt. Er dauert so lange, bis die Arena leer ist«. Seneca (→ *Literatur*), der diese Sätze noch ganz unter dem Eindruck des furchtbaren Geschehens nach dem Besuch eines Gladiatorenspiels geschrieben hat (Briefe 1, 7, 4), überliefert an gleicher Stelle auch die unfaßbaren Reaktionen eines entfesselten Publikums, sein Gejohle, die Pfiffe, das Beifallsklatschen und die

scheidung über Leben und Tod dem Veranstalter zu überlassen, der sich meist nach des Volkes Stimme richtete. Schwenkten die Massen Tücher und deuteten mit dem Daumen nach oben, war das Leben bis zum nächsten Überlebenskampf verlängert, senkten sich die Daumen, durfte der Sieger dem Besiegten den Todesstoß versetzen und den Siegespreis, einen Palmzweig, in Empfang nehmen. Beamte in der Kleidung des etruskischen Totengottes trugen den Toten hinaus. – Fragt man nach der Einstellung der gebildeten Schichten Roms zu diesem grausamen ›Spiel‹, wird man, abgesehen von Seneca, kaum eine Stimme hören, die diese unglaubliche Barbarei eindeutig verurteilt hätte. Das Äußerste, wozu man sich durchzuringen vermochte, waren Äußerungen des Respektes vor der Tapferkeit der Gladiatoren wie die → *Ciceros:* »Welche Schläge halten sie aus! Wie oft zeigt sich, daß sie nichts lieber wollen, als ihrem Herrn oder dem Volk zu Willen sein. Auch von Wunden übersät, lassen sie zu ihrem Herrn schicken, um zu fragen, was diese wollten. Wenn sie zufrieden seien, wollten sie den Todesstoß auf sich nehmen. Welcher auch nur mittelmäßige Gladiator hat je aufgeseufzt, je seine Miene verzogen? Wer, als er gefallen war und den Befehl erhielt, den Todesstoß anzunehmen, hat den Kopf eingezogen?« (Tusculanen 2, 41.) Daß solche persönlichen Bekundungen der Achtung vor der tapferen Haltung der Gladiatoren sich nie zu offizieller Mißbilligung dieser Spiele verdichteten, lag daran, daß man den Kämpfen eine wesentlich positive Seite abgewinnen zu können glaubte: Man betrachtete sie bei den Gebildeten als eine hohe und edle Schule der Selbsterziehung, die eine körperliche Ertüchtigung fördern sollte. Aber diese Entschuldigung war angesichts der grausamen Exzesse und der makabren Zielsetzung der ›Spiele‹ nur eine Maske, hinter der sich eine Menschenverachtung, wenigstens gegenüber den Unfreien und Sklaven, verbarg, die letztlich dem → *Christentum* und seiner Forderung nach unterschiedsloser Achtung vor der Würde aller Menschen einen fruchtbaren Boden bereitet hat. (M. F.)

Gracchen

»Sobald aber durch harte Anstrengung und Gerechtigkeit der Staat sich vergrößert hatte, [. . .] Karthago, die Nebenbuhlerin römischer Herrschaft, von Grund auf zerstört war und alle Meere und Länder einladend offenstanden, begann das Schicksal alles durcheinanderzumischen: Denen, die Mühen, Gefahren, schwierige Lagen von zweifelhaftem Ausgang leicht gemeistert hatten, wurden Ruhe und Reichtum zur verhängnisvollen Last. Folglich wuchs zuerst das Verlangen nach Geld, dann nach Macht; dies war gleichsam die Wurzel allen ·Verhängnisses«. Der Historiker *Sallust* (→ *Geschichtsschreibung*) hat in dieser pessimistischen Beurteilung des römischen Staates seit der Zerstörung Karthagos im Jahre 146 v. Chr. vieles, doch nicht alles richtig gesehen. Denn nicht das Schicksal war für die negative Entwicklung verantwortlich zu machen, sondern die führende Schicht der Nobilität selbst trug die Schuld. Sie hatte den eigentlichen Rückhalt des Staates, die freien römisch-latinischen Bauern, in den dauernden Kriegen arg dezimiert und, ihn statt zu stärken, so in unverantwortlicher Weise weiter geschwächt! Die eroberten Gebiete wurden kaum zur Anlage von Bauernkolonien verwendet, sondern als Staatsland (ager publicus) eingezogen und an kapitalkräftige Großbauern verpachtet. Obwohl das *Sextisch-Licinische Ackergesetz* von 367/66 v. Chr. als Höchstzuteilung an Staatsland 125 ha festgelegt hatte, kümmerten sich die führenden Politiker nicht um diese Bestimmung, weil sie selbst Großgrundbesitzer waren, die ihre rie-

sigen Latifundien zudem mit billigen, importierten Sklaven bearbeiten ließen. Die arbeits- und besitzlosen Bauern wurden in die Hauptstadt abgedrängt und bildeten als ›Proletariat‹ einen ständigen Unruheherd, der nicht einmal militärisch aktiviert werden konnte.

In diese Zeit, voll von wirtschaftlichen und sozialen Problemen als Folge der Weltherrschaft, wurden die Brüder *Tiberius Sempronius* und *Gaius S. Gracchus* 162 bzw. 153 v. Chr. hineingeboren. Väterlicherseits entstammten sie dem plebeischen Geschlecht der *Sempronier*, ihre Mutter *Cornelia*, eine hochgebildete Frau, Tochter des Hannibalbezwingers *Scipio*, erzog ihre Kinder so sorgfältig, »daß man die Vorzüge der Söhne mehr der Erziehung durch die Mutter als der eigenen Veranlagung zuschrieb« (Plutarch).

»Als Tiberius auf seiner Reise nach *Numantia* (→ *Spanien*) durch *Etrurien* kam und die Öde des Landes sah, als er beobachtete, daß alle Feldarbeiter und Hirten fremde, kriegsgefangene Sklaven waren, da tauchte zuerst der Plan auf, der ihm und seinem Bruder tausend Leiden bringen sollte« (Plutarch), mit einer Agrarreform den römischen Bauern zu helfen, denen es schlimmer erging als den Tieren. »Denn die Tiere, die in Italien leben«, wie *Tiberius* selbst in einer seiner Reden ausführte, »haben alle Höhlen und Lagerstätten für einen Unterschlupf, die Männer aber, die für Italien kämpfen und sterben, irren ohne Haus und Heimat mit Weib und Kind umher. Die Feldherrn aber lügen, wenn sie die Soldaten in den Schlachten aufrufen, für Gräber und Heiligtümer zu kämpfen, denn keiner unter ihnen hat einen Hausaltar oder ein Ahnengrab; angeblich die Herren der Welt, haben sie nicht eine Scholle Land zu eigen«. Um ihnen zu einem ausreichenden Grundbesitz zu verhelfen, ließ sich Tiberius 133 v. Chr. zum Volkstribun wählen und beantragte sofort die strikte Durchführung des Sextisch-Licinischen Gesetzes. Alles über die Größe von 125 ha hinaus widerrechtlich okkupierte Land sollte gegen Entschädigung den Großgrundbesitzern genommen und parzelliert zu je 7,5 ha den kleinen Bauern übergeben werden. Ein *Dreimännerkollegium* sollte die Verteilung vornehmen. Mit diesen Vorschlägen rührte Tiberius aber gegen die offene Cliquenwirtschaft vieler senatorischer Großgrundbesitzer, die durch seinen Kollegen im Tribunat, *Octavius*, das unaufschiebbare »Veto« einlegen ließen und damit den Gesetzantrag des Tiberius blockierten. Um seine Ackergesetze trotzdem noch zu retten, wurde Tiberius zum Revolutionär: Durch Abstimmung

in den *Tributkomitien* (→ *Graphik »Verfassung«,
Seite 17*) ließ er Octavius absetzen und stellte
damit den *Volkswillen über die ungeschriebene
Verfassung* und die bislang nie in Frage gestellte
Senatsautorität. Das Ackergesetz ging nun durch,
die Dreimännerkommission nahm ihre Arbeit auf.
Als nach dem Tod des Königs *Attalos von Pergamon*, der das römische Volk zum Erben eingesetzt hatte, Tiberius beantragte, das Erbe zur
Anschaffung der nötigen Ackergeräte zu verwenden, fühlte sich der Senat erneut übergangen.
Er fürchtete nicht zu Unrecht eine Veränderung
der römischen Verfassung zugunsten der ›Volks-
souveränität‹, wenn Tiberius unter Mißachtung
der Senatsautorität seine Maßnahmen ständig
durch das Volk rechtlich absichern ließ. Neue
Gesetzesinitiativen des Tiberius schienen die
Befürchtungen des Senats zu bestätigen. Als sich
Tiberius für 132 erneut gesetzeswidrig zum Volkstribun wählen lassen wollte, beschlossen die Senatoren am Wahltag das »consultum ultimum«
und töteten gewaltsam unter Führung des Oberpriesters, des Pontifex Maximus *Nasica*, Tiberius
und seine Anhänger. Aus Furcht vor Unruhen
legte aber der Senat der Ackerverteilung zunächst
keine Hindernisse in den Weg, schränkte jedoch
die Arbeit der Kommission so ein, daß das Pro-
jekt in den folgenden Jahren von selbst ein-
schlief.
10 Jahre nach dem Amtsantritt des Tiberius ließ
sich sein Bruder Gaius zum Volkstribun wählen,
um das liegengebliebene Reformwerk mit Hilfe
des Volkes und *auch der Ritter* gegen den Senat
durchzusetzen. So sollte der Staatsgrund unter
die Armen verteilt, den Soldaten die Ausrüstung
gestellt werden. Durch ein *Getreidegesetz*, das den
Armen monatlich etwa 3/4 Zentner Weizen zu
einem Billigpreis garantierte, gewann er das
›Proletariat‹. Den Einfluß der Senatoren brach
er durch *Übertragung der Geschworenengerichte
an die Ritter*, die jetzt die Kontrolle über die adeligen Provinzstatthalter ausübten. Mit Hilfe solch
populärer Anträge 122 erneut zum Volkstribun
gewählt, beantragte Gaius als Ergänzung der
Ackergesetze die *Anlage von Kolonien außerhalb
Italiens*. Als er außerdem noch den *Bundesgenossen das Bürgerrecht* verleihen wollte, entfrem-
dete er sich einen Großteil der Anhänger, die
weder irgendwo in der Provinz siedeln noch auf
die Exklusivität des Bürgerrechts verzichten wollten. Dem Senat fiel es daher leicht, unter Ausnutzung der Unzufriedenheit des Volkes die
Wiederwahl des Gaius für 121 zu verhindern.
Als der Consul *L. Opimius* daraufhin eine Reihe

von Gaius' Gesetzen abändern wollte, Gaius aber
seine Anhänger zur Abstimmung mobilisierte,
gaben die Senatoren Opimius gemäß dem »senatus consultum ultimum« die Vollmacht, »er solle
nach Kräften die Stadt schützen und die Tyran-
nenmacht brechen«. Opimius rief die Optimaten
(→ *Einleitung, Seite 25*) zu den Waffen, und in
den blutigen Auseinandersetzungen wurden 3000
Anhänger des Gaius getötet, er selbst ließ sich,
als er keinen Ausweg mehr sah, von seinem Sklaven umbringen. (Zu den Verfassungsproblemen
und Staatsfunktionen siehe insgesamt die ein-
leitenden Texte.) (M. F.)

Griechenland unter römischer Herrschaft

Das Verhältnis der Römer zu Griechenland
läßt sich (→ *Seite 189*) nicht auf eine einfache
Formel bringen (→ *Griechen und Römer*). Neben
großzügigem, verständnisvollem Entgegenkommen stehen schlimmste Unterdrückung und Ausbeutung. So trat z. B. der römische Consul
T. Quinctius Flaminius zu Beginn des 2. Jahrhunderts geschickt als Schutzherr griechischer
Freiheit auf. Man feierte ihn wie einen Gott als
»Retter« Griechenlands, obwohl er doch gleichzeitig ungeheure Summen von Gold und Silber
aus dem Land herausgepreßt hatte. Zwei Menschenalter später statuierte der römische Befehlshaber *L. Mummius* an Korinth ein Exempel, indem er die Stadt so gründlich zerstörte und aus-
plünderte, daß sein Verhalten selbst in dieser an
Kriegen und Zerstörungen reichen Zeit Aufsehen
und Abscheu erregte.
Für die Römer blieb natürlich Griechenland, von
seiner das römische Geistesleben durchdringen-
den Macht einmal abgesehen, als Brücke zum
Orient ein Gebiet von höchster strategischer
Bedeutung.
Doch die Römer gründeten nicht nur Militärkolonien, sondern erweiterten und erneuerten
auch alte Städte und Heiligtümer. Ein besonders
anschauliches Bild von der Neugründung einer
Stadt bieten uns die Ausgrabungen der »Sieges-
stadt« *Nikopolis*. → *Augustus* gründete sie in
Erinnerung an die Seeschlacht von *Actium* (31 v.
Chr.) an der Stelle, wo das römische Lager gestanden hatte. In die neue Stadt mußten die
Bewohner der Nachbarorte, deren Gebäude nun
verfielen, einziehen. Römische Freigelassene griechischer Herkunft wurden in der Stadt und
ihrer Umgebung angesiedelt. Nikopolis erreichte

schließlich den Rang einer Provinzhauptstadt und blieb über Jahrhunderte hinweg lebendig. Kaiser → *Hadrian* ließ dort einen Tempel für seinen im Jahre 130 n. Chr. ertrunkenen Liebling *Antinoos* errichten, mindestens vier Basiliken entstanden in christlicher Zeit.

Auch *Korinth* bauten die Römer nach der erwähnten Zerstörung wieder auf. Nachdem schon → *Caesar* dort eine Bürgerkolonie mit römischen Freigelassenen gegründet hatte, stieg die Stadt unter dem neuen Namen *Iulia Corinthiensis* sogar zur Hauptstadt Griechenlands auf und wurde Sitz des römischen Statthalters der *Provinz Achaia*. Wie überall in Griechenland, war auch in Korinth die Regierungszeit der griechenfreundlichen Kaiser → *Hadrian*, *Antoninus Pius* und → *Marc Aurel* eine Epoche reicher Bautätigkeit. So ließ Hadrian die durch ein Erdbeben im Jahre 77 zerstörten, einst von den Kaisern der iulisch-claudischen Dynastie errichteten Anlagen wieder aufbauen. Und noch Kaiser *Valentinian II.* erneuerte am Ende des 4. Jahrhunderts die wiederum einem Erdheben zum Opfer gefallenen Gebäude des Marktes.

Auch in *Athen* begann nach der Plünderung der Stadt durch *Sulla* (86 v. Chr.) bald der Wiederaufbau.

Ein Hallenbau des → *Pompeius* entstand damals in Athens Hafen *Piräus*. Auf der *Akropolis* besserte man das berühmte *Erechtheion* aus. Augustus' Mitstreiter → *Agrippa* ließ schließlich auf dem Markt eine Konzerthalle errichten.

Die Bauten des kunstsinnigen Kaisers → *Hadrian* führten dann zu einer »Erneuerung Athens im römischen Stil«. Die Anlage eines neuen Forums (»Bibliothek des Hadrian«), die Fertigstellung des Olympieions, eines Zeustempels mit jahrhundertelanger Baugeschichte, und die Errichtung des Hadriansbogens gehören in diese Epoche. Natürlich machte die Bautätigkeit an den Stadtmauern, die Hadrian auch erneuern ließ, nicht halt. Eine Wasserleitung, die vom Pentelikongebirge bis zum Lykabettoshügel führte und eine Reihe von Badeanlagen speiste, entstand damals.

Daß die Römer berühmte Heiligtümer wie *Eleusis*, *Delphi*, *Olympia* und *Dodona* baulich veränderten, versteht sich von selbst. Das Theater der nordwestgriechischen Orakelstätte Dodona bauten die Römer so um, daß → *Gladiatorenkämpfe* und → *Tierhetzen* möglich wurden. – So blieb Griechenland, obwohl ohne politisches Gewicht, doch ein lebendiges Glied im römischen Reichsverband. (S. G.)

Griechen und Römer

Die wechselseitige Zuordnung der beiden großen Kulturvölker der europäischen Frühzeit ist dem Bewußtsein der Menschen so selbstverständlich geworden, daß man heute in dem Begriff der griechisch-römischen *Antike* beide Völker gewissermaßen als ein Ganzes ansieht. Tatsächlich ist ja der Mittelmeerraum im Verlauf der »Alten Geschichte« zu einer kulturellen Einheit zusammengewachsen, die nach unserem Verständnis eine der Grundlagen der europäischen ›Weltkultur‹ der Gegenwart darstellt. Dennoch ist diese Schau eine sehr vereinfachende Betrachtungsweise, die dem ausgeprägten Eigencharakter der beiden Völker und ihrer besonderen geistigen Entwicklung kaum gerecht wird. Bedenkt man, daß die Kultur der Griechen derjenigen der Römer einen Vorsprung von etwa fünf Jahrhunderten voraus hatte, so werden bereits gewichtige Unterschiede erkennbar.

Als das griechische Kernland längst zu politischer Bedeutungslosigkeit herabgesunken war und im ›Weltreich‹ *Alexanders des Großen* und seiner Nachfolger aufging, begann erst Roms Aufstieg von der bescheidenen Landstadt am Tiber zur Vormacht Italiens und schließlich des gesamten Mittelmeerraumes. Zwar hatten die Römer bereits eigenständige politische Strukturen und Normen entwickelt, die sie zum Aufbau eines imponierenden Herrschaftssystems befähigten, doch fehlten ihnen zunächst noch alle kulturellen Voraussetzungen, die ihren Staat über den Rang einer *bloßen Militärmacht* erheben konnten. Schon sehr früh zeigte sich allerdings eine erstaunliche Fähigkeit der Römer zur *schöpferischen Aneignung* praktischer und geistiger Errungenschaften ihrer Nachbarn und ihrer Gegner, eine eigentümliche Bereitschaft zur Anpassung, in der schon der Grieche *Poseidonios* (ca. 135 – 51 v. Chr.) mit Recht eine wesentliche Ursache für die Größe Roms erkannte. Waren es zunächst vornehmlich die → *Etrusker* und die übrigen Nachbarstämme in Mittelitalien, die Rom auf diese Weise formten, so wurde sehr frühzeitig auch direkter griechischer Einfluß wirksam.

Frühe Kontakte. Ungefähr um die Zeit der von dem römischen Altertumsforscher *Varro* auf die Mitte des 8. Jahrhunderts v. Chr. (753 v. Chr.) datierten Gründung Roms legten griechische Siedler von der Insel *Euböa* ihre *erste Kolonie auf dem Boden Italiens* an (*Kyme* = Cumae in Campanien), der dann im Verlauf von mehr als 200 Jahren zahlreiche weitere Pflanzstädte an den

Küsten Unteritaliens, Siziliens, Spaniens und Galliens folgten. Der lebhafte Handelsaustausch, der rasch in Gang kam, brachte den Römern neben immer neuen Kulturgütern (und den entsprechenden Bezeichnungen) von Kyme her die Kenntnis der umwälzenden Erfindung des *griechischen Alphabets* in seiner westgriechischen Gestalt, das uns in leicht angepaßter Form als sogenannte *lateinische Schrift* noch heute dient. Das erste lateinische Sprachdenkmal auf einer goldenen Fibel (Spange) aus *Praeneste* (um 600 v. Chr.) belegt diese frühe Verwendung der griechischen Schriftzeichen.

Unter griechischem Einfluß wandelte sich die altrömische Vorstellung vom Wirken *unpersönlicher* göttlicher Kräfte zum Glauben an die lichten *Gestalten des Olympischen Götterhimmels*, die in behutsamer Weise den einheimischen Gottheiten der Frühzeit angeglichen wurden (→ *Religion*). Das peinlich genaue Bemühen, einem jeden neu eingebürgerten Gott die ihm zukommende Verehrung zu erweisen, führte zur Übernahme *griechischer Kultformen* wie Prozessionen, Festchöre, Theateraufführungen und Spiele. Die bildhafte Darstellung der griechischen Götter und die Baugestalt ihrer *Tempel* lieferten der römischen → *Kunst* entscheidende Anregungen. Aber auch die *Münzprägung*, in der es die Römer später zu unübertrefflicher Meisterschaft brachten, sowie das römische *Währungssystem* überhaupt fußten auf griechischen Vorbildern *(→ Geld-Münzen-Maße)*.

Seit dem militärischen Eingreifen der Römer in Campanien (343 v. Chr. Anschluß *Capuas*, 312 v. Chr. Bau der *Via Appia*) und Süditalien (272 v. Chr. Eroberung von *Tarent*), stärker noch nach dem Ersten Punischen Krieg (241 v. Chr. wird Sizilien erste römische → *Provinz*) und dem Kraftakt des Hannibalkriegs (beendet 201 v. Chr.) riß die unmittelbare Berührung mit den Griechen nicht mehr ab. Vollends seit der Einmischung in die Politik der hellenistischen Staatenwelt, durch die Rom im 2. Jahrhundert v. Chr. die Herrschaft über das griechische Mutterland und die hellenisierten Gebiete des Orients gewann, fielen die Mauern, die das kriegerische Bauernvolk bislang im Stande der Barbarei gehalten hatten.

Rom und der Hellenismus. Im Ringen um ihre Freiheit und die ideale Gestaltung ihres politischen und geistigen Lebens hatten die Griechen den Menschen als *Individuum* entdeckt und grundsätzliche Einsichten über Natur, Kultur, Religion, Philosophie, Wissenschaft und Politik gewonnen, denen sie in den großartigen Schöp-

fungen ihrer Literatur und Kunst einen bleibenden, unmittelbar ansprechenden Ausdruck zu geben wußten. Es war freilich nicht mehr das ursprüngliche Griechentum, dem die Römer jetzt begegneten, doch besaß auch die ›*Weltkultur*‹ des *Hellenismus* noch eine starke Ausstrahlungskraft. Eifersüchtig wachte *Athen* über seinen Ruhm als Bildungszentrum der griechischen Welt. Daneben waren in den Residenzen hellenistischer Könige (*Syrakus, Pergamon, Alexandreia* u. a.) neue Kulturmittelpunkte entstanden, in denen nicht nur das klassische Erbe sorgfältig gepflegt, sondern auch intensiv experimentiert und weiter geforscht wurde. Die Römer stießen hier also mit Staaten zusammen, die über eine hochentwickelte Wissenschaft und Technologie ebenso verfügten wie über ein straff durchorganisiertes Finanz- und Verwaltungssystem. In den Häfen und auf den Märkten der reichen Städte pulsierte das Leben, in Säulenhallen, Gymnasien und Theatern traf man sich zu philosophischem Gespräch sowie zu sportlichem und musischem Wettkampf, durch die Straßen zogen lärmende Umzüge der Anhänger geheimnisvoller Götterkulte. Staunend sahen sich Roms Feldherrn und Soldaten, Gesandte wie Kaufleute umgeben vom raffinierten Luxus einer überlegenen Zivilisation, der sie nichts Gleichwertiges entgegenzusetzen hatten. Kann man es ihnen verargen, daß sie den Lockungen des Neuen im ersten Ansturm erlagen und mit dem Recht des Siegers den vollen Genuß forderten?

Als die Römer mit dem Schwert in der Hand in diese ungeheuer reiche und bunte Welt einbrachen, ahnten sie wohl nicht, daß – nach einem Wort des Dichters → *Horaz* – das eroberte Griechenland nun seinerseits geistig und zivilisatorisch den wilden Sieger erobern und dem bäurischen Latium die höhere Kultur bringen sollte.

Zunächst tobte sich freilich die Brutalität der römischen Herren ungehemmt aus. Die »Freiheitserklärung für alle Hellenen«, die der griechenfreundliche Feldherr *Flamininus* im Jahre 196 v. Chr. in *Korinth* abgab, erwies sich rasch als ein Geschenk von höchst zweifelhaftem Wert, da sie Rom nicht davon abhielt, als Garantiemacht gewaltsam in die innergriechischen Streitigkeiten einzugreifen. Dabei wurden jeweils schwere Verwüstungen angerichtet, riesige Summen erpreßt, Tausende von Kriegsgefangenen als Sklaven oder Geiseln nach Italien verschleppt und zahllose Kunstwerke geraubt. Der General *M. Fulvius Nobilior* hat aus der Stadt *Ambrakia* nicht weniger als 1000 Statuen abtransportiert! Noch heute liegen ganze Schiffsladungen mit Raubgut auf dem Grunde des Mittelmeers – sehr zur Freude der Archäologen, die immer wieder neue Schätze heben können. Da die meisten Kriege des 2. und 1. Jahrhunderts v. Chr. auf griechischem Boden ausgefochten wurden, brach der Wohlstand der Bevölkerung auf lange Zeit zusammen. Den Rest besorgten die römischen Statthalter und die mit ihnen verbündeten Steuerpächter, die ihre Provinzen meist rücksichtslos ausplünderten. Der angestaute Haß der Bevölkerung entlud sich in verschiedenen *Aufständen*, die im Jahre 88 v. Chr. in einem unvorstellbaren Blutbad gipfelten, dem in Kleinasien insgesamt 80 000 Römer und Italiker zum Opfer fielen (»Vesper von Ephesus«). Erst die segensreiche Neuordnung des Ostens durch → *Pompeius* und schließlich der Sieg des *Octavian-Augustus bei Actium* (31 v. Chr.) ließen neues Leben aus den Ruinen erblühen und schufen die Grundlagen für eine gedeihlichere Entwicklung. Es bleibt ein erstaunliches Phänomen, daß trotz dieser schweren Belastungen ein Ausgleich im Sinne einer friedlichen Koexistenz der beiden Völker zustande kam. Er konnte nur auf dem Weg gegenseitigen Verstehens gelingen.

Literatur und Kunst. Der Siegeszug des griechischen Geistes in Rom selbst setzte schon um die Mitte des 3. Jahrhunderts v. Chr. ein, als der Grieche *Livius Andronicus* aus *Tarent* im Auftrag des Senats ein griechisches Drama in lateinischer Übersetzung auf die Bühne brachte. Derselbe Autor wurde mit einer Übersetzung der homerischen *Odyssee* zum Begründer der lateinischen → *Literatur*. Die Griechen hatten bereits alle Literaturgattungen in meisterlicher Weise entwickelt, und man wird kaum einen lateinischen Autor finden, der ihnen nicht unendlich verpflichtet wäre. Und doch darf diese ›Übersetzungsliteratur‹ Originalität beanspruchen, insofern sie griechisches Gedankengut in römisches Maß umsetzt. Im Ringen mit der Fülle griechischer Stoffe und Formen gewinnt die lateinische Sprache erst ihre einzigartige Präzision und Würde. Ähnliches gilt im Bereich der Kunst, wo sich die Römer trotz vielfältiger Abhängigkeiten im Formalen und Thematischen und einer geringeren schöpferischen Phantasie doch einen selbständigen Rang erkämpften. Dies trifft vor allem zu für den Bau von → *Straßen*, *Brücken*, *Wasserleitungen* (→ *Aquädukte*), *Triumphbogen*, *Gewölbe- und Quaderbauten*, *Thermen* (→ *Bäder*) und → *Amphitheatern*. Aber auch bei den Kunstgattungen des historischen *Reliefs*, der *Gewandstatue* und des *Porträts* zeigt sich römische Eigenart im Festhalten an den individuellen Zügen fern jeder Idealisierung und mythischen Verherrlichung. Und selbst den Kunstraub wird man etwas milder beurteilen, wenn man seine positiven Auswirkungen auf eine breitere Kunstpflege, ein verfeinertes Kunstverständnis und eine höhere Wohnkultur in Rechnung stellt.

Wissenschaftliches Erkenntnisstreben um seiner selbst willen lag den Römern im allgemeinen fern. Sie begnügten sich daher zumeist mit der Übernahme *praktischer* Errungenschaften.

Die Krise der Beziehungen. Die Veränderung der römischen Lebensverhältnisse und der auf ihnen beruhenden Lebensart wurde durch *griechische Kriegsgefangene* gefördert, welche als Ärzte, Architekten, Künstler und Lehrer bald unentbehrlich waren. Die Kinder der römischen Führungsschicht nahmen mit der *griechischen Sprache* auch deren Denkinhalte und Vorstellungswelt in sich auf, so daß konservative Kreise ernsthaft um den Bestand der altrömischen Wertordnung fürchteten. Hatten Roms früheste Historiker noch in griechischer Sprache um Anerkennung für ihr Vaterland geworben (→ *Geschichtsschreibung*), so sperrte man sich jetzt bewußt gegen den übermächtigen kulturellen Einfluß aus dem Osten, und die Klagen über den sogenannten Sittenverfall beherrschten die politischen und literarischen Auseinandersetzungen. Besonders bekannt ist der leidenschaftliche, oft engstirnige Kampf geworden, den der alte → *Cato Censorius* gegen Luxus, Individualismus, religiöse Überfremdung und Aufklärung führte. Er hielt die Griechen rundweg für ein verkommenes Pack und verkündete: »Sobald uns dieses Volk seine Literatur gibt, wird es alles ruinieren.« Ja, er warnte in seinem Haß gegen alles Griechische seinen Sohn sogar vor der Konsultation griechischer Ärzte, da sich diese verschworen hätten, alle Römer zu vergiften. Gegen das Eindringen des orgiastischen *Dionysoskults* setzte er strenge Abwehrmaßnahmen durch. *Philosophische Schriften* wurden öffentlich verbrannt, alle Philosophen und Rhetoren gar aus Rom ausgewiesen. Als im Jahre 155 die berühmte Philosophengesandtschaft aus Athen in Rom weilte, sorgte Cato für ihre beschleunigte Abreise, sobald er das Aufsehen bemerkte, das vor allem der Akademiker *Karneades* bei der Jugend erregte, als er in einem Vortrag das Prinzip der Gerechtigkeit philosophisch begründete, um es am folgenden Tag ebenso geschickt zu widerlegen. Freilich zeigen Catos eigene Schriften durchaus eine gewisse Kenntnis griechischer Vorbilder, ja er soll im Alter sogar selbst noch Griechisch gelernt haben: Der Strom der Geschichte ließ sich nicht aufhalten.

Versuch der Synthese. Daß sich Catos Befürchtungen um den Bestand der sittlichen Grundlagen des römischen Gemeinwesens dennoch nicht erfüllten, ist vor allem dem stillen, aber umso nachhaltigeren Einfluß des Kreises um den jüngeren → *Scipio Africanus* zu verdanken, in dem sich neben führenden Vertretern des römischen Adels auch Griechen wie der Historiker *Polybios* und der Stoiker *Panaitios* zusammenfanden.

Auf der Grundlage der altrömischen Werte und der stoischen Tugendlehre entwickelten diese Männer das Idealbild einer *höheren Menschlichkeit* (humanitas), in der sich die harmonische Entfaltung der *Persönlichkeit* mit dem Dienst an der *Gemeinschaft* verbindet. Die Griechen stellten zu ihrer Verwunderung fest, daß in dem gefürchteten Barbarenvolk durchaus nicht nur blanker Machtwille, sondern auch aufbauende Kräfte wirksam waren, ja daß im römischen Staat manche ihrer Ideale verwirklicht schienen (z. B. die Mischverfassung). Indem sie nun ihre theoretischen Erkenntnisse den praktischen Bedürfnissen anpaßten, nahmen sie den Römern, die sich bisher von dem dogmatischen Gezänk der verschiedenen Schulen verständnislos abgewandt hatten, ihre Befangenheit und machten die *Philosophie* zu einem unentbehrlichen Bestandteil des römischen Lebens, wobei sich die Römer ihrem Nationalcharakter entsprechend die Freiheit der Auswahl vorbehielten (Eklektizismus): Während die *Sittenpredigt der Kyniker* (→ *Philosophie*) mehr Anklang beim einfachen Volk fand und Epikurs (→ *Philosophie*) Lehre Trost und Glück im Rückzug aus dem öffentlichen Leben verhieß, konnte die *Dialektik der Akademie* zur Schulung der Juristen und Politiker dienen. Vor allem aber ist die *Pflichtenlehre der Stoa* (→ *Philosophie*) und ihr Glaube an eine vom göttlichen Geist durchwaltete Weltordnung ungezählten Römern zu einem festen Anker in den Stürmen des Lebens geworden.

In der Person → *Ciceros* tritt uns der erste Römer entgegen, »der seine Ideale philosophisch zu gestalten vermochte und dadurch seinem Handeln feste Richtpunkte, seinem Leiden zuverlässige Tröstungen gewann« (Vogt). Gründliche rhetorische, juristische und philosophische Studien und eine zweijährige Bildungsreise in den griechischen Osten bereiteten ihn auf die führende Rolle vor, die er zeitweilig in der Politik spielen

sollte. Sie boten ihm aber auch das Rüstzeug zu dem groß angelegten und weithin gelungenen Versuch, während der Jahre seiner erzwungenen politischen Zurückhaltung seinen Landsleuten die wesentlichen Bestandteile der hellenistischen Philosophie in freien Nachschöpfungen zu vermitteln. Ciceros Wirkung auf das Denken Europas ist unabsehbar. Im persönlichen Ringen um die innere Aneignung der griechischen Begriffs- und Geisteswelt hat er seinem Volk eine *philosophische* und *rhetorische Fachsprache* (Terminologie) geschenkt, die eine dauernde Auseinandersetzung mit den Themen der griechischen Philosophie und ein selbständiges Weiterdenken überhaupt erst ermöglichte. Noch der Kirchenvater *Hieronymus* (→ *Kirchenväter*) sah sich in einer Vision dem Vorwurf ausgesetzt: »Du bist ein Anhänger Ciceros, nicht Christi!« Und selbst der junge *Augustinus* (→ *Kirchenväter*) erfuhr durch die Lektüre einer Schrift Ciceros eine erste philosophische Bekehrung. Niemand hat Ciceros Verdienst besser gewürdigt als → *Caesar:* »Du hast den schönsten Ruhm und einen Triumph erlangt, der höher steht als der Triumph der größten Feldherrn; denn es ist etwas Höheres, die Schranken des Geistes zu erweitern als die Grenzen des Reiches weiter hinauszurücken.«

Römisches Selbstbewußtsein. Obwohl sich die griechische Bildung seit der Mitte des 2. Jahrhunderts v. Chr. in der römischen Führungsschicht allgemein durchgesetzt hatte und es nahezu selbstverständlich geworden war, daß man seine Schulzeit mit einem Studium in *Athen,* *Rhodos* oder einer anderen Hochschulstadt des Ostens abschloß, blieb den meisten Römern doch ein unterschwelliges Mißtrauen gegen die Griechen, die man mit ihren römischen Freunden geringschätzig als »Graeculi« (Griechlein) abtat. Das Verbum »pergraecari« diente gar zur Bezeichnung liederlichen Lebenswandels. Man versuchte das Bewußtsein der kulturellen Unterlegenheit durch nationalstolze Äußerungen zu überspielen. Der Historiker *Sallust* (→ *Geschichtsschreibung*), der die römische Vergangenheit weitaus höher einschätzte als die Griechenlands, klagt: »Weil aber dort hochbegabte Schriftsteller auftraten, werden die Taten der Athener auf der ganzen Welt als die bedeutendsten gefeiert [. . .] Dem römischen Volk dagegen stand niemals diese Fülle zu Gebote, weil [. . .] gerade seine besten Männer lieber handeln als reden wollten.« Ja selbst Cicero, der es doch besser wußte und seine Neigung zur griechischen Kultur wiederholt öffentlich eingestand, behauptet gelegentlich:

»Ich bin immer der Überzeugung gewesen, daß unsere Römer seit jeher teils selbständig Besseres geleistet haben als die Griechen, teils verbessert haben, was sie übernommen hatten; jedenfalls soweit sie es für der Mühe wert hielten, sich mit den Dingen zu beschäftigen. Denn unsere Sitten und Lebensformen, die Ordnung unserer Häuser und Familien sind sicher besser und vornehmer, und was den Staat betrifft, so haben ihn unsere Vorfahren ohne Zweifel mit besseren Einrichtungen und Gesetzen verwaltet« (Übers.: Gigon). Lediglich im Bereich der Bildung und Literatur wird den Griechen ein gewisser Vorrang zugestanden, aber auch nur, weil man sich dafür eben nicht sonderlich interessiert habe. In dichterischer Begeisterung hat → *Vergil* das neugewonnene Bewußtsein römischen Eigenwertes in die monumentalen Worte gekleidet: »Andere mögen vielleicht das Erz noch atmender schmieden, / mögen ein lebend Bild aus Marmorstufen hervorhaun, / kundiger reden am Markt und Bahn und Kehre der Himmel / messen im Zirkelschlag, Sternankunft kennend und kündend. / Sei du, Römer, gedenk des Reichs und übe die Herrschaft: / Das sind Künste, die dir anstehn. Bring Friede den Völkern, / sei den Besiegten gelind, sei siegreich über den Stolzen!« (Übers.: R. A. Schröder). Mit seiner »Aeneis«, in der er Motive der homerischen Dichtungen und italische Traditionen ineinander verwob, hat er den Römern ihr *Nationalepos* geschenkt, das ihnen eine Identifikation mit der eigenen Geschichte ermöglichte und sie gleichzeitig mit der griechischen Welt ihrer mythisch gedeuteten Herkunft verknüpfte. So tritt uns in seinem Werk die Integration der beiden Kulturen in einzigartiger Weise vor Augen. Indem Vergil Roms Anspruch auf Weltherrschaft nicht mehr militärisch, sondern moralisch begründete, baute er eine Brücke zwischen den Völkern, die es auch den Griechen leicht machte, im Weltreich der Cäsaren die Verwirklichung ihres Traumes von der friedlichen Einheit der bewohnten Erde zu sehen. In dem biographischen Werk des Griechen *Plutarch*, der jeweils einen bedeutenden Griechen und Römer miteinander vergleicht, scheint die Versöhnung vollzogen.

Ausgleich in der Kaiserzeit. Im römischen Kaiserreich lebten manche Traditionen des *hellenistischen Königtums* fort. Die Kaiser haben die kulturelle Autonomie des griechischen Ostens immer anerkannt, ja vielfach gefördert. Nirgends wurde eine Romanisierung der Griechen angestrebt, eher nahm der griechische Einfluß im lateinischen Westen noch zu. → *Hadrian*, der größte Philhel-

lene (Griechenfreund) unter den Kaisern, suchte Athens Rang als des ideellen Mittelpunkts der griechischen Welt nach Kräften zu erhöhen. In → *Marc Aurel* gelangte gar ein Philosoph auf den Kaiserthron, in dem sich das Ideal stoischer Pflichterfüllung und Weisheit zu verkörpern schien. Aus einem Brief des jüngeren → *Plinius* an einen römischen Statthalter spricht die ehrfurchtsvolle Wertschätzung der Gebildeten Roms für die unvergänglichen Leistungen der Griechen: »Bedenke, Du wirst in die Provinz Achaia gesandt, das wahre, unverfälschte Griechenland, wo, wie es heißt, zuerst Bildung und Wissenschaft und selbst der Ackerbau erfunden worden ist, wirst entsandt, um Ordnung in die Verfassung freier Städte zu bringen, das heißt: zu Menschen, die im besten Sinne Menschen, zu Freien, die im besten Sinne Freie sind, die dies von der Natur verliehene Recht auf Freiheit durch Tüchtigkeit, Verdienste, Freundschaft [...] behauptet haben. [...] Erweise ihrer Vergangenheit Ehre, ihren Großtaten, auch ihren Mythen! Kränke niemanden in seiner Würde, seiner Freiheit, ja auch nicht in seiner Eitelkeit!« (Übers.: H. Kasten).

Über Griechenland kam schließlich auch das *Christentum* nach Rom, wo es sein späteres Zentrum fand. Bis weit ins 3. Jahrhundert hinein ist die römische Christengemeinde griechisch geprägt. Der Schwerpunkt des Reiches hatte sich freilich inzwischen nach dem Osten verlagert, wo → *Constantin der Große* durch die Gründung seiner Stadt Constantinopolis die Voraussetzungen für den späteren byzantinischen Staat der »griechischen Römer« (Rhomäer) schuf, in dem sich römische Staats- und Rechtsidee, griechische Weltkultur und christliche Heilslehre zu einer universalen Konzeption vereinten, deren Fernwirkungen noch spürbar sind (→ *Ostrom).* (H. H.)

H

Hadrian

Publius Aelius Hadrianus, als Kaiser *Imperator Caesar Traianus Hadrianus Augustus*, wurde am 24.1.76 in Andalusien in der Römerstadt *Italica* geboren. Sein Vater war Senator und die Familie

Kaiser Hadrian. Replik eines Hadrian-Bildnisses um 120 n. Chr. Vatikanisches Museum Rom.

Jurisprudenz, der Verwaltung und dem Militärwesen. Von Jugend auf hatte er eine intensive Ausbildung erfahren, und er hörte sein Leben lang nie auf zu lernen. Seine künstlerischen Intentionen verkörperten nahezu vollkommen die Grundströmungen und den Geschmack der Epoche, nämlich *Manierismus* und *Eklektizismus* (→ *Philosophie*). Dem Gebildeten und Künstler der damaligen Zeit stand ein ganzes Weltreich als Palette zur Verfügung, aus der er die Mittel seiner Aussage wählen konnte. Auch Hadrian tat dies – man betrachte nur die Überreste seiner *Villa Adriana* bei Rom!

Am 11.8.117 gelangte Hadrian durch ein vielleicht gefälschtes Adoptionsdokument als Nachfolger Traians auf den Thron. Vorher hatte er sich schon als Offizier in den *Dakerkriegen* und als Statthalter an verschiedenen Brennpunkten glänzend bewährt. So war er auf sein Herrscheramt wohlvorbereitet, das er ganz im *stoischen Sinn* einer ἔνδοξος δουλεία, eines *ehrenvollen Dienstes am Reich* und seinen Bewohnern auffaßte. Nicht mehr imperiale Expansion, sondern *Sicherung und Reichsausbau im Inneren* waren die Ziele seines Prinzipats.

Zwei große Reiseepochen von mehreren Jahren Dauer führten ihn nahezu in alle Provinzen. Der Kaiser kam hier nicht nur als kunstsinniger und umfassend gebildeter Tourist, obwohl gerade dieses Motiv bei ihm immer zu seinem Recht kam, sondern vor allem als kundiger Inspekteur

mit der des Kaisers *Traian* eng verbunden. Hadrian gehörte also auch zu den hispano-römischen Familien, welche während des 1. und 2. Jahrhunderts eine Reihe guter Herrscher und viele fähige Beamte und Senatoren stellten.

Hochbegabt und von seltener Vielseitigkeit kannte sich Hadrian in der Dichtung und den bildenden Künsten, in der Musik, Astronomie und Philosophie ebenso aus wie in der Rhetorik,

Das kaiserliche Rom: Rechts Tiberufer mit Grabmal Hadrians und Vatikanischen Gärten. Im Hintergrund das Marsfeld. MdCR.

der Militär- und Zivilverwaltung. Der Geschichtsschreiber *Cassius Dio* sagt von ihm: »Hadrian besuchte methodisch die Provinzen und kümmerte sich um Burgen und Befestigungen. [...] Die Provinzstädte förderte er durch Anlegung von Wasserleitungen, Häfen, Kornspenden, Errichtung öffentlicher Gebäude, Gewährung von Geldspenden und Privilegien. Über den Stand der Reichsfinanzen wußte er genauso Bescheid wie über den seines Privatvermögens« (Cassius Dio 69, 5–9). Sein Lieblingsaufenthalt wurde *Athen*, das ihm sehr viel verdankt. Mit Recht feierte die Metropole des Landes den Princeps als einen »Zweiten Perikles«.

Für die Jurisprudenz tat Hadrian Entscheidendes, indem er durch sein »Edictum perpetuum« die zweite große Sammlung römischen Rechts nach dem Zwölf-Tafel-Gesetz (→ *Einleitung, Seite 16*) anlegte und dadurch der Rechtswissenschaft starke Impulse gab.

Die letzten Regierungs- und Lebensjahre dieses großen Mannes waren durch den *jüdischen Aufstand unter Bar Koch-ba* (132–135), die Besetzung *Jerusalems*, durch Schwierigkeiten mit dem Senat und durch Krankheiten verdüstert. Der Aufstand des »Sternensohnes« Bar Koch-ba dauerte zwei lange schwere Jahre an, in denen Juden und Römer sich erbarmungslos und mit letztem Einsatz bekämpften. Palästina wurde zur Wüste, Hunderttausende Juden kamen um, noch mehr wanderten in die Sklaverei, das Rabbinat wurde nahezu ausgerottet und die Ausübung der jüdischen Religion überhaupt untersagt; Jerusalem mit dem Tempel ging unter. Auf dem Tempelberg erhob sich eine Statue Hadrians, Juden durften sich dort nicht einmal mehr ansiedeln!

Der römische Hochadel reizte Hadrian durch die kleinliche und hämische Kritik an der Griechenfreundlichkeit und der unverhüllt gezeigten Homosexualität des Herrschers. Als Hadrian am 30.7.138 ohne Nachkommen starb, mußte sein Adoptivnachfolger *Antoninus Pius* dem Senat das Dekret nahezu abpressen, mit dem Hadrian göttliche Ehren zuerkannt wurden. (D. R.)

Handel, Gewerbe, Wirtschaft

»Agreste Latium«, »Bäuerliches Latium«, so charakterisierte der Dichter → *Horaz* die Landschaft, in der Rom lag: in den Anfängen eine rein agrarisch ausgerichtete Stadt, deren Bewohner, selbst als sie die Beherrscher des ›Erdkreises‹ geworden waren, nie ihr bäuerliches

Wesen verleugneten, sondern gerade in der Bindung an die Scholle eine Voraussetzung für ihren Aufstieg sahen. Noch zur Zeit des Kaisers → *Augustus* hat der Dichter → *Vergil* in einem Lehrgedicht den Ackerbau, Obst- und Weinbau, die Viehzucht und Imkerei besungen und das einfache, doch glückliche *Leben auf dem Land* dem hektischen Trubel der Großstadt Rom mit diesen Versen vorgezogen:

> »Sorglos ist aber der Schlaf und ehrlich das Leben,
> reich an verschiedenen Schätzen, und Friede herrscht auf dem Landgut,
> Grotten sind da und natürliche Seen und kühlende Täler ...
> und eine Jugend, an Arbeit gewohnt und mit wenig zufrieden ...
> Doch der Bauer zerfurcht mit dem krummen Pfluge die Erde,
> dies ist die Arbeit des Jahres, damit erhält er die Heimat
> und auch sein kleines Heim, die Kinder und nützlichen Stiere«. (*Georgica, 2, 467 f.*)

Einige Jahrzehnte vor Vergil hatte → *Cicero* ebenfalls die traditionelle Einstellung der Römer zur Landwirtschaft ausgesprochen und ihre Bedeutung gegenüber andern Berufen gewürdigt (De officiis, 1,150 f.): »Zu der Frage, welche Erwerbszweige dem freien Manne angemessen sind, welche aber als schmutzig zu bezeichnen sind, gilt als herkömmlich etwa folgendes: Erstens werden alle diejenigen Gewerbe als verpönt angesehen, die wie das der Zöllner und Wucherer nur darauf hinauslaufen, sich bei Mitmenschen verhaßt zu machen. Als unedel gilt ferner der Erwerb aller ungelernten Tagelöhner. Zu den schmutzigen Geschäften rechnet man auch den Zwischenhändler. [...] Alle Handwerker fallen auch unter die unsaubere Zunft, was kann schon eine Werkstatt Edles an sich haben? Am allerwenigsten kann man Berufe billigen, die nur sinnlichen Genüssen dienen, Heringsbändiger, Fleischer, Köche, Hühnermäster, Fischer. [...] Der Kleinhandel ist zu den unsauberen Geschäften zu rechnen, während der kapitalkräftige Großhandel, der die Verbrauchsgüter aus aller Welt ehrlich den Massen zugutekommen läßt, durchaus untadelhaft ist. Von allen Erwerbsarten ist die Landwirtschaft die beste, die des freien Mannes würdigste«.

Modell der Hadriansvilla, einer ausgedehnten Palastanlage, die sich Hadrian bei Tibur (Tivoli) erbauen ließ. MdCR Rom.

Diese Sätze Ciceros könnten eher um 400 v. Chr. denn im Jahre 44 v. Chr. geschrieben sein, als die so vernichtend beurteilten Händler und Handwerker die Wirtschaftshöhe des römischen Staates garantierten. Aber so wie Cicero dachten viele Römer, bestimmt die Adeligen. Der Primat der Landwirtschaft stand in Rom jedenfalls außer Frage, und die bäuerliche Mentalität prägte von Anfang an die Wirtschaftsstruktur Roms.

Die Anfänge. Bis zum Ende des 3. Jahrhunderts v. Chr., für das die literarische Quellenlage einen deutlichen Umlauf an Handelsgütern erkennen läßt, blieb das agrarisch ausgerichtete Rom in der Landschaft Latium ein Wirtschaftsgebiet neben vielen anderen in Italien, ein recht unbedeutendes dazu, gemessen am nördlich angrenzenden *Etrurien* mit einem hoch entwickelten *Metallhandwerk* oder dem südlich gelegenen *Campanien und Süditalien*, wo Griechen nach hellenistischer Methode in *Großbetrieben* arbeiteten, ganz abgesehen von der *Handelsmacht Karthago*. Neben diesen ökonomisch schon weit vorangeschrittenen Wirtschaftsgebieten wirkte Rom wie ein unterentwickeltes Land: Man betrieb den *Ackerbau noch im Familienbetrieb* mit allerdings schon griechisch beeinflußten Geräten, tauschte im *Nahhandel* untereinander, was man geerntet hatte, Öl, Wein, Getreide. Der Bauer, gleich ob Kleinbauer oder großer Gutsherr, war in einer Person Produzent und Verkäufer und blieb es auch in den späteren Zeiten. Alle neun Tage eilte er nach Rom, um auf den verschiedenen Marktplätzen seine Produkte abzusetzen, Eier, Fleisch, Hühner, Gemüse, Wein und Öl, nicht anders, als es heute noch die Marktfrauen tun. An *Fernhandel* dachte der Römer nicht, es drängte ihn nicht wie den Griechen zum Meer. Ausländische Kaufleute, meist *Griechen, Karthager, Phöniker* und *Etrusker* brachten Bronzearbeiten, Geräte, Keramik und tauschten Rohstoffe ein.

Neben den »Bauernhändlern« gewann das *Handwerk* durch beginnende Spezialisierung an Bedeutung. Wir wissen das aus Zusammenschlüssen der Weber, Töpfer, Schmiede, Goldschmiede, Färber, Schuster und Gerber in »Collegia«, in *Zünften*, die allerdings mehr religiöse Bedeutung hatten und weniger eine Berufsvertretung zum Schutze ihrer Mitglieder darstellten. Keiner Spezialisierung bedurfte es im Nahrungsgewerbe. Mehl- und Brotbereitung erfolgte im eigenen Haus, alle weiteren Lebensmittel lieferte die eigene Landwirtschaft, Fleisch, Milch, Käse, Honig – den Zucker der Antike –, Gemüse, Wein, Öl.

Die Phase bis zur römischen Kaiserzeit. Mit der zunehmenden Ausdehnung Roms in Italien ab dem 4. Jahrhundert v. Chr. veränderte sich auch das Schwergewicht der Wirtschaftsstruktur. Die bisher vorherrschende Landwirtschaft wurde jetzt ergänzt durch die *Vieh- und Weidewirtschaft*, insbesondere die Schweine- und Schafzucht gewannen immer mehr Bedeutung. Vor allem aber wurden große Gebiete eroberten Landes als römisches *Staatsland* eingezogen, ohne daß der Staat für eine Eigennutzung sorgen konnte. Er verpachtete dieses Land daher an römische Bürger. Die reichen Patrizier und reichen Plebeier unter ihnen konnten die vielen kleinen freien Bauern leicht ausbooten und brachten den größten Teil dieses Staatslandes an sich. Damit war »ein unerhörter *agrarischer Kapitalismus*« (Weber) entstanden, der sich in einer immer ungleicher werdenden Verteilung des Landes und einem immer weiteren Auseinanderklaffen zwischen Reichen und Armen äußerte und soziale Probleme schuf, die mit Notwendigkeit auf eine revolutionäre Phase der römischen Geschichte hinauslaufen mußten.

Folgenreicher als die Agrar- und Sozialprobleme waren für das Wirtschaftsgefüge Roms die *erfolgreichen Kriege* im Westen und Osten des Mittelmeerraumes gegen *Karthago, Makedonien* und das *Seleukidenreich*, denn die politische Vorherrschaft Roms traf auf die wirtschaftliche Überlegenheit der griechisch-hellenistischen Welt mit ihrem einheitlichen ›Weltwirtschaftsgebiet‹ von Unteritalien und Sizilien bis nach Persien, von Ägypten bis zur Donau und dem Schwarzen Meer, mit einer einheitlichen, von *Alexander dem Großen* eingeführten Währung. Rom nahm die wirt-

schaftliche Herausforderung der hellenistischen Welt an, und mit der römischen Herrschaft wechselte auch allmählich die bisherige ›Weltwährung.‹

Der römische *Denarius* (→ *Geld – Münzen – Maße*) trat seinen Siegeszug im mittelmeerischen ›Weltwirtschaftsbereich‹ an, dessen Reichtum jetzt in Rom als der neuen Hauptstadt zusammenströmte: Rom nutzte die Glückskonstellation des vorgefundenen einheitlichen Wirtschaftsgebietes und zog den ganzen Fernhandel, soweit er intakt geblieben war, an sich, nachdem es die bisherigen Zentren *Marseille, Neapel, Syrakus, Rhodos* und *Byzanz* zurückgedrängt und *Karthago* und *Korinth*, die gefährlichsten Rivalen, 146 v. Chr. völlig zerstört hatte.

Obwohl die Römer relativ rasch im Korn-, Öl- und Weinhandel die Griechen überrundeten, blieben sie doch in der Handelsintensität hinter ihnen zurück, wie die noch recht einfachen und wenig differenzierten Fachausdrücke für Fernhandelsberufe beweisen. Der Transport der *Fernhandelsgüter* erfolgte über das Meer, mit Schiffen (→ *Handelsschiffahrt*), deren Tragfähigkeit damals bewundernswerte 3300 t erreichte, oder zu Land mit Karren und Fuhrwerken, die von Eseln, Pferden, Kamelen und Zugochsen gezogen wurden. Auf den alten Seerouten im Mittelmeer, im Roten Meer, im Schwarzen Meer, im Indischen und Atlantischen Ozean wurden weiterhin die Reichtümer der Länder ausgetauscht, Papyrus, Glas, Wolle, Bier aus *Ägypten*, Schwefel aus *Sizilien*, Zinn aus *Italien;* aus *Griechenland* Wein und Sklaven, Silber aus dem nördlichen und Holz aus dem südlichen *Kleinasien*, Weihrauch, Myrrhen, Korallen und Perlen aus *Ara-*

Marktszene. Sklavin beim Einkauf. Meistens erledigten Männer die täglichen Kücheneinkäufe. MdCR Rom.

bien. Die relativ kurzen Verkehrszeiten verlangen noch heute Respekt, insbesondere wenn man bedenkt, daß die Schiffe nicht übers hohe Meer, sondern aus Sicherheitsgründen in Küstennähe segelten und damit erhebliche Zeitverluste in Kauf nahmen. So brauchten die Schiffe im allgemeinen von Ägypten bis Sizilien nur sechs bis sieben Tage, bis Rom acht bis neun Tage, bis zur Krim im Schwarzen Meer etwa dreizehn Tage, bis Kreta zwei bis drei Tage, während man für den Transport zu Land eine durchschnittliche Reisegeschwindigkeit bis zu 60 km am Tag veranschlagen mußte.

Im *Nahhandel* dagegen können wir den Komödien des *Plautus* und *Terenz* (→ *Literatur*) und dem inschriftlichen Quellenmaterial eine ganze Reihe von Berufen entnehmen, die auf eine immer größer werdende *Spezialisierung* hinweisen, vor allem im *Viehhandel*, bezeichnend für das Weideland Italien, dessen Namen man ja mit »(v)itulus« = = Kälbchen, Füllen in Verbindung bringt. Unter den *Viehhändlern*, die meist zugleich auch Viehzüchter waren, werden Ochsenhändler, Schweinehändler, Ziegenhändler, Schafhändler genannt. Daneben existieren *Krämer*, die oft auch *Schankwirte* sind, *Rot- und Violettfärber*, *Schuster* für Stiefelchen, Sandalen und Pantoffeln werden unterschieden, *Bordürenmacher*, *Gürtelhersteller*, *Korsett- und Büstenhaltermacher*, *Dosenverfertiger*, *Ölhändler* sind bezeugt. *Holzhändler*, *Weinhändler*, *Woll- und Leinenhändler*, Hersteller von Leckerbissen, von Sträußchen aus goldenen oder silbernen Blumen oder Zweigen, die man Freunden oder beliebten Schauspielern zu verehren pflegte oder anstelle eines Trinkgelds gab. Da Hersteller und Händler in den meisten Fällen identisch waren, bleiben für uns die Übergänge vom Nahhändler zum Handwerker oft fließend. Mit der Aufwärtsentwicklung des schwunghaften Handels konnte der *gewerbliche Sektor* nicht ganz mithalten, wenngleich die militärischen

Wandgemälde aus einer Villa in Pompeii mit einer Marktszene.
In der Mitte ein Geschirrhändler.
Nationalmuseum Neapel.

Erfordernisse, aber auch der verfeinerte Geschmack, eine weitere handwerkliche Spezialisierung und die Einführung neuer. weitgehend selbständiger Berufe mit eigenen Werkstätten hervorbrachten. Auch die Zahl von Kleinbetrieben nahm rasch zu, in denen *Sklaven* (die dem Staat oder einem Privatmann unterstanden) als billige Arbeitskräfte für eine schnelle Amortisation sorgen sollten. Seit sich gegen Ende des 2. Jahrhunderts v. Chr. der *Sklavenimport* aus den eroberten Gebieten zu einem makabren *Menschenhandel* entwickelt hatte, nützten vor allem die Aristokraten Roms mit großem Gewinn die Möglichkeiten und gründeten unter Verwendung des billigen Menschenmaterials Produktionen neuer Größenordnung in der Form von *Großbetrieben*. So verschwanden in der Landwirtschaft die kleinen Güter der Bauern und machten den *Großgutsbetrieben* Platz, auf denen vor allem die Wein- und Ölproduktion enorm gesteigert wurden und im Jahr Erträge von 100 000 – 200 000 *Sesterzen* (→ *Geld – Münzen – Maße*) abwarfen. Im 2. und 1. Jahrhundert v. Chr. hatten italisches Öl und italischer Wein infolge der guten Qualität, aber auch der billigen Herstellungskosten (Sklaven!) alle ernstzunehmenden Konkurrenten aus dem Feld geschlagen. Italien selbst lernte die Kirschen, Aprikosen, Pfirsiche, Haselnüsse, Mandeln und Melonen kennen, die neben Pfauen, Enten, Fasanen, Tauben, Austern, Welsen, gallischen und spanischen Hasen begehrte Leckerbissen der römischen Oberschicht wurden (→ *auch Ernährung*). In den *handwerklichen Großbetrieben* waren die Adeligen in der Auswahl der Sklaven immer wählerischer geworden. Man nahm nicht mehr jeden, sondern stellte nur noch Sklaven mit handwerklichen Fertigkeiten ein oder bildete ungelernte Sklaven bei Bedarf aus, um sie gegen Bezahlung weiterzuverleihen. Vor allem in der *Lederverarbeitung* und im *Textilgewerbe* lohnte sich sehr schnell die Anlage von Großbetrieben, in denen zu den alten Berufen der Gerber, Schuster, Walker, Färber neue hinzutraten, so der *Tuch- und Goldsticker,* der *Brokatwirker,* der *Purpurfärber,* der *Filzverfertiger, Kürschner,* der *Schuster* für Halbstiefel und Frauenschuhe. Erst seit dem 2. Jahrhundert v. Chr. kennen wir in Italien den berufsmäßigen *Müller,* der zugleich Bäcker und Koch war, bis sich dann der *Koch* als eigener Beruf verselbständigte. Er war in Rom eine Luxuserscheinung, die sich nur die Reichen leisten konnten, ein Beweis dafür, daß die Römer mittlerweile ›auf den Geschmack gekommen waren‹. Soweit der Koch nicht mit dem Bäcker in Personalunion gestanden hatte, war er meist identisch mit dem *Metzger* gewesen. Dieser schlachtete, wie heute auch bei uns noch vielfach üblich, als »Hausmetzger« für seine Kundschaft, oder er verkaufte zugleich als Händler auf dem *Markt* die guten Fleischstücke, wenn er es nicht vorzog, in einer angeschlossenen *Garküche* (→ *Ernährung*) auch die minderwertigen Stücke zu verwursten und so gewinnbringend abzusetzen.

Während für die *Töpfer* noch keine weitere Berufsdifferenzierung zu erkennen ist, sind für das *Baugewerbe* schon eine Reihe von Sonderberufen in Rom bekannt, angesichts der regen Bautätigkeit in der Hauptstadt kein Wunder: *Kalkbrenner, Steinmetze, Bildhauer, Marmorarbeiter, Maurer* für Haus- und Dachbau, *Anstreicher* und *Verputzer.*

Die Kaiserzeit. Nach dem Zusammenbruch der römischen Republik ermöglichte im 1. Jahrhundert der römischen Kaiserzeit, die man mit → *Augustus* beginnen läßt, die »Pax Augusta«, der »Augustusfriede«, eine Epoche weiteren wirtschaftlichen Aufschwungs, vor allem für den *Fernhandel,* der die bislang an der Peripherie des mittelmeerischen Wirtschaftsraumes gelegenen Länder als vollwertige Handelspartner einbezog, im Westen *Spanien, Gallien, Britannien, Schottland* und *Germanien,* im Süden und Osten *Mchretanien* (Marokko/Algerien), *Numidien* (Tunesien), *Abessinien* (Äthiopien), *Nubien* (S-Ägypten/N-Sudan), die Küsten *Arabiens* am Roten Meer und den *südrussischen Raum* bis zum heutigen Kiew. *Karawanenverbindungen* bis nach *Sibirien, Hinterindien* und *China* ergänzten nach dem fernen Osten hin ein Wirtschaftsgebiet, das gegenüber

dem 2. und 1. Jahrhundert v. Chr. mächtig erweitert war und völlig unter Führung Roms und Italiens stand. Italien exportierte jetzt seine Produkte wie Öl, Wein, Getreide, Glas- und Metallwaren, Bronzegeräte und feines Tongeschirr, die sogenannte »Terra sigillata« hauptsächlich in die neugewonnenen Absatzmärkte der Grenzländer und Grenzprovinzen. Dafür bezog es von dort Rohstoffe, bei immer steigenderem Bedarf vor allem auch *Getreide aus Ägypten und Nordafrika* sowie die am kaiserlichen Hof und bei der Oberschicht begehrten *Luxusgüter* wie Perlen, Edelsteine, Gewürze, Parfüms aus *Indien,* Seide aus *China;* vom *Schwarzen Meer* wurden Kaviar, Pelze und Honig eingekauft.

Die rege Export- und Importtätigkeit bescherte den Provinzen wirtschaftlichen Aufschwung, untergrub aber gleichzeitig schon gegen Ende des 1. Jahrhunderts die Zentrumsfunktion Italiens und führte zu einzelnen großen, in sich zusammenhängenden Wirtschaftsräumen, die selbst Massengüter zu produzieren begannen und allmählich autark wurden. Nur in Wertprodukten blieben sie weiterhin abhängig, bis dann im 3. Jahrhundert während der großen Krise des Reiches eine totale wirtschaftliche Eigenentwicklung einsetzte.

Diese wirtschaftlichen Großräume umfaßten im 2. Jahrhundert neben *Italien* mit Sardinien, Korsika und Sizilien vor allem *Germanien* und *Gallien* sowie *Spanien.* Sie exportierten Artikel wie Kork, Metall, Sklaven (Spanien), Glas- und Bronzewaren (Gallien), Holz, Häute, Vieh (Germanien) und die feine Töpferware (»Terra sigillata«), die jetzt in großer Anzahl in Gallien und Germanien selbst hergestellt wurde. *Afrika* von Marokko bis Libyen bildete ein weiteres Einheitsgebiet, das Wein, Öl, Fisch- und Fleischkonserven aus Spanien, Handwerkserzeugnisse aus Italien importierte und dafür die gefragten Luxusartikel Elfenbein, Purpur, Sandarakholz und außerdem wilde Tiere für die Zirkusspiele Roms exportierte. Das *Alpengebiet* mit den Provinzen *Raetia* (Schwaben, Bayern bis zur Donau) und *Noricum* (Österreich) sowie die Provinzen *Pannonia* (Ungarn), *Moesia* (Bulgarien), *Dacia* (Rumänien) und der angeschlossene *Schwarzmeer- und südrussische Raum* deckten ihren Bedarf an Öl, Wein, Glas und »Terra sigillata« hauptsächlich aus Italien. Sie führten dafür Metalle wie Eisen und Gold, dazu Holz, Pelze, Häute und Sklaven aus. *Griechenlands, Kleinasiens* und *Armeniens* Reichtum (griechischer Wein von den Inseln Chios, Naxos und Kreta, Marmor von Attika, Harz, Holz, Pferde

Römischer Fernhandel

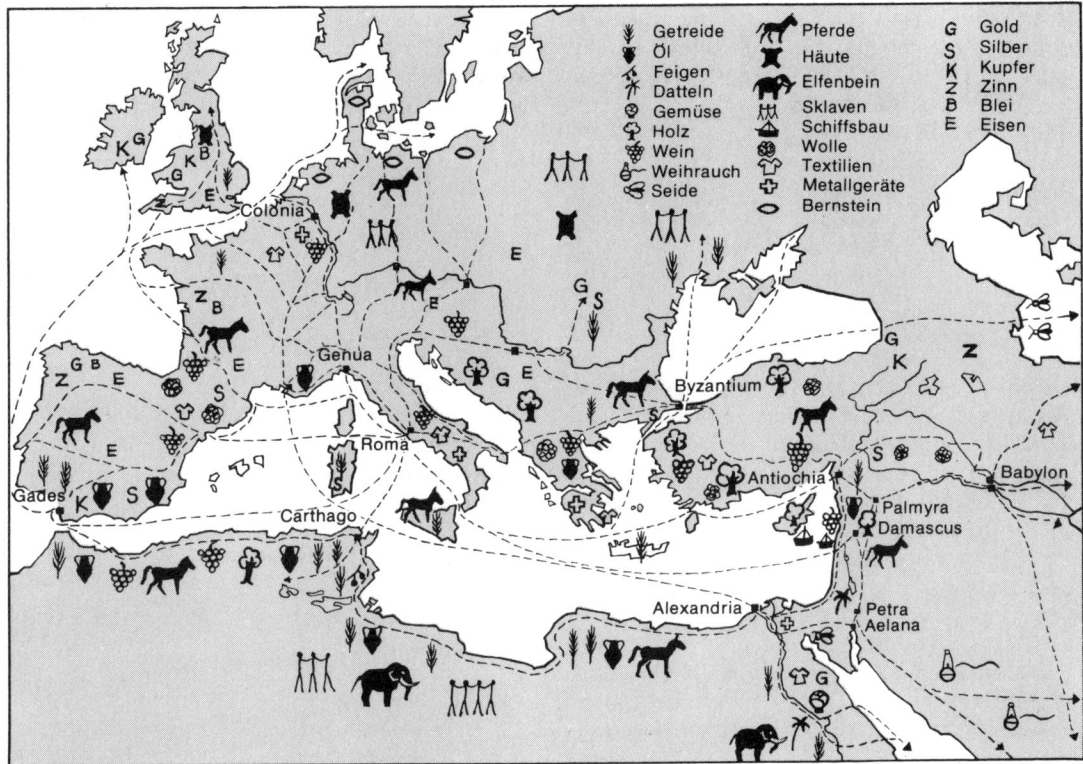

Getreide		Pferde		**G**	Gold
Öl		Häute		**S**	Silber
Feigen		Elfenbein		**K**	Kupfer
Datteln		Sklaven		**Z**	Zinn
Gemüse		Schiffsbau		**B**	Blei
Holz		Wolle		**E**	Eisen
Wein		Textilien			
Weihrauch		Metallgeräte			
Seide		Bernstein			

und Sklaven aus Thessalien und Makedonien und die berühmten Smaragde aus dem kleinasiatischen Milet) gingen nach Syrien, Ägypten, Afrika, Italien und Gallien. *Ägypten mit Nubien und Abessinien* führte Drogen, seltenes Gemüse, Glas aus Alexandria sowie Papyrus, das antike »Schreibpapier«, aus und bezog Wein, Honig und Pferde aus Griechenland, Textilien aus Syrien und Palästina, Metalle aus Spanien und Britannien, Purpur aus der Stadt Tyros. Diese Stadt lag in jenem Wirtschaftsgroßraum, der *Palästina, Syrien, Mesopotamien und Persien* zusammenschloß und als Durchgangsland im Orienthandel vom Osten zum Mittelmeer und umgekehrt eine erhebliche Bedeutung hatte. Während man für die Versorgung der Großstädte aus Spanien Pökelfisch, aus Italien Wein, aus Ägypten Porphyr, Granit und Papyrus bezog, führte man selbst nur Luxuswaren aus, feines syrisches Glas, Zitrusfrüchte, bestickte Gewänder und den Purpur.

Spezialberufe waren im *Fernhandel* nun nicht mehr gefragt. Die Händler wickelten – nicht spezialisiert in den Waren und den Routen – die Geschäfte jetzt über ein *Kontor mit Buchhaltern* und *Agenten* in den Einkaufsländern ab. Ein privat organisierter *Botendienst* erledigte den geschäftlichen Briefverkehr, und zur Sicherung gegen wirtschaftliche Krisen oder Einbußen beschäftigte man in *eigenen Werkstätten* Handwerker.

Im *Nahhandel* vollzog sich in den beiden ersten Jahrhunderten der Kaiserzeit unter Führung Roms und Italiens ein völliger Niveauausgleich der Wirtschaftsgebiete des Ostens, des Vorderen Orients und des Westens. Die Berufsspezialisierung holte hier endgültig den griechischen Vorsprung ein und schuf eine große Zahl quellenmäßig belegbarer *Nahhandelsberufe*: den Gewürzhändler, Kichererbsenhändler, Bohnenhändler, Linsenhändler, Händler für alle möglichen Obstsorten, Samenhändler, Taubenhändler, Fleischwarenhändler für Vögel, Händler für fast alle Fischarten, Fischpökler, Salben- und Spezereienhändler, Weihrauchhändler, Händler für Korbwaren, Buchhändler, Schwertmacher, Elfenbeinschnitzer, Fellmacher und Kuchenbäcker. Produzenten und Verkäufer sind immer noch weitgehend, wie in den Zeiten der Republik, identisch. Sie breiten nach wie vor in Verkaufsständen auf

*Überdachte Ladenstraße
östlich des Traiansforums
in Rom.
In zwei Stockwerken
liegen die Läden
übereinander.*

den Marktanlagen, um deren prunkvollen Ausbau sich die Kaiser selbst kümmerten, ihre Waren
aus oder verkauften in Gassen, die jesweils einem
Handwerkstyp vorbehalten waren – man denke
an unsere »Schustergasse«, »Gerbergasse«, den
»Fischmarkt« und »Topfmarkt« zur Zeit der
Gotik und Renaissance. – Man *wirbt* nun in römischen Städten auch mit Firmenschildern: der
Friseur mit Spiegel und Messer, der Fleischer mit
einer Reihe saftiger Schinken; man bringt Inschriften an, malt kurzerhand auf die weißge tünch-
te Hauswand, was es zu kaufen gibt, oder hängt die
Waren aus, um die Käufer anzulocken. Da hängen vor den Geschäften am Haken mit den Köp-
fen nach unten Fasanen und Rebhühner, Gänse
und Enten; Weinkrüge preisen alte und neue
Jahrgänge an.

Vor allem in den Städten blühten Handwerk
und Handel auf, ablesbar an den vielen bildlichen Darstellungen wie der des Bäckers *M. Vergilius Eurysaces* an der Porta Maggiore in Rom.
Hochgeschätzt waren die Arbeiten der *Juweliere*
und *Goldschmiede*, die nicht nur Armspangen,
Ketten, kostbare Sicherheitsnadeln, die Fibeln
zum » Knöpfen « der Kleidung, sondern auch
Ringe mit kunstvoll gearbeiteten Bildern, die
man vertieft (Gemmen) oder erhaben (Kameen)
in die Edelsteine schnitt, herstellten, ja sogar
Goldkapseln für die Zähne anfertigen mußten.
Barbiere sorgten für einen ordentlichen Haarschnitt – und der war kurz; lange Haare liebten
die Römer gar nicht–, und sie rasierten mit
scharfen Messern die Bärte.

Vom 3. Jahrhundert an geriet die blühende Wirtschaft, die sich auf günstige Absatzgebiete, eine
ausgefeilte Handelsorganisation und spezialisierte
Handwerker stützen konnte, in eine schwere
Krise, die der *spätantike Zwangsstaat* seit → *Dio-*

cletian und → *Constantin dem Großen* nur durch Reglementierung und ständige Eingriffe einer *staatlich gelenkten Wirtschaft* meistern konnte. Der Güterverkehr wurde durch Aufsichtsstationen an genehmigungspflichtigen Verkehrsstraßen überwacht. Exportverbot für alle Erzeugnisse, die unter Umständen die Heeresversorgung gefährden konnten, wurden ausgesprochen, und die handwerkliche weitgehende Selbständigkeit beseitigte man durch »Zwangsinnungen«, die den Handwerker und seine Nachkommen an den Beruf banden. Während nur noch in Luxusgütern Handel und Handwerk wie eh und je gefragt waren, nahmen Handel und Gewerbe in den Massengütern stark ab. Fehlende Kriegsbeute, ausbleibende Steuern und der Rückgang der billigen Sklavenimporte schufen rasch eine negative Handelsbilanz, der man nicht an der Wurzel, durch Drosselung der Luxusimporte oder Steigerung der Produktivität begegnete, sondern durch eine Geldabwertung, die den *Denarius* auf ein Drittel seines ehemaligen Wertes sinken ließ. In immer kürzeren Abständen führte dieser Zustand vor allem dazu, daß die von → *Caesar* eingeführte Weltwirtschaftswährung, der *Aureus (→ Geld – Münzen – Maße)* verknappte. Kaiser Diocletian mußte deshalb im Jahre 301 ein Edikt erlassen, das von Staatsseite durch massiven Eingriff die Preise für die Waren und die Löhne zum Beispiel für Landarbeiter, Maurer, Anstreicher, Gipser, Wandmaler (= Kunstmaler), Schreiber, Barbiere, Wagenbauer, Schmiede, Schafscherer, Wasserträger, Sattler, Juweliere, Kloakenreiniger, Walker und Färber festlegte.

Etwa 70 Jahre später setzte in ganz Europa die *Völkerwanderung* ein, die den bislang noch relativ einheitlichen großen Wirtschaftsraum des Römischen Reiches endgültig zerriß und die bisherigen Schwerpunktgebiete einer völligen Eigenentwicklung überließ. Während nach dem Ende des Weströmischen Reiches 476 die neuen Herren Italiens, die *Ostgoten,* in das bisherige Handels- und Handwerksgefüge gar nicht eingriffen, vereinnahmten in Gallien die *Frankenkönige* die ihnen nach germanischer Auffassung zustehenden römischen Staatsdomänen und die herrenlos gewordenen Gutsbetriebe, um ihre Soldaten für den Kriegsdienst zu entlohnen. Da bei den Franken, wie auch lange Zeit bei den Römern, die Landwirtschaft von alleiniger, entscheidender Bedeutung war, verfielen Höhe und Intensität des Handels, berufliche Differenzierung und Handwerkskunst, und die gallisch-römische Wirtschaft sank auf eine Primitivstufe herab. (M. F.)

Handelsschiffahrt

Im Gegensatz zu Griechen und Phönikern waren die Römer ursprünglich kein seefahrendes Volk. Erst in den Punischen Kriegen wurden sie gezwungen, Schiffe zu bauen und zu bemannen (→ *Kriegsflotte*).

Mannschaften und Offiziere. Während die Kriegsflotten mit Römern bemannt waren, und Freigelassene oder gar Sklaven in ihr Ausnahmen blieben, wurden Handelsschiffe fast ausschließlich mit Griechen, Orientalen, Ägyptern und Nordafrikanern gefahren. Da die meisten Schiffseigner Griechen waren, blieben auch die meisten Schiffsteile und Kommandos griechisch benannt. Nur selten hat ein römischer Ritter Kapital ins riskante Schiffahrtsgeschäft gesteckt, denn Stürme wie Flauten, Konkurrenz und Seeräuberei (→ *Piraten*) minderten immer wieder den Gewinn. Den Senatoren war durch ein Gesetz von 218 v. Chr. gar die Reederei verboten worden; zur Einfuhr ihrer Ernten aus ihren Gütern auf Sizilien und Sardinien durften sie nur Schiffe bis 300 Amphoren (2,78 Registertonnen) unterhalten.

Befehligt wurden die Schiffe von einem *Trierarchen* (Kapitän), dessen Titel vom häufigsten Schiffstyp, der *Triere* (Dreiruderer), abgeleitet war. In ihr saßen drei Reihen Ruderer übereinander. Weitere Offiziere waren der *Steuermann* (bei kleineren Schiffen steuerte der Kapitän), ein *Nautiker* zum Festlegen des Kurses und bei den wenigen reinen Lastschiffen mit Ruderern ein *3. Offizier,* der diese einübte und beaufsichtigte. Bei größeren Lastschiffen fuhr auch ein *Superkargo* mit, der Beauftragte der Reederei, der für die Ladung verantwortlich zeichnete und den Kapitän zur Änderung der Route zwingen konnte, wenn die Ware vorzeitig abgesetzt worden war oder weitere Häfen anzulaufen waren. Ruderer wie Matrosen wurden weder gefesselt noch geschlagen, da die Offiziere stets auf sie angewiesen waren. Der Gedanke, Sträflinge auf Ruderbänken anzuschmieden und mit Peitschenhieben anzutreiben, kam erst *Jacques Coeur,* dem *Karl VII.* von Frankreich 1443 gestattete, Kriminelle und Vagabunden gratis auf seinen Schiffen auszunutzen.

Warme Verpflegung gab es auf Handelsschiffen nur am Abend, von einem der Matrosen zubereitet. Ansonsten lebten die Besatzung und zahlende Passagiere aus einem Vorrat von Mehl, Weizenhartbrot, Olivenöl, Käse, Pökel- oder Rauchfleisch, Salzfischen, Zwiebeln und Knoblauch.

Schiffstypen und Kapazität. Eine Einteilung der

Getreideschiff unter Segeln.
Frachtschiffe dieser Art müssen über 50 Meter
lang gewesen sein. Grabrelief aus Pompeii.

Schiffe nach ihrem Fassungsvermögen (z. B.
BRT = Bruttoregistertonnen) war unbekannt, ja
unmöglich, da die Maße je nach Küstenstrich und
Ware differierten und umständlich umgerechnet
werden mußten. Bei Ruderschiffen wurde die
Zahl der Ruderer (Rojer) angegeben, also z. B.
Pentekontore (Fünfzigruderer), oder später die
Zahl der *Riemenreihen*, so *Triere* (Dreireiher)
oder *Pentere* (Fünfreiher). Das größte Schiff der
Antike, die »Alexandreia« des *Hieron von Syra-
cusae* (168–214 v. Chr.) konnte zwar 1050,5 t
laden, aber nur bei freundlicher See eingesetzt
werden. Das von Lucian beschriebene riesige
Getreideschiff »Iris« hatte umgerechnet 2893
BRT, mehr als das Normalschiff der deutschen
Binnengewässer mit 2500 BRT. Die römischen
Lastensegler waren in der Regel 24 bis 28 m lang
und 6 bis 7 m breit bei durchgehendem Deck. Vor
dem abgerundeten Heck war ein hölzerner Balkon
errichtet, auf dem der Steuermann die beiden
Steuerruder betätigte, und wo der Kapitän sowie
vornehme Reisende sich aufhielten, durch ein
Sonnensegel geschützt.

Der *Mast* war stets aus *einem* Stamm gehobelt worden; Verlängerungen durch aufgesetzte Stangen
waren unbekannt. *Gesegelt* wurde mit einem Großsegel und einem über den Bugspriet vorkragenden
Vorsegel. Nur die großen Getreideschiffe setzten
über das Großsegel noch ein Toppsegel, das
dreieckige Supparum. Die viereckigen Segel wurden aus mehreren Bahnen zusammengenäht und
durch aufgenähte Lederstreifen senkrecht wie
waagrecht verstärkt. Die Rahe fürs Großsegel
mußte doppelt so lang sein wie die Schiffsbreite,
also beim Normalschiff 12 bis 14 m lang. So ergab
sich eine Großsegelfläche von 100 bis 120 m², mit
dem Vorsegel eine Gesamtfläche von 150 bis
160 m².
Die 1930/31 durch Absenken des Wasserspiegels
im *Nemisee* südlich Roms in den Albanerbergen
freigelegten *Prunkschiffe* waren 64 bzw. 72 m
lang, hatten nie Lasten getragen, sondern dienten
als schwimmende Paläste, deren prächtige Ausstattung bereits zu Ende des Altertums bis auf
Reste gestohlen worden war. Sie besaßen bereits
eine als *Paternosterwerk* gebildete *Bilgenpumpe*
und *eiserne Anker* mit beweglichem Ankerstock.
1944 zerstört, wurden sie später maßstabgetreu
nachgebildet.
Schnelligkeit und Orientierung. Bei Massengütern

Die Ruinen des Colosseums (Flavisches Theater) in Rom geben einen guten Eindruck von der Konstruktion der Amphitheater mit ihren auf Bogenstellungen und Radialrippen ruhenden Rängen, den Gängen, Treppenhäusern und Kellergewölben. Virtuos eingesetzte Mauer- und ›Beton‹-Technik waren Grundlage des 187 × 155 m großen, schließlich viergeschossigen Baus, dessen Fassadengliederung ein Vorbild für Renaissance-Bauwerke wurde.

Gebäudepartien und Wasserbecken der Hadriansvilla, einer großflächig angelegten, mit erlesenen Bau- und Kunstwerken geschmückten Palaststadt, die noch als Ruine die ehemalige Pracht der mehrere km² großen Anlage erkennen läßt. Neben Bibliothek und Thermen besaß sie ein eigenes Theater und ein Stadion. Oben: Inselvilla. Unten: Sogen. Canopus. Tivoli.

(Getreide, Öl, Wein etc.), die frühzeitig bestellt werden konnten, spielte Geschwindigkeit keine Rolle. Bei leicht verderblichen Waren oder beim Passagiertransport waren schnelle Transporte erwünscht, und sie wurden entsprechend besser bezahlt. Gute Handelsschiffe konnten 4,2 Seemeilen (Sm) pro Stunde zurücklegen. *Thukydides* rechnete für die Reise von *Thasos nach Amphipolis* 6 bis 7 Stunden, also 6 bis 6,5 Knoten Fahrt, *Xenophon* berichtete, ein phönikischer Pirat sei mit seinem Schnellsegler in drei Tagen von *Rhodos nach Tyros* gelangt, habe also 6 Knoten pro Stunde gemacht. Für die 1200 Seemeilen lange Strecke von *Gades nach Ostia* benötigte man nur 7 Tage, da eine Strömung an der nordafrikanischen Küste 1 bis 2 Knoten, bei günstigem Wind gar 4 Knoten Fahrt zusätzlich lieferte. Eine Glanzleistung erbrachte der Segler, den *Paulus* 167 v. Chr. von *Brundisium bis Kerkyra* benutzte; er legte die 100 Sm bei 8 Knoten Fahrt in 12 Stunden zurück. Konvois (→ *Piraten*) und Flotten waren erheblich langsamer. So benötigte *Gelimer* 3 Tage für die 210 Sm von Calaris/Sardinien bis zur nordafrikanischen Küste.

Merkwürdig ist, daß die so praktisch veranlagten Griechen und Römer zwar das *Lot* besaßen, auch Grundproben entnahmen, das *Log* zur Geschwindigkeitsbestimmung ihnen aber nie eingefallen ist. Zu einer exakten Stundeneinteilung kam es ebenfalls nicht. Umgerechnet in unser heutiges Zeitmaß dauerte eine Stunde in Rom im Juni 75, im Dezember nur 45 Minuten; am längsten Tag hatte die Stunde in Massilia (Marseille) 76, auf Rhodos 72 Minuten. Behelfen konnte man sich mit *Wasseruhren* (Klepshydren; → *Zeitmessung*), mit deren Beachtung z. B. → *Caesar* erkannte, daß die Nächte in Britannien kürzer als auf dem Kontinent sind.

Der Steuermann orientierte sich am Tage nach dem *Sonnenstand*, nachts nach den *Sternbildern*, winters ruhte die Schiffahrt bis auf den Küstennahverkehr. Der *Polarstern* gehörte in der römischen Zeit dem Sternbild Drache, nicht dem Kleinen Bären an. Waren Sonne und Sterne verdeckt, so mußte der Steuermann ›blind‹ segeln und rudern lassen. Er benutzte bei der Kursberechnung die hervorragenden *Seekarten*, die *Marinos von Tyros* (100 n. Chr.) vervollkommnet hatte. Er zeichnete als erster die Breitenparallelen und Meridiane als gerade Linien, die sich im rechten Winkel schneiden, und nahm als mittlere Breite für den Abstand der Meridiane den Abstand am 36. Breitengrad, wie ihn die holländischen Seekarten noch vor 350 Jahren benutzten.

(Viele verlorene Land- und Seekarten konnten nach den Angaben und Tabellen des *Ptolemaeus von Alexandria* (um 150 n. Chr. gefertigt) rekonstruiert werden.) Daneben benutzten die Steuerleute *Segelhandbücher*, die als *Periplus* (»Rundfahrt«) oder *Stadiasmos* (»Meilenweiser«) angelegt waren, da der Kompaß für die Kursbestimmung unbekannt war. Diese Handbücher waren also in der Regel *Küstenbeschreibungen* mit Angaben der Untiefen, Anker- und Hafenplätze u. ä. Der wertvolle Periplus über das erythräische (Rote) Meer erklärt die Nutzung der *Etesien* (sommerliche Winde). Die nach Indien bestimmten Schiffe brechen Anfang Juli vom Hafen Berenike/Ägypten auf, benötigen 30 Tage bis zum Bab el Mandeb, werden aber vom Monsun in 40 Tagen nach Indien getrieben. Im Dezember kehren die Schiffe mit dem Nordostpassat nach Aden zurück und warten den Südwind ab, der sie nach Berenike zurücktreibt.

Reichweite und Frachten. Mit zunehmender nautischer Kenntnis konnten sich die Schiffe von der Küste lösen und direkt die großen Umschlagplätze Alexandria, Massilia, Rhodos, Delos u. a. anlaufen. Mit der Ausweitung des Reiches steuerten die Händler auch die unterworfenen Länder an, um deren Waren in Umlauf zu bringen. Britannien und die Krim, Syrien und Algerien waren für den Handel so gut erschlossen wie die italischen Kernlandschaften. Mit Verträgen wurde der Weg nach Mesopotamien, Persien und Indien geebnet, durch Stützpunkte das Rote Meer und die ostafrikanische Küste gesichert. Von dort holte man die teuren Luxusgüter (→ *Luxus*; → *Kosmetik*), die eine verfeinerte Lebensweise der Reichen Roms forderte. So holte man laut »Periplus des erythräischen Meeres« aus *Muza*/Arabien Weihrauch, aus dem Vertragshafen *Apologis* nahe der Euphratmündung und dem persischen *Ommana* Perlen, Purpur, Wein, Datteln, Gold und Sklaven, aus *Barbaricum* am Indusdelta das Gewürz Costus, den aromatischen Gummi Bdellium, Narde (für Parfüm und Medikamente), Schildpatt und Lapislazuli, serische Felle aus Zentral- und Ostasien, Musselin, Seidengarne und Indigo. Der begehrte Pfeffer wurde in *Barygaza* an der Küste von Gudscherat aufgenommen.

Als Geschenke und Tauschwaren führten die römischen Schiffe Pferde, Saumtiere, Gefäße aus Gold, poliertem Silber und Kupfer, zarte Gewebe, gemustertes Leinen, Topase, Korallen und arabischen Weihrauch mit.

Aus Ostafrika holte man Elfenbein, Rhinozeros-

*Modell des achteckigen
Leuchtturms von Dover.
Die oberen Stockwerke wurden nicht
ausgeführt. MdCR Rom.*

horn, indisches Schildpatt, Palmöl, Zimt, Weihrauch und Sklaven, die nach Ägypten verkauft wurden. Als Gegenladung kamen Speere, die in *Muza* eigens für den Export hergestellt wurden, Beile, Dolche, Pfrieme und Glaswaren.
Die *schweren Lastschiffe* wurden zum Transport von Nahrungsmitteln für die wachsende Hauptstadt (→ Rom) benötigt, aber auch zum Transport von Hausteinen und Architekturteilen. Zahlreiche steinbeladene Schiffe sanken bei Stürmen vor der ostsizilischen Küste. Zum Transport des 496 t schweren (vatikanischen) → *Obelisken* ließ *Caligula* ein Schiff von 838 t Tragfähigkeit bauen.

Die wertvollste Beiladung waren Passagiere, von denen die gut zahlenden beim Kapitän und den Offizieren wohnten und speisten. Eng gepfercht und auf mitgebrachte Kost angewiesen war die Masse der Passagiere. Das Weizenschiff, das den heiligen *Paulus* 61 n. Chr. von Myrrha in Lykien nach Rom bringen sollte, aber an Maltas Küste strandete, hatte 276 Menschen an Bord.
Häfen und Leuchttürme. Der älteste italienische Hafen von Weltgeltung (daher Klein-Delos genannt) war *Puteoli* (Pozzuoli), eine griechische Gründung von 529/528 v. Chr., seit 194 v. Chr. römische Kolonie, in dessen Schatten bis Mitte des 1. Jahrhunderts → *Ostia*, der Hafen Roms an der Tibermündung, stand. Puteoli hatte eine große Mole von 372 m Länge und 15 bis 16 m Breite und einen Kai von 400 m Länge. Die Molen, in der Römerzeit gewölbt, dienten der Kontrolle einfahrender Schiffe und schützten die löschenden Schiffe vor rauher See. Nachdem der Hafen des alten Ostia den enormen Schiffsverkehr nicht mehr bewältigen konnte, wurde unter *Claudius* und → *Nero* ein riesiges sechseckiges Becken ausgehoben und darum herum die Stadt *Portus* (=»Hafen«; heute Fiumicino) angelegt, die durch einen Kanal mit Ostia verbunden wurde. Erst als Constantinopolis Hauptstadt des Reiches wurde (nach 330), begann der Abstieg von Ostia-Portus, das 1557 endgültig auf dem Trockenen saß, als der Tiber seinen Lauf änderte. Reine Kunsthäfen, deren Molen auf gegossenen Kunststeinpfeilern ruhten, waren z. B. das unter Traian erbaute *Centumcellae* (Civitavecchia), dessen Hafen die Sarazenen 828 gründlich zerstörten, oder das von → *Caesar* 48 v. Chr. gegründete *Forum Iulii* (Fréjus zwischen Toulon und Nizza), das, im sumpfigen Gelände angelegt, nicht zur erhofften Konkurrenz von Massilia wurde.
Meeresengen und Hafeneinfahrten waren durch *Leuchttürme* gesichert, von denen 20 genau bekannt sind. Der berühmteste und größte stand auf der Insel *Pharus* vor dem östlichen Hafenbecken von Alexandria. Zwischen 299–280 v. Chr. erbaut, reichten seine drei Stockwerke 60 Meter hoch, die Feuerhöhe war 110 Meter. Die Sicht betrug 20 Sm, wobei ein Hohlspiegelsystem eine scheinwerferartige Wirkung erzielte. Lange stand der Leuchtturm von *Boulogne-sur-Mer*, unter *Caligula* erbaut; von *Karl dem Großen* während der Normanneneinfälle wieder hergestellt, stürzte er 1644 wegen Felsunterwaschung ein. Der einzige erhaltene römische Leuchtturm ist der zu *La Coruña* in Nordwestspanien, der unter → *Traian* (R 98–117) erbaut wurde. (W. D.)

Handwerk

Die römische Republik war in den ersten Jahrhunderten ihres Bestehens ein Bauernstaat. In vielen bäuerlichen Haushalten wurden die Nahrungsmittel, Geräte, Kleidung selbst hergestellt (→ *Handel und Gewerbe*). Besondere Handwerker waren nur in Ausnahmefällen notwendig, und dementsprechend lange wurden sie auch als unwichtig angesehen und wenig geachtet.

In der allmählich wachsenden Hauptstadt Rom begannen sich die Verhältnisse seit der Königszeit etwas zu verschieben. Der Sage nach soll → *König Numa* neun *Zünfte* (collegia) gestiftet haben: Die *Flötenspieler, Zimmerleute, Goldarbeiter, Färber, Schuhmacher, Gerber, Schmiede, Töpfer* und eine Zunft, die alle nicht erfaßten Handwerker einschloß. Später wurden weitere Zünfte für Bäcker, Erzarbeiter, Kaufleute, Gewürzkrämer, Goldschläger und Vergolder, Lumpenhändler, Beilschmiede, Weber, Walker, Ärzte, Schiffer, Fährleute, Fischer, Purpurfärber, Treppenbauer, Schweinehändler, Schneider und andere geschaffen, die sich im Laufe der Zeit ähnlich wie die späteren Zünfte in den mittelalterlichen Städten immer mehr differenzierten. So teilte sich beispielsweise die Zunft der *Kupferschmiede* in Topfgießer, Kandelabermacher, Laternenmacher, Gewichtemacher, Helm- und Schildhersteller. Die meisten dieser Handwerker im weitesten Sinne wurden zur 6. Vermögensklasse gerechnet, für die es keines Besitzes bedurfte. Sie wurden auch nicht oder nur in äußersten Notsituationen als Legionäre ausgehoben. So hören wir bei *Livius*, daß 326 v. Chr. der Consul *Mamercinus* ein Heer gegen die Gallier aufbot und dabei »sogar den Haufen der Handwerker und Stuhlhocker, eine zum Kriegsdienst keineswegs taugliche Menschenklasse, aushob«.

Wohlhabende römische Bürger blickten mit Verachtung auf die Handwerker, besonders auf jene, die sich nicht einmal Sklaven leisten konnten und ihre Waren selbst verkaufen mußten. Trotzdem gelang einigen Handwerkern oder deren Söhnen doch ein beachtlicher Aufstieg. Von Consul *Terentius Varro*, der durch die Schlacht von → *Cannae* bekannt wurde, sagt *Livius:* »Er stammte nicht nur aus einer niedrigen, sondern auch schmutzigen Familie. Sein Vater soll ein Fleischer gewesen sein, selbst seine Waren feilgeboten und den Sohn zu sklavischen Diensten dieses Handwerks gebraucht haben.« Wenn ein reich gewordener Handwerker einmal etwas für seine Mitbürger tat und Spiele ausrichtete, mußte er mit dem Spott der Intellektuellen rechnen. Als beispielsweise ein reicher Schuhmacher – oder wohl besser Schuhfabrikant – in Bologna → *Gladiatorenspiele* veranstaltete, verhöhnte ihn Martial:

> »Gladiatorengefecht, oh Schuhköniglein, gibst du;
> Was dir die Pfrieme geschenkt, siehe, nun rafft es der Dolch.
> Trunken wohl bist du; denn wie vermöchtest du nüchternen Mutes
> Selbst zu tragen das Fell, Schuster, das eigene, zum Markt.
> Laß dir genügen das Spiel und – folge mir, ohne zu säumen,
> Schneide dein Leder und nimm, Schuster, den Leisten zur Hand.«

→ *Cicero* hatte sich sachlicher, aber nicht weniger abfällig über die kleinen Handwerker und Gewerbetreibenden und Händler geäußert: »Da in der Werkstatt kein Raum für erhabene Gedanken ist, verrichten alle Handwerker einen schmutzigen Beruf. Am meisten sind jene Berufe zu verachten, die von der Sinnesfreude leben: Fisch- und Geflügelhändler, Metzger und Köche, die Verkäufer von kosmetischen Artikeln, Tänzer und → *Gaukler*. Ehrenhafte Berufe sind jene, die besondere Fähigkeiten erfordern und gemeinnützig sind, wie die Heilkunst, die Baukunst und der Unterricht in den Wissenschaften. Der Kleinhandel ist ganz und gar zu verurteilen, der Großhandel jedoch, der aus allen Teilen der Welt vielerlei Waren einführt und diese, ohne zu betrügen, vielen zugänglich macht, ist nicht ganz zu verachten.« Wichtig für die Römer und trotzdem besonders verachtet waren die *Walker*, die schmutzige Kleidungsstücke reinigten. Sie weichten diese in großen Zubern mit Bleicherde, Lauge, Wasser und Urin ein und stampften sie dann mit den Füßen. Danach wurde das Tuch mit Stöcken naß ausgeklopft, getrocknet und mit Bürsten aufgerauht. Der beißende Gestank des Urins störte die Leute, und in den großen Mietskasernen wurde nicht gerne an Walkereien verpachtet.

Nicht zuletzt die häufige allgemeine Mißachtung regte die Handwerker zu Zusammenschlüssen an. In ihren Zünften bauten sie eine strenge Ordnung auf, besaßen eigene *Zunfthäuser*, hielten *gemeinsame Mahlzeiten* und *Opferfeiern* ab, beauftragten *eigene Beamte* mit der Verwaltung ihres Inventars und hatten auch *Sterbekassen*, in die sie

Relief vom Grabmal
des Bäckers Eurysaces in Rom
mit Szene aus einem Bäckereibetrieb. MdCR Rom.

einzahlten, um sich ein ordentliches Begräbnis zu sichern, das für die Zunftgenossen auf gemeinschaftlichen Begräbnisplätzen stattfand. Die Aufnahme in eine solche Sterbekasse kostete beispielsweise 100 Sesterzen und einen Krug guten Wein. Der jährliche Beitrag betrug 15 Sesterzen, dafür wurden zur Bestattung eines Mitglieds 300 Sesterzen ausgezahlt. Selbstmörder erhielten nichts. Wer einmal einer solchen Zunft beigetreten war, mußte auch dabei bleiben; sogar die Söhne konnten nur unter Schwierigkeiten den Beruf wechseln.

Wenn die Handwerksbetriebe auch in den *Haussklaven* eine ernste Konkurrenz hatten und dadurch gezwungen waren, ihre Kundschaft vor allem in den ärmeren Bevölkerungsschichten zu suchen, weiteten sich doch in der Kaiserzeit die Absatzmöglichkeiten. So gab es in Rom im 4. nachchristlichen Jahrhundert bereits 254 Bäckereien! Aus manchen Kleinbetrieben wurden sogar industrielle Unternehmen. Zu den geschäftstüchtigsten handwerklichen Unternehmen gehörte wohl ein ehemaliger Sklave und Schulmeister aus Vicentia, dem sein Schulgeld soviel Gewinn einbrachte, daß er sich davon eine Papier- und eine Kleiderfabrik einrichtete, in der er in unserem Sinne ›Konfektionsware‹ herstellte.

Die Betriebe für die Ausrüstung der Legionen und die Bergwerke wurden bald verstaatlicht. In letzteren arbeiteten überwiegend Staatssklaven. Nur die Handwerker in den *Waffenfabriken* hatten eine gewisse Sonderstellung. Sie erhielten einerseits gewisse Privilegien, wurden aber andererseits beim Eintritt am Arm gebrandmarkt und durften aus Sicherheitsgründen die Zunft nicht mehr verlassen. (H. P.)

Hannibal

Im Alter von neun Jahren, also kurz nach dem Ende des Ersten Punischen Krieges zwischen Rom und Karthago um die Vorherrschaft im westlichen Mittelmeer, soll Hannibal (geboren 247 oder 246 v. Chr.) auf Weisung seines Vaters im Tempel des *Baal* den feierlichen Eid geleistet haben, er werde die bisher siegreichen Römer ein Leben lang hassen. So die antike Überlieferung, die sich auf eine Erzählung des alternden Hannibal in der Verbannung beruft. Wie dem auch sei, die Anfänge des jungen Kriegers in Spanien deuten zunächst nicht auf eine prinzipielle Feindschaft gegen Rom. Nach dem Tod seines Vaters *Hamilkar* (229 v. Chr.) und seines Schwagers *Hasdrubal* (221 v. Chr.) fiel der Oberbefehl über die karthagischen Besitzungen in Spanien an Hannibal, der zunächst darauf bedacht war, den 226 v. Chr. geschlossenen Vertrag mit Rom, der den Machtbereich der Karthager im Norden durch den *Ebro* begrenzte, einzuhalten. Erst als die Stadt *Sagunt* um römische Hilfe bat (220 v. Chr.) und diplomatische Unterstützung empfing, erkannte Hannibal, daß der Kampf mit Rom unvermeidlich war. Von jetzt an war und blieb er der unversöhnliche Feind der Römer. Er eroberte Sagunt und stieß über den Ebro vor; damit provozierte er die Kriegserklärung Roms (218 v. Chr.). Der Zweite Punische Krieg (218–201 v. Chr.) begann.

Während Rom, im Besitz der Seeherrschaft über das westliche Mittelmeer, zum Angriff auf Afrika und Spanien rüstete, wählte Hannibal in einem unerhört kühnen Entschluß den Landweg, um Rom in Italien selbst zu treffen. Zwei mächtige Gebirgszüge, die Pyrenäen und die Alpen, galt es zu überwinden, wobei die Alpen noch nie zuvor von einem größeren Heer bezwungen worden waren. Hannibal wagte es mit etwa 50 000 Mann, 9000–10 000 Reitern und drei Dutzend Kriegs-

elefanten unter unsäglichen Strapazen. Einmal in Italien angekommen, war Hannibal praktisch vom Nachschub abgeschnitten, was umso schwerer wog, als sein Heer auf dem Marsch beträchtliche Verluste erlitten hatte.

Dennoch gelang es ihm noch 218 v. Chr., die Römer in zwei Treffen, am *Ticinus* und an der *Trebia*, zu besiegen und die Gallier in Oberitalien als Verbündete zu gewinnen. Aber die Hoffnung, daß sich die römischen Bundesgenossen in Italien in größerer Zahl von Rom lossagen würden, erfüllte sich nicht, auch nicht nach dem eindrucksvollen Sieg am *Trasimenischen See* (217 v. Chr.). Nicht einmal die Vernichtung des römischen Heeres bei → *Cannae* (216 v. Chr.) brachte die entscheidende politische Wende. Zwar schlugen sich einige Griechenstädte, vor allem *Syrakus*, und der Makedonenkönig *Philipp* V. auf die Seite der Karthager; aber im wesentlichen blieb Hannibal auf sich allein gestellt. Die Römer vermieden fortan, durch ihre Niederlagen belehrt, die offene Feldschlacht in Italien, und für eine Belagerung Roms war Hannibals Heer zu schwach und in seiner Struktur wenig geeignet. So schleppte sich der Krieg in Italien unentschieden hin.

Eine Wendung bahnte sich an, als Rom den jungen *Publius Cornelius Scipio* nach Spanien entsandte (210 v. Chr.), der dort in wenigen Jahren die Machtbasis der Karthager zerstörte und damit Hannibal endgültig von seinen Hilfsquellen abschnitt. Die Expedition seines Bruders *Hasdrubal* nach Italien endete mit dessen Niederlage und Tod am Flüßchen *Metaurus* (207). Von den Handelsherren in Karthago hatte Hannibal nur wenig zu erwarten.

Dennoch erhielt er sein Heer noch jahrelang schlagfertig und stets gefürchtet in Italien, keine geringe Leistung dieser gewaltigen Persönlichkeit angesichts seiner aus vielen Völkern zusammengewürfelten Söldnerscharen.

Der Krieg trat in sein Endstadium, als Scipio den Krieg nach Afrika unter die Mauern von Karthago selbst trug (204 v. Chr.). Zögernd schied Hannibal aus Italien, um die Stadt zu retten, die er seit 36 Jahren nicht mehr gesehen hatte. Die Entscheidungsschlacht bei *Zama* (202 v. Chr.) zeigte, daß Scipio vom Meister der Kriegskunst gelernt hatte; Hannibal wurde mit seiner eigenen Taktik, die er bei Cannae entwickelt hatte, geschlagen.

Nach dem Friedensschluß, zu dem er selbst von *Hadrumetum* aus geraten hatte, und der den Verzicht Karthagos auf Spanien und Numidien und außerdem enorme Reparationen bedeutete, stellte er seine Energie und sein Ansehen rückhaltlos in den Dienst des Staates. Doch als er daran ging, die Verfassung zugunsten des Volkes zu ändern, wandten sich die Aristokraten an Rom. Als alternder Mann verließ Hannibal endgültig seine Heimat und wich nach Syrien an den Hof des Königs *Antiochos* aus. Aber der Haß der Römer verfolgte ihn bis ans Ende des Meeres. Nach der Niederlage der Syrer verlangten die Römer seine Auslieferung. Wieder mußte er fliehen, bis er an den Hof des Königs *Prusias von Bithynien* kam, dessen Ratgeber in militärischen Dingen er wurde. Selbst hier schien er den Römern noch gefährlich, und so forderten sie abermals seine Auslieferung. Als er sich von Verrätern und Häschern umstellt sah, nahm er im Jahre 183 v. Chr. Gift. So »zeigt noch dieses letzte, erbärmliche Verhalten gegenüber dem Emigranten und Flüchtling, wie sehr Rom diesen Mann gefürchtet und gehaßt hat« (Christ). (R. V.)

Haus und Einrichtung

Die Geschichte des römischen Hauses läßt sich als ein ständiger Wachstumsprozeß verstehen. Infolge äußerer Anregungen und sich wandelnder Bedürfnisse werden immer neue technische und stilistische Elemente in die bestehende Bauweise integriert und dabei die Funktionen der einzelnen Elemente fortlaufend geändert.

Am Anfang stehen in neolithischer Zeit *einräumige runde oder ovale Hütten* mit eingetieftem Fußboden und kegelförmigem Dach, aber ohne Mittelstütze. In der Folgezeit begegnen uns auch *rechteckige Grundrisse*, in geschlossenen Siedlungen regelmäßig orientiert, und Anlagen mit mehreren Räumen, die vom Hauptraum aus zugänglich sind. Ein direkter Zusammenhang mit der analogen Entwicklung zum griechischen *Mega-*

Schnitt durch ein römisches Wohnhaus
(Casa di Poeta Tragico in Pompeii).
Links das große Atrium.
MdCR Rom.

ron, die sich in Sizilien seit der Bronzezeit nachweisen läßt, scheint nicht zu bestehen.

Hüttenurnen aus der *Villanovakultur* mit verschiedenen Grundrissen und kegelförmigen Dächern
oder kurzen, buckligen Firsten geben eine Vorstellung von den uralten Hütten Latiums. Antike
Berichte über den primitiven Zustand des *Vesta-
tempels* in Rom stimmen damit überein.

Neue Elemente trugen die → *Etrusker* bei. Als erd-
bestattendes Volk bauten diese den Toten Gräber,
die sich als Zeugnisse ihrer Wohnbauweise erhalten haben. Neben gewöhnlichen Grabkammern,
den einräumigen Wohnungen der einfachen Leute
nachgebildet, finden sich hochentwickelte vielräu-
mige, symmetrisch angelegte Formen, wie sie
dem Wohnstil der Vornehmen entsprachen. Ein
besonders schönes Beispiel ist das *Volumniergrab
bei Perugia.*

Je größer die Anlagen wurden, desto sorgfältiger
mußte das *Dachgebälk* gearbeitet, desto häufiger
mußten auch *gemauerte* Wände, Pfeiler und Pila-
ster für die tragenden Teile verwendet werden.

Beides, Zimmermannskunst und Mauertechnik,
beherrschten die Etrusker. An der bei ihnen üblichen *Satteldachkonstruktion* hatten sie technische Fähigkeiten geübt, die sie dann auch auf
die italische (»umbrische«) *Walmdachkonstruk-
tion* übertragen konnten.

Ein besonderes Problem bildete die *Lichtzufuhr.*
Das Licht scheint in den frühen Häusern stets
von oben gekommen zu sein: im alten Walm-
dachhaus von einer *Dachöffnung*, im etruskischen
Satteldachhaus vielleicht von der *Giebelwand.*
Im späteren *Atriumhaus* laufen beide Traditionen
zusammen: Die Grundform bildet das italische
Haus mit einem durch eine Dachöffnung be-
leuchteten *Hauptraum*, dem *Atrium;* die Erweiterung zum mehrzelligen Typ wird möglich durch
die konstruktiven Fähigkeiten der Etrusker. Das
Atriumhaus ist seit dem 4. Jahrhundert v. Chr.
das Wohnhaus der Vornehmen.

Die Anlage des Atriumhauses. Dieser Haustyp,
ursprünglich freistehend, eignete sich besonders
für Stadthäuser. Der rechtwinkelige Grundriß
paßte sich den regelmäßigen römischen Stadt-
plänen an. Das umgebende Grundstück schrumpf-
te zunächst zum *Umgang*, für den das *Zwölf-Tafel-
Gesetz* (→ *Einleitung, Seite 16*) noch eine Breite
von 2 1/2 Fuß (→ *Geld – Münzen – Maße*) vor-

schrieb, und verschwand im 2. Jahrhundert ganz, so daß innerhalb der Straßengevierte die Häuser unmittelbar aneinandergrenzten. Außenfenster erübrigten sich durch das offene Dach. Die Öffnung ließ sich noch vergrößern, wenn Säulen die Mittelöffnung unterstützten (atrium tetrastylon). Die nach der Straße sich öffnenden Räume konnten vom Wohnbereich abgetrennt und als *Werkstätten* und *Läden* (tabernae) vermietet werden. Das Regenwasser wurde nicht wie beim Walmdach nach außen, sondern – wenigstens teilweise – nach innen zum Atrium abgeleitet. Damit war für eine geschlossene städtische Bauweise der Typ des Steinhauses mit sogenanntem »atrium tuscanicum« und ziegelbedecktem Dach voll entwickelt.

Man betrat das Haus durch das *Vestibül*, ursprünglich den Vorplatz, der später in das Gebäude einbezogen wurde und zwischen den tabernae lag. Durch *Haustür* (ianua) und *Flur* (fauces) gelangte man in das *Atrium*, in dessen Mitte sich

das Dach öffnete (impluvium) und das Regenwasser in ein *Bassin* leitete, das in den Boden eingelassen war (compluvium). Zu beiden Seiten schlossen sich Kammern an, die als Schlaf-, später auch als Wirtschaftsräume dienten. Je ein *Flügel* (ala) war rechts und links dem Atrium angegliedert. Den Abschluß zum kleinen Garten bildeten in der Regel vier Räume: ein *Wohn-* und *Schlafraum* (cubiculum), das *Tablinum*, ein schmaler *Durchgang*, und ein weiteres *cubiculum* oder eine *Küche*. Die Etrusker hatten diesen ganzen Trakt dem Atriumhaus hinzugefügt und damit den intimen Wohnbereich aus dem Atrium weiter zurückverlagert. Diese Entwicklung setzte sich fort, als man seit dem 2. Jahrhundert v. Chr. anstelle des Gartens hellenistische *Peristylien* anzufügen begann. Das Tablinum wurde zum Durchgang. Das Peristyl selbst war ein Umgang, der einen Ziergarten umschloß und dessen Dach von Säulen getragen wurde. An einer oder an beiden Flanken lagen weitere Räume. Man verwendete

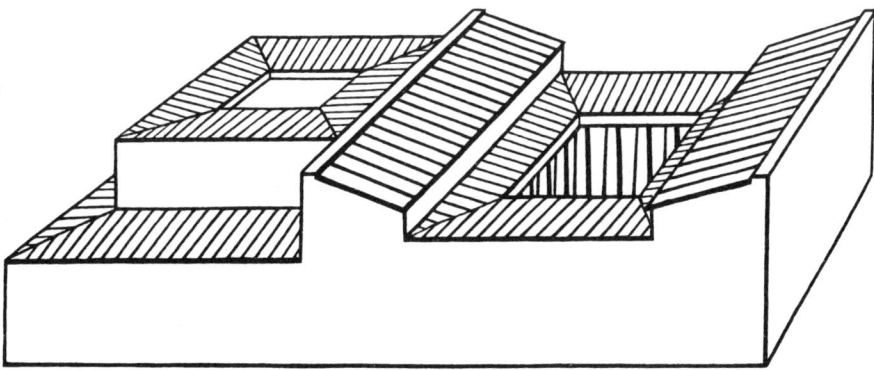

Grundriß eines größeren römischen Wohnhauses

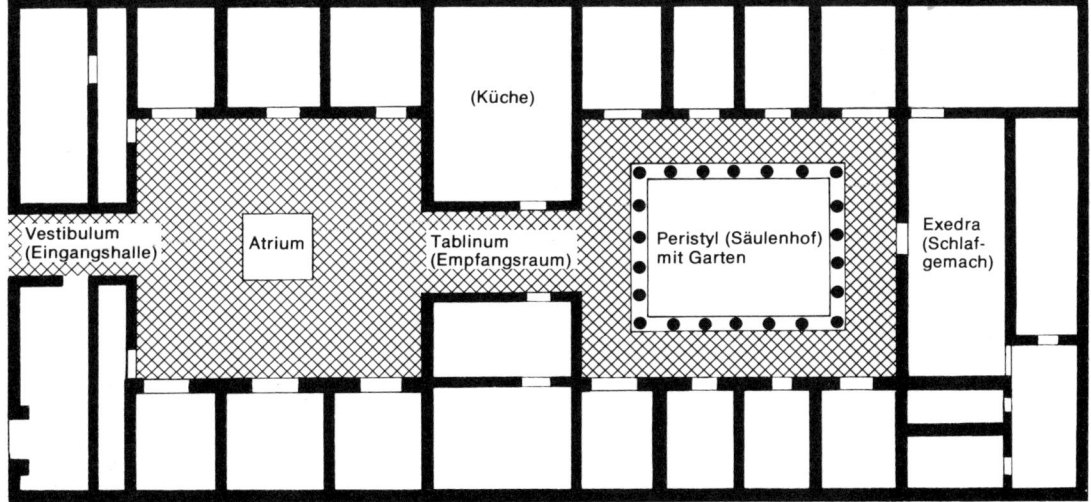

Vestibulum (Eingangshalle) · Atrium · (Küche) · Tablinum (Empfangsraum) · Peristyl (Säulenhof) mit Garten · Exedra (Schlafgemach)

sie als *Speiseräume* (triclinium), als *Wohn-* und *Arbeitszimmer*, auch als *Gästezimmer* oder *Bäder*. Den rückwärtigen Abschluß bildete die *Exedra*, eine Art Salon oder Sommertriclinium. Der zunehmenden Wohnfläche entsprach zunehmender Komfort und → *Luxus* in der Ausstattung.

Wohnungen der Reichen und der Armen. Das Atriumhaus mit Peristyl nannte man *villa urbana* (Stadtvilla). Zusätzlich bauten sich reiche Leute eine *villa suburbana* (Vorstadtvilla), deren Architektur sich noch freier entfalten und besser der oft parkartig gestalteten Landschaft öffnen konnte. Darüber hinaus besaßen manche noch mehrere *villae rusticae*, Landgüter, die von Pächtern oder Sklaven bewirtschaftet wurden, aber auch dem Herrn einigen Wohnkomfort boten. Der jüngere → *Plinius* beschreibt in einem Brief (2, 17) seine Villa in *Laurentum* im Gebiet von Ostia. Bevor er auf die vielen Wohn- und Schlafräume, die Bibliothek, die Badeanlage, das Turmzimmer und die Gartenanlagen mit all ihren Vorzügen in der jeweiligen Tages- und Jahreszeit eingeht, charakterisiert er das Kernstück des Hauses:

»Das Haus ist groß und bequem, sein Unterhalt jedoch nicht zu kostspielig. Vom Eingang tritt man in ein schlichtes Atrium ohne übertriebene Einfachheit, anschließend ein halbkreisförmiger Säulengang in Gestalt eines D, der einen kleinen, aber freundlichen Hof umschließt. Dieser Gang bietet trefflichen Schutz gegen schlechtes Wetter, denn er ist durch Glasscheiben und noch wirksamer durch die vorspringenden Dächer geschützt. In seiner Mitte liegt unter freiem Himmel ein gefälliger Innenhof, anschließend ein hübsches Eßzimmer, das gegen den Strand hin vorspringt, so daß es noch vom äußersten Saum der schon gebrochenen Wellen umspült wird, wenn der Südwind das Meer aufwühlt. Die Wände dieses Raumes sind auf allen Seiten von zweiflügeligen Türen oder entsprechenden Fenstern durchbrochen, so daß man einen mehrfachen Ausblick auf die See hat, während man nach rückwärts den Innenhof und den Portikus sieht, und durch das Atrium endlich die Wälder und in der Ferne die Berge.«

(Nach: P. Grimal)

Eine gewaltige Steigerung ins Monumentale und Repräsentative erfuhr das römische Haus in den *Kaiserpalästen*, z. B. auf dem Palatin. Einen

Modell eines dreistöckigen Wohnhauses mit Läden im Erdgeschoß in Ostia. MdCR Rom.

krassen Gegensatz zu den großzügigen Wohnungen der Reichen bildeten die Quartiere der armen Leute. Da die kleinen Anwesen oft (z. B. in → *Pompeii*) von Reichen aufgekauft wurden, waren die einfachen Stadtleute und die Zugewanderten zunehmend auf *Mietwohnungen*, angewiesen. Angeboten wurden gegen teure Mieten *Dachbodenräume* in Atriumhäusern, auch ganze Oberstöcke. Seit Ende des 2. Jahrhunderts v. Chr. gab es den Typ des mehrstöckigen Mietshauses (insula) ohne Atrium. Die Behörden versuchten immer wieder, die Anzahl der Stockwerke zu beschränken. Dennoch gab es Mietshäuser mit über 20 m Höhe und 7 und mehr Geschossen. Besonders menschenunwürdig waren die Woh-

nungen »unter den Dachziegeln«, in Kellern und in den tabernae, die sowohl zu gewerblichen als auch zu Wohnzwecken gebraucht wurden. Dünne Mauern, schwache Pfeiler, unsolide Fachwerkbauweise führten zu Rissen und Einstürzen. Fehlende Brandmauern und Hofräume sowie unzureichende Vorrichtungen zur Feuerbekämpfung ließen Großbrände zum dauernden furchtbaren Schrecken für die Armen werden.

Material und Technik. Erdgeschoßhäuser errichtete man im 3. und 2. Jahrhundert aus *luftgetrockneten Ziegeln* von 1 1/2 Fuß (44,4 cm) Seitenlänge, womit auch die Mauerstärke festgelegt war. Wurden Stockwerke aufgebaut, verdoppelte man die Mauerdicke. Aus *Holz* oder *Fachwerk* bestanden die Innenwände und obersten Dachausbauten, bei schlecht gebauten Mietshäusern gelegentlich sogar die Außenwände der oberen Stockwerke. Durch Imprägnierung mit *Alaun* konnte man das Holz feuersicher machen. Bessere Tragfähigkeit bei gleichbleibender Mauer-

stärke erzielte man durch Verwendung von *Bruchsteinen* und *gebrannten Ziegeln*, z. T. mit dazwischengesetzten Steinpfeilern.

Als Meister gelten die Römer bis heute in der Herstellung *gebrannter Ziegel*, im *Gewölbebau* (der im Hausbau über Tür- und Fensteröffnungen, sonst erst bei den Kaiserpalästen Verwendung fand) und in der *Mörteltechnik*. Der Mörtel enthielt Kalk als Bindemittel und scharfkörnigen Sand, der frei von Humus- und Salzbeimengungen sein sollte, damit es keine Ausblühungen bzw. feuchte Mauern gab. Mauer- und Mörteltechnik waren hochdifferenziert und wurden virtuos den speziellen Zwecken entsprechend eingesetzt.

Die römischen Bautechniken waren oberflächenbestimmt, während z. B. der griechische Hausteinbau ein durch und durch konstruktives Gefüge darstellte. Zwischen die Innenflächen zweier Mauern wurden Bruchsteine und Mörtel gefüllt. Die Außenseiten wiesen *verschiedene Mauerverbände* auf, je nach Material (*Tuff, Ziegel*) und

Schnitt durch ein Mietshaus in Ostia

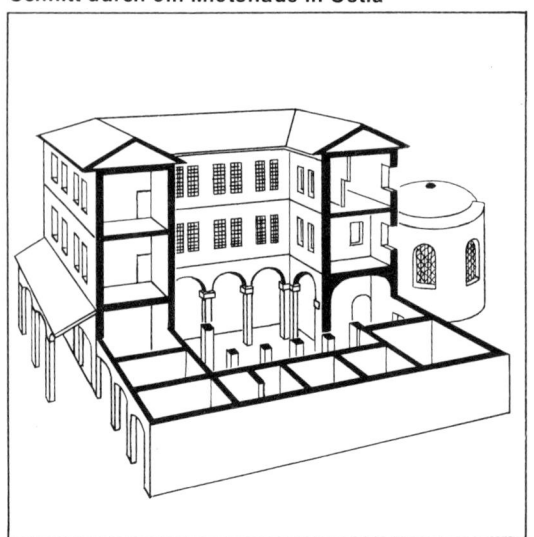

Öffentliche Latrine mit Marmorsitzen und unterirdischem Spülkanal in Ostia.

Anordnung *(Netzstruktur, horizontale Lagen)*. Im Wohnhausbau verwendete man gern das »opus reticulatum« aus kleinen *Tuffsteinpyramiden* (die Mörtelfugen zwischen den rautenförmigen Außenseiten der Tuffsteine ergeben ein Netzmuster: »rete«), auf das der Wandputz aufgetragen wurde.

Die Innenseiten der Wände wurden in Herrenhäusern sorgfältig bearbeitet. »Der antike Bewurf besteht nach *Vitruv* aus sieben Lagen [...] in einer Stärke von 5 bis 7 cm. Wichtig ist sein schichtweiser Aufbau und die Teilung in Rauh- und Feinputz; für letzteren ist das Mischen von Marmorpulver in abnehmender Korngröße von unten nach oben im gelöschten Kalk und das Aufsetzen der folgenden Lage vor vollkommenem Abtrocknen der vorausgegangenen von ausschlaggebender Bedeutung. Durch Verdichten des Bewurfes vermittels Schlagen der Unterschichten und nachträglichen Druckschleifens der obersten Farbschicht [...] wurde jener Zustand erreicht, den Vitruv als ›fest wie polierter Marmor‹ bezeichnet und der den vielbewunderten spiegelnden Glanz ergibt« (Briesenick). Daneben gab es Verkleidungen aus *Marmorplatten (Inkrustation)*. Die Fußböden wurden oft mit *Mosaiken* belegt, die geometrische Muster oder figuralen Schmuck erhielten. Beliebt waren schwarze Figuren (Basalt) auf weißem Grund (Kalkstein, Marmor). Die Decke bestand normalerweise aus verbrettertem Gebälk. Reiche Leute ließen die Decken im Atrium und Tablinum *kassettieren* und kunstvolle Vertäfelungen aus teuren Hölzern anbringen (lacunar).

Die Fenster waren meist klein gehalten – Licht fiel durch das Dach und die offenen Türen ein – und anfänglich nur durch Läden und Vorhänge zu schließen. Verglaste Fenster gab es seit der Kaiserzeit. Die Scheiben bestanden aus Rohglas von 2 bis 5 mm Dicke und hatten ein Format von etwa 30–40 cm.

Wasser, Heizung, sanitäre Anlagen und Beleuchtung. Ursprünglich stand in der Mitte des bäuerlichen Hofes ein *Becken oder Trog*, aus dem man bei Bedarf Wasser schöpfte. Später erfolgte die Wasserversorgung des Hauses auf dem Lande von einer Zisterne aus. Das Wasser wurde in ein erhöhtes Reservoir geschöpft und über ein Rohrsystem verteilt. In der Stadt deckten → *Aquädukte* den Wasserbedarf für Haushalt, Bad und Wasserkünste im Garten.

Beheizt wurde das alte einräumige Haus durch das *Herdfeuer* der Kochstelle. Zimmeröfen kannte man nicht. Bodenmatten und Vorhänge schützten vor Kälte. Zum Händewärmen benutzte man bewegliche *Holzkohlebecken* aus Metall, die oft

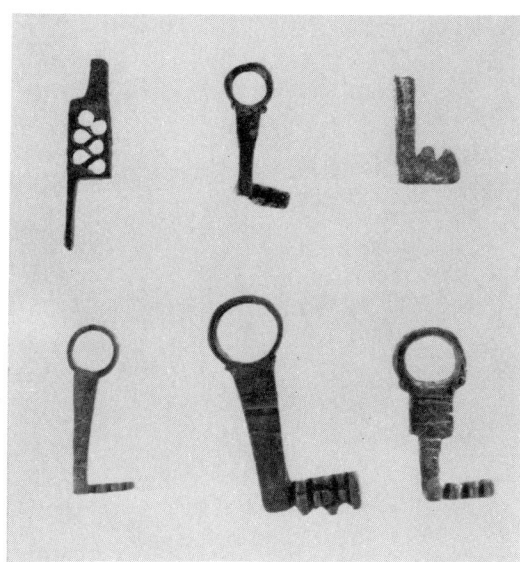

Verschiedene Formen römischer
Gebäudeschlüssel.
Archäologisches Museum
San Severino Marche.

mit einem *Warmwasserspender* kombiniert waren. Große Häuser hatten *Zentralheizung*, bei der Warmluft von der Küche aus durch Kanäle unter den Fußboden, z. T. auch in die Wände geleitet wurde (Hypocaustenheizung → *Technik*). Mit diesem Hypocaustensystem hatte *Sergius Orata* um 80 v. Chr. viel Geld verdient, indem er alte Häuser aufkaufte und nach Einbau der Heizung teuer verkaufte.

Besonderer Bedarf an der Hypocaustenheizung bestand in transalpinen Gebieten und in Bädern. Die Römer badeten sehr gerne. Öffentliche → *Bäder* gab es in der Kaiserzeit in großer Zahl und z. T. in riesigen Ausmaßen. Aber auch in Privathäusern ließen manche sich Bäder einbauen, die in der Regel einen *Auskleideraum* (apodyterium) und einen *Warmbaderaum* (caldarium), später auch einen *Kalt- bzw. Laubaderaum* (tepidarium) enthielten.

Die Notdurft verrichtete der Bewohner von Miethäusern entweder in primitive Gefäße oder in einer öffentlichen *Bedürfnisanstalt* (latrina, forica). Komfortable Häuser hatten eigene Aborte im Erdgeschoß, die wie die öffentlichen Latrinen an das Abwasserkanalsystem angeschlossen waren und eine *Frischwasserrinne* zum Händewaschen aufwiesen; als Sitz diente eine durchlochte Marmorplatte.

Vergleichsweise dürftig waren die Vorrichtungen für künstliche *Beleuchtung*. Neben Herdfeuer, *Kienspan* und *Fackel* kamen insbesondere *Öllampen*, seltener *Kerzen* aus Wachs oder Talg in Betracht. Die übliche *Dochtlampe* war aus Ton oder Bronze. Es gab auch Lampen mit automatischer Nachfüllvorrichtung. In Steh- oder Hängelampen wurden bis zu sieben Brennstellen zusammengefaßt. Kerzenständer (Kandelaber) aus Metall oder Marmor, z. T. kunstvoll gearbeitet und reich verziert, haben sich in großer Zahl erhalten (nach H. Wilsdorf).

Haustiere und Sklaven. Die römischen Bauern hielten in ihrem Hof, wie im Mittelmeerraum üblich, Rind, Ziege, Schaf, Schwein und Esel (→ *Landwirtschaft*). Im Zusammenhang mit dem Wohnbereich müssen besonders die Tiere genannt werden, die man aus anderen als unmittelbar wirtschaftlichen Gründen hielt: Den *Hund* schätzte man wegen seiner Treue und Wachsamkeit; den Fremden warnte man durch die Inschrift »cave canem« (Achtung! Bissiger Hund!). *Katzen* waren selten. Als Mäusevertilger bevorzugte man *Iltis* und *Frettchen*. Den *Siebenschläfer* mästete man im Garten oder in Keramikgefäßen; er galt als Delikatesse für Festtage. *Huhn* und *Gans* wurden u. a. als Ziervögel gehalten. Besonders zärtlich ging man mit *Sperlingen* und *Schlangen* um. In einem seiner Gedichte läßt *Catull* die Geliebte vertraute Zwiesprache halten mit ihrem *passer* (Sperling).

Auch die → *Sklaven* zählten im weitesten Sinne zum Hausrat. *Varro* teilte das Ackergerät so ein: Werkzeuge (stummes Gerät), Tiere (teilweise sprachbegabtes Gerät), Sklaven (sprachbegabtes Gerät). Besonders eng mit dem Haus verbunden waren die im Haus geborenen und mit den Kindern des Hauses aufgewachsenen Sklaven (vernae). Die Sklaven lebten mit der übrigen Familie im Haus oder hatten eigene Räume in Ober- und Zwischengeschossen. Man beschäftigte Sklaven im Haushalt sowohl als Diener, Köche und Gärtner wie als Sekretäre und Ärzte, als Lehrer, Erzieher und Ammen. Je größer das Haus, je zahlreicher das Personal wurde, desto weiter zog sich die Herrschaft in die hinteren Räume zurück und machte die am Atrium gelegenen Zimmer frei als *cubicula* (Schlafräume) für die Sklaven.

Hausrat. Eine *Küche* als eigenen Raum gab es erst in hellenistischer Zeit in komfortablen Häusern, und auch da war sie klein und wohl nur mit dem üblichen Gerät ausgestattet: *Dreifuß* für den Herd, *Mörser* (mortarium), *Trichter* (traiectorium), *Pfanne* (patina), *Schüssel* (scutella), *Reibeisen*, *Kasserolle* usw. Dazu kam noch das Tischgeschirr, zu dem auch das *Handwaschbecken* gehörte, das man bei jeder Mahlzeit ebenso benötigte wie *Handtücher* und *Servietten* (nicht jedoch Tischtücher). Für die Vorräte hatte man verschiedene Gefäße aus Ton, Glas und Metall sowie Körbe. Wein, Öl und Honig wurden in *Spitzamphoren* aufbewahrt, die man im Keller in den Sand steckte. Hinzu kamen Geräte: zum Kerzenziehen, zum Getreidemahlen und zum Pressen, zum Nähen und Sticken, Weben und Spinnen, zum Salbensieden und – natürlich – der Besen zum Saubermachen, überraschenderweise jedoch, soviel wir wissen, kein Handwagen für kleinere Transporte.

An *Spielsachen* kannte man vor allem Bälle, Puppen, Würfel und Brettspiele, Rohrflöten und Rasseln. Für die Erwachsenen gab es wohl in manchem Haus die beliebten *Harfen* und *Lauten* sowie *Flöten* und *Trommeln* (→ *Musik*).

An *Toilettengegenständen* hatte man vielerlei Salbbüchsen, Fläschchen und Schälchen für Schminke, Parfüme und Öle, ferner Kämme und Haarnadeln aus verschiedenem Material, Pinzetten zum Auszupfen von Haaren, Rasiermesser, Hand- Stand- und Klappspiegel, oft kunstvoll verziert. Auch einfacher Bronzeschmuck zählt zu den Toilettengegenständen.

Das *Mobiliar* umfaßte Bett, Sofa, Kinderwiege, Truhe, Stuhl und Tisch von den einfachsten Ausführungen in gewöhnlichem Holz bis zu teuren Prunkstücken in Edelholz, Marmor, Bronze oder Edelmetallen, mit reichen Verzierungen und kunstvollen Mechanismen (z. B. ein in der Höhe verstellbarer Tisch). Zu den Sitz- und Liegemöbeln gehörten Polster, Kissen und Decken. *Truhen* und *Kasten*, z. T. mit Schlössern, nicht aber Schränke dienten zur Aufbewahrung von Kleidern und Gerätschaften. Insbesondere die »arca« (Truhe) am Eingang zum Tablinum enthielt Wertsachen, Geld und Bücherrollen. In der Nähe des Herdes befand sich ein kleiner *Schrein* (aedes) oder eine eigene *Kapelle* (lararium) für die Verehrung der *Laren* (Hausgeister), auch der *Penaten* (Familiengeister) und des *Genius* (Schutzgeist), der Schutzgottheiten des Hauses (→ *Religion*).

Wer ein curulisches Amt als Consul, Praetor, Censor oder curulischer Aedil bekleidet hatte (→ *Ämterlaufbahn*), durfte im Atrium Ahnenbilder, nach dem Leben geformte *Wachsmasken* (imagines), aufstellen; meist waren dafür tempelförmige *Schränke* (armaria) an den Wänden der *alae* (Flügel) angebracht.

Hypertrophie. Seit dem 1. Jahrhundert n. Chr. traten an die Stelle der Wachsmasken eherne oder marmorne *Standbilder*, wie überhaupt die Häuser der Reichen immer mehr mit Bildern, Plastiken und Prunkgeschirr (z. T. Beutestücken und Souvenirs aus den Provinzen, z. T. teuer gekauften Antiquitäten) ausgeschmückt wurden. Die Räume nahmen *Repräsentations-* und *Museumscharakter* an und wurden ungemütlich. Immer mehr Personal wurde benötigt, um all die Reichtümer zu beschaffen, zu pflegen und sauberzuhalten. Immer mehr Leute (Klienten) wurden veranlaßt, in den Prunkräumen ihre Aufwartung zu machen. Es ist verständlich, daß man sich immer weiter zurückzog, vom Atrium ins Tablinum, dann in die Exedra und die anderen Räume am Peristyl, daß man den Wohnbereich in den Oberstock verlegte (cenaculum) oder weitere, kleine, verborgene Peristylien mit privaten Zimmern angliederte, daß man so oft wie möglich das Stadthaus und sogar die Vorstadtvilla verließ und sich in eines der ländlichen Güter flüchtete, um – wenigstens zwischendurch – »einfaches Leben« zu spielen. Manche Stadthäuser wurden ganz oder teilweise an kleine Leute vermietet und zu diesem Zweck in einzelne Wohnungen aufgeteilt. Das römische Herrenhaus war hypertroph – übertrieben groß – geworden. Die Zukunft gehörte anderen Formen. Das Mittelalter knüpfte an die primitiven ein- oder zweiräumigen Häuser der Vorzeit an. Das Bauelement des Peristyls hat in abendländischen Klosteranlagen und in den Stadtpalästen (z. B. der Toscana) überlebt. Sonst konnten nur Könige und Bischöfe in der Art römischer Herrenhäuser bauen. (F. R.)

Heerwesen

Als der griechische Geschichtsschreiber *Polybios* in seiner Geschichte des Ersten Punischen Krieges rückblickend die Stärke der beiden Parteien abwog, kam er zu dem Schluß, daß die Karthager auf Grund ihrer langen Erfahrung zum Seekrieg besser gerüstet waren, die Römer aber auf dem Lande die besseren Voraussetzungen mitbrachten, »denn sie wenden dem Heer ihre ganze Sorge zu, die Karthager vernachlässigen es. [. . .] Das liegt daran, daß sie fremde *Söldnertruppen* verwenden, während das römische Heer aus Landeskindern und Bürgern besteht.« Die Sicherheit des römischen Staatswesens beruhte für Polybios »auf der eigenen Tapferkeit und dem Beistand der Bundesgenossen«.

Das Heerwesen in der frühen Republik. Mit den Worten des Polybios sind wesentliche Dinge über das Heerwesen der frühen Republik ausgesagt. Rom begann, als es gegen die benachbarten Stämme in Italien um seine Existenz kämpfen mußte, als Landmacht; den Bauern und Handwerkern Latiums blieb das Meer unheimlich und fremd, bis Rom schließlich im Lauf des Ersten Punischen Krieges unter dem Druck der Karthager ebenfalls mit dem Bau von Kriegsschiffen beginnen mußte.

Das *Landheer* rekrutierte sich ursprünglich nur aus den römischen Bürgern, die im Prinzip alle vom 17. bis zum 46. Lebensjahr zum Waffendienst verpflichtet waren. Der Dienst im Heer war für die Römer so selbstverständlich, daß auch die *Ständekämpfe* (→ *Einleitung, Seite 24*) die Kriegsbereitschaft des Staates nicht beeinträchtigten. Im Gegenteil: Seitdem es sich als notwendig erwies, die Bauern und Handwerker immer mehr zum Kriegsdienst heranzuziehen, verbesserte sich auch ihre gesellschaftliche Stellung.

Man kannte also in Rom eine Art *allgemeiner Wehrpflicht*, aber man kannte kein stehendes Heer. Die Männer wurden vielmehr von Fall zu Fall einberufen, was zunächst kein Problem war, da die Kriege im *Frühjahr* begannen und im *Herbst* endeten. Erst in späterer Zeit, als das römische Heer auf entfernteren Kriegsschauplätzen außerhalb Italiens kämpfte, konnte es geschehen, daß die Soldaten jahrelang die Heimat nicht sahen. Da aus wirtschaftlichen Gründen nicht alle waffenfähigen Männer herangezogen werden konnten, wurde eine Auswahl durch *Losentscheid* getroffen.

Eine wesentliche Stütze gewannen die Römer mit der Zeit in den Völkern Italiens, da sie es verstanden, sie, die soeben auf dem Schlachtfeld noch Gegner waren, nicht als Unterworfene zu behandeln, sondern als *Bundesgenossen* zu gewinnen, die aus dieser Bindung Vorteile zogen und als Gegenleistung Truppen zur Verfügung stellten.

Der Krieg gegen König Pyrrhos. Das militärische System der Republik wurde einer ersten großen Belastungsprobe unterworfen, als im Jahre 280 v. Chr. der König *Pyrrhos von Epeiros* in Unteritalien erschien, um für die Stadt *Tarent* gegen Rom Partei zu ergreifen. Selbst ein berühmter Heerführer, konnte der König überdies auch die Wunderwaffen des hellenistischen Ostens ins Feld führen: die gefürchtete tiefgestaffelte *Phalanx* und die *Kriegselefanten* aus Indien. Das Meer beherrschten die Schiffe Tarents. Zwar

gelang es dem König, die Römer in zwei Feldschlachten unter schweren eigenen Verlusten mühsam zu besiegen (»Pyrrhossiege«), aber der entscheidende Erfolg blieb ihm versagt, da die bewegliche römische Taktik die Elefanten ins Leere laufen ließ und die schwerfällige Phalanx um ihre Wirkung brachte. Das römische *Bauernheer* war der Kriegskunst des Ostens gewachsen, und auch das System der Bundesgenossen bewährte sich im wesentlichen.

Die Gliederung des Heeres. Die → *Legion* (»Auslese«) war ursprünglich mit rund 3000 Mann das Bürgeraufgebot der römischen Frühzeit, das aber bald auf *zwei* Legionen verdoppelt wurde und später bei zunehmendem Bedarf vervielfacht werden konnte. Den Kern der Legion bildeten später die 3000 *Schwerbewaffneten*, die sich wiederum in 30 taktische Einheiten, die sogenannten *Manipel*, unterteilten, die von einem *Centurio* geführt wurden. Es gab die zehn Manipel der *Hastaten* (d. h. Speerträger), die zehn Manipel der *Principes* (d. h. Schwerbewaffnete) und die zehn Manipel der *Triarier* (d. h. alte, erprobte Soldaten), die im Kampf die dritte Linie bildeten und durch ihren Einsatz nicht selten die Schlacht entschieden. Die Leichtbewaffneten, die zu jeder Legion gehörten, begünstigten die bewegliche Taktik, indem sie den Feind bei seinem Aufmarsch störten oder bei Bedarf auch die Zwischenräume zwischen den Manipeln füllten.

Den größten Triumph über die makedonische Phalanx errangen die Römer mit ihrer Manipulartaktik im Jahre 168 v. Chr., als sie bei *Pydna* das Heer des Königs *Perseus* in die Gassen ihrer Schlachtordnung laufen ließen, um es dann von allen Seiten in die Zange zu nehmen und zusammenzuhauen.

Doch ehe es so weit war, mußte Rom im Zweiten Punischen Krieg um sein Überleben kämpfen.

Der Krieg gegen Hannibal. Der Zweite Punische Krieg (→ auch *Karthago*, → *Hannibal*) und die fast unmittelbar darauf folgende Konfrontation mit dem hellenistischen Osten führten eine neue Entwicklung im römischen Heerwesen herbei. Nicht nur, daß das Heer beträchtlich vermehrt werden mußte; tiefgreifende Veränderungen betrafen auch das *Oberkommando*. Die bisher geübte Praxis, den Oberbefehl den auf ein Jahr gewählten höchsten Beamten, den *Consuln* (→ *Ämterlaufbahn*), zu überlassen, erwies sich nach den Katastrophen vom *Trasimenischen See* und von → *Cannae* als gänzlich unzulänglich. Den neuen Typus des Feldherrn repräsentierte als erster in reiner Form der ältere *Scipio*, genannt *Africa-*

nus. Durch Volksbeschluß erhielt er im Jahre 211 v. Chr. den Oberbefehl in Spanien, ohne die übliche Ämterlaufbahn hinter sich gebracht zu haben, und behielt ihn, mittlerweile auch Consul, bis zur endgültigen Entscheidung des Krieges im Jahre 201 v. Chr.

Durch die Vermehrung des Heeres auf acht bis zehn Legionen gelang es zwar, die vielfältigen militärischen Aufgaben, jetzt auch außerhalb von Italien und weit entfernt von der Heimat, zu lösen; doch brachte es diese Entwicklung mit sich, daß immer mehr Römer für immer längere Zeiträume den Aufgaben zu Hause entzogen

für die Verteidigung Italiens gegen die *Kimbern und Teutonen* (→ *Germanen*) zu gewinnen, ging er völlig neue Wege. Der griechische Geschichtsschreiber *Plutarch* berichtet: »Sogleich (nach seiner Wahl) führte er auch eine Werbung durch, wobei er entgegen dem Gesetz und Herkommen viel mittelloses Volk und Sklaven in die Listen eintragen ließ; denn die früheren Feldherrn hatten dergleichen Leute nicht angenommen, sondern die Waffen als eine Art Auszeichnungen nur solchen Personen in die Hand gegeben, die auf Grund der Schätzung dazu berechtigt waren« (→ *Legion*).

Links: Römische Wachposten vor dem Lager. Zwischen ihnen zwei Cohorten-Feldzeichen. Relief der Traianssäule.

Rechts: Marmorrelief mit römischen Waffen und Rüstungsstücken. Links: Lederpanzer, rechts verzierte Prunkhelme. Museum Turin.

wurden – mit der Folge, daß viele Bauernstellen vernachlässigt wurden bzw. ganz eingingen. Diese Entwicklung hatte nicht nur unabsehbare Folgen für Staat und Gesellschaft (→ *Soziale Verhältnisse*); auch das Kriegswesen war insofern davon betroffen, als viele römische Bürger nicht mehr die materiellen Voraussetzungen für den Kriegsdienst besaßen und damit die Zahl der verfügbaren Soldaten nicht mehr ausreichte.

Die Heeresreform des C. Marius. Die Konsequenzen aus dieser Entwicklung zog, nachdem die → *Gracchen* mit ihren Reformversuchen gescheitert waren, der Consul des Jahres 107 v. Chr., *C. Marius.* Um Soldaten für den Krieg gegen den Numidierkönig *Jugurtha* und, wenig später,

Diese Soldaten aus der Unterschicht wurden vom Staat besoldet und als *Veteranen* mit Landzuweisungen versorgt. Damit ist ein weiteres Problem der Heeresreform angedeutet: die *persönliche Bindung* des Söldners an seinen Feldherrn. Wenn ein Heerführer nach jahrelangen Feldzügen politischen Ehrgeiz verspürte, dann lag für ihn die Versuchung nahe, das auf ihn eingeschworene Heer für seine eigenen Ziele einzusetzen. Nach Marius gingen *Sulla,* → *Pompeius* und schließlich → *Caesar* diesen Weg und führten damit das Ende der Republik herbei.

Die Schlachtordnung zur Zeit Caesars. Bereits Marius hatte die alte römische Manipeltaktik weiterentwickelt. Er reduzierte die Zahl der selbständigen taktischen Einheiten auf zehn, indem er die 30 Manipel zu 10 *Cohorten* zusammenfaßte, die im Kampf rund 50 Mann breit und 8 Mann tief standen; die Zahlen schwanken allerdings (→ *Legion*).

Zur Schlacht wurden die Cohorten in der Regel zwei bis drei Treffen tief aufgestellt und zwar so, daß die hinteren Treffen die Lücken zwischen den vorderen deckten, also auch schachbrettartig nach dem Schema 4 : 4 : 2 oder 5 : 3 : 2 oder 5 : 5 (→ *Legion*).

Die *Flanken* der schwerbewaffneten Legion schützten in der Schlacht die *Reiterei* und, in engem Zusammenwirken mit ihr, die *Leichtbewaffneten*, die sich aus *Hilfstruppen* (auxiliarien) zusammensetzten und meist mit Pfeil und Bogen oder mit der Schleuder kämpften. Aufgabe der Reiterei war es ferner, die Reiterei des Gegners zu vertreiben und die feindliche Schlachtordnung in den Flanken zu fassen bzw. nach dem Sieg die Fliehenden zu verfolgen.

Wenn die Legionen zur Schlacht aufmarschiert waren, dann rückten sie auf ein Zeichen der *Trompete* hin vor. Das *Erste Treffen* schleuderte zunächst die Wurfspeere und stürzte sich dann im Laufschritt und unter wildem Geschrei auf den Gegner, um ihn im ersten Ansturm zu überrennen. Hielt der Gegner diesem Stoß stand, dann begann der Kampf mit dem Schwert, für den die Legionäre seit Marius glänzend ausgebildet waren. Wenn einer fiel, dann trat der Hintermann an seine Stelle. Das *Zweite Treffen* deckte, wie schon bei Marius, die Lücken zwischen den Cohorten des ersten, während das dritte seit Caesar als taktische Reserve zurückgehalten wurde, die erst auf bestimmte Trompetensignale hin eingriff, wie überhaupt die Verständigung während der Schlacht durch verschiedene Instrumente – Horn und Trompete – aufrecht erhalten wurde.

Bewaffnung und Ausrüstung. Die Ausrüstung des Legionärs mit Angriffs- und Schutzwaffen entsprach der Taktik des *Nahkampfes* und unterschied sich grundlegend von der Ausrüstung des hellenistischen Phalanxkämpfers. Als Angriffswaffe trug der römische Legionär in einer hölzernen, lederbezogenen Scheide ein *kurzes zweischneidiges Hieb-Schwert* (spatha), das sich für Hieb und Stich eignete. Ehe es zum Handgemenge kam, schleuderte er den *Wurfspeer* (pilum), dessen Spitze aus weicherem Eisen sich beim Eindringen in einen Schild verbog, so daß die Waffe nicht zurückgeworfen werden konnte und

überdies den Gegner in seiner Bewegungsfreiheit behinderte. Zum Schutz des Körpers trug der Legionär einen *Panzer aus Lederstreifen* (lorica), die durch *Eisenplatten* verstärkt waren, oder auch ein *Panzerhemd aus Metalldraht*, das sich aber nur wohlhabende Soldaten leisten konnten. Später kam auch der *Schuppenpanzer aus Metallplättchen* auf. Den Kopf schützte ein lederner oder eiserner *Helm* (galea), von dem ein roter Federbusch drohend herabnickte. Der lederbezogene längliche *Holzschild* (scutum) am linken Arm des Legionärs war leicht gewölbt und in der Mitte mit einem Metallbuckel versehen, so daß die feindlichen Wurfgeschosse abgleiten konnten.

Die *Leichtbewaffneten* und *Reiter* trugen nur einen kleinen *Rundschild* (parma) und leichte Wurfgeschosse, die ihrer taktischen Aufgabe entsprachen.

Die Marschleistung. Auf den endlosen Märschen an den Grenzen des Reiches oder durch feindliches Gebiet hatte der Legionär nicht nur seine Waffen aus Eisen und Holz zu schleppen. Zwar folgte jeder Legion eine Maultierkolonne mit dem schweren Gepäck, dem einzelnen blieb aber immer noch eine Last von etwa 30 Kilogramm für den Fall, daß der Nachschub einmal ausblieb. Zu diesem Gepäck gehörte die »*eiserne Ration*«, gehörten *Schanzpfähle* und *Kochgeschirr* und auch *Werkzeuge*, die stets zur Hand sein mußten, wenn das Lager errichtet wurde. Angesichts dieser Belastung stellte die tägliche Marschleistung von 20 bis 25 km zur Zeit Caesars keine geringen Anforderungen an die Legionäre, auf die ja am Abend in der Regel kein bequemes Quartier wartete, sondern die Errichtung des Lagers.

Das Lager. Selbst nach langen Märschen und blutigen Kämpfen gehörte es zur selbstverständlichen Pflicht der Soldaten, ein Lager für die Nacht zu errichten. Nach Möglichkeit wurde

Römische Legionäre beim Bau einer Lagerbefestigung.
Relief von der Traianssäule in Rom.

Plan eines römischen Lagers

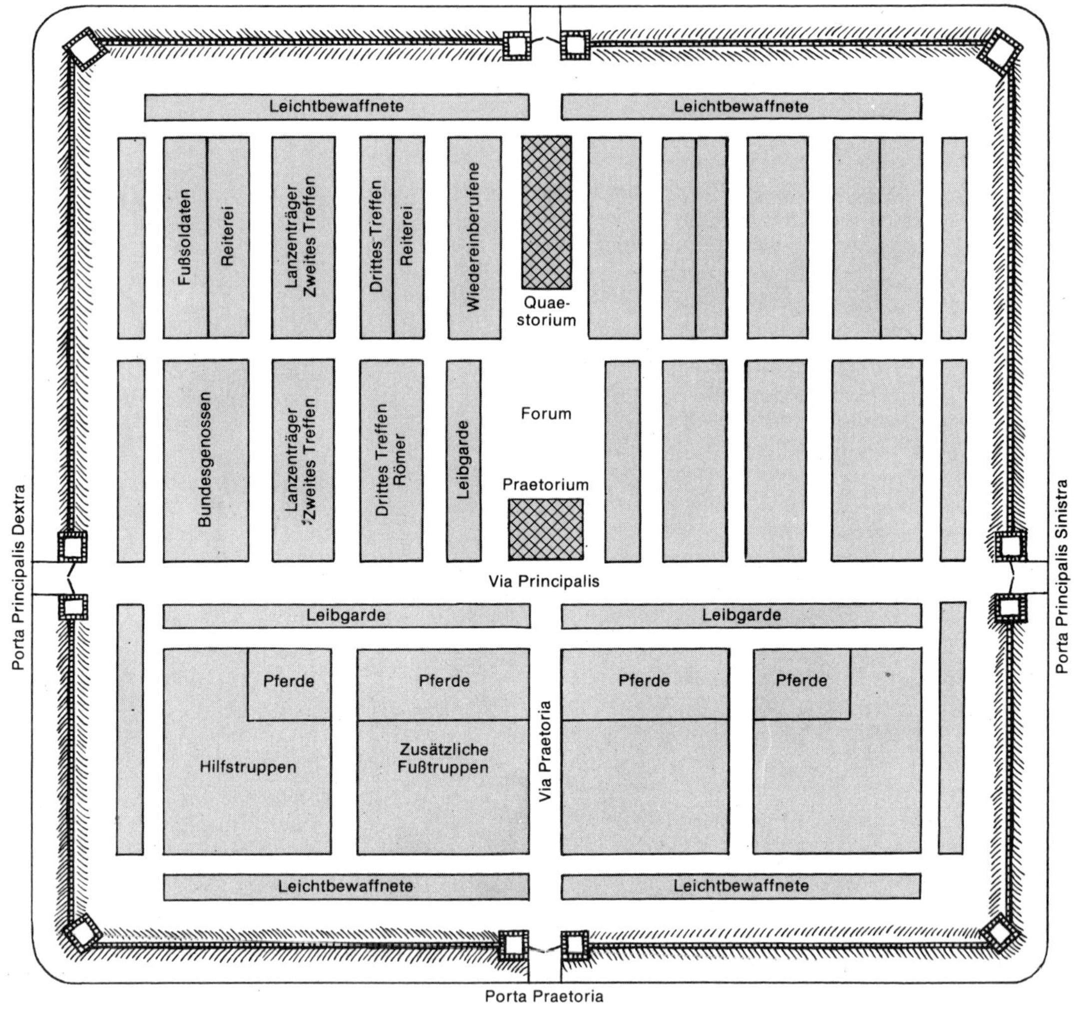

Porta Decumana

Porta Principalis Dextra

Porta Principalis Sinistra

Leichtbewaffnete · Leichtbewaffnete

Fußsoldaten · Reiterei · Lanzenträger Zweites Treffen · Drittes Treffen · Reiterei · Wiedereinberufene · Quaestorium

Bundesgenossen · Lanzenträger Zweites Treffen · Drittes Treffen Römer · Leibgarde · Forum · Praetorium

Via Principalis

Leibgarde · Leibgarde

Pferde · Pferde · Pferde · Pferde

Hilfstruppen · Zusätzliche Fußtruppen · Via Praetoria

Leichtbewaffnete · Leichtbewaffnete

Porta Praetoria

Ara Pacis Augustae — der Friedensaltar des Augustus —, wieder aus erhaltenen Teilen aufgebaut, ist Symbol und künstlerischer Ausdruck der augusteiischen Zeit. Strenge des Baukörpers und Idealisierung der dargestellten Personen und Ereignisse entsprechen der zentralen, religiösen Bedeutung dieses Monuments. Der Friesausschnitt zeigt die kaiserliche Familie während einer Opferprozession. Andere Partien werden von Ornamenten und von Darstellungen mythischer Szenen überzogen.

Dank ausgezeichneter Fernstraßen und Relaisstationen bestanden im Römischen Reich auch schnelle, relativ ›bequeme‹ Fernverbindungen für Reisende und Kurierdienste. Eine römische ›Postkutsche‹ zeigt das Kalksteinrelief des 2.–3. Jhs. in Maria Saal in Kärnten.

durch ein Vorkommando ein geeigneter Platz ausgewählt, der sich zur Verteidigung eignete und in dessen Nähe Wasser und Weide für die Tiere vorhanden sein mußten. Jeder einzelne kannte seinen Platz und seine Aufgabe, wenn es galt, den *Graben* auszuheben und gleichzeitig die Erde dahinter zum *Wall* aufzuwerfen, auf dem dann die *Schanzpfähle* eingepflanzt wurden. Ein solches Lager, das am Abend für nur vorübergehenden Aufenthalt errichtet wurde, erforderte natürlich nicht den Aufwand und die Sorgfalt wie ein Lager, das als Stützpunkt für längeren Aufenthalt dienen sollte. In den Grundzügen glichen sie sich aber alle.

In den meisten Fällen bildeten Wall und Graben ein Rechteck, in dessen Mitte das *Zelt des Feldherrn* (praetorium) stand. Dort kreuzten sich die beiden Hauptstraßen des Lagers, die zu den

legt, der für alle Stunden des Tages und der Nacht streng organisiert war; und wehe, wenn einer seine Pflicht vernachlässigte!

Die Aufrechterhaltung der Disziplin. Zu den schwersten *Disziplinwidrigkeiten*, die sich ein römischer Soldat zuschulden kommen lassen konnte, gehörten, neben der Feigheit vor dem Feind, Versäumnisse im Wachdienst. In solchen Fällen konnte der Feldherr die *Todesstrafe* verhängen, ohne daß der Verurteilte die Möglichkeit hatte, an eine höhere Instanz zu appellieren. Die Strafe wurde sofort von den Soldaten selbst durch Steinigung oder Prügel vollzogen. Für geringere Vergehen drohten *Geldstrafen*, z. B. Verminderung des Soldes oder des Beuteanteils oder *Degradierung* und *Ausstoßung aus dem Heer*. Auch ganze Einheiten konnten bestraft werden. In extremen Fällen, etwa bei Meuterei, wie sie selbst un-

Wall, Palisadenzaun
und überbrücktes Tor eines römischen Lagers
in Baginton nahe Coventry
(Rekonstruktion).

vier Toren führten, die *Via Praetoria* und die *Via Principalis*. Vor dem Feldherrnzelt erweiterte sich die Via Praetoria zu einem Platz, auf dem die Truppen versammelt werden konnten, um eine Ansprache des Feldherrn zu hören oder Befehle zu empfangen. Die einzelnen Truppenteile hatten ihre ganz bestimmten Plätze, ebenso die Offiziere und die Verwaltungsbeamten.

Besonderer Wert wurde auf den *Wachdienst* ge-

ter Caesar vorkam, konnte eine Truppe »dezimiert« werden; das heißt: jeder zehnte wurde hingerichtet.

Diesem System von Strafen stand andererseits ein fein abgestufter Katalog von Auszeichnungen und Belohnungen gegenüber.

Das Heer der Kaiserzeit. Nachdem die Jahrzehnte der Bürgerkriege bewiesen hatten, wie gefährlich es für den Staat war, wenn politisierende Feldherrn an der Spitze ihrer Truppen ihre eigenen ehrgeizigen Pläne verfolgten, ersetzte → *Augustus* das Söldnerheer durch ein *stehendes Heer*, das auf den Princeps selbst vereidigt wurde. Die Legionen standen außerdem fortan mit geringen Ausnah-

men an den Grenzen des Reiches, wo sie den Schutz des Reiches gegen äußere Feinde – Germanen und Parther – zu gewährleisten hatten und dem inneren Frieden nicht gefährlich werden konnten. Da außerdem seit Augustus die militärische Laufbahn wieder mit der zivilen verbunden wurde, konnte eine eigene Offizierskaste im Staat nicht entstehen.

Manche Eigentümlichkeiten des republikanischen Heeres blieben freilich noch bis in die Zeit → *Diocletians* erhalten. So hielt man daran fest, daß in den Legionen nur *römische Bürger* dienten – der Eintritt ins Heer brachte die Bürgerrechte – während die *Hilfstruppen* sich aus Verbündeten und Unterworfenen zusammensetzen, darunter mehr und mehr Germanen.

Bereits seit dem 2. Jahrhundert stammten die Legionäre weitgehend aus den *Provinzen*, da die römischen Volksmassen begreiflicherweise keine Lust zu Krieg und Waffendienst hatten und da für sie anderweitig durch kaiserliche Spenden gesorgt war. Wie sehr diese Truppen seit dem 3. Jahrhundert Einfluß auf die Politik nahmen, zeigt die Geschichte der sogenannten *Soldatenkaiser*, die von ihren Legionen erhoben und wieder gestürzt wurden.

Wären die Römer der Kaiserzeit selbst noch so kriegerisch wie ihre Vorfahren gewesen, dann hätten die Kaiser ohne Mühe die 25 Legionen des 1. Jahrhunderts n. Chr. mit echten Römern füllen können. Die aber zogen es vor, in der Stadt auf öffentliche Kosten versorgt zu werden. Die 25 Millionen Denare, die unter Augustus jährlich für den Sold der Legionen aufgebracht werden mußten, waren nur ein Zehntel dessen, was der Kaiser an Spenden unter das Volk brachte. (R. V.)
(Siehe auch die speziellen Stichworte → *Belagerungstechnik*, → *Kriegsflotte*, → *Legion*, → *Nachrichtenwesen*, → *Technik*, → *Triumph*.)

Heerzeichen (Signa, Fahnen und Trompeten)

Das lateinische Wort *signum* (Zeichen) umfaßt im militärischen Bereich sowohl die akustischen Signale, die etwa mit der *Trompete* gegeben werden, als auch die *optischen* »Feldzeichen«. Diese letzteren hatten neben ihrer moralischen und sogar religiösen Bedeutung ähnlich unseren heutigen Truppenfahnen zunächst einen sehr großen praktischen Zweck, den man sich heute im Zeichen des Feldtelefons oder gar des Radars, aber auch schon der einfachen Leuchtpistole erst wie-

Rekonstruktion eines Triumphwagens, der in einfacher Ausführung ursprünglich als Streitwagen verwendet wurde. MdCR Rom.

Das mit Auszeichnungen geschmückte Feldzeichen einer Cohorte. Als 3. von oben eine »corona muralis«. Palazzo del Drago Rom.

der retrospektiv vorzustellen hat. Noch im letzten Weltkrieg gab es allerdings bei der Infanterie eine rote »Flagge vorderste Linie« als simples Warnzeichen für die Artillerie, nicht in die eigenen Reihen zu schießen. So standen auch die Signa der Legion im Kampf vorne, nicht hinten, wie man früher gemeint hat, und die vielen Ausdrücke, die sich für Truppenbewegungen in der lateinischen Literatur finden und als eine *Bewegung der Signa* gekennzeichnet sind (signa inferre, movere, tollere, convertere etc.) zeigen, daß die taktische Bedeutung der römischen Signa viel größer war als bei den Heeren der Neuzeit. Sie waren daher auch viel stärker differenziert; sie bestanden nicht nur aus Regimentsfahnen.

Bei der *Legion der Kaiserzeit* ist zunächst der *Adler* (aquila) zu nennen, der feierlich verliehen wurde und wirklich vor allem ein symbolisches und sogar sakrales Zeichen war. Sein *Träger* (aquilifer) war einer der höchsten Unteroffizierchargen und Anwärter auf den Centurio. Sonst hatte die Legion als Feldzeichen nur die Signa der Manipel, also drei für jede Cohorte, diese selbst hatte kein eigenes Zeichen. Der Träger, der *signifer*, trug ein Bärenfell über dem Helm, stand über dem einfachen Feldwebel und war für die höheren Stäbe qualifiziert.

Bei den *Cohorten der Hilfstruppen* finden wir auch den Signifer, wenn es sich um eine Cohorte zu Fuß handelt; bei den teilweise berittenen treffen wir daneben den *Vexillarius* an; denn das *Vexillum* (Fähnlein) ist die Standarte der Reiter. Bei Reiterregimentern gibt es nur den Vexillarius. Alle Einheiten führten in der Kaiserzeit neben den taktischen Fahnen auch noch des *Kaisers Bildnis* (imago) auf der Stange mit sich, und da es für die Hilfstruppen das einzige Zeichen für ihre ganze Einheit war, so spielt es hier eine viel bedeutendere Rolle als bei den Legionen, die ja den Adler als ihre heilige Fahne besaßen.

Die Bezeichnung Vexillum bei den Reitern ist übrigens eine sehr allgemeine und hatte nicht den weihevollen Klang des Signums oder gar der Imago oder des Adlers. So führten die abkommandierten Abteilungen einer Legion auch ein Vexillum und nicht ihre Manipelzeichen mit sich; diese blieben im Fahnenheiligtum der Legion. Daher heißt ein solches abkommandiertes Detachement »Vexillatio« (Fähnlein). Über die Form der verschiedenen Zeichen besteht noch keine völlige Klarheit. Der Adler des Zeus auf der Stange mit dem Blitz und wohl auch einem Kranz ist genügend häufig dargestellt, auch das Kaiserbildnis, meist in runder Scheibe auf einer Stange,

ist vielfach auf Grabsteinen zu sehen. Bei den ebenfalls häufigen Abbildungen von Signa unterscheidet man das der normalen Manipel, meist mit einer *Hand* (manus) an der Spitze und einer Anzahl *runder Scheiben* (Phalerae), die dem Manipel als Auszeichnung verliehen wurden, gelegentlich auch mit einem *Kranz* oder einem *Querbalken mit herabfallenden Bändern*, und im Gegensatz dazu das Signum der Garde, das zusätzlich das Kaiserbildnis trug. Die verschiedenen Arten der Vexilla sind schwieriger auseinanderzuhalten. Es scheinen immer Stangen mit einer Querleiste gewesen zu sein. Was aber ein richtiges, daran hängendes Fahnentuch und demgegenüber nur daran angebrachte Bänder, Blätter oder dergleichen zu sagen haben, ist noch nicht recht geklärt. Das letztere scheint zur Infanterie zu gehören, das mit dem Tuch zur Kavallerie.

Die *akustischen Signa* wurden wie bei uns durch Blechblasinstrumente gegeben. Es gab deren vier. Zunächst *Tuba* und *Lituus* als ausgesprochene Signalinstrumente mit einem schrillen, lauten Ton, aber geringem Umfang von nur 6 Intervallen wie die heutigen Signalhörner; ferner gab es *Cornu* und *Bucina* mit einem Tonumfang von 3 Oktaven. Die Tuba ist ein etwa 1,20 m langes gerades Instrument mit Schalltrichter und Mundstück und einer Öse hinter dem Schalltrichter, durch die eine Schnur gezogen wurde, damit man das lange Rohr fest an die Lippen ziehen konnte. Der von den *Etruskern* übernommene Lituus ist kleiner und hat einen leicht aufwärts gebogenen Schalltrichter. Stärker gebogen sind die beiden anderen Instrumente; das Cornu bildet einen großen Dreiviertelkreis oder sogar eine volle spiralige Krümmung, die mit einem verzierten Verstrebungsstab und einer einfacheren Querverstrebung in ihrer Form gehalten und gehandhabt wird. Die Bucina dagegen ist flach S-förmig gebogen wie die Posaune, die auch ihren Namen (bucina – busine – Posaune), sogar ihre Züge, wenigstens zum Einstellen der allgemeinen Tonhöhe, von der Bucina übernommen hat.

Da sich die Schriftsteller nur knapp über die Verwendung dieser Instrumente beim Heer ausdrücken, gibt es heute darüber einige Unklarheiten. Fest steht zunächst, daß Tuba und Cornu zu jeder Legion gehörten, und zwar in einer Anzahl von mindestens dreißig, also zu jedem Manipel je eine Tuba und ein Cornu. Es ist fernerhin sicher, daß das Cornu zum Manipelsignum gehörte; wenn es blies (»sang«), bewegte sich das Signum und damit die Legionäre. Die Tubasignale galten für das Ganze und jeden einzelnen direkt.

Die Tuba »rief« zum Abmarsch, zum Angriff, zum Rückzug. Die *Tubabläser* (tubicines) standen daher wohl in der Nähe des Gefechtsstandes und gaben ihre weittragenden Signale an die kämpfende Truppe weiter. Was nun die beiden anderen Instrumente angeht, so fragt es sich, ob sie beide oder welches von ihnen als die eigentliche Reitertrompete anzusehen ist. Auf dem Grabstein eines Alenreiters ist eine Bucina eingemeißelt, und man hat deshalb gemeint, daß sie als die Trompete der Reiter angesehen werden müsse. Aber zunächst muß man feststellen, daß der Soldat nicht »*bucinator*«, sondern schlichter »*eques*« (Reiter) genannt wird, und folgerichtig die Bucina auch nicht in der Hand oder sonst bei sich führt; sie ist vielmehr neben der Schrift unter dem Reiterbilde zu sehen. Die Posaune auf dem Pferde zu blasen, dürfte auch nicht ganz leicht gewesen sein. Vielmehr wird der kurze Lituus mit seinen sechs Signaltönen als verkleinerte und leicht gekrümmte Ausführung der Tuba die Trompete der Reiterei gewesen sein. In dieser Auffassung werden wir bestärkt, wenn wir lesen, was es mit der melodienreichen Bucina auf sich hatte. Sie wird ein »*insigne imperii*« (Zeichen der Befehlsgewalt) genannt; mit ihr wurde das »*classicum*« (der Armeemarsch) geblasen, wenn der Feldherr anwesend war und als Träger des Imperiums in Aktion trat. Fernerhin waren ihre Melodien zu hören bei der Wachablösung und beim Zapfenstreich. Daß es bei der antiken Armeemusik noch so viele offene Fragen gibt, ist damit zu erklären, daß die Bezeichnungen bei den Alten selbst nicht so genau genommen wurden und die Abbildungen und Benennungen auf den Steininschriften nicht ausreichen – von einem Lituus oder seinem Bläser, dem *Liticen*, ist beispielsweise nie die Rede bei den erhaltenen Inschriften, und die Bezeichnung *Tubicen* scheint sehr allgemein für alle Bläser gebraucht worden zu sein – auch für diejenigen unter ihnen, die, wie unsere Stabstrompeter und Tambourmajore selbst nicht mehr spielten, sondern nur dirigierten. (O. D.)

Herodes der Große

Herodes der Große (*ca. 72 v. Chr., † 4 v. Chr.) repräsentierte in nahezu klassischer Weise den Typ des römischen *Klientel*- bzw. Vasallenkönigs in einem Landstrich, der seit den Tagen eines *Thutmosis III.* durch die geographische Lage immer wieder solche Fürsten hervorbringen mußte. Der Vater des Herodes, ein hellenisierter Araber-

häuptling namens *Antipater*, wurde nach der Schlacht bei *Pharsalus* römischer Bürger und Statthalter von Palästina. Sein Sohn Herodes erlangte 40 v. Chr. durch die Freundschaft mit dem Triumvir *Marcus Antonius* aus den Händen des Senats die Königswürde über *Judaea* und den Titel »Bundesgenosse und Freund des römischen Volkes«. Als solcher konnte er innerhalb gewisser Grenzen und Bindungen sein Reich selbständig regieren, mußte aber der römischen Orientpolitik voll zur Verfügung stehen. Herodes, wendig, gescheit und skrupellos, nutzte diese Chance und profilierte sich während einer vierzigjährigen Regierungszeit als einer der wichtigsten Eckpfeiler Roms im Orient; unter ihm wurde zumindest äußerlich Palästina ein »hellenistisch-römischer Staat« (Kornemann).

Nach der Schlacht von *Actium* wechselte er blitzschnell zu *Octavianus-Augustus* über und beeindruckte ihn so, daß er in seiner Herrschaft nicht nur bestätigt, sondern sein Herrschaftsgebiet sogar noch vergrößert wurde: Octavianus hatte genauso wie seine Vorgänger eingesehen, daß für so schwierige Gebiete wie das jüdische Palästina eine indirekte Beherrschung durch einheimische oder zumindest dort verwurzelte Machthaber die bessere und billigere Methode war.

Herodes war zehnmal verheiratet, und an seinem Hof herrschte eine mit Blut und Luxus geschwängerte Sultanatsatmosphäre; um seine Herrschaft zu erhalten, war ihm jedes Mittel recht und kein Todesurteil – auch gegen Ehefrau und Söhne – zuviel! Obwohl ihn seine jüdischen Untertanen als römischen Mietling haßten und umso inbrünstiger auf einen Messias hofften, tat er für sein Land doch recht viel, so daß man über den bethlehemitischen Kindermörder heute zu einem besseren und vielleicht gerechteren Urteil gekommen ist. (D. R.)

Hinrichtung

Die *Todesstrafe* wurde in der Republik wie in der Kaiserzeit schon für kleine, uns heute nichtig erscheinende Vergehen ausgesprochen. Schon in den → *Sagen* hören wir, daß Väter als Staatsbeamte und Richter nicht davor zurückschrecken, die eigenen Söhne mit dem Tod zu bestrafen. Zu den häufigsten Hinrichtungsarten gehörte die *Enthauptung*. Verurteilte konnten auch *erdrosselt* oder in die *Arena geschickt* werden, wo sie gegen → *Gladiatoren*, vor allem aber unter erschwer-

ten Bedingungen bei → *Tierhetzen* kämpfen mußten. Hohe Kriegsgefangene wurden nach dem
→ *Triumphzug*, in dem man sie durch Rom
schleppte, in der republikanischen Zeit vom
»Tarpeiischen Felsen« am Rande des *Capitols*
(→ *Rom*) in die Tiefe gestürzt. Die Heiligenlegenden wissen darüberhinaus vom Einfallsreichtum
der Henker in der Kaiserzeit zu berichten.
Als furchtbarste Hinrichtungsart galt die *Kreuzigung*, die Rom von den → *Karthagern* übernahm.
In Kriegszeiten wurden Deserteure und Über-
läufer, Aufwiegler und Rebellen gekreuzigt, sonst
vor allem Sklaven. Als *Crassus* 79 v. Chr. den
Sklavenaufstand des → *Spartacus* niedergeworfen
hatte, ließ er entlang der Via Appia von Capua bis
Rom sechstausend Gefangene kreuzigen. Der
eigentlichen Hinrichtung ging meist eine *Geiße-
lung* voraus; dann mußte der Verurteilte den
Querbalken des Kreuzes selbst zur Richtstätte
tragen, wo der senkrechte Balken bereits in die
Erde eingeschlagen war. In Rom standen angeblich auf dem *Esquilin* (→ *Rom*) so viele solcher
Längsbalken bereit, daß die Richtstätte einem
Wäldchen glich. Die Hände des Verurteilten wurden an den Querbalken (patibulum) angebunden
oder angenagelt, und dann setzte man diesen
oben auf den Längsbalken hinauf. Die Füße, wurden ebenfalls angebunden oder angenagelt.
Wie und woran letztlich der Verurteilte starb,
ist bis heute noch nicht ganz geklärt, weniger
wohl an Blutverlust, als vielmehr an einem durch
Muskelverkrampfung ausgelösten Erstickungs-
tod. Die Qualen der Verurteilten müssen ungeheuer gewesen sein; denn sie hingen nicht nur
stunden-, sondern oft tagelang am Kreuz, zusätzlich, von Durst und wahnsinnigen Schmerzen,
von Moskitos und Fliegen geplagt; zeitweilig
verloren sie das Bewußtsein, doch nur um zu
neuen Qualen wieder zu erwachen. Selbst den
Henkern wurde das manchmal zuviel, so daß
sie den Gekreuzigten das Herz durchbohrten,
mit einem Holzprügel einen Gnadenschlag in die
Herzgegend versetzten oder Gestrüpp unter dem
Kreuz anzündeten und die Opfer auf diese Weise
erstickten. So ist es nicht zu verwundern, daß
antike Autoren, die bei Hinrichtungen im allgemeinen wenig zimperlich waren, die Kreuzigung
ablehnten oder mit Schweigen übergingen wie
→ *Cicero*, der wünschte, daß bei den Römern über
diese Todesart nicht gesprochen werden solle,
da sie »der grausamste und verwerflichste Tod«
sei. Die Christen des Altertums hatten noch eine
so tiefe Furcht vor der Kreuzigung, daß sie
Christus niemals am Kreuz abbildeten. (H. P.)

Horaz

Quintus Horatius Flaccus (*65 v. Chr., † 8
v. Chr.), bedeutender römischer Dichter, war Sohn
eines Freigelassenen. Der Vater ermöglicht dem
Sohn ein Studium in Rom, später in Athen. Horaz
schließt sich als Militärtribun den Caesargegnern
an. Nach der Niederlage bei *Philippi* (42 v. Chr.)
arbeitet er als *scriba* (Sekretär). Seine ersten
Dichtungen machen → *Vergil* auf ihn aufmerksam, der ihn in den *Maecenaskreis* einführt. Die
Freunde und das Landgut (Sabinum), das → *Maecenas* ihm schenkt, vermitteln ihm Heimatgefühl,
Unabhängigkeit und innere Ausgeglichenheit.
Auch in weiteren Kreisen findet er Anerkennung.
Aber politischen Bindungen, auch dem Werben
des → *Augustus*, weicht Horaz nun aus.
Die frühen Werke haben zeit- und gesellschafts-
kritischen Charakter. Die Jamben, auch *Epoden*
genannt, sind anfänglich noch von Unmut und
Empörung geprägt. Die Angriffe zielen jedoch
nicht wie bei *Lucilius* (→ *Literatur*) auf einzelne
Gegner, sondern auf die allgemeine Verkommen-
heit. Die Epoden 7 und 16 sollen den Römern
die Ursachen des Verfalls vor Augen führen:
einen *Erbfluch* seit dem Mord an Remus und
die *Selbstzerstörung* des Volkes, so daß ihm nur
die Auswanderung in eine paradiesische Welt
bleibt, in der Tugenden wie *virtus* (Tüchtigkeit)
und *pietas* (frommer Sinn) etwas gelten. Darin
zeigt sich das Konstruktive an Horazens kriti-
scher Haltung.
Das Konstruktive gewinnt auch in den *Sermones*,
meist *Satiren* genannt, zunehmend an Bedeutung.
Das derbe Parodieren tritt zurück; hinter den
Mängeln soll das rechte, gesunde, männliche
Verhalten zum Vorschein kommen. Epikure-
isches und stoisches Gedankengut (→ *Philosophie*)
wird aufgenommen und zugleich relativiert.
Lächelnd soll die Wahrheit gesagt werden. Und
als Kern dieser Wahrheit bildet sich mehr und
mehr Horazens Philosophie des Maßes heraus:
»Est modus in rebus« (Ihr Maß haben alle
Dinge). Menschliches Verhalten bedarf bewußter
Ordnung, gelassener Beobachtung der bedrohlichen Umgebung, nüchterner Erkenntnis dessen,
was für einen selbst genug, was zuviel ist, freien
Verzichts und unverkrampfter Selbstbeherrschung.
Was in satirischen Formen gewachsen ist, wird
in der Form der *Ode* (carmen) überhöht und all-
gemeingültig vorgetragen. Horaz veröffentlicht
als erster Römer ein ganzes Buch von *Liedern* in
den metrisch komplizierten lesbischen Versfor-

men, die eine bestimmte Sprechhaltung suggerieren:»Der Dichter ist bekränzt, gläubig, erhoben über den Alltag und verwandelt im Lied das Leben bewußt zur musischen Harmonie, entkleidet es der niederdrückenden Schwere, fügt das Einzelne in den Kosmos des Geistes« (Büchner).

Als Sprechanlässe begegnen in den vier Büchern der Oden die unterschiedlichsten Gegenstände und Situationen: Persönliches und Allgemeines, Einsamkeit und Geselligkeit, Alltägliches und Erhabenes, Menschenleben und Götterwelt. Die politischen Anliegen werden am großartigsten in den sechs sogenannten *Römeroden* am Anfang des dritten Buches gestaltet: Der von den Musen begnadete Dichter (vates) richtet sich an die Jugend als priesterlicher Seher und Künder dessen, was not tut und gut ist: Wiederherstellung der Reinheit der Ehen, Achtung vor den Göttern, Bemühung um den»heilen« (integer) Menschen in einer heilen Welt. Die Zuversicht, daß die Vision eines sittlich geordneten Gemeinwesens unter → *Augustus* Wirklichkeit werde, spricht Horaz im»Carmen saeculare« aus. Er trägt dieses Festlied zur Säkularfeier bei, die Augustus im Jahre 17 v. Chr. zum Abschluß seiner Befriedungsarbeit ausrichten läßt.

In den Jahren, in denen keine Gedichte entstehen (23 – 17), schreibt Horaz *Briefe* (epistulae) – wie die Satiren in Hexametern –, keine wirklichen Briefe, auch keine Lehrgedichte in Briefform, sondern Beiträge zu dem gemeinsamen Bemühen der Freunde, mit sich und der Welt ins reine zu kommen. Unter den zwanzig Briefen findet sich eine Selbstbiographie und die sogenannte»Ars poetica« (Dichtkunst), keine trockenen systematischen Darstellungen, sondern zwanglos assoziatives Plaudern mit einem gebildeten, am Wesentlichen interessierten Gesprächspartner.

Das Eigene, das Besondere, das Vordergründige mit dem Allgemeinen, Gültigen, Wesentlichen in Beziehung zu setzen und der Aussage die seiner Individualität, seiner jeweiligen Daseinsstufe und seinem Anliegen gemäße, ausgewogene Form zu geben, darin liegt Horazens Genie, darin hat man das Klassische seiner Kunst gesehen. (F. R.)

Humanismus

Das Wort Humanismus bezeichnet ebenso wie die ihm zugrunde liegenden lateinischen Wörter *homo* (Mensch), *humanus* (menschlich) und *humanitas* (Menschlichkeit) verschiedenartige, z. T.

gegensätzliche Inhalte. Das hängt nicht zuletzt zusammen mit der komplexen Natur des Menschen und seiner Fähigkeit, an dieser seiner Natur die eine oder die andere Seite als wesentlich hervorzuheben. Zugleich mit dem Menschenbild verschiebt sich daher der Begriffsinhalt der dieses Bild bezeichnenden Wörter. Der Ernst, mit dem diese Wörter zuweilen gebraucht und inhaltlich diskutiert werden, ist begreiflich, geht es doch um das Selbstverständnis, um die Identität des einzelnen, der Völker, der Epochen, des Menschengeschlechts überhaupt. In der römischen *Literatur* begegnen uns (nach Haffter u. a.) die Wörter in prägnanter Bedeutung besonders häufig bei den Repräsentanten dreier Epochen: bei *Plautus* und *Terenz*, bei → *Cicero* und bei *Seneca*. Einer *negativen* Bedeutung (der schwache, fehlerhafte Mensch) steht zu allen Zeiten eine *positive* gegenüber (der kluge, umgängliche, mitfühlende Mensch). Das Urbane und das Philanthropische gewinnen mehr und mehr an Gewicht. Speziell bei *Cicero* kommen zwei weitere Akzente hinzu: Im Spannungsfeld zwischen den Zwängen bürgerlich-staatlicher Verpflichtungen und der Freiheit für geistige Wünsche und Ziele wird die *freigestaltete Muße* (otium) als spezifisch menschlich empfunden, da sie im Umgang mit Literatur und Wissenschaft Kenntnisse, Geschmack und edle Gesinnung fördert. Und im Spannungsfeld zwischen der quälenden politischen Wirklichkeit und einer beglückenden Wunschwelt wird Menschlichkeit vor allem dem zugesprochen, der es versteht, durch *Humor*, durch ausgeglichenes Wesen oder durch Vergegenwärtigung einer schöneren Vergangenheit die Bedrückung von den Gesprächspartnern zu nehmen.

Die Wertvorstellungen, die in den verschiedenen Zusammenhängen zum Ausdruck kommen, sind alle nicht genuin römisch; sie haben ihre Wurzeln in der hellenistischen Kultur. Eine römische Besonderheit ist aber der zusammenfassende Begriff *humanitas*. Er eignete sich als Schlagwort. Gerade wegen seines reichen, schillernden Inhalts bot er den Epochen, die sich auf das Vermächtnis der Antike besannen, immer neue Ansatzpunkte für kulturelle Entfaltung. Es ist ein Wesensmerkmal der abendländischen Kultur, daß immer wieder solche Strömungen aufkamen. Man nennt sie seit dem Beginn des 19. Jahrhunderts »Humanismus«. E. Hoffmann definiert ihn als »Erlebnis menschlicher *Persönlichkeitsformung* durch die Antike als klassische Lehrmeisterin«. Im weiteren Sinne rechnet man zum Humanismus alle Bewegungen, die das *antike Schrifttum* pflegen und für die Gegenwart nutzbar machen, so auch den mittelalterlichen Humanismus. Die *christlichen* Autoren waren zunächst bestrebt gewesen, ihre Lehren von der heidnischen Überlieferung abzuheben. Eine Wende brachte die Theorie, daß in den antiken Quellen auch natürliche *Offenbarung* wirksam gewesen und immer gültige, das Christentum vorbereitende Wahrheit enthalten sei. Besonders in Frankreich und England wurden lateinische Texte kopiert und u. a. innerhalb des Systems der »Sieben freien Künste« studiert. Der berühmteste Name der Zeit ist der *Abaelards*.

Renaissance-Humanismus. In der Renaissance fand *L. Bruni* das »Schlüsselwort« (R. Rieks) für das Bemühen um die lebendige Bewahrung des antiken Vermächtnisses: *studia humanitatis.* Anlaß für die erneute Beschäftigung mit der Antike war das im 13. Jahrhundert erwachende National- und Selbstbewußtsein des italienischen Stadtbürgertums. Insbesondere die Schriften → *Ciceros* und *Quintilians* über den vollkommenen Redner schienen geeignet, der Übermacht scholastischer Theologie und kirchlich gebundener Lebensauffassung ein in sich selbst ruhendes Menschentum entgegenzusetzen. In der Politik und im geselligen Leben, im literarischen Stil und im Verhältnis zur Kunst, besonders aber im Bereich der sittlichen Normen folgte man den antiken Denkformen und Wertungsprinzipien und hoffte so dem Leitbild des *uomo universale* näherzukommen. Orientierten sich *Dante, Petrarca, Boccaccio* noch an den Gestalten großer Römer, so gelangten nach dem Fall Konstantinopels (1453) mit den geflüchteten byzantinischen Gelehrten auch griechische Literatur und Philosophie nach Italien. In Florenz wurde 1459 die *Platonische Akademie* gegründet. Pflegestätten des Renaissance-Humanismus waren außer dem *Florenz* der Medici und dem *Rom* der Päpste die Fürstenhöfe *(Urbino, Ferrara, Mantua, Neapel)* und die *Universitäten.* Im übrigen Europa wurde der Humanismus seit dem 14. Jahrhundert durch Studierende und Konzilsteilnehmer verbreitet. In Deutschland gewann er zwei neue Komponenten hinzu: unter dem Einfluß des *Erasmus von Rotterdam* eine christliche und nach der Wiederentdeckung der »Germania« des *Tacitus* (1455) auch eine nationale. Für die Einbeziehung des Humanismus in das Bildungssystem der Reformation und Gegenreformation hat auf protestantischer Seite Luthers Mitarbeiter *Melanchthon*, der »praeceptor Germaniae« (Lehrmeister der Deutschen), auf katholischer der *Jesuitenorden* Entscheidendes geleistet.

Neuhumanismus und spätere Humanismusströmungen. Im Neuhumanismus des 18. Jahrhunderts gewann die Nachahmung der klassischen Antike gefühlsmäßige Intensität und philosophische Tiefe. Aus dem Ungenügen an der eigenen Zeit wuchs die *Griechensehnsucht;* im griechischen Menschentum glaubte man den unverbildeten Jünglingszustand der Menschheit zu erblicken (→ *Winckelmann*). Und die neue Deutung von Sprache und Geschichte durch *Herder* schuf eine anthropologische Basis für das neue *Konzept einer literarisch-ästhetisch-historischen Bildung,* deren Ziel in der *Individualität einer harmonisch entfalteten Persönlichkeit* gesehen wurde. In den Schriften *W. v. Humboldts* und des jungen *F. Schlegel* sowie in den Dichtungen *Goethes, Hölderlins* und *Schillers* findet dieses Menschenbild seine höchste Vollendung. Ein hervorragendes Instrument für seine Verbreitung gewann der Neuhumanismus mit der Einführung des *Humanistischen Gymnasiums,* das bis 1870 allein und bis 1900 mit Vorrang den Weg zur philosophischen Fakultät eröffnete. Den in *Historismus* und *Positivismus* allmählich erstarrenden Neuhumanismus versuchte *W. Jaeger* in den 30er Jahren dieses Jahrhunderts mit seinem »Dritten Humanismus« wieder zu beleben, vor allem in der Absicht, dem orientierungslos gewordenen Menschen der Gegenwart die ewig gültigen Modelle des griechischen Geistes nahezubringen. Blieb dieses Bemühen »eine utopisch anmutende Gelehrtenangelegenheit« (C. Menze), so hat die kritische Humanismusdiskussion seit *Marx* der modernen Philosophie fruchtbare Anstöße gegeben, so z. B. bei *H. Marcuse, Horkheimer* und *Adorno*, bei *Sartre, Camus* und *Levi-Strauß*. Mit der antiken humanitas aber haben diese Bemühungen nur den Namen gemeinsam und den Gegenstand, eben den Menschen. (F. R.)

I

Isis

Wie ein ägyptischer Mythos erzählt, wurde *Osiris*, der ägyptische König, von seinem Bruder *Seth* ermordet. Isis, Schwester und Gattin des Osiris, fand die Leiche, aber Seth raubte den Toten und zerstückelte ihn. Isis suchte die einzelnen Teile zusammen und erweckte Osiris wieder zum Leben. Er wurde *Herrscher der Unterwelt* (und unter dem Namen *Serapis* auch außerhalb Ägyptens verehrt).

Die Macht der Isis, den Tod zu besiegen, hob sie über die anderen Götter und ließ sie zu einer Schutzgöttin Ägyptens werden, die vor allem von den Ägyptern im Ausland verehrt wurde – und bald auch von den übrigen Mittelmeervölkern. In Rom begann ihre Verehrung im 1. Jahrhundert v. Chr., vom Senat mit Mißtrauen beobachtet – ihr Tempel war zunächst eine Art Treffpunkt der Halbwelt –, das sich unter → *Augustus* zur Verfolgung steigerte: die Erinnerung an die verhaßte → *Kleopatra* war noch zu frisch. Später bauten aber u. a. die Kaiser *Domitian*, → *Hadrian* und *Caracalla* Tempel für sie, und ihr Kult war in Rom und den Provinzen so verbreitet, daß man sie nicht mehr als fremde Göttin ansah; so war sie auch in der Spätantike eine bedeutendere Gegnerin des Christentums als etwa Iupiter.

Die Beliebtheit der Isis rührt von ihrem großen Aufgabenbereich her (Schutz der Frau, der Familie, der Gesundheit, Hilfe bei Reisen) und von der Organisation ihres Kultes: Viele Priesterämter, oft nur für ein Jahr vergeben, ermöglichten zahlreichen Gläubigen, auch Frauen, eine aktive Teilnahme an Opfern und Festen und förderten das Gefühl, einer Gemeinde anzugehören. Dazu kam der Einfluß der Isis-Mysterien (die in Griechenland entstanden waren, wo Isis mit *Demeter* gleichgesetzt worden war, d. h. der wichtigsten lebenserhaltenden Göttin): Wer in die Mysterien eingeführt war, dem offenbarte sich die Göttin, an dessen Schicksal nahm sie persönlich Anteil, dem half sie bei seinen Schwierigkeiten. Zwar hatten die Mysterien mit dem eigentlichen Kult nichts zu tun, es zeigt sich aber, daß beide, Eingeweihte und einfache Gläubige, bei Isis Geborgenheit und mütterliche Fürsorge suchten und fanden. (G. St.)

Italien

Der Autoreisende, der heute auf der »Autostrada« vom Brenner bis Sizilien fährt, durchquert dabei die wichtigsten Landschaften der Apenninenhalbinsel. Diese erstreckt sich ungefähr vom 47. Grad nördlicher Breite – der Nordgrenze der heutigen Republik Italien – bis etwa

36 2/3 Grad nördlicher Breite – der Südspitze Siziliens – und von etwa 7 1/2 Grad östlicher Breite – Riviera bei Ventimilia – bis ungefähr 18 1/2 Grad – Otranto.

Die eigentliche Halbinsel in der Form eines Stiefels hat ohne Po-Ebene eine Länge von rund 1000 km und eine größte Breite von 250 km. Das Rückgrat der Halbinsel bildet der *Apennin*, ein junges Faltengebirge von überwiegend Mittelgebirgscharakter, der im Norden noch eine einheitliche Kammlinie besitzt, in der Mitte *(Abruzzen)* und im Süden sich aber in einzelne Gebirgsstöcke auflöst. Das wiederum ist die Ursache für die verhältnismäßige Kleinräumigkeit der einzelnen Gebirgslandschaften, denen nur im Westen drei größere fruchtbare Ebenen vorgelagert sind, während das Gebirge auf der Ostseite unmittelbar zum Meer abfällt.

Die Heraushebung des Gebirges am Ende der Tertiär- und in der Quartärzeit löste eine rege vulkanische Tätigkeit aus, deren Zeugen wir noch an der Westseite des Apenninbogens mit den großen Vulkanen wie dem *Vesuv, Ätna, Stromboli* und *Vulcano* begegnen. Eine weitere Folge bilden die Erdbeben, die immer wieder die Halbinsel bedrohen und von denen auch die römischen Historiker häufig berichten. Im Südwesten bildet am Schuh des Stiefels *Kalabrien* ein kristallines Massiv; im Osten zeigt *Apulien* eine Kalktafel. Erdgeschichtlich sehr jung ist auch die »kontinentale Zugabe« (Ritter) zur Halbinsel, die *Po-Ebene*, ein riesiges Becken von der Größe Niedersachsens.

Entsprechend der großen Nord- Süd-Ausdehnung ist das *Klima* Italiens, das zahllose Touristen heute so schätzen, keineswegs einheitlich. Die Alpen bilden zwar eine wichtige Klimascheide, doch hat das Klima der Po-Ebene noch stärker mitteleuropäischen Charakter; jenseits des nördlichen Apenninbogens beginnt dann das eigentliche Mittelmeerklima mit trockenen Sommern, Frühjahrs- und Herbstregen und im Süden ausgesprochenen Winterregen. Das Pflanzenkleid zeigt sommergrüne Laubwälder in der Po-Ebene und in höheren Lagen, in Mittel- und Süditalien dagegen die Mittelmeervegetation mit immergrünen Buschwald, der *Macchia*, und Hartlaubgehölzen. Im Sommer und Herbst halten viele Pflanzen ihren ›Sommerschlaf‹, die Landschaft wirkt staubiggrau und eintönig, im Winter dagegen setzt die Vegetationsperiode ein, die bis in das Frühjahr hinein fortdauert.

Dank ihrer Lage als mittlere der drei südeuropäischen Halbinseln an einem Kreuzungspunkt ost-westlicher und nord-südlicher Kulturströmungen kommt der Apenninhalbinsel eine große geopolitische Bedeutung zu, die aber erst die Römer in verhältnismäßig später geschichtlicher Zeit zu nutzen begannen. Die ursprüngliche Blickrichtung Nord- und Mittelitaliens ging nach Westen, Unteritalien dagegen war stärker nach dem östlichen Mittelmeerraum orientiert und gehörte zusammen mit der Insel Sizilien zum Einflußbereich der griechischen Kolonisation.

Besiedlung. Die Apenninhalbinsel war schon seit der *Altsteinzeit* besiedelt. Bis zur *Eisenzeit* lassen sich verschiedene ethnische und kulturelle Gruppen unterscheiden, zu deren letzten und bekanntesten die *Villanova-Kultur* gehört, eine italienische Form der *Hallstatt-Kultur*, die zwischen 1000 und 600 v. Chr. in Oberitalien verbreitet war und in das nachmalige *etruskische* Gebiet übergriff. Verschiedene archäologische Indizien deuten darauf hin, daß etruskische Städte aus Villanova-Siedlungen hervorgingen.

Gegen Ende des 2. vorchristlichen Jahrtausends strömte im Zug der damaligen Wanderungen auch eine erste *indoeuropäische* Gruppe in Italien ein. Über ihre Herkunft ist nichts bekannt, möglicherweise kam sie aus dem Ostalpengebiet. Die Bezeichnung »Italiker« bildet nur den Sammelnamen für verschiedene sprachverwandte Stämme, zu denen die *Latiner* gehörten, die sich in den später nach ihnen benannten *Latium* (siehe unten) niederließen, und die *Falisker*, die im Tibertal siedelten. Nur wenig später folgten ihnen die *Umbro-Osker* oder *-Sabeller*, volkreichere Stämme, die erst die Apennintäler besetzten und von da aus allmählich nach Ost und West gegen die Küsten zu drängten. Aus der umbrischen Gruppe gingen die eigentlichen *Umbrer*, die *Volsker* und *Sabiner* hervor, aus der oskischen die *Samniten*, *Campaner* und *Lukaner*. Sie alle umfaßten das Siedlungsgebiet der Latiner und Falisker in einem großen Bogen vom Land her.

Eine dritte Einwanderungswelle bildeten danach *illyrische* Stämme, die teils von Nordost auf dem Landweg, teils über die Adria kamen. Zu ihnen gehörten die *Veneter* im Nordosten und die *Messapier* und *Japyger* im Südosten.

Ob die → *Etrusker* in Ober- und Mittelitalien etwa um 900 einwanderten oder ob sie aus einheimischen Stämmen hervorgingen, ist nicht geklärt. Die Küstengebiete Süditaliens und Siziliens wurden seit dem 8. Jahrhundert von den *Griechen* kolonisiert, die hier ihre Pflanzstädte anlegten, so daß das Gebiet bis etwa auf die Höhe des heutigen Neapel unter dem Sammelbegriff

Magna Graecia – Großgriechenland – zusammengefaßt wurde. Mit den → *Kelten*, die sich in der Po-Ebene festsetzten, kamen um 400 v. Chr. die letzten Einwanderer der vorchristlichen Zeit. Erst 800 Jahre danach veränderten die Stürme der *Völkerwanderung* noch einmal das ethnische Bild im Norden, wo germanische Stämme wie die *Goten* und *Langobarden* sich ebenfalls in der Po-Ebene festsetzten.

Name. In der langsamen Ausbreitung des Namens »Italien« zeigt sich, wie lange das Zusammenwachsen der Landschaften und Stämme zu einer gewissen Einheit dauerte. Das wohl oskische Wort *Italia* bezeichnete ursprünglich nur den Südwestzipfel der Halbinsel, also den Fußteil des Stiefels. Erst seit dem Ende des 5. vorchristlichen Jahrhunderts dehnte sich das Verbreitungsgebiet des Namens allmählich aus und umfaßte dann ganz Süditalien. Als die Römer *Tarent* erobert hatten, übernahmen sie den Namen für das gesamte Bundesgenossengebiet. *Italia* wurde nur die eigentliche Halbinsel genannt, ohne Sizilien, dafür aber im Norden hinauf bis an den Südrand der Po-Ebene, wo der Fluß *Rubico(n)* die Grenze bildete. Die Po-Ebene wurde von den Römern ursprünglich nicht dazugerechnet und erhielt nach den dort siedelnden keltischen Galliern den Namen *Gallia cisalpina* oder *Gallia citerior –* das »Diesseitige Gallien«. Die Trennungsgrenze wurde bis → *Cäsar* streng eingehalten, dann aber, als die Bewohner der Po-Ebene das römische Bürgerrecht erhielten, nach Norden bis an den Alpenkamm hinausgeschoben. Im Westen bildete der in den ligurischen Golf mündende *Varus* die Grenze, im Osten anfangs der *Formio*, bald aber die *Arsia* in Istrien.

Die italienischen Regionen. Augustus teilte dieses Italien in elf Regionen:

1. *Campania und Latium:* Das alte Stammland der *Latiner*, das vom *Tiber* im Norden bis an den *Golf von Salerno* reichte. An der Küste hatte es eine fruchtbare Ebene, die nur unterbrochen wurde durch die *Pontinischen Sümpfe*. In dieser Ebene lagen die blühendsten und bedeutendsten Städte, am Nordrand *Rom* mit seinem Hafen *Ostia*, südlich des Massikergebirges in Campania *Neapel*, *Cumae*, *Herculaneum*, *Pompeii* und *Capua* in einem fruchtbaren vulkanischen Gebiet, dessen Böden mehrfache Ernten im Jahr gestatteten.

2. *Apulia und Calabria:* An der Ostküste vom *Garganus* bis zum heutigen *Golf von Tarent* war hauptsächlich Weideland, in dem überwiegend Schafzucht getrieben wurde. Die bedeutenderen Städte wie *Sipontum* oder *Tarent* waren in der

griechischen Kolonisation entstanden. *Brundisium* (Brindisi) bildete den Endpunkt der *Via Appia* (→ *Straßen*) und war ein wichtiger Hafen zum benachbarten Griechenland.

3. *Lucania und Brutium:* Die Südwestspitze der Halbinsel. Bruttien im Süden mit rauhen Böden, bekannt aber wegen seiner Viehzucht. Der Apennin wird hier fortgesetzt vom *Sila-Wald,* einem Gebirge, das mit seinen Fjorden verschiedentlich wie eine nach Süden verpflanzte skandinavische Landschaft erscheint. Seine Wälder lieferten Pech und Bauholz nach Rom; in seinen unwirtlichen Schluchten hatte sich → *Spartacus* mit seinen Anhängern verschanzt. An der Küste lagen mehrere blühende griechische Städte wie *Sybaris* und *Thurii, Croton* und *Rhegium.* Die Grenze nach Lucanien bildete der *Laus-Fluß.* Im Nordteil wird die Landschaft milder und fruchtbarer, die Bergwiesen boten Möglichkeit zur Viehzucht, in den Ebenen am Golf von Tarent wurden Obst, Wein und Getreide angebaut. Auch hier lagen einige bedeutende Griechenstädte an der Küste wie *Metapontum* im Osten oder *Paestum* im Westen.

4. *Samnium:* Das gebirgige Land östlich von Latium, das weniger zum Ackerbau als vielmehr zur Viehzucht geeignet war. Die hier lebende bäuerische Bevölkerung hatte in verschiedenen Kriegen den Römern schwer zu schaffen gemacht und sich bis zur Kaiserzeit noch nicht von ihren Verlusten erholt. Zu den wichtigsten Siedlungen gehörten *Beneventum* und *Caudium* (Caudinisches Joch! → *Sagen*).

5. *Picenum:* Dieses Gebiet liegt an der Ostseite der Halbinsel mit einem ziemlich gerade verlaufenden, kaum gegliederten Strand, im Hinterland allmählich zum Apennin hin ansteigend. Ein fruchtbares Land mit Wein- und Olivenbau und vor allem mit Schweinezucht. Die wichtigeren Siedlungen wie *Ancona* oder *Potentia* (Potenza) lagen überwiegend an der Küste und waren durch die *Via Caecilia* mit dem Süden verbunden.

6. *Umbria:* Das heutige Umbrien, das durch den Apennin in zwei Teile gespalten wurde, mit Viehzucht und Obstbau, sowie einer Steinindustrie, die Kreide und Tuff lieferte. Das Land war seit der Mitte des zweiten vorchristlichen Jahrhunderts fest in römischer Hand, und seine Bewohner, die 90 v. Chr. das römische Bürgerrecht erhielten, gehörten von da an zu den verläßlichsten Bundesgenossen. Zu den bedeutendsten Städten gehörten *Ariminum* (Rimini) und *Fanum* (Fano) an der Küste, *Urvinum* (Urbino) und *Spoletium* (Spoleto) im Innern.

7. *Etruria:* Das alte etruskische Kerngebiet an der Westküste entlang des tyrrhenischen Meeres von *Ligurien* im Norden bis unmittelbar vor *Rom.* Ein reiches Land, das landwirtschaftliche Produkte, Bauholz und aus den Steinbrüchen im Norden den in der Hauptstadt begehrten Marmor lieferte. Zu seinen heute noch wichtigen Städten gehörten neben den alten Etruskersiedlungen *Florentia,* (Florenz), *Pisae* (Pisa), *Perusia* (Perugia).

8. *Aemilia:* Der südlich des Po gelegene Teil von Gallia cisalpina, also der Südteil der Po-Ebene, eine fruchtbare Tiefebene, die schon von → *Cicero* als der Garten Italiens gepriesen wurde und – wie heute noch – einen riesigen Gemüse- und Weingarten mit ausgezeichneten Weinen bildete. Alte etruskische Siedlungen wie *Bononia* (Bologna) wechselten mit keltischen wie zum Beispiel *Parma* und mit römischen Festungen. Die *Via Flaminia* durchschnitt von *Ariminum* nach *Placentia* (Piacenza) die Region wie eine Mittelachse.

9. *Ligurien:* Das ist die Küste und Hinterland im Westen am ligurischen Golf, begrenzt vom *Alpenbogen* und vom *Po.* Ein gebirgiges und rauhes Land, das unfruchtbar und ärmlich war, neben Bauholz nur noch etwas Wolle und Käse lieferte. Zu den wenigen Städten gehörten die ehemals von *Massilia* (Marseille) aus gegründete kleine Kolonie *Nicaea* (Nizza) und der Hafen *Genua.*

10. *Venetia und Histria:* Der Nordteil des »diesseitigen Galliens«, ein reich bevölkertes Gebiet, das bis in die Alpen hinein reichte, dessen Haupterwerbsquelle der Handel bildete, das aber auch durch seine Viehzucht bekannt war. *Patavium* (Padua) und *Aquileia* in der Nähe der Küste und *Tergeste* (Triest) als Hafen zählten zu den wichtigeren Siedlungen.

11. *Gallia transpadana:* Die letzte, nördlichste Region umfaßte den Zipfel zwischen den Alpen und dem 10. Breitengrad. Dieses Gebiet partizipierte im Süden am fruchtbaren Reichtum der Po-Ebene, im Norden lebte es von einer kärglichen Viehzucht. Unter seinen wenigen bedeutenderen Siedlungen ragte nur *Mediolanum* (Mailand) heraus.

Diese Regionseinteilung hatte drei Jahrhunderte Bestand, bis → *Diocletian* Italien aus fiskalischen Gründen neu aufteilte: *Italia annonaria* lieferte nun die Steuern nach Mailand und umfaßte die Regionen Raetia (das Land zwischen Donau und Alpen), Venetia und Histria, Aemilia und Liguria, Alpes Cottiae (westlich Ligurien), das spätere Savoyen, Flaminia und Picenum.

Die Steuern nach Rom zahlten die *Regiones suburbicariae:* Tuscia und Umbria, Campania und Samium, Apulia und Calabria, Lucania und Brutium, Corsica und Sardinia, Sicilia. (H. P.)

Italienische Museen und Fundorte

Naturgemäß bietet Italien dem Reisenden die in ihrer Art schönsten und reichhaltigsten Sammlungen römischer Ausgrabungsfunde. Von *Aquileia* bis *Syracus* hat fast schon jede mittlere Stadt ihr Museum mit etruskischen, römischen und im Süden, im Bereich »Großgriechenlands« (→ *Italien*), auch griechischen Funden. Aus der Vielzahl lassen sich einige berühmte Sammlungen besonders hervorheben. So sind die bekanntesten etruskischen Funde Oberitaliens im »Museo Archeologico« in *Florenz* untergebracht, z. B. die »Chimäre von Arezzo«, eine Bronzeplastik aus dem 5. Jahrhundert v. Chr., und der »Redner«, eine Statue aus dem 2. Jahrhundert v. Chr. (→ *Abb. Seite 375*). Südlich Florenz bergen vor allem *Volterra* mit dem »Museo Etrusco Guarnacci« und *Tarquinia* mit dem »Museo Nazionale« bedeutende etruskische Sammlungen. In Tarquinia sind es neben zahlreichen Sarkophagen vor allem ein geflügeltes Pferdepaar aus Terrakotta (Ende 4. Jahrhundert) und die Wandmalereien von sechs berühmten Gräbern, die bei Restaurierungsarbeiten abgelöst werden mußten. Die bis zur Auflösung des Kirchenstaates in Latium gemachten etruskischen Funde wurden in der etruskischen Abteilung der »Vatikanischen Museen« in Rom untergebracht. Ihren Mittelpunkt bilden dabei die berühmten Schätze des »Regolini-Galassi-Grabes« in *Cerveteri* (→ *Archäologie*). Alle späteren Funde wurden im »Nuovo Museo Nazionale« in der *Villa Giulia* aufgestellt, das heute zu den eindrucksvollsten modernen Museen Italiens gehört. Hier kann man u. a. den »Apoll von Veii« (→ *Abb. Seite 140*) das Ehepaar auf dem Tonsarkophag aus Cerveteri (→ *Abb. Seite 143*) und den herrlichen Filigrangoldschmuck aus *Praeneste* (Palestrina) bewundern. Wer die → *Capitolinische Wölfin* sehen will, muß den »Palazzo dei Conservatori« auf dem Capitol besuchen. Die eigentlichen Funde aus römischer Zeit, aber auch die griechischen und hellenistischen Kunstwerke, die nach *Rom* verschleppt worden waren, sind vor allem in zwei großen Sammlungen untergebracht: Einmal in den schon erwähnten »Vatikanischen Museen«, wo u. a. die im »Goldenen Haus« (→ *Nero*) gefundene »Laokoon-Gruppe« und die eindrucksvolle Statue des »Augustus von *Primaporta*« (→ *Archäologie*) stehen. In den Ruinen der *Diocletians-Thermen* wurde seit 1889 das »Muzeo Nazionale Romano« oder »Thermenmuseum« mit seiner großen Sammlung griechischer und römischer Werke untergebracht. Weitere Funde beherbergen das »Museo Capitolino« und der »Palazzo dei Conservatori« auf dem Capitol. Ein Museum besonderer Art bildet das am Stadtrand Roms im *EUR-Zentrum* gelegene, viel zu wenig bekannte »Museo della Civiltà Romana«, das aus der großen Augustus-Jubiläumsausstellung (→ *Archäologie*) hervorgegangen ist und in sechzig Sälen mit einer Wandlänge von insgesamt drei Kilometern in Rekonstruktionen und Abgüssen alles zeigt, was römische Kultur an Bedeutendem hervorgebracht hat. Besondere Attraktionen bilden dabei das bis in kleine Einzelheiten getreue Modell der Stadt Rom zur Zeit Kaiser → *Constantins* (→ *Abb. Seite 388*) und das – abgerollte – Reliefband der »Traianssäule«, das sich auf 200 Metern Länge mit allen 2500 Figuren genau betrachten läßt. Den Besuch dieses Museums sollte kein Rom-Besucher versäumen. Mag auch manches etwas verstaubt wirken, so erhält man doch eine ungemein anschauliche Lektion in römischer Kulturgeschichte.

Wer die Funde aus → *Pompeii* und *Herculaneum* studieren möchte, muß das »Museo Nazionale« in *Neapel* besuchen, eine der größten Antiken-Sammlungen der Welt. Im Vordergrund stehen hier allerdings die griechischen Kunstwerke aus dem Raum Großgriechenlands, aber es beherbergt auch bedeutende römische Funde, darunter lebensnahe Porträtbüsten (z. B. der Bankier *L. Caecilius Iucundus*.

Den großartigsten Anschauungsunterricht zur etruskischen und römischen Kunst- und Kulturgeschichte bieten die Ruinen und Fundstätten. Im weiteren Sinne ist ganz Italien ein einziges großes Freilichtmuseum; denn römische Geschichte sollte nicht losgelöst von der italienischen Landschaft gesehen werden. Sie erteilt jedem, der nur ein wenig zu schauen versteht, den eindringlichsten Anschauungsunterricht. Am deutlichsten wohl immer dort, wo Fundorte in einer seit der Antike wenig veränderten Umgebung erlebt werden können. Das gilt besonders für Reisen auf den Spuren der → *Etrusker*. Aber auch hier wird es für den Laien genügen, wenn er bei einer Italienreise die wichtigsten Stätten aufsucht. Von den zahlreichen, auch heute manchmal nur

auf abenteuerlichem Wege erreichbaren Etrusker-
orten, läßt sich bequem von Florenz aus *Fiesole*
besuchen, mit seinen Resten eines römischen
Theaters und vor allem mit dem einzigen etruskischen Tempel, dessen Mauern noch aufrecht-
stehen, sowie mit schönen Teilen der ehemaligen
etruskischen Stadtmauer. Die berühmtesten *Totenstädte der Etrusker* liegen in dem oben schon
erwähnten *Tarquinia*, wo die erhaltenen Kammer-
gräber wie z. B. die »Tomba delli Auguri« oder
die »Tomba del Barone« u. a. prachtvolle Wandmalereien zeigen, in *Cerveteri* (von Rom aus in
einem bequemen Tagesausflug erreichbar) mit
seinen gewaltigen Tumuli, und in *Orvieto* (unmittelbar an der Autobahn Florenz-Rom). Die
großen Felsengräber von *Norchia* oder *Barbaro
Romano* liegen heute zwar sehr romantisch, sind
aber wesentlich schwieriger und nicht ohne Hilfe
guter Reisehandbücher zu erreichen.
Zu den augenfälligsten römischen Denkmälern
Oberitaliens zählen in *Verona* das gut erhaltene
bzw. restaurierte große Amphitheater (Arena) aus
dem 1. Jahrhundert und das weit weniger bekannte reizvolle Theater ebenfalls aus dem 1. Jahrhundert. Die Spuren der antiken Stadt Rom sind
heute in die moderne Großstadt integriert. Sie
lassen sich am leichtesten im Bereich der *Kaiserforen* (→ *Rom*) erfassen, wo die Ausgrabungen
vor allem im Bereich des → *Forum Romanum* und
im *Traiansforum* sehr gute Überblicke ermöglichen. Die Reste der *Basilica Ulpia* am Rande des
Traiansforums vermitteln einen Eindruck von
einem antiken Supermarkt. Diesen zentralen Ausgrabungsbezirk beschließen nach Osten die Ruinen des *Colosseums* (→ *Amphitheater*), des »Goldenen Hauses« (→ *Nero*) und der *Triumphbogen*
des Kaisers → *Constantin*, nach Süden den *Palatin*
mit den Ruinen der *Kaiserpaläste* und dahinter
der *Circus Maximus* (→ *Zirkus*). Zu den schönsten
erhaltenen antiken Bauwerken gehören das
→ *Pantheon* und Teile der *Ara Pacis* des Kaisers
→ *Augustus*. Einen Eindruck von der staunens-
werten Größe der antiken Thermen vermitteln
heute noch die Ruinen der *Dioclétians-Thermen*
(siehe oben: Thermenmuseum) und der *Caracalla-
Thermen*. Einen Rest der ältesten *Servianischen
Stadtmauer* kann man unmittelbar vor dem
Hauptbahnhof (Stazione Termini) besichtigen.
Die *Aurelianische Mauer* ist weitgehend erhalten
und bietet die malerischsten Partien an der *Porta
S. Paolo* und an der *Porta« S. Sebastiano* (P. Appia).
Die *Porta Maggiore* (P. Prenestina) trägt die
beiden Wasserleitungen der *Aqua Claudia* und des
Anius Vetus (→ *Aquädukte*). Zu den bekanntesten

Grabanlagen gehören das Mausoleum des Kaisers
→ *Hadrian*, das zur »Engelsburg« umgebaut
wurde, und das Mausoleum des → *Augustus*. Die
Cestius–Pyramide an der Porta S. Paolo wurde
12. v. Chr. als Grab für einen Praetor erbaut.
Das originelle Grab des staatlichen Bäcker-
meisters (→ *Handwerk*) *Eurysaces* in der Form
eines Backofens steht unmittelbar vor der Porta
Maggiore. Nahe der Porta S. Sebastiano, auf
dem Weg zur Via Appia liegt die zweistöckige
Begräbnisstätte der → *Scipionen*. Das eindrucks-
vollste Grab an der Via Appia selbst ist das in
der augusteischen Zeit errichtete Grab der *Cecilia
Metella*. Hier liegen auch die meisten frühchristlichen *Katakomben*.
Mindesten ebenso wichtig wie die Fundstätten in
Rom sind die in der Umgebung der Stadt, vor
allem die Ruinen von → *Ostia*, die viel zu wenig
beachtet werden, obgleich sie den geschlossenen
Eindruck einer römischen Stadt vermitteln, mit
Tempeln, Theater, Verwaltungs- und Handels-
gebäuden (z. T. mit reizvollen Bodenmosaiken)
und vor allem mit gut erhaltenen Mietshäusern.
In der Nähe von *Tivoli* liegen höchst romantisch
die Ruinen der »Villa Adriana«, jenes ausgedehnten Palastes, besser schon der Palaststadt,
die sich Kaiser Hadrian erbauen ließ und wo er
die reizvollsten Motive und Bauten nachzuahmen
suchte, die er auf seinen Reisen kennengelernt
hatte. In *Palestrina* können die Überreste eines
gigantischen Terrassentempels der Fortuna (→ *Archäologie*) besichtigt werden.
Ein weiteres Zentrum römischer Archäologie
liegt am *Golf von Neapel*. Nördlich von *Pozzuoli*
wurden die Reste der römischen Städte *Mintur-
nae* und *Liternum*, letztere mit einer Villa des
älteren → *Scipio* freigelegt. Die herrlich gelegenen
Ruinen von *Cumae* gehören zwar zu der ältesten
griechischen Niederlassung auf italienischem Boden, aber bei der »Grotte der Sibylle« (antro
della Sibilla), die schon → *Vergil* in »Aeneis«
VI. 43 beschreibt, stehen wir auch an den mythischen Anfängen römischer Geschichte. Pozzuoli
selbst besitzt ein Amphitheater, das zu den drei
größten Italiens gehört und in dem man die unterirdischen Gänge für Maschinerien und wilde
Tiere besonders gut studieren kann. Das nach
dem Colosseum größte Amphitheater liegt in
der Nähe in *S. Maria Capua Vetere*, an der Stätte
der alten kamnaischen Hauptstadt *Capua*. Unmittelbar daneben wurde ein großes unterirdisches
Mithras-Heiligtum aus dem 2. Jahrhundert entdeckt. Die größte archäologische Attraktion bilden aber die beiden vom Vesuv verschütteten und

wiederausgegrabenen Siedlungen *Herculaneum* und → *Pompeii*, deren Ruinen hervorragende Einblicke in die Kultur römischer Städte vermitteln. Die wichtigste römische Ausgrabung auf *Sizilien* liegt bei *Piazza Armerina*. Hier bietet die »Villa Romana del Casale« das glänzende Beispiel einer großen römischen Villa der späten Kaiserzeit mit Thermen, einem großen Peristyl und vor allem mit den in ihrer Art einmaligen *Fußbodenmosaiken* (→ *Abb. Seite 261*). (H. P.)

J

Juden und Römer

In der langen Liste der unterworfenen Länder, die → *Pompeius* bei seiner triumphalen Rückkehr nach Rom im Jahre 61 v. Chr. vorweisen konnte, finden wir – zwischen Syrien und Arabien – auch den Namen *Judaea*. Zwei Jahre vorher hatte Pompeius die inneren Streitigkeiten der jüdischen Königsdynastie der *Hasmonäer* genutzt, um bei seinem Siegeszug durch Asien auch den jüdischen Staat dem römischen Imperium einzugliedern und dem jüdischen König *Hyrkanus II.* die wichtigsten Herrschaftsrechte zu entziehen. Der Geschichtsschreiber *Cassius Dio* berichtet von der Eroberung Jerusalems: »Die Stadt selbst nahm er leicht ein: den Tempel dagegen eroberte er nicht ohne Schwierigkeiten; denn er lag auf einer Anhöhe und war mit einer eigenen Mauer geschützt.« Den entscheidenden Angriff führten die Römer an einem Sabbat, als die Juden aus religiösen Gründen untätig blieben. »Und so wurden sie denn [...] ohne Gegenwehr bezwungen, und alle ihre Schätze wurden geplündert.« Ob Pompeius auch den Tempelschatz an sich nahm, ist ungewiß; aber er betrat das Allerheiligste und schändete es durch seine Gegenwart.

Jüdische Gefangene, die nach Rom gebracht wurden, gründeten dort die erste Diasporagemeinde der Weltstadt.

Die Juden fanden sich allerdings nie damit ab, daß fortan Rom das Schicksal Judaeas bestimmte. Die Geschichte der römisch-jüdischen Beziehungen ist für mehr als 200 Jahre von Blut und unversöhnlichem Haß geprägt. Bereits in den Jahren 57

und 53 v. Chr. erhob sich das Volk unter fanatischen Führern gegen Fremdherrschaft und religiöse Einmischung, ohne allerdings mehr als nur vorübergehende Erfolge zu erzielen. Die Plünderung der Tempelschätze durch *Crassus* bedeutete eine weitere Demütigung der strenggläubigen Juden. Die Herrschaft → *Caesars* brachte allerdings vorübergehende Erleichterungen und Privilegien.

Eine neue Ära brach für Judaea an, als nach dem Tode Caesars die Triumvirn das Reich unter sich teilten und *Marcus Antonius* die Herrschaft über den Osten antrat. Er duldete und förderte es, daß ein Günstling und Bundesgenosse der Römer, ein Nicht-Jude aus dem benachbarten Land Idumaea, die ehrwürdige Dynastie der *Hasmonäer* ausrottete und Jerusalem unter blutigen Ausschreitungen eroberte (37 v. Chr.): der von den Römern eingesetzte König *Herodes* (später »der Große« genannt), nach christlicher Überlieferung (→ *Christentum*) der König, unter dessen Herrschaft Jesus geboren wurde. Dank seiner diplomatischen Geschmeidigkeit schaffte Herodes es auch, nach der Niederlage des Marcus Antonius die Gunst des *Octavianus* (→ *Augustus*) zu gewinnen und aus seiner Hand das königliche Diadem erneut zu empfangen. Ein glänzender, römisch-hellenistisch geprägter Lebens- und Repräsentationsstil hielt nun Einzug in Jerusalem, freilich auch ein hartes Tyrannenregiment, mit dem selbst der Neubau des Tempels nicht zu versöhnen vermochte.

Das Testament Herodes des Großen, das die Nachfolge regelte, wurde von Augustus anerkannt, so daß die Söhne des Verstorbenen als Kleinkönige mit Duldung der Römer über ihre Teilreiche herrschen konnten. Doch infolge der Ungeschicklichkeit und Brutalität des Teilkönigs *Archelaos* brach noch während der Erbschaftsverhandlungen in Jerusalem ein Aufstand aus, in den auch die römischen Truppen des Legaten von Syrien, *Varus* (→ auch *Arminius*), hineingezogen wurden. Blutige Unterdrückung und grausame Strafen waren die Folge. Archelaos wurde von Augustus abgesetzt und verbannt; sein Teilreich wurde der römischen *Provinz Syrien* zugeschlagen, erhielt aber einen eigenen → *Provinz-Procurator*, dem das Steuer-, Heer-, und Gerichtswesen unterstand. Der fünfte dieser Procuratoren von Judäa war *Pontius Pilatus*, der das Urteil über *Jesus* fällte (→ *Christentum*) und auf diese Weise ins christliche Glaubensbekenntnis gelangte.

In den Jahren nach dem Tod Herodes' des Großen, als in Judaea der römische Census eingeführt

Palästina in römischer Zeit

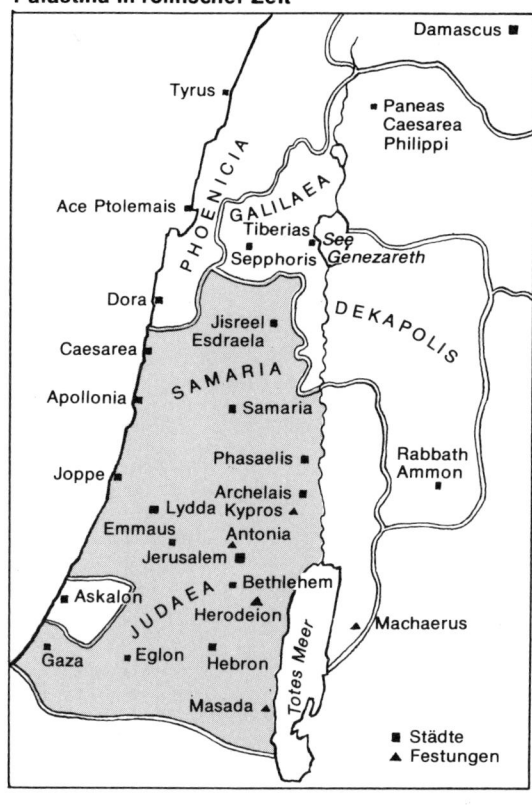

Damascus ■

Tyrus ■

Paneas ■
Caesarea
Philippi

PHOENICIA

Ace Ptolemais ■

GALILAEA

Tiberias ■
Sepphoris ■ See Genezareth

Dora ■

DEKAPOLIS

Jisreel ■
Esdraela ▲

Caesarea ■

SAMARIA

Apollonia ■

■ Samaria

Phasaelis ■

Rabbath
Ammon ■

Joppe ■

Archelais ■
Lydda ■ Kypros ▲
Emmaus ▲ Antonia
Jerusalem ■

Askalon ■

JUDAEA

Bethlehem
▲ Herodeion

Gaza ■ Eglon ■ Hebron

Totes Meer

▲ Machaerus

Masada ▲

■ Städte
▲ Festungen

wurde, entstand die Partei der streng nationalistischen *Zeloten*, die die römische Herrschaft mit Gewalt zu brechen trachteten.

Während Augustus die Juden wohlwollend behandelte und vor allem ihre religiösen Gefühle achtete, kam es unter *Tiberius* zu ersten Gewalttaten gegen die jüdische Gemeinde in Rom. Kaiser *Caligula* befahl sogar, im Tempel zu Jerusalem eine Kaiserstatue aufzustellen und so das Heiligtum zu schänden. Der diplomatischen Kunst des syrischen Statthalters gelang es allerdings, diese Verhöhnung der Juden so lange zu verzögern, bis der Kaiser nicht mehr am Leben war; mit seinem Nachfolger *Claudius* kehrte vorübergehend Ruhe für die Juden ein. Der jüdische König *Agrippa* (R 41–44), ein Enkel Herodes' des Großen und einer Hasmonäerin, empfing noch einmal das Reich in dem Umfang, wie es sein Großvater besessen hatte. Ansätze zu einer eigenständigen jüdischen Politik mußte er allerdings auf Anweisung des Statthalters von Syrien wieder rückgängig machen.

Die Herrschaft der Procuratoren. Nach dem Tode Agrippas wurde das jüdische Reich wieder zur römischen Provinz degradiert und Procuratoren

(→ auch *Ämterlaufbahn*) unterstellt, die dafür zu sorgen hatten, daß dieses wichtige Durchgangsland zwischen Kleinasien und Ägypten dem römischen Einfluß nicht entzogen wurde.

Obwohl ursprünglich die Absicht bestanden hatte, die weltlichen Dinge von den religiösen streng getrennt zu halten und die Juden nicht weiter zu reizen, kam es zu keinem dauerhaften Ausgleich zwischen Römern und Juden. Zum einen erbitterte die Juden die hemmungslose Ausbeutung des Landes durch die Procuratoren; zum anderen aber wurden die religiösen Gefühle der Juden immer wieder vorsätzlich und schamlos verletzt, ohne daß es die Procuratoren verhindern konnten oder wollten. Sie schritten auch nicht ein, als sich nichtjüdische Bewohner des Landes, so etwa die *Samariter*, Übergriffe leisteten und in einem Fall sogar jüdische Pilger auf dem Weg nach Jerusalem ermordeten. Doch als die Zeloten blutige Selbstjustiz übten, wurden die Juden grausam bestraft. Die Folge war, daß sich eine Geheimorganisation bildete, die *Sikarer* oder *Messermänner*, eine fanatische Gruppe, die mit ihren Mordtaten nicht nur die Fremden traf, sondern auch Juden, die mit den Römern zusammenarbeiteten. Die Unruhe unter den erregten Massen wuchs weiter an, als hier und dort falsche Propheten und Messiasse auftauchten, die den baldigen Sieg über Rom verkündeten.

Die großen Aufstände. Erregung und Verzweiflung im Volk waren nun so weit gestiegen, daß ein einziger Übergriff der Römer genügte, um den allgemeinen Aufstand auszulösen. Als im Jahre 66 n. Chr. der neuernannte Procurator *Florus* sein Amt antrat, stellte er die ungeheuerliche Forderung, ihm aus dem Tempelschatz eine bedeutende Summe abzuliefern, und verlieh seiner Forderung durch Gewalttaten der Legionen Nachdruck. Vergebens mahnten gemäßigte Juden zum Frieden; die Fanatiker setzten sich durch. Die Opfer für den Kaiser wurden eingestellt, und das bedeutete Krieg. Zwar wurde der römischen Besatzung freier Abzug zugesagt, aber auch hier siegte der Haß: die Römer wurden dennoch niedergemacht. Rasch verbreitete sich der Aufstand über das ganze Land und zwang auch die Gemäßigten in seinen Bann.

Doch da übertrug Kaiser → *Nero* den Oberbefehl auf den erprobten Feldherrn *Vespasian*. Ihm und seinem Sohn *Titus* gelang es in kurzer Zeit, das flache Land zu erobern, während in *Jerusalem* die Radikalen unter den Juden die Herrschaft an sich rissen. Als Vespasian von den Legionen nach dem Selbstmord Neros (68) zum Kaiser ausgeru-

*Im Triumphzug des Titus werden
die Schätze des
jerusalemischen Tempels mitgeschleppt.
Relief am Titusbogen in Rom.*

fen wurde und sich nach Rom begab (69), überließ er es Titus, den Jüdischen Krieg zu beenden.
Im Frühjahr 70 begann die Belagerung Jerusalems, die sich bis in den Spätsommer hinzog, als
es den Römern endlich gelang, die Stadt schritt-
weise und unter furchtbarem Blutvergießen zu
erobern. Die Überlebenden wurden größtenteils
hingerichtet oder versklavt (→ *Sklaverei*); einige
wurden ausgewählt, im → *Triumphzug* durch Rom

geschleppt zu werden. Szenen aus diesem Triumphzug – darunter Gefangene und kostbare
Beutestücke aus dem Tempel, u. a. der sieben-
armige Leuchter – bewahren die Reliefs des Ti-
tusbogens auf dem Forum Romanum bis heute.
In den Jahren 71 bis 73 konnten sich jüdische
Freiheitskämpfer noch in der Bergfestung Masada des Herodes auf einem Felsplateau über
dem Südwestufer des Roten Meeres gegen die
Römer behaupten. Als die Römer nach Anlage
einer künstlichen Rampe den Sieg greifbar nahe
sahen, begingen alle Juden Masadas Selbstmord.
Trotz der Katastrophe des Jahres 70 waren die
Juden im Römischen Reich nicht endgültig be-

siegt. Als Kaiser *Traian* in den Jahren 116/17 im Osten kämpfte, erhoben sich die Juden in Mesopotamien und mit ihnen die Diasporajuden im Osten des Reiches, da sie für ihre religiöse Freiheit fürchteten. Der Aufstand wurde im Blut erstickt. Traians Nachfolger, Kaiser → *Hadrian*, reizte, wohl unbewußt, die Juden zu neuen Aufständen, da er die Beschneidung verbot und die Anordnung traf, Jerusalem als römische Stadt unter dem Namen *Aelia Capitolina* wieder aufzubauen. Der Führer der Juden in dieser letzten Erhebung 132 bis 135 war *Bar Koch-ba*, den viele für den Messias hielten und dessen Anfangs-

K

Kaiser

→ *Caesar* und → *Augustus* hatten durch ihre Politik den Weg in die Monarchie geebnet. Aber für Caesar war der Griff nach dem Diadem, jener Stirnbinde, die bei den orientalischen Fürsten als Zeichen der Herrscherwürde galt, zum Verhängnis geworden. Augustus hatte seine Lehre daraus gezogen und jeden äußeren Anschein einer

Masada. Die Bergfestung des Herodes diente den jüdischen Aufständischen als letzte Zuflucht gegen die Römer. Rechts die römische Rampe.

erfolge diesen Glauben zu bestätigen schienen. Doch auch er mußte sich schließlich vor der Übermacht der Legionen in zähem Kampf zurückziehen. Da das zerstörte Jerusalem sich nicht zur Verteidigung eignete, verschanzte er sich mit seinen Getreuen in der Bergfestung *Bethar*, wo er beim Sturm der Römer umkam. Rund eine halbe Million Juden starben bei diesem letzten Aufstand. (R. V.)

monarchischen Herrschaft vermieden. Gleich ihm mieden seine Nachfolger in den ersten drei Jahrhunderten der sogenannten ›Kaiserzeit‹ äußere Symbole eines Monarchen, und in ihren Titulaturen spiegelt sich die staatsrechtliche Unsicherheit ihrer Herrschaft. Bis → *Diocletian* begnügten sie sich offiziell mit der von Augustus so klug entwickelten Würde des *Princeps*, des ersten Mannes im → *Senat* und damit im Staat. Dementsprechend blieben die alten Institutionen der Republik, Senat, Consuln und die verschiedenen Ämter (→ *Ämterlaufbahn*), weiter bestehen, sanken aber um so mehr zur Bedeutungslosigkeit herab, je stärker die Macht der Kaiser wurde.

Herrschertitulatur. Für Octavian war der Name Caesar nach der Adoption noch Bestandteil des eigenen → *Namens* und der vom Senat verliehene Titel »Augustus« ein Beiname mit sakraler Färbung gewesen. »Cäsar« wurde dann Bezeichnung für jeden Prinzen aus der iulisch-claudischen Dynastie (→ *Seite 246*), danach aber der Titel, der seit *Claudius* – mit Ausnahme des *Vitellius* – alle Kaiser führten. Auch »Augustus« ging schon von *Tiberius* an als Titel ·alle Herrscher über, nur daß er nun stets hinter den eigentlichen Namen gesetzt wurde, also z. B. *Tiberius Augustus*. Um klarer zu unterscheiden, führte seit → *Hadrian* jeweils schon der präsumtive Nachfolger des Kaisers den Titel »Cäsar«. Einen weiteren Bestandteil der Titulatur bildete »Imperator«: in der republikanischen Zeit als Feldherrntitel nach dem Namen geführt, wurde er nun dem Namen vorangestellt. In einem komplizierten, heute nur schwer durchschaubaren System wurde die Herrschertitulatur von Fall zu Fall erweitert, kamen Siegesbeinamen und Begriffe wie »Pius« (fromm) oder »Felix« (glücklich) dazu.

Als Augustus in Rom und den Provinzen die göttliche Verehrung zwar noch nicht seiner Person, wohl aber seinem *Genius* (›göttlicher‹ Schutzgeist) gestattete, kam er dem religiösen Denken weiter Bevölkerungskreise entgegen und untermauerte mit diesem *Loyalitätskult* zugleich die Stellung des Princeps für sich und seine Nachfolger, bis schließlich im 3. Jahrhundert n. Chr. der Kaiser noch zu seinen Lebzeiten einer Gottheit gleichgesetzt wurde.

Kaisermorde. Die ursprünglich postume Vergottung hinderte aber gewisse Untertanen nicht daran, die Herrscher auf höchst ungöttliche Weise zu beseitigen. Von 30 v. Chr., dem Jahr, in dem Augustus seine Alleinherrschaft antrat, bis 476 n. Chr., als *Romulus Augustulus*, das »Kaiserlein«, von dem Germanen *Odoakar* (Odoker) abgesetzt wurde, regierten einundachtzig Kaiser (siehe Tabelle), darunter eine Frau, über das römische Imperium. Hinzu kamen noch vierunddreißig Gegenkaiser, die ihre Würde überwiegend nur kurze Zeit oder nur in bestimmten Teilen des Römischen Reiches inne hatten. Sechsundvierzig der rechtmäßigen Kaiser wurden ermordet, fünf fielen im Kampf, und nur dreißig starben eines natürlichen Todes. Von den vierunddreißig Gegenkaisern wurden sogar neunundzwanzig ermordet. Nur sechsundzwanzig Kaiser regierten länger als zehn Jahre und konnten damit eine gewisse Kontinuität in ihre Politik

bringen. Sucht man in der fünfhundertjährigen Herrscherreihe nach einer gewissen Ordnungsmöglichkeit, so fällt auf, daß nur fünfmal – und dabei höchstens über fünf Familienmitglieder nacheinander – Dynastien regierten, das dynastische Prinzip also eine weitgehend untergeordnete Rolle spielte.

Nachfolgeprobleme und ›Cäsarenwahn‹. In einer Staatsform aber, in der die Monarchie nicht gesetzlich verankert war, bildete die Frage der Nachfolge für alle Herrscher gleichermaßen ein entscheidendes Problem, war Anreiz und Belastung ihrer Politik zugleich. Augustus hatte das dynastische Prinzip angestrebt, doch alle seine Bemühungen und Winkelzüge, aus der Familie heraus einen Nachfolger zu gewinnen, wurden durch tragische Schicksale vereitelt, so daß er schließlich die in seinen Augen schlechteste, letztmögliche Lösung annehmen mußte und mit *Tiberius*, dem Sohn seiner Gattin *Livia* aus erster Ehe, einen Nachfolger bestellte, der sich seinerseits nur widerwillig diesem Gebot fügte. Als Abkömmling der Familie der Claudier war er nach dem aus der Familie der Iulier stammenden Augustus der zweite Herrscher der sogenannten Iulisch-claudischen Dynastie, die in dieser Konstruktion eine Verlegenheitslösung der auf Ordnung bedachten Historiker darstellt. Bei seiner Person zeigten sich erstmals jene schizophrenen Symptome, die in verschiedenartigen Ausprägungen als ›Cäsarenwahn‹ bekannt wurden und die politische Entwicklung oft schwer belasteten. Noch äußerten sie sich erst gegen Ende seines Lebens, nicht zuletzt als Folge der Belastungen, denen Tiberius nicht gewachsen schien. Bei seinen drei Nachfolgern dagegen nahmen sie schon frühzeitig extreme Auswüchse an. Es war einerseits der jahrhundertealten republikanischen Tradition und Entwicklung zu danken, daß Staatsapparat und Verwaltung jetzt wie auch bei ähnlichen Krisensituationen der Folgezeit reibungslos funktionierten, andererseits hatten die vierundvierzig Jahre augusteischer Herrschaft zusammen mit den folgenden dreiundzwanzig Jahren des Tiberius den Prinzipat so im Bewußtsein der Massen gefestigt, daß alle Ausschweifungen der Kaiser die Institution nicht mehr zu Fall bringen konnten.

Jacob Burckhardt hat diesen ›Cäsarenwahnsinn‹ in seinen Ursachen zu analysieren versucht: »Das Bewußtsein der Herrschaft über die Welt, die Furcht vor allen, die nach dieser Herrschaft streben konnten, der Ausweg: rasch das Vorhandene zu genießen, und die unaufhörliche Sorge zu

Kaiser Commodus. Die Plastik
zeigt ihn etwa als Achtzehnjährigen
mit noch jugendlich ungeformten
Zügen. Vatikanisches Museum.

Bildniskopf Kaiser Traians.
Villa Albani Rom.

Kaiser Vespasian.
Posthumer Bildniskopf
aus der domitianischen Zeit.
Villa Giulia Rom.

übertäuben – dies alles konnte in einem nicht ganz gut und stark geborenen Menschen sehr bald ein Gemisch von Blutdurst und Ausschweifung hervortreiben.«
Iulier und Flavier. Gerade bei den Kaisern der Iulisch-claudischen Dynastie zeigte sich aber auch eindeutig der verhängnisvolle Einfluß von Frauen und Freigelassenen auf die Herrscher. Letztere, meist Orientalen, die am Hofe wichtige Verwaltungsposten innehatten, trugen untereinander erbitterte Machtkämpfe aus und achteten bei allem in erster Linie auf den eigenen Vorteil. Die ›Chronicque scandaleuse‹ des Iulisch-claudischen Hauses schrieb *Tacitus* (→ *Geschichtsschreibung*) in den »Annalen«, die ein so düsteres Bild der Verhältnisse zeichnen, daß ihm Einseitigkeit und mangelnde Glaubwürdigkeit vorgeworfen wird. Und doch sind sie nicht nur eine wichtige Quelle für die Historiker, sondern auch für die Dichter, die besonders die Gestalt → *Neros* reizte. Es ist bezeichnend, daß der Pöbel gerade Nero umjubelte, während seine Gegner aus den Kreisen des Heeres und der römischen Hocharistokratie kamen. Aber ihre Opposition scheiterte, und erst als sich die Provinzheere erhoben, brach das neronische Gewaltregiment zusammen. Aus den Kreisen der Aristokratie kamen dann innerhalb eines Jahres auch seine drei Nachfolger, die von der Gunst der Legionen emporgetragen und ebenso rasch hinweggefegt wurden.
Ein durchgreifender Wandel vollzog sich erst mit

Flavius Vespasianus, dem ersten Kaiser aus dem Kleinbürgertum; er war Sohn eines Zollbeamten und bewährter General. Nach fünfzig Jahren des Niedergangs mußte er dem Principat und damit der Kaiserwürde eine neue Grundlage geben. Zu seinen schwierigsten Aufgaben gehörte die Neuordnung der Finanzen und der inneren Verwaltung, deren Fäden wie zur Zeit des Augustus nicht mehr in den Händen undurchsichtiger Kreaturen, sondern allein beim Princeps zusammenliefen. Für das Kaisertum erwies es sich als Vorteil, daß er in seinem Sohn *Titus* einen ebenbürtigen, ja sogar überlegenen Mitregenten und Nachfolger fand, der auch der kaiserlichen Würde eine bisher noch nicht gekannte Vertiefung gab. Wenn ihn seine Zeitgenossen »Amor et deliciae generis humani« – »Liebe und Wonne aller Menschen« – nannten, dann spricht daraus Achtung und sogar Liebe, die ihm in seiner leider nur zu kurzen Regierungszeit entgegengebracht wurde. Mit seinem Bruder und Nachfolger *Domitian*, dem letzten Mitglied der Flavischen Dynastie, erlebte das Kaisertum einen furchtbaren Niedergang. In seinen Exzessen übertraf Domitian noch Nero, löste sich auch ganz offen von den Grundsätzen des Prinzipats, in dem er sich »Princeps principium – Princeps der Principes« nennen ließ, eine nur allzu deutliche Anlehnung an die orientalische Formel »König der Könige«. Im Kreis seines Hofstaats ließ er sich sogar als »Dominus et deus« – »Herr und Gott« anreden,

Kaiser Traian empfängt
im Lager eine Abordnung
der unterworfenen Daker.
Relief auf der Traianssäule.

immerhin in der folgerichtigen Überlegung, daß er ja Sohn und Bruder vergöttlichter Herrscher war. Seine Ermordung setzte erneut eine Zäsur und bildete das Ende der ersten Periode der Kaiserzeit.

›**Adoptivkaiser**‹. Mit dem kurzen Vorspiel der Regierung des in seinen Grundideen fast republikanischen Senators *Nerva* begann die Dynastie der ›Adoptivkaiser‹. Nach dem Grundsatz, daß der regierende Kaiser den möglichst besten Mann als seinen Nachfolger adoptieren sollte, wurde ein neues, erfolgversprechendes System der Machttradition geschaffen, das sicher besser war als die Erbmonarchie. Zugleich wurde damit aber auch der Prinzipat internationalisiert; denn während bisher alle Kaiser aus Rom oder Italien gekommen waren, stammte der von Nerva adoptierte Nachfolger *Traian* aus einer Provinz, war ein gebürtiger Spanier. Von nun an wurde nur noch ganz vereinzelt ein Italiener Kaiser, und die Herrscher kamen sowohl unter den ›Adoptiv-‹ wie unter den ›Soldatenkaisern‹ aus allen Teilen des Imperiums, aus Gallien, Illyrien, Dalmatien, aus Nordafrika ebenso wie aus dem Orient.

Noch einmal wiederholten sich unter den ersten fünf dieser ›Adoptivkaiser‹ die glücklichen Jahre der beiden Flavier. Mehr noch: bei → *Hadrian*, *Antoninus Pius* und → *Marc Aurel* wurde die Forderung des griechischen Philosophen *Plato*, daß die Philosophen Könige und die Könige Philosophen sein sollten, zur Wirklichkeit.

Als Marc Aurel seinen wenig fähigen Adoptivbruder *Lucius Verus* formell zum Mitkaiser erhob und ihm die Verwaltung des Ostens übertrug, nahm er für einige Jahre bis zu dessen Tod jene Reichsteilung vorweg, die mehr als ein Jahrhundert später endgültig werden sollte. Es war der große Fehler Marc Aurels, daß er von dem bewährten Prinzip der Adoption abwich und die Kaiserwürde seinem Sohn *Commodus* vererbte, einem Scheusal, dessen Wahnsinn noch alles bisher Dagewesene übertraf. Er löste damit erneut eine schwere Krise des römischen Kaisertums aus.

Soldatenkaiser und Severer. Die ganze Unsicherheit der auf Commodus folgenden Jahre spiegelt sich heute noch in der chronologischen Gliederung dieser Zeit, deren Herrscher verschiedentlich schon der großen Gruppe der ›Soldatenkaiser‹ zugerechnet werden, während man manchmal die Mitglieder der *Severischen Familie* noch als eigene Dynastie zählt. Das Heer gewann jetzt endgültig den entscheidenden Einfluß auf die Kaiserwahl: die den Truppen genehmen Feldherren wurden erhoben und nach Bedarf gestürzt. In den hundertneunzehn Jahren zwischen 193 und 312 regierten 38 Kaiser und 24 Gegenkaiser, von denen nur noch 9 eines natürlichen Todes starben! Mit der aus Afrika stammenden Dynastie der Severer (Vater, zwei Söhne, zwei Großneffen) setzten sich zunehmend orientalische Auffassungen durch, und »Dominus« wurde zur gängigen Bezeichnung für den Kaiser. Der *Senat* verlor immer mehr an Ansehen und wurde durch häufige willkürliche Neuernennungen in seiner inneren Struktur umgestaltet. Trotzdem dauerte es noch einhundert Jahre, bis die Entwicklung folgerichtig abgeschlossen war.

›Das Dominat‹. Ein entscheidendes Bindeglied bildete dabei Kaiser *Aurelian*, der ebenso energische wie brutale Bauernsohn aus der Nähe des heutigen Belgrad. Das von Domitian nur in Hofkreisen verwendete »Dominus et deus« wurde von ihm schon offen auf Denkmäler und Münzen gesetzt. Mit dem Dalmatiner → *Diocletian*, dem Sohn eines ehemaligen Sklaven, vollendete sich dann der Umschwung in der Kaiserauffassung vom Principat zum Dominat. Der Begriff Kaiser, der heute für Augustus ebenso angewandt wird wie für Diocletian, vermag diese Unterscheidung nicht zu spiegeln. Der Kaiser ist jezzt der »Dominus et deus«, der absolute Herrscher, dem zugleich Anbetung gebürt. Dem unbefangenen Beobachter mag dabei die 293 n. Chr. erfolgte Aufgliederung des Reiches in eine westliche und eine östliche Hälfte und die Ernennung Maximians zum Mitkaiser sowie die nochmalige Unterteilung dieser beiden Reichshälften – also insgesamt Vierteilung – mit zwei Cäsaren als weitere Regenten wie eine Schwächung der absoluten Kaiseridee erscheinen, aber die klare Überlegenheit Diocletians zeigte sich schon allein in seinem Beinamen »Iovius«-»Iupitersohn«, während sich der Mitkaiser Maximian mit dem schlichteren »Herculius«-»Herkulessohn« beschränken mußte.

›Stellvertreter Gottes‹ und ›Gottkaiser‹. Die Anerkennung des Christentums durch → *Constantin* führte dazu, daß dieser sich nun auch als ›Stellvertreter Christi‹ auf Erden ansah. Der Kaiser war jetzt nicht mehr »Herr und Gott«, aber in ihm und durch ihn wirkte von nun an Gott. Die Verlegung der Residenz nach Constantinopolis stärkte noch den orientalischen Charakter des Dominats. Diocletian hatte sich als erster Kaiser mit einem Diadem geschmückt, und Constantin fügte dieser schmalen Stirnbinde noch Zweierreihen von Parlen und Edelsteinen hinzu. Die *Proskynese*, der Kniefall vor dem Kaiser, war schon von Diocletian gefordert worden. Sie blieb jetzt fester Bestandteil des Hofzeremoniells, in dem sich »der Prunk des Despotismus« (J. Burckhardt) spiegelte. Aus dem Imperator Augustus wurde nun in der offiziellen griechischen Sprache der Autokrator Augustus. Aber erst dreihundert Jahres später, längst nach dem Zusammenbruch des Römischen Reiches, nannte sich der oströmische Kaiser *Herakleios* seit seinem Sieg über die Perser »Basileus« (»König«), und seit dem zehnten Jahrhundert, als auch die bulgarischen Zaren diesen Titel annahmen, sprach man in Byzanz wieder vom »Basileus autokrator«.

Wenn auch prinzipiell der Kaiser im Zusammenwirken von Senat und Armee gewählt wurde, so dominierte in den folgenden eineinhalb Jahrhunderten doch das *dynastische Prinzip*, und abgesehen von den Gegenkaisern folgten hintereinander drei Dynastien, die *constantinische*, die *valentinianische* und die *theodosianische*. Die von dem Spanier *Theodosius* verfügte Reichsteilung von 395 n. Chr. sollte wie die vorangegangene nur eine Verwaltungteilung in der Dynastie sein, doch wurde sie zur endgültigen Teilung in eine West- und Osthälfte.

Als im Westen schließlich im Jahre 476 *Romulus Augustulus*, der letzte Kaiser, abgesetzt wurde, nahm der Osten die Kaiserwürde von nun an für sich allein in Anspruch. (H. P.)

Die Römischen Kaiser

DAS IULISCH-CLAUDISCHE HAUS

Augustus	30 v. Chr.–14 n. Chr.	Adoptivvater von Tiberius, Urgroßvater von Caligula, Ururgroßvater von Nero
Tiberius	14– 37	Adoptivsohn von Augustus, Onkel von Claudius
Caligula	37– 41	Urenkel von Augustus, Onkel von Nero
Claudius I.	41– 54	Neffe von Tiberius
Nero	54– 68	Ururenkel von Augustus, Neffe von Caligula

DIE REVOLUTIONSKAISER
(›Dreikaiserjahr‹)

Galba	68– 69
Otho	69
Vitellius	69

DAS FLAVISCHE HAUS

Vespasian	69– 79	Vater von Titus und Domitian
Titus	79– 81	Sohn von Vespasian, Bruder von Domitian
Domitian	81– 96	Sohn von Vespasian, Bruder von Titus

DIE ADOPTIVKAISER

Nerva	96– 98	Adoptivvater von Traian
Traian	98–117	Adoptivsohn von Nerva, Adoptivvater von Hadrian
Hadrian	117–138	Adoptivsohn von Traian, Adoptivvater von Antoninus Pius
Antoninus Pius	138–161	Adoptivsohn von Hadrian, Adoptivvater von Lucius Verus und Marc Aurel
Lucius Verus	161–169	Adoptivsohn von Antoninus Pius, Adoptivbruder von Marc Aurel
Marc Aurel	161–180	Adoptivsohn von Antoninus Pius, Adoptivbruder von Lucius Verus
Gegenkaiser im Osten: Avidius Cassius	176	

DER ERBKAISER

Commodus	180–192	Sohn von Marc Aurel

DIE SOLDATENKAISER

Pertinax	193	
Didius Iulianus	193	
Septimius Severus	193–211	Vater von Caracalla und Geta
Gegenkaiser in Britannien: Albinus	193–197	
Gegenkaiser in Syrien: Pescennius Niger	193–194	
Caracalla (Severer)	(198) 211–217	Sohn von Septimius Severus, Bruder von Geta
Geta (Severer)	(209) 211–213 (212)	Sohn von Septimius Severus, Bruder von Caracalla
Mabrinus(Severer)	217–218	
Elagabal (Severer)	218–222	Großneffe von Septimius Severus, Vetter von Severus Alexander
Severus Alexander (Severer)	222–235	Großneffe von Septimius Severus, Vetter von Elagabal

Maximinus Thrax	235–238	
Gordianus I.	238	Vater von Gordianus II., Großvater von Gordianus III.
Gordianus II.	238	Sohn von Gordianus I., Onkel von Gordianus III.
Pupienus	238	
Balbinus	238	
Gordianus III.	238–244	Enkel von Gordianus I., Neffe von Gordianus II.
Philippus Arabs	244–249	
Gegenkaiser in Syrien: Iotapianus	248	
Gegenkaiser in Moesien: Pacatianus	248	
Gegenkaiser in Syrien: Uranius	248–254	
Decius	(249) 248–251	Vater von Decius Etruscus und Quintus Hostilianus
Decius Etruscus	250–251	Sohn von Decius, Bruder von Quintus Hostilianus
Quintus Hostilianus	251	Sohn von Decius, Bruder von Decius Etruscus
Trebonianus Gallus	251–253	Vater von Volusianus
Volusianus	251–253	Sohn von Trebonianus Gallus
Aemilianus	253	
Valerianus	253–260	Vater von Gallienus
Gallienus	(260) 253–268	Sohn von Valerianus
Gegenkaiser (Sonderreich in Gallien):		
Postumus	259–268	
Claudius II. Goticus	268–270	Bruder von Quintillus
Gegenkaiser (Sonderreich in Gallien):		
Victorinus	268–270	
Quintillus	270	Bruder von Claudius II. Goticus
Aurelian	270–275	
Gegenkaiser (Sonderreich in Gallien):		
Tetricus	270–273	
Tacitus	275–276	Stiefbruder von Florianus
Florianus	276	Stiefbruder von Tacitus
Probus	276–282	
Carus	282–283	Vater von Carinus und Numerianus
Carinus	283–285	Sohn von Carus, Bruder von Numerianus
Numerianus	283–284	Sohn von Carus, Bruder von Carinus
Gegenkaiser in Pannonien:		
Julianus Tyrannus	284	
Diocletian (Tetrarchiephase)	284–305	
Maximianus Herculius (Mitregent)	286–305	Vater von Maxentius
Gegenkaiser in Britannien: Carausius	286–293	
Gegenkaiser in Britannien:		
Allectus	293–297 (296)	
Gegenkaiser in Ägypten:		
Domitius Domitianus	296–297	
Constantius I. Chlorus		Vater von Constantin I.
(Tetrarchiephase)	305–306	
Galerius (Mitregent)	305–311	Onkel von Maximinus Daia
Severus	306–307	
Maximinus Daia	(309) 307–313	Neffe von Galerius
Maxentius (Ursupator in Rom)	306–312	Sohn von Maximianus Herculius
Licinius	(311) 308–324	
Gegenkaiser: Alexander	309–311	

DAS CONSTANTINISCHE HAUS

Constantin I., der Große	(306) 312–337	Sohn von Constantius I., Vater von Constantin II., Constans I. und Constantius II., Onkel von Iulian Apostata
Constantin II.	337–340	Sohn von Constantin I., Bruder von Constans I. und Constantius II., Vetter von Iulian Apostata
Constans I.	337–350	Sohn von Constantin I., Bruder von Constantin II. und Constantius II., Vetter von Iulian Apostata
Constantius II.	337–361	Sohn von Constantin I., Bruder von Constantin II. und Constans I., Vetter von Iulian Apostata

Gegenkaiser in Gallien: Magnentius   350–353
Gegenkaiser in Illyrien: Vetranius   350
Gegenkaiser in Rom: Nepotianus   350
Gegenkaiser in Köln: Silvanus   355

Iulian Apostata   361–363   Neffe von Constantin I., Vetter von Constantin II., Constans I. und Constantius II.

DER ZWISCHENKAISER

Iovianus   363–364

DAS VALENTINIANISCHE HAUS

Valentinian I.	364–375	Bruder von Valens, Vater von Gratian und Valentinian II.
Valens	(375) 364–378	Bruder von Valentinian I., Onkel von Gratian und Valentinian II.

Gegenkaiser in Thrakien
und Kleinasien: Procopius   365–366

Gratian	(375) 367–383 (392)	Sohn von Valentinian I., Neffe von Valens, Stiefbruder von Valentinian II.
Valentinian II.	375–392	Sohn von Valentinian I., Neffe von Valens, Stiefbruder von Gratian

Gegenkaiser im Westen:
Magnus Maximus   383–388

DAS THEODOSIANISCHE HAUS

Theodosius I., der Große	(392) 379–395	Vater von Arcadius, Honorius und Galla Placidia
Gegenkaiser im Westen: Eugenius	392–394	
Arcadius	395–408	Sohn von Theodosius I., Bruder von Honorius und Galla Placidia
Honorius	393–423	Sohn von Theodosius I., Bruder von Arcadius und Galla Placidia

Gegenkaiser in Britannien: Constantin   407–411
Gegenkaiser in Rom: Priscus Attalus   409–410
Gegenkaiser in Gallien: Iovinus   411–413
Gegenkaiser in Gallien: Priscus Attalus   414–416

Johannes	423–425	
Galla Placidia	424–450	Tochter von Theodosius I., Schwester von Arcadius und Honorius
Valentinian III.	424–455	Sohn der Galla Placidia

KAISER WÄHREND DER AUFLÖSUNG DES WESTRÖMISCHEN REICHES

Petronius Maximus	455	
Avitus	455–456	
Maiorianus	457–461	
Libius Severus	461–465	
Anthemius	467–472	
Olybrius	472	
Glycerius	473–474	
Iulius Nepos	474–475	Vater von Romulus Augustulus
Romulus Augustulus	475–476	Sohn von Julius Nepos

Kalender/Zeitrechnung

Das Jahr. Nach der Sage führte Romulus (→ *Einleitung*, → *Sagen*) ein Jahr mit 304 Tagen und zehn Monaten ein, das angeblich unter König *Numa Pompilius* durch das bis → *Caesar* geltende Jahr mit 355 Tagen und zwölf Monaten abgelöst wurde. Bis zum Jahre 153 v. Chr. begann das römische Jahr am 1. März, dann mit dem 1. Januar. Das römische Jahr war ein *Mondjahr:* die 355 Tage entsprachen ungefähr 12 Umläufen, und die Mondphasen bildeten auch die Grundlage für die weitere Unterteilung des Monats (siehe unten: *Datum*). Die große Abweichung vom Sonnenjahr mit seinen 365,25 Tagen mußte sich natürlich bald herausstellen, und um sie zu beseitigen, fügte man alle zwei Jahre *Schalttage* ein, nach dem 23. Februar 22 Tage bzw. nach dem 24. Februar 23 Tage. So ergab sich ein vierjähriger Zyklus (355 + 377 + 355 + 378 = 1465), d. h. ein römisches Jahr war »durchschnittlich« 366,25 Tage lang. Vier Sonnenjahre zählen aber nur 1461 Tage, so daß das römische Jahr zu lang war. Diese Tatsache war den *Pontifices* (Oberpriestern), die für Zeitrechnung und Kalender zuständig waren, nicht bekannt. Es gab auch öfter Unklarheiten bei den Schaltungen; manchmal unterblieben sie ganz, so daß im Jahre 46 v. Chr. der römische Kalender um 90 Tage hinter dem tatsächlichen Ablauf des Jahres zurückgeblieben war. Deshalb reformierte Caesar – zu dieser Zeit Dictator und Pontifex Maximus – mit Hilfe des ägyptischen Gelehrten *Sosigenes* den römischen Kalender. Zunächst wurden im Februar 23 Tage eingeschaltet, im November 33 und im Dezember 34 Tage. Für die Zukunft ging Caesar von einem Jahr mit 365,25 Tagen aus. So ergab sich alle vier Jahre ein ganzer Tag; es war dann ein Schaltjahr, in dem der 24. Februar doppelt gezählt wurde. Die zehn Tage, die von 355 bis 365 fehlten, verteilte Caesar auf die übrigen Monate. Da nach diesem sogenannten *Iulianischen Kalender* das Jahr aber zu lang ist – etwa 11 Minuten – mußte im Jahre 1582 Papst *Gregor XIII.* den Kalender nochmals reformieren (*Gregorianischer Kalender*): Das erste Jahr eines Jahrhunderts ist nur dann ein Schaltjahr, wenn sich die Zahl durch 400 teilen läßt, also 1600 und 2000, nicht aber 1700, 1800 und 1900.

Der reformierte römische Kalender verbreitete sich rasch über das ganze Reich, allerdings galten im Osten meist einheimische Monatsnamen, während sich im Westen auch die römische Bezeichnung durchsetzte.

Zeitrechnung. Zur Zählung und Kennzeichnung eines Jahres verwendeten die Römer zwei Systeme. Im Alltag und z. T. auch in der Geschichtsschreibung wurde das Jahr nach den *Consuln* genannt. So würde man also sagen: Die Verschwörung → *Catilinas* wurde aufgedeckt »Marco Tullio Cicerone Gaio Antonio consulibus« = = »unter dem Consulat des M. Tullius Cicero und des Gaius Antonius« (63 v. Chr.). Die *Namenslisten der Consuln* – »fasti consulares« – wurden über 1000 Jahre lang geführt, erst von den Pontifices, später vom kaiserlichen Hof. Dieses System war den Römern so vertraut, daß »fasti« die Bedeutung Kalender bekommen konnte. Wenn man die Jahre zählen will, braucht man einen festen Bezugspunkt; der war in Rom zunächst »post aedem Capitolinam dedicatam« = = »*nach der Weihe des capitolinischen (Iupiter-) Tempels*«, die am 13. Sept. 507 v. Chr. stattgefunden hatte. Dieser Tempel war dazu gut geeignet, weil zu Beginn eines jeden Jahres – nach etruskischem Brauch – in ihn ein großer Nagel eingeschlagen wurde. Von diesem Weihedatum schloß man auch auf die Vertreibung der Könige, denn der Tempel soll von den ersten Consuln gelobt worden sein. Als Jahr der *Vertreibung der*

Könige nahm man 510 an, dieses Jahr war der zweite Fixpunkt: »post reges exactos« = »nach Vertreibung der Könige«. Da nun, wenigstens nach der Sage, die Regierungszeit der Könige bekannt war, konnte man 753 v. Chr. als *Gründungsjahr Roms* bestimmen. Damit ergab sich das 3. Fixjahr: »ab urbe condita« = »seit Gründung der Stadt«. Allerdings hatten sich in diese Zählung Fehler eingeschlichen; so paßten die Consularlisten nicht ganz zu der Zählung »post aedem Capitolinam dedictam«; dazu kommt, daß Amts- und Kalenderjahr oft nicht zusammenfielen. Deshalb sind Jahreszahlen aus der Frühzeit Roms nicht so sicher, wie es zunächst scheinen mag.

Will man eine Angabe »ab urbe condita« in unser System umrechnen, muß man die genannte Zahl von 753 abziehen, wenn sie kleiner als 753 ist. Man erhält dann ein Datum vor Christus. »anno ab urbe condita CCCXI« ist also 442 v. Chr. Ist die Zahl größer als 753, muß man von ihr 753 abziehen, und es ergibt sich ein Jahr nach Christi Geburt. »anno ab urbe condita DCCCXXII« ist 69 nach Christus.

In der Spätantike bis weit ins Mittelalter hinein verwendete man zur Zählung der Jahre auch die sogenannte *Indiktion* (indictio; eigentlich Steuer- »ansage«). Sie geht auf einen Zyklus von 15 Jahren bei der Steuerfestsetzung zurück. Als Beginn dieser Zyklen nahm man das Jahr 3 v. Chr. an. Will man eine Indiktion berechnen, zählt man zu unserer Jahreszahl drei dazu und teilt die Summe durch 15. Der verbleibende Rest, also unter Umständen auch 0, ist das Jahr der Indiktion: 800+3=803; 803:15=53 Rest 5; 800 n. Chr. ist also indictio V. Diese Zählung ist nur sinnvoll, wenn man einen kleinen Zeitraum, z. B. die Regierungszeit eines Herrschers kennzeichnen will, denn die Zahl der Indiktion wiederholt sich alle 15 Jahre.

Die Monate (Die 1. Zahl hinter dem Namen gibt die Zahl der Monatstage vor Caesars Kalenderreform, die 2. Zahl die Anzahl der Monatstage danach an.) Die Namen der Monate sind eigentlich Adjektive, zu denen »mensis« (Monat) zu ergänzen ist; gebräuchlich war aber die hier von uns verwendete kürzere Form.

Ianuarius (29/31) = Januar; auch als das Jahr im März begann, muß es die Vorstellung gegeben haben, daß mit diesem Monat etwas Neues beginnt – es ist der erste Monat nach der Wintersonnenwende – denn der Monat heißt nach dem doppelgesichtigen *Gott Ianus*, der in die Vergangenheit und in die Zukunft schaut.

Februarius (28 bzw. 50-51/28 bzw. 29) = Februar; dieser Monat trägt seinen Namen nach »februa«, was »rituelles Reinigungsmittel« bedeutet. In diesem Fall ging es um die »Riemen der Luperci« (→ *Erotik*), deren Fest *Lupercalia* am 15. des Monats gefeiert wurde.

Martius (31/31) = März; dieser Monat heißt nach *Mars*, der ja nicht nur ein Kriegsgott, sondern auch ein Vegetationsgott war. Bis zum Jahre 153 v. Chr. begann das römische Jahr mit dem März.

Aprilis (29/30) = April; die Bedeutung des Namens ist unbekannt, vielleicht ist er etruskischer Herkunft.

Maius (31/31) = Mai; dieser Monat heißt nach der sonst wenig bekannten *Göttin Maia*, nach anderer Überlieferung nach einem *Gott Maius* (vielleicht ursprünglich ein Beiname Iupiters). Wahrscheinlich steckt in ihm die Wurzel mag- (= groß), wodurch auf das Wachstum der Pflanzen angespielt wird.

Iunius (29/31) = Juni war der Monat der *Iuno*.

Iulius (31/31) = Juli bekam diesen Namen zu Ehren des *Iuliers* Caesar; vorher hieß er *Quinctilis*, der »Fünfte«.

Augustus (29/31) = August wurde nach dem Kaiser Augustus genannt; sein alter Name ist *Sextilis*, der »Sechste«.

Die Namen der restlichen Monate *September* (29/31), *October* (31/31), *November* (29/30) und *December* (29/31) sind von den Zahlwörtern septem (sieben), octo (acht), novem (neun) und decem (zehn) abgeleitet. Sie behielten ihre Namen, auch als das Jahr dann im Januar begann und die Namen somit eigentlich ›falsch‹ waren.

Datum. Der römische Monat kannte drei feste Tage, mit deren Hilfe man das Datum angab. Sie wurden – ursprünglich wenigstens – durch die Mondphasen festgelegt.

Wenn man davon ausgeht, daß ein Monat einen ganzen Mondumlauf umfaßt, legt man das Datum des Vollmonds am besten in die Mitte des Monats. Diesen Tag nannten die Römer *Iden* (Idus). Etwa vierzehn Tage vorher ist die Sichel des zunehmenden Mondes zum ersten Mal zu sehen, also am Monatsanfang. Dieser Tag hieß *Kalenden* (Kalendae). An ihm rief (calare) ein Pontifex (Oberpriester) aus, wieviel Tage bis zu den *Nonen* (Nonae), d. h. bis zur Vollendung des ersten Mondviertels (9 Tage vor Vollmond – Vollmond und Nonae mitgerechnet) noch vergehen würden. Diese Angabe war für jeden Monat nötig, da ein Mondumlauf nicht mit einer ganzen Zahl von Tagen zu erfassen ist, das

Datum des Vollmonds also schwankte, und die Iden auf den 13. oder 15. Tag eines Monats fielen.

Im Lauf der Zeit legte man aber fest, daß im März, Mai, Juli und Oktober die Iden auf den 15. fielen, in den übrigen Monaten auf den 13. Entsprechend waren die Nonen am 7. bzw. am 5. Wenn man ein Datum angeben wollte, zählte man die Tage bis zu den nächsten Kalenden, Nonen oder Iden, wobei der augenblickliche Tag und der Fixtag mitgerechnet wurden. Zur Verdeutlichung einige Beispiele: »ante diem undevicesimum Kalendas Ianuarias« = 19 Tage vor dem 1. Januar = 14. Dezember; »ante diem tertium Nonas Octobres« = 3 Tage vor den Nonen des Oktober = 5. Oktober; »ante diem sextum Kalendas Martias« = 6 Tage vor dem 1. März = 24. Februar (deshalb hieß nach Caesars Kalenderreform das Schaltjahr annus *bissextilis*, weil nach römischer Rechnung der 6. Tag vor dem 1. März doppelt = lat.: bis = zweimal – gezählt wurde.); der Tag unmittelbar vor einem festen Tag hieß *pridie*, also: »pridie Idibus Martiis«=am Tag vor den Iden des März=14. März. Iden und Kalenden dienten auch als Termine, d. h. als Zahltage oder Fälligkeitstag für Darlehen und Zinsen. Da es Kalenden nur im römischen Kalender gab, entsprach eine Verschiebung »ad Kalendas Graecas« (bis zu den griechischen Kalenden), wie man im Scherz sagte, unsrem »St. Nimmerleinstag«.

Die Woche. Da es im Alltag praktischer ist, mit einer kleineren Zeiteinheit rechnen zu können, entwickelte sich als eine Art Woche das achttägige *Nundinum*, dessen erster Tag *Nundinae* hieß (eigentlich der 9. Tag – Anfang und Ende mitgerechnet – vor dem nächsten nundinum). Die Nundinae waren ursprünglich Markt- und Gerichtstage; die einzelnen Tage dieser Woche bezeichnete man mit den Buchstaben A – H. Unter orientalischem und später auch christlichem Einfluß gingen die Römer zur siebentägigen Woche über, deren Tage sich von den damals bekannten oder dafür gehaltenen Planeten herleiteten. Da die Wochentage in den romanischen Sprachen heute noch deutlich diese Herkunft verraten und die römische Bezeichnung auch auf die germanische Namensgebung bei den Wochentagen wirkte, seien sie – beginnend mit Montag – genannt: *Lunae dies* (Tag des Mondes), *Martis dies* (Tag des Mars), *Mercurii dies* (Tag Merkurs), *Iovis dies* (Tag Iupiters), *Veneris dies* (Tag der Venus), *Saturni dies* (Tag Saturns), *Solis dies* (Tag der Sonne). Da der Saturn als

unheilvoll galt, wurde sein Tag bald umbenannt, wobei man den hebräischen *Sabbath* als Namensgeber verwendete. Unter christlichem Einfluß erhielt der Sonntag bald den Namen *Dies dominicus* – Tag des Herrn.

Dies fasti/dies nefasti. Entsprechend der römischen Vorstellung von der Einbettung allen Geschehens in einen von göttlichem Willen geprägten Zusammenhang war natürlich auch die Zeit, ihre Zählung und Messung, mit den Göttern verbunden, und es waren gewisse Gebote zu erfüllen oder Tabus einzuhalten. So kannte der römische Kalender eine Reihe von Tagen, an denen *profane Tätigkeiten untersagt* waren. Sie hießen *dies nefasti* (von fari – sagen, sprechen), weil an ihnen der Praetor kein Recht sprechen durfte. Zu ihnen zählten z. B. die meisten Festtage. Die gewöhnlichen *Werktage* hießen *dies fasti*, aber auch hier gab es Einschränkungen; so kannte man die *dies atri* (Schwarze Tage), an denen man nichts Wichtiges anfangen durfte; dazu gehörten die Tage direkt nach den Kalenden, den Nonen und den Iden und die Jahrestage von Katastrophen in der Vergangenheit. Ein unheimliches *Vorzeichen* konnte einen Tag zu einem *dies religiosus* machen, an dem bestimmte Tätigkeiten untersagt waren.

Feste (feriae). Namen, Datum und Bedeutung römischer Feste kennen wir aus dem römischen Festkalender, der in mehreren Fassungen überliefert ist (→ *Ovid, Fasti*). Die Feste – ursprünglich 45 im Jahr – dauerten zunächst einen Tag, manche wurden später verlängert (→ *Saturnalien*), bei anderen schlossen sich Spiele im Zirkus oder im Theater an. In Verbindung mit dem Kaiserkult und der Einführung neuer Götter kamen zahlreiche neue Feste dazu, so daß ihre Zahl schließlich durch den Staat wieder reduziert werden mußte. Die Römer unterschieden *feriae stativae*, d. h. Feste an einem bestimmten Datum, *feriae conceptivae*, die jährlich gefeiert, deren Datum aber von den Pontifices festgelegt wurde, und schließlich *feriae imperiales*, die von hohen Beamten oder den Kaisern aus besonderem Anlaß angeordnet wurden. Außerdem muß man zwischen den großen *Götterfesten* unterscheiden, die vom ganzen Volk gefeiert wurden, und den *Festen einzelner Gruppen*, z. B. der Sodalitäten oder Handwerkergilden zu Ehren ihres Schutzgottes.

Da die römischen Feste alle religiösen Ursprungs sind, stand zunächst die Verehrung der Götter mit *Opfern und Gebeten* im Mittelpunkt; dazu kamen bestimmte *Riten*, durch die man die Götter veranlassen wollte, die Wünsche der Menschen zu erfüllen. Die Riten hatten ein hohes Alter und führen in eine magisch geprägte Vergangenheit zurück. Als Beispiel seien drei Feste des *Mars* genannt: An den *Equirria* (27. Februar und 14. März) wurden die *Pferde durch ein Rennen* für den Sommerfeldzug rituell gereinigt. Abgeschlossen wurde die Feldzugszeit durch den *Ecus October* (15. Okt.), an dem ein *Pferd geopfert* wurde, um dessen Kopf dann die Bewohner zweier Straßen kämpften. Die siegreiche Partei durfte den Kopf des Pferdes an einer Mauer aufhängen – man bewahrte so symbolhaft den Sieg bis zum nächsten Feldzug auf. Am *Armilustrum* schließlich (19. Okt.) entsühnte man die *Waffen*. Die innere Anteilnahme der Menschen war sehr verschieden; sie reichte von ausgelassener Lebensfreude an den *Lupercalia* (15. Februar) und dem *Rosenfest* (Mai/Juni) bis zu Angst an den *Lemuria* (9., 11. und 13. Mai), an denen die unheilvollen Geister besänftigt und aus dem Haus getrieben wurden. Natürlich darf man auch an den Festen der großen Götter eine echte religiöse Festesfreude voraussetzen, die auf tiefer Frömmigkeit beruhte. Aber je mehr die alten Götter an Einfluß verloren, desto mehr waren die Feste nur willkommene Arbeitspausen. Zur Entfremdung trug auch bei, daß manche Feste nur gefeiert wurden, weil es eben so üblich war, obwohl der Gott schon in Vergessenheit geraten war. Das siegreiche Christentum schaffte schließlich alle Feste ab und setzte dafür den Sonntag und die christlichen Feste ein. (G. St.)

Karthago (Carthago)

Die halb sagenhafte Überlieferung von den Anfängen Karthagos nennt als Gründerin der Stadt die phönizische Königin *Dido*, die vor der Verfolgung durch ihren Bruder aus *Tyros* weichen mußte und mit ihren Anhängern in Nordafrika Zuflucht fand. Sicher ist jedenfalls, daß Karthago (= neue Stadt) im Jahre 814 v. Chr. von Phönikern aus Tyros gegründet wurde, die sich der wachsenden Bedrohung durch die *Assyrer* entzogen.

Sie wählten für ihre neue Stadt im heutigen Tunesien einen außerordentlich günstigen Hafenplatz an der Handelsstraße, die schon seit Jahrhunderten die Seestädte des östlichen Mittelmeerraums mit dem Westen verband. Von hier aus ließ sich der Schiffsverkehr kontrollieren, besonders nachdem sich Karthago noch vor dem Ende des

6. Jahrhunderts v. Chr. eine Position auf Silizien geschaffen hatte. Die Stadt wurde auch Ausgangspunkt für kühne Forschungsfahrten jenseit der »Säulen des Herkules« (Gibraltar). Im Schutze mächtiger Befestigungen und einer starken Flotte gewann die Stadt aus dem Handel ihren Reichtum, ohne einen ausgedehnten Flächenstaat anzustreben. Die republikanische Verfassung Karthagos kannte zwar auch eine Mitwirkung des Volkes bei der Wahl der beiden höchsten Beamten, der *Sufeten;* die wahre Macht lag aber in den Händen der reichen *Kaufmannsaristokratie. Söldnerheer* und *Söldnerführer,* darunter auch Ausländer, kämpften im Dienst der Stadt, deren Söhne nur widerwillig selbst zu den Waffen griffen, ein System, das nicht selten schwere Krisen heraufbeschwor, wenn sich die Söldner gegen ihre Auftraggeber wandten.

Die Niederlage der Karthager gegen die *Griechen* bei *Himera* auf Sizilien (480 v. Chr) ist eines der herausragenden Ereignisse im Laufe der endlosen Kriege zwischen den griechischen Städten und Karthago um die Insel, die sie sich letztlich – die Karthager im Westen, die Griechen im Osten – teilten, bis die Römer die Erbschaft beider Parteien antraten.

Die Beziehungen Karthagos zu *Rom* waren ursprünglich, solange es zwischen den beiden Mächten noch keine Interessenkonflikte gab, gut, zuweilen sogar freundschaftlich. Während Rom seine Stellung in Italien ausbaute, war Karthago darauf bedacht, seinen Seehandel durch Verträge zu sichern, so auch mit Rom im Jahre 348 v. Chr. Noch im Jahr 279 v. Chr., als sich Rom und Karthago gleichermaßen durch die Invasion des Königs *Pyrrhos von Epeiros* in Süditalien bedroht sahen, kam es zu einem Militärvertrag. Doch erwuchs gerade aus der neuen Konstellation am Ende des Pyrrhoskrieges, nachdem Rom Italien geeinigt hatte und bis an die Straße von Messina vorgedrungen war, der Konflikt mit Karthago. Die beiden Großmächte standen sich nun unmittelbar gegenüber; die jeweiligen Interessen begannen sich zu überschneiden.

Ein Parteienstreit in *Messina* war der Anlaß zum *Ersten Punischen Krieg* (264–241 v. Chr.). Zwar kämpften die Römer erfolgreich in Sizilien, erkannten aber bald, daß Karthago nur zur See zu schlagen war. Obwohl ihnen das Meer unheimlich und fremd war, entschlossen sie sich zum Bau von *Kriegsschiffen*, für die sie einen gestrandeten karthagischen *Fünfruderer* zum Vorbild nahmen; zusätzlich entwickelten sie *Enterbrükken*, über die ihre Legionen sozusagen ›trockenen Fußes‹ wie auf dem Land vorrücken konnten; der Seesieg von *Mylae* (260 v. Chr.) belohnte die Anstrengungen Roms. Der Versuch aber, in Afrika Fuß zu fassen, endete jetzt noch mit einer Katastrophe (255 v. Chr.). Im weiteren Verlauf des Krieges auf Sizilien konnte der Feldherr *Hamilkar Barkas*, der Vater → *Hannibals*, die Stellung Karthagos stabilisieren und ausbauen; doch der entscheidende Seesieg der Römer bei den *Ägatischen Inseln* (westlich von Sizilien) zwang die Karthager, um Frieden nachzusuchen. Sie verloren *Sizilien* an Rom und mußten eine bedeutende Kriegsentschädigung zahlen.

Die Krise Karthagos wurde verschärft, als sich die *karthagischen Söldner* erhoben und Rom die Schwäche der Rivalin nutzte, um die Abtretung von *Sardinien* und *Korsika* zu erzwingen. Die Inseln wurden, wie Sizilien, römische → *Provinzen;* das Tyrrhenische Meer wurde sozusagen römisches Binnengewässer.

Ersatz für das verlorene Sizilien fand seit 237 v. Chr. Hamilkar Barkas in → *Spanien*, wo er sich und der Dynastie der *Barkiden* eine Hausmacht nach dem Vorbild hellenistischer Staaten zu schaffen suchte, ohne von Karthago selbst nennenswerte Unterstützung zu empfangen. Sein Schwiegersohn *Hasdrubal* und sein Sohn *Hannibal* erweiterten diesen Machtbereich, dessen Zentrum die neugegründete Stadt Neu-Karthago (Cartagena) wurde.

Mißtrauisch beobachtete Rom diesen Neuaufbau einer karthagischen Position. Mit dem Vertrag von 226 v. Chr. wurde schließlich eine Abgrenzung der Interessensphären am *Ebro* erreicht. Hannibal hielt an dem Vertrag auch fest, als die Römer wenig später mit den Galliern in der Poebene aneinander gerieten. Doch als Rom in die Verhältnisse südlich des Ebro eingriff und gegen ihn *Sagunt* unterstützte, entschied sich Hannibal für den Krieg.

Im *Zweiten‹ Punischen Krieg* (218–201 v. Chr.) brachte der Siegeszug Hannibals, vor allem die Vernichtungsschlacht bei → *Cannae*, die Römer in schwere Bedrängnis. Doch die Erfolge der *Scipionen* (→ *Scipio*) in Spanien wogen auf lange Sicht schwerer, und als *P. Cornelius Scipio* 204 v. Chr. den Krieg nach Afrika hinübertrug, mußte ihm Hannibal folgen, um Karthago zu retten. In der Entscheidungsschlacht bei *Zama* (202 v. Chr.) unterlag er dem Römer. Im Friedensschluß mußte Karthago auf *Spanien* verzichten, seine Flotte bis auf zehn Kriegsschiffe ausliefern und sich zu einer nahezu unerschwinglichen Kriegsentschädigung verpflichten. Kriege

durfte es nur noch mit Erlaubnis der Römer führen. Damit war der Kampf ums westliche Mittelmeer entschieden.

Die Übergriffe des Numidierkönigs *Masinissa* auf das restliche Gebiet der Karthager wurden schließlich der Anlaß zum *Dritten Punischen Krieg* (149–146 v. Chr.). Als sich die gepeinigte Stadt der Übergriffe zu erwehren suchte, schritt Rom ein. Es hätte wohl der ständigen Mahnung des alten → *Cato* (»Im übrigen bin ich der Meinung, daß Karthago zerstört werden muß«) gar nicht bedurft, um Rom zur Vertilgung der Rivalin zu ermuntern. Verzweifelt lehnten sich die Karthager gegen die Forderung auf, die Stadt zu verlassen und sich im Binnenland in Dörfern anzusiedeln. Nach dreijährigem Kampf und einjähriger Belagerung eroberte ein anderer *Scipio*, der Adoptivenkel des Siegers von Zama, *P. Cornelius Scipio Aemilianus*, die Stadt im Sturm. Die Einwohner, die das Blutbad überlebten, wurden versklavt, die Stadt selbst wurde bis auf die Grundmauern zerstört. Angesichts der Verwüstung soll der Sieger in düsterer Vorausahnung des Schicksals Roms die Verse aus der Ilias gesprochen haben:

»Einst wird kommen der Tag, da die heilige Ilios hinsinkt, Priamos selbst und das Volk des lanzenkundigen Königs.« (R. V.)

Kelten

Über die Herkunft dieses »abenteuerlustigsten aller Barbarenvölker« wird viel gerätselt. Übereinstimmung besteht allenfalls unter den Sprachwissenschaftlern über die Zugehörigkeit zur *indoeuropäischen* Völkerfamilie, die Ende des 3. vorchristlichen Jahrtausends im Raum zwischen Wolga und Ural von Unruhe erfaßt wurde und schließlich auseinanderbrach. Eine der vielen Gruppen drängte nach Westen und zog von der *Donaumündung* aus flußaufwärts. Parallel beobachten Archäologen eine Ablösung alter Kulturen im europäischen Raum, die wellenartig *vom Balkan* bis zu den Britischen Inseln fortschreitet, ohne zunächst Frankreich zu erfassen. In der Folgezeit entstehen wahrscheinlich aus der Verbindung der Eindringlinge mit den einheimisch Seßhaften die späteren europäischen Völker, darunter auch die Kelten, die »aus einem noch nicht genau zu analysierenden biologischen und kulturellen Schmelzprozeß hervorgegangen sind« (Pörtner). Umstritten bleibt, ob ihre Urahnen schon unter den Trägern der bronzezeitlichen

Gefangener keltischer Krieger in grobem Fellmantel. Wahrscheinlich von einem Triumphmonument der Kaiserzeit. Vatikanisches Museum.

lungsgebiet, das mit seinem Kern Süd-, West- und teilweise auch Nordwestdeutschland sowie die benachbarten Teile der Schweiz und Frankreichs umfaßt; darüberhinaus kann man ein Vordringen bis Spanien und Britannien beobachten.

Mitte des 8. Jahrhunderts v. Chr. brachen aus dem Osten die *Kimmerier*, bedrängt von den *Skythen*, in Südosteuropa ein, zwangen die dortige Bevölkerung zur Abwehr und förderten wahrscheinlich so deren sozialen Zusammenhalt. Dieses Ereignis und die wachsenden Handelsbeziehungen mit den griechischen Kolonien beeinflußten möglicherweise die Entwicklung der neuen europäischen Kulturen, vor allem die der keltischen.

Hallstatt- und La-Tène-Zeit. Der westliche Hallstattkulturkreis (750–450 v. Chr.) wird von den Kelten getragen, der östliche hat Beziehungen zu Illyrern und Thrakern. Keltische Handwerker schmiedeten u. a. schon lange Eisenschwerter und verwerteten dabei vielleicht Anregungen der → *Etrusker*. In dieser Zeit entstanden Meisterwerke der Waffen- und Goldschmiedekunst; Reichtum und Prachtliebe zeigten sich schon damals im Besitz wertvoller Importware wie des sogenannten *Kraters von Vix*, eines Mischkessels aus Bronze, wahrscheinlich griechischer oder etruskischer Herkunft.

Die folgende *La-Tène-Zeit* (450–50 v. Chr.) – benannt nach einer Fundstätte am Neuenburger See in der Westschweiz – wird neben den archäologischen Funden durch die nun einsetzende literarische Überlieferung griechischer und lateinischer Schriftsteller zusätzlich erhellt. Gibt sie zunächst das Bild einer *aristokratischen Gesellschaft* wieder, so gewährt sie doch bald Einblick in die Lebensweise und den Lebensstandard der Bevölkerung. Etruskische und griechische Techniken waren weiterentwickelt, die Kunst der Eisenverarbeitung hatte eine hohe Stufe erreicht. Man stellte Geräte her, die zur Verbesserung der Lebensverhältnisse beitrugen, wie z. B. *Pflugscharen* und *Sensen*, vor allem aber wurden *Waffen* und Ausrüstungen geschmiedet: Schwerter, Dolche, Panzer, Helme, die den Kelten Respekt in ganz Europa verschafften. *Herodot* berichtet, daß ihr Siedlungsraum sich im 5. Jahrhundert v. Chr. von den Quellen der Donau bis zu deren Mündung erstrecke; wir wissen heute, daß zu dieser Zeit die Kelten ein Gebiet bewohnten, das von den *Alpen bis zur Nordsee*, von den *Pyrenäen bis zur Weser* reichte, das aber keine staatliche Einheit bildete, sondern in Stammesbereiche zerfiel.

Konfrontation mit dem Mittelmeerraum. Als der

Hügelgräberkultur anzutreffen sind oder erst später unter den *Urnenfelderleuten*, die ihre Toten nicht in der Erde bestatteten, sondern verbrannten und die Asche in Urnen beisetzten. Wahrscheinlich bildeten sich die keltischen Stämme, als beide Kulturen verschmolzen. Im 9. und 8. Jahrhundert v. Chr. läßt sich die Ausformung einer *keltischen Sprache und Kultur* verfolgen. Fluß-, Berg- und Ortsnamen markieren das Sied-

Atlantik endgültig erreicht war, begann um 400 v. Chr. die eigentliche »Keltische Völkerwanderung« in Richtung Spanien, Oberitalien und Britannien. In *Spanien* vermischten sich die eingedrungenen Kelten mit der einheimischen Bevölkerung, den *Iberern*, zu den sogenannten *Keltiberern*. Als die Karthager die Halbinsel besetzten, machte ihnen dieser rebellische Volksschlag zu schaffen. Sie suchten sich von ihnen zu befreien, indem sie die Keltiberer als Söldner in ihre Truppen einreihten. Auch gegen die nachfolgende römische Besatzungsmacht erhoben sich die Keltiberer, so daß Rom zu einer langjährigen Strafexpedition

tischen *Senonen*, 387 v. Chr. die Stadt *Chiusi* belagerte, griffen die herbeigeeilten römischen Gesandten nach vergeblichem Schlichtungsversuch in den Kampf ein und provozierten die Kelten zu einem Rachezug gegen Rom. Nach der unvergessenen Niederlage an der *Allia* – einem Trauma für die Römer – wurde die verlassene Stadt geplündert, doch das Capitol konnte Brennus nicht erobern; Bewaffnung und Kampfweise waren dafür nicht geeignet.
Trotz tapfersten Einsatzes mußten später die oberitalischen Kelten schließlich vor den Römern kapitulieren: nach dem Sieg über → *Hannibal*

Die sogenannte Heuneburg bei Hundersingen/ Württemberg, ein bedeutendes keltisches Zentrum mit einem gut ausgestatteten Herrensitz, 200 × 300 m groß. Freigeg. v. Reg. Präsidium Stuttgart Nr. 2/26493

gezwungen wurde; selbst die Einnahme ihrer Hauptstadt *Numantia* konnte den Trotz nicht brechen: erst 60 Jahre später, 72 v. Chr., wurden sie endgültig unterworfen. Wahrscheinlich u. a. über den großen St. Bernhard erreichten keltische Stämme oberitalisches Gebiet, besetzten das Land nördlich und südlich des Po, gründeten *Mailand*, *Bergamo* und *Verona* und stießen bis zur Adria vor. Als *Brennus*, Stammesfürst der kel-

richtete Rom im ehemals keltischen Oberitalien die *Provinz Gallia Cisalpina* ein.
In vielen Schüben drangen Kelten auch in Richtung Osten vor, besetzten *Schlesien* und *Ungarn*, versickerten aber dann weiter südlich im illyrischen Gebiet. Über Böhmen und Mähren erreichten keltische Stämme *Siebenbürgen* und stießen von dort über das Mündungsgebiet der Donau und die Ukraine bis zum *Schwarzen Meer* vor. Damals war das heutige Rumänien kulturell von den Kelten geprägt. Im ersten Viertel des 3. Jahrhunderts v. Chr. drohten keltische Stämme den *Balkan* zu überrennen, *Makedonien* niederzuwerfen und *Griechenland* zu erobern. Immerhin

Ausbreitung der Kelten

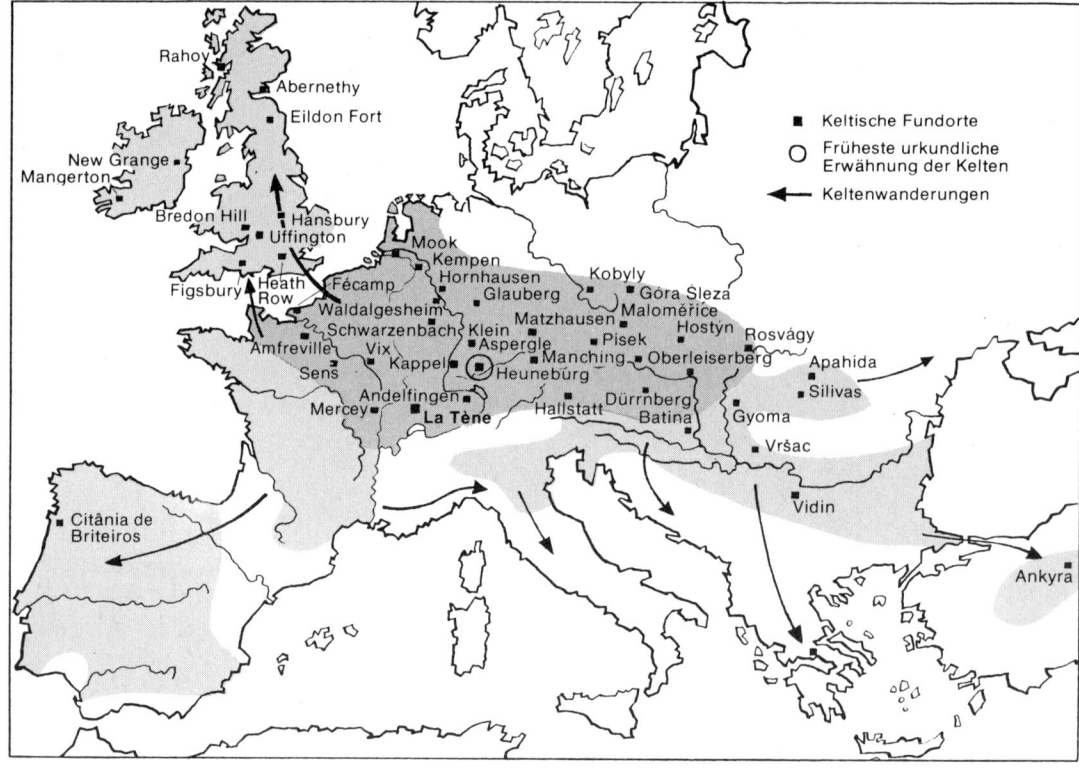

behauptete sich ein keltisches Königreich mit der Hauptstadt *Adrianopel* bis 193 v. Chr., dem Byzanz Tribut zahlen mußte. Teile eines keltischen Heeres, das auf dem Raubzug nach Griechenland vergeblich versucht hatte, das *Heiligtum in Delphi* zu plündern, verheerten bald darauf die *Bosporus*-Region. Die Kleinkönige von *Bithynien und Pontus* lockten sie nach Kleinasien und wollten sie für eigensüchtige Zwecke einsetzen, doch die Kelten – hier *Galater* genannt – ordneten sich nicht unter, sondern verwüsteten das Land. Nach erbitterten Kämpfen wurden sie 275 v. Chr. in der sogenannten »Elefantenschlacht« besiegt und in der kargen Hochebene von *Phrygien* angesiedelt, aber gebändigt waren sie nicht. *Eumenes II. von Pergamon* zwang sie erst 184 v. Chr. nieder und errichtete als Zeichen seines Triumphes den berühmten *Altar von Pergamon*. Als schließlich die Römer in die kleinasiatische Politik eingriffen, spielten die Galater eine undurchsichtige Rolle, bis nach dem Tod ihres letzten Königs 25 v. Chr. ihr Reich in eine römische Provinz verwandelt wurde. (Galater, die sich von den *Ptolemäern* in Ägypten als Söldner hatten einstellen lassen, waren nach einem Aufstand elend ums Leben gekommen.)

Die in den Donauländern verbliebenen Kelten behaupteten sich zwar neben den eingesessenen Völkern und blieben sogar kulturell führend, brachten aber nicht die Kraft auf, Staaten zu gründen, und wurden allmählich zwischen Germanen und Römern aufgerieben.

Gallien und Britannien. Bekannt ist das Schicksal der Kelten Frankreichs, der *Gallier:* Nach der Unterwerfung ihrer Stammesgebiete durch → *Caesar* (→ auch *Gallischer Krieg*) endete ihre politische, kulturelle und später auch religiöse Eigenständigkeit. Nach einem Prozeß der Romanisierung wird diese Provinz eine verläßliche Stütze römischer Macht und zu einer Brücke, über die römische Zivilisation und Kultur an das künftige Abendland weitergegeben wurde. Zuvor aber, um 300 v. Chr., setzten in vielen Wellen keltische Stämme aus Gallien nach den britischen Inseln über, durchdrangen das Land, festigten ihre Herrschaft und wehrten sich tapfer gegen die Invasionen der Römer. Erst im 1. nachchristlichen Jahrhundert war mit Ausnahme von *Kaledonien* und dem Innern von *Wales* Britannien in römischer Hand. Die Romanisierung allerdings ging nicht nach Wunsch vonstatten. Gerade hier auf den britischen Inseln hielten sich keltisches

Wesen und keltische Kultur, insbesondere in *Irland* und *Schottland*.

Sozialstruktur, Religion und Kunst. Der geschichtliche Überblick zeigt, daß keltische Stämme jahrhundertelang weite Teile des europäischen Raumes in Unruhe versetzten, sich aber nicht zu einer keltischen Nation, einem Staatsvolk, zusammenschlossen, um ein keltisches Reich zu gründen. Offensichtlich waren ihnen diese Vorstellungen fremd. Der Masse der meist hörigen Bevölkerung stand der übermächtige *grundbesitzende Adel* gegenüber. Die Exekutive hatte ein sogenannter *Vergobret* inne, und zwar wählte ein jeder Stamm alljährlich einen solchen *Stammesführer*, der auch als oberster *Richter* fungierte. Dagegen behielt sich der *Rat der Adeligen* die Vergabe von Zöllen vor, entschied über Krieg und Frieden und schloß Verträge. Auffallend ausgeprägt war in der keltischen Gesellschaft das → *Klientelwesen*. Schutzherr und Gefolgsmann waren einander verpflichtet; vom einen erwartete man Großzügigkeit, vom anderen Treue bis über den Tod hinaus. Die Schlagkraft des Heeres wurde durch *Blutsbrüderschaften* erhöht. Bei den Inselkelten hatte sich das *Königtum* behauptet; sicher ist daraus z. T. der lange Zeit erfolgreiche Widerstand gegen die römischen Invasoren zu erklären. Auch hatte die *Frau* in Britannien eine bedeutendere Stellung als auf dem Festland, die insbesondere in der Erbfolge und in grundherrlichen Rechten zum Ausdruck kam.

Insgesamt sind alle Nachrichten über die Kelten recht unsicher, da meist die frühen Schriftsteller Informationen voneinander übernahmen und so Gefahr liefen, ein falsches Bild zu entwerfen. Z. B. erhalten wir auch bei → *Caesar* kein klares Bild über die *Religion* der Gallier, zumal dieser in seinem Bericht von römischen Vorstellungen ausgeht. Auch die *Weihinschriften* keltischer Heiligtümer stammen meist aus römischer Zeit; sie geben zwar einige Aufschlüsse über die Götterwelt, nicht aber über Mythologie, Sitten und Riten.

Wieviele verschiedene Vorstellungen auf langen Wanderwegen sich vermischten, ist erst recht nicht auszumachen. Der römische Dichter *Lucan* nennt drei einheimische Götter: *Teutates*, *Esus* und *Taranis*, die offensichtlich über den lokalen Stammesbereich hinaus nationale Bedeutung gehabt haben. Gemeinkeltisch sind auch die weiblichen Gottheiten: *Epona*, die Pferdegöttin, *Andata*, die Siegesgöttin, der Menschenopfer dargebracht wurden, und die Fruchtbarkeitsgöttinnen, die meist als Dreiheit auftraten.

Jenseitsvorstellungen sind uns nicht überliefert, da die Priesterkaste der *Druiden* die schriftliche Weitergabe der Lehre streng verboten hatte. *Menschenopfer* waren üblich: man erstickte oder verbrannte die Opfer, oder hängte sie an einen Baum. In Tempeln und Häusern stellte man abgehauene Köpfe auf; der Besitz eines Kopfes galt als Zeichen von Tapferkeit, symbolisierte Herrschaft über Menschen. Auch in der Kunst ist der Kopf ein beliebtes Motiv. Übergroß ist der Kopf des *Gottes von Bouray*, des bekanntesten keltischen Gottes in Buddhahaltung; die Proportionen sind aufgelöst: das Übermächtige wird allen offenbar. Überhaupt ist die keltische Kunst voller Bewegung und Phantasie; sie verzichtet auf Wiedergabe der Wirklichkeit. Ein großartiges Kunstgewerbe wendet sich ganz der Freude am Diesseits zu; berühmt ist die Farbenpracht keltischer Gewänder, der großartige Schmuck, das prunkvolle Tafelgeschirr und viele andere Dinge, die Leben verschönen halfen. (J. G.)

Kirchenväter

Die *Mailänder Konvention (Toleranzedikt → Constantins)* 313 befreite die Kirche vom Druck der Verfolgung. Nun wurde es notwendig, den Glaubensinhalt tiefer zu erforschen und gegen Irrlehren abzugrenzen. Den Titel »Kirchenväter« hat man jenen großen Theologen gegeben, die nicht bei der Verteidigung des Glaubens stehenblieben, sondern die tiefere Durchdringung des Glaubensgutes beabsichtigten. Die meisten von ihnen waren *Bischöfe* (patres). Deshalb wurde ihnen allen der zunächst den Bischöfen zugedachte Titel »Vater« gegeben, obwohl auch Priester und Laien unter den Kirchenvätern sind. Die Zugehörigkeit zur Gruppe der Kirchenväter wurde später durch folgende Attribute definiert: 1. Rechtgläubigkeit der Lehre 2. Heiligkeit im Leben 3. Kirchliche Anerkennung 4. Zugehörigkeit zum christlichen Altertum. Durch den letzten Punkt werden die Kirchenväter von den *Kirchenlehrern* unterschieden.

Die drei folgenden Väter beeinflußten die Denkweise der Christen am nachhaltigsten:

1. *Ambrosius* (*339, † 397): Der Sohn und Erbe eines Politikers stammte aus einer christlichen Familie, war aber noch *Katechumene* (Schüler), als in Mailand die *Arianer* und die *Katholiken* sich um den vakanten Bischofssitz stritten. Den Zuruf eines Kindes »Ambrosius soll Bischof werden« nahm die Menge auf, der Kaiser drängte

ihn, und er empfing die Taufe und die Weihen. Diesen Bischof von Mailand kennzeichnete seine besondere Liebe zu den Mitmenschen. Er verschenkte sein Vermögen und schonte auch die goldenen Gefäße der Kirche nicht, als in der Völkerwanderungszeit der Flüchtlingsstrom nach Italien kam. Mit mehreren Kaisern war er befreundet; er schärfte ihnen ihre Pflichten ein, für die Menschen zu sorgen, leistete ihnen aber Widerstand, wenn sie die Grenzen ihrer Macht nicht beachteten. Den Freimut des Christen (griech.: parrhesia) hören wir aus seinen Predigten: »Nichts ist für den Priester so gefährlich vor Gott und so schimpflich vor den Menschen, als nicht frei seine Meinung zu verkünden.« Die Predigten des Ambrosius haben den jungen *Augustinus* für den Glauben gewonnen.

2. *Hieronymus* (*347, † 420) stammte aus Dalmatien. Er studierte in Rom, begegnete in Trier dem Mönchtum und im Heiligen Land den Sprachen der Bibel, dem Hebräischen und Griechischen. Mit *Gregor* von *Nazianz* schloß er Freundschaft, in Rom wurde er der Sekretär des Papstes *Damasus*. Er übersetzte nicht nur die Werke des *Origenes* ins Lateinische, sondern wurde der Urheber des *lateinischen Bibeltextes*, der »Vulgata« (d. h. der allgemeinen, gebräuchlichen Übersetzung). In den letzten Jahren seines Lebens wirkte er in Bethlehem. Durch seine sprachliche Genauigkeit und seine exegetisch (wissenschaftlich auslegend) sauberen Methoden bahnte er den Weg zur vertieften Auslegung der Heiligen Bücher.

3. *Aurelius Augustinus* (*354, † 430) gilt als der Kirchenvater, der auf die Christenheit den stärksten Einfluß ausgeübt hat. In *Tagaste* in Numidien geboren, erhielt er als Katechumene eine christliche Erziehung. In Carthago geriet der junge Student auf Abwege und schloß sich der Irrlehre der *Manichäer* an. Als Lehrer der Rhetorik gab er Vorlesungen in Rom und Mailand. Die heidnischen Philosophen eröffneten ihm den Weg zum Transzendenten. Nach einer langen Krise fand er den Weg zum Christentum, vor allem durch die Begegnung mit Ambrosius. In der Osternacht 387 wurde er von ihm getauft. Im folgenden Jahr kehrte er nach Afrika zurück und führte nun mit Gleichgesinnten in Tagaste ein mönchisches Leben. Mit 34 Jahren Bischof von *Hippo*, trug er bereits die Verantwortung für 30 000 Menschen.

Seine Vielseitigkeit ist schwer zu beschreiben. Trotz der drückenden Sorgen um seine Kirche schuf er das umfangreichste Schrifttum, das je ein Kirchenvater hervorgebracht hat. Die Sammlung seiner Schriften durch *Migne* umfaßt 93 Werke in 232 Büchern, 220 Briefen und rund 500 Predigten. Durch seine Reisen, besonders zu den zahlreichen Synoden und durch seine Kämpfe gegen die *Manichäer, Donatisten* und *Pelagianer* wurde er der Führer der afrikanischen Kirche und schließlich der ganzen abendländischen Kirche über das Mittelalter hinaus. Die Kirche berief sich in vielen Lehräußerungen auf seine Theologie; sie hat aber von Anfang an auch auf die Grenzen seiner Lehre hingewiesen. (E. K.)

Kleidung

Männerkleidung. Die römische Mode begann mit einem einfachen ledernen *Lendenschurz*. Ihn trugen die Männer, wenn sie in der sengenden Sonne auf den Feldern arbeiteten. In den ältesten Zeiten mochte er das einzige Kleidungsstück gebildet haben, doch bald schon kam eine weiteres einfaches Gewand dazu, eine Art *Hemd*, das nur aus *zwei rechteckigen Tüchern zusammengenäht* wurde und ärmel- und kragenlos war. Diese *Tunica*, wie man sie nannte, reichte etwa bis zu den Waden hinunter, konnte aber an der Taille gegürtet und damit auf jedes beliebige Maß verkürzt werden. Ursprünglich wurde sie aus weißer Wolle hergestellt, später auch aus Leinen. Die *Senatoren* trugen sie mit einem senkrechten breiten und die *Ritter* mit zwei schmalen *Purpurstreifen* verziert, damit jeder gleich erkennen konnte, daß es sich um hochgestellte Persönlichkeiten handelte, selbst wenn sie sozusagen im Hemd umherliefen! Modebewußte junge Männer wie etwa → *Caesar* trugen eine mit Fransen verzierte Tunika oder ließen Ärmel annähen. Ältere Männer zogen in der kälteren Jahreszeit mehrere Tuniken übereinander an. So hören wir, daß der stets kränkelnde → *Augustus* gleich vier übereinander trug. Die Masse der einfachen Bevölkerung begnügte sich häufig mit dunklen Tuniken, weil man auf ihnen den Schmutz und die Flecken nicht so sah und sie deswegen weniger häufig zur Reinigung (beim *Walker*) gebracht werden mußten. *Sueton* erzählt, daß Augustus sich einmal bei einer Volksversammlung ärgerte, weil die meisten Männer in schmutziger, dunkler Tunica erschienen. Er rief aus: »Das also ist die togatragende Nation, die Herr in der Welt und ihrer Völker ist!«

Die *Toga*, auf die er anspielte, war das *feierliche* Obergewand des römischen Bürgers, ein äußeres Zeichen seiner Würde und dement-

Togatragender Römer.
Da die Toga über den Kopf gezogen ist,
wird der Mann bei einer Opferhandlung
dargestellt. Vatikanisches Museum.

Das Tragen der Toga

»Zwar trägt der Redner keine besondere Kleidung, doch fällt sie bei ihm mehr auf. Daher soll sie, wie bei allen Vornehmen, schön und männlich sein. An der Toga, der Fußbekleidung, den Haaren ist sowohl allzugroße Sorgfalt als auch Nachlässigkeit zu tadeln. Am Faltenwurf der Toga hat sich im Laufe der Zeit einiges geändert. Denn die Alten trugen vorn keine Falten, später nur wenige. Deshalb müssen anfangs auch die Gesten anders gewesen sein, denn der Arm war, wie bei den Griechen, vom Obergewand bedeckt. Wir reden jetzt jedoch von der Gegenwart. Wer nicht das Recht hat, breite Streifen zu tragen, der soll die Tunica (das Untergewand) so gürten, daß die vorderen Ränder ein wenig unter die Knie, die hinteren bis zur Mitte der Kniekehlen reichen. Länger tragen sie die Frauen, kürzer die Centurionen. Daß der Purpurstreifen gerade herab läuft, erfordert kaum Mühe; manchmal zeigt sich hier Nachlässigkeit. Bei denen, die den breiten Besatz tragen, hängt diese Tunica etwas tiefer herab als die umgürtete untere Tunica. Die Toga selbst soll rund und passend geschnitten sein, sonst wird sie öfters unregelmäßig. Die Vorderseite reicht am besten bis zur Mitte der Schienbeine, der hintere Teil ist, wie die gegürtete Tunica, kürzer. Der Faltenwurf der Toga sieht am besten aus, wenn er sich ein ganzes Stück über dem Saum der Toga befindet; er soll nie tiefer reichen. Diese Falten, die sich von der rechten Achselhöhle bis zur linken ziehen wie ein Gurt, sollen weder spannen noch zu locker sein. Der Teil der Toga, der zuletzt umgeschlagen wird, soll weiter nach unten reichen; denn so sitzt und hält er besser. Auch ein Teil der Tunica ist zurückgeschlagen, damit er nicht während des Vortrags über den Arm fällt. Schließlich wird der Faltenwurf über die linke Schulter geschlagen, und es sieht nicht schlecht aus, wenn man das Ende nach hinten hängen läßt. Man soll nicht die Schulter und den ganzen Hals bedecken, denn sonst wird der Überwurf zu eng und man verliert das stattliche Aussehen, das durch die breite Brust entsteht. Der linke Vorderarm darf nur so weit gehoben werden, daß er ungefähr einen rechten Winkel bildet. Über ihm soll gleichmäßig der doppelte Rand der Toga liegen.« (*M. Fabius Quintilianus:* »*Anleitung zur Beredsamkeit*« XI, 3)

sprechend hoch geachtet und pfleglich behandelt. Auch sie bestand ursprünglich aus weißem Wollstoff, später aus Leinen, und war ein großes Tuch, das *ellipsenförmig* zugeschnitten und so um den Körper gelegt wurde, daß es möglichst kunstvolle Falten bildete. Wir kennen diese Toga von zahlreichen Männerbildnissen und können uns leicht ausmalen, daß sie ihre Träger zu einer würdevollen Haltung und einem entsprechend langsamen Gang zwang. Welche Probleme dabei auftraten, hat der Redner *M. Fabius Quintilianus* in einer eigenen Bekleidungsanweisung zusammengefaßt.

Römische Mode

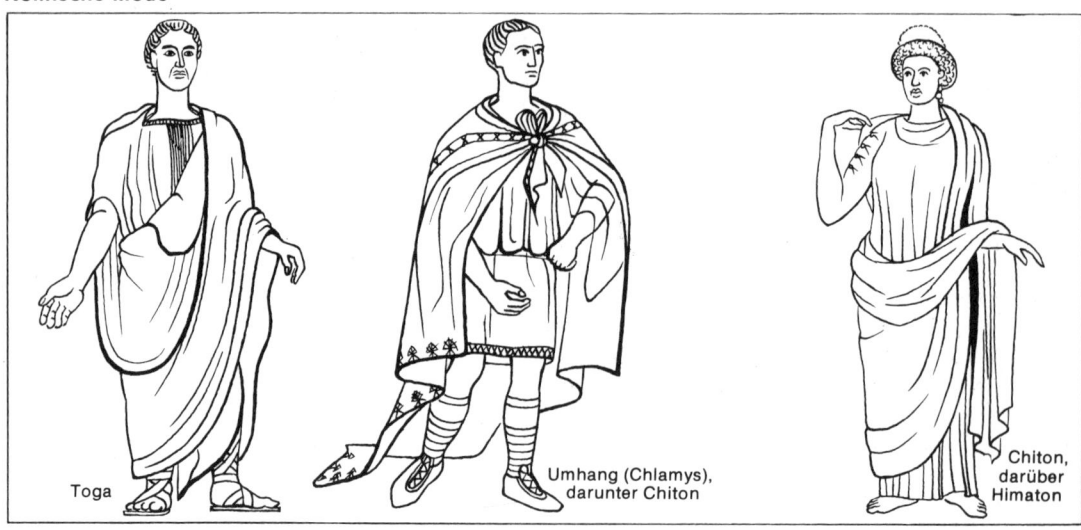

Toga

Umhang (Chlamys),
darunter Chiton

Chiton,
darüber
Himaton

Natürlich war auch dieses einfache Kleidungsstück gelegentlich Modetorheiten unterworfen und wurde übertrieben lang zugeschnitten, aber in der kaiserlichen Zeit zeigte es sich doch immer häufiger, daß die Römer ihre Toga gar nicht so besonders schätzten und sie durch das *Pallium* zu ersetzen suchten, eine Art von Stola, die man über der Brust kreuzte.

Im allgemeinen blieb die Toga ohne Verzierungen. Nur Knaben trugen die *toga praetexta* mit einem breiten Purpurstreifen und legten erst an ihrem 16. Geburtstag feierlich die weiße *toga virilis* an. Der Purpurstreifen blieb den Consuln und höheren Priestern, während die Kaiser seit Domitian in einer langen, schleppenden *Purpurtoga* auftraten. Als Ersatz für dieses komplizierte Kleidungsstück kam in der Kaiserzeit noch die *synthesis* in Mode, eine Art »Tischgewand« aus feinem bunten Stoff, das Gecken während der Mahlzeit gleich mehrmals wechselten.

Gegen Kälte und Regen schützte die Toga nicht. Da benötigte man schon noch einen Mantel, den es in verschiedenen, meist recht einfachen, dafür aber umso praktischeren Ausführungen gab. Am beliebtesten war die *Lacerna*, ein Mantel aus ursprünglich dunklem Wollstoff, der in späterer Zeit auch modisch bunt gefärbt und mit Fransen verziert wurde. Er besaß eine *Kapuze*, die bei Regen über den Kopf gezogen wurde. Gegen die heftigen Winterregen in Mittel- und Unteritalien schützte aber am besten die *Paenula*, eine Art Poncho, wie wir heute sagen würden, aus dickem Filz oder aus Leder mit einem einfachen Halsausschnitt, durch den man den Kopf steckte.

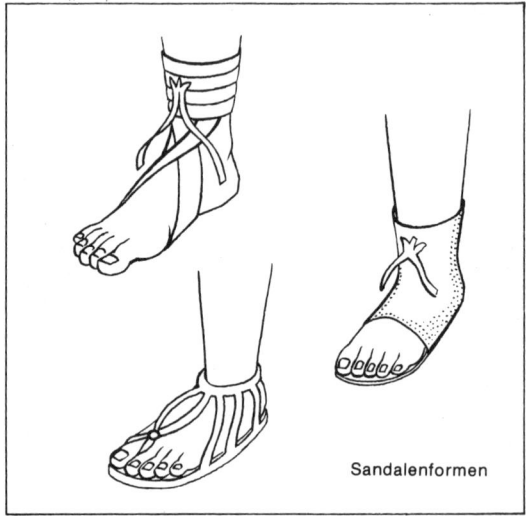

Sandalenformen

Die Soldaten, die ja in weit stärkerem Maße als die Zivilisten der Witterung ausgesetzt waren, trugen das kurze *Sagum* (daher die Redewendung »sagum sumere« – das Sagum nehmen = in den Krieg ziehen) oder die lange *Caracalla*, die der Kaiser → *Marcus Aurelius Antonius* (→ *Kaiser*) so bevorzugte, daß ihn das Volk danach benannte. Beide Mäntel wurden mit einer Spange auf der Schulter geschlossen.

Hosen finden wir nur gelegentlich bei den Bewohnern der nördlichen Provinzen, die sie von den Kelten übernahmen. *Strümpfe* waren völlig unbekannt. Wenn sich Alte und Kranke an den Beinen schützen wollten, verwendeten sie einfache Binden als eine Art Wickelgamaschen.

Verhältnismäßig einfach war auch die *Fußbe-kleidung*. Zu Hause trugen die Römer als *Sandalen* eine einfache Ledersohle, die mit Riemen am Knöchel befestigt wurde, oder den *Soccus*, eine Art Hausschuh bzw. Pantoffel. Zum Ausgehen zogen sie *feste Schuhe* an (calcei), die den Rang des Trägers spiegelten. Sklaven durften sie überhaupt nicht tragen, für die Ärmeren waren sie aus Roh-leder gefertigt, die Senatoren trugen sie aus rotem Leder, und den Schuh der Senatoren zierte außerdem ein Halbmond aus Elfenbein. Die na-gelbeschlagenen *Soldatenstiefel* hießen *caliga*. Deshalb nannten die Legionäre den Sohn des *Germanicus* (→ *Stammbaum der Iulisch-claudischen Dynastie, Seite 246*), der gern mit solchen Stiefel-chen im Lager herumlief, »Caligula« (»Kno-belbecherchen«), ein Name, der ihm dann auch als Kaiser bleiben sollte und keinen guten Klang in der Geschichte hat.

Kopfbedeckungen wurden im allgemeinen nur wenig getragen. Die Reisenden schützten sich unterwegs mit dem breitrandigen *Petasus* gegen die Sonne. Handwerker und Arbeiter bevorzug-ten den *Pilleus*, eine Art Filzmütze, die der eben erwähnte Kaiser Caligula auch als Sonnenschutz im Theater erlaubte.

Frauenkleidung. Nach dem gleichen Grundprin-zip wie die Männer waren auch die Frauen ge-kleidet. Auch sie trugen ursprünglich einen *Len-denschurz*, dazu eine *Binde als Büstenhalter*, dar-über eine *Tunica*, die länger war als die der Män-ner. Darüber legten sie eine *Stola*, ein bis zu den Knöcheln reichendes Gewand, das am unteren Saum mit einem Purpurstreifen verziert war und in der Taille gegürtet wurde. Merkwürdigerweise mußten dagegen die *Freudenmädchen* zur beson-deren Kennzeichnung ausgerechnet die *Toga*, das Ehrenkleid der Männer, tragen!

Beim Ausgang legte die römische Dame die *Palla* an, einen weiten Mantel in den verschiedensten Farben und Stoffen, der wenigstens einigermaßen die Putzsucht befriedigte. Er konnte auch über den Kopf gezogen werden und verhüllte dann die ganze Figur. Sonst gab es als Kopfbedeckung nur einen langen *Schleier, ein viereckiges Tuch* (rica) in Blau oder Purpur, und eine Haube. Als *Fußbekleidung* dienten *Sandalen* oder *Schuhe* aus feinem Leder.

Natürlich suchten reiche Damen durch die Aus-wahl und Farbe der Stoffe aufzufallen (→ *Luxus*) und ergänzten ihre Toilette durch verschiede-nen *Schmuck*, wobei auch hier von Übersteige-rungen und Übertreibungen berichtet wird. Wir hören von Damen, die gleich mehrere Ohrge-

Leicht bekleidete Mädchen im »Bikini«
bei sportlicher Unterhaltung auf einem Mosaik
in Piazza Armerina,
Sizilien.

hänge, zahlreiche Ringe und Ketten anlegten. Einen Gipfel dürfte dabei wohl die Gattin Kaiser Caligulas erreicht haben, die sich einmal mit Ju-welen im Wert von 40 Millionen Sesterzen be-hängte.

Bart- und Haartracht. Ursprünglich ließen sich die römischen Männer Haare und Bart nicht sche-ren und begnügten sich damit, übermäßige Län-gen etwas zu stutzen. Im 5. Jahrhundert v. Chr. nahmen dann die ersten Barbiere ihr Geschäft auf. Von da an wurden zwar die Haare geschnit-ten, aber erst seit dem 2. Jahrhundert begannen sich die Männer nach griechischem Vorbild auch zu *rasieren*. Wenn man bedenkt, was für eine mühselige Prozedur das ohne Rasierseife und mit verhältnismäßig schlecht geschliffenen bronzenen oder eisernen Messern gewesen sein muß, kann man nur staunen, wie rasch sich das glattrasierte Gesicht durchsetzte und über Jahrhunderte hin-weg hielt. Aber der Bart kam trotzdem nie ganz außer Mode. Gerade junge Männer liebten den schmalen *Vollbart*, Arbeiter und Tagelöhner tru-gen ihn meist aus Bequemlichkeit und aus Grün-den der Sparsamkeit, und schließlich war er auch das äußere Kennzeichen berufsmäßiger *Philo-*

Links: Die Büste einer vornehmen römischen Dame zeigt besonders schön ihre kunstvolle Haartracht.
Rechts: Typischer Kopfschmuck einer vornehmen römischen Dame aus dem 4. nachchristlichen Jahrhundert. Privatbesitz Rom.

sophen. Als sich Kaiser wie → *Marc Aurel* den Philosophen zurechneten, trugen auch sie einen Bart, während ihn → *Hadrian* wohl bevorzugte, um Narben im Gesicht zu verdecken. Schließlich galt der Bart auch als Zeichen der *Trauer*, und wir hören, daß ihn sich → *Augustus* auf die Nachricht von der Niederlage seiner Legionen im Teutoburger Walde hin stehen ließ.

In der *Haartracht* liebten die Männer vorwiegend eine militärisch kurz geschorene Frisur mit glatten, in die Stirn gekämmten Haaren. Es gab aber auch eitlere Herren wie etwa → *Pompeius*, der sein Haar in schöne Löckchen legen ließ und sich, wie wir hören, nur sehr behutsam auf dem Kopf kratzte, um die wohlgepflegte Frisur nicht zu zerstören. Je besser ein Haarschneider mit Brennscheren und Duftwässern umzugehen verstand, umso beliebter war er bei der männlichen Gesellschaft. »Wie nennst du jene, die viele Stunden beim Haarschneider zubringen, während abgezupft wird, was etwa in der letzten Nacht gewachsen ist, und sie über jedes Haar beratschlagen?« heißt es in einem Brief. Nur die Glatzköpfe hatten es schwer. Nicht jeder konnte sich die als peinlich empfunde Blöße mit einem Lorbeerkranz abdecken wie → *Caesar*. Deshalb kamen besonders gewitzte Haarkünstler auf den Einfall, die kahlen Häupter ihrer Kunden zu *bemalen* und eine Lockenpracht vorzutäuschen. Und prompt wurde auch gespöttelt: »Dein Haupt ist mit gemaltem Haar bedeckt, ein Schwamm kann dich scheren!«

Dabei waren die Haarsorgen der Herren harmlos gegenüber den Problemen der Damen. Man muß nur einmal die zahlreichen verschiedenen, oft höchst kunstvollen Frisuren betrachten, die uns heute noch die Marmorbüsten vornehmer Römerinnen zeigen. Nun gehören diese aber stets der kleinen Oberschicht an und dürfen nicht für die Gesamtheit stehen. Die meisten Frauen trugen in der republikanischen Zeit das Haar *einfach in der Mitte gescheitelt* und im Nacken zu einem *Knoten* gebunden. Zeitweilig waren *Zöpfe* in Mode, später auch *Schnecken*, und erst in der Kaiserzeit kamen bei Hofe jene Haarungetüme auf, die wir auf den Bildnissen bewundern können und als letzter Modeschrei von den Damen der besseren Gesellschaft begeistert nachgeahmt wurden. Wo die Natur nicht mehr genügend bot, behalf man sich mit *falschen Zöpfen* und *Perücken*. *Blonde* Perücken waren besonders beliebt, und die *Haare gefangener Germaninnen* wanderten häufig auf römische Frauenköpfe und bildeten auch einen beliebten Einfuhrartikel aus den Grenzgebieten am → *Limes*.

Natürlich hatten reiche Römerinnen eigene Sklavinnen als Friseusen. Schriftsteller berichten verschiedentlich, daß diese besonders häufig unter den Launen ihrer Herrinnen zu leiden hatten, wenn sie ihnen bei der Toilette halfen. (H. P.)

Kleopatra

»An und für sich war ihre Schönheit keineswegs über jeden Vergleich erhaben, noch war sie derart, daß sie jeden Beschauer notwendig in ihren Bann geschlagen hätte. Aber der Verkehr mit ihr hatte einen unwiderstehlichen Reiz, und ihre Gestalt übte in Verbindung mit der Gewandtheit ihrer Ausdrucksweise und ihren bestrickenden Umgangsformen einen außerordentlichen Zauber aus.« So beschreiben, nach *Plutarch*, Zeitgenossen die letzte Königin aus dem Geschlecht der *Ptolemäer*. 51 v. Chr. bestieg sie im Alter von achtzehn Jahren zusammen mit ihrem jüngeren Bruder *Ptolemaios XIII.* als dessen Gemahlin den ägyptischen Thron. Sie muß schon in ihrer Jugend ebenso energisch wie herrschsüchtig gewesen sein; denn die Umgebung ihres Bruders suchte sie gerade zu dem Zeitpunkt vom Thron zu vertreiben, als → *Caesar* in Alexandria gelandet war. Kleopatra flüchtete zu ihm und wurde die Geliebte des damals Zweiundfünfzigjährigen, dem sie einen Sohn schenkte. Nach Ende des Bürgerkriegs ließ Caesar sie nach Rom kommen, wo er sie angeblich zu seiner rechtmäßigen Gemahlin machen wollte. Durch ihre aufwendige Lebensweise zog sie sich den Haß der Römer zu, und als der Diktator ermordet worden war,

Der lange als Bildnis der Kleopatra bezeichnete Kopf bestätigte scheinbar, daß sie keine Schönheit gewesen sei. Brit. Mus. London.

kehrte sie mit dem Kind rasch nach Ägypten zurück, wo sie nach dem Tod eines zweiten Bruders Alleinherrscherin wurde.

Als *Marcus Antonius* in Ägypten landete, wiederholte die inzwischen Achtundzwanzigjährige das gleiche Spiel wie mit Caesar. Sie gebar ihm im Laufe der nächsten vier Jahre drei Kinder, und Marcus Antonius schenkte ihr und diesen Kindern aus eigener Machtvollkommenheit Teile Syriens, Kilikiens und Kretas und proklamierte sie zur »Königin der Könige«. *Octavian* (→ *Augustus*) nahm diese Schenkungen römischen Staatsbesitzes zum Anlaß, um ihr nominell den Krieg zu erklären, der sich in Wirklichkeit gegen seinen politischen Rivalen Marcus Antonius richtete.

Kleopatra unterstützte ihren Gemahl weiter nach Kräften, konnte aber die Niederlage der gemeinsamen Flotte 31 v. Chr. bei *Actium* nicht verhindern. Sie flüchtete mit Antonius nach Ägypten zurück, wo sie beim Herannahen Octavians Selbstmord verübten. (H. P.)

Klientelstaaten

Staaten wie *Judaea* unter → *Herodes dem Großen* deckten auf weite Strecken das Imperium; hinter ihnen lagen die »unsichtbaren Grenzen« (Kornemann) des Reiches. Zu den Klientelstaaten gehörten (bis zu einem gewissen Grade) verschiedene Germanenreiche wie das *Markomannenreich Marbods* oder der Staat der *Quaden* im heutigen Mähren und das Königreich *Noricum* im heutigen Kärnten.

Auf der Krim beschützte das *Bosporanische Reich* die dortigen Griechenstädte und garantierte die indirekte Herrschaft Roms. Das Vasallenkönigreich *Thrakien* deckte die Donaumündung.

In der römisch-parthischen Zwischenzone, einem ausgesprochenen Wetterwinkel, lagen wichtige dieser sogenannten Klientelreiche: An der Spitze die ständig umkämpfte, manchmal nach Westen, manchmal nach Osten neigende parthische Sekundogenitur *Armenien*, das Königreich *Pontos* und verschiedene kaukasische Fürstentümer; das Vorfeld der wichtigen Provinz Syrien bildeten die Vasallenkönigreiche *Kommagene*, *Atropatene* und *Osrhoëne* mit einer interessanten hellenistisch-persischen Mischkultur.

Die Wüstengrenzen gegen Arabien beschützten verschiedene *arabische* Klientelstaaten im heutigen Jordanien; die Familie des → *Herodes* war einst auch von dort gekommen.

In → *Afrika* waren die wichtigsten Vasallen Roms die Königreiche *Numidien* und *Mauretanien*, welche die Grenzen des stark romanisierten Tunesien gegen die Sahara und die kriegerischen *Berbervölker* des heutigen Algerien und Marokko sicherten. Beide Reiche spielten in Roms Kriegen gegen → *Karthago* und in den Bürgerkriegen eine nicht unwichtige Rolle. In Mauretanien regierten Abkömmlinge der *Ptolemäer* und *Kleopatras.* (D. R.)

Kolonen (Pächter)

Schon während des »Kaiserfriedens« im 2. Jahrhundert setzte ein schleichender, aber nachhaltiger Umbau von Gesellschaft und Wirtschaft im Imperium ein; in den Katastrophen des 3. Jahrhunderts war die Fähigkeit des Staates, auch auf dem platten Lande für die kleinen Leute Ordnung, Wohlfahrt und Frieden zu gewährleisten, rapide geschwunden: Obwohl der Steuerdruck unerträglich geworden und den Mittelstand und die Bauern an den Bettelstab gebracht hatte, konnte der von den Steuererträgnissen unterhaltene Militärapparat die Landbevölkerung nicht wirksam vor den Barbaren schützen. Hinzu kam der Zusammenbruch der Währung und ein empfindlicher Arbeitskräftemangel, da der Sklavennachschub versiegt war. Als sich im 4. Jahrhundert die geänderten Verhältnisse konsolidiert hatten, ergab sich auf dem Lande folgende Lage: Der größte Teil des landwirtschaftlich nutzbaren Bodens befand sich im Besitz einer neu entstandenen *senatorischen Oberschicht*. Ihre *Latifundien* (Güter) umfaßten riesige Areale, deren Mittelpunkt das mit allem modernen Komfort ausgestattete *Herrenhaus* war. Ein solcher Gutskomplex stellte eine sich nahezu selbst versorgende Wirtschaftseinheit dar; der Besitzer war in der Regel ein mächtiger, politisch einflußreicher und mit wichtigen *Privilegien*, u. a. Steuerfreiheit, ausgestatteter Mann, der seinen Besitz wie ein kleiner König regieren und so dem direkten Zugriff des Staates entziehen konnte. Die Tendenz zu einer *politischen Verselbständigung* wurde hier sichtbar.

Ein solcher Gutsherr bewirtschaftete nicht mehr wie in der Republik mit großen Sklavenscharen das gesamte Gut, sondern mit verhältnismäßig wenig Personal nur mehr dessen beste Teile. Der beträchtlich größere Rest war in Parzellen aufgeteilt und wurde von *Pächtern* bzw. Kolonen (colonus = der Pächter) bearbeitet, wohl ursprünglich freien Leuten, die vor den Gefahren und Risiken der wirren Zeitläufte bei einem solchen Herren »untergekrochen« waren und sich so Schutz vor Steuereintreibern, requirierenden Soldaten oder plündernden Barbaren versprachen. Aus diesem zunächst nur wirtschaftlich bestimmten und auf Gegenseitigkeit beruhenden Verhältnis wurde bald sehr viel mehr, da die großen Landherren aus ihrem Besitztitel auf Grund und Boden, vom Staat unbehelligt, auch *Eigentumsrechte gegenüber all den Menschen* ableiteten und durchsetzen, die auf diesem Grund lebten und ihn zum großen Teil auch bebauten. Die Pächter gerieten so durch ihr Schutzbedürfnis und ihre wirtschaftlichen Bindungen in ein *Abhängigkeitsverhältnis*, das zwar nicht mehr der klassischen antiken Sklaverei entsprach, die den Sklaven als Sacheigentum des Herrn einstufte, aber der mittelalterlichen *Leibeigenschaft* bzw. *Hörigkeit* recht nahe kam. Diesen neuen, gewachsenen Verhältnissen, der Vorstufe für Grundherrschaft und Lehenswesen des Mittelalters, trug der spätantike Staat Rechnung und legalisierte sie. So heißt es im »Codex Iustinianus« 11,52 zur Rechtsstellung der Pächter: »Mögen sie ihrer Lage nach frei erscheinen, so sollen sie doch angesehen werden als Sklaven des Landstrichs, für den sie geboren sind und sollten nicht die Möglichkeit haben, fortzugehen, wohin sie wollen [. . .], sondern ihr Eigentümer soll mit Recht Gebrauch machen von der Sorgfalt eines Patrons und der Gewalt eines Hausherren« (Arend, Geschichte in Quellen I.). (D. R.)

Königszeit

»Urbem Romam a principio reges habuere« – »Die Stadt Rom beherrschten in allererster Zeit Könige«. Mit diesem lapidaren aber formal durch die Versform des Hexameters herausgehobenen Einleitungssatz der »Annalen« hat der Geschichtsschreiber *Tacitus* (→ *Geschichtsschreibung*) die Königszeit in Rom abgetan. Diese auffallende Kürze lag sicher nicht an Tacitus Unkenntnis der überlieferten Anfänge der Stadt, sondern an seinen Zweifeln, ob das Tradierte tatsächlich der Wahrheit entspreche. Seine Vorgänger hatten nämlich ohne große Scheu eine großartige Königszeit ausgestaltet, die aber weniger der Wirklichkeit als vielmehr Wunschdenken entsprang: Auf der Suche nach einer der Größe Roms würdigen Frühzeit füllte die erst ab dem 3. Jahrhundert v. Chr. einsetzende Geschichtsschreibung die Wissenslücken kurzerhand mit Hilfe der → *Sage* auf:

Romulus, Sohn des Mars, gleich nach seiner Geburt zusammen mit seinem Bruder *Remus* im Tiber ausgesetzt, nach der Rettung von einer *Wölfin* gesäugt und vom Hirten *Faustulus* erzogen, soll die nach ihm benannte Stadt *Rom* am 21. April 753 v. Chr. gegründet, mit einer Mauer umgeben und die ›Vogelschau‹ und den Senat eingerichtet haben. »Als er 37 Jahre regiert hatte, hat er es soweit gebracht, daß man glaubte, er sei in den Kreis der Götter eingegangen, da er plötzlich nach einer Sonnenfinsternis verschwunden war« (→ *Cicero*). Das Volk selbst holte sich dann einen König aus dem Stamm der *Sabiner*, *Numa Pompilius*, den Schöpfer des römischen Sakralwesens, und wählte nach seinem Tod *Tullus Hostilius*, der das Forum einrichtete und den Kult der »Fetialen« (Kriegsherolde) einführte. Sein Nachfolger wurde sein Tochtersohn *Ancus Marcius*, der nach siegreichem Kampf die *Latiner* in die staatliche Gemeinschaft aufnahm, den *Caelius* und *Aventin* in den Stadtbereich einbezog und den Hafen *Ostia* anlegte. Als er nach 23jähriger Regierungszeit gestorben war, ging die Herrschaft auf *Tarquinius Priscus* über, den Sohn eines in das etruskische Tarquinii eingewanderten Korinthers, der nach dem Tod seines Vaters und Bruders nach Rom gezogen war und dort das Bürgerrecht erhalten hatte. Im Krieg gegen die Sabiner gelobte er dem Iupiter den Bau eines Tempels auf dem Capitol und führte die »Großen Spiele« ein. Nach einer Regierungszeit von 38 Jahren starb er. *Servius Tullius*, Sohn einer Sklavin aus Tarquinii und eines Hörigen des Königs *Tarquinius*, dessen vollstes Vertrauen er genoß, besaß unter allen Königen Roms in staatlichen Angelegenheiten den umfassendsten Blick. Auf ihn ließ die Überlieferung die »Servianische Centurienordnung«, die Gliederung des Volkes nach Centurien, zurückgehen. Nach seiner Ermordung trat *Tarquinius Superbus* (= der Stolze) die Nachfolge an. Er löste das Gelübde seines Vaters ein und erbaute den *Iupitertempel auf dem Capitol*. Als er aber, auf seine Siege und seinen Reichtum pochend, in maßlosem Übermut verfiel, und sein ältester Sohn der Tochter des *Tricipitinus*, der *Lucretia*, Gewalt antat, wurde Tarquinius vertrieben, und das Volk erließ die Anordnung, daß der König selbst, seine Kinder und das ganze Tarquiniergeschlecht als Verbannte gelten sollten.

Mag diese Königszeit mit sieben Königen und einem Zeitraum von 244 Jahren, wie sie uns von den *Annalisten* und *Livius* (→ *Geschichtsschreibung*) überliefert ist, auch reine Konstruktion sein, daß anfangs in Rom Könige regiert haben, ist so sicher historisch wie manche Einzelheiten, die wir der Tradition entnehmen können.

Auf dem Forum fand man nämlich eine uralte Inschrift, auf der »Stadtkönig« zu lesen ist. Dieser Stadtkönig stand bis zu Beginn der Republik an der Spitze der Stadt Rom. Da sein Titel *Rex* (= Leiter) indoeuropäischen Ursprungs ist, wird er auch als »Erster unter Gleichen« die Funktionen eines Feldherrn, Richters und Priesters vereinigt haben, gebunden jedoch an die Volksversammlung, die zugleich auch Heeresversammlung war.

Im Verlaufe der Entwicklung Roms verlor aber dieses indoeuropäische Königtum immer mehr seine genuinen Züge, denn – und hier hat die literarische Überlieferung mit der Herkunft römischer Könige aus der etruskischen Stadt Tarquinii sicher recht – im Zuge ihrer Expansion nach Süden haben die → *Etrusker* auch in der latinisch-sabinischen Stadt Rom die Herrschaft übernommen, wahrscheinlich Rom selbst aus verschiede-

nen dörflichen Siedlungen zu einer Stadt zusammengeschlossen. Ihre Auffassung vom Königtum verschmolz sehr schnell mit der römisch-indoeuropäischen und setzte sich durch: Nicht nur wuchs der Abstand zwischen dem mit *absoluter Macht* (imperium) ausgestatteten etruskischen König und dem Volk von Untertanen, auch die Schlichtheit des indoeuropäischen Volkskönigs machte dem Pomp und Prunk des Etruskerkönigs Platz. *Lictoren* mit den *Fasces*, den Beilen im Rutenbündel, deren Darstellung wir nicht zufällig zum ersten Mal in einem etruskischen Grab bei Vetulonia finden, begleiteten den König (→ *Ämterlaufbahn*). Nach etruskischer Sitte war er bekleidet mit der Purpurtoga, trug rote Schuhe und auf dem Haupt den goldenen Lorbeerkranz; in der Hand hielt er das Elfenbeinszepter mit dem Adler Iupiters.

Obwohl wegen des frevelhaften Verhaltens des letzten Königs Tarquinius Superbus den Römern ein für alle Mal der Titel »Rex« – König, verhaßt war, blieb die königliche Macht auch nach Vertreibung der Könige ungebrochen: Ungeteilt wurde sie mit allen äußeren Abzeichen den beiden obersten Beamten in der Republik, den *Consuln*, (→ *Ämterlaufbahn*), übertragen. (M. F.)

Kosmetik

Mittel und Verfahren der anspruchsvolleren Körperpflege schrieben die Römer zwar zum Teil den *Persern* zu, erhielten sie jedoch aus *Griechenland* über die *Magna Graecia* (→ *Italien*). *Cato Maior* (→ *Cato d. Ä.*), der die Verweichlichung und Sittenverwilderung auf griechische Einflüsse wie entnervende Bäder, scharf gewürzte Speisen und Getränke, Brechmittel u. a. zurückführte, weiß auch die Einfallspforte der griechischen Kosmetik zu nennen: *Capua*. Da in der Straße *Seplasia* zu Capua die Bereiter und Verkäufer der Schönheitsmittel besonders dicht saßen, nannte man alle Kosmetikhändler *Seplasiarii*. Sie handelten auch mit abgepackten und gesiegelten Arzeneimitteln, so wie die Apotheker und einzelne Ärzte (→ *Medizin*) mit teuren Salben und Ölen zur Verjüngung ein einträgliches Nebengeschäft betrieben. Später spezialisierten sich die sogenannten *Aromatarii* auf wohlriechende Mittel und lagerten gewürzte Weine und Moste, handelten die *Pigmentarii* mit Farb- und Duftstoffen und balsamierten die Leichen ein.

Der *Handel* mit Kosmetika nahm einen großen Aufschwung, als es allgemeine Sitte wurde, täglich ein Bad zu nehmen und sich danach mit wohlriechenden Ölen zu salben. Nur bei catonischen Naturen galt es als weibisch und unrömisch, wenn Männer ebenfalls Duftwässer benutzten, parfümierte Wäsche trugen und bei Gastmählern Weihrauch oder duftende Kräuter verbrannten. *Grundstoffe* wurden aus einheimischen Blumen (Rose, Krokus), Sträuchern (Lorbeer, Myrte) oder Bäumen (Zypresse) gewonnen oder für hohen Preis aus dem Osten bezogen, wie die *Nardensalbe* aus Laodicea. Später wurde sie in Neapel, Capua, Praeneste aus minderen Stoffen nachgemacht. *Rezepte* hatten schon die griechischen Ärzte wie *Hippokrates* gesammelt. Die »Bücher der Kosmetik« des *Kriton* und *Archigenes* (Wende 1./2. Jahrhundert) sind nur als Auszüge in den Schriften des *Galen* (→ *Medizin*) erhalten.

Wie die Vorstellungen von Schönheit und Jugend war auch die Kosmetik dem Wandel unterworfen. Als die in Griechenland entstandene Mode, die *Haare blond oder rotblond zu färben*, zu Catos Zeit auf Rom übergriff, half man sich mit *gallischer Seife* (sapo), und verschiedenen Tinkturen. → *Plinius* überliefert ein Rezept für den gleichen Zweck, bei dem Siegelerde, Asche aus Dattelkernen und Narde, gebrannte Rosenblätter und vor allem Spießglaspulver zu verwenden war. Begehrt waren *Haaröle* und *Pomaden* gegen Haarausfall, die z. B. → *Caesar* einige Zeit vergeblich anwandte, oder Mittel, um Augenbrauen und Wimpern wachsen und schwarz werden zu lassen. Es gab Mittel, das Haar zu kräuseln, und eine Salbe, das ergraute Haar zu schwärzen, deren Erfindung der *Medea* zugeschrieben wurde. Als es Mode wude, Teint und Hände blütenweiß zu halten und alle Sommersprossen zu beseitigen, wurden bald Mittel erfunden, damit die vornehmen Römerinnen nicht in den Verdacht gerieten, sie hielten sich länger im Freien auf oder arbeiteten gar gelegentlich, was ja Sklavensache war. Um den Umgang mit *alternden Menschen* angenehm zu machen, boten die Seplasiarii Wässer an, die den Atem reinigten oder aromatisierten, Tinkturen zum Beseitigen oder Überkleben von Runzeln und Warzen, schließlich Schminke, weiße aus Kreta oder rote und purpurfarbene. (W. D.)

Kriegsflotte

Das Schiff. Da es – im Gegensatz zu Handelsschiffen – bis heute keine Wrackfunde römischer Kriegsschiffe gibt, müssen alle Rekonstruktionsversuche auf literarischen Quellen, auf Analogien zu Frachtschiffen und auf ikonographischem Material basieren, das in reichem Maße zur Verfügung steht, aber sich oft der schiffbautechnisch exakten Auswertung verschließt.

Schon in der Antike wurden folgende noch heute gültigen Forderungen an das Kriegsschiff gestellt, die insgesamt seinen Kampfwert ausmachen:

1. Schlagkraft von Waffen und Personal;
2. Standkraft (u. a. Sink- und Kentersicherheit);
3. Geschwindigkeit;
4. Beweglichkeit (Anpassen an die Gefechtslage);
5. Seefähigkeit (bei Seegang);
6. Seeausdauer (Aktionsradius);
7. Physische Bedingungen für die Besatzung;
8. Versorgungsmöglichkeiten;
9. Instandsetzungsmöglichkeiten;
10. Wirtschaftlichkeit.

Es ist offensichtlich, daß die Vielzahl verschiedener Komponenten von Fall zu Fall sorgsam abgewogen werden muß und jedes Kriegsschiff letztlich einen Kompromiß darstellt. Grundsätzlich sind alle zehn Faktoren in jedem Kriegsschiff vereint. Entsprechend den Aufgabenstellungen kann dieser oder jener Faktor oder eine Gruppe von Faktoren betont werden, andere treten dann in den Hintergrund. So entwickelte auch der *faber navalis* (Schiffsbauer) auf den römischen Werften verschiedene Schiffstypen. Vorbilder dafür waren *griechische* und *karthagische* (phönikische) Schiffe, die aber durch die Einführung eines *zweiten* (schrägen) *Mastes*, des *Vormasts*, und eines dazugehörigen *zweiten Rahsegels* verbessert wurden. Dadurch wurde das römische *Langschiff (navis longa)*, wie man das Kampfschiff im Gegensatz zu den bauchigen Frachtern nannte, in etlichen taktischen Situationen vom herkömmlichen Riemenantrieb unabhängig, ohne ihn aber entbehrlich zu machen; es wurde beweglich im Sinne von Punkt 4 der obengenannten Faktorenliste.

Schiffstypen. Folgende Kampfschiffstypen waren bis ins 4. Jahrhundert in ihren verschiedenen Verbänden das Rückgrat der *classis romana*, der römischen Flotte:

a) *Moneren* (leichte Schiffe mit einer Ruderbank);
b) *Polyeren* (schwere Schiffe mit mehreren Ruderbänken).

Zu den Polyeren zählten die *biremis* und *triremis*, Schiffe mit zwei bzw. drei Ruderbänken, aber auch Großkampfschiffe wie *quadremis* und *quinqueremis;* eine Rangliste, die bis zur *sedeciremis* ging, einem Schiff, in dem 16 Ruderer nicht übereinander, sondern nach innen gestaffelt saßen. Überhaupt ist das Sitzprinzip und seine konstruktive Durchführung auf Ruderschiffen der Antike noch immer sehr umstritten; keiner von rund 20 oder mehr Vorschlägen hat einhellige Zustimmung gefunden, weil es daran fehlt, das theoretisch Erarbeitete praktisch in ein Schiff umzusetzen.

Biremis ist eine Kollektivbezeichnung für alle schweren Fahrzeuge mit zwei Ruderbänken. Zu ihnen gehört die legendenumwobene und sieggewohnte *urna*. Diese Liburne, ein ursprünglich vom dalmatinischen Stamm der *Liburner*

Eine *Quinquereme*, ein »fünfrangiges Schlachtschiff«, konnte trotz der kurzen Bauzeit von 40–60 Tagen und hoher Beanspruchung im Einsatz 20 bis 30 Jahre alt werden, aber es werden noch ältere Schiffe überliefert.

Die römische Flotte hatte neben den beiden strategischen *Hauptflotten*
a) *classis Misenensis* (Hauptstützpunkt *Misenum*, etwa 50 Nebenstützpunkte) und
b) *classis Ravennas* (*Ravenna* und etwa 30 Nebenstützpunkte),
die beide über je maximal 250 Schiffe verfügten, 17 *Provinzialflotten*, 4 *selbständige Flotten* (u. a.

Rekonstruktionversuch eines römischen Kriegsschiffes (Monere mit einer Ruderbank). MdCR Rom.

entwickeltes Seeräuberschiff, war ein flachgehendes, aber scharf gebautes und in drei Größenklassen verwendetes Kriegsschiff mit *Sporn* und *Kampfdeck*. Maße und Baueinzelheiten waren durch den allgemeinen Zeitenwandel und durch den Einsatzraum der Liburne (es gab Spezialkonstruktionen für Flüsse) leichten Veränderungen unterworfen; eine schwere Hochseeliburne des Jahres 50 n. Chr. dürfte etwa (nach Viereck) 30 m lang und 5 m breit gewesen sein, einen Tiefgang von 1 m, ein Freibord von etwa 1,80 m und eine Besatzung von vielleicht 170 Mann gehabt haben.

auf dem Bodensee) und ab 114 n. Chr. auch eine *Euphratflotte*.

Zu den wichtigsten Provinzialflotten gehörte die *classis Germanica*, die mit einer großen Zahl von Triremen, Liburnen, Transportern und leichten Flußkampfbooten auf Rhein, Schelde und Maas samt Nebenflüssen sowie auf dem Ijsselmeer und in der Nordsee operierten. Außer Bonn, Mainz, Straßburg und Utrecht hatte die Germanische Flotte noch 15 andere Stützpunkte.

Die Schiffswaffen. Das antike Kriegsschiff war im Normalfall, von dem es eine Reihe von Ausnahmen gab, Waffe und Waffenträger zugleich. Seine Hauptwaffe war der *Sporn* (rostrum), ein eisen- oder bronzeverkleideter Stoßbalken, der als Sinnbild siegreicher Seeschlachten und maritimer Größe beliebtes Motiv von Münzen, Säulen, Kronen und nautischen Denkmälern war.

Es ist schwer, sich heute ein genaues Bild vom Einsatz des Rostrums zu machen, obwohl noch im Jahre 1859 die Idee des Rammens mit dem Bau der französischen Panzerschiffe *Magenta* und *Solferino* wiederbelebt wurde (in der Seeschlacht vor *Lissa* am 20. 7. 1866 wendete Tegetthoff das Rammen praktisch an). Im Altertum jedoch ging es weniger darum, ein feindliches Schiff durch Beschädigen seiner Außenhaut zum Sinken zu bringen, als darum, es zunächst durch *Abscheren seiner Riemen* (Ruder) bewegungsunfähig zu machen, um es dann nach Möglichkeit in den Grund zu bohren. Dieses Manöver erforderte jedoch eine sehr trainierte, höchst disziplinierte und von fähigen Kommandanten befehligte Mannschaft, da kurz vor dem Abscheren der gegnerischen Ruderreihe das eigene Schiff die Riemen einziehen bzw. anlegen mußte – ein kritisches Unterfangen.

Über dem eigentlichen Rammsporn saß noch der *Obersporn*. Er hatte die Aufgabe, das Oberwerk eines Schiffes zu zerstören und im Falle des Rammens ein zu tiefes Eindringen des Hauptrammsporns zu verhindern, da sich bei einem Verkeilen zweier feindlicher Schiffe für beide ungewollte und unkontrollierbare Situationen ergeben hätten. Trotzdem ist es vorgekommen, daß nach einem tödlichen Rammstoß beide beteiligten Fahrzeuge in die Tiefe gerissen wurden.

Eine – zeitweilig – wichtige Waffe auf römischen Schiffen war der (mit einem Spitznamen bezeichnete) *Corvus*, der »Rabe«, »ein dem Seewesen angepaßtes Land-Belagerungsgerät« (Werner), also eine Art *Enterbrücke*. Nur selten hat der Corvus seine Wirksamkeit beweisen können. Im August 260 v. Chr. trafen am Kap von *Mylae* 143 römische, nach dem Vorbild einer gestrandeten karthagischen *Quinqueremis* gebaute Schiffe unter *Gaius Duilius* und 130 von dem Karthager → *Hannibal* geführte Schiffe (im Ersten Punischen Krieg) zusammen. Die »Raben« wurden als eine Art Überraschungs- oder Geheimwaffe auf die Feindschiffe herabgelassen, und die landkampfgeübten römischen Seesoldaten stürmten auf die Decks der punischen Schiffe und erzwangen so schließlich den Sieg.

Der letzte Einsatz des »vornehmlich für den Frontalangriff konstruierten Corvus« (Viereck) gelang den Römern 256 v. Chr. vor *Ecnomus;* sonst ist über seine taktische Verwendung und praktische Wirkungsweise aus der Literatur nur wenig bekannt.

Während der auf den griechischen Münzen dargestellte »Delphin«, der sogenannte Enter-

klotz, in den Berichten über die römische Marine nicht erwähnt wird, gehört der *Harpax* zu den gut bezeugten Waffen. Dieser »Schleuderhaken« von etwa 2,50 m Länge und mit harpunenartiger Spitze wurde erstmals im Jahre 36 v. Chr. in der Seeschlacht vor *Naulochos*, in der sich Pompeius und Octavians Admiral *M. Vipsanius Agrippa* gegenüberstanden, angewendet und taktisch eingesetzt. Der nur von schweren Geschützen verschossene *Harpax* bohrte sich in das Zielschiff, das dann zum Entern verholt werden konnte. Auf diese Weise gingen 163 Schiffe verloren. Auch hier war die neue Waffe kampfentscheidend. Pompeius verlor das Treffen und als Folge davon die Seeherrschaft. Zur römischen Schiffsartillerie gehörten auch zwei Arten von Geschützen, die *Catapulţae* und die *Ballistae*.

Unter den »Katapulten« verstanden die römischen Waffeningenieure eine Reihe ähnlichartiger, ursprünglich aus dem einfachen *Bogen* entwickelter Geschütze – komplizierte Schußmaschinen auf Drehlafetten, die oft noch mit reich verzierten Schutzschilden aus Eisen versehen waren, um sie und die (je nach Kaliber aus drei bis sieben Mann bestehende) Bedienungsmannschaft gegen Feindgeschosse zu schützen. Katapulte waren im wesentlichen dazu gebaut, Pfeile aller Art und Größe auf erhebliche Entfernungen (300 m und mehr) zielgenau zu verschießen (→ auch *Belagerung*).

Ballistae waren »die im Bogenschuß schießenden Wurfgeschütze« (Viereck), die für das Werfen von Steinkugeln, aber auch von Töpfen, die mit heißen Kohlen oder Pech gefüllt werden konnten, konzipiert worden waren und eine einem Steilfeuergeschütz (dem Mörser) analoge Wirkung hatten, aber im allgemeinen recht zielgenau waren. *Scorpio* und *Onager* (Wildesel) waren verbreitete volkstümliche Namen für die dem Landheer vertrauteren Wurfmaschinen. Sie konnten Steine bis etwa 28 cm Durchmesser und 26 kg Gewicht verschießen, vielleicht auch größere von 3 Talenten (= 78,588 kg) Gewicht, obgleich darüber nichts berichtet wird.

Eine Waffe des römischen und besonders des byzantinischen Reiches waren die *Feuerkörbe oder -pfannen*, die *Feuer- oder Flammenwerfer* und das erst gegen Ende des 7. Jahrhunderts einsatzfähige, vorzugsweise in den Abwehrkämpfen gegen die Türken verwendete »*Griechische Feuer*«. Ein Grab-Graffito aus Alexandria und eine knappe, aber verständliche Beschreibung durch *Polybios* XXI, 7 vermitteln uns eine gute Vorstellung von dem Feuerkorb, der – an einer

Stange am Bug des »Feuerschiffes« herausragend – seinen schwer zu löschenden Inhalt auf das feindliche Deck ergoß, ein wie das Rammen auch für das angreifende Fahrzeug wegen der unmittelbaren Brandgefahr riskantes Manöver, das erstmals 190 v. Chr. in der Seeschlacht vor *Panhormos* gefahren wurde.

Der Flammenwerfer (die Ölspritze) verspritzte eine leicht brennbare chemische Mischung von nicht ganz geklärter Zusammensetzung und Wirkung und galt als grausame und tödliche Waffe, wie durch zahlreiche Berichte bezeugt ist.

Eine auffallende waffentechnische Besonderheit an Bord römischer Großkampfschiffe ist noch zu erwähnen: die zinnenbewehrten, die Steinbauweise imitierenden, gelegentlich z. T. durch Brücken verbundenen *Kampftürme*, die *Falae*. Bis zu acht an der Zahl dieser bei Seegang sehr anfälligen und wie Theaterkulissen auf- und abbaubaren Türme verliehen den Schiffen ein drohend-schreckeinjagendes Aussehen. Ein heute im Lateran-Museum aufbewahrtes, aus dem *Fortuna-Tempel von Praeneste* stammendes Relief zeigt am sinnfälligsten einen solchen Kampfturm einer Quadrireme. Er diente (mit seinem vermuteten Gegenstück im Achterschiff) den 90 bis 100 Seeleuten bzw. einer wohl eigens dafür ausgebildeten und ausgewählten Zahl von ihnen als zweite Einsatzebene, von der aus die *Bogenschützen* und *Schleuderer* ihre Fernwaffen wirkungsvoll zum Einsatz bringen konnten.

Neben allen oben skizzierten schweren Kampfmitteln gab es selbstverständlich noch eine Fülle kleinerer, vom Landkrieg her bekannter Defensiv- und Angriffswaffen. Dazu gehörten *Rund- oder Langschild*, der *Helm*, der *Panzer* usw. Zu den gleichermaßen für den Fern- und Nahkampf geeigneten Angriffswaffen brauchte der römische Marineinfanterist *(hoplites)* neben der *hasta*, dem *Speer*, den auf See wirkungsvolleren *Wurfspeer*, die *Brandlanze* sowie Hieb- und Stichwaffen: das *Schwert* und den *Dolch*. Nur durch unwesentliche Details wie das Fehlen der Beinschienen scheint er sich von seinem auf dem Lande eingesetzten Kameraden zu unterscheiden.

Die Mannschaft. Heute wie im Altertum ergab sich aus den vielfältigen Aufgaben, Pflichten und Zuständigkeiten an Bord von Kampf- und Unterstützungsverbänden eine natürliche Gliederung der Mannschaft in Ränge und Laufbahnen. Dabei übernahm Rom griechische Traditionen, paßte sie aber typisch römisch an. So unterscheiden wir in der römischen Flotte folgende Gruppen von Besatzungsmitgliedern, die

wir in ihrer Rangfolge mit ihren annähernd vergleichbaren deutschen Rängen wiedergeben, wobei uns die Unzulänglichkeit bewußt ist.

1. *Offiziere:*
Trierarchus (Kommandant), *Gubernator* (1. Offizier), *proreta* (2. Offizier), *Pausarius* oder *Celeusta* (Deckoffizier).

2. *Mannschaftsdienstgrade:*
Velarii (Bootsleute), *Faber* (Schiffsingenieur), *Medicus* (Bordarzt), *Pitulus* (Taktschläger), *Symphoniacus* oder *Bucinator* (Bläser), *Nauphylax* (Wache), *Duplicarii* (Unteroffiziere), dazu weitere untere Dienstgrade und einige »Schreibstuben-Soldaten« wie *Beneficiarius*, *Scriba* und *Librarius*.

Zu diesem *Classici* oder *Classiarii* genannten seemännischen Personal kamen die

3. *Marineinfanteristen:*
Manipularii oder *Epibatae* wurden für die Operationen eingeschifft, waren aber sonst an Land stationiert und entsprachen in Ausbildung und Auftreten eher Land- als Seesoldaten.

An Bord der Schiffe (nicht nur der Kaiserzeit) dienten freie Männer oder gefangene feindliche Soldaten, die aber beim Anbordgehen freigelassen wurden. Ihr Leben jedoch, die »physischen Bedingungen« waren an Bord noch härter als an Land, und es ist von menschlichem Interesse, darauf einen Blick zu werfen:

Der Platzmangel an Bord der im Verhältnis zur Besatzungsstärke kleinen Schiffe bedingte, daß a) keine großen Lebensmittel- und Wasservorräte mitgeführt werden konnten und daß b) die Leute nicht oder nur höchst unzulänglich schlafen und die für ihre harten Aufgaben erforderliche Ruhe finden konnten. Daher mußte das Schiff, der Flottenverband, küstennahe Kurse fahren, damit der Proviant leicht ergänzt und der Mannschaft eine Erholung gegönnt werden konnte. – Andere Lebensbedingungen, Krankheiten, soziale Spannungen und weitere psychische und physische Erschwernisse, wie sie seit je zur Seefahrt gehörten, sind hier nicht weiter zu erörtern, aber sie sind wichtige Steine im Puzzlebild der *Classis romana*.

Elemente römischer Seestrategie. Nach einer Schwerpunkte setzenden, stark raffenden und auswählenden Übersicht über einige der materiellen und personellen Aspekte der Marine Roms sollen einige der seetaktischen und maritimstrategischen Prinzipien und ihre Durchführung erläutert werden.

Die Aufgabe der römischen Flotte war es, den Willen des Senats und zweitweilig auch anderer

Machthaber mit Nachdruck und nötigenfalls mit Gewalt durchzusetzen. Dieser Aufgabe dienten verschiedene Mittel:

1. Bekämpfung feindlicher Seestreitkräfte;
2. Piratenbekämpfung;
3. Wachdienst (Küstenschutz mit seepolizeilichen Aufgaben);
4. Blockaden und Belagerungen;
5. Amphibische Operationen;
6. Durchführung von Geleitzügen (Sicherung von Konvois);
7. Transport von Soldaten;
8. Sicherung des Nachschubs des Landheeres (logistische Aufgaben).

Schiffs- und waffentechnisch gut gerüstet, von trainierten Seeleuten gefahren und mit erfahrenen Soldaten bemannt, waren die Schiffe neben den Legionen das wichtigste Werkzeug beim Bau und Zusammenhalt des Imperiums. Gut geführt und überlegen und beherzt eingesetzt, unterstützte die Flotte den Einsatz des Landheeres und erzwang weltgeschichtliche Entscheidungen: 260 v. Chr. bei *Mylae*, als es gegen die *Karthager* und damit um die Vormacht im westlichen Mittelmeer ging, dann 249 v. Chr. vor *Drapanum*, wo der siegreiche punische Admiral 93 römische Kampfschiffe erbeutete. Den endgültigen Sieg im Ersten Punischen Krieg erfocht schließlich im Treffen bei den *Ägatischen Inseln* 241 v. Chr. dennoch die Flotte Roms, die mit 200 Schiffen gegen 170 von *Hanno* geführte zu kämpfen hatte. Der Friede von *Apamea* 188 v. Chr. sicherte Rom die Herrschaft auch im östlichen Mittelmeer, auch wenn es weiterhin zahlreiche kleine Kriege und Aufstände gab, derer man mit Hilfe der Flotte Herr wurde, z. B. 73 v. Chr. gegen die *pontischen* Seestreitkäfte oder 56 v. Chr. gegen die *Veneter* vor *Quiberon*. Gefechte in den Häfen von *Oricum* 48 v. Chr. und *Alexandria* sowie vor *Tauris* waren Vorboten des Bürgerkrieges zur See. Höhe- und Wendepunkt war die berühmte Seeschlacht von *Actium* 31 v. Chr., in der *Agrippa* über *Antonius* siegte und damit *Octavian* den Weg zum Kaisertum öffnete.

Über eine Fülle weiterer Seegefechte kann hier nicht im einzelnen gesprochen werden, denn neben den »echten« Kampfaufgaben oblag der Marine Roms noch die permanente, aber im allgemeinen wenig spektakuläre *Piratenbekämpfung*. Zu den Seeräubern, die am meisten gefürchtet waren und die ein damals durchaus nicht ehrloses Handwerk betrieben, gehörten die *Illyrer*, die von ihrer buchten-, insel- und schlupfwinkelreichen Küste aus der friedlichen Handels-

schiffahrt erhebliche Schäden zufügten. Ihre Bekämpfung war immer schwierig, oft unmöglich. Erst ab 67 v. Chr., als man dem Proconsul *Gnaeus Pompeius* für 3 Jahre den Oberbefehl über die römischen Seestreitkräfte und Teile des Heeres übertrug, gelang die Säuberung des Mittelmeeres vom Piratenunwesen. Mit einer nicht sicher überlieferten Zahl von Schiffen und Soldaten eroberte er Stützpunkte und Felsenburgen und 846 Schiffe der Piraten an den verschiedensten Küsten. Die rund 20 000 Gefangenen wurden weder hingerichtet noch in die Sklaverei verkauft, sondern weit von ihrer Heimat angesiedelt – in Kilikien, Griechenland und Unteritalien.

Ebenso wichtig wie die Piratenbekämpfung war auch der *Wachdienst*, verbunden mit *Grenzsicherung*, *Schmuggelabwehr* und *zollähnlichen* Befugnissen, eine Daueraufgabe römischer Geschwader, in der es nur wenig Nachruhm zu gewinnen gab. Daß man dazu kleine, wendige und schnelle Fahrzeuge von oftmals lokaler, alteingesessener Bauart nahm, ergibt sich aus dem gefächerten Tätigkeitsfeld an den verschiedenen Küsten des Imperiums.

Blockaden und *Belagerungen* waren zu allen Zeiten legitime und wirkungsvolle Maßnahmen, einen Gegner zu schwächen. Die Blockade des punischen Hafens *Lilybaeum* 250 v. Chr., eines wichtigen Handelsplatzes auf Sizilien, wurde von den verwegenen Karthagern mehrfach durchbrochen; auch die Blockade von *Syrakus* durch Heeres- und Flottenverbände 214 v. Chr. (unter dem Befehl des Consuls *M. Claudius Marcellus*) war wenig erfolgreich. 147 v. Chr. blockierte eine von *P. Cornelius* → *Scipio* kommandierte Flotte Karthago, während Heereseinheiten die Stadt von den Landzugängen abschnitten.

Amphibische, d. h. von See her aufs Land getragene Operationen, sind von der römischen Flotte mehrfach durchgeführt worden. Im Zweiten Illyrischen Krieg, den die Annexionsabsichten des *Demetrios von Pharos* heraufbeschworen hatten, eroberten römische See- und Landstreitkräfte in einer kombinierten amphibischen Unternehmung die wichtigsten Festungen des Gegners und viele seiner Stützpunkte, so daß er nach Makedonien flüchten mußte und ab 219 v. Chr. Rom auch die Herrschaft über die Adria sicherte. 43 v. Chr. begann die (schon sechs Jahre vorher eingeleitete) Eroberung der britischen Inseln unter dem Kaiser *Claudius*. Eine von *A. Plautius Silvanus* geführte Flotte landete mit vier Legionen in Südengland und stieß nach Norden vor – ein für den Verlauf der Weltgeschichte höchst bedeutsames und folgenreiches Unternehmen.

Die Durchführung von *Geleitzügen*, die Sicherung von Handelsschiff-Konvois, war eine der wichtigsten friedens- und nachschubsichernden Aufgaben von Roms Seemacht. Dabei soll nicht an militärische (logistische) Geleitzüge, an den Transport von Heeresverbänden an ihren Einsatzort oder an Nachschubfahrten mit kriegswichtigem Material gedacht sein, sondern hier vorrangig an den Schutz der zivilen und merkantilen Schiffahrt. Im Laufe seiner Entwicklung zur Großmacht hatte sich Rom immer abhängiger von Einfuhren gemacht, da die Produktion des Umlandes den Bedarf der rasch wachsenden Stadt nicht länger decken konnte. Nur eine Zahl mag den Umfang der römischen Getreideimporte verdeutlichen: In den Jahren um 60 wurden allein in *Portus Romae*, dem Hafen Roms, jährlich etwa 500 000 Tonnen Getreide aus überseeischen Anbaugebieten umgeschlagen. Diese Importe zu schützen, war ebenso wirtschaftliche wie außerordentlich politische Pflicht der Flotte, und sie hat sie erfolgreich bestanden. (A. G.)

(Siehe auch die Stichwörter → *Handel, Gewerbe, Wirtschaft,* → *Handelsschiffahrt,* → *Heerwesen,* → *Legion.*)

Kunst

Römische Kunst, wie sie dem Touristen in den Ruinenstätten auf ehemaligem römischen Reichsboden und in den Museen der Welt entgegentritt, scheint auf den ersten Blick von der *griechischen* Kunst so stark geprägt, daß man geneigt ist und in der Kunstgeschichte auch lange Zeit geneigt war, die Existenz einer eigenständigen römischen Kunst zu bestreiten. Am Bild des amusischen, in künstlerischen Dingen wenig schöpferischen Römers sind die Römer selbst nicht unschuldig. Zwar ist es weniger verwunderlich, daß der Söldnerführer und Haudegen *C. Marius* sich in seiner Rede bei der Übernahme des Consulats (107 v. Chr.) abfällig und höhnisch über griechische Bildung äußert und die römische Kriegskunst höher stellt. Auffallender ist es dagegen, daß der Dicher → *Vergil* (→ auch *Literatur*) noch in der Zeit des → *Augustus* den Griechen eindeutig die Vorrangstellung in künstlerischen Dingen zuspricht, den Römern aber die Aufgabe stellt, eine neue, feste politische Ordnung zu begründen.

Gewiß haben die Römer von den Griechen viel übernommen und viel gelernt, noch ehe sie über Italien hinausgriffen; waren sie doch lange die Nachbarn der Griechenstädte in der *Magna Graecia* (Unteritalien). Es gelang ihnen aber, das Erworbene mit den eigenen italischen Traditionen zu vereinigen und die übernommenen Formen den eigenen Zwecken unterzuordnen: dem Kult der Götter, dem Staat und seinen Erfordernissen und der Verehrung der Ahnen. Diese italische Tradition ist allerdings nicht ohne den Einfluß der → *Etrusker* zu denken.

Der Einfluß der Etrusker. Von den Bauten der frühen Republik ist kaum etwas erhalten. Man darf aber annehmen, daß die *Tempel*, so etwa der *Iupitertempel* auf dem *Capitol*, nach etruskischem Vorbild erbaut waren, das sich vom griechischen in einigen bezeichnenden Zügen unterschied. Das Heiligtum überragte auf hoher Terrasse seine Umgebung, so daß es weithin sichtbar war. Eine *Freitreppe* führte nach oben bis zu einer *tiefen Säulenhalle*, hinter der die *dreigeteilte Cella* lag. Der etruskische Tempel besaß nicht die Längsausdehnung des griechischen, es führte auch keine Säulenreihe um den Tempel herum wie beim griechischen *Peripteros;* die Rückwand der Cella schloß vielmehr die ganze Anlage ab. So öffnete sich der Tempel nicht nach allen Seiten hin, er wandte sich nur mit seiner mächtigen Fassade dem Betrachter zu.

Eine der großen architektonischen Leistungen der Etrusker war die Entwicklung des *Rundbogengewölbes*, das dann später bei den römischen Zweckbauten in aller Welt, etwa beim Bau von Brücken und Wasserleitungen, immer wieder Verwendung fand.

Die späteren Leistungen der römischen *Porträtplastik* haben ihre frühen Vorläufer in den *Totenmasken*, die, ursprünglich wohl aus Wachs, später aus dauerhaftem Material geformt, die Gesichtszüge der Verstorbenen bewahrten, so daß die Toten den Lebenden stets gegenwärtig waren, wie es bei dem stark ausgeprägten Familiensinn der Römer selbstverständlich war. Auch hier sind etruskische Einflüsse spürbar, denn die Etrusker setzten ihre Toten in Tonsarkophagen bei, auf denen die Abgeschiedenen, meist Mann und Frau nebeneinander liegend, mit individuellen, lebensnahen Zügen dargestellt wurden. Daß die Etrusker auch den *Bronzeguß* nach Rom brachten, beweist die berühmte → *Capitolinische Wölfin,* das Wahrzeichen der Stadt bis heute.

Der griechische Einfluß. Möglicherweise wäre die italische Kunst über diese Ansätze nicht wesentlich hinausgekommen, wenn nicht die Begeg-

*Vorderansicht
des Iupitertempels auf dem
Capitol in Rom (Modell). MdCR Rom.*

nung zwischen Rom und Griechenland stattgefunden hätte, eine Begegnung, die sich freilich zunächst vorwiegend gewaltsam abspielte. Römische Feldherrn des 2. und 1. vorchristlichen Jahrhunderts, weniger kunstfeindlich als Marius, aber nicht weniger ungebildet, plünderten die eroberten griechischen Städte rücksichtslos aus und ließen die Kunstwerke in Wagen- und Schiffsladungen nach Italien schaffen, wo sie in Rom und anderen Städten aufgestellt wurden. Besonders berüchtigt war das Verfahren des Propraetors *Verres*, der in den Jahren 73 bis 71 v. Chr. die *Provinz Sizilien* verwaltete. Im Prozeß gegen ihn stellte → *Cicero* als Ankläger folgende Liste zusammen: »In ganz Sizilien gab es kein silbernes Gefäß, kein Geschirr aus Korinth oder Delos, keinen kostbaren Stein und keine Perle, keine Arbeit aus Gold oder Elfenbein, kein Gemälde und keinen Gobelin, den Verres nicht aufgestöbert, besichtigt und, wenn es ihm gefiel, weggeschafft hätte.«
Römischer Sammeleifer und römische Bewunderung für griechische Kunst gingen aber auch andere, friedlichere Wege. Zweifellos kamen im Gefolge der römischen Eroberer und Kunsträuber großen Stils auch zahlreiche griechische Künstler und Handwerker nach Rom, die dort Werkstätten errichteten und auf die römischen Künstler befruchtend wirkten, ohne daß es heute möglich wäre, Griechisches von eigenständig Römischem im einzelnen säuberlich zu trennen.
Jedenfalls wurden griechische Formen dadurch, daß sie von den Römern übernommen und weiterentwickelt wurden, für die Kunst des Abendlandes vorbildlich; und schließlich sind viele Werke der griechischen Plastik dank römischem Sammeleifer oder wenigstens in römischen Kopien erhalten.

Der römische Stil am Ende der Republik. Am nachhaltigsten wirkte sich der griechische Einfluß auf dem Gebiet aus, auf dem die Römer selbst eine ursprüngliche Begabung besaßen, nämlich auf dem Gebiet der *monumentalen Architektur*, die den Bedürfnissen des Staates und der Baulust eines *Sulla*, → *Pompeius* und → *Caesar* entsprach. Die *griechische Säulenordnung* und die Verwendung griechischer *Säulenformen* gaben den Tempeln auch dann ein griechisches Gesicht, wenn die römisch-etruskische Form der Cella und der Freitreppe beibehalten wurden. Beispiele

Römische Tonstatuetten zweier Gladiatoren. Gladiatorenkämpfe gingen auf etruskische Totenfeiern zurück, entarteten aber in der Kaiserzeit mehr und mehr zur reinen Befriedigung der Sensationslust eines abgestumpften Publikums. Die Gladiatoren selbst unterlagen strengstem Reglement.

Vorangehende Seite: Kopf und Hand einer Kolossalstatue Kaiser Constantins des Großen, entstanden um 335 n. Chr., vielleicht zum dreißigjährigen Regierungsjubiläum. Höhe des Kopfes 1,85 m. Palazzo dei Conservatori Rom.

für diesen spätrepublikanischen Stil sind etwa der Tempel auf dem *Forum Boarium* und der *Rundtempel der Vesta in Rom.*
Stärker als die vom griechischen und hellenistischen Vorbild geprägten Tempel haben die großen *Profanbauten* römischen Charakter. Der prak-

Rekonstruktion der Constantins-(Maxentius-) Basilika

tische Sinn der Römer (→ *Technik*) entwickelte den von den Etruskern übernommenen Gewölbebau weiter und verband ihn mit der ganz neuen Kunst des *Gußmauerwerks.* Bei diesem Gußmauerwerk bestand nur noch die Außenschale der Mauer aus *behauenen Quadern;* das Innere wurde mit einer *Masse aus Mörtel und kleinen Steinen* gefüllt. Auch beim *Gewölbebau* konnte fortan, ähnlich wie beim modernen Betonguß, eine Schale mit dieser Masse gefüllt werden, die dann z. B. mit Marmor oder auch nur mit einer Putzschicht überzogen wurde. Dank der Vervollkommnung dieser Technik entstanden seit dem Ende der Republik die gewaltigen Bauwerke, die, wenigstens in ihren Überresten, die Jahrhunderte überdauert haben: *Thermen, Wehrbauten* und *Wasserleitungen,* allen voran der *Pont du Gard* bei Nîmes in Südfrankreich, der in drei Geschossen das Flußtal in einer Länge von 270 und in einer Höhe von 49 m überspannt (→ *Aquädukt*).
Zu den Bauformen, die schon in republikanischer Zeit entwickelt und in der Kaiserzeit zu monumentaler Größe gesteigert wurden, gehörten das → *Theater* – ein frühes Beispiel ist das *Theater des Pompeius auf dem Marsfeld* – und die *Basilika.*

Die Basilika, deren Vorläufer in Athen und im hellenistischen Osten zu suchen sind, ist eine langgestreckte Halle, die in der Regel durch zwei Säulenreihen in drei Schiffe gegliedert und gelegentlich durch eine halbrunde Apsis an einer Schmalseite abgeschlossen war. Die älteren römischen Basiliken sind nicht erhalten, doch haben die Ausgrabungen in → *Pompeii* ein schönes Beispiel zu Tage gefördert, das allerdings an Ausmaßen später durch die Riesenbauten der Kaiserzeit, z. B. in Rom oder in Trier (Palastaula), weit übertroffen wurde. Ursprünglich wohl Markt- und Gerichtshalle, die von geräuschvollem Leben erfüllt war, wurde die Basilika dann von den frühchristlichen Gemeinden als Grundform des Kirchenbaus übernommen.

Die Augusteische Zeit. Nachdem → *Augustus* die Epoche der Bürgerkriege abgeschlossen hatte, ging er daran, der neuen Herrschaftsform des Principats auch einen neuen, repräsentativen Rahmen zu schaffen. In seinem Tatenbericht legte er ausführlich Rechenschaft über seine Bautätigkeit in Rom ab, denn für ihn war die Kunst, besonders die Baukunst, ein Stück politischer Propaganda zur Verherrlichung der staatlichen und kaiserlichen Macht. Rom, das vor seiner Zeit eine Stadt aus Lehm- und Ziegelbauten war, sollte nach seinem Willen eine »Stadt aus Marmor« werden.
Aus Marmor wurde etwa der *Marstempel* auf dem neuen *Augustusforum,* einer streng gegliederten, symmetrisch angeordneten Platzanlage, errichtet. Gewiß blieben auch hier noch etruskisch-italische Elemente des Tempelbaus erhalten, aber die Behandlung der Säulen, vor allem die reiche und feine Bearbeitung der korinthischen Kapitele, verweisen auf die Mitwirkung griechischer Steinmetzen.
Spürbarer wird nun der griechische Einfluß auf die *Plastik,* die, ebenfalls in unverkennbarer politischer Absicht, das *Porträt* und das *historische Relief* bevorzugt. Die sogenannte »Augustusstatue« von Primaporta hält die individuellen Züge des Herrschers fest, sie zeigt ihn aber gleichzeitig auch in der Hoheit und Würde, die seiner historischen Leistung entsprechen. Der Herrscher der Welt steht, erhobenen Hauptes und angetan mit Waffenrock und Panzer, sozusagen vor seinen Truppen, an die er sich mit weitausholender Geste des rechten Armes wendet. Zahlreiche Kopien dieser Statue wurden in den Provinzen aufgestellt, wo sie die Person des Kaisers und die überpersönliche und überzeitliche Autorität des Staates repräsentierten.

Zur Verherrlichung Roms und des Friedens, den das Reich dem Kaiser zu danken hatte, wurde im Jahre 9 v. Chr. die *Ara Pacis*, der »Altar des Friedens«, auf dem Marsfeld geweiht. Diese Zeremonie halten die Marmorreliefs auf der Umfriedung des Altars fest. Der Kaiser selbst und seine Familie mit reichem Gefolge schreiten feierlich einher, um den Göttern zu opfern; Ruhe und Erhabenheit gehen von diesen Gestalten aus, aber auch eine gewisse Kühle und Strenge, die der Würde des Augenblicks entsprechen. Die anderen Szenen, Darstellungen aus der Gründungssage der Stadt, die Göttin Roma und der befriedete Erdkreis, sind ebenfalls Kunstwerke im Dienst der herrscherlichen Repräsentation.

Selbst die *Kleinkunst* des Augusteischen Zeitalters – von den *Münzen* (→ *Geld – Münzen – Maße*) versteht es sich fast von selbst – ist in einzelnen, besonders hervorragenden Stücken ausgesprochene Kunst im Dienst des Hofes. Die »Gemma Augustea« z. B. zeigt Augustus, der, wie ein Gott in einen losen Mantel gehüllt, unter den Gottheiten der Erde und des Ozeans thront, während darunter römische Soldaten ein Siegeszeichen über unterworfenen Barbaren errichten.

So gewinnen die hervorragendsten Leistungen der Augusteischen Kunst, wenn sie auch neben den Werken der griechischen Blütezeit nicht bestehen können, ihre Bedeutung im Zusammenhang mit der Geschichte des römischen Staates und seines Herrschers. Darüber hinaus vermittelte Rom die Anregungen Griechenlands weit über die Grenzen des Ursprungslandes an seine Provinzen, wo sie unter neuen Bedingungen weiterwirkten (→ *Fortleben Roms*).

Die Zeit der Flavischen Kaiser. In der zweiten Hälfte des 1. Jahrhunderts nach Christus, als der Einfluß griechischer Künstler mehr und mehr zurückging und die Römer selbst zu ihrem eigenen monumentalen Stil in der Architektur fanden, entstand unter den Flavischen Kaisern das riesige → *Amphitheater*, das man seit dem Mittelalter *Colosseum* nennt. Die ungeheure Baumasse ist nach außen durch Arkaden fein gegliedert, deren Pfeiler durch vorgeblendete Halbsäulen nach griechischem Muster geschmückt sind und in deren Nischen einst Marmorstatuen standen. Arkaden gehörten fortan zu den bevorzugten Schmuckelementen der römischen Baukunst bis hin zur *Porta Nigra* in *Trier*.

Dem zweiten Kaiser aus dem Flavischen Haus, *Titus*, wurde nach seinem Tod über der Via Sacra ein *Triumphbogen* (→ *Triumph*) errichtet, dessen Reliefs im Inneren der Wölbung den Triumph des Feldherrn Titus in so lebendiger Bewegung zeigt, wie es in der offiziellen Kunst der Augusteischen Zeit nie denkbar gewesen wäre. Besonders berühmt wurde die Szene, die den siebenarmigen Leuchter aus dem Tempel von Jerusalem zeigt. Eine gewisse Verwandtschaft dieser Reliefkunst mit der Flächendekoration der Zeit ist nicht zu verkennen.

Malerei und Mosaik. Die Katastrophe des Vesuvausbruchs im Jahre 79 während der Regierungszeit des Titus hat der Nachwelt ein unverfälschtes und umfassendes Bild der römischen Wohnkultur und der römischen Wandmalerei bewahrt (→ *Pompeii; → Haus und Einrichtung*).

Die frühere Malerei, im 1. Jahrhundert v. Chr., beschränkte sich darauf, die Wände in farbige Flächen zu gliedern und etwa auch Marmor zu imitieren; in der Augusteischen Zeit wurde die strenge Ordnung durch aufgemalte *architektonische Elemente* aufgelockert, die in *illusionistischer* Weise, wie durch offene Fenster, den Blick auf Landschaften oder mythologische Szenen freigaben. In der dritten und vierten Phase bis zum Untergang Pompeiis überzogen die Dekorationen immer dichter und üppiger die Wände, bis diese sich endlich in phantastischen *Scheinarchitekturen* aufzulösen schienen. Das Phantastisch-Dekorative dieser Malerei wurde in seiner Wirkung noch gehoben durch die leuchtenden Farben (»Pompeianisches Rot«), die die römischen Maler auf den Verputz auftrugen.

Zur Ausstattung repräsentativer Räume in Villen und Palästen gehörte auch das *Mosaik*, ein Kunstzweig, der von den Römern zu höchster Blüte gebracht wurde. In mancher Hinsicht, etwa in der Übernahme dekorativer Elemente und figürlicher Darstellungen, der Frescomalerei verwandt, schmückte das Mosaik, teppichgleich, vorwiegend die Fußböden. Die Welt der Motive ist nahezu unbegrenzt. Wir finden Szenen aus der griechischen Mythologie und aus dem römischen Alltag, historische Darstellungen, wie die Alexanderschlacht nach einem griechischen Gemälde, und einen Hund an der Kette mit der Inschrift »Cave Canem« (Achtung! Bissiger Hund); besonders reizvoll sind die Darstellungen aus der Natur, etwa die Bilder der Meeresfauna aus *Pompeii* oder die farbenfrohen Nilszenen aus *Praeneste*. Römische Mosaikkunst unterschiedlicher Qualität findet sich überall dort, wo sich die Römer häuslich und auf die Dauer niederließen, so z. B. auch auf deutschem Boden links des Rheins, in Gallien, Britannien.

Römische Kleinkunst. Die Ausgrabungen auf

Bacchus (Dionysos).
Die Plastik zeigt den Gott nicht als alten Mann,
sondern als weichlichen
Jüngling. Nationalmuseum Neapel.

ehemaligem römischen Reichsboden und darüber hinaus förderten aber auch eine kaum über-
sehbare Fülle von *Schmuckstücken* und *Gebrauchs-*
gegenständen des Alltags ans Licht, die ein beredtes Zeugnis von der Kunstfertigkeit des römischen Handwerks ablegen.
Die Handwerker der Hauptstadt, Goldschmiede,
Elfenbeinschnitzer und Glasarbeiter (→ *Hand-*
werk) versorgten den Hof und die reichen Schichten mit Luxusgegenständen (→ *Luxus;* → *Frau*)
und höchst kunstvoll gearbeiteten Gebrauchsge-
genständen aus edlen Metallen, aus Elfenbein und
Bernstein. Ein besonders schönes Beispiel römischer Silberschmiedekunst ist der der sogenannte »Hildesheimer Silberfund«, das kostbare Tafelsilber eines reichen Römers, das wohl
als Beutestück, vielleicht nach der Varus-Schlacht
im Jahre 9 n. Chr., nach Germanien gelangte.
Weiteste Verbreitung über die Grenzen des Reiches hinaus fanden die Erzeugnisse der italischen
Keramikkunst. Besonders begehrt waren die mit
einem Fabrikstempel versehenen Gefäße aus

Arezzo (»Terra sigillata«). Allerdings erwuchs
den Manufakturen in Italien sehr bald eine starke
Konkurrenz in den Provinzen des Reiches, besonders in Gallien, dessen Keramik-, Glas- und
Wollerzeugnisse immer stärker auf die Märkte
drängten.
Die Zeit Traians und Hadrians. Kaiser Traian, der
Militärkaiser, unter dessen Herrschaft das Reich
seine größte Ausdehnung hatte, setzte sich in
Rom, anknüpfend an die von Augustus geschaffene Tradition, ein Denkmal durch den Bau
einer gewaltigen Forumsanlage. In der Mitte des
gesamten Komplexes aus Tempel, Bibliotheks-
bauten und Basilika stand die *Ehrensäule des*
Kaisers (Traianssäule), auf der, wie auf einem
Band, die Kriegstaten des Kaisers in Reliefdar-
stellungen aneinander gereiht sind; ein Werk, das
vor allem dokumentarischen Wert besitzt, da es
die militärischen Einzelheiten der Feldzüge fest-
hält.
Die mehrstöckigen *Marktbauten*, die sich an die
Platzanlage anschlossen, dienten den praktischen
Bedürfnissen des Alltags.
Unter Traians Nachfolger → *Hadrian* entstand an
der Stelle eines älteren Baus aus der Zeit des
Augustus das → *Pantheon*, der größte und form-
vollendetste Kuppelbau der Antike. Für sich
selbst ließ der Kaiser in *Tivoli* bei Rom eine ausgedehnte, phantasievolle Palastanlage aus den
verschiedensten Elementen errichten, in die die
umgebende Landschaft reizvoll mit einbezogen
ist. In die Gesamtkonzeption gingen Erinnerungen des Kaisers an Bauwerke ein, die er auf seinen langen Reisen durchs Reich gesehen hatte
und die er in seinen späten Jahren rückblickend
zu genießen gedachte. Nach seinem Tod nahm
ihn das mächtige Grabmal am Tiber, die heute
sogenannte *Engelsburg*, auf, ein Bau, der mit
seinem zylindrischen Oberbau auf quadratischem
Sockel altitalische Traditionen wieder aufnahm.
Die spätere Kaiserzeit. Die rund hundert Jahre
zwischen dem Tod Hadrians und dem Ende der
Dynastie der Severer brachten in der Architektur kaum mehr neue Ansätze; es wurden vielmehr
die bereits vorhandenen Tendenzen weitergeführt
und ins Großartige gesteigert. *Septimius Severus*
war einer der großen Bauherren, dessen Leidenschaft nicht nur dem Ausbau der Hauptstadt zugute kam, wo er die *Residenz auf dem Palatin*
prachtvoll erweitern ließ, sondern auch seiner
Heimatstadt *Leptis Magna* in Nordafrika. In
Rom erinnert an ihn der *Triumphbogen* auf dem
Forum, mit seinen drei Durchgängen und dem
überreichen plastischen Schmuck ein bedeuten-

des Beispiel für den repräsentativen Stil der späten Kaiserzeit. Dem römischen Volk ließen Septimius Severus und sein Sohn *Caracalla* die riesigen *Thermenanlagen* (→ *Bäder*) errichten, von deren ursprünglicher Marmor- und Mosaikpracht die heutigen Backstein- und Gußsteinruinen keine Vorstellung geben. Doch lassen die Trümmer erkennen, daß hier die überlieferten Formen der Badeanlagen und die römischen Gewölbe Verwendung fanden.

Die *Plastik* dieser Zeit brachte eine Reihe von weniger bedeutenden *Kaiserportraits* hervor, unter denen das *Reiterbild des Kaisers* → *Marc Aurel* auf dem Capitol am bekanntesten ist, da es eine der weniger großen Bronzeplastiken ist, die aus dieser Zeit erhalten sind. Die *Säule des Marc Aurel* erzählt, nach dem Vorbild der Traianssäule, auf dem figurenreichen Reliefband die Geschichte der Markomannenkriege. Erzählfreudig sind auch die zahlreichen Reliefs an den spätrömischen *Sarkophagen* mit ihren bewegten Jagd- und Kriegsszenen, deren Wirkung einst durch Bemalung und Vergoldung noch gehoben war.

Die Zeit der ›Soldatenkaiser‹ war dem Monumentalbau wenig förderlich, da viele Herrscher des 3. Jahrhunderts in ihrer kurzen Regierungszeit kaum Gelegenheit hatten, größere Pläne zu verwirklichen. Im übrigen war die Not des Reiches so groß, daß die Kaiser mit der Verteidigung der Grenzen voll und ganz beschäftigt waren.

Erst → *Diocletian* hatte wieder Zeit und Geld, die Römer mit einem neuen *Thermenbau*, noch größer und noch prächtiger als die Caracallathermen, zu beschenken. Als Alterssitz schuf er sich in seiner Heimat an der Küste Illyriens den *Riesenpalast*, in dessen Mauern später die Stadt *Split* Platz fand. Nach dem Grundriß des römischen Lagers angelegt und schwer befestigt, umfaßte die Anlage neben Wohn- und Wirtschaftsgebäuden auch einen Tempel und das Mausoleum des Kaisers, das von einer Säulenhalle umgeben war: steingewordener Ausdruck kaiserlicher Macht.

Constantin der Große. In dem Jahrzehnt nach Diocletian entstand in Rom auf dem Forum eines der eindrucksvollsten Bauwerke der römischen Spätzeit, die *Maxentius*- oder *Constantinsbasilika*. Als Vorbilder mögen wohl die großen Säle der Thermen gedient haben, sie werden aber an Ausmaßen weit übertroffen. Über dem Leben und Treiben in der Riesenhalle, die in ihrer Funktion wohl den älteren Kaiserforen entsprach, wachte die *Kolossalstatue des Kaisers Constantin*. Der *Constantinsbogen* in der Nähe des Colosse-

ums ist wohl der größte und mächtigste Bogen in Rom, doch stammt ein großer Teil des plastischen Schmucks von anderen, älteren Monumenten, die zu Gunsten des Neubaus kurzerhand geplündert wurden.

Nach Constantin verlagerten sich die Schwerpunkte römischer Baukunst im 4. Jahrhundert mehr und mehr in die Provinzen. Die Teilung des Reiches machte es nötig, in den neuen Hauptstädten kaiserliche Bauten zu errichten. In *Trier* lassen die Reste dieser Anlagen noch etwas ahnen von der Pracht und den Ausmaßen einer spätrömischen Residenz. (R. V.)

L

Landwirtschaft

(Siehe auch → *Ernährung.*)

Nach griechisch-römischer Überlieferung war der Ackerbau göttlichen Ursprungs, denn *Demeter* schenkte ihrem Liebling *Triptolemos* das erste Samenkorn und lehrte ihn pflanzen. Sie und weitere Erdgöttinnen werden daher verehrt, erhalten Opfergaben; bis zum Ende des Römischen Reiches erinnerte das *Erntedankfest* alle an ihren ursprünglichen Beruf und ihre Abhängigkeit von den Ernten.

Der Ackerbau. Als *Getreide* rechneten die Römer zunächst nur Weizen und Spelt (Dinkel), später auch die Gerste. → *Plinius* zählt den Roggen noch zu den Futterpflanzen, Hafer galt zu → *Ovids* Zeiten noch als schädliches Unkraut und wurde erst unter Kaiser → *Diocletian* unter die Futterpflanzen aufgenommen. Über die Griechen Unteritaliens hatte man Luzerne, Bockshornklee und Futterwicke als *Futterpflanzen* kennengelernt, während für den menschlichen Genuß z. B. *Erbsen*, so die eßbare Platterbse, die rote Platterbse (cicera), ganz selten die Kichererbse, dazu *Linsen* und *Bohnen* (Pferde- und Reisbohnen) angebaut wurden. (Die grüne Bohne ist ein Geschenk der Neuen Welt.) Der von Indien über die Euphratländer eingewanderte *Sesam* gedieh nur in wenigen Gärten, der von den Skythen über Griechenland bezogene *Hanf* bedeckte nur wenige günstige Flächen. *Flachs* wurde in Oberitalien und den Bergen Samniums angebaut, doch war Leinen keine Konkurrenz für Schafwolle. Im feuchteren Boden wurden *Rüben* gezogen, die als einzige Bodenfrucht regelmäßig gedüngt wurden.

Die Umgebung Roms, vor allem der *ager vaticanus*, war dürr und unergiebig, doch bald eroberten die Römer das *weizenreiche Campanien* und das für *Wein- und Olivenbau günstige Sabinerland.* Auf den *Phlegräischen Feldern* wuchs mitunter zweimal Spelt oder dreimal Hirse im Jahr, Früchte, die wichtig für den morgendlichen Brei der Römer waren. Gelobt wurde der fruchtbare *Weizenboden der Po-Ebene* und der Weizen des *transpadanischen Gallien. Ligurien* war steinig und dürr, *Etrurien* hingegen günstig, so daß das 15. Korn geerntet werden konnte (pro Samenkorn also 15 Körner bei der Ernte). *Arretium* (Arezzo) war durch feinsten Weizen (siligo) berühmt, danach *Ancona. Brundisium* (Brindisi) gab trotz dünner Bodenauflage gute Ernten im Gegensatz zur gebirgigen Küste bis Bari. *Tarent* und sein Hinterland gaben auf fettem Boden in Spitzenjahren das 100. Korn, doch war das Innere Calabriens arm. Corsica war zu gebirgig, Sardinien nur zum Teil Getreideland, da Berge und Sümpfe den Anbau hinderten. *Sizilien*, nach → *Cicero* die fruchtbarste Provinz Roms, besaß besonders reiche Landstriche an der Küste bei *Catania*, am Fuß des *Aetna* und bei *Leontinoi.* Aus dem Zehnten, den *Verres* aus Sizilien holte, kann auf eine Jahresernte von 3 Millionen hl Weizen geschlossen werden.

Schon zu → *Caesars* Zeiten waren die Legionen und Roms Einwohner auf sardinischen, sizilischen und *afrikanischen Weizen* angewiesen; unter → *Augustus* lieferte Nordafrika Weizen für acht Monate nach Rom.

Gute Erträge brachte der Wein- und Ölbau, der den transalpinen Provinzen 129 v. Chr. verboten wird, um die Monopolstellung der Mittelmeerländer zu erhalten; erst Kaiser *Probus* (R 276 bis 282) hob das Verbot auf. Im Unterschied zu Getreide und Hülsenfrüchten erforderten Rebe und Ölbaum sorgfältige Pflege (Pflügen, Hacken, Bewässern, Beschneiden, Pfropfen, Schädlingsbekämpfung). Dank des günstigen Klimas kann die Rebe bis 500 m Höhe ü. M., am Alpensüdfluß bis in 650 m Höhe gezogen werden, die Olive bis 460 m, an den Südhängen der Abruzzen bis 800 m Höhe gedeihen. Ein Teil der Bauern, der mit den niedrigen afrikanischen Getreidepreisen nicht mehr konkurrieren konnte, widmete sich dem Öl- und Weinbau; die Reben rankten sich an Ulmen empor, die Trauben wuchsen an den

Trieben, die von Baum zu Baum girlandenhaft gezogen waren.

In der Nähe Roms und anderer Städte brachte der *Obst- und Gemüsebau* mehr ein, vor allem, wenn sich die Pächter auf Blumen, Kohl, Gurken, Melonen usw. spezialisierten.

Bodenrendite. Die führenden Agrarschriftsteller → *Cato* und *Columella* errechneten folgende Reihenfolge im Ertrag: 1. Rebland, 2. Gemüsegarten, 3. Weidenbüsche, 4. Olivenpflanzung, 5. Wiese (am besten in Großstadtnähe wegen der Heulieferungen für Pferde), 6. Weizenfeld, 7. Schlagbarer Wald, 8. Eichenwald für Schweinemast.

Viehzucht. Die *Rindviehhaltung* war gering, da das Rind nur als Zugtier benutzt und nur *Kalbfleisch* anständig bezahlt wurde. Weil Olivenöl billig und haltbar war, blieb Butter unbekannt, und da die Römer lieber *Schweine-* statt Rindfleisch aßen, war Mastochsenzucht unrentabel. Ertragreicher war die *Schaf- und Ziegenzucht*, vor allem in stadtnahen Arealen, da Schaf- oder Ziegenmilch gerne getrunken oder zu Kräuterkäse verarbeitet wurde. Beide Tierarten nutzten auch steiniges oder steiles Gelände, waren genügsamer als Rinder, verbissen allerdings auch junge Bäume und ruinierten Nachpflanzungen. *Schafwolle* brachte zusätzlichen Gewinn, denn die Anteile von Flachs, Hanf und Baumwolle an den Pflanzungen waren gering. Die feinste Wolle wurde im Hinterland von *Tarent* gewonnen.

Das wichtigste Haustier war das *Schwein*, das älteste Opfertier Latiums, denn nach Einbringen der Ernte opferte der Bauer der *Ceres* ein weibliches Schwein, ebenso erhielt die *Bona Dea* im April ein feistes Schwein zur Sühne. Da der Schweinehirte auf den Gütern der angesehenste Arbeiter war – mußte er doch nicht nur die Herde mästen, sondern auch Krankheiten der Tiere heilen –, wurde in seiner Tätigkeit nichts Abträgliches gesehen. Kein Römer schämte sich, *Aper* (Eber), *Porcius* (Schwein), *Verres* (Eber, Keiler) oder *Scrofa* (Mutterschwein) zu heißen. Gezogen wurden starknackige, gedrungene, kurzbeinige Eber und langgestreckte Sauen, die im Vorfrühling gepaart wurden. Sauen guter Rasse konnten zweimal im Jahr ferkeln und jeweils bis zu 20 Junge werfen. Möglichst viele *Spanferkel* auf den Markt zu bringen, war Aufgabe des Sauhirten, denn im kaiserlichen Rom waren sie begehrte Leckerbissen. Noch mehr (16 Denare pro Pfund) zahlte man nur für die *Leber* derjenigen Schweine, die mit Feigen gemästet waren.

Die Schweineherden, bis 150 Tiere stark, wurden

der Eichelfütterung wegen am liebsten in Eichenwälder getrieben, doch fraßen sie auch Buchekkern, Kastanien, Nüsse und Fallobst. Als Stallfutter gab man geräucherte Eicheln, Gerste, Bohnen und Erbsen.

Geschlachtet wurde in der kalten Jahreszeit, das Fleisch durch Salzen (Pökeln) oder Räuchern

tigallen, aber auch Flamingos), *Fischteiche* (für Karpfen, Muränen, aber auch für Salzwasserfische) und *Tiergärten* waren aufwendig, wurden aber bei den Villen der Kaiser und Multimillionäre betrieben, deren Tafeln mit Leckerbissen beliefert werden mußten.

Gutsgrößen und Arbeitskräfte. Von den Fachleu-

Relief
eines Marmorsarkophags
mit einer Szene
aus dem Landleben.
Museo del Sannio Benevent.

konserviert. Zahlreich waren die *Wurstsorten*, die man herzustellen wußte; der bekannteste Kochbuchverfasser Roms, *Apicius*, hat ca. um 200 allein 32 Gerichte mit Schweinefleisch und 22 Arten Schweinebraten beschrieben (→ auch *Ernährung*). Besonders gern aß man *Schweineschmalz* oder *Bohnen mit Speck*, weshalb die Schweine möglichst fett sein sollten. Der bekannte Züchter *Sucus* brachte schließlich Schweine auf den Markt, die vor Gewicht weder gehen noch stehen konnten. Begehrt waren auch *Räucherschinken*, deren beste und größte aus beiden Gallien und aus Belgien importiert wurden.

Die *Kleintierzucht* über den Hausgebrauch hinaus rentierte sich erst, als die städtische Bevölkerung anwuchs und die Ansprüche reicher Römer an abwechslungsreiches Essen immer höher wurden (→ *Ernährung*; → *Luxus*). *Eier* und *Mastgeflügel* (Hühner, Gänse, Enten, Perlhuhn, Kapaun, selten die Taube) waren gesucht, vor allem Gänseleber. *Vogelhäuser* (mit Wachteln, Drosseln, Nach-

ten wurde ein Gut von 100 Iugera (= 98,8 Morgen) mittleren Bodens als ausreichend betrachtet, sofern Mischkultur betrieben wurde, um das Risiko zu verteilen. Für eine ertragreiche *Olivenkultur* waren 240 Morgen nötig, die ein Verwalter, seine Frau, drei Pflüger, fünf Feldarbeiter, ein Eseltreiber und je ein Schaf- und Schweinehirt bearbeiteten. Auf einem *Weingut* von 100 Morgen waren ein Pflüger, elf Knechte und zwei Hirten, auf einem Getreidegut von 200 Morgen zwei Pflüger und sechs Knechte nötig. Ein *Weidegroßgut* der Kaiserzeit hatte etwa 500 Sklaven, 2000 Rinder, 100 Pferde, 10 000 Schafe und 15 000 Ziegen.

Ein *Gutshof* bestand aus dem abseits gelegenen Herrenhaus (villa urbana) und dem Wirtschaftshof (villa rustica) mit Gesindehäusern, Stallungen, Schuppen und Speichern. Das Gehöft war meist von einer lebenden Hecke, zumindest von einem Weidenzaun eingefaßt.

Ohne → *Sklaven* waren weder große Güter noch kleine Bauernhöfe zu bewirtschaften, denn gerade der freie Bauer und seine Söhne wurden ja zum Heer eingezogen, waren vom 17. Lebensjahr an kriegsdienstpflichtig. Auf den kleinen Gütern waren die Sklaven ein wertvoller Vermögensbestandteil, wohnten und aßen mit der

Großes römisches Landgut
von Boscoreale bei Pompeii.
Im Innenhof Tonfässer
zum Aufbewahren von
Wein und Öl. MdCR Rom.

Familie, wurden als »Inventar« vererbt, verschenkt oder verkauft. Auf den großen Gütern dagegen waren die Sklaven eher der Willkür der Verwalter ausgesetzt, die seit dem 1. Jahrhundert v. Chr. begannen, nach dem Vorbild der sizilischen und etrurischen Gutsbesitzer die Sklaven rücksichtslos einzusetzen, zu kontrollieren und mit Fesselung und Dunkelhaft zu bestrafen. Bei Regen oder im Winter wurden die Sklaven zum Straßenbau, Holzfällen, Gräbenreinigen oder Mattenflechten eingesetzt. Eine warme Mahlzeit konnten sie sich abends im Gesindehaus bereiten, wozu die Gutsherrschaft Brennholz, Weizen, Oliven, Essig, Öl, Salz, Fischlake und Tresterwein stellte (→ auch *Ernährung*). In der Kaiserzeit erhielt der Sklave außer Kost, Kleidung und Schuhwerk (nur für kühle Tage) auch 5 Denare monatlich. Er selbst kostete damals auf dem Markt 1500 Denare, war er Spezialist wie z. B. ein Winzer, so zahlte man 2000 Denare. Handwerkersklaven waren ebenfalls gesucht, damit

Ton- und Steinvorkommen auf der Gutsfläche genutzt oder Kleidung und Schuhe für den Eigenbedarf billig erzeugt werden konnten. War einer dieser Spezialisten besonders fleißig, wurde er am Feiertag an die Tafel des Verwalters geladen, der nach Herrenart liegend speiste. Beherrschte er gar Schrift und Rechnungswesen, gab ihn der Herr vielleicht frei und ernannte ihn zum Unterverwalter, doch standen in der Kaiserzeit seine Chancen für solches Glück nur 1:50.

›**Bauernlegen**‹ **und Latifundien.** Die rasche Ausbreitung Roms in zahlreichen Kriegen schädigte die *freien Bauern* in dreifacher Weise: Bis zur Aufstellung eines stehenden Heeres unter → *Augustus* wurden sie meist in der Zeit aufgeboten, in der sie den Boden hätten bebauen oder durch Melioration hätten verbessern können, weshalb sie gegenüber dem sklavenreichen Gutsbesitzer ins Hintertreffen gerieten. Während sie und ihre Söhne auf den Schlachtfeldern verbluteten, verschuldete die Familie und geriet in Abhängigkeit von Gläubigern. Entscheidender Nachteil war jedoch, daß von der Landbeute (1/3 des eroberten Ackerlandes), vom *ager publicus*, kaum ein nachgeborener Bauernsohn einen Anteil erhielt, vielmehr die riesigen Flächen in Sizilien, Nordafrika usw. in die Hand patrizischer Familien

Römischer Gutshof. (Villa rustica von Boscoreale)

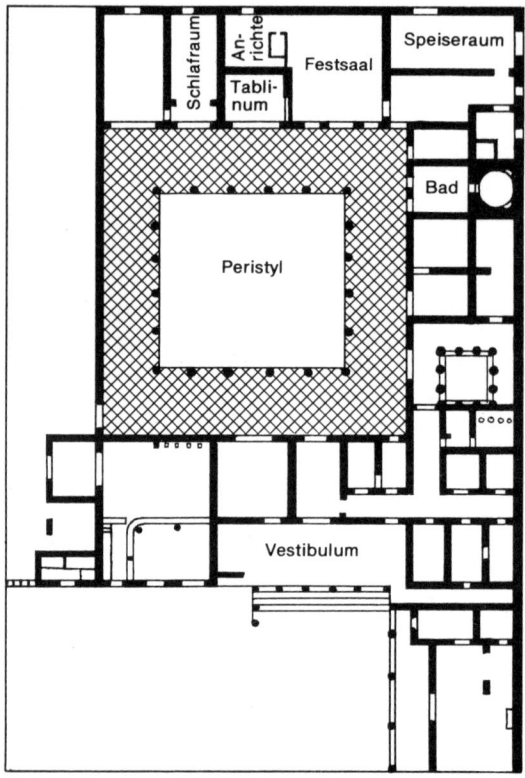

Schlafraum · Anrichte · Tablinum · Festsaal · Speiseraum · Peristyl · Bad · Vestibulum

kamen, deren Mitglieder im Senat und seinen Ausschüssen über die Verteilung beschlossen. Zwar waren das nur Leihgaben aus öffentlichem Besitz, doch, da sie nie zurückgefordert wurden, vererbten sich die Grundstücke, bis die Grenzen zwischen Privat- und Staatsbesitz vollends verwischt waren. Um den Wuchs des Großgrundbesitzes zu drosseln, hatte die *Lex Licinia* 196 v. Chr. zwar bestimmt, daß kein Bürger mehr als 500 Iugera (494 Morgen) besitzen dürfe, doch wurde keiner enteignet. Daher ist zwischen 177 und 124 v. Chr. nur eine einzige Kolonie (*Auximum* in Picenum) für nachgeborene Bauernsöhne auf einem ager publicus gegründet worden. Den Todesstoß erhielten die kleinen und mittleren Bauern durch die billigen *Weizeneinfuhren aus Nordafrika und Ägypten*, mit denen sie nicht konkurrieren konnten. Die verschuldeten Bauern wurden ›gelegt‹ (ausgekauft), zogen zumeist nach Rom und vermehrten dort, zumindest in der folgenden Generation, das ›Proletariat‹, die Masse der Taglöhner, Gelegenheitsarbeiter oder Tagdiebe, die mit Getreidespenden am Leben erhalten wurden. *Freie Bauern* hielten sich nur noch in abgelegenen oder dürren Gebieten

Italiens, die für Kapitalanleger uninteressant waren.

Da Getreide, Hülsenfrüchte, Öl usw. billig eingeführt werden konnten, legten viele *Großgrundbesitzer* ihre Güter in Italien still und verwandelten sie in *Obsthaine, Waldparks* und *Schafweiden* je nach Klima und Bodenbeschaffenheit. Im Unterschied zu den Latifundien in Sardinien, Sizilien, Spanien kam es bei den italischen nicht auf steigende Gewinne an, sondern auf die Zahl der Iugera, die Villen und Landschaftsschöpfungen. An billigen Arbeitskräften fehlte es nicht, denn in Konkurrenz zu den Sklaven standen die *Freigelassenen* und die *Taglöhner*, die zwar Freie waren, doch nur einen geringen Acker besaßen, der sie nicht zu ernähren vermochte. Vielfach waren sie in Mißwachsjahren verschuldet und hatten Zins und Tilgung durch Handarbeit abzudienen. Aus diesen vom Gutsherrn Abhängigen wurden die → *Kolonen* (Pächter), die gegen Natural- und Zinsabgaben ein Stück der Latifundie bebauen durften. Diese persönlich freien Kleinpächter waren praktisch *Hörige*, vererbten Pacht wie Schulden, blieben samt ihren Kindern an den Boden gefesselt, da sie die Rückstände nie zurückbezahlen konnten. Eine Flucht gab es nur in die Legionen oder in die von Germanen besetzten Randgebiete, von wo niemand ausgeliefert wurde. Die freiwerdenden Plätze wurden im 3. Jahrhundert von ›Proletariern‹ eingenommen, die aus Rom und anderen Städten aufs Land flüchteten, da man dort wenigstens sein tägliches Essen hatte. Daß auch *Latifundienbesitzer* gefährlich lebten, bewiesen nicht nur die *Sklavenaufstände* (→ *Spartacus*), sondern auch → *Neros* Verfahren, die kaiserlichen Güter zu mehren; die sechs Großgrundbesitzer der Provinz Africa ließ er ermorden, ihre Güter konfiszieren.

Eine Besonderheit waren die *Militärkolonien*, in der Regel von Feldherrn (wie *Sulla*, → *Marius*, → *Caesar*, → *Pompeius*) auf dem eingezogenen Besitz ihrer politischen Gegner zur Versorgung ihrer Veteranen angelegt. Da die Veteranen nach 22 Jahren Legionärsdienst von der Landwirtschaft kaum etwas begriffen, verkamen die meisten Militärkolonien. (W. D.)

Legion

(Siehe auch → *Heerwesen.*)

Entwicklung und taktische Gliederung. Für die römische Frühzeit dürfen wir analog zur Entwicklung in Griechenland annehmen, daß Kriegs-

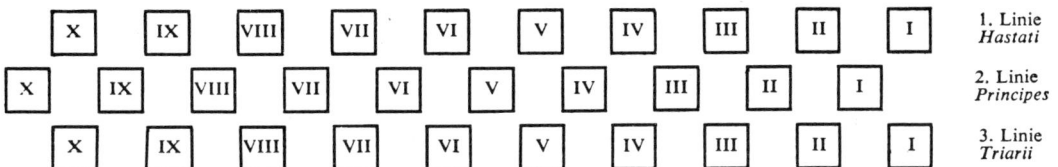

| X | IX | VIII | VII | VI | V | IV | III | II | I | 1. Linie *Hastati* |

| X | IX | VIII | VII | VI | V | IV | III | II | I | 2. Linie *Principes* |

| X | IX | VIII | VII | VI | V | IV | III | II | I | 3. Linie *Triarii* |

entscheidungen zunächst durch den ritterlichen Einzelkampf der *Adelsreiterei* gesucht wurden, ehe sich unter griechisch-etruskischem Einfluß ein entscheidender Wandel vollzog: Das Schwergewicht des Kampfes verlagerte sich auf die weitgehend *nichtadelige Infanterie*, die als »Phalanx« (= Walze) in geschlossener Linie und 6 bis 8 Glieder tief gestaffelt, den Feind allein durch ihre Masse niederzuwerfen suchte. Reiterei und Infanterie bildeten das *Gesamtaufgebot des Staates*, das *Heer*, das entsprechend der Einteilung Roms in 3 Stadtbezirke 3000 Fußsoldaten und 300 adelige Reiter umfaßte.

Mit der beginnenden Republik wuchs das Heer auf das Doppelte an und wurde in 2 »Legionen« geteilt. Jeder der beiden *Consuln* (→ *Ämterlaufbahn*) befehligte eine dieser »Legionen«, in der zusätzlich 1200 *Leichtbewaffnete* dienten, die mit einem leichten Rundschild und Wurfspießen bewaffnet, vor Beginn der Kampftätigkeit die Vorbereitungen des Gegners stören mußten. Die *Reiterei*, in 10 Schwadronen zu je 30 Mann eingeteilt, fand als ›Aufklärungstruppe‹ Verwendung, sicherte im Gefecht die verwundbaren Flanken der Infanterie und verfolgte den geschlagenen Feind. Die *Infanteristen* kämpften noch im kompakten Block der »Phalanx«, waren aber durch die Gliederung in 3 Linien aufgelockert. In der 1. Linie kämpften die *jüngeren Jahrgänge*, 1200 *Hastati* (»Lanzenmänner«), benannt nach ihrer Waffe, der *Stoßlanze* (hasta). Hinter ihnen standen die *mittleren, kriegserprobten Altersstufen*, die 1200 *Principes* (die »Vorderen«), die in die Lücken der 1. Linie nachzurücken hatten. Die *ältesten und erfahrensten* Soldaten, die *Triarii* das (»dritte Glied«) – ihr alter Name *Pilani* erinnert noch an ihre ursprüngliche Bewaffnung, den 2 m langen *Wurfspeer*, das *pilum* – bildeten die dritte Linie. Nur 600 Mann stark, standen sie als ›Feuerwehr‹ in Reserve. Bei aller Tapferkeit und Disziplin blieben Rom bittere Niederlagen nicht erspart, vor allem im Kampf gegen das taktisch überlegene Bergvolk der *Samniten*, bis die Anpassungsfähigkeit der Römer Abhilfe schuf. Die unbewegliche Legion wurde wie das samnitische Heer in bewegliche *Manipel* (»Handvoll Leute«) aufgeteilt, die allerdings weiterhin

in Linienform kämpften. Die 3 Linien wurden in je 10 Manipel zu je 120 *Hastati*, 120 *Principes* und 60 *Triarii*, jeder Manipel nochmal in 2 *Centurien* aufgeteilt. Beweglichkeit und selbständiges Operieren der 20 Mann breiten und 6 Mann tiefen Manipel erreichte man sowohl durch seitliche wie rückwärtige Abstände der 3 Linien, die jeweils schachbrettartig angeordnet waren. Mit dieser *Manipel-Legion* konnte fortan sowohl dem Gelände als auch der Formationsänderung im Kampf Rechnung getragen werden. Rund 300 Jahre lang hielten sich die Römer an diese bewährte Gliederung der Legion, bis zu Beginn des 1. Jahrhunderts v. Chr. aus politischer und militärischer Notwendigkeit neue Veränderungen erfolgten.

Bis zu diesem Zeitpunkt war das römische Heer mit der beträchtlich angewachsenen Zahl seiner Legionen das geblieben, was es von Anfang an gewesen war, ein *Milizheer*, in dem der römische Bürger auf Grund der allgemeinen Wehrpflicht zugleich auch Soldat war, ›Bürger in Uniform‹, allerdings nur im Krieg, denn ein stehendes Heer kannte Rom noch nicht. Die Dienstzeit dauerte so lange wie der Krieg. War er zu Ende, zog man den ›Soldatenrock‹ wieder aus und ging seinen Geschäften als Bauer, Handwerker, Händler oder Großgrundbesitzer nach. Aber die Bürger hatten seit dem 4. Jahrhundert v. Chr. wenig Gelegenheit gehabt, ihren Zivilberuf auszuüben, zu häufig und langwierig waren die Kriege, die Roms Aufstieg zur Weltmacht ermöglicht hatten. Kein Wunder, daß allmählich Kriegsmüdigkeit um sich griff, und daß die immer erfolgreicher werdenden Versuche, sich vor dem Wehrdienst zu drücken, den Gedanken der allgemeinen Wehrpflicht verdrängten.

Um 100 v. Chr. zog Consul → *Marius* den Schlußstrich unter diese von Meutereien, Übergriffen und Disziplinlosigkeit begleitete Entwicklung. In einer *Heeresreform* schuf er aus dem Milizheer ein *Söldnerheer*, dessen Soldaten nicht mehr wie bisher nach dem Vermögen ausgehoben, sondern als Freiwillige angeworben wurden. Damit war auf dem Umweg der Werbung auch der untersten Klasse römischer Bürger, den besitz- und berufslosen ›Proletariern‹, die Aufnahme in eine Legion ermöglicht worden. Sie fanden hier einen Beruf mit durchschnittlich 20jähriger Dienstzeit und konnten es durch die Soldzahlungen, Anteil an der Beute und die Landzuweisungen nach der Entlassung auch zu einem zufriedenstellenden Lebensstandard bringen.

Mit der sozialen Umschichtung in den Legionen verband Marius einen Wechsel ihrer Gliederung, der sich geradezu aufdrängte, weil mittlerweile die verschiedenen Waffen der Infanterie mit ihren 3 Linien vereinheitlicht worden waren. Er faßte je 3 Manipel zu einer neuen, größeren Einheit, der *Cohorte* zusammen und ersetzte die Manipel-

Marmorrelief
eines römischen
Reiters mit seinem Pferd.
Villa Borghese Rom.

Legion durch die *Cohorten-Legion* von 10 Cohorten. Die Zahl ihrer Legionäre unterlag einer durch die Ist- und Sollstärke bedingten Schwankung von 4200 bis 6200 Mann. Die Neugliederung hatte folgendes Aussehen: 1 Legion = 10 Cohorten = 4200 bis 6200 Mann; 1 Cohorte = 3 Manipel = 420 bis 620 Mann; 1 Manipel = 2 Centurien = 140 bis 210 Mann; 1 Centurie = 70 bis 105 Mann. Wie die Manipel, so waren auch die Cohorten seitlich und in der Tiefe in Abständen gegeneinander versetzt, boten aber gegenüber den Manipeln den Vorteil, daß sie wesentlich straffer und übersichtlicher geführt werden konnten und eine

größere Variationsmöglichkeit in der Gefechtsaufstellung boten. Die normale Formation für den Kampf blieb die Linie mit 3 Gliedern (Acies triplex). In der 1. Linie standen vier Cohorten, in der 2. drei und in der 3. drei Cohorten.

Während in die Legion als Kerntruppe des römischen Heeres bis ins 2. Jahrhundert nur römische Bürger oder Bundesgenossen mit römischem Bürgerrecht aufgenommen wurden, war man bei der *Reiterei* und den *Leichtbewaffneten* dazu übergegangen, die römischen Bürger durch *Bundesgenossen* zu ersetzen. Speerschützen aus Numidien, Bogenschützen aus Kreta und Schleuderer von den balearischen Inseln lösten seit Marius die römischen Leichtbewaffneten ab, in der Reiterei dienten ausschließlich Numider, Gallier, Bithynier und Germanen. Daß diese berittenen (= Alen) oder unberittenen (= Cohorten) Truppen von Nichtrömern für die Legion nur Zubringerdienst leisteten, besagt ihr Name *Auxilia* = Hilfstruppen.

Als → *Augustus* nach den Bürgerkriegen den römischen Staat neu organisierte, verminderte er die Zahl der Legionen auf 25 und schuf ein stehendes Berufsheer, das die Sicherheit im Innern und den Schutz an den Grenzen des Reiches übernahm und in festen Garnisonen mit einer Dienstzeit von 20 Jahren ›kaserniert‹ wurde. Sein Grundsatz, daß die Legionen nur aus römischen Bürgern bestehen sollten, wurde unter seinen Nachfolgern immer weiter ausgehöhlt, bis im 2. Jahrhundert in den Legionen fast nur noch Bewohner der Grenzgebiete dienten, denen das römische Bürgerrecht bei Eintritt in die Legion verliehen worden war. Aber auch das römische Offizierskorps unterlag immer stärker der Verfremdung, bis schließlich im 4. Jahrhundert die römischen Legionen fast völlig ›barbarisiert‹ waren.

Mannschaften, Unteroffiziere und Offiziere. Die Rangordnungen in der römischen Armee, streng geschieden nach Mannschaften, Unteroffizieren und Offizieren, waren im Prinzip nicht viel anders als die Dienstgrade in den modernen Armeen, mit einer entscheidenden Ausnahme: Ein römischer Legionär trug keinen »Marschallstab im Tornister«, wenn er nicht dem *ersten Stand*, *dem Senatorenstand* angehörte. Als Bürger der dritten Klasse konnte er es vom Gemeinen zum Gefreiten bringen, ins Unteroffizierskorps als »Paroleträger«, Feldwebel oder Fähnrich aufrücken und dann in die Schreibstuben bei verschiedenen Stäben abkommandiert werden. Wollte er noch höher steigen, mußte er als ›Offiziersanwärter‹ zurück in den Truppendienst, kehrte nach einer harten Ausbildung bei der *Praetorianergarde* in Rom und bestandener ›Offiziersprüfung‹ als *Hauptmann* (centurio) zur Legion zurück und konnte als der beste Soldat der Legion, als rangältester Hauptmann, den Gipfel seiner militärischen Laufbahn erreichen, immerhin mit einem Sold, der sechzig mal höher lag als der eines gemeinen Soldaten. Alle höheren Chargen waren ihm, selbst wenn er militärisch die Eignung für höhere Aufgaben besaß, verschlossen, denn sie standen ausnahmslos nur den Rittern und Senatoren offen.

Aus dem *Ritterstand* rekrutierten sich die 6 *Kriegstribunen* jeder Legion, die Stabsoffiziere, die, ohne von der Pike auf gedient zu haben, vom Legionskommandeur in der Truppenführung ausgebildet wurden und für den inneren Dienst in der Legion wie Verwaltung, Ordnung, Wachdienst verantwortlich zeichneten. Ebenfalls aus dem Ritterstand kamen die *Praefekten*, die als römische Offiziere die Hilfstruppen oder die Reiterei befehligten, während die *Legaten*, die ›Unterfeldherrn‹ (die eigentlichen Kommandeure der Legionen) *senatorischen Ranges* waren und den beiden Feldherrn direkt unterstanden. Da in Rom höchste Militär- und Zivilgewalt in einer Hand, nämlich bei beiden *Consuln* lag, waren diese auch im Kriegsfall die beiden Feldherren, allerdings entsprechend dem Prinzip der jährlich wechselnden Ämterführung (→ *Ämterlaufbahn*) nur für ein Jahr. Die Römer kannten also eine Feldherrenstelle als eigene, ständige Kommandostelle nicht, sie blieb jeweils an die obersten jährlichen Beamten gebunden. Da aber auch die Kriegstribunen, Praefekten und der Legat einer Legion dem jährlichen Amtswechsel unterworfen waren, gab es in der Legion, selbst wenn man das Kommando der Offiziere einmal verlängerte, keine Berufsoffiziere wie heutzutage in unserer Armee, sondern nur militärische Führer auf Zeit. Das eigentliche Rückgrat der Legion im Sinne einer kontinuierlichen Führung bildeten die aus dem Mannschaftsrang dank ihrer militärischen Tüchtigkeit und Erfahrung aufgestiegenen Hauptleute. (M. F.)
(Siehe generell auch → *Ämterlaufbahn*, → *Heerwesen*, → *Heerzeichen*, → *Kriegsflotte*.)

Lehnwörter

Wir verstehen unter einem *Fremdwort* ein Wort, das durch seine Lautform als von fremder Herkunft noch erkannt wird. Ein Lehnwort dagegen ist lautlich eingedeutscht und wird im lebendigen Sprachbewußtsein nicht mehr als Fremdwort empfunden.

Die Übernahme von Fremdwörtern ist fast immer ein Zeichen dafür, daß eine Sprachgemeinschaft eine fremde Sache, eine Erfindung, einen Begriff in ihr Kulturleben aufgenommen hat und durch die Übernahme zumeist innerlich und kulturell bereichert wurde. Diese Aussage kann man mit Fug und Recht auch auf die Lehnwörter anwenden, die das Deutsche aus dem Latein übernommen hat. In der Zeit, in der die Germanen mit den Römern und mit römischem Sprach- und Geistesgut in nähere Berührung kamen, also etwa in den ersten acht Jahrhunderten unserer Zeitrechnung, ergoß sich »ein wahrer Strom« von (zuerst Fremd-, dann) Lehnwörtern »von Italien nach Nordeuropa« (Wasserzieher).

Wenn man sich diese Wörter ansieht, erkennt man erst, wieviel unsere Vorfahren und indirekt auch wir noch der römischen Kultur verdanken. Freilich war es nicht immer angenehm, von Rom beherrscht zu werden, aber man darf die römische Niederlage im »Teutoburger Wald« auch einmal von der Seite ansehen, daß durch sie die Romanisierung Deutschlands verhindert und dadurch ein kultureller Einfluß ersten Ranges auf die Germanen zurückgedrängt wurde.

Das *Bauhandwerk* übernahm z. B. den Steinbau, Häuserbau und Städtebau, wie aus den Lehnwörtern dafür hervorgeht. Römischen Ursprungs sind im Deutschen: Gips (gypsum), Kalk (calx), Masse (massa), Material (materia), Mörtel (mortarium), Tünche (tunica), Tuff (tophus) und Zement (caementum).

Hinzu treten Wörter wie Dom (domus), Kanal (canalis), Kastell (castellum), Schleuse (exclusa aqua), Turm (turris), Villa (villa). Einzelteile des Hauses sind ebenfalls römisch benannt wie Fenster (fenestra), Fundament (fundamentum), Küche (coquina), Mauer (murus), Pforte (porta) usw.

Einen starken Strom kultureller Beeinflussung verraten ebenso Ausdrücke für Gerät, Kleidung, Schmuck usw. Hier übernahmen die Germanen sehr vieles aus Rom, z. B. Ampel (ampulla), Becher (bicarium), Fackel (facula), Käfig (cavea), Kelch (calix), Kerze (charta?), Lampe (lampas), Möbel (mobile), Mühle (molina), Sack (saccus), Schrein (scrinium), Sichel (secula), Tafel (tabula), Tisch (discus) usw.

Auch die Namen unserer *Wochentage* gehen auf die Antike zurück. Hier allerdings griff man weniger zum Lehnwort als zur *Lehnübersetzung*, indem man für den römischen Gott, dem der Tag geweiht war, jeweils den germanischen setzte; so ist der Sonntag (Sonnentag) der römische Solis dies; Montag (Mondtag) = Lunae dies; Dienstag (Ziustag) = Martis dies; Mittwoch = media hebdomada oder = Mercurii dies; Donnerstag (Donarstag) = Iovis dies; Freitag (Freyastag) = Veneris dies; Samstag = Sabbat.

Besonders mit dem *Christentum* kam ein starker Zustrom lateinischer Begriffe in unsere Sprache, der zu genauerer Erschließung von Welt und Überwelt dienlich war. So übernahm man Almosen (griech. eleemosyne), Bibel (biblia), Arche (arca), Engel (angelus), Feier (feriae), Fest (dies festus), Märtyrer (griech. martys), nüchtern (nocturnus), Pfingsten (griech. pentecoste), usw.

Kirchliche Einrichtungen waren: Kloster (claustrum), Orden (ordo), Messe (missa), Mette (matutina hora), opfern (operari), predigen (praedicare), segnen (signare).

Kirchliche Personen sind: Bischof (episcopus), Küster (custos), Mönch (monachus), Papst (papa), Priester (presbyter), Probst (propositus).

Aber auch staatliche Begriffe und mit den Begriffen auch die Einrichtungen lernten die Germanen von den Römern. Dies spiegelt sich noch wieder in Lehnwörtern wie Kaiser (Caesar), Krone (corona), Kerker (carcer), Szepter (sceptrum), Staat (status), Vogt (advocatus), Zins (census), Zoll (telonium).

Insbesondere waren es auch *Handel und Verkehr*, die am Beginn des germanisch-römischen Austausches standen. So bieten sich auch hier zahlreiche Lehnwörter: eichen (aequare), kaufen (cauponari), Kupfer (cuprum), Markt (mercatus), Meile (milia), Pacht (pactum), Pfund (pondo), Straße (strata), Münze (moneta), Anker (ancora), Butter (butyrum), Käse (caseus), Koch (coquus), Sauce (salsum), Semmel (simila).

Ganz besonders fruchtbare Anregungen bot den Germanen der römische *Garten-, Obst- und Gemüsebau*. Es sei nur daran erinnert, daß sogar die Form unseres Taubenschlages auf Bauernhöfen auf römische Anregungen zurückgeht. Hier sei nur eine kleine Auswahl einschlägiger Lehnwörter geboten: Frucht (fructus), impfen (imputare), mischen (miscere), Pflanze (planta), Pfropfen (propagare), Efeu (apium), Fenchel (foeniculum), Kohl (caulis), Kürbis (cucurbita), Linse (lens), Zwiebel (cepulla). Wichtig sind auch: Birne (pirum), Feige (ficus), Kirsche (cerasum), Pfirsich (Persicum malum), Pflaume (pruna).

Römischem Einfluß verdanken wir auch die Einführung des *Weinbaues* in Deutschland, die ja bis heute ihre Wirkungen zeigt. Auch hier wurden mit den Wörtern die Sachen eingeführt wie Essig (acetum), Kelter (calcatura), Most (mustum), Pech (pix), Trichter (traiectorium), Wein (vinum), Winzer (vinitor).

Auch neue *Tiere* lernte man durch die Römer kennen oder man benannte sie neu, z. B. Esel (asinus), Löwe (leo), Maultier (mulus), Pfau (pavo). Später mußten die Germanen sogar zur Schule gehen, und auch hier finden sich Lehnwörter wie Schule (schola), Klasse (classis), Note (nota), Prüfung (probatio), Tafel (tabula), Fabel (fabula), Tinte (tincta aqua), schreiben (scribere), Papier (papyrus), Linie (linea) usw.

So läßt sich am Lehnwort ablesen, was die Germanen den Römern verdankten. Zu den Lehnwörtern müßte man aber stets auch noch die wichtige Gruppe der sogenannten Lehnübersetzungen hinzufügen. Es ist kaum zu glauben, wieviele *Redewendungen* (→ *Sprichwörter*) der deutschen Sprache einfach Übersetzungen aus dem Lateinischen sind. Erwähnt seien hier folgende Beispiele: Sein Heil in der Flucht suchen (fuga salutem petere); sein Ohr leihen (aures praebere); das Heer in Schlachtordnung aufstellen (aciem instruere); seine Aufmerksamkeit auf etwas wenden (animum intendere ad); jemandem Genugtuung leisten (alicui satisfacere); auf die hohe See fahren (in altum navigare); von Liebe zu jemandem brennen (amore alicuius incensum esse); jemanden verhaßt machen (aliquem invisum facere). Mit derartigen Redewendungen ist unsere Sprache noch heute stark durchsetzt. Leider unternahm es bisher niemand, eine *vollständige* Sammlung derartiger Einflüsse zu erstellen. Eine solche Sammlung würde wahrscheinlich erst beweisen, wie dankbar man für solches gegenseitiges Geben und Nehmen zwischen Völkern sein muß. (O. S.) (Siehe auch die Stichwörter → *Fortleben Roms*, → *Sprichwörter*.)

Limes

»Teufelsmauer«, auch »Heidenmauer« – das sind noch heute hier und da in Süddeutschland volkstümliche Bezeichnungen für die Überreste des Limes, jener rund 500 Kilometer langen Grenzbefestigung, deren Spuren vom Rhein zur Donau bis auf diesen Tag vielfach in Wäldern und auf freiem Feld zu erkennen und auf weite Strecken zu verfolgen sind – Zeugen einer tiefgreifenden Wandlung der römischen Politik gegenüber den Germanen.

Die Geländespur des Limes in der Nähe von Pfahlbronn bei Welzheim in Württemberg. Über viele Kilometer ist die Anlage gut erkennbar.

Die Germanengrenze. Ursprünglich hatten die Römer durchaus nicht die Absicht, die Germanengrenze durch militärische Anlagen zu sichern, solange es ihr Ziel war, das Reich bis zur *Elbe* hin auszudehnen und die Grenze durch den breiten Strom gegen die Barbaren zu sichern. Doch nach der Niederlage im »Teutoburger Wald« (9 n. Chr.) wurden die römischen Truppen im Norden Germaniens nach und nach an den *Rhein* zurückgenommen, der fortan im wesentlichen die Grenze zwischen den freien Germanen und der linksrheinischen römischen *Provinz Niedergermanien* bildete. Eine geschlossene künstliche Befestigung erübrigte sich hier. Die *Provinz Obergermanien* dagegen, die im Süden, etwa auf der Höhe von Andernach, am Vinxtbach, angrenzte, reichte weit auf das rechte Rheinufer herüber und mußte deshalb, besonders gegen die *Chatten* im heutigen Nordhessen, durch militärische Anlagen, eben den Limes, gesichert werden. Limes – das heißt ursprünglich nichts anderes als »Grenzrain« oder »Feldweg«. Limites – das

waren aber zunächst auch Vormarschwege, Dämme, Schneisen. Aber auch die ersten militärisch-defensiven Anlagen, die diese Bezeichnung trugen, waren nichts anderes als Grenzstraßen oder kahlgeschlagene Schneisen durch die unwegsamen Urwälder an der Grenze, die auf diese Weise leichter kontrolliert werden konnten.

Nach den schweren Grenzkämpfen, die in den Jahren 83 und 89 das *Rhein-Taunusgebiet* erschütterten und die schon unter Kaiser *Vespasian* angelegten *Kastelle* (→ *Heerwesen*) im Raum *Wiesbaden* stark in Mitleidenschaft zogen und selbst die zentrale Grenzfestung *Moguntiacum* (Mainz) bedrohten, entschloß sich Kaiser *Domitian*, die Wetterecke des Reiches zwischen Rhein und Donau durch eine fortlaufende Befestigungsanlage zu sichern.

Der nördliche, sogenannte *Obergermanische Limes* begann am Rhein nördlich *Andernach*, führte bei *Bad Ems* über die Lahn und verlief dann am Taunus entlang in nordöstlicher Richtung, ehe er sich unter Einschluß der *Wetterau* nach Süden wandte und bei *Seligenstadt* auf den Main traf. Von dort aus bildete der Main bis *Miltenberg* den sogenannten nassen Limes. In nahezu schnurgerader Linie durchquerte dann die Befestigung den *Odenwald* über *Walldürn* und *Osterburken* bis nach *Lorch*. Dort schloß sich nach einem scharfen Knick nach Osten der sogenannte *Raetische Limes* an, der in einer leichten Schwingung über *Gunzenhausen* und *Weißenburg* bis zur Donau oberhalb von *Castra Regina* (Regensburg) verlief. Damit war auch das Land nördlich der Donau gesichert, das in den ersten Regierungsjahren Domitians als Vorfeld der *Provinz Raetia* – Schwaben und Bayern südlich der Donau – besetzt worden war. Und damit war auch die Einbuchtung der Reichsgrenze zwischen Rhein und Donau, das sogenannte *Decumatland* (Agri Decumates) mit den Zentren *Rottweil* und *Bad Cannstatt* gesichert: »Seit nun der Grenzwall angelegt ist und die Besatzungen weiter vorgeschoben sind, wird dieses Gebiet als Vorland unseres Reiches und als Teil unserer Provinz erachtet«, notierte Tacitus, der kritische Zeitgenosse Domitians, in der »Germania« (→ *Literatur*). **Die Verteidigungseinrichtungen.** Zwar waren Obergermanischer und Raetischer Limes Teile eines einheitlich konzipierten Sicherungssystems; in ihrer äußeren Form aber unterschieden sie sich erheblich. Der *Obergermanische Limes* bestand ursprünglich nur aus einem *Zaun aus Flechtwerk*, der sich nach Möglichkeit dem Gelände anpaßte und von einfachen Holztürmen unterbrochen war. Dahinter verbargen sich kleine, von Erdwällen umgebene Kastelle. Später wurde diese einfache Grenzsicherung durch einen *Palisadenzaun* ersetzt, hinter dem sich Spitzgraben, Wall und Türme aus Stein staffelten. Die *raetische Front* war unter *Domitian* zunächst nur durch Kastelle gesichert, ehe unter *Traian* und → *Hadrian* auch hier Flechtwerk und Pfahlwerk eine durchgehende Sperre bildeten. Die *steinerne Mauer* – die »Teufelsmauer« – zwei bis drei Meter hoch und einen Meter stark – entstand vermutlich erst unter Kaiser *Caracalla*, der 213 gegen die *Alamannen* (→ *Germanen*) zog und in diesem Zusammenhang die Grenzbefestigungen verstärken ließ: ein deutliches Zeichen, daß sich die Lage an der Germanenfront verschlechtert hatte. Die Spuren des älteren, hölzernen Limes fanden sich vielfach parallel zur Mauer Caracallas. Teile des Raetischen Limes sind dem Gelände angepaßt, während die Mauer andererseits auf längere Strecken schnurgerade und nur durch flache Winkel unterbrochen das Land durchschneidet.

Mauer und Palisadenzaun waren in unregelmäßigen Abständen von einigen hundert Metern bis zu zwei Kilometern von *Türmen* überragt, die so verteilt waren, daß die Besatzungen von der Plattform oder von der Gallerie aus durch Rauch-

oder Lichtzeichen sich untereinander oder mit den Kastellen verständigen konnten, wenn im Vorfeld des Limes oder an den turmbewehrten Toren ungewöhnliche oder bedrohliche Bewegungen bemerkt wurden. Deshalb waren die jüngeren Teile des Limes ohne Rücksicht auf das Gelände in gerader Linie angelegt, weil nur so Überwachung und Verständigung funktionieren konnten.

Modell eines Grenzwachturms, von dem aus die Posten tagsüber mit farbigen Bändern, nachts mit Fackeln Signale gaben. MdCR.

Die eigentlichen Verteidigungsstreitkräfte standen nun nicht unmittelbar hinter dem Zaun oder auf den Mauern; sie lagen vielmehr in *Kastellen im Hinterland*, die später auch nicht mehr durch einfache Erdwälle, sondern durch zinnenbewehrte Mauern mit Türmen umgeben waren. Dort lag jeweils eine Cohorte (→ *Heerwesen*, → *Legion*), eine Einheit von zeitweilig rund 500 Mann, die allerdings nicht aus Elitetruppen bestand, sondern meist aus nichtrömischen *Auxiliar*-, d. h. *Hilfstruppen*, die aus der Nachbarschaft zusammengezogen oder gar aus anderen Teilen des Imperiums hierher umgesiedelt worden waren.

Rekonstruktion eines hölzernen Wachturms am Obergermanischen Limes bei Lorch.

Die wiederaufgebaute *Saalburg* im Taunus bietet ein sehr anschauliches Bild eines solchen Kastells. Die Hauptstreitmacht lag in einem größeren *Legionslager*, z. B. in *Mainz*, in Bereitschaft.

Das Leben hinter dem Limes. Selbstverständlich entwickelte sich hinter dem Limes schon während der Bauarbeiten ein *Straßennetz*, das später ausgebaut wurde, damit im Falle einer Gefahr die Truppen rasch von Kastell zu Kastell bzw. an die gefährdeten Stellen verlegt werden konnten. Da aber die Beziehungen zwischen den Römern und den benachbarten Germanen vom Ende des 1. bis zur Mitte des 3. Jahrhunderts im großen und ganzen friedlich blieben, dienten die Straßen vornehmlich der ruhigen Entwicklung im Hinterland, dessen *Bevölkerung* schon frühzeitig durch Zustrom aus Gallien beträchtlich zunahm. So berichtet Tacitus: »Allerlei Gesindel aus Gallien und Leute, die die Not kühn gemacht hatte, eigneteu sich in diesem gefährdeten Gebiet (= Agri Decumates) Grund und Boden an.« Einen weiteren Zustrom brachten die Soldaten der Auxiliartruppen, die an der Germanengrenze zwangsweise angesiedelt wurden und die Erlaubnis erhielten, sich niederzulassen. Sie gründeten Familien, wurden seßhaft und bildeten später eine ›*Bauernmiliz*‹, die sich selbst ergänzte und den Besitz samt der Verteidigungspflicht an die nächste Generation vererbte. Von ihnen erwartete z. B. Kaiser *Alexander Severus*, »sie würden mit größerem Eifer Soldat sein, wenn sie ihre eigene Scholle verteidigten.« Im Gefolge der Soldaten kamen auch *Händler*, *Marketenderinnen* und *Handwerker*, die sich im Schutz der Kastelle niederließen und damit die Grundlage für nichtmilitärische vicus–Siedlungen schufen, die auch dann

Luftbild des Limeskastells Saalburg. In der Mitte das rekonstruierte Stabsgebäude (principia).

Saalburg

Seit dem Anfang unseres Jahrhunderts steht auf der Höhe des Taunus, hart hinter dem einstigen Limes, wieder ein römisches Kastell: die Saalburg. In der Zeit *Domitians* wurde hier ein kleines Erdkastell angelegt, das später erweitert und, wohl unter *Caracalla*, mit zinnengekrönten Mauern umgeben wurde, hinter denen Magazine und Verwaltungsgebäude lagen, während sich vor den Toren eine nichtmilitärische Siedlung entwickelte. Nach dem Abzug der Römer zerfiel die Anlage und wurde schließlich als Steinbruch benutzt, bis sie 1898–1907 unter Kaiser *Wilhelm II.* nach dem Vorbild eines nordafrikanischen Legionslagers wieder aufgebaut wurde.

bestehen blieben, wenn die Truppen verlegt wurden. Einzelne *Gutshöfe*, *Badeanlagen*, *Kultstätten* und *Gräber* geben Kunde von einer *provinzialrömischen Kultur*, an der auch die angestammte Bevölkerung bescheidenen Anteil hatte. Hauptzentren der römischen Kultur waren freilich nicht die Dörfer und Gutshöfe, sondern die *Städte*, die bei den Legionslagern, z. B. Mainz, Xanten (Vetera), entstanden oder auch Köln und Trier, Augsburg und Regensburg u. a., die teilweise bedeutende Reste römischer Kunst bewahrt haben. Zweifellos durchdrang diese provinzialrömische Kultur nicht alle Lebensbereiche der einheimischen Bevölkerung. »Die bodenständigen Kräfte behaupten sich gegenüber den südlichen Einflüssen, die ihrerseits nicht stark genug sind, um aus den Unterworfenen richtige Römer zu machen« (Wahle). Größtenteils ohne sichtbare

Jünglingskopf mit
Binde im Haar;
Bronze, um Christi
Geburt. Der römische
Künstler war bestrebt,
klassisch-griechischem
Vorbild möglichst nahe
zu kommen, ohne ein
bestimmtes Werk zu
kopieren. Dieser
schöne Kopf einer
verlorengegangenen
Statue wies zusätzliche
Schmuckelemente auf:
Silberintarsien der
Binde, silberne Augen
mit Granatpupillen,
vergoldete Lippen.
Glyptothek München.

Idealisiertes Bildnis des Kaisers Augustus, geschnitten in zweischichtigen Onyx, so daß der Kopf weiß vor karminrot schimmerndem Hintergrund erscheint. Die im 17. Jahrhundert von einem Goldschmied gefaßte Gemme entstand wahrscheinlich zur Zeit des Nero, des Ururenkels von Augustus. Römisch-Germanisches Museum Köln.

Wirkung war, trotz mancher Verbindungen an den Toren des Limes, der römische Einfluß außerhalb der Grenzlinie, die damit zu einer wahren »Schicksalsbarrikade« (Lissner) wurde; denn die Germanen wurden, im Gegensatz zu den Galliern, nicht romanisiert; sie hatten damit kaum Anteil an der römischen Kultur – zumindest keinen sie selbst formenden Anteil – eine Tatsache, die für die Geschichte der beiden Nachbarvölker weittragende Folgen haben sollte.

Der Zusammenbruch der Limesstellung. Die dünne römische Kulturschicht im Decumatland wurde schließlich hinweggefegt, als nach vereinzelten Alamanneneinfällen zur Zeit der Kaiser *Caracalla* (213) und *Severus Alexander* (233/34) in der Mitte des 3. Jahrhunderts der große *Alamannensturm* begann, der die Limesstellung zerbrach. Die einzigen Zeugen dieser ungeheuren Katastrophe fördern heute die Archäologen zu Tage; Brandschutt von Kastellen und Dörfern, zerstörte Denkmäler, verwüstete Gutshöfe und vergrabene Münzen, die die Datierung des Alamanneneinfalls auf das Jahr 260 erlauben. Die letzte lateinische Inschrift aus dem Limesgebiet stammt aus dem Jahr 256/57. Dann schweigen die römischen Quellen.

Zwar wurden einige rechtsrheinische Gebiete vorübergehend wieder zurückgewonnen und befestigt. Im Decumatland aber brach die gesamte römische Stellung zusammen, so daß die Verteidigungslinie auf die Donau zurückgenommen werden mußte. Im Gebiet zwischen Rhein und Donau siedelten fortan die Alamannen, ohne sich allerdings mit dieser Eroberung zufrieden zu geben. So ging schließlich auch das Land zwischen Donau und Bodensee verloren. Bis ins 4. Jahrhundert wurde Raetien durch die Iller und einen Limes gesichert, der von *Cambodunum* (Kempten) nach *Brigantium* (Bregenz) reichte. Vom Ende dieser letzten Verteidigungsstellung berichten ebenfalls nur Bodenfunde und Ruinen. (R. V.)

Literatur

Griechische Wurzeln. Die Literatur der Römer ist eng mit dem griechischen Geistesleben verbunden. Ihr Alphabet erhielten die Römer aus Großgriechenland: aus der Kolonie *Kyme* (Cumae) nahe Neapel. Die *chalkidische Schrift* (→ *Buch und Schrift*) wurde zur lateinischen umgestaltet. Die älteste *lateinische Inschrift* begegnet uns auf einer goldenen Spange (»Fibel aus Präneste« um 600 v. Chr.); sie lautet: Manios med f hef haked

Numasioi (Manius hat mich gemacht für Numerius). Die neue Schrift diente vor allem praktischen Bedürfnissen, z. B. der Aufzeichnung von Verträgen, Senatsbeschlüssen, Rechenschaftsberichten. Auch im Bereich des Götterkults, der *Prodigien* (Orakel) und der Zeitrechnung wurde die Schrift verwendet. Die Sage belegt, wie hoch schriftliche Prodigien geschätzt wurden: Die *Sibylle von Cumae* – sie war aus *Euböa* gekommen – soll dem König *Tarquinius* ihre neun Bücher von Weissagungen zum Kauf angeboten haben, auf seine Weigerung hin hat sie nach und nach sechs verbrannt und Tarquinius schließlich den Rest für den vierfachen Preis verkauft. Die Weissagungsbücher wurden in Rom sorgfältig aufbewahrt und spielten fast 1000 Jahre (bis in die Zeit *Stilichos*) eine politische Rolle.

Eng mit der griechischen Kultur war auch die erste *Aufzeichnung von Gesetzen* verbunden. Als der Antrag des Volkstribunen *C. Terentius Arsa* auf schriftliche Fixierung des Rechts 454 v. Chr. endlich angenommen wurde, entsandte man Kommissionen nach Großgriechenland und Athen, um die dortigen Rechtskodifikationen zu studieren. Ergebnis der Bemühungen war das *Zwölf-Tafel-Gesetz* von etwa 450 v. Chr. (→ *Einleitung*, → *Recht*), dessen Wortlaut noch → *Cicero* sich einzuprägen hatte, als er sich für die juristische Laufbahn vorbereitete.

Probleme der römischen Literatur. Als die Römer sich der Literatur im engeren Sinne, also der Literatur als Kunst zuwandten, fanden sie ein fertiges System der Gattungen und Vorbilder von höchstem Rang in der griechischen Kultur bereits vor. Alles, was römische Schriftsteller schufen, muß somit auf die griechische Literatur bezogen werden. Lange Zeit hat man ausschließlich auf diese Abhängigkeit geachtet und die eigenständige Leistung der Römer übersehen. Die Skala der Möglichkeiten römischer Literatur reicht jedoch von vergröbernder Übersetzung griechischer Originale über freie Bearbeitung und romanisierende Umgestaltung bis zur genialen Neuschöpfung. Das eigentlich Römische ist aber immer schwer faßbar, denn nur wenige Autoren, von den berühmteren nur → *Caesar* und *Boethius*, sind geborene Römer. Auch der Rang der literarischen Leistung im römischen System gesellschaftlicher Werte ist problematisch. Die Autoren der Frühzeit gehören alle *nicht* der herrschenden Schicht an, sie schreiben zwar *für* diese Schicht, aber durchaus nicht immer zu deren reiner Freude. Die Etablierten selbst glauben Besseres zu tun zu haben als zu schreiben.

Bei → *Cicero* lesen wir:
»Wer stellt nicht, wenn er die Fähigkeiten berühmter Männer nach ihrem Nutzen oder nach ihrer Bedeutung bemißt, den Feldherrn über den Redner?« (»Über den Redner« 1, 2, 7). Und noch nach Caesars Tod schreibt *Sallust*, wie um sich zu entschuldigen: »Schön ist es, in rechter Weise zu handeln für den Staat, doch auch in rechter Weise zu reden ist nicht abwegig; [...] viele, die handeln, aber auch viele, die anderer Taten beschreiben, finden Anerkennung.« (Cat. 3, 1)

Die Gattungen der Literatur. Die Römer konnten, wie gesagt, auf voll entwickelte Gattungen zurückgreifen.

Für *Epos* und *Lehrgedicht*, aber auch für *Tragödie* und *Komödie*, auch für die verschiedenen *lyrischen Formen* hatten die Griechen ebenso Gesetze entwickelt und gültige Muster hervorgebracht wie für *Redekunst, Geschichtsschreibung, philosophischen Dialog, Fach- und Gebrauchsliteratur.* Im folgenden kann die Ableitung aus dem Griechischen nicht im einzelnen verfolgt werden. Auch innerhalb der Darstellung römischer Literaturentwicklung können hier nur Schwerpunkte gesetzt werden, entsprechend den Blütezeiten der einzelnen Gattungen. Strenge Systematik wird ebensowenig angestrebt wie Vollständigkeit. Zwei Stränge sollen konsequent auseinandergehalten werden: *Dichtung* und *Prosa*. Während bei den Griechen die literarische Prosa erst nach Jahrhunderten der Poesie zur Seite trat, standen den Römern beide Ausdrucksformen in ihrer funktionalen Besonderheit *von Anfang an* zur Verfügung. Und mit wenigen Ausnahmen haben die römischen Autoren nur auf dem einen oder dem anderen Feld gearbeitet. Dichtung wurde – zumindest fiktiv – als *von Göttern oder Musen inspiriert* empfunden. Ihre Aussage war gültig, aber den Alltagsproblemen entrückt so wie der Vers der Alltagssprache. »Große Prosa hingegen spricht direkt über die Sache, will als enthüllendes und wirkendes Wort anerkannt sein« (Büchner). Daher war literarische Prosa manchmal unbequem. Unter → *Augustus*, einem zweifellos literaturfreundlichen Herrscher, war *Cicerolektüre* im Kaiserhaus verboten.

So mag es für den Überblick gerechtfertigt erscheinen, daß die Literaturgeschichte in zwei Durchgängen geboten wird. Zur Orientierung und Einordnung dient die Übersicht auf Seite 300.

I. Dichtung

Die Dichter der Frühzeit. Der erste römische Dichter war Grieche, tarentischer Sklave. *Lucius Livius Andronicus* hieß er nach der Freilassung. Er übersetzte für den Gebrauch in seiner Schule die *Odyssee* in Saturnierversen. 240 v. Chr. führte er die erste Übersetzung einer griechischen Tragödie und einer Komödie auf. 207 v. Chr. wurde ihm die Abfassung eines Sühneliedes übertragen. Seine Erfolge als Dichter dürften bewirkt haben, daß der Senat den Dichtern (unter der Bezeichnung scribae = Schreiber) eine Art Korporationsrecht verlieh.

Gnaeus Naevius war Freigeborener aus einer lateinischen Kolonie in Campanien. Neben Tragödien schrieb er freimütige Komödien nach griechischem Muster. Er schuf Formen, in denen erstmals das Nationalgefühl der Römer Ausdruck fand: Schauspiel und Epos mit *historischem*, nationalrömischem Inhalt. Seine *Tragödienform* nannte man nach der Amtstracht römischer Beamter (toga praetexta) *fabula praetexta.* Den Krieg, den er im »Punischen Krieg« episch besang, hatte er selbst erlebt.

Quintus Ennius aus Calabrien (*239 v. Chr., † 169 v. Chr.) war dreisprachig. Er beherrschte das Griechische, das Oskische und das Lateinische. Von → *Cato*, den → *Scipionen* und anderen gefördert, wurde er durch Übertragungen aus dem Griechischen und eigene Dichtungen zum eigentlichen Begründer der römischen Literatur. Seine »Annales« behandelten die römische Geschichte von Aeneas bis zu den Punischen Kriegen. Er verwendete statt des Saturniers den *Hexameter.* Wie seine Vorgänger schuf er neben *Epen* auch *dramatische Werke*, ferner *Lehrgedichte, Epigramme* und *Satiren.*

Als Tragödiendichter machte sich sein Neffe *Pacuvius* einen Namen. Er und *Accius* stehen bereits am Ende der Glanzzeit der römischen Tragödie und der Praetexta. Das Publikum begann andere dramatische Formen vorzuziehen: neben der *Komödie* den *Pantomimus* und den *Solovortrag* (→ *Theater*). Eine späte Nachblüte erlebte die Tragödie erst mit *Seneca*, von dem mehrere Dramen vollständig erhalten sind.

Plautus und Terenz. Während sich von den übrigen Dichtern der Frühzeit nur Fragmente erhalten haben, sind von *Titus Maccius Plautus*, einem Umbrer, 21 *Komödien* auf uns gekommen. Sie entstanden zwischen 204 und 184 v. Chr. Plautus geht mit den griechischen Vorlagen sehr frei um. Er arbeitet Szenen aus mehreren Stücken ineinander *(Kontamination)*, er verzichtet auf die Konventionen attischer Höflichkeit und überrascht immer wieder durch lebendige Situationskomik und volkstümlichen Witz. Durch *Arieneinlagen* gibt er der Komödie *Singspielcharakter*. Zu den berühmtesten Stücken zählen »Amphitryon«, die Verwechslungskomödie »Menaechmi«, der »Miles gloriosus« (Ein Hauptmann ist von seiner Unwiderstehlichkeit überzeugt. Dennoch wird ihm das Mädchen ausgespannt.) und »Trinummus« (das »Dreigroschenstück«, in dem der treue Freund des Vaters für den verschwenderischen Sohn einen verborgenen Schatz rettet). Enger an die griechischen Originale, nämlich an die *Menanders*, hält sich *Terenz. Publius Terentius Afer*, wie sein voller Name lautet, freigelassener Sklave aus Karthago, schreibt für ein gebildetes Publikum in geschmackvoll gereinigter Sprache und ohne alles Vulgäre und Drastische. Nach anfänglichen Mißerfolgen erringt er mit dem »Eunuchus« 161 v. Chr. die Gunst des großen Publikums. Das Stück bringt bei zwei Aufführungen die riesige Summe von 8000 Sesterzen ein. Die »Adelphoe« (Brüder) werden 160 v. Chr. bei den Leichenspielen für Aemilius Paulus aufgeführt. Daß sich auf diese Weise die Männer des → *Scipionenkreises* mit dem Werk des Terenz identifizieren, liegt in dem hohen menschlichen Ethos (humanitas) begründet, das Terenz in seinen Stücken gestaltet. Die übrigen der sechs zwischen 166 und 160 v. Chr. aufgeführten Komödien sind »Andria« (Mädchen von Andros), »Heautontimorumenos« (Der Selbstquäler), »Phormio« und »Hecyra« (Die Schwiegermutter).

Lucilius und die Satire. *Gaius Lucilius* (etwa *180 v. Chr., † 102 v. Chr.) verdient in zweifacher Hinsicht Aufmerksamkeit. Er war wohl der erste *vornehme* und begüterte Römer, der in *Versen* schrieb. Und er bereicherte und prägte die von *Ennius* eingeführte *Satirenform* durch Verbindung einheimischer und griechischer Elemente in so charakteristischer Weise, daß er als ihr eigentlicher Erfinder gilt. Die Gattungsbezeichnung Satire, vorher ganz allgemein für vermischte Gedichte unterhaltender und belehrender Art üblich, wird seit Lucilius in einem spezifischen Sinn für die literarische Form der oft *polemischen Zeit- und Gesellschaftskritik* verwendet. Als Versmaß bevorzugte Lucilius zunehmend den *Hexameter*. Das Ungewohnte seiner Satiren lag vielleicht darin, daß er in Versform unmittelbar in das Alltagsgeschehen eingriff. Die vielen erhaltenen Fragmente vermitteln einen Eindruck von den Themen: erpresserische Beamte, luxuriöse Le-

bensführung, Aberglaube, literarische Kontroversen. Auch Autobiographisches (z. B. das Gedicht über eine Reise nach Sizilien) und Zeitgeschichtliches wird mit witzigen Beobachtungen ausgeschmückt. Der lockere Aufbau ermöglicht es, auch scheinbar Nebensächliches kritisch zu beleuchten. Mit seinen Mitteln diente Lucilius wie Terenz einer kultivierten Menschlichkeit, also dem Hauptziel des *Scipionenkreises*. Noch enger als Terenz war er mit den → *Scipionen* verbunden. Er begleitete seinen Freund, den jüngeren *Scipio Africanus*, auf dem Feldzug gegen Numantia.

Die von Lucilius begründete Tradition der Satire führte 100 Jahre später → *Horaz* mit seinen »Sermones« fort. In gefälligerem Ton zwar, aber im gleichen Versmaß und mit ähnlicher Thematik will auch er »lächelnd die Wahrheit sagen«. Dieser Humor fehlt zwei Satirendichtern der frühen Kaiserzeit: *Persius* und *Iuvenal*. Ihr ernster moralisierender Eifer drückt sich in düsterem, z. T. geschraubtem Pathos aus. Eine Sonderform der Satire, die sog. *Menippeische Satire*, schuf der Gelehrte *Varro* aus griechischen Vorbildern. Die Absicht ist wie bei Lucilius und Horaz erzieherisch, die Form jedoch verbindet Prosa und Vers. *Seneca* (»Apocolocynthosis«) und *Petron* (»Satiricon«; darin das sogenannte »Gastmahl des Trimalchio«) haben diese Kunstform weiterentwickelt.

Die Neoteriker und Catull. Als Vorstufen römischer Lyrik sind *Totenklagen, Spottgesänge* und *Kultlieder* greifbar; *Livius Andronicus* hatte chorische Kultlieder, *Ennius* Epigramme geschrieben. Den Anstoß zur Entwicklung einer *römischen Lyrik im engeren Sinn* gaben die Neoteriker, ein Kreis von ›modernen‹ Dichtern, die um die Mitte des 1. Jahrhunderts v. Chr. ihrem *subjektiven Empfinden* in vollendeter künstlerischer Gestaltung (besonders in kleinen literarischen Formen) Ausdruck zu verleihen suchten und dabei griechischen, insbesondere hellenistischen Vorbildern folgten. Der genialste unter ihnen war *C. Valerius Catullus*, 84 v. Chr. in Verona geboren und etwa 30jährig gestorben. Er schuf Gedichte, die zum Schönsten der Weltliteratur gehören. Gedichte der *Sappho* und des *Kallimachos* übertrug er mit unübertroffenem Einfühlungsvermögen und höchster sprachlicher Eleganz. Unmittelbarkeit und Intensität, Frische und Leidenschaft, Anmut und Zartheit atmen die *Lieder*, in denen sich die Höhen und Tiefen seiner Liebe zu *Lesbia* (Pseudonym für *Clodia*, die mondäne Schwester des *P. Clodius*) widerspiegeln. In der »Elegie an Allius« versuchte er »das eigene Dasein und die eigenen Anliegen durch Abbilder aus der Sagenzeit zu adeln und zu verklären« (Klingner). Ähnlich im »Peleusepos«, in das die Geschichte der *Ariadne auf Naxos* eingewoben ist: »Die selige Gemeinschaft von Göttern und Menschen, die sich in Peleus darstellt, vollendet sich für Catull erst in erfüllter Liebe des Menschen zur Göttin« (Klingner). In seinen *Jamben*, einer Form von Spottgedichten, die Lucilius eingeführt hatte, und in fast 50 *Epigrammen* nahm er u. a. → *Caesar* und dessen Günstling *Mamurra* aufs Korn. Unter den Epigrammen stehen aber auch Selbstbekenntnisse wie das berühmte »Odi et amo«:

»O, ich hasse und liebe! Weshalb ich es tue, du fragst's wohl.
Weiß nicht! Doch daß es geschieht, fühl ich – unendlich gequält.« (Übers.: Weinreich).

Orffs »Carmina Catulli« haben dem Dichter zu neuem Ruhm verholfen. Von Catull aus lassen sich die Entwicklungsstränge der einzelnen lyrischen Formen verfolgen: der *Liebeselegie*, des *Epigramms*, der *Ode*, des *Jambus*, des *Kleinepos*.
Die römische Elegie. Bei Catull vorgeformt, wurde die Elegie von *Cornelius Gallus* als eigene Gattung eingeführt. Sie ist äußerlich charakterisiert durch das *Distichon* (Hexameter + Pentameter). *Albius Tibullus* (*50 v. Chr., † 19 oder 17 v. Chr.) schrieb vier Bücher Elegien. Mit dem Thema *Liebe* – das 1. Buch gilt der Geliebten *Delia* – verbindet er den Preis des ruhigen, *einfachen Landlebens*. Seine Gedichte sind gefühlvoll, sanft gleitend in der Gedankenführung und abgeschirmt von der gesellschaftlichen und politischen Realität. So galt er als der Elegiker schlechthin. → *Ovid*, der mit seinen »Amores« ebenfalls Elegien schrieb, betrauerte Tibulls frühen Tod (Amores 3,9), desgleichen → *Horaz* (Ode 1,33 und Epist. 1,4).
Unter den Werken Tibulls sind sechs Elegien der *Sulpicia*, der einzigen römischen Dichterin, überliefert. Sie war eine Nichte von Tibulls Gönner *Messalla*. Etwas laienhaft zwar, aber aus echter, warmer Empfindung besingt sie ihre Liebe zu einem Mann, den sie »Cerinthus« nennt.
Fast gleichzeitig mit Tibull schrieb *Sextus Propertius* (*47 v. Chr; † 15 v. Chr.) seine »Elegien« (vier Bücher). Sein Gönner ist → *Maecenas*. Hauptthema der ersten drei Bücher ist die *Liebe zu Cynthia* (in Wirklichkeit *Hostia*). Das vierte Buch enthält *nationale Elegien* mit römischen Stiftungssagen. Dieses Motiv nahm → *Ovid* mit seinen »Fasti«

auf, einer Darstellung der Feste und Kultgebräuche im Sinne der religiösen Erneuerungsbestrebungen des → *Augustus*.
Epigramm, Jambus, Ode, Epyllion. Eine Kurzform der Elegie stellt das Epigramm dar, bestehend aus einem oder mehreren *Distichen*. Als Form des Sinnspruchs und Gelegenheitsgedichts war es unter gebildeten Römern sehr beliebt. Nach Catull pflegte es in kunstmäßiger Weise → *Vergil* (»Catalepton«). Der große Meister des *Spottepigramms* war *M. Valerius Martialis*. Seine Sammlung von fünfzehn Büchern enthält eine Fülle knapper, geistreicher, scharf pointierter Gedichte, ein skandalöses Mosaik der Flavierzeit. Die Beliebtheit des Epigramms martialscher Prägung dauerte fort in der christlichen Literatur, im Humanismus und bis in die deutsche Literatur des 19. Jahrhunderts.
Wie das Epigramm hatte *Catull* auch den *Jambus* für Spottverse verwendet. Diese Form nahm → *Horaz* in seinen frühesten Dichtungen auf: Mit seinen bitteren, angreifenden *Jamben*, oft »Epoden« genannt, erregte er die Aufmerksamkeit seines späteren Gönners → *Maecenas*. Später schrieben *Persius* (Hinkjamben), *Petron* und wiederum *Martial* jambische Verse.
Die *Liedform* erreichte bei *Horaz* ihre höchste Blüte, nämlich in seinen »Oden«. Horaz bemühte sich um peinliche Genauigkeit in der Handhabung verschiedener Metren, insbesondere äolischer Strophenformen (nach Alkaios und Sappho). Die Unmittelbarkeit und subjektive Betroffenheit eines Catull weicht hier dem mehr Verstandesmäßigen und Allgemeingültigen.
Das *Epyllion* (kleines Epos) begegnet uns außer bei *Catull* in der *Appendix Vergiliana* (→ Vergil). Einzelpartien mit Epyllioncharakter finden sich bei *Vergil* selbst und vor allem in → *Ovids* »Metamorphosen«.
Epos und Lehrgedicht. Die dem Epyllion entsprechende Großform, das Epos, erfuhr in den Jahren zwischen 30 und 19 v. Chr. eine epochale und wie die Homerischen Epen für alle Zukunft richtungweisende Ausprägung in → *Vergils* »Aeneis«. Das Werk wurde gegen den Willen des Dichters unmittelbar nach dessen Tod veröffentlicht und verdrängte alsbald die »Annales« des *Ennius* als *Nationalepos* der Römer. Alle späteren Epen wurden am Wohlklang, an der Symbolkraft und am harmonischen Bau der »Aeneis« gemessen. Die großen Epen der Kaiserzeit bezogen ihre Themen aus der Historie *(Lucan, Silius Italicus)* oder aus der Mythologie *(Valerius Flaccus, Statius)*. *M. Annaeus Lucanus* (*39, † 65), Freund

Königin Dido beim Opfer. Miniatur aus einer Vergil-Handschrift des 4. nachchristlichen Jahrhunderts. Vatikanische Bibliothek.

und schließlich Opfer → *Neros*, behandelte in den »Pharsalia« (auch »Bellum civile« genannt) den *Bürgerkrieg* zwischen → *Caesar* und → *Pompeius*, wobei Caesar als Tyrann den Repräsentanten der republikanischen Freiheit, Pompeius und besonders → *Cato*, gegenübergestellt wird. Der rhetorische, pointierte und pathetische Stil wurde noch im Mittelalter viel bewundert. Stilistisch verwandt sind die »Thebais« und die unvollendete »Achilleis« des etwa gleichaltrigen *P. Papinius Statius*.

Epochemachend wie Vergils »Aeneis« war für das *Lehrgedicht* das Werk »De rerum natura« von *Lukrez* (*96 v. Chr., † 55 v. Chr.). *T. Lucretius Carus* – so sein voller Name – behandelte die naturphilosophischen und ethischen Lehren *Epikurs*. Durch Einsicht in das *materialistische Weltbild* sollen die Menschen von Aberglauben und Todesfurcht befreit werden. Oft spürt man das Ringen mit der noch ungefügen lateinischen Sprache und dem an sich unpoetischen Stoff, aber die hymnischen Lobpreisungen des Meisters Epikur oder auch die Pestschilderung am Ende des 6. Buches verraten Genialität.

Scheinbar mühelos bewältigt → *Vergil* in seinem Lehrgedicht »Georgica« (Über den Landbau) die Schwierigkeiten der Stilform.

Columella (1. Jahrhundert n. Chr.) und *Palladius* (4. Jahrhundert n. Chr.) folgten ihm in der Behandlung desselben Themas. Den Charakter des Lehrgedichts haben auch die in elegischer Form geschriebenen Werke → *Ovids* »Ars amatoria« (Lehrbuch der Liebe), ihr Gegenstück »Remedia amoris« (Heilmittel gegen die Liebe) und die bereits genannten »Fasti«.

II. Prosa

Cato. Der erste in Texten greifbare Prosaiker und zugleich ein für verschiedene Stilformen der Prosa fruchtbarer Anreger war der als antikarthagischer und sittenstrenger Politiker berühmte → *Cato* (*234 v. Chr., † 149 v. Chr.). Aus der Praetur in Sardinien hatte er *Ennius* mit nach Rom gebracht. Er selbst war ein temperamentvoller Redner, der durch seinen eigenwilligen, kräftigen Stil beeindruckte und die schönen Formen der griechischen Rhetorik ablehnte. Als erster Römer besorgte er eine *Sammlung seiner Reden*. Für die rednerische Ausbildung seines Sohnes verfaßte er einen Leitfaden, aus dem uns u. a. die Anweisung erhalten ist: »Rem tene, verba sequentur!« (»Halte dich an die Sache, die Worte kommen von selbst!«).

Weitere *Lehrschriften* galten der Medizin, der Rechtskunde, dem Kriegswesen und der Landwirtschaft. Nur die letztere ist erhalten (»De agri cultura«). Seine »Origines« behandelten die *Urgeschichte* des römischen Volkes, nannten aber keine Namen von Feldherrn, damit alle Ehre dem Volk zufiel.

Cato war das Haupt der *nationalrömischen Richtung*, die dafür sorgte, daß 161 v. Chr. die griechischen Redelehrer ausgewiesen und 155 v. Chr. die Philosophengesandtschaft unter *Karneades* rasch verabschiedet wurden. Zwar ließ sich auf die Dauer weder die griechische Rhetorik noch die griechische Philosophie aus Rom verbannen, aber Cato ist es zu verdanken, daß der lateinische Prosastil etwas Kraftvolles, Kerniges bewahrt hat. Cato spielte im Bewußtsein des gebildeten Römers stets eine bedeutende Rolle, und so wirkte sein Stilwille in allen Bereichen der lateinischen Prosa nach, in Rede, Lehrschrift und Geschichtsschreibung, aber auch in der von ihm mit Skepsis betrachteten Philosophie.

Redekunst (→Rhetorik) und Briefliteratur. Die → *Gracchen*, gefeierte Redner, hatten ihre Ausbildung bereits durch ein Studium an der Rednerschule in Rhodos vervollkommnet. Dasselbe taten später u. a. → *Cicero* und → *Caesar*. In Ciceros Reden erreicht die römische Beredsamkeit ihren Höhepunkt. Durch seine Reden und rhetorischen Schriften, in denen er den Typ des *allseitig gebildeten philosophischen Redners* mit politischer Verantwortung forderte, begründete Cicero ein politisches Ethos und eine stilistische Norm, die den Begriff des Klassischen entscheidend mitgeprägt haben. In der 2. Hälfte des 1. Jahrhunderts n. Chr., als die Rede politisch an Bedeutung verloren und sich zur artistischen *Deklamation* entwickelt hatte, setzte sich vor allem *Quintilian*, der erste öffentliche Professor für Beredsamkeit, für den Ciceronianismus ein, u. a. in seinem Werk »Lehrgang der Beredsamkeit« in zwölf Büchern. Im 2. Jahrhundert hielt *Apuleius* in vielen Städten *Prunkreden* und Vorträge, aus denen Auszüge (»Florida«) erhalten sind. Von den späteren Rednern hat ein Vorkämpfer des *altrömischen Heidentums*, *Symmachus*, Berühmtheit erlangt, u. a. durch eine »Relatio« (ein amtliches Schreiben an Valentinian II.), in der er für die Wiederaufstellung des Victoria-Altares in der Kurie (Versammlungsort des Senates) eintrat. Von Symmachus gibt es auch eine *Briefsammlung* in zehn Büchern, die einen stark rhetorischen Stil aufweist.

Redekunst war nun nicht mehr die Kunst des Redens, sondern eher die Kunst, *wie ein Redner zu schreiben*. Sie hatte damit den Gattungscharakter verloren und war zur allgemeinen Stilkategorie geworden, die in allen Gattungen begegnen kann.

Entsprechendes gilt für die *Briefliteratur*. Wirkliche Briefe sind zum Beispiel → *Catos* Brief an seinen Sohn (verloren) oder *Cornelias* Brief an ihren Sohn C. Gracchus, die rund 900 Briefe, die in → *Ciceros Briefsammlungen* enthalten sind, ebenso die Briefe, die → *Plinius der Jüngere* an Traian richtete, oder *Frontos* Briefe an Marc Aurel. Bei literarischen Briefen jedoch ist meist nur Sprechhaltung in andere Gattungen übertragen. So gehören z. B. *Sallusts* offene Briefe an Caesar eher zur Geschichtsschreibung, *Senecas* »Epistulae morales« zur philosophischen Literatur. → *Ovid* und → *Horaz* haben den Briefstil auch poetisch verarbeitet.

Geschichtsschreibung (→ *auch Seite 179*). Unter den literarischen Betätigungen genoß neben der Redekunst die Geschichtsschreibung das größte Ansehen. Sie ging aus von der *Annalistik*, einer Darstellungsform, die nach den Amtsjahren der Consuln aufgebaut war und auch innerhalb der behandelten Jahre einem festen Dispositionsschema folgte: Namen der Beamten, Kriege, innenpolitische Veränderungen, Wunderzeichen, Feste usw. Neben den mehr amtlichen Annalen gab es Geschichtswerke, die der Bildung eines *nationalen Selbstbewußtseins* sowie *sittlicher und politischer Wertvorstellungen* dienten, z. B. die *historischen Epen* des *Naevius* und *Ennius* und die »Origines« des → *Cato*. Sie sind ebenso verloren wie alle historischen Werke bis in die Mitte des 1. Jahrhunderts v. Chr. Aber folgende Tendenzen sind greifbar: Die Frühzeit wird romanhaft und anekdotisch ausgeschmückt und analog zum Geschehen der eigenen Zeit gesehen. Die Berichte werden zum Ruhm des eigenen Geschlechts verfälscht. Die Monographie und die Zeitgeschichte rücken in den Vordergrund. *Sisenna* begründet die Sitte, an das Werk eines Vorgängers anzuknüpfen. Die ersten erhaltenen Geschichtswerke sind schon klassische Meisterwerke: → *Caesars* Berichte über seine Feldzüge und *Sallusts* Monographien »Die Catilinarische Verschwörung« und »Der Jugurthinische Krieg«. Nur Teile sind aus Sallusts zeitgeschichtlichem Werk »Historiae« erhalten. Sallust, ein Feind der Nobilität, suchte die Gesetze der *politischen Moral* und ihre Wurzeln in der *Sitte der Väter*. Er pflegte einen eigenartig altertümelnden, aber eingängigen, prägnanten Stil.

Ebenfalls im 1. Jahrhundert v. Chr. schrieb *Nepos* eine *Universalgeschichte* und *Biographien*. Die maßgebende Darstellung der Geschichte der Republik bis zum Jahre 9 v. Chr. stammt von *Titus Livius* (*59 v. Chr., † 17 n. Chr.). Aus dem gewaltigen Werk (142 Bücher) wurden für den praktischen Gebrauch *Auszüge* (»Periochae«) hergestellt. So haben sich vom Original nur 35 Bücher erhalten, darunter die 1. und 3. Dekade (Bücher 1 – 10 und 21 – 30) mit der flüssigen, aber dennoch eindrucksvollen und fesselnden Darstellung der Frühzeit und des Krieges gegen → *Hannibal*. Von besonderem dokumentarischen Wert ist der Rechenschaftsbericht des → *Augustus*, das sogenannte »Monumentum Ancyranum«.

Wegen oppositioneller Tendenz wurden Geschichtswerke in der Kaiserzeit oft unterdrückt und sind daher verloren. Nach Domitians Tod jedoch konnte *Cornelius Tacitus* (etwa *55, † 120) seine Werke veröffentlichen. Die sogenannten *kleineren Schriften* enthalten eine Monographie über seinen Schwiegervater Agricola, die geographisch-ethnographische Studie »Germania« und den »Dialog« über den Niedergang der Beredsamkeit. Nur teilweise sind die beiden großen Werke »Annales« und »Historiae« erhalten, die die Zeiträume 14 – 69 bzw. 69 – 96 behandeln. In packender, psychologisierender Darstellung und wuchtiger, prägnanter Sprache entwirft Tacitus das düstere Bild der Epoche, in der *freiheitliche Gesinnung* (libertas) und *Tüchtigkeit des einzelnen* (virtus) keinen Platz mehr haben, andererseits aber eine Rückkehr vom Principat zur Republik unmöglich erscheint. Tacitus ist leidenschaftlich engagiert, so daß er seine berühmte Maxime »sine ira et studio« (ohne Haß und Parteilichkeit) kaum einzuhalten vermag. Nach Tacitus weist die römische Geschichtsschreibung keinen Großen mehr auf. Genannt seien aber die Kaiserbiographien, die *Sueton* als Kanzleivorsteher Traians mit Hofklatsch und anderen Details anreichern konnte, die »Historiae« des *Ammianus Marcellinus*, die an Tacitus anknüpfen und die Zeit bis 378 behandeln, und die »Gotengeschichte« des *Cassiodor* (6. Jahrhundert).

Philosophische und wissenschaftliche Literatur (→ *auch Philosophie*). Seit der Philosophengesandtschaft im Jahre 155 v. Chr. entwickelte sich in Rom eine philosophische Literatur. Außer *Lukrez* (s. o.) sind die Römer *Eklektiker*, d. h. sie wählen aus den verschiedenen griechischen Denksystemen das ihnen Zusagende aus. → *Cicero* erwarb sich das Verdienst, die griechische Fachterminologie ins Lateinische übersetzt und so das griechische Gedankengut für die Römer verständlich gemacht zu haben. In Anlehnung an die Titel der Dialoge *Platons* schrieb er – ebenfalls in Dialogform – »Über den Staat«, »Über die Gesetze« und »Über den Redner«. Weitere Werke behandeln die höchsten Werte, die Pflichten, den Tod, das Wesen der Götter.

Aus der Zeit der ersten Kaiser seien zwei Fachautoren genannt: *Vitruv*, der zehn Bücher »Über die Architektur« schrieb, und *Celsus*, ein vielseitiger Gelehrter, von dem sich acht Bücher »Über die Heilkunst« erhalten haben. *Seneca*, glückloser Erzieher → *Neros* und 65 im Zusammenhang mit der sogenannten Pisonischen Verschwörung von eigener Hand gestorben, hat als Philosoph ein reiches Werk hinterlassen, das den Geist der *Stoa* atmet: zwei Einzelschriften, zwölf Dialoge, 124 *Briefe an Lucilius*. Es geht ihm besonders um *ethische Fragen:* Milde, Wohltaten, Standhaftigkeit, Verhalten im Glück, in der Muße, auf Reisen, gegenüber Sklaven, in Trauer, im Zorn usw. Seneca ist der größte Meister der lateinischen Sprache, der in nuancenreichem Stil feinste Regungen des Seelenlebens auszudrücken vermag. In manchem ist Seneca seinem Zeitgenossen, dem *Apostel Paulus*, verwandt. Aber der Briefwechsel zwischen beiden – *Hieronymus* und *Augustin* hielten ihn für echt – ist apokryph (nicht anerkannten Texten der Bibel zugerechnet). Auch *naturwissenschaftliche Fragen* behandelte Seneca: Blitz und Donner, Nilquellen, Wolken.

Ein großes naturwissenschaftliches Sammelwerk in 37 Büchern schrieb → *Plinius der Ältere*. Im Jahre 79 kam er beim Vesuvausbruch ums Leben, als er andere retten und selbst das Naturereignis erforschen wollte. Sein Neffe, der jüngere Plinius, berichtet darüber in zwei Briefen.

Stellvertretend für die *technische und juristische Fachliteratur* seien genannt: *Frontinus*, der Fragen der Feldmessung und der Wasserleitung behandelte, und *Gaius*, der mit seinen »Institutiones« eine Einführung in das römische Zivilrecht gab. Die römische Kultur brachte im 2. Jahrhundert zwei *stoische* Werke in *griechischer* Sprache hervor: eine Nachschrift der Vorlesungen des phrygischen Sklaven *Epiktet* (»Handbüchlein der Moral«) und die zwölf Bücher Selbstbetrachtungen (»An sich selbst«) des Kaisers → *Marc Aurel*. Im 2. Jahrhundert schrieb der auch als Redner und Romanautor bekannte *Apuleius* u. a. eine Lehre von den Dämonen (in der Schrift »Der Gott des Sokrates«), in der sich *neuplatonische*

I. Dichtung

II. Prosa

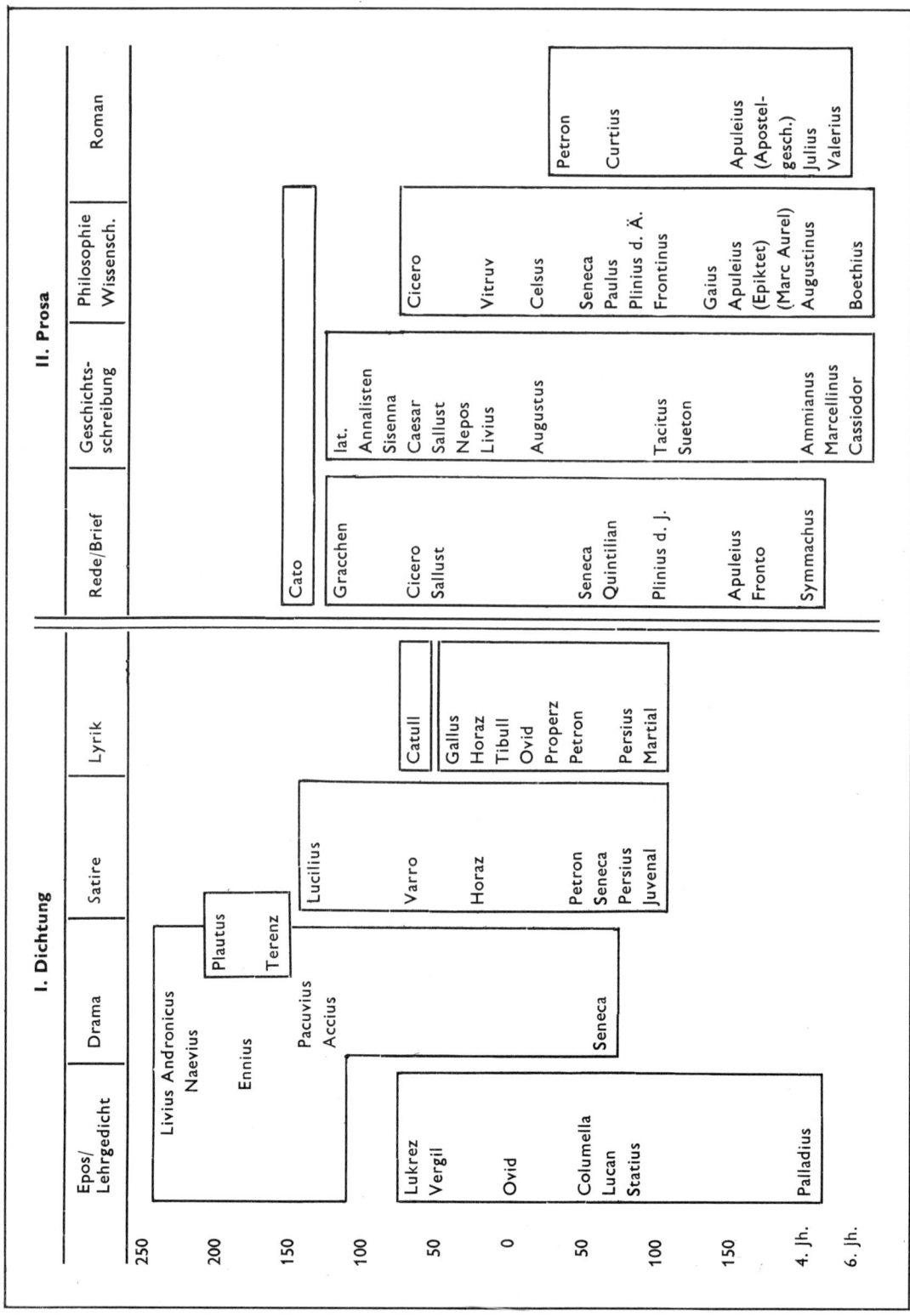

Zeit	Epos/ Lehrgedicht	Drama	Satire	Lyrik	Rede/Brief	Geschichtsschreibung	Philosophie Wissensch.	Roman
250	Livius Andronicus Naevius							
200	Ennius	Plautus Terenz						
150	Pacuvius Accius		Lucilius		Cato	lat. Annalisten Sisenna		
100					Gracchen	Caesar Sallust Nepos Livius		
50	Lukrez Vergil		Varro	Catull	Cicero Sallust		Cicero	Petron Curtius
0	Ovid		Horaz	Gallus Horaz Tibull Ovid Properz Petron		Augustus	Vitruv Celsus	
50	Columella Lucan Statius	Seneca	Petron Seneca Persius Juvenal	Persius Martial	Seneca Quintilian		Seneca Paulus Plinius d. Ä. Frontinus	Apuleius (Apostelgesch.)
100					Plinius d. J.	Tacitus Sueton	Gaius Apuleius (Epiktet) (Marc Aurel)	
150	Palladius				Apuleius Fronto		Augustinus	Julius Valerius
4. Jh.					Symmachus	Ammianus Marcellinus		
6. Jh.						Cassiodor	Boethius	

Gedanken ankündigen. Der Neuplatonismus war dann für *Aurelius* → *Augustinus* (*354, † 430) die Vorstufe der Bekehrung zum *Christentum*. In den »Bekenntnissen« hat er seinen Weg dargestellt und u. a. die Gartenszene beschrieben, in der eine Kinderstimme mit dem zweimaligen »Nimm, lies!« zum Leben nach der Bibel ruft. Das übrige Werk, das umfangreichste, das wir von einem antiken Autor haben, behandelt außer der Theologie Probleme aus vielen Wissenschaften. Es hat die Kultur des Abendlandes entscheidend mitgeformt. In dem Alterswerk »De civitate Dei« entwickelte Augustin den Gegensatz und die Verflochtenheit von *Erdenstaat und Gottesstaat.* Das letzte große philosophische Werk der Antike ist der »Trost der Philosophie« des *Boethius* (*480, † 524), der als führender Mann am Hofe *Theoderichs* für einen angeklagten Freund eintrat und dafür selbst verhaftet und hingerichtet wurde. Das erschütternde Buch, in Haft geschrieben, ist die Summe lebenslanger philosophischer und theologischer Bemühungen, wiewohl auffallenderweise spezifisch Christliches ausgespart bleibt.

Der Roman. Die einzige Literaturform, die den Römern nicht in langer griechischer Tradition vorgegeben war, ist der Roman. Im 1. und besonders im 2. Jahrhundert n. Chr. beginnt in beiden Literaturen die Romanproduktion. Das Wort Roman übrigens ist nicht antiken Ursprungs. Aus der Anfangszeit des Romans stammt das »Satiricon« des *Petronius Arbiter*, eines höheren Beamten, der das elegante Leben am Hofe → *Neros* bestens kannte und dasselbe Schicksal erlitt wie Seneca. In dem Roman zieht der *Held Encolpius*, von dem Fruchtbarkeitsgott *Priapus* verfolgt, mit seinem Liebling *Giton* abenteuernd umher. Poesie und Prosa mischend und aus der Vulgärsprache schöpfend, gibt der Autor ein buntes, oft groteskes und derbes Bild von den verworrenen Verhältnissen der frühen Kaiserzeit.

Im 2. Jahrhundert verfaßte *Apuleius*, vielseitig gebildeter Rhetor und Anwalt, den ersten vollständig erhaltenen antiken Roman, die »Verwandlungen« des jungen *Lucius* in einen Esel und wieder in einen Menschen, der im Isiskult noch geläutert wird. In das Romangeschehen ist ein »bunter Kranz von Geschichten« eingewoben: Erotisches, Hexen- und Räubergeschichten und das sogenannte »Märchen von Amor und Psyche«.

Die christliche Literatur hat die Romanform aufgegriffen, z. B. in den apokryphen *Apostelgeschichten* und in den *Heiligenlegenden.*

Das fruchtbarste literarische Thema der Folgezeit ist der *Alexanderroman.* Er kommt in zehn orientalischen und 18 abendländischen Fassungen vor. Die Wurzeln dieser Produktion liegen u. a. bei *Curtius Rufus* (1. Jahrhundert n. Chr.), dessen Geschichtswerk »Historiae Alexandri Magni Macedonis« bereits romanhafte Stilelemente aufweist, und bei *Iulius Valerius*, der um 320 den griechischen Alexanderroman ins Lateinische übersetzte. (F. R.)

Livia

Livia Drusilla erblickte am 30. 1. 58 v . Chr. das Licht der Welt. Sie entstammte väterlicherseits der berühmten *Claudierfamilie*, die Rom eine große Anzahl bemerkenswerter und eigenwilliger Staatsmänner geschenkt hatte.

Ende 43 v. Chr. heiratete sie – wohl auf Familiengeheiß und noch keine 16 Jahre alt – den viel älteren *Tiberius Claudius Nero;* am 16. 11. 42 v. Chr. wurde dem Paar ein Sohn geboren, der spätere Kaiser *Tiberius.*

Im Jahre 39 v. Chr. verliebte sich der Triumvir *C. Octavianus*, der spätere Kaiser → *Augustus*, in die schöne und gescheite Claudierin, die damals im sechsten Monat schwanger war. Es war ein saftiger Skandal, zumal es Octavianus über Gebühr eilig hatte, sich von seiner Gemahlin *Scribonia* scheiden zu lassen, die ihm gerade die Tochter *Iulia* geboren hatte. Am 17. 1. 38 v. Chr. ehelichte er Livia, welche im März von einem Knaben entbunden wurde, der *Drusus* hieß und dessen Vater Tiberius Claudius Nero war; die Rolle des Claudiers war bedauernswert, aber gegen einen legionsgebietenden Triumvir war er wohl ohnmächtig. Dieser dritte, von Octavianus aus Liebe und Faszination geschlossene Ehebund sollte über 50 Jahre halten, obwohl die von Octavianus ersehnten eigenen Kinder ausblieben; Livia gelang es nämlich schnell, sich einen wichtigen und unersetzlichen Platz im nun entstehenden augusteischen Dynastie- und Regierungssystem zu sichern.

Man ist sich heute noch nicht völlig einig, ob Livia nun der böse oder gute Geist des Princeps war; sicher ist, daß diese Frau der auf die Dauer wohl einflußreichste Ratgeber des Herrschers wurde. Dies gilt für die Personal- und Orientpolitik genauso wie für die Gesellschaftspolitik und vor allem die Selbstdarstellung des Kaiserhauses. Livia drängte sich keineswegs unklug in den Vordergrund, sondern hielt sich in wohl

Livia, die Gattin des Augustus. Marmorplastik. Archäologisches Museum Tripolis.

berechneter Bescheidenheit zurück. Für die Öffentlichkeit stilisierte sie die altrömische Matrone, die sich hingebungsvoll um Kinder und Enkel, Sklaven und Hauswesen bemüht – nur umfaßte der Hausstand Livias das ganze Imperium!

Als Augustus 14 n. Chr. starb, bestimmte er in seinem Testament den Sohn der Livia, Tiberius, zu seinem Haupterben. Livia erhielt ein Drittel des riesigen kaiserlichen Vermögens und den Titel »Augusta«, seinerzeit eine unerhörte Auszeichnung für eine Frau und ein Schlag für Tiberius dazu; er sah sich nämlich von seinem Adoptivvater durch eine »Augusta« fast unter Kuratel gestellt.

Zum großen Leidwesen des Tiberius erreichte Livia das hohe Alter von 86 Jahren und starb erst im Jahre 29 n. Chr. Einer ihrer Urenkel, der Kaiser *Caligula*, hatte sie einen »Odysseus

in Frauenkleidern« genannt und in der Tat war sie nicht nur Kaisergattin und -mutter, sondern wohl auch Mitherrscherin gewesen. (D. R.)

Lucullus

Lucius Licinius (*um 117 v. Chr., † um 57 v. Chr.) hatte einen Consul zum Großvater und *Metellus Numidicus* zum Onkel. Er erhielt eine ausgezeichnete Bildung, sprach und schrieb Griechisch so gut wie Latein, so daß *Sulla* seine Autobiographie von ihm überarbeiten ließ. Bei seinem ersten öffentlichen Auftreten zog er den Ankläger seines Vaters vor Gericht. Seit 87 kämpfte er unter Sulla im ersten Krieg gegen *Mithridates* und besorgte das Münzwesen auf dem Peloponnes. 78 wurde er Praetor, 74 Consul und erhielt den Oberbefehl im dritten Krieg gegen *Mithridates von Pontus*, den er zum Verdruß des Senats und seiner Soldaten nur langsam zurückdrängte. Da Mithridates besiegt zu König *Tigranes von Armenien* floh, mußte er auch diesen besiegen. Da er in den befreiten und eroberten Gebieten Plünderung verbot und die riesige Schuldenlast der *Provinz Asia* dezimierte, machte er sich beutelüsterne Soldaten und sämtliche Steuerpächter zu Gegnern, die in Rom seine Abberufung forderten. Von → *Pompeius* abgelöst, wurde ihm der → *Triumph* erst nach drei Jahren (64) gestattet, dann aber zeigte der Umzug den Römern den ganzen Reichtum des Orients. Im Zug wurden eine goldene Statue des Mithridates, 20 Tragbahren mit Silbergeschirr und Silbergeld von 2,7 Millionen Drachmen mitgeführt, die an den Staat abgeliefert wurden.

Die reichen Geschenke verschonter Städte und Fürsten ließen Lucull, der die *Kirsche* in römischen Gärten eingebürgert hatte, als »Xerxes in der Toga« leben. Als erster führte er den schwärzlichen Marmor von der Insel Melos ein, der nach ihm der lucullische hieß, leistete sich ein Dutzend Villen, um im angenehmen Klima zu leben, und die teuersten Köche, um seine berühmten *Gastmähler* auszurichten.

Das üppigste Mahl, im Apollo-Saal serviert, mußte 200 000 Sesterzen kosten. Als wirklich reicher Mann zahlte er jeden geforderten Preis, wenn er etwas haben wollte. *Cornelia*, die Mutter der → *Gracchen*, verkaufte ihm die Villa des → *Marius* in Misenum, die 75 000 Denare gekostet hatte, für 2,5 Millionen Denare. Seine Villen bei Tusculum bestückte er mit marmornen Wandelgängen und Aussichtswarten, seine Güter bei

Neapel besaßen Salzwasserkanäle für die Fischteiche (→ *Luxus*). Seine Gäste saßen auf purpurnen Sofakissen und tranken aus edelsteinbesetzten Pokalen. Außer Statuen für seine Gärten sammelte er kostbare Handschriften, die in seinen Bibliotheken, Heimstätten gelehrter Griechen, jedermann zugäglich waren. An ihn erinnerten noch im Jahr 150 in Städten Kleinasiens Spiele zu seinen Ehren, die *Lucullea*, weil er die Erpressungen der Steuerpächter eingedämmt hatte. (W. D.)

Luxus

Römische Autoren haben sich häufig genug über den Luxus ihrer Zeitgenossen mokiert und ihn verspottet oder mit einem Unterton des Neides Wunderdinge von ihm erzählt, die bis heute noch gern kolportiert werden, wie etwa Fellinis Film »Satyricon« beweist. Aber über mehr oder weniger gut belegten Fakten dürfen wir nicht übersehen, daß diese nur für einen sehr kleinen Teil der römischen Gesellschaft charakteristisch sind. Die Masse der Bevölkerung lebte einfach und bescheiden, vielfach dürftig. Auch der Alltag der Wohlhabenden mag sich in vernünftigen Grenzen abgespielt haben. Eine kleine Oberschicht allerdings vermochte sich einen selbst heute im Zeitalter der Superlative nur schwer vorstellbaren Luxus zu leisten. Die finanzielle Grundlage für den Aufwand boten häufig *Kriegsbeute* oder *unterschlagene Steuern* aus Verwaltungstätigkeit in den Provinzen.

Tafelluxus. Bis zum ersten vorchristlichen Jahrhundert blieben die Ansprüche der Römer an Tafelfreuden verhältnismäßig bescheiden. Nach dem zufälligerweise überlieferten Menü eines Festschmauses beim Antritt eines Priesteramtes um das Jahr 70 v. Chr. gab es als *Vormahlzeit* (gustatio) Seeigel, frische Austern, verschiedene Muschelarten, Drosseln und Hühner mit Spargel, Austern- und Muschelragout, Meereicheln, Muscheln süß bereitet, Feigenschnepfen, Reh- und Wildschweinlendchen, Backhuhn und Schnecken. Als *Hauptmahlzeit* Schweineeuter, Schweinskopf, Fischpastete, Schweinefrikassee, Entenbraten, gekochte Ente, Hasenbraten, Brathühner. Als *Nachtisch* eine Mehlspeise. An diesem zwar üppigen aber keineswegs besonders luxuriösen Essen nahmen übrigens neun geistliche Herren und sechs Damen, davon vier → *Vestalinnen* teil. Nur wenig später aber feierte → *Lucullus* bereits verschwenderische Gastmähler. *Plutarch* überliefert, daß er für jedes seiner Speisezimmer den

Wert der dort abzuhaltenden Mahlzeit im voraus festgesetzt habe und dabei immer mit einem Aufwand von 50 000 Sesterzen zu speisen pflegte. Eine solche Summe entspricht aber einem Almosen, wenn wir hören, daß Kaiser *Caligula* angeblich 10 000 000 Sesterzen, den Tribut dreier Provinzen, an einem Tag verpraßte. *Lucius Verus* wandte dagegen ›nur‹ 6 000 000 Sesterzen für ein Gastmahl auf. Bei derart aufwendigen Banketten kam es weniger auf die Menge als vielmehr auf die *Extravaganz* an, in der einzelne Römer alle modernen Schlemmer weit übertrafen. Ein Ragout aus Pfauengehirnen oder eine Schüssel mit Flamingozungen mußte schon wegen deren Seltenheit ein Vermögen kosten. *Vitellius* hatte ein Gericht erfunden, das aus Pfauenhirnen, Flamingozungen, Papageienfischen und Muränenmilch bestand. Der Schauspieler *Aesop* – nach anderen Quellen sein Sohn – soll kostbare abgerichtete Singvögel und sprechende Vögel verspeist haben, von denen die Schüssel 100 000 Sesterzen kostete.

Dieser Aesop schlürfte, ähnlich wie Kleopatra, einmal eine aufgelöste Perle, um mit einem Schluck eine Million Sesterzen hinunterzuschlucken. Selbst wenn wir solchen auch von seriösen Kulturhistorikern überlieferten Schauermärchen skeptisch gegenüberstehen, dürfen wir doch glauben, daß für *Tafeldekorationen* ebenfalls horrende Summen ausgegeben wurden. So soll ein Freund → *Neros* bei einem Gastmahl allein für die Rosen der Tafeldekoration 4 000 000 Sesterzen aufgewendet haben. Dazu kamen noch die Kosten für kostbare *Geschenke* an die Gäste, die von Toilettengegenständen über Kleider, Möbel, bis zu besonders teuren Sklaven alles geschenkt erhielten.

Als ein zwar karikierendes Beispiel für römischen Tafelluxus, das aber nicht allzuweit von der Wirklichkeit entfernt gewesen sein dürfte, gilt das Gastmahl des *Trimalchio*, eines Freigelassenen aus dem Nahen Osten, der sich durch mehr oder minder dunkle Geschäfte ein Vermögen ergaunert hatte. *Petronius* beschreibt es in seinem Roman »Satyricon« (→ *Literatur*, → *Erotik*). Da gibt es nicht nur mit Honig übergossene und mit Mohn bestreute Haselmäuse oder Teigeier mit fetten Feigendrosseln und gepfefferten Eidottern gefüllt, sondern auch eine Tafel, auf der in den Zeichen des Tierkreises besondere Leckerbissen lagen, wie etwa bei den Fischen Seebarben, beim Krebs Hummer und ähnliches. Dann wurde ein gebratener Keiler serviert, aus dessen aufgeschnittenen Seiten lebendige Drosseln herausflogen, die sogleich gefangen und frisch für die Gäste zubereitet wurden. Als nächsten Gang brachten die Küchensklaven ein Schwein von beachtlichen Ausmaßen, das der Koch erst ausnehmen mußte. Dabei quollen aus dem Inneren verschiedene Arten von heißen Würsten heraus. Schließlich wurden Früchte und Süßigkeiten aufgetischt, danach wieder fette Hühner, garniert mit Gänseeiern, eine fette Gans von Fischen und Vögeln umgeben, die der Koch aus Schweinefleisch geformt hatte, und als Abschluß noch einmal Austern und Schnecken. Entscheidend ist dabei, daß alles mit großem Aufwand an Dekoration und theatralischen Szenen des Küchenpersonals dargeboten wurde.

Serviert wurde bei luxuriösen Gastmählern auf *Gold- oder Silbergeschirr.* Tiberius hatte zwar die Verwendung von Goldgeschirr in Privathaushalten untersagt, aber erstens wurde dieses Verbot nie streng eingehalten und zum anderen unter Kaiser *Aurelian* wieder aufgehoben. Häufiger allerdings wurde Silbergeschirr benutzt. Wir hören von Silberschüsseln, die 250 und sogar 500 römische Pfund (= 82 bzw. 164 kg) wogen. Nach → *Plinius* führte der Schwiegervater *Senecas* als Befehlshaber einer Armee in Germanien 12 000 Pfund (rund 4 000 kg) Silbergerät mit sich.

Kleidung, Schmuck, Wohnung. Kleiderluxus äußerte sich vor allem in der Kaiserzeit durch Verwendung kostbarer *Stoffe.* Kaiser → *Elagabal* trug als erster Gewänder aus reiner Seide. Fast zur gleichen Zeit kamen auch die im Orient verwendeten mit Gold durchwirkten Seidenstoffe in Mode. Einen Mantel aus gewebtem reinem Gold leistete sich nur *Agrippina,* die Mutter → *Neros.* Im allgemeinen genügten schon prächtige und kostbare Farben. Die Scharlachfarbe war dabei am höchsten geschätzt. Ein Pfund bester Purpurwolle kostete über 1 000 Denare (→ *Geld – Münzen – Maße*), ein Purpurmantel von durchschnittlicher Sorte etwa 10 000 Sesterzen. Die kostbaren Stoffe wurden mit Vorliebe aus dem Orient eingeführt, ebenso *Duftstoffe* und *Essenzen.* Plinius gibt an, daß jährlich aus dem Vorderen und Mittleren Orient für etwa einhundert Millionen Sesterzen Luxusgüter eingeführt wurden und stellt fest: »Soviel kosten uns unsere Liebhabereien und unsere Frauen.« Wenn man bedenkt, daß der Einfuhrwert aus Zollgründen im allgemeinen niedriger angegeben wurde, dürfte der tatsächliche Wert noch beachtlich höher gelegen sein.

Zu den bevorzugten *Schmucksteinen* gehörten Diamanten, Smaragde, Berylle und Opale. Mehr noch als für Edelsteine wandten die römischen Damen für *Perlen* auf, die über den ägyptischen Zwischenhandel vom Persischen Golf bezogen wurden. → *Caesar* zahlte für eine Perle als Geschenk an seine Geliebte sechs Millionen Sesterzen.

Die aufwendigen *Wohnhäuser, Paläste* und *Villen,* die in Rom und auf dem Land in den ersten nachchristlichen Jahrhunderten entstanden, boten den Hintergrund für entsprechend luxuriöse Einrichtungen, die wiederum den Reichtum und das Ansehen ihrer Besitzer spiegeln sollten. Wir hören von astronomischen Preisen für Möbel und sonstige Einrichtungsgegenstände. *Kandelaber* von der Insel Ägina kosteten 25 000 Sesterzen und mehr. *Gefäße aus Murrha,* einem aus dem Orient stammenden wohl achatähnlichem Material, wurden für 300 000 Sesterzen gehandelt. Nero besaß eine Murrha-Schale im Wert von einer Million Sesterzen.

Babylonische Teppiche für Ruhebetten kosteten 800 000; Nero besaß Stücke für 4 Millionen. Besonders begehrt waren *Tische aus Citrus,* dem Holz einer am Atlas wachsenden Thuja-Art. Die Preise richteten sich dabei nach dem Durchmesser der Scheiben. Cicero besaß einen solchen Tisch für eine halbe Million Sesterzen. Ob Seneca sogar fünfhundert dieser Tische und Tischchen besessen hat, bleibt zweifelhaft. Friedlaender führt in seiner »Sittengeschichte Roms«, der die meisten Einzelangaben dieses Abschnitts entnommen sind, als Höchstpreis für einen solchen Tisch 1,3 Millionen Sesterzen an. Immerhin eine Summe für die Einrichtung eines anspruchsvollen Wohnhauses.

Silber war nicht nur als Tafelgeschirr beliebt, sondern vornehme römische Damen badeten auch mit Vorliebe in silbernen Badewannen.

Einen Luxus eigener Art bildeten u. a. die oft überflüssigen zahlreichen *Sklaven* in den Haushalten. Wir hören von eigenen Fackel- und Laternenträgern, von Verschließern der Kleider. Es gab Sklaven, die nur die Aufgaben eines lebendigen Notizbuches hatten und ihre Herrschaft an diverse Geschäfte erinnern mußten, so daß Plinius feststellen konnte, »wir grüßen mit fremdem Gedächtnis«. Ein Neureicher, der als gebildet gelten wollte, ließ einen Sklaven Verse Homers auswendig lernen, ein anderer Hesiod, damit sie bei Gastmählern hinter ihm standen und die entsprechenden Verse soufflieren konnten. Entsprechend hoch waren die Preise für Luxussklaven, zu denen auch Kretins, Hermaphroditen, Zwerge usw. gezählt wurden. (H. P.)

M

Maecenas

C. Cilnius Maecenas, ein römischer Ritter aus Arretium, lebte um 68 v. Chr. bis 8 v. Chr. und entstammte altem etruskischen Adel.

Als Freund und Berater des → *Augustus* wird er für schwierige politische Aufgaben herangezogen. Er führt die Verhandlungen mit *M. Antonius* und ist in Abwesenheit des Kaisers dessen Stellvertreter in Rom. Bekannt wird er vor allem auch als Förderer der großen Dichter seiner Zeit: → *Vergil*, → *Horaz*, *Properz* (→ *Literatur*). Alle haben sich bereits einen Namen geschaffen, bevor sie in den *Maecenaskreis* gelangen. Sie finden dort nach den Wirren des *Bürgerkriegs* (→ *Einleitung, Seite 24*) eine gewisse Ruhe und Geborgenheit im Umgang mit gleichgesinnten Freunden, die alle ihr Schaffen mit strengen Maßstäben messen. Hier kommt der klassische Stil der römischen Poesie zu seiner höchsten Vollendung. Maecenas regt dazu an, die Leistungen des → *Augustus* zu rühmen. Aber er übt keinen Druck aus und verlangt keine übertriebenen, kriecherischen Huldigungen, sondern klare Bekenntnisse in politischer Verantwortung und künstlerisch vollendeter Form. »Du sorgst dich um den Staat, welche Ordnung er haben soll«, sagt Horaz (C. 3, 29, 25), an Maecenas gewandt, und seine eigene Aufgabe sieht er darin, zu singen von der allgemeinen Freude über das Ende der innenpolitischen Kämpfe nach der ersehnten Heimkehr des Helden Augustus (C. 4, 2, 41 ff.). Maecenas' Verdienst um die römische Kultur wird bald sprichwörtlich. »Gebt uns Maecenaten, dann wird es auch Vergile geben«, schreibt *Martial* (8, 55, 5) kaum 100 Jahre später.

Aber Dichterpatronage hat es in Rom schon vor Maecenas gegeben. Seit dem Ersten Punischen Krieg war es bei den Adeligen Sitte geworden, Dichter in ihr Gefolge zu nehmen, meist Ausländer (z. B. *Ennius*) oder Freigelassene *(Terenz)*. Die Dichter genossen einerseits Schutz, sollten aber andererseits als Gesprächspartner und Propagandisten zur Verfügung stehen. Als erste scheinen die → *Scipionen* einen größeren Kreis von Dichtern und Gelehrten um sich versammelt zu haben, ohne unmittelbare äußere Vorteile daraus ziehen zu wollen. Im Laufe des 1. Jahrhunderts v. Chr. wurden aus Bediensteten allmählich Freunde, und es bildeten sich Kultur-zentren wie die Häuser des → *Lucullus* oder des *Atticus*. Gleichzeitig mit dem Maecenaskreis gab es den *Messallakreis*, dem z. B. *Tibull* und → *Ovid* angehörten. Die Kaiser führten die Tradition fort und stifteten u. a. *Dichterhochschulen* (Claudius) und *Dichterwettkämpfe* (Caligula, Nero, Domitian). Auch Privatleute betätigten sich in vielerlei Formen als Maecene, wie die Korrespondenz des jüngeren → *Plinius* zeigt: »Aufmunterung zum Schreiben, Organisation von Rezitationsabenden, Werbung für Unterricht und Vorträge, Lob bei und nach solchen Darbietungen, Bezahlung von Landaufenthalten und Reisekosten, Vermittlung von Vergünstigungen und Privilegien, ja Gründung von Bibliotheken und Schulen« (M. v. Albrecht). (F. R.)

Marc Aurel

Der Friedenskaiser *Antoninus Pius* adoptierte auf Veranlassung seines Vorgängers → *Hadrian* den hochbegabten *Marcus Aurelius Antoninus* (*121, † 180 und bereitete ihn sorgfältig auf seinen künftigen Herrscherberuf vor. Die sittlichen Forderungen der *stoischen* → *Philosophie*, die der junge Marcus bei tüchtigen Lehrern studierte, prägten sein ganzes Leben: Wahrhaftigkeit, Selbstbeherrschung, Pflichterfüllung und Menschenliebe.

Als er im Jahre 161 zusammen mit seinem wenig

Marc Aurel. Die Büste zeigt den etwa neunundfünfzigjährigen Kaiser im Typus eines stoischen Philosophen. Capitolinisches Museum Rom.

Ausschnitt der Marcussäule in Rom. Sie zeigt Szenen aus den Markomannenkriegen des Kaisers Marc Aurel. Um 180 n. Chr.

befähigten Adoptivbruder *L. Verus* († 169) die Regierung antrat, standen die Zeichen auf Sturm. Um die eingedrungenen *Parther* aus den Orientprovinzen vertreiben zu können, mußten sechs Legionen an die Ostfront verlegt werden. Daraufhin durchbrachen unter Führung der *Markomannen* germanische und sarmatische Stämme die geschwächte Donaugrenze und stürmten bis nach Italien vor, wo sich seit den Kimbern und Teutonen (→ *Einleitung*, Seite *26*) kein Feind mehr hatte blicken lassen. Schlimmer als die Barbaren aber wütete die verheerendste *Pestepidemie* des Altertums unter der Bevölkerung und den Soldaten. Nur unter größten Anstrengungen konnte Marc Aurel die Krise meistern; er ließ sogar Teile des kaiserlichen Haushalts versteigern, um die notwendigen Mittel aufzubringen. Kaum hatte der Kaiser an der Spitze seiner Truppen die Markomannen über die Donau zurückgeworfen, da empörte sich in *Syrien* sein fähigster General (175). Zwar brach der Aufstand rasch zusammen, aber an die geplante Grenzerweiterung bis zur Hohen Tatra und den Beskiden war nun nicht mehr zu denken.

Erneut folgten zermürbende Feldzüge an der Donau, an die die Reliefs der *Marc-Aurel-Säule* in Rom einprägsam erinnern. Während dieser Kämpfe, in deren Verlauf auch das Legionslager *Castra Regina* (Regensburg) angelegt wurde, erkrankte der Kaiser und starb am 17. 3. 180 in *Vindobona* (Wien). Zum Nachfolger bestimmte er seinen Sohn *Commodus*, der sich bald zu einem wahngetriebenen Despoten entwickelte. So endete mit Marc Aurel die segensreiche Epoche der Adoptivkaiser.

Es liegt eine tiefe Tragik darin, daß Marc Aurel, dieser Herrscher, in dem Platons Ideal des *Philosophenkönigs* verkörpert schien, und der wie kaum ein anderer befähigt war, das Glück seiner Völker zu mehren, seine Kräfte in der Abwehr äußerer Feinde verzehren mußte. In seinen »Selbstbetrachtungen«, die er in einsamen Nächten im Feldlager niederschrieb, hat sich der »Philosoph auf dem Kaiserthron« einer strengen Selbstprüfung unterzogen. Wir erkennen das Bild eines Mannes, der unbeirrbar und pflichtgetreu dem Göttlichen in seinem Inneren folgte, so daß schon der *Kirchenvater Augustinus* bewundernd sagen konnte, das Leben dieses heidnischen Kaisers verdiene die Nachahmung der Christen. So liegt vielleicht ein geheimnisvoller Sinn darin, daß das hoheitsvolle bronzene Reiterstandbild Marc Aurels auf dem römischen Capitol im metallarmen Mittelalter nur deshalb

vor der Einschmelzung verschont blieb, weil man den Reiter für den ersten christlichen Kaiser → *Constantin* hielt. (H. H.)

Marius und Sulla

Marius und Sulla, die beiden Rivalen aus den Kriegen gegen *Jugurtha* (→ Afrika) und die Kimbern und Teutonen (→ *Germanen, Seite 174*), lebten im Jahre 88 v. Chr. in sehr verschiedenen Lebensumständen. Sulla war Consul und eben im Begriff, das einträgliche und ruhmverheißende Kommando gegen *Mithridates VI.* im Orient anzutreten, während Marius, als Consular und als Troupier so ziemlich ins Abseits geraten war. Ganz ähnlich stand es auch um die politischen Gruppierungen, welche seit den → *Gracchen* die römische Politik stark mitprägten: Hatten um 100 v. Chr. Marius und die demagogischen Führer der *Popularen* (→ Einleitung) die Volksversammlung und vor allem die Straße beherrscht, so spielten jetzt die *Optimaten* und Sulla eindeutig die erste Geige. Durch Tumult und terroristische Nötigung – im damaligen Rom durchaus übliche Mittel der Innenpolitik – erreichten im Jahr 88 v. Chr. die Popularen jedoch die Absetzung der optimatischen Consuln; das begehrte Orientkommando erhielt de siebenundsechzigjährige Marius, der sich seit 12 Jahren in Haß und krankhaftem Ehrgeiz schier verzehrt hatte.

Sulla freilich steckte keineswegs auf, sondern eilte nach *Capua* zu den für den Orientfeldzug vorgesehenen Legionen und schilderte in beredten Worten, welche Einnahmen und Beute den Soldaten entgehen würden, wenn, wie anzunehmen, Marius sich andere Truppenteile aussuchen würde. Die wütende Soldateska (nicht mehr die braven Milizionäre von ehedem!) schrie auf und forderte von Sulla, sie stracks nach Rom zu führen. Sulla tat nur zu gern, was die Legionen forderten. Offiziere, die sich diesem völlig verfassungswidrigen Ansinnen widersetzten, wurden von den Soldaten gesteinigt. Für den Geschichtsschreiber *Appian* ist dieser in der Geschichte erste Marsch auf Rom der eigentliche Beginn der Bürgerkriege, wenn er schreibt: »Dies war das erste römische Heer aus Bürgern, welches mit feindlicher Absicht in seine Vaterstadt eindrang. Von diesem Punkt an wurden Parteikämpfe mit Armeen entschieden . . .« (App. 1, 60).

Marius und seine Anhänger wurden von diesem Coup völlig überrascht, mußten fliehen und verfielen der Ächtung. Sulla ließ in Rom nur die ›nötigsten‹ Hinrichtungen vornehmen und versuchte die Verhältnisse in optimatischem Sinn zu stabilisieren. Nach kurzem Aufenthalt begab er sich nach Griechenland auf den Kriegschauplatz. Kaum hatte er jedoch Italien verlassen, da erhielten die Popularen wieder Oberwasser. Marius kehrte aus seinem afrikanischen Zufluchtsort zurück und betrat in der Aufmachung eines Verbannten italischen Boden. Von dem Gedanken an Rache besessen, sammelte er eine große Schar entlaufener Sklaven und anderer Desperados um sich und zog mit ihnen in Rom ein. Fünf Tage und Nächte gab es dort ein regelloses Morden und Metzeln an jedem, der nur im Verdacht stand, ein Feind des Marius zu sein: Wenn Marius jemandes Gruß nicht zur Kenntnis nahm, bedeutete dies den Tod! Als die marianischen Mordbrenner völlig außer Kontrolle gerieten, mußten 8000 von ihnen durch reguläre Regierungstruppen ›eliminiert‹ werden. Marius, dem Alkohol nahezu verfallen, wurde zwar zum siebten Mal Consul, bekleidete aber auch zur Erleichterung seiner Anhänger das Amt nur 16 Tage und starb dann. Italien und Rom blieben für fünf Jahre unter Popularenherrschaft.

Im Frühling des Jahres 83 v. Chr. landete Sulla, Sieger über *Mithridates*, aber auch offiziell Geächteter, in *Brundisium* und erhielt sofort großen Zulauf von Optimaten, die z. T., wie der junge →*Pompeius*, auf eigene Kosten und Initiative Truppen angeworben hatten. In einem konsequent und erbarmungslos geführten Feldzug wurde nun Italien regelrecht zurückerobert. Marianer und *Samniten* (»Bundesgenossenkrieg«) hatten sich zu einer Koalition zusammengefunden. Die Entscheidung fiel am 1. 11. 82 v. Chr. vor Rom am *Collinischen Tor*. Hier wurde das letzte Heer der Popularen in Italien vernichtet, und 40 000 Tote bedeckten die Walstatt; am Tag darauf zog Sulla in das schreckensstarre Rom ein – kalt entschlossen, mit der Gegenpartei ein für alle mal aufzuräumen und diesmal niemanden übrigzulassen. Zunächst ließ er die Samniten nahezu ausrotten. Noch in Rom wurden 8000 von ihnen auf dem Marsfeld niedergemetzelt, während Sulla im Senat eine Ansprache hielt. Als sich die Senatoren über das deutlich vernehmbare Schreien und Wehklagen der sterbenden Italiker irritiert zeigten, beruhigte Sulla die Versammlung mit den Worten: »Regen Sie sich nicht auf, meine Herren, hier werden nur einige Unruhestifter gezüchtigt!« Darauf kamen die *Ächtungen (Proscriptionen):* Jeden Tag wurden

auf dem Forum lange Listen ausgehängt und ergänzt, auf denen Feinde Sullas – oder auch nur reiche Leute, an deren Vermögen man heranwollte – gegen Kopfgeld zur Ermordung ausgeschrieben wurden. Hier konnte so manche private Rechnung beglichen werden, und Riesenvermögen wechselten über Nacht den Besitzer. Über 2000 Ritter und Senatoren kamen um.

Nachdem ihm nun der Staat genügend »gereinigt« schien, machte sich der »Dictator Sulla« – ein Senatsbeschluß hatte ihn dazu ernannt – an die Aufgabe, die Staatsführung für immer fest in den Händen der Optimaten zu verankern. Dazu erging eine Reihe wichtiger Gesetze, welche besonders die *Amtsbewerbung* und die →*Ämterlaufbahn* an neuralgischen Punkten änderten und das Volkstribunenamt kraftlos und für junge, ehrgeizige Politiker unattraktiv machen sollten.

Hierauf entsagte Sulla freiwillig der Macht, die ihn nicht mehr fesselte, zog sich aufs Land zurück und starb dort inmitten seiner Veteranen und Freigelassenen wie ein reicher Landedelmann.

Sofort nach seinem Tod begann der Konflikt zwischen den Optimaten des Senatsregimes und der wie ein Phönix aus der Asche auftauchenden Popularenpartei wieder aufzuflammen. Einer der neuen, adeligen und hochbegabten Popularenführer war ein gewisser →*C. I. Caesar*. Er und seine zwei Nachfolger *Antonius* und *Octavianus* →*Augustus* beendeten die Parteikämpfe und damit die römische Revolution durch die Einführung des *Principats*, einer Form der Monarchie, welche in der Betonung des *Volkstribunats* (→*Ämterlaufbahn*) gewisse Züge der Popularenbewegung beibehielt. (D. R.)

Maße →*Geld–Münzen–Maße*

Medizin

Das Wort bedeutete bereits im Lateinischen sowohl das Heilmittel als auch die Heilkunst, das Wissen der Ärzte. Ärzte, die geschult waren und die Heilkunst als einzigen Beruf ausübten, kamen erst im 2. Jahrhundert v. Chr. aus Griechenland und Ägypten in größerer Zahl nach Rom. Der erste große Lehrer der griechischen Heilkunst in Rom war *Agathos*, Sohn des *Lysanias*, der 218 v. Chr. das Bürgerrecht erhielt und in einer Taberna am acilischen Kreuzweg prak-

*Miniatur aus dem
»Dioscurides«, einem
spätantiken medizinischen
Kräuterbuch
des Pedanios Dioscurides
(um 60 n. Chr.).*

tizierte, bald wegen seines Schneidens und Brennens *Carnifex* (Schinder) genannt.

Gegen die griechischen Ärzte wetterte → *Cato Maior*, nannte sie Schwindler und Mörder, schwor auf Kohl als Allheilmittel und schrieb sein Alter von 85 Jahren der altrömischen Diät und Körperübungen zu. Zur Heilkunde hatten die Römer bis dahin nur Diät- und Badekuren, Heilkräuterkenntnis und Wundbehandlung beigetragen.

Manche Seuche ist sicher durch den hohen Stand der öffentlichen *Sauberkeit* verhindert worden. Schon *Tarquinius Priscus* (*616 v. Chr., † 578 v. Chr.) vollendete die *Cloaca maxima*, an die Private ihr Grundstück gegen Zahlung eines Cloacariums anschließen konnten. Später wurden Latrinen gebaut, die gegen Gebühr benutzt werden konnten. Durch → *Aquädukte* wurde stets frisches Quellwasser herangeführt. Mit Kaltwasserwaschungen härtete sich der Römer ab. Kranken- und Sterbezimmer räucherte er mit Schwefel oder Helleborus (Nieswurz) oder Verbena (Eisenkraut) aus.

Herkunft und Stand der Ärzte. In Roms Tabernen (Läden, Gasthäusern) eröffneten nun die Schüler des *Hippokrates* und der ägyptischen Chirurgen und Augenärzte ihre Praxen, verach-

tet zunächst, weil sie fast ausnahmslos Sklaven waren. Während für gewöhnliche Sklaven 20 Solidi zu zahlen waren, kosteten Notare (schnellschreibende Sekretäre) 50, Ärzte jedoch 60 Solidi, wenn sie beide Geschlechter behandeln konnten. Teilweise waren sie verpflichtet, außerhalb des Hauses ihres Eigentümers zu praktizieren, das Honorar aber ganz oder teilweise abzuführen. Mitunter konnte ein erfolgreicher Arzt sich freikaufen, wie der Augenoperateur *P. Decimius Eros Merula* (Amsel), der auf seinem Grabstein verzeichnen ließ, daß er für seine Freilassung 6 Millionen Sesterzen, für die Verleihung des Sevirats 10, für Kunstwerke 3,5 und für Straßenpflasterung 5 Millionen Sesterzen ausgegeben habe. Auch *Asklepiades von Prusa*, einem Freund → *Ciceros*, war es durch geschicktes Auftreten, durch seine Rednergabe und erfolgreiche Kuren gelungen, Ansehen und Reichtum zu gewinnen und eine medizinische Schule zu gründen, in der Interessenten medizinische Kenntnisse erwerben konnten, während es sonst genügte, als Heilgehilfe einige Monate Krankenvisite zu absolvieren.

Erst → *Caesar* gab den fremden Ärzten (und Lehrern) das Bürgerrecht und → *Augustus* befreite sie von den Lasten und Abgaben der Bürger aus

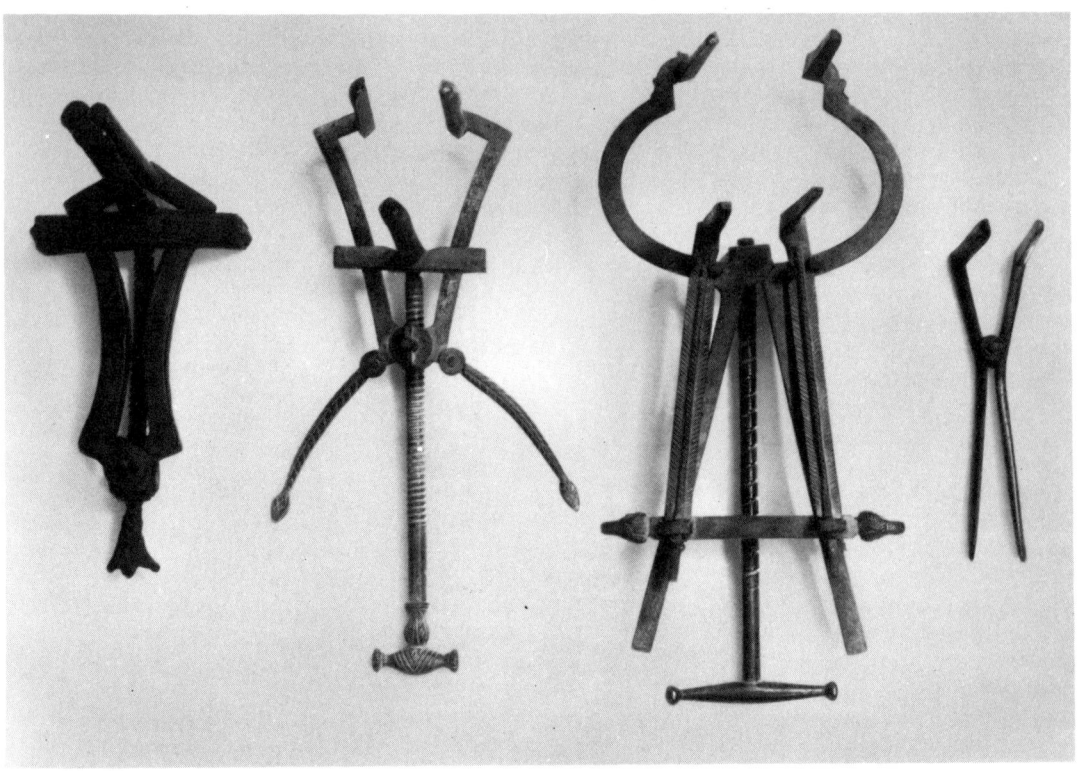

Teile eines chirurgischen
Bestecks, das, verwahrt in einer
Kiste, im Haus eines Arztes
in Pompeii gefunden wurde.

Dankbarkeit gegenüber *Antonius Musa*, der ihn
von schwerer Krankheit geheilt hatte. Musa, ein
Freigelassener des Kaisers, hatte Erfolg mit Kalt-
wasser- und Lattichkuren, erhielt die Ritter-
würde und ein ehernes Bildnis im *Aesculapius-
Tempel* auf der Tiberinsel. Die Erhebung in den
Bürgerstand zog nicht nur weitere Ärzte aus
Griechenland und dem Orient nach Rom, auch
Einheimische wandten sich dem ehrenhaft gewordenen Beruf zu wie *M. Artorius*, der Augustus,
A. Cornelius Celsus, der Tiberius behandelte.
Leibärzte und Honorare. Berühmte Ärzte konnten
horrende Summen für erfolgreiche Heilungen
fordern. So berichtet → *Plinius*, daß *Stertinus*
aus seiner Stadtpraxis jährlich 600 000 Sesterzen
geholt habe. Noch *Galen* erhielt für die Heilung
der Gemahlin des *Boëthius* 40 Goldstücke (etwa
120 000 DM). Bangen mußte kein Arzt um sein
Honorar, da es zu den bevorrechtigten Forderungen bei Erbfall, Konkurs usw. zählte. Allerdings
mußte das Honorar in gesunden Zeiten verabre-
det worden sein; Versprechungen, die in Todes-
angst gegeben waren, konnten nicht eingeklagt
werden.
Die Kaiser sicherten sich die geschicktesten Ärzte
für sich und ihre Familie, wobei diejenigen besonders gefragt waren, die ihre Medikamente selbst
zubereiten konnten. → *Nero* gab als erster seinem
Leibarzt den Titel »Archiater« (Oberarzt), aus
dem das deutsche Wort Arzt abgeleitet wird.
→ *Constantin* nannte seinen Leibarzt bereits
»Archiater palatinus«, verlieh ihm die Ritter-
würde und das Prädikat »Praesul spectabilis«
(»Angesehener Schutz«). Erst *Antoninus Pius* (R
138–161) stellte »Archiatri populares« (öffentliche Oberärzte) an, je einen für die vierzehn
Regionen Roms und für die → *Vestalischen Jung-
frauen*, für die kleineren Städte fünf bis sieben.
Sie bezogen ein festes Gehalt und bildeten am
Ort ein Collegium, das den Unterricht für die
Medizinalanfänger zu besorgen hatte. Schied
einer aus dem Collegium aus, so wählten die
übrigen Collegen einen Kandidaten, der vom
Kaiser bestätigt werden mußte. Den Regionsärz-
ten Roms war die Behandlung armer Patienten
besonders aufgetragen worden, doch konnten sie
mit wohlhabenden Patienten Verträge abschlie-
ßen, sie also neben der Armenpraxis behandeln.
Zahlreich waren die *Spezialisten* unter den Ärz-

ten. Da schon auf den zwölf Tafeln (451–450 v. Chr., → *Recht*) durch Gold befestigte Zähne erwähnt werden, gab es also schon Zahnärzte. Daneben unterschied man Chirurgen, Augenärzte, Ohrenärzte, Ärzte und Ärztinnen für Frauenkrankheiten, nicht identisch mit Hebammen (obstetrices), Spezialärzte für Fisteln, Brüche und Steine. Es herrschte freier Wettbewerb; jegliche staatliche Kontrolle fehlte, worüber schon Plinius klagt, weil auch ungeschulte Leute und Scharlatane sich als Mediziner aufspielten.

Auch die *Apotheker* blieben unkontrolliert, konnten ohne ärztliche Anweisung Medikamente abgeben und priesen die teuersten Mittel als die besten an. Wer als Arzt über eine besondere Methode, als Apotheker über eine Wunderarznei verfügte, hielt sie geheim oder belegte seine Gehilfen mit schweren Eiden, damit ihm die Einkünfte nicht geschmälert würden. Als Ausnahme darf *Apuleius Celsus* aus Centorbi auf Sizilien gelten, ein Zeitgenosse des Augustus, der die Erlöse aus seinem Mittel gegen die Hundstollwut seiner Vaterstadt spendete.

Ärzteschulen. Nach den Feldzügen des → *Lucullus* und → *Pompeius* zogen berühmte griechische Ärzte nach Rom und unterrichteten Anhänger in ihren Theorien. So *Asklepiades*, der Begründer einer »Balneotherapie« (Wasserheilkunde), dessen Verfahren (außer den Schaukelbädern) *Sebastian Kneipp* wieder eingeführt hat. An Ärzteschulen unterschied man in der Kaiserzeit die *Empiriker* und die *Methodiker*, die beide von ihren Schülern unbedingten Gehorsam und Achtung ihrer Dogmen verlangten. Methoden und Arzneien der großen Ärzte wurden bei ihren Schülern zumeist mündlich weitergegeben. Von der ärztlichen Enzyklopädie des *Aulus Cornelius Celsus* (*35 v. Chr.) blieb nur das erste Buch (Diätetik) und das fünfte (Arzneien) erhalten. Der eifrigste Sammler ärztlichen Wissens war *Gaius Plinius Maior* († 79 n. Chr. beim Vesuvausbruch), der sein Werk »Naturalis historiae libri XXXVII.« aus 2000 Schriften von über 100 Autoren gezogen hat.

Galen. Als der bedeutendste römische Arzt gilt *Claudius Galenus* (*131 n. Chr. in Pergamon, † 199 in Rom). Sein Vater, Mathematiker, Astronom und Architekt, ließ ihm eine ausgezeichnete Ausbildung zukommen und ihn u. a. bei dem Anatomen *Pelops* in Smyrna studieren. Nach sieben Jahren als Gladiatorenarzt ließ er sich 165 in Rom nieder, wo er eine erfolgreiche und daher beneidete Praxis unterhielt. Er faßte das gesamte Wissen der antiken Heilkunde nach scharfer Prüfung in einem logisch durchdachten System zusammen. Zwar griff er auf die Lehren des *Hippokrates* und seiner Nachfolger zurück, übernahm aber nichts ohne Prüfung und schloß Lücken durch eigene Forschungen. So studierte er auf Zypern Metallurgie und Bergbau (Kupfer) vor Ort, informierte sich in Judaea über Anbau und Wirkung der Balsampflanze. Von seinen Forschungen berichten 83 echte Handschriften. Das ganze Mittelalter hindurch und bis weit in die Neuzeit besaßen seine Lehren absolute Autorität, so auch die von ihm überlieferte antike Regel, daß gesund der sei, bei dem die »Kardinalsäfte« (Blut, Schleim, gelbe und schwarze Galle) richtig gemischt und im Gleichgewicht seien. Seinen Ruf begründet er, als Kaiser → *Marc Aurel* ihn 168 ins pestverseuchte *Aquileia* einlädt; durch die Erfindung des Heilmittels »Theriak« gelingt es ihm, den Kaiser und seine Umgebung zu retten.

Heilmittel und Apotheken. Schon Galen beklagt das Einströmen orientalischer Arzneien, das Tragen von Amuletten, die Beschwörung und Austreibung von Dämonen (Exorzismus), den Reliquien- und Tempelkult an Stelle der Verabreichung ärztlich verschriebener Mittel. Ursprünglich hatten die Ärzte selbst die Medikamente bereitet, doch war das zu zeitraubend und zu schwierig geworden, denn nur noch Spezialisten kannten die fast 1000 Heilpflanzen und konnten die aus dem Orient bezogenen Drogen und Gewürze bestellen und prüfen. Am besten ging das Geschäft mit *Weihrauch* (für Bestattungsfeierlichkeiten), der über Gaza (→ *Handel*) bezogen wurde. Bei Beerdigungen sah man nicht so genau auf den Preis; → *Nero* verbrauchte beim Begräbnis der *Poppaea* mehr als eine Jahresernte Weihrauch.

Pfeffer kostete das Pfund zu des *Plinius'* Zeiten 4 bis 15 Denare, von *Narde* das Pfund Blätter 40 bis 75 Denare, das Pfund *Ähren* 100 Denare. Eingeführt wurden auch arabische und indische Myrrhe, Amomum und Cardamomum, Ingwer und Bleiweiß; die heimischen Gärten lieferten Rosen-, Krokus-, Myrten- und Zypressenöl. Diese Öle wurden vor allem für Kosmetika benötigt, die zumeist von Heilmittelhändlern vertrieben wurden. (W. D.)

Mithras

Die Iranier kannten den Gott Mithras schon um 1400 v. Chr. als Hüter von Verträgen. In Hymnen priesen sie ihn später als den *Gott des Lichtes*, das

Mithras. Das Relief zeigt die für den Kult typische Szene mit dem Gott beim Töten des Stiers. Nationalmuseum Neapel.

vor der Sonne über die Berge kommt – nicht aber als Sonnengott. Mit einem Gespann von vier Schimmeln fährt er über den Himmel hin, hilft in jeder Not, verleiht Fruchtbarkeit, gibt Gesetze, geleitet die Seelen ins Paradies. Am persischen Königshof wurde das *Mithrasfest* mit großem Pomp gefeiert. Sein Kult verbreitete sich nach Armenien, Kleinasien und Babylon, wo er mit astrologischem Gedankengut verknüpft wurde. Kaufleute und Sklaven brachten ihn ins Römische Reich. Vor allem aber verehrten Soldaten, die aus dem Orient stammten, ihren Gott auch in ihren neuen Garnisonen und in den Städten, in denen sie sich nach dem Ende der Dienstzeit niederließen. So kam Mithras gegen Ende des 1. Jahrhunderts n. Chr. an die Donau und an den Rhein, bald auch nach Britannien, Gallien, Spanien, in die Atlasländer und an den Nil.

Der Kultlegende zufolge wurde Mithras aus einem Fels geboren und zuerst von Hirten angebetet. Die Kultbilder zeigen den Gott, wie er einem Stier auf den Rücken springt und ihn mit einem Dolch ersticht. Aus dem Körper des Tieres sprießen Pflanzen empor, aus dem Schwanz Getreide, aus dem Blut die Weinrebe. Der Unreine Geist entsendet seine Tiere, den Schöpfungsakt zu stören: die Schlange will vom Blut trinken, der Skorpion den Samen vergiften.

Der Kampf gegen das Böse machte Mithras zum *Gott des Kriegerstandes;* darum verehrten ihn die Legionäre. Als sich auch Kaiser *Commodus* (R 180–192) zu ihm bekannte, wurde der persische Gott in Rom hoffähig. Der Mode entsprechend setzte man ihn oft mit anderen Gottheiten gleich: mit Apollo, Horus, Dionysos u. a.

Es war ein *Mysterienkult,* der seinen Anhängern strenge moralische Pflichten auferlegte und dafür die *Unsterblichkeit* verhieß. Die Gläubigen versammelten sich in natürlichen oder künstlichen Höhlen. Am Anfang der Mystenlaufbahn stand die *Taufe,* dann folgten sieben Grade der *Einweihung,* jeder mit besonderer Kleidung, die nach verschiedenen Prüfungen feierlich übergeben wurde. Man sprach einander als »Bruder« an. Vieles hatte der Mithraskult mit dem *Christentum* gemeinsam: die *soziale,* ausgleichende Wirkung, das Dogma von der *Unsterblichkeit der Seele, Auferstehung, Jüngstes Gericht, Taufe, Weihwasser,* die Feier des *Sonntags* und der *Gottesgeburt* am 25. *Dezember.* Der Mithraskult konnte aber nicht zur Massenreligion werden; er blieb zu sehr asiatisch und war nicht so gut organisiert wie das Christentum. Mit dessen Aufstieg begann der Niedergang des Mithraskultes; gegen Ende des 4. Jahrhunderts war der persische Lichtgott in Europa und im Mittelmeerraum nahezu vergessen. (G. S.)

Museen → *Deutschlands* ›*Römerstädte*‹, → *Italienische Museen*

Münzen → *Geld–Münzen–Maße*

Musik

Einem Vergleich mit der hohen Musikkultur Griechenlands kann das antike Rom nicht standhalten. Wohl zeichneten Wissenschaftler wie *Varro* oder *Quintilian* die griechischen Musiktheorien auf, hauptsächlich jedoch nur, wie auch → *Cicero,* um sie dem *Rhetorikunterricht* (→ *Rhe-*

torik) nutzbar zu machen. Sie entwickelten diese Theorien auch nicht weiter, zumal sie bei den Römern dafür wenig Widerhall gefunden hätten. (Indem übernahm in der Provinz das hochberühmte *Alexandreia* die Pflege musikwissenschaftlicher Arbeit.) Vor allem die musikalische Ethik griechischer Prägung fand keinen Widerhall in dieser römischen Adelsgesellschaft, deren Erziehung und Bildung auf das rein Praktische ausgerichtet war. Ein Nachdenken über Wechselbeziehungen zwischen Moral und Kunst, zwischen Charakter des Künstlers und Kunstwerk lag dem Römer im allgemeinen fern, er hatte ein unbefangenes Verhältnis zur Musik. Wohl machten sich Schriftsteller zu Interpreten der in den großen Kulturen der Antike verbreiteten Auffassung, daß Eigenart und Klang der einzelnen Instrumente, ja bestimmte Intervallfolgen eine reinigende sittliche Wirkung auslösen müßten, doch sie fanden zunehmend weniger Widerhall in einem Volk, das sich nach siegreichen Feldzügen mehr und mehr einem Leben des Luxus und Vergnügens verschrieb. Dennoch erfüllte die Musik im antiken Rom wichtige Funktionen, begleitete die Menschen auf ihrem Lebensweg sie in der Form des Gesangs oder der Instrumentalmusik.

Zweifellos wahrten die Römer die volkstümliche Überlieferung, doch ist uns heute ein unmittelbarer Zugang zur römischen Musik mangels Quellen weitgehend versperrt. Vielleicht nur deshalb fand das ureigene römische Musikleben keine entsprechende Würdigung. Die Forschung des 19. Jahrhunderts, die Rom meist nur von Griechenland her beurteilte, sprach von Unfruchtbarkeit und Entartung. Unbestritten allerdings blieb die Musikalität der lateinischen Sprache, die sich im Wohllaut der Worte und der klangvollen Komposition der Sätze ausdrückt, was nicht zuletzt den römischen Rednern (→ *Rhetorik*) zu großen Erfolgen verhalf.

Lieder. Die → *Literatur* verweist häufig auf ein reich entwickeltes Liedgut, das über den kultischen Raum hinaus alle Lebensbereiche erfaßte. So berichtet *Livius* (→ *Literatur*), daß die Kultgenossenschaft der Salii Lieder zu einem dreischrittigen Waffentanz sang, in denen höchstwahrscheinlich Entsühnung vom Kampf erbeten wurde. Während später der Text längst unverständlich geworden war, hatten sich die Weisen erhalten. In ähnlicher Weise Lied und Tanz verbindend, erflehten die *Arvalbrüder* (→ *Religion*) bei einer Flurprozession am 1. Mai Abwehr von Unwetter und Dürre. Der Vortrag dieser *Kultlieder*

Bronzesistrum. Rasselinstrument, das aus Ägypten stammt und beim Isis-Kult verwendet wurde. Privatbesitz Rom.

erfolgte zunächst durch einen Vorsänger, dem die Gruppe antwortete, später im Wechselgesang einzelner Gruppen. Belegt sind ferner *Gesänge, die die Arbeit begleiteten;* Vergil (→ *Literatur*) erwähnt, daß Schnitter und Winzer Lieder sangen. Auch *Wanderlieder* kannten die Römer, ja, sie jodelten sogar, was → *Augustinus* (→ *Literatur*) als Formmuster für das Jubilieren im liturgischen Gesang der jungen christlichen Kirche vorschlägt. Seneca (→ *Literatur*) macht auf die *melodischen Rufe der Verkäufer* aufmerksam, an deren musikalischer Ausprägung noch heute der Tourist im südlichen Italien seine Freude hat. → *Horaz* (→ *Literatur*) vermeldet, daß sogar die Bettler um die Wette sangen und das Volk sich am *Bänkelsang* ergötzte. Wiederholt wird bezeugt, daß der Gesang in der Familie bei jeder Gelegenheit gepflegt wurde, doch sind – wie auch in anderen Fällen – die Originaltexte nicht erhalten. Berichtet wird nicht nur von *Tisch- und Schlafliedern*, von *Ammen- und Kinderliedern, Spott- und Liebesliedern*, sondern auch von der *Verehrung der Ahnen und Ehrung* der siegreichen Familienväter durch Gesänge. Wenn auch das *Zwölf-Tafel-Gesetz* (→ *Recht*) *Scheltlieder* verbot, so ließ sich doch offensichtlich die Neigung der Römer nicht ausrotten, dem politischen Gegner durch geharnischte, auch unflätige Verse eins auszuwischen. *Catull* (→ *Literatur*) erhob dieses Genre in die hohe Literatur. Lieder ähnlicher Art wurden aber auch bei den häufigen, immer mehr entartenden → *Festen* und den damit verbundenen Prozessionen gesungen; selbstverständlich erhielt auch der *Polterabend* eine entsprechende Umrahmung. Dabei spielte das magische Element eine besondere Rolle: Dämonen sollten beschworen werden (→ *Religion*). Vor allem bei *Soldatenliedern* kommt das auch zum Ausdruck: durch Herabsetzung des siegreichen Feldherrn sollten bei Triumphen neidische böse Geister verjagt werden. Stegreifversuche dieser Art reichen bis in die älteste Zeit zurück, als *Romulus* über die Nachbarstadt Caere triumphierte.

Auch die *Klagelieder* gehören zu den ältesten der Gattung. Sie reichten vom Wimmern bis zum Schrei, äußerten sich in lang ausgehaltenen Klagelauten, woran sich in einer Art Litanei die Würdigung des Toten anschloß. Bei Bedarf mietete man dafür Sänger. Auch *Liebeslieder* erschöpften sich nicht in der Beschreibung der Sehnsucht, sondern ergingen sich ebenso in Schmähungen, sofern das erwünschte Verhältnis durch irgendeinen Umstand gestört wurde.

Sicherlich hat sich im Laufe der Zeit zunächst der *etruskische*, später auch der *griechische* und *orientalische* Einfluß bemerkbar gemacht, doch kann an der Eigenständigkeit ursprünglich-römischen Musiklebens nicht gezweifelt werden.

Instrumentalmusik. Von den → *Etruskern* übernahmen die Römer *Signalinstrumente*, die vor allem im militärischen Bereich (→ *Heerwesen*) Verwendung fanden. *Lituus*, ein gekrümmtes Signalhorn der Reiterei, und *Cornu*, ursprünglich ein Stierhorn, später aus Metall gefertigt, waren wohl etruskische Erfindungen; über die Etrusker wurde auch die *Tuba* aus dem griechischen Raum eingeführt, unsere Trompete. Die Töne dieser Instrumente sollten eine moralische Wirkung auslösen, zum Kampf anspornen oder beim Marsch die Müdigkeit verscheuchen, die Bereitschaft wecken, gegen den Feind zu kämpfen. (Siehe auch das Stichwort → *Heerzeichen*.)

Nach Berichten der Schriftsteller hatte sich eine eigene Art *Militärmusik* entwickelt. In ihr erhielten die einzelnen Instrumente entsprechend ihrer Wirkungsweise einen bestimmten Auftrag: Der drohende Klang der *Tuba*, die sechs Töne umfaßte, wurde bevorzugt. Ursprünglich hatte die Tuba sicher nur Kulthandlungen begleitet, nun blieb ihre Verwerdung nicht auf die Kampfhandlungen beschränkt; sie erscholl auch bei Triumphzügen, Leichenbegängnissen, Staatsaktionen, Opfern und Hinrichtungen. Der *Lituus* dagegen hatte einen hellen Klang, er wurde deshalb bei Reiterattacken geblasen. Das kreisförmig gebogene, siebzehn dumpfe Töne umfassende *Cornu* erscholl auch bei Seeschlachten. Genannt werden auch noch *Dudelsackbläser* bei der Flotte, sogenannte *Symphoniaci*.

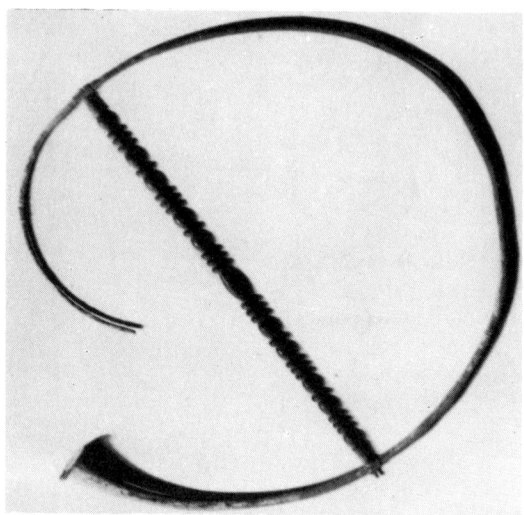

Cornu. Großes rundgebogenes Metallblasinstrument, wie es vor allem bei Festzügen verwendet wurde. Nationalmuseum Neapel.

Musik begleitete auch die *Kulthandlungen*, um die Dämonen zu vertreiben. Die Töne der *Tibia* (= Schalmei) sollte bei Bestattungen die Rückkehr der Geister Verstorbener verhindern; den Manen wurde schweigend geopfert. Später übernahm die *Lyra*, die altgriechische Leier mit gewölbtem Resonanzkörper, von zwei Antilopenhörnern gerahmt, in manchen Fällen die Aufgabe der Tibia.

Die *Mysterienkulte* (→ *Religion*) verlangten ganze Orchester eigenartiger Instrumente. Die Musik sollte wohl auch Dämonen abwehren, aber darüber hinaus die Teilnehmer in Ekstase versetzen; ein Gemisch von schrillen, rauhen, dumpfen, rasselnden und klappernden Tönen und Geräuschen besorgte die nötige Einstimmung. Bei den *Orgien des Bacchus* ertönte ein volles Orchester, dessen Lärmen vom Geheul sich in Trance befindender Teilnehmer gesteigert wurde.

→ **Theater**. Nach des Livius Bericht wurden 364 v. Chr. – als eine Art Pestgelöbnis – pantomimische Spiele in etruskischem Stil mit *Schalmeienbegleitung* aufgeführt; später baute man diese Urform des Theaters im römischen Bereich mit eigens zu diesem Zweck komponierten Gesängen und einer dafür geschaffenen Choreographie weiter aus. *Livius Andronicus* (→ *Literatur*) hat 240 v. Chr. bei der Einführung des griechischen Theaters in Italien als Komponist diese Entwicklung weiter gefördert. *Plautus* (→ *Literatur*) gestaltete die *Komödie* in ein *Singspiel* um, in dem er vor allem den *Sologesang* bevorzugte. Auch war es Sitte geworden, der Komödie eine *Ouvertüre* voranzustellen und durch Zwischenaktmusiken das Publikum zu unterhalten. Die Tänze wurden von Schalmeienbläsern begleitet. Uns sind zwei Sklaven, *Marcipor* und *Flaccus*, als Komponisten Plautinischer Bühnenmusiken bekannt.

In der *Tragödie* trat der Chor ebenfalls zugunsten der *Soloarie* zurück.

Dagegen erklangen in der patriotisch verbrämten »fabula praetexta«, dem *Nationalschauspiel*, *Chöre* von Soldaten, Hirten und Frauen. In der Kaiserzeit verkümmerte die Darstellung in der Tragödie zur *Pantomime*, und die Solisten traten immer mehr hervor. Schließlich lösten Musik und Tanz die alten Formen ab; an die Stelle des Sängers trat wieder der Chor, an die Stelle des Bläsers das Orchester. Der Takt wurde nun durch das »scabellum« angegeben, eine an der Fußsohle des Spielers befestigte Klapper. Theater wurde zur Posse mit eingestreuten Couplets, die Szene entfaltete sich im Tanz, der sich nun auch immer mehr im Privatleben als eine Modeerscheinung durchsetzte.

→ **Amphitheater**. Hatten zunächst Schalmeienbläser die Gladiatoren zum Kampf angefeuert, so kam schließlich die *Wasserorgel*, aus Griechenland eingeführt, wegen ihrer Lautstärke zu größeren Ehren. Sicher darf man das Getöse der Wagen, vermischt mit dem Gebrüll der Tiere, mit dem Geschrei der tobenden Menge, mit dem Schall der Wasserorgel, der Geräuschkulisse unserer heutigen Massenveranstaltungen gleichsetzen. Übrigens erfreute sich die Orgel wachsender Beliebtheit; sie galt den Römern als ein Weltwunder. Kaiser wurden begeisterte Organisten;

Orgeln gehörten zum Inventar der Garnisonsmusik in der Provinz.

Unterhaltung und Varieté. In der Kaiserzeit trifft sich in Rom das Künstlervölkchen aus allen Provinzen: Schlagersänger, Damenkapellen aus dem Orient, Tänzerinnen aus Spanien; *Seneca* und *Petronius* (→ auch *Literatur*) nehmen, jeder in seiner Art, dazu Stellung. Jetzt will aber auch der einzelne Bürger sich an einem Instrument erproben, singen und tanzen lernen. Musiklehrer haben Hochkonjunktur, man zahlt jedes Honorar, zumal höchste Kreise, an der Spitze die Kaiser, die Herren Musici verwöhnt haben. Man tritt in Privatveranstaltungen auf, Kinder scharen sich in Chören zusammen, es singt und klingt überall: Musik ›versüßt‹ das Leben.

Die soziale Stellung der Musiker (→ *Soziale Verhältnisse*). In der Servianischen Verfassung gehörten die *Militärmusiker* der 5. Klasse an, wurden damit den Fahnen- und Standartenträgern gleichgestellt und vom gemeinen Dienst befreit. In der späteren Kaiserzeit durften sich auch die Musiker zu Collegien zusammenschließen. Der Mitgliedsbeitrag wurde für die Altersversorgung und andere soziale Zwecke verwendet.

Die soziale Stellung der Schauspieler und Sänger (→ *Soziale Verhältnisse*). Diese Gruppe hatte seit der ersten Hälfte des 1. nachchristlichen Jahrhunderts ihre soziale Stellung entscheidend verbessern können. In einem Zentralverband zusammengeschlossen, der wiederum in Regionalverbände aufgeteilt war, erfreute man sich der Protektion des Kaisers, was sich in Befreiung von Steuern, von Einquartierung und vor allem vom Kriegsdienst äußerte. Neben dieser Vereinigung der freien Künstler bestand weiterhin der schon früher konstituierte Verband freigelassener Künstler. So sehr hatte die Kunst der Schauspieler und Sänger an Bedeutung gewonnen. (J. G.)

Mythologie

(Siehe auch die Stichwörter → *Gespensterglauben*, → *Religion*, → *Sagen*.)

Der *Mythos* erzählt vom Wirken der Götter in alter Zeit, von der Erschaffung der Welt und der Menschen, er deutet das Geschehen in der Natur als Ergebnis früherer göttlicher Taten. Die Welt wird dem Menschen so weniger unheimlich; dazu kommt, daß der Mythos von einer möglichen engen Beziehung Mensch – Gott berichtet. Bei den Römern finden wir davon fast nichts, sie wären so das einzige Volk ohne Mythos, was sehr unwahrscheinlich ist. Und tatsächlich zeigen sich noch Spuren eines Mythos, z. B. in der *Gründungssage*. Auch im *Kult* haben sich Reste erhalten: Der *Flamen Dialis* (→ *Religion*) dient nicht nur *Iupiter*, er *ist* Iupiter. Ein Beweis sind die Regeln, denen er unterworfen ist. So darf er z. B. nicht mit Bohnen in Berührung kommen, was nur verständlich ist, wenn man an einen Mythos denkt, in dem diese Pflanze für Iupiter von Bedeutung war.

Insgesamt sind diese Reste mythologischer Überlieferung aber sehr spärlich, und es wäre vermessen, daraus einen römischen Mythos rekonstruieren zu wollen. Ein letzter Hinweis auf ein enges Verhältnis Mensch – Gott ist vielleicht auch die *Evocatio* (evocare = herausrufen), bei der die Götter der Feinde eingeladen werden, nach Rom zu kommen. Auch die *Devotio* (devovere = weihen) weist auf ein solches Verhältnis hin: Stellvertretend für sein Heer weiht sich der Feldherr den Göttern der Unterwelt und stürzt sich, den Tod suchend, in die Feinde, die vor ihm fliehen; denn ihn zu berühren ist verhängnisvoll: er ist schon bei den Göttern und gehört nicht mehr zu dieser Welt. Im ganzen gesehen hat man aber den Eindruck, daß die römische Religion absichtlich von Mythen ›gereinigt‹ worden ist.

Natürlich kennen die Römer seit jeher Mythen (griechische und etruskische) die stark auf die römischen Vorstellungen wirken, vor allem auf die Vorstellung vom Jenseits, das es für die Römer ursprünglich nicht gibt. Ebenso sind alle Beziehungen der Götter untereinander (Verwandtschaft, Ehe) auf griechischen Einfluß zurückzuführen.

Die römischen Götter. Die Zahl der römischen Götter ist sehr groß; von vielen wissen wir allerdings nicht mehr als den Namen. Einige werden auch – ursprünglich selbständig – später als Manifestation eines besonderen Aspektes eines großen Gottes aufgefaßt, denn wichtig ist für die Römer weniger die Geschichte eines Gottes als vielmehr seine *Funktion*. So kommt es auch, daß die Römer in den Göttern fremder Völker ihre eigenen wiederzuerkennen glauben (»Interpretatio Romana«).

Die großen Götter:

Aesculapius, griechischer Herkunft, ist der Gott der Heilkunst und der Ärzte. Er zeigt auch den Kranken selbst den Weg zur Heilung, und zwar durch Träume, die sie im Bereich seines Tempels haben.

Apollo gelangte schon früh aus Griechenland nach Rom, zunächst als Heilgott. Später gibt er Rettung und Heilung im weitesten Sinne; so schenkt er auch den Sieg im Kampf.

Bacchus → *Liber Pater*, Seite 317

Bellona ist Kriegsgöttin und muß vor jeder Kriegserklärung von den *Fetialen* (→ *Religion*) angerufen werden.

Bona Dea (die »Gute Göttin«) wird als Göttin weiblicher Fruchtbarkeit von den Frauen in geheimem Kult verehrt, zu dem Männer keinen Zutritt haben. Sie ist auch Heilgöttin und wird manchmal als Gattin des *Faunus* (→ *Die kleinen Götter, Seite 319*) genannt.

Castor → *Dioskuren, unten.*

Ceres, eine Fruchtbarkeitsgöttin, schützt Saat und Ernte. Als Göttin der Erde hat sie auch Beziehung zu den Toten; sie bewacht den Eingang zum Reich der *Manen* (→ *Geistergottheiten, Seite 319*). Außerdem sorgt sie für die Einhaltung der Gesetze, vor allem derjenigen, die die Volkstribunen (→ *Ämterlaufbahn*) schützen. Sie gilt damit als besondere Schutzgottheit der *Plebs* (→ *Soziale Verhältnisse*).

Diana, die Schwester *Apollos* und Tochter *Latonas*, wird zunächst als Mondgöttin verehrt, später als Schützerin der Frauen. Nach der Gleichsetzung mit der griechischen *Artemis* gilt sie auch als Herrin der Jagd.

Dioskuren: Castor und *Pollux* (griechisch Kastor und Polydeukes), Söhne des *Zeus* und Brüder *Helenas*, werden in Rom schon früh als Helfer der Kämpfer, besonders der Reiter, verehrt. Sie entwickeln sich zu einer Art Nothelfer, denen z. B. auch Reisende und Kranke beten und bei denen man schwört (»edepol«, »ecastor« – »bei Gott!«).

Dis Pater (= der »Reiche Vater«) ist der Gott der Unterwelt und damit, weil die Vorstellung einer Unterwelt den Römern ursprünglich fremd ist, eigentlich ein griechischer Gott in lateinischer Übersetzung, nämlich *Pluto* (griech. ploutos = der Reichtum).

Hercules, der große griechische Heros, muß zu den römischen Göttern gerechnet werden, da er schon früh in Rom verehrt wird und sich großer Beliebtheit erfreut. Man ruft ihn als Helfer in Not und Gefahr an; er sorgt besonders für Kaufleute und Soldaten, so daß er zu einem *Siegesgott* wird. Seine Beziehung zu Latium ist alt, denn es gibt eine Sage, nach der er ein Scheusal namens *Cacus*, das auf dem *Aventin* (→ *Rom*) wohnte und die Gegend terrorisierte, vernichtete.

Ianus ist der Gott der Durchgänge, der Tore, des Anfangs und des Endes (deshalb mit zwei Gesichtern dargestellt). In Rom war ihm ein gedeckter Gang heilig, dessen Tore im Krieg offen, im Frieden geschlossen waren. (Er muß einst eine größere Bedeutung gehabt haben, denn er war schon vor *Saturn* in Italien und wird auch »Gott der Götter« genannt.)

Isis (→ *Seite 232*).

Iupiter ist der höchste Gott, deshalb auch *I. Optimus Maximus* (der »Größte und Beste«) genannt. Sein Name entspricht etymologisch dem des Zeus und des germanischen Tiu. Er ist ursprünglich ein Wettergott; deshalb sind Donner und Blitz seine Zeichen. Später wird er Schutzgott der Stadt Rom und der Römer. Sein Tempel auf dem Capitol ist das eigentliche Herz des römischen Reiches; zu ihm zieht der triumphierende Feldherr, ihn rufen die *Auguren* (Deuter des Vogelfluges) an, wenn es um wichtige Fragen des römischen Volkes geht. Er hat zahlreiche Aufgaben, wofür er verschiedene Beinamen erhält: Als *I. Pluvialis* schickt er Regen, als *I. Stator* (starrstehend) gibt er dem Heer Festigkeit im Kampf, als *I. Victor* verleiht er den Sieg. Er übersieht die ganze Welt, er wacht über die Einhaltung der Verträge und Eide; Frevler straft er mit seinem Blitz. In seinem Tempel auf dem Capitol steht auch ein Bild der *Iuno* und der *Mi-*

nerva, mit denen er die sogenannte Capitolinische Trias bildet, die höchsten Schutzgötter Roms.

Iuno, Iupiters Gattin, wacht über die Familie und ist Schutzherrin der Frauen. Auch sie hat mehrere Beinamen: Als *I. Pronuba* segnet sie das Brautpaar, als *I. Lucina* hilft sie bei der Geburt. Außerdem wirkt sie als Stadtgöttin Roms. *(Zu Iuno siehe auch → Geistergottheiten, Seite 319.)*

Kybele → *Magna Mater, Seite 318.*

Latona ist in Rom nur als Mutter Apollos und Dianas bekannt.

Liber Pater wirkt, zusammen mit seinem weiblichen Gegenstück *Libera* als Fruchtbarkeitsgott. Er wird schon bald mit *Bacchus* (Dionysos) gleichgesetzt und damit zum Gott des Weines.

Luna (= Mond) wird in Rom schon immer verehrt, spielt aber keine wichtige Rolle.

Magna Mater (Große Mutter, Kybele) ist orientalischer Herkunft, ihr Kult aber offiziell vom Senat eingeführt. An den wilden Festen (Tänze, Selbstkastration der Priester) dürfen Römer lan-

Marmorrelief mit Szene aus einem Bacchusfest.
Der Gott wird von musizierenden
Thyaden geleitet.
Thermenmuseum Neapel.

ge Zeit nicht teilnehmen. Im Zentrum ihres Kults steht der Tod des Gottes *Attis* und seine Auferstehung. Es handelt sich eigentlich um eine Vegetationsgottheit, die die Natur wieder belebt.

Mars zählt zu den wichtigsten römischen Göttern: Er wacht über das Heer, er verleiht den Sieg, und als *M. Ultor* (ulcisci = rächen) hilft er bei Rache und Strafe. Daneben hat er auch einige Züge eines *Agrargottes*. (Wahrscheinlich schützte er in alter Zeit Herden und Felder gegen feindliche Einfälle und wurde so zum *Kriegsgott*.)

Mercurius wird von griechischen Kaufleuten eingeführt und entspricht so in allen Funktionen (Gott des Handels, Götterbote) dem griechischen *Hermes*.

Minerva, ursprünglich nur Schutzgöttin Roms, entwickelt sich in Angleichung an *Athene* zur Göttin der Handwerker, Künstler und Gelehrten.

Mithras (→ *Seite 311*).

Neptunus ist zunächst der Gott des Süßwassers; nach dem Vorbild des *Poseidon* wird er, je mehr sich die Römer dem Meer zuwenden, auch Gott des Meeres.

Orcus, eigentlich eine Art Todesdämon, wird später mit *Dis Pater* gleichgesetzt; sein Name dient als Bezeichnung der Unterwelt.

Proserpina entspricht der griechischen *Persephone:* als Tochter der *Ceres* hat sie mit dem Wachsen der Pflanzen zu tun. Sie ist die Gattin des *Dis Pater.*

Orientalische Götter: Die zahlreichen in Rom lebenden Ausländer bringen natürlich ihre heimischen Götter mit, und die Soldaten und Beamten wie auch die Kaufleute in den Provinzen lernen fremde Götter kennen, die jedoch keine große Wirkung auf die Römer haben. Eine Ausnahme bilden die orientalischen Götter → *Mithras, Serapis* und → *Isis.* Gemeinsam ist diesen Kulten: die enge Gemeinschaft der Gläubigen, in die man erst nach einer Prüfung kommt, das Geheim-

Links: Mars von Todi. Etruskische Bronzestatue aus dem 4. Jh. v. Chr. in Nachahmung des attischen Stils. Villa Giulia Rom.

Rechts: Statuette des Gottes Mars. Museum Pergamon.

wissen, das die Priester vermitteln, der Glaube an Erlösung und – besonders bei Mithras – an ein glückliches Leben nach dem Tode.

Quirinus muß in alter Zeit eine wichtige Rolle gespielt haben; sonst wissen wir über ihn fast nichts. Sein Aufgabenbereich deckt sich mit dem des Mars. In der Sage wird er dem vergöttlichten *Romulus* gleichgesetzt.

Saturnus ist einer der ältesten Götter, dessen Funktion aber nicht ganz klar ist. Er wird schon sehr früh dem griechischen *Kronos* gleichgesetzt und gilt als der Gott des Goldenen Zeitalters. Einen letzten Abglanz dieses verlorenen Paradieses zeigt sein Fest, die *Saturnalien* (→ *Religion*).

Serapis → *Orientalische Götter, Seite 318.*

Sol = (Sonnengott) hat zwar einen alten Kult in Rom, seine Bedeutung ist aber gering. Eine Belebung des Sonnenglaubens brachte → *Elagabal*, der den *Baal* als »Sol Invictus« (»Unbesiegter Sonnengott«) zum Reichsgott machen wollte. Mehr Erfolg mit solchen Plänen hatte später der Kaiser *Aurelian*.

Tellus gehört zu den ältesten Gottheiten. Zusammen mit *Ceres* schenkt sie Fruchtbarkeit, auch den Menschen; deshalb wird sie als Erdgöttin und als Göttin der Ehe verehrt.

Venus – schon früh mit *Aphrodite* gleichgesetzt – ist die Göttin der Liebe und Schönheit, ursprünglich wohl eine Gartengottheit.

Vesta ist die Schutzgöttin des Feuers, weniger des Herdes, der den *Penaten* (→ *Geistergottheiten, rechts*) untersteht, sondern des heiligen Feuers in ihrem Tempel, das für Roms Wohlergehen wichtig ist. Ihr Tempel ist – einziger in Rom – ein *Rundbau* (→ *Tempel*) ohne Bild der Göttin.

Volcanus, wahrscheinlich etruskischer Herkunft, wacht über das Feuer, aber im Gegensatz zu Vesta versinnbildlicht er die tödliche Gefahr, die das Feuer bedeuten kann.

Die kleinen Götter:

Zum *Agrarbereich* gehören *Dea Dia, Mater Matuta*, Fruchtbarkeitsgöttinnen im allgemeinen. Daneben gibt es spezielle Gottheiten; so untersteht das Getreide in jeder Phase einer göttlichen Macht: *Seia* schützt das Korn in der Erde, *Segetia* das Korn auf dem Halm, *Tutulina* das geerntete Korn, *Consus* wacht über das gedroschene Getreide, *Pilumnus* über das Zerstampfen der Körner im Mörser. Für das Blühen der Pflanzen sorgt *Flora*, während *Pomona* das Obst reifen läßt. Ebenso wichtig wie das Getreide ist das Vieh, das von *Faunus*, der in den Wäldern wohnt, geschützt wird. Sein Wirkungsbereich über-schneidet sich mit dem des *Silvanus*, des eigentlichen Waldgottes, der auch für die Herden zuständig ist. Beide haben auch etwas Unheimliches an sich, so daß man sich vor ihnen schützen muß, vor allem die Wöchnerinnen.

Auch *nicht-bäuerliche* Bereiche haben ihre speziele Gottheit, z. B. *Portunus*, den Gott der Türen (porta) und Häfen (portus); *Terminus*, den Gott der Grenzen und Grenzsteine; *Dius Fidius*, den Gott der Eide. Daneben gibt es viele göttliche Wesen in der *Natur*, z. B. Flußgötter – besonders *Tiberis* wird verehrt – oder *Quellnymphen*, die *Camenae*, die zur römischen Entsprechung der Musen werden.

Geistergottheiten. Die *Laren* sind Schutzgottheiten des Hauses und der Wege. Jedes Haus hat seinen Lar, der an allen Ereignissen in der Familie Anteil nimmt und dem man auf dem Hausaltar opfert. Ähnliche Aufgaben, vor allem den Schutz des Herdes, haben die *Penaten*. Ihre Bilder stehen im *Atrium* (→ *Haus*). Daneben gibt es auch die Penaten des römischen Volkes. Eng mit dem Haus verbunden sind auch die *di parentales*, eigentlich die verstorbenen Vorfahren, die unter griechisch-etruskischem Einfluß zu Göttern werden.

Eine wichtige Rolle im Leben des Menschen spielt der *Genius*, an sich Symbol der Zeugungskraft des Mannes. Er wird dann zur Verkörperung dessen, was am Menschen unsterblich ist; er begleitet ihn das ganze Leben hindurch, schützt ihn und existiert auch nach dem Tode weiter. (Die göttliche Verehrung der Kaiser beginnt mit dem Kult für den vergöttlichten Genius des Verstorbenen.)

Auch Völker und Städte können ihren Genius haben.

Das weibliche Gegenstück zum Genius ist die *Iuno*, die persönliche Schutzgottheit jeder Frau. Allerdings sind die antiken Zeignisse über diese Iuno und ihr Verhältnis zur eigentlichen Göttin Iuno nicht ganz klar.

Mit den Toten verbunden sind die *Manen*, die man als Geister des Totenreiches bezeichnen kann. Sie sind ungefährlich, solange man sie nicht durch einen Frevel reizt; dann allerdings können sie auch Lebende zu sich holen oder den Toten die Ruhe im Grab versagen. Auch die *Furien* oder *Dirae* strafen die Menschen für Verbrechen, so daß sie keine Ruhe finden. Wie sie stehen auch die *Parzen* unter griechischem Einfluß. Sie sind ursprünglich Geburtsgöttinnen und werden dann zu Göttinnen des Schicksals. Ausgesprochen böse sind die *Lemuren*, die immer schaden wollen und durch Abwehrzauber gebannt werden müssen.

Personifizierungen. Neben den eigentlichen Göttern gibt es zahlreiche personifizierte Begriffe, die göttlich verehrt werden, z. B. *Fortuna* (Schicksal), *Aequitas* (Rechtlichkeit), *Concordia* (Eintracht), *Spes* (Hoffnung) oder *Victoria* (Sieg). Auch Städte können ihren Kult haben, wie z. B. die Haupstadt Rom.

Die römischen Mythen:

Aeneas. Die Sage von Aeneas ist uns aus vielen Quellen und in verschiedenen Fassungen bekannt. Es handelt sich aber nicht um eine rein römische Sage, sondern um eine Art Fortsetzung der griechischen Sage vom *Trojanischen Krieg*. Weil es sich aber um die »Urgeschichte« des römischen Volkes und um die Mitwirkung der Götter bei diesen Ereignissen handelt, können wir von einem römischen Mythos sprechen.
Der Trojaner Aeneas, Sohn der *Venus*, kann mit seinem Vater *Anchises*, seinem Sohn *Ascanius* und einigen Gefährten zu Schiff dem Untergang Trojas entkommen. Nach langen Irrfahrten überrascht ihn in der Nähe Siziliens ein schrecklicher Sturm, den *Neptun* schickt. Er tut dies auf Bitten *Iunos*, die den Sohn der verhaßten Siegerin im Schönheitswettbewerb vernichten will. Die Schiffe werden nach Karthago verschlagen, wo die Königin *Dido* Aeneas und seine Leute freundlich aufnimmt, ja, durch Mitwirkung der *Venus* liebt sie ihn sogar. *Iupiter* aber hat mit Aeneas noch Großes vor und zwingt ihn zur Abfahrt. Dido verzweifelt und gibt sich selbst den Tod. Aeneas landet bei *Cumae in Campanien* und dringt mit Hilfe der dortigen *Sibylle* (→ *Religion*) in die Unterwelt vor, wo er Prophezeihungen über sein künftiges Schicksal erhält. Er fährt dann weiter nach Norden und kommt zu *Latinus*, dem König der Aboriginer (= »Ureinwohner«), der Aeneas gut aufnimmt; denn Latinus' Tochter *Lavinia* soll – nach einer Weissagung – einen Fremden heiraten, den er in Aeneas erkennt. *Turnus* aber, ein Rutuler, begehrt Lavinia, begünstigt von Lavinias Mutter *Amata*. Turnus greift, unterstützt von *Mezentius*, dem vertriebenen König der → *Etrusker*, die Trojaner an. Ihnen helfen die Etrusker und *Iuturna*, die Schwester des Turnus. Nach schwerem Kampf siegt Aeneas; er heiratet Lavinia und wird zum Herrscher der vereinigten Latiner und Trojaner.
Die Gründung Roms. Nach dem Tod des Aeneas gründet sein Sohn Ascanius, der sich jetzt *Iulus* nennt, die Stadt *Alba Longa*, wo sein Geschlecht in Frieden herrscht, bis *Amulius* seinen Bruder *Numitor* vom Thron stößt und dessen Tochter

Rea Silvia zwingt, Vestalin zu werden, d. h. kinderlos zu bleiben. Sie empfängt aber von *Mars* die Zwillinge *Romulus und Remus*. Amulius läßt sie in einem Korb auf dem Tiber aussetzen, doch bleibt dieser an einem Feigenbaum hängen, so daß die Kinder gerettet werden. Eine *Wölfin* säugt sie, bis sie zufällig der Hirte *Faustulus* findet, der sie dann mit seiner Frau *Acca Larentia* aufzieht.
Die Zwillinge werden auch Hirten und geraten einmal, als sie erwachsen sind, mit Leuten des Amulius in Streit. So kommen sie an den Hof, erfahren von ihrer Herkunft, töten Amulius und setzen ihren Großvater Numitor wieder als König ein. Sie beschließen dann, eine eigene neue Stadt zu gründen, können sich aber nicht einigen, nach wem sie benannt werden soll. Sie rufen Iupiter als Schiedsrichter an, der Romulus ein günstigeres Zeichen, nämlich *zwölf Adler* schickt, Remus aber nur sechs. Die neue Stadt wird also *Roma* heißen.
Romulus beginnt sofort mit dem Bau einer Stadtmauer, über die Remus, bevor sie fertig ist, spottend hinüberspringt. Romulus erschlägt seinen Bruder – so soll es jedem ergehen, der Roms Mauern übersteigt.
Romulus ruft viele Siedler in die neue Stadt, die rasch größer und mächtiger wird. Als es aber an Frauen fehlt, läßt er die *Töchter der benachbarten Sabiner während eines Festes rauben*. Es kommt allerdings nicht zum Krieg, sondern die beiden Völker vereinigen sich und werden Herr über die umliegende Gegend. Romulus sichert die Stadt auch im Innern; er gibt ihr alle wichtigen politischen und militärischen Einrichtungen und sorgt für die Kulte der Götter. Romulus stirbt nicht, sondern wird während eines Gewitters zu den Göttern entrückt und – entsprechend seinem Wunsch – als *Quirinus* verehrt. (Nach einer früheren Sage wird Rom von Aeneas selbst gegründet, der die Stadt nach *Rhome* nennt, die, je nach Überlieferung, seine Frau, seine Enkelin oder Schwiegertochter ist.)
Wir kennen beide Sagen nicht mehr als naive ungekünstelte Erzählung, sondern in Fassungen, die besonderen künstlerischen oder auch politischen Absichten dienten. Sie sollen erklären, beweisen und rechtfertigen (→ *Augustus*, → *Geschichtsschreibung*, → *Vergil*). Aber gerade in dieser Stilisierung werfen sie ein deutliches Licht auf die Römer und ihr besonderes Selbstverständnis. (G. St.)
(Siehe auch Einzelstichwörter wie → *Isis*, → *Mithras*, → *Sagen* u. a.)

N

Nachrichtenwesen

Wer Neuigkeiten erfahren, sich mit seinen Nachbarn und Mitbürgern austauschen wollte, der mußte in Rom und im letzten Grenzstädtchen nur auf die Straße, auf den Markt gehen. In der Kaiserzeit rückten in Rom Theater, Therme und Wagenrennplatz als Umschlagplätze vielfältiger Nachrichten an die Spitze. Da die Gemeindeversammlungen, da Wahlen und Gerichtsverhandlungen öffentlich waren, erfuhr der Interessierte wesentlich mehr von wichtigen Entscheidungen als heute, vor allem all das sofort, was wir anderntags der Zeitung entnehmen. Was anderswo geschehen war, erfuhr man an den Markttagen, bei Triumphzügen, öffentlichen Gastmählern und Leichenbegängnissen. Kultversammlungen, so die *Ludi Romani*, zu denen zahlreiche Fremde eingeladen wurden, waren ideale Nachrichtenbörsen.
Nachrichtensignale. Da man im Heer und auf See meist über größere Entfernungen Befehle und Nachrichten übermitteln mußte, wurden für die gebräuchlichsten Themen Signale vereinbart (→ auch *Heerzeichen*). Wichtiger als die Tuba-, Horn- und Trompetensignale waren im römischen Heer die Bewegungen der *Feldzeichen*. Das *Banner*, ursprünglich der Feldherrnmantel, ist nicht nur taktisches Zeichen, sondern vor allem *Signalflagge* gewesen. Auf See wurden tagsüber *Flaggen*, nachts *Laternen* zum Signalisieren gebraucht, niemals Fackeln (wie in Filmen), da offenes Feuer auf Schiffen strengstens verboten war. Da man bei Flaggen und Laternen nicht Buchstaben sendete, sondern Wörter und Sätze, konnte nur eine begrenzte Zahl von Inhalten übermittelt werden, wie sie heute etwa im Rangierdienst der Bahnhöfe üblich sind. Für die Behauptung, die Römer hätten Nachrichten mit *Spiegelsignalen* befördert, hat sich bis jetzt kein Nachweis führen lassen. Von den *Wachttürmen* an den Küsten, die zum Schutz vor Piratenüberfällen (→ *Piraten*) angelegt worden waren, wurden bei Annäherung *Rauch-* oder *Feuersignale* gegeben.
Eine Vorform der Telegraphie. Ein Nachrichtenmittel, das Aineias, der Taktiker, verbessert haben soll, beschreibt *Polybios;* es wird als *Klopfzeichensystem* bis heute in Gefängnissen verwendet. Man teilt das Alphabet in Fünferreihen auf, so daß »K« z. B. in die 2. Reihe kommt. Will nun jemand »K« senden, so gibt er zwei Feuerzeichen

links, damit der Beobachter die 2. Reihe nimmt, dann fünf Zeichen rechts, damit der 5. Buchstabe gelesen wird. Die praktische Auswertung scheiterte daran, daß bei großer Entfernung die verschiedenen Lichtpunkte zu einem verschmolzen und das Personal nicht zu bezahlen war, denn auf jeder Station wären fünf Männer zum Signalisieren nötig gewesen.
Der Brief (litterae; epistola). Er war der wichtigste und häufigste Nachrichtenträger im Römischen Reich. Als Beschreibstoff dienten *Holz-* und *Metalltäfelchen, Tonscherben* (Ostraka), *Elfenbein, Leinen, Bast* und *Leder*. Der älteste römische Vertrag, der mit *Gabii*, wurde auf eine Ochsenhaut geschrieben. Zumeist schrieb man mit dem *Griffel* (stilus) auf hölzerne, mit geschwärztem Wachs überzogene Täfelchen (tabulae). Das *Diptychon* hatte zwei, das *Triptychon* vier Schreibflächen, da die Außendeckel unbeschriftet blieben. Ein dreimal durch Perforationen der Tafeln gezogener Faden wurde mit einem *Siegel* verschlossen, denn der Empfänger wollte natürlich der erste Leser des Inhaltes sein. Der Gebrauch von *Siegelringen* war deshalb allgemein und nicht, wie im europäischen Mittelalter, auf einen bestimmten Personenkreis eingeschränkt. Als in der Ptolemäerzeit (nach 330 v. Chr.) *Papyrus* nach Rom gelangte, nahm man für längere Briefe über größere Entfernungen wegen des geringen Gewichtes Papier, das nur einseitig mit der Rohr-, später der Gänsefeder beschrieben wurde. *Pergament*, dünngeschlagene Tierhaut, wurde erst in der spätrömischen Zeit für Verwaltungszwecke verwendet. Es war beidseitig beschreibbar; der Text konnte abgeschabt, das widerstandsfähige Material also mehrfach verwendet werden.
Die Briefboten. Da die Römer kein Hirten- oder Jägervolk waren, stand das Laufen in keiner hohen Gunst; vornehme Römer hielten es mit ihrer Würde unvereinbar, an Wett- oder Dauerläufen teilzunehmen. Die meisten *Boten* waren daher *Sklaven*, die zu Höchstleistungen angesport wurden. Besonders schnelle Boten stellten die Numidier, Dalmatiner und vor allem die Liburner. Reiche Ritter ließen vor ihren Wagen Numidier laufen, die den Passanten den Heraneilenden ankündigten. Durch genaue *Datierung* des Briefes (*Augustus* gab sogar die Tag- und Nachtstunden genau an) und *Empfangsbestätigungen* wurden die Boten zu hohem Tempo angehalten. Sie waren daher entsprechend gereizt, wenn die *Sekretäre* und *Stenographen* (notarii) mit der Rückantwort trödelten. → *Cicero* beklagt sich, daß die Boten des *Cassius* mit dem Reisehut

auf dem Kopf eintreten und behaupten, ihre Begleiter erwarteten sie am Tor. Von seinem Landgut bei *Tusculum* (etwa 20 km vor Rom) konnte Cicero die Korrespondenz so führen, daß die Antwort auf einen morgens nach Rom gesandten Brief am Abend bei ihm eintraf.

Wer zu arm war, einen eigenen Boten zu bezahlen, gab Post einem jener zahlreichen *Tabellarii* (Boten) mit, wie sie von jedem Römer von Stand gehalten wurden. Allerdings blieb der Brief grundsätzlich so lange liegen, bis der Bote von seiner Herrschaft sowieso in die gewünschte Richtung geschickt wurde.

Aufs flache Land nahmen die Boten der *Steuerpächter* gegen kleines Entgelt Briefe mit. Wer in fernen Provinzen tätig war, wie → *Caesar* in Gallien oder → *Cicero* in Cilicien, richtete bei einem Freund in Rom eine Briefsammelstelle ein, die bei Abreise eines Bekannten in jene Provinz geleert wurde. Cicero, süchtig nach Briefen aus Rom, hatte in Korinth seinen Schreiber *Tiro*, Erfinder einer Kurzschrift, stationiert, der die Briefe auf Eilsegler umdirigierte. – Die Entwürdigung durch Botendienste galt nicht für militärische Ordonnanzen, zumeist Offiziere, da man wegen des Geheimnisschutzes weder Sklaven, noch Halbfreie (»Brettier«) einsetzen wollte.

Entfernungen und Geschwindigkeiten. Die Boten sollten keine Rekorde in Schnelligkeit aufstellen, sondern ausdauernd sein, da sie zumeist mehrere Tage unterwegs sein mußten. Ein geschulter Bote legte am Tag 35 bis 50 km zurück, doch war Cicero schon zufrieden, wenn der Bote nach Athen nur 20 Tage brauchte. (Als vorsichtiger Mann verschickte er z. B. einen Brief nicht nur mit dem Schiff direkt, sondern zusätzlich auch auf dem Landweg.) Als der Senat einen Boten 186 v. Chr. nach Lucca sandte, legte dieser täglich 80 bis 85 km zu Fuß zurück. Jener Bote, der nach der Schlacht bei *Thapsus* die Meldung von der Niederlage zu → *Cato* nach Utica brachte, brauchte für 210 km drei Tage. Im 52 km von Rom entfernten *Antium* erhielt Cicero abends Briefe vom gleichen Tag, überbracht durch einen einzigen Läufer; ein Relais wäre nicht nur doppelt so teuer gekommen (auch Sklaven aßen, tranken, wohnten und kleideten sich), sondern hätte die zur mündlichen Übermittlung mitgebrachten Nachrichten entstellen können. Auch Briefe gab man nicht gern in mehrere Hände. Seit Sulla war man vorsichtig und wählte auch die Worte in Briefen mit Bedacht.

Für gerichtliche Auseinandersetzungen waren als Tagesleistung 30 km angesetzt, was genau der Leistung der Truppe unter 30 bis 45 Pfund Gepäck entsprach.

Wie die Truppe brach der Bote zwischen 5 und 6 Uhr auf, da er in der heißesten Tageszeit stundenlang aussetzen mußte.

Ein *reitender Bote* legte in der Regel zwar 80 km am Tag zurück, doch schwand die Überlegenheit des Reiters gegenüber dem Fußgänger bei zunehmender Entfernung, da die Leistungskraft der Pferde nachließ. So benötigte die Meldung von der Ermordung Caesars ins nördliche Gallien 12 Tage durch einen Reiter, aber nur 15 Tage durch einen Fußgänger. War Pferdewechsel möglich, so konnten täglich größere Entfernungen gemeistert werden; → *Cato* schaffte bei einmaligem Wechsel 115 bis 120 km täglich.

Erst spät wird der *Wagen* zur Nachrichtenübermittlung genutzt, denn in der frühen Zeit fährt ein Römer im Wagen nur aus königlichem oder sakralem Vorrecht, aus Gründen des Kultes und Spieles, weil er schwach oder krank ist. Vornehme ritten oder ließen sich in der *Sänfte* tragen. Noch in der Kaiserzeit war das Fahren in der Stadt Rom verboten, weshalb es nur an den Toren Mietwagenstände gab. Ausgenommen von dem Fahrverbot waren die höchsten Beamten, Triumphatoren oder Personen mit kaiserlichem Diplom. Die Wagengeschwindigkeit hing vor allem von den Straßen ab. Mit der Eroberung von neuen Provinzen wurden immer mehr gute Straßen vorangetrieben, die in erster Linie Garnisonen (nicht Handelspunkte) miteinander und mit Rom verbanden. Die Tagesstrecke betrug im allgemeinen für einen Wagen 50 bis 60 km, die durchschnittliche Höchstleistung lag bei 70 km, eine Strecke, die auch eine Elitetruppe ohne Gepäck im forcierten Marsch (citatior gradus) zurücklegte. → *Caesar* und seine Vertrauensmänner stellten mit Mietwagen Rekorde (allerdings mit Pferdewechsel) auf; die 375 km lange Strecke Rom–Ravenna legten sie in drei Tagen zurück.

Die Geschwindigkeiten der Schiffe hingen in hohem Umfang von Wind und Seegang ab, doch gab es auch ›brave‹, gut berechenbare Strecken. So konnte die Distanz Karthago–Rom in vier Tagen durchmessen werden. Als der ältere → *Cato* den Weg in drei Tagen schaffte, wies er im Senat stolz frische, in Karthago gepflückte Feigen vor. (→ auch *Handelsschiffahrt*).

Die Boten benutzten auch gern alle flußabwärts fahrenden Boote sowie Schiffe auf den Kanälen Galliens, also z. B. Verbindungen wie Rhône-Loire, Rhône-Doubs-Rhein.

Der cursus publicus. Die Kaiser, die das Censor- und Straßenamt persönlich innehatten, richteten einen *Relaisdienst* für kaiserliche Depeschen ein, der zunächst aus ihrem Haushalt bestritten, später zur drückenden Last der Provinzen wurde. Ein Bote lief oder ritt von einer *Mansio* (Übernachtungsstation) zur nächsten, die im Abstand eines militärischen Tagesmarsches (rund 25 bis 30 km) angelegt waren. Für die Strecke Rom–Lyon waren 24 bis 30 Boten erforderlich. Sollten mündliche Erläuterungen überbracht werden, dann wurde nicht der Bote, sondern das Pferd gewechselt. Um den Dienst beschleunigen zu können, waren alle 15 km *Mutationen* (Pferde- und Wagenwechsel) eingerichtet worden. Nur so gelang es, in 5 1/2 Tagen eine Depesche von Rom nach Pettau a. d. Drau zu bringen, wo Kaiser Traian 99 n. Chr. seinen Sommersitz aufgeschlagen hatte. Die Boten, Sklaven und Freigelassenen des kaiserlichen Haushaltes, durften bei schweren Strafen keine privaten Nachrichten befördern und waren, anders als die heutige Post, nur bei Bedarf tätig. (W. D.)

Namen

Wie bei den meisten indoeuropäischen Völkern war es auch bei den Römern ursprünglich üblich, nur einen einzigen Namen zu führen. *Romulus*, der sagenhafte Gründer der Stadt, ist uns nur unter diesem einen Namen bekannt; sein Bruder hieß *Remus*, beider Großvater *Numitor*. Zur besseren Unterscheidung wurde der Name allerdings bald ergänzt durch den *Vatersnamen*, eine *Herkunftsbezeichnung* oder einen *Spitznamen*. In historischer Zeit führten die meisten römischen Bürger sogar drei Namen – ein Vorzug, auf den sie recht stolz waren. Es ist sehr wahrscheinlich, daß die Römer ihr Dreinamensystem wie so vieles andere von den → *Etruskern* übernommen haben. Zahlreiche römische Namen auf -na, -erna, -enna, -in(n)a, z. B. Mastarna, Perperna, Sisenna, Catilina, Caecina (vermutlich auch Sulla, Cethegus, Gracchus u. a.) weisen deutlich auf den etruskischen Ursprung ihrer Träger hin. Man vergleiche nur den Namen des Etruskerkönigs *Porsenna* (Porsina), der Rom in den ersten Jahren der Republik so schwer zu schaffen machte!
Das römische Namensystem. Der volle Name eines römischen Bürgers setzte sich also meist aus dem *Vornamen*, dem *Gentil-* oder *Sippennamen* und dem *Bei-* oder *Familiennamen* zusammen. Noch längere Namensfolgen konnten sich ergeben,

wenn ein Römer durch *Adoption* in eine andere Familie übertrat oder wegen besonderer Verdienste mit einem *Ehrennamen* ausgezeichnet wurde. Der vollständige Name des jüngeren *Scipio* (→ *Scipionen*), der eigentlich der gens (= Sippe) *Aemilia* entstammte, lautete demgemäß:

P(ublius)	Vorname (praenomen)
Cornelius	Sippenname (nomen gentile)
Scipio	Beiname (cognomen)
Africanus	Ehrenname
Aemilianus	Hinweis auf urspr. gens

Zum Unterschied von seinem gleichnamigen Adoptivgroßvater wurde dem Ehrennamen gerne ein »*Minor*«, d. h. der Jüngere, angefügt. Welches Ausmaß der römische Namenkult annehmen konnte, läßt sich am Beispiel des Kaisers → *Augustus* besonders schön beobachten. Geboren als *C. (= Gaius) Octavius* wurde er von seinem Großonkel → *Caesar* testamentarisch adoptiert und hieß nunmehr wie dieser offiziell *C. Iulius Caesar*. Nach Caesars Erhebung zum Gott fügte er seinem neuen Namen noch die Formel *Divi filius* (= Sohn des Vergöttlichten) hinzu, doch nannte ihn die Öffentlichkeit in Anlehnung an seinen ursprünglichen Namen im allgemeinen nur *Octavianus*. Der Senat gewährte ihm das Vorrecht, den Feldherrntitel *Imperator* als erblichen Namensbestandteil zu führen, und verlieh ihm neben verschiedenen Titeln noch den Ehrennamen *Augustus* (= der Erhabene), so daß er sich schließlich mit dem Namen *Imperator C. Iulius Caesar Divi filius (Octavianus) Augustus* schmükken konnte.

Spätere Kaiser ließen sich besonders gerne mit den Namen besiegter Völker auszeichnen: *Traian* (→ *Kaiserliste*) führte die Beinamen *Germanicus, Dacicus, Parthicus;* der Begründer der severischen Dynastie hieß mit vollem Namen *Imperator Caesar L. Septimius Severus Pius Pertinax Augustus Arabicus Adiabenicus*. In hochoffiziellen Dokumenten war man noch genauer. So lautete → *Ciceros* vollständiger Name: *M. Tullius M(arci) f(ilius) M. n(epos) M. pron(epos) Corn(elia) tr(ibu) Cicero* (= Marcus Tullius, Sohn des Marcus, Enkel des Marcus, Urenkel des Marcus, aus der Tribus Cornelia, Cicero).

Die Namensbestandteile. Obwohl *Vornamen* ihren Träger ganz persönlich bezeichnen, verwendeten die Römer nur eine verhältnismäßig begrenzte Anzahl. Im allgemeinen erhielt der älteste Sohn auch den Vornamen seines Vaters (vgl. Cicero). Namen wie Appius, Kaeso, Mamercus, Manius, Numerius, Servius, Spurius waren überhaupt nur in bestimmten Familien des patrizischen Adels (→ *Soziale Verhältnisse*) in Gebrauch. Mädchen wurden grundsätzlich nur mit dem Gentilnamen benannt und im Falle mehrerer Töchter einfach durchnumeriert, z. B. Cornelia *Prima* (I.), Cornelia *Secunda* (II. usw.). *Kosenamen* entstanden durch Anfügung einer Verkleinerungssilbe: Aus *Tullia* wurde *Tulliola*.

Im täglichen Leben spielte der Vorname eine geringere Rolle als bei uns. Wenn *M. Tullius Cicero* in seinen Briefen auf seinen Sohn zu sprechen kommt, nennt er ihn nicht »meinen Marcus« sondern »unseren Cicero«. Die Namen, mit denen sich die Römer anredeten und unter denen wir so viele bedeutende Männer noch heute kennen, sind im allgemeinen ihre Beinamen, seltener die Gentilnamen. Lediglich Sklaven nannten ihren Herrn immer beim Vornamen. Es hat aber wohl weniger mit Geringschätzung oder Bequemlichkeit zu tun, wenn die Römer die häufigsten Vornamen meist nur in abgekürzter Form schrieben (vgl. Kästchen!), sondern vielleicht eher mit der tief eingewurzelten Furcht der Südländer vor der Verhexung durch den »bösen Blick«, dem man seinen Namen möglichst nicht vollständig aussetzen wollte.

Die Abkürzungen der gebräuchlichsten römischen Vornamen					
A.	Aulus	L.	Lucius	Ser.	Servius
App.	Appius	M.	Marcus	Sex.	Sextus
C.	Gaius	M'.	Manius	Sp.	Spurius
Cn.	Gnaeus	P.	Publius	T.	Titus
D.	Decimus	Q.	Quintus	Ti(b).	Tiberius

Die *Gentilnamen* bezeichneten ursprünglich die Abstammung von einem gemeinsamen *Ahnherrn*, dessen Andenken vor allem in den *altadeligen Familienverbänden* in höchsten Ehren gehalten wurde. Der Ruhm der Sippe galt wie in jeder Adelsgesellschaft als einer der höchsten Werte, und man scheute kein Opfer, um seinem Namen die entsprechende Anerkennung zu sichern. Die

Ruhmestaten so mancher Helden der römischen Frühzeit verdanken ihre nachträgliche Erfindung hauptsächlich diesem Bestreben später Nachkommen. Die *Iulier*, zu denen Caesar gehörte, führten ihr Geschlecht gar bis auf *Iulus*, den Sohn des *Aeneas*, zurück (→ *Mythologie*). So bedeutete für die traditionsbewußten Römer die Führung eines großen Namens meistens auch eine gewisse politische Festlegung. *P. Claudius Pulcher*, der als Volkstribun von den Optimaten zur Plebs (→ *Soziale Verhältnisse*) überging und sogar Cicero vorübergehend in die Verbannung trieb, hätte den Bruch mit der adelsstolzen Vergangenheit seines Hauses gar nicht deutlicher signalisieren können als durch die Änderung seines Namens in das plebeische *Clodius*.

Da sich die Sippen rasch verzweigten, wurde es nötig, die verschiedenen Linien durch zusätzliche *Beinamen* zu unterscheiden, die – ähnlich unseren *Haus-* bzw. *Spitznamen* – bald erblich wurden. So finden sich beispielsweise zum Sippennamen Valerius u. a. folgende Familiennamen: Antias, Cato, Catullus, Crispus, Flaccus, Laevinus, Martialis, Maximus, Messalla, Messalla Corvinus, Messalla Volesus, Poplicola, Probus, Romulus. Ehrenbeinamen dagegen erloschen nach der zweiten Generation.

Sklaven besaßen nur einen Rufnamen. Als *Freigelassene* übernahmen sie den Gentilnamen ihres ehemaligen Herrn, in der Kaiserzeit häufig auch dessen Vornamen; als Beiname diente meist der frühere Sklavenname. So erklärt sich auch das Eindringen zahlreicher griechischer, orientalischer, keltischer und germanischer Namen in Rom. Zur Vermeidung von Verwechslungen erhielten Freigelassene im Haushalt des Kaisers oder anderer Herren mit großer Dienerschaft sogar zwei Beinamen, wobei der zweite nicht selten auf einen früheren Herrn Bezug nahm. Der neureiche Schlemmer *C. Pompeius Trimalchio Maecenatianus* aus dem Roman des *Petron* (→ *Literatur*) wird also durch seinen Namen als ehemaliger Sklave des → *Maecenas* und zuletzt eines Pompeius ausgewiesen. In ähnlicher Weise führten *Provinzbewohner*, denen das römische Bürgerrecht verliehen wurde, fortan den Gentilnamen des Patrons, dem sie ihren Aufstieg zu verdanken hatten.

Erklärung häufiger vorkommender Namen. Wie die Sprache eines Menschen Aufschluß über seine Gedankenwelt und seinen Charakter gibt, so enthüllen auch die Namen der Römer viel vom Geist und den Gebräuchen dieses Volkes. Während etwa die Griechen und die Germanen in

Römische Grabmalerei: Deckengemälde einer › Victoria in R.‹ aus dem Grab des Pomponius Hylas an der Via Latina in Rom. Erste Hälfte des 1. Jhs. n. Chr.

Frühchristliche Katakombenmalerei mit der Darstellung des Zugs durch das Rote Meer. Das etwa in der Mitte des 4. Jhs. entstandene Gemälde, 95 × 175 cm groß, entstand wahrscheinlich nach einer Buchmalerei. Neue Katakombe der Via Latina Rom.

ihren Namen vielfach den Gedanken an edle Tiere, Kampf, Ruhm, Stärke, Macht und Götter beschworen (z. B. Philippos = Pferdefreund, Wolfgang = der mit dem Siegeswolf geht; Telemachos = von fern kämpfend, Gertrud = Speerkämpferin; Sophokles = durch Weisheit berühmt, Ludwig = mit Ruhm kämpfend; Demosthenes = Volkskraft, Bernhard = stark wie ein Bär; Polykrates = viel beherrschend, Dietrich = Volksfürst; Theodor(a) = Gottesgeschenk, Irmgard = von Irmin behütet), drückten die Römer in ihren Namen ganz andere Vorstellungen aus. Zwar wurden einige Namen ebenfalls nach *Götternamen* gebildet (z. B. Marcus nach Mars, Tiberius nach dem Flußgott), sprachen Namen wie *Cluvius* oder *Cluentius* vom Ruhm ihres Trägers, *Valerius* von seiner Kraft, doch überwogen bei weitem Namen, die von nüchternem Wirklichkeitssinn und geringer Phantasie, von scharfer Beobachtungsgabe und unnachsichtiger Spottlust zeugen.

Es wirkt schon einigermaßen befremdlich, wenn der Römer seine Kinder ebenso wie die meisten Monate einfach *durchzählte:* Primus (I.), Secundus (II.), Tertius (III.), Quartus (IV.), Quintus, Quinctius, Quintilianus (V.), Sext(i)us, Sestius (VI.), Septim(i)us (VII.), Octavi(an)us (VIII.), Non(i)us (IX.), Decimus (X.).

Besondere Umstände bei der Geburt führten zu den Namen: Propertius (frühgeboren), Agrippa (mit den Füßen zuerst geboren), Geminius und Gemellus (Zwilling), Trigeminus (Drilling), Manius (am Morgen geboren), Lucius und Lucilius (bei Licht, am Tage geboren), Marinus (auf See geboren), Postumus (nach dem Tod des Vaters geboren), vielleicht auch Servius (nach dem Tod der Mutter gerettet).

Lallnamen sind z. B.: Accius, Ammianus, Annaeus, Annius, Attius, Babius, Bassius, Battius, Papius, Tull(i)us.

Auch *Haut- und Haarfarbe* des Kindes konnten die Namengebung bestimmen: Albi(n)us (»Weiß-er«), Caesius, Caesellius (bläulich-grau), Canuleius (grau), Flavius (»Blond-er«), Fulvius (rotgelb, »Braun-er«), Fuscus (dunkel, schwärzlich), Livius (blau, bleich), Niger, Nigellus, Nigidius, Nigrinus (»Schwarz-er«), Ruf(in)us (»Roter«) Rutilius (rotgelb).

Derselbe *Realismus*, der die Römer in der Porträtdarstellung zu hohen künstlerischen Leistungen befähigte, und ihre nicht zu bezähmende spöttische Ader, deren literarischer Ausfluß uns in der Gattung der *Satire* (→ *Literatur*) vorliegt, fanden auch bei der Namengebung ein weites Betätigungsfeld. Der dabei entwickelte derbe *Witz* ließ illusionärer Selbstüberschätzung von vornherein keine Chance. Vor allem waren es natürlich körperliche Vorzüge und Mängel, die zum Vorwurf für die verschiedensten Namen dienen konnten.

Die *äußere Erscheinung* charakterisieren Namen wie Magnus (Groß-er) und Maximus (sehr groß), Parvus und Paul(l)us (Klein-er), Crassus und Bassus (Dick-er), Macer (Dürr-er), Long(in)us (Lang-er), Lepidus (Hübsch-er) Pulcher (Schöner), Turpilius (Wüst-er). Auf den *Kopf* beziehen sich Capito (Großkopf), Cappa (mit ungepflegtem Haupt), Tuditanus (Hammerschädel), Fronto (mit breiter Stirn), Cinna, Cincinnatus und Crispus (Kraus-er) bezeichen den *Kraushaarigen*, Calvus und Glabrio den *Kahlkopf*. Caecus und Caecilius deuten auf *Blindheit*, Paetus heißt *Blinzler*, Strabo *Schieler*. Naso besaß wohl eine *große Nase*, Nasica eine krumme; *stumpfnasig* waren Silius und Silo. *Dicke Backen* hatten Bucca, Bucco und Buccius, *wulstige Lippen* Labeo. Nach ihren *Zähnen* waren Dent(i)o, Denter, Dentrius und Denticulus benannt; Dentatus brachte vielleicht schon Zähnchen mit auf die Welt. Balbus und Balbulus waren *Stotterer*, Flaccus hatte *Schlappohren*, Mento fiel durch ein ausgeprägtes *Kinn* auf, und Struma schleppte einen *Kropf* mit sich herum. Barba, Barbo und Barbatus (Bart-h) waren stolz auf ihre Manneszier, Ahenobarbus konnte einen kupferroten Bart sein eigen nennen (vgl. Barbarossa). Laelius, Laenius und Laevius waren *Linkshänder*, Sedigitus hatte *sechs Finger*, Murc(i)us einen *verstümmelten Daumen*. Claudius *hinkte*, Scaurus besaß einen *Klumpfuß*, Atta, Pansa, Pedo, Planc(i)us, Planta, Plautus (?) und Plotinus hatten *Plattfüße*. Valg(i)us, Varro, Var(i)us waren *krumm- oder säbelbeinig*, Forficula dagegen hatte *X-Beine*.

Dorso und Tubero waren *bucklig*, Ruga *runzlig;* Naevius hatte ein *Muttermal*, Verrucosus *Warzen*. Macula bedeutete gar *Schandfleck*. Ob Cornelius Hörner an der Stirn hatte oder nur hart wie *Horn* war, bleibt offen. Ahala zuckte mit den *Achseln*, Hernia litt an einem *Nabel- oder Leistenbruch*, Galba hatte einen *Schmerbauch*, Massa war ein *Fettklumpen*.

Aber auch *charakteristische Eigenschaften* leben in einer Reihe von Namen fort: Brutus bezeichnete ursprünglich einen schwerfälligen *Tölpel*, während Cato, Catus Cati(an)us und Catinius auf *Schlauheit und Intelligenz* weisen. Wer Lento, Lentinus oder Lentulus *(langsam)* hieß, galt wohl nicht als sehr temperamentvoll. Lurco war ein

Fresser, Bibulus ein *Säufer*. Dagegen zielte Frugi auf einen *sparsamen*, braven Mann.

Nicht zuletzt spiegelt sich die *bäuerliche Herkunft* der Römer in einer großen Zahl von Namen wider: *Tiernamen* wie Aquila (Adler), Asina, Asinius, Asellio (Esel), Aper (Eber-le), Bestia (Biest), Bovius (Ochs), Caninius (Hund-t), Caprarius und Caprilius (Ziege), Catulus (junger Hund), Corv(in)us (Raab), Equitius (Roß) Lupus (Wolf) Merula (Amsel), Mus (Mauser), Murena (Muräne), Noctua (Käuzchen), Ovi(di)us und Ovinius (Schäflein), Porcius und Suillius (Schweinchen), Taurius (Stier), Verres (Eber), Vitellius (Kalb) und *Pflanzenbezeichnungen* wie Caepio (Zwiebel), Fabius (Bohne), Lactucius (Kopfsalat), vielleicht auch Lentulus (Linse) lassen gleichsam die ländliche Welt eines römischen Gutshofes vor unserem geistigen Auge erstehen, wo Agricola (Bauer), Fabricius (Schmied), Opilio (Schäfer), Fictorius (Bäcker, Beck-er) und Flamini(n)us (Priester) ihr Tagewerk vollbringen.

Obwohl die Namen in späterer Zeit nur noch in den seltensten Fällen ihren Träger individuell charakterisierten, blieb man sich offenbar ihrer Grundbedeutungen vielfach bewußt. Nur so wird der bissige Witz verständlich, der in dem Spottvers auf einen *Carbo* (= Kohle) liegt, als dieser nach dem Tod seines Rivalen *Crassus* (= dick, fett) allzu sehr auftrumpfte:

Postquam Crassus carbo factus, Carbo crassus factus est. (Seit der »Fette« zu Kohle verbrannt wurde, ist die »Kohle« erst so richtig fett geworden.) (H. H.)

Nero

Lucius Domitius Ahenobarbus, als Kaiser *Nero Claudius Caesar Augustus Germanicus*, wurde am 15. 12. 37 n. Chr. in *Antium*, einem Villenort der römischen Prominenz, geboren. Er entstammte den Patriziergeschlechtern der *Claudier* und *Domitier*. Seine Eltern waren bemerkenswerte Leute: die Mutter *Agrippina*, Tochter des *Germanicus* und letzte Gemahlin von Neros Vorgänger *Claudius*, war eine berühmte römische Schönheit und dabei über die Maßen intelligent, politisch begabt, skrupellos und vor allem ehrgeizig. Sein Vater, *Domitius Ahenobarbus*, war ein zynischer Finsterling. Die Geburt seines einzigen Kindes Nero kommentierte er mit den Worten: »Ein Produkt von Agrippina und mir kann ja nur abscheulich und für die Zukunft Roms schädlich sein« (Sueton, Nero 6,1)!

In den prägenden Jahren der Kindheit und Jugend genoß Nero kaum konsequente Erziehung. Mit drei Jahren verlor er seinen Vater (vielleicht kein so großes Unglück!), und auch seine Mutter mußte wegen politischer Intrigen ins Exil. Die »Erziehung« übernahmen ein Tänzer und ein Friseur. Als der Junge nach Rückberufung seiner Mutter in die Hände des stoischen Philosophen, Schriftstellers, Staatsmannes, aber auch ehrgeizigen Höflings *Seneca* gelangte, war sein Charakter wahrscheinlich schon geschädigt. Bereits in der Jugend zeigte Nero jedoch echte künstlerische Begabung, deren er sich selbst voll bewußt war und blieb; so bezeugt der Kaiserbiograph *Sueton*, ein Nero keineswegs gewogener Autor, ausdrücklich, daß Nero als Dichter keine – wie wir heute sagen würden – »Ghostwriter« benutzt habe. Am 13. 10. 54 n. Chr. brachte Agrippina ihren Sohn Nero auf den Kaiserthron, nachdem sie

Kaiser Nero. Porträtbüste vom Palatin. Thermenmuseum Rom

ihren Gemahl Claudius vergiftet hatte. Die ersten Jahre des jungen Monarchen brachten den Untertanen Frieden, Wohlstand und eine gute Innen- und Außenpolitik – ohne Zweifel das Verdienst der beiden ersten Minister und Prinzenerzieher *Seneca* und *Burrus*.

Beide verstanden es, Nero zu führen, wobei sie sich dessen hohem Anerkennungsbedürfnis, seiner künstlerischen Neigungen (Musik und Dichtung vor allem) und seiner Vorliebe für die griechische Kultur geschickt bedienten. Der Einfluß Agrippinas schlug weniger durch. Nero war damit zunächst ganz zufrieden: Er führte mehr das Leben eines Kunststudenten und Bonvivants, der nachts durch die Straßen und Kneipen Roms zog und sich damit amüsierte, heimkehrende Bürger in die stinkenden Kloaken zu befördern.

In den dabei unvermeidlichen Prügeleien mußte Nero inkognito oft so gehörige Hiebe einstecken, daß er seine Expeditionen später nur mehr in Begleitung junger, ziviltragender Praetorianeroffiziere unternahm!

Inzwischen hörte Agrippina nicht auf, mit wirklich allen Mitteln um Einfluß auf ihren Sohn zu kämpfen. Sie verlor diesen Kampf und wurde auf Befehl ihres Sohnes beseitigt.

Seit 60 n. Chr. verlor der Princeps immer mehr den Halt und geriet unter den Einfluß krimineller Speichellecker; die Schattenseiten seines Charakters kamen nun voll zum Durchbruch: Maßlose Eitelkeit als Künstler, charakterliche Labilität, Grausamkeit und Feigheit. Im Jahre 63 ermordete er seinen Mentor Burrus, 64 ließ er angeblich Rom anzünden, um an dessen Stelle eine Metropole mehr hellenistischen Zuschnitts zu setzen; besonders die Altstadtbezirke beleidigten seinen ästhetischen Sinn.

Die Schuld an dieser verheerenden Brandkatastrophe gab er den *Christen* und entfesselte so die erste *Christenverfolgung*. Im Jahre 65 zwang er seinen Erzieher und Minister Seneca zum Selbstmord, und die Zahl der wegen Majestätsbeleidigung Verurteilten und Hingerichteten stieg ständig; seit 66 konnte er sich auf dem Kaiserthron nicht mehr sicher fühlen. Nachdem er im Jahre 67 auf einer großen Kunstreise in Griechenland alle musischen Wettkämpfe ›gewonnen‹ und die Welt als Wagenlenker und Kitharavirtuose beglückt hatte, beging er – durch Aufstände in eine ausweglose Lage geraten – 68 Selbstmord. Mit ihm endet die Dynastie des → *Augustus.* (D. R.)

O

Obelisk

Elf antike Obelisken schmücken heute die wichtigsten und schönsten Plätze *Roms,* einige wenige stehen – wie in *Benevent* – auch in anderen Städten des ehemaligen Imperiums. Die meisten stammen aus Ägypten, wo sie auf einen uralten Sonnenkult in *Heliopolis* zurückgehen. Seit der Zeit des Neuen Reiches (also etwa ab 1550 v. Chr.)

wurden sie häufig paarweise vor den Tempeln aufgestellt. Die Ägypter fertigten sie sorgfältig jeweils aus einem einzigen riesigen Granitblock; auf welche Weise und wie sie die Stücke transportierten und dann aufstellten, können wir nicht mit Sicherheit sagen.

Als die Römer unter → *Augustus* Ägypten (→ *Afrika*) besetzt hatten, interessierten sie sich auch für diese Steinmäler. Augustus hatte in Alexandria einen zu Ehren des *Marcus Antonius* begonnenen Tempel vollenden und dem Kaiserkult weihen lassen. Vor diesem Gebäude wurden zwei Obelisken aus Heliopolis aufgestellt, die dort ursprünglich zum Sonnentempel gehörten. Im Volksmund erhielten sie später den Namen »Nadeln der Kleopatra«. Ebenfalls aus Heliopolis stammten auch die beiden Obelisken, die im Jahre 10 v. Chr. als erste nach Rom gebracht wurden.

Ein solcher Obelisk-Transport war für die damaligen Verhältnisse eine technische und nautische Meisterleistung. Das Schiff, das die Steinkolosse nach → *Ostia* gebracht hatte, wurde sogar für heilig erklärt. Nicht weniger schwierig war der kurze Landweg vom Hafen zur Stadt, der mit Hilfe von Rollen bewältigt werden mußte. Den jüngeren der beiden Obelisken, der erst knapp sechshundert Jahre alt war, ließ Augustus auf der *Spina* des *Circus Maximus* (→ *Zirkus*) als Wendemarke aufstellen, den anderen aus der Zeit des Pharao Ramses II. als *Sonnenzeiger* (Gnomon) auf dem *Marsfeld* (→ *Rom*). Er erhielt auf der Spitze eine goldene Kugel, deren Schatten auf vergoldete Metallstreifen im Marmorpflaster fiel und die Mittagslinie der Tage anzeigte. Hier wurde die Verbindung zum Sonnenkult besonders deutlich sichtbar.

Der erstgenannte Obelisk steht heute auf der *Piazza del Popolo,* der andere auf der *Piazza Monte Citorio* in Rom.

Aber nicht alle anderen neun römischen Obelisken sind so ›echt‹ wie diese beiden. Aus Ägypten stammt noch der kleinste, der heute den Rücken eines Barockelefanten auf der *Piazza S. Maria Sopra Minerva* schmückt, und der größte aus der Zeit des Pharao Thutmosis IV., der eigentlich von Kaiser → *Constantin* für seine neue Hauptstadt Constantinopolis vorgesehen gewesen war, nach dem Tode des Kaisers aber umdirigiert und ebenfalls in Rom auf der Spina im Circus Maximus aufgestellt wurde. Er steht heute vor dem *Lateran.*

Zumindest ägyptischen Ursprungs ist auch der allen modernen Romreisenden bekannte Obelisk

*Spitze des Obelisken
auf dem Pincio in Rom.
Er wurde nach ägyptischen
Vorbildern von Hadrian am Grab
des Antinous errichtet.*

*Der kleinste römische Obelisk
vom Isis-Heiligtum
auf dem Marsfeld
schmückt heute
einen barocken Elefanten.*

auf dem *Petersplatz;* denn ihn hatten römische Steinmetze in Ägypten geschnitten. Er wurde dann mit seinen 440 Tonnen Gewicht auf dem angeblich größten Schiff der Antike nach Rom transportiert und von Kaiser *Domitian* im Zirkus des → *Nero* (→ *Rom*) aufgestellt.

Domitian scheint eine besondere Vorliebe für diese ägyptischen Steinmäler gehabt zu haben; denn drei weitere römische Obelisken – auf der *Piazza Navona,* vor der Kirche *S. Maria Maggiore* und vor dem *Quirinalspalast* – sind in seinem Auftrag gefertigte Nachbildungen. Die beiden letz-

teren standen ursprünglich vor dem Mausoleum des Kaisers Augustus. Ebenfalls römische Nachbildungen sind auch die drei noch verbliebenen. Den Obelisk vor dem → *Pantheon* ließ → *Nero* ursprünglich vor dem Isis-Tempel errichten, den auf dem *Pincio* hatte Kaiser → *Hadrian* wahrscheinlich im Bereich seiner berühmten Villa aufstellen lassen, bevor er unter → *Elagabal* nach Rom kam. Und von *Commodus* stammt schließlich der Obelisk oberhalb der *Spanischen Treppe.* Der erste dieser Obelisken wurde schon 1373 wiederentdeckt und ausgegraben (H. P.)

Österreich in der Römerzeit

Sobald die Römer ihre Herrschaft in der Po-Ebene gefestigt hatten, richtete sich ihr Blick auf die Alpen, den natürlichen Grenzwall gegen Norden. Dort bildeten → *Kelten* eine Herrenschicht über einer älteren Bevölkerung unbekannter Abstammung. Ihre Stammesfürstentümer gerieten als Handelspartner in den Bannkreis Roms. Im Jahre 113 v. Chr. mußte ein römisches Heer eingreifen, diese Handelsinteressen und die eigenen Grenzen gegen die eindringenden Kimbern und Teutonen zu schützen. (→ *Germanen, Seite 174*) Bei *Noreia* (im heutigen Kärnten) entgingen die Römer nur mit knapper Not einer vernichtenden Niederlage, aber Kimbern und Teutonen zogen ab, und Kaufleute aus Norditalien vertieften die Beziehungen zu den Bergvölkern.

Das »Regnum Noricum«. Etwa um diese Zeit errangen die *Noriker* die Vorherrschaft über die ostkeltischen Stämme; das »Regnum Noricum« reichte im Norden bis an die Donau, im Osten bis an die Grenze des heutigen österreichischen Staatsgebietes. König *Voccio* suchte noch engeren Anschluß an Rom als seine Vorgänger und ließ seine adelige Reiterei im *Bürgerkrieg* (49 v. Chr.) auf der Seite → *Caesars* kämpfen.

Nach dem Ende der Bürgerkriege konnte der Sieger → *Augustus* daran denken, die Nordgrenze Italiens zu sichern. Im Laufe dieser Unternehmungen kamen die westlichen Nachbarn des Norischen Reiches, die *Raeter*, und die östlichen Nachbarn, die *Pannonier*, unter römische Herrschaft; Noricum war damit von drei Seiten umschlossen und mußte seine östlichsten Gebiete (jenseits des Wienerwaldes) an die neue römische Provinz abtreten, die dort im Jahre 8 gegründet worden war. Sonst aber blieb Noricum dem Namen nach selbständig und erhielt nur eine schwache militärische Besatzung.

Trotzdem ging die Romanisierung in Noricum nicht langsamer vor sich. Das ergab sich aus dem engen, nun schon alten Handelsverkehr mit vielen Teilen des Römischen Reiches. Norische *Stahlwaren* von erstklassiger Qualität wurden hauptsächlich in das nahe *Aquileia* geliefert, aber auch bis Marokko. Einkäufer aus entfernten Gegenden kamen ins norische Bergland, und mit ihnen drang mediterrane Lebensart ein. Junge Noriker dienten im römischen Heer, zwar noch nicht in den Legionen, aber in Gebirgstruppen, den »Cohortes Montanorum«. Schließlich war auch das Vieh der norischen Almen in Italien wohlbekannt.

Der Magdalensberg. Der stufenweise, aber ununterbrochene Übergang von keltischer zu provinzialrömischer Kultur läßt sich sehr genau auf dem Magdalensberg in Kärnten verfolgen. Dort bestanden mindestens seit dem 2. Jahrhundert v. Chr. eine befestigte Königsburg mit einem Tempel des Stammesgottes *Latobius*, ferner Schmelzplätze für Eisen und andere Metalle; die Wohnhäuser waren aus Holz gebaut. Um die Mitte des 1. Jahrhunderts aber ließ der König den ganzen Berggipfel samt seiner Burg und dem Tempel durch *zwei Mauerringe* mit Kasematten umschließen. Das Mörtelmauerwerk verrät mediterranen Einfluß. Etwa um diese Zeit setzte sich auch die lateinische Schrift durch.

Um 20 v. Chr. wurde in einem Haus auf dem Magdalensberg ein Raum von etwa 6 m Länge mit *Fresken* geschmückt, die sich in ihrer Qualität mit römischer oder pompeianischer Innendekoration vergleichen lassen; vielleicht trafen sich dort die Händler aus dem Süden mit den norischen Fürsten.

Für diese Fürsten der dreizehn Stämme, die im Norischen Reich vereinigt waren, stiftete Augustus ein eigenes *Versammlungshaus:* ein Zeichen, wieviel Wert er auf gutes Einverständnis mit dem Vasallenstaat legte. Kaiser *Tiberius* ließ das Haus nicht nur erneuern, sondern gleich einen dreiteiligen Gebäudekomplex als Sitz des norischen Landtages errichten, sogar mit Fußbodenheizung und selbstverständlich einem Kultraum, ferner einem Archiv, Speisesaal, Küche und Verwaltungsräumen. Diese Gebäude führten den Einheimischen Macht und Reichtum Roms vor Augen. Gleichermaßen repräsentativ war der neue *Tempel* in italischem Stil mit säulengeschmückter Vorhalle und Freitreppe. Er war der Stadt Rom als Göttin und Augustus als dem unter die Götter erhobenen Herrscher geweiht — ein weiteres Zeichen der Romanisierung des keltischen Königreiches. Im alten Tempel auf dem Berggipfel stand als Kultbild des Stammesgottes Latobius die Kopie einer prachtvollen *Jünglingsstatue* der griechischen Klassik; zwei Händler aus dem römischen Reich hatten sie zum Dank für reichen Gewinn gestiftet. Dieses bedeutendste Kunstwerk antiker Großplastik, das jemals nördlich der Alpen gefunden wurde, ist übrigens schon im Jahre 1502 wieder ans Tageslicht gekommen.

Anfangs hatten die Händler aus dem Süden ihre Kontore nur in Holz- und Fachwerkhäusern am Stadtrand gehabt, doch das *Händlerviertel* wuchs dauernd und verfügte bald über *gemauerte Maga-*

Der österreichisch-ungarische Raum in römischer Zeit

zine. Der Magdalensberg wurde zum Großhandelsplatz, dessen Geschäfte z. T. schon bargeldlos vor sich gingen. Dem täglichen Kleinhandel dagegen diente ein *Marktplatz*. Im Zuge der Romanisierung wurde er als richtiges *Forum* ausgestaltet. Das war am Berghang keine leichte Aufgabe: ältere Häuser wurden abgerissen, Keller aufgefüllt, sogar ein Teil des Südhanges abgetragen, an der anderen Seite Erde aufgeschüttet. So kam ein Forum von 114 zu 40 m Seitenlänge zustande. Hier konnte man sich zu Feiern versammeln, man traf sich beim täglichen Abendspaziergang zum Gespräch, und alle Waren des täglichen Bedarfs standen zum Verkauf, vom einheimischen Kienholz, Fellen, Honig und Fleisch bis zu den Leckerbissen der römischen Küche, Austern, Weinbergschnecken, Oliven, in Tongefäßen Wein, Öl und pikante Saucen. **Die Provinz Noricum.** Zu den *Vasallenstaaten*, die Kaiser *Claudius* dem Römischen Reich um die Mitte des 1. Jahrhunderts eingliederte, zählte auch das »Regnum Noricum«. Statt des bisherigen Befehlshabers der kleinen Besatzungstruppe residierte nunmehr auf dem Magdalensberg ein kaiserlicher Statthalter mit dem Titel »Procura-

tor«. Aus Resten seines Dienstraumes konnte sogar die hübsche *Wandmalerei* aus zahllosen Bruchstücken wieder zusammengesetzt werden. Wenn er vor der Öffentlichkeit erschien, Abstimmungen leitete, Gerichtsverhandlungen führte oder Ansprachen hielt, stand er auf dem *Tribunal*, einem gemauerten Podium, das mit Marmorplatten verkleidet war. Die Zuhörer versammelten sich in einem Raum mit Innensäulen, den man nach dem Beispiel anderer römischer Städte als »Basilika« bezeichnen kann; sie lag neben dem Tempel am Nordrand des Forums. Schon hatte man begonnen, auch den Tempel repräsentativ auszubauen und rundum mit Säulen einzuschließen, da veränderte sich die Situation auf dem Magdalensberg grundlegend.

Die »Pax Romana«, der Friede des Römischen Reiches, ließ die alten Bergfestungen als überholt erscheinen. Überall in der Provinz entstanden neue *Städte in der Ebene*, die bequemer zugänglich waren, *Iuvavum* (Salzburg), *Aguntum* (bei Lienz in Osttirol), *Teurnia* (bei Spittal an der Drau) und *Celeia* (Cilli/Celje in Slowenien). Die neue Hauptstadt der Provinz aber wurde auf dem Zollfeld nördlich von Klagenfurt erbaut. Sie hieß

Virunum – wahrscheinlich hatte auch die alte Keltenstadt auf dem nahen Magdalensberg, die nun verlassen wurde, diesen Namen getragen. Die neue Stadt konnte sich in der Ebene am Fluß Glan ohne Geländeschwierigkeiten entfalten und erhielt von vornherein römisches Gepräge. Mit ihren breiten, regelmäßigen Straßen, Säulenhallen, mit Capitol, Forum und Thermengebäuden und einem Theater wirkte sie zweifellos sehr ansehnlich.

Römisches Wesen zeigte sich bald in allen Städten von Noricum, den schon genannten wie den anderen, die im Laufe der folgenden Zeit gegründet wurden, autonomen Städten wie *Ovilava* (Wels), *Lauriacum* (Lorch bei Enns), *Aelium Cetium* (St. Pölten), *Flavia Solva* (Leibnitz) und kleineren Ortschaften wie *Lentia* (Linz), *Arelape* (Pölchlarn), *Namara* (Melk) u. v. a. Die meisten von ihnen waren aus keltischen Siedlungen hervorgegangen, und gewiß war auch die keltische Sprache im privaten Gebrauch der Einheimischen noch nicht völlig vergessen, zumindest nicht in entlegenen Gegenden. Aber selbst dorthin kamen die römischen Kaufleute: in *Bichl* bei Matrei in Osttirol fand sich der Grabstein eines Römers schon aus dem 2. Jahrhundert vor Christus! Der *Kupferbergbau* dürfte jenen Mann in 1000 m Seehöhe gelockt haben.

Ähnlich verlief die Entwicklung in den Nachbarprovinzen. Von *Raetien* lag nur eine Stadt auf heute österreichischem Boden, die alte Keltensiedlung *Brigantium* (Bregenz). Mit Forum und Capitol, Amtsgebäuden und Säulenhallen zeigte sie sich gleichfalls ganz römisch. Die bedeutendsten *pannonischen* Städte innerhalb des heutigen Staatsgebietes waren → *Carnuntum* und *Vindobona* (Wien), knapp außerhalb dann *Scarabantia* (Ödenburg/Sopron), *Savaria* (Steinamanger/Szombathely) und *Poetovio* (Pettau/Ptuj), alle an der alten Bernsteinstraße, die weiter über die norischen Städte *Celeia* (Cilli/Celje) und *Emona* (Laibach/Ljubljana) nach *Aquileia* führte.

Straßen, Canabae, Veteranensiedlungen. Die Geschichte der *Bernsteinstraße* reicht weit in das Dunkel der Vorzeit zurück. Die Römer bauten sie planmäßig aus, pflastern sie, so daß sie für Wagen und Karren gut befahrbar wurde, errichteten Brücken und Meilensteine, Wachttürme und Rasthäuser. Das gilt ebenso für die vielen anderen Römerstraßen, welche die alten Saumpfade ersetzten.

Aus den Rasthäusern entwickelten sich mitunter ganze Dörfer. Ein anderer Siedlungstyp bestand in der Nähe der Legionslager: in den *Canabae*

wohnten Händler, Handwerker und Wirte, die für die Bedürfnisse der Soldaten sorgten, sowie die Familien der Soldaten. Wenn der Soldat aus dem Dienst schied und sich als *Veteran* in der Nähe des Lagers niederließ, konnte er eine vorher illegitime Verbindung legalisieren und die Mutter seiner Kinder heiraten. Die Söhne traten dann gewöhnlich in das Heer ein. An vielen Orten, z. B. bei dem Castell *Lentia* (Linz a. D.) fügten sich die Canabae in ältere keltische Ortschaften ein. So waren es in Pannonien vor allem die Veteranen, die zur Romanisierung beitrugen, wie in Noricum in erster Linie die Kaufleute aus Italien. Außer in geschlossenen Siedlungen lebten die Veteranen auch in Einzelhöfen, die italische Bauelemente mit einheimischen verbanden und wieder die Bauweise der Kelten beeinflußten, z. B. den Gutshof des Boierfürsten *Caupianus* bei *Parndorf*. Ein Gutshof bei *Hartberg* in der Steiermark gemahnt in seinen Maßen und der reichen Ausstattung sogar an einen Palast. Ödes Land, das man den Veteranen zuweisen konnte, gab es in Pannonien reichlich; weite Flächen wurden von ihnen überhaupt erst erschlossen und kultiviert.

In den Städten von Noricum und Pannonien glich das bürgerliche Leben in weitem Maße dem anderer römischer Provinzen. Es gab Bürgermeister und Gemeinderat, Stadtkassa, Marktordnung, Priesterkollegien, Vereine und Feuerwehr. Alle Inschriften, die davon zeugen, sind in lateinischer Sprache abgefaßt. Wieweit hinter romanisierter Fassade einheimische Sitten und Überlieferungen fortbestanden, ist nur selten zu erahnen, am ehesten noch in einzelnen Elementen der Bauweise, sehr deutlich dagegen im religiösen Bereich.

Religion. Die Römer meinten, in den keltischen Gottheiten ihre eigenen wiederzuerkennen, und benannten sie daher entsprechend. Deshalb sind in Österreich nur wenige keltische Götternamen überliefert, nämlich die Muttergottheit *Noreia*, dem das »Regnum Noricum« den Namen verdankte, der Stammesgott *Latobius*, die Pferdegöttin *Epona* und der Heilgott *Belenus*. Ihn identifizierten die Römer mit *Apollo*, Latobius mit ihrem *Mars*, Noreia mit *Isis*. Auch hinter Diana, Hercules, Silvanus, Nemesis, Mercur und anderen römischen Gottheiten dürften ältere einheimische stehen, doch dieses Weiterwirken der überlieferten Religion war Römern wie romanisierten Kelten sicherlich nur zum geringen Teil bewußt. Außerdem verehrte man, wie es sich im Imperium Romanum gehörte, im *Capitol* jeder

Österreichs Römerzeit

113 v. Chr.: Ein römisches Heer tritt bei Noreia den Kimbern und Teutonen entgegen.

49 v. Chr.: Norische Reiter im Heer Caesars.

15 v. Chr.: Raetien wird unterworfen, Noricum erhält eine römische Besatzung.

6 n. Chr.: Tiberius überschreitet die Donau bei Carnuntum.

41–54 Kaiser Claudius macht das Vasallenreich Noricum zur römischen Provinz und gründet Städte. In Vindobona wird ein Kastell erbaut.

98–117 Kaiser Traian: Vindobona erhält ein Legionslager.

117–138 Kaiser Hadrian: Die Zivilstadt von Carnutum sowie Cetium (St. Pölten) und Ovilava (Wels) erhalten den Rechtstitel Municipium.

138–161 Blütezeit der Provinzen unter Kaiser Antoninus Pius.

171 Die Markomannen zerstören Carnuntum und Vindobona.

180 Kaiser Marcus Aurelius stirbt in Vindobona.

193 Der Statthalter Septimius Severus wird in Carnuntum zum Kaiser ausgerufen.

211–217 Kaiser Caracalla: Die Zivilstadt von Lauriacum erhält den Rechtstitel Municipium. Alle freien Bewohner des Römischen Reiches erhalten das Bürgerrecht.

284–305 Kaiser Diocletian: Das Reich wird neu geordnet, die bisherigen Provinzen werden unterteilt, die Zivil- von der Militärgewalt getrennt.

303 Märtyrertod des Hl. Florian bei Lauriacum.

308 Kaiserkonferenz in Carnuntum.

343 Die norischen Bischöfe am Konzil von Serdica.

375 Kaiser Valentinian I. verstärkt den Grenzschutz an der Donau.

um 400 Carnuntum und Vindobona werden zerstört.

482 Der Hl. Severin stirbt in Favianis.

488 Die romanische Bevölkerung von Noricum ripense (den norischen Gebieten an der Donau) zieht nach Italien ab.

um 610 Aguntum wird als letztes Municipium im Ostalpengebiet von den Slawen zerstört.

Stadt die *römischen Hauptgötter* Iupiter, Iuno und Minerva und pflegte den Staatskult der Göttin Rom und der Kaiser. Einer Zeitströmung entsprechend erreichten *orientalische Gottheiten*, die sich im Römischen Reich ausbreiteten, auch die Ostalpen. Man betete zu Isis und Horus, Kybele und Attis, zum syrischen Baal von Doliche als Iupiter Dolichenus, vor allem aber zu dem Soldatengott → *Mithras*. In *Carnuntum* besaß er gleich drei Heiligtümer, sein Kult ist für *Aguntum*, *Vindobona* und *Lentia* nachgewiesen, ebenso für kleinere Ortschaften und sogar für das Rasthaus *Immurium* am Tauernpaß.

Als Kaiser *Marcus Aurelius* im Sommer 172 bei Carnuntum die Donau überschritt, um die Markomannen zu bekämpfen, sollen sich in seinem Heer bereits *Christen* befunden haben. Das ist zwar nicht eindeutig zu beweisen, doch in der Folgezeit gab es in Noricum wie in Pannonien Christen, und sie wurden verfolgt. Im Jahre 303 starb bei *Lauriacum* der *Florianus*, Kanzleivorstand des Statthalters, den Märtyrertod. 40 Jahre

später nahmen bereits *Bischöfe* von Noricum am *Konzil von Serdica* teil. Viele Reste frühchristlicher Heiligtümer bestätigen die Anfänge der Christianisierung des Ostalpenraumes.

Die Germaneneinbrüche. Der Limes, jene unter diesem Namen heute vor allem aus Deutschland bekannte Befestigungslinie des Römischen Reiches, verlief in Österreich durchwegs die Donau entlang. Der Frieden, den er dem Hinterland gewährte, wurde jedoch etliche Male gestört: Im Jahre 171 überschritten *Markomannen*, *Quaden* und *Naristen* die Donau und zerstörten Carnutum und Vindobona, in der Folgezeit drangen *Alamannen*, *Juthungen* und andere Stämme mehrmals weit ins Binnenland vor. Die verwüsteten Ortschaften wurden zwar immer wieder aufgebaut; noch im Jahre 375 ließ Kaiser *Valentinian I.* die Festungslinien erneuern und verstärken, aber bald danach mußte *Pannonien* den übermächtigen Feinden preisgegeben werden. *Noricum* und *Raetien* blieben noch länger römisch; als es keine regulären Truppen mehr gab, zog sich die Zivilbevölkerung in die verlassenen Legionslager und Kastelle zurück, bildete Bürgerwehren und verteidigte sich, so gut es gehen wollte. Die Lebensbeschreibung des Heiligen *Severin*, des »Apostels von Noricum«, schildert anschaulich und ergreifend die Leiden jener Zeit. Severin starb im Jahre 482 zu *Favianis* (Mautern an der Donau). Sechs Jahre nach seinem Tod verließen die letzten Romanen die gefährdeten Gebiete. Den Befehl dazu hatte *Odoaker* gegeben, der germanische Herrscher Italiens – das Weströmische Reich hatte zu bestehen endgültig aufgehört.

Nur von wenigen Orten Österreichs ist nachzuweisen oder wenigstens wahrscheinlich, daß sie die Zeit der Völkerwanderung hindurch bis ins Mittelalter dauernd besiedelt blieben. Reste römischer Bauwerke sind allerdings in großer Zahl vorhanden. Die bedeutendsten Ausgrabungsstätten sind *Carnuntum*, *Aguntum* und der *Magdalensberg*. Dort und an vielen anderen Orten wird Jahr für Jahr gearbeitet, die römische Vergangenheit Österreichs zu erforschen. (G. S.)

Ostia

Der Sage nach soll König *Ancus Martius* den Hafen von Ostia an der Mündung des Tiber (Os = Mündung) gegründet haben. Tatsächlich aber gehen die Anfänge eines kleinen Kastells zur Sicherung der Salinen an der Küste und des beginnenden Seehandels erst auf das Ende des 4. Jahrhunderts v. Chr. zurück. Die Römer erweiterten den Stützpunkt bald zu einer Kolonie, angeblich der ältesten römischen überhaupt, und die neue Siedlung blühte sehr rasch auf.

Nach der Zerstörung im Bürgerkrieg wurde sie neu aufgebaut und umfaßte etwa 100 ha Wohnfläche. Man schätzt, daß in der Kaiserzeit etwa 80 000 Menschen dort lebten. Ihre große Bedeutung erlangte die Stadt durch ihre Häfen: dem alten *Flußhafen* an der Tibermündung und dem 3 Kilometer nördlich durch Kaiser *Claudius* neu angelegten, mit Molen geschützten Hafen, der dann von *Traian* durch ein *sechseckiges Becken* ergänzt und erweitert wurde. Hier löschten die Handelsschiffe ihre Waren und lagerten sie zuerst

Geschäftsstraße mit Ladengebäuden in Ostia.

Ostia – Stadt und Hafen

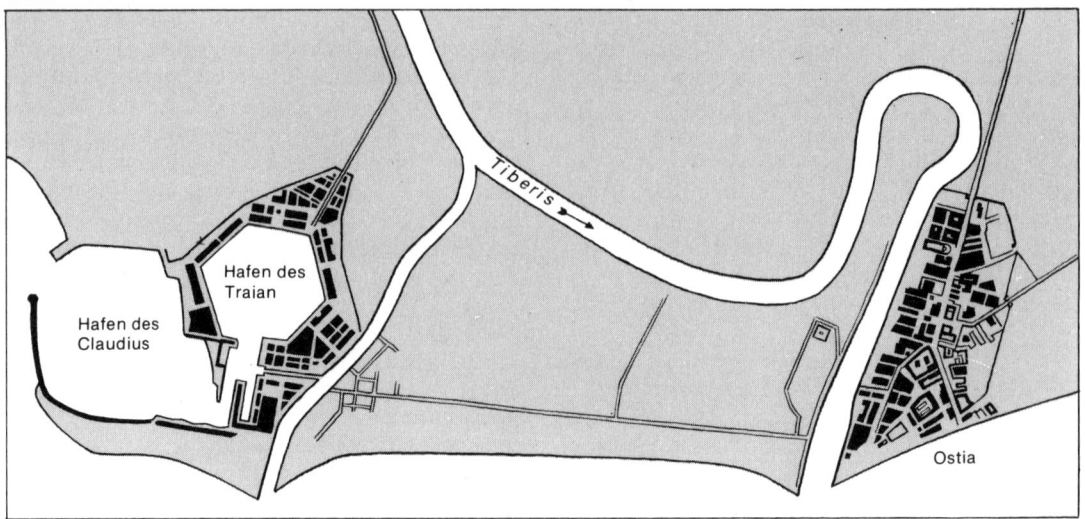

Hafen des Traian

Hafen des Claudius

Tiberis

Ostia

einmal in den zahlreichen großen Speichern, von wo aus sie auf dem Landweg oder mit Flußschiffen tiberaufwärts in das rund 20 Kilometer entfernt liegende Rom transportiert wurden.

In der Völkerwanderungszeit verfiel Ostia allmählich. Die zu Beginn unseres Jahrhunderts systematisch einsetzenden Ausgrabungen haben fast die gesamte Fläche der antiken Stadt freigelegt, deren Ruinen von den Touristen viel zu wenig beachtet werden, obgleich sie kaum weniger interessant und instruktiv sind als das berühmte → *Pompeii;* denn sie vermitteln das Bild einer römischen Großstadt mit den aus dem alten Lager hervorgegangenen rechtwinkligen Straßenzügen, mehrstöckigen Wohn- und Geschäftsbauten (Via della Fontana), den Klubhäusern der bedeutenden Handelsgesellschaften, öffentlichen Bauten und Tempeln. (H. P.)

Ostrom (Byzantinisches Reich)

Das ›Neue Rom‹. Die enge Verbindung des römischen Kaisertums mit dem *Christentum* und die endgültige Verlegung der Reichshauptstadt vom Tiber an den Bosporus durch die Gründung von *Constantinopolis* (330) an der Stelle der alten griechischen Kolonie Byzanz markieren den Beginn der Geschichte des Oströmischen (=Byzantinischen) Reiches. Beide Ereignisse sind mit dem Namen des Kaisers → *Constantin* verbunden, der ihnen seinen Beinamen »der Große« verdankt. Pläne, aus der Verlagerung des Reichs-

schwerpunktes in den Osten die notwendigen politischen Konsequenzen zu ziehen, werden schon → *Caesar* zugeschrieben. Die unvergleichliche strategische und handelspolitische Lage von Byzanz an der Nahtstelle der Kontinente Europa und Asien und im Schnittpunkt der wichtigsten Verkehrswege und Nachschublinien sowie die bewußte Abkehr von den Traditionen des heidnischen Rom veranlaßten Constantin, durch die Anlage der »Konstantinstadt«, des ›Neuen Rom‹, den Wandel auch äußerlich sinnfällig zu dokumentieren.

Reichsteilung und Völkerwanderung. Als im Jahre 395 die Söhne *Theodosius' des Großen* das Römische Reich in eine östliche und eine westliche Hälfte teilten, da dachten sie keineswegs an eine dauernde Spaltung in zwei unabhängige Staaten. War doch die Teilung der Regierungsgewalt unter mehrere Herrscher aus militärischen Gründen seit den Triumvirn *Antonius* und *Octavian* (→ *Augustus*) verschiedentlich verwirklicht (→ *Marc Aurel*) und unter → *Diocletian* gar zum Staatsgrundgesetz erhoben worden.

Tatsächlich hat das Ostreich stets an seiner römischen Bestimmung festgehalten, wenn es auch infolge des Verlustes der lateinischen und orientalischen Provinzen mehr und mehr griechischen Charakter annahm. Denn nach dem Selbstverständnis seiner Herrscher und Bewohner und in der Vorstellung der Zeitgenossen vom 4. bis zum 15. Jahrhundert war der oströmische Staat nichts anderes als »das alte römische Reich in seinen bewährten Organisationsformen, geeint in der gemeinsamen Kultur des christlichen Glaubens-

und Sittengesetzes, in der großen geistigen Überlieferung des Griechentums und in der Rechtsordnung des römischen Reiches, an seiner Spitze der über alles Irdische erhabene *Basileus* (= Kaiser), der Stellvertreter Christi, der die ganze Fülle irdischer Macht in sich vereinigt, dafür aber auch die riesenhafte Verantwortung trägt für die Erhaltung von Friede und Recht, für die Erhaltung und Mehrung des Reiches, für die Bekämpfung der Barbaren und für die Bewahrung der Einheit des Glaubens« (Dölger). Dieser Überzeugung, die den ideellen Anspruch auf die politische und kulturelle Führung in der Welt mit einschloß, blieb man im byzantinischen Konstantinopel selbst unter den verzweifeltsten Umständen treu. Setzte doch im Gefolge der durch den *Hunnensturm* (375) ausgelösten *Völkerwanderung* jene tausendjährige, aufreibende Rundumverteidigung ein, die das Reich nicht mehr zur Ruhe kommen lassen sollte. Nach fürchterlichen Verwüstungen im europäischen Reichsteil gelang es der kaiserlichen Regierung, die *Germanen* aus der Innenpolitik auszuschalten und Reichsbildungen auf oströmischem Boden durch Ablenkung nach dem Westen zu verhindern. Nach dem dadurch verursachten Untergang des westlichen Kaisertums haben *Odoakar*, *Theoderich* und andere Germanenfürsten die nominelle und ideelle Oberhoheit des Kaisers in Konstantinopel stets anerkannt, wenn sie auch tatsächlich eine unabhängige Stellung einnahmen. Der Westgotenkönig *Athaulf* († 415) erklärte sogar, »er wolle bei den Nachkommen als Begründer der römischen Erneuerung gelten, da er nicht ihr Veränderer sein könne«.

Iustinians Restaurationsversuch. Daß diese Erneuerung (Restauration) nicht unter germanischem Vorzeichen erfolgte, war das Werk des Kaisers Iustinian (R 527–565), der es als seine heilige Mission betrachtete, das Römerreich in seiner alten Größe und Geschlossenheit wiederherzustellen. In großangelegten Offensiven vernichteten seine Feldherrn *Belisar* und *Narses* die *Reiche der Wandalen* und *Ostgoten* in Afrika bzw. Italien und gewannen auch den Südosten Spaniens dem Reich zurück. Langwierige Abwehrkämpfe gegen das *sassanidische Perserreich* und die immer bedrohlicheren Einfälle der *Slawen* auf dem Balkan vereitelten die vollständige Wiedereroberung des Westens.

Iustinians hoher Auffassung von den Pflichten eines christlichen Kaisers entsprach sein Einsatz für die *Kirche*. In nur fünfjähriger Bauzeit entstand die gewaltige *Hagia Sophia* mit ihrer herrlichen Kuppel als Hauptkirche der Kaiserstadt. Die Schließung der *Platonischen Akademie in Athen* nach über neunhundertjährigem Bestehen (529) beseitigte einen letzten Stützpunkt des Heidentums. Fortan lagen Erziehung und Wissenschaft in den Händen der byzantinischen Kirche, deren Bildungsarbeit der Leistung des benediktinischen Mönchtums im Westen (529 Gründung von Monte Cassino) kaum nachsteht. Um die dogmatische Zerrissenheit der Kirche im Interesse der Reichseinheit zu überwinden, scheute Iustinian – wie seine Nachfolger – auch vor Zwangsmaßnahmen nicht zurück. Die staatliche Bevormundung der Kirche *(Cäsaropapismus)* trug indes eher zur Verhärtung der Gegensätze bei: Der *katholische Westen* begann sich mehr und mehr von Byzanz–Konstantinopel zu lösen, und die *monophysitische* (Christus ist nur Mensch oder nur Gott!) Bevölkerung *Syriens* und *Ägyptens* wartete nur auf einen Befreier von der verhaßten Zwingherrschaft des *orthodoxen* Kaisers. Lediglich auf dem Gebiet des *Rechts* war es Iustinian vergönnt, sein Werk zu vollenden. Die monumentale Vereinheitlichung und Zusammenfassung aller Bestimmungen des Römischen Rechts im »Corpus iuris civilis« hat die Entwicklung der politischen und rechtlichen Ideen in Europa bis in die Gegenwart maßgebend beeinflußt.

Das Bollwerk Europas. Iustinians Restaurationspolitik hatte die Kräfte des Reiches überspannt. Unmittelbar nach dem Höhenflug stürzte Byzanz in eine lebensgefährliche Krise. Dauernde Zweifrontenkriege, die in der gleichzeitigen Belagerung Konstantinopels durch die *Awaren* und *Perser* (626) gipfelten, brachten das Reich an den Rand des Ruins. Rund neun Zehntel des Territoriums gingen verloren, und auch der von Verrat, Militärrevolten und Wirtschaftskrisen geschüttelte Rest schien dem Untergang entgegenzutreiben. Doch gelang es der hochentwickelten byzantinischen Staatskunst immer wieder, durch diplomatische Gegenminen und ›Entwicklungshilfe‹ in Form ungeheurer Geldzuwendungen an die ›Barbaren‹, das Schlimmste zu verhüten. Auf der durch Constantin geschaffenen *Goldwährung* beruhte ja in einer Zeit der weitverbreiteten *Naturalwirtschaft* bis zum Ende des 11. Jahrhunderts ein wesentlicher Teil der Überlegenheit des Reiches über die in immer neuen Wellen anbrandenden ›Barbarenvölker‹. Gleichsam in letzter Minute erstand dem byzantinischen Rumpfstaat in Kaiser *Herakleios* (R 610–641) ein Retter, der durch grundlegende Umstrukturierung mittels der sogenannten *The-*

menverfassung den Grund für den Wiederaufstieg legte. Indem Herakleios das kostspielige Verwaltungs- und Verteidigungssystem des spätantiken Zwangsstaates durch eine straffe *Militärverwaltung* und ein ebenso zuverlässiges wie billiges *Heer aus freien Bauernsoldaten* ersetzte, sanierte er allmählich die Wehr- und Wirtschaftskraft des Reiches.

Die Landeinbußen im Westen und die zeitweilige Unterbrechung der Verkehrsverbindungen führten zu einer Konzentration auf den griechischen Osten. Erst jetzt verdrängte die *griechische Sprache* das Latein als Amtssprache in Verwaltung und Militär. Auch das Kulturleben erfuhr unter dem Einfluß des *östlichen Mönchtums* eine einschneidende Veränderung und teilweise Verengung. Es bleibt aber der Ruhm der Kirche, das Erbe der altgriechischen Kultur auch weiterhin sorgsam bewahrt zu haben. Der Kampf um die Selbstbehauptung ließ Byzanz schließlich zu einem »Staat von Mönchen und Kriegern« werden.

In einem wirklichen *Kreuzzug*, der von religiöser Kampfbegeisterung der Massen getragen war, gelang es Kaiser Herakleios unter äußerster Anspannung aller Kräfte das von den *Persern* geraubte *Kreuz Christi*, die heiligste Reliquie der Christenheit, nach *Jerusalem* zurückzuführen und den Erbfeind niederzuringen.

Als beide Gegner erschöpft waren, brach völlig unerwartet der *Arabersturm* los und schien das Lebenswerk des resignierenden Kaisers zu vernichten. Nach der Schlacht *am Jarmuk* (636) gingen die Orientprovinzen und Nordafrika in rascher Folge verloren, nicht zuletzt deshalb, weil die monophysitischen Einwohner es vorzogen, auf die Toleranz der anfangs großzügigen mohammedanischen Eroberer zu vertrauen, anstatt weiterhin den Schikanen der kaiserlichen Kirchenpolitik und dem unbarmherzigen Steuerdruck des byzantinischen Fiskus ausgesetzt zu sein.

Im Jahre 674 standen die Araber erstmals auch vor Konstantinopel. Aber an den uneinnehmbaren Mauern der stärksten Festung der Welt, der überlegenen Kriegskunst der Byzantiner und der Geheimwaffe des »Griechischen Feuers«, das die arabischen Schiffe verzehrte, brach sich der Angriff trotz vierjähriger Belagerung. Nach einer zweiten Einschließung (717–18), die Kaiser *Leon III.* siegreich bestand, kam der arabische Vormarsch im Osten endgültig zum Stehen. Dieser welthistorische Sieg, den in Westeuropa der *Franke Karl Martell* durch die Abwehr der Mohammedaner bei *Tours und Poitiers* (732) ergänzte,

rettete das *werdende Abendland* vor der Überflutung durch den Islam. Nach einer zeitweiligen inneren Lähmung durch den erbitterten Streit um die *religiöse Verehrung der Bilder* (Ikonen) und gefährlichen Einfällen der *Bulgaren* und *Russen* konnten die Byzantiner sogar zur Gegenoffensive übergehen und einen ansehnlichen Teil der Verluste wieder wettmachen. Die Araber lernten den Kaiser *Nikephoros Phokas* (R 963 bis 969) als den »bleichen Tod der Sarazenen« fürchten; *Basileios II.*, der »Bulgarentöter« (R 976–1025), gewann den Balkan zurück und führte das Reich auf den Höhepunkt seiner Macht. Da man nicht daran denken konnte, die eingesickerten slawischen Völker von der Balkanhalbinsel zu vertreiben, richtete sich die Politik des Kaiserstaates darauf, sie wenigstens kulturell zu assimilieren. Durch die Christianisierung wurden Balkanslawen, Bulgaren (869) und Russen (988) dem byzantinischen Einfluß auf Dauer geöffnet und der Gemeinschaft der europäischen Völker eingegliedert; die Slawenapostel *Kyrillos* und *Methodios* schenkten ihnen mit der *kyrillischen Schrift* überhaupt erst ihre kulturelle Identität.

Byzanz und das westliche Kaisertum. Die erfolgreiche byzantinische Mission auf dem Balkan griff empfindlich in die Interessensphäre der *römischen Kirche* ein. Die alten Auseinandersetzungen der beiden geistlichen Zentren um Fragen der Lehre und der Kirchenleitung waren durch den Bilderstreit erneut verschärft worden. So sahen sich die vielfach bedrängten *Päpste* schließlich veranlaßt, den Bruch mit Byzanz zu vollziehen und den Bund mit den *Franken* einzugehen.

Die Reaktionen in Konstantinopel auf die *Krönung Karls des Großen* zum Kaiser des erneuerten Römischen Reiches durch Papst *Leo III.* (Weihnachten 800 in der Peterskirche) schwankten zwischen Ironie und Empörung über das für widerrechtliche Anmaßung gehaltene Vorgehen des Papstes und der Besorgnis, Karl werde als Thronräuber gegen Konstantinopel ziehen, um seine Herrschaft durch den Besitz der Kaiserstadt zu legitimieren. Als man sich nach langem Zögern gegen territoriale Zugeständnisse zur bedingten Anerkennung eines »fränkischen« *(nicht »römischen«)* Kaisertums bequemte (871 widerrufen!), konnte Karl um so leichter auf diesen Kompromiß eingehen, als es ihm nur um Weltgeltung und nicht um Weltherrschaft zu tun war.

Mit der Erneuerung des karolingischen Kaisertums durch *Otto den Großen* (962) stellten sich die gleichen Probleme noch einmal. Wiederum mußte der Westkaiser mit allen Mitteln der Diplomatie, des militärischen Druckes und schließlich der Heiratspolitik die Anerkennung durch den Ostkaiser zu erreichen suchen, ohne die sein Anspruch rechtlich in der Luft hing. Erst als sich im Westen die Auffassung durchsetzte, allein die vom Papst verliehene Kaiserwürde könne als rechtmäßige Weiterführung des römischen Kaisertums gelten, begann man sich vom byzantinischen Vorbild zu emanzipieren und auch auf dem Gebiet der Kunst und der Lebensgestaltung eigene Wege zu gehen.

Untergang und Fortwirken. Die *Kirchenspaltung* beschleunigte die Entfremdung zwischen West und Ost, die trotz der verstärkten Kontakte in der Epoche der *Kreuzzüge* noch mehr vertieft wurde.

Umgekehrt führte die Nachahmung des westlichen *Feudalismus* in Byzanz zu einem raschen Verfall der Grundlagen des Staates, dessen Kraft aber erst mit der unseligen Eroberung und *Plünderung Konstantinopels durch die Ritter des 4. Kreuzzuges* (1204) endgültig gebrochen wurde. Seither bestimmte der Haß gegen die »Lateiner« die Stimmung in Volk und Kirche, während die Kaiser durch das Angebot der Kirchenunion vergeblich Hilfe aus Westeuropa für ihren von *seldschukischen und osmanischen Türken* tödlich bedrohten Reststaat zu mobilisieren hofften. Am 29.5.1453 erlag Konstantinopel dem Ansturm der Feinde. Kaiser *Konstantin XI.*, der die Stadt gegen 100 000 fanatisierte Krieger des Sultans *Mohammed II.* mit 7 000 Mann 53 Tage lang heldenhaft verteidigt hatte, fiel im Straßenkampf. Die Hagia Sophia, die herrlichste Kirche der Christenheit, wurde auf Geheiß des Eroberers in eine Moschee umgewandelt. Unter dem Namen *Stambul* (Istanbul) war Konstantinopel fortan die Hauptstadt des Osmanenreiches, das Europa noch lange Jahrhunderte in Atem halten sollte. Byzanz war gefallen, aber sein Geist wirkte weiter. Griechische Flüchtlinge, die in großer Zahl nach Italien strömten, befruchteten ganz wesentlich die sich stürmisch entfaltenden geistigen Bewegungen des *Humanismus* und der *Renaissance*. Am bedeutsamsten wurde die Übertragung der römischen Kaiseridee durch die *russischen Zaren* (= Cäsaren) auf Moskau, das »Dritte Rom«, nach dem es kein viertes mehr geben sollte. Und schließlich lebt in der *Orthodoxen Kirche*, die den Balkanvölkern unter der Türkenherrschaft Trost und Zuflucht bot, das Erbe von Byzanz noch heute ungebrochen weiter. (H. H.)

Ovid

Publius Ovidius Naso, *43 v. Chr., † 17 oder 18 n. Chr., römischer Dichter. Ovid entstammte dem Ritterstand und genoß in Rom und Athen eine sorgfältige rhetorische Ausbildung. Er war Anwärter auf eine senatorische Laufbahn, zog sich aber noch vor der Quästur aus dem politischen Leben zurück und widmete sich der Dichtung. Im Jahre 8 verbannte ihn → *Augustus*, angeblich wegen der »Liebeskunst«, in Wirklichkeit wohl, weil er zu viel über eine Skandalaffäre der Kaiserenkelin wußte. Ovid ging nach *Tomis* (heute Konstanza) am Schwarzen Meer, wo er etwa 10 Jahre später starb. Er hinterließ ein vielseitiges poetisches Werk, in dem er die verschiedenen literarischen Strömungen der Zeit genial verarbeitete. Seine virtuose Sprache verbindet Natürlichkeit mit Nuancenreichtum und metrischer Perfektion. »Was immer ich sagen wollte, wurde ein Vers«, bemerkt er über sich. Von den berühmteren Werken sind die »Amores« (Liebeselegien) die frühesten. Der Dichter schreibt aber nicht so sehr aus persönlicher Ergriffenheit über seine Liebe wie *Tibull* und *Properz* (→ *Literatur*) als vielmehr distanziert, psychologisch-analytisch wie ein geistvoller, heiterer Beobachter der Liebe überhaupt. Das Bemühen um Objektivität ist auch in den »Heroiden« spürbar, Briefen mythischer Frauen an Geliebte oder Gatten. Nicht der Schein natürlicher Wahrheit wird angestrebt, sondern die dialektische, immer neu variierte Darstellung eines komplexen Themas: der Frauenliebe und des menschlichen Herzens überhaupt. Eine Verschmelzung der Elegie mit dem Lehrgedicht stellen die »Liebeskunst« und die »Heilmittel gegen die Liebe« dar, gleichsam die Nutzanwendung der analytischen Einsichten für das Publikum einer urbanen Gesellschaft, in der Konventionen und rücksichtsvolle Liebenswürdigkeit zu den Spielregeln gehören. In den »Metamorphosen« (in insgesamt 15 000 Hexametern werden 250 Verwandlungsgeschichten erzählt) verbindet Ovid die verschiedensten Gattungen, vor allem Elemente aus Elegie und Tragödie, zu einer großen *Universaldichtung* von der Entstehung der Welt bis zum Höhepunkt der Entwicklung im augusteischen Rom. Neben stofflichen Parallelen zu *Homer* und → *Vergil*, zum *Argonauten-* und zum *Heraklesstoff* enthält das Werk berühmte Stellen wie die Geschichte von der *Sintflut*, von *Apollo und Daphne*, von *Philemon und Baucis*.

Dichter und bildende Künstler, besonders seit der Renaissance, bezogen ihre Motive immer wieder aus Ovids Metamorphosen. Weltprinzip ist wie bei *Lukrez* die *Verwandlung.*

Die Kontinuität der Geschichte liegt auch den »Fasten« zugrunde. Die einzelnen Tage des Festkalenders werden hier mit denkwürdigen Ereignissen und Sagen verknüpft. Einen neuen Zug weisen die Verbannungsgedichte – »Tristien« (Klagelieder) und »Briefe aus dem Pontus« – auf: die echte, persönliche Betroffenheit des Geschlagenen, des Isolierten. (F. R.)

P

Palmyra

Die Oase Palmyra, das heutige *Tadmor in Syrien,* liegt etwa 230 km nordöstlich von *Damaskus* etwa auf dem halben Weg der Karawanenstraße

vom Mittelmeer zum Euphrat. Schon im 3. vorchristlichen Jahrhundert gewann es Bedeutung für den transarabischen Karawanenhandel. Als die → *Parther* im letzten Jahrhundert vor Christus eine eigene Handelsstraße von *Dura-Europos* am Euphrat in die Oase schufen, stieg Palmyras Ansehen noch, und bald bildete es auch für römische Kaufleute eine wichtige Drehscheibe des Orienthandels. Palmyrenische Karawanentreiber holten Waren aus den Ländern am Persischen Golf und aus Zentralasien. Gleichzeitig übernahmen sie Spezereien, Duftstoffe, Gewürze, Rauschdrogen, die auf der *Weihrauchstraße* entlang des Roten Meeres nach *Petra* und von da über *Damaskus* nach der Oase gebracht wurden, und lieferten sie weiter nach dem Fernen Osten. Der rasch wachsende Reichtum der Kaufleute zeigte sich in den prachtvollen Bauten, besonders in dem großen *Baal-Tempel.*

Für lange Zeit konnte Palmyra seine unabhängige Stellung und handelspolitische Bedeutung be-

Die Ruinen der Handelsstadt Palmyra lassen heute noch etwas von ihrer Größe und ihrem Reichtum ahnen.

wahren, da hier auf sozusagen neutralem Boden Römer und Parther ihre Waren austauschten. Als sich dann aber seit 226 mit der Begründung des *Neupersischen Reiches* das politische Schwergewicht im Osten zu ungunsten Roms verschob, wirkte sich das auch auf die Verhältnisse in der Oasenstadt aus. Nach der Niederlage Kaiser → *Valerians* gegen den Perserkönig *Schapur I.* unterstützten die Römer den Beduinenscheich *Odenathus*, der in Palmyra die Macht übernommen hatte und mit erstaunlichem Mut die Perser angriff. Aber trotz seiner Erfolge wurde er ein Opfer römischer Intrigen, und die Regierung ging an seine Frau *Zenobia* über, die zu den faszinierendsten Frauengestalten der Weltgeschichte gehört. Als die Streitkräfte der Römer nach 268 wegen Unruhen im Westen gebunden waren, nutzte sie die Gelegenheit, sandte ihren Feldherrn mit angeblich 70 000 Mann nach Ägypten und ließ gleichzeitig den Nordostteil der römischen *Provinz Arabien* besetzen. Zu ihrem Unglück erhielt aber nun Rom mit *Aurelian* einen starken Kaiser. Als Zenobia in Verkennung der tatsächlichen politischen Lage sich zur »Kaiserin des Ostens« proklamieren ließ, bereitete Aurelian einen energischen Gegenschlag vor und zog mit einem Heer durch Kleinasien nach *Antiochia*, wo er die Truppen der Palmyrener vernichtete. Nach einem zweiten Sieg bei *Emesa* über die Reiterei Zenobias führte Aurelian seine Leute durch die Wüste vor die Mauern Palmyras und belagerte die Stadt. Zenobia verlor die Nerven, suchte zu fliehen, wurde aber eingefangen. Palmyra blieb unzerstört, Aurelian ›begnügte‹ sich mit den ungeheuren Tempelschätzen und ließ Zenobia nach Rom abtransportieren. Auf dem Weg dorthin soll sie gestorben sein, einer anderen Version nach wurde sie im → *Thriumphzug* des Kaisers mitgeführt, heiratete später einen römischen Senator und verbrachte einen beschaulichen Lebensabend in einer Villa in Tibur (Tivoli). (H. P.)

Pantheon

Eines der zwei fast unversehrt erhaltenen antiken Bauwerke der Stadt Rom, zugleich einer der schönsten Bauten des ganzen römischen Imperiums ist das Pantheon. → *Agrippa* hatte diesen *Rundtempel* 27 v. Chr. auf dem *Marsfeld* als »Allerheiligste Stätte« den sieben Göttern geweiht, die den Umlauf der Gestirne bestimmten. Später erst wurde der Tempel allen rund dreitausend Göttern geöffnet, die man im römischen

Reich verehrte. Wahrscheinlich hatte der Bau ursprünglich statt der Kuppel ein Zeltdach, das durch einen riesigen Pinienzapfen zusammengehalten wurde, der heute in einem der Höfe des Vatikans steht. Nach einer Feuersbrunst im Jahre 80 n. Chr. ließ Kaiser *Domitian* den Tempel neu aufbauen, aber schon dreißig Jahre später brannte er während eines Gewitters erneut nieder. Dann erhielt er unter Kaiser → *Hadrian* zwischen 118 und 128 seine endgültige herrliche Gestalt. War ursprünglich die Front nach Süden gerichtet, so blickte sie jetzt nach Norden. Der Innenraum mit seinen ausgeglichenen Proportionen ist wohl eine der schönsten und bautechnisch perfektesten Raumschöpfungen überhaupt. Der Durchmesser der Kuppel von 43,5 m entspricht genau deren Höhe vom Fußboden aus gemessen. Eine kreisrunde Öffnung von 9 m lichter Weite gibt am Scheitel den Blick zum Himmel frei. Der Gesamteindruck muß in der Antike noch prachtvoller gewesen sein als heute; denn die Kassettendecke wies ursprünglich noch eine Goldbronzeverkleidung auf.

Daß dieser antike Tempel erhalten blieb, verdankte er seiner um 609 erfolgten Weihe zu einer christlichen Kirche. Um die »Dämonen« der heidnischen Götter zu bannen, ließ Papst

Grund- und Aufriß des Pantheon

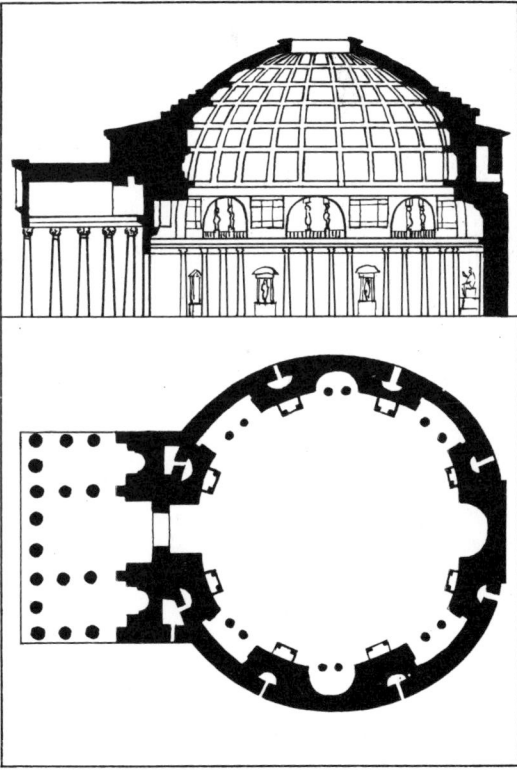

Bonifaz IV. gleich achtundzwanzig Wagenladungen von angeblichen Märtyrergebeinen aus den Katakomben unter dem neuen Hauptaltar unterbringen. (H. P.)

Papsttum

Es ist unbestritten, daß unter den Jüngern Jesu *Simon aus Bethsaida* (Petrus), der in Rom gekreuzigte Apostel und nach katholischer Lehre erste Bischof Roms, eine herausragende Stellung innehatte. Die Texte sprechen eine deutliche Sprache. Mt. 16, 18 wird er als Kephas = Petrus = Fels hervorgehoben; Apg. 1–15 zeigen ihn als Wortführer und Repräsentanten der urchristlichen Gemeinde, Gal. 1, 18 und 2, 11–14 zeigen die Anerkennung dieser Stellung durch *Paulus*. Unter den frühen christlichen Gemeinden wurde schon sehr bald der römischen Kirchengemeinde ein ähnlicher Vorrang der Leitung zuerkannt wie dem Petrus unter den Aposteln.
Wie kam Rom zu dieser führenden Stellung? Zwei Strömungen dürften sich vermischt haben. In den römischen Provinzen, vor allem in *Achaia* und in *Asia*, gab es den »Kult des göttlichen Rom«. *Smyrna* z. B. rühmte sich, schon 195 v. Chr. der Stadt Rom einen Tempel errichtet zu haben. Mit der kultischen Verehrung der Stadt, des Senates und des Volkes wurde ein geistiges Band zwischen Provinz und Zentrum geknüpft. Diese Tendenz wird vom Neuen Testament ergänzt. Mit dem Namen der Hauptstadt ist einer der wichtigsten Briefe des *Paulus* verbunden. Darin legt er der römischen Gemeinde die Grundzüge seines vieldiskutierten Evangeliums vor. Als dieser Paulus in die Stadt kommt, ist nach der Meinung der Apostelgeschichte der Siegeslauf des Evangeliums auf seinen Höhepunkt gekommen. Der Schwerpunkt beginnt sich zu verlagern vom geistigen Zentrum Jerusalem in das politische Zentrum Rom; dieser Vorgang wird nun theologisch interpretiert.
Von besonderer Bedeutung ist der in »Babylon« (Deckname für die widergöttliche Staatsmacht), also in Rom geschriebene erste *Petrusbrief*, der indirekt den Aufenthalt des Petrus in der Stadt bezeugt. Der Tod der beiden »Häupter« Petrus und Paulus in Rom führt dann in den christlichen Gemeinden wiederum zu einem ›Romkult‹, der nun freilich anders gedeutet wird. Somit galt die römische Stadtgemeinde, Mittelpunkt der kirchlichen Verwaltung und der Liturgie, bald als Hüterin und Interpretin des rechten Glaubens,

weil sie sich auf die Autorität des Petrus und Paulus stützen konnte. Das später verwendete Wort »Papst« (griech. papas, lat. papa) drückt die besondere Ehrerbietung aus, die den Bischöfen von Rom von Seiten der Amtsbrüder erwiesen wurde.
Der Anspruch auf die Leitung der Gesamtkirche. Wir kennen aus den ersten drei Jahrhunderten drei Vorgänge, die diesen Anspruch auf die Führungs- und Entscheidungsinstanz, aber auch ihr Verantwortungsbewußtsein bezeugen:
1. Das »Mahnschreiben« des römischen *Bischofs Clemens I.* (R 90–99) an die Christen von *Korinth*. In dieser Gemeinde hatten heftige Streitigkeiten und Rivalitäten dazu geführt, die Vorsteher im Bischofsamt zu verjagen. Unaufgefordert richtet der römische Bischof Clemens an die Kirche von Korinth einen Brief, der zur Anerkennung der kirchlichen Vorsteher auffordert.
2. Die Entscheidung des römischen *Bischofs Viktor I.* (R 189–199) im sogenannten »Osterfeststreit«. In Rom (Westen) und in den kleinasiatischen Gemeinden (Osten) wurde das Osterfest an verschiedenen Terminen gefeiert. Der römische Bischof versuchte seit langem, einen einheitlichen Termin zu erreichen, um die kirchliche Einheit zu erhalten und zu vertiefen. Das um 196 abgefaßte Schreiben ist zwar nicht erhalten; aus der Antwort des *Polykrates*, der sich den römischen Vorschlägen nicht fügt, läßt sich aber erkennen, daß Victor auf Rom als letzte Entscheidungsinstanz in Fragen der Kirchenzucht hingewiesen hatte.
3. Die Entscheidung des römischen *Bischofs Stephan I.* (R 254–257) im sogenannten »Ketzertaufstreit«. Der streitbare Bischof von Karthago, *Cyprian* († 258) wandte sich gegen die Gültigkeit der von abgefallenen Bischöfen und Priestern gespendeten Taufe. Als der römische Bischof Stephan durch Cyprian über die Beschlüsse der Synode von Karthago (255 und 256) unterrichtet wurde, drohte er allen die Exkommunikation an, die weiterhin die Ketzertaufe für ungültig erklärten. Dieses Schreiben ist nicht erhalten; aus anderen Dokumenten, die auf die Vorgänge abzielen, läßt sich jedoch schließen, daß Stephan sich auf die Nachfolge Petri (Mt. 16, 18) berief.
4. Unter Cyprian wurde die Entwicklung des *monarchischen Episkopates* (Bischofsherrschaft) abgeschlossen: »Die Einheit der Kirche besteht in der Einheit der Bischöfe!« Das Amt erscheint dabei wie ein Gegenstand, der von einem Träger zum anderen weitergegeben werden kann. Das Prinzip der Lückenlosigkeit (Christus – Apostel –

Ein Aureus (Goldmünze) der Zeit Kaiser Domitians, wahrscheinlich an seine Siege im Chattenkrieg erinnernd. Die abgebildete Rückseite zeigt eine trauernde Germania auf ihrem Schild sitzend, neben sich den zerbrochenen Speer – ähnlich wie eine andere Münze der Tituszeit das Judaea capta symbolisiert. Die Vorderseite trägt das Bildnis Domitians.

Virtuose Kunsthandwerker aus der Provinz Africa schufen die Mosaiken der kaiserlichen Villa von Piazza Armerina auf Sizilien. Die laufenden, Ball spielenden, Hanteln stemmenden, tanzenden Mädchen in bikiniartiger Kleidung erinnern in ihrer Sportlichkeit an Szenen unserer Tage und sind von erstaunlicher Lebendigkeit. Zweite Hälfte des 4. Jhs. n. Chr.

Petrus – jetziger Bischof) in der *Amtsnachfolge* wurde bald als Beweis für die Lückenlosigkeit und Reinheit der *Lehrüberlieferung* und damit für die *apostolische Tradition der Kirche* interpretiert. Religionsgeschichtlich erinnert der monarchische Episkopat an die monarchische Ordnung der römischen Pontifices (Oberpriester), deren Collegium monarchisch geordnet war und deren Vorsitzender auf Lebenszeit ernannt war.

Die Festigung des Primates in der Constantinischen Reichskirche. Der Zeitraum zwischen der *Mailänder Konvention* (313) und dem Untergang Westroms (476) bot der Kirche neue Möglichkeiten der Verkündigung und des kirchenpolitischen Wirkens. Die Verfolgungen hatten aufgehört, die staatlichen Behörden förderten die Kirche, mischten sich aber auch in kirchliche Belange ein *(Cäsaropapismus)*. In den ersten Jahrhunderten der *Reichskirche* tritt die Vorrangstellung des *römischen Bischofs* deutlich hervor, gleichzeitig zeichnet sich aber auch ihre Grenze ab, innerhalb derer die autoritative Lehrgewalt des Papstes anerkannt wird: Die Grenze des lateinischen Abendlandes. Das oströmische und byzantinische Kaisertum beansprucht selbst die kirchliche Rechtsgewalt und lehnt den päpstlichen Führungsanspruch ab.

Der römische Bischof (Papst) hatte eine doppelte Aufgabe: Einmal mußte er die Belange der Kirche gegenüber den unberechtigten Ansprüchen des Kaisers verteidigen, zum anderen hatte er die Einheit des Glaubens gegenüber Spaltungen und Irrlehren zu garantieren. Die Autorität und Macht, die nun die römischen Bischöfe durch diese *zweifache Aufgabenstellung* gewannen, ging *auf Kosten der Selbständigkeit der Bischofssitze,* der *Metropoliten* und besonders der seit alters sich als höchste Instanzen verstehenden *Synoden.* Im Laufe des 4. Jahrhunderts bildete sich das System der *geistlichen Gerichtsbarkeit* heraus, das im Papst seine letzte Instanz hatte. Parallel dazu entstand der Anspruch auf *Allgemeinverbindlichkeit für die päpstlichen Lehrentscheidungen.* Zusammengefaßt manifestierten sich diese Ideen im Wirken des Papstes *Leo I.* (R 440–461), der nun ausdrücklich die ganze Fülle des kirchlichen Amtes als *Nachfolger Petri* beanspruchte und seine Macht persönlich oder durch Vikare ausübte. Auf der zweiten Sitzung des *Konzils von Chalzedon* (451) wurde ein Brief Leos verlesen. Die Bischöfe riefen: »Das ist der Glaube der Väter; das ist der Glaube der Apostel; so glauben wir. Durch Leo hat Petrus gesprochen.« Die politische Bedeutung des römischen Bischofs zeigte

sich, als Leo Rom vor dem Einbruch *Attilas* und *Geiserichs* bewahren konnte.

Unter *Gelasius* (R 492–496) kündigte sich schließlich die *Lehre von den zwei Gewalten* an, der priesterlichen und der ihr an Rang unterlegenen königlichen; damit war die Unabhängigkeit des Papsttums von jeder weltlichen Macht entschieden. (E. K.)

Parther

Im 3. Jahrhundert v. Chr. besetzten die *Parner,* ein *skythischer Stamm,* die Landschaft *Parthia* südlich des Kaspischen Meeres, drangen von dort weiter nach Süden vor, lösten sich um 250 unter *Arsakes I.,* dem Begründer der Arsakidendynastie, von der Herrschaft der *Seleukiden* und errichteten ein zentralistisches Reich, das rund 500 Jahre bis 227 n. Chr. bestand.

Tatkräftige Könige erweiterten ständig die Grenzen; 150 v. Chr. bezogen sie die »Persis«, das Stammland der von *Alexander dem Großen* besiegten *Perser* in ihr Reich ein, *Mithridates I.* übernahm die expansive Politik der *Achaimeniden,* eroberte Mesopotamien und Babylonien und nahm den alten persischen Titel »König der Könige« an. Seit dem 1. Jahrhundert v. Chr. kam es zu Konflikten mit der Weltmacht Rom, und die Parther blieben seitdem für etwa 100 Jahre der einzig ernstzunehmende Gegner des Imperium Romanum. Suchte → *Pompeius* in der ersten Phase des Aufeinandertreffens während der »Mithridatischen Kriege« noch eine friedliche Lösung des Nebeneinander, indem er den Parthern das Land bis zum Euphrat überließ, so verbot sich die konziliante Haltung in der Folgezeit, als *Crassus* und sein Heer 53 v. Chr. bei *Carrhä* an der nordöstlichen Grenze Syriens vernichtend geschlagen worden waren. Aber sowohl → *Cäsars* als auch *Antonius'* Vorhaben einer Befriedung blieben unausgeführt und erfolglos, bis → *Augustus* im Jahre 20 v. Chr. durch Verhandlungen mit den Parthern die Rückgabe der bei Carrhä verlorenen Feldzeichen und der Gefangenen erreichte und die »Pax Augusta«, den Augustusfrieden, auch an der Ostgrenze herstellte.

Doch die Ruhe war trügerisch, und in der Kaiserzeit rissen die Kämpfe wechselvollen Ausgangs nicht ab. Kaiser *Traian* blieb es vorbehalten, im Jahr 116 die parthische Reichshauptstadt *Ktesiphon* zu erobern und das Imperium durch die Einbeziehung von Armenien, Mesopotamien und Assyrien zur größten Ausdehnung seiner Geschichte zu führen. Um den neuralgischen Punkt des Reiches zu beseitigen, verzichtete Traians Nachfolger → *Hadrian* auf die eroberten parthischen Gebiete und schloß Frieden mit dem Erzfeind. 162–165 führte Kaiser → *Marc Aurel* einen letzten schweren Abwehrkrieg gegen die Parther, die längst nicht mehr die ausschließlichen Gegner Roms waren: Den andauernden Germaneneinfällen an Rhein- und Donaugrenze ist Rom schließlich erlegen. (M. F.)

Philologie

Die Philologie ist eine Wissenschaft, die nicht von den Römern erfunden wurde, sondern von den Griechen. Sie hatten schon früh erkannt, daß es notwendig ist, die Schriften von Dichtern und Philosophen zu betreuen, um einen möglichst unverfälschten und authentischen Text zu bewahren. Diese Aufgabe hatten insbesondere die *Bibliothekare der Büchersammlung von Alexandreia*, die wesentliche Grundlagen der philologischen Methode (Textkritik, Frage nach der Echtheit überlieferter Schriften usw.) schufen.

Auch die Philologie haben die Römer – wie so vieles – von den Griechen übernommen. *Sueton* schildert in einer kleinen Schrift sogar die Geschichte dieser Wissenschaft in Rom.

Der wichtigste und bedeutendste römische Philologe war *Marcus Terentius Varro* (*116 v. Chr., † 27 v. Chr.), der z. B. bereits über die Echtheit der überlieferten Komödien des *Plautus* Untersuchungen anstellte und darüber hinaus eine bedeutende Tätigkeit zur Erforschung des römischen Altertums entfaltete.

Der ältere → *Plinius* schrieb ein Werk über »Strittige Ausdrücke«, worin er die richtige Sprachform in Streitfragen festzulegen suchte. Zur Zeit des Kaisers → *Augustus* hatte *Verrius Flaccus* ein Buch »Über die Bedeutung der Wörter« geschrieben, das dunkle Wörter aus früherer Zeit zu erklären suchte.

Auch das Werk von Schriftstellern und Dichtern wurde erklärt, so etwa das → *Vergils;* den Niederschlag dieser Forschung bildet für uns der *Vergilkommentar* des *Servius* aus dem 5. Jahrhundert. Auch die Schriften des → *Horaz* und *Terenz* wurden erläutert, und zu einigen Reden → *Ciceros* besitzen wir noch den Kommentar des *Q. Asconius.* Unter Augustus wurde *Iulius Hyginus* Vorsteher der *Palatinischen Bibliothek,* auch er Verfasser von Werken zur italischen Altertumskunde.

Aus der antiken Philologie entwickelte dann der *Humanismus der Renaissance* eine umfassende Wissenschaft der Erklärung und Einordnung antiker Texte. Heute ist die *Klassische Altertumswissenschaft,* aus der übrigens die anderen modernen Philologien (Neuphilologie, Germanistik, Slawistik usw.) abgeleitet worden sind, ein riesiges internationales Forschungsgebiet geworden. (O. S.)

Philosophie Roms

Das von Alexander dem Großen gegründete Reich war bald nach seinem Tode zerfallen. Was dagegen weiterbestand, war die von ihm eingeleitete Ausbreitung der griechischen Kultur. Die griechische Sprache war die Sprache des Hofes und der geistigen Führungsschicht. Griechisch zu lernen war für die Kinder dieser Führungsschicht selbstverständlich. Athen hatte zwar seine politische Selbständigkeit verloren; es blieb aber noch lange der geistige Mittelpunkt und hatte von seiner Anziehungskraft nichts eingebüßt. Inzwischen war es Rom gelungen, ganz Italien in langen Kriegen zu einigen, Karthago auszuschalten und die griechischen Staaten in sein gewaltiges Reich einzufügen. Politisch wechselte Griechenland von der makedonischen zur römischen Fremdherrschaft, kulturell dagegen begann nun Griechenland, Rom zu erobern, ähnlich wie zuvor den ganzen Osten. Griechische Künstler und Baumeister kamen nach Rom, Tragödien und Komödien wurden übersetzt, die griechische Philosophie »machte Schule« (und das ganz wörtlich). Der römische Geist, der sich nun mit dem griechischen vereinte, führte freilich zu ›Akzentverschiebungen‹.

Die Römer, ein durch und durch praktisches Volk, organisierten auf Grund ihrer Rechtsauffassung ein bis dahin nicht gekanntes Staatswesen. So stellte sich jetzt einerseits die Frage nach der Bedeutung der *einzelnen Person* (individuum) und nach deren Bezug und Einordnung in *Staat und Gesellschaft* (commune).

In der Philosophie verlagerte sich damit der Schwerpunkt *von der Spekulation über die Natur* und deren Hintergründe auf die *Ethik:* Auf die Lehre vom praktischen Handeln und den dafür gültigen Begründungen. Die Philosophie vollzog durch Rom eine ›ungriechische‹ Hinwendung zum einzelnen Menschen.

Zwar kannte diese Zeit keinen genialen und weitreichenden Denker. Was aber qualitativ an Tiefe und Originalität fehlte, gewann die Philosophie quantitativ an Macht und Bedeutung. Mehr als Kunst und Religion wird Philosophie zur beherrschenden Geistesmacht des Zeitalters, ja eigentlich zu einer Form der Seelsorge für die Menschen. Die Mythologien und Religionen der Antike verlieren an Gewicht: Nun ist es Aufgabe der Philosophie, dem Menschen hilfreich zur Seite zu stehen, Fragen des Seins zu klären, letztlich für des Menschen Heil zu sorgen.

Vier Ausprägungen des philosophischen Denkens:
I. Die Stoa: Der Mensch des Realismus. Wenn wir von der »stoischen« Ruhe und Gelassenheit eines Sportlers hören, denken wir kaum an die »bunte Halle« (stoa poikile) in Athen. Dort hatte *Zenon* (*340 v. Chr., † 260 v. Chr.) seine Schule gegründet. Neben der Lehre der älteren und mittleren Stoa interessiert uns vor allem die jüngere Stoa. Als deren Vertreter sind für uns wichtig die Römer *Seneca* (*4 v. Chr., † 65), *Epiktet* (*60, † 140) und Kaiser → *Marc Aurel* (R 161–180). Mit einer für lange Zeit geltenden Einteilung hatten die Stoiker in ihrem System unterschieden zwischen *Logik*, *Physik* und *Ethik*.

In der *Logik* werden als Teile unterschieden die *Rhetorik* als Kunst, monologisch zu sprechen, und die Dialektik als Kunst, gemeinschaftlich zu denken und zu sprechen. In der Frage, wie Erkenntnis gewonnen wird, sind sie *Empiriker:* Der Geist ist bei der Geburt eine unbeschriebene Tafel (tabula rasa); erst die *Erfahrung* bringt Vorstellungsinhalte.

In der *Physik* denken die Stoiker materialistisch. Es gibt nur Körperliches. Letztlich ist ihr Denkgebäude auch monistisch; sie kennen also nur *ein* letztes Prinzip. In der Welt wirkt nach ihrer Philosophie eine strenge Gesetzlichkeit, die sie »Logos« oder auch »Gott« nennen. Insofern ist ihre Lehre pantheistisch – Gott und die Welt sind eins. Den berühmten »Zeushymnus« des Stoikers *Kleanthes* zitiert der *Apostel Paulus* in seiner Rede auf dem Areopag (Apg. 17, 28): »Sei mir gegrüßt, o Zeus: Denn alle Sterblichen dürfen dich anreden, o Vater, da wir ja deines Geschlechtes sind, Nachhall deiner Stimme, was irgend auf der Erde nur lebt«.

Der Schwerpunkt der Stoa-Lehre liegt auf der *Ethik:* Der *Mensch als Vernunftwesen* kann die göttliche Gesetzmäßigkeit erkennen und sein Leben danach ausrichten. »Naturgemäß leben« ist ein Schlagwort der stoischen Ethik. Und da der Mensch seiner Natur nach ein Vernunftwesen ist, ist naturgemäßes Leben gleichzeitig vernunftgemäßes Leben. Das bedeutet Glückseligkeit.

Solche Tugend ist das einzige Gut. Ihm gegenüber steht *als einziges Übel* ein *nicht vernunftgemäßes* und damit nicht tugendhaftes Leben. Was der gewöhnliche Mensch als minderwertig oder schlecht betrachtet (Alter, Krankheit, Tod . . .) oder als kostbar ansieht (Leben, Ehre, Besitz . . .), das ist für den Stoiker weder gut noch schlecht; es ist »*gleich – gültig*«.

Was hindert nun den Menschen nach stoischer Lehre daran, die richtige Erkenntnis zu gewinnen und – vor allem – sich nach ihr zu richten? Antwort: Es sind die *Affekte* (Triebe, Leidenschaften). Sie beirren die Vernunft, lassen Minderwertiges als wertvoll und Wertvolles als minderwertig erscheinen. Gewinn von Tugend ist also gleichbedeutend mit Kampf gegen die Affekte. Sind sie überwunden, ist die Seele frei von Leidenschaften: Der Mensch ist im Zustand der *Apatheia*, der *Leidenschaftslosigkeit*. Das Wort meint Tieferes als unsere abgeleiteten Begriffe apathisch, Apathie.

Wessen Seele frei von Leidenschaften ist, der ist *weise*. Er sieht das Notwendige ein, er tut es, er steht über allem, er ist souverän. Alle anderen Menschen sind Toren.

Bis zu dieser Einsicht war die Lehre noch stark individualistisch. Im Zuge der römischen Ausprägung der Stoa wird aber nun das *Ideal des Weisen in Zusammenhang gebracht mit dem großen Ganzen*, in das der Mensch hineingenommen ist und demgegenüber er Pflichten zu erfüllen hat. Bestimmte Gegebenheiten werden aus dem Bereich des »Gleich–gültigen« herausgenommen und erhalten nun ihren Stellenwert: Ehe, Familie, Staat.

Ein Zweites kommt hinzu: Zwei grundlegende *soziale* Forderungen, *Gerechtigkeit und Menschenliebe*, werden in einem Ausmaß praktiziert, wie es die antike Welt bisher noch nicht gekannt hat. »Wir sind alle Brüder«, sagt Epiktet, »und haben in gleicher Weise Gott zum Vater.« Darum verpflichtet die Stoa zu umfassender Humanität, Milde und Sanftmut. Die Forderung nach *Rechtsgleichheit* wird nun auch gegenüber allen anderen Völkern erhoben, den ›Barbaren‹, den Sklaven, den Frauen und den unmündigen Kindern, die ursprünglich durch das römische *Recht* stark benachteiligt waren.

Panaitios (*um 180 v. Chr., † 110 v. Chr.) und *Poseidonios* (*um 135 v. Chr., † 51 v. Chr.) schufen die theoretische Grundlage der Stoa. Männer der Öffentlichkeit setzten die Lehre um in gelebte Haltungen:

Seneca – Minister, Millionär, Erzieher → *Neros*

– ringt darum, »die ihm durch seine Stellung aufgedrängte Lebensführung mit seinen philosophischen Grundsätzen in Einklang zu bringen und ein einheitlicher Mensch zu werden« (Pohlenz).

Der ehemalige Sklave *Epiktet* bekennt: »Ich bin frei und habe kein Ding und keinen Menschen als Herrn über mir.« Man könnte meinen, die von *Ignatius von Loyola* geforderte *Indifferenz* sei schon gemeint, wenn Epiktet spricht: »Wage aufzublicken zu Gott und zu ihm zu sprechen: Brauche mich, wozu du willst! Ich bin mit dir eines Sinnes; ich bin der Deine. Gegen nichts will ich mich sträuben, was du mir ausersehen hast. Führe mich, wohin du willst, bekleide mich mit einem Gewand, wie du willst! Willst du, daß ich ein Amt führe, daß ich Privatmann sei; daß ich in der Heimat bleibe, daß ich in die Verbannung muß; daß ich arm, daß ich reich sei: Ich werde dich bei all diesem vor den Menschen bekennen.«

Der Kaiser → *Marc Aurel* war als Zwölfjähriger mit der Stoa in Berührung gekommen. Die Tugenden des Mutes, der Unerschütterlichkeit und Pflichtentreue, der Selbstbeherrschung und der Willensgröße in der persönlichen Lebensführung wie im staatspolitischen Handeln finden in seiner Person eine gelungene Ausprägung und bewahrten ihn davor, den Versuchungen der Macht zu erliegen. Unter seiner Regierung wurde die Stoa die große Mode. Noch spätere Zeiten haben sich für sie begeistert; die *mittelalterliche Ethik* mit ihrer Berufung auf das natürliche Sittengesetz hatte den Inhalt der Stoa übernommen. Man las mit Vorliebe → *Ciceros* »De officiis«; Von den Pflichten. Die moderne Lehre vom *Naturrecht* empfing von der Stoa die entscheidenden Anstöße. Der Grundgedanke, welcher der stoischen Naturrechtslehre zu Grunde liegt, wurde sogar von Papst *Pius XII.* in seiner Osterbotschaft 1948 als »christlich« beschrieben. Die Tugendlehre der Stoa mit ihrer Vierzahl (Weisheit, Starkmut, Zucht und Maß, Gerechtigkeit) ist in die christliche Tugendlehre der *Kardinal–Tugenden* (Cardo = Türangel) eingeflossen.

»Erstes Gebot«, sagt Marc Aurel, »lasse dich durch nichts erschüttern!« Trotz dieser Aufforderung liegt über seinen »Selbstbetrachtungen« eine müde Resignation. Ist der Mensch durch solche Befehle überfordert? Pflichterfüllung und Ausharren ist heroisch – aber wozu? Jeder soll seine Rolle möglichst gut zu Ende spielen – aber wozu? An diesen Fragen anknüpfend begann das *Christentum* die Auseinandersetzung mit der Stoa. Die zugkräftigsten Gedanken ordnete es in seine Lehre ein, Konsequenzen der stoischen Ethik wie den Selbstmord mußte es verwerfen. Bei der Lektüre der stoischen Texte würde mancher Christ Gedanken oder Verhaltensweisen, die er für christliche hält, erstaunt als solche der stoischen Lehre erkennen.

II. Der Epikureismus – Der Mensch des lustbetonten Lebens. »Alles Wählen und Streben geht doch auf das Wohl des Leibes und die Ruhe der Seele; denn das ist das Ziel eines glücklichen Lebens. Und was wir tun, tun wir, um der Unlust zu entfliehen und die Ruhe der Seele zu finden.« So beschreibt der Gründer dieser antiken lebensphilosophischen Schule, *Epikur aus Samos* (*341 v. Chr., † 270 v. Chr.) den Inhalt der Lehre, die im krassen Gegensatz zur Stoa steht. Epikur betrieb seine Schule seit 306 v. Chr. in Athen in einem Garten. »Die aus dem Garten« nannte man seine Schüler. Sie sind für uns deswegen interessant, weil *Siron*, der Lehrer → *Vergils*, zu ihnen gehörte. Am aufschlußreichsten ist für uns *Lucretius Carus* (*96 v. Chr., † 55 v. Chr.; → *Literatur*): Durch ihn wird jene griechische Philosophie nach Rom gebracht, die in den Kreisen um → *Vergil*, → *Maecenas*, → *Horaz* und → *Augustus* Mode wird. Was sind ihre Grundzüge?

Auch Epikur kennt die *beiden Vorstufen der Ethik:* Die *Logik* lehrt, Irrtümer zu vermeiden. Die *Physik* zeigt, daß die Welt ganz aus dem *natürlichen Zusammenhang* der Dinge zu erklären ist, daß ein Gott sie weder geschaffen haben noch in ihren Lauf eingreifen kann. Der Kampf gegen die religiösen Mythen sollte die Menschen von der Furcht vor den Göttern befreien. In dieser Welterkenntnis übernimmt Epikur die *Atomlehre des Demokrit*, fügt ihr aber etwas entscheidend Neues hinzu: Den Begriff des *Zufalls* (»ein Geschehen ohne Ursache« erläutert es Cicero einmal). Was beabsichtigte er damit?

Epikur will den Menschen vom *Druck des Fatum*, des *verhängten Schicksals* befreien. Die Stoiker hatten es gelehrt: Das Leben des Menschen ist bestimmt durch das Schicksal. Eine solche Weltanschauung, die zur Hinnahme des Schicksals aufforderte, ist für Epikur unmöglich. Denn damit wäre die *Willensfreiheit* unmöglich; ein solches »Ver–hängnis« wäre eine Störung jeglichen Lebensgenusses. Um der Rettung der Freiheit willen hat Epikur den Zufallsbegriff eingeführt; er und seine Schüler führten einen ständigen Kampf gegen das stoische Fatum.

Der Kernsatz der Ethik Epikurs lautet: Das sittlich Gute besteht in der *Lust*. Ist die Lust (He-

Philosophisches Gespräch.
Plato im Kreise seiner
Schüler. Mosaik aus einer
pompeianischen Villa.
Nationalmuseum Neapel.

doné, davon abgeleitet die Begriffe Hedonismus, Hedonisten) das Ziel, heißt die entsprechende praktische Anweisung: »Begehre und genieße!« Das ergibt eine ganz neue Einstellung zum Leben. Was dann ›gut‹ ist, entspricht nicht irgend einer Ordnung realer oder irrealer Art, sondern ergibt sich aus der Beziehung zu unserem *Begehrungsvermögen:* Weil etwas mir gefällt und Lust bringt, deswegen nenne ich es gut; weil etwas mir nicht gefällt, deswegen nenne ich es nicht gut. Epikur stellt damit das Denken des *Aristoteles* »Weil etwas gut ist, darum gefällt es mir« auf den Kopf. Welche Lust aber hatte Epikur gemeint? Er selber, eine vornehme und anziehende Persönlichkeit, anspruchslos, milde und gütig, versteht darunter die Lust der *Schmerzlosigkeit* und die *Freiheit von seelischen Erschütterungen,* den *Frieden und die Stille des Gemütes.* Er sprach davon, daß man den geistigen Genüssen den Vorzug geben solle vor den körperlichen; daß man nicht blind und gierig den nächstbesten Gelüsten nachgeben dürfe, sondern eine *Meßkunst* anzuwenden habe, die auf das Ganze des Lebens schaut und alles gegeneinander abwägt, damit nicht für eine momentan gierig ergriffene kleine Lust eine in Aussicht stehende größere verscherzt werde. Doch Epikur und seine Schüler haben diese Gedanken nicht konsequent zu Ende gedacht. Seine Lehre wollte ja weniger eine exakte philosophische Theorie sein als vielmehr ein Lebensstil, ja eine religiöse Weltanschauung. Sicherlich macht man es sich zu leicht, sich im Namen des individuellen Lustprinzips auf Epikur zu berufen, ohne dessen Definition zu kennen.

Sehen wir noch auf jene köstlichen Dinge an praktischer Lebensweisheit, die der Epikureismus der Menschheit geschenkt hat:

Die *Aufgeschlossenheit für die Werte des Daseins,* für den Reichtum und die Schönheit der Welt etwa. Jene Werte drohten ja im harten Pflichtensoll der Stoa verloren zu gehen. Das Wort des → *Horaz:* »Carpe diem!« (Pflücke, genieße den Tag!) meint nicht Unersättlichkeit im Lebensgenuß, sondern Bejahung des Lebens in seiner Fülle.

Die Lebensweisheit des »Gartens« kennt die *Tugend des Sichbescheidenkönnens,* die Selbstgenügsamkeit. Die bekannte Aufforderung des Epikur: »Lebe im Verborgenen!« erinnert daran, daß in der Zurückgezogenheit und in der Stille dem Menschen eine neue Wirklichkeit aufgehen kann, daß Ruhe und Abgeklärtheit in den Menschen einziehen und der stille Glanz und der heitere Friede des Herzens aufblühen kann. »Die

Krone der Seelenruhe ist unvergleichlich wertvoller als hohe Führerstellung« (Epikur).

Der *Kult der Freundschaft*: Die Stoa drängte in die Welt, ins Politische; der »Garten« suchte das Glück im Kleinen, im Kreis von ein paar ausgesuchten Freunden.

Epikurs Schule: Sie war in der Philosophie das, was im Theater die leichte Muse ist. Sie öffnet den Blick auf *eine*, eben *eine* bestimmte Seite des Lebens. Immerhin war dieser Blick, im Lehrgedicht des *Lucretius* »De rerum natura« (»Über die Natur der Dinge«) literarisch niedergelegt, so aufschlußreich, daß er bis in die Neuzeit Interesse fand. Im 17. Jahrhundert entnimmt *Gassendi* (*1592, † 1655) dem Werk Lucretius' die Anregung, den Atomismus zu erneuern; dadurch legte er den Grund der neuzeitlichen Physik.

III. Der Eklektizismus der neueren Akademie – Der skeptisch auswählende Mensch. Die philosophischen Systeme waren nicht von den Römern geschaffen, sondern von außen an sie herangetragen worden. Wer sich für Philosophie interessierte, mußte zuerst einmal prüfen und das ihm richtig Erscheinende auswählen (Eklektiker = die Auswählenden). Hinzu kam die *pragmatische*, auf Tatsachen bezogene Begabung, philosophische Gedankenarbeit als Mittel zur praktischen Orientierung und zum zielgerichteten Handeln aufzufassen und dazu Anleihen bei verschiedenen Systemen zu machen.

Stoiker und Epikureer waren sich trotz aller gegenseitigen Polemik in einem einig: In ihrer *dogmatisch* festgelegten Methode. Ein starres Festlegen löst aber Skepsis und Zweifel aus. So treffen wir in der Philosophie römischer Ausprägung den *Skeptizismus*, greifbar in der Mittleren und Neueren Akademie. Ein Vertreter der letztgenannten Richtung, *Philon von Larissa*, war 87 v. Chr. nach Rom geflüchtet und hatte Cicero für seine Schule gewonnen. Ein zweiter Vertreter war *Antiochos von Askalon*, den Cicero 79 v. Chr. in Athen gehört hatte. Was ist der Inhalt der skeptizistischen Lehre?

Die Skepsis der Akademie richtet sich auf die Frage: Wie können wir zu einer absoluten Wahrheitsfindung kommen? Und wie ist das Verhältnis von objektivem Wahrheitswillen und praktischer Verwirklichung? Im Jahre 155 v. Chr. war durch eine Gesandtschaft von Philosophen in Rom das Problem vorgestellt worden. Karneades (*214 v. Chr., † 129 v. Chr.), einer der Väter des Skeptizismus, hielt an einem Tag eine Rede zum Lob der Gerechtigkeit, der man wegen der einleuchtenden Beweise beipflichtete. Am nächsten Tag hielt er eine Rede *gegen* die Gerechtigkeit, die man ebenso einleuchtend fand, obwohl Karneades daraus folgerte, daß es überhaupt keine Gerechtigkeit gebe und sogar forderte, die Römer müßten ihre Eroberungen schleunigst herausgeben. Fazit: Da es schwer sei, zu einer objektiven Wahrheitssicherung zu kommen, müsse man sich mit der *Wahrscheinlichkeit* zufrieden geben. Die zu übende Haltung sei die *epoché*, die *Zurückhaltung*.

Diese Einstellung führt zu einer *auf Ausgleich bedachten Haltung gegenüber allen Systemen*. Man hielt das für gut und wahr, was man Gutes in den Systemen fand. Typisch für diese Haltung ist → *Cicero* (*106 v. Chr., † 43 v. Chr.). In seiner *Erkenntnislehre* rechnet er sich zur Akademie. In seinen *ethischen Anschauungen* überwiegt das stoische Denken, ebenso in seinen Betrachtungen zu menschlichen Fragen. Und sogar das »Lehrgedicht« des *Lukrez* soll er herausgegeben haben, wenn er es auch nicht billigte. In seinen Werken fließen die Gedanken der verschiedensten Schulen zusammen. Er sagt selbst von seinen Schriften: »Sie sind abgeschrieben, kommen leicht zustande, und ich tue nur die Worte hinzu, die mir gerade aus dem Munde fließen.«

Sicher hat Cicero das philosophische Gedankengut in großem Umfang an das allgemeine Bewußtsein vermittelt und damit das praktische Verhalten der Zeitgenossen tief beeinflußt.

Cicero hat noch ein weiteres Verdienst: Er hat nicht nur die griechischen Ausdrücke übersetzt, er hat ihnen sprachlich – ebenso wie *Seneca* – eine einheitliche Gestaltung gegeben. In dieser Arbeit erwies der römische Geist seine integrierende Kraft, d. h. seine Fähigkeit, das Besondere dem Ganzen einzuordnen. Begriffe wie *essentia* (Wesen), *ens, quod est* (das Seiende), *ratio* (Vernunft, Erkenntnisgrund) haben eine lange Übersetzungsgeschichte. Ein Vergleich zwischen dem griechischen Wort und der lateinischen Übersetzung zeigt, mit welcher Behutsamkeit und mit welcher Schonung des Sprachgefühls vorgegangen wurde.

IV. Der Neuplatonismus – Der Mensch als ein in der Fremde lebendes Wesen. Während die Philosophenschulen der Kaiserzeit zu Ende gehen, erhebt sich im Neuplatonismus – freilich weitgehend in griechischer Sprache – das philosophische Denken zu einer neuen Blüte. Es war freilich kein organisches Wachstum mehr. Das geistige Gesicht dieser Epoche ist stark geprägt von religiösem Empfinden, das eine starke *Neigung zur Mystik* hat. Der aufgepeitschte Zeitgeist prägte sich in zwei Vorläufern aus, im *Neupythagoreismus* und in den Schriften des *Philon von Alexandria.*

Der erstgenannten Lehre lag der alte pythagoreische *Dualismus vom Jenseits und Diesseits*, von Fleisch und Geist, Reinheit und Unreinheit zu Grunde. Gott sei der Welt ganz entrückt, ein Mittler habe die Verbindung geschaffen; »mystischer Glaube« könne die Sehnsucht entzünden und die Kluft überwinden. – In der Person Philons waren sich Griechentum und Judentum begegnet. Als Jude interpretierte er die Schriften seines Volkes mit einer neuen Methode, der *Allegorie* (Deutung im sinnbildlichen Verständnis). Damit bediente er sich einer Methode, die auch die Stoa längst angewandt hatte. So konnte man später bei der Lektüre des Philon den Eindruck gewinnen, die griechischen Philosophen hätten das Alte Testament gekannt und Plato sei so etwas wie ein griechisch sprechender Moses gewesen.

Als Gründer des *Neuplatonismus* gilt *Ammonius Sakkas* aus Alexandria (*175, † 242). Sein Schüler *Plotin* (*204, † 269) hat das eigentliche System geschaffen. Mit Kaiser *Gordianus* war er gegen die Perser gezogen, um indische und persische Weisheit kennenzulernen. 244 ging er nach Rom und eröffnet dort eine Philosophenschule. Kaiser *Gallienus* und seine Frau wandten ihm ihre Gunst zu. Sein Plan, in Italien eine Philosophenstadt zu gründen – *Platonopolis* genannt – kam jedoch nicht zur Ausführung.

Bei Betrachtung der Lehre Plotins muß man auf zwei Gedankenbewegungen achten. Einmal wird das *Sein* zergliedert in eine *übersinnliche* und in eine *sinnliche Sphäre*, andererseits wird der Versuch gemacht, diese Kluft über eine Reihe von Zwischenstufen zu schließen und das Sinnliche aus dem Übersinnlichen abzuleiten: *Dualismus und Monismus stehen in einer dialektischen Spannung.*

Der erste Gedankenschritt beginnt mit der besonders betonten Trennung Gottes von der Welt *(Transzendenz).* Er ist nur der »EINE« – und doch geht die Welt aus ihm hervor. In dieser Verbindung Gottes mit der Welt geschieht *Immanenz (Einssein) in Transzendenz (Jenseitsbezogenheit).* Hier liegt die eigentliche gedankliche Leistung des Neuplatonismus.

Der Begriff, der diese Beziehung verdeutlichen soll, ist der einer *Emanation:* Alles Seiende *fließt aus dem Einen*, weil dieses Eine als das Vollkommenste überströmen müsse. So verlangt es die Natur des Guten, denn: »Das Gute strömt sich selbst aus«. In mehreren Bildern illustriert Plotin den Gedankengang: Das Seiende kommt aus dem Einen, wie das Wasser aus der Quelle, wie der Baum aus der Wurzel, wie das Licht aus der Sonne, wie der Kreisbogen aus dem Zentrum, wie das Unvollkommene aus dem Vollkommenen, wie das Abbild aus dem Urbild. Die Seinsbegründung geht von oben nach unten, von einem Ersten, Höchsten, Vollkommensten herabsteigend zu dem, was von ihm stammt, in ihm war und infolgedessen »von ihm, aus ihm« nun ein Anderes wird, ohne in diesem Anderssein je sein ursprüngliches Sein verleugnen zu können. Denn man kann das Abbild nicht verstehen, wenn man nicht schon vorher das Urbild verstanden hat.

Die Emanation geschieht *stufenweise*. Die erste ›Ausstrahlung‹ ist der *Geist*; er heißt »Sohn Gottes«, ist das Abbild des Ureinen, ist der Blick, mit dem der Ureine sich selbst schaut und sich als anderen setzt: Ein später in der *Trinitätslehre* der Kirche zu findender Gedanke. Die nächste ›Ausstrahlung‹ ist die *Weltseele*, die Welt des Psychischen. Zwischen dieser und der *Welt der Materie* stehen als weitere Zwischenglieder die *einzelnen Seelen*. Die Welt der Materie ist die unvollkommenste, von Gott am weitesten entfernte Erscheinungsform des Göttlichen, das schlechthin Finstere und Böse.

Das Verhältnis der individuellen Seele zur Weltseele beschreibt Plotin in Formen, die an die indische *Brahman–Atman–Lehre* erinnern. Die *ganze Weltseele ist in jeder einzelnen Seele gegenwärtig:* Jeder trägt gleichsam das All in sich. Mit der Seele fängt die Lust am Werden an: Das Viele, das Ausgedehnte, die Zeit, die Natur. Entfernt sich die Emanation weiter von ihrem Ursprung, hört jede Bewegung auf; wir haben tote Materie vor uns. Aber noch im letzten Hervorgang lebt die Erinnerung an den Ursprung, die uns die Entfremdung bewußt macht und zur Rückkehr ruft. Diese *Rückkehr* (epistrophé) zum Einen ist nun nicht die Umkehr der Emanation. Sie ist ihre Kehrseite: Das Bewußtsein des Ursprünglichen im Natürlichen, die Position in der Negation, das Identische im Nichtidentischen. Ins Praktisch–Ethische gewendet heißt dies: Das höchste Ziel des Menschen besteht darin, daß seine Seele sich mit dem göttlichen Ursprung wiedervereine. Der eigentliche Weg dazu ist ein geistiger. Das philosophische Denken in der Schulform der Dialektik ist nicht die höchste Stufe. Diese besteht vielmehr in der vollkommenen *Versenkung* in uns selbst, in das Göttliche, das in uns ist. Sie führt *über alles Denken* hinaus in einen Zustand des *bewußtseins-losen, ekstatischen Einsseins in Gott.* Plotin soll diese Versenkung viermal zuteil geworden sein.

Den Stufengang zur Erleuchtung erwähnen spätere Denker bis hin zu *Descartes.* Sie wissen um den *göttlichen Funken* im Menschen (scintilla animae), der zum Abschied aus dem Vielen und zum Einbilden in das Urbild führt. Der Weg setzt zunächst die *Reinigung* voraus (via purgativa); dadurch kommt der göttliche Funke heller zum Leuchten (via illuminativa) und führt schließlich zur Heimkehr in das Eine, zur *Einigung* (via unitiva).

Plotin war es gelungen, in seinem System drei Richtungen miteinander zu verbinden: Die *platonische Ideenwelt,* die *rationale* hierarchisch gestufte Welt des *Aristoteles* und die *stoische Unterwerfung* unter den Weltsinn.

Ausklang der Philosophenschulen. »Was die Menschen brauchten, war nicht Wissenschaft, sondern eine praktische Lebenskunst, die dem einzelnen den Weg wies, um sich in allen Stürmen aufrecht zu halten und unabhängig von der äußeren Lage seinen Seelenfrieden und seine Glückseligkeit zu erreichen. Entscheidend wurde die Frage nach dem *Lebensziel* und seiner Verwirklichung, und die Antwort konnte nur in einem individuellen Sinn gegeben werden.« So charakterisiert Max Pohlenz den zeitlichen Hintergrund, vor dem die skizzierten philosophischen Denkversuche in ihren Anhängern Gestalt gewannen. Sie mußten ihre Tragfähigkeit erweisen, wenn es in Entscheidungen auf Leben und Tod ging. Diese Haltung zeigt der Mann, den man den »letzten Römer« und den »ersten Scholastiker« nannte: *Boethius* (→ *Literatur*), geboren 480, hingerichtet aus politischen Gründen 525 auf Befehl des Gotenkönigs *Theoderich.* Äußerlich ein Christ, innerlich dem Stoizismus und Neuplatonismus zugetan, verfaßt er im Kerker sein Buch »Trost der Philosophie«: Als Ärztin tritt die Philosophie zu dem schwer Erkrankten; mit Autorität ordnet sie an, daß der Kranke den Grund seiner Klagen offenbare. Sie stellt die Diagnose: »Weil du von Selbstvergessenheit verwirrt bist, fühlst du dich schmerzlich betört. Weil du nicht weißt, was der Endzweck der Dinge ist, hältst du nichtswürdige Schurken für mächtig und glücklich.« Stufenweise wird nun dem Kranken die notwendige Medizin zuteil.

Die Aufgabe der Philosophie, Trost zu spenden und für das Heil der Menschen zu sorgen, wird ihr in der Folgezeit abgenommen. Die Philosophenschulen ermatten und schließen ihre Tore, zuletzt die Akademie in Athen auf Befehl Iusti-nians 529. Es kommt zur Gegnerschaft von Philosophie und Christentum, anfangs deutlich spürbar in der *Patristik* (Lehre von den → *Kirchenvätern*); später, besonders im Mittelalter, ist diese Gegnerschaft aufgehoben in der Unterordnung der Philosophie; in der Neuzeit tritt sie kräftig hervor – und damit stellen sich alle die Fragen und Probleme, die in den philosophischen Systemen der Römer so unterschiedlich akzentuierte Antworten fanden. (E. K.)

Piraten

Für Griechen und Ägypter war Seeräuberei ein Verhängnis, eine jahrhundertealte Plage, für Römer war sie ein Verbrechen, das gesühnt werden mußte. Sie hielten nichts von den Verträgen und Tributzahlungen, mit denen sich griechische Hafenstädte vor den Raubzügen schützten. Rom vernichtete zunächst den illyrischen Piratenstaat, der z. B. *Kerkyra* (Korfu), das sich 229 unter römischen Schutz begeben hatte, besetzt und ausgeplündert hatte. Da der römische Küstenschutz aber lückenhaft war, konnten viele Piraten bei *Nabis,* dem Tyrannen von Sparta, Unterschlupf finden, der mit den *Kretern* und König *Philipp* gegen Rhodos Krieg führte.

Einzelne Banden hatten in den Hafenstädten Spione, die genau über Kurs, Fracht und Besatzung der Schiffe berichteten. Die Ägäis war so immer unsicherer geworden.

Anfangs des 2. Jahrhunderts v. Chr. wurde die Lage der in Syrien kämpfenden Römer prekär, da der Pirat *Hybristas* die römischen Proviantschiffe kaperte. Seine Basis *Kephallenia* wurde erst 189 v. Chr. erobert. Ortskundige Piraten konnten dem römischen Zugriff entgleiten, so z. B. auch die fünfzehn Piratenschiffe, die *Chios* geplündert hatten; sie fuhren dicht unter den überhängenden Felsen am Vorgebirge Myonnesos, wohin die schweren römischen Schiffe nicht folgen konnten. Nach dem Zweiten Punischen Krieg (nach 202 v. Chr.) bildeten die *Ligurer* und *Istrier,* die nun ohne Sold waren, große Geschwader und verheerten die Küsten. *Aemilius Paulus* schlug sie entscheidend; 17 000 Ligurer sollen gefallen sein. Neue Piratenflotten tauchten in den Kriegen des *Mithridates* (120–63 v. Chr.) als dessen Verbündete auf. Sie zerstörten fast 400 Städte, plünderten Roms Hafen *Ostia* und erbeuteten große Schätze auf *Delos,* das sie 69 v. Chr. unter *Athenodoros* heimsuchten. Erst 67 v. Chr. konnte → *Pompeius* unter hohem Einsatz, aber in der

Rekordzeit von 3 Monaten das Mittelmeer von Piraten restlos säubern. Dabei wurden 1300 Schiffe zerstört und 377 erbeutet, die Piraten gehängt oder als Sklaven verkauft, die ›Mitläufer‹ in Kleinasien zwangsangesiedelt. Für 500 Jahre war das Mittelmeer seither piratenfrei. (W. D.)

Plinius der Ältere

C. Plinius Secundus wurde um 23/24 als Sohn eines wohlhabenden Ritters in *Como* geboren, machte in Rom Karriere als Beamter und Offizier und kam im Militärdienst weit herum, z. B. nach Germanien, Syrien, Afrika, Spanien und Gallien. Zuletzt war er Flottenkommandant am Kap Misenum nördlich von Neapel; beim *Vesuvausbruch* 79 n. Chr. begab er sich, wie uns sein Neffe → *Plinius der Jüngere* berichtet, gelassen und furchtlos in die gefährdete Zone und kam dabei vermutlich infolge Herzversagens um. Nach dem Zeugnis seines Neffen war er ein rastloser geistiger Arbeiter und beflissener Sammler von Material jeder Art. Doch arbeitete er nicht nur reproduktiv, sondern verfaßte auch selbst zahlreiche Schriften, darunter *historische Werke*, eine *grammatische Untersuchung*, eine Einführung in die *Rhetorik* und ein *militärtheoretisches Fachbuch*. Als einziges Werk ist von ihm die »Naturalis historia« in 37 Büchern erhalten, weniger eine Naturgeschichte als eine Art Konversationslexikon, auch noch für das Mittelalter.
Das unvorstellbar materialreiche Werk sammelt den Informationsstand seiner Zeit auf den verschiedensten Gebieten. Nach einem detaillierten Inhaltsverzeichnis und reichen Quellenangaben beginnt es mit einer Darstellung der allgemeinen *Geographie* (Buch 2), beschreibt dann in vier Büchern die *Länderkunde* der damals bekannten Erde (Europa, Afrika, Asien) und behandelt darauf den *Menschen* (Buch 7), die *Tiere* (8–11) und die *Pflanzenwelt* (12–19); die nächsten Bücher (bis einschl. Buch 32) gelten den *Heilpflanzen* und den tierischen *Heilmitteln;* hier wird manche Kuriosität und mancher Aberglaube mitgeteilt. Zuletzt handelt Plinius von den *Mineralien* und geht dabei auch auf die Edelsteine sowie auf Bildende Kunst und Architektur ein.
Wenn auch das meiste an diesem Werk angelesenes Buchwissen ist, so ist es doch einem geistigen Konzept untergeordnet, nämlich dem gebildeten Römer eine Vorstellung von der Größe der Natur zu vermitteln. (G. M.)

Plinius der Jüngere

C. Plinius Caecilius Secundus wurde um 61/62 in *Como* geboren; er stammte aus einem reichen Rittergeschlecht. Nach dem frühen Tod seines Vaters wurde er von seinem Onkel, → *Plinius dem Älteren*, adoptiert und erhielt eine solide Ausbildung in Rom, vor allem in der Rhetorik und der Rechtswissenschaft. Neben seiner Anwaltstätigkeit brachte er es in der politischen → *Ämterlaufbahn* bis zur Praetur, zum »nachgewählten« Consul (consul suffectus) und zum Augurat. Zuletzt war er als kaiserlicher Legat in Bithynien in Kleinasien, wo er wohl im Jahr 113 starb.
Von seinem literarischen Werk sind weder die *lyrischen Gedichte* noch die *Gerichtsreden* erhalten, die er, wie damals üblich, überarbeitete und vor Freunden rezitierte. Seine neun Bücher *Briefe* sind dagegen vollständig auf uns gekommen. Es handelt sich um eine Sammlung kunstvoll komponierter, für die Veröffentlichung gedachter *Episteln*, die er an zahlreiche Zeitgenossen (Verwandte und Freunde) adressierte. In ihnen spiegelt sich der Zeitgeist der Epoche *Traians* ebenso wie die innere Physiognomie ihres Verfassers: er erscheint als liebenswürdiger, gebildeter, aber etwas unkritischer Stadtrömer von integrer Gesinnung. Die berühmtesten Stücke sind wohl die beiden »Vesuvbriefe« an *Tacitus*, in denen er den verheerenden Ausbruch des Vulkans im Jahre 79, dessen Folge u. a. auch der *Untergang Pompeiis* war, und im Zusammenhang damit den Tod seines Onkels beschreibt. Den neun Büchern der Briefe ist ein zehntes angefügt, das die *amtliche Korrespondenz* des Legaten Plinius mit Kaiser Traian über aktuelle Probleme der Provinzverwaltung einschließlich der knappen, präzisen Antworten des Kaisers enthält. So erbittet und erhält Plinius in den berühmten »Christenbriefen« Anweisungen, wie mit den in Kleinasien damals schon zahlreichen Anhängern des Christentums zu verfahren sei. Kaiser Traian steht auch im Mittelpunkt des ebenfalls erhaltenen »Panegyricus«, einer *Lobrede*, die Plinius im Jahr 100 im Senat gehalten hatte und in der er die Leistungen und Vorzüge Traians preist. (G. M.)

Pompeii

Am 24. August des Jahres 79 kurz nach 10 Uhr morgens explodierte unter dem Druck magmatischer Gase urplötzlich mit einem fürchterlichen

Knall der Lavapfropfen, der den Schlot des Vesuv seit mehr als tausend Jahren so hermetisch verschlossen hatte, daß dieser Vulkan allgemein als erloschen galt. Drei Tage lang wurden durch heftige Eruptionen, die von Erdbeben, Erdrissen, Küstenverschiebungen und Gewitterstürmen begleitet waren, Lavabrocken Tausende von Metern in die Höhe geschleudert und vom Wind bis zu 70 km in südöstlicher Richtung getrieben. In immer neuen Wellen fielen ungeheure Mengen großporigen Bimssteins und pulvriger Asche zur Erde und begruben im Verlauf weniger Stunden die 7 km entfernte Handelsstadt Pompeii am Golf von Neapel unter einer 4 bis 6 m hohen Ablagerungsdecke. In panischem Entsetzen rafften die Einwohner noch ein paar Habseligkeiten zusammen und suchten ihr Heil in kopfloser Flucht.

Der jüngere → *Plinius*, der den Ausbruch im weniger gefährdeten Kriegshafen Misenum miterlebte, floh mit seiner Mutter im Aschenregen aus der Stadt: »Ich wandte mich um. Eine dicke Qualmwolke, die wie ein reißender Strom über die Erde dahinschoß, folgte uns drohend. ›Wir wollen ausbiegen‹, rief ich, ›solange wir noch etwas sehen, damit wir nicht auf der Straße in der Finsternis von der Menschenmasse ringsum zertrampelt werden.‹ Wir hatten uns kaum niedergesetzt, da umhüllte uns bereits die Nacht, nicht eine mondlose oder von Wolken verdunkelte Nacht, sondern die Finsternis eines geschlossenen, lichtlosen Raumes. Man hörte das Heulen der Frauen, das Gewimmer der Kinder, die Schreie der Männer. [...] Aus Angst vor dem Tod riefen manche nach dem Tod. Viele hoben die Hände zu den Göttern; groß war die Zahl derer, die glaubten, es gebe keine Götter mehr, und über die Welt sei die letzte, die ewige Nacht hereingebrochen. Es fehlte nicht an Leuten, die durch falsche oder erlogene Schauergeschichten die wirkliche Gefahr noch vergrößerten. [...] Von Zeit zu Zeit mußten wir aufspringen und die Asche abschütteln, sonst hätte sie uns völlig bedeckt und durch ihr Gewicht erdrückt [...]«

(Übers.: I. Rauthe-Welsch)

Viele verloren wertvolle Zeit bei dem Versuch, wenigstens ihre kostbarsten Kunstwerke zu bergen oder Bargeld und Schmuck zu retten. So wurden nicht wenige Pompeianer in ihren Häusern oder in den engen Gassen von einstürzenden Mauern erschlagen oder sie erstickten an den Schwefeldämpfen des Aschenregens. Andere hofften darauf, das Inferno auf hochgelegenen Terrassen oder im Schutz von Tempeln und Hallen überstehen zu können. Als aber Säulen und Dächer unter der Wucht der Erdstöße und dem Gewicht der Bims- und Aschenablagerungen barsten, fanden auch sie den Tod. Grauenvoll war das Schicksal derer, die unter massiven Kellergewölben Zuflucht gesucht hatten. Sie bemerkten zu spät, daß sie in einer tödlichen Falle steckten, und konnten sich trotz verzweifelter Ausbruchsversuche nicht mehr aus ihrem Grab befreien. Manche glaubten wohl auch, der Weltuntergang sei gekommen, und erwarteten in stoischer Ruhe das Ende. Erschütternder als literarische Zeugnisse künden die *Abgüsse* der in der erstarrten Asche erhalten gebliebenen *Körperformen* zahlreicher Menschen und Haustiere vom Todeskampf der Pompeianer: Selbstbehauptungswille steht neben Hoffnungslosigkeit; wir erkennen rücksichtslosen Egoismus und Materialismus, aber auch Gottesfurcht und selbstlose Treue. Am meisten aber ergreifen die Beispiele liebender Verbundenheit in den Familien, die sich noch im Tod bewährte.

Herculaneum und Stabiae. Während von den etwa 15 000 Einwohnern Pompeiis ungefähr 3 000 der Katastrophe zum Opfer fielen, war die Zahl der Toten in dem am westlichen Vesuvabhang gelegenen Städtchen Herculaneum (ca. 5 000 Einwohner) sehr gering. Der Ort lag zunächst nicht im Bereich des Bims- und Aschenregens und der tödlichen Gase, so daß sich die Bevölkerung gerade noch rechtzeitig vor den alles mit sich reißenden Schlammströmen (von Gewitterregen gelöstes Auswurfmaterial!) und Glutlawinen in Sicherheit bringen konnte, die Herculaneum unter einer zwischen 12 und 25 m dicken Gesteinsbank aus verhärtetem Vulkanschlamm verschwinden ließen. Auch die Bewohner der Villensiedlung Stabiae, die am zweiten Tag des Ausbruchs das Schicksal Pompeiis teilte, konnten ihr Leben zumeist retten. Hier starb der Naturforscher → *Plinius der Ältere* bei dem Versuch, bedrohten Freunden Hilfe zu bringen. Sein gleichnamiger Neffe hat ihm und den übrigen Opfern der Katastrophe in zwei berühmten Briefen an *Tacitus* ein außergewöhnliches Denkmal gesetzt.

Vielen Zeitgenossen mußte der Untergang dreier blühender Städte als eine Strafe der Götter erscheinen. Der Dichter *Statius* bezweifelte, ob es künftige Generationen überhaupt glauben könnten, daß Städte und Felder ihrer Ahnen in einem Feuersturm versunken seien und unter ihren Füßen begraben lägen.

Der manchmal so frivole Dichter *Martial* trauert:

Kürzlich noch war der Vesuv beschattet von grünenden Reben, edler Traubensaft ward hier in die Kufen gepreßt.

Mehr als die Hügel von Nysa hat Bacchus geliebt diese Höhen, jüngst haben hier noch am Berg Faune im Reigen getanzt.

Hier war die Stätte der Venus, die mehr als Sparta sie liebte, hier war die Stadt, welche durch Herkules' Namen berühmt.

All dies ging auf in Flammen und liegt unter Asche begraben: selbst die Götter gereut's, daß sie dies Unheil vollbracht.

(Übers.: Harry C. Schnur)

Die Versuche pompeianischer Flüchtlinge, aus den verschütteten Häusern Kultbilder, Wertgegenstände und Hausrat zu bergen, wurden bald aufgegeben. Ebenso scheiterten Wiederaufbaupläne der kaiserlichen Regierung. Bald bedeckten Gras und Weinreben den Aschenhügel, und nur der Flurname »Cività«, die Stadt, erinnerte von ferne an die einstigen Bewohner.

Die Ausgrabungen. Die Wiederentdeckung der verschütteten Vesuvstädte setzte mit zufälligen Funden zu Beginn des 16. Jahrhunderts ein. Das Interesse konzentrierte sich zunächst auf Herculaneum, wo man bei der Ausschachtung eines Brunnens im Jahre 1709 auf das Theater mit seinem reichen Skulpturenschmuck stieß. Der Bourbonenkönig *Karl III.* förderte mit Nachdruck die Aufdeckungsarbeiten, die anfänglich recht planlos und dilettantisch erfolgten. Erst 1763 konnte Pompeii mittels einer Inschrift zweifelsfrei identifiziert werden. Es war vor allem → *Winckelmann*, der Begründer der wissenschaftlichen Archäologie, der durch seine Berichte die Bedeutung der Ausgrabungen in das Bewußtsein der europäischen Öffentlichkeit rückte und eine Woge der Begeisterung auslöste. *Schiller* feierte die aus der Asche neu erstehenden Städte als Sinnbilder des edlen Altertums:

»Griechen, Römer, o kommt! O seht das alte Pompeii findet sich wieder, aufs neu' bauet sich Herkules Stadt.«

Kunst und Mode des *Klassizismus* und des *Empire* sind ohne die pompeianischen Einflüsse nicht denkbar.

Die Verschiedenartigkeit der vulkanischen Ablagerungen führte auch zu grundverschiedenen Ausgrabungsmethoden. Während man in *Herculaneum* damit begann, nach Bergbauweise unterirdische Stollen in den versteinerten Schlamm vorzutreiben, und nur darauf ausging, Kunstwerke zu erbeuten, begünstigte die relativ weiche Bodenbeschaffenheit in *Pompeii* die systematische Freilegung der ganzen Stadt. Hatte man ursprünglich alle beweglichen Fundgegenstände ins Museum geschafft und sogar die Wandmalereien von ihrem Untergrund abgelöst, so zielen die Ausgrabungen nunmehr darauf ab, möglichst alles an Ort und Stelle zu lassen, Gebäude, Bilder und Inschriften schon während der Freilegung dauerhaft zu sichern und durch behutsame Rekonstruktionen den Besucherscharen ein umfassendes Bild des Lebens in einer antiken Kleinstadt zu vermitteln. Hervorragende Wissenschaftler entwickelten im Verlauf der letzten hundert Jahre immer vollkommenere Ausgrabungs- und Konservierungsmethoden und wurden so zu Pionieren der modernen Archäologie. Aber noch immer liegen fast zwei Fünftel Pompeiis unter der Erde. Von dem modern überbauten Herculaneum konnten gar erst das südliche Stadtviertel und die Region des Forums aufgedeckt werden. Zunehmend geraten auch die dörflichen Siedlungen und die reichen Villen der Umgebung in das Blickfeld der Ausgräber, die ihre Arbeit indes durch Finanzierungsprobleme und die Tätigkeit professioneller Kunsträuber gefährdet sehen. Es wird noch viele Jahrzehnte dauern, bis die Erde Campaniens ihre letzten Geheimnisse preisgegeben hat.

Geschichtlicher Überblick. In der Geschichte Pompeiis vor der Zerstörung spiegelt sich das wechselvolle Schicksal Campaniens. Die Ursprünge der *Siedlung oskischer Fischer und Bauern* liegen im Dunkeln. Bald nachdem sich die *Griechen* am Golf von Neapel niedergelassen hatten (um 750 v. Chr.) bezogen sie auch Pompeii in ihren Einflußbereich ein, wofür u. a. die Fundamente eines *dorischen Tempels* und die frühe Verehrung des Gottes *Apollon* zeugen. Um 524 v. Chr. geriet die Stadt für etwa 50 Jahre unter die Herrschaft der → *Etrusker;* vor 420 v. Chr. besetzten die *Samniten* mit Campanien auch Pompeii. Die mächtige Stadtmauer läßt noch heute etwas von der Unruhe dieser Zeit ahnen. Seit Campanien im Gefolge der *Samnitenkriege* (→ *Einleitung, Seite 18*) dem römischen Staat

Stadtplan von Pompeii vor der Zerstörung 79 n. Chr.

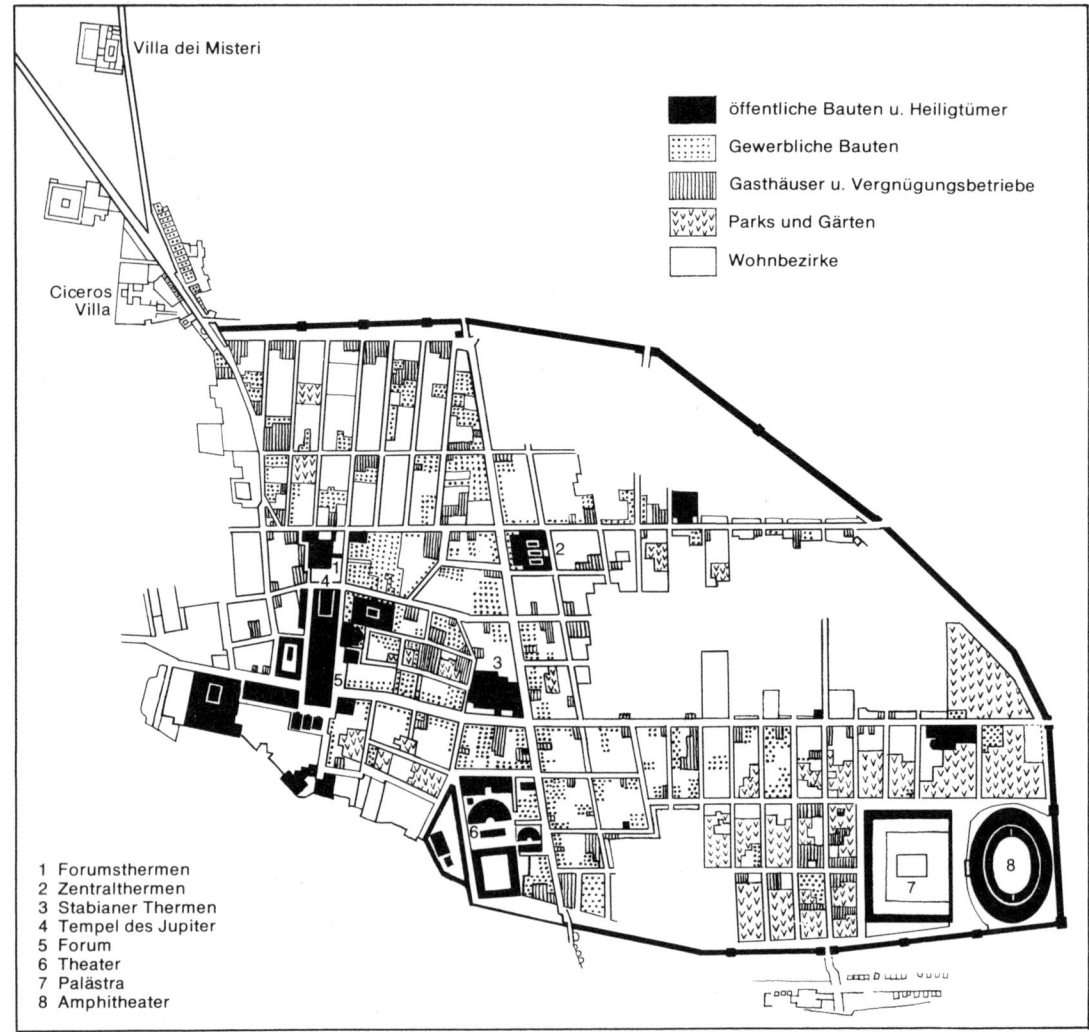

Villa dei Misteri

■ öffentliche Bauten u. Heiligtümer

▓ Gewerbliche Bauten

▓ Gasthäuser u. Vergnügungsbetriebe

▓ Parks und Gärten

□ Wohnbezirke

Ciceros
Villa

1 Forumsthermen
2 Zentralthermen
3 Stabianer Thermen
4 Tempel des Jupiter
5 Forum
6 Theater
7 Palästra
8 Amphitheater

angegliedert war, genoß Pompeii den Status einer verbündeten Stadt. Die ruhige Entwicklung wurde durch den *Bundesgenossenkrieg* jäh unterbrochen, in dem die Einwohner auf der Seite der Empörer kämpften. Aber nachdem *Sulla* Herculaneum erobert hatte, mußte auch Pompeii dem Sieger die Tore öffnen. Der Diktator siedelte um das Jahr 80 v. Chr. 5 000 seiner Veteranen im Gebiet der Stadt an und stellte die neue »Colonia Cornelia Veneria Pompeiorum« unter den Schutz seiner Patronin *Venus*.

Trotz begreiflicher Spannungen zwischen den alteingesessenen Samniten und den römischen Kolonisten verschmolzen beide Bevölkerungsgruppen ziemlich rasch. Die lateinische Sprache verdrängte das Oskische; Lebensgewohnheiten,

Bauweise und Verwaltung nahmen römischen Charakter an. Unter dem Prinzipat stand Pompeii in engen Beziehungen zur kaiserlichen Familie, die hier mehrere Villen besaß. Tempel für den Kaiserkult, Ehrenbögen, Weiheinschriften und Kapellen für die Laren des Kaisers bekunden noch heute die Ergebenheit der Pompeianer gegenüber dem Herrscherhaus.

Schlagzeilen machte die Stadt im Jahre 59, als den Bürgern nach einer blutigen Schlägerei im Amphitheater mit Bewohnern der Nachbarstadt *Nuceria* vom Senat für zehn Jahre die Veranstaltung von Gladiatorenspielen verboten wurde.

Mit Herculaneum und anderen campanischen Städten wurde Pompeii am 5. Februar 62 von einem verheerenden Erdbeben heimgesucht, das die ganze Stadt in Trümmer legte und zahlreiche Menschenleben kostete. Obwohl der Bevölkerung nur geringe finanzielle und technische Mittel zur Verfügung standen, machte sie sich mit ungebrochenem Lebenswillen an den langwierigen Wiederaufbau. Pompeii glich noch einer einzigen großen Baustelle, als der Vesuvausbruch des Jahres 79 den gewaltsamen Schlußpunkt setzte.

Politisches Leben. Der jähe Untergang traf ein zwar angeschlagenes, aber durchaus funktionsfähiges Gemeinwesen. Die Verwaltung der Stadt war nach dem Vorbild der römischen *Munizipalverfassung* organisiert. Die Aristokratie der *Großgrundbesitzer, Industriellen und Großkaufleute* entsandte 100 Vertreter in den *Stadtrat* (ordo decurionum), das oberste Gremium der Gemeinde. An der Spitze der jeweils für ein Jahr gewählten Behörden standen *zwei Bürgermeister* mit richterlicher Gewalt (duovıri iure dicundo), in deren Zuständigkeit auch der Kult, die Finanzverwaltung und die Errichtung öffentlicher Bauten fielen. In fünfjährigem Turnus nahmen sie die Steuerveranlagung der Bürgerschaft vor und überprüften die Liste der Ratsmitglieder. *Zwei Aedilen* überwachten die Lebensmittelversorgung und die innere Sicherheit sowie die Instandhaltung des Straßennetzes und der städtischen Bäder. Außerdem leiteten sie die öffentlichen Spiele.

Obwohl ein extremes Klassenwahlrecht die *Alleinherrschaft der Aristokratie* sicherte, nahmen doch breite Schichten der Bevölkerung mit wahrer Leidenschaft am *Wahlkampf* teil. Nicht die Amtsbewerber, sondern ihre Anhänger besorgten die notwendige Propaganda. Einflußreiche Persönlichkeiten, Freundeskreise, Nachbarn und Klienten, aber auch Kultgemeinden, Innungen, kulturelle Vereine und vor allem Kneipenwirte mit ihren Stammkunden schlossen sich zu ›Wählerinitiativen‹ zusammen. Ja sogar Frauen, die doch kein Wahlrecht besaßen, ergriffen energisch Partei. ›Reklameagenturen‹ organisierten regelrechte Kampagnen und schickten nächtliche Malerkolonnen durch die Straßen, die mit roter Farbe Wahlparolen an die Häuserwände pinselten. Auffallenderweise fanden sich unter den bisher entdeckten Empfehlungen (über 2800) weder Hinweise auf herausragende Begabungen noch programmatische Versprechungen; dagegen wurden die moralischen Qualitäten der Kandidaten eindringlich angepriesen. Im allgemeinen unterblieben direkte Angriffe auf die persönliche Ehre des politischen Gegners. Doch war die unerbetene Wahlhilfe der ›Vereine‹ der Nachtschwärmer, der Schlafmützen, der Spitzbuben

und der entlaufenen Sklaven sicher nicht im Sinne des *M. Cerrinius Vatia*. Und auch eine Empfehlung durch die Barbesitzerin *Asellina* und ihre Animierdamen dürfte einen Amtsbewerber eher kompromittiert haben. Jedenfalls nahmen es die Bürger mit ihrer kommunalen Selbstverwaltung so genau, daß → *Cicero* scherzen konnte, es sei wohl leichter, in Rom Senator als in Pompeii Stadtrat zu werden.

Forum und öffentliche Einrichtungen. Mittelpunkt des politischen, wirtschaftlichen und religiösen Lebens der Stadt war das *Forum*, das als Fußgängerzone von jedem Fahrverkehr freigehalten wurde. Eine vornehme *Säulenhalle mit einer Loggia* im Obergeschoß säumte den rechtwinkligen Platz (142 × 38 m), um den sich die wichtigsten öffentlichen Gebäude gruppierten. An der Nordseite ragte auf hohem Podest der *Iupiter-Tempel*, das *Capitol* der Stadt, empor, den *zwei Triumphbögen* flankierten. Die Südfront wurde vom *Rathaus* mit dem Sitzungssaal des Stadtrats und den Diensträumen der Beamten eingenommen. Im *Comitium* traten die Bürger zu den Gemeindewahlen zusammen. Die prachtvolle *Basilika* war zugleich Gerichtsgebäude und Börse. Der *Lebensmittelmarkt* (macellum), eine große Halle mit offenem Innenhof, war mit Verkaufsständen für Backwaren, Obst, Fleisch, Fisch und Muscheln dicht besetzt; daneben gab es einen eigenen *Gemüsemarkt*. Ein reiches Marmorportal führte in das Gebäude, das die Priesterin *Eumachia* dem Kaiserkult geweiht hatte. Es war der Sitz der einflußreichen »Tuchmachergilde«. Der bedeutende *Apollotempel* und Sakralbauten im Bereich des Forums zeigen den hohen Stellenwert der Religion im Leben der Gemeinde. Von den zahlreichen Ehrenstatuen für verdiente Mitbürger haben sich nur mehr die Sockel erhalten. Man war gerade dabei, das Forum mit großen Travertinplatten zu belegen und auch den Tuffstein der Säulenhallen aus vorrömischer Zeit durch den eleganteren Travertin zu ersetzen, als die Katastrophe hereinbrach.

Das kulturelle Zentrum der Stadt lag am sogenannten *Forum Triangulare* (nach seiner dreieckigen Form). Auch hier erhoben sich mehrere Sakralbauten, von denen der Tempel der ägyptischen *Isis* besonderes Ansehen genoß. Ein großes *Theater* nach hellenistischem Vorbild wurde in der römischen Epoche mehrfach umgebaut und erweitert, so daß es schließlich 5 000 Zuschauern Platz bot. 1 500 Besucher konnten im überdachten *Odeon* Dichterlesungen und musikalischen Veranstaltungen lauschen.

Brunnen an der Straße nach Stabiae in Pompeii.
Bürgersteige mit hohen Bordsteinen
und großformatige
Pflasterung sind typisch.

Mit größerer Leidenschaft aber hingen die Pompeianer an den → *Gladiatorenkämpfen* und → *Tierhetzen* im → *Amphitheater*, das um das Jahr 70 v. Chr. als das älteste seiner Art entstand. Die gewaltige Ellipse im Südosten der Stadt faßte 20 000 Zuschauer, denen von parfümierter Luft bis zum Sonnendach aller Komfort geboten wurde. Die veranstaltenden Beamten buhlten in einem ruinösen Wettbewerb mit immer blutigeren Attraktionen um die Gunst des sensationslüsternen Publikums. *A. Clodius Flaccus* ließ an einem einzigen Tag 30 Paar Athleten und 40 Paar Gladiatoren in der Arena auftreten und außerdem noch Stiere, Eber und Bären jagen. Für die sportlichen Übungen der pompeianischen Jugend war die *Große Palästra* neben dem Amphitheater bestimmt, ein rechteckiger Platz von über 15 000 m² mit einer auf drei Seiten umlaufenden Säulenhalle und einem großen Schwimmbecken in der Mitte. Den höchsten Genuß aber bedeutete für die Pompeianer der Besuch der *Thermen* (→ *Bäder*). Neben raffiniert

ausgestatteten *Privatbädern* hat man bisher *drei öffentliche Anlagen* ausgegraben, die einen lückenlosen Überblick über die Entwicklung der römischen Badekultur erlauben. Die mehrfach erneuerten sogenannten *Stabianer Thermen* sind die ältesten im ganzen Römerreich, die kleineren Thermen beim Forum zeigen besonders feine Dekorationen, die großzügigen *Zentralthermen* erinnern schon an den Prunk der Badepaläste der Hauptstadt. Ein ausgeklügeltes Verteilersystem sicherte die *Wasserversorgung* der Thermen und der zahlreichen öffentlichen Brunnen an den Straßenkreuzungen. Einen privaten Wasseranschluß konnten sich nur wohlhabendere Hausbesitzer leisten. Für sie war es auch eine Prestigeangelegenheit, die *Gehsteige* vor ihren Häusern mit Platten zu befestigen und überdachte Sitzgelegenheiten für die Morgenbesucher bereitzustellen.

Acht Stadttore leiteten den Durchgangsverkehr in die bis zu 8,5 m breiten *Hauptstraßen*, die mit polygonalen Lavasteinen gepflastert waren. Das dichte *Straßennetz* war nach hellenistischem Schema rechtwinklig angelegt. Keramiktäfelchen mit Bildsymbolen erleichterten die Orientierung. Künstlich eingeschnittene *Spurrinnen* gewährleisteten eine sichere Führung der Wagen, deren Spurweite genormt war. Als die Verkehrsdichte zunahm, sah sich die Stadtverwaltung veranlaßt, Einbahnstraßen auszuweisen. Vergleichbar unseren Zebrastreifen erleichterten *Schrittsteine* in Gehsteighöhe den Fußgängern den Übergang auf die andere Straßenseite. Die Ausfallstraßen vor den Toren waren wie in Rom von *Grabstätten* dicht gesäumt, deren Inschriften und Bilder die Toten mit der Welt der Lebenden ganz selbstverständlich verbinden sollten.

Die Häuser und ihre Dekoration. Den besonderen Ruhm Pompeiis stellen seine luxuriösen *Vorstadtvillen* und die prunkvollen *Patrizierhäuser* dar, die nicht selten ein ganzes Straßengeviert (insula) beanspruchen. Hinter abweisenden Fassaden entfaltet sich der ganze Reichtum einer Wohnkultur, die aus der Verschmelzung des italischen *Atriumhauses* mit dem hellenistischen *Peristylhaus* entstanden ist (→ *Haus*). Bedingt durch die Abmessungen der Grundstücke und natürlich auch die finanziellen Verhältnisse der Bauherrn ergaben sich schier unerschöpfliche Variationsmöglichkeiten. Das festliche »Haus des Fauns«, dessen Salon mit dem berühmten *Alexandermosaik* gleich einem kostbaren Teppich ausgelegt war, übertrifft an Größe (3 000 m²) und architektonischer Gestaltung sogar die Paläste hellenistischer Kö-

*Das für den griechischen Haustyp
kennzeichnende Peristyl
im Haus der Vettier
in Pompeii.*

nige. Auf relativ kleiner Fläche vermittelt das samt Garten und Wasserkünsten völlig restaurierte »Haus der Vettier« wieder den ganzen Zauber seiner ursprünglichen Raumwirkung. Die künstlerische Qualität seiner *Wandmalereien* hält den Vergleich mit Rom wohl aus. Nicht alle Häuser erreichen dieses Niveau; viele zeigen nur biedere Handwerkerarbeit nach gängigen hellenistischen Vorlagen, manchmal fehlt es auch an Geschmack. Trotzdem bleibt ein Gang durch die zahlreichen Häuser, deren Wandschmuck nahezu vollständig erhalten ist, ein unvergeßliches Erlebnis. Die moderne Forschung unterscheidet *vier Dekorationsstile*, die von einfacher *Nachahmung der Quaderstruktur* (1. Stil) über die optische Erweiterung des Raumes durch *perspektivische Architekturmalerei* sowie *großfigurige und tafelbildartige Kompositionen* (2. Stil) zur *Entkörperlichung* der Architekturelemente (häufig mit ägyptisierenden Ornamenten) und Bildern in transparenten Farben ohne räumliche Wirkung (3. Stil) und schließlich zur irrealen Kunstwelt

phantastischer Scheinarchitekturen, virtuos variierter *Ornamentik* und *pathetischer Figurenszenen* (4. Stil) führen. Die Wände Pompeiis sind ein unerschöpfliches Bilderbuch der Mythologie, des Schönheitssinns und der Lebensfreude der Antike. Und in der Stille der schattigen Gärten mit ihrem plastischen Schmuck, ihren Lauben, Wasserspielen und mosaikverzierten Brunnengrotten möchte man trotz aller Tragik am liebsten in den unter der Asche gefundenen Satz einstimmen: Hier wohnt das Glück.

Die Arbeitswelt. Die Idylle darf freilich nicht täuschen. Das Leben der meisten Bürger – von den Sklaven ganz zu schweigen! – verlief nach wesentlich bescheidenerem Zuschnitt. Zusammengepfercht in engen, ärmlich möblierten Behausungen mußten sie hart arbeiten, um ihr Brot zu verdienen. Dichtgedrängt säumten die *Werkstätten* und *Läden* der Handwerker und Krämer die Straßen, oft nur winzige Löcher mit eingezogenem Hängeboden als Warenlager und Schlafstelle. Dazwischen schoben sich *Schenken* und *Garküchen,* die ein bißchen Abwechslung und Entspannung boten. Auch hier haben uns die Wände zahllose unmittelbare Lebensäußerungen der einstigen Bewohner bewahrt. *Reklameschilder* preisen alle möglichen Dienstleistungen an; verheißungsvolle Wegweiser und *Speisekarten* locken zum Besuch der *Tavernen* und *Bordelle;* von geübten Schreibern gemalte *Theaterplakate* versprechen Unterhaltung und Nervenkitzel. Ebenso wenden sich Verlustanzeigen, Wohnungsangebote und Immobilienannoncen an ein breites Publikum. An die Wände gekritzelte Rechnungen, Karikaturen, Beschimpfungen und Drohungen, aber auch Liebesseufzer und Beifallsäußerungen verraten mancherlei vom alltäglichen Ärger und von den kleinen Freuden der Pompeianer, von ihren Sehnsüchten und ihrem Witz.

Angesichts der krassen sozialen Unterschiede ist es recht erstaunlich, daß von einem Klassenkampf nichts zu spüren ist. Die Aristokratie behielt das Heft unangefochten in der Hand. Ihr Reichtum beruhte vor allem auf der Fruchtbarkeit der vulkanischen Böden Campaniens, auf denen Wein,

Links: Der pompeianische Bankier Caecillius Iucundus. Nationalmuseum Neapel.

Rechts: Handmühlen und Backofen. Pompeii.

Öl und *Weizen* von außergewöhnlicher Güte gediehen. Rationelle Anbaumethoden und ein fortschrittliches Verarbeitungs- und Vertriebssystem steigerten den Profit. Die günstige Verkehrslage zum Meer und am Schnittpunkt wichtiger Straßen ließ die Stadt zu einem belebten *Stapel- und Umschlagplatz* landwirtschaftlicher und industrieller Erzeugnisse werden. Die *Schafzucht* lieferte den wichtigsten Rohstoff für eine hochspezialisierte *Textilindustrie,* die auch schon ägyptische Baumwolle verarbeitete. Mehr als 30 *Großbäckereien* mit angeschlossenen *Getreidemühlen* waren ein bedeutender Wirtschaftsfaktor. Über den *Flußhafen am Sarno,* wo sich eine kleine Vorstadt ausbreitete, exportierten Großhändler die begehrten Vesuvweine bis nach Afrika und Gallien. Pompeianisches *Garum,* eine zum Würzen verwendete Fischsoße, war ein im ganzen Reich hochge-

schätzter Markenartikeli *Ziegel* aus Pompeii fand man in Dalmatien, Istrien und Nordafrika. Wir begegnen den Namen pompeianischer Kaufleute in Numidien ebenso wie in Kleinasien und Ägypten.

In den Ruinen Pompeiis spürt der flüchtige Besucher nur andeutungsweise etwas von der lärmenden Geschäftigkeit, die einst die Straßen durchpulste. Und doch liegt die einzigartige Bedeutung dieser Stadt für unsere Kenntnis der römischen Welt weniger in dem Wert der hier in so reicher Fülle gefundenen Kunstwerke, als vielmehr in der sonst nirgendwo gebotenen Mög-

lichkeit, die Bedingungen und Verflechtungen menschlichen Lebens im Alltag einer lebens- und arbeitsfrohen Kleinstadt der frühen Kaiserzeit nahezu vollkommen zu erfassen. (H. H.)

Pompeius

Gnaeus Pompeius' Größe macht gerade das Verhalten aus, das ihm vielfach die moderne Forschung wegen falsch angelegter Vergleiche mit → *Caesar* vorgeworfen hat: Pompeius suchte in den Sturmzeiten der ausgehenden Republik stets die eigenen ehrgeizigen Pläne mit den Verfassungsnormen zu vereinbaren. Wenn er sich bei der Verwirklichung hochgesteckter Ziele bald der Nobilität, bald des Volkes bediente, mag man ihm Opportunismus vorwerfen. Doch Pompeius war zeitlebens zwar ein tüchtiger Feldherr, aber ein schlechter Politiker; wäre er auch ein tüchtiger Politiker gewesen, hätte er ganz im Sinne moderner Forscher bereits die verfassungspolitischen Konsequenzen ziehen müssen, die dann Augustus endgültig gezogen hat. Pompeius' Tragik lag darin, daß er ein Anhänger der Republik war, ohne zu erkennen, daß diese Staatsform keine Zukunft mehr hatte.

106 v. Chr., geboren, trat Pompeius früh in die Fußstapfen seines Vaters, eines ausgezeichneten Feldherrn. Nach dessen Tod machte er sich mit 23 Jahren zum Feldherrn über drei Legionen, die er als Privatmann im *Bürgerkrieg Sulla* zuführte. Zum Dank für die Unterstützung und Bekämpfung der innenpolitischen Gegner Sullas erhielt Pompeius den Ehrentitel »Imperator«, den Beinamen »Magnus« = der Große und 81 v. Chr.

Pompeius. Die Porträtbüste betont die etwas weichen Züge des bedeutenden Feldherrn. Archäologisches Museum Venedig.

einen → *Triumph*, obwohl er nach der Verfassung weder Consul noch Praetor war.

Nach dem Tod Sullas 78 schloß sich Pompeius der Nobilität an, bekämpfte in deren Auftrag die letzten Anhänger des → *Marius* in Oberitalien und Spanien, vernichtete die Reste der Sklaven des → *Spartacusaufstandes*, entließ aber entgegen allgemeiner Befürchtung sein siegreiches Heer und begnügte sich 70 v. Chr. mit dem Consulat, das er zusammen mit *Crassus* ausübte.

Sowohl im *Seeräuberkrieg* als auch im *Mithridatischen Krieg* mit dem Oberbefehl und außerordentlichen Kommandogewalten betraut, rechtfertigte Pompeius das in ihn gesetzte Vertrauen nicht nur militärisch, sondern auch organisatorisch: Nach der Beseitigung des *Seleukidenreiches* in Syrien 64 v. Chr. ordnete er selbstbewußt den römischen Osten völlig neu und sicherte die neu

errichteten Provinzen durch einen Gürtel von → *Klientelstaaten.* Als er 61 v. Chr. im Triumph nach Italien zurückkehrte und jedermann die Errichtung der Monarchie durch Pompeius erwartete, verhielt sich der Feldherr erneut verfassungsloyal und entließ seine Veteranen und Soldaten.

Doch als der Senat in einer falsch verstandenen Demonstration der Stärke dem waffenlosen Pompeius kurzsichtig sowohl die Neuordnung des Ostens als auch die Versorgung der Veteranen mit Land verwehrte, trieb er damit den bisherigen Freund in die Arme → *Caesars* und beschleunigte das Ende der Republik. Denn mit dem Einsetzen des politischen Machtkampfes zwischen Pompeius und Caesar trotz vorausgegangenen *Triumvirates* 60 v. Chr. (Pompeius – Caesar – Crassus) und der Verbindung des Pompeius mit Caesars Tochter *Iulia* hatte der Senat als politisch selbständige Kraft ausgedient. Obwohl er, viel zu spät, Pompeius unterstützte und ihn sogar zum Consul ohne Amtskollegen 52 v. Chr. ernannte, konnte er den 49 v. Chr. ausgebrochenen *Bürgerkrieg* nicht verhindern. Pompeius, vom Senat mit der Verteidigung der Republik gegen Caesar beauftragt, fehlte das Glück, das ihn vorher so verwöhnt hatte. Er mußte überstürzt Rom verlassen und floh nach der verlorenen Schlacht bei *Pharsalus* in Mittelgriechenland im August 48 v. Chr. nach Ägypten, wo er bei der Landung nahe *Pelusium* einen Tag nach seinem Geburtstag im Alter von 59 Jahren ermordet wurde. (M. F.)

Provinz

(Siehe auch Einzelstichwörter wie z. B. → *Africa*, → *Britannien*, → *Frankreich/Gallien*, → *Germanen*, → *Griechenland unter den Römern*, → *Österreich in der Römerzeit*, → *Schweiz – Kelten – Römer – Germanen*, → *Spanien* u. a.)

Der Begriff Provinz (lat. provincia), unter dem wir heute einen Verwaltungsbezirk oder – leicht geringschätzig – das Gegenbild zum kulturellen Geschehen großstädtischen Formats verstehen, bezeichnete bei den Römern ursprünglich den Zuständigkeitsbereich, in dem die *Oberbeamten* (→ *Ämterlaufbahn*) ihre Amtsgeschäfte wahrnahmen; die Bezeichnung wurde bald auch auf die eroberten Länder übertragen, zu deren Verwaltung diese Beamten entsandt wurden.

Die Einigung Italiens unter der Führung der Stadt am Tiber hatte sich noch in der Weise vollzogen, daß die unterworfenen Städte und Völker sofort in ein festes Vertragsverhältnis mit der Siegermacht Rom traten. Ihre innere Rechts- und Verwaltungshoheit blieb unangetastet, und sie erhielten von Rom sogar den Status von *Verbündeten* (socii) mit abgestuften Rechten. Als aber nach dem Ersten Punischen Krieg (264–241 v. Chr.) die *Karthager* ihre auswärtigen Besitzungen im Südwesten *Siziliens* sowie *Sardinien* und *Korsika* an die Römer abtreten mußten, blieben diese Gebiete unmittelbar der römischen *Militärverwaltung* unterstellt. Die Bewohner galten als *Untertanen* (lat. peregrini, d. h. Fremde) ohne politische Rechte; ihr Land gehörte offiziell dem römischen Staat, der es ihnen gegen eine zehnprozentige Ertragssteuer zur Nutzung überließ. Im Auftrag des römischen Volkes sorgte ein *Consul* oder *Praetor* mit absoluter militärischer, administrativer und richterlicher Gewalt (imperium) für die Aufrechterhaltung der öffentlichen Ordnung, während ein *Quaestor* die reibungslose Ablieferung der Steuern, Zölle usw. überwachte.

Statthalter und Steuerpächter. Dieses System wurde im gesamten westlichen Mittelmeerraum praktiziert und auch dann beibehalten, als nach dem Scheitern der Politik einer indirekten Beherrschung im 2. Jahrhundert v. Chr. die ehemaligen hellenistischen Königreiche nacheinander unterworfen und als Provinzen eingerichtet wurden. Lediglich einige Städte wie z. B. *Athen*, *Sparta*, *Massilia* (Marseille), die rechtzeitig die Partei der Römer ergriffen hatten, blieben formell unabhängig und frei von Abgaben, waren aber zur Heeresfolge und Zusammenarbeit verpflichtet. In den übrigen Gebieten traten Roms *Statthalter* an die Stelle der bisherigen Herrscher, deren Verwaltungs- und Steuerorganisation sie aber weitgehend übernahmen. Während jedoch die einheimischen Könige im allgemeinen auf die Leistungsfähigkeit und das Rechtsempfinden ihrer Untertanen Rücksicht genommen hatten, betrachteten die neuen Herren in den meisten Fällen ihre Provinzen, in die sie ja nur auf ein Jahr und ohne kontrollierenden Kollegen geschickt wurden, als reine Ausbeutungsobjekte, aus denen sie die Mittel zur Finanzierung ihrer politischen Ambitionen in Rom nach Gutdünken erpressen konnten (für Bestechungen, Stimmenkauf, Spiel, Spenden, Bauten usw.). Zwar wurde 149 v. Chr. ein *ständiger Gerichtshof* für *Erpressungsprozesse* in Rom eingerichtet, um den zunehmenden Klagen der Provinzialen über räuberische Beamte begegnen zu können, aber das Verfahren war langwierig und teuer und endete in den seltensten Fällen mit einer Verurteilung, da die zumeist dem

→ *Ciceros* Reden gegen *Verres*, der sich in Sizilien besonders schamlos bereichert hatte, legen – wenn auch in rhetorischer Übertreibung – den Finger auf eine offene Wunde:

»Es trauern alle Provinzen, es klagen alle freien Völker, selbst die Königreiche fordern Genugtuung von uns für unsere Taten der Begehrlichkeit und Ungerechtigkeit. Bis zum Ozean hin gibt es keinen noch so entlegenen oder versteckten Platz, wohin nicht in der letzten Zeit die Willkür und die Unbill unserer Leute gedrungen wäre. Schon kann das römische Volk nicht mehr standhalten dem, was ihm von allen Nationen – nicht an Gewalt, Waffen und Krieg, nein an Trauer, Tränen und Klagen entgegenstürmt.« (Übers.: F. Spiro)

Senatorenstand angehörenden Richter ihre Standesgenossen regelmäßig deckten.

Es will schon etwas heißen, wenn beispielsweise → *Caesar* in dem Jahr seiner Statthalterschaft in → *Spanien* (61 v. Chr.) eine Schuldenlast von 25 Millionen Denaren tilgen konnte, wobei ihm die Provinzialen noch ausdrücklich für die schonende Behandlung dankten. Dagegen sagte man von dem syrischen Statthalter *Varus:* »Arm kam er in eine reiche Provinz, und reich verließ er eine arme«.

Noch verhängnisvoller als die Habgier der jährlich wechselnden senatorischen Statthalter wirkte sich die ständige Bedrückung durch die römischen *Steuerpächter* (publicani) aus dem Ritterstand auf den Wohlstand der Provinzen aus. Ihre *privaten Kapitalgesellschaften* streckten der Staatskasse die von den Censoren pauschal festgesetzte Steuersumme vor, die sie dann mit ungeheueren Aufschlägen durch ihre verhaßten Helfer (die »Zöllner« der Bibel) gnadenlos eintrieben. Infolge der *Wucherzinsen* (bis zu 48 %!), die sie für Kredite forderten, preßten sie die Provinzialen bis zum letzten Blutstropfen aus. Gelegentliche Aufstände der verzweifelten Bevölkerung, die in der »Vesper von Ephesus« (→ *Griechen und Römer*) ihren schaurigen Höhepunkt fanden, wurden von der Besatzungsmacht mit brutaler Härte niedergeschlagen.

Politische Folgen des Ausbeutungssystems. Die skandalösen Zustände in den Provinzen, auf deren Wirtschaftskraft das weitgehend steuerfreie Italien mehr und mehr angewiesen war, beschleunigten den Untergang der römischen Republik ebenso wie die moralischen und sozialen Veränderungen im Gefolge der ungeheueren Reichtümer in Rom selbst. *Sulla* hatte verfügt, daß die *Amtszeit der Statthalter*, die nunmehr erst nach Ablauf ihres Amtsjahres in Rom als *Proconsuln* bzw. *Propraetoren* in die Provinzen gingen, vom Senat verlängert werden könne. Diese langfristigen proconsularischen Gewalten wurden für ehrgeizige Politiker der Hebel, mit dem sie die Senatsherrschaft aus den Angeln hoben. Es half dem Senat nichts, daß er sich auf die Grundbedeutung des Wortes »provincia« besann und den *Proconsul* → *Caesar* mit der Aufsicht über die Wälder und Sümpfe Italiens betrauen wollte. Das Volk setzte für seinen Liebling eine langjährige Statthalterschaft in den Provinzen *Gallia Cisalpina* (Oberitalien) und *Illyricum* (Dalmatien) durch, und der eingeschüchterte Senat fügte noch *Gallia Narbonensis* (Provence) und die entsprechenden Legionen hinzu. Von dieser Basis aus gewann Caesar ganz Gallien und schließlich die Alleinherrschaft im Römerreich.

Das Wohlwollen der Kaiser. Caesars weitreichende Planungen und Überlegungen zielten letztlich darauf ab, die veralteten Herrschaftsstrukturen des römischen Stadtstaates durch einen *monarchischen Einheitsstaat* zu ersetzen. Seine Ermordung zeigte, daß die Zeit dafür noch nicht reif war. Die römischen Bürger waren vorerst nicht bereit, auf ihre bedeutenden Privilegien zu verzichten. So konzentrierte sich die Politik des → *Augustus* mit Erfolg darauf, die schrecklichen Wunden der Bürgerkriegszeit zu heilen. Der »Augustusfriede« (pax Augusta) bildete die Grundlage für die wirtschaftliche und substantielle Erholung des Reiches. Der Senat unterstellte die *Grenzprovinzen*, in denen die Legionen stationiert waren, dem Kommando und der Finanzverwaltung (»Fiskus«) des Kaisers, dessen Vertrauensmänner (zumeist Freigelassene) die Steuern einhoben. An der Spitze dieser *kaiserlichen* Provinzen standen als *persönliche Beauftragte (Legaten)* des Kaisers Statthalter senatorischer Herkunft im Praetorenrang (→ *Ämterlaufbahn*). in weniger bedeutenden Provinzen auch Procuratoren aus dem Ritterstand (z. B. *Pontius Pilatus* in Judaea). Ägypten galt als Privateigentum des Augustus.

Die *senatorischen* Provinzen wurden in der herkömmlichen Weise verwaltet. Allerdings überwachten auch hier kaiserliche Agenten die Tätigkeit der Statthalter und Steuerpächter, so daß die Zahl der willkürlichen Übergriffe im ganzen Reich rasch zurückging. Diese Entwicklung wurde auch dadurch gefördert, daß die Statthalter nunmehr ein hohes Gehalt bezogen und oft viele Jahre auf ihrem Posten verblieben. So ist es kein Wunder, daß gerade die Provinzen dem Kaiser bald göttliche Ehren erwiesen. Provinziallandtage und Lokalbehörden pflegten den *Kaiserkult*, der zu einer wesentlichen Klammer der Reichseinheit wurde, als Zeichen staatsbürgerlicher Loyalität, traten aber auch als Interessenvertreter gegenüber den Statthaltern auf.

Der Briefwechsel, den der jüngere → *Plinius* als Statthalter von *Bithynien* (111–113) mit dem Kaiser *Traian* führte, läßt die wohlwollende Förderung der Provinz durch die kaiserliche Regierung erkennen, freilich auch das ängstliche Bemühen, mögliche Erhebungen von vornherein zu unterbinden. So wurde z. B. die Gründung einer Feuerwehr in der Hauptstadt *Nicomedia* verboten, weil man dahinter die Bildung eines politischen Geheimbundes vermutete. Insgesamt werden aus den Briefen lebhafte bürgerliche Aktivitäten, ein blühendes Wirtschaftsleben und die nahezu vorbehaltlose Einordnung der Bevölkerung in den Rahmen des Imperiums deutlich.

Die Romanisierung. In den westlichen Provinzen wurde der Integrationsprozeß durch eine planmäßige Kolonisation und die großzügigere Vergabe des *römischen Bürgerrechts* gefördert. *Städtische Siedlungen* (municipia), die durch das hervorragende *Straßennetz* (→ *Straßen*) miteinander verbunden waren, wurden zu Zentren des Landesausbaus und der römischen Zivilisation. Führender Träger der Romanisierung und des Reichsgedankens war das *Heer* mit seiner *lateinischen Kommandosprache*. Provinzbewohner, die sich zu langjährigem Dienst bei den »Hilfstruppen« verpflichteten, erhielten beim Abschied das begehrte Bürgerrecht und gehörten damit zur gehobenen Bevölkerungsschicht. In allen Lebensbereichen, angefangen vom äußeren Erscheinungsbild in Frisur und Kleidung über Tischsitten, Namen, Bäder und Bauweise bis zu Sprache, Schulbildung, Theater und Religion, gewann das

---

Bei *Tacitus* ruft der Feldherr *Cerialis* den aufständischen *Treverern* (→ *Trier*, Seite 124) die Leistung Roms ins Gedächtnis:
»Werden die Römer vertrieben, was wird dann anderes entstehen als Kriege unter allen Völkern? In dem Glück und in der Zucht von 800 Jahren ist dieses Gefüge zusammengewachsen. Man kann es nicht einreißen, ohne daß diejenigen, die es einreißen, mit ins Verderben gerissen werden.« *(Übers.: W. Sontheimer)*

römische Vorbild prägenden Einfluß. So ließen die kulturellen Errungenschaften des Friedens (pax Romana) und die von den Römern geübte Toleranz die zumeist grausamen Umstände der Unterwerfung ziemlich rasch in Vergessenheit geraten.

Schon der ältere → *Plinius* konnte feststellen, die *Provincia Narbonensis*, die heutige »Provence«, sei mehr ein Italien als eine Provinz. Tatsächlich haben die Provinzen schon in der frühen Kaiserzeit trotz ihrer ungünstigen Ausgangsposition (auch bedingt durch Monokulturen wie z. B. Getreide in Africa) das wirtschaftliche und künstlerische Niveau des Kernlandes erreicht. Gallische Weine und Töpferwaren setzten die Wirtschaft Italiens unter harten Konkurrenzdruck. Eine ›weltweite‹ Stilvereinheitlichung ließ im Rheinland Kunstwerke von ebenso hoher Aussagekraft entstehen wie in Kleinasien.

Kaiser *Claudius* trug dem Wandel Rechnung, als er der gallischen Aristokratie gegen heftigen Widerstand den Eintritt in den Senat ermöglichte. Unter den Adoptivkaisern standen befähigten Provinzialen dieselben Aufstiegsmöglichkeiten offen wie den Angehörigen des stadtrömischen Adels. Der stetige Prozeß der Integration fand mit der *Verleihung des römischen Bürgerrechts an alle freien Reichsbewohner* durch *Caracalla* 212 seinen Abschluß (»Constitutio Antoniniana«).

Unter → *Diocletian* verlor Italien den letzten Rest seiner Sonderstellung. Dieser Kaiser zerschlug die alte Provinzialeinteilung und schuf 101 kleinere Provinzen, die wiederum in 12 *Diözesen* zusammengefaßt waren (vgl. die Kirchenorganisation!). Während dieses Verwaltungssystem die Stürme der Völkerwanderungszeit nicht überlebte, wirkt die kulturelle Leistung der Römer in ihren ehemaligen Provinzen und überall dort, wo ihre lateinische Sprache Menschen eine »geistige Provinz« erschließt, bis heute fort. (H. H.)

R

Recht

Wer nach bleibenden und heute noch weiterwirkenden Leistungen der Römer fragt, der ist in erster Linie auf ihr Rechtswesen zu verweisen.

Im Gegensatz zu den Griechen, die in Europa zum ˙ersten Mal ein Rechtsdenken entwickelten, deren staatliche Zerrissenheit aber auch völlig verschiedene Rechtsformen bedingte, übertrugen die Römer *eine* einzige Rechtsordnung auf das gesamte »Imperium Romanum«, in der die Urteile nie allein von einem Gesetzestext abhingen, sondern auch von der Interpretation dieses Gesetzes und seiner Anwendung auf den individuellen Fall. Dadurch haben sie, abgesehen von der wissenschaftlichen Durchdringung des Rechtes und der Ausbildung eines eigenen Juristenstandes, den Grundstein gelegt, auf dem die späteren Rechtsordnungen Europas bis heute weitgehend basieren.

Mit dem Untergang des Weströmischen Reiches 476 war zwar die römische Rechtspraxis zum Erliegen gekommen, römische Rechtsvorstellungen schlugen sich jedoch in vielen Rechtssätzen *germanischer Gesetzesbücher* nieder: in der »Lex Visigothorum« (Gesetz der Westgoten), der »Lex Burgundionum« (Gesetz der Burgunder) oder der »Lex Salica« (Gesetz der Franken). Intakt und wirksam blieben »Rechtstheorie« und »Rechtspraxis« dagegen im Oströmischen Reich, wo Konstantinopel seit dem 5. Jahrhundert als Studienort für das Rechtswesen Rom endgültig den Rang abgelaufen hatte. 534 veranlaßte Kaiser *Iustinian* eine Sammlung des römischen Rechtes, die als »Corpus Iuris Civilis« veröffentlicht wurde. Seit dem 7. Jahrhundert ging dieses Rechtswerk im Westen Europas verloren, bis man im 11. Jahrhundert in Norditalien einen Teil des »Corpus Iuris Civilis« wiederentdeckte und mit einer Bearbeitung durch die Juristen von Bologna wieder Anschluß an das alte römische Rechtsdenken fand.

Das Ergebnis dieses als »Rezeption des römischen Rechtes« bezeichneten Vorganges ist trotz mancher Unterschiede die weitgehende Übereinstimmung der europäischen Rechtssysteme und der damit verbundenen Rechtsordnungen Kanadas, Mexicos, Südamerikas, Marokkos, Tunesiens, Ägyptens, Südafrikas, der Philippinen und Japans.

Die Entwicklung des römischen Rechtes und die Rechtsinstanzen. Die Rechtskodifikation *Iustinians*, die zweite überhaupt im römischen Rechtsbereich, markierte den Endpunkt einer Entwicklung, deren historischer Beginn knapp 1000 Jahre früher mit der ersten Rechtskodifikation eingesetzt hatte, mit dem sogenannten *Zwölf-Tafel-Gesetz*. Wie in Griechenland, so hatte in Rom der Kampf des Volkes um politische Gleich-

Zusammengebundene Vertragstafel mit den Namen und Siegeln der Zeugen. Nationalmuseum Neapel.

berechtigung dem Adel ebenfalls die schriftliche Fixierung des überkommenen Gewohnheitsrechtes um 450 v. Chr. abgerungen. Auf zwölf Bronze- oder Holztafeln aufgezeichnet, wurden die Gesetze auf dem »Forum«, dem Marktplatz, öffentlich aufgestellt. Sie enthielten Vorschriften über Privat- und Strafrecht, Sakral- und öffentliches Recht, soweit dies den kurzen, in Imperativform gehaltenen »Paragraphen« zu entnehmen ist. In dieser ersten Periode der römischen Rechtsentwicklung, die etwa bis zum Ende des 3. Jahrhunderts v. Chr. dauerte, behielt das Recht seinen exklusiven Charakter, denn Fremde waren von dem »ius civile«, ausgeschlossen, das *nur für römische Bürger* galt und solche, denen das Bürgerrecht verliehen war. Das Zwölf-Tafel-Gesetz ist allerdings innerhalb der Rechtssphäre nur eine Rechtsquelle neben anderen gewesen, denn es wurde – und das ist bezeichnend für das Anpassungsvermögen der Römer – im Laufe der Zeit ergänzt durch die Recht setzenden *Beschlüsse des Gesamtvolkes*, (populus), die man »leges« nannte; durch Beschlüsse der *Plebs*, die »plebiscita«; durch Beschlüsse des *Senates*, die »senatus consulta« (= SC) und durch die sogenannten »Edicta« des *Praetors* (→ *Ämterlaufbahn*), zu denen dann in der Kaiserzeit als rechtgründende Formen die »Constitutiones«, *Verordnungen des Kaisers*, und die »Responsa iuris prudentium«, die *Rechtsgutachten* bedeutender Iuristen, hinzutraten.

Die Vielfalt und die verschiedenen Arten dieser Rechtsquellen und Rechtsinstanzen sind für uns, die wir im demokratischen System genaugenommen nur eine einzige Rechtsinstanz, das die Gesetze beschließende *Parlament* kennen, auf den ersten Blick verwirrend. Sie gewinnen aber an Durchschaubarkeit, wenn wir bedenken, daß sie längst nicht alle gleichzeitig praktiziert wurden. In der Kaiserzeit war das Zwölf-Tafel-Gesetz nur noch ein antiquarisches Überbleibsel, die »leges« und »plebiscita« verschwanden ebenso, wie die Bedeutung der Senatsbeschlüsse abnahm, als der *Kaiser die Rechtsprechung voll an sich gezogen hatte.* Noch verständlicher wird für uns das sechsfache Nebeneinander der römischen Rechtsquellen, wenn wir zu unseren Gesetzen als Rechtsquellen noch die »Verordnungen« von Regierungsstellen, die »Erlasse« oder »Verfügungen« zählen.

Die »Institutionen« des Gaius. Unsere genauen Kenntnisse über das römische Recht, über die verschiedenen Instanzen und Quellen verdanken wir dem etwa 160 n. Chr. verfaßten Lehrbuch des Juristen *Gaius*, den »Institutiones«, die, erst 1816 von *Niebuhr* in einem Veroneser Palimpsest (abgekratztes, überschriebenes Pergament) entdeckt, für uns heute das einzige fast ganz erhaltene Werk eines römischen Juristen darstellen. In den ersten Paragraphen des ersten der vier Bücher bietet Gaius einen kurzen Überblick über die Quellen des römischen Rechts zu seiner Zeit: »Die Rechtssatzungen des römischen Volkes bestehen aus Gesetzen (›leges‹), Beschlüssen der Plebs (›plebiscita‹), Senatsbeschlüssen (›senatus consulta‹), Verordnungen der Kaiser (›constitutiones‹), Edikten derjenigen, die das Recht besitzen, Edikte zu erlassen und den Rechtsgutachten Rechtskundiger (›responsa prudentium‹): *Gesetz ist*, was das Volk in seiner Gesamtheit befiehlt und festsetzt. *Ein Beschluß der Plebs ist*, was die Plebs befiehlt und festsetzt. Die Plebs aber unterscheidet sich vom Volk dadurch, daß mit dem Namen ›Volk‹ alle Bürger bezeichnet werden, unter Hinzuzählung auch der Patrizier. Mit dem Namen ›Plebs‹ aber werden die übrigen Bürger ohne die Patrizier bezeichnet. Daher erklärten einst die Patrizier, sie würden durch Beschlüsse der Plebs nicht gebunden, weil diese ohne ihre Zustimmung zustandegekommen seien. Später aber wurde die ›Lex Hortensia‹ durchgebracht, die bestimmte, daß die Beschlüsse der Plebs für das Gesamtvolk verbindlich sein sollten. So wurden die ›plebiscita‹ den ›leges‹ gleichgestellt. *Senatsbeschluß* ist, was der Senat befiehlt und festsetzt. Dieser Beschluß besitzt Gesetzeskraft, wenngleich darüber gestritten wurde. Verordnung eines Kaisers ist, was der Kaiser durch *Entscheidung* (›decretum‹), *Bekanntmachung* (›edictum‹) oder durch *schriftlichen Bescheid* (›epistula‹) bestimmt. Es ist niemals bestritten worden, daß diese Verordnungen Gesetzeskraft besitzen, da ja der Kaiser selbst durch Gesetz seine Befehlsgewalt erhält. *Edikte* sind die Rechtsvorschriften derjenigen, die das Recht, Edikte zu erlassen, besitzen. Dieses Recht aber haben die *Beamten* des römischen Volkes. Das größte Recht haben die Edikte der beiden *Praetoren*, des Praetors für die Stadt und des Praetors für die Fremden und gleicherweise die Edikte der *curulischen Aedilen* (→ auch *Ämterlaufbahn*). Rechtsgutachten Rechtskundiger sind Entscheidungen und Meinungen derjenigen, die Rechtssätze aufstellen dürfen« (I, 2–7).

Diese Aufzählung der verschiedenen Rechtsinstanzen ist zugleich ein Spiegelbild der innenpolitischen Entwicklung Roms und lehrt uns, das Recht des römischen Volkes als etwas im Laufe der Zeit Gewachsenes, nicht von Anfang an Vollkommenes zu sehen. Schon in der *Königszeit* lag das Recht, Gesetzen zuzustimmen oder sie abzulehnen, beim Volk, der König brachte nur den Gesetzesantrag ein. Nach der Vertreibung der Könige ging dieses Recht der Antragstellung auf die Consuln und Praetoren als Amtsnachfolger des Königs über, das Volk behielt jedoch weiterhin die Entscheidungsgewalt. Die von ihm verabschiedeten Gesetze waren das gültige Recht, dessen genaue Kenntnis samt der Prozeßformeln und des Verfahrens nur dem Collegium der patrizischen *Priester* bekannt war. Einen *ersten* Erfolg erzielten die Plebeier im Kampf um mehr politische Mitsprache, als sie die Fixierung der Rechtssprüche im Zwölf-Tafel-Gesetz erreichten, einen *zweiten*, als sie als Sonderorganisation von den Patriziern anerkannt wurden, mit dem Recht, eigene Beamte *(Volkstribunen)* zu wählen und Beschlüsse zu fassen, die allerdings nur für die Plebs selbst verbindlich waren. Gesetzeskraft hatten in der Frühzeit des römischen Rechtes also nur die vom Gesamtvolk verabschiedeten »leges«, nicht die »plebiscita«. Diesen Zustand beseitigte erst im Jahr 287 v. Chr. die von *Gaius* erwähnte »lex Hortensia«. Sie bestimmte, daß die »plebis-

cita« genauso Gesetz sein sollten wie die »leges«. Von der Verbindlichkeit her gesehen, bestand bis zur späten Republik kein Unterschied mehr zwischen »leges« und »plebiscita«.

Seit → *Augustus* wurden beide Rechtsquellen immer seltener angewendet und verschwanden im Laufe des 1. Jahrhunderts n. Chr. völlig.

Zeitlich etwa in der Mitte zwischen dem ›Volksrecht‹ und dem ›Kaiserrecht‹ ist das ›Senatsrecht‹ mit den *Senatsbeschlüssen* anzusiedeln. Seit wann diese allerdings *normativen* Charakter erhielten, ist genauso unbekannt wie die bei Gaius angedeutete ›iuristische Kontroverse‹. Kraft seiner »auctoritas«, seines Ansehens, lenkte der Senat wohl schon in der frühen Republik bindend die Magistrate auf politischem Gebiet, ohne daß die Beschlüsse zunächst rechtsverbindlich waren, in der Kaiserzeit aber wurde die Senatszuständigkeit auf den Bereich des Privatrechts eingeschränkt.

Das Fremdenrecht. Als sich im 3. und 2. Jahrhundert v. Chr. Roms Herrschaft und Wirtschaft schnell über den gesamten Mittelmeerraum ausgedehnt hatte, war es unmöglich geworden, die Exklusivität des »ius civile« und den strengen Formalismus der ersten Periode beizubehalten. Der Handel Roms mit fremden Völkern und das Kennenlernen fremdstaatlichen Rechtes bedingte nämlich automatisch eine größere Flexibilität des Rechtswesens, die an der Ergänzung des »ius civile« durch ein »ius gentium« und an der Herausbildung einer neuen Rechtsinstanz, des *Fremdenpraetors* ablesbar wurde. Das »ius gentium«, nicht ein ›Völkerrecht‹ in unserem Sinne, sondern ein ›Fremdenrecht‹, regelte fortan die *Rechtsbeziehungen zwischen römischen Bürgern und Angehörigen anderer nur zum Imperium gehöriger Nationen* oder *zwischen Fremden* untereinander. Da *fremdstaatliches* Recht in Rom nicht anerkannt wurde, oblag es der 242 v. Chr. neu eingesetzten Rechtsinstanz des Fremdenpraetors (»Praetor peregrinus«), nach den Kriterien der Vertragstreue oder der Billigkeit neues Recht zu finden. Wie der »Praetor urbanus«, der weiterhin für die Zivilrechtspflege unter römischen Bürgern zuständig war, übte auch der Fremdenpraetor gesetzgeberische Befugnisse aus. Beide veröffentlichten zu diesem Zweck zu Beginn ihres Amtsjahres auf Holztafeln ein »Edictum«, das die *Prinzipien* enthielt, nach denen sie Recht zu sprechen gedachten, sowie die *Klageformeln*, mit deren Hilfe der Kläger jeweils seinen Anspruch durchsetzen mußte. So entwickelte sich allmählich aus der Rechtsprechung der jährlich wechselnden Praetoren und der Aedilen (die für Marktstreitigkeiten zuständig waren) eine neue Rechtsquelle, das *Amtsrecht* (»ius honorarium«), das im Gegensatz zu dem starren und oft unzureichenden »ius civile« den Erfordernissen der Zeit angepaßt werden konnte.

Recht der Kaiserzeit. Die mit Augustus beginnende Kaiserzeit bedeutete auch für das Recht Roms eine entscheidende Zäsur. Gemessen an der Rechtsentwicklung setzte die »klassische« Periode ein, die bis etwa zur Mitte des 3. Jahrhunderts n. Chr. dauerte und gekennzeichnet war durch den bestimmenden *Einfluß hervorragender Iuristen* und durch die leidenschaftliche Anteilnahme der *Kaiser* an der Rechtsprechung. Gemessen an der Vielfalt der bisherigen Rechtsquellen leitete die Kaiserzeit indes eine *Verarmung* ein, denn ›Volksrecht‹, ›Senatsrecht‹ und ›Amtsrecht‹ wurden immer mehr von den legislativen kaiserlichen Verordnungen zur Bedeutungslosigkeit verurteilt. Gaius unterschied drei Arten von kaiserlichen Verordnungen, die »decreta«, *Entscheidungen*, mit denen der Kaiser kraft seiner Autorität in jedes schwebende Gerichtsverfahren urteilend eingreifen konnte; die »edicta«, *Erlasse*, in denen der Kaiser wie die Praetoren oder Aedilen rechtliche Anordnungen erlassen konnte, und die *schriftlichen Rechtsbescheide*, die »epistulae«, die der Kaiser erstellte, wenn er um Rechtsauskunft angegangen worden war. Daß den kaiserlichen Verordnungen eine so große rechtliche Autorität zugestanden wurde, lag vor allem an den hervorragenden kaiserlichen Juristen, denen → *Augustus* das Recht eingeräumt hatte, »Rechtssätze aufzustellen«, wie Gaius schrieb. Ihre »responsa« besaßen also in der Kaiserzeit im Gegensatz zur Republik, wo sie unverbindlich waren, *Gesetzeskraft* wie die Verordnungen des Kaisers selbst. In republikanischer Zeit waren diese Rechtsgelehrten der »treibende Motor der Entwicklung, der Rechtsanwendung und der Rechtsfortbildung gewesen« (Fuhrmann), nicht nur wegen ihrer umfangreichen fachliterarischen Tätigkeit und der Autorität ihrer parxisbezogenen Gutachten, sondern vor allem wegen ihrer Beratertätigkeit, die sie für die juristisch weitgehend ungeschulten Praetoren und Aedilen ausübten. In der Kaiserzeit nahmen sie diese Funktion für den Kaiser war. Nach der Zeit der großen, klassischen Juristen, eines *Gaius, Pomponius, Papinianus, Paulus* und *Ulpianus* im 2. und 3. Jahrhundert n. Chr. kennen wir in der letzten Periode kaum noch große Namen. Die Bedeutung des Juristenstandes nahm ab, und eine *Vulgarisierung* des Rechts

setzte ein, zumindest im Weströmischen Reich, während in Ostrom die Rechtsentwicklung mit der von Iustinianus veranlaßten Kodifizierung einen letzten Höhepunkt erreichte.

Zivil- und Strafprozeß. Je nachdem, ob Rechte des *einzelnen* verletzt waren oder *Vergehen gegen den Staat* vorlagen, wurde der Rechtsfall in Rom, wie auch bei uns, entweder in einem *Zivil-* oder *Straf-(Kriminal-)prozeß* geklärt. Unser heutiges Zivilprozeßverfahren setzt beim zuständigen Gericht mit der schriftlichen *Klageerhebung* ein, die Kläger, Beklagten, Klagegrund und Klageantrag enthält. Nach Zustellung der Klage an den Beklagten beraumt das Gericht einen *Verhandlungstermin* an, zu dem beide Parteien *Anwälte* hinzuziehen. Nach Verhandlung und Beweisführung entscheidet das Gericht durch ein *Urteil*, gegen das *Berufung* möglich ist. In Rom waren die wichtigsten Elemente des Prozesses gleich: Untersuchung, Beweisführung, Urteil. Der Prozeß war allerdings, anders als heute, in zwei Phasen eingeteilt, in eine *Vorverhandlung beim Praetor*, dem Gerichtsbeamten, und in die *Hauptverhandlung vor einem Laienrichter oder Geschworenen*. »Diese Zweiteilung des *Zivilprozesses* beruht auf der einfachen Erkenntnis, daß sich Rechtsfragen (Zuständigkeit des Praetors) und Tatfragen (Zuständigkeit des Richters) säuberlich voneinander trennen lassen« (Fuhrmann). Nach der Klageerhebung, zu der in Rom der Kläger seinen Gegner persönlich vor den Praetor mitbringen mußte, prüfte dieser nur, ob das Streitobjekt Sache eines Zivilprozesses war und nach welchen Rechtssätzen der Fall entschieden werden sollte. Dann überwies er den Fall in der zweiten Phase an den Richter, auf den sich beide Parteien geeinigt hatten. Vor diesem Richter begann nun nach heutiger Vorstellung der eigentliche Prozeß. Am Termin hielten zuerst der Kläger, dann der Beklagte oder deren Anwälte ihre Plädoyers. Nach freier Aussprache in Frage und Antwort und nach der Beweisaufnahme fällte der Richter das Urteil, gegen das es keine Berufung gab.

Auch der *Strafprozeß* (bei Hochverrat, Überschreiten der Amtsgewalt, Amtserschleichung, Erpressung, Mord, Testamentsfälschung) war in zwei Verfahren aufgegliedert: das *Vorverfahren beim Praetor* und das *Hauptverfahren vor einem öffentlichen Gericht* ebenfalls unter Vorsitz des Praetors, und zwar entweder vor der *Volksversammlung*, wenn die → Hinrichtung in Betracht kam, oder vor den *ständigen Geschworenengerichten* (»Quaestiones perpetuae«), die aus jährlich ausgelosten Senatoren und Rittern gebildet waren. In der Gliederung unterschied sich der römische Strafprozeß nicht von unserem, der in erster Instanz ebenfalls zweigeteilt ist, in ein Vorverfahren, das über Anklage oder Einstellung entscheidet und in das Hauptverfahren mit der Hauptverhandlung. Da es in Rom *keine Staatsanwälte* gab, hatte jeder Bürger, Frauen und Unmündige ausgenommen, das Recht, Klage vor dem Praetor zu erheben. Hielt der Praetor die Anklage für begründet, wurde der Angeklagte zum Verhör geladen. Konnte der Beklagte sich rechtfertigen, war der Prozeß beendet, andernfalls bestimmte der Praetor einen Termin vor der Volksversammlung oder vor dem für den speziellen Fall zuständigen Geschworenengericht.

In der Untersuchung hielten zuerst der Kläger, dann der Angeklagte und dessen Verteidiger ihre Reden. Nach Beweisaufnahme mit Hilfe von Zeugen, Geständnissen und Urkunden erfolgte die Abstimmung über Schuld oder Nichtschuld durch *Abgabe von Stimmtäfelchen* mit den Buchstaben *C* (»condemno« = schuldig) oder aber *A* (»absolvo« = unschuldig). Im Schlußverfahren verkündete der Praetor das Ergebnis der Abstimmung und sprach das Urteil; im Fall einer Verurteilung gab er sofort die Strafe bekannt, bei Geldstrafe die Höhe. *Berufung* gegen das Urteil war *nicht* möglich. Neben Geldstrafen konnte die *Ächtung* ausgesprochen werden, die mit Beschlagnahme des Vermögens und Verlust des Bürgerrechts verbunden war, aber auch die *Todesstrafe*, der sich die Betroffenen meist durch freiwilliges Exil entzogen. (M. F.)

Reisen

Bis weit ins 2. Jahrhundert v. Chr. reisten Römer nur in Gesandtschaften, im militärischen Auftrag und selten zur Erkundung von Handelsmöglichkeiten. Das Reisen zur Erholung, aus Neugier, aus historischem und künstlerischem Interesse nimmt im 1. Jahrhundert stark zu und findet seinen Höhepunkt unter → *Augustus* und seinen Nachfolgern. Die hohe Sicherheit der Land- und Seewege, der Schutz, den ein römischer Bürger im Reich genoß, belebten den Tourismus.

Erholungsreisen. Die drückende Schwüle Roms im Sommer und Frühherbst trieb die Römer in die *Albaner-* und *Sabinerberge* oder ans *Meer*. Begüterte hatten eine oder mehrere *Villen* in fieberfreier Lage; so besaß → *Cicero* außer der in *Tusculum* weitere sieben. Zahlreich waren die

kaiserlichen Villen, von denen es in Tusculum vier gab. Um die Meeresbrise zu genießen, ließ sich *Caligula* ein Prachtschiff mit Säulenhallen, Bädern und Gärten bauen, um damit an der campanischen Küste entlangzufahren. Hauptziele waren die *Golfe von Neapel* und *Sorrent*, an deren Küste die Villen wie Perlenschnüre aufgereiht waren. Die ganz Reichen zogen von Woche zu Woche samt Anhang in eine andere Villa, die stets mit allen Bequemlichkeiten und vielen Kunstwerken ausgestattet war. Seltener wurde die *Ostküste* aufgesucht, doch ließ → *Nero* seine Tante *Domitia* umbringen, um u. a. deren Villa in *Ravenna* zu erhalten.

Wer etwas für seine Gesundheit tun wollte, reiste in → *Bäder*. Das erste Luxusbad der Römer war *Baiä* mit Schwefelbädern (→ *Medizin*), Kurhäusern, Wandelhallen, aber lärmend bis tief in die Nacht, ein der Keuschheit und Nüchternheit äußerst abträglicher Platz. Wer in Ruhe kuren wollte, ging nach *Puteoli* (Pozzuoli), wem die Nerven flatterten, nach *Neapel*.

Bildungsreisen. Alle Römer, die einen griechischen Lehrer gehabt hatten, waren von der überlegenen Kultur der Griechen überzeugt, deren Zeugnisse in Unteritalien und Sizilien häufig besucht wurden. → *Ovid* z. B. absolvierte auf *Sizilien* nicht nur Tempel und Ruinen, sondern auch die Naturwunder wie den Ätna, die Seen von Henna, die Quellen Cyane und Arethusa bei Syrakus, auch einen See, aus dem Schwefel und brodelndes Wasser aufstieg. – Das begehrte Ziel aber war *Griechenland*, die Wiege der Kultur, das trotz gesunkener Größe und Verheerungen in manchen Kriegen verehrt wurde. Selbst grobschlächtige Touristen waren von *Athens* Bildwerken gerührt. Durch → *Hadrian* und die *Antonine* erfuhr die Stadt eine Nachblüte in der »neuen Hadrianstadt«, deren Kern ein Zeustempel mit 104 Säulen zu 17,25 m Höhe war. Der spätere Kaiser → *Septimius Severus* besuchte Athen als Legionslegat »um der Studien, Heiligtümer, Bauten und Altertümer willen«. An zweiter Stelle rangierte *Korinth*, 46 v. Chr. neugegründet, eine rege und reiche Handelsstadt in wunderbarer Lage. Viele besuchten heilungssuchend das *Heiligtum des Äskulap in Epidauros* oder die Stätten in *Olympia*, wo der Feldherr *Aemilius Paullus* 167 v. Chr. beim Anblick der *Zeusstatue des Phidias* im Innersten ergriffen war.

Aus persönlicher Anteilnahme oder zum Nervenkitzel fuhr man zu den verödeten Inseln der *Ägäis*, um dorthin Verbannte zu besuchen. Auf der 88 v. Chr. verwüsteten Insel *Delos* wurde noch

mit ihrem Geschwätz auf die Nerven gingen, an deren Lippen jedoch die ›Bildungsreisenden‹ begierig hingen.

Die Küste *Kleinasiens* besaß die schönsten Städte, an der Spitze *Ephesus* und *Smyrna*, bis diese durch Erdbeben nahezu zerstört wurden. *Smyrna* war wie *Rhodos* dank seiner guten Lehrer Anziehungspunkt für Studierende aus drei Weltteilen. Rhodos, als einzige griechische Stadt von den Kunsträubern → *Neros* verschont geblieben, bot herrliche Tempel und über 3000 Statuen.

Nach der Unterwerfung *Ägyptens* war es schick, in dieses Land zu reisen, das dem Römer wirklich fremd war und weder in Kunst noch Sitten Ähnlichkeit mit der griechisch-römischen Welt aufwies. Da selbst im 3. Jahrhundert keine Änderung in Architektur und Städtebau festzustellen war, fühlte sich der Tourist auf sicherem Boden. Nur in *Alexandria* begegnete ihm die Gegenwart bei Hafen- und Leuchtturmbesichtigung (→ *Handelsschiffahrt*), kontrastierte die rastlos tätige Bevölkerung zum Müßiggängertum in Rom. Wie beliebt die *Nilfahrten* waren, bezeugen die zahlreichen Mosaiken in römischen Villen mit Jagdszenen und Tieren des Nillandes. Auf die Platten der Pyramiden, die bis ins 13. Jahrhundert allseitig belegt waren, ritzten Touristen ihren Namen. Sie besahen wie *Germanicus* den *Koloß des Memnon*, die *Sphinxalleen* und die *Ruinen von Theben*, ließen sich in *Koptos* und *Memphis* das Haar zeigen, das Isis sich aus Schmerz über den Tod des Osiris ausgerissen hatte. Wo die Strapazen größer wurden, versiegte der Touristenstrom; an die *großen Katarakte* kamen nur wenige Römer, an die Porphyrbrüche am *Roten Meer* kein Tourist.

Die Sieben Weltwunder. Dankbar waren viele Touristen, daß durch eine Liste der Sieben Weltwunder, die zwischen 284–220 v. Chr. entstand, geregelt wurde, was ›man‹ unbedingt gesehen haben mußte.

Die Orte liegen alle im ehemaligen Reich *Alexanders des Großen* und sind vermutlich in Alexandria zusammengestellt worden. Die geläufigste Aufstellung umfaßt: die Pyramiden von Gizeh, den Leuchtturm auf der Insel Pharos bei Alexandria, den Koloß von Rhodos (227 v. Chr. durch Erdbeben zerstört), das Mausoleum zu Halikarnassos, das Zeusstandbild des Phidias in Olympia, den Tempel der Artemis zu Ephesus und die hängenden Gärten zu Babylon, wohin aber kaum ein Tourist vordrang; Ersatz war der Altar des Apoll auf dem näher gelegenen Delos. (W. D.)

Reisebecher.
Silbernes Trinkgefäß mit
eingravierten Entfernungsangaben zwischen den
Städten. Thermenmuseum Rom.

die Palme gezeigt, unter der *Apoll* geboren wurde, sowie der Altar, den er als Kind aus Hörnern gebaut hatte. Bei dem hohen Interesse an griechischer Mythologie und Geschichte nahm man die Strapazen einer Fahrt nach *Troja* in Kauf; noch *Caracalla* opferte dort den Manen Achills. Man saß auf den Hafensteinen zu *Salamis*, um wie Telemon den Schiffen nach Aulis nachzublicken, besuchte das *Grab Pindars in Theben*, so wie → *Cicero* das Wohn- und Sterbehaus des *Pythagoras in Metapont*. In den meisten Orten standen bereits Touristenführer bereit, die den Kennern

Religion und Kult

(Siehe auch die Stichwörter → *Gespensterglaube und Zauberei* sowie → *Mythologie*)
Über die wichtigsten Tatsachen der römischen Religion sind wir durch die Tempel, Statuen, Gemälde und zahlreiche Zeugnisse der Literatur gut unterrichtet. Es gibt auch einige Werke, die sich speziell mit der Religion befassen, z. B. → *Ovids* »Fasti«. Allerdings existiert keine antike Gesamtdarstellung: Die römische Religion ist kein geschlossenes theologisches System, vergleichbar mit Christentum oder Islam, sie hat keinen Stifter, kein heiliges Buch; ihre Anfänge liegen im Dunkel der Geschichte. Was wir als römische Religion sehen, das sind teils religiöse Vorstellungen aus uralter, indoeuropäischer Zeit, teils Weiterentwicklungen einer bäuerlichen Fruchtbarkeitsreligion, teils auch Entlehnungen von anderen Völkern, vor allem von den → *Etruskern* und → *Griechen*.

Kennzeichnung der römischen Religion. Die römische Religion kennt fast keine *Mythen* (→ *Mythologie*), damit auch keine Trennung zwischen einer alten, gottnahen Zeit und einer gottfernen Gegenwart. Für den Römer sind die *Götter immer noch gegenwärtig;* alle Bereiche des menschlichen Lebens stehen unter ihrer Macht: Geburt und Tod, Aussaat und Ernte, Krieg und Frieden, Rechtsprechung und Politik. Die dauernde Präsenz des Göttlichen war den Römern bewußt, und sie hielten sich deshalb für das frömmste Volk.
Andererseits gab es für die Römer keinen prinzipiellen Unterschied zwischen dem Verhältnis Gott – Mensch und Familienoberhaupt – Familienmitglied, *Schutzherr* (patronus) – *Schutzbefohlener* (cliens). Das Gefühl der Abhängigkeit, der Verpflichtung, der eigenen Unterlegenheit, die Anerkennung der Überlegenheit des anderen wird in beiden Fällen mit demselben Wort bezeichnet – *pietas.* Die *Beziehung Mensch – Gott* hat auch etwas von einem *Rechtsverhältnis* an sich, wie es zwischen Menschen üblich ist. Und wie bei einem juristischen Vertrag Genauigkeit und Erfüllung auch der kleinsten Vorschrift wichtig sind, darf es gegenüber den Göttern keine Nachlässigkeit geben.
So ist also auch das Wort »Religion« (religio) zu verstehen: Es bedeutet die genaue Einhaltung der religiösen Vorschriften, die »aufgezählt« (relegere) werden, um nichts zu vergessen. Um alles richtig machen zu können, mußte man natürlich den Willen der Götter möglichst genau kennen –

daher der ausgeprägte Glaube auch an *Vorzeichen* in Rom.
Die Aufgabe der Religion und ihr Einfluß auf das öffentliche Leben. Die Religion soll das *gute Einvernehmen* mit den Göttern (pax deorum) sichern; die Götter erkennen dafür aus »pietas« ihre *Verpflichtung den Menschen gegenüber* an und halten ihr Wort (fides). Der römische Rechtsgrundsatz »do ut des« – ich gebe, damit du gibst – ist hier zu erkennen. Es war so verhältnismäßig leicht, mit den Göttern in Harmonie zu leben – vielleicht ein Grund für den Pragmatismus und die Gelassenheit der Römer. Die Götter wachen auch über die Einhaltung der *Normen,* die zwischenmenschliche Beziehungen regeln; ihre Verletzung ist daher immer auch ein religiöser Frevel. Andererseits stellt die römische Religion *keine* ethischen Forderungen. Deshalb können sich Normen in ihrer Ausprägung ändern, ohne daß es zu einem religiösen Konflikt kommt, vorausgesetzt, die Grundlagen wandeln sich nicht: So wachen *die Götter darüber, daß Gerechtigkeit herrscht, was aber Gerechtigkeit im Einzelfall ist, entscheidet der Senat* (durch Verabschiedung eines Gesetzes) *oder der Richter* (durch sein Urteil). Eine politische oder juristische Entwicklung wird durch die Religion nicht verhindert.
Es ist nicht zu verkennen, daß die römische Religion durch ihre Betonung der Genauigkeit und des Formalen zur Erstarrung neigte, so daß sie oft nicht dem Bedürfnis des Menschen entsprach, der nicht langfristig die »pax deorum« sichern wollte, sondern in einem konkreten Fall rasche Hilfe suchte. Deshalb finden wir neben der ›offiziellen‹ Religion ein dauerndes Suchen nach neuen Möglichkeiten der Frömmigkeit.
Geschichtliche Entwicklung der römischen Religion. In der mehr als tausendjährigen Geschichte Roms entwickeln und ändern sich auch die religiösen Vorstellungen. Es ist allerdings zu beobachten, daß Altes nicht durch Neues völlig ersetzt, sondern ergänzt wird. (Näheres zu den einzelnen Göttern → *Mythologie.*)
Die Frühzeit. Die Römer dieser Zeit – zumeist *Bauern* – erkennen in dem für sie unverständlichen Wirken der Natur eine *göttliche Kraft* (numen). Erst im Laufe der Entwicklung werden diese Kräfte einer bestimmten Arbeit oder einem Naturvorgang zugeordnet und erhalten Namen, so schützt z. B. *Consus* das Einbringen der Ernte, *Flora* das Blühen. Daneben gibt es eine Vielzahl von freundlichen oder bösen Geistern. Auch Bäume, Haine oder Steine genießen göttliche Verehrung. Es gibt in dieser Zeit sicher auch

Götter im eigentlichen Sinne, z. B. *Tellus* und *Iupiter*, und auch Zauberei und Magie spielen eine Rolle. Die *kultischen* Handlungen nimmt das Familienoberhaupt vor, Priester und Tempel sind noch unbekannt.

Die Königszeit bis zum Ende der Republik. Unter *etruskischem Einfluß* (→ *Etrusker*) entstehen festumrissene Gottheiten mit bestimmten Aufgaben, so entwickelt sich aus dem alten Donnergott *Iupiter* der Schützer Roms. Die Verehrung der Götter wird geordnet (nach der Sage durch *Numa*), neue Götter kommen nach Rom, z. B. *Venus*, und man baut ihnen *Tempel*. Nach dem Sturz der Könige wächst der griechische Einfluß, auch er führt Götter in Rom ein, so den *griechischen Hermes* als *Mercurius*. In die Zeit der frühen Republik fällt auch der Beginn der Gleichsetzung römischer und griechischer Götter, wobei gleiche Aufgaben zweier Götter den gemeinsamen Bezugspunkt bildeten. Auch *orientalische* Gottheiten dringen bald in Rom ein, teils auf Veranlassung der Behörden (Magna Mater), teils gegen ihren Widerstand (Bacchuskult). Es kommt, verstärkt durch den wachsenden Einfluß der griechischen → *Philosophie*, zu einer regelrechten Krise der alten Religion gegen Ende der Republik.

Die Kaiserzeit. Im Zuge seiner Erneuerung versucht → *Augustus* auch die alte Religion zu beleben. Sie steht aber weitgehend im Dienst der Politik und spricht die Frömmigkeit der Menschen kaum an, die sich immer mehr von *Mysterienreligionen* (→ *Mithras*, Serapis) angezogen fühlen. Auch die *göttliche Verehrung der Kaiser* nach ihrem Tod – in Rom mit Skepsis aufgenommen und nur in den Provinzen von größerer Bedeutung – bleibt an der Oberfläche, ebenso die Versuche, einen *einzigen Reichsgott* (Sol Invictus) einzuführen oder die alte römische Religion wieder zu beleben: Immer mehr Menschen suchen und finden religiöse Erfüllung im → *Christentum*, das sich trotz aller Verfolgungen in Rom durchsetzt.

Priester und Priesterkollegien. Der *pater familias* opfert für die Familie, der *Beamte* für den Staat, während der *Priester* (sacerdos) außer für die Opferhandlungen bei besonderen Anlässen für die regelmäßige kultische Verehrung eines Gottes und die Weitergabe des religiösen Wissens zuständig ist. Priester konnte nach dem 4. Jahrhundert v. Chr. jeder römische Bürger werden (vorher hatten dieses Recht nur die *Patrizier*; → *Soziale Verhältnisse*). Die Einzelpriester und der *Rex sacrorum* werden vom *Pontifex Maximus* (Oberster Priester) ernannt, ebenso die → *Vestalinnen*, ihn selbst wählt die Volksversammlung; die

Priesterkollegien wählen neue Mitglieder selbst.

Die Einzelpriester. Der sogenannte Rex sacrorum übernimmt nach dem Sturz des Königtums die sakralen Aufgaben des Königs. Er ist vor allem Priester des *Ianus*.

Von den so bezeichneten *Flamines* gibt es zwei Gruppen: Die *Flamines Maiores* (Priester des Iupiter, des Mars und des Quirinus) und die *Flamines Minores* (Priester kleinerer Götter, z. B. der Ceres). Die Flamines Maiores sind strengen zeremoniellen Regeln unterworfen, besonders der *Flamen Dialis* (Flamen des Iupiter): Er muß besondere Kleider tragen, darf nicht mit Toten in Berührung kommen; verschiedene Pflanzen und Tiere sind für ihn tabu, er darf nicht reiten und Rom nicht für länger als eine Nacht verlassen.

Die Aufgabe der *Vestalinnen* – es sind sechs – besteht darin, das Feuer im Tempel der *Vesta* zu beaufsichtigen. Sie werden im Alter von etwa zehn Jahren berufen und unterstehen zehn Jahre lang als eine Art Novizin der obersten Vestalin, der *Virgo Vestalis Maxima*. Dann versehen sie zehn Jahre lang den Dienst am Feuer. Wenn sie ihn vernachlässigen und das Feuer erlischt, werden sie ausgepeitscht. Sie sind zur Keuschheit verpflichtet, und eine Verletzung dieses Gebotes führt zu einem grausamen Tod: Sie werden lebendig begraben. Nach weiteren zehn Jahren im Tempel können sie ins bürgerliche Leben zurückkehren und heiraten. Sie genießen hohes Ansehen und haben gewisse Vorrechte, so dürfen sie einen Verbrecher auf dem Weg zu seiner Hinrichtung befreien.

Die Priesterkollegien. Die *Pontifices* (Oberpriester, zunächst zwei, zur Zeit → *Caesars* sechzehn) beraten die Behörden in religiösen Fragen. Dadurch besitzen sie politischen Einfluß, besonders der Vorsitzende, der *Pontifex Maximus*. Sie pflegen den Kult Iupiters, Iunos, Minervas, der Penaten und aller Götter ohne eigene Priester. Außerdem überwachen sie die Durchführung aller anderen Kulte und haben Disziplinargewalt über alle anderen Priester.

Die *Auguren*, ursprünglich drei, später sechzehn, sind nicht Priester eines oder mehrerer Götter, sondern sie erkennen und *deuten* die Zeichen aller Götter. Ihr Einfluß ist sehr groß, da – im privaten und im staatlichen Bereich – vor jedem wichtigen Unternehmen der Wille der Götter erfragt werden muß. – Eine ähnliche Aufgabe haben die *Haruspices*, es sind aber → *Etrusker*, die nicht in Rom leben und nur bei besonders gefährlich erscheinenden Vorzeichen befragt werden.

Die *Quindecemviri sacris faciundis* überwachen die Kulte der nach Rom gebrachten griechischen Götter. Ihre Zahl beträgt zunächst zehn, später fünfzehn (quindecim), schließlich zwanzig. Sie verwahren auch die »Sibyllinischen Bücher« (→ *Seite 374*) und legen sie aus.

Die Sodalitäten. Neben den Priesterkollegien gibt es Vereinigungen (die Mitglieder heißen *sodales*), die *alte Kulte und Riten weiterpflegen*, für die die Staatspriester nicht zuständig sind; aber auch *neue Kulte* werden ihnen übertragen, z. B. die Verehrung der nach ihrem Tode vergöttlichten Kaiser (so gibt es die sodales Augustales, die sodales Claudiales und andere). Wichtige alte sodales sind die *Fetiales*. Sie müssen, falls ein Krieg droht, zu den Feinden ziehen und Genugtuung fordern. Wird sie verweigert, schleudern sie einen Speer in das feindliche Gebiet. Jetzt kann der Krieg offiziell erklärt werden.

Die *Arval-Brüder* (fratres arvales; arvum = Ackerland, Flur) veranstalten im Frühjahr Bittgänge, bei denen sie Mars bitten, die Fluren zu schützen.

Die *Luperci* weihen durch einen Lauf um den *Palatin* (→ *Rom*) diesen Hügel den Göttern, um die Herden vor *Wölfen* (lupi) zu schützen. Auch verschiedene Fruchtbarkeitsriten unterstehen ihnen. (Der Lauf um den Palatin wurde auch dann noch durchgeführt, als der Hügel schon längst ein Teil der Großstadt Rom geworden war.)

Die *Salier* (salire = springen, tanzen) führen im Frühling und Herbst religiöse Tänze auf, besonders zu Ehren des Iupiter und Mars.

Der Kult:

Opfer und Gebete. Sie sind entweder Ausdruck persönlicher Frömmigkeit oder sie werden im Auftrag des Staates durchgeführt. Im zweiten Fall sind die Art des Opfers und der Wortlaut der Gebete genau vorgeschrieben. Geopfert werden Früchte, Wein, Mehl oder Öl, oder man schlachtet ein Tier (Schwein, Schaf, Ochse, Taube), das in Alter und Aussehen bestimmten Vorschriften entsprechen muß. Es ist auch festgelegt, *welcher Gottheit welches Tier* geopfert werden muß. Die *Eingeweide*, besonders Herz, Leber und Milz, *verbrennt* der Opfernde auf dem Altar, das *Fleisch* wird von den Teilnehmern am Opfer *gegessen oder an Arme verschenkt*.

Opfer sind in Rom sehr zahlreich: Der Kult eines jeden Gottes verlangt sie regelmäßig, und jede private oder politische Angelegenheit von einiger Bedeutung beginnt und endet mit einem Opfer. Wichtige Feierlichkeiten, bei denen Opfer im Mittelpunkt stehen, sind folgende:

Die *Lustratio*: Hierbei handelt es sich um ein Opfer, das alle fünf Jahre nach dem *Census* für die ganze Stadt zur Entsühnung durchgeführt wird; auch ein Heer kann so entsühnt werden. Dabei führt der Priester die Opfertiere, ein Schwein (sus), ein Schaf (ovis) und einen Stier (taurus) um die Stadt bzw. das Heer und schlachtet sie dann. Deshalb heißen diese Opfer selbst suovetaurilia.

Die *Supplicatio (supplicare = demütig anflehen)*: Dies ist ursprünglich ein Bitt-, später ein Dankopfer. Während der Feierlichkeiten zieht die erwachsene Bevölkerung mehrere Tage lang zu allen Tempeln Roms und opfert.

Der *»Heilige Frühling«* *(ver sacrum)*: In Notzeiten weiht der *Senat* alle Lebewesen, die im kommenden Frühjahr geboren werden, den Göttern. Die Tiere opfert man dann, die Kinder werden, sobald sie erwachsen sind, als *Kolonisten* ausgeschickt. (Möglicherweise hat man in früher Zeit die Kinder tatsächlich geopfert. Sonst kennt die römische Religion keine Menschenopfer. Die wenigen Fälle, von denen die Überlieferung berichtet, geschahen auf Veranlassung der »Si-

Opferszene.
Der Opfernde zieht die Toga über das Haupt.
Archäologisches Museum
Mailand.

byllinischen Bücher« [→ *Seite 374*], so zuletzt im Jahre 114 v. Chr., als ein Grieche und eine Griechin sowie ein Gallier und eine Gallierin lebendig begraben wurden.)

Feste. Fast jede Gottheit hat ihr eigenes Fest, das mit Prozessionen und Opfern gefeiert wird. Am bekanntesten sind die → *Saturnalien*, am 17. Dezember zu Ehren des Saturn gefeiert: Man vergnügt sich bei reichlichem Essen und Trinken; Verwandte und Freunde erhalten kleine Geschenke, ja – Herr und Sklave tauschen ihre Rollen. Dieses Fest ist das beliebteste in Rom und dauert schließlich statt einen Tag ganze sieben. Zu vielen Festen gehören auch Spiele, d. h. sportliche Wettkämpfe, z. B. Pferderennen, manchmal auch szenische Darbietungen. Allerdings überwiegt im Laufe der Zeit die Unterhaltung, besonders wenn die Spiele nicht im Zusammenhang mit einem Götterfest, sondern von Beamten veranstaltet werden. Auch die → *Gladiatoren*-Spiele machen diese Wandlung durch: Sie stammen von den → *Etruskern*, und es handelt sich wahrscheinlich ursprünglich um Menschenopfer, wie sie in alter Zeit beim Tod eines Menschen üblich waren. In Rom finden wir sie zunächst bei Begräbnisfeiern, erst später dienen sie der Sensationslust der Massen (→ *Gladiatoren*, → *Amphitheater*).

Marmorrelief mit Szene aus einer Mysterienfeier. Palazzo Borghese Rom.

Eine sehr altertümliche Art von Fest ist das *Lectisternium*: Götterstatuen ruhen paarweise auf einem Lager (lectus) und bekommen ein Mahl vorgesetzt. Die Götterpaare sind Iupiter und Iuno, Neptun und Minerva, Mars und Venus, Apollo und Venus, Volcanus und Vesta, Mercur und Ceres.

Vorzeichen und ihre Deutung:
Immer will der Mensch die Zukunft kennen, in Rom ist es aber, von dieser Neugierde abgesehen, besonders wichtig, den Willen der Götter zu kennen, denn nur so können der Einzelne und das ganze Volk im *Einklang mit den Göttern leben*. Es kommt deshalb darauf an, den Willen der Götter, der sich in Zeichen kundtut, zunächst als Willensäußerung zu erkennen und dann richtig zu deuten.

Augurium und *auspicium*: Wenn die politische Führung in einem bestimmten Fall die Meinung der Götter wissen will, rufen die *Auguren*, die priesterlichen Ausdeuter, *Iupiter* an und warten auf ein Zeichen. Diese Beobachtung heißt *augurium* (wahrscheinlich zu augere = mehren gehörig). Die Willensäußerung Iupiters lesen sie aus dem *Flug bestimmter Vögel* (Geier, Adler; avis: Vogel; auspicium: die Wurzel spec-/spic- bedeutet beobachten) oder aus dem *Rufen von Raben*. Der Augur beobachtet dabei ein *abgegrenztes Feld am Himmel*, das *Templum* (contemplari = beobachten). Auch *heilige Hühner* können Zeichen vermitteln: Je gieriger sie fressen, desto günstiger das Zeichen. Außerdem achten die Auguren auch auf andere *Erscheinungen*, die Iupiters Willen deutlich machen, besonders *Blitz und Donner*, die als direkte Äußerung Iupiters gelten und, wenn sie ungünstig sind, z. B. zum Abbruch einer Senatssitzung führen können. Auch wenn erst nach der Sitzung oder nach einer Volksversammlung ein ungünstiges Zeichen gemeldet wird, das jemand während der Sitzung gesehen hat, muß es berücksichtigt werden: Ein beschlossenes Gesetz oder eine Wahl sind dann ungültig.

Prodigium: Merkwürdige oder *unheimliche Erscheinungen und Ereignisse*, die offensichtlich göttlicher Herkunft sind, z. B. Mißgeburten oder Erdbeben, heißen prodigium (oder ostentum, portentum, monstrum, miraculum). Wenn sie nicht in den Bereich der Auguren fallen oder wenn sie besonders schlimm sind, überträgt man ihre Deutung den *Haruspices*, die aus der Leber der Opfertiere den Willen der Götter, ja sogar die Zukunft deuten können.

Die *»Sibyllinischen Bücher«* (libri Sibyllini): Nach der Sage hatte *Tarquinius Superbus* (→ *Königtum*) diese Bücher – griechisch geschriebene Kultvorschriften – von einer alten Frau gekauft, die angeblich die *Sibylle von Cumae* war (Sibyllen – die Antike kennt zehn – sind Frauen, die ein Gott in Ekstase versetzt und denen er dann die Zukunft bekannt gibt). In einer schwierigen Lage suchen die *Quindecemviri* (→ *Seite 371*) auf Befehl des Senats in den Büchern eine Stelle, die auf die Situation zutrifft, und legen sie aus. Die Bücher können die Einführung eines neuen Gottes, besondere Opfer, auch Menschenopfer, oder Sühnemaßnahmen verlangen.

Omina: Im privaten Bereich spielen viele Zeichen eine Rolle, die zunächst unbedeutend erscheinen, bei richtiger Ausdeutung aber wichtige Hinweise auf spätere Ereignisse geben können. Ein solches Zeichen – der Römer nennt es *omen* – ist z. B. das *Niesen* (günstig) oder das *Stolpern* (ungünstig). Von großer Bedeutung im Alltag sind auch *Lose* oder *Träume*, die ebenfalls die Zukunft zeigen können.

Vorzeichen, Religion und Aberglaube: Die römische Religion schreibt dem Menschen sein religiöses Verhalten auch im privaten Bereich vor, sie unterstellt *Raum* (→ *Tempel*) und *Zeit* (→ *Kalender*) den Göttern, und sie verlangt die minutiöse Beachtung aller Zeichen. Aus diesem Gefühl der dauernden Abhängigkeit entwickelt sich der *Aberglaube* (superstitio), den die Religion zwar ablehnt (als »Angst vor den Göttern«), der aber das Leben immer mehr bestimmt. Da gar niemand alles beachten kann, was entscheidend sein mag, versucht man sich durch *Zauber* (als »Zwang gegenüber den Göttern« ebenfalls verpönt), durch *Talismane, Amulette* usw. zu schützen oder verläßt sich auf die *Astrologie*. Zwar gibt es Aberglauben und Zauberei von jeher, und ihr Einfluß war immer groß, wie literarische Zeugnisse und Funde beweisen, sie waren jedoch in die Religion eingebettet. Aber mit dem Niedergang des alten Götterglaubens, etwa ab dem 1. Jahrhundert v. Chr., werden sie übermächtig und nehmen fast den Charakter einer Ersatzreligion an. (G. St.)

Rhetorik

In der Antike gab es verschiedenste Definitionen der Rhetorik. Im wesentlichen erscheinen drei konstituierende Merkmale immer wieder:

1. Rhetorik als *Überredungskunst:* sie ist Ausdruck des Optimismus der Antike, die glaubte, mit dem gesprochenen Wort »pragmatische« Wirkung erzielen zu können;

2. Rhetorik als *Kunst:* Die Auffassung, daß das gesprochene Wort ganz besonders dann wirkt, wenn es überlegt eingesetzt, treffend und »schön« ist;

3. Rhetorik als lern- und machbare *handwerkliche Fertigkeit*.

Die erste Auffassung kann zu Skrupellosigkeit im Einsatz rhetorischer Mittel führen, die zweite bloßes formales Wortgeklingel bewirken, die dritte kann in Sterilität und Stagnation abflachen. Diese Gefahren waren schon den Griechen bekannt; sie sollten auch in der Geschichte der römischen Rhetorik sichtbar werden.

Die Rhetorik der römischen Republik bis auf Cicero. In Rom gab es eine lange Tradition öffentlicher Rede, der republikanischen Staatsverfassung entsprechend. Ihre Grundformen waren die *politische Rede* und die *Leichenrede* (→ *Bestattung*), weniger zunächst die *Gerichtsrede*. Die Leichenrede feiert den Verstorbenen als seines

Geschlechts und des römischen Volks würdig und begegnet uns schon im 5. vorchristlichen Jahrhundert. Die politische »beratende« Rede ist zuerst im frühen 3. Jahrhundert v. Chr. nachweisbar.

Der erste Römer, der seine Reden veröffentlichte und damit zur ›Literatur‹ machte, war → Cato Censorius zu Beginn des 2. Jahrhunderts v. Chr. Für seine angeblich 150 Reden – nur Bruchstücke sind erhalten – ist wohl das Stilideal der *lapidaren Einfachheit* anzunehmen, das sich in seinem Satz »rem tene, verba sequentur« manifestiert (»behalte die Sache im Auge, die Worte stellen sich dann von selber ein«).

Die Rhetorik war also bei den Römern vorwiegend *praktische* Redekunst, als sie in der 1. Hälfte des 2. Jahrhunderts v. Chr. mit der hochentwickelten *griechischen Theorie* Bekanntschaft machte. Die Rezeption des Systems der griechischen Rhetorik

»Der Redner«. Etruskische Bronzeplastik, 1. Jh. v. Chr. Gut erkennbar der Sitz der Toga über der ärmellosen Tunica. Florenz.

vollzog sich nicht bruchlos: 161 v. Chr. wurden die griechischen Rhetoriklehrer aus Rom ausgewiesen. Wenn man Catos Definition des Redners als »vir bonus dicendi peritus« (»ein guter Mann – des Redens kundig«) zugrundelegt, waren die griechischen Redner den Römern vielleicht zu wenig schlicht und zu bedenkenlos in der Wahl ihrer rhetorischen Mittel. Neben Cato sind im 2. Jahrhundert v. Chr. für uns nur wenige Gestalten greifbar. Glänzende Redner waren die beiden → *Gracchen*, vor allem *Gaius G.*, berühmt für seine leidenschaftliche Sprache. Das Pathos seiner Rede habe sogar seine Feinde zu Tränen gerührt. Zwei andere bekannte Redner der Zeit unmittelbar vor Cicero waren *Licinius Crassus*, ein Meister des Witzes, und *Antonius Rufus*, der die Wirkung seiner Rede vor allem auf der Gestik aufbaute und deshalb seine eigenen Reden nicht veröffentlichte. Unmittelbarer Zeitgenosse von Cicero und nur wenig älter war schließlich *Hortensius Hortalus*, der Cicero im Prozeß gegen *Verres* unterlag.

Insgesamt führte die Entwicklung der römischen Redekunst von Cato bis Cicero zu immer größerer sprachlich-stilistischer Glätte, zu größerer Kunstfertigkeit und Raffinesse. Dies dürfte dem allmählich dominierenden Einfluß der griechischen Rhetorenschulen zuzuschreiben sein. 92 v. Chr. wurde zwar noch einmal ein Edikt gegen die Rhetoren erlassen, weil »junge Männer bei ihnen ganze Tage im Müßiggang zubringen«, doch es half wenig. Die Jugend schien fasziniert von den Möglichkeiten, mittels rhetorischer Kunstgriffe Wirkungen zu erzielen. So erschien schon zur Zeit des → *Marius* das erste erhaltene *rhetorische Handbuch* eines unbekannten Autors, die Rhetorik »Ad Herennium« – Zeichen für die Stellung, die sich die theoretische Rhetorik griechischer Provenienz in Rom erworben hatte. »Ad Herennium« ist ein Kompendium, das ein vereinfachtes theoretisches System wiedergibt, so wie es der durchschnittliche Rhetor in Rom lehrte: ein nüchternes Lehrbuch, trocken, streng gegliedert, ohne jeden rhetorischen Aufputz.

→ **Cicero.** Fast gleichzeitig mit der Rhetorik »Ad Herennium« entstand Ciceros Jugendschrift »De inventione« (»Über die Stoff-Findung«), die weniger schematisch angelegt ist und größere Selbständigkeit erkennen läßt. Wichtiger noch sind die rhetorischen Schriften des reifen Cicero, hauptsächlich: »De oratore« (»Vom Redner«), »Brutus« und »Orator«. Sie sind nicht systematisch, sondern locker in Form und Komposition angelegt. »De oratore« ist ein Dialog über die

Redekunst allgemein; »Brutus« enthält eine Geschichte der römischen Redekunst, und »Orator« beschreibt den vollkommenen Redner. Sosehr Ciceros Werk auch auf griechischen Quellen fußt, so reichert er es doch stets mit eigener Erfahrung, mit Lektüre und mit Reflexion an, so daß die griechischen Elemente mit der römischen Tradition zu einer neuen Einheit verschmelzen, die noch durch die Eleganz der stilistischen Kunst des Autors verstärkt wird. Kern seiner Auffassung und Ideal Ciceros ist die *Synthese von Philosoph und Redner:* der *gebildete* Redner ist der beste. Während die vor Cicero lebenden Rhetoriker sich mit formaler Vervollkommnung zufriedengaben, leistete er die *philosophische Vertiefung,* die zum *Ideal des universal gebildeten Redners* führte. Aus seiner Sicht muß der Redner neben der Philosophie auch auf den Gebieten der Geschichte, des Rechts und der Literatur zu Hause sein, wie auch Cicero selber sich in seinen Reden immer wieder als ein so Gebildeter zu erkennen gibt.

Weiter verlangt Cicero vom Redner, er müsse souverän über die Emotionen seiner Zuhörer verfügen; denn es gehörte zu den Grundlagen antiker Rhetorik, daß der Redner nicht nur durch sachliche Argumentation überzeugen, sondern auch durch *Pathos und Ethos bewegen und rühren* wollte. Voraussetzung war für Cicero allerdings, daß der Redner selbst die *Affekte echt empfinde,* die er beim Zuhörer hervorrufen wolle. In der Tat scheint Ciceros Fähigkeit, seine Zuhörer zu erschüttern, mit darauf zurückzuführen zu sein, daß er selbst von seinen Empfindungen mitgerissen wurde, wenn er sie in Worte faßte. Nach einer Sterbeszene, die er in einer Rede schilderte, mußte er sich kurz unterbrechen, ehe er sich wieder gefangen hatte.

Ein weiteres Mittel, über das der Redner verfügen müsse, sei der *Witz.* Auch darin war Cicero selbst Meister.

Neben diesen Möglichkeiten der Beeinflussung der Hörer stehen natürlich auch für Cicero die *stilistischen.* Vor allem der Einsatz des »Redeschmucks« dient diesem Zweck: damit vermag man am meisten zu faszinieren. Cicero schuf durch äußerst wirkungsvoll komponierte Sätze in harmonisch ausgewogenen Perioden Muster klassischer lateinischer Prosa. Auch hier legte er aber Wert darauf, daß der Redeschmuck nicht bloße rhetorische Form war, sondern dem Redner half, etwas deutlicher zum Ausdruck zu bringen. Die philosophisch fundierte Rhetorik durfte nicht zur bloßen formalen Kunstfertigkeit werden.

Alle diese theoretischen Überlegungen finden sich in den Reden Ciceros angewendet. Viele von ihnen sind erhalten geblieben, und zwar sowohl Gerichtsreden – er war Advokat – als auch politische Reden vor Senat und Volksversammlung. Die bekanntesten sind die *Reden gegen Verres,* einen korrupten Provinzstatthalter, gegen → *Catilina,* dessen Putsch Cicero aufdeckte, und die »philippischen« gegen *Antonius.*

Rhetorik der Kaiserzeit. Mit Ciceros Tod endet die große Tradition der römischen Rede. Cicero wird bald zum Ideal, an dem man sich orientiert, zur Autorität. Die Hauptursache für den jetzt einsetzenden Verfallsprozeß der ›angewandten‹ Rhetorik sind die politischen Veränderungen: die Monarchie verringerte die Bedeutung der Rhetorik für das öffentliche Leben; die relativ ruhigen Zeitläufe unter dem Prinzipat boten wenig Stoff für große Auseinandersetzungen; die zunehmende Abhängigkeit vom Kaiser führte zur Vorsicht bei allen öffentlichen Äußerungen; der Opportunismus, der sich breitmachte, empfahl Schweigen statt Reden. Nüchtern und scharf diagnostiziert *Tacitus* (→ *Geschichtsschreibung*) in seinem »Dialogus de oratoribus« um 100 n. Chr. die Tatsache des Verfalls der Redekunst und ihre Ursachen.

Das Hauptgewicht der Rhetorik verlagerte sich nun vom öffentlichen Leben in die Schulstube, ins unverbindliche und ungefährliche Spiel. An die Stelle der Rede trat die *Deklamation,* d. h. die mit allen rhetorischen Finessen aufgeputzte Darbietung eines fiktiven Schulthemas vor einem größeren Publikum. Der Besuch solcher deklamatorischer ›Shows‹ bildete bald den Zeitvertreib der gebildeten Schichten; → *Augustus* war häufiger Zuhörer, → *Nero* deklamierte gar selbst. Die Aufmerksamkeit richtete sich dabei einzig und allein auf die formale Behandlung der oft schon bekannten Themen, die meist geschichtliche Ereignisse, oft aber auch phantasievoll konstruierte Fragestellungen zum Gegenstand hatten.

Die fingierten Schulreden beratender Art nannte man *Suasoriae,* die fingierten Gerichtsreden *Controversiae.* Suasorien waren also »Etüden« im Überreden, Controversien solche im Anklagen und Verteidigen. Je ein Beispiel aus der Sammlung des Rhetors *Seneca* zeigt die Lebensferne solcher Themen: »Cicero, von den Häschern des Antonius gestellt, kann sein Leben dadurch retten, daß er alle seine Bücher verbrennt«. Die Suasorie hatte nun Cicero zu einer der zwei Möglichkeiten zu raten.

Ein bekanntes Beispiel für eine Controversia:

Ludiones, Straßenkomödianten, die, aus der Provinz kommend, in kleinen Gruppen auf den Straßen und Plätzen Roms ihre Spiele vorführten, fanden den Beifall der ursprünglich wenig verwöhnten Römer. Die oft derben Szenen aus dem Alltagsleben, die Tänze und Musikdarbietungen entsprachen dem Geschmack eines großen Publikums. Mosaik, 3. Jh. v. Chr. Villa de Cicero Pompeii.

Streng geometrisch-ornamental aufgefaßtes, zweifarbiges Zentralmosaik in den römischen Thermen von Ampurias in Nordostspanien (Katalonien), der seit 217 v. Chr. in Rom eingerichteten Provinz Hispania Tarraconensis. Emporiae, 1. Jh. v. Chr., Costa Brava, Provinz Gerona.

»Das Gesetz bestimmt, daß im Fall einer Vergewaltigung die Frau entweder den Tod ihres Verführers oder ihre Heirat ohne Mitgift fordern kann. Ein Mann vergewaltigte zwei Frauen in einer Nacht. Die eine verlangte seinen Tod, die andere die Heirat.« Dieser juristische ›Streitfall‹ war nun kontrovers zu behandeln. Typische Themen waren im übrigen Ehebruch, Enterbung, Schiffbruch, Brandstifung u. ä. Es konnte durchaus vorkommen, daß diese beifall- und effekthaschenden ›Konzertredner‹ nacheinander beide Lösungen eines solchen Streitfalls zum Ergötzen des Publikums vorführten.

Auf diesem Hintergrund verfaßte im 1. Jahrhundert der Rhetoriklehrer und Anwalt *Quintilian* noch einmal ein großes, mehrbändiges Lehrbuch der Redekunst, die »Institutio oratoria«. Erstellt auf der Grundlage vorhandener Handbücher und ganz der Autorität Ciceros verpflichtet, hebt dieses Werk sich von einer bloßen Regelsammlung wohltuend dadurch ab, daß Quintilian *Urteilsvermögen* und *gesunden Menschenverstand* des Redners als wichtige Instanzen gelten läßt, auch in stilistischen Fragen. Der Redner soll sich zwar in der Theorie auskennen – das ist selbstverständlich –, aber er muß vor allem belesen sein: Buch X des Werkes bringt deshalb einen kritischen Abriß der griechischen und römischen Literatur. Und schließlich muß der Redner bei Quintilian *guten Charakter* haben, »denn nur der gute Mensch kann gut reden«. Hier schimmert noch einmal die Definition Catos vom Redner durch, Zeichen der konservativen Grundhaltung Quintilians. Andererseits war er wohl nicht souverän genug, das Übel an der Wurzel zu packen: so bezog er z. B. nur gegen gewisse Auswüchse, nicht aber gegen die Deklamationen an sich Stellung.

Gingen nun die »beratende« politische Rede und die frühere Gerichtsrede ganz im Schulbetrieb unter, so erfuhr die dritte Art jetzt eine zeittypische Wiederbelebung: Die *Lobrede* der republikanischen Zeit erscheint jetzt wieder in Form des *Panegyricus*, d. h. der *Preisrede auf den Kaiser*. Der erste erhaltene Panegyricus ist der des jüngeren → *Plinius* auf Kaiser *Traian* aus dem Jahr 100. Diese Rede eröffnet eine Sammlung von zwölf blumenreichen und schwülstigen Panegyrici aus dem 4. Jahrhundert, auch wenn sie selber noch nicht ganz den Typ der späteren *Prunkrede* repräsentiert.

Meister dieser panegyrischen Rede war *Cornelius Fronto* (2. Jahrhundert), der gefeiertste Redner seiner Zeit. Er versuchte, den jungen → *Marc*

Aurel zum vollkommenen Redner, wie er ihn verstand, zu erziehen. Dabei legte er größten Wert auf schönen Stil; Inhalte und Themen waren Nebensache. Die Rhetorik hatte weitgehend die Verbindung zu den Fragen der Zeit verloren. Marc Aurel wandte sich von dieser manierierten Auffassung Frontos ab und der Philosophie zu. So ist es kein Wunder, daß die Rhetorik immer mehr zur Bedeutungslosigkeit absank; man war zufrieden damit, das überlieferte formale System zu variieren und im übrigen zu tradieren. Neues wurde nicht mehr geschaffen. Auch war Rom bald nicht mehr der einzige Mittelpunkt des geistigen Lebens. In den romanisierten Provinzen wurde die Rhetorik intensiv gepflegt; sehr viele berühmte Rhetoren der folgenden Jahrhunderte waren *Gallier* (z. B. *Ausonius*) oder *Afrikaner* (z. B. *Apuleius*), allesamt gebildete Männer, aber bei aller Gelehrsamkeit steril. Die Einbrüche der Völkerwanderungszeit brachten dann auch das verfeinerte Gebäude der Rhetorik zum Einsturz.

System der Rhetorik. Die Römer übernahmen das von den Griechen entwickelte, bis ins kleinste Detail ausgeklügelte System der Rhetorik, das großenteils auf *Aristoteles* zurückgeht. Danach unterschied man grundsätzlich drei *genera dicendi* (Arten der Rede): die *Gerichtsrede* (genus iudiciale), die Anklage und Verteidigung umfaßte; die *beratende Rede* (genus deliberativum), die bestimmtes Vorgehen in politischen Versammlungen empfahl; und die *Gelegenheitsrede* (genus demonstrativum), die Lob und Tadel bei bestimmten feierlichen Anlässen zum Ausdruck brachte.

Für die Ausarbeitung der Rede gab es – bei aller gattungsbedingten Verschiedenheit – eine genau vorgeschriebene *Abfolge von fünf Arbeitsgängen*, den »officia oratoris« (Pflichten des Redners). Zunächst mußte der Redner in der *inventio* (»Erfindung«) die Hauptgesichtspunkte seiner Rede herausfinden, also das entscheidende Material sammeln und bereitstellen. Danach war der Stoff zu gliedern und sinnvoll zu ordnen; das geschah in der *dispositio* (»Anordnung«). Nun konnte der Redner freilich nicht eine Gliederung nach seinem Gutdünken wählen, sondern der große Rahmen einer Rede war schon innerhalb der Vorschriften für die »inventio« durch die Lehre von den Teilen einer Rede festgelegt. Diese Redeteile waren z. B. bei der *Gerichtsrede:* a) *exordium* (Einleitung); in ihr sollten Interesse und Wohlwollen der Zuhörer auf verschiedene Weise gewonnen werden; b) die *narratio* (Darstellung der Tatbestände), ebenfalls mit bis ins kleinste reichenden Vorschriften. Der dritte Redeteil war c) die *divisio* oder *partitio* (Feststellung der Streitpunkte), der vierte d) die *confirmatio*, die Darlegung der Beweisgründe. Dieser zentrale Teil wurde nochmals mehrfach untergliedert in der sogenannten Stasis-Lehre; daran schloß sich e) die *confutatio* (die Widerlegung der Beweisgründe des Gegners) und schließlich f) die *conclusio*, der Epilog. Allein für eine ganz bestimmte Möglichkeit des Schlusses, den Appell an das Mitleid, waren 16 verschiedene Formen geläufig. Anhand dieses sechsteiligen Schemas vollzog sich also die Auffindung der Hauptgesichtspunkte, während es in der »dispositio« um wirkungsvolle Anordnung des Stoffes innerhalb des oben gesteckten Rahmens ging; so konnte der Redner die stärksten Argumente jeweils an den Anfang oder an den Schluß plazieren, oder er hatte den Gesichtspunkt genügender Abwechslung zu berücksichtigen u. a. m.

Auf »inventio« und »dispositio« folgte ein besonders wichtiger Arbeitsgang, die *elocutio* (»Formulierung«). Darunter verstand man die stilistische und sprachliche Durchformung des gegliederten Rohmaterials. Dabei hatte der Redner zunächst zu überlegen, in welcher *Stilart* (»genus elocutionis«) seine Rede oder ihre Teile abzufassen waren. Grundsätzlich gab es je nach Stoff und Redezweck drei solcher Stilarten: das »genus subtile«, den *schlichten*, das »genus medium«, den *mittleren*, und das »genus grande«, den *erhabenen* Stil. Sie waren grundsätzlich den Redezwecken zugeordnet: mit dem »genus subtile« konnte man belehren (docere), mit dem »genus medium« ergötzen (delectare) und mit dem »genus grande« Rührung hervorrufen (movere). Außerdem hatte man in jedem Fall auf die *Stilqualitäten* (virtutes dicendi) zu achten, wie z. B. auf sprachliche Richtigkeit (latinitas), Deutlichkeit (perspicuitas), Angemessenheit des Audrucks (aptum) oder Abwechslung in der Wortwahl (variatio).

Die sprachliche Ausarbeitung im einzelnen umfaßte den eigentlichen Redeschmuck (ornatus) durch Tropen und Figuren.

Mit dem griechischen Wort *Trope* bezeichnete man den Redeschmuck, der das einzelne Wort verändert und verfremdet: Dazu gehören z. B. die *Metapher* (translatio), d. h. die Verwendung einer übertragenen Bezeichnung für etwas (z. B. »Hase« statt Feigling); die *Allegorie* (»Staatsschiff« statt Staat); die *Personifikation;* die *Übertreibung;* die *Ironie* (als Benennung einer Sache mit ihrem Gegenteil) usw.

Unter *Figuren* verstand man – noch zusätzlich aufgegliedert in Rede- und Gedankenfiguren – den Schmuck der Rede, der sich auf mehrere Wörter oder ganze Sätze bezieht. Wichtige Figuren sind z. B.: die *rhetorische Frage*, d. h. die in Frageform verkleidete Behauptung; die *Alliteration* (z. B. im Deutschen »mit *M*ann und *M*aus«); die *Anapher*, d. h. die Wiederholung gleicher Wörter an syntaktisch gleicher Stelle (»Hic Rhodus, hic salta«); die *Antithese,* schließlich das *Zeugma*, die Verbindung mehrerer Substantive mit einem Verbum, das nur zu dem einen von ihnen paßt (»Er nahm sich eine Frau und bald darauf das Leben«).

Besonderes Augenmerk war auch noch der *Rhythmisierung* und *Periodisierung* der Sätze zuzuwenden. Man spricht daher von »rhythmischer Prosa«, die durch Ausgewogenheit und Harmonie der einzelnen Teile eines Satzes charakterisiert ist. Ihr Rhythmus sollte dem der Dichtung ähnlich sein, jedoch nicht gleichen. Ihren Höhepunkt fand diese Art Kunstprosa bei → *Cicero*, der vor allem bei den Satzschlüssen auf eine geregelte Abfolge von langen und kurzen Silben achtete, die sogenannten *Klauseln*, die freilich keine Vers-Takte sein durften. Diese Grenzüberschreitung zur Poesie war nicht erlaubt. Wie sehr das Publikum geschult war, auf solche Feinheiten zu achten, zeigt eine Äußerung Ciceros: »Ich habe oft bemerkt, daß eine öffentliche Versammlung bei einem rhythmischen Satzende in Schreie (der Begeisterung) ausbrach.«

Die der Elocutio folgenden beiden letzten Arbeitsphasen lassen sich kurz abhandeln. Auf die Ausformung folgte das *Auswendiglernen* (memoria) der Rede, auf das größter Wert gelegt wurde. Es mußte nicht notwendig ein Lernen des Wortlauts sein; auch die Abfolge der Gedanken fest im Kopf zu haben, genügte schon vollauf. Als letzter Arbeitsgang schloß sich der *Vortrag* selber an; er hieß *actio* oder *pronuntiatio*. Dieser Vortrag war tatsächlich oft eine Vorführung, bei der man mit Stimme, Mimik, Gestik und Körperhaltung Wirkung zu erzielen versuchte. Nach Cicero hat der Redner z. B. bei einer bestimmten erregten Redesituation den Arm schnell nach vorn zu stoßen, mit dem Fuß aufzustampfen, hin- und herzugehen und sich auf die Schenkel oder an den Kopf zu schlagen.

Die Fertigkeit, eine Rede zu verfassen, nannte man insgesamt »ars« (Rede-Kunst). Sie basierte auf »natura« und »doctrina« (Unterweisung) und mußte ständig durch »exercitatio« (Training) verbessert werden, »durch Schreiben . . ., Lesen . . ., Reden«, wie Quintilian sagt.

Bedeutung der Rhetorik. Der Rhetorik verdankt die lateinische Sprache ihre staunenswerte Entwicklung zu einem hohen Grad von Elastizität und Gewandtheit ebenso wie zu Reinheit und Zucht, die dem frühen Latein noch fremd waren. Statt des schlichten Schreibens lernt man in Rom nun angemessen und auf bestimmtem sprachlichem Niveau zu formulieren, mag das auch zu Lasten von Lebendigkeit und sprachlicher Spontaneität gehen.

Nach und nach drückte damit die Rhetorik auch der Literatur insgesamt ihren Stempel auf, wie z. B. in der → *Geschichtsschreibung*. Sie verwischte die Grenzen zwischen Poesie und Prosa und betonte die Kunst der Komposition usw. Man kann zu Recht von einer ›Rhetorisierung‹ der römischen Literatur sprechen, besonders in der Kaiserzeit. Ebenso dominierend ist der Einfluß der Rhetorik und des Schulbetriebs auf die Erziehung überhaupt.

Das römische *Erziehungssystem* stand auf zwei Säulen: auf der Lehre der Grammatik und Rhetorik. Der Unterricht in der Rhetorenschule löste die ursprüngliche Unterweisung durch die *imitatio* (Nachahmung) eines persönlichen Vorbilds ab und ergänzte bzw. ersetzte sie durch die Vermittlung von technischem Können (ars) und Training (exercitatio). Da sich das alles nicht ohne Inhalte vollziehen konnte, wurde die Rhetorenschule auch zur Vermittlerin von relevanten Stoffen. Der Schüler lernte einen schon bald kanonisierten (anerkannten) Kreis von Muster-Autoren und Muster-Texten kennen, beschäftigte sich mit deren Stil und Sprache, paraphrasierte sie, verfaßte Deklamationen über ihre Themen usw. Das führte zu einer relativ einheitlichen Bildung, freilich mit der Gefahr der geistigen Nivellierung und sprachlichen Verarmung; andererseits ergab sich aber die Möglichkeit, sich auf diesem allgemein bekannten Bildungsplateau einigermaßen sicher zu bewegen. Die Rhetorik vermittelte also nicht nur formale Bildung ›feinsten Schliffs‹, sondern auch einen Fundus von mehr oder weniger allgemeinverbindlichen Texten. Darin liegt ihre pädagogische Bedeutung.

Von der Erstarrung, die im Lauf der Kaiserzeit die Rhetorik ergriff, blieb freilich der Schulbetrieb am allerwenigsten verschont; die unter *Quintilians* Namen gehenden »Declamationes maiores« und »Declamationes minores« vermitteln davon ein ebenso beredtes Bild wie die zahlreichen Lehrbücher der spätrömischen Rhetoren.

Es liegt in der Konsequenz dieser Tendenzen, wenn *Martianus Capella* (5. Jahrhundert) die Unterrichtsgegenstände systematisiert und das Gebäude der sieben *artes liberales* (Schulfächer für den freien Mann) errichtet. Ein Lehrgebäude, das, aufgegliedert in *trivium* (mit Grammatik, Rhetorik, Dialektik) und *quadrivium* (mit Geometrie, Arithmetik, Astronomie, Musik), auch für das Mittelalter verbindlich blieb. (G. M.)

Rom

Sieben Hügel bestimmen das Bild Roms. Mögen durch die Beschränkung auf diese magische Zahl auch einige kleinere kaum beachtet werden, so sind Entstehung und Geschichte der Stadt doch eng mit ihnen verbunden. Wo der Tiber nur etwa zwanzig Kilometer vor seiner Mündung in das Meer am Fuß des *umbro-sabinischen Apennins* (→ *Italien*) das *Sumpfland der Campagna* durchzog, verlockte am linken Flußufer eine Gruppe etwa fünfzig bis sechzig Meter hoher Hügel zur Ansiedlung. Sie boten zugleich natürlichen Schutz gegen Angriffe. Ausgrabungen haben erwiesen, daß schon lange vor dem sagenhaften Gründungsdatum der Stadt Rom (753 v. Chr.) auf dem *Palatin* und dem benachbarten *Esquilin* und *Quirinal* primitive *Hirtensiedlungen* entstanden, und die Sage berichtet von der »Roma quadrata« als dem Kern der späteren Stadt auf dem Palatin. Bald griffen die Bewohner der Hügel auch hinunter in das Tal, das sich zum Tiber hin erstreckte und in dem später das → *Forum* entstand. Anfänglich bestatteten sie dort nur ihre Toten, dann erbauten sie die ersten Hütten und gingen an die Entwässerung des Tales. Eine Insel im Tiber bot sich als natürlicher Stützpunkt für den *Flußübergang* an. Hier schufen die Siedler die erste der später so bedeutsamen Brücken Roms, den *Pons Sublicius*, eine schmale Holzkonstruktion, für deren Erneuerung auch später niemals Eisen verwendet werden durfte. Sie verband das *latinische* Gebiet mit dem am Nordufer des Tiber beginnenden *Etrurien* und war für die Anfänge des Handels und damit für die Entwicklung der Hirtensiedlungen zur *Stadt* von entscheidender Bedeutung.

Die frühe Stadt. Aus dem Zusammenwachsen der Siedlungen auf dem Palatin und dem Quirinal einerseits und dem Esquilin und *Caelius* andererseits entstand allmählich jene Stadt, die König *Servius Tullius* angeblich in vier Regionen einteilte: die *Suburana* mit dem Caelius, die *Esquilina*, die *Collina* mit dem Quirinal und Viminal und als vierte die *Palatina*.

Stadt Rom in republikanischer Zeit

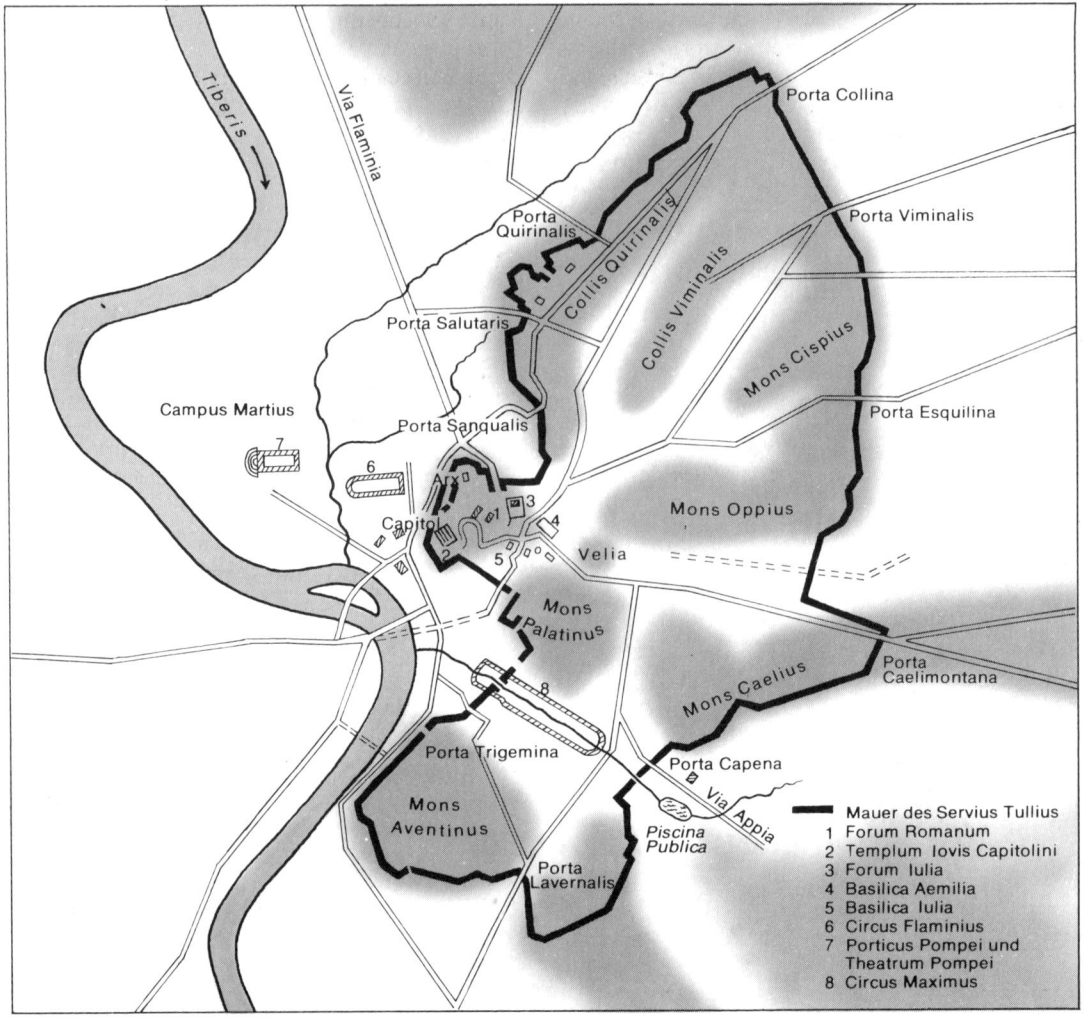

Mauer des Servius Tullius
1 Forum Romanum
2 Templum Iovis Capitolini
3 Forum Iulia
4 Basilica Aemilia
5 Basilica Iulia
6 Circus Flaminius
7 Porticus Pompei und
  Theatrum Pompei
8 Circus Maximus

Abseits lag zu dieser Zeit noch die Siedlung auf dem *Aventin*, die zwar allmählich in die Vier-Regionen-Stadt hineinwuchs, aber noch lange gewisse Sonderrechte behielt und außerhalb des »Pomeriums« lag. Darunter verstand man die symbolische Grenze zwischen der eigentlichen Stadt und dem Land, die nur von einem Staatsmann erweitert bzw. hinausgeschoben werden durfte, der auch die Grenzen des Römischen Reiches erweitert hatte. Den ersten Schritt dazu unternahm *Sulla*, dann wurde das »Pomerium« noch fünf Mal, unter → *Caesar*, → *Augustus*, *Claudius* (Einbeziehung des Aventin), *Vespasian* und → *Hadrian*, erweitert.

War die Stadt in den ersten republikanischen Jahrhunderten unregelmäßig und verhältnismäßig langsam gewachsen, so beschleunigte sich das Wachstum seit Sulla. Nun entstanden auch die ersten prunkhaften Privatbauten. Der zunehmende Verkehr zwang schon Caesar, durch ein Gesetz den *Wagenverkehr* in den Straßen zwischen Sonnenauf- und -untergang zu verbieten. Zu den wenigen Ausnahmen gehörten dabei die → *Vestalinnen*, die auch tagsüber ihren Wagen benutzen durften.

Die Hausbesitzer mußten die Straße vor ihrem Grundstück sauberhalten.

Die Stadt der »Kaiserzeit«. Unter → *Augustus* wandelte sich das Bild Roms. Nach *Sueton* soll der Kaiser einmal gesagt haben: »Ich habe eine Stadt aus Ziegelsteinen vorgefunden und eine aus Marmor hinterlassen«. In seinem testamentarischen Rechenschaftsbericht führt er u. a. an, daß er 82 Tempel renovieren und mehrere neu bauen ließ. Er teilte Rom jetzt in *vierzehn Bezirke* (vici) auf, die ursprünglich nur mit Zahlen, später auch mit Namen bezeichnet wurden: I. Porta Capena, II. Mons Caelius, III. Isis et Serapis, IV. Templum Pacis, V. Esquilinae, VI. Alta semita, VII. Via lata, VIII. Forum Romanum, IX. Circus Flaminius, X. Palatium, XI. Circus maximus, XII. Piscina publica, XIII. Aventinus, XIV. Trans Tiberim.

Aus Sicherheitsgründen verbot Augustus, *Mietshäuser* (→ *Haus*) höher als 70 Fuß (20,72 m) zu bauen, und ordnete wegen der häufigen Brände in diesen Mietshäusern die Einrichtung einer *freiwilligen Feuerschutzpolizei* an. Während der Regierungszeit → *Neros* wütete vom 19. bis 27. Juli 64 n. Chr. ein Brand in der Stadt, der nur die Regionen V, VI und XIV verschonte.

Schätzungen über die *Einwohnerzahlen* der Stadt Rom sind höchst unsicher. Man vermutet, daß vor Augustus etwa zweihunderttausend Menschen in der Stadt lebten und die Einwohnerzahl bis gegen Ende des zweiten nachchristlichen Jahrhunderts auf höchstens achthunderttausend angewachsen war. Wir wissen nur, daß die »Aurelianische Mauer« *(siehe unten)* 1372,5 ha Stadtgebiet einschloß. Zahlenangaben aus der Zeit Kaiser → *Constantins* sprechen von 1790 privaten Wohnhäusern und 46 602 Mietshäusern, 190 Getreidespeichern, 254 Mühlen, 8 großen Plätzen, 11 Foren, 36 Triumphbögen, 1152 Brunnen, 28 Bibliotheken, 2 Zirkussen, 2 Amphitheatern, 3 Theatern, 11 großen Thermen und 856 kleineren privaten Badeanstalten.

Die Mauern. Wenn der Reisende nach seiner Ankunft in Rom heute den modernen *Bahnhof Termini* verläßt, erblickt er als erstes Zeugnis der Antike unmittelbar auf dem Bahnhofsvorplatz die machtvollen Quader der sogenannten »Servianischen Mauer«. Sie wird König Servius Tullius zugeschrieben, entstand aber erst nach dem *Einfall der Gallier* (→ *Kelten*) 390 v. Chr. Das Fundament dieser Mauer war aus gewaltigen, ohne Mörtel zusammengefügten Tuffsteinblöcken errichtet und vier Meter hoch, an den gefährdetsten Stellen ebenso breit. Darauf saß dann die eigentliche Wehrbefestigung aus Steinen und Holz. Diese Mauer umfaßte mit einer Gesamtlänge von 11,5 Kilometern alle sieben Hügel Roms: Capitol, Palatin, Quirinal, Esquilin, Viminal, Caelius und Aventin. Sie hatte sechzehn hölzerne, mit Eisen und Kupfer beschlagene Tore, von denen die (1876 wiederentdeckte) *Porta Collina* am berühmtesten war. Durch sie zogen die Plebeier auf den Heiligen Berg und die Gallier

in die Stadt (→ *Sagen*), in ihrer unmittelbaren Nähe schleuderte angeblich → *Hannibal* seinen Speer über die Mauer.

Diese Befestigung reichte für dreihundert Jahre aus, aber schon zur Zeit Sullas war nur noch die Ostseite der Stadt in verteidigungsfähigem Zustand, sonst drängten überall die Häuser über den engen Gürtel hinaus, der nun Stück um Stück abgetragen wurde. Unter → *Augustus* entstand dann eine *Zollmauer* mit 37 Toren, aber ohne Fortifikationen. Erst 280 Jahre später wurden unter dem Kaiser *Aurelian* wieder feste Mauern errichtet, die siebzehn Meter hoch und vier Meter breit waren und auf einer Länge von achtzehn Kilometern ursprünglich achtzehn Tore und 381 Türme aufwiesen. Dieser »Aurelianischen Mauer« verdankte Rom, daß es die Stürme der Völkerwanderung und der folgenden Jahrhunderte überstand. Die *Goten* rissen einen Teil ein, der oströmische Feldherr *Belisar* baute sie wieder auf. Einige alte Tore verschwanden, andere wurden neu errichtet. Noch 1870, als die Truppen des italienischen Königreiches das Päpstliche Rom belagerten, diente sie der Verteidigung und ist heute noch bis auf einen Teil am rechten Tiberufer erhalten.

Stadtteile. Den Stadtkern bildete die *Suburana*. Aus einer uralten selbständigen Gemeinde hervorgegangen (→ *Seite 381*: Servianische Regionen), gehörte sie zu den am dichtesten besiedelten, aber auch berüchtigtsten Vierteln Roms. König *Tarquinius I.* (→ *Königszeit*) hatte sie den Gilden der Flötenspieler, Goldschmiede, Tischler, Korbmacher, Kupferschmiede, Färber und Töpfer als Wohnsitze zugewiesen. Später kamen noch die Barbiere, Geißelmacher und Schuster hinzu, und seit der Mitte des 5. vorchristlichen Jahrhunderts ließen sich auch die Freudenmädchen hier nieder. In den überfüllten Straßen und Gäßchen drängten sich tagsüber die Kauf- und Schaulustigen, nachts wurden sie von Gesindel unsicher gemacht. Merkwürdigerweise gab es in diesem etwas verrufenen Viertel auch Paläste von Angehörigen der Nobilität (→ *Soziale Verhältnisse*). So wohnte hier → *Caesar*, bis er in die vornehme Gegend der Regia umzog.

Ähnlich dicht besiedelt und wenig geachtet waren das *Velabrum*, die Senke zwischen Capitol und Palatin, wo vor allem die Lebensmittelhändler hausten und es zahlreiche Garküchen gab, das am rechten Tiberufer gelegene Viertel *Trans Tiberim* (das heutige Trastevere) und der *Aventin* mit seinen zahlreichen großen Mietskasernen (heute eine vornehme und ruhige Wohngegend).

Die Aurelianische Mauer
aus dem 3. Jh. n. Chr.
ist überwiegend noch sehr gut erhalten.
Hier eine Partie an der Porta S. Paolo.

Zu den vornehmsten Wohn- und Geschäftsvierteln gehörte dagegen das *Marsfeld* am linken Tiberufer, wo in der republikanischen Zeit die *Volksversammlungen* abgehalten wurden und seit dem 1. vorchristlichen Jahrhundert der römische Adel seine großen *Erbbegräbnisse* anlegen ließ. Unmittelbar am Tiber, der die Westgrenze des Bezirks bildete, lagen die von Caesar errichteten *Saepta Iulia*, die in der Kaiserzeit zum ausgesprochenen Luxusgeschäftsviertel wurden, in dem die vornehmen römischen Damen mit Vorliebe einkauften. Hier lagen auch die *vier Theater* der Stadt, hier stand der *höchste Mietshausblock*, die »Insulae Feliculae«, deren Höhe über die begrenzend vorgeschriebenen 21 Meter hinausging und die als eine Art ›Wolkenkratzer‹ allgemein bestaunt wurde.

Die Plätze (fora) und Märkte. Mittelpunkt des antiken Rom war das → *Forum Romanum*, das zur Kaiserzeit eine Fläche von 5000 × 120 m umfaßte und mit seinen öffentlichen Gebäuden, den Wandel- und Kaufhallen, Tempeln und Ne-

bentempeln, Rednertribünen, Triumphbögen und zahllosen Statuen ein »Mittelding von Weihebezirk und Basar« bildete. Es wurde von Politikern, Geschäftsleuten und Müßiggängern aus dem ganzen Imperium frequentiert, »ein wahres Blendwerk kosmopolitischen Gepräges«. Da es für die Bedürfnisse der Großstadt aber nicht mehr ausreichte, ließ Caesar in der unmittelbaren Nachbarschaft ganze Häuserreihen abreißen und hier das sogenannte »Iulische Forum« anlegen. In den umlaufenden Hallen hatten vor allem Rechtsanwälte und Notare ihre Büros. Östlich dahinter erbaute → *Augustus* das nach ihm benannte Forum, das nicht nur einen Prachtmarkt bildete, sondern auch eine Reihe wichtiger Ehrenrechte erhielt.

Hier legten u. a. die *kaiserlichen Prinzen* die *Toga virilis* (→ Kleidung) an, und hier wurde auch der Beschluß gefaßt, ob einem Feldherrn ein → *Triumph* bewilligt werden sollte. Südlich davon wurde am ehemaligen Fisch- und Delikatessenmarkt im Jahr 75 von *Vespasian* das »Friedensforum« erbaut und zwischen diese beiden Plätze 97 von Kaiser *Nerva* ein weiteres, recht schmales Forum eingeschoben. Als letztes entstand nördlich des Augustusforums das Traiansforum mit einem *Zentralbasar* großen Stils, der sich schon

Rom in der Kaiserzeit: Blick auf das Marsfeld mit dem Ustrinum und dem Templum Hadriani (Mitte), Templum Matidiae (rechts) und Saepta Iulia (oben).

Rom zur Kaiserzeit:
Blick auf die Kaiserfora.
Im Mittelpunkt das Traiansforum. MdCR Rom.

mit einem modernen *Kaufhaus* vergleichen läßt. Er war terrassenförmig im Halbkreis angelegt und zeigte ebenso zweckmäßige wie ansprechende Ladenfronten. Hier gab es Lagerräume für Getreide, Wein, Öl. Möglicherweise wurden von hier aus die *annonae* (Getreidespenden) verteilt. Im 3. Obergeschoß verlief die *Via Biberatica*, die Pfeffer- und Gewürzstraße, mit besonders schönen Läden. Im 5. und 6. Stock waren die Büros der Kaufleute untergebracht. Von hier oben bot sich ein herrlicher Blick auf das eigentliche Forum, das mit seinen insgesamt 7000 m Kolonaden, drei Basiliken, acht Triumphbögen, dreizehn Tempeln, Bibliotheken, Archiven und

Bädern in seiner prachtvollen Ausstattung durchaus mit dem Forum Romanum konkurrieren konnte.

Diese fünf Plätze bildeten zusammen den Komplex der *Kaiserfora*. Neben ihnen und dem Forum Romanum nahmen sich die übrigen Plätze und Märkte vergleichsweise unbedeutend aus. Zu ihnen gehörte das *Forum Boarium*, der Rindermarkt zwischen dem Tiber und dem Circus Maximus, der alte Vieh- und Handelsplatz unmittelbar am Fluß, auf dem die großen Jahresmessen im Juli, September und November abgehalten wurden. Zum Bereich dieses Forums gehörte auch der *Fischmarkt*, während der *Gemüsemarkt* im Bereich des Marsfeldes lag. Im weiteren Sinne zu den Plätzen zählte auch das *Emporium*, die Kaianlage des Tiber am Fuß des Aventin, ein Zentrum für den Großhandel mit Lagerhallen (→ *Seite 390:*

Horrea) für die tiberaufwärts vom Meer gebrachten Güter.

Bauten. Das früheste sichere Datum römischer Baugeschichte ist das Jahr 509 v. Chr., in dem der *Iupiter-Tempel* auf dem Capitol errichtet wurde. Allein schon der Name *Mons Capitolinus =* Hauptberg zeigt, welche Bedeutung die Römer diesem aus zwei Kuppen bestehenden Hügel beimaßen. Die südliche der beiden, der *Mons Tarpeius,* war Iupiter, dem »Größten und Besten« geweiht, dessen Tempel hier schon seit der → *Königszeit* stand. In seiner Halle fanden die feierlichen Sitzungen des *Senats* bei Jahresbeginn und bei Kriegserklärungen statt. Der in den Krieg ziehende und aus dem Kampf zurückkehrende Feldherr mußte den Tempel besuchen. Ein Teil

des *Staatsschatzes,* der zur Zeit Sullas noch über 6 000 000 Pfund Gold und 3000 Pfund Silber betrug. wurde hier aufbewahrt und stets streng bewacht. Trotzdem verschwand er im Jahre 55 v. Chr. auf unerklärliche Weise, und erst Augustus legte einen neuen an. Im Keller dieses Tempels lagen die »Sybillinischen Bücher« (→ *Seite 374*). Zahlreiche kostbare Weihegeschenke schmückten die Hallen. Zwar vernichteten Blitzschlag und Brände mehrfach die Gebäude, doch wurden sie viermal, immer größer und immer schöner, wieder aufgebaut. Auf dem Platz vor dem Tempel stand der *Hauptaltar,* auf dem alljährlich am 1. Januar Iupiter ein junger weißer Stier geopfert wurde.

Auf der zweiten Kuppe, der Nordhöhe, stand

Stadt Rom in der Kaiserzeit

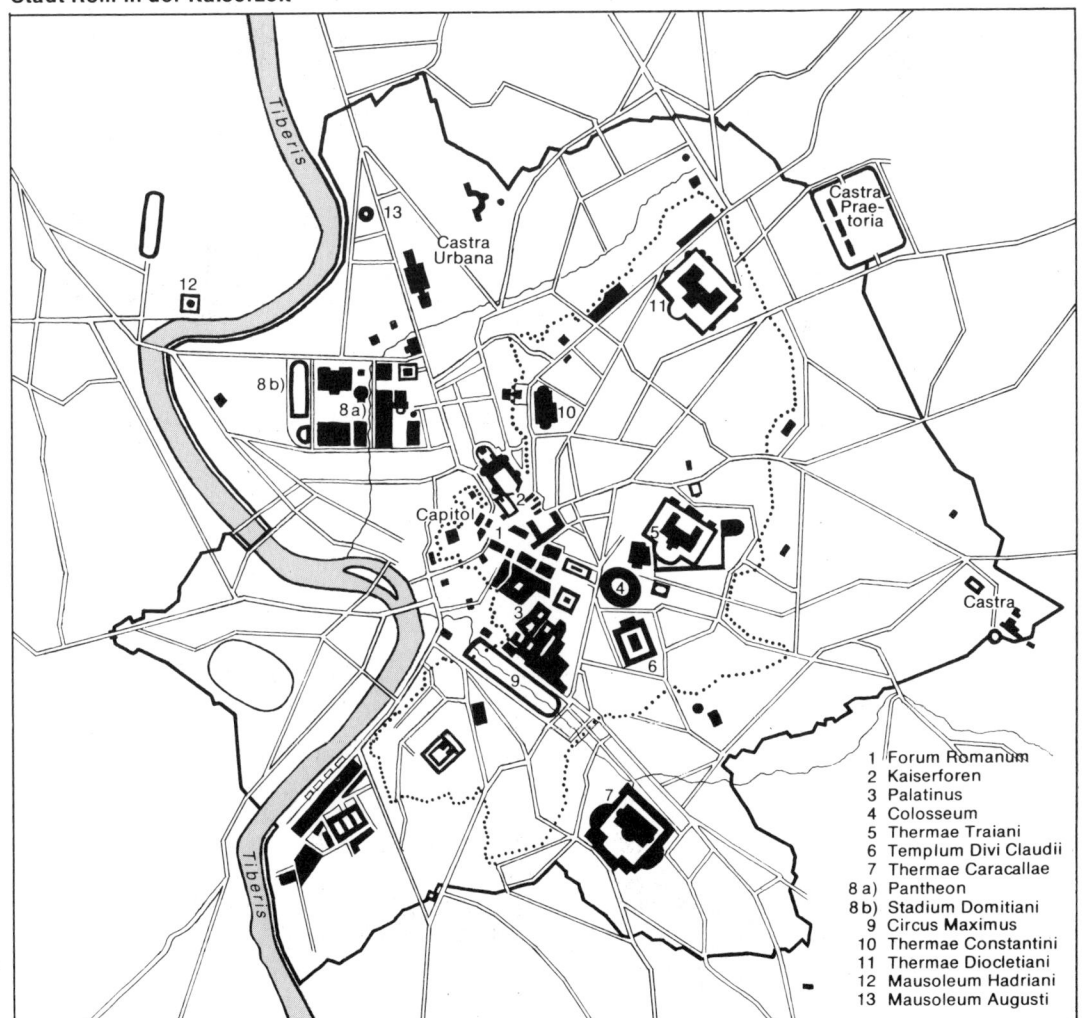

1 Forum Romanum
2 Kaiserforen
3 Palatinus
4 Colosseum
5 Thermae Traiani
6 Templum Divi Claudii
7 Thermae Caracallae
8 a) Pantheon
8 b) Stadium Domitiani
9 Circus Maximus
10 Thermae Constantini
11 Thermae Diocletiani
12 Mausoleum Hadriani
13 Mausoleum Augusti

das *Staatsorakel*, eine Art *Himmelsobservatorium*, von dem aus die *Auguren* (→ *Religion*) den Himmel beobachteten. Daneben lagen die *Burg* (arx) und der Tempel der *Iuno Moneta*. Dieser Teil des Capitols wurde nie von Feinden besetzt. Bei Kriegszustand wehte hier das »vexillum«, die rote Kriegsfahne. Hier war auch der Ort, wo die sagenhaften »Gänse der Iuno« durch ihr Schnattern auf den Angriff der Gallier hinwiesen (→ *Sagen*). Am Hang des Capitols ließ Sulla unmittelbar vor dem Forum Romanum das *Tabularium* errichten, in dem das Archiv- und Aktenmaterial des zum benachbarten *Saturn-Tempel* (→ *Forum Romanum*) gehörigen Schatzamtes aufbewahrt wurde.

Südlich des Forums lagen auf dem *Palatin* die *kaiserlichen Paläste*, die dort alte Tempelbauten und Villen aus der republikanischen Zeit verdrängt hatten. Schon Augustus hatte sich hier anstelle seiner alten Villa einen Palast bauen lassen. Als dieser während des großen Rom-Brandes 64 teilweise vernichtet wurde, errichtete *Domitian* einen größeren, in dem fast alle späteren Kaiser einmal residierten. Als Wohnung diente ihnen dagegen der westlich davon gelegene *Palast des Tiberius*.

Von den kaiserlichen Bauten aus hatte man einen prachtvollen Blick hinunter auf den *Circus Maximus* (→ *Zirkus*) in der Talsenke zwischen Palatin und Aventin. Dieser zählte ebenso zu den großen Vergnügungsbauten der Hauptstadt wie das von Kaiser *Vespasian* errichtete → *Amphitheatrum Flavium* oder *Colosseum*, das seinen volkstümlichen Namen nach einer unmittelbar davorstehenden 30 Meter hohen Kolossalstatue Kaiser → *Neros* erhalten hatte, die eigentlich zum »Goldenen Haus« Neros gehörte, einer aufwendigen Palastanlage zwischen Velia und Palatin, die von den flavischen Kaisern überbaut wurde.

Ein weiterer Zirkus lag auf dem *Marsfeld*. Ihn hatte 221 v. Chr. der Consul *Flaminius* erbauen lassen, und in ihm wurden in der republikanischen Zeit die »plebeiischen Spiele« zur Unterhaltung der Bauern abgehalten. Augustus ließ später in der unter Wasser gesetzten Arena große Krokodilsjagden abhalten. In seiner Nachbarschaft befanden sich auch die vier *Theater:* das »Theater des Pompeius« für 40 000 Zuschauer (in einem daran anschließenden Gebäude wurde Caesar er-

Rom in der Kaiserzeit:
Blick vom Colosseum auf das Forum
Romanum, das Capitol und die Kaiserfora.
MdCR Rom.

mordet), das von Augustus erbaute »Marcellus-Theater« für 20 000 Zuschauer, sowie die kleinen Theater des *Balbus* und des *Antonius*. Im Zentrum des Marsfeldes hatte schließlich Caesar noch ein *Stadion für griechische Spiele* anlegen lassen, das im Jahr 62 abbrannte und von Domitian und Traian für 30 000 Zuschauer neu errichtet wurde. Sein Grundriß ist heute noch deutlich in der Piazza Navona erkennbar. Der berühmteste unter den zahlreichen Tempeln des Marsfeldes war wohl das von → *Agrippa* erbaute → *Pantheon*.

Zu den Palästen, den Kult- und Vergnügungsstätten gesellen sich in den verschiedenen Bezirken der Stadt die Zweckbauten, an erster Stelle die riesigen *Thermen* (→ *Bäder*), aber auch die *Markthallen* und -anlagen wie das »Macellum Liviae«, eine Art ›Supermarkt‹ auf dem Esquilin, oder das von Nero erbaute »Macellum Magnum«, ein *Schlachthaus und Fleischmarkt* auf dem Caelius. Zu den Wirtschafts- und Versorgungsbauten gehörten die *Horrea*, große Lagerhäuser, von denen es am Ende der Kaiserzeit fast dreihundert in der Stadt gab und die sich zum Großteil auf die Ebene unter dem Aventin konzentrierten.

Straßen, Brücken, Wasserleitungen. Auf dem → *Forum Romanum* stand in der Nähe des Saturn-Tempels der »Goldene Meilenzeiger« (Milliarium Aureum), auf dem die Entfernungen nach den großen Städten des Imperiums angegeben waren. Er bildete zugleich den Ausgangspunkt für die neunzehn großen *Ausfallstraßen* (viae, → *Straßen*), die strahlenförmig das Stadtzentrum verließen. Zu ihnen kamen noch neunundzwanzig Hauptstraßen in der Stadt, sowie zahlreiche kleinere Gäßchen und Wege (vici).

Einen Tiberübergang bot für die ersten Jahrhunderte der Republik nur der hölzerne *Pons Sublicius* (→ *Seite 381*), bis um die Mitte des 1. vorchristlichen Jahrhunderts erst vom linken Tiberufer der *Pons Fabricius* auf die Tiberinsel gebaut wurde und bald danach vom rechten der *Pons Cestius*. Dazu kamen in kaiserlicher Zeit noch sieben weitere Brücken, die z. T. den heutigen Übergängen entsprechen. Die historisch bekannteste wurde der im Norden der Stadt gelegene *Pons Milvius*, die »Milvische Brücke«, an der 312 Kaiser → *Constantin* seinen Gegner *Maxentius* besiegte und sich die Alleinherrschaft über das Imperium sicherte.

Elf Wasserleitungen versorgten die Stadt mit Wasser. Die älteste Leitung, die *Aqua Appia*, wurde von *Appius Claudius* 312 v. Chr. angelegt, die *Aqua Alexandrina* als letzte 226 n. Chr. Die Länge der jeweiligen Leitungen betrug im Durch-

schnitt 50 Kilometer. Ein Teil lief unterirdisch, andere wie etwa die *Aqua Claudia* (52 n. Chr.) wurden über → *Aquädukte* geführt. Zwei mündeten rechts des Tiber, die übrigen neun vorwiegend in den großen Thermen der Innenstadt. (H. P.)

Römische Geschichte in der Weltliteratur

Motive aus der römischen Geschichte wurden schon seit dem 16. Jahrhundert häufig in der Weltliteratur verarbeitet, so daß eine kurze Übersicht sich auf einige Höhepunkte beschränken muß. Bis zum ersten Drittel des 19. Jahrhunderts dominierten die dramatischen Gestaltungen, während danach die epischen Darstellungen im historischen Roman bevorzugt wurden. Im Vordergrund standen immer einige große Gestalten römischer Geschichte, allen voran → *Caesar*, dessen Charakter und Schicksale Dichter und Schriftsteller immer wieder reizten. Schon 1550 war von *Antoine Muret* ein lateinisches Schuldrama um Caesars Ermordung erschienen, das auch ins Französiche und Italienische übersetzt, in seiner Wirkung aber schon bald übertroffen wurde von *Shakespeares* Tragödie »Julius Caesar« (1599), die bis heute die bedeutendste dramatische Bearbeitung des Stoffes blieb. Offen ist bis heute allerdings auch der Streit der Literaturhistoriker und Interpreten, ob Caesar oder Brutus als der eigentliche Held des Dramas angesehen werden muß.

Als Gegenpol zu Caesar wurde im 17. und 18. Jahrhundert der jüngere → *Cato* verschiedentlich zum Helden historischer Schauspiele gemacht. Die wohl erfolgreichste Bearbeitung des Stoffes war der 1731 erschienene »Sterbende Cato« des Leipziger Literaturprofessors *J. Chr. Gottsched*, der trotz scharfer Kritik der Zeitgenossen (Lessing, Kant) zahlreiche Aufführungen und zehn Buchauflagen erlebte. → *Catilina* dagegen galt überwiegend als der Typ des verbrecherischen Gewaltmenschen. Seine Verschwörung bildete schon im lateinischen Schuldrama des 16. und 17. Jahrhunderts einen häufigen Stoff und war vor allem im trivialen Schauerdrama des 19. Jahrhunderts sehr beliebt; gelegentlich machten ihn Dramatiker aber auch zum edlen Revolutionshelden. → *Hannibal* zählte zu den beliebten Dramengestalten des Barock. *Corneille* drängte den Stoff 1699 im »Tod des Hannibal« auf das Ende des Feldherrn zusammen. Die Tragödie des – von seinem Volk im Stich gelassenen – Feldherrn

behandelte 1834 auch *Chr. D. Grabbe* in einem großangelegten Geschichtsdrama.

Motiven römischer Geschichte im Roman begegneten wir 1677 in der »Octavia« des *Herzogs Anton Ullrich von Braunschweig*, der frei erzählt, wie die Gattin → *Neros* durch den Armenierkönig *Tyridates* vom Tod errettet wird. Wenn hier der Autor mit einer historischen Gestalt völlig frei umsprang, so bemühte sich 1689–90 *C. D. Lohenstein* in seinem Roman »Großmütiger Feldherr Arminius« wenigstens um die historischen Grundzüge, löste sich dann aber auch von den Tatsachen und erhob seinen Helden samt Gattin *Thusnelda* auf den Königsthron. Der Arminiusstoff wurde

Die Szene aus einer Verfilmung des Romans »Ben Hur« von L. Wallace zeigt ein Wagenrennen.

im 19. Jahrhundert rund achtzig Mal dramatisch bearbeitet, aber nur *Heinrich v. Kleists* »Hermannsschlacht« (1808) und das gleichnamige Schauspiel *Grabbes* hatten vor der Literaturgeschichte Bestand.

Im 19. Jahrhundert trat der Roman stärker in den Vordergrund, wobei hier weniger die große historische Gestalt als vielmehr die breit angelegte kulturhistorische Schilderung dominierte. Einige dieser Werke erlangten Weltgeltung, wurden in unserer Zeit schon mehrfach verfilmt und werden immer noch gelesen. In den 1834 erschienenen »Letzten Tagen von Pompeii« gab der Engländer *E. G. Bulwer-Lytton* ein auf den damaligen Ausgrabungsergebnissen beruhendes breites Bild des Alltagslebens in Pompeii unmittelbar vor Ausbruch des Vesuvs. Die Detail- und Milieutreue entzückte das Publikum und ließ es gerne über die vielen literarischen Schwächen hinwegblicken. Ihren Höhepunkt erreichte diese ränkevolle Geschichte von der Liebe eines jungen Griechen zu einem schönen pompeianischen Mädchen in

Reichtum und seine Bekehrung zum Christentum begeisterten die Leser in aller Welt. Auch hier dominieren die historischen Genreszenen; Wallaces Stärke liegt in der beschreibenden Schilderung, und seine Darstellung eines großen römischen Wagenrennens ist heute noch lesenswert und ersetzt die fehlenden Originalquellen zur Darstellung eines solchen Ereignisses (→ *Zirkus*). 1855 brachte der englische Kardinal *N. Wiseman* mit »Fabiola« die Geschichte eines römischen Mädchens zur Zeit der → *Christenverfolgungen*. Seine von höchst durchschnittlicher archäologischer Sachkenntnis getragene fromm-romanti-

Szene aus dem Film »Quo Vadis?«
nach dem gleichnamigen Roman
von H. Sienkiewicz.
Im Hintergrund Peter Ustinov als Nero.

der Beschreibung des Vesuv-Ausbruchs und des Untergangs der Stadt. Jahrzehntelang gehörte der Roman zur Pflichtlektüre aller gebildeten Pompeii-Besucher.
Ähnlichen Erfolg erzielte rund fünfzig Jahre später der ehemalige US-General *L. Wallace* mit »Ben Hur« (1880), der Geschichte eines Juden zur Zeit Christi. Seine Schicksale als römischer Galeerensklave, sein Aufstieg zu Ansehen und

sierende Erzählung fand nichtsdestoweniger zahlreiche Leser, die durch ihn zu einem falschen Bild der christlichen Katakombenzeit geführt wurden. Allein in Deutschland erzielte der Roman etwa fünfzig Auflagen!
1895 – 96 erschien der letzte große Roman des 19. Jahrhunderts aus der römischen Geschichte. Der Pole *H. Sienkiewicz* hatte für »Quo Vadis?« eingehende Quellenstudien betrieben. Dementsprechend historisch gut fundiert ist dieser Roman aus der Zeit Kaiser Neros, der »den Gegensatz zwischen dem niedergehenden Heidentum mit seinem Sittenverfall und der unwiderstehlichen Kraft des Christentums« vor dem Hintergrund

des plastisch gezeichneten Alltagslebens in Rom darstellt. Dramatische Höhepunkte bilden der Brand Roms und die Martern der Christen in den Arenen. Neben diesen weltbekannten und publikumswirksamen Werken hatten Romane deutscher Autoren wie die der Historiker *F. Ebers, Th. Birt* und *Felix Dahn* weit weniger Bestand. (Der »Kampf um Rom« von Dahn spielt erst in der Zeit nach dem Ende Westroms).

Auch unsere Zeit brachte einige in ihrer literarischen Qualität unterschiedliche Romane, deren Erfolge beweisen, daß nach wie vor Interesse an historischen Themen besteht. Im Gegensatz zum 19. Jahrhundert treten dabei wieder die Einzelpersönlichkeiten in den Vordergrund. Gleich mehrfach wurden die Lebensschicksale Caesars behandelt. Während *M. Jelusich* 1929 in seinem Caesarroman den Diktator idealisierte und so dem Heldenkult der Zeit entgegenkam, ironisierten *B. Brecht, Th. Wilder* und *R. Warner* das Geschehen. In eigenwilliger Schau läßt Brecht in seinem Romanfragment »Die Geschäfte des Herrn Julius C.« (1937) den Aufstieg Caesars in den Aufzeichnungen eines Gerichtsvollziehers und eines ehemaligen Sklaven miterleben. Auch Brecht hatte wie seine Vorgänger im 19. Jahrhundert gründliche Quellenstudien betrieben, doch ging es ihm um eine Geschichtsanalyse im marxistischen Sinne und zugleich eine Entlarvung des Heldischen in poetisch-literarischer Form, um derentwillen er starke willkürliche Eingriffe und Umdeutungen des tatsächlichen historischen Geschehens vornahm. Ähnlich eigenwillig sind auch Wilder und Warner in ihren aus fiktiven Dokumenten zusammengesetzten Romanen. In den »Iden des März« wollte Wilder die Ereignisse so bringen, wie sie sich seiner Phantasie darstellten. Nicht so sehr die Fakten interessierten ihn dabei, sondern die Menschen, die er eigenwillig und originell interpretierte, während Warner 1959 in der »Tugendhaften Republik« die angeblichen Jugenderinnerungen Caesars nachzeichnete.

Politische Utopie und Theorie, in historisches Gewand gekleidet, blieben *A. Koestlers* »Gladiatoren«, der Lebensroman des Sklavenanführers → *Spartacus*. Zu gering sind die historischen Fakten, es dominiert die Idee Koestlers, der aufzeigen wollte, daß der Revolutionär scheitern mußte, weil er eine Revolution sinnvoll und human durchführen wollte.

Zwei der besten historischen Romane der Gegenwart sind als fiktive Autobiographien angelegt. In »Ich, Claudius, Kaiser und Gott« (1934) läßt der Engländer *R. Ranke-Graves* Kaiser Claudius seine Lebensgeschichte erzählen. Zwar hält sich der Autor, was den äußeren Ablauf des Geschehens betrifft, eng an die Quellen, interpretiert aber die Beweggründe der historischen Persönlichkeiten frei und deutet manches in einem aktuell modernen Sinn um. Gerade das aber macht den Reiz des Romans aus, in dem der Leser plötzlich sozusagen auf höchster kaiserlicher Ebene Skandale und Staatsaktionen miterlebt.

Wesen und Persönlichkeit Kaiser → *Hadrians* suchte die amerikanische Schriftstellerin *M. Yourcenar* in dem Roman »Ich zähmte die Wölfin« (1951, dt. 1953) zu erfassen. Auch hier erzählt der Kaiser selbst von seinem Leben, seinem Denken und seinen Plänen. Selten ist ein historischer Roman mit so großer psychologischer Einfühlungsgabe gestaltet worden wie dieser. Mag die Autorin auch ein gewisses Schwergewicht auf das Verhältnis Hadrians zu seinem jungen Freund Antinous gelegt und von da her versucht haben, die Persönlichkeit des Kaisers zu charakterisieren, so gelang ihr dennoch eine einfühlende Darstellung, der auch Historiker ihren Tribut zollten. Die Tradition der kulturhistorischen Romane mit religiösem Einschlag wurde fortgeführt von *L. C. Douglas* mit seinen breit angelegten Romanen »Das Gewand« und »Der große Fischer« (1948, dt. 1949), in deren Mittelpunkt die Schicksale Christi, des Apostels Petrus und ihrer ersten Anhänger vor dem Hintergrund der römischen Welt stehen. Aufwendige Verfilmungen steigerten noch den Publikumserfolg beider Werke. In »Tiberius und Caligula« (1963, dt. 1976) griff der tschechische Schriftsteller *I. Toman* erneut die schon von Ranke-Graves behandelten Jahre und Ereignisse auf und schuf ein großes, farbenreiches Gemälde von starker Aussagekraft.

Mehr als alle historischen Dichtungen erzielte in den letzten Jahren im Bereich der Trivialliteratur unter Jugendlichen wie Erwachsenen die Comicserie → »*Asterix*« eine geradezu unwahrscheinliche Breitenwirkung und formte damit ein merkwürdiges Geschichtsbild von der gallo-römischen Welt zur Zeit Caesars.

In diesen Tagen, da unser Buch entsteht, hat sich auch der Film wieder einmal der römisch-germanischen Geschichte angenommen, nämlich der Varusschlacht. Dieser Film, von Deutschen geplant, in Jugoslawien gedreht, in Roms Filmstudios wiederbearbeitet, überraschte seinen Auftraggeber: In Rom verwandelten sich die Niederlagen der wackeren Legionäre unversehens in Siege – so berichtet die Fama. Eine späte Rache für das Jahr 9? (H. P.)

S

Sagen

Vom Beginn der römischen Republik bis zum Sieg über den Makedonenkönig *Pyrrhus* 268 v. Chr. begleiten und ergänzen zahlreiche Sagen die wenigen uns bekannten historischen Fakten. Für den Römer waren solche Geschichten durchaus Geschichte; denn sie überlieferten nicht nur scheinbare Tatsachen, sondern spiegelten zugleich auch römische Wesensart. Geschichtsbuch und Sittenkodex verbanden sich in ihnen stärker als bei vielen Völkern. Mehr wohl als die Sagen und Anekdoten anderer Regionen wurden sie über die Jahrtausende weitergeführt; in der Tradition der lateinischen Sprache zugleich eine bescheidene Würze und oft Trost für zahlreiche Schülergenerationen, die in den kurzen, anekdotischen Erzählungen etwas vom Wesen Roms und jener Männer kennenlernten, die aus der Bauerngemeinde ein Weltreich schufen.

Der große Sagenkreis um die Schicksale des Griechen *Aeneas und die Gründung Roms* (→ *Mythologie*) fand seine geniale dichterische Zusammenfassung durch → *Vergil*. Die Jahre der → *Königszeit* sowie die folgenden Jahrhunderte gleichen einem Mosaik, in dem die vielen Einzelsteinchen der Sagen für die Königszeit ein wenig stumpf in den Farben bleiben, in der Folge aber immer farbiger und leuchtender werden, besonders dort, wo sie die großen Geschichtsschreiber mangels greifbarer Fakten übernommen und wohlpointiert in ihre Darstellungen eingearbeitet haben. Das alte italienische Sprichwort vom »Se non é vero, é bon trovato – wenn es nicht wahr ist, ist es gut erfunden« gilt im besonderen Maße für diese Sagen, die aber nicht zum Vergnügen oder zur Erbauung erfunden wurden, sondern als bewußtes, überhöhtes Beispiel der Römertugenden und damit als Lehre für alle. Die Fülle des Überlieferten läßt sich, von ein paar Einzelepisoden abgesehen, deutlich in drei größere Gruppen ordnen. Aus diesen drei Themenkreisen heben sich einzelne markante Ereignisse und Persönlichkeiten heraus, die häufig genug zu Helden der Weltliteratur wurden.

Die erste Gruppe umfaßt die Sagen *vom Kampf um die Begründung der Republik*, die dramatischen Ereignisse um die *Vertreibung des letzten Königs Tarquinius* und den *Kampf gegen seine Rückkehr*.

Am Beginn der Republik stellt die Sage den Befreier von der Königstyrannei und ersten Consul *Lucius Brutus* vor eine schwere Entscheidung zwischen den Gesetzen der neuen Republik und den Gesetzen des Blutes und der Familie. Als er von dem Bündnis der eigenen Söhne mit dem vertriebenen Tarquinius erfuhr, opferte er sie dem Vaterland und ließ sie hinrichten.

In den folgenden Kämpfen zwischen den Römern und dem mit Tarquinius verbundenen Etruskerkönig *Porsenna* zeichneten sich zwei Männer durch besondere Tapferkeit und Standhaftigkeit aus. *Horatius* mit dem Beinamen *Cocles* (der Einäugige) verteidigte beim Rückzug über den Tiber den Pons Sublicius (→ *Rom*) als letzter so lange, bis alle übrigen das rettende römische Ufer erreicht und die schmale Brücke hinter sich abgebrochen hatten. Dann sprang er unter dem Hagel der feindlichen Geschosse vollgerüstet in den Fluß und schwamm hinüber. Die Römer errichteten ihm auf dem Capitol ein Standbild aus Erz und schenkten ihm so viel Land, wie er an einem Tag umpflügen konnte.

Porsenna hatte also zwar Rom nicht gleich einnehmen können, doch belagerte er die Stadt. Da schlich sich *Gaius Mucius*, ein junger Patrizier, verkleidet in das feindliche Lager, um den König zu töten. Während der Auszahlung der Löhnung an die Soldaten verwechselte er ihn aber mit seinem Schreiber und wurde gefaßt. Porsenna befahl, den jungen Attentäter zu foltern, doch Mucius erklärte, keine Drohung könne ihn und andere römische Jünglinge schrecken, die bereit seien, ebenfalls einen furchtbaren Tod zu erleiden, nur um den König als Feind des römischen Volkes zu töten. Und zum Beweis für seine Behauptung streckte er die rechte Hand in ein Opferbecken mit glühenden Kohlen. Der erschütterte Porsenna ließ ihn wegreißen und schenkte ihm die Freiheit. Der Beweis für die Standhaftigkeit der Römer war so nachhaltig, daß er die Belagerung aufgab und mit ihnen Frieden schloß. Mucius erhielt von den Bürgern den Ehrennamen »Scaevola« (Linkshand).

Im Mittelpunkt des zweiten Sagenkreises stehen die *Ständekämpfe* zwischen Patriziern und Plebeiern. Als der Consul *Appius Claudius* als Wortführer der Patrizier es ablehnte, die einfachsten Forderungen der Plebeier zu erfüllen, beschlossen diese, mit ihren Familien die Heimatstadt zu verlassen und sich auf dem Heiligen Berg unmittelbar vor den Mauern Roms anzusiedeln. Der Senat beauftragte der Sage nach einen gewissen *Menenius Agrippa*, die Plebeier zur Rückkehr zu

Jeder Romreisende kennt die Engelsburg, nicht jeder aber weiß, daß der Rundbau einst die Trommel des Hadriangrabes war und daß auch die Brücke über den Tiber (Pons Aelius) aus der Zeit Hadrians stammt – beide durch neuzeitliche Ergänzungen leicht verändert.

Der Bau von monumentalen Grabmälern blieb nicht auf den Adel oder die Kaiser beschränkt, das reiche Bürgertum strebte – mit seinen Mitteln – sich ebenfalls standesgemäß zu verewigen: Grab des zu Wohlstand gelangten Veteranen Lucius Poblicius aus Teretina bei Neapel, errichtet im 1. Jh. Römisch-Germanisches Museum Köln.

bewegen. Dieser schaffte es mit der seitdem in jedes Schulbuch übernommenen »Fabel vom Magen und den Gliedern«. Für ihre Rückkehr erhielten die Plebeier damals angeblich die *Volkstribunen* (→ *Soziale Verhältnisse*) zugebilligt. Aber die Spannungen dauerten an, weil immer wieder einzelne Patrizier sich gegen die neuen plebeiischen Rechte wandten. Ihr Wortführer wurde *Gaius Marcius*, der wegen seiner Tapferkeit bei der Erstürmung der volskischen Stadt *Corioli* den Ehrennamen »Coriolanus« erhalten hatte. Als eine Hungersnot Rom bedrohte, und die Consuln nur mit Mühe Getreide besorgen konnten, empfahl er, es nur dann zum alten Preis an die hungernden Plebeier zu verkaufen, wenn diese wieder auf ihre neuen Rechte verzichteten. Er hatte die Macht seiner Gegner unterschätzt, die mit Hilfe der Volkstribunen und gestützt auf falsche Anklage seine lebenslängliche Verbannung durchsetzten. Coriolanus ging zu den Volskern und unterstützte sie im Kampf gegen Rom. Als er aber mit einem feindlichen Heer vor der Stadt erschien, sandte ihm der Senat seine Frau und seine Mutter entgegen, die ihn um Gnade baten. Die Klage der beiden über die Haltung des Abtrünnigen, über die Not des Vaterlandes und über das eigene Unglück bewegten Coriolanus. Er hob die Belagerung der Vaterstadt auf und wurde daraufhin von den enttäuschten Volskern erschlagen.

Die Sagen malen auch die erste Gesetzgebung durch das *Zwölf-Tafel-Gesetz* (→ *Recht*) breit aus. Mit *Appius Claudius*, einem Nachfahren jenes Appius, der schon bei der Auswanderung der Plebeier auf den Heiligen Berg eine so unheilvolle Rolle gespielt hatte, stellen sie noch einmal einen Schurken auf die Bühne der Geschichte, der ähnlich wie der letzte König eine edle römische Jungfrau namens *Virginia* gewaltsam gewinnen wollte. Durch einen seiner Klienten ließ er behaupten, das Mädchen sei die Tochter von dessen Sklaven. Der Klient mußte sie vor dem Gericht, in dem er, Claudius, selbst den Vorsitz führte, zurückfordern. Als Claudius sie dann wider alles Recht ihm einfach zusprach, erdolchte der verzweifelte Vater die Tochter. Die furchtbare Tat führte zu einem allgemeinen Aufstand. Appius Claudius nahm sich das Leben, seine Freunde gingen in die Verbannung. Die Plebeier aber erhielten endgültig neue Rechte zugebilligt, die ihnen in der Zukunft noch größere Sicherheit geben sollten. In die dritte, etwas weniger geschlossene Gruppe gehören die Sagen aus der Zeit der *Kriege gegen Veii*, der *Abwehr der Gallier* und der *Kämpfe um*

die Ausdehnung römischer Herrschaft über den Süden der Apenninhalbinsel. Als der römische Diktator *Marcus Furius Camillus* die Stadt Veii belagerte, ließ er einen unterirdischen Gang unter den Mauern hindurch graben, durch den er mit seinen Leuten vordrang, während andere Truppen die Mauern bestürmten. Als Camillus das Ende des Ganges unter der Burg erreicht hatte, hörte er, wie gerade über ihm an einem Altar ein Priester verkündete, daß die Götter den Sieg jenem schenken würden, der die Eingeweide eines Opfertieres zerschneide. Da drang Camillus ans Tageslicht und entriß dem Priester das Opfer. Der Sieg, der ihm tatsächlich zufiel, brachte den Römern unermeßliche Beute.

Kurz danach geriet Rom noch einmal in eine gefährliche Lage, als die Gallier (→ *Kelten*) unter ihrem König *Brennus* von der Po-Ebene aus gegen die Stadt vorstießen und sie belagerten. Wieder weiß die Sage viele Einzelheiten und berichtet, daß die Verteidiger sich auf die Burg des Capitols zurückziehen mußten, während die Stadt selbst von den Eroberern zerstört und geplündert wurde. Beinahe wären die letzten Verteidiger auf dem Capitol nachts überrumpelt worden, hätten nicht die heiligen *Gänse der Göttin Iuno* durch ihr Geschnatter vor den heimlichen Angreifern gewarnt. Als die Römer Frieden schließen mußten und sich beklagten, daß die Gallier die tausend Pfund Kriegskontribution in Gold mit falschen Gewichten abwogen, habe Brennus noch »sein Schwert in die Waagschale geworfen« und höhnend »Vae victis – wehe den Besiegten!« gerufen, womit er zum Urheber von gleich zwei berühmten Redensarten wurde.

Zu den bekanntesten Sagengestalten aus dem 4. vorchristlichen Jahrhundert gehört *Marcus Curtius*. Als sich angeblich auf dem Forum eine tiefe Kluft aufgetan hatte, und das Orakel feststellte, sie werde sich erst schließen, wenn Rom das Kostbarste dem Schlund opfere, was es besitze, alle Versuche mit Gold und Kostbarkeiten aber vergeblich blieben, stürzte sich eben jener Marcus Curtius mit den Worten in die Tiefe: »Was kann es wertvolleres geben als römische Tapferkeit!« Daraufhin füllte sich der Spalt mit Wasser und bildete den »Lacus Curtius«, nach dem heute noch ein kleiner Brunnen benannt ist. Ähnlich opferte der Consul *Decius Mus* in einer Schlacht gegen die Latiner sein Leben, als die Orakelpriester verkündeten, der Feldherr des siegreichen Heeres sei den Todesgöttern verfallen. Sein Amtskollege *Titus Manlius Torquatus* hat im gleichen Krieg gegen die Latiner ein anderes, nicht weniger schweres Opfer gebracht. Bei Todesstrafe war den Römern nämlich untersagt worden, sich in Einzelkämpfe mit dem Feind einzulassen. Als aber ein riesiger Krieger den Sohn des Consuls während eines Kundschafterritts herausforderte, wollte dieser die Schmach eines Rückzugs nicht auf sich nehmen. Er besiegte den Feind. Ins Lager zurückgekehrt, wurde er aber vom Vater wegen der Verletzung des Kriegsgesetzes angeklagt und zum Tod verurteilt. Das war wohl selbst den an überstrenge Ordnung gewöhnten Römern zuviel; denn von da an bezeichneten sie unnatürlich grausame Gebote als »Manliana Imperia – Manlianische Befehle«.

Wenn die Sagen auch römische Manneszucht überbetonen, so doch nicht immer in Verbindung mit über- und daher schon unmenschlicher Härte. Das zeigt das Beispiel des Diktators *Papirius Cursor*, der im Krieg gegen die *Samniter* seinen jungen Reiteranführer *Quintus Fabius Rullianus* zum Tod verurteilte, weil dieser entgegen seinem Befehl einen Kampf mit den Feinden angenommen und siegreich beendet hatte. Der Konflikt nimmt Kleists Prinz von Homburg–Stoff vorweg, und auch hier ließ der Diktator erst Milde walten, als Fabius und seine Freunde die Notwendigkeit der Manneszucht einsahen, nicht mehr forderten, sondern um Gnade flehten.

In die Zeit des gleichen Samniterkrieges fällt auch die Sage von der großen Niederlage des römischen Heeres, das bei *Caudium* in einen Hinterhalt der Samniter geriet und sich ergeben mußte. Enger vermischen sich hier schon Wirklichkeit und ausschmückender Bericht. Angeblich wurden die Truppen in einem entehrenden Vertrag durch das *Joch* – ein aus drei Lanzen gebildetes niedriges Tor – geschickt. Dann aber wird von himmlischen Vorzeichen erzählt, die Roms Legionäre ermutigten, als sie zu neuer Schlacht antraten, um die Schmach zu löschen. Jetzt opferte sich ein *Publius Decius Mus*, Sohn des oben erwähnten Consuls, wie sein Vater den Todesgöttern, um den Sieg zu erzwingen. Sein Tod lähmte die Samniter, die mit der Schlacht ihre Freiheit verloren und sich Rom beugen mußten. (H. P.)

Saturnalien

Das Fest des Bauerngottes *Saturnus* (→ *Mythologie*) am 17. Dezember, ursprünglich aus Anlaß der Beendigung der herbstlichen Feldarbeit abgehalten, wurde schließlich zu einer von der ganzen Bevölkerung Roms geschätzten mehrtägigen Feier in ausgelassener Karnevalsstimmung zur Erinnerung an das »Goldene Zeitalter« unter der Herrschaft des Gottes. Sogar die Schulen (→ *Erziehung*), die sonst auf Festtage keine Rücksicht nahmen, unterbrachen ihren Betrieb für einige Tage. Bei öffentlichen und privaten Gelagen floß der Wein in Strömen, und selbst der gestrenge Cato (→ *Cato der Ältere*) ließ seinen Sklaven eine Sonderzuteilung zukommen. Wer nüchtern blieb, fiel geradezu auf (Horaz, Sat. 2, 3, 5), und *Martial* nennt die Saturnalien »die feuchten Tage« (Martial, 14, 1, 9). Das *Würfelspiel* – sonst streng verboten – stand jetzt hoch im Kurs, und unter der Regie eines Saturnalienkönigs (rex bibendi) pflegte man besonders in gebildeten Schichten geistreiche Konversation bei Tisch. Man beschenkte sich gegenseitig vor allem mit Tonpuppen und Kerzen, die man auf einem eigens eingerichteten Markt erstehen konnte. Martial zählt darüber hinaus die verschiedensten Gaben auf, die man mit einer Aufschrift seinen Freunden zuschickte; so etwa eine *Schlafzimmerlampe* mit der Widmung:

»Ich, die Lampe, des süßen Betts Vertraute –
Was du auch immer tust, ich werde schweigen.«
(Martial, 14, 39; Übers.: R. Helm)

oder, schon weit makabrer, *Geißeln:*

»Treibt jetzt lustigen Scherz, doch treibt nur Scherze, ihr Sklaven!
Diese fünf Tage allein halt ich sie unter Verschluß.«
(Martial, 14, 79; Übers.: R. Helm)

In der Tat genossen die Sklaven jetzt – dies ist wohl eine Reminiszenz an die Gleichheit der Menschen unter Saturns Herrschaft im »Goldenen Zeitalter« – dieselben Freiheiten wie ihre Herren und speisten mit ihnen zusammen, ja gelegentlich kam es sogar zu einem Rollentausch: die Herren bedienten ihre Sklaven beim Mahl (vgl. Seneca, epist. 47, 14) und mußten sich – aus Respekt vor der nun auch für die Untergebenen geltenden Redefreiheit – von diesen regelrechte Zurechtweisungen und Strafpredigten gefallen lassen (vgl. Horaz, Sat. 2, 7; → *Sklaverei*). (W. M.)

Schweiz, Kelten – Römer – Germanen

Das Gebiet der heutigen Schweiz gehörte in römischer Zeit zu verschiedenen Provinzen: Der Süden war ein Teil der *Provinzen Transpadana* und

Alpes Graiae et Poeninae. Die West- und Nord-schweiz bis zum Bodensee – das Siedlungsgebiet der *Sequaner, Helvetier* und *Rauraker* – kam durch → *Caesars* Eroberungen zum Reich (59–57 v. Chr.) und bildete einen Teil der *Provinz Germania Superior,* die ihrerseits den südlichen Grenzabschnitt der *Provinz Gallia Belgica* darstellte. Der Osten (Bodenseegebiet, Graubünden) gehörte zu *Raetien,* das 15 v. Chr. unter der Regierung des → *Augustus* erobert wurde, um das Reich gegen Norden abzusichern. Diese Gliederung bestand bis zu → *Diocletians* Reichsreform, nach der der Westen dem »Vicarius« von Gallien, der Osten dem »Vicarius« von Italien unterstand. Auch die innere Verwaltung des Gebietes war verschieden organisiert: Der Westen unterstand zwar dem römischen Statthalter der Provinz Gallia Belgica, daneben blieb aber die alte Einteilung in Stämme (civitates) und Gaue (pagi) mit einer gewissen Selbstverwaltung, während Raetien, über dessen innere Verwaltung man nichts Genaueres weiß, als dauernd gefährdete Grenzprovinz wohl hauptsächlich nach militärpolitischen Gesichtspunkten regiert wurde, ohne großes Mitspracherecht der Bevölkerung. Die Einwohner des Südens waren – abgesehen von den Bewohnern der Provinz Alpes Graiae et Poeninae – Bürger lateinischen Rechtes (seit 88 v. Chr.)

Bevölkerung. Die Bevölkerung des Westens war ursprünglich *keltisch.* Sie wurde nach der römischen Eroberung langsam, aber so intensiv romanisiert, daß sie die später eindringenden *Germanen* (Burgunder und Alamannen) ihrerseits romanisierte. Dasselbe gilt für die Gebiete südlich der Alpen, wo diese Entwicklung schon früher eingesetzt hatte. Die Romanisierung war in den Gegenden südlich des Hochrheins weniger stark, weshalb sich später hier die Germanen gegen Kelten und Romanen durchsetzten.

Die Provinz Raetien war im Norden von den keltischen *Vindelikern* bewohnt, die der Hauptstadt *Augusta Vindelicorum* (Augsburg) den Namen gaben, und im Süden von den Rätern. Ihre ethnische Zugehörigkeit ist nicht sicher geklärt, etruskische und keltische Einflüssen sind zu vermuten. Sie wurden sicher völlig romanisiert, unterlagen aber wegen ihrer geringen Zahl den eindringenden Germanen. Daneben muß man, vor allem im Süden und in den Zentralalpen, mit einigen kleineren, wenig bekannten Völkerschaften rechnen.

Leben in den Provinzen. Das Leben in diesen Provinzen war in jeder Hinsicht durch die Lage geprägt: Erst als das rechtsrheinische *Decumatenland* die Aufgabe übernommen hatte, das Reich vor den Germanen zu schützen, konnte sich ein Eigenleben entwickeln, erst jetzt wirkte sich die verkehrsgünstige Lage voll aus. Die Römer bauten Fernstraßen, die das Land nach Süden mit Italien, nach Norden mit Germanien, nach Osten mit Raetien und nach Westen mit Gallien verbanden. Außer dem Fernhandel trug auch das Land selbst zu seinem Wohlstand bei: die Helvetier z. B. waren geschätzte und entsprechend gut bezahlte Hilfstruppen, Pferde aus helvetischer Zucht waren im ganzen Nordwesten des Reiches gesucht, von dem nach Italien exportierten Honig und den Fellen gar nicht zu reden. Zahlreiche römische Kolonisten brachten römische Lebensart und Kultur, und die verdienten Einheimischen, denen Rom das Bürgerrecht verliehen hatte, trugen dazu bei, das Land enger an Rom zu binden. Es entstanden eine erstaunliche Zahl von Städten, und alte keltische Oppida nahmen einen ungeahnten Aufschwung.

Niedergang. Die günstige Entwicklung wurde bald unterbrochen; denn ab dem 3. Jahrhundert n. Chr. drangen immer häufiger *Alamannen* plündernd über den Rhein, besonders nach der Aufgabe des Decumatenlandes. In diese Zeit fällt die Blüte der Stadt *Augst* (Colonia Augusta Raurica) bei Basel, was die Ausgrabungen eindrucksvoll dokumentieren. Augst diente wie auch das in dieser Zeit gegründete Basel (*Basilia*) vor allem als Festung zur Grenzsicherung. Aber auf die Dauer waren die nördlich der Alpen gelegenen Gebiete für Rom nicht zu halten, außerdem wurde Italien in dieser Zeit selbst von Germanen heimgesucht. Um das Jahr 480 fiel das Land nördlich der Alpen endgültig in die Hände der Alamannen. Ein neuer Abschnitt beginnt: das Mittelalter. Verloren ging die Erinnerung an die keltisch-römische Zeit nie: Der Name der Helvetischen Republik (1798–1803) ebenso wie das CH an den Autos – Confoederatio Helvetica – weisen auf diese Vergangenheit hin. (G. St.)

Scipionen

1. *P. Cornelius Scipio Africanus Maior* (= der Ältere, *etwa 235 v. Chr., † 183 v. Chr.). Als auf dem Höhepunkt des Zweiten Punischen Krieges (→ *Einleitung, Seite 21*) der erst 25jährige Scipio gegen alles Herkommen zum Nachfolger seines Vaters und seines Onkels, die auf dem spanischen Kriegsschauplatz gefallen waren,

bestimmt wurde (210 v. Chr.), begann eine der großartigsten militärischen Karrieren der Geschichte. Der junge Proconsul verdrängte in wenigen Jahren die Karthager aus Spanien und erschloß Rom die reichen Hilfsquellen dieses Landes. Das Geheimnis seines Erfolges lag neben einer neuen Manövriertaktik, die er nach eingehendem Studium des Gegners entwickelt hatte, vor allem in seiner persönlichen Ausstrahlungskraft, die ihm die abgöttische Verehrung seiner Soldaten und das Vertrauen der Spanier gewann. Obwohl Teile der Nobilität seinen Aufstieg mit Argwohn verfolgten, wurde er 205 v. Chr. zum Consul gewählt und mit der Führung des Endkampfes gegen → *Hannibal* betraut. Durch seine kühne Überfahrt nach Afrika zwang er Hannibal zur Rückkehr in die Heimat. Sein Sieg bei Zama (202 v. Chr.), wo er den großen Gegner mit dessen eigenen taktischen Waffen in einer Umfassungsschlacht schlug, besiegelte das Ende der karthagischen Großmachtstellung.

Scipio feierte einen glänzenden → *Triumph* und wurde als erster Römer mit dem Namen des von ihm unterworfenen Landes ausgezeichnet. Als Führer einer Senatspartei, die ihren Blick entschlossen über die Grenzen Italiens hinausrichtete, nahm der von religiös geprägtem Sendungsbewußtsein erfüllte »Africanus« fortan maßgeblichen Einfluß auf die römische Politik. Seine überragende Stellung rief aber auch eine erbitterte Opposition unter Führung des älteren → *Cato* auf den Plan, die energisch gegen den neuen Kurs ankämpfte. Die Gegner scheuten sich nicht, den Begründer der römischen Weltherrschaft nach dem *Syrischen Krieg*, in dem er den entscheidenden Sieg bei *Magnesia* (190 v. Chr.) vorbereitet hatte, wegen Hochverrats anzuklagen. Zwar gelang es Scipio, sich in einem spektakulären Auftritt vor dem Volk dem Prozeß zu entziehen, aber seine Stellung war unhaltbar geworden. Verbittert zog er sich in die freiwillige Verbannung auf seine Güter in Campanien zurück, wo er im selben Jahr wie Hannibal starb (183 v. Chr.). Noch *Seneca* besuchte ehrfurchtsvoll die schlichte ländliche Villa des schon zu Lebzeiten zum Mythos gewordenen Mannes, dem – nach der von *Ennius* verfaßten Grabinschrift – »weder Mitbürger noch Feinde sein Werk zu lohnen wußten«.

2. *P. Cornelius Scipio Africanus Minor* (der Jüngere) *Aemilianus* (*185 v. Chr., † 129 v. Chr.). Der Adoptivenkel des Siegers von Zama trat entschlossen in dessen Fußstapfen. Da schon der Name der Scipionen den Sieg zu verbürgen schien, wurde er im Dritten Punischen Krieg vorzeitig zum Consul gewählt und nach Africa geschickt. Die Zerstörung Karthagos (146 v. Chr.) nach grauenvollem Straßenkampf soll ihn zu Tränen gerührt haben, brachte ihm aber auch den schon vom Großvater getragenen Ehrentitel »Africanus« ein. Auch in → *Spanien* knüpfte er an die Familientradition an. Nach der Niederwerfung des Freiheitskampfes der *Keltiberer* durch die Eroberung ihrer Festung Numantia (133 v. Chr.) verlieh ihm der Senat noch den Ehrennamen »Numantinus«. Als Führer der *Optimaten* (→ *Einleitung, Seite 24*) trat er der sozialrevolutionären Bewegung seines Schwagers *Tiberius* → *Gracchus* mit Entschlossenheit entgegen. Ob er einem Mordanschlag seiner Gegner zum Opfer fiel, ist bis heute ungeklärt.

In Scipios Person offenbart sich zeichenhaft der geistige Umbruch, in dem Rom während des 2. Jahrhunderts v. Chr. stand. Sein Vater *L. Aemilius Paullus* hatte nach seinem Sieg bei *Pydna* (168 v. Chr.) die Bibliothek des Makedonenkönigs als Beuteanteil nach Rom gebracht und dem als Geisel nach Italien verschleppten *Polybios* die Erziehung seiner Söhne anvertraut. So kam der aufgeschlossene junge Mann frühzeitig mit der griechischen Geisteswelt in Berührung, um deren Verwurzelung in Rom er sich mit dem um ihn gescharten »Scipionenkreis« (→ *Griechen und Römer*) größte Verdienste erworben hat. Mit Recht konnte ihn → *Cicero* in dieser Hinsicht als sein Vorbild betrachten, während er den *Politiker* Scipio doch wohl zu stark idealisiert hat. (H. H.)

Senat

Neben den *Magistraten* (→ *auch Ämterlaufbahn*) und dem *Volk* bildete der Senat die dritte und entscheidende Säule der ungeschriebenen römischen Verfassung. Seine Anfänge reichen weit hinauf in die Vergangenheit, wenngleich sie sicher nicht mit dem angeblich ersten König *Romulus* in Verbindung zu bringen sind, der sich noch nach → *Ciceros* Meinung auf einen Kreis alter, erfahrener Männer, »senes«, gebildet aus den adeligen patrizischen Familienoberhäuptern, den »patres« (= Väter), stützte, weil er glaubte, »daß Staaten durch monarchische Machtbefugnis dann besser regiert werden, wenn der Einfluß der Tüchtigsten sich mit der absoluten Herrschergewalt verbindet«.

Von den ursprünglich wohl 100 Mitgliedern war

in der frühen Republik der Senat auf 300 Mitglieder erweitert worden, seit *Sulla* auf 600, unter → *Caesar* vorübergehend auf 900, ehe → *Augustus* die Zahl auf 600 reduzierte und wieder strenge Maßstäbe für die Zugehörigkeit anlegte.

Auch die Zusammensetzung dieses Gremiums unterlag der geschichtlichen Entwicklung: Zu den alten *patrizischen* Senatoren (vergl. »patres« und »senes«) traten seit dem Abschluß der Ständekämpfe auch Senatoren aus den wenigen *plebeischen* Familien (→ auch *Einleitung und* → *Soziale Verhältnisse*), die Anschluß an den alten Geburtsadel gefunden hatten, so daß sich die Anrede der Senatoren von »Patres« zu »Patres conscripti«, »Patrizier und Hinzugeschriebene (Plebeier)« veränderte. Caesar scheute sich nicht, sogar Gallier in den exklusiven Senatorenkreis aufzunehmen, doch blieben solche Rückgriffe auf Provinziale die Ausnahme.

Der Senat war im Verlauf der römischen Geschichte immer eine Domäne der Nobilität gewesen. In diese Körperschaft konnten nämlich nur Angehörige der wenigen patrizischen und plebeiischen Adelsfamilien gelangen, die zu Beginn der Republik von den Consuln, ab 313 v. Chr. von den Censoren bestellt wurden, denen mit der »nota censoria« (→ *Ämterlaufbahn*) das Recht eingeräumt wurde, Unwürdige aus dem Senat zu eliminieren. Der alte Brauch, die beiden Consuln nach Ablauf ihres Amtsjahres in den Senat aufzunehmen, weitete sich später auch auf die anderen Magistrate aus, bis zuletzt die Quaestur für die Senatszugehörigkeit ausreichte.

Durch den breiten Purpurstreifen auf der Tunica, den goldenen Fingerring und die roten Schuhe, die später von den Bischöfen der römisch-katholischen Kirche übernommen wurden, hoben sich die Senatoren vom einfachen Bürger ab.

Bei dem jährlichen Wechsel der Beamten verkörperte der Senat das einzige *kontinuierliche Element* der römischen Verfassung, denn seine Mitglieder gehörten ihm bis zum Tode an. Obwohl er verfassungsrechtlich keinerlei Kompetenzen hatte, weder von sich aus zusammentreten noch den beiden Consuln bindende Direktiven erteilen oder dem Volk eigene Abstimmungsbeschlüsse (senatus consultum) als Gesetze aufzwingen konnte, war es in der Staatspraxis doch so, daß sich kaum ein Beamter über die Senatorenmeinung hinwegsetzte, daß selten Anträge vor die Volksversammlung kamen, die der Senat nicht vorher gebilligt hatte, oder daß Gesetze von der Volksversammlung verabschiedet wurden, die der Senat nicht nachträglich sanktionierte.

Dieses Gremium war es, das für das *Kultwesen*, für die *Verlängerung der Beamtenämter* nach Ablauf ihres Amtsjahres, die sogenannte »Prorogation« zuständig war, das die *Streitkräfte* auf den Kriegsschauplätzen den Feldherren und die *Provinzen* den Statthaltern zuteilte. Der Senat war es auch, der die *Finanzen* kontrollierte, für die *Außenpolitik* verantwortlich zeichnete und in Krisensituationen die *Verfassung suspendierte*, indem er den Consuln durch das »senatus consultum ultimum« die unumschränkte Macht übertrug, und zwar mit der Rechtsformel: »Videant consules, ne quid detrimenti capiat res publica« – »Die Consuln mögen darauf sehen, daß der Staat keinen Schaden erleidet.«

Der Senat, »der kollektive Verstand Roms« (Adcock), bestimmte also letztlich die Politik Roms, nicht die Consuln oder das Volk, so daß man die Staatsform mit Recht als »Aristokratenrepublik« (Gelzer) bezeichnen kann, in der die Nobilität alle wichtigen Ämter, Priesterstellen und Gremien besetzt hielt. Wenn man diese nur auf dem Gewohnheitsrecht beruhende Machtposition des Senates nie in Frage stellte, lag das daran, daß der Senat auf Grund seiner Erfahrung, seiner Kenntnisse, seiner Tradition und seines unbestreitbar erfolgreichen Wirkens eine »auctoritas« besaß, die der Römer, ohne viel zu fragen, respektierte. Das berühmte SPQR (Senatus Populusque Romanus), die Inschrift des Stadtwappens von Rom – bis heute auf amtlichen Urkunden und städtischem Besitz geführt –, demonstrierte das ›Verbundensein‹ von »Senat und Volk von Rom« und war überall machtvolles Zeichen für die Anwesenheit Roms. (M. F.)

Sklaverei

Schon der alte Orient kannte die Sklaverei in der Form des Besitzrechtes an der Person eines anderen. Auch innerhalb der europäischen Geschichte reicht die Sklaverei weit ins Altertum zurück. So unterscheidet z. B. *Homer* verschiedene Arten von Sklaven, etwa Dienerschaft im Haus und Ackerknechte. Fast immer aber war die Sklaverei das Ergebnis von *Gewaltanwendung*. Im Kriege versklavte man die gefangenen Soldaten oder sogar ganze Bevölkerungsteile unterworfener Gebiete. Auch *Verschuldung* gegenüber dem Grundherrn konnte u. a. zur Versklavung führen. Die Gesetzgebung *Solons* in Athen, die diese Art von Schuldknechtschaft aufhob, liefert dafür einen anschaulichen Beweis.

Der entscheidende Schritt zur härteren Form der sogenannten *Kaufsklaverei* vollzog sich in Griechenland im 6. vorchristlichen Jahrhundert, als mit dem Aufkommen der *Geldwirtschaft* bedeutende *Sklavenmärkte*, z. B. auf Ägina, in Korinth und Athen entstanden. Von nun an wurde die Freiheitsberaubung zum Zwecke des Menschenhandels und der Verkauf von Menschen als Marktware gang und gäbe. Dieser Zustand einer ›Sklavenhaltergesellschaft‹ – wie ihn marxistische Geschichtsschreibung vereinfachend nennt – blieb bis zur Spätantike bestehen. Erst dann wurde die Sklaverei schließlich durch Formen *feudaler* Grundherrschaft abgelöst: ein wichtiges Moment der historischen Entwicklung. Wenn in Attika im vierten vorchristlichen Jahrhundert etwa 80 000 Sklaven lebten, die ein Viertel der Gesamtbevölkerung ausmachten, so zeigt das die gewaltige Bedeutung, die die Institution der Sklaverei besaß.

Äußere Entwicklung der Sklaverei bei den Römern bis zum Ausgang der Republik. Schon die frührömische Familie kennt ein *unfreies Gesinde*. Das lateinische Wort »famulus«, das neben »servus« den Sklaven bezeichnete, weist schon durch seine Herkunft von »familia« (= Familie) darauf hin, daß dieses unfreie Gesinde in enger Gemeinschaft mit der ›Herrenfamilie‹ lebte, arbeitete und gewiß auch feierte. Natürlich hatte das Oberhaupt der Familie auf Grund der von ihm ausgeübten »patria potestas« (→ *Erziehung*) *Verfügungsrecht* auch über die »famuli« und »servi«. Selbstverständlich durfte der Herr den Sklaven züchtigen, ja im Extremfall töten. Auch konnten Sklaven *keinen (größeren) Besitz* erwerben. Galt doch der später von dem Juristen *Gaius* niedergeschriebene Grundsatz: »Alles, was durch den Sklaven erworben wird, wird für den Herrn erworben.« Sklaven hatten *keinerlei politische Rechte* im Staat; Teilnahme an den politischen Versammlungen (Comitien) oder gar Zutritt zu Ämtern blieben ihnen versagt. Doch garantiert bereits das im 5. vorchristlichen Jahrhundert aufgezeichnete *Zwölf-Tafel-Gesetz* (→ *Einleitung, Seite 16; → Recht*) den Sklaven *Rechtsschutz gegenüber Dritten*. Auch konnten Sklaven schon sehr früh kleine Sondervermögen erwerben. Bei der Geburt von Kindern sollte der Rechtsstand der Mutter über Freiheit und Unfreiheit entscheiden.

Auch bei den Römern trat wie schon im Osten, wenn auch erst im 4. vorchristlichen Jahrhundert, ein Wandel ein, der von dem gewiß milderen Sklavenschicksal innerhalb einer patriarchalisch geleiteten Großfamilie zu härteren Formen führte. Nach griechischem Vorbild setzte sich die Kaufsklaverei in Italien durch. Die Zahl der Sklaven stieg gewaltig an. Der Grund für diese Entwicklung waren die großen, oft unendlich *langen Kriege* des 3. und 2. Jahrhunderts, vor allem die Niederringung *Karthagos* und die Unterwerfung *Makedoniens*. Die Hauptabnehmer der nach vielen Tausenden zählenden Sklavenbeute waren Privatleute, aber auch der öffentliche Dienst zeigte – kein Wunder bei der Schnelligkeit, mit der Rom zur Weltstadt heranwuchs! – immer größeren Bedarf an unfreien Arbeitskräften.

Die östlichen Kriegsschauplätze des 2. und 1. Jahrhunderts ließen das Heer der *Sklavenhändler* gewaltig ansteigen. *Piraten* verdienten sich riesige Vermögen durch die Jagd auf unschuldige Menschen an den Küsten des Mittelmeeres. Menschenjagd wurde zum beliebten, lukrativen Geschäft. Die Folge war eine starke Dezimierung der Bevölkerung Makedoniens, Griechenlands und Kleinasiens. Ihren Höhepunkt erreichte diese Entwicklung in der späten römischen Republik. Damals machte die Zahl von 250 000 bis 300 000 Sklaven ein Drittel der Gesamtbevölkerung von Rom aus. Da es sich dabei fast ausschließlich um ehemals freie, bei der Eroberung neuer Gebiete versklavte Menschen handelte, kann man das Ausmaß an unmenschlicher Härte und Grausamkeit, das diesen Vorgang begleitet haben muß, ahnen.

Gründe für den Sklavenbedarf. Die großen Eroberungen ließen den meist von Senatoren erworbenen *Grundbesitz* gewaltig ansteigen. Nach karthagisch-hellenistischem Vorbild setzte sich auch in Italien immer mehr der *agrarische Großbetrieb* mit seiner *Latifundienwirtschaft* (→ *Landwirtschaft*) durch, während das alte italische Bauerntum fast ganz verschwand. Diese neu entstehenden Großbetriebe aber waren mit billigen Tagelöhnern und Sklaven wesentlich gewinnbringender zu bewirtschaften als mit freien Bauern. Auch der rapide Aufstieg der *gewerblichen Wirtschaft* und die allgemeine Anhebung des zivilisatorischen Niveaus sind ohne die Sklaven und ihre Spezialkenntnisse, die sie in eine stark arbeitsteilige Wirtschaft einbrachten, nicht denkbar, abgesehen von der Unentbehrlichkeit der Sklaven in den Haushaltungen der Mittel- und Oberschicht.

Sklavenaufstände. »Es ist auffallend, daß alle großen Sklavenaufstände der antiken Welt in dem verhältnismäßig kurzen Zeitraum von 140 – 70 v. Chr. erfolgten« (Lauffer). Die Gründe sieht die moderne Forschung hauptsächlich darin, daß unter anderem das schnelle Anwachsen der Sklaven durch unaufhörliche Kriege und organisierten Menschenraub mit der Krise der römischen Republik zusammenfiel, in der seit dem Auftreten des Tiberius Gracchus (133 v. Chr., → *Gracchen*) ein Bürgerkrieg den anderen ablöste. Die Zentren dieser Sklavenaufstände waren *Kleinasien*, wo *Aristonikos* im Jahre 133 v. Chr. nach dem Tod *Attalos III.* von *Pergamon* Sklaven und ländliches Proletariat in einen Aufstand hineinriß, sowie *Sizilien*, wo die Sklaven nach dem Vorbild des Seleukidenreiches in Syrien den ersten Sklavenstaat der Geschichte errichteten, und schließlich *Unteritalien*, wo → *Spartacus* den für die Römer gefährlichsten Aufstand inszenierte, den dann *Crassus* mit äußerster Härte niederschlug.

Die Ziele dieser Bewegungen lagen nicht in einer generellen Umstülpung des Gesellschaftssystems. Vielmehr wollten die Sklaven ihre *persönliche Freiheit* gewinnen, ihre *Rückkehr in die Heimat* erzwingen oder *selbständige politische Gemeinschaften* gründen. Das private Eigentum hoben sie nicht auf, sondern versklavten ihrerseits Sklavenhalter, die ihnen in die Hände fielen. »Alle modernisierenden Vermutungen dieser oder jener Art, die man vorgebracht hat, sind verfehlt. Die erfolgreichen Sklavenführer wie *Eunus, Aristonikos, Salvius, Athenion* nahmen den Königstitel an, trugen hellenistisch-römische Herrschaftsinsignien, umgaben sich mit Gefolge und Leibgarde; sie befaßten sich mit Palastbauten, Münzprägung, Kultstiftungen, Rechtsprechung, Heeresorganisation. Ihre Staatsgründungen erscheinen in allen diesen Dingen sichtlich als Nachbildungen zeitgenössischer Staatsformen« (Lauffer).

Das Leben der Sklaven: Berufe. Was erwartete nun einen Sklaven, der vielleicht über den größten Sklavenmarkt der damaligen Zeit, den auf der *Insel Delos*, nach Rom gekommen war, falls er nicht auf einem der großen Landgüter arbeiten oder gar in einem Bergwerk schuften mußte? Neben den alltäglichen Arbeiten in Haus und Küche wurden Sklaven in vornehmen Haushaltungen geradezu für alles verwendet. Die Kinder Vornehmer z. B. *unterrichteten* gebildete griechische Sklaven, die ihren Homer auswendig konnten. Aus der Zeit der ausgehenden Republik und der ersten nachchristlichen Jahrhunderte werden uns unglaubliche Beispiele von ›Sklavenluxus‹ überliefert. Wenn unter → *Augustus* der Sänger *Tigellius* 200 und ein Menschenalter später der Stadtpräfekt *Pedanius Secundus* 400 Sklaven in

seinem Haus bzw. seinen Häusern beschäftigte, so mag es sich allerdings um Extremfälle handeln. Aber Sklaven hatten sie, die Reichen, alle. Sklaven dienten als *Sekretäre*, die alles notierten, was ihrem Herrn wichtig erschien, oder als ›*Studienhelfer*‹, die Bücher und Schriftrollen exzerpierten. Ein schriftstellerisches Werk wie die materialreiche »Naturgeschichte« des älteren → *Plinius* läßt sich schlechterdings nicht vorstellen ohne unzählige, von Sklaven geleistete Vorarbeiten. Manche römische Herren scheinen so faul gewesen zu sein, daß sie sich alles und jedes von Sklaven *mitteilen* ließen. Da mußte ein Sklave die *Uhr ersetzen* und regelmäßig die Stunden ansagen oder an den Gang ins Bad, an einen Termin auf dem Forum, an eine Verabredung erinnern. *Lucian* berichtet z. B., daß sich vornehme Römer bei einem Spaziergang von vorauseilenden Sklaven auf *Unebenheiten* des Weges aufmerksam machen ließen.

Bei den großen *Gastmählern*, die häufig in exzessive Gelage ausarteten, mußten wohlgestaltete junge ›Luxussklaven‹ nichts anderes tun als dastehen und als Augenweide dienen. ›Schöne Knaben‹, an deren weichen Haaren man die Hände abtrocknete, dienten als Mundschenken. Knaben aus Alexandria, die für ihren Witz bekannt waren, mußten bei Gelagen ihren Geist gegenüber Hausherrn und Gästen beweisen. So wie später an den Höfen der Renaissance und des Barock, fand man auch Gefallen an körperlichen Abnormitäten. Riesen, Zwerge, Kretins und Sklaven mit Mißbildungen aller Art, die man in Rom sogar auf einem eigenen Markt erwerben konnte, hatten eine verwöhnte und verdorbene Gesellschaft zu belustigen. Besonders schöne Knaben und Mädchen erreichten auf dem Markt Preise von 100 000 Sesterzen (→ *Geld – Münzen – Maße*) und mehr. Den Vornehmen begleiteten beim abendlichen Ausgang *Fackelträger*, die *Sänftenträger* beaufsichtigte ein *Obersänftenträger*, und Sklaven bzw. Sklavinnen besorgten das Verschließen der Kleider. Daß hübsche Sklavinnen häufig *Konkubinen* ihrer Herren wurden und manche römische Frau sich auf ein Verhältnis mit einem Sklaven einließ, braucht nicht weiter betont zu werden.

Doch neben diesen teilweise abstoßenden Beispielen gab es natürlich unzählige Sklaven, die durch wirklich ernsthafte Beschäftigungen für ihre Herren unentbehrlich wurden. So leistete der später von → *Cicero* freigelassene Sklave *Tiro* seinem Herrn nicht nur Sekretärsdienste, sondern beriet ihn auch literarisch. Ciceros Briefe an ihn beweisen das freundschaftliche Verhältnis der beiden. »Ich hätte gedacht, ich könnte die Sehnsucht nach Dir leichter ertragen, aber es geht einfach nicht, und obwohl es für meine Ehrung erforderlich ist, daß ich sobald wie möglich vor der Stadt (= Rom) erscheine, komme ich mir doch wie ein Sünder vor, daß ich mich von Dir getrennt habe«, schreibt Cicero seinem Vertrauten von einer Reise.

Besonders gefährdet war das Leben der → *Gladiatoren*. Abgesehen davon, daß sie normalerweise in Kasernen wohnten wie die Lastenträger in Ostia und anderen Hafenstädten, konnten sie nur überleben, wenn sie besonders stark und geschickt waren, hatten dann aber als »Stars« Aussicht auf ein Vermögen und spätere Freilassung (→ *Freigelassene*).

Behandlung und Rechtsstellung der Sklaven in der Kaiserzeit – Philosophie und Christentum zur Sklavenfrage. Die Behandlung der Sklaven war je nach Charakter ihres Herrn höchst unterschiedlich. Im Haus tätige Sklaven hatten den Vorteil, daß die persönliche Beziehung zwischen Sklaven und Herrn letzteren häufig zu größerer Menschlichkeit veranlaßte. Sklaven, die gegen Bezahlung etwa als Bauarbeiter, Lastenträger oder Ringkämpfer ausgeliehen wurden und in tristen »ergastula«, barackenähnlichen Kasernen, wohnten, lebten ein freudloses, von vielen Qualen begleitetes Dasein.

Seit *Aristophanes* spielt der Sklave in der antiken Komödie eine gewichtige Rolle. Da nützen Sklaven ihre Stellung zur Erpressung aus, wenn sie zu viel aus dem Intimbereich ihrer Herrschaft wissen. Oder Sklaven treiben ihren Spott mit einer senil gewordenen Herrin. Immer wieder wird die *Verkehrung der Verhältnisse* dargestellt: Der schlaue Sklave übernimmt die Rolle des Herrn oder gibt als listiger Ratgeber seinen törichten Herrn der Lächerlichkeit preis.

Durch die Historie sind uns aber vor allem auch viele Beispiele dafür überliefert, daß Sklaven bereit waren, für ihre Herrschaft große, ja größte Opfer zu bringen. So erfährt während des ersten Sklavenaufstandes in Sizilien die Tochter eines Sklavenhalters schonende Behandlung, weil sie sich stets menschlich gegenüber ihren Sklaven verhalten hatte. Bei den grausamen Proskriptionen der Bürgerkriegszeit gab es Sklaven, die sich an Stelle ihrer Herren töten ließen. *Plutarch* überliefert uns, ein Sklave habe sich um den Leichnam des ermordeten → *Pompeius* gekümmert.

Diese engen, ein gegenseitiges Treueverhältnis begründenden Bindungen entfielen bei den auf Abruf und je nach Bedarf arbeitenden Tagelöhnern und kleinen Handwerkern. So war deren Lage oft schlimmer als die vieler Sklaven in den Familien, weil sie in Zeiten der Arbeitslosigkeit nicht wie diese im »Fürsorgeverband« einer Großfamilie aufgehoben waren. Dennoch ist die vom Marxismus gebrauchte Pauschalbezeichnung »Sklavenhaltergesellschaft« irreführend, weil sie durch ihre Vereinfachung bzw. rein wirtschaftlich bezogene Formulierung den menschlichen und sozialen Verhältnissen nicht genügend entspricht.

Mit dem Ende der Bürgerkriege und der Konsolidierung des Reiches im ersten Jahrhundert verringerte sich die Zahl der zum Verkauf angebotenen Sklaven. Diese »Mangelsituation« wirkte sich natürlich auf die Behandlung der Sklaven günstig aus. Unter den Kaisern konnten Sklaven sogar zu einflußreichen Stellungen aufsteigen. So setzte schon Augustus als *Verwalter* seines ausgedehnten Besitzes Sklaven ein. Auch ist bezeugt, daß Sklaven innerhalb des kaiserlichen Palastes Funktionen wie die Ausbildung der Pagen, die Aufsicht über den Hausrat oder die Betreuung der Beleuchtung übernahmen.

Auch die geistig-moralische Einstellung gegenüber der Sklaverei wandelte sich im ersten Jahrhundert. *Seneca*, Lehrer des Kaisers → *Nero* und Vertreter der Philosophie der *Stoa* (→ *Philosophie*), schrieb in dem berühmten Brief 47 an seinen Freund *Lucilius:* »Mit Freude habe ich von Leuten, die von Dir kommen, vernommen, daß Du mit Deinen Sklaven freundschaftlich umgehst. – ›Es sind Sklaven.‹ Aber doch Menschen. ›Es sind Sklaven.‹ Aber doch Hausgenossen. ›Es sind Sklaven.‹ Aber doch Freunde, aus bescheidenem Stande. ›Es sind Sklaven.‹ Aber doch Deine Mitsklaven – denn Du mußt bedenken, daß Freie und Unfreie gleichmäßig der Macht des Schicksals unterliegen« (Übers.: Glaser-Gerhard).

Die Kaiser schränkten durch eine sklavenfreundliche Gesetzgebung die Willkürmaßnahmen der Sklavenhalter ein. So machte Kaiser *Tiberius* die Verwendung von Sklaven zum Kampf mit wilden Tieren (→ *Gladiatoren*) von einer behördlichen Genehmigung abhängig. Kaiser *Claudius* stellte die Tötung von kranken und gebrechlichen Sklaven dem Mord gleich. *Domitian* verbot die Kastration von Sklaven zum Zweck des Verkaufs als Eunuchen und → *Hadrian* untersagte den Verkauf von Sklavinnen in Bordelle. → *Diocletian* schließlich stellte die Aussetzung von Sklavenkindern unter Strafe.

Nimmt man noch den mäßigenden Einfluß des

Christentums hinzu, das zwar die Sklaverei nicht grundsätzlich ablehnte, aber für Freilassung nach Bewährung und für humane Behandlung plädierte, so ergibt sich, auch wenn ein durchschnittliches Sklavendasein weiterhin Not und Erniedrigung mit sich brachte, für die Kaiserzeit doch ein etwas günstigeres Bild. (S. G.)

Soziale Verhältnisse

Die Gründer Roms, die Latiner, lebten als Bauern und Hirten in *Gehöften* und *dörflichen Siedlungen*, die kaum Züge mittelmeerischer Stadtkultur aufwiesen; erst durch eine Epoche etruskischer Fremdherrschaft (→ *Etrusker*) erlangten sie Anschluß an die Grundströmungen der damals bereits griechisch bestimmten Mittelmeerwelt.

Es war eine Gesellschaft festgefügter *patriarchalischer Großfamilien*, die den Stammesverband bildeten. Im Frieden regelten die Familienoberhäupter selbständig untereinander ihre Angelegenheiten. Der *König* war, wenn er nicht das militärische Stammesaufgebot kommandierte, auf die Rolle eines *Oberpriesters* beschränkt, der auch im »Rat der Sippenoberhäupter«, dem »Senat«, den Vorsitz führte. Diese »Senatsfamilien« waren der Geburtsadel des Stammes, sein *Patriziat*, und verfügten über Gefolgschaften (→ auch *Senat*).

Die ausschließlich agrarisch bestimmten Wirtschaftseinheiten waren relativ klein und wenig leistungsfähig. → *Sklaverei* gab es, nur war die Zahl der Sklaven gering, da man zu arm war, um sich Sklaven in großer Zahl leisten zu können. Wie auch in den meisten griechischen Städten beseitigten Patrizier und Großgrundbesitzer um 510 v. Chr. das Königtum. Um diese Zeit bildete das Patriziat eine Schicht eng ineinander verzahnter und dabei heftig konkurrierender Geschlechter.

In den *Familien* herrschte das Familienoberhaupt als »pater familias« wie ein Monarch. Seine Stellung beruhte auf einem ungeschriebenen, aber festen, schon in früher Zeit zu hoher Vollkommenheit entwickeltem *Privat- und Familienrecht*, »Vätersitte« (lat. »mos maiorum«) genannt.

Zur »familia« gehörten nicht nur Blutsverwandte, Angeheiratete und die Sklaven, sondern auch eine größere Gefolgschaft kleiner, aber freier Leute aus Stadt und Land, die *Klienten* (= Schutzbefohlene). Sie waren mit ihrem *Patron* (= Schutzherr) persönlich und privatrechtlich eng auf Gegenseitigkeit verbunden; dies galt im Frieden und im Krieg, vor Gericht genauso wie in der Politik, wenn Wahlen stattfanden und der Patron sich bewarb. *Klienten zu besitzen, war ein adeliges Vorrecht* von höchster gesellschaftlicher und vor allem politischer Bedeutung durch viele Jahrhunderte hindurch.

So verfügten die Patrizier in Staat und Gesellschaft über die entscheidenden Kriterien: Eine lange Ahnenreihe verlieh den Adel und hob sie aus der Menge der Menschen ohne Stammbaum heraus, Reichtum an Grundbesitz und Vieh gab dem Geburtsadel eine materiell gesunde Basis und ermöglichte eine intensive Teilnahme an Politik und Staatsgeschäften. Nur Patrizier waren die Hüter und Interpreten des »mos maiorum«; sie vereinigten die Rollen des *Gesetzgebers und Richters* auf sich und *beherrschten so die Justiz*. Sie allein saßen im → *Senat* und stellten die jährlich gewählten Oberbeamten (→ *Ämterlaufbahn*). Patrizier besetzten die hohen *Priesterstellen*, ohne deren Amtswaltung bei Opfern und Orakeln auch politisch nichts ›ging‹; sie waren – in ihrer Machtfülle – die Erben der etruskischen Könige. Roms Gesellschaft war also scharf in zwei Teile geschieden: die *Patrizier* und die große Masse von Römern ohne Ahnenreihe und mit nur kleinerem oder gar keinem Grundbesitz – die *Plebeier* (von lat. »plebs« = das niedere Volk) – standen sich streng gesondert gegenüber; sogar Heiraten über diese soziale Schranke hinweg waren verboten.

Der »Census« bestimmt über die Macht. In den ersten Jahrzehnten der Republik wurde diese Teilung der Gesellschaft durch ein genaues *Censussystem* noch mehr differenziert und verfassungsmäßig verankert: Jeder Bürger bekam auf Grund seines *Besitzes* seinen Platz in der Gesellschaft angewiesen, hatte aber die theoretische Möglichkeit, durch Vergrößerung seines Vermögens sozial aufzusteigen. Das *Bürger- und das Wahlregister* wurden nach Vermögensgesichtspunkten geführt und auf dem laufenden gehalten. Für diesen Zweck gemessen wurde die Fähigkeit des einzelnen, sich auf eigene Kosten entweder als Reiter, Schwerbewaffneter zu Fuß, Leichtbewaffneter oder gar nicht ausrüsten zu können. *Sklaven* und *Fremde* hatten kein Wehr- und damit auch *kein Wahlrecht*.

Von dieser Einordnung in *Vermögensklassen* (= Census), bei welcher Bürgerrecht und Besitz, Wehrrecht und Wahlrecht eng aufeinander bezogen waren und so das *Personenstandsrecht* bildeten, hing ab, mit welchem Gewicht die Stimme des Einzelbürgers in der *Volksversammlung* zum Tragen kam, wenn dort Beamte ge-

Generalstreik der Plebs

Der römische Geschichtsschreiber *Livius* berichtet, wie bitter die plebeischen Soldaten ihr
Los beklagten: Die Kriege der Republik bräch-
ten ihnen nichts anderes als Narben und
Krankheit, zu Hause warte der Schuldturm auf
sie. Die Patrizier versprachen Abhilfe und
Ausgleich, hielten jedoch ihr Versprechen
nicht. Da entschloß sich die Plebs, den Patriziern den Dienst aufzukündigen und auszu-
wandern. Der Beschluß wurde ausgeführt.
Nun schickten die Patrizier einen Unterhändler
zur ergrimmten Plebs auf den »Heiligen Berg«.
Er erzählte dort folgende Fabel: »Anders als
heute handelten einst die menschlichen Glieder
nicht einträchtig, sondern jedes einzelne hatte
seinen eigenen Willen und seine eigene
Sprache. Da ärgerten sich die übrigen Körper-
teile über den Magen, der durch ihre Arbeit
und Mühe alles bekomme, während er selbst
behäbig in des Leibes Mitte ruhend nichts tue
als seinem Vergnügen nachzugehen. Und so
verschworen sie sich, daß die Hände das Essen
nicht zum Mund führen, der Mund es nicht
annehmen und die Zähne es nicht kauen sollten.
Während sie so in ihrem Zorn den Magen
treffen wollten, wurden Körper und Glieder
von tödlicher Auszehrung befallen. Da wurde
offenbar, daß auch der Magen eine wichtige
Aufgabe erfülle und genauso die Glieder er-
nähre wie diese ihn. [...] Als die Plebs in diesem
Gleichnis sah, wie sehr der Aufstand der Glieder gegen den Magen dem Zorn der Plebs gegen
die Patrizier ähnlich sei, ließ sie mit sich reden,
und es begannen Verhandlungen zwischen
Patriziern und Plebeiern, mit dem Ziel, die
Eintracht wieder herzustellen...« (Livius,
3, 32)

wählt, Gesetze beschlossen oder über Krieg und
Frieden entschieden wurde. Vom Vermögen hing
auch ab, wer sich um hohe Staatsämter bewerben
und damit als hoher Beamter eine Volksversammlung einberufen und eine Abstimmung herbei-
führen konnte.
Wahl- und Abstimmungsmodus stellten sicher, daß
die Censusklassen der großen und mittleren Land-
besitzer immer den Ausschlag gaben, die stadtrömischen Kleinbürger aber im Mißverhältnis
zu ihrer Kopfzahl wenig Einfluß hatten. Andererseits wurden Teilnehmer in vorgerücktem Le-
bensalter, obwohl an Zahl naturgemäß geringer

vertreten, nach dem herrschenden »Senioritäts-
prinzip« noch einmal bevorzugt.
Obwohl diese Ordnung einem Klassenwahlrecht
rigidester Ordnung entsprach, war sie doch auch
eine Klammer zwischen den Klassen, denn zu den
»Grundbesitzern« zählte damals auch die zahlen-
mäßig sehr starke Elite der Plebeier, die Schicht
der kleinen und mittleren Bauern des flachen
Landes. Von dort kamen jene schwerbewaffneten
Milizsoldaten zu Fuß, die ein Weltreich eroberten.
Es war ein Alarmzeichen für den Bestand der
klassischen Republik, als deren Zahl stark absank.
Die Ständekämpfe. Im Verlauf des 5. und 4. Jahrhunderts wurde sehr schnell deutlich, daß es in
der Plebs viele ehrgeizige, leistungsfähige und
reich gewordene Familien gab, denen das bestehende Gesellschaftssystem keine befriedigen-
den Aufstiegsmöglichkeiten bieten konnte. Bei
dieser »Creme« der Plebeier stimmten Vermögen
und Herkunft nicht mehr überein. Die Folge
waren langwierige soziale Auseinandersetzungen,
uns bekannt als Ständekämpfe (→ auch *Seite 25/26*).
Wie in der Fabel taktierte auf die Dauer das
Patriziat flexibel, geschickt und weitsichtig. Man
gab nach, ohne jedoch das Heft aus der Hand zu
verlieren: die Rechtsnormen wurden nun schriftlich im *Zwölf-Tafel-Gesetz* niedergelegt und so
Rechtsgleichheit geschaffen. Die Plebs konnte sich
eigene Beamte wählen, die »Volkstribunen«, und
so ihre Interessen wirksam gegenüber dem Senat
zur Geltung bringen; auch das Verbot von Ehen
zwischen Plebeiern und Patriziern fiel bald weg.
Länger dauerte es, bis die führenden Plebeierfamilien zu Positionen in der Staatsspitze kamen;
für diese Führungsstellen reichten bei den meisten
von ihnen die Mittel nicht, denn alle Spitzen-
ämter waren *unbezahlte Ehrenämter*: der Wahlkampf, die eigentliche Amtsverwaltung und der
darauf folgende Einzug in den Senat erforderten
auch schon in der Frühzeit der Republik beträchtliche Gelder und viel Zeit. Aber fürs erste galt:
das Patriziat hatte nicht nur »Nein« gesagt, und
schon Ende des 4. Jahrhunderts befanden sich die
führenden Plebeiersippen in Amt und Würden.
Aus ihnen entstand – *neben dem patrizischen
Geburtsadel* – der neue *Amtsadel der Nobilität*;
seit Beginn des 3. Jahrhunderts bildeten die re-
gierungsfähigen patrizischen und plebeiischen
Familien eine *exklusive Senatorenschicht*, die
zusätzlich durch mancherlei Rechtsverordnungen
zementiert wurde. Der Sitz im Senat war für bestimmte Familien zu einem vererbbaren Gut geworden, das zu einer bestimmten, abgehobenen,

auf den Staatsdienst konzentrierten Lebensweise verpflichten sollte. Das Recht des römischen Bürgers, dank seines Reichtums in die Staatsspitze zu gelangen, wurde jetzt grundlegend eingeschränkt. Noch im 3. Jahrhundert erging ein Gesetz, das Senatoren und deren Söhne verpflichtete, von kapitalistischen Geschäften wie Großhandel, Bankgeschäften, Steuerpacht und dergleichen Abstand zu halten.

›Senatsadel‹ und ›Geldadel‹. Nun gab es aber inzwischen eine beträchtliche Anzahl römischer Bürger, die sich mit großem Erfolg gerade in diesen Geschäftszweigen betätigten, – schließlich waren ja die politischen Ziele Roms das inzwischen eine Großmacht auf dem Weg zur ›Weltmacht‹ geworden war – mit den wirtschaftlichen Interessen vieler römischer Bürger eng verknüpft. Diese ›Kapitalisten‹ besaßen genauso wie die Senatoren die entsprechenden Mittel, sich als ›Reiter‹ auszurüsten und erfüllten somit die alten Anforderungen der höchsten Censusklasse. Diese wohlhabenden Römer wurden zwar tatsächlich in die Reihen des Adels aufgenommen, und man gestattete ihnen das Führen der Adelsinsignien, in den Senat und in hohe Staatsämter konnten sie jedoch nicht gelangen, solange sie bei ihrer geschäftlichen Tätigkeit blieben. So entstand unterhalb der Senatoren ein neuer Adelsstand, die *Ritter*. War ein Ritter bereit, aus dem Geschäftsleben auszuscheiden, standen ihm die Ämterbewerbung und unter Umständen der Sitz im Senat offen.

Die Senatorenfamilien patrizischen und plebeiischen Geblüts bildeten also die uneingeschränkte Gesellschaftsspitze. Ihr Feld waren die hohen Staatsämter (→ *Ämterlaufbahn*), die Tätigkeit als Senator, die Ausübung der hohen militärischen Kommandos und der maßgeblichen Priesterstellen. Ihre riesigen, in *Grundbesitz* angelegten Vermögen, ihre *Familienverbindungen*, die *Tradition* und ihre großen *Klientenscharen* waren die Wurzeln ihrer politischen Macht. Sie konnten die Wahlen beherrschen und am Ende der Republik »von der Straße her« das öffentliche Leben knebeln und terrorisieren. Erfolgreiche Militärs aus ihren Reihen zählten in der Spätzeit ihre Soldaten nicht nur zur eigenen Klientel, sondern setzten diese auch für ganz persönliche Ziele ein; eine höchst wirksame, aber für die Existenz der Republik überaus gefährliche Entwicklung! Einen ›Rang tiefer‹ in der gesellschaftlichen Stufung residierten die Ritter als potentielle Senatoren. Sie beherrschten, wie wir heute sagen würden, das ›Big Business‹, und infolge ihrer wirtschaft-lichen Kraft war ihr mittelbarer politischer Einfluß nicht gering.

Senatoren wie Ritter repräsentierten, verglichen mit dem Rest – der großen Menge – der römischen Bürger, eine außerordentlich starke Vermögenszusammenballung Was in diesen Kreisen »reich« bedeutete, mag ein Satz beleuchten, der einem ihrer maßgeblichen Vertreter, dem *M. Licinius Crassus*, zugeschrieben wird: »Reich kann nur genannt werden, wer von den Zinsen seines Vermögens ein Heer bezahlen kann«. Das aber war seinerzeit wie heute die teuerste Sache der Welt!

Die Plebs. Sozusagen in den ›Untergeschossen der Gesellschaft‹ hauste in drangvoller Masse und verarmt die Plebs. Hier hatte sich viel und nicht zum Guten geändert: Viele Generationen lang war das mittlere Bauerntum, die Kernschicht der Plebs, durch Kriege überbeansprucht worden. Dabei blutete diese Schicht physisch und besonders wirtschaftlich nahezu aus. Wer nicht auf dem Schlachtfeld blieb, der machte zu Hause als Veteran meist bankrott. Die ›Überlebenden‹ vergrößerten die immer mehr anschwellende Masse der städtischen Plebs, die, was ihren Besitz anbelangte, schon immer unter der ländlichen rangiert hatte. In der späteren Republik sanken dann die Plebeier der Hauptstadt zu einem besitzlosen ›Proletariat‹ ab, das keiner geregelten Beschäftigung mehr nachging, sondern vom Verkauf seines Stimmrechts an die meistbietenden Adelscliquen lebte. Weil durch das Ausbluten der ländlichen Plebs das bäuerliche Milizsystem zusammenbrach, kamen aus diesem städtischen ›Proletariat‹ nun die meisten Soldaten – Berufssoldaten! – der unteren Ränge bis zum Centurio (→ *Heerwesen*). Für sie war der Kriegsdienst nicht mehr staatsbürgerliche Pflicht, sondern Broterwerb.

Sklaven und → *Freigelassene*. Die ›Keller und Hinterhöfe der Gesellschaft‹ quollen über von Sklaven (→ *Sklaverei*), die nahezu ohne Rechte als Sacheigentum ihren Herren ein kompaktes ›Subproletariat‹ und eine ständige Aufstandsgefahr darstellten; auch hier gab es jedoch Aufsteiger, die *Freigelassenen*. Ihre Zahl stieg ständig, und, im Besitz des Bürgerrechts, verstärkten sie das fremdländische Element in der Bürgerschaft ganz beträchtlich.

Wichtig für die Sozialentwicklung, besonders in kultureller und religiöser Hinsicht, blieb die ständig wachsende Zahl *freier Ausländer*, die in Rom und Italien ihren ständigen Wohnsitz genommen hatten. An ihrer Spitze sind besonders Griechen und Bewohner orientalischer Länder zu nennen.

Die Kaiserzeit. Die Bürgerkriege und die aus ihnen hervorgehende Monarchie leiteten einen neuen Abschnitt der gesellschaftlichen Entwicklung ein; die Änderungen sind, was die politischen Machtstrukturen betrifft, rascher und sie sind vor allem deutlicher sichtbar als in anderen Bereichen. Zwar blieben die Senatoren die Schicht mit dem höchsten Sozialprestige und dem größten Reichtum, doch verloren sie ihren dominierenden Rang in der Politik und vor allem in der Staatsführung, obwohl formal die republikanische Magistratur weiterbestand – allerdings nur als eine Gruppe mehr oder minder dekorativer Ämter-Hülsen. Die Macht im Staat ging auf die Person des *Kaisers* über, hinter dem das schlagkräftigste Berufsheer stand, das die Welt bis zu diesem Zeitpunkt gesehen hatte. Das militärische Oberkommando, verbunden mit der Regierung der wichtigsten Provinzen und zur Zeit der Republik wechselnd auf die führenden »Staatsfamilien« verteilt, stand nun mit allen ihm innewohnenden Möglichkeiten einem einzigen Manne zur Verfügung.

Der kaiserliche Verwaltungs- und Militärapparat bestand nun aus ›Fachleuten‹ (zumindest unter fähigen Herrschern), die allerdings zusätzlich zur Sachkompetenz unbedingt auch das Vertrauen des Herrschers besitzen mußten. Die Zeit der republikanischen Beamten, die sich ihres Eigeninteresses und ihres Eigenwertes oft nur allzu gut bewußt gewesen waren, war vorüber. Bei der Stellenbesetzung wurden immer mehr die *Ritter* berücksichtigt, da unter ihnen offensichtlich die Personen zu finden waren, die das Zeug zu einem loyalen Fachbeamten- bzw. Berufsoffizierstum ohne störenden politischen Hintergrund und ohne einengende Traditionen mitbrachten. Es verwundert nicht, daß unter diesem Gesichtspunkt der Abhängigkeit und Loyalität manche Freigelassene Karrieren machten, wie man sie sich in der Republik kaum hätte vorstellen können. Die *Bürokratisierung* des Staates machte in der Kaiserzeit entscheidende Fortschritte. Auch das Los der *Sklaven* verbesserte sich: langsam setzte sich die Ansicht durch, daß auch Sklaven vollwertige Menschen seien. Als Wirtschaftsfaktor verlor die Sklaverei immer mehr an Bedeutung, allerdings ohne als Institution zu verschwinden. Dies wird besonders auf dem Gebiet der Landwirtschaft deutlich. An die Stelle der Sklaven, die nicht mehr in so unbeschränkten Mengen zur Verfügungen standen, traten nun allmählich immer öfters *halbfreie Pächter* (→ *Kolonen*).

Die Anstöße zu sozialen Neuentwicklungen kamen jetzt mehr von draußen! Italien wird zu einem ›stillen‹ Land und beginnt, im Imperium aufzugehen: Die Provinzen, lange vernachlässigt, treten nun in den Vordergrund, von ihnen kommen jetzt viele soziale Impulse. Das italische Bauerntum und der alte Senatsadel haben ihre historische Rolle beendet.

Gallien, *Spanien* und *Nordafrika*, die am stärksten romanisierten und urbanisierten Provinzen, stellen in steigendem Maße tüchtige Anwärter für hohe Staatsfunktionen und bald auch hervorragende Herrscher. In den blühenden Städten dieser Länder entsteht ein neuer, kräftiger *bürgerlicher Mittelstand*, der loyal kaiserlich eingestellt ist und die Segnungen des »Kaiserfriedens« dankbar akzeptierte: Ruhe, Ordnung, Frieden, gesicherte Wirtschaftsentwicklung, verbunden mit einem hohen Maß persönlicher Freiheit und Rechtssicherheit für den Einzelnen. Diese Schicht betätigt sich eifrig und mit innerer Anteilnahme an der lokalen Selbstverwaltung.

Auch die stadtrömische Oberschicht hat sich mit der Monarchie abgefunden. Der Geschichtsschreiber Tacitus, selbst mit allem Vorbehalt (Verlust der politischen Freiheit!) wohl ein Befürworter des Kaisertums, drückt dies so aus: »Allmählich wurde Augustus zum Alleinherrscher des Staates [. . .], ohne dabei auf irgendwelchen Widerstand zu stoßen . . . Das Gros des Adels, meist erst in jüngster Zeit hochgekommen, beugte sich ihm willig und nahm Geld und Auszeichnungen aus der Hand des Monarchen an, da man die gebotene Sicherheit höher schätzte als die frühere, mit großen persönlichen Risiken verbundene Freiheit. Die Provinzen zogen hier willig mit: das republikanische System war dort schon längst in Mißkredit geraten. [. . .] (Tacitus, Ann. 1, 2).

Der Niedergang. Fast zwei Jahrhunderte erfreuen sich Italien und die Provinzen der ungestörten »Pax Augusta«. Als dann gegen Ende des 2. Jahrhunderts die ›Barbaren‹ (insbesondere *Germanen* und *Parther* bzw. *Neuperser*) die Grenzen des Imperiums zu berennen und zu durchbrechen beginnen, setzen unter dem äußeren Druck neue soziale Wandlungen ein: Die Wirtschaftskraft des Gesamtstaates ist stark geschwächt, die wohlhabenderen Mittelschichten der Provinzen erleben einen unaufhaltsamen Abstieg; die römische Reichszivilisation verfällt zusehends: Auf der einen Seite beeinträchtigt die stark verminderte Sicherheit der Verkehrswege Handel und Wandel und damit die Verdienstmöglichkeiten beträchtlich, andererseits wirkt sich der ins Immense wachsende staatliche Steuerdruck und die fleißig betriebene Inflationspolitik immer unbarmherziger aus, zumal die Unterhaltskosten für das Heer bald jede Dimension sprengen. Die Landwirtschaft, auch in blühenden Provinzen (Gallien), geht zu Grunde, da viele Bauern entweder durch Feindeinwirkung oder Seuchen sterben oder aber in die Provinzstädte fliehen, die nun ebenfalls ein ›Proletariat‹ erhalten. All diejenigen aber, die auf dem Lande bleiben, suchen vor den ›Barbaren‹ oder den Steuereinnehmern – beide sind nahezu gleich schlimm für sie – bei mächtigen Großgrundbesitzern Schutz. Diese Länderein werden wie kleine Staaten im Staat autark bewirtschaftet, was der Wirtschaftskraft des Gesamtreiches nicht gerade gut tut; aus den Bauern aber werden nun endgültig Kolonen, schollengebundene, bestenfalls halbfrei zu nennende Pächter!

Der Staat verliert zusehends seinen klassisch-römischen Charakter und zeigt immer mehr Züge einer bevölkerungsfeindlichen orientalischen Despotie, mit der sich weite Kreise nicht mehr identifizieren wollen. Das Heer, nun weitgehend von seinen barbarischen Söldnerkontingenten geprägt, stellt in dieser Gesellschaft, die es ja eigentlich schützen sollte, einen Fremdkörper dar; den so wichtigen Romanisierungseffekt, den es früher gehabt hat, kann es schon lange nicht mehr erbringen. Diese Entwicklung – zusammen mit dem ständigen Druck von Außen – führt im Westen zum Untergang des Reiches, weil seine Gesellschaft nun keine Abwehrkräfte mehr entwickeln kann. (D. R.)

Spanien

Es ist bezeichnend, daß sich für die Pyrenäenhalbinsel nicht der griechische Name Iberia, »Land der Iberer«, durchgesetzt hat, sondern die römische Benennung Hispania, die im heutigen »Spanien«, »Espagna« weiterlebt. Wie so viele andere »romanische« Länder hat Spanien die prägende Kraft der römischen Sprache und Kultur erfahren – und sie nie mehr abgestreift –, andererseits dem Imperium Romanum nicht nur seinen Metallreichtum zur Verfügung gestellt, sondern ihm auch eine Reihe hochberühmter Männer geschenkt: die beiden *Seneca, Lucan, Martial, Quintilian* und die so gegensätzlichen Kaiser *Traian* und → *Hadrian.*

Bis zur Errichtung der römischen Herrschaft in Spanien 206 v. Chr. hatte das Land eine recht wechselvolle Geschichte hinter sich, die von den *Lusitanern* im Südwesten (im heutigen Portugal), den *Ligurern* im Westen, im Norden von den wilden Gebirgsstämmen der *Asturer* sowie den »kriegslüsternen« *Cantabrern* bestimmt wurde, die ob ihres kriegerischen Charakters erst zur Zeit des → *Augustus* mit »später Kette gefesselt« (Horaz) wurden. Das Hauptgebiet der iberischen Halbinsel besiedelten im Süden und Osten die *Iberer;* sie hielten diese Region auch dann noch, als im 6. und 5. Jahrhundert v. Chr. keltische Stämme einwanderten und schließlich mit den Iberern zu den »Keltiberern« verschmolzen.

Die reichen *Bodenschätze* des Landes (Gold, Silber, Eisen, Kupfer, Zinn) hatten schon sehr früh das mächtige Handelsvolk der *Phöniker* angelockt, die um 1000 v. Chr. Handelskolonien wie *Gades*, das heutige Cadiz, errichteten oder mit dem in der Bibel erwähnten *Tarschisch = Tartessos* intensiven Güteraustausch pflegten. Ihre Vorläufer waren vielleicht lange vorher die *minoischen Kreter*, auf jeden Fall aber die *Mykenäer* gewesen. In der großen Kolonisationsepoche von 750–550 v. Chr. machten die *Griechen* zum ersten Mal Bekanntschaft mit dem »metallreichen« Land im äußersten Westen, wo nach ihrer Auffassung *Atlas* mit seinen Schultern das Himmelsgewölbe trug, seine Tochter, die *Nymphe Kalypso*, auf einer Insel den schlauen Odysseus festhielt und die »Säulen des Herakles« die enge Straße von Gibraltar begrenzten.

Eine nachhaltige Wirkung blieb aber den griechischen Ackerbau- und Handelskolonien in Spanien versagt, weil mittlerweile die Stadt *Karthago*, um 800 v. Chr. vom phönikischen *Tyros* aus gegründet, im Bunde mit den → *Etruskern* weitere griechische Ausdehnungsbestrebungen vereitelte und sich das Handelsmonopol im westlichen Mittelmeerbereich gesichert hatte. Die Karthager ließen die Freiheit der iberischen Bewohner weitgehend unangetastet und begnügten sich mit der Herrschaft an der *Ostküste* bis hinauf nach *Cartagena.*

Erst nach dem Verlust Sardiniens, Korsikas und Siziliens im Ersten Punischen Krieg an die Römer sahen sich die Karthager nach einem neuen Wirtschaftsgebiet um und eroberten ab 237–218 v. Chr. planmäßig den ganzen *Süden Spaniens bis zum Tajo*, gründeten 225 v. Chr. *Neu-Karthago, Carthago nova = Cartagena*, verzichteten aber auf die Einbeziehung des nördlichen Spanien. Dort hatten nämlich die Römer auf Wahrung ihres Einflusses gedrängt und mit Karthago 226 v. Chr. den »Ebrovertrag« abgeschlossen, der eine weitere Expansion Karthagos über den Ebro verbot.

Spanien in römischer Zeit

Als → *Hannibal* gegen dieses Abkommen verstieß, nahmen die Römer den Verstoß zum Anlaß des Zweiten Punischen Krieges und begannen ihrerseits 218 v. Chr. mit der Eroberung Spaniens, die 206 v. Chr. durch *P. Cornelius Scipio* abgeschlossen wurde. Wichtiger als die militärische Kontrolle war den Römern allerdings die Wirtschaftskraft des Landes und die Ausnutzung der Bodenschätze. Die *Grubenwerke* bei Carthago nova, in denen angeblich 40 000 Sklaven beschäftigt waren, sollen täglich allein 25 000 Denare abgeworfen haben. Sie waren jetzt ebenso Besitz des römischen Volkes geworden wie die anderen Bergwerke, die großen *Latifundien*, die wichtigsten Städte und Dörfer, denen zudem noch regelmäßige Abgaben auferlegt wurden.

Ab 205 v. Chr. verwalteten zwei Proconsuln die *Provinz Hispania*, die 197 v. Chr. in zwei Provinzen getrennt wurde, in »Hispania Citerior« mit der Hauptstadt *Carthago nova* und in »Hispania Ulterior« mit der Hauptstadt *Corduba (Cordoba)*. In den folgenden Jahrzehnten mußte Rom sich im ständigen Kleinkrieg vor allem mit den über die steuerlichen Belastungen erbitterten Keltiberern und Lusitanern herumschlagen, bis es nach der Ermordung des lusitanischen Anführers *Viriathus* 139 v. Chr. und der völligen Zerstörung des keltiberischen Zentrums, der Stadt *Numantia*, durch *P. Cornelius Scipio Aemilianus* 133 v. Chr., die Ruhe wiederhergestellt hatte. Trotzdem flackerten die Kämpfe immer wieder auf, und selbst → *Pompeius* und → *Caesar* erreichten keine

Konsolidierung der gesamten Halbinsel. Erst Kaiser → *Augustus* unterwarf nach harten Kämpfen mit den Asturern und Cantabrern in den Jahren 25–19 v. Chr. die letzten freien Gebiete Spaniens, so daß er mit Recht in seinem Rechenschaftsbericht, dem »Monumentum Ancyranum«, sagen konnte: »Die gallischen und spanischen Provinzen und ebenso Germanien habe ich befriedet, ein Gebiet, das vom Ozean von Gades aus bis zur Elbemündung umschlossen wird«. Statt der bisherigen zwei spanischen Provinzen schuf Augustus drei neue: »Hispania Tarraconensis« mit der Hauptstadt *Tarraco*, dem heutigen *Tarragona*, »Hispania Baetica« mit der Hauptstadt *Corduba* und »Hispania Lusitania« mit der Hauptstadt *Augusta Emerita*.

Wie sehr in den folgenden 300 Jahren die gründliche Romanisierung des Landes fortgeschritten war, ist schon daraus ersichtlich, daß die vier Legionen rund 100 Jahre später bis auf eine abgezogen waren. Ein dichtes Straßennetz überzog das Land, Amphitheater, Brücken, Aquädukte (der schönste in *Segovia*), Thermen, Tempel und Triumphbögen überdauerten sowohl den *Wandaleneinfall* 406 n. Chr. (an ihn erinnert heute noch die Landschaft Andalusien = Wandalusien), das Reich der *Westgoten* bis 712, als auch die Herrschaft der Araber, die 1492 mit der Eroberung des Emirates von Granada endete. Heute noch legen sie Zeugnis ab für die Errungenschaften der römischen Kultur und den blühenden Wohlstand dieses Landes. (M. F.)

Spartacus

In den Jahren 73–71 v. Chr. geriet Rom durch einen großen Sklavenaufstand unter Führung des Spartacus in arge Bedrängnis. Spartacus, der einer vornehmen thrakischen Familie entstammte, gehörte als Sklave (→ *Sklaverei*) einer Gladiatorenschule (→ *Gladiatoren*) in *Capua* an. Zusammen mit zweihundert seiner Leidensgefährten plante er im Jahre 73 v. Chr. einen Fluchtversuch, der aber nur siebzig Sklaven gelang, da das Vorhaben entdeckt wurde. Trotzdem entwickelte sich aus diesem teilweise mißglückten Unternehmen eine Aufstandsbewegung, die auf ihrem Höhepunkt mehr als 60 000 Sklaven umfaßte. Die Erfolge des Aufstandes sind zweifellos taktischem Geschick und strategischen Fähigkeiten des Spartacus zu verdanken.

Im Gegensatz zu seinem Kampfgefährten *Crixus*, der sich später von ihm trennte und mit etwa

Der Blick auf die Bögen des Aquädukts von Segovia (Spanien) läßt deutlich die architektonisch-kühne Ausführung erkennen.

10 000 gallischen und germanischen Sklaven in Apulien von den Römern geschlagen wurde, verfolgte Spartacus als Fernziel die Rückkehr der Sklaven in ihre Heimatländer Gallien, Germanien und Thrakien. Aber gerade die große Zahl der Niederlagen, die er in den Jahren 73 und 72 v. Chr. den Römern zufügte, vereitelte diesen Plan. Nach ihrem Sieg über den Proconsul *C. Cassius Longinus* bei *Mutina* in Norditalien wollten die Sklaven in ihrer Siegestrunkenheit Italien nicht mehr verlassen. Spartacus mußte sich dieser Stimmung beugen.

Die aufständischen Sklaven streiften nun plündernd durch Italien. Erst *M. Licinius Crassus* vermochte das Blatt zugunsten der Römer zu wenden. Die Lage des Spartacus, der sich mit der Hauptmasse der Aufständischen nach *Bruttium* in Süditalien zurückzog, wurde durch die überlegene römische Belagerungsmaschinerie immer aussichtsloser. Die Entscheidung fiel schließlich in *Lucanien*. Spartacus fand, bis zum letzten Atemzug kämpfend, den Tod. Der siegreiche Feldherr ließ 6 000 gefangene Sklaven entlang der Via Appia zwischen Rom und Capua zur Abschreckung ans Kreuz schlagen.

Neben einem ausgeprägten Sinn für Gerechtigkeit hat man an Spartacus seine Abneigung gegen sinnlose Zerstörung und vor allem sein hervorragendes Organisationstalent gerühmt. Wenn er auch Ausschreitungen seiner Leute oft nicht verhindern konnte, so bleibt es doch bewundernswert, wie er aus den Sklavenmassen, die sich ihm anschlossen, eine Truppe schuf, die aus vielen Gefechten mit römischen Legionären als Sieger hervorging. (S. G.)

Spielzeug und Spiele

Spiele und Spielzeug der Römer weisen im Vergleich mit den unsren viele Parallelen auf, ja vieles hat sich bis in unsere Zeit erhalten bzw. weiterentwickelt. Römische Künstler stellten gern Spielszenen dar, während in der Literatur Spielzeug selten erwähnt wird. Leider ist uns nicht viel Spielmaterial erhalten, da es aus verhältnismäßig vergänglichen Werkstoffen hergestellt war.

Spiele der Kinder. Schon zur Geburt bekamen die Kinder ihr erstes Spielzeug, das dem *Bacchus*

Spielende Kinder.
Das Relief auf einem Sarkophag zeigt,
daß sich an den Grundformen
des Spiels nichts geändert hat. Rom.

geweiht war und später, nach der Reife, *Iupiter*, *Mercur* und *Diana* dargebracht wurde. Es bestand meist aus klimpernden Metallsachen, Halsketten, Klappern und Rasseln, oft in Form von Tieren, wie z. B. Eulen, Schweinen, Schildkröten usw. Selbst die Sklaven hatten sich an solchen Geschenken zu beteiligen.

Später kamen u. a. noch *Puppen* hinzu (in ganz früher Zeit eine Art *Talisman*, also eine Art Kultgegenstand; dann ein Spielzeug zum Liebhaben). Je nach Reichtum der Eltern waren solche Puppen (pupus, fem. pupa = neugeborenes Kind) aus einfachem oder bemalten Ton, aus Lappen, aus Holz und in der Spätantike aus Elfenbein. Kunstvoller waren hölzerne, geschnitzte *Gliederpuppen* (Fund aus einem Grab in *Prati del Castello*, Rom), die sich ankleiden ließen (Anziehpuppen). Vielleicht gab es auch *Puppenhäuser*, da Miniatureinrichtungsgegenstände (Puppenbettchen) gefunden wurden.

Während die Mädchen mit Puppen spielten, beschäftigten sich die Jungen mit *Kriegerfiguren* aus Metall oder Holz. Sehr beliebt war die Miniaturausgabe des *troianischen Pferdes*, eine Art ›Arche Noah‹, gefüllt mit Kriegerfiguren. Wie unsere Kinder spielten auch die römischen gern mit *Tieren*, sowohl mit lebenden (u. a. mit Äffchen) als auch mit Tierfiguren. Spielzeugtiere, die sich ziehen ließen, waren ebenso bekannt wie das *Steckenpferd*, das allerdings oft nur aus einem Rohrstock bestand. Im Dezember wurden die Kinder an einem besonderen Fest mit Figürchen oder Puppen beschenkt.

Auch mit hölzernen *Wägelchen*, die oft nicht gezogen, sondern geschoben wurden, spielten die Kinder.

Zu den *Bewegungsspielen* zählte das Antreiben eines eisernen, oft mit Schellen versehenen *Spielreifens* mittels eines Steckens, was Lärm verursachte, von den Ärzten aber zur Körperertüchtigung empfohlen wurde, sowie das *Schaukeln* auf einer Strick- oder Brettschaukel (Wippe). Auch Springen mit dem *Sprungseil*, Laufen auf *Stelzen*, *Bockspringen*, *Fangen und Verstecken*, eine Art *Blindekuhspiel* (genannt »eherne Fliege«) sowie *Ballspiele* (siehe unten) waren beliebt.

Zu den *Geschicklichkeitsspielen* zählte das Antreiben eines meist aus Buchsbaumholz bestehenden *Kreisels* mittels eines Lederriemens, ebenso das *Werfen von Knöchelchen*, den Vorläufern der Würfel, oder das *Werfen von Münzen* (Kreiseln oder Wetten: »Kopf« oder »Schiff«). Sehr beliebt war auch das *Spiel mit Nüssen* (man sagte sprichwörtlich »die Nüsse verlassen« = erwach-

sen werden), bei dem die Kinder entweder versuchten, die Nuß durch geschickten Schlag zu spalten oder mit ihr im Wurf oder Rollen andere Nüsse zu treffen, die dann dem Werfer gehörten. Manchmal galt es auch, mit der Nuß in einen Topf oder ein Loch zu treffen (eine Art ›Schussern‹).

Auch eine Art *Gruselspielzeug* war bekannt; groteske Masken und Handpuppen, mit denen man andere Kinder zum Lachen bringen konnte.

Spiele für Erwachsene und Kinder. Hatten die römischen Kinder »die Nüsse verlassen«, so konnten sie sich – oft noch leidenschaftlicher – einem Spiel zuwenden, das sie schon als Kinder betrieben hatten, jetzt aber als »Sport« ausübten, dem *Ballspiel* (→ *Caesar* spielte es z. B. täglich; es gab eigene Plätze dafür im Haus). Drei Arten von Bällen sind zu unterscheiden: *pila* (ein mit Haaren gestopfter, bunter, mit Leder oder Zeug überzogener Ball), *pagonica* (mit Federn gefüllter, etwas größerer Wurfball), sowie *follis* (großer, mit Luft gefüllter Ballon, der mit der Faust oder dem Arm geschlagen wurde). Mit diesen Bällen wurde *Wurfball* gespielt (meist zu zweit) oder auch *Prellball* auf den Boden oder an die Wand; manchmal wurde mit ihnen jongliert. Außerdem konnte man mit dem *trigon*, einem kleinen, harten Ball, zwischen drei im Dreieck stehenden Personen schnell hin- und herwerfen.

Das *Harpastum* stellte ein Rauf- oder Raffspiel um den Ball dar.

Erwachsene und Kinder begeisterten oder ereiferten sich als Zuschauer an *Hahnen-* oder *Wachtelwettkämpfen*, wobei ähnlich wie heute auch Einsätze getätigt wurden.

Die Spiele der Erwachsenen. Die Gesellschaftsspiele der erwachsenen Römer wurden vor allem bei den Gastmählern betrieben. Man belustigte sich an *Rätselspielen* (für die Lösung waren kleine Preise ausgesetzt), *Worträtseln* oder *Silbenrätseln* u. ä. Seltsam erscheint uns beim Gastmahl das sogenannte *Kottabosspiel*; die erste Art des Spiels bestand darin, Apfelkerne nach der Decke zu schnippen; die zweite Art verlangte, den Rest des Weins aus einem Becher im Bogen so in eine Waagschale zu befördern, daß die Schale nach unten auf eine darunterstehende Erzfigur, den »Manes«, fiel und einen Ton erzeugte.

Beliebt war auch eine Art *Knobelspiel*, die »Mora«, bei der blitzschnell nach dem Öffnen der Hand die Zahl der ausgestreckten Finger des Gegners erraten werden mußte. Dieses Spiel wurde später – wegen häufigen Betrugs – hohe Einsätze standen auf dem Spiel – verboten. Gern spielte man ferner

Brettspiele, meist Soldaten- oder Belagerungsspiele: zwei Parteien (zwei Farben) mußten gegeneinander je 30 »latrunculi«, meist gläserne Steine, auf einem Brett mit Linien setzen. Die Steine hatten – ähnlich wie beim Schachspiel – verschiedenen Wert; die einen rückten gerade vor (ordinarii), die anderen hin und her (vagi). Wer weniger oder keine Steine mehr besaß, war Verlierer, der Sieger hieß »Imperator«. Bei einer anderen Art des Brettspiels wurden die Züge durch Würfel bestimmt (Zwölfflinienspiel).

Das beliebteste und wegen der hohen Einsätze gefährlichste Gesellschaftsspiel aber war das *Würfelspiel*. Zu Zeiten des Luxus bestanden die ursprünglich knöchernen Würfel aus Kristall mit goldenen, eingelegten Zahlen, die zuerst hölzernen Würfelbecher aus Elfenbein, die Würfelbretter aus poliertem Holz.

Es gab zwei Arten von Würfeln: einmal regelmäßig gestaltete wie die unserer Zeit mit mehreren Augen (bis zu 6), zweitens den ursprünglich aus Tierknöcheln gefertigten »Astragalen« mit ungleichen Seiten. Beim Spiel der ersten Art wurden 3, bei dem der zweiten Art 4 Würfel mit dem Würfelbecher geworfen. Alle Würfe hatten besondere Namen; der höchste hieß »Venuswurf« (bei der ersten Spielart 3 Sechsen), der schlechteste »Hundswurf« (nur je 1 Auge). Viele Kaiser waren große Liebhaber des Würfelspiels, u. a. auch → *Augustus* und *Claudius*, obwohl sie es als Hazardspiel durch Gesetz einschränkten. Nur am → *Saturnalienfest* herrschte vollkommene Spielfreiheit (was manchen Römer um allen Besitz brachte). (R. F.)

Ringkämpfer. Das Mosaik zeigt oben zwei Siegeskränze und darunter verschiedene Ringkampfszenen. Museum Sfax/Nordafrika.

Sport

Vergleicht man die *Gymnastik* und *Athletik* (Turnen und Sport) bei den Griechen und Römern miteinander, so erscheinen römischer Sport und römische Leibeserziehung zunächst als zweitrangig.

Die Griechen hatten die Gymnastik (Leibeserziehung und Leibeskultur) und die Athletik (Kräftemessen im Wettkampf) zu dem Zweck einer harmonischen Körperbildung betrieben oder aus einem gesunden Ehrgeiz heraus, der Erste sein zu wollen. Der Römer sah mehr nach dem Nutzen und bevorzugte in seiner Gymnastik Übungen, die auch für die Kriegstüchtigkeit gut waren. → *Cato der Ältere* (*234 v. Chr., † 149 v. Chr.) bildete persönlich seinen Sohn im Fechten, Boxen, Schwimmen und Reiten aus.

Gymnastik als Teil der Gesundheitspflege wird vor allem in der frühen Kaiserzeit auch von solchen Römern bejaht und gepflegt, die von der Athletik nichts wissen wollen. So warnt der Philosoph und Staatsmann *Seneca* (*2, † 63) vor übertriebenem Sport, rät aber zu einer maßvollen Gymnastik, zu »kurzen und leichten Übungen«, die den Körper kräftigen für die geistige Arbeit. Laufen, Springen und Freiübungen mit Hanteln werden als solche empfehlenswerten Übungen namentlich genannt.

Schon unter → *Augustus* (*63 v. Chr., † 14 n. Chr.) gewinnen *Jugendvereinigungen* Ansehen, so daß in diesen »Clubs«, die das sportliche Spiel, vor allem das Reiterspiel »lusus Troiae« schätzen, die Prinzen des Kaiserhauses den Vorsitz als Auszeichnung empfinden.

Wie verbreitet das sportliche Spiel und das Gesundheitsturnen waren, beweisen die vielen und prächtigen *Thermen*, riesige und auch in kleineren Städten unverhältnismäßig große Anlagen von Schwimmhallen, Freibädern, Spielplätzen und Räumen für Geselligkeit, in Rom und auch andernorts sinnvoll über die ganze Stadt verteilt, Freizeitzentren von unvorstellbarem Luxus, mit denen sich Kaiser wie → *Nero, Titus, Vespasian, Traian, Caracalla,* → *Diocletian* Denkmäler setzten.

Typisch römisch sind der → *Zirkus* und das → *Amphitheater;* jener mit Wagenrennen und Tierhetzen, dieses mit den ob ihrer Unmenschlichkeit uns rätselhaften → *Gladiatorenkämpfen.* Die Anfänge der Gladiatorenkämpfe, die ein hohes sportliches Können (vom Mut zu schweigen) voraussetzten, reichen bis ins frühe 2. vorchristliche Jahrhundert zurück, erlebten aber ihre Blüte zur Zeit → *Caesars* und der folgenden Caesaren.

Ähnlich den Olympischen Spielen von Griechenland stifteten die Kaiser »olympiagleiche« Spiele *(Iso-Olympien),* die auch alle vier Jahre gefeiert wurden und außer dem sportlichen Programm der Griechen meist auch musische Wettbewerbe kannten. Die Athleten standen in weit höherem Ansehen als die Gladiatoren; ihre Berufsvereinigung genoß außerordentliche kaiserliche Privilegien. Die ältesten solcher Spiele, die *Capitolinischen Spiele* in Rom, wurden oft in ihrem zeitlichen Rhythmus unterbrochen, aber immer wieder aufgenommen. Die bekanntesten römischen »Olympien« waren die *Akteen,* zur Erinnerung an den Sieg des Kaisers → *Augustus* vom Jahre 31 v. Chr. gestiftet und seit 28 v. Chr. alle 4 Jahre in *Nicopolis* (am Golf von Ambracia, unweit Actiums) veranstaltet. Sie hatten bis ins 3. Jahrhundert Bestand. Viele Spiele wurden nach dem Vorbild der Akteen gegründet (wie ja auch die Olympischen Spiele der Griechen vielfach nachgeahmt wurden), so daß man für die Kaiserzeit einen sehr lebhaften, wenn auch professionellen Wettkampfbetrieb im ganzen Römischen Reich annehmen muß, bei dem die griechischen Athleten die wenigen Aktiven, die Römer aber die Tausende von Zuschauern stellten. Römischen Kaisern wie → *Hadrian* ist auch der Fortbestand der Olympischen Spiele in Olympia zu verdanken, die schon *Sulla* und Nero begeistert hatten. (J. Gö.)

SPQR

Wer heute durch die Straßen Roms geht, findet nicht selten auf einem Kanaldeckel, an einem Wasserhahn oder auch an einem Auto der städtischen Müllabfuhr das Zeichen SPQR. Dieses

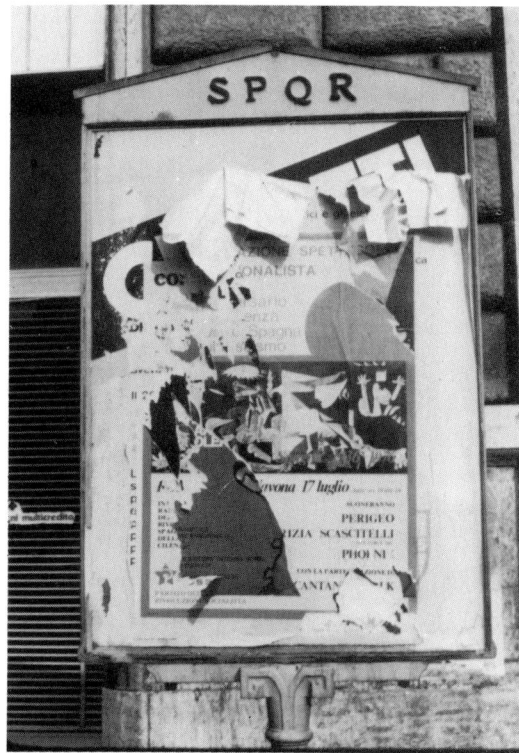

Auch heute noch findet man das Zeichen SPQR auf städtischem Eigentum in Rom wie auf dieser Bekanntmachungstafel.

Zeichen ist das antike Hoheitszeichen des römischen Staates, das sich in dieser Form bis zum heutigen Tage erhalten hat. Es bedeutet: *S*enatus *P*opulus*q*ue *R*omanus, abgekürzt eben SPQR. Man sprach im Altertum aber nicht etwa wie wir einfach die vier Buchstaben aus, also »Espequer«, sondern löste die Abkürzung stets zur vollen Aussprache auf.

Das Zeichen SPQR bildete den Inbegriff der römischen Macht und wurde überall dort angebracht, wo auch bei uns ein Hoheitszeichen verwendet wird, also auf Feldzeichen, auf öffentlichen Bauten, Triumphbögen usw. Wer diesem Zeichen begegnete, mußte wissen, daß hier das mächtige Rom in seinem vollen Anspruch auftrat.

Merkwürdig ist an der Abkürzung für uns die Zusammensetzung. Nicht das Volk von Rom ist zuerst genannt, sondern der → *Senat;* in der Tat war der Anteil des Volkes an der Regierung in Rom trotz der republikanischen Staatsform wesentlich geringer als in anderen, konsequenteren Demokratien. Der Senat war das eigentliche Regierungsinstrument. Das zeigte sich auch etwa daran, daß in der Volksversammlung ein römischer Beamter *saß* (auf der sella curulis), während das versammelte Volk aus Respekt vor dem Beamten *stand*! Rom war eben keine reine Demokratie, sondern hatte eine Mischverfassung, in der man versuchte, die Vorteile aller drei Grundverfassungstypen (Königtum, Oligarchie, Demokratie) zu vereinen und die Nachteile aller zu vermeiden. Und in der Tat scheint diese Mischverfassung eine sehr brauchbare Lösung des Verfassungsproblems gebracht zu haben.

Das Zeichen SPQR ist auch ein Beleg für die oft ungebrochene Kontinuität römischer Einrichtungen und Gedanken aus der Antike bis zum heutigen Tage: Stets verstand sich der römische Magistrat auch als der Fortsetzer des römischen Senates. Diese Tradition blieb im Bewußtsein der Menschen so lebendig, daß z. B. auf barocken Märtyrerbildern der römische Richter einen Standartenträger mit dem Zeichen SPQR neben sich stehen hat. (O. S.)

Sprache Latein

Die lateinische Sprache, wie sie heute noch an Gymnasien in aller Welt gelehrt wird, ist eigentlich eine ›tote‹ Sprache, d. h. eine Sprache, die nicht mehr von einem Volk als Kommunikationsmittel gebraucht wird (eine Ausnahme: als Kirchensprache der römisch-katholischen Kirche). In ihrer über 2000 Jahre hinweg konservierten Gestalt entspricht sie in etwa der gehobenen Sprache der römischen Oberschicht um die Zeitenwende und in der frühen Kaiserzeit bzw. dem literarischen Selbstzeugnis der römischen Elite bis zum Verfall des Römischen Reiches und deren geistigen Nachfolgern.

Das Lateinische gehört zur Gruppe der sogenannten *indoeuropäischen* Sprachen, von denen man auf Grund ähnlicher Wortfamilien und Strukturmerkmale annimmt, daß sie einmal aus einer einzigen Sprache hervorgegangen sind. (Zu diesen Sprachen gehört z. B. auch das Deutsche; vgl. etwa lat. mater – dt. Mutter; lat. est – dt. ist; lat. sunt – dt. sind)

Form und Funktion der Sprache:
Bemerkenswert als äußere Merkmale der lateinischen Sprache sind ihr *Wohlklang* (viele volle Vokale und Vokalverbindungen, gleichmäßiger Rhythmus) sowie die sehr große *Übereinstimmung zwischen Schriftbild und Aussprache* (vgl. Caesar – die Aussprache »Zäsar« entspricht wohl

nicht der ursprünglichen Lautung ›Káesar‹ dt. Kaiser). Durch diese Übereinstimmung unterscheidet sich das Lateinische vom Französischen oder Englischen, bei denen Aussprache und Schriftbild recht verschieden sind.

Ein Hauptmerkmal der lateinischen Sprache besteht auch darin, daß sie sehr *klar strukturiert* und *logisch durchformt* ist bis in die kleinsten Formenbestandteile hinein. Dies ist ersichtlich z. B. bei den sogenannten *Suffixen*, kennzeichnenden Erweiterungen der Wortwurzel, die jeweils an den Wortstamm angehängt werden und bei den Substantiven 5 Gruppen von Hauptwörtern sowie bei den Verben 4 Gruppen prägen; außerdem vermögen solche Suffixe auch bestimmte Eigenschaften bei Substantiven bzw. Handlungsarten bei Verben auszudrücken. An die Suffixe treten noch die Endungen, die Fall, Zahl bzw. Zeitstufe und Person festlegen. (Ein Beispiel aus der ersten Gruppe der Verben mit a-Suffix: amare = lieben: am-o = ich liebe, am-a-s = du liebst, am-a-t = er, sie, es liebt, am-a-mus = wir lieben, am-a-tis = ihr liebt, am-a-nt = sie lieben; am-a-ba-m = ich liebte, am-a-ba-s = du liebtest usw.) Im Gegensatz dazu stehen viele moderne Sprachen, bei denen durch die lange Dauer des alltäglichen Sprachgebrauchs sich z. B. viele volle Endungen bei den Substantiven abgeschliffen haben und wir nur noch durch sprachliche Übung und den Sinnzusammenhang des umgebenden Satzes erfahren, was genau gemeint ist: Vgl. z. B. die lateinisch eindeutig festgelegte Form fenestra (1. Fall, Einzahl, weiblich) mit der deutsch mehrdeutigen Form »Fenster« (möglich sind alle Fälle in Einzahl und Mehrzahl außer 2. Fall Einzahl und 3. Fall Mehrzahl; das Geschlecht des Wortes bleibt unbestimmt und muß erst durch das ergänzende Fürwort festgelegt werden). Natürlich führt dieser Formenreichtum der lateinischen Sprache bei den mit Latein ›geplagten‹ Schülern zu einem Mehraufwand an Lern- und Denkleistung, der – zwar im Augenblick recht beschwerlich – im Hinblick auf Verständnis logischer Strukturen und Aufbau einer Sprache sehr nützlich ist.

Satzbau. Im Lateinischen sind die *Funktionen und Abhängigkeiten der einzelnen Satzbestandteile* klar festgelegt. Grundelemente eines lateinischen Satzes sind die den Satz steuernde *Satzaussage* (Prädikat) und der *Satzgegenstand* (Subjekt), zu denen noch als Ergänzungen *Attribute* (zu den Nomina) und *Objekte* (zu den Verben) oder auch *Nebensätze* treten. Zwar ist dies bei den modernen westeuropäischen Sprachen ähnlich, doch sind hier die Bezüge der Satzglieder untereinander nicht mehr so klar erkennbar, weil die »informierenden« Endungen sich abgeschliffen haben und weil durch den täglichen Sprachgebrauch die bewußte Erkenntnis solcher Bezüge weitgehend fehlt.

Im Lateinischen aber muß man sich auch wegen der relativ *freien Stellung des Verbums* auf die Bezüge der einzelnen Satzglieder untereinander besinnen, um etwa eine lange Satzperiode zu verstehen. (Im Deutschen z. B. ist die Position des Verbums im Satz festgelegt!) Ein Beispiel für die Möglichkeiten des ›freien‹ Satzbaus im Lateinischen bietet folgender einfache Satz: »flos in horto floret« (= »die Blume blüht im Garten« oder = »im Garten blüht die Blume«), der im Lateinischen auch lauten kann: »in horto floret flos«, »in horto flos floret«, »floret flos in horto«, »flos floret in horto«, »floret in horto flos« (dabei bleibt der Sinn gleich).

Trotz der relativ freien Wortstellung im lateinischen Satz bedeutet dies nicht, daß der Römer seine Worte willkürlich gesetzt hat; jede Position im Satz hatte ihren eigenen stilistischen Stellenwert – so galten etwa erste und letzte Stelle im Satz als besonders betont.

Auch die vielgeschmähten *Schachtelsätze* (ineinander verschachteltes Gefüge von wieder untereinander abhängigen Nebensätzen im Hauptsatz) – wo sie im Deutschen auftreten, sind sie oft vom lateinischen Stil her beeinflußt – bedeuten eine bewußte logische Durchformung des Satz- und Sinnganzen. Wegbereiter eines solchen Stils, der besonders für philosophische Gedankengänge geeignet ist, war der Sprachschöpfer → *Cicero*. Weiterhin ist das Lateinische – etwa im Gegensatz zum Deutschen – viel mehr von *Formen des Zeitworts* (Verbums) geprägt. Dies bedeutet, daß auch das Zeitverhältnis, wann die einzelnen Dinge geschehen sind, sehr genau festgehalten wird; durch diesen *Verbalstil* kommt mehr Dynamik, Bewegung in die Aussage.

Auch soziologische Gegebenheiten der Römer werden in der lateinischen Sprache sichtbar. Durch die vom Mann bestimmte römische Gesellschaft ist es erklärbar, daß es im Lateinischen – im Gegensatz zum Deutschen – kein eigenes Wort für Mädchen gibt: vgl. puer = der Junge mit puella = Mädchen, was sich aus puer-la herleitet und eigentlich »Jüngin« bedeutet (ähnlich steht es mit filius = Sohn und filia = Tochter – eigentlich »Söhnin«).

Eine Sprache drückt sich auch in ihrer Schrift aus. Die lateinische *Großbuchstabenschrift* (Capitalis)

– etwa seit 600 v. Chr. bekannt – hat sich mit leichter Veränderung des Schriftbildes weltweit bis heute durchgesetzt; die kleinen Buchstaben, im wesentlichen nur Vereinfachungen der großen, kombiniert mit den Großbuchstaben – unsere heutige Druckschrift – haben sich wegen der leichten Handhabung und Anpassungsmöglichkeit an alle Sprachen als Weltverkehrsschrift bewährt und sind noch im Vormarsch.

Sprachgeschichte:
Die eigentliche Geschichte der lateinischen Sprache beginnt damit, daß sich die Sprache von Stadtrom und Latium (ablesbar etwa an einer Inschrift um 600 v. Chr. »Manios med fefhaked Numasioi« = klassisches Latein »Manius me fecit Numerio« = dt. »Manius hat mich gemacht für Numerius«) gegenüber den Dialekten der Umgebung, sowie gegen Etruskisch und Griechisch durchsetzt. Die Gründe dafür sind wohl politischer und geographischer Art: die gute Mittelpunktslage an der für die Seefahrt günstigen Tibermündung, Siege über die Sabiner, Alba; schwindende Macht der Etrusker, Sieg über die Samniten, Sieg über Pyrrhus und die griechischen Kolonien in Unteritalien (3. Jahrhundert v. Chr.); Eroberung von ganz Italien, Sizilien, Korsika und Sardinien; nach dem Sieg über Karthago (197 v. Chr.) Besetzung Spaniens und der afrikanischen Mittelmeerküste; Unterwerfung Griechenlands.

Zeit der Klassik bis zum Untergang Roms. Auf die Eroberung folgte eine langsame Ausbreitung der römischen Sprache; angeregt von den kulturellen Impulsen des unterworfenen Griechenlands begann die Entwicklung der römischen → *Literatur*. Während seiner weiteren Verbreitung entlehnte das Lateinische auch manches aus dem Wortschatz der eroberten Völker (so etwa etruskisch persona = Maske, Person). Unter dem Einfluß der klassischen Autoren → *Cicero* und → *Caesar* bekam die klassische lateinische Prosa ihr Aussehen und wurde als Hoch- und Schriftsprache über Jahrhunderte maßgebend.

Um die Zeitenwende wurde in ganz Italien (außer einigen süditalischen Gebieten) Latein gesprochen. Soldaten, römische Siedler und Kaufleute sowie Gastwirte (caupones) brachten Latein in die außeritalischen Provinzen (Westeuropa, Britannien bis zur Grenze Schottlands, Germanien, Österreich, Jugoslawien, Rumänien, Nordafrika, um nur die wichtigsten zu nennen). Dabei drang das Lateinische über das von den Römern angelegte Straßennetz ins Innere der Provinzen ein. Nur die griechischsprechende Welt in Griechenland und an der Westküste der Türkei widerstand als höherstehende, traditionsbewußte Kultur dem Vordringen der lateinischen Sprache.

Im übrigen riesigen Römischen Reich fungierte Latein zunehmend als einigendes Band der zahllosen Völker des römischen Imperiums; es war die Sprache des Rechts, der Verwaltung, der Wissenschaften, Literatur und vor allem der Schule. Latein überlebte am Ende des 4. Jahrhunderts auch die Spaltung des Römischen Kaiserreichs in Westrom (Rom) = lateinisch, und Ostrom (Byzanz) = griechisch, den politischen Zusammenbruch des Weströmischen Reiches in der Völkerwanderungszeit und den Untergang Roms als Hauptstadt und Zentrum durch die Eroberung Alarichs (476).

Zu dieser Zeit wurde die römische Sprache in den nördlichen Grenzgebieten des Reiches (Britannien, Belgien, Germanien, Schweiz, Österreich, nördliche Balkanländer) weitgehend von den Volkssprachen wieder verdrängt; dabei wurden allerdings manchmal einzelne lateinische Elemente als *Fremdwörter, Fachbegriffe* usw. übernommen. Im Innern des alten römischen Reiches jedoch blieb Latein die Verständigungssprache und wandelte im Laufe der Jahrhunderte nur ihr Aussehen.

Vom Spätlatein zum Mittellatein. Durch den Untergang des Weströmischen Reiches und den Verfall der lateinischen Sprache, bedingt auch durch die Ausbreitung in die verschiedensten Völker, hörte die lateinische Sprache etwa um 600 n. Chr. als gesprochene Sprache auf zu existieren. Sie wurde zur *Schriftsprache* und lebte weiter in der *lateinischen Literatur.*

Ambrosius (*340, † 397) schuf durch seine »Hymnen« die Grundlage für die geistliche und weltliche *Lyrik* und die Einbeziehung des Lateins in die *Liturgie* der Kirche. Mit dem Untergang der lateinischen Sprache als gesprochene Sprache aber fällt gleichzeitig noch ein literarischer Höhepunkt zusammen: das Werk des *Boethius* (→ *Literatur*) »De consolatione philosophiae« (523). Die lateinische Sprache existierte weiter; maßgebend dafür war die römisch-katholische Kirche, die Latein und das in ihr vermittelte lateinisch-antike Geistesgut übernahm. Die lateinische Sprache wurde nach der Ausbreitung des Christentums verbindendes Glied der christianisierten Völker. Mönche vervielfältigten etwa ein Jahrtausend lang durch fleißiges Abschreiben die römischen Autoren, da sie vom Wert des römischen Erbes überzeugt waren.

Latein existierte fortan in zwei Schichten: einmal

als *Vulgärlatein*, d. h. vereinfachtes, umgangssprachlich-volkstümliches Latein, zum zweiten als *spätlateinische Schriftsprache*, die sich an den antiken Autoren orientierte.

Ein Zusammenhang zwischen Schriftsprache und Vulgärlatein war bis zum 9. Jahrhundert noch erkennbar, auch wenn sich beide immer weiter voneinander entfernten.

Seit dem 9. Jahrhundert erfolgte eine weitergehende Differenzierung des Vulgärlateins (parallel mit einer Aufspaltung in Einzelreiche) *in die einzelnen romanischen Sprachen* bzw. Dialekte. Die spätlateinische Schriftsprache (nicht gesprochen!) lebt als geistiges Band der abendländischen Welt bis heute weiter im westlichen Christentum (Latein ist offizielle Kirchensprache geworden), vor allem auch gefördert durch die Verwendung in Schule und Universität.

In der »Karolingischen Reform« durch *Karl den Großen* und seine Gelehrten (8., 9. Jahrhundert) wurde das *Spätlatein* weitgehend gereinigt von vulgärlateinischen Elementen und Auswüchsen und zu einer festgelegten Hochsprache vereinheitlicht, orientiert an antiken Normen.

In der letzten Epoche des *Mittellateins* (11. bis 14. Jahrhundert) wurde es durch die Bestrebungen der *Scholastiker* (bedeutendster Vertreter: *Thomas von Aquin*), die Sprache für präzise Darlegungen logischer und philosophischer Gedankengänge verwendbar zu machen, noch einmal vereinheitlicht und gereinigt.

Die im 12./13. Jahrhundert aufblühenden nationalsprachlichen Literaturen drängten die lateinische Literatur nicht zurück: beide bestanden nebeneinander, ja, die lateinische Literatur erreichte einen Höhepunkt. (Carmina Burana, 13. Jahrhundert). Latein war im Mittelalter geistiges Band der gebildeten Welt, in der es nicht nur geschrieben, sondern auch gesprochen wurde. Die italienischen Humanisten wie *Petrarca* blickten verächtlich auf das Mittellatein ihrer Zeit, säuberten es zwar von Auswüchsen, preßten es aber auch in eine recht starre Form, orientiert am Vorbild Cicero, und beendeten damit die lebendige Epoche des Mittellateins. Paradoxerweise erhielt Latein jetzt wieder eine »klassische« Form *(Erasmus von Rotterdam)*, und in dieser Sprache wurden die ersten Entdeckungen der Moderne veröffentlicht (Werke *Descartes'*, *Spinozas*, *Newtons*).

Latein in der Neuzeit. Noch bis ins 19., ja 20. Jahrhundert hinein mußten die *Doktoranden* an den Universitäten ihre Thesen lateinisch vorbringen. Die lateinische Sprachtradition hat sich an den *Universitäten* (und in der katholischen Kirche) am längsten gehalten; davon zeugen die heute noch üblichen Bezeichnungen »Rektor«, »Auditorium Maximum«, »Mensa« u.a. In den *höheren Schulen* wird Latein heute noch weltweit gelehrt. Auch als *Diplomatensprache* lebte Latein bis zu seiner Ablösung durch das Französische unter Ludwig XIV. weiter.

Bedeutung des Lateins für wissenschaftliche Fachgebiete:

Latein war im Mittelalter die *Sprache der Wissenschaften;* es blieb auch in der Neuzeit eine Art *Fachsprache* für die meisten Wissenschaften. Sehr viele wissenschaftliche Werke waren bis ins 19. Jahrhundert vollkommen lateinisch abgefaßt; viele *wissenschaftliche Grundbegriffe* sind und werden noch wegen der internationalen Verständlichkeit aus dem Lateinischen gebildet. In der *Medizin* sind die anatomischen Bezeichnungen lateinisch (z. B. musculus = Muskel, eigentlich »Mäuschen«), ebenso Krankheitsbezeichnungen. *Arzneizusammensetzungen* werden lateinisch angegeben. In der *Botanik und Zoologie* sind die Namen lateinisch und damit international verständlich (Wegbereiter: *Carl von Linnée*). Vor allem die *Rechtssprechung* ist von der lateinischen Sprache her bestimmt (in dubio pro reo; Advokat, Kaution usw.).

Auch bei modernen *technisch-wissenschaftlichen Expeditionen* wurden dem Latein Bezeichnungen entlehnt (z. B. in der Weltraumforschung »Gemini«, »Explorer«).

Von größter Bedeutung aber ist Latein als *Kirchensprache* der römisch-katholischen Kirche. Wegbereiter war *Tertullian* (*160 v. Chr.). Die lateinische Liturgie (ab 4. Jahrhundert) ist bis heute als sakrale Sprache in gleicher Form erhalten. Latein verbindet alle Glieder der Kirche mit Rom, die als lateinische Kirche das Erbe des Imperium Romanum angetreten hat. Der Papst kann sich lateinisch mit Geistlichen in aller Welt verständigen, die Glaubensverkündigung, das Lehramt einheitlich ausüben, kirchliches Recht niederlegen. Stilistisch ist das Latein der Kirche geprägt von der Sprache der spätrömischen Staatskanzlei, dem Scholastiker- und Humanistenlatein. (Zum Beispiel recht gut zu verfolgen an den lateinischen päpstlichen Erlassen, den Enzykliken).

Die Aufspaltung in die romanischen Sprachen:

Latein hat wie keine andere Sprache die europäischen Sprachen mitgestaltet. Ausgangspunkt der Entwicklung war das *Vulgärlatein*, die Umgangssprache der kleinen Leute, die mehr mit Händlern, Siedlern u. ä. in Berührung kamen als mit hochsprachlichen Äußerungen der Obrigkeit, weil sie als weitgehend Schriftunkundige auch kulturell den Römern unterlegen waren.

Das Aussehen der lateinischen Umgangssprache ist schwer zu rekonstruieren (Spuren etwa bei *Plautus*), einige Grundzüge aber sind zu konstatieren: Der Formenreichtum wird reduziert, »ille« wird bestimmter Artikel (frz. elle, il; ital. span. el, lo usw.), die *Konstruktion der Sätze vereinfacht sich*, »h« in Anlaut und Inlaut *verstummt* (vgl. das Frz.!), auslautendes »m« *verschwindet* oft. Neue Wörter verdrängen alte, *neue Verbal-Endungen* entstehen (-iare und -izare > frz. -ier und -izer), die *Flexion* der Verben wird *vereinfacht*.

Das Vulgärlatein aber wurde von den zu verschiedenen Zeiten unterworfenen Völkern zu jeweils verschiedenen Zeiten und damit Sprachentwicklungsstufen übernommen. Dazu kam, daß Latein auch in verschiedener Weise übermittelt wurde (einmal z. B. durch Legionäre, ein andermal über Schulen und Obrigkeit). Außerdem wurde es entsprechend den eigenen Sprachgewohnheiten abgewandelt.

Wann genau die Differenzierung in die einzelnen romanischen Dialekte, aus denen dann das *Französische, Spanische, Portugiesische, Italienische, Rumänische* hervorgegangen sind, eingesetzt hat, ist nicht festzustellen. Jedenfalls erkannte man um das 9. Jahrhundert, als die Kluft zwischen Schrift- und Umgangssprache zu groß geworden war, daß die heimischen Dialekte mehr als nur schlechtes Latein waren. Die Volkssprache wurde nun auch in der Kirche anerkannt (*Konzil von Tours* 813).

Französisch. Die Geschichte der französischen Sprache beginnt mit den sogenannten *Straßburger Eiden* (842). Erst ab dem 11. Jahrhundert beginnt dann die eigentliche französische Literatur, die höfische *Troubadourdichtung*, verfaßt im *Provenzalischen*, das sich durch eine bessere Bewahrung des vulgärlateinischen Vokalsystems und Sprachgutes als das Nordfranzösische auszeichnet. Allerdings wurde dann durch die politische Macht das *Nordfranzösische*, der Dialekt der »Île de France«, für die französische Nationalsprache maßgebend. Die meisten französischen Wörter stammen vom Vulgärlateinischen ab, haben sich jedoch durch jahrhundertelangen Gebrauch verändert. Man nennt diese Begriffe »volkstümliche Wörter« oder »Erbwörter« (viele Wörter des täglichen Lebens,

z. B. vulgärlat. cane = Hund > chien). In der Renaissance erfuhr das Französische durch die *Humanisten* eine Bereicherung um klassisch-lateinische, »gelehrte« Wörter, die zwar auch abgewandelt wurden, aber das ehemalige Aussehen besser bewahrten. Manchmal gibt es *Doppelentlehnungen* aus dem Lateinischen, einmal als Erbwort und dann auch als gelehrtes Wort (z. B. lat. causa > : Erbwort: la chose = Ding, Sache, und – später entlehnt: la cause = Grund, Prozeß). Auch von *Latinismen* (v. a. bei der Wortbildung, z. B. -ation, -ible, -aire) wird das Französische geprägt. Ebenso erinnert die *Orthographie*, die im 12./13. Jh. festgelegt wurde, noch mehr ans Lateinische, weil sie der Etymologie angeglichen wurde. Die tatsächliche Aussprache aber hat sich gewandelt (vgl. temps = Zeit – lat. tempus). Vom französischen Grundwortschatz haben heute noch etwa 18 Prozent den lateinischen Stamm genau bewahrt. Das Geschlecht der lateinischen Wörter wurde ebenfalls nicht verändert, abgesehen davon, daß schon im Vulgärlateinischen das Neutrum immer mehr vom Maskulinum verdrängt wurde und sich diese Tendenz im Französischen ganz durchsetzte (z. B. lat. »templum« n. > frz. »le temple«).

Italienisch. Das Italienische ist die unmittelbare Fortsetzung des Lateinischen und dessen nächster Verwandter. Es führt allerdings nicht das klassische, sondern das *Volkslatein* weiter. Lateinisch und Italienisch wurden lange Zeit als Einheit empfunden; deshalb wurde auch die italienische Volkssprache recht lange nicht des Ranges der Schriftsprache für würdig erachtet. Das Bewußtsein ihrer Eigenständigkeit scheint erst um das Jahr 960 gegeben *(Dekret Placito)*, als das Schriftlatein den einfachen Leuten nicht mehr unbedingt geläufig war.

Die Wegentwicklung der italienischen Volkssprache von der lateinischen Sprache vollzog sich sehr viel langsamer als bei anderen romanischen Sprachen. Erst um 1300 entstand langsam eine eigenständige italienische Literatur (bei gleichzeitig paralleler lateinischer Literatur). Die *religiöse Lyrik* des 13. Jahrhunderts *(Franz von Assissi)* war aber schon in der Mundart geschrieben. Maßgebend für die italienische Literatursprache wurde dann der Dialekt der Gegend des reichen *Florenz* (durch die dortigen Dichter *Petrarca, Boccaccio* und vor allem *Dante*, der für die schrieb, die Latein nicht mehr verstanden). Das moderne Italienisch ist – natürlich – dem klassischen Latein noch recht ähnlich (20 Prozent genaue Übereinstimmungen).

Spanisch. Auch das Spanische kann die lateinische Herkunft nicht verleugnen. Es hat sich nicht so weit wie das Französische, jedoch weiter als das Italienische vom Lateinischen entfernt.

Vorbild für die spanische Schriftsprache war im 13. Jahrhundert die *kastilische* Mundart (Gegend von *Toledo, Madrid*), ein ehemals vulgärlateinischer Dialekt. Im Unterschied zum Italienischen und Französischen hat das Spanische viele Vokabeln nahezu »vornehmer« Art (z. B. cabeza = Kopf < lat. caput- Kopf, Haupt, im Gegensatz zu frz. tête und ital. testa < vulgärlat. testa, etwa = Kürbis), was vielleicht aus der geographischen Randlage und der Besiedlung durch vornehme Römer erklärbar ist.

Im heutigen Spanisch haben etwa 27 Prozent den lateinischen Stamm unverändert bewahrt. Neben dem Lateinischen hat auch das *Arabische* die spanische Sprache beeinflußt. Ein gallo-romanischer Dialekt, das *Katalanische*, wird heute noch in Spanien gesprochen und geschrieben.

Portugiesisch. Ebenso wie das Spanische geht das Portugiesische hauptsächlich auf das Vulgärlatein zurück und ist eigentlich nur eine mundartliche Sonderform davon. Es weist mehr französische Lehnwörter auf; Unterschiede zum Spanischen liegen auch in der Flexion und vor allem in der recht komplizierten Phonetik. Portugiesisch ist wie das Spanische Weltsprache.

Rumänisch. Die Hauptursache dafür, daß im heutigen Rumänien noch eine aus dem Lateinischen entwickelte Sprache gesprochen wird, liegt darin, daß Kaiser *Traian* die neue Provinz *Dacien* mit römischen Kolonisten besiedelte.

Ab dem 7. Jahrhundert war der damalige lateinische Dialekt *slawischen* Einflüssen ausgesetzt, was sich im Vokabular, aber auch in den grammatischen Erscheinungen bemerkbar macht. Vom Lateinischen her geprägt sind *Verbformen* (die 4 lat. Klassen sind noch zu erkennen), *Artikel*, *Pronomina* und *Präpositionen*. Der Artikel wird hinter das Substantiv gestellt. Die *Substantive* lassen noch eine Einteilung in 3 Geschlechter erkennen.

Die eigentliche Geschichte der rumänischen Sprache begann erst (frühestes Dokument aber 1521) mit der wissenschaftlichen Erforschung der Sprache im 18. Jahrhundert und der Modernisierung ganz Rumäniens, wobei die erforderlichen neuen Begriffe aus dem Französischen bzw. Italienischen entlehnt wurden. Heute noch überwiegen im Grundwortschatz die lateinischen Erbwörter; ebenso stark durchsetzt mit Latinismen ist der moderne Sprachbereich.

Griechenland. Im übrigen wird im *Epirus-Gebirge* (Nordgriechenland) ein Dialekt gesprochen, der eine Mischung aus verschiedenen Sprachen darstellt, u. a. auch aus Legionärslatein.

Rätoromanisch. Die unter dem Namen Rätoromanisch zusammengefaßten Dialekte des europäischen Alpenraums, die in *Graubünden*, dem *Engadin*, Teilen der *Dolomiten* Südtirols und im *Friaul* gesprochen werden, sind Reste eines ursprünglich zusammenhängenden romanischen Sprachgebiets.

Die einzelnen heutigen rätoromanischen oder auch *ladinischen* Sprachen sind untereinander wieder verschieden, erklärbar auch aus der Abgeschiedenheit der Täler. Diese Dialekte, ohne einheitliche Schriftsprache, verblieben als Erbgut der römischen Herrschaft und stellen die Sprachform dar, die das Volkslatein unter Einfluß des rätischen Volksstammes annahm. (z. B. bun di = Guten Tag, engadinisch)

Lateinischer Einfluß auf die angelsächsischen und germanischen Sprachen

Englisch. Die englische Sprache ist vom Lateinischen stark beeinflußt. In der römischen *Provinz Britannia* setzte sich die lateinische Sprache allerdings nicht überall durch; auch die Angelsachsen haben nach ihrer Besetzung Süd- und Mittelenglands nur wenige lateinische Vokabeln für ihre Bevölkerung übernommen (vornehmlich aus dem Militär- und Baubereich). Mit der *Christianisierung* durch römische Mönche dringt das *Kirchenlatein* nach England. Bedeutend waren die Mönche *Alkuin* und *Beda* (»Historia ecclesiae Anglorum«).

Die *französischen Normannen* (Invasion 1066) brachten ihren romanisch-lateinischen Wortschatz mit, und zwar das *Anglofranzösisch*, das *Pariser Französisch*, das *Lateinische* durch direkte Entlehnungen. Die durch diesen Prozeß entstandene germanisch-romanische Mischsprache wird durch den Einfluß der *Renaissance* nochmals lateinisch beeinflußt; dazu kommen noch lateinisch neugeprägte technische und wissenschaftliche Begriffe der Moderne. Je nach Art der Entlehnung gibt es heute noch im Englischen verschiedene Abkömmlinge desselben lateinischen Stammes (z. B. lat. regalis > engl. regal – real – royal).

Die englische Sprache ist also eine Mischsprache mit einem Wortmaterial von etwa je der Hälfte germanischen und romanischen bzw. lateinischen Ursprungs, wobei dem *Alltagsleben die angelsächsische Sprache* vorbehalten blieb. Das Wort angelsächsischer Herkunft ist dabei gefühlsbetonter, das lateinischer höflicher, was zu einem großen Ausdrucks- und Nuancenreichtum der englischen Sprache geführt hat. Aber nicht nur das Vokabular, sondern auch syntaktische Erscheinungen gründen auf dem Lateinischen. (So etwa das absolute Partizip: »*This done* we went home«.)

Deutsch. Auch auf das Germanische hatte das Lateinische Einfluß, so im Bereich des *Bauwesens* (z. B. Fenster), des *Handels* und der *Kochkunst*; später auch im *kirchlichen Bereich* (lat. praedicare »rühmen« > predigen). Aber nicht nur das Vokabular, sondern auch die Ausdrucksweise wurde nach *Karl dem Großen* durch gelehrte Mönche geprägt, die lateinisches Bildungsgut »unters Volk brachten« (so etwa die Lehnübersetzung »barmherzig« für lat. misericors). Vielfach wurde der Gehalt des Germanischen latinisiert, vor allem im christlichen Bereich. Die meisten Entlehnungen aus dem Lateinischen erfuhr die deutsche Sprache in der *Renaissance* (damals übersetzten viele ihren Familiennamen ins Lateinische, z. B. Faber = Schmied). Auch auf den *Satzbau* nahm das Lateinische Einfluß, so auf die Unterordnung statt der Beiordnung und auf Schachtelsätze.

Aber nicht immer wurde die Bereicherung der deutschen Sprache durch lateinisch geprägte Fremdwörter unwidersprochen hingenommen (so im 18. Jahrhundert die deutschen Schriftsteller); im Bereich der *Rechtswissenschaften* wurde vieles wieder eingedeutscht (z. B. »Letzter Wille« für »Testament«). Die Umgangssprache allerdings neigt mehr zum Fremdwort.

Auch heute noch ist das Lateinische eine unerschöpfliche Quelle, wenn es gilt, Neubildungen zu gestalten.

Werbelatein und ähnliches:

Besonders kreativ ist Latein auf dem Gebiet der Werbesprache, denkt man nur an »Nivea« (< lat. nivis = Schnee); hier sollen auch der Wohlklang und die Einprägsamkeit des lateinischen Worts zum Kauf animieren (ähnlich auch »Solea«, »Dentagard« u. ä.); auch lateinische Endungen machen die Wörter attraktiv (z. B. »Len-or«, »Sun-il«).

Jäger-›latein‹ oder Angler-›latein‹ haben natürlich mit der lateinischen Sprache nur mehr die Bezeichnung, sonst aber nichts gemeinsam. (R. F.)

(Siehe auch das Stichwort → *Lehnwörter* sowie den folgenden Abschnitt.)

Sprichwörter

Heinrich Heine erzählt in seinen Erinnerungen von einem Schuster, der als Junge ein paar Jahre Latein gelernt hatte und in seine Unterhaltung immer einmal ein lateinisches Sprichwort einflocht mit den Worten »Ein wenig Latein hält Leib und Seele zusammen«. Heute sind die Schuster wahrscheinlich nicht mehr ›so gelehrt‹, doch ist es noch immer beliebt, gelegentlich auf die glänzenden Zitate zurückzugreifen, die durch lateinische Sentenzen geboten werden. Auch im Bundestag hörte man das *Si vis pacem, para bellum* (= Wenn du Frieden willst, rüste zum Krieg) oder ein *Vae victis* (= Wehe den Besiegten!). Und die meisten Fernsehzuschauer kennen den Ausdruck *Urbi et Orbi* (= Der Stadt und der ganzen Welt), mit dem der Papst an hohen Festen den Segen erteilt. *Per aspera ad astra* (= Über rauhe Straßen zu den Sternen, durch Kampf zum Sieg) stand früher auf manchem Preis eingraviert, und so mancher, der gar nicht Latein gelernt hat, spricht von einer *Condicio, sine qua non* (= Eine Bedingung, ohne deren Erfüllung gar nichts geht).

Wirklich sind die lateinischen Sentenzen oft ein wahrer Schatz an Weltkenntnis und Lebensweisheit, und es war gar nicht erstaunlich, daß *Erasmus von Rotterdam* mit seiner *Sammlung* solcher Spruchweisheit, »Adagia« genannt, im 16. Jahrhundert geradezu einen Bestseller schrieb. Auch heute werden solche Sprüche gesammelt und in einen Zusammenhang gestellt, so in dem hübschen Buch von H. Reichert, »Urban und Human«, und G. Büchmanns »Geflügelte Worte« ist eine Fundgrube auch von vielen hundert lateinischen Sprichwörtern.

Römische Sentenzen bieten neben ihrer Klugheit und Weisheit oft auch viel Witz und gesunden Menschenverstand. Zudem hilft die lateinische Sprache mit ihrer Kürze und Prägnanz oft, epigrammatische Zuspitzungen und scharf sich einprägende Wendungen zu schaffen, wie ja die Italiker überhaupt für ihren Sinn für Witz bekannt waren.

Sprichwörter hörte der junge Römer schon während seiner Erziehung häufig und lernte sie auswendig. So lehrt etwa der alte → *Cato* seinen Sohn: *Orator est, Marce fili, vir bonus dicendi peritus* (= Ein Redner, lieber Sohn Marcus, ist ein guter Mann, der das Reden versteht). Aber auch die Dichtungen der Römer strebten geradezu nach solcher Spruchweisheit, nicht anders übrigens als die Reden. So lehrte schon der Dichter *Naevius* seine Leser: *Pati necesse est multa mortales mala* (= Die Menschen müssen vieles Üble erdulden) oder der Dichter Seneca kündet die trübe Weisheit: *Tacere multis discitur vitae malis* (= Durch vieles Leid im Leben lernt man zu schweigen; Thyestes, 319).

Besonders auch die juristische Ader der Römer führte zu sprichwortartigen Zusammenfassungen und Formeln, etwa bei *Seneca*, der sagt: *Cui prodest scelus, is fecit* (= Wem das Verbrechen nützt, der hat es getan; Medea, 500) oder bei dem Juristen *Ulpianus; Iustitia est constans et perpetua voluntas suum cuique tribuendi* (= Gerechtigkeit ist der beständige und andauernde Wille, jedem das Seine zukommen zu lassen). Wenn man dabei die Kürze des lateinischen Satzes mit der Länge der deutschen Übersetzung vergleicht, erkennt man sogleich, wie geballt und konzentriert die lateinische Formung ist.

Manchmal sind römische Sentenzen fast monumental.

Im folgenden wird eine Reihe wichtiger und schöner lateinischer Sentenzen geboten, wobei nach Inhaltsbereichen eingeteilt wird. Es ist klar, daß hier nicht jede Sentenz ihren festen Platz finden kann; die Bezüge bleiben offen.

Gott und Religion:

Ab Iove principium = Gott ist der Anfang – *Ad maiorem dei gloriam* = Zur höheren Ehre Gottes – *Anima naturaliter Christiana* = Die Seele ist von Natur aus christlich – *Cor nostrum inquietum est, donec requiescat in te* (Augustinus) = Unruhig ist unser Herz, bis es in dir (Gott) seine Ruhe findet – *Sero molunt deorum molae* = Gottes Mühlen mahlen langsam.

Schöpfung und Natur:

Naturalia non sunt turpia = Was natürlich ist, kann nicht schändlich sein – *Natura non facit saltum* = Die Natur macht keinen Sprung.

Mensch und Menschenleben:

Errare humanum est = Irren ist menschlich – *Homines sumus, non dei* = Menschen sind wir, keine Götter – *Homo est animal sociale* (nach Aristoteles) = Der Mensch ist ein Gemeinschaftswesen – *Homo homini lupus* = Der Mensch ist für seine Mitmenschen ein Wolf – *Homo sum, humani nihil a me alienum puto* = Mensch bin ich; nichts Menschliches ist mir fremd – *Suae quisque fortunae faber est* = Jeder ist seines Glückes Schmied – *Vivere militare est* = Leben heißt ein Kämpfer sein (zu kämpfen).

Lebensregeln und Erkenntnisse:

Boni viri lacrimabiles = Gute Männer weinen leicht – *Carpe diem!* = Genieße den Tag, nutze ihn aus! – *Est modus in rebus, sunt certi denique fines* = Es gibt ein rechtes Maß in allen Dingen, kurz, es gibt bestimmte Grenzen – *In medio virtus* = Das Richtige liegt in der Mitte – *Mens sana in corpore sano (sit)* = Ein gesunder Geist (sei) in einem gesunden Körper – *Ne quid nimis!* = = Halte Maß in allem! – *Nosce te ipsum!* = Erkenne dich selbst! – *Quae volumus, credimus libenter* = Was man wünscht, das glaubt man gern – *Quid sit futurum cras, fuge quaerere!* = = Frage nicht, was morgen kommen wird! – *Tunica propior pallio est* = Das Hemd ist mir näher als der Rock – *Ut sementem feceris, ita metes* = Wie die Saat, so die Ernte – *Varietas delectat* = Abwechslung macht Freude – *Vide, cui fidas!* = Trau, schau, wem!

Die Umwelt:

Credi mihi, bene qui latuit, bene vixit = Glaube mir: Glücklich lebt, wer in glücklicher Verborgenheit lebt – *Duo cum faciunt idem, non est idem* = Wenn zwei das Gleiche tun, ist es nicht dasselbe – *Non cum perfectis hominibus vivitur* = Man lebt nicht mit vollkommenen Menschen, man muß die Menschen nehmen, wie sie sind – *Odi profanum vulgus et arceo* = Ich will vom Pöbel nichts wissen und halte ihn mir fern – *Procul a Iove, procul a fulmine* = Weit von Iupiter, weit vom Blitz – *Quot homines, tot sententiae* = Soviel Köpfe, soviel Ansichten – *Vox populi, vox dei!* = Volkes Stimme, Gottes Stimme.

Erziehung und Lernen:

Consuetudo quasi altera natura = Gewohnheit ist wie eine zweite Natur – *Disce aut discede!* = Lerne oder troll' dich! – *Docti male pingunt* = Gelehrte schreiben schlecht – *Ipse dixit* = Er selbst hat es gesagt (der Lehrer) – *Memoria minuitur, nisi eam exerceas* = Das Gedächtnis nimmt ab, wenn man es nicht übt – *Non multa, sed multum!* = Nicht vielerlei treiben, sondern eine Sache intensiv und genau! – *Non scholae, sed vitae discimus* = Nicht für die Schule, sondern für das Leben lernen wir – *Primum vivere, deinde philosophari* = Erst leben, dann philosophieren – *Repetitio est mater studiorum* = Die Wiederholung ist die Mutter der Studien – *Verba docent, exempla trahunt* = Worte belehren nur, Beispiele reißen mit – *Vox audita perit, littera scripta manet* = Das gesprochene Wort verweht, das Geschriebene bleibt bestehen.

Wissenschaft und Bücher:

Bene docet, qui bene distinguit = Gut lehrt, wer gut gliedert – *Docendo discimus* = Durch Lehren lernen wir – *Errare humanum est* = Irren ist menschlich – *Habent sua fata libelli (pro captu lectoris)* = Bücher haben ihre Schicksale (durch die Auffassung des Lesers) – *Quis leget haec?* = Wer wird das lesen? – *Quod erat demonstrandum* = Was zu beweisen war – *Sine ira et studio* = Ohne Gehässigkeit und ohne Vorliebe (unparteiisch Geschichte) schreiben (Tacitus).

Dichter und Dichtung:

Aut prodesse volunt aut delectare poetae = Dichter wollen entweder Nutzen oder Unterhaltung bringen – *Difficile est, satiram non scribere* = Es ist schwer, da keine Satire zu schreiben – *In medias res* = Mitten in die Dinge hineingehen – *Licentia poetica* = Dichterische Freiheit – *Poeta nascitur, orator fit* = Zum Dichter muß man geboren sein, zum Redner kann man sich ausbilden – *Ridentem dicere verum* = Scherzend die Wahrheit sagen (Horaz).

Redekunst:

Captatio benevolentiae = Versuch, die Gunst der Hörer zu gewinnen – *Orator pro domo* = Ein Redner, der im eigenen Interesse spricht – *Qualis vir, talis oratio* = Der Stil ist das Abbild des Charakters – *Rem tene, verba sequentur* = Halte die Sache fest, die Worte stellen sich dann schon ein.

Freundschaft und Feindschaft:

Alter alterius auxilio eget = Der eine bedarf der Unterstützung durch den anderen – *Amici fures temporum* = Mit Freunden verliert man viel Zeit – *Amicus est alter ego* = Ein Freund ist ein zweites Ich – *Donec eris felix, multos numerabis amicos; tempora si fuerint nubila, solus eris* = Freunde zählst du in Menge, solange du glücklich bist; in bedrängter Lage aber stehst du allein – *Idem velle atque idem nolle, ea demum firma amicitia est* = Dasselbe wollen und dasselbe nicht wollen, das erst ist feste Freundschaft – *Manus manum lavat* = Eine Hand wäscht die andere – *Par nobile fratrum!* = Ein sauberes Brüderpaar! – *Quot servi, tot hostes* = Soviele Sklaven, soviele Feinde – *Sine amicitia vita est nulla* = Ohne Freundschaft gibt es kein rechtes Leben.

Liebe, Frauen, Ehe:

Aequalem uxorem ducere = Man soll nicht über und nicht unter seinem Stande heiraten – *Aman-*

tium irae amoris integratio = Der Liebenden Streit die Liebe erneut – *Omnia vincit amor* = = Alles besiegt die Liebe – *Spectatum veniunt, veniunt spectentur ut ipsae* = Die Frauen kommen (ins Theater), um zu sehen und kommen, um gesehen zu werden.

Recht, Gesetz, Gericht:

Bona fide agere = In gutem Glauben handeln — *Ignorantia iuris nocet* = Unkenntnis des Gesetzes schützt nicht vor Strafe – *Iustitia est constans et perpetua voluntas ius suum cuique tribuendi* = Gerechtigkeit ist der beharrliche Wille, jedem das Seine zu geben – *Minima non curat praetor* = Um Kleinigkeiten kümmert sich der Richter nicht – *Quilibet praesumitur bonus, donec probetur contrarium* = Jeder wird von vornherein als unschuldig betrachtet, bis das Gegenteil bewiesen ist – *Qui suo iure utitur, nemini facit iniuriam* = Wer sein Recht anwendet, tut niemandem Unrecht – *Quod quis per alium fecit, ipse fecisse putatur* = Der intellektuelle Urheber einer Tat ist für diese haftbar – *Quod tibi fieri non vis, alteri ne feceris* = Was du nicht willst, das man dir tu, das füg' auch keinem anderen zu! – *Summum ius summa iniuria* = Das auf die Spitze getriebene Recht wird zum höchsten Unrecht – *Suum cuique!* = Jedem das Seine – *Ubi non accusator, ibi non iudex* = Wo kein Kläger, da kein Richter – *Ultra posse nemo tenetur* = Niemand ist verpflichtet, mehr zu leisten, als er kann – *Volenti non fit iniuria* = Wer sich seiner Ansprüche freiwillig begibt (wer es so haben will), erleidet kein Unrecht.

Die Arbeit:

Acta agere = Leeres Stroh dreschen – *Iucundi acti labores* = Nach getaner Arbeit ist gut ruhen – *Labor ipse voluptas* = Die Arbeit selbst ist eine Lust – *Nulla dies sine linea!* = Kein Tag sei ohne Fortschritt – *Omne principium difficile* = Aller Anfang ist schwer – *Ora et labora!* = Bete und arbeite! – *Otium cum dignitate* = Ehrenvoller Ruhestand – *Ut desint vires, tamen est laudanda voluntas* = Wenn's auch an Kräften gebricht, ist doch der Wille zu loben.

Reichtum und Besitz:

Beati possidentes = Glücklich die Besitzenden! – *Dives aut iniquus aut iniqui heres* = Ein Reicher ist ein Schelm oder eines Schelmen Erbe – *Magnum vectigal parsimonia* = Sparsamkeit ist eine große Einnahmequelle – *Male parta male dilabuntur* = Wie gewonnen, so zerronnen.

Staat und Politik:

Bellum omnium contra omnes (Hobbes) = Krieg aller gegen alle – *Inter arma silent leges* = Im Krieg ruht das Recht – *Iustitia fundamentum regnorum* = Die Gerechtigkeit ist das Fundament der Reiche – *Salus populi suprema lex esto* = Das Wohl des Volkes sei das oberste Gesetz – *Si vis pacem, para bellum* = Willst du Frieden haben, so rüste zum Krieg! – *Videant consules, ne quid detrimenti capiat res publica* = = Die Consuln mögen dafür sorgen, daß der Staat keinen Schaden leidet.

Schicksal, Glück, Unglück:

Ducunt volentem fata, nolentem trahunt = Den Willigen führt das Geschick, den Störrischen schleift es mit sich fort – *Dum spiro, spero* = Solange ich atme, hoffe ich – *Fortes fortuna adiuvat* = Dem Mutigen hilft das Glück – *Nolens volens fecit* = Er mußte es tun, mochte er wollen oder nicht – *Quos deus perdere vult, dementat prius* = Wen Gott verderben will, dem verblendet er den Verstand – *Solamen est miseris, socios habuisse malorum* = Es ist ein Trost im Leid, Leidensgefährten zu haben – *Suae quisque fortunae faber est* = Jeder ist seines Glückes Schmied – *Sustine et abstine!* = Leide und meide!.

Zeit, Alter, Krankheit und Tod:

Carpe diem! = Benütze deine Zeit! – *De mortuis nil nisi bene* = Über die Toten soll man nur Gutes sprechen – *Laudator temporis acti* = Ein Lobredner der Vergangenheit – *Medicus curat, natura sanat* = Der Arzt behandelt, die Natur heilt – *Non curatur, qui curat* = Wer sich Sorgen macht, kann nicht geheilt werden – *Non vivere, sed valere vita* = Leben heißt nicht, am Leben sein, sondern gesund sein – *Quem di diligunt, adolescens moritur* = Jung stirbt, wen die Götter lieben – *Raro senex mutat sententiam* = Ein alter Mann ändert nur selten seine Meinung – *Senectus ipsa morbus* = Das Alter selbst ist schon eine Krankheit – *Vinum lac senum* = Der Wein ist die Milch der Greise.

Rom: Geschichte und Gestalten:

Alea iacta est = Der Würfel ist gefallen (→ Caesar am Rubicon, 49 v. Chr.) – *Aut Caesar aut nihil* = = Entweder Caesar oder nichts – *Ave imperator, morituri te salutant* = Lebe wohl, Kaiser, die Todgeweihten grüßen dich (Gruß der Gladiatoren an den Kaiser im Zirkus) – *Ceterum censeo Carthaginem esse delendam* = Übrigens stelle ich den Antrag, Karthago zu vernichten (→ Cato)

– *Civis Romanus sum* = Ich bin ein römischer Bürger – *Divide et impera!* = Teile und herrsche! – *Festina lente!* = Eile mit Weile! (→ Augustus) – *Hannibal ante portas!* (211 v. Chr.) = Hannibal vor den Toren! – *In hoc signo vinces* = In diesem Zeichen wirst du siegen (Der Engel, der Kaiser Constantin das Kreuz vor der Schlacht an der Milvischen Brücke, 312 n. Chr. zeigt) – *Noli turbare circulos meos* = Störe mir meine Kreise nicht! (Archimedes zu einem römischen Soldaten, der ihn tötet) – *Oderint, dum metuant* = Mögen sie mich hassen, wenn sie nur Angst vor mir haben! (Caligula) – *Panem et circenses!* = Brot und Spiele! – *Qualis artifex pereo!* = Welch ein Künstler geht in mir zugrunde! (→ Nero) – *Quo usque tandem abutere, Catilina, patientia nostra?* = Wie lang denn noch willst du unsere Geduld mißbrauchen, Catilina? (→ Cicero 63 v. Chr.) – *Tolle, lege* = Nimm und lies! (Augustinus, Confessiones 3, 12, 29) – *Unus homo nobis cunctando restituit rem* = Ein Mann hat uns durch seine hinhaltende Kriegsführung den Staat wiederhergestellt (Fabius Maximus Cunctator) – *Vae victis* (Brennus 387 v. Chr.) = Wehe den Besiegten! – *Veni, vidi vici* = Ich kam, sah und siegte (Caesar 47 v. Chr.).

Berühmte Zitate:

Ad Calendas Graecas differre = Auf den Sankt Nimmerleinstag etwas verschieben – *Amantes amentes* = Liebende sind nicht ganz bei Troste – *Audiatur et altera pars* = Man soll auch die andere Seite anhören – *Aurea mediocritas* = Die goldene Mittelstraße – *Auri sacra fames* = Der fluchwürdige Hunger nach Gold – *Beatus ille, qui procul negotiis* = Glücklich ist, wer ferne von den Geschäften lebt – *Bis dat, qui cito dat* = Doppelt gibt, wer sogleich gibt – *Caelum, non animum mutant, qui trans mare currunt* = Das Klima, nicht seinen Seelenzustand ändert, wer über See geht – *Cogito, ergo sum* (Descartes) = Indem ich denke, bin ich – *Condicio, sine qua non* = Eine unerläßliche Bedingung – *Corvus albus* = Ein weißer Rabe – *Cum grano salis* = Mit einem Salzkörnchen (etwa: »richtig verstanden«) – *Duo cum faciunt idem, non est idem* = Wenn zwei dasselbe tun, ist es nicht das Gleiche – *Est quaedam flere voluptas* = Im Weinen liegt eine gewisse Wonne – *Exegi monumentum aere perennius* = Ein Denkmal habe ich mir gesetzt, dauernder als Erz – *Experto crede Roberto!* = Glaube es nur dem Robert, der es versucht hat! – *Extra ecclesiam nulla salus* = Außerhalb der Kirche gibt es kein Heil – *Facilis descensus Averno* = Das Hinabsteigen in die Unterwelt ist leicht (aber die Rückkehr ist schwer) – *Fama crescit eundo* = Das Gerücht wächst mit seiner Verbreitung – *Flectere si nequeo superos, Acheronta movebo* = Wenn mich der Himmel nicht hört, dann ruf' ich die Hölle zu Hilfe (→ Vergil, Aeneis 7,312) – *Homo novus* = Ein neuer Mann, ein Mann ohne (adelige) Ahnen – *Ira furor brevis est* = Der Zorn ist eine kurze Raserei – *Litterae non erubescunt* = Papier ist geduldig – *Male parta male dilabuntur* = Unrecht Gut gedeiht nicht – *Miles gloriosus* = Ein glorreicher Streiter (Christus!) – *Nil admirari* = Nichts anstaunen, sich durch nichts aus der Fassung bringen lassen, nichts leidenschaftlich begehren! – *Nomen est omen* = Der Name ist zugleich eine Vorbedeutung – *Nuda veritas* = Die nackte Wahrheit – *Nunc est bibendum* = Jetzt muß man trinken – *Omnia mea mecum porto* = Ich trage all das Meine bei mir (Der Weise Bias, als seine Heimatstadt zerstört wurde) – *O tempora, o mores!* = O Zeiten! O Sitten! – *Periculum in mora* = Gefahr im Verzuge – *Pia fraus* = Frommer Betrug – *Quamvis sint sub aqua, sub aqua maledicere temptant* = Ob sie (die Frösche) auch unter dem Wasser sind, so versuchen sie doch, auch da noch zu schimpfen (→ Ovid, Metamorphosen 6,376) – *Quandoque bonus dormitat Homerus* = Manchmal schläft selbst der große Homer – *Quidquid id est, timeo Danaos et dona ferentes* = Was auch immer das sein mag, ich fürchte die Danaer, selbst wenn sie Geschenke bringen (»Danaergeschenke«; Vergil, Aeneis 2,49) – *Quod deus bene vertat* = Dazu gebe Gott seinen Segen – *Quos ego!* = Euch werd' ich . . .! – *Ridentem dicere verum* = Lachend die Wahrheit zu sagen – *Sapere aude!* = Wage es, deinen Verstand unvoreingenommen zu gebrauchen! – *Semper idem* = Immer das Gleiche! – *Sic itur ad astra* = So steigt man zu den Sternen empor – *Si tacuisses, philosophus mansisses* = Wenn du geschwiegen hättest, hättest du das Ansehen eines Philosophen behalten – *Unus pro multis* = Einer für viele – *Urbs aeterna* = Die ewige Stadt — *Ut desint vires, tamen est laudanda voluntas* = Wenn auch die Kräfte fehlen, ist doch der gute Wille zu loben.

Es sei darauf hingewiesen, daß ein Teil der hier aufgeführten Sprichwörter und Zitate usw. nicht nur aus dem alten Rom stammt, sondern auch im Mittelalter oder später gebildet wurde; man sieht hier deutlich, wie lange die lateinische Sprache fortgewirkt hat und wie nützlich sie war, um Erkenntnisse und Weisheiten in kurzer und prägnanter Form einprägsam zusammenzufassen. (O. S.)

Stadt

Mag das alte Italien in mancherlei Hinsicht hinter der Kulturentwicklung des östlichen Mittelmeerraumes hergehinkt sein – für die bewußte Neugründung und Planung von Städten trifft dies nicht zu: Mehr als ein Jahrtausend römischer Geschichte ist zugleich eine bruchlose Entwicklungslinie der italischen bzw. römischen Stadt vom Ende der Bronzezeit bis in die byzantinische Ära hinein!

Zentren der italisch-römischen Stadtentwicklung waren von alters her die *etruskische Toscana* (→ *Etrusker*) und das in seiner Frühzeit stark etruskisch geprägte *Latium;* die Küsten *Unteritaliens* und *Siziliens* empfingen von den *griechischen Kolonisten* starke Urbanisationsimpulse, welche später genauso wie die etruskischen in die gesamtitalische Stadtentwicklung mit einflossen. Damit ist aber nicht gesagt, daß es vor dem Erscheinen von Etruskern und Griechen keine einheimische Städteentwicklung gegeben habe, nur verlieren sich deren Anfänge in der großen mittelmeerischen Wanderungsbewegung vor 1200 v. Chr.

Die frühen Gründungen. Die alten *Etrusker-* oder *Latinerstädte* entwickelten sich von gut geschützten, das Umland oder wichtige Verkehrswege beherrschenden Geländepunkten aus. Oft bestanden dort schon vorgeschichtliche Siedlungen. Als Beispiele seien hier nur *Orvieto, Perusia* (Perugia) *Arretium* (Arezzo), *Praeneste* oder auch *Rom* genannt. Solche Städte wuchsen entweder allmählich oder aber wurden *gezielt gegründet,* wobei ein stets ähnlicher Stadtplan am Anfang steht und auch nachweisbar ist. Die Etrusker bedienten sich eines *festen Gründungsrituals,* das die Römer übernahmen und jahrhundertelang beibehielten, wobei ihnen die etruskische Tradition immer bewußt blieb.

Das Gründungsverfahren lief folgendermaßen ab: Zuerst wurde die Fläche festgelegt, auf der sich einst die Stadt erheben sollte. Dann trassierte man die meist von *Ost nach West* verlaufende *Hauptstraße,* die rechtwinklig von einer *Nord-Süd-Achse* geschnitten wurde. An den Endpunkten dieser Achsen befanden sich die vier *Haupttore* der Stadt. Der spätere Verlauf der Stadtmauer – die es schon in frühester Zeit gab – wurde dann parallel zu den Hauptachsen mit einem *heiligen Pflug,* der eine bronzene Schar besaß, in den Boden gezeichnet. So war eine »heilige Grenze« (lat. pomerium) markiert, die bewaffnet nicht überschritten werden durfte und hinter der

in republikanischen Zeiten nur die durch Gesetz und Herkommen begründete Macht ziviler Beamter galt. Bei der Auswahl des Platzes und dann bei der Gründung spielten die *Augures* (Priester, die den Flug bestimmter vorzeichenträchtiger Vögel beobachteten) und *Haruspices* (Priester, die aus den Eingeweiden der geschlachteten Opfertiere weissagten) eine entscheidende Rolle; beide Arten der Weissagung und die Bezeichnung sind etruskischen Ursprungs. (Siehe auch die Stichwörter → *Etrusker,* → *Mythologie,* → *Religion,* → *Weltbild*).

Schilderung der offiziellen Riten bei der Gründung Roms durch Plutarch (Romulus 11 f)

»Wo heute die Volksversammlung tagt, wurde ein rundes Loch ausgehoben, in das man die Erstlinge verschiedener lebensnotwendiger Dinge versenkte. [...] So ein Loch trägt den gleichen Namen wie der Himmel, nämlich »mundus«. Mit dem Mundus in der Mitte steckt man den Umfang der künftigen Stadt ab. Der Gründer zieht dann mit einem bronzenen Pflug, vor den ein Stier und eine Kuh gespannt ist, dort eine Furche, wo später die Stadtmauer verlaufen wird; dem Gespann folgen Leute, die alle Schollen einwärts wenden müssen. Wo ein Stadttor eingelassen werden soll, wird die Furche durch Anheben der Pflugschar unterbrochen. So gilt die ganze Mauer als heilig und unverletzlich [...]«

Zwischen dem 7. und dem 5. Jahrhundert wird im etruskischen Einflußbereich das städte*planerische* Moment immer stärker. Als *Grundschema* dominiert eindeutig die Anlage nach einem rechtwinkligen *Achsenkreuz* im Gegensatz zum »hippodamischen System«, das gleichzeitig in Griechenland aufkommt (Schachbrettform).

Die *Befestigungs- und Toranlagen* sind verteidigungstechnisch schon recht ausgeklügelt, beim Mauerbau werden vielfach Quader verwendet. Auch treffen wir auf das erste *Straßenpflaster* (→ *Straßen*). Anfänge eines *Kanal- oder Abwässersystems* mit Haupt- und Nebensträngen sind ebenfalls vorhanden (→ *Technik*). Die Breite der Straßen scheint schon mancherorts von den Behörden vorgeschrieben worden zu sein, und die Trinkwasserversorgung erfolgte nicht mehr durch Zisternen, sondern durch einfache *Wasserlei-*

Das schachbrettartige Straßenbild der Colonia Marciana von Thamugadi (Timgad/ Algerien).

tungen. Das *Einzelwohnhaus* ist die Regel. Es besteht vielfach noch aus Holz und ist einstöckig. Gegen Ende der Epoche beginnt sich in ärmeren Stadtvierteln jedoch schon die Entwicklung zum *mehrstöckigen Mietswohnhaus* abzuzeichnen. In den Wohnvierteln der Reichen erscheint das *Atriumwohnhaus* (→ *Haus*).

Die Bürgerkolonie. Im 4. Jahrhundert wird der bis dahin führende etruskische Stadttypus durch einen anderen abgelöst, den der römischen Bürgerkolonie (colonia). Dieser Typ sollte später in Italien und den Provinzen zum Typ der Römerstadt schlechthin werden. Die Anfänge vieler noch heute existierender Städte in Italien gehen auf den Plan der altrömischen Kolonie zurück. Die Funktion der Kolonie war vordringlich *militärisch:* Stark befestigt, entweder auf beherrschenden Höhenzügen rechteckig oder in der Ebene manchmal quadratisch angelegt, sollten diese Ableger der Mutterstadt Rom zusammen mit einem *Militärstraßennetz* das Land· beherrschen. Diese Verbindung mit dem Netz der Militärstraßen ist bei der befestigten Bürgerkolonie immer zu beachten. Rein befestigungstechnisch hatten allerdings griechische und hellenistische Militäringenieure weit mehr zu bieten als die rechteckige bzw. quadratische Bürgerkolonie,

deren ebenfalls vorgeplante *Stadtviertel* auch entsprechend rechteckig oder quadratisch im Grundriß waren.

Schon immer fiel auf, wie sehr die Kolonie in Anlage und Grundriß dem römischen *Militärlager* glich: Beide waren viereckig, hatten den Versammlungsplatz im Winkel zwischen den Hauptachsen bzw. Hauptlagerstraßen, nicht jedoch in deren Schnittpunkt, und verfügten jeweils über vier Lager- bzw. Stadttore.

In *Italien* gründete → *Augustus* die letzten Kolonien; die starken Befestigungsanlagen dieser Städte und vor allem ihrer Vorgängerinnen wurden dann in den 250 Jahren ungestörten Kaiserfriedens vernachlässigt und dem Verfall überlassen. Die Städte Italiens dehnten sich über ihre Mauervierecke hinaus aus, um sich dann seit ca. 250 wieder in die ›Schneckenhäuser‹ der alten, ausgebesserten oder provisorisch neu errichteten Stadtmauern zurückzuziehen.

Die Provinz-Städte. In den Provinzen setzte sich ebenfalls die altrepublikanische Kolonie als Vorbild der Römerstadt durch; ein deutlicher Zug zur Normierung ist auch bei diesen Städten nicht zu übersehen. In ihrer Entwicklung führte ein weiter, aber durchaus konsequenter Weg von der verhältnismäßigen Kargheit der republikanischen

Kolonien zur zivilisatorischen Raffinesse, wie sie Reichtum und Frieden der ›Hohen Kaiserzeit‹ hervorbrachten. Der einmal erreichte Standard blieb dann für lange Zeit typisch.

In den Westprovinzen *Spanien* und *Gallien* sowie im römischen *Nordafrika* war das römische Element in der Städtelandschaft besonders stark, während in der *östlichen Reichshälfte* die charakteristischen Merkmale römischer Stadtkultur zwar ebenfalls stellenweise deutlich hervortraten, meist jedoch nur auf die hochentwickelte hellenistische oder orientalische Städtetradition aufgepfropft waren. Dies gilt besonders für *Kleinasien, Syrien, Palästina* und *Ägypten:* Alle Metropolen waren hier zwar stark romanisiert, verloren ihren autochthonen – ihren selbständigen – Charakter jedoch nicht.

In den Provinzen betätigte sich die römische *Berufsarmee* der Kaiserzeit vielfältig und mit großem Erfolg als Städtebauer; noch heute legen die taktischen Zeichen der jeweiligen Einheiten auf den Ziegeln Zeugnis von dieser zivilisatorischen Tätigkeit ab. So erbauten die Legionen im *tunesisch-algerischen* Hinterland viele nahezu reine Römerstädte. Bei der Anlage spielten strategische Gesichtspunkte fast immer eine wichtige Rolle.

Die an der Küste Nordafrikas schon von alters her existierenden *punischen* bzw. *libyschen* Städte wurden stark romanisiert. Dasselbe geschah in *Spanien* mit vielen dort bereits vorhandenen *Ibererstädten,* die durch eine große Anzahl teils noch republikanischer, teils kaiserzeitlicher römischer Neugründungen ergänzt wurden.

Auch *Gallien* zeigte bald ein reiches Bild römischer Urbanisation: Neben den alten Griechenstädten der Provence und der Riviera wurden viele »oppida« (= städtische Siedlungen) der Gallier zu römisch geprägten Städten umgestaltet. In der Kaiserzeit kommen noch eine Fülle von römischen Neugründungen hinzu.

Viel spärlicher und teilweise auch zurückgebliebener war das römische Städtewesen in den *Rhein- und Donauprovinzen:* Hier lagen die Anfänge häufig in den wildwuchernden »canabae«, d. h. den *Budenstädten* von Händlern und Gastwirten in der Nähe der größeren Militärlager. Oft entstanden aus den »canabae« mit der Zeit existenzfähige »vici« (= Dörfer) und aus ihnen richtige Städte. Auch diese Städte im Gefolge von Standlagern und Garnisonen lagen an strategisch wichtigen Punkten. Es gab jedoch auch eine Anzahl von Römerstädten, die aus einheimischen Siedlungen hervorgegangen waren.

Ihre höchste Blüte erreicht die römische Provinzstadt in der Zeit zwischen → *Caesars* und → *Hadrians* Herrschaft. Nach 160 setzt ihr Abstieg ein. Er beschleunigt sich im chaotischen 3. Jahrhundert, da sich die Kräfte des Reiches durch die Abwehr der Barbaren und die parallel ablaufende Gesellschafts- und Wirtschaftskrise immer mehr verschleißen. Natürlich verschwindet dieser großartige Stadtorganismus, ohne den das Reich gar nicht denkbar gewesen wäre, keineswegs schlagartig, sondern er existiert in den hoch zivilisierten und weniger heimgesuchten Reichsteilen noch jahrhundertelang weiter.

Die Ausgestaltung der Städte. In der Ausgestaltung waren die Römerstädte der Kaiserzeit sich durchaus ähnlich, wenn auch der Reichtum der Bewohner und die kaiserliche Gunst manche graduelle Unterschiede bedingten. Luxus und zivilisatorischer Standard nahmen gegen Norden bzw. Nordosten ab. Die allermeisten Städte hatten eine ausgezeichnete *Wasserversorgung* mit über- und unterirdischen Wasserleitungen, Verteilern und öffentlichen Brunnenanlagen, bei denen nicht nur Funktionalität angestrebt, sondern sehr oft auch höchster künstlerischer Aufwand für die Gestaltung dieser so wichtigen Bürgertreffpunkte betrieben wurde. Die Entsorgung und Entwässerung erfolgte durch ein ebenso ausgebautes *Kanalisationsnetz.* Die *Straßen* waren gepflastert und hatten Bürgersteige und Laubengänge; oft wie Basare auf größere Länge überdacht, bildeten diese Straßen ideale Verkaufs- und Versammlungszentren. Die Straßen der kaiserlichen Städte waren im allgemeinen breiter und großzügiger angelegt als die ihrer republikanischen Vorgängerinnen. Die Straßenkreuzungen – nicht nur in Rom – schmückten häufig *Triumphbögen.* Die einzelnen *Stadtviertel,* rechteckig oder quadratisch im Grundriß, hatten besondere Verwaltungseinrichtungen und eigene Kornspeicher. Unbestrittener Mittelpunkt einer jeden römischen Stadt, und sei sie auch noch so klein und abgelegen gewesen, war das *Hauptforum* (→ *Forum Romanum,* → *Rom*). Größere Städte und vor allem die Großstädte verfügten zusätzlich über weitere fora als *Märkte* für spezielle Handels- und Handwerkssparten. Es gab eigene *Fleischmärkte* mit speziellen Schlachthäusern oder *Gemüsemärkte* oder auch Plätze, wo z. B. nur Lumpen für die *Flickschneider* oder nur *Süßwaren* gehandelt wurden. Auch die *Sklavenhändler* hatten ihre eigenen Marktplätze. Auf dem Hauptforum fanden solche profanen Geschäfte schon lange nicht mehr statt.

Gallien und der rheinische Raum insbesondere um Köln prosperierten in der römischen Kaiserzeit und brachten blühende Töpferei- und Glas-Gewerbe hervor, die mit italischen Gewerbezentren konkurrierten. Terra sigilata und Gläser wie z. B. die Kölner Schlangenfadengläser genossen hohes Ansehen: Carchesium (Pokal auf Stengelfuß) aus Köln. Römisch-Germanisches Museum Köln.

Selbst auf den Feldzügen verzichteten die römischen Heerführer nicht auf ihren gewöhnten Luxus, zu dem u. a. wertvolles Tafelsilber zählte. Vielleicht gehörte auch diese sogenannte Athenaschale aus dem Hildesheimer Silberschatz (1869 am Galgenberg bei Hildesheim gefunden, 74 Gefäße) einem Feldherrn: Varus. Staatliche Museen. Preußischer Kulturbesitz, Antikenmuseum Berlin.

Der Grundriß des Forums war meist rechteckig, seltener quadratisch. Von einer Schmalseite aus beherrschte meist ein *Tempel der Hauptgottheit* den Platz; an seine Stelle konnte manchmal auch eine *Markthalle* oder das *Rathaus* (curia) treten. Die restlichen Seiten bildeten meist *Säulenhallen*. Zu ihnen und den anderen öffentlichen Gebäuden führten *Freitreppen*, die ein beliebter Aufenthaltsort für die Müßiggänger waren. Die Forumsfläche war sehr sorgfältig gepflastert oder mit fein bearbeiteten Platten ausgelegt. Denkmäler und Standbilder schmückten den Platz.

Das Hauptforum lag immer im Winkel zwischen den städtischen Hauptstraßen. Wie die *Brunnenanlagen* diente es nicht nur rein funktionellen Zwecken – z. B. politischen Versammlungen, Gerichtsterminen oder sonstigen Geschäften –, sondern war unmittelbarer Lebensraum für den einzelnen Bürger, der in der übergroßen Mehrzahl nur über recht spartanisch eingerichtete Wohnungen mit sehr kärglichem Luxus verfügte.

In den Wohnverhältnissen ist auch ansonsten der Grund für die geradezu verschwenderisch reiche Ausstattung der Städte mit Gemeinschaftseinrichtungen zu suchen, die oft durch Stiftungen reicher Mitbürger errichtet und auch unterhalten wurden. Erwähnt seien nur die *Parks* mit Brunnen, Bänken und Kiosken sowie die riesigen Komplexe der → *Theater*, → *Amphitheater*, *Stadien* und *Rennbahnen*. Hierher gehören auch die *Gladiatorenkasernen* und ihre Trainingsstätten sowie die Anlagen, in denen *Seeschlachten* naturgetreu und realistisch nachgespielt wurden: echte Kriegsschiffe und Kämpfe, bei denen viel Blut floß, gehörten zu diesen maritimen Veranstaltungen; die Kosten gingen in die Millionen – auch in den Provinzstädten, denn auch dort war das Publikum mit Seiltänzern und Komikern allein keineswegs zufriedenzustellen. Selbst Mittel- und Kleinstädte trieben sehr hohen Aufwand – ein Zeichen dafür, wie sehr die Massen nach deftigster Unterhaltung und Zerstreuung verlangten und wie dieses Bedürfnis für Regierung und städtische Honoratioren, die ja das alles bezahlen mußten, Befehl war. Ähnliches gilt für den Bau und den Unterhalt der *Thermen* (→ *Bäder*): Keine römische Stadt verzichtete auf sie, und in den Metropolen waren sie in solcher Anzahl und Ausstattung vorhanden, daß selbst Großstädte unserer Tage hierzu noch kein rechtes Äquivalent bieten können! Für das Bildungs- und Informationsbedürfnis derer, die sich die teure Anschaffung einer Privatbibliothek nicht leisten konnten, standen *öffentliche Büchereien* mit einem beachtlichen Service zur Verfügung.

Finanzhaushalt. Da die Städte miteinander rivalisierten und ständig bestrebt waren, sich in den Gemeinschaftseinrichtungen gegenseitig zu übertrumpfen, zeigten sie oft ein recht liederliches Finanzgebaren und gerieten häufig in arge Schulden. Sie waren deshalb gezwungen, ständig nach Freunden und Gönnern, sprich: Geldgebern, Ausschau zu halten. Diese waren in den Reihen der eigenen Bürger allein kaum zu finden, sondern mußten oft andernorts, z. B. in der Hauptstadt Rom, aufgespürt werden. ›Geködert‹ wurden sie durch die Verleihung des *Ehrenbürgerrechtes* und die Aussicht, ein *Standbild* mit ehrender Inschrift auf dem Forum der beschenkten Stadt zu erhalten. Die Rekrutierung von Stiftern erfolgte oft auf recht aufdringliche Weise und war im Grund nichts anderes als eine subtile Form der Bettelei.

Residenzstädte. Einen Sonderfall bildeten in der späten Kaiserzeit die verschiedenen *Residenzstädte* wie z. B. *Trier*, *Ravenna* oder *Thessalonike*: Hier prägte das fort- oder zitadellenartig angelegte *Palastviertel* das Gesicht der Städte; manchmal war der → *Zirkus* bzw. das *Hippodrom* wie in *Konstantinopel* in dieses Regierungsviertel miteinbezogen, hatte zu dieser Zeit doch die Rennbahn das Hauptforum in seiner innerpolitischen Bedeutung längst abgelöst.

Der juristische Stadttypus. Ihrem juristischen Typ nach waren die Städte des römischen Italien entweder *Kolonien* (colonia), also Ableger der Mutterstadt Rom, oder aber *Munizipien* (municipium), ein Stadttyp, den die Forschung noch nicht in allen Punkten erklären kann. Er scheint sich aus den Latinerstädten mit eigenem Recht und eigener Selbstverwaltung entwickelt zu haben. Die Inhaber städtischer Ämter und Führungspositionen in diesen Orten wurden automatisch römische Bürger. Für Italien ist spätestens in der Kaiserzeit ab 212 der Unterschied zwischen Kolonie und Munizipium eine akademische Frage, da die Einwohner sowieso römische Bürger und von Steuern befreit waren.

Auch in den Provinzen gab es Bürgerkolonien und Munizipien, jedoch waren sie gegenüber den normalen Provinzstädten, den *civitates* in der Minderzahl. Mit Ausnahme der »echten« Bürgerkolonie blieben alle Provinzstädte steuerpflichtig; Abgabenfreiheit war nur durch ein jederzeit widerrufbares kaiserliches Privileg zu erlangen. Die civitates besaßen Selbstverwaltung unter eigenen Beamten und ein eigenes Bürgerrecht. Ihr wichtigstes Organ war der Stadtrat, dem die reichsten

Bürger auf Lebenszeit angehörten und so das eigentliche Stadtregiment bildeten. Die normale Provinzstadt mußte außer der Steuerpflicht noch verschiedene andere Aufgaben für die Zentralregierung übernehmen und für deren ordnungsgemäße Durchführung haften. Die Zahl der Dienstbarkeiten stieg in der Spätzeit immer mehr an und ruinierte die Leistungsfähigkeit und Leistungswilligkeit der Städte gründlich. Es handelte sich bei diesen Pflichten um den *Steuer- und Abgabeneinzug* im Umland, *Stellung von Soldaten*, *Unterhalt der Reichspost* sowie von *Straßen* und *Brücken* und die *Finanzierung von Heeres- und Hofdurchzügen*. Freifahrtscheine für die Post, vom Kaiser oder dem »Kanzler« (praefectus praetorio) unterschrieben, erhielten die Bürger dieser Städte dennoch nicht. Nur *hohe Beamte* kamen für Dienstreisen in diesen Genuß und auch *Senatoren*, später ebenso die Angehörigen aktiver Soldaten und die Heeresveteranen, die nach ihrer Verabschiedung an ihren Alterswohnsitz reisten. Daß andere Privatleute, insbesondere die Kaufleute, auch gegen Bezahlung, die Post kaum benutzen durften, war ein echter ökonomischer Nachteil. Die Post selbst war recht schnell; so dauerte eine Reise quer durch Kleinasien von Konstantinopel nach Antiochia nur sechs Tage.

Vereinsleben, Handel und Finanz. Im Gegensatz zum kaiserlichen Rom gab es in den Provinzstädten noch lebendige Kommunalpolitik: Hier konkurrierten die örtlichen Notabelngeschlechter miteinander um städtische Ämter und Würden. Außer oder vielmehr unterhalb der Kommunalpolitik bestimmte eine Vielzahl von *Vereinen* das soziale Leben. Die Palette zeigt hier neben Landsmannschafts-, Nachbarschafts-, Begräbnis- und Geburtstagsvereinen eine sehr große Vielfalt. Alle verfügten über eine eigene Satzung und Vorstandschaft, hatten *besondere Festtage* und *Schutzgottheiten* und erhoben Eintritts- und Monatsbeiträge, aus denen die Kosten für das Vereinslokal und bestimmte Leistungen an die Mitglieder bestritten wurden. Bei den Vereinszusammenkünften wurde genau Protokoll geführt und bei den *Begräbnissen* spielte der Vereinszuschuß und die Vereinsabordnung eine wichtige Rolle – wie wenig hat sich hier bis heute geändert! Ganz ähnlich ist das Bild bei *Zünften* und *Berufsgenossenschaften*: Maultiertreiber und Lastträger waren ebenso zusammengeschlossen wie Reeder, Bankiers oder Ärzte. Die Schauspieler und Profisportler hatten über ihre lokale Vereinigung hinaus noch einen Dachverband auf Reichsebene. Diese im Verlauf der Kaiserzeit immer intensiver

werdende Vereinsmeierei erfaßte Freie, Freigelassene und Sklaven gleichermaßen und war ein entscheidender, ja prägender Bestandteil des städtischen Lebens.

Die Städte waren auch die Mittelpunkte des wirtschaftlichen Geschehens. Dies gilt besonders für das Handels- und Transportwesen sowie für die umfangreichen Geld- und Börsengeschäfte. Die großen Hafen- und Handelsstädte besaßen für diese Unternehmungen eigene Gebäude.

Das wirtschaftliche und zivilisatorische Gefälle zwischen Stadt und Land war recht groß. Das platte Land spielte einen stummen Part und stand im Schatten des städtischen Glanzes, mußte aber einen großen Teil der Lasten tragen, die zum Unterhalt der städtischen Reichszivilisation aufgebracht werden mußten. So waren die großen Städte weniger Mittelpunkte der Produktion als des *Konsums*, und die Stadtkultur des Reiches konnte in ihrer Breite und Fülle nur solange florieren, wie die Verhältnisse auf dem Lande stabil und ökonomisch in Ordnung blieben. (D. R.)

Stenographie

Am Beispiel der Stenographie läßt sich in deutlicher Weise das Phänomen des Fortlebens der Antike bis zum heutigen Tag feststellen: Als *Gabelsberger* seine Stenographie entwickelte (1817), studierte er zuerst die Grundsätze der römischen Stenographie und übertrug viele davon in sein System. Der eigentliche Erfinder der Stenographie war wohl → *Ciceros* Freigelassener *M. T. Tiro*, der im Jahre 63 v. Chr. die Rede → *Catos* gegen → *Catilina* im Senat für seinen Herrn Cicero mitstenographieren ließ.

Tiro ging von den festen Abkürzungen der römischen Schrift aus, in der ja *M.* soviel wie *Marcus* bedeutet; auch Abkürzungen wie *DM* (= *Dis Manibus*) regten ihn an. So strebte er danach, möglichst viele verschiedene Buchstabzeichen zu bekommen. Diese Buchstabzeichen verkürzte er wieder, indem er oft nur einen Teil des Buchstabens für den ganzen Buchstaben nahm, also etwa *I* für *L* oder *l* für *M*. Gelegentlich verwendete er auch griechische Buchstaben, wenn sie ihm nützten.

Eine weitere Erfindung war die Verwendung des *Punktes*. Indem Tiro um dasselbe Zeichen an verschiedenen Stellen einen Punkt setzte, konnte er es in seiner Bedeutung vervielfachen. Ebenso setzte er zu jedem wichtigen Wort die Endung in nur kleiner Form. Das Wort *beatus* (glücklich) wird etwa in der Form stenographiert, daß statt des vollen Buchstabens *B* nur der »Rest« *3*, also ein B ohne senkrechten Strich, geschrieben wird, während die Endung *-us* als kleines Häkchen (wie ein Komma) rechts unten neben dem *3*-Zeichen auftritt *(3,)*.

Die römische Stenographie war sehr schwer zu erlernen, und die Schreiber mußten ganze Mengen von Notenverzeichnissen (ähnlich unseren Kürzelverzeichnissen) lernen.

Die Stenographie wurde nach Tiro noch weiter ausgestaltet, unter anderem sogar von dem Philosophen *Seneca*. Wie schnell ein antiker Stenograph etwa schreiben konnte, läßt sich aus einem Epigramm des Dichters *Martialis* erkennen, der

sagt: »Mögen die Worte auch noch so schnell eilen, die Hand (des Schnellschreibers) ist noch schneller als sie; noch nicht hat die Zunge ihr Werk vollendet (d. h. den Satz voll ausgesprochen), schon ist die Hand (mit dem Aufschreiben) fertig.« (O. S.)

Straßen

Von den Erbstücken römischer Kultur, die wir in unserer Welt vorfinden, dienen die wenigsten noch dem ursprünglichen Zweck; manche sind bis zur Unkenntlichkeit entstellt, viele werden nur an Ausgrabungsstätten oder in Museen vorgezeigt. Alte römische Straßen dagegen werden

Das römische Straßennetz mit den Fernstraßen Italiens

Ein Stück alter Römerstraße mit Karrenspuren bei Cassino in Süditalien.

z. T. noch Tag für Tag benutzt. Wer sich in die Römerzeit versetzen will, bedarf, um an Rudolf Pörtners berühmtes Buch zu erinnern, nicht einmal des Fahrstuhls; bevor uns Pörtner im 4. Kapitel »mit dem Fahrstuhl in die Römerzeit« hinabgleiten läßt, führt er uns eine Straße entlang, »die seit 2000 Jahren weder ihren Lauf noch ihren Charakter geändert hat«, die *Hohe Straße* in Köln.

Neben städtischen Straßen haben sich auch einige der großen Verbindungswege erhalten. Bis ins 19. Jahrhundert hatten römische Straßen weitgehend den europäischen Verkehr getragen. Erst die Eisenbahnen erschlossen neue Verkehrsformen, aber »meist auf den gleichen Trassen« (Radke). Die Römerstraße von *Verona* über den *Brenner* nach *Augsburg* diente den Herrschern des Mittelalters für ihre Italienzüge. Und noch heute folgen von *Bozen* bis *Weilheim* die E6 und die B2, streckenweise auch die Eisenbahnlinien dem Verlauf der Römerstraße. Andere Römerstraßen, auch längst verschüttete und überwachsene, leben in Flur- und Ortsnamen fort. Die *Via Aemilia* hat sogar einer Landschaft den Namen gegeben.

Anfänge des Straßenrechts. Das römische Landverkehrsnetz umfaßte unter *Traian* eine Gesamtlänge von etwa 80 000 Straßenkilometern. Eine derartige kulturelle Leistung kann nur das Ergebnis des Ordnens und Planens sein. *Triften,* d. h. Verbindungswege zwischen Winter- und Sommerweiden, und sogenannte *Völkerstraßen,* die einfach den natürlichen Gegebenheiten des Geländes folgten, findet man in der Frühgeschichte fast aller Kulturen. Die Römer aber haben, vermutlich von den → *Etruskern* angeregt, schon früh die technischen und rechtlichen Voraussetzungen für planmäßig angelegte sogenannte *Kunststraßen* geschaffen. Bereits das *Zwölf-Tafel-Gesetz* enthielt Vorschriften über Wegerecht. Zwei solcher Rechtssätze aus der VII. Tafel sind uns überliefert:

> Den Weg sollen sie festmachen: Wenn man ihn nicht mit Steinen befestigt hat, soll er (der Berechtigte) das Vieh treiben, wo er will. Die Wegbreite ist [...] im geraden Stück acht Fuß, bei Biegungen sechzehn Fuß.
>
> *(Übers.: Düll, Das Zwölftafelgesetz)*

Wir wissen nicht, inwieweit sich die beiden Fragmente auf private oder öffentliche Straßen bezogen. Jedenfalls war, wie man sieht, das öffentliche

Interesse um die Mitte des 5. Jahrhunderts v. Chr. noch eng verbunden mit den privaten Interessen der *Bauern*. Den Schutz der landwirtschaftlichen *Nutzfläche*, nicht so sehr die Verbesserung der Verkehrswege scheint man mit den beiden Vorschriften bezweckt zu haben. Dennoch trägt die frühe privatrechtliche Regelung den Keim zur weiteren Entwicklung. Das Zwölf-Tafel-Gesetz kennt bereits die vier ältesten Grunddienstbarkeiten: neben dem *Wasserleitungsrecht* (aquae ductus) das *Gehrecht* (iter), das *Fahrrecht* (via) und das *Viehtriebsrecht* (actus). In der genauen Unterscheidung offenbart sich die Fähigkeit der Römer, das praktische Leben rational zu durchdringen und zu ordnen.

Die öffentliche Straße (via publica). Von öffentlichen Straßen im strengen Sinn sprechen erst die Juristen der nachchristlichen Zeit. Aber die Anfänge der Entwicklung sind schon im Zwölf-Tafel-Gesetz greifbar: »*Sie* sollen den Weg festmachen.« Gemeint sind offensichtlich *alle* Anlieger *eines* Weges, dessen Bau und Unterhaltung einem einzigen nicht zuzumuten war. Die Bedürfnisse des wachsenden Reiches ließen den Rechtsbegriff der *via publica* entstehen. Er bezog sich auf Straßen, die a) auf Staatsland lagen, b) eine bestimmte zweckmäßige Breite hatten, c) von Staat bzw. Gemeinde gebaut und unterhalten wurden, d) jedermann zum Verkehr offenstanden. Dieser Rechtsbegriff erlaubte den Römern in den Jahrhunderten der Expansion, bereits bei der Verteilung der eroberten Gebiete geeignete Geländestreifen als Staatsland zur Errichtung von Straßen freizuhalten. So gab Q. *Opimius* um die Mitte des 2. Jahrhunderts v. Chr. das den *Dakioten* in Gallien abgenommene Land den befreundeten *Massalioten* (Einwohnern von Massilia, heute Marseille), nicht jedoch einen Streifen Land, der für eine Straße vorgesehen war (Radke). Als zweckmäßige *Breite* einer Straße sah man längst nicht mehr die rd. 2,40 m (nach dem Zwölf-Tafel-Gesetz) an, sondern mindestens etwa 3,90 m, außer im Gebirge oder im Tunnel. Die Kosten trug grundsätzlich die Staatskasse. Aber immer wieder mußte auch auf die Anlieger zurückgegriffen werden, die mit ihrem Gesinde beim Bau und bei der Instandsetzung mithalfen. Gelegentlich wurden zu diesem Zweck eigens Steuern erhoben. → *Augustus* und spätere Kaiser gaben Zuschüsse aus ihrer Privatkasse. Das Benutzungsrecht umfaßte nicht nur das *Gehrecht* (ire), sondern über den individuellen Nahverkehr hinaus das freie Kommen und Gehen des *Reise- und Transportverkehrs* (commeare) zu privaten und staatlichen,

zivilen und militärischen, kommerziellen und nichtkommerziellen Zwecken.

Straßenbau. Auf die Straßen in den Städten verwandten die Römer auffallend geringe Sorgfalt. Die zwei ältesten Straßen Roms sind die *Sacra via* (Heilige Straße) und die *Nova via* (Neue Straße), beide im Bereich des Forums. Sie wurden

Querschnitt durch eine römische Straße

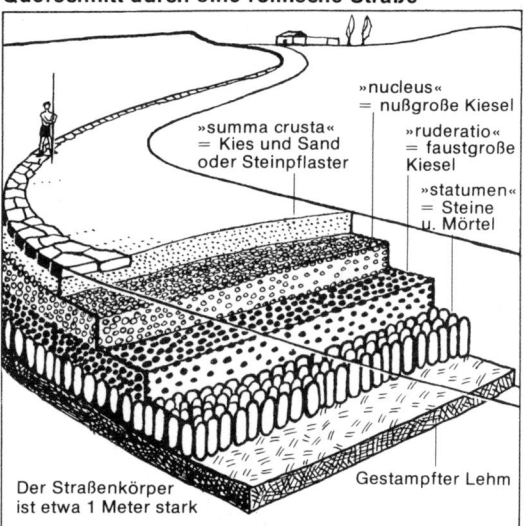

»nucleus« = nußgroße Kiesel
»summa crusta« = Kies und Sand oder Steinpflaster
»ruderatio« = faustgroße Kiesel
»statumen« = Steine u. Mörtel
Der Straßenkörper ist etwa 1 Meter stark
Gestampfter Lehm

als erste mit einem *einfachen Pflaster* versehen. Die übrigen *Hauptstraßen Roms* (vici) wurden vom 3. Jahrhundert v. Chr. an gepflastert. Ihre Breite betrug im Durchschnitt 4 m. In *Pompeii* (und auch sonst) gab es *Gehsteige;* an Kreuzungen ragten *Trittsteine* über das Straßenniveau heraus, offensichtlich damit der Fußgänger beim Übergang nicht in die schmutzige Straße hinuntersteigen mußte. Die eigentliche Meisterleistung der römischen Straßenbautechnik sind aber die *Landstraßen*. Zuerst wurden *Begrenzungsfurchen* aufgerissen, zwischen denen man das Straßenbett aushob. In dieses wurde der *Unterbau* gelegt. Er wurde fest verankert; Hohlräume wurden ausgefüllt. Der Unterbau hatte in der Regel drei Schichten von jeweils mindestens 30 cm Stärke: ein *Fundament* aus Blöcken oder mindestens faustgroßen Steinen, eine *Schüttung* aus Steinen und Kalkmörtel, einen *Kern* aus gestampftem oder gewalztem Kies. Die *Decke* bestand vor Ortseingängen oder auf wichtigen Streckenabschnitten aus Quadern oder unregelmäßigen Pflastersteinen, sonst meist aus Kies. Stets wurde auf eine regelmäßige *Wölbung* geachtet, damit das Regenwasser abfließen konnte. An den Seiten wurden mehr oder weniger breite *Gehwege* errichtet. Die Begrenzung des Straßenkörpers bildeten oft *Gräben*, die u. a. Überschwemmungen verhindern sollten. Die Landstraßen verliefen (entgegen landläufiger Meinung) nur in Ausnahmefällen (z. B. in sumpfigem Gebiet) schnurgerade. Sonst suchte man sie dem Gelände anzupassen, so daß nicht nur Umwege, sondern auch übermäßige Steigungen und Risiken wie Verschüttung oder Überschwemmung vermieden wurden. In schwierigem Gelände wurden Stützmauern, Brücken, Viadukte und Tunnel angelegt, in Sümpfen Dämme und Entwässerungsgräben.

Typisches Kennzeichen römischer Landstraßen waren die säulenförmigen *Meilensteine*, die Meile für Meile (→ *Geld – Münzen – Maße*) am Straßenrand standen. Meist waren folgende Angaben eingemeißelt: der *Name des Erbauers* (in der Kaiserzeit der Name des Kaisers), die *Bezeichnung der Strecke* (Ausgangspunkt und Ziel der Straße) und die *Entfernung* des Steines vom Ausgangspunkt der Straße (nicht selten Rom) oder von der nächsten größeren Ortschaft.

Das Straßennetz des Römerreichs. Die *Via Appia* von *Rom* nach *Capua* ist die älteste der großen Landstraßen. Sie wurde 312 v. Chr. vom *Censor Appius Claudius Caecus* angelegt und später bis *Brindisi* verlängert. In der Nähe Roms ist sie von Grabdenkmälern gesäumt.

Ebenfalls in republikanischer Zeit entstanden u. a. die *Via Flaminia* nach *Ariminum* (Rimini) und ihre Fortsetzung, die *Via Aemilia* nach *Placentia* (Piacenza) – nach ihr heißt der südliche Teil der Poebene noch heute *Emilia;* ferner die *Via Cassia* nach *Florenz*, die *Via Aurelia* nach *Pisa* und die *Via Postumia* nach *Aquileia*.

Mit der *Via Egnatia* begann man 146 v. Chr. das Straßennetz außerhalb Italiens zu errichten; die Straße setzte die Linie Rom – Brindisi jenseits der Adria von *Dyrrhachium* (Durazzo) bis *Byzanz* fort. Augustus baute besonders die *Alpenstraßen* aus (Via Iulia Augusta), sein Mitarbeiter *Agrippa* die Straßen in *Gallien*, in den *Rheinlanden* und in *Spanien*. Die größte Ausdehnung erreichte das Straßennetz unter *Traian*. »Vizinalstraßen« verbanden die kleineren Ortschaften, auf die bei der Führung der Staatsstraßen grundsätzlich keine Rücksicht genommen wurde, mit dem Netz der öffentlichen Straßen. So führten tatsächlich von jedem Punkt des Reiches »alle Wege nach Rom«, wo Augustus den *goldenen Meilenstein* aufgestellt hatte.

Die Straßenverwaltung oblag anfänglich Offizieren oder Aedilen (→ *Ämterlaufbahn*). Augustus bestellte eigene Beamte (viarum curatores). In der Mitte zwischen Ausgangspunkt und Ziel einer Staatsstraße lag jeweils ein sogenanntes *Forum*, das nach dem Erbauer der Straße benannt war, so *Forum Appi* an der Via Appia, *Forum Cassi* an der Via Cassia. Es gab dort Verwaltungseinrichtungen, vielleicht auch eine Art Straßenmeisterei; Genaueres wissen wir über die Aufgaben der Foren nicht.

Die kulturgeschichtliche Bedeutung. Für die Ausbreitung der römischen Kultur waren die Straßen von entscheidender Bedeutung. In den meisten Fällen zunächst zu militärischen Zwecken erbaut, wurden sie bald von Kolonisten und Händlern (→ *Handel*) genutzt. Von der Nordsee bis an den Rand der Sahara, vom Atlantik bis Mesopotamien verbanden sie Wirtschafts- und Kulturräume, Militär- und Verwaltungszentren. So stellten sie geradezu ein Symbol der Einheit des Reiches dar. Viele Menschen der Kaiserzeit wurden im Laufe ihres Lebens wiederholt von einer Ecke des Reiches in die andere verschlagen. Mit ihnen wurden Waren und Lebensgewohnheiten, Kenntnisse und Nachrichten (→ *Nachrichtenwesen*) überall verbreitet. Das ausgebaute Straßensystem war Voraussetzung dieser Mobilität.

Die *Reisegeschwindigkeiten* mögen einige Beispiele zeigen (nach Radke): Vor Gericht wurde 1 Anreisetag je 30 km Entfernung angerechnet. Ein Briefbote legte etwa 60 km pro Tag zurück. M. Porcius → *Cato* bewältigte im Jahre 191 v. Chr. die 363 Meilen von Brindisi nach Rom in 4 Tagen; das ist eine Tagesleistung von 121 km. Einen Rekord stellte → *Caesar* beim Ausbruch des Gallischen Krieges auf: Er erreichte Genf von Rom aus in 8 Tagen; das sind 150 km täglich.

Dem Reisenden standen *Rasthäuser* (mansiones; davon frz. maison, »Haus«) und *Pferdewechselstellen* (mutationes) zur Verfügung. Zur Orientierung dienten *Straßenkarten*. Die Kopie einer Generalkarte des Reiches ist uns erhalten: die sogenannte *Tabula Peutingeriana* (heute in der Nationalbibliothek Wien). Auf einem Streifen von 34×682 cm sind alle wichtigen Straßen samt Stationsorten und Entfernungen zusammengedrängt wiedergegeben (→ auch das Stichwort *Weltbild*).

Neben Karten gab es *Reisehandbücher* (Itinerarien), z. B. das *Itinerarium Alexandri*, in dem der unbekannte Verfasser mit der Wegbeschreibung eine Erzählung über die Züge Alexanders und Traians verbindet. Eine kuriose Form von Reiseführern hat man in dem italienischen Bade- und Kurort Vicarello gefunden: kleine *Nachbildungen von Meilensteinen*, auf denen alle Stationen und Entfernungen von Spanien aus verzeichnet sind.

Die Straßen im Spiegel der Kunst. Zeugnisse zum römischen Straßenwesen bieten neben archäologischen Ausgrabungsstätten und Fundstücken auch Dichtung und bildende Kunst. → *Horaz* widmet seine Satire 1,5 (das sogenannte »iter Brundisinum«) der ausführlichen Schilderung einer Reise, die ihn mit → *Maecenas* und anderen Freunden nach Brindisi führt. Man benutzt die Via Appia, nur in den Pontinischen Sümpfen vom Forum Appi bis zum Tempel der Feronia den längs der Straße angelegten Treidelkanal. *Statius* (→ *Literatur*) beschreibt in einem der Gedichte seiner »Silvae« (4, 3, 40 ff.) den Bau einer Straße. Straßenbauarbeiten zeigt auch ein Stück des Reliefbandes an der Traianssäule. In *Martials* (→ *Literatur*) Epigramm 3,4 wird die Via Aemilia als der Weg genannt, auf dem sich der Römer dem unbequemen Leben in der Stadt entziehen konnte. Epigramm 7,61 bezieht sich auf die Modernisierung der Straßen Roms unter Domitian, Epigramm 10,104 auf eine Reiseroute in Spanien. Wie ein *Reisewagen* aussah, zeigt ein römisches Relief an der Propsteikirche in *Maria Saal* (Kärnten). Im 4. Jahrhundert preist *Ausonius* in seinem Moselgedicht (»Mosella«) die Reize der Landschaft, die sich dem Römer bieten, wenn er sich entschließen könnte, eine Reise nach Trier zu unternehmen. (F. R.)

T

Technik

Zwischen dem Beginn der Bürgerkriege (ca. 100 v. Chr.) und der Traianischen Ära erreichten Roms Ingenieure und Techniker den Höhepunkt ihres Könnens; die dazu nötigen Grundvoraussetzungen auf naturwissenschaftlich-mathematischem Gebiet kamen aus dem griechisch geprägten Ostmittelmeerraum und aus Sizilien. Das Organisationstalent römischer Beamter und das praktische Können ihrer Techniker und Architekten gewährleisteten, daß so manche griechische Erfindung in Rom und seinen Provinzen zur *Breitenwirkung* gelangte. (Es wäre freilich verfehlt, hier an ein gezieltes Zuarbeiten der wissenschaftlichen Grundlagenforschung für die

technische oder gar industrielle Praxis zu denken, wie das heute üblich ist.) Folgende Bereiche waren von dieser Entwicklung betroffen: das technische und kaufmännische Rechnen, das Vermessungswesen, die zivile und militärische Mechanik, die Architektur, die Anfänge von Optik und Akustik, der Heizungsbau und die Keramik, die Metallgewinnung und -verarbeitung, das Verkehrswesen und die Massenproduktion von Gütern.

Angewandte Mathematik. Die Römer entwickelten aus dem *Abakus*, dem verhältnismäßig unhandlichen Rechenbrett, ein Gerät im Taschen- bzw. Handformat aus Bronze, das alle Grundrechnungsarten erlaubte. Mit der Hilfe seiner Rechensteine, den *calculi* konnte man in beliebigen Zahlensystemen und auch mit Brüchen rechnen (→ *Zahlen*). Die Römer bevorzugten das *Zwölfersystem* mit seiner *Unzeneinteilung* (→ *Geld–Münzen–Maße*), das genormte Zwölferbrüche lieferte und so das Bruchrechnen erleichterte, was sonst mit den umständlichen römischen Zahlen eine schwierige Sache war (→ *Zahlen*). Römische Techniker kannten auch den Wert der *Kreiszahl* $= 2\frac{2}{7}$, so daß sie z. B. Rohrquerschnitte berechnen konnten. Römische Feldmesser verfügten über einfache, jedoch recht leistungsfähige *Geräte, um Winkel, Steigungen und Gefälle* festlegen zu können; so ermöglichte eine Kombination von *Dioptervisier* und *Wasserwaage* das Ausmessen beliebiger Winkel und Nivellierarbeiten, wofür wir heute den Theodoliten verwenden.

Die Konstruktion von *Großbauten* wie Wasserleitungen, Straßen, Brücken, → *Aquädukten*, Häfen, Basiliken, Thermen → *Bädern* und Palästen in großer Anzahl und an verschiedenen Orten wurde so erst möglich; dasselbe gilt für die Herstellung wichtiger technischer Hilfsmittel wie *Flaschenzüge, Kräne, Zahnradübersetzungen.* Alle diese Dinge standen dem Durchschnittsingenieur ›fertig‹ zur Verfügung, und es bedurfte nicht jedesmal wieder eines Genies vom Schlage eines Archimedes, um alle diese Dinge erst einmal zu erfinden. Die Hilfsmittel wurden intensiv und mit großem handwerklichen Geschick genutzt. Haltbarkeit und Gebrauchswert der Endprodukte waren im Vergleich zu den verwendeten Hilfsmitteln sehr groß.

Freilich spielte die Zeit bei der Herstellung bei weitem keine solche Rolle wie heutzutage. So montierten römische Militäringenieure ihre *Geschütze* (→ *Belagerung*) nach *Tabellen*, in denen sie entsprechend dem erforderlichen Geschoßgewicht die Einzelabmessungen des Geschützes ablesen konnten. Die entscheidende Größe war

Links: Der gewaltige dreischiffige Bau der Maxentius- oder Constantinsbasilika (vollendet 312) diente als Geschäftszentrum in Rom.

Rechts: Modell einer römischen Baustelle mit großen Tretradkränen und Rollenzügen (im Vordergrund). Rheinisches Landesmuseum Bonn.

dabei der *Durchmesser der gedrillten Sehnenstränge*, welche die Energie für das zu verschießende Projektil lieferten. Bei modernen Feuerwaffen wären Geschoßkaliber und Gasdruck der verwendeten Pulverlaborierung die vergleichbaren Größen. In Rom arbeitete man in diesem Fall wohl mit aus der Erfahrung abgeleiteten und dann genormten Werten; das ganze Verfahren zielte auf reibungslose Praxis und war eher handwerklich als wissenschaftlich. (Anders die hellenistischen Gelehrten im alexandrinischen *Museion*: Auch sie gingen vom Sehnendurchmesser als Kaliber aus, entwickelten für den Bau des Katapultes jedoch eine Art mathematischer Formel, die eine Kenntnis der Kubikwurzel voraussetzte.)

Architektur, Bauwesen, Heizungsbau: In diesen Bereichen betraten die Römer Neuland; sie schufen neue Bauformen, Baustoffe und Methoden und lernten, diese technisch zu beherrschen. Dies gilt vor allem für Profan- und Zweckbauten und die Anlage von Abwässer- und Kanalsystemen. Eine solche Breitenentwicklung wäre ohne eine große Schicht solide ausgebildeter Architekten nicht denkbar gewesen; und in der Tat wurde von einem Baumeister, der sich um Staatsaufträge bewerben wollte, eine ganz bestimmte Aus-

bildung verlangt. Das Beispiel des römischen Ingenieurs und Schriftstellers *Vitruvius* zeigt, daß man sich auch intensiv mit Fragen der Bauhaftung beschäftigte. Denn auch um Christi Geburt gab es schon eine Bauspekulation großen Stils, und besonders die privaten Bauherrn werden durch Überschreitung von Kostenvoranschlägen geplagt. Hier bemängelt Vitruvius das Fehlen einer eindeutigen Haftungsregelung. Wenn es sie gäbe, meint er, würden in diesem Berufszweig nicht so viele Pfuscher ihr Wesen treiben, und manch braver Familienvater entginge dem Ruin. Vorbild einer solchen Gesetzgebung ist für Vitruvius das griechische *Ephesos*. Dort mußte nämlich ein Architekt nach Abgabe des Voranschlages sein Vermögen zum Pfand setzen. Kam er mit der veranschlagten Summe aus oder überschritt er sie nur bis zu 25 Prozent, mußte der Bauherr zahlen, alles aber, was über 25 Prozent Mehrkosten lag, wurde aus dem hinterlegten Vermögen des Baumeisters gedeckt.

Da die Verwendung von Baustahl – für uns heute eine Selbstverständlichkeit – unbekannt war und blieb, hätten in Rom viele Bauvorhaben gar nicht verwirklicht werden können, hätten die römischen Architekten nicht den von den → *Etruskern* überkommenen *Gewölbebau* zu einem all-

gemein beherrschten Verfahren entwickelt und ihn durch die Erfindung des *Kreuzgewölbes* und die Errichtung von *Großkuppeln* zur Vollendung geführt. Dabei waren mannigfaltige bautechnische Probleme zu bewältigen: Man mußte lernen, wie ein weites Gewölbe oder eine Großkuppel überhaupt errichtet werden kann, ohne bereits vor der Vollendung einzustürzen. Die raumüberspannenden Bauteile mußten sich selbst tragen; ebenso galt es, die beträchtlichen, senkrecht und seitrecht wirkenden *Drücke* zu bewältigen, ohne daß dabei Außenwände und Stützpfeiler übergroße Stärke und Ausmaße annahmen. Bereits seit dem Jahre 80 beherrschte man diese Bauweise. Bogen und Kreuzgewölbe des *Colosseums* (→ *Theater*), die Großkuppel des *Pantheons* (→ *Tempel*) und die Reste verschiedener *Thermen* (→ *Bäder*) beweisen uns noch heute, wie vollkommen Architekten der Kaiserzeit riesige Räume beherrschen konnten. Diese bis heute sichtbare Architektur zeigt freilich nicht die ganze Leistung römischer Baumeister:

Schon seit ca. 100 v. Chr. waren römische Architekten nicht mehr allein auf den wenig widerständsfähigen *Kalkmörtel* oder auf das kostspielige, schwer zu verarbeitende *Blei* angewiesen, sondern verfügten bereits über eine Art *Beton*, chemisch gesehen eine *Aluminiumverbindung*, die fast so hart wie Naturstein werden konnte. Wichtigster Bestandteil war eine bestimmte Sorte Tuff, der rund um den Vesuv im vulkanischen Hinterland des Golfs von Neapel vorkam. Im Verhältnis 2:1 mit Kalk gemischt und mit Bruchsteinen – römisch »caementa« – versetzt, ergab er ein äußerst widerstandsfähiges Mauerwerk, das auch unter Wasser abband und das gegebene Material für Hafenbauten war. Darüber hinaus war es jetzt auch möglich, Mauern, Gewölbe oder Kuppeln in *Verschalbauweise* zu errichten und zu »gießen«. Eine spürbare Verminderung des Gewichts bei Kuppelbauten brachte das Einziehen von *Tragrippen* und der Einbau *keramisch gebrannter Hohlkörper;* auch verstanden sich römische Techniker sehr bald darauf, *Kreuzgewölbe auf Pfeiler* zu setzen. Der verhältnismäßig hohe *Bedarf an Säulen* in der römischen Architektur wurde dadurch gedeckt, daß man solche nahezu serienmäßig auf speziellen *Säulendrehbänken* fertigte, nachdem die Rohlige bereits im Steinbruch in der Grundform gebrochen worden waren und durch Steinmetze eine gewisse Grobbearbeitung erhalten hatten. Die Drehbank als solche war seit ca. 150 v. Chr. bekannt.

Für die Bauarbeiten standen schon ziemlich lei-

Groma.
Visierinstrument, das bei der Landvermessung
verwendet wurde.
MdCR Rom.

stungsfähige *Hebevorrichtungen* und *Kräne* zur Verfügung; so waren zwar noch ziemlich viele Bauarbeiter nötig, jedoch bei weitem keine solchen Arbeitermassen wie beim Pyramidenbau in Ägypten. Es existierten *Flaschenzüge* mit Ausleger und drei- bzw. fünffacher Übersetzung, womit man bis zu 450 kg heben konnte. Ein *Göppelwerk*, durch Zugtiere oder Menschen betrieben, kombiniert mit einem 5-Rollenzug mit doppelter Seilführung, bewältigte schon 3000 kg. Schaltete man diesen 5-Rollenzug mit dreifacher Seilführung und ein Tretrad zusammen, so konnten nur zwei Mann bis zu 6000 kg heben. Da es keine Stahlseile gab, war die Leistungsfähigkeit dieser Maschinen durch die Reißfestigkeit der Taue beschränkt.

Römische Ingenieure bauten im ganzen Mittelmeerraum *Hafenanlagen* mit Kais, Werften, Schiffshäusern, Speichern, Molen, Wellenbrechern und *Leuchttürmen* wie z. B. in *Ostia* oder *Puteoli;* sie legten *Wasserleitungen* (→ *Aquädukt*) viele Kilometer weit über Ebenen wie in der Campagna oder überbrückten zu diesem Zweck tiefe Schluchten, wie es in doppelstöckiger Bauweise in Südfrankreich mit dem bekannten *Pont du Gard* geschah. Mußten dabei *Berge untertunnelt* werden, hielt man die Niveauregulierung erstaunlich genau ein, was nötig war, da es sich bei den Wasserleitungen meist um Fließ-, nicht aber um Druckleitungen handelte. Der *Stollenvortrieb* bei Bergdurchstichen wurde von beiden Seiten begonnen, wobei es dank guter *Vermessungstechnik* keine unüberwindlichen Schwierigkeiten bereitete, die Stollenköpfe genau aufeinander zuzutreiben. Es sind uns Zeugnisse überliefert, in denen sich ein »gelernter« Ingenieur über Stümper mokiert, welche die Tunnelköpfe nicht zusammenführen konnten. Nicht nur Rom, sondern auch viele andere Städte verfügten so über eine Wasserversorgung, wie sie oft erst wieder in allerjüngster Zeit erreicht bzw. noch nicht erreicht wurde. So gab es gesonderte Leitungsstränge für Trink- und Brauchwasser, die Zapfstellen lagen verhältnismäßig nah beim Endabnehmer, und wer dafür zahlte, bekam auch einen Privatanschluß. Nicht wenige Bürger besorgten sich einen solchen Anschluß »schwarz«, indem sie illegalerweise die öffentlichen Leitungen anzapften und sich unentgeltlich bedienten. Zwischen ihnen und den Leitern der städtischen Wasserwerke herrschte ein ständiger Kleinkrieg. Der Wasserbedarf römischer Städte war groß und das Wasserleitungsnetz war meist so angelegt, daß bei Wassernot lebenswichtige Versorgungs-

stränge immer zuletzt ausfielen (→ *Aquädukt*). Dieser Wasserversorgung entsprach ein ausgebautes *Kanalisationssystem*, das Regenwasser und die Abwässer der Haushalte und Bäder ableitete. Die nahezu luxuriös ausgestatteten öffentlichen *Bedürfnisanstalten* hatten eine *Wasserspülung*, die vom verbrauchten Badewasser der Thermen gespeist wurde. Das Kanalisationssystem von Rom war erheblich besser als das mancher modernen Weltstadt: so tut sich das heutige Rom immer noch schwer, hier den Stand zu erreichen, wie er bereits unter → Nero gegeben war.

Straßenbau. → *Straßen.*

Brücken- und Heizungsbau. Die breiten Ströme der Nordprovinzen und rauhes Klima trieben die römischen Techniker zu Spitzenleistungen im Brücken- und Heizungsbau. Manche europäischen Städte besitzen noch heute Brücken aus der Römerzeit. Diese Bogenbrücken, die oft auf mehreren Pfeilern im Flußbett ruhen, wurden entweder im *Senkkastensystem* gebaut, wobei man die Fundamente direkt auf den gewachsenen Fels des Flußbettes gründete, oder man rammte, wenn dieses Verfahren unmöglich war, Pfahlroste als Pfeilerfundierung in das Flußbett. Um nicht zu viele Pfeiler setzen zu müssen, – eine zu starke Verengung des Flußbettes erzeugt reißendere Strömung und damit erhöhte Unterspülungsgefahr – wagten sich römische Brückenbauer an Bogenöffnungen bis nahezu 40 m Breite.

Das *Heizungsproblem* löste die sogenannte *Hypokaustenheizung*, zu deutsch: Unterflurheizung. Die Fußböden ruhten auf einem Netz von Tonröhren oder Steinsockeln; die Römer sprachen deshalb auch von »schwebenden« Böden. Durch dieses Rohrnetz oder die Hohlräume zogen Heizgase und Heißluft eines Feuers, das Diener von außen in einem Feuerraum schürten. Die *Schornsteine*, immer mehrere an der Zahl, führten unterhalb der Dachrinnen seitlich ins Freie; die Schornsteinschächte verliefen in den Außenwänden des Hauses und wärmten die Räume mit. So lag eine Weiterentwicklung der Fußbodenheizung zu einer *Totalraumheizung* nahe, da man ja nur die Seitenwände mit noch mehr Abzugsschächten durchsetzen und diese mit dem Rohrsystem unter dem Fußboden verbinden mußte. Besonders für Repräsentationsräume und Bäder lieferte diese *Tubulatur* der Wände die vollkommene Raumheizung schlechthin. Noch in republikanischer Zeit erfunden, lieferte dieser Heizungstyp ein wundervoll temperiertes Raumklima. Der Nutzungsgrad des Heizmaterials war optimal und dürfte an 80 Prozent herangekommen sein;

Versuche in jüngster Zeit haben dies bestätigt. Diese Art zu heizen, war eine der Hauptvoraussetzungen für eine großzügige Verglasung der Fenster und Wandflächen und trug so zu den großen Fortschritten der Glaserzeugung bei.

Glas und Keramik: Die Glaserzeugung hatte außer im Orient, wo sie schon über ein Jahrtausend bekannt war, ihre westlichen Zentren in *Italien, Gallien* und im *germanischen Raum in Köln.*

Modell einer Gewindepresse, wie sie in dieser einfachen wirkungsvollen Ausführung für die Ölgewinnung üblich war. MdCR.

Seit der frühen Kaiserzeit beherrschte man in der *Hohlglaserzeugung* das *Glasblasen kombiniert mit einem Formpreßverfahren;* durch bestimmte chemische Beigaben vermochte man jetzt auch nahezu *farbloses Glas* mit hoher Lichtdurchlässigkeit herzustellen. *Tafelglas* wurde im *Gußverfahren* und in großen Mengen produziert. Bereits um das Jahr 30 gab es verglaste *Gewächshäuser* und große *Fensterfronten in Thermen und Palästen.* Auch für die kleineren Haushalte war Glas jetzt kein exotischer Luxusartikel mehr.

Um diese Zeit führten die Glashütten auch *modernere Ofenkonstruktionen* mit höherer Tempe-

ratur und besondere *Abkühlöfen* ein, um die Qualität zu steigern und den Ausschuß zu vermindern; besonders in Köln standen jetzt auch reinere Grundstoffe (Quarzsande) zur Verfügung. Die Kölner Hütten exportierten ihre Produktion, die künstlerisch einen sehr hohen Standard erreichte, in alle Länder des Imperiums.

Auf dem Gebiet der *Keramik* wurde vor allem die in und um *Arezzo* in Mittelitalien hergestellte »Terra Sigillata« zu einem Exportschlager. Form und Dekor dieser Ware besaßen höchsten künstlerischen Wert. Produziert wurde in einem aufwendigen Brennverfahren aus einer besonders behandelten Tonerde. Mehr Massenware wie z. B. Öllampen warfen die gallischen Manufakturen auf die Märkte. Da Keramik- und Glashütten ihre Produkte mit einem Firmenstempel versahen, haben wir heute dank der archäologischen Forschung ein recht deutliches Bild von den Produktions- und Exportaktivitäten.

Energie- und Maschinentechnik: Für die Kaiserzeit ergibt sich hier folgendes Bild (zu Militärtechnik → *Belagerung*):

1. Einen industriell betriebenen Maschinenbau gab es weder im hellenistischen Osten, woher Rom auf dem Gebiet der Technik sehr viel übernommen hatte, noch in Rom selbst.

2. Obwohl man eine ganze Reihe von Naturgesetzen kannte, blieb deren Anwendung auf dem Gebiet der Mechanik und Energietechnik deutlich hinter den Möglichkeiten zurück.

So wurde die theoretisch bekannte Dampfkraft gar nicht und die Wasserkraft nicht so genutzt, wie es hätte der Fall sein können. Auch mit dem Wind als Energiespender wußte man, außer in der Schiffahrt, nichts Rechtes anzufangen, so daß die naheliegende Erfindung der Windmühle unterblieb; vor der Zeitwende war zwar die *Wassermühle* mit Zahnradübersetzung konstruiert worden, durchgesetzt hat sie sich jedoch nur recht langsam. Noch jahrhundertelang mahlte man Korn, auch wenn es sich um sehr große Mengen handelte, in Mühlen, die von Menschen oder Tieren angetrieben wurden. Obwohl das Wasserrad für Mühlen und Bewässerungsanlagen verwendet wurde, geschah dies bei Sägemühlen, Hammer- und Polierwerken nicht; auch hier wie bei der durchaus üblichen Teigknetmaschine der Bäckereien blieb es bei menschlicher bzw. tierischer Kraft, während man andererseits in Land- und Wasserfahrzeuge *Meilenzählwerke* einbaute, welche die Erfindung des Zahnradgetriebes raffiniert nutzten. In *Gallien* kam eine Art *Mähmaschine* bei der Getreideernte zum Einsatz, andere Ge-

*Fragment eines
Sarkophags mit
typischer Getreidemühle,
die hier von
Pferden bewegt wird.
Vatikanisches Museum
Rom.*

treideprovinzen kannten diese Erfindung wahrscheinlich gar nicht, obwohl der Mittelmeerraum damals eine bis heute nicht wieder erreichte zivilisatorische Einheit bildete.

Zu dieser eigenartigen Nachlässigkeit paßt auch gut, daß römische Handwerker einerseits Möbel in erlesenster *Einlege-* und *Furnierarbeit* herstellen konnten, auf der anderen Seite jedoch nie ein Zuggeschirr für Pferde erfanden, das eine vernünftige Ausnutzung der Zugkraft erlaubt hätte. Man hat diesen Mangel an Methode beim Einsatz der Technik oft mit der Existenz der sogenannten antiken »Sklavenhaltergesellschaft« zu erklären versucht: Menschliche Arbeitskraft sei eben zu billig gewesen und habe weitergehenden Maschineneinsatz überflüssig gemacht. Dieses Argument erklärt jedoch bei weitem nicht alles, denn gerade zu einem Zeitpunkt, als Sklaven mehr als wohl-

feil waren, wurde eine Reihe menschensparender Erfindungen gemacht und auch vom Publikum akzeptiert.

Seit ca. 300 v. Chr. war das Prinzip der *Schraube* bekannt, doch ging es mit ihrer Anwendung nur langsam voran. Lange Zeit hatte man nur *Holzschrauben,* und vor Christi Geburt wurden sie für Ölpresse und Kelter verwendet. Erst in der Kaiserzeit kannte man dann auch *Metallschrauben* und *-muttern;* allerdings machte die Gewindefertigung große Schwierigkeiten. In der Großtechnik hat sich die Schraube überhaupt nur wenig durchgesetzt, wohl aber bei der Herstellung von *Schmuck* und *medizinischen Instrumenten,* wo schließlich auch ein sehr hoher Entwicklungsstand erreicht wurde: Antike Ärzte verfügten über hochentwickelte Instrumentarien für Chirurgie, Gynäkologie, Urologie und Orthopädie;

sie konnten Rekto- und Uteroskopien vornehmen, Knochenbrüche durch Schraubvorrichtungen schienen und mit Hilfe von *Taschenwasseruhren* vielleicht sogar Fieber messen.

Für die *Zeitmessung* gab es *Sonnen-* und *Wasseruhren*. Die Skala reichte hier von primitiven, nach groben Erfahrungswerten gefertigten Zeitmessern bis zu genauen, nach astronomischen Berechnungen gebauten Instrumenten, welche die jeweilige geographische Breite berücksichtigten und auch die Funktion eines astronomischen Kalenders erfüllten. Bei den Wasseruhren wurden sehr komplizierte Apparate entwickelt, die nach dem Prinzip der *Wasserorgel* (→ auch *Musik*) die Stunden durch Pfeiftöne oder durch Zahnradübersetzungen auf einem Zifferblatt anzeigen konnten. Den Endpunkt dieser Entwicklung bildeten wohl wassergetriebene *Planetarien*. Die Entwicklung einer gewicht- oder federbetriebenen Uhr unterblieb jedoch.

Verkehrsmittel → *Straßen*, → *Handelsschiffahrt*.

Massenproduktion von Gütern. Staat und Privatleute traten hier nebeneinander als Unternehmer auf. Besonders der Bedarf von Heer und Flotte veranlaßte die Gründung staatlicher Unternehmungen, die in spätrömischer Zeit immer größeren Umfang annahmen und auf wichtigen Gebieten die Privatleute an die Wand drückten. Die größten privaten Fertigungskapazitäten fanden sich auf dem Gebiet der Keramik- und Glasherstellung. Der Produktionsprozeß selbst erfuhr seit der hellenistischen Epoche keine großen technischen Neuerungen, wohl aber eine Reihe von Verbesserungen und Fortentwicklungen wie z. B. im Heizungsbau oder in der Metallverarbeitung durch die Verbesserung des *Blasebalges*. Teilweise wurde ein ziemlich hoher Grad an *Arbeitsteilung* erreicht, jedoch vermochten die zeitweise wirklich sehr billigen Sklaven den selbständigen Handwerker nie zu verdrängen. Folglich gab es auch keine Fabriken in modernem Sinn, sondern nur *größere Manufakturen*, in denen jedoch eindeutig handwerklich, wenn auch schon an großen Werktischen für Serienproduktionen gearbeitet wurde. Betrachtet man rückschauend das Feld ›Römische Technik‹, so wird klar, daß die Römer zumindest in der Kaiserzeit zu glauben anfingen, in der technisch besten aller Welten zu leben; damit fehlte ihnen der Antrieb, nachdrücklich

Sogenannter Tempel der Vesta in Rom.
Kleiner Rundtempel
mit zwanzig korinthischen
Säulen aus der Zeit um 50 v. Chr.

und methodisch auf technische Neuerungen zu sinnen. Logischerweise unterblieb deshalb der Schritt zu einer Industrialisierung, wie sie erst ein Jahrtausend später nachgeholt wurde. (D. R.)

Tempel

In vorgeschichtlicher Zeit verehrten die Römer wie die anderen italischen Stämme ihre Götter im Freien – in Hainen oder unter Bäumen – oder in Höhlen. Dies entsprach ihrer Vorstellung vom Göttlichen als einer unbestimmten Macht (»numen«, → *Religion*). Unter etruskischem und griechischem Einfluß wandelt sich die Gottesvorstellung und damit auch der Ort der Verehrung. Die Götter werden nun als persönlich gedacht und erhalten ein eigenes »Haus«. Dies ist der Sinn eines Tempels, er ist nicht der Versammlungsraum einer Gemeinde. Von Festen abgesehen betritt jeder den Tempel, wann er will, um dem Gott sein Anliegen vorzutragen.

Links: Modell des Minervatempels auf dem Forum in Assisium (Assisi). Der Tempel ist heute in eine Kirche umgewandelt. MdCR Rom.

Unten: Grabbau der Annia Regilla. Reiche Familien ließen sich solche aufwendigen Gräber an der Via Appia errichten. Modell MdCR.

Grundform und Entwicklung des römischen Tempels

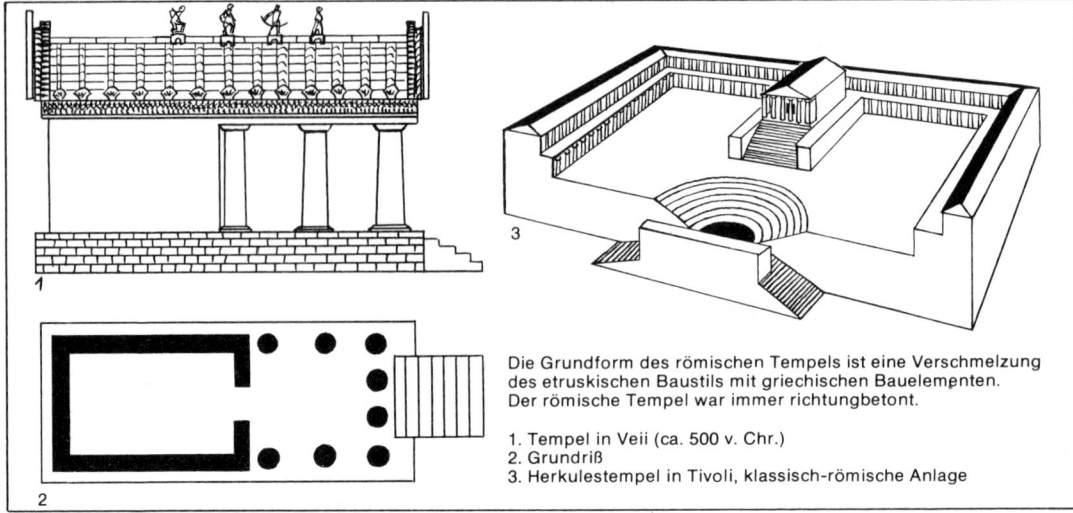

Die Grundform des römischen Tempels ist eine Verschmelzung des etruskischen Baustils mit griechischen Bauelementen. Der römische Tempel war immer richtungbetont.

1. Tempel in Veii (ca. 500 v. Chr.)
2. Grundriß
3. Herkulestempel in Tivoli, klassisch-römische Anlage

Die älteste Form des italisch-römischen Tempels ist der *Rundtempel*, eine Nachbildung der eisenzeitlichen Rundhütte und somit nicht grundsätzlich von einem profanen Bau unterschieden. Ein solcher Tempel wurde *aedes* genannt, was einfach »Raum« bedeutet, zur Verdeutlichung meist mit dem Zusatz *sacra* (heilig) oder dem Namen des Gottes. Entsprechend der alten Gottesvorstellung stand in einem solchen Tempel kein Götterbild, sondern der Raum als Ganzes war heilig. Dies entsprach dem Glauben der Römer, für die ein genau abgegrenzter Raum oder Ort unter göttlichem Schutz stand: die *Schwelle und der Herd des Hauses*, eine *Straßenkreuzung* oder das *Stadtgebiet*, das durch das »pomerium«, eine parallel zur Stadtmauer laufende unbebaute Fläche, abgegrenzt wurde.

In klassischer Zeit gab es in Rom nur *einen* Rundtempel, es war derjenige der *Vesta*. Durch Abbildungen auf Münzen kennen wir sein Aussehen: Der runde Bau war auf einem ebenfalls runden *Podium* errichtet, dessen Durchmesser knapp doppelt so groß war wie der des Tempels. *Zwölf Säulen* in regelmäßigen Abständen standen am Rand des Podiums, zu dem eine *Treppe* hinaufführte. Der Tempel war also nur an einer Stelle zugänglich. Das Dach – ebenfalls rund – ruhte auf den Säulen und ging nach oben spitz zu.

Die Entwicklung zum Tempel, wie wir ihn kennen, vollzog sich unter etruskischem Einfluß (→ *Etrusker*) – in religiöser und architektonischer Hinsicht. Nach etruskischer Vorstellung war der *Himmelsraum* in verschiedene Abschnitte eingeteilt, die bestimmten Göttern zugeordnet waren.

Wenn ein Priester – in Rom ein *Augur* – den Willen der Götter erforschen wollte und deshalb den *Vogelflug* beobachten mußte, legte er zunächst fest, welcher Himmelsabschnitt in Frage kam. Dann baute er eine *Hütte* (später eine Art Zelt), deren Türöffnung gerade den gewünschten Abschnitt zeigte. Wahrscheinlich hießen die Bretter dieser Hütte ursprünglich *templum*, und diese Bezeichnung übertrug man dann auf die Hütte selbst, das umliegende Gebiet und den Beobachtungsraum. Eine *aedes* brauchte also kein templum zu sein, und umgekehrt mußte zu einem templum kein Tempel in unserem Sinne gehören. Später aber wurde die Bezeichnung templum für jedes Haus eines Gottes verwendet. Man kann daraus schließen, daß für die Römer ein templum immer auch der Sitz eines Gottes war oder daß eine Zeit lang eine aedes auch gleichzeitig als templum angelegt wurde.

Architektonisch zeigt auch der Tempel der klassischen Zeit noch Reste seiner Funktion als Beobachtungsraum: Er steht auf einem *Podium*, überragt also alle anderen Gebäude, und er ist nur durch eine *Treppe* an der Vorderseite zugänglich, d. h. da er drei ›abweisende‹ Seiten hat, blickt er gewissermaßen in eine *bestimmte Richtung*.

Die ersten Tempel in Rom waren der Architektur nach etruskisch. Über ihr Aussehen sind wir durch *Vitruv* (→ *Literatur*) gut unterrichtet: Die Grundfläche – ein Rechteck mit dem Seitenverhältnis 5:6 – wurde zur Hälfte von den drei *cellae* (Einzahl: cella) eingenommen, den *Räumen für die Kultbilder*. Auf der zweiten Hälfte standen *zwei Reihen Säulen*, die diese restliche Fläche

Diatretglas aus Köln-Braunsfeld. Der glockenförmige Glasbecher ist ein Meisterwerk höchster Handwerkskunst: Inschrift, Kragen und Netzwerk sind aus dem mehrschichtigen Glasblock herausgeschliffen. Die griechische Inschrift lautet: Trinke, lebe schön, immerdar! Römisch-Germanisches Museum Köln.

In Köln gefundene Schnallen und Beschläge einer Gürtelgarnitur, u. a. ausgeführt in Durchbruchstechnik (opus interrasile). Das Material ist Silber, das vergoldet wurde. Die Schnallen und Beschläge entstanden im 3. Jh. n.Chr. Römisch-Germanisches Museum Köln.

wieder halbierten, und zwar so, daß je zwei Säulen in der Verlängerung der Längswände der cellae standen; es waren also insgesamt acht Säulen. Die mittlere cella war größer als die beiden seitlichen (im Verhältnis 3:4:3).
So muß man sich den ersten Tempel für die *Capitolinische Trias (Minerva, Iupiter, Iuno)* vorstellen.
Wenn der Tempel nur *einem* Gott geweiht war, ließ man entweder die inneren Trennwände der cellae weg oder ersetzte die äußeren Wände durch Säulen.
Das Podium und die Mauern der cella waren aus Stein, die Säulen und das Gebälk aus Holz. Auf die nur verhältnismäßig flach geneigten Dachbalken nagelte man Bretter, die mit Tonziegeln bedeckt wurden. Die Giebelfläche blieb ohne figürlichen Schmuck. *Statuen* befanden sich allein an den seitlichen Ecken des Giebels, auf dem Dach (Akrotere) sowie auf dem Scheitel des Giebels. Die Enden der Längs- und Querbalken ließ man überstehen und versah sie, ebenso wie die übrigen sichtbaren Holzteile, zum Schutz gegen Regen mit meist bemalten *Terrakottaplatten*, die auf das Holz genagelt wurden. Die *unkannelierten Säulen* standen auf einer einfachen Basis, ihr Kapitell ähnelte dem dorischen. Sie waren im Verhältnis zum Durchmesser nicht sehr hoch, und so wirkte dieser frühe Tempel wegen seiner gedrungenen Säulen, dem flachen Dach und der im Verhältnis zur Länge breiten Vorderseite sehr schwer. Dazu kamen das schmucklose Podium und die ungegliederte Wand der cella – die Nüchternheit wurde nur durch den bunten Terrakottaschmuck etwas aufgehoben.
Diese Grundform des Tempels wurde im Laufe der Zeit weiterentwickelt; allerdings blieb der römische Tempel (fast) immer ein Richtungsbau, d. h. er stand auf einem Podium und war nur von einer Seite zugänglich. Die einzelnen Stufen der Veränderungen sind nicht mehr genau festzustellen, denn Tempel aus der frühen und mittleren Republik sind so gut wie nicht erhalten; erst ab dem 1. Jahrhundert vor Chr. haben wir mehr Material (Ruinen, Abbildungen, Beschreibungen). Gegenüber dem früheren Tempel hat sich viel geändert: Die *Treppe*, die zum Tempel führte, war nun *von Wangen eingefaßt;* in ihrer Mitte stand oft ein *Altar*, oder man baute einen Absatz, der als *Rednerbühne* diente. Der Grundriß des Tempels hatte sich in seinen *Proportionen verändert:* Das Verhältnis von Länge zu Breite näherte sich 2:1, der Tempel war schlanker geworden, das Dach steiler. Da die Tempel jetzt

meist nur *einem* Gott geweiht waren und nur *eine* cella hatten, konnten die Säulen der *Vorhalle* in regelmäßigem Abstand stehen, und es waren auch oft, besonders bei größeren Tempeln, mehr als vier in einer Reihe. In manchen Fällen war die cella schmaler als das Podium oder sie schloß nicht mit der Rückwand ab. So war es möglich, die cella auf drei oder sogar auf vier Seiten mit Säulen einzuschließen. Wenn die cella so breit wie das Podium war, ließ man ihre Wände nicht mehr ohne Schmuck, sondern *gliederte sie mit Halbsäulen.* Auch die *Zahl der Säulenreihen* vor der cella änderte sich: Man baute Tempel mit einer, mit drei oder gar vier Reihen. Diese Änderungen waren erst möglich, seit man – wohl nach *griechischem* Vorbild – dazu übergegangen war, den ganzen Tempel, von den eigentlichen Dachbalken abgesehen, aus Stein zu bauen (Kalkstein, Travertin, manchmal sogar Marmor). Griechischer Einfluß zeigt sich auch im Äußeren des Tempels: Die Säulen wurden schlanker, und man verwendete griechische Basen und Kapitellformen. Zur Zeit der Republik bevorzugten die Römer *ionische* Säulen; ab dem ersten Jahrhundert v. Chr. und vor allem in der Kaiserzeit verwendete man fast ausschließlich *korinthische* Säulen. Man kann aber nicht von einer einfachen Nachahmung sprechen, in den meisten Fällen wurde das Vorbild weiterentwickelt. Aber die jetzt vielfach übliche *Kannelierung* der Säulen und der Schmuck des Gebälks stellen den römischen Tempel der späteren Zeit mehr in die Nähe des griechischen als des etruskischen Tempels. Bemerkenswert ist das Geschick römischer Baumeister, überkommene Formen veränderten Bedingungen anzupassen. Ein Beispiel dafür ist der *Concordia-Tempel* auf dem Forum (neu erbaut 10 n. Chr.). Treppe und Säulenhalle sind nur gut halb so breit wie das Podium, der Tempel selbst ist breiter als lang – der Ort (mitten in der Stadt und auf einem schon von drei Seiten umbauten Grundstück) ließ keine andere Wahl.
Zwei Sonderformen seien noch erwähnt: Es gab in Rom *Doppeltempel,* d. h. zwei Tempel, verschiedenen Göttern geweiht, z. B. *Roma und Venus,* waren so angelegt, daß sie mit der Rückwand der cella aneinanderstießen; ein gemeinsames Dach überspannte beide Tempel ohne Unterbrechung. Dieser Tempel, ohne Podium, war rings von einer dreistufigen Treppe umgeben und auf allen Seiten von Säulen eingefaßt. Hier haben wir eine klare *Abkehr vom Richtungsbau,* ebenso wie beim *Pantheon* (= Tempel für alle Götter). Ein *Kreiszylinder, überwölbt von einer*

Modell des Marcellustheaters in Rom. Der von Augustus vollendete Bau faßte 20 000 Zuschauer. MdCR Rom.

halbkugelförmigen Kuppel, bildet das Grundgebäude, das durch einen gleichhohen rechteckigen Vorbau mit der Säulenhalle verbunden ist. Die Rückseite wird außen durch Anbauten zu einem Rechteck ergänzt. Die Kuppel, mit einer Weite von fast 44 Metern ein großartiges Beispiel für die Kenntnisse und Fähigkeiten römischer Architekten, soll das Himmelsgewölbe symbolisieren, unter dem, in Nischen, alle Götter ihren Platz haben. Dieser dem römischen Denken an sich fremden Vorstellung entspricht die ungewöhnliche Form. Das Pantheon erhält sein Licht durch eine Öffnung im höchsten Punkt des Gewölbes, während der übliche Tempel oben geschlossen war, keine Fenster hatte und sein Licht nur durch die Türöffnung empfing. (G. St.)

Theater

Die Römer orientierten sich beim Bau ihrer Theater am Vorbild des griechischen Theaters, das aus dem eigentlichen *Theatron*, dem Zuschauerraum im Halbkreis, der *Orchestra*, dem runden Chorraum, sowie der *Skene*, der Bühnenhausfassade (die den Zuschauerraum abschloß) bestand. Bei den Römern wurde die Orchestra zum Halbkreis reduziert und mit Sitzreihen für die Repräsentanten des Staates versehen, insbesondere für die Aedilen (→ *Ämterlaufbahn*), die die Spiele veranstalteten; der Zuschauerraum blieb im ganzen unverändert, nur schmiegte er sich nicht, wie bei den Griechen üblich, an einen Hügel, sondern wurde frei in die Landschaft gestellt, was erst durch die Gewölbetechnik bei den Unterbauten möglich geworden war. Das

Bühnenhaus wurde mehrere Stockwerke hochgezogen und seine dem Zuschauerraum zugewandte Fassade mit Säulen, Nischen und Statuen prachtvoll dekoriert. Man spielte nicht mehr in der Orchestra, sondern die eigentliche Bühne lag vor der *scaena*, dem Bühnenhaus.

Dieser Stand der Theaterarchitektur wurde allerdings erst im 1. Jahrhundert v. Chr., also gegen Ende der republikanischen Zeit, erreicht. Vorher behalf man sich mit *hölzernen* Theaterbauten, die kurzfristig auf- und wieder abgebaut wurden und bei denen die Zuschauer vor der Spielszene im Halbkreis standen. Die Angst der leitenden Männer Roms, das Volk könne durch ständiges Herumsitzen in den Theatern verweichlichen, verhinderte lange die Errichtung eines festen steinernen Theaters in Rom. Während wir das älteste erhaltene römische Theater in Pompeii, ein relativ kleines überdachtes Theater, das *Odeon* genannt wurde, auf die Zeit kurz nach 80 v. Chr. datieren können, wagte es erst → *Pompeius* 55 v. Chr., das erste steinerne Theater in Rom selber zu errichten. Zusammen mit ihm bildete das etwa 40 Jahre später von → *Augustus* erbaute *Marcellus-Theater* für etwa 14 000 Zuschauer den Prototyp für alle römischen Theater der folgenden Jahrhunderte. Die kleineren von ihnen waren oft mit einem festen Dach versehen, die größeren konnten mit farbigen Sonnensegeln überspannt werden, deren Halterungen in einigen Theaterruinen heute noch erkennbar sind. Diese leinenen Sonnendächer dienten nicht nur dem Komfort des Zuschauers, sondern hatten wohl auch schallleitende Funktion, wie überhaupt die akustischen Verhältnisse in den römischen Theatern ausgezeichnet waren.

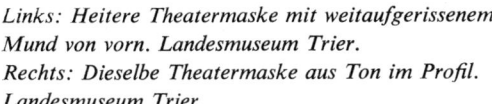

Links: Heitere Theatermaske mit weitaufgerissenem
Mund von vorn. Landesmuseum Trier.
Rechts: Dieselbe Theatermaske aus Ton im Profil.
Landesmuseum Trier.

Technik und Dekoration. Einen ähnlich hohen
Stand wie die Architektur wies vor allem in der
Kaiserzeit auch die *Bühnentechnik* auf. Die Römer kannten den großen *Bühnenvorhang*, der sich
zu Beginn einer Vorstellung senkte – die Ein-
laßrillen sind z. T. noch jetzt zu sehen – und den
Blick auf die jeweils verschieden dekorierte Fassade des Bühnenhauses freigab. Aus dem keller-
artigen Untergeschoß unter dem erhöhten Holz-
boden, auf dem gespielt wurde, konnte man z. B.
ebenso wie aus der Höhe mittels einer *speziellen
Technik Gottheiten* auftreten lassen; diese schon
den Griechen bekannte Vorrichtung des »deus
ex machina«, des »Gottes aus der Maschine«,
die einen Ausweg aus einer verfahrenen Situation ermöglichte, war ebenso beliebt wie *Appara-
turen zum Erzeugen von Blitz und Donner, Flug-
maschinen* und *Wasserspiele.* Zum raschen Wechsel der Szenerie verwendete man drehbare *prismen-
förmige Kulissen* aus Holz, die auf jeder Seite verschieden bemalt waren und aus denen ebenfalls
unerwartet Gottheiten hervortreten konnten.

Auch in der *Dekoration* spiegelt sich das in der
Kaiserzeit gestiegene Bedürfnis nach prunkvoller
Ausstattung und Repräsentation. Die verschiedenen *Stockwerke der scaena* wurden zum selbständigen Dekorationselement: die Nischen erhielten reichen Schmuck durch Statuen, die
Fassade wurde durch Giebel und Gebälk räumlich aufgegliedert, drei bis fünf Türen dienten
den Schauspielern als Auf- und Abgang.
Die drei Grundtypen der Dekoration waren:
ein *Palast* für die Tragödie, *Häuserfassaden* für
die Komödie und die *ländlich-idyllische Szenerie*
für das Satyrspiel. Insgesamt strebte man also
eine möglichst naturgetreue Wiedergabe an.
Die Theaterstücke und -gattungen. Auf diesen
Realismus trifft man schon bei den Ursprüngen
des römischen Bühnenspiels, den derben *Possen*
und *Neckversen* der vorliterarischen Zeit, die
durch den sizilianischen *Mimus* und die ebenfalls
aus dem Süden, aus Campanien stammende *fabula Atellana* unterstützt wurden. Beides sind
lustspielhafte Darbietungen. Der Mimus läßt unter Verzicht auf eine dramatische Handlung All-
tagsszenen in Gebärde und Mienenspiel mit
Tanzeinlagen und musikalischer Untermalung
durch feststehende Typen, unter anderem durch
eine Art *Hanswurst* effektvoll darstellen. Die

Theatermosaik Sousse/ Nordafrika. Neben dem Schauspieler links eine tragische Maske, während der rechte eine komische hält.

Schauspieler waren *nicht* maskiert, Frauenrollen wurden von Frauen dargestellt, obwohl die Szenen nicht selten recht derb und obszön waren. Die *Atellane* (nach dem Ort Atella benannt) kennzeichnen ebenfalls oft burleske und obszöne Inhalte, auch sie arbeitet mit Typen. Die Schauspieler waren in diesem Spiel maskierte römische Bürger. Oft wurde die Atellane ihres burlesken Geschehens wegen im Anschluß an Tragödien als eine Art Satyrspiel aufgeführt.

Von diesen beiden frühen Formen ist so gut wie nichts erhalten; auch wenn sie noch, wie der Mimus, bis in die Kaiserzeit in Form des literarischen *Gesellschaftsstücks* – meist als Liebesdrama – weiterlebten, wurden sie im Verlauf des 3. vorchristlichen Jahrhunderts durch die Einführung des *griechischen Kunstdramas* in Rom völlig zurückgedrängt. Um 240 vor Chr. wurden durch den Griechen *Livius Andronicus* die ersten griechischen Dramen ins Lateinische übersetzt und in Rom aufgeführt. Von jetzt an dominierten bis zum Ende der Republik die Schauspiele nach griechischem Muster, meist *Komödien*, orientiert an der sogenannten »Neuen attischen Komödie«, deren Hauptvertreter der Athener *Menander* (um 300) war. Sie behandelten griechische Stoffe

und spielten auf griechischen Schauplätzen. Da die Schauspieler – zunächst noch ohne Masken – den *griechischen Mantel* (lat. pallium) trugen, nannte man diese Gattung in Rom *fabula palliata.* Von dieser Art sind die zu einem beträchtlichen Teil erhaltenen Stücke der berühmtesten römischen Komödiendichter, *Plautus* und *Terenz,* die sie vom Ende des 3. bis etwa zur Mitte des 2. Jahrhunderts verfaßten (→ auch *Literatur*). Sie stellen zusammen den Höhepunkt des römischen Lustspiels überhaupt dar; dabei tritt bei Plautus das musikalische Element mit Arien und Rezitativpartien ungleich stärker hervor als bei dem jüngeren, feineren Terenz. Neben dieser fabula palliata gab es auch literarische Versuche, in den von den Griechen übernommenen Formen römische Stoffe auf italischen Schauplätzen in römischem Gewand, in der *Toga*, darzustellen, die sogenannte *fabula togata;* sie sind nur bruchstückhaft erhalten. Auch die *griechische Tragödie* wurde auf römische, vor allem historische Stoffe übertragen, wobei die römischen Helden in der purpurgesäumten *toga praetexta*, dem römischen Staatsgewand, auftraten. Auch diese Versuche, die sogenannte *fabula praetexta*, blieben insgesamt ohne größere Wirkung.

Im 1. Jahrhundert vor Chr. verfielen alle diese Gattungen und machten mit Beginn der Kaiserzeit einer vorwiegend tragischen Form des Bühnenspiels, dem *Pantomimus*, Platz. Im Pantomimus stellte meist nur ein Schauspieler, jeweils anders maskiert und kostümiert, die effektvollsten Handlungsmomente eines häufig mythologischen oder historischen Stoffes in einer Reihe von Solodarbietungen pantomimisch, also ohne Worte dar; der Mund seiner Maske war im Gegensatz zur tragischen und komischen Maske geschlossen. Den Text dazu sang ein unsichtbar aufgestellter *Chor*, begleitet von einem *Orchester*. Hinzu kamen *Tanzeinlagen*. Bei dieser unliterarischen Form des Bühnenspiels, die denn auch häufig zur bloßen Rührszene und zur Darstellung obszöner Situationen abflachte, dominierte also die Musik. Die Melodien müssen wie bei unseren heutigen Schlagern in aller Munde gewesen sein. Daneben führte die Heraushebung des einzelnen Pantomimen zu einer Art »Starkult«.

Schauspieler und Publikum. Der Schauspieler hatte vor allem unter den Damen seine ›Fans‹, die ihn auf jeden Fall begeistert beklatschten; er genoß infolgedessen auch eine gewisse gesellschaftliche Sonderstellung. Alle Versuche einzelner Kaiser, gegen diese Entartungserscheinungen etwas zu unternehmen und das Niveau der Pantomimus-Aufführungen bzw. den Publikumsgeschmack zu heben, schlugen fehl. Der Pantomimus blieb, obwohl *Seneca* im 1. Jahrhundert nach Chr. noch einige, allerdings schwer aufführbare Tragödien schrieb, die vorherrschende Gattung der Kaiserzeit.

Im Gegensatz zu einigen Pantomimen waren freilich die *Schauspieler* – oft Sklaven oder Freigelassene, häufig Griechen – insgesamt gesellschaftlich verachtet, wie auch das Ansehen der Autoren meist gering war. Erst in der Kaiserzeit verwischten sich da und dort die Grenzen, wenn ein Kaiser wie z. B. → *Nero* selbst schauspielerisch aktiv war. Obwohl es keine fortlaufende Spielzeit gab, sondern die Aufführungen nur an bestimmten, ursprünglich religiösen Festtagen und bei besonderen Ereignissen stattfanden, wurde die Schauspielkunst von festen *Theatergruppen* berufsmäßig betrieben. Der bald zurückgetretene religiöse Ursprung des Theaters ist noch im Brauch der *Verkleidung* erkennbar: der Schauspieler trat durch die Kostümierung und Maskierung als Individuum völlig zurück und *war* der Gott und der Held, als der er vermummt erschien. So diente bei der Tragödie der *erhöhte Bühnenstiefel*, der *Kothurn*, neben dem *langen Mantel*

der Typisierung: der Schauspieler schritt wie auf Stelzen einher, während die Spieler in der Komödie den *niederen Schuh*, den *Soccus* trugen. Die *Masken*, die gegen Ende der Republik üblich wurden, hatten oft groteske Züge: weit aufgerissene Augen, überdeutlich gezeichnete Brauen, großer, mit Ausnahme des Pantomimus offener Mund, hohe Perücke.

Der weit geöffnete Mund diente zugleich der akustischen Verstärkung, was angesichts des für unsere Begriffe recht undisziplinierten römischen Publikums dringend nötig war. Das Theater galt zwar als »gehobenere« Institution als Circus und Arena, und besonders die Damen putzten sich auch damals schon eigens dafür heraus, so daß → *Ovid* schreiben konnte: um zu sehen und gesehen zu werden ging man hin. Doch gerade die Frauen wurden unter Augustus wohl nicht ohne Grund auf die oberen Sitzreihen verwiesen. Insgesamt muß man sich das Verhalten des Publikums etwa wie das heutiger Fußballzuschauer denken: Man kam schon lange vor Beginn der Vorstellung, um einen guten Platz zu ergattern, brachte sich Essen und Trinken mit – gelegentlich wurde auch ein kostenloser Imbiß durch den veranstaltenden Beamten verabfolgt – und äußerte Zustimmung und Mißfallen ebenso spontan und unüberhörbar wie sein eigenes Wohlbefinden. Während sich das Volk auf den schlechteren Plätzen bei freiem Eintritt amüsierte, waren die besseren Ränge damals wie heute Treffpunkt der ersten Gesellschaft. Die Damen saßen auf Kissen, hatten Sonnenschirme aufgespannt und ließen sich von duftenden Essenzen erfrischen, die über die Zuschauer gesprengt wurden. Insgesamt ist eine große Anteilnahme der Römer am dramatischen Spiel festzustellen, die sich auch in Zahl und Fassungskraft ihrer Theater spiegelt. (G. M.)

Tierhetzen

Nach *Livius* fanden die ersten Tierhetzen (venationes) in Rom 186 v. Chr. statt, als *M. Fulvius Nobilior* Löwen und Panther gegeneinander kämpfen ließ. Die Römer fanden so rasch Geschmack an diesem neuen Schauspiel, daß es von nun an häufig in einem Teil des → *Zirkus*, später in dem dafür besser geeigneten → *Amphitheater* abgehalten wurde, wo es häufig die Einleitung für → *Gladiatorenspiele* bildete. Die einfachste Form solcher Tierspiele bildeten die Schaustellungen gezähmter und seltener fremdartiger Tiere, verbunden auch mit *Dompteurvorführungen*, wie sie

Gladiatorenmosaik mit der Darstellung
von Tierkämpfen.
Entstehungszeit 4. Jh. n. Chr.
Villa Borghese Rom.

Jagdszenen. Lebendiges Mosaik,
das auch die verschiedenen
Waffen der Jäger erkennen läßt.
Museum Chiusi.

auch der Zirkus von heute als Attraktionen kennt. Dann wurden regelrechte große *Jagden* veranstaltet, bei denen gutausgerüstete Jäger, begleitet von scharfen Hunden, die Tiere erlegten. Daß dies nicht ungefährlich war, beweist ein Ausspruch → *Ciceros:* »Welches Vergnügen kann es für einen gebildeten Mann geben, wenn entweder der Jagdspieß ein stattliches Tier durchbohrt oder ein schwacher Mensch von einer starken Bestie zerrissen wird?« Für solche ›Jagden‹ ließ einmal

→ *Nero* seine berittene Leibwache gegen vierhundert Bären und dreihundert Löwen fechten. Schließlich wurden noch Tiere gegen Tiere gehetzt oder mußten Menschen mit ausgehungerten und aufgereizten Bestien kämpfen. Für dieses Schauspiel wählte man häufig verurteilte *Verbrecher.* → *Pompeius* ließ sie erstmals gegen Elefanten antreten und *Seneca* schrieb dazu: »Der erste Mann im Staat hat es für ein denkwürdiges Schauspiel gehalten, auf außerordentliche Weise Menschen zu vernichten. Sie kämpfen wohl auf Leben und Tod? Nicht genug. Wurden sie zerrissen? Nicht genug. Sie wurden durch die ungeheure Last der Bestien zermalmt.« Aber auch *Kriegsgefangene* wurden eingesetzt. So preist ein Lobredner Kaiser → *Constantin*, weil er besiegte *Bructerer* den wilden Tieren vorgeworfen und die Vernichtung der Feinde zum Vergnügen des Volkes genutzt habe. Daß allerdings Kaiser *Caligula* Zuschauer, die gerade an der Schranke der Arena standen, den Bestien vorwerfen ließ, weil er nicht genügend Verurteilte hatte, scheint ein Greuelmärchen antiker Chronisten zu sein. Selbst *Freiwillige* meldeten sich häufig, weil sich manche, wie *Tertullian* berichtet, schöner vorkamen, wenn sie Narben von Bissen wilder Tiere trugen. Alle diese Tierkämpfer, ob Verurteilte oder Freiwillige, hießen *Bestiarii*.

Die nötigen Tiere lieferten die Statthalter aus den Provinzen; außerdem hatten sich Händler auf die Tiertransporte zum Beispiel aus Indien spezialisiert, da die Nachfrage das Angebot weit überstieg. *Sulla* ließ etwa hundert Löwen im Zirkus frei herumlaufen und sie durch afrikanische Bogenschützen erlegen. → *Pompeius* setzte in fünf Tagen an die zwanzig Elefanten, über fünfhundert Löwen und mehr als vierhundert andere wilde afrikanische Tiere ein; bei → *Caesar* hören wir von vierhundert Löwen und vierzig Elefanten. → *Augustus* schreibt in seinem Rechenschaftsbericht, daß er »zum Vergnügen des Volkes« sechsundzwanzig Tierkämpfe veranstaltete, bei denen rund dreitausendfünfhundert wilde Tiere umgekommen seien. Von einem letzten Großeinsatz hören wir noch 248, als dreißig Elefanten, zehn Elentiere, zehn Tiger, sechzig Löwen, fünfzig Leoparden, zehn Hyänen, ein Nashorn, ein Flußpferd, zehn Giraffen, zwanzig wilde Esel und vierzig wilde Pferde in die Arena geschickt wurden. (H. P.)

Triumphzug

Der Triumph – etruskischen Ursprungs wie so manche Einrichtung in Rom – zeigt beispielhaft die für Roms öffentliches Leben charakteristische enge Verwobenheit von *politischer und religiöser* Sphäre: Einerseits war er ersehnte Krönung der Laufbahn des siegreich heimkehrenden Feldherrn und *öffentliche Anerkennung* seiner Leistungen, andererseits *Danksagung an Iupiter Optimus Maximus* und Einlösung der zu Beginn des Feldzuges gegebenen *Gelübde*, wohl auch *Reinigungsritus* für das vom Unheil des Krieges befleckte Heer (→ *Religion*). Kleidung und Insignien des Triumphators unterstrichen diese doppelte Funktion. Das goldbestickte *Purpurgewand* z. B., das elfenbeinerne *Szepter mit den Adlerköpfen*, die *Goldkrone* und schließlich das *Viergespann* vor dem Triumphwagen waren ebenso Attribute des Capitolinischen Iupiter wie auch des Königs. Für einige Tage durfte der siegreiche Imperator, als der Glücksbringer für die Bürgerschaft über alle Menschen hinausgehoben, die Rolle des Königs oder gar des obersten Staatsgottes spielen. Dementsprechend streng waren die Bedingungen für die Gewährung eines Triumphs. Der Feldherr mußte nicht nur einen *entscheidenden Sieg* über die Feinde errungen haben – später setzte man eine Zahl von 5000 erschlagenen Gegnern voraus – sondern auch am Tage des Triumphes noch im Besitz der vollen *Amtsgewalt* (imperium) sein. Daher verhandelte er, ohne sein Heer zu entlassen, *vor den Toren der Stadt* mit dem Senat über die Erlaubnis zum Triumph. Dieses Gremium setzte dann gegebenenfalls auch die Kosten für die Feier fest.
Im Falle der offiziellen Ablehnung konnte der Feldherr durchaus legitim einen *kleinen Triumph* (ovatio) auf eigene Kosten veranstalten.
Der festliche Zug nahm seinen Weg, vorbei an geschmückten Tempeln und klatschenden, »iotriumphe« rufenden Zuschauern, vom *Marsfeld* über das *Forum* zum *Iupiter-Tempel* auf dem *Capitol*. Der vor dem Triumphator einherziehende Teil des Heeres informierte das Publikum über den Hergang des Krieges. Neben *Beutestücken* zeigte man *bildliche Darstellungen* von eroberten Städten, ja ganzen Schlachtszenen und *Tafeln mit Siegesberichten*. Auch → *Caesars* sprichwörtlich gewordenes »veni – vidi – vici« war auf einer solchen Tafel zu lesen. *Weiße Rinder*, als Opfer für Iupiter bestimmt, und die Schar der *Gefangenen*, deren Führer man unmittelbar nach dem Triumph hinrichtete, schlossen sich an. *Liktoren* mit lorbeerumwundenen Fasces (→ *Ämterlaufbahn*) und der *Senat* bildeten den Übergang zur Mittelgruppe. Der zweirädrige, mit Gold, Elfenbein und Edelsteinen verzierte *Triumphwagen* bot nicht nur dem Triumphator selbst Platz sondern auch den jüngeren Verwandten des Siegers, während die erwachsenen Angehörigen der Familie zu Pferde folgten. Ein *Lorbeerkranz* auf dem Haupte des Feldherrn wies ihn vor aller Welt als Triumphierenden aus. Ein hinter ihm stehender Sklave hielt ihm eine goldene *Krone* über den Kopf, wobei er ihm die Worte zurief: »Denke daran, daß du ein Mensch bist!« Die Absicht war weniger pädagogische Ermahnung als vielmehr Abwehr böser Mächte, denen der Feldherr im Augenblick seines höchsten Glückes besonders ausgesetzt war. Durch Minderung seines Glückes sollte die Aggressionslust der Dämonen eingeschränkt werden. Die *Spottlieder* der in langer Reihe hinter dem Feldherrn herziehenden lorbeerbekränzten Soldaten dienten wohl ursprünglich demselben Zweck, indem sie Negatives über den Triumphierenden teilweise recht drastisch formulierten. Bei → *Caesars* Triumph über Gallien verhöhnten ihn seine Soldaten, wegen der zu knauserigen Beutezuteilung:

> »Städter, sperrt die Frauen ein! Den kahlen Buhlen bringen wir. Gold verhurtest du in Gallien, das du einstens hier gepumpt.«
> (Sueton, Divus Iulius 51; Übers.: A. Lambert)

Hatte der Triumphator Szepter und Lorbeerkranz vor Iupiter niedergelegt, die Opfer dargebracht und ein Dankgebet gesprochen, so war die eigentliche Feier beendet. Eine öffentliche Bewirtung des Publikums und der Soldaten ließ das Fest ausklingen. (W. M.)

V

Valerian

Die Krise des Reichs im Jahrhundert der ›Soldatenkaiser‹ steuerte dem Höhepunkt zu, als die Legionen den sechzigjährigen Statthalter von *Raetien* und *Noricum, P. Licinius Valerianus,* zum Kaiser proklamierten. Eine Pestepidemie raffte zahllose Menschen dahin. Als Vorboten der Völkerwanderung durchbrachen *Alamannen* und *Franken* den → *Limes* und beunruhigten Gallien und Spanien; *gotische* Scharen setzten über die untere Donau, durchzogen plündernd Thrakien und Makedonien und drangen bis nach Kleinasien vor. Nordafrika hatte unter Aufständen der *Berberstämme* schwer zu leiden. Am bedrohlichsten aber entwickelte sich die Lage an der *Euphratgrenze,* wo dem Imperium im *Neupersischen Reich der Sassaniden* (224–631) ein selbstbewußter Feind gegenübertrat.

Um den sich überstürzenden Gefahren an allen Fronten besser begegnen zu können, faßte Valerian den in die Zukunft weisenden Entschluß, die Herrschaft zu teilen (→ *Diocletian,* → *Ostrom*). Er erhob also seinen Sohn *Gallienus* zum Mitregenten im Westen des Reichs, während er selbst den Abwehrkampf im Osten übernehmen wollte. Schon zeigten sich erste Erfolge, da geschah das Unfaßbare: Nach einer verlorenen Schlacht geriet der Kaiser bei *Edessa* durch Verrat in die Gefangenschaft der Perser. Ein Felsrelief im südpersischen Hochland hält den stolzesten Augenblick in der Geschichte des Sassanidenreichs fest: Vor dem mit herrscherlicher Gebärde heranreitenden Großkönig *Schapur I.* beugt der gefesselte römische Kaiser unterwürfig die Knie.

Im Vollgefühl seines Triumphes schleppte der rachedurstige Schapur seinen Gefangenen fortan in seinem Troß mit, und jedesmal, wenn der Großkönig sein Pferd besteigen wollte, mußte der unglückliche Greis niederknien und als Fußschemel dienen. Sein Sohn Gallienus rührte keinen Finger, um den Vater zu befreien. Wenn wir Berichten glauben dürfen, die Valerian wegen seiner Christenverfolgung möglicherweise nicht gewogen sind, fanden die Demütigungen nicht einmal im Tod ein Ende. Schapur, so heißt es da, ließ den toten Kaiser ausstopfen und rot bemalt in einem Tempel »zur ewigen Schande Roms« ausstellen. (H. H.)

Vergil

Publius Vergilius Maro, *70 v. Chr., † 19 v. Chr., ist der berühmteste römische Dichter. Er entstammt einer wohlhabenden Familie aus *Andes* bei Mantua. Neben dem Studium der *Rhetorik* widmet er sich der *Philosophie* (u. a. in dem Kreis um den epikureischen Philosophen *Siro* in Neapel) und der *lyrischen Dichtung.* Im Zuge der Landverteilung an die Veteranen *Oktavians* verliert er das väterliche Besitztum, erhält aber durch die Vermittlung von Freunden bald eine Entschädigung. In Erinnerung daran und auf Anregung des → *Maecenas* preist er an vielen Stellen seines Werkes → *Augustus* als Retter Roms und der Welt. Auf der Rückkehr von einer Griechenlandreise erkrankt er und stirbt in *Brundisium.* Bestattet ist er in *Neapel,* seinem Lieblingsaufenthalt.

Sein Werk umfaßt verschiedene poetische Gattungen: *kleine Gedichte* in der Art *Catulls* (→ *Literatur*), enthalten in der Sammlung »Catalepton«, 10 *Hirtengedichte* (»Bucolica«, auch »Eclogen« genannt) nach dem Vorbild *Theokrits,* das *Lehrgedicht* »Georgica« (Über den Landbau, vier Bücher) in der Nachfolge des *Hesiod* und *Lukrez* und das große *Epos* »Aenëis« in 12 Gesängen. Allen Vergilischen Dichtungen eignen der komprimierte und doch makellose Stil, die Symbolkraft der Bilder, die strenge Ausgewogenheit der Komposition und der unübertreffliche Wohl-

Vergil mit Kalliope, der Muse der epischen Dichtkunst (links) und Melpomene, der Muse des Gesanges. Mosaik Museum Tunis.

klang der Sprache. Nicht echt sind die im Vergil-Anhang überlieferten Kleinepen, darunter die Idylle »Moretum«.

Die *Hirtengedichte* führen die *Bukolik* in Rom ein und machen *Maecenas* auf Vergil aufmerksam. Die kunstvoll komponierte Sammlung enthält neben älteren Stücken in engerer Anlehnung an Theokrit einige, in denen die literarische Form selbständiger gehandhabt wird: In die gefühlvolle ländliche Stimmung mischt sich die Huldigung an Freunde und Gönner. Überall aber wird eine in sich geschlossene, verklärte Welt des Glückes und des Friedens in sehnsüchtig verinnerlichten

Fragment der im Auftrag des Augustus angelegten offiziellen Triumphliste von 753 – 19 v. Chr. Konservatorenpalast Rom.

Tönen besungen. Die »Vierte Ecloge«, an *Asinius Pollio* gerichtet, verheißt einen *Weltheiland* und ist daher oft in christlichem Sinne gedeutet worden. Sie begründet Vergils hohes Ansehen im Mittelalter.

Die »Georgica« sind nur vordergründig ein Handbuch über die verschiedenen Zweige der Landwirtschaft: Ackerbau, Baumkultur (besonders Ölbaum und Weinstock), Viehzucht und Bienenzucht.

Die tiefere Absicht des Dichters ist es, in der geordneten, sinnerfüllten, freilich auch mühevollen Arbeit des Bauern ein exemplarisches *Leitbild* für die Erneuerung der in den Bürgerkriegen verkommenen Gesellschaft zu entwerfen (→ auch *Weltbild*). Als Ordnungsprinzipien arbeitet Vergil *Ursprung, Ursache, Natur* und *Praxis* heraus und gewinnt so immer neue Tiefendimensionen. Mythos und Naturwissenschaft, Kosmisches und Nationales, Weltgeschichte und Zeitgeschehen, Fachkunde und Philosophie werden poetisch ineinander verwoben und in dichterischen Bildern symbolisch überhöht.

Damit wird das Werk inhaltlich letztlich zu einer universalen Lehrdichtung wie Lukrezens Epos »Über die Natur« und formal zu einer »vielstimmigen Komposition, bei der mehrere Themen sich entwickeln, hervortreten, abklingen, neuen Platz machen« (Büchner). Im Kontrast zu den düsteren Themen – Mühe der Arbeit, Angst vor Erfolglosigkeit – stehen im zweiten Buch die vielbewunderten Höhepunkte: Lobpreisung Italiens, Hymnus auf den Frühling und hymnische Verherrlichung des ursprünglichen altrömischen Landlebens.

Die *Aeneïs* gilt als das bedeutendste Werk der lateinischen Dichtkunst. 12 Jahre hat Vergil daran gearbeitet. Als er stirbt, hat er die letzte Feile noch nicht angelegt und verbietet daher die Veröffentlichung. Augustus veranlaßt dennoch die Herausgabe. Das große Thema ist die Verherrlichung der *Ursprünge Roms in Aeneas*, dem Ahnherrn des Augustus. Durch die genealogische Verknüpfung mit der *Trojasage* und die Einarbeitung des *Dido-Motivs* (die Liebe des Aeneas zur afrikanischen Königin Dido schlägt später in Haß um) gelingt es Vergil, einerseits die römische Kultur aus der griechischen herauswachsen zu lassen, insbesondere dem homerischen Epos eine gleichrangige römische Leistung zur Seite zu stellen und andererseits den Konflikt zwischen Rom und Karthago mythisch zu verankern. Inhalt und Thema werden im Proömium (der Vorrede) umrissen:

Vestatempel und Vestalinnenkloster

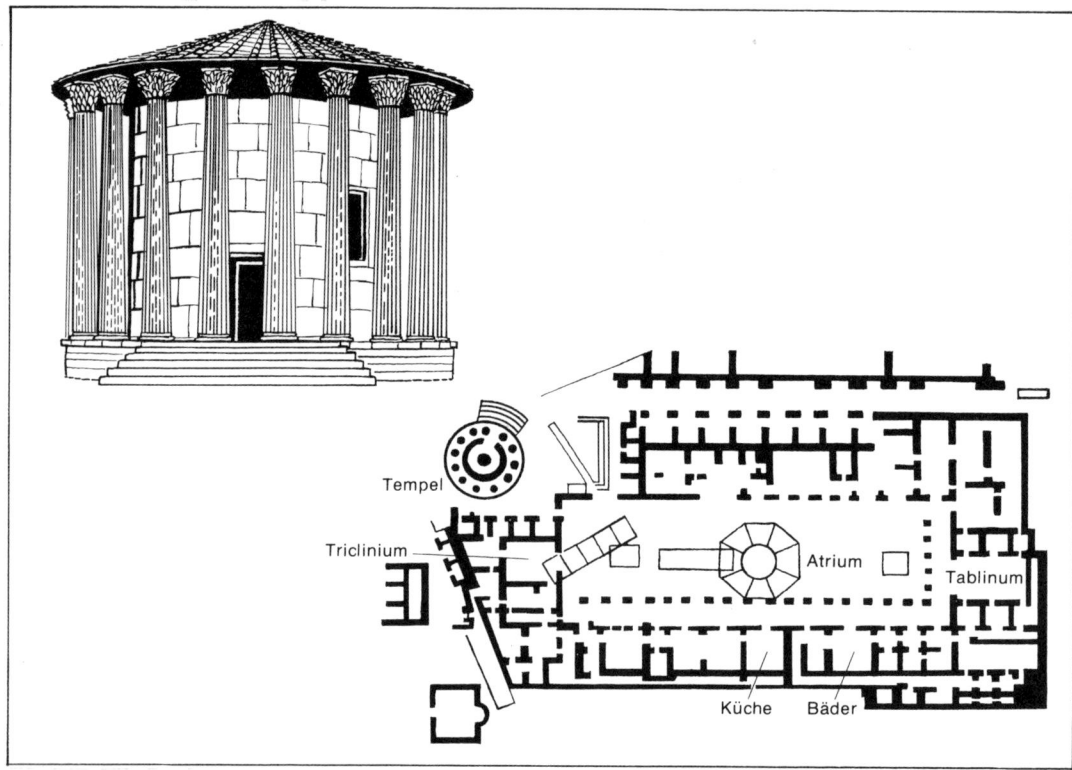

Tempel

Triclinium

Atrium

Tablinum

Küche Bäder

»Waffentat künde ich und den Mann, der als erster von Troja, schicksalgesandt, auf der Flucht nach Italien kam und Laviniums Küsten, viel über Lande geworfen und wogendes Meer durch Göttergewalt, verfolgt vom Groll der grimmigen Iuno, viel auch duldend durch Krieg, bis er gründe die Stadt und die Götter bringe nach Latium, dem das Geschlecht entstammt der Latiner, Albas Väter und einst die Mauern der ragenden Roma. Muse, sag mir die Gründe, ob welcher Verletzung des hohen Willens, worüber voll Gram die Götterkönigin jenen Mann, das Vorbild der Ehrfurcht, in so viel Jammer, in so viel Mühsal gejagt. Kann so die Gottheit grollen und zürnen?«   (Übers.: J. Götte)

Die Ehrfurcht gegenüber dem Willen der Götter (pietas) ist die Haupttugend des Helden. Konnte Vergil auch die lebendige Fülle eines Homer nicht erreichen, »so überbot er ihn durch die Monumentalität der Gestalten und des Ausdrucks. Wie jener am Anfang aller Kunst, so steht Vergil in der Neubegründung der augusteischen Welt, die im Besitz der geistigen Werte

vieler schöpferischen Jahrhunderte durch Reflexion und Verinnerlichung zu den Anfängen zurückkehrt. Vergils Verse sprechen nicht mehr primär-elementares, sondern vergeistigtes Leben aus« (Hiltbrunner). (F. R.)

Vestalin

Die Vestalinnen waren die Priesterinnen der *Vesta*, der *Göttin des Herdfeuers*, deren Rundtempel auf dem → *Forum Romanum* stand. Statt eines Götterbildes befand sich im Tempelinneren der Herd mit dem ständig bewachten Feuer. Die tagtägliche Betreuung der Flamme bildete die Hauptaufgabe der sechs *Virgines Vestales*.
Nach strengen Richtlinien wurden Mädchen aus meist patrizischen Familien ausgesucht, bevor sie im Alter von sechs bis zehn Jahren zum Tempel- und Priesterdienst zugelassen wurden: Sie durften keine körperlichen Mängel aufweisen, keine Freigelassenen sein, beide Eltern mußten noch leben und durften kein ehrloses Gewerbe betreiben. Unter den zwanzig vom *Pontifex Maximus* (Oberpriester) auf einer Liste verzeichneten Namen entschied das Los über Aufnahme oder Ab-

lehnung. Schon der zeremonielle »Amtsantritt« einer Vestalin, die dreißig Jahre lang unverheiratet den Kult der Vesta betreuen mußte, betonte die *Ehelosigkeit* während ihrer Priesterschaft: Im Gegensatz zu den Bräuten, die ihr Haar behalten durften, mußte die Vestalin ihr Haar opfern und es an einem Lorbeerbaum aufhängen.

Nach altem Brauch wurde das Feuer am 1. März, dem alten römischen Neujahrstag, im Vestatempel durch Aneinanderreiben zweier Hölzer neu entzündet. Hatte eine Vestalin aber zwischenzeitlich durch Unachtsamkeit das Feuer ausgehen lassen, ließ sie der Pontifex Maximus auspeitschen. Die Bestimmung, daß das *Kultwasser* kein Leitungs-, sondern nur *Quellwasser* sein durfte, weist in Verbindung mit den übrigen Kultbräuchen der Vestalinnen wie *Toten-* und *Sühneopfer* mit Kälbern, Blut von Pferden und Bohnenstroh auf das *Erdhafte* dieses Kultes hin. Beim römischen Volk standen die Priesterinnen in hohem Ansehen. Der Consul ließ vor ihnen die Rutenbündel senken, ein zum *Tod Verurteilter, der ihnen zufällig begegnete*, wurde freigelassen, *Testamente* und *Staatsverträge* wurden ihnen anvertraut. Wer sie in aller Öffentlichkeit beleidigte, wurde mit dem Tod bestraft – wie die Vestalin, die gegen die geschlechtliche Enthaltsamkeit verstoßen hatte. In einem unterirdischen Gemach wurde sie lebendig begraben. (M. F.)

W

Wein

Der Sage nach soll Italien die Rebe als Geschenk aus der Hand *Saturns* (→ *Mythologie*) empfangen haben, der sie wiederum aus *Kreta* raubte. Einer anderen Mythe zufolge sei der Weinbau von dem Gott *Liber* begründet und später von *Bacchus* weitergeführt worden. Ob die erste Sage mit der Herkunft des Weines zusammenhängt, wissen wir nicht sicher. Auch ist nicht geklärt, ob der Weinbau in Italien griechischen oder bereits vorgriechischen Ursprungs ist. *Aeneas* fand ihn angeblich schon in Italien vor, als er auf der Suche nach der neuen Heimat dort landete. Als der Etruskerkönig *Mezentius* nach dem Tode des

Aeneas die Stadt *Lavinium* belagerte, forderte er angeblich den Weinertrag bestimmter Jahre als Bedingung für seinen Abzug, aber *Ascanius*, der Sohn des Aeneas, gelobte den Wein Iupiter, worauf die Latiner siegten.

Sowohl Mezentius wie Iupiter müssen dabei sehr genügsam gewesen sein; denn der italienische Wein war ursprünglich weder von der Quantität noch von der Qualität her beachtenswert. Die Reben wuchsen vorwiegend wild, rankten sich oft an Bäumen empor, und der aus ihren Trauben gekelterte Wein war entsprechend sauer. → *Plinius* erzählt, daß *Kineas*, der Unterhändler des Königs *Pyrrhus*, bei *Aricia* die Höhe der sich an den dortigen Ulmen hinaufrankenden Weinstöcke bewunderte, als er aber den Wein gekostet hatte, erklärt habe, es geschehe der Mutter dieses Weins schon recht, daß sie an einem so hohen Kreuz hängen müsse.

Die geringen Mengen selbstgekelterten Weins mögen zu den strengen Weingesetzen in den ersten Jahrhunderten der Republik beigetragen haben. Frauen war der Weingenuß verboten. Eine Sage will wissen, daß *Romulus* einen Mann straffrei ließ, der seine Frau erschlug, als er sie beim Weintrinken überraschte. Plinius berichtet von einem ähnlichen Fall aus späterer Zeit. Nach → *Cato* durfte die gesamte männliche Verwandtschaft eine Frau allein schon deshalb küssen, um festzustellen, ob sie Wein getrunken habe. Männern war das Weintrinken ursprünglich bis zum 35. Lebensjahr verboten. Auch sollte Wein nicht für Opfer und, wie in Griechenland, zum besprengen der Toten auf den Scheiterhaufen verwendet werden.

Die Weinsorten. Die erste Untersuchung über den Weinbau in Italien stammt von *M. Portius* → *Cato*, der darüber in seinem »De agricultura liber« (Buch der Landwirtschaft) berichtet. Als eifriger Züchter gibt er Anleitungen zur Kultur des Weinstocks, aber auch Hinweise, wie man Wein für die Knechte herstellen konnte. Er braute einen solchen Trank, der aus zehn Teilen Most, zwei Teilen scharfem Essig, zwei Teilen eingedicktem Most, fünfzig Teilen süßem Wein und eineinviertel Teilen Meerwasser bestand. Dieses Getränk hielt sich nach seinen eigenen Angaben bis zur Sommersonnenwende. »Wenn aber dann noch etwas übrig ist, wird es der schärfste und schönste Essig sein«.

Seit der Mitte des 2. vorchristlichen Jahrhunderts gewannen Wein und Weingenuß immer mehr an Bedeutung. Einerseits wurden *griechische* Sorten eingeführt, und andererseits steigerte man den *heimischen* Weinbau. 121 v. Chr. galt schon als berühmtes Weinjahr. Es war das Consulatsjahr des *Opimius*, nach dem der Jahrgang »Opimianer« benannt wurde, und man nutzte seine Berühmtheit, um jahrzehntelang die Weinliebhaber damit zu betrügen. Noch Plinius will eine »zu einer Art derbem Honig verdickte« Probe davon gesehen haben. Zu seiner Zeit hatten es aber die Römer schon gar nicht mehr nötig, die Erinnerung an einen einzigen berühmten Jahrgang zu betonen; denn damals bot der italienische Weinhandel schon an die achtzig verschiedene einheimische Sorten an, darunter einige beachtenswerte Weine. Als die edelste Sorte hatte im ersten vorchristlichen Jahrhundert *Caecuber* gegolten, ein schwerer Wein aus der Nähe von *Terracina*, der aber teils aus Unachtssamkeit der Bauern, teils wegen eines von → *Nero* durchgeführten Kanalbaues im 1. nachchristlichen Jahrhundert schon wieder verschwunden war. An seine Stelle trat als Spitzenwein der von → *Augustus* bevorzugte *Setiner* aus *Setia* in Latium. Den zweiten Platz in der Weinskala nahm der in Campanien wachsende bernsteinfarbige *Falerner* ein. Da er erst nach einigen Jahren Lagerung mild und schmackhaft wurde, sollte er nicht vor dem zehnten Jahr getrunken werden. Um ihn aber rascher reifen zu lassen, setzten die Weinbauern Honig zu. Darunter litt sein Ruf, und er kam allmählich außer Mode. Auf diese Spitzengewächse folgten als edle Sorten der *Massiker* von der Grenze zwischen Latium und Campanien, der *Albaner*, von den gleichnamigen Bergen bei Rom, der *Surrentiner* vom Golf von Neapel, der *Mamertiner* aus der Nähe von *Messina* und der *Puciner* von der Adria. Als Weine schlechtester Qualität dagegen galten der *vejentanische* und der vom *vatikanischen Hügel*, den *Martial* als Gift bezeichnete.

Kellertechnik und Weingenuß. Die Trauben wurden nach der Lese mit den *Füßen* ausgetreten (calcare, vgl. keltern), der junge *Most* zum Gären in großen offenen Tongefäßen gelagert und danach in *Amphoren* abgefüllt. Ein Teil blieb dann in der *cella vinaria*, einem möglichst nach Norden gelegenen Raum, die Amphoren mit den besseren Sorten kamen in die *apotheca*, einen Raum, der meist im oberen Stock des Hauses über dem Bad lag und vom Rauch durchzogen wurde, weil man diesem mildernde Kraft zuschrieb. Der Wein wurde also nicht »herauf-«, sondern »heruntergeholt«. Um den *Hefesatz* zu beseitigen und dem Wein eine leuchtende *Farbe* zu geben, ließ man ihn durch ein Sieb oder durch einen Leinwandsack laufen. Da er dabei an Kraft verlor, sprach man

von »kastrieren«. Verfälschungen durch Zusätze dagegen wurden als strafbar verurteilt. Im Sommer suchte man den Wein durch Schnee und Eis zu kühlen, die man eigens in Gruben aufbewahrte. Im Winter gab es *calda* – Glühwein. Ursprünglich waren die Römer beim Trinken recht mäßig und mischten den Wein stets mit Wasser. Wer ihn ungemischt trank, galt als Säufer. Auch war es nicht üblich, vor den Hauptmahlzeiten Wein zu trinken. So schrieb *Seneca*: »Scheinen Dir jene nicht der Natur zuwider zu leben, die den Wein auf leeren Magen trinken und betrunken zum Essen übergehen? [. . .] Nach dem Frühstück oder dem Mittagsmahl zu trinken, ist gemein; das tun die Bauern und alle, die den wahren Genuß nicht kennen.«
Von griechischen Sitten wichen die Römer insofern ab, als sie zu den Vorspeisen *süßen Most* und zwischen den einzelnen Gerichten Wein tranken. Die eigentlichen *Trinkgelage* begannen aber erst *nach der Hauptmahlzeit am Abend* und dauerten dann bis spät in die Nacht. Verliefen diese anfangs in bescheidenerem Rahmen, so arteten sie schon zu Beginn der Kaiserzeit häufig aus. Plinius, der in seiner »Naturgeschichte« einen gründlichen Überblick über den Weinbau in Italien gibt, beklagt sich im 14. Buch über den Verfall solcher Zechgelage: »Man bereitet Gifte, die Durst bewirken. Einige trinken Schierling vor dem Gelage, damit die Todesfurcht sie zum Saufen zwinge. Man prahlt mit seinen Kräften, gießt große Humpen auf einmal in sich hinein, um sie sogleich wieder auszuspeien, und wiederholt dies mehrere Male, als ob der Mensch nur geboren wäre, die herrliche Gabe der Götter zu verderben. [. . .] Die Trinkgeschirre sind mit ehebrecherischen Bildern geziert, als ob das Saufen nicht schon hinreichend die Wollust erregte. Auf den größten Durst und die größte Trunkenheit werden Belohnungen gesetzt. Einige machen verderbliche Testamente in der Trunkenheit, andere reden wahnwitzige Dinge, Verleumdungen, durch die sie sich Streit zuziehen, der zum Tode führt.«

Weinbau in den Provinzen. Nach *Spanien* und in das heutige *Südfrankreich* war der Weinbau schon vor den Römern im Zuge der *griechischen Kolonisation* gekommen. Zu den wichtigsten spanischen Anbauzentren gehörte *Gades* (Cadiz), von wo der Agrarfachmann *Columella* stammte, der etwa im Jahre 60 in einem großen Werk auch über den Weinbau ausführlich berichtete, und *Tarraco* (Tarragona), das vor allem nach dem Norden exportierte.
Nach der Eroberung Galliens suchten die Römer

anfangs im Interesse der italischen Ausfuhr den dortigen Weinbau zu drosseln, bald aber setzten sich gallische Sorten durch und wurden zur Veredelung italienischer Reben verwendet. Zu dem alten Exportzentrum *Massilia* (Marseille), von wo aus schon seit dem 5. vorchristlichen Jahrhundert der griechische Wein bis nach Mitteleuropa versandt wurde, kam nun *Burdigala* (Bordeaux), das sich ebenfalls zu einem wichtigen Anbaugebiet und im Zuge des Exports zu einem bedeutenden Handelsplatz entwickelte. Aus Norditalien drang die Rebe nach *Südtirol* und in die *Südschweiz* vor. Der hier angebaute *Veltliner* galt als ein Lieblingswein des Kaisers → *Augustus*. Im *römischen Germanien* wurden *Mosel* und *Mittelrhein* zu Kerngebieten des Weinbaus. Von hier aus trieben die Römer ihren Handel mit den Stämmen jenseits des → *Limes*.

Da vor allem aus Spanien jährlich bis zu zwanzig Millionen Amphoren Wein nach Italien exportiert wurden, erließ Kaiser *Domitian* zum Schutz des italischen Weinbaues ein Gesetz, wonach in den Provinzen die Hälfte der Weinberge vernichtet werden müsse. Dieses Verbot wurde zwar nicht streng eingehalten, aufgehoben aber erst fast zweihundert Jahre später unter Kaiser *Probus*. In seiner nur sechsjährigen Regierungszeit widmete dieser sich intensiv der Weinkultur in den nördlichen Gebieten, und er gilt als der Begründer des Weinbaues im heutigen badischwürttembergischen Raum. (H. P.)

Weltbild

Wie das griechische Substantiv *kosmos* hängt auch das lateinische *mundus* zusammen mit einem Adjektiv, das »sauber«, »ordentlich« bedeutet. Mit der Vorstellung der Welt verbindet sich die der *Ordnung*. Im Kleinen kann *mundus* die »Welt« des Bauern oder die der Frau bezeichnen mit allen dazugehörigen Gerätschaften, z. B. den Werkzeugen, die man für die Ernte braucht, oder den Toilettenartikeln, Kleidern und Schmuckstücken einer Dame. Im Großen umfaßt das Wort die Erde mit den Meeren und Ländern, die auf ihr lebenden Menschen und Völker, aber auch den Himmel mit den Himmelskörpern sowie das Weltall, dessen harmonische Ordnung und zyklische Bewegungen. In den verschiedenen Anwendungsbereichen des Wortes *mundus* spiegelt sich das Bedürfnis, eine scheinbar chaotische, vielleicht bedrohliche Vielheit kleiner oder großer Dinge als *Einheit* zu begreifen, als überschaubare

Ordnung, als sinnvollen Funktionszusammenhang und – eben deshalb – als beglückende Schönheit. Jeder macht sich sein Bild von der Welt je nach dem Horizont seiner Erfahrungen und Informationen. Aber innerhalb einer Kultur herrschen in der Regel bestimmte Weltbilder vor. Sie werden von anderen Kulturen beeinflußt und *entwickeln* sich in der Geschichte. Oft sind sie geprägt von *religiösen* Vorstellungen. Weltbild ist *Weltvorstellung und Weltdarstellung*. Aus den Weltdarstellungen in Schrift und Bild können wir die Weltvorstellungen einer alten Kultur erschließen. Verstreute Äußerungen über Nähe und Ferne, über Bewegung und Orientierung, über Sinn- und Wirkungszusammenhänge müßten dabei ebenso berücksichtigt werden wie systematische Versuche der Weltdarstellung. Die folgende Beschreibung stützt sich freilich fast ausschließlich auf Quellen der letztgenannten Art.

Heterogene Einflüsse. Das Weltbild der Römer ist schwer faßbar, nicht bloß wegen der dürftigen Überlieferung, sondern vor allem wegen der ungleichartigen *Einflüsse aus anderen Kulturen*. Mit der Ausdehnung der politischen Sphäre wuchs das Bedürfnis nach Orientierung. Was die Völker, die neu in den Gesichtskreis der Römer gelangten, an Weltvorstellungen zu bieten hatten, wurde aufgenommen und für verschiedene praktische und wissenschaftliche Bedürfnisse verwertet. So finden sich heterogene Konzeptionen nebeneinander; ein einheitliches System scheint es *nicht* gegeben zu haben.

Die Erdscheibe. Eines der in Rom geläufigen Weltbilder ist orientalischen Ursprungs, vermutlich vermittelt durch die → *Etrusker*. Wir finden es auf einer kleinen *babylonischen Tontafel* aus dem 6. Jahrhundert v. Chr. Sie zeigt zwei konzentrische Kreise, die den *Ozean* (»Bitterfluß«) einschließen. Er *umringt die Erdscheibe*, deren Mittelpunkt *Babylon* ist. Der Euphrat bildet eine schräge, leicht gekrümmte Achse von links oben, wo er im »Gebirge« entspringt, nach unten, wo er in die Sümpfe des »Meerlandes« fließt. In den beiden Feldern ist oben Armenien, rechts Assyrien, links Habban eingetragen. Außerhalb des Ozeans sind in strahlenförmigen Fortsätzen *sieben Bezirke des Himmels* angedeutet. Der Begleittext beschreibt den *jenseits* des Himmels liegenden »himmlischen Ozean«. Vermutlich ist die Hauptsache an dieser Tontafel *nicht die Erde, sondern der Himmel*. Aber die Erdkarte erlaubt eine Verknüpfung orientalischer mit etruskischrömischer Weltdarstellung: Der Standort des *Betrachters befindet sich im Mittelpunkt* einer

Griechisch-römisches Weltbild

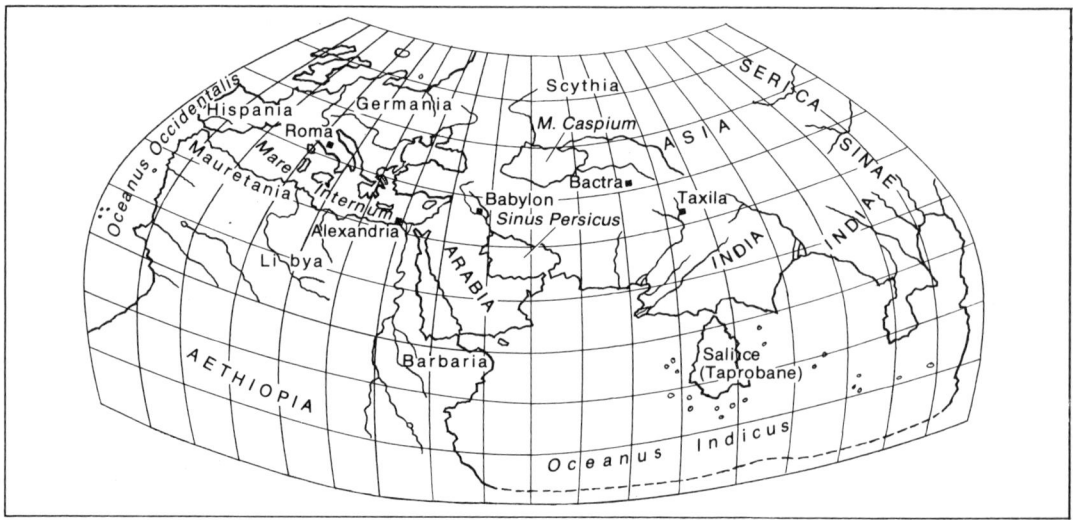

schematischen, mehr oder weniger geometrischen Einteilung auf der als ebene Scheibe gedachten Erde. Das ist auch die Konzeption der römischen Agrimensoren.

Die Agrimensoren. Die römischen Feldmesser erstellten eine Art von ›Katasterplänen‹ in großem Maßstab. Die gravierten sogenannten *formae* wurden in je einem Exemplar in der Koloniestadt und im Archiv zu Rom aufbewahrt. Es ist kaum zu verstehen, warum aus all den römischen Kolonien nur das Bruchstück einer einzigen forma auf uns gekommen ist: die forma von *Arausio* (Orange). *Sextus Iulius Frontinus*, hoher Beamter und zuletzt Augur, beschrieb im 1. Jahrhundert das *Feldabstecken* als *rituellen und technischen* Vorgang. Bei der Koloniegründung wurde von einem »Nabel« aus ein Achsenkreuz angelegt (→ *Stadt*), dessen Arme in die vier Himmelsrichtungen wiesen. So entstanden *vier Quadranten*, vergleichbar den *vier Teilen des Paradieses* und anderen orientalischen Vorstellungen. Die Quadranten wurden durch *limites* in Quadrate von 710 m Seitenlänge eingeteilt (Centurien) und diese wieder in 100 kleine Einheiten zerlegt. Eine solche kleine Einheit erhielt ursprünglich ein römischer Kolonist. Jedes Anwesen, aber auch Straßen und Flüsse konnte man nun lokalisieren, indem man angab, um wieviele Einheiten links oder rechts der Längsachse, des *decumanus maximus* (West-Ost), und vor- oder rückwärts der Querachse, des *cardo maximus* (Nord-Süd), der Punkt lag, wobei man gegen die aufgehende Sonne blickte (nach Grosjean-Kinauer).

Im Unterschied zum Gradnetz der Geographie und Kartographie handelt es sich hier *nicht nur um ideelle Linien*, sondern auch um *reale Feldmarkierungen*, die sich z. T. noch heute (z. B. in Tunis) durch Luftbilder und den Verlauf von Gemeindegrenzen nachweisen lassen. Feldmessung ermöglichte somit Orientierung nicht nur in einem abstrakten geistigen Schema, sondern an Ort und Stelle im Alltag des Lebens.

Eine *Zusammenfassung* der Einzelkarten versuchte unter → *Augustus* der Sieger von *Actium*, *Vipsanius* → *Agrippa*. Seine »Weltkarte« war aufgestellt in der *Porticus Vipsania* (in der Nähe des Pantheon) und gegliedert in 24 Teile, unter denen z. B. Germanien, Raetia und Noricum die 10. Stelle einnahmen. Das Werk hatte volksbildenden Charakter. Es zeugt jedenfalls von dem Bedürfnis breiter Kreise nach umfassender geographischer Orientierung.

Zonenschema und Geographie. Ein anderes Weltbild hat seinen Ursprung in *Griechenland*. In einer ersten Phase verbreiteten sich von dort aus grobe Einteilungsschemata wie das *Erdteile-Schema* Europa/Asien oder das *Zonenschema*: Eisregion im Norden, gemäßigte Region in der Mitte, Feuerregion im Süden. Später verband sich damit die *Vermutung von der Kugelgestalt der Erde*, die in der Zeit *Alexanders des Großen* durch Berichte von Feldzügen, durch Messungen und Berechnungen bestätigt wurde. Im 3. Jahrhundert v. Chr. entwickelte u. a. *Eratosthenes* Verfahren, die kugelgestaltige Erde zu vermessen und mit Hilfe eines Netzes von Längen- und Breitenlinien darzustellen. Er berechnete den Erdumfang mit 252 000 Stadien nahezu richtig (39 690 km statt

40 070 km). In *Klaudios Ptolemaios* (Ptolemäus), einem in Ägypten geborenen Griechen des 2. Jahrhunderts, gipfelt die wissenschaftliche Erdkunde der Antike. Er prägte die Vorstellung von der Erde und vom Kosmos bis hinein in die Zeit der Renaissance. Die *Ptolemäus-Atlanten* des 15. und 16. Jahrhunderts enthalten Karten, die auf einen gewissen *Agathodämon* zurückgehen. Von den verschiedenen Möglichkeiten, die Kugeloberfläche auf einer ebenen Karte darzustellen, wird die Form des *Kegelmantels* bevorzugt: Die Breitenkreise sind bogenförmig und parallel, die Meridiane verlaufen entweder gerade oder gebogen vom Nordpol aus nach ›unten‹. Den alexandrinischen Geographen dürfte es gelungen sein, eine bestimmte Projektionsform als die gültige zu verbreiten und damit die kartenmäßige Orientierung auf der Erdoberfläche für ein breites Publikum mitteilbar zu machen. Insbesondere die Nord-»Orientierung« anstelle der eigentlichen Orientierung nach *Sonnenaufgang* (»Orient« = Osten) ist seitdem zur Selbstverständlichkeit geworden. Freilich verführte die standardisierte Projektion auch wieder zur vereinfachenden Vorstellung von der Erdoberfläche als Ebene. *Tacitus* z. B. stellte sich die Erde noch als ebene Scheibe vor, obwohl die Vorstellung von der Erdkugel in Rom schon geläufig war.

Ethnographien und Reiseführer. Weniger wissenschaftlich-geographischen als vielmehr praktischen Wert hatte eine ebenfalls dem Ursprung nach griechische Darstellungsform, die möglichst viele geographische Namen zusammenfassen sollte: In *Küstenbeschreibungen* (griech. Periploi) wurden für den Reisenden auf dem Meer Küstenorte der Reihe nach vorgestellt, das Landinnere und alles Wissenswerte über die Bewohner in Form von Exkursen. Nach und nach kamen Entfernungs- und Richtungsangaben dazu. Analog entwickelten sich *Handbücher für den Reisenden*, der Straßen benutzte (Itinerarien). Auch die Historiker verarbeiteten geographische Namen, Vorstellungen von Form und Lage der Länder und Kenntnisse von den dort lebenden Völkern. So erschloß Tacitus mit seiner *ethnographischen Studie »Germania«* den Römern den Norden. Diese Literatur begründete zwar kein eigentliches Weltbild, trug aber erheblich zur Erweiterung des Wissens und des geographischen Horizonts der breiten Masse bei. Ihren Niederschlag fand sie u. a. in *Straßenkarten*. Eine davon ist uns erhalten: die sogenannte *Tabula Peutingeriana*. Sie ist vielleicht nicht repräsentativ für die römische Kartographie, aber sie ist das wertvollste Zeugnis

unter den wenigen Karten, die auf uns gekommen sind. *Konrad Celtes*, der Bibliothekar Kaiser *Maximilians I.*, vermachte sie 1508 dem Humanisten *Konrad Peutinger*, dem sie ihren Namen verdankt. Sie ist wohl im 12. oder 13. Jahrhundert nach einer Straßenkarte der späten römischen Kaiserzeit angefertigt worden und enthält auf einem Pergamentstreifen von 682×34 cm die Straßenverbindungen des gesamten Römischen Reiches. Die Länderformen sind stark verzerrt, wie es eben dem praktischen Bedürfnis des Reisenden entsprach, z. B. im Reisewagen eine bestimmte Stelle des Streifens aufzurollen und nachzusehen, wie weit der Weg bis zur nächsten Ortschaft ist. Ortsnamen sind dabei nur ausnahmsweise angegeben – immerhin rund 3500 –, im übrigen markiert ein Knick in der Straßenlinie eine Station. Ihrem Charakter nach ist die Karte vergleichbar einem *Kursbuch*.

Astrologie und Kosmologie. Daß die Himmelskonstellation, unter der ein Mensch geboren ist, dessen Geschick bestimmt und im Horoskop gedeutet werden kann, ist eine *altbabylonische* Vorstellung, die sich bis heute gehalten hat. Sklaven aus dem Osten brachten sie auch nach Rom. Die Ausweisung der Astrologen 139 v. Chr. konnte nicht verhindern, daß viele Römer vom einfachen Mann bis zum höchsten Politiker, später auch die Kaiser, gläubige Anhänger der *Astrologie* wurden. »→ *Caesar* wählte den Stier, das ›Haus‹ der Venus, der Stammutter seines Geschlechtes, zum Legionszeichen; → *Augustus* ließ den Steinbock, sein Nativitätsgestirn, auf Münzen prägen« (Boer). Doch das sind keine typisch römischen Erscheinungen. Kulturgeschichtlich bedeutsamer sind kosmologische Spekulationen *philosophischer* Art, die das Weltbild der Römer mitgeprägt haben. Zumeist griechischer Herkunft, findet sich dieses Gedankengut vor allem in Dichtung und Philosophie der klassischen Zeit und in der christlichen Literatur.

Die Vorstellung von der *Kugelgestalt* der Erde und des *geozentrischen Kosmos* war ursprünglich eine philosophische Vermutung der *Pythagoräer* und *Eleaten*, die sich die Kugel als vollkommensten Körper dachten. Was die Erde anging, bestätigte sich die Vermutung. Was aber den Kosmos anging, wurde sie bereits im 2. Jahrhundert v. Chr. von *Seleukos von Seleukia* durch die *heliozentrische* Theorie widerlegt. Aber *Klaudios Ptolemaios* entschied den Streit für fast einundhalb Jahrtausende zugunsten des geozentrischen Weltbildes, und er fand im allgemeinen Zustimmung, da es den philosophischen Spekulationen entgegenkam, daß der Mensch im Mittelpunkt der Welt stehe. Man dachte sich – so z. B. → *Cicero* im sogenannten »Somnium Scipionis« am Ende der Schrift »Vom Staat« – den Kosmos als ein System *konzentrischer Sphären.* Die Himmelskörper umkreisen auf gedachten Kugelschalen den unbeweglichen Erdball. Die Reihenfolge von innen nach außen ist: Mond, Merkur, Venus, Sonne (in der Mitte der sieben »Planeten«), Mars, Jupiter, Saturn. Eingeschlossen ist das Ganze von der Hohlkugel des Himmelsgewölbes, das die Fixsterne trägt. Es wird im Sinne der *Stoa* (→ *Philosophie*) gleichgesetzt mit dem göttlichen Feuer, mit dem Geist, mit Gott. Die Betrachtung der harmonischen Ordnung des Weltganzen erweckt beglückendes Staunen.

Weltbild und Menschenbild. Dieses Weltbild hat sich in Rom etabliert und bis in die Zeit des *Kopernikus* Gültigkeit behalten. Es erlaubte eine Erklärung ungefährer Himmelsbeobachtungen, es enthielt altüberkommene Weisheiten, und es symbolisierte vor allem das Selbstverständnis des Menschen: Der Mikrokosmos der Menschenwelt ist eingebaut in den Makrokosmos des Alls. Das »kleine Jahr« wird relativiert durch ein »großes Jahr« – es ist abgelaufen, wenn der Kosmos wieder dieselbe Konstellation aufweist – und erscheint als kleines Stück einer Ewigkeit. Das geistbegabte, aber sterbliche und damit Gott sehr ähnliche und zugleich ganz unähnliche Wesen Mensch ist als Mittelpunkt des Kosmos auf die Feuerschale engstens bezogen und ihr zugleich am weitesten entrückt. Ein Funken des Geistes gelangt aus dem göttlichen Feuer in die Seele des Menschen und kehrt nach dem Tode dorthin zurück. Die *Unsterblichkeitssehnsucht* findet eine Stütze in der Kosmologie.

Es verwundert nicht, daß Teile dieses Weltbildes, modifiziert durch die Lehren des *Neuplatonismus* (→ *Philosophie*), auch in das christliche Weltbild Eingang gefunden haben.

→ *Vergil,* der in seiner »Vierten Ekloge« ähnliche Gedanken aufnimmt und in einer Weise deutet, die oft als Prophetie des Messias verstanden worden ist, entwirft in seinen »Georgica« ein anderes Weltbild, das Altrömisches mit dem christlichen Abendland verknüpft. Das Werk erscheint im Gewand eines Lehrgedichtes über den Landbau. Aber nicht die Regeln und Techniken sind die Hauptsache, sondern im Symbol des *arbeitenden Bauern* soll die Arbeit des Menschen überhaupt und damit das Wesen des Menschen gedeutet werden. Der Bauer muß *Jahreszeiten* und *Witterungsverhältnisse* beachten, ihre Wirkung voraus-

berechnen und seine Arbeitskraft entsprechend einsetzen, sonst erntet er nicht. *Gesetzmäßigkeiten* müssen aber in allen Lebensbereichen berücksichtigt werden, *arbeiten* muß der Mensch immer im Schweiße seines Angesichts. Dadurch unterscheidet sich das wirkliche Leben (im »Eisernen Zeitalter« des *Iupiter*) vom Paradies (im »Goldenen Zeitalter« des *Saturn*). Die Kräfte der Natur, der Erde, des Wassers, der Luft und des Feuers sind da, und der Mensch kann ihre Kausalität erkennen, aber daß sie dem Menschen Segen bringen, dazu bedarf es der mühevollen Arbeit, des Ringens mit der Natur. Iupiter will dieses Ringen, um sein Reich nicht in trägem Stumpfsinn erstarren zu lassen. Die Arbeit ist »das Mittel, dem Menschen zu seinem eigenen Wesen und besseren Selbst zu verhelfen« (Büchner). Die Verbindung zum christlichen, insbesondere zum mönchischen und später zum puritanischen Weltbild ist leicht herzustellen. »Die ersten Mönche des Abendlandes hatten zum geistigen Vater den heiligen Benedikt, zum weltlichen aber den Vergil. [. . .] sie waren Benediktiner nach der Ordnung der Gnade, Vergilianer nach der Ordnung der Natur« (Haecker). (F. R.)

Winckelmann

Johann Joachim Winckelmann, 1717 in einfachsten Verhältnissen geboren, faßte bereits in der Lateinschule zu *Stendal* eine tiefe Zuneigung zur Antike, besonders zu → *Cicero*. Im Umgang mit dem Gräzisten *Damm* übernahm er dessen Überzeugung: »Die Griechen müssen noch heute nachgeahmt werden, wenn etwas Beifallswürdiges zum Vorschein kommen soll.« Während unsystematischer Studien und wechselnder Tätigkeiten als Erzieher, Schulmann und Bibliothekar erwarb Winckelmann sich vielseitige Kenntnisse in der antiken Literatur, in Geschichte und Kunstgeschichte. Seine erste Veröffentlichung »Gedanken über die Nachahmung griechischer Werke in der Malerei und Bildhauerkunst« (1755) machte ihn schnell bekannt, obwohl ihre Tendenz dem fortschrittlichen, auf Naturbeobachtung gerichteten Geist der Zeit zuwiderzulaufen schien. In Wahrheit forderte Winckelmann nicht sklavisches Kopieren, sondern »denkende« Nachahmung, d. h. er setzte voraus, daß der Nachahmende sich zuerst in das Denken des antiken Menschen und damit in den unverbildeten, jugendlichen Zustand des Menschseins überhaupt hineinversetzt hatte. Da von den Griechen das Schöne an der Natur bereits erfaßt und rein herausgebildet sei, bedeute das Naturstudium nur einen Umweg. *Herder* hat diesen tieferen Gedanken in Winckelmanns Schrift erkannt und als Wesenselement in die deutsche Klassik eingebracht.

Winckelmann hatte sich sein Bild von der antiken Welt in ruhelosem Suchen aus der Ferne und aus Büchern aufgebaut, z. T. als Gegenbild zu einer philisterhaften Welt, die er im Universitäts- und Schulalltag erfahren hatte. Da bot sich ihm die Gelegenheit für einen Aufenthalt in *Rom*. 1755 reiste er ab, und Italien ließ ihn nicht mehr los. Die heitere Luft der südlichen Landschaft und die beglückende Nähe der Zeugen des Altertums ließen ihn aufatmen und innere Ruhe finden. »In Rom ist, glaube ich, die hohe Schule für alle Welt, und auch ich bin geläutert und geprüft worden«, schreibt er, und an anderer Stelle: »Man geht gewisser und mit beständigeren Ideen in marmornen Schönheiten«. Zur Charakteristik der antiken Kunstwerke entwickelte Winckelmann einen einfühlenden, den bildhauerischen Schöpfungsprozeß gleichsam dichterisch nachvollziehenden Stil. Er fand Zugang zu den Kreisen gelehrter und kunstsinniger Kirchenfürsten und damit auch zu den großen privaten Sammlungen und Bibliotheken. Mehrere Reisen führten ihn nach *Neapel,* → *Pompeii, Herculaneum* – von wo er als erster in Deutschland über die Ausgrabungen berichtete – und *Paestum*. In *Florenz* studierte er die Gemmensammlung des Barons *von Stosch* und erstellte einen Katalog mit sachlichen und kunsthistorischen Erklärungen (1760), ein vielbeachtetes, epochemachendes Werk. 1761 erschienen die »Anmerkungen über die Baukunst der Alten«, 1763 die »Geschichte der Kunst des Altertums«. »Dreifach ist die Leistung dieses Werkes: als eine geschichtliche Darstellung erschließt es die

Wissenschaftsgebiete der klassischen Archäologie und der neueren Kunstgeschichte und gibt ihnen Ziel und Methode ihrer Arbeit. Zugleich bezeichnet es das Wesen der Kunst als seinen vornehmsten Endzweck und bietet in seinem Kern ein Lehrgebäude der Ästhetik. Schließlich enthält es die pädagogische Absicht, in den Menschen den Sinn für die Empfindung des Schönen in der Kunst zu wecken« (Forschepiepe).

Winckelmann hatte mittlerweile die Oberaufsicht über alle Altertümer in Rom erhalten, er war anerkannt von den Altertumswissenschaftlern, umworben von Adeligen und Fürsten und schwärmerisch verehrt von der jungen Dichtergeneration. Mit Recht gilt er als Begründer der klassischen Archäologie und ästhetischen Kunstbetrachtung. Er hat die Antike als lebendiges Erbe ins Bewußtsein gerückt und mit seinem Schönheitsideal, zusammengefaßt in der Formel »edle Einfalt und stille Größe«, ein bis heute nachwirkendes Bild von der Antike geprägt. Sein Tod war tragisch. Er wurde 1768 in Triest das Opfer eines Raubmords. (F. R.)

Wirtshaus

Die *taberna* war zunächst ein Schuppen, eine Scheune, dann Laden oder Werkstatt. Beliebt war es nach den Angaben des berühmten Architekten *Vitruv*, in die Säulenhallen ums Forum einer Stadt tabernae einzubauen. *Roms Forums-Tabernen* waren zuerst in der Hand der Fleischer, dann der Geldwechsler, schließlich der Ärzte, Coiffeure und Gastwirte. Das Wort meinte schließlich nur noch die *taberna vinaria* (die Weinstube, das *thermopolium* – wie sie nach dem bevorzugten heißen Weingemisch auch genannt wurde). In der Regel bestand die taberna aus nur einem großen Raum mit einem Herd, auf dem

Szene aus einer Weinschenke. Museum Ancona.

Würste und Fleisch gebraten wurden, was die Kneipe rauchig und verrußt machte. Wichtig war der Ladentisch in der breiten Straßenöffnung, denn viele Wirte waren auch Kaufleute (caupo), die mit Nahrungsmitteln handelten. Die wenigsten Tabernen boten Speisen an, da die Römer zu Hause aßen und dort ihre Freunde bewirteten. Die Kneipen beim Forum, den Stadttoren, beim Theater und den Thermen Roms wie der Provinzstädte wurden von Leuten aufgesucht, die entweder keine Küche hatten oder kein Geld für eine Mahlzeit aus der Garküche und teuren Wein. Für sie hielten die Kneipenwirte gesüßte Krätzer und gewürzte Mischungen bereit. Die meisten hatte einen schlechten Leumund als Kuppler, Zuhälter oder wenigstens Betrüger, die angesäuselten Gästen ein X für ein V vormachten, ihnen also die doppelte Zechschuld abnahmen. Mehr Qualität und Ruf besaßen die *Gasthöfe* für Reisende mit Zug- und Reittieren an den großen Reichsstraßen, die *Hotels* (hospitium) für spendable Touristen und die *Gasthöfe mit Herbergen* (tabernas et praetoria), in denen die Beamten und Offiziere auf ihren Reisen abstiegen. Bei der Reisefreude (→ *Reisen*) der Römer ab dem 1. Jahrhundert v. Chr. scheint die geringe Zahl renommierter Gasthöfe und Hotels erstaunlich, doch übernachteten Römer von Stand beim vornehmsten Mann im Ort, oder sie reisten wie die einfacheren Touristen mit eigenem Wohnzelt oder Wohnwagen. Angeblich soll → *Nero* 1000 solcher Schlafwagen besessen haben. Manche Ortsnamen erinnern noch an Tabernen: *Zabern* (Savern) im Elsaß, *Rheinzabern* südlich Speyer. (W. D.)

Z

Zahlen

(Siehe auch das Stichwort → *Geld-Münzen-Maße*.) Bei Jahreszahlen, auf Zifferblättern von Uhren oder zum Numerieren verwendet man heute gelegentlich noch *römische Ziffern*. Im Mittelalter jedoch bildeten sie die allgemeingültige Zahlschrift des Abendlandes, die vor allem im Norden als »deutsche« Zahlschrift zu Beginn des 16.

Jahrhunderts gegen die Verbreitung der indischen Zahlzeichen hartnäckig verteidigt wurde.

Römische Ziffern: I V X L C D M
1 5 10 50 100 500 1000

Zumindest die Zeichen I, V, X sind wohl aus Kerbholzzeichen entstanden. Ein Durchkreuzen des Zeichens ergibt das Zehnfache (vgl. X), Halbieren eines Zeichens die Hälfte der Zahl (vgl. V). Die übrigen Zeichen (L, C, D, M) haben mit den verwendeten Buchstaben zunächst nichts zu tun. Die vollständige Verschriftung der Zeichen, welche eine Deutung des C als Anfangsbuchstabe von centum (lat. 100) und M als Anfangsbuchstabe von mille (lat. 1000) zuläßt, war erst im Mittelalter erfolgt. Frühe Formen des Zeichens L für 50 sind ↓, ⌄, ⊥. Für 1000 schrieben die Römer (I) oder ∞, das Halbzeichen dazu ergibt D = 500, ((I)) ist 10 000, (((I))) 100 000, $\overline{|\mathrm{X}|}$ 1 Million.

Die *Zahlenbildung* erfolgt durch Aneinanderreihen von möglichst wenigen dieser Zahlzeichen. Man spricht von einem Additionssystem, da die Werte der einzelnen Ziffern einfach addiert werden im Gegensatz zum Stellenwertsystem unserer Dezimalzahlen (z. B. II = 2, III = 3, VI = 6, VII = 7, VIII = 8 oder MDCCLXVIII = 1768). Zur Verkürzung der Zahlen wird wahrscheinlich erst später die subtraktive Bedeutung der Zeichen für kleinere Zahlen links von größeren eingeführt (z. B. IX = 9 für VIIII). Bei der heutigen Verwendung von römischen Zahlen dürfen höchstens drei gleiche Zahlzeichen nebeneinander geschrieben werden; vor einem Zeichen darf nur ein kleineres stehen.

Die römischen *Brüche* (minutiae) waren Zwölferbrüche, die durch Teilung des As (1 As = 1 Ganzes = $\frac{12}{12}$; 1 As als römische Geldeinheit = =327,45g Kupfer) entstanden. Jeder Bruch hatte ein besonderes Symbol und einen Namen, so z. B.:

$\frac{1}{12}$ = uncia, $\frac{2}{12} = \frac{1}{6}$ = sextans, $\frac{6}{12} = \frac{1}{2}$ = semis, $\frac{11}{12}$ = deunx, $\frac{1}{24} = \frac{1}{2}$ uncia = semuncia, $\frac{1}{288} =$ =$\frac{1}{24}$ uncia = scripulum (Skrupel), $\frac{1}{2304} = \frac{1}{8}$ scripulum = calcus, welches der kleinste Eigenbruch war. Der Römer rechnete nur mit diesen Zwölferbrüchen, was häufig mühsame Umrechnungen erforderte. Nicht selten begnügte man sich mit Näherungen.

Doch nicht nur das »In-die-Brüche-geraten« bereitete den römischen Rechnern, den *calculatores*, Schwierigkeiten. Selbst Rechnungen wie Addition, Subtraktion, Multiplikation oder Division ganzer Zahlen waren wegen der zwar sehr einfachen, zum praktischen Rechnen aber untauglichen römischen Zahlenschreibweise ohne den *Abakus* (lat. Tafel, Tischplatte), das Rechenbrett (→ *Technik*), fast unmöglich. Ein solches Rechenbrett hatte eine Einteilung in Spalten für die Einer, Zehner, Hunderter usw. Durch Auflegen von Rechensteinchen, die Römer nannten sie *calculi* (lat. calx = Kalk, daher »kalkulieren«), wurde die Zahl auf dem Brett in einer Stellenordnung mit Zehnerstufen dargestellt. Durch »Dazugeben« (lat. addere) weiterer Steinchen in den entsprechenden Spalten wurde eine andere Zahl »addiert«. Schließlich mußte die Rechnung noch »bereinigt« werden, d. h. bei mehr als 10 Steinchen in einer Spalte wurde dafür eines in die nächsthöhere Spalte gelegt.

Der Taschenrechner römischer Kaufleute war der *Handabakus*: Eine kleine Bronzetafel ist mit zwei Reihen von Schlitzen versehen, in denen Knöpfchen verschoben werden. Unten sind es acht längere Schlitze, darüber ebensoviele kürzere und dazu noch ein Schlitz für Halb-, Viertel- und Drittelunzen. In den längeren Schlitzen liegen jeweils vier Knöpfchen, in den oberen nur eines, das aber den fünffachen Wert hat. Zwischen den beiden Schlitzreihen stehen die entsprechenden römischen Zahlzeichen. Zum Einstellen einer Zahl werden die geltenden Knöpfchen zur Mitte geschoben. Zwei dieser kleinen Rechenmaschinen können wir noch heute bewundern, die eine im »Cabinet des médailles« in Paris, die andere im Thermenmuseum in Rom. (E. P.)

Zeitmessung

(Siehe auch das Stichwort → *Kalender/Zeitrechnung*.)

Man kannte zwar in der Antike verschiedene Arten von Uhren, aber in der Praxis mußte man meist ohne Uhr mit anderen möglichen Zeitbestimmungen auskommen. Die *militärischen* Bedürfnisse verlangten zunächst eine Einteilung der Nacht in *vier Nachtwachen* (vigiliae), gezählt vom Sonnenuntergang bis zum Sonnenaufgang. Entsprechend wurde auch der *Tag grob in vier Teile gegliedert*: Morgen, Vormittag, Nachmittag, Abend. Jeder dieser vier Teile umfaßte *drei* ›Stunden‹ (horae), was natürlich nur eine ungefähre Einteilung war, die nach der Beobachtung des Sonnenstandes festgesetzt wurde.

Erst als Uhren, vor allem *Sonnen-* und *Wasser-*

uhren, üblicher wurden, konnte man die Zeit genauer messen; in vornehmen Häusern war es meist Aufgabe eines Sklaven, jeweils die volle Stunde auszurufen. Man zählte nicht wie heute »rund um die Uhr«, sondern numerierte die Stunden des Tages – von Sonnenaufgang bis Sonnenuntergang – ebenso wie die der Nacht – von Sonnenuntergang bis Sonnenaufgang – von eins bis zwölf durch. Die (hora) *sexta*, die sechste Stunde beispielsweise, war die Zeit der Mittagspause, die noch heute in Italien im Begriff der »Siesta« weiterlebt. Da die Stunde also ein Zwölftel des Tages umfaßte, waren die Stunden je nach Jahreszeit verschieden lang; am *kürzesten Tag* des Jahres hatte die Stunde in Rom etwa 44 Minuten, am *längsten Tag* dagegen etwa 75 Minuten. Nur zur Zeit der Tag- und Nachtgleiche entsprachen die römischen Stunden den unseren. Eine weitergehende differenzierte Zeitmessung und -einteilung in Minuten und Sekunden findet sich in der Antike nicht, sondern erst im Spätmittelalter. Die Römer hatten also ein ganz anderes Verhältnis zur Zeit, zur Pünktlichkeit und zu Terminen als wir.

Die Grobeinteilung des Jahres in *Monate* entsprach dagegen seit der Einführung des *Sonnenjahres* durch → *Caesars Kalenderreform* im großen ganzen der unseren; das vorher geltende *Mondjahr* mit 10 Monaten von März bis Dezember, dem »zehnten« Monat, wurde unter Caesar um Januar und Februar ergänzt. Auch die Einteilung in *Wochen*, die ursprünglich aus acht Tagen bestanden, entspricht seit der Einführung der orientalischen Sieben-Tage-Woche in der Kaiserzeit unserer heute geltenden. (G. M.)

Zeitung

Die erste Zeitung Roms, die 59 v. Chr. von → *Caesar* gegründeten *acta diurna* (»Tägliche Geschehnisse«) war eine *staatliche* Zeitung, die fast ein Nachrichtenmonopol besaß. Die kurzlebigen *Privatzeitungen*, die nur Familien- und Gesellschaftsnachrichten brachten, wurden unter *Traian* endgültig aufgehoben. Die *diurna* (»Täglichen«), auch *acta urbis* (»Stadtzeitung«) genannt, kamen nicht täglich heraus, sondern brachten die Ereignisse in der Reihenfolge der Tage. Eine große Auflage können sie nicht gehabt haben, denn kein einziges Exemplar blieb erhalten. Der Inhalt ist jedoch aus zahlreichen Zitaten zu erschließen. Am reichlichsten waren Berichte über staatliche Angelegenheiten, dazu

Circus Maximus

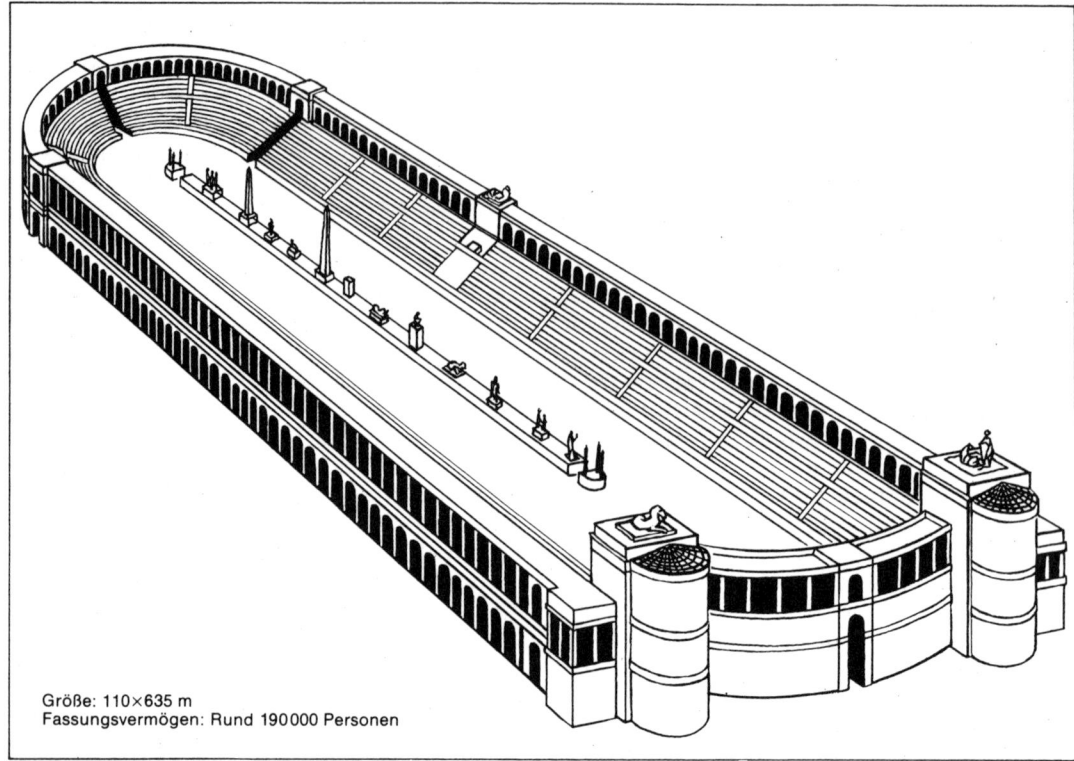

Größe: 110×635 m
Fassungsvermögen: Rund 190 000 Personen

über die Reisen hoher Beamter. Dann wurden Begebenheiten in der kaiserlichen Familie geschildert, etwa Geburtstage, Heiraten, Begräbnisse, Empfänge. Kaiser *Commodus* ließ in diese Familienspalte auch seine Taten als → *Gladiator* und *Kuppler* einrücken. Zu lesen war ferner von aufsehenerregenden Begebenheiten wie Dürrekatastrophen, Überschwemmungen, Havarien. Schließlich nahm das Blatt (gratis) die Familiennachrichten führender Familien auf, wenn die kaiserliche Redaktion an Text und Person nichts auszusetzen hatte. Im Unterschied zu heutigen Zeitungen wurden nicht nur Geburts-, Vermählungs- und Todes-, sondern auch Scheidungsanzeigen veröffentlicht. Es fehlten, verglichen mit unseren Regionalzeitungen, alle Kommentare und Glossen, die ausgiebigen Sportmeldungen, Sonderseiten und der so einträgliche Inseratenteil. Mit der Verlegung der kaiserlichen Residenz nach *Konstantinopel* ging die Stadtzeitung ein. Weitergelebt haben die *acta diurna* nur in der italienischen und französischen Bezeichnung für Zeitung, denn aus diurna hatten die Römer ein neues Adjektiv *diurnalis* (=»täglich«) gebildet, von dem »giornale« und »journal« abstammen. Die ersten Zeitungen der Neuzeit sind keine Nach-

ahmungen der römischen Staatszeitung, sondern aus merkantilen Gründen an den Knotenpunkten der Reit- und Fahrposten entstanden. (W. D.)

Zirkus (Circus)

Panem et circenses – »Brot und Spiele« verlange das römische Volk, ohne sich um Gemeinwohl und Staatsinteressen zu kümmern, schreibt *Iuvenal*. Das Brot in Form von Getreidespenden, den *annonae*, die Spiele in Zirkus und Amphitheater, bei Wagenrennen und → *Gladiatorenkämpfen*. Die zirzensischen Spiele nahmen dabei einen besonders wichtigen Platz ein und waren wie die olympischen Spiele der Griechen *kultischen* Ursprungs. Der Sage nach wurden seit *Romulus* am 21. August zu Ehren des Gottes *Consus* Opferfeiern und Pferdewettrennen abgehalten, und schon der römische König *Tarquinius Priscus* habe diese Rennen an der Stelle des späteren *Circus Maximus* in der langen, schmalen Talsenke zwischen den Abhängen des Aventin und des Palatin (→ *Rom*) abgehalten. Mag die Rennbahn dort anfangs noch ganz primitiv und nur mit ein paar Seilen abgesperrt gewesen sein, während die

Zuschauer an den Hängen zu beiden Seiten des Tals saßen, so wurde die Anlage allmählich nach dem Muster des griechischen *Hippodromos* in Byzanz ausgebaut.

So entstand im Laufe der Jahrhunderte der *Circus Maximus*, der in der Kaiserzeit seine prächtigste Ausstattung erfuhr. Der griechische Schriftsteller *Dionysios von Halikarnassos*, der um Christi Geburt in Rom lebte, hat eine genaue Beschreibung des Bauwerks hinterlassen. Danach war die ganze Anlage mit den Gebäuden dreieinhalb Stadien (635 Meter) lang und vierhundert römische Fuß (110 Meter) breit. Die eigentliche Rennbahn hatte eine Länge von 590 Metern. Sie bildete ein längliches Oval. An einer Seite lag eine Gebäudereihe, die *carceres*, mit zwölf zweiflügeligen Türen, die sich angeblich durch einen Mechanismus gleichzeitig öffnen ließen. Dahinter warteten die Rennwagen auf ihren Einsatz. Die Bahn selbst war in der Mitte von einer 1,75 Meter hohen und 5,80 Meter breiten Mauer, der *spina* geteilt. An ihren Enden standen zwei *Spitzsäulen* (meta) als *Wendemarken*, um die herum die Pferdegespanne rannten. Den auffallendsten Schmuck der Spina bildete seit → *Augustus* ein 24 Meter hoher → *Obelisk*, dem Kaiser *Constantius* einen zweiten 32,5 Meter hohen hinzufügte, der aus dem ägyptischen *Theben* stammte und heute auf dem Lateranplatz steht. Neben einigen kleineren Tempelchen und Altären gab es auf der Spina noch zwei hölzerne Gerüste, eines mit sieben ursprünglich ebenfalls hölzernen, später silbernen *Delphinen* und ein anderes mit ebensovielen marmornen *Eiern*, von denen nach jeder Runde als weithin sichtbares Zeichen für den Zuschauer eines herabgenommen wurde.

Um die Bahn herum liefen in drei Rängen die *Zuschauertribünen*, eine mit steinernen, zwei mit hölzernen Stufen bzw. Sitzen. Über den Carceres lagen die *Logen der Consuln*.

Zur Zeit des Augustus fanden auf den Rängen etwa 60 000 Zuschauer Platz. Nach späteren Erweiterungsbauten waren es dann maximal 190 000. Es muß ein buntes Bild gewesen sein, wenn sich die Menschenmassen der Hauptstadt, Arme wie Reiche, die Angehörigen der verschiedensten Völkerschaften des Imperiums, auf den Rängen drängten. Sie stellten sich schon nachts an, um gute Plätze zu ergattern. Kaiser *Caligula*, der einmal durch den nächtlichen Lärm der Menge in seinem Palast oben auf dem Palatin (→ *Rom*) aus dem Schlaf gerissen wurde, ließ sie durch Stockschläge auseinandertreiben.

→ *Ovid* gibt in seiner »Liebeskunst« den Ver-

ehrern der Damen Ratschläge für das Gedränge im Zirkus: »Wenn gar im Círcus Renntag ist, sei jedesmal zur Stätte; denn weil der Raum viel Menschen faßt, gibts hier gar manches Nette. Geheime Fingerzeichen brauchst du hier nicht zu verschicken. Die Antwort fällt hier klarer aus und ist kein bloßes Nicken. Setz keck dich zu der Dame hin – dran hindert dich doch keiner –, daß ihre Seite möglichst eng sich fühle neben deiner. Und wenn sie abrückt, rück ihr nach! Die Bank hat wohl ein Ende. Dort fällt sie durch der Lage Zwang dir sicher in die Hände« (Übers.: O. M. Mittler).

In der republikanischen Zeit und in der Zeit bis zur Fertigstellung des *Colosseums* (→ *Amphitheater*) fanden im Zirkus Reiterkämpfe und militärische Spiele, → *Gladiatorenkämpfe* und → *Tierhetzen* statt. So spielt die bekannte Geschichte von *Androclus und dem Löwen*, die *G. B. Shaw* für sein Lustspiel verwendete, ursprünglich im Circus Maximus. Die größte Bedeutung gewann der Zirkus aber für die Wagenrennen.

Die Pompa. In der Kaiserzeit begannen die *Rennen* mit der pompa, einem *Festzug zu Ehren der Götter*. Dieser nahm seinen Ausgang am *Capitol* (→ *Rom*), wo das Jahr über die Wagen und Götterbilder aufbewahrt wurden, und führte über das → *Forum Romanum* und das *Velabrum* (→ *Rom*) durch das mittlere Haupttor des Circus Maximus und die ganze Rennbahn entlang um die Zielsäulen herum.

Nach der Beschreibung des schon erwähnten Dionysios eröffneten römische *Jünglinge*, teils in Gruppen zu Fuß, teils zu Pferde, den Zug. Dann folgten die Rosselenker mit den *Gespannen*, sowie die *Athleten*, falls diese auftraten. Die dritte Abteilung bildeten drei Gruppen von *Tänzern*, Männer, Jünglinge und Knaben. Sie waren mit roten Tuniken (→ *Kleidung*) bekleidet und mit Schwertern und kurzen Speeren bewaffnet. Die Männer trugen Helme. Ihnen folgten *Chöre*, *Flötenspieler* und als *Silenen* mit Bocksfellen verkleidete Tänzer, die zur Erheiterung der Zuschauer die vorausschreitenden Tänzer nachäfften. Dann kam der eigentliche *Opferzug* mit den Wagen der Götterbilder in genau vorgeschriebener Reihenfolge, zahlreichen *Priestern* und dem *Magistratsbeamten*, der die Spiele auszurichten hatte. Er war gekleidet wie ein Triumphator (→ *Triumph*) mit der *Toga Palmata* und dem Eichenkranz auf dem Haupt, gefolgt von einer großen Schar von Freunden und → *Klienten*. Kaiser → *Augustus* ließ sich verschiedentlich in einer Sänfte im Zug mittragen.

Die Wagenrennen. Hatte der Festzug unter dem begeisterten Klatschen der Zuschauer die Rennbahn umrundet und waren die Götterbilder auf der Spina abgestellt, begannen die Rennen. Man benutzte dazu kleine, *leichtgebaute Wagen* auf zwei Rädern. Die Brustlehne vorn reichte nur etwa bis zu den Schienbeinen des Fahrers. Anfänger versuchten sich bei den Rennen mit *Zweigespannen*, die Könner fuhren mit *Viergespannen*, in seltenen Fällen sogar mit *Sechs-* und *Siebengespannen*. Die Pferde waren sorgfältig für ihre schwierige Arbeit ausgewählt. Man bevorzugte vor allem Tiere aus dem Sabinerland, aber auch aus Kalabrien und Apulien, und selbst aus den Provinzen wurden die besten Renner eingeführt. Die *Fahrer* trugen eine kurze, ärmellose Tunika, auf dem Kopf eine Art Sturzhelm, um Leib und Brust breite Binden, in denen ein krummes Messer steckte, mit dem sie im Falle eines Sturzes rasch die Zügel des Pferdes losschneiden konnten, die sie während der Fahrt um den Leib gewickelt hatten; denn mit der linken Hand lenkten sie die Rosse, mit der Rechten schwenkten sie die Peitsche.

Das Rennen begann an einer Schranke an der rechten Seite der Spina, und die Wagen durchrasten dann siebenmal die Bahn. Selbstverständlich kam es dabei häufig zu Unfällen. Die gefährlichsten Punkte des Umlaufes waren die Wendemarken an den Zielsäulen, weil hier oft die Wagen ineinander geschleudert wurden. Dabei gab es immer wieder schwere Todesstürze. Umgekehrt hören wir von Wagenlenkern, die an mehreren tausend Rennen teilnahmen! Ursprünglich gab es *am Tage zwölf Rennen* (missus), später *vierundzwanzig* und gelegentlich sogar noch mehr. Als Siegespreis erhielten die Rennfahrer offiziell von den Kampfrichtern nur eine *Siegespalme.* Tatsächlich aber verdienten sie oft horrende Summen. Ein gewisser *Diokles* gewann an einem Tage gleich zweimal je 40 000

Sesterzen. *Caligula* zahlte seinem Günstling *Eutyches* insgesamt zwei Millionen Sesterzen. Wir hören von Fahrern, die im Laufe der Zeit an mehr als fünftausend Rennen teilnahmen und hoch in der Gunst des Publikums standen.

Überhaupt nahmen die Römer sehr lebhaften Anteil an diesen Rennen. Da die Fahrer in Gruppen aufgeteilt und durch Farben unterschieden waren, bildeten sich *Parteien*, und die Rivalität im Zirkus wurde auf innerpolitische Streitigkeiten übertragen. So standen die »Roten« in Opposition zum Kaisertum, die Herrscher unterstützten die »Grünen«, Senat und Adel dagegen die »Blauen«. Häufig kam es in der Stadt dann zu leidenschaftlichen Auseinandersetzungen und nach den Spielen zu blutigen Straßenkämpfen mit zahlreichen Opfern. Im *Hippodrom* von Byzanz erreichten diese Parteienkämpfe einen Höhepunkt.

Politiker, die sich um die Gunst des Volkes bewarben, und später die Kaiser wetteiferten nicht nur bei der prunkvollen Ausstattung dieser Spiele sondern veranstalteten nach den Wettkämpfen noch »Göttermahle« und beschenkten und bewirteten die Menge. Dabei wurden Leckerbissen, Geldbörsen und Lose verteilt, mit denen man verschiedenste Preise bis hin zu Wohnhäusern und Schiffen gewinnen konnte.

Neben dem Circus Maximus als dem berühmtesten Bau dieser Art nicht nur in Rom und im ganzen Imperium, gab es in der Stadt noch den *Circus Flaminius,* wo in der Kaiserzeit vor allem *Naumachien* (→ *Amphitheater*) mit Krokodilsjagden abgehalten wurden, und einen Zirkus in den *Gärten der Agrippina* am vatikanischen Hügel, wo → *Nero* Christen als Fackeln verbrennen ließ (→ *Christenverfolgungen*). Drei weitere unbedeutendere zirzensische Bauten lagen etwas außerhalb Roms, und sicher gab es in den Städten Italiens und der Provinzen ähnliche Anlagen, wenn auch dort die Amphitheater häufiger waren. (H. P.)

Literatur

Die Werke über römische Geschichte, Kunst und Kultur füllen heute eine ganze Bibliothek. Die folgende Übersicht bringt deshalb nur die wichtigsten größeren Nachschlagewerke und leicht zugänglichen Veröffentlichungen der letzten zwei Jahrzehnte, die dem Laien eine Vertiefung der in den einzelnen Stichworten angeschnittenen Fragen und Probleme ermöglichen. Fast alle diese Bücher bringen ihrerseits ausführlichere Literaturhinweise auf Bücher, die hier nicht angeführt sind, über jede größere Bibliothek aber beschafft werden können.

I. Nachschlagewerke:
Andresen, C. (Hrsg.): Lexikon der Alten Welt, Zürich 1965

Buchwald, W./Hohlweg, H./Prinz, O. (Hrsg.): Tusculum – Lexikon griechischer und lateinischer Autoren des Altertums und des Mittelalters, München 1963
Döbler, Hannsferdinand: Die Germanen. Legende und Wirklichkeit von A–Z, Gütersloh 1975
Hiltbrunner, Otto: Kleines Lexikon der Antike, 4. A., Bern 1964
Hunger, Herbert: Lexikon der griechischen und römischen Mythologie, Wien 1953 u. ö.
Koller, Hermann: Orbis Pictus Latinus, Zürich 1976
Kroh, Paul: Lexikon der antiken Autoren, Stuttgart 1972
Kroll, W./Mittelhaus, K./Pauly, A./Wissowa, G./Ziegler, K. (Hrsg.): Realencyclopädie der Klassischen Altertumswissenschaft (RE), Stuttgart 1894 f.
Lamer, Hans/Kroh, Paul: Wörterbuch der Antike 7. A., Stuttgart 1966

Lübker, Friedrich: Reallexikon des Klassischen Altertums, 8. A., Leipzig 1914

Sontheimr, W./Ziegler, K. (Hrsg.): Der Kleine Pauly. Lexikon der Antike auf der Grundlage von Paulys Realencyclopädie, Stuttgart 1964 f.

II. Allgemeine Literatur

Adcock, F. E.: Römische Staatskunst, Göttingen 1961

Andreae, Bernhard: Römische Kunst, Freiburg 1973

Baatz, Dietwulf: Der römische Limes, Berlin 1974

Bandinelli, R. Bianchi: Die römische Kunst, München 1975

Barrow, R. H.: Die Römer, Stuttgart o. J. (Urban TB 44)

Behn, Friedrich: Römertum und Völkerwanderung, Berlin 1963.

Bengston, Hermann: Grundriß der römischen Geschichte, München 1970

Bieler, Ludwig: Geschichte der römischen Literatur, 2 Bde., 2. A., Berlin 1965

Böcking, Werner: Die Römer am Niederrhein und in Norddeutschland, Frankfurt 1974

Brockmeyer, Norbert: Sozialgeschichte der Antike, Stuttgart 1972

Büchner, Karl: Römische Literaturgeschichte, 2. A., Stuttgart 1968

Büchner, Karl: Die römische Lyrik, Stuttgart 1976

Burckhardt, Jakob: Die Zeit Konstantins des Großen, Leipzig und Stuttgart o. J.

v. Campenhausen, Hans: Lateinische Kirchenväter, Stuttgart 1960 u. ö.

Carcopino, Jerôme: So lebten die Römer während des Kaiserreiches, Stuttgart 1959

Carter, John M.: Die Schlacht bei Aktium. Aufstieg und Triumph des Kaisers Augustus, Wiesbaden 1972

Dilon, M./Chadwick, N.: Die Kelten, München 1966

Dudley, Donald R.: Tacitus und die Welt der Römer, Wiesbaden 1969

Durant, Will: Caesar und Christus. Eine Kulturgeschichte Roms und des frühen Christentums, Bern 1949 u. ö.

Earl, Donald.: Augustus und seine Zeit, Wiesbaden 1969

Etienne, Robert: Pompeji. Das Leben in einer antiken Stadt, Stuttgart 1974

Filzinger, Ph./Planck, D./Cämmerer, B.: Die Römer in Baden-Württemberg, Stuttgart 1976

Forster, H. A.: Die Literatur des Klassischen Altertums, München 1964 u. ö.

Francero, C. M.: Kleopatra. Ihr Leben und ihre Zeit, München 1957.

Gelzer, Matthias: Caesar. Der Politiker und Staatsmann, 6. A., Wiesbaden 1960.

Gelzer, Matthias: Cicero. Ein biographischer Versuch, Wiesbaden 1969

Grant, Michael: Klassiker der antiken Geschichtsschreibung, München 1973

Grant, Michael: Die Gladiatoren, Stuttgart 1970

Grant, Michael: Das römische Reich am Wendepunkt, München 1972

Grant, Michael: Rom. Von 133 v. Chr. bis 217 n. Chr., Zürich o. J.

Grimal, Pierre (Hrsg.): Der Hellenismus und der Aufstieg Roms, Frankfurt 1965 u. ö. (= Fischers Weltgeschichte Band 6)

Grimal, Pierre (Hrsg.): Der Aufbau des römischen Reiches, Frankfurt 1966 (= Fischers Weltgeschichte Band 7)

Grimal, Pierre: Auf der Suche nach dem antiken Italien, Frankfurt o. J.

Günther, R./Köpstein, H.: Die Römer an Rhein und Donau, Wien–Köln 1975

Heurgon, Jacques: Die Etrusker, Stuttgart 1971

Hülsen, Hans von: Römische Funde, Göttingen 1960

Kähler, Heinz: Rom und seine Welt, München 1960

Kähler, Heinz: Rom und sein Imperium, Baden-Baden 1962

Kellner, Hans-Jörg: Die Römer in Bayern, 3. A., München 1976

Klingner, Friedrich: Studien zur griechischen und römischen Literatur, Zürich 1964

Lissner, Ivar: Die Caesaren. Macht und Wahn, Olten 1956

Lukan, Karl: Romulus oder Auf den Spuren der Gründer Roms, Wien 1970

Mackendrick, Paul: Roms steinernes Erbe, Römische Archaeologie in Italien, Wiesbaden 1967

Maier, Franz-Georg: Die Verwandlung der Mittelmeerwelt, Frankfurt 1968 (= Fischers Weltgeschichte Band 9)

Marouzeau, Jules: Einführung ins Latein, Zürich 1966 u. ö.

Meyer, Ernst: Römischer Staat und Staatsgedanke, Zürich 1961 u. ö.

Millar, Fergus (Hrsg.): Das römische Reich und seine Nachbarn, Frankfurt 1966 (= Fischer Weltgeschichte Band 8)

Mommsen, Theodor: Römische Geschichte, 13. A., München 1976

Nack, Emil/Wägner, Wilhelm: Rom. Land und Volk der alten Römer, Heidelberg 1956

Norden, Eduard: Die römische Literatur, 6. A., Leipzig 1961.

Oppermann, Hans: Caesar. Wegbereiter Europas, Göttingen 1963

Paoli, Ugo E.: Das Leben in alten Rom, Bern 1961

Perowne, Steward: Hadrian. Sein Leben und seine Zeit. München 1966

Perowne, Steward: Herodier, Römer und Juden, Stuttgart 1958

Picard, Charles: Nordafrika und die Römer, Stuttgart 1962

Picard, Gilbert: Rom, Genf 1969 (= Archaeologia Mundi)

Pörtner, Rudolf: Mit dem Fahrstuhl in die Römerzeit, Düsseldorf 1959 u. ö.

Rom und seine große Zeit, Würzburg 1963

Rüegg, Walter: Antike Geisteswelt, 2 Bde,. Zürich 1964 u. ö,

Schanz, M./Hosius, C.: Geschichte der römischen Literatur, Bde., 1.–4. A., München 1914 – 1935

Schmid, Armin und Renate: Die Römer an Rhein und Main. Das Leben in der obergermanischen Provinz, 1972

Schreiber, Georg: Die Römer in Österreich, Frankfurt 1974

Schubart, Wilhelm: Das Buch bei den Griechen und Römern, Heidelberg 1962

Seel, Otto: Cicero. Wort, Staat, Welt, Stuttgart 1953 u. ö.

Stark, Freya: Rom am Euphrat, Stuttgart 1969

v. Stauffenberg, Alexander: Das Imperium und die Völkerwanderung, München 1948

Stöver, Hans Dieter: Die Römer, Taktiker der Macht. Düsseldorf, Wien 1976

Stützer, Herbert A.: Das antike Rom, Stuttgart 1971

Syme, Ronald: Die römische Revolution, München 1971

Tarn, W. W./Charlesworth, M.: Oktavian, Antonius und Kleopatra, München 1967

Ternes, Charles-Marie: Die Römer an Rhein und Mosel, Stuttgart 1975

Ürögdi, Georg: Die Zustände im alten Rom, Frankfurt 1969

Viereck, A. E. L.: Die römische Flotte, 1975

Vittinghoff, Friedrich: Kaiser Augustus, Göttingen 1959.

Vogt, Josef: Der Aufstieg, Roms, Freiburg 1962 u. ö.

Vogt, Josef: Der Niedergang Roms. Metamorphose der antiken Kultur von 220–500, Zürich 1965

Vogt, Josef: Konstantin der Große und sein Jahrhundert, München 1960

Vossen, Carl: Mutter Latein und ihre Töchter, Düsseldorf 1968 u. ö.

Warmington, B. H.: Karthago. Aufstieg und Untergang einer antiken Weltstadt, Wiesbaden 1963

Weber, Leo: Als die Römer kamen. Augusta Vindelicorum und die Besiedlung Raetiens, Landsberg/Lech 1973

III. Wichtige Reihen von Übersetzungen:

Tusculum–Reihe, E. Heimeran-Verlag, München

Artemis, Bibliothek der Alten Welt, Zürich

Reclams Universal-Bibliothek, Stuttgart (Übersetzungen einzelner Autoren)

Goldmann-Verlag, München (Übersetzungen einzelner Autoren)

The Loeb Classical Library, London

Les Belles Lettres, Paris

IV. Museumsschriften:

Katalog: Römer am Rhein (Ausstellung des Römisch-Germanischen Museums Köln 1967)

Kölner Römer-Illustrierte 1 und 2, Veröffentlichungen des Römisch-Germanischen Museums Köln 1974 und 1975

Register

Kursiv gesetzte Ziffern verweisen auf Abbildungen, K = Karte, T = Tabelle, (S) = Schlacht

ABBILDUNGSNACHWEIS

Farbe: Bertelsmann Lexikon-Verlag, Gütersloh (3); Bildarchiv Preußischer Kulturbesitz, Berlin (1); Claus + Lieselotte Hansmann, München (1); Hirmer Fotoarchiv, München (1); Holle Bildarchiv, Baden-Baden (2); Gerhard Kulwicki, Gütersloh (2) Dr. Harald Mielsch, Rom (3) Dr. Heinrich Pleticha, Würzburg (12); Römisch-Germanisches Museum, Köln (3); Scala, Antella (3); Staatliche Antikensammlungen und Glyptothek, München — Studio Koppermann (1); Ursula Tanck-Köll, Vietze (1).

Schwarzweiß: Maria Berger, Köln — Alinari (8) — Anderson (6); Bertelsmann Lexikon-Verlag, Gütersloh (3); Erhard Bethke, Verl (3); Florian Bethke, Verl (1); Bildarchiv Preußischer Kulturbesitz, Berlin (1); Botschaft des Staates Israel, Bonn-Bad Godesberg (1); Luftbild Albrecht Brugger, Stuttgart (1— freigegeben vom Reg. Präsidium Stuttgart Nr. 2/26493); Deutsches Archäologische Institut, Rom (104); Deutsches Institut für Filmkunde, Wiesbaden (2); Ehapa Verlag GmbH, Stuttgart (Dargaud Editeur Paris (1); N. V. Uitgeversmaatschappij Elsevier, Amsterdam (1); Fototeca Unione, Rom (2); Karl-Geib-Museum, Bad Kreuznach (1); Holle Bildarchiv, Baden-Baden (1); Gerhard Kulwicki, Gütersloh (2); Leonard von Matt, Buochs (1); Albert Meier, Hlterfingen (1); Franz Nöth, Höchberg-Hexenbruch (1); Österreichische Nationalbibliothek, Wien (1); Dr. Heinrich Pleticha, Würzburg (17); Rheinisches Landesmuseum, Bonn (2); Rheinisches Landesmuseum, Trier (4); Römisch-Germanisches Zentralmuseum, Mainz (1); Saalburgmuseum, Bad Homburg v. d.H. (1); Luftbildverlag Strähle KG, Schorndorf (1—LB-Nr. 6508); Verkehrsamt der Stadt Köln, Köln (1).